THE GLORY OF FOOTBALL

Illustrated History of the FIFA World Cup

足球圣殿

世界杯图文全史

体坛周报 著

金城出版社
GOLD WALL PRESS
中国·北京

图书在版编目（CIP）数据

足球圣殿：世界杯图文全史 / 体坛周报著. — 北京：金城出版社有限公司, 2022.11
ISBN 978-7-5155-2367-5

Ⅰ. ①足… Ⅱ. ①体… Ⅲ. ①足球运动 - 世界杯 - 概况 - 1930-2018 Ⅳ. ①G843.732

中国版本图书馆CIP数据核字（2022）第186346号

足球圣殿 世界杯图文全史

作　　者	体坛周报
责任编辑	王思硕
责任校对	张礼文
责任印制	李仕杰
开　　本	889毫米×1194毫米 1/32
印　　张	24
字　　数	800千字
版　　次	2022年11月第1版
印　　次	2022年11月第1次印刷
印　　刷	小森印刷（北京）有限公司
书　　号	ISBN 978-7-5155-2367-5
定　　价	149.00元

出版发行	**金城出版社有限公司** 北京市朝阳区利泽东二路3号 邮编：100102
发 行 部	（010）84254364
编 辑 部	（010）64391966
总 编 室	（010）64228516
网　　址	http://www.jccb.com.cn
电子邮箱	jinchengchuban@163.com
法律顾问	北京市安理律师事务所 18911105819

FIFA
WORLD CUP

1986年6月22日，墨西哥城，马纳多纳用“上帝之手”攻破英格兰门将希尔顿把守的大门，这一瞬间成为世界杯92年历史中的经典。

雷米特杯

不一样的世界杯

序

“你运气真好，我可是等了足足50年。”《法国足球》总编辑埃尔诺对我说。那一天是1998年7月12日，法兰西大球场的球迷们高喊：“1，2，3比0！”法国队击败巴西队，捧起了大力神杯。那时，我作为记者从业不过8年，32岁的我目睹了祖国在8万名现场球迷以及数百万电视观众面前加冕世界冠军。埃尔诺说完这番我当时并未理解的话后，转身投入新一期《法国足球》制作中。48小时后，这期杂志的销量创下了历史纪录。

世界杯和法国人有着深厚渊源。1904年，法国人盖兰在巴黎创建了国际足联。26年后，法国人雷米特作为第3任国际足联主席，创办了世界杯，他因此被称为“世界杯之父”。先贤们或许不曾料到，直到第16届世界杯，他们的祖国才第一次登上王座。

那场决赛后，每隔4年，当法国队被淘汰出局或折戟决赛时，埃尔诺的话就会在我耳边回响。亲历祖国夺得世界杯的经历可以激发出一种难以描述的自豪感，那场胜利在法国民众间制造的快乐是如此美妙。足球世界中，鲜少国家有此经历：一共8个，其中6个在我懂事后捧得过冠军。乌拉圭成为世界冠军时距今太过久远，英格兰在温布利大球场捧杯时，我才几个月大。

每届世界杯，大家都期待着全民欢腾的时刻。长期报道世界杯，意味着我平日可以接触这些球员和教练，在场边或酒店里观察他们的举止。成为一个特权观众固然是好事，作为历史的见证者则感觉更妙。我们可以分析战术选择，同时也会事先察觉一些能在日后解释球队成功或失败的原因。

2002年便是如此，在法国队动身前往日韩参加世界杯前，我们就感受到了队内弥漫的日后导致溃败的自满情绪。我还记得当时法国队长德塞利的自大。友谊赛上，他粗暴推开了干扰他传球的罗马尼亚球员，那架势仿佛在说，你们根本没资格挑战世界冠军！我还记得在韩国，这些球员可以随意进出下榻酒店里的夜店，训练时，“太太团”肆意讨论着她们的丈夫在世界杯出局后，会去哪里度假。那次，法国

巴雷特

Xavier Barret

法国RTL电台和SFR电视台记者，原法国《队报》和《法国足球》杂志社国际编辑部主任，曾多年负责召集金球奖评选，任多家电视台、电台嘉宾主持。对于国际足球如数家珍，精通亚洲足球和非洲足球，有多部世界杯和欧洲杯专著。

队小组赛出局。

我们发现的这些信息往往有助于分析比赛结果，衡量队内的利害冲突。可从2006年起，与其他国家队一样，我们在法国队身上很难获取类似的信息了。法国足协将一切都置于可控状态之下：大多数训练是封闭的，能接触到球员的场合仅限于混合采访区、新闻发布会、赛事转播商或商业合作伙伴预约的与赛事相关的专访。世界杯变成了一桩生意，国际足联就像母亲保护孩子那样，小心翼翼地守护着它的金蛋，决不允许任何丑闻来玷污这台造梦机器的声誉。

如今，大多数强队都会受到这样的保护。这些大力神杯的追逐者们，严守着球员们的秘密以及与商业巨头签下的赞助合同。法国足协绝不会允许2010年南非世界杯上的惨败再次发生，因为这让他们在商业和形象上付出了惨重代价。法国队用了两年才重新铸造了球队的信心，扭转了球迷也是消费者对他们的印象，并最终在2018年的俄罗斯完成救赎，再捧金杯。

如今的世界杯成了一个标准化产品，比赛在标准化的球场和来自世界各地的球迷面前展开。而世界杯的势力版图，也在相对稳定中悄然生变。巴西队未能在2014年的本土世界杯镶上第六颗星，欧洲球队在2006年至2018年间已连续4届夺冠，这是以前从未发生过的。

2022年，世界杯盛会第二次来到亚洲。对梅西、C罗、莫德里奇、本泽马、莱万多夫斯基等高龄巨星来说，卡塔尔很可能是他们谱写最后辉煌的机会。佐夫在1982年曾以40岁零133天的年纪带领意大利队夺冠，但他是一名门将，而且那是另一个时代……40年过去了，足球变得更加需要体能，需要速度更快，身体素质也成为成功的基本要素。那些疏于严格锻炼的人，那些派对狂人，还有那些生活方式随意的球星，都无法拥有长久的职业生涯。

第一次在中东办赛，世界杯史无前例地安排于11月到12月间，将欧洲赛季拦腰斩断。在卡塔尔的空调场馆中，球员们将经历前所未有的体验。但是，在电视机前，在世界各地的酒吧和街道上，我们将重温所有的激情，分享希望和幻灭、欢乐和悲伤。只有足球，这项全球普及的运动，才能提供这样平等的机会。

盛会将至，体坛传媒推出这本世界杯历史巨著正逢其时。我与体坛传媒合作已近20年，除了为其撰写专栏，还有幸参与他们的中国金球奖和亚洲金球奖评选的创建工作。对于中国同事的专业精神，我深有感触。我相信，这本书也是他们专业精神和足球热情的结晶。

1930
1934
1938
1950
1954
1958
1962
1966
1970
1974
1978
1982

1986

1990

1994

1998

2002

2006

2010

2014

2018

目录

002 1930—1954·前电视时代
008 第一届世界杯1930
030 第二届世界杯1934
052 第三届世界杯1938
075 第四届世界杯1950
097 第五届世界杯1954
118 1958—1970·贝利 象征
124 第六届世界杯1958
148 第七届世界杯1962
169 第八届世界杯1966
193 第九届世界杯1970
216 1974—1994·从一个世界到另一个世界
223 第十届世界杯1974
245 第十一届世界杯1978
267 第十二届世界杯1982
291 第十三届世界杯1986
315 第十四届世界杯1990
341 第十五届世界杯1994
367 1998—2006·缩影齐达内
373 第十六届世界杯1998
405 第十七届世界杯2002
439 第十八届世界杯2006
470 2010—2018·集体主义崛起
475 第十九届世界杯2010
505 第二十届世界杯2014
535 第二十一届世界杯2018
565 第二十二届世界杯2022
574 金杯战史1930—2022
741 球队数据
747 个人数据

1930—1954

前电视时代

该用怎样的词汇和图片去展现球员们天才般的动作？截至1954年，世界杯已经涌现出许多伟大的球员，斯塔维莱、莱昂尼达斯、斯基亚菲诺，安德拉德叔侄、梅阿查、皮奥拉、萨莫拉、辛德拉尔、萨罗希、普斯卡什、希代古提、柯奇士……但只有极少数观众曾有幸亲眼见证他们的杰作。

从21世纪的观点来看，世界杯的存在理所当然，尽人皆知。然而起初这只是一个想法，花了25年时间才得以实现。这个想法在1904年5月21日于巴黎创建国际足联时就已经产生，在当时国际足联的第9条规定中写道："只有国际足联有权组织国际比赛。"这个计划很大胆，那时距离第一场与非英国国家队之间的比赛仅两年时间（1902年10月12日，奥地利5比0胜匈牙利），法国队历史上第一场正式比赛三周前才举行（1904年5月1日，比利时3比3平法国）。但与会的7个国家代表，作为发起者的法国和荷兰、比利时、丹麦、西班牙、瑞典、瑞士，都表达了创建一个能将这些国家聚集在一起比赛的办赛愿望。

世界杯诞生

在那个英国将足球出口到岛外的最初年代，各种足球组织和协会不断诞生，他们希望由创造这项运动的阶层来管理足球。在不同协会的俱乐部、城市或国家选拔队之间进行的国际比赛，正以混乱的脱管状态开展着。同时，统一比赛规则，避免恶化与足球宗主国——英国之间的关系，都变得刻不容缓。于是，创建国际足联，作为唯一的国际比赛组织者的想法由此诞生。至于让足球摆脱其他体育组织的束缚，只要达到一定普及度，便可水到渠成。各地足球协会的球员们希望团结起来，为他们的运动负责，挣脱脖子上的枷锁。解除这个枷锁上的锁扣可是花了好长时间，直到国际足联正式得到承认。当时最难突破的一环就是金钱的禁忌。体育是在业余信条下

法国人儒勒·雷米特是世界杯创始人，作为国际足联主席，他被称为“世界杯之父”。

诞生的，却在职业化的推动下迅速发展。但是如同金钱接触到哲学和政治时一样，这让足球的国际关系变得复杂。直到20世纪20年代中期，创建一项国际性赛事的提议，依旧被锁在抽屉里。

事实上，当时已经存在着一个国际性赛事：奥运会足球比赛。足球从1900年起被正式列入奥运项目，但在奥运会上必须遵守的原则就是，只有业余球员才能参赛。在英格兰，职业化从19世纪30年代就开始进行，他们最好的球员都被排除在奥运会门外。第一次世界大战过后，足球取得的巨大成功使许多新兴国家开始质疑奥运死守业余的信条。最初只有欧洲国家参与的国际足联，很快就迎

1950年7月16日，乌拉圭2比1战胜东道主巴西夺冠，乌拉圭队长瓦雷拉从雷米特手中接过雷米特杯。

来了各大洲的成员。截至1914年总共有24个国家加入，1938年则达到了59个。在这段时期，职业化已经在三个中欧足球强国得到了普及：奥地利、匈牙利和捷克斯洛伐克，意大利、西班牙和法国也随之效仿。举办一个向所有成员开放的世界性赛事的想法孕育而生。

1924年的巴黎奥运会成为导火索。那一年，足球成为奥运会上唯一取得巨大成功的项目。奥林匹克的意识形态将田径和其他个人项目放在首位，然而真正吸引大众的却是足球，大量观众涌入了巴黎的哥伦布球场，目睹乌拉圭在决赛中令人吃惊地3比0击败瑞士。计划由此初现雏形，在国际足联新主席、法国人儒勒·雷米特和乌拉圭外交官恩里克·布埃罗的推动下，足球开始梦想一项确立自己位置、象征着独立的赛事。

20世纪20年代，各国之间关系的相对和平，客观上为世界杯的诞生提供了有利条件。"世界杯"这个名词由国际足联计划研究委员会提出，于1927年首次出现在国际足联的公文中。人们的疑虑在一点点地消散，尽管在另一个大洲举办这样的赛事绝非易事。1904年在欧洲诞生的古老计划，于1930年在大西洋另一侧的乌拉圭这个小国成为现实。从7月13日法国同墨西哥的首场比赛中，索肖内锋吕西安·洛朗打入首个进球起，世界杯这个在19世纪足球运动基础上诞生的赛事，将展现出它作为现代运动的特性。

战术革命

1930年，世界杯生逢其时，甚至超前于那个时代。它是那个时代足球运动的一面镜子，也宣告了踢球和取胜方式上的改革。它犹如新形势下国际关系的历史图册，通过焦急、激愤甚至悲剧式的情感，表达着这种关系。

从1930年乌拉圭摇篮中诞生的那短小的第一篇章，到1954年的进球狂舞，世界杯在欧洲和南美之间无规律地轮换，每个大洲的球队都习惯性地在本大洲夺冠。在这个被第二次世界大战所笼罩的1/4世纪中，足球人在竭尽全力让世界杯获得与奥运会同样的知名度。在这24年中，世界杯还在寻找最理想的剧本，以期成为真正的杯赛。自1872年英格兰足总杯诞生之后，杯赛的定义就是直接淘汰。但世界杯却一直在摇摆，1930年是以联赛的形式出现，最后进行负者被淘汰的决战；而在1934年和1938年演变成纯粹的淘汰赛；到了1950年，杯赛的意义已经荡然无存，由于参赛队总数为奇数，13支球队进行了混乱不堪的第一阶段小组赛，随后4支球队进行一个单循环赛来决定冠军归属，而不是通过两支球队的决战——这是世界杯历史上最令人意外，也是最为古怪的赛制。直到1954年之后，世界杯才找到了最平衡的赛制。

1954年，也是世界杯比赛的战术革命的转折点。当世界杯于1930年在乌拉圭诞生时，一次由1925年越位规则改变而引发的战术革命已经在英格兰展开。当时世界上所有国家几乎都采取同样的战术体系，被人们称为“古典方式”：两名后卫，两名边卫，一名组织中

1938年6月4日，德国队球员在与瑞士的比赛前集体行礼。那个时代，世界处在纳粹的阴影之中，世界杯亦是如此。

场，两名边锋，两名内锋，一名中锋。在阿森纳主帅查普曼的影响下，英格兰足球战术发生了改变，他将负责组织的中场后撤，专门盯防对方的中锋。在这个战术体系中，所有后卫都要紧盯自己对位的前锋。这种被称为“WM”的新战术为阿森纳带来了辉煌，他们在1931年至1935年期间4次夺得英格兰顶级联赛冠军。然而世界杯没能赶上这次革命，由于当时英国的代表队们蔑视这个并非由他们创造的杯赛，因而其他国家都没能在世界杯上目睹这种战术上的革新。

到了1950年，世界杯上那些来自南美和中欧的伟大球队，在忠实于古典战术的基础上对其进行了现代化改造。1954年，世界杯冠军首次由采取盯人防守方式的球队获得（实际上，德国在1974年和1990年夺冠时依旧以此为战术指导，直到2000年以后才放弃），联邦德国在决赛中的对手匈牙利对古典战术进行了革新，将其演变为424，这个阵型日后帮助巴西足球走向辉煌，因为他们总能出产适应这个阵型的球员。

英国球队在世界杯初段因赌气而拒绝参赛，成为那个阶段最出名的故事。当然我们也不能忘记1930年打入决赛的阿根廷，他们在1934年预选赛阶段被淘汰，随后又拒绝在1938年长途旅行去欧洲，以及抵制1950年巴西世界杯。此外，国际足联领导人的梦想，不断受到政治事件的影响。第二次世界大战前的最后一届世界杯宣告了悲剧的降临，卷入战争的国家缺席；1950年世界杯缺少了自1945年被排除在外的德国，1954年则缺少了苏联。

电视助推器

尽管出现了与20世纪上半叶阴暗的世界历史相关的事件，世界杯依旧征服了全世界。除了首届世界杯13支受邀球队全部进入决赛阶段外，随后的赛事都要经过预选赛，除非发生政治问题或者体育事故，否则决赛阶段球队都保持在16支。1934年世界杯共有32个国家报名，其中包括埃及和巴勒斯坦；1938年增加到36支，荷属东印度（现印尼）成为第一支打入

齐博尔、希代古提和柯奇士（左至右）见证了匈牙利足球的辉煌，他们是第一段世界杯时代的大人物。

决赛圈的亚洲球队；1950年33支；1954年38支。在这个阶段结束后，两个同时发生的20世纪异常重要的历史事件，极大改变了世界杯的面貌。

其中一件事情发生在政治方面：殖民地独立运动，从1970年开始改变世界杯的风景。从1958年起，世界杯的报名球队再未少于50支。报名参加世界杯成为一件大事，哪怕是在外交层面上也变得非常重要，以色列、叙利亚、苏丹等国家很早就都明白了这一点。

另一个事件，则是电视的方兴未艾。1954年，黑白电视开始在世界杯上进行摸索式的试验，尽管还没能成为大众消遣。在法国，从1954年起，已经有1%的家庭通过电视收看勒芒24小时车赛。他们也第一次观看了法国杯足球赛的决赛现场直播。当年6月6日，欧洲节目交换平台Eurovision诞生。世界杯的9场比赛进行了直播，其中包括法国同南斯拉夫一战，以及最终的决赛。这促使很多人购买电视机，以获得比裁判更好的观看“位置”。球迷们成群结队挤在电器卖场前的情景开始出现，在一些剧场里，世界杯比赛被投放到6.50米×5.10米的大屏幕中。

随着电视机走入千家万户，冠军球员们走入了人们的客厅，成为家喻户晓的明星。那个时候，世界杯已经拥有了很多伟大的球员，当然英国的球星除外。斯塔维莱、斯卡罗内、莱昂尼达斯和斯基亚菲诺成为南美足球的完美代表；费雷拉、梅阿查、皮奥拉和萨莫拉成为南欧足球的大使，与此同时伟大的足球俱乐部也开始诞生于此；内耶德利、辛德拉尔、萨罗希、普斯卡什、希代古提、柯奇士见证了中欧国家的艺术足球科学，但只有极少数观众曾目睹他们的表演。

该用怎样的词汇和图片去展现球员们天才般的动作？在1954年之后，电视深刻地改变了全世界的视角，让人们获得了更多对儿时偶像的回忆。同样，当选定最伟大球员、最伟大球队、史上最伟大比赛的时候来临时，电视出现前的时代被忘却了，那时的球员名字只能出现在百科全书中，仅作回忆。

1950年7月10日，在世界杯上遭淘汰的英格兰队抵达伦敦希思罗机场。当时在世界足坛不可一世的英国人，首次世界杯之旅以失败告终。

时间: 6.13—7.30
主办国: 乌拉圭

第一届世界杯
1930

冠军
乌拉圭

1

参赛国家

- 阿根廷
- 比利时
- 玻利维亚
- 巴西
- 智利
- 美国
- 法国
- 墨西哥
- 巴拉圭
- 秘鲁
- 罗马尼亚
- 乌拉圭
- 南斯拉夫

足球初体验

当乌拉圭获得第一届世界杯主办权的时候，距离足球从英国来到这个南美小国并没过太长时间。一开始，足球在乌拉圭被看作社会精英阶层的集体运动，并象征着英国势力的存在。19世纪末期，英国在全世界的势力达到顶点，尽管南美洲从没有成为英国人正式的殖民地（除英属圭亚那和福克兰群岛之外），但在经济上和英国存在着千丝万缕的联系。19世纪80年代，英国在南美的投资占其在世界范围内投资的20%，其中对于阿根廷经济的影响力尤为明显。乌拉

1930年，首届世界杯在乌拉圭举行。时任国际足联主席雷米特（左一）乘船从欧洲抵达乌拉圭，向前来欢迎的人群致意。

弗里登赖希“失约”

1930年，职业生涯中共打入1239球的“老虎”弗里登赖希已接近退役，当时38岁。当年巴西足球遭遇了里约州和圣保罗州足协之间的政治斗争。最终弗里登赖希所在的圣保罗州足协决定不派球员去国家队。于是，创造了带球急停过人技术的弗里登赖希与世界杯失之交臂。

吕西安·洛朗 世界杯第一球

他将永远是世界杯历史上第一个进球的创造者。在1930至1932年期间，洛朗共10次入选法国队。这名出生于1907年的世界杯首球射手于2005年去世，他也得以看到法国队在1998年捧得世界杯。

那是一个司空见惯的进球，人们起初很少在报纸上谈论它。吕西安·洛朗，巴黎CA俱乐部的前锋，多年后承认，他并没有为此特别庆祝：“当我进球后，只是感觉到很高兴，和其他队友一样，感觉这是一个普通的进球。我们只是拥抱、击掌，然后立刻投入比赛。”

那是在1930年7月13日，在法国同墨西哥之间进行的第一场世界杯比赛。第19分钟，法国队门将泰波发起进攻，经过尚特雷尔和里贝拉蒂的传递，由当时阵中洛朗兄弟中的弟弟吕西安破门，为法国队一场4比1的大胜拉开了序幕。“当时我根本就没有意识到那是世界杯历史上的第一个进球。”

直到洛朗漫长的职业生涯结束多年之后，体育史学家们才开始对这个被遗忘的进球感兴趣。全世界的记者都来拜访他，听他一遍又一遍地讲述这个历史性进球。此前，人们关注焦点都在同场比赛中打入两球的马斯基诺身上，他是世界杯历史上第一个单场比赛梅开二度的球员。后来，在BBC的一部纪录片中，已经八十高龄的洛朗在摄像机前与英格兰射手莱因克尔面对面传了几脚球，莱因克尔在1986年打入了世界杯历史上第1300个进球。

美国惊奇

没人预料到美国队能打入世界杯半决赛，其实该队拥有多名从欧洲移民而来的职业球员。直到今天人们还在猜测，参加1930年乌拉圭世界杯的美国队其实是由英国球员组成的。实际上，那支美国队里的确有6个人出生在英国，他们分别是奥尔德、布朗、加拉赫、麦吉、摩尔豪斯和伍德。

美国足球水平并不差，实力不俗的欧洲劲旅比利时在首场比赛中就认识到了这一点，他们0比3被美国击溃。随后巴拉圭人也以同样的比分败下阵来。直到半决赛中，阿根廷才阻止了美国人更进一步，这些美国人可不是菜鸟。从20世纪20年代起，美国就已经创建了职业联赛，汇集了很多刚刚从欧洲移民过去的球员。

伍德曾是苏格兰学校选拔队的成员，后来跟随父母去了美洲。他在英格兰踢过真正的职业足球，效力过莱斯特城和诺丁汉森林。吉米·加拉赫也有同样的经历，他曾在星条旗下参加过1928年奥运会。与比利时一役独入两球的麦吉，父亲曾是苏格兰国脚。摩尔豪斯曾是英格兰第三级别球队特兰缪尔俱乐部的职业球员，辗转离开加拿大后，他在布鲁克林和纽约巨人队效力。

奥尔德20世纪20年代在苏格兰就成为职业球员，詹姆斯·布朗到美国是为了寻找父亲，他成为纽约巨人的一员，后来返回欧洲后，效力过曼联和布伦特福德。所以，我们不该轻视这帮打入世界杯半决赛的美国球员。

在去往乌拉圭的船上，法国队在甲板上拍摄全家福。可惜由于实力的差距，法国人在乌拉圭未能取得小组出线权。

● 安德雷斯·姆扎里

他从1924年起就把守乌拉圭国家队的大门。但由于在世界杯前违反队内纪律而被开除，这也让他错过了成为世界冠军的机会。

● 劳尔·祖德

作为乌拉圭足协主席，法律博士祖德很好地完成了世界杯组织工作。从1924年开始，祖德就在乌拉圭议会担任教育部长，并且促成了乌拉圭两强佩纳罗尔和国民俱乐部之间的和解。

● 世界杯六君子

6位得到各国认可的人承担起组织第一届世界杯的艰巨任务，他们是乌拉圭人布埃罗和祖德、意大利人扎内蒂、匈牙利人费舍尔、瑞典人约翰松和比利时人希尔舒曼，但是意大利、匈牙利和瑞典并没有参加这届比赛。

● 恩里克·布埃罗

正是布埃罗将第一届世界杯主办权带到了乌拉圭。1925年，国际足联主席雷米特和担任乌拉圭驻比利时大使的布埃罗会面，后者同时也是国际足联的南美代表。1929年5月18日，外交家布埃罗和乌拉圭足球联赛主席戈麦斯一道为乌拉圭赢得了世界杯主办权，严谨而值得信赖的布埃罗在其中发挥了重要作用。

● 儒勒·雷米特

他才是真正的世界杯创造者，也正是在他的努力下，四个欧洲国家罗马尼亚、比利时、法国和南斯拉夫前往乌拉圭参赛。

● 带着58个箱子的男人

艾米利·汉森是比利时昔日国脚，此时又是比利时足协秘书，他竟然带了58个箱子去了乌拉圭首都蒙得维的亚。这可累坏了汉森，工作人员在巴黎就把他的行李卸错了车站，过海关检查的时候他累得满头大汗，之后又把行李送到前往西班牙的火车。直到最后一刻，汉森才赶到巴塞罗那，在别人的帮助下总算又过了一道海关。

1930年，东道主乌拉圭队拥有强大的阵容，他们夺取冠军当属实至名归。

圭、阿根廷、智利盛产小麦、牛肉、铜和硝，与加拿大、澳大利亚以及南非等英国自治领存在很多相似之处。

在拉普拉塔河两边，英国人喜欢的板球、皮划艇、马球和网球等运动逐渐开展起来。在乌拉圭首都蒙得维的亚，一些来自英国的公司职员首先成立了板球和皮划艇俱乐部，乌拉圭第一家体育俱乐部则是在1842年12月3日成立的维多利亚板球俱乐部。乌拉圭第一场足球比赛在1881年6月举行，交战双方是来自蒙得维的亚的板球俱乐部和摔跤俱乐部，板球队两回合都取得了胜利。

在蒙得维的亚的英国教育机构对于足球运动在乌拉圭的传播发挥了重要作用。1891

南斯拉夫问题

来自萨格勒布和斯普利特的球员们在过去三届奥运会的南斯拉夫队里发挥了核心的作用。但是从20世纪20年代末开始，来自贝尔格莱德的球员们逐渐崛起，向其他两股势力发起挑战。来到乌拉圭的南斯拉夫队之所以只有塞尔维亚人，还有一个深层次的原因：1930年3月16日南斯拉夫足协从萨格勒布搬到贝尔格莱德，这件事激怒了克罗地亚人，于是他们拒绝参加世界杯赛。

独臂侠卡斯特罗

乌拉圭的攻击线由斯卡罗内掌控，最佳射手是塞亚，再加上两名出色的边锋多拉多和伊里亚特，以及中锋卡斯特罗——他在1928年就已经成为奥运会冠军。在这次世界杯上，卡斯特罗打入了两个关键入球：首场对阵秘鲁，是他攻入全场唯一进球，帮乌拉圭艰难获胜；决赛临近尾声，他又一次用进球彻底锁定胜局，让全场6万名球迷陷入了疯狂。卡斯特罗外号'独臂人"，因为他儿时曾被锯子夺去了左臂。

“屠夫”蒙蒂

蒙蒂是世界杯历史上唯一代表不同国家参加过两届决赛的人，这名原籍阿根廷的球员也因为其凶狠野蛮的铲球而留在了世界杯的记忆中。蒙蒂司职后卫，他在世界杯历史上拥有如此地位出于两个原因，一个很美妙，一个很丑陋。他是史上唯一代表两支不同球队踢过世界杯决赛的球员。1930年，他代表阿根廷输掉了第一场决赛，1934年跟随意大利赢得了个人第二场决赛，两届世界杯中间，他改变了国籍，连名字都改成了更意大利化的卢易吉。足球历史上最粗暴的球员是他出名的另一个原因。1930年，比利时裁判朗格努斯见证了智利同阿根廷比赛中的群殴，而蒙蒂是第一肇事者，正是他一次野蛮的铲球导致双方上演全武行。比利时裁判承认：“按照比赛规则，所有球员都应该被罚出场，那么比赛就会因为缺人而结束。”4年后，蒙蒂是意大利与西班牙两次血腥殴斗（双方的1/4决赛首场战平后重赛）的主角，前法国国脚、后来成为体育记者的甘比林给他起了个很恰当的外号——“屠夫”。命中注定，这样的故事往往有个更为血腥的结尾。1934年末，在英格兰同意大利那场著名的“海布里战役”中，阿森纳球员德拉克铲断了蒙蒂的腿，算是为此前被后者伤害过的前锋们报了仇。

法国队虽然未能在1930世界杯小组出线，但依然受到舆论的好评，在球迷眼中，他们的球队完成了一次伟大的尝试。

统计悬案

整整62年时间，人们都以为法国中场德尔梅没有在1930年世界杯出场，当然也就没有参加0比1不敌智利的比赛。媒体一直报道说皮内尔担任后卫，马斯基诺则是踢中锋。但是赛前全家福上，门将泰波身边站着的正是德尔梅。法国足协在1992年终于查明事实，原来皮内尔踢了中锋，效力于亚眠俱乐部的德尔梅的确出场担任后卫。之所以会出现统计错误，原来是尚特雷尔和皮内尔负责法国队世界杯的数据统计，而他们都不喜欢德尔梅，因此才从中做了手脚……

年5月，当地英国高级中学教师普勒成立了“英格兰板球俱乐部”，并从1893年开始有了足球部门，该俱乐部很快开始和布宜诺斯艾利斯的俱乐部比赛。1891年9月28日，一些年轻的英国工程师又成立了乌拉圭中心铁路板球俱乐部（CURCC），拥有118名会员，包括板球、网球和足球等部门。

起初这些俱乐部主要都分布在英国企业和工厂附近，第一任中心铁路板球俱乐部主席哈德森同时也是铁路公司老板，公司会员必须是英国人的后代。1899年，竞技俱乐部和国民俱乐部的成立，让中心铁路板球俱乐部有了强劲的竞争对手。和中心铁路板球俱乐部不同，国民俱乐部一开始就以乌拉圭本国球员为主，这使得不同的俱乐部代表了不同的阶层。

“乌拉圭万岁”

玻利维亚队在本届世界杯第一场和南斯拉夫的比赛前做了一件讨好东道主的事情。每名球员球衣前都写了大大的字母，赛前拍全家福的时候，全场观众看到了“Uruguay Viva（乌拉圭万岁）”字样，报以雷鸣般掌声。此外还有两名玻利维亚球员头上分别缠着黑色和白色的发带——1930年的球员同样很有个性。

随着一家当地有轨电车公司开放中央公园给足球爱好者，这项运动在蒙得维的亚得到了进一步的推广，不过要想前往公园，球迷就得乘坐有轨电车。1900年，四家英国足球俱乐部和一家德国足球俱乐部组建了乌拉圭足球联赛，中心铁路板球俱乐部是第一个赛季的冠军。但此后，英国铁路公司逐渐感到经营足球俱乐部成为一种负担，于是将管理权交给了当地人。他们这样做的另一个原因是当时发生了多起乌拉圭球迷赛后焚烧列车的恶性事件。

1914年，中心铁路板球俱乐部改名为佩纳罗尔俱乐部，这是以俱乐部及铁路公司所在的城区命名的，但国民俱乐部依然将佩纳罗尔的球员和球迷称作“英国人”。乌拉圭准备在世界杯结束后实行职业化，但只有佩纳罗尔和国民俱乐部具备资格。乌拉圭国家队则是从1912年开始便一直存在。

承办，顺理成章

对足球的热情让乌拉圭成为世界杯主办国的竞争者之一。当时总部在欧洲的国际足联对南美人主办世界杯并不放心，尽管南美大陆国家之间的足球赛早已开展起来。美洲杯是世界上现存历史最悠久的国际足球赛事，阿根廷和乌拉圭传统的对抗赛从1905年便已经开始，比赛被冠名为“利普顿杯”，轮流在两国首都进行。1930年世界杯前，阿根廷人和乌拉圭人分别5次和6次捧起美洲杯，只有巴西在1919年打破两强垄断的局面。在足球场上的成功，也是乌拉圭申办世界杯的重要原因，他们提出的组织规模也是欧洲人难以承受的。

第一次世界大战过后，当南美球队来到欧洲这块旧大陆时，作为足球摇篮的欧洲才意识到，并非只有他们才玩得转足球。1924年巴黎奥运会期间，哥伦布球场的很多观众看到木牌上乌拉圭这个名字，才知道了这个南美小国，他们很快便见识到南美人的厉害。身穿天蓝色球衣的乌拉圭统治了整个赛事，他们轻易碾碎了东道主法国（5比1），随后在决赛中没有给瑞士任何机会（3比0）。欧洲开始了解这种南美风格，以及安德拉德、佩特罗内、斯卡罗内、塞亚和罗马诺为首的冠军球员们。不久后，这些人成为第一批世界冠军。

乌拉圭的胜利在南美引起了震动。4年后，邻国阿根廷派队参加了荷兰奥运会，决赛，乌拉圭对阵阿根廷，胜利依旧属于乌拉圭。这股南美足球狂潮，让时任国际足联主席雷米特先生开始考虑将第一届世界杯放在大洋彼岸进行。乌拉圭顺理成章地在1929年被选为主办国，但他们只剩下一年时间去筹备。

整个乌拉圭都被动员了起来，一方面是为了举办首届世界杯，另一方面，这个国家正在准备100周年的国庆典礼。正在修建中的蒙得维的亚纪念球场，顺势被命名为百年纪念球场。为了向乌拉圭足球在奥运会中所获得的成就致敬，四面看台分别被命名为奥林匹克、哥伦布、阿姆斯特丹和美洲。

欧美“暗战”

对于欧洲国家来说，美洲太远了。没能获得世界杯主办权，欧洲国家普遍对参赛失去了兴趣。荷兰、意大利、西班牙、瑞典和匈牙利都明确表示不参赛，奥地利、德国和瑞士等国也加入了这一行列。直到世界杯开幕前两个月，还没有欧洲国家宣布参赛。有些国家是担心花销太大，于是组织者提出对于有愿意参赛的欧洲国家提供财政帮助。但有的国家提出必须有额外的6万马克出场费，这相当于乌拉圭参加在欧洲举行的奥运会比赛所得出场费的两倍。愤怒的乌拉圭人甚至袭击了荷兰使馆，焚烧荷兰国旗并谩骂荷兰女王。

时任国际足联主席雷米特先生做了很多努力，说服了法国队球员们的雇主们（球员都是业余身份），让他们获得了假期，法国队因此才得以出征。巴劳是法国队主教练人选之一，但他当时在巴黎圣母院工作，无法脱身，只能放弃。罗马尼亚能够参赛，是得到了国王卡罗尔二世的命令，他刚刚在布加勒斯特重掌政权。再加上比利时和南斯拉夫，这4支球队组成了欧洲的“南美探险阵容”。他们踏上了“维尔代伯爵号（Conde Verde）”商船，开始了为期两周的越洋旅行。

其实这4支球队都不能算是欧洲强队，比如在1924年奥运会足球赛场，乌拉圭就曾经分别以7比0和5比1的比分血洗南斯拉夫和法国。4年后，比利时又以3比6输给阿根廷，比利时最出色的3名球员这次也没有随队前往乌拉圭。

除了南斯拉夫，其他3支欧洲球队一起前往乌拉圭。1930年6月18日，意大利客轮“维尔代伯爵号”从法国尼斯的维凡屈出发，3天后来到巴塞罗那，同行的还有欧洲裁判以及带着奖杯的雷米特主席。航行历时10天，球员们在此期间只能在甲板上训练。客轮抵达南美洲的第一站是里约热内卢，到了蒙得维的亚之后，欧洲客人受到当地人民疯狂而热烈的欢迎。在已经赢得两次奥运会足球冠军的乌拉圭，一项新的世界级赛事正式拉开序幕。

新世界之杯

抵达蒙得维的亚时，来自欧洲的球队感觉就像发现了新大陆。当地人对足球的热情是如此狂热，乌拉圭人和阿根廷人对世界杯已经期待了很久。在同阿根廷的比赛中，法国人就领略了乌拉圭球迷的激情：他们都盼望法国队击败自己的死敌。但从小组赛开始，法国人就明白了，要想阻止1928年奥运会的冠亚军会师决赛，几乎是不可能完成的事情。与阿根廷一战，对方后卫蒙蒂于81分钟首开纪录。比赛还剩下9分钟，但巴西裁判立刻吹响了终场哨，这只是当届赛事众多裁判失误中的一次，顿时引起了全场3万名观众的集体抗议。等到裁判意识到自己犯错后，法国队的球员们已经泄了气。大家都明白，“万众期盼”的决赛不可避免了。

7月30日，分隔两个邻国的拉普拉塔河上挤满了各类船只，数万阿根廷人希望到河对岸去观看决赛。由于大雾锁江，很多船只直到比赛结束后才靠岸。他们没能看到上半时1比2落后的乌拉圭，是如何在神奇的斯卡罗内的率领下翻盘取胜的。在布宜诺斯艾利斯，人们涌上街头，从高音喇叭中收听比赛的转播，比赛结束后他们聚集在乌拉圭大使馆前抗议。欧洲球队在翌日夜晚乘船返航，他们已经意识到足球对于南美的意义。

决赛
乌拉圭4比2阿根廷
1930年7月30日
蒙得维的亚世纪球场

1930年7月30日，东道主在他们的“梦剧场”世纪体育场出战世界杯决赛，对手则是他们的南美邻居阿根廷。这是1928年奥运会决赛的重演：两年前在阿姆斯特丹，乌拉圭在奥运会决赛中1比1与对手战平，通过重赛2比1战胜阿根廷获得冠军。

乌拉圭人在这场比赛中做出了一个大胆的决定，用只有一支胳膊的卡斯特罗顶替安塞尔莫担任中锋。纳萨齐和费雷拉分别是乌拉圭和阿根廷的队长。比赛裁判则是经验丰富的比利时人朗热努斯。有93000人来到现场观战。

赛前的一场争议足以写入历史。乌拉圭人和阿根廷人都坚持比赛必须用自己一方提供的球，最终国际足联介入，并做出决定，比赛前半段使用阿根廷人的球，后半段使用乌拉圭人的球。有研究者认为，这应该就是足球比赛分为上下半场的最初起源。

开局阶段，双方都是在互相试探中度过。但是，第12分钟，东道主率先找到阿根廷人的破绽，巴勃罗·多拉多的射门穿过阿根廷门将博塔索的裆下进门。8分钟后，阿根廷队将比分扳为1比1：卡洛斯·保塞列接巴拉略的传球，面对乌拉圭门将巴列斯特罗劲射破门。第37分钟，斯塔维莱帮助阿根廷将比分反超。但这一进球也是本场比赛最具争议的进球，斯塔维莱得球时疑似处于越位位置——乌拉圭队队长纳萨齐事后也证实了这一点。然而，虽然乌拉圭队员当即提出了异议，但主裁判朗格努斯仍然坚持进球有效。阿根廷2比1领先结束上半时。

下半时乌拉圭重整旗鼓，第57分钟，佩德罗·塞亚为乌拉圭队扳平比分。2比2，两队都有机会在余下的时间里攻入决定性进球。阿根廷队的进攻铁三角，保塞列、埃瓦里斯托和斯塔维莱看起来将要搅乱东道主计划中的

一场比赛两个球

比利时裁判朗格努斯穿着高尔夫球裤，但这不足以让他成为足球历史人物。他是两次世界大战期间最著名的欧洲裁判，参加过3次世界杯，因为吹罚了乌拉圭同阿根廷的那次世界杯第一场决赛而闻名。当他步入球场时，人们吃惊地看到他左右臂下各夹着一只足球，日后他在自己的书中回忆道：“每支球队都带了一只自己国家生产的皮球，都希望用自己的皮球比赛。这也是比赛开始前站在中圈的时候，我每条胳膊下都夹着一只皮球的原因，上半场用哪个球要通过掷硬币的方式来决定。”在乌拉圭决赛获胜后，朗格努斯迅速跑向门口，希望搭乘船只尽快回到欧洲。但由于疯狂的人群堵塞了出口，当地警方动用了三轮摩托车才帮助他和两名边裁离开。就是在这种奇怪的场景下，裁判们准时到达了拉普拉塔河边，但他们期盼的船只却没有到达。由于大雾弥漫，很多希望过河观看决赛的阿根廷球迷的船只堵塞了河道，裁判们和比利时以及罗马尼亚代表团翌日才返程。

一场盛筵。但是，第68分钟，乌拉圭人让所有担心他们的人松了一口气，桑托斯·伊里亚特22米外的大力远射将比分改写为3比2，整个体育场陷入极度狂欢。即便单纯衡量这个进球的质量，也值得将冠军授予乌拉圭。几分钟后，最终以8球成为赛事最佳射手的斯塔维莱差点又搅合了乌拉圭人的美梦，他的射门击中横梁。乌拉圭人不敢大意，重新抖擞精神。终场前一分钟，卡斯特罗接多拉多的横传头球将比分锁定为4比2。这位因事故失去了左臂的球员，一时间成为乌拉圭的国家英雄。早在乌拉圭本届杯赛首场对秘鲁的比赛中，卡斯特罗就曾攻入比赛唯一进球，但随后他便被排除在首发阵容外，直到决赛才重返这一行列，并攻入锁定冠军的一球。终场哨响，乌拉圭人陷入了疯狂。时任国际足联主席雷米特将金杯交到了乌拉圭人手中。

当天晚上及第二天，蒙得维的亚的大街上到处都是载歌载舞的人群。乌拉圭政府甚至宣布第二天全国放假。在阿根廷首都布宜诺斯艾利斯，一群恼羞成怒的阿根廷球迷，则向乌拉圭领事馆投掷石块泄愤。

90多年过去了，参加过1930年世界杯的那些足球开拓者们已经不在人世，包括2010年离世的“百岁球星”、本场比赛助攻阿根廷人首次扳平一球的——巴拉略，他是1930年世界杯参赛球员。这届世界杯上，巴拉略尚是20岁的青春少年。因为膝伤，他缺席了半决赛，但决赛当天上午，经过伤情诊断，球队决定让其首发。“当时还没有替补制度，因此大家都知道这将冒着怎样的风险。”巴拉略说。

2010年2月5日，巴拉略迎来了自己100岁生日。在拉普拉塔的一个剧院里，巴拉略接受了数百名阿根廷足球人士的祝福。“这是我这么多年来第一次受到这样隆重的礼遇。”巴拉略说。他饱含热泪地向公众回忆起了惊心动魄的第一届世界杯往事。显然，直到80年后，巴拉略仍难以为那场失利释怀：“下半时我可以说使出了全部的力气。比赛最后阶段，不断有人受伤，我们最后阶段实际上只有十人应战——在一次射门击中横梁后，我的膝伤加剧，别说再进球了，甚至连走路都困难。那天比赛后，我痛哭流涕。至今，回忆起那场比赛，我仍感到愤怒，我们也许还不够勇敢。”

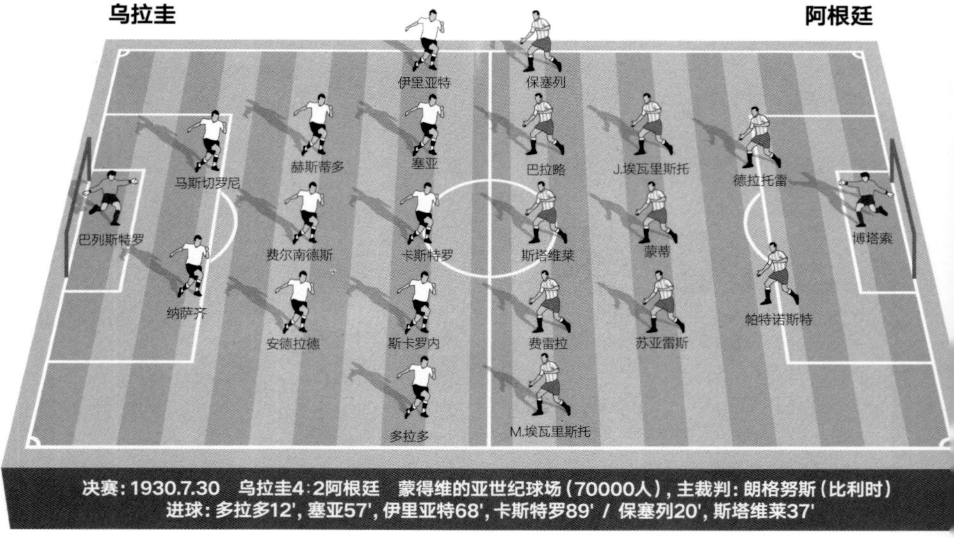

决赛：1930.7.30　乌拉圭4:2阿根廷　蒙得维的亚世纪球场（70000人），主裁判：朗格努斯（比利时）
进球：多拉多12'，塞亚57'，伊里亚特68'，卡斯特罗89' / 保塞列20'，斯塔维莱37'

乌拉圭与阿根廷比赛中，客场作战的门将博塔索成为最忙碌的人。虽然他奋力扑接（图①），但仍然不能阻挡对手打入4球。图②为多拉多打入第一球，图③为卡斯特罗打入第4球。

巴拉略同时也是博卡俱乐部历史上的功勋射手，他所保持的181球的职业联赛时代博卡进球纪录，直到2009年才被帕勒莫超越——10年前他曾笑言，如果帕勒莫超越他的纪录，他将复出职业足坛。1994年，国际足联还曾授予巴拉略国际足联荣誉勋章。

爆满

虽然官方给出的决赛观众人数只有68346人，那是因为体育场只有70000个座位，世界杯后才扩容到100000个座位。实际上，决赛当天有大约90000名球迷来到现场，不少没有票的人是从围栏中找到窟窿钻了进来，拥挤的人们几乎站到了球场边上。

夺冠庆祝

当裁判吹响决赛结束哨音，球场变成欢乐海洋，国际足联主席雷米特在狂欢的乌拉圭人中间显得不知所措，好不容易才找到了一位乌拉圭队官员，得以将手中的奖杯交给他们。不过举起奖杯的不是乌拉圭队长纳萨齐，而是足协主席祖德（下图右）。

战胜阿根廷后，乌拉圭队的球员在场地内欢庆胜利。

只有“胜利”最美丽

“胜利”——这是法国雕塑家拉福勒为世界杯金杯所取之名。

1930年7月30日，所有参加了首场世界杯决赛的主角和观众，都看到了随后半个世纪中无数人梦想的物品：雷米特杯！国际足联主席当时将其夹在行李中带到了乌拉圭，他日后在回忆录中写道：“一座30厘米高的雕像，重约4公斤。双臂举起超过头部，象征着‘胜利’，下方则是杯的形状。这是法国雕塑家拉福勒的作品……世界杯主要由黄金铸成，人们应该相信，我选择这种珍贵的金属绝非为了显摆或出风头。这是一种象征：世界杯应该成为所有体育赛事中最高级别，黄金就是这种最高级别的象征。”在第二次世界大战期间，世界杯被藏在一个鞋盒子里才幸免于难，不过在1966年被盗走，后来又被一只英国犬找回。1970年，金杯为三届冠军得主巴西永久所有。然而，它在1983年再次被盗，这一次盗贼将它毁掉了。

他们是冠军

主教练

阿尔贝托·苏皮西 Alberto Suppici
生于1898年11月20日/卒于1981年6月21日
苏皮西是一位拥有极高的洞察力和分析能力的教练，他对比赛全局和个人对抗都有着自己的独到见解。经过了大约三个月的准备期后，苏皮西就将乌拉圭队糅合在了一起征战首届世界杯，并成功地塑造了球队的战斗精神。

门　将

恩里克·巴列斯特雷罗 Enrique Ballestrero
生于1905年1月18日/卒于1969年10月11日
效力俱乐部：兰普拉青年
本届杯赛的悍将，站在门柱之间就是乌拉圭大门的有力保障。原本巴列斯特雷罗并不是主力门将，但就在本届杯赛开始不久前的一个晚上，主力门将马扎里外出偷欢，被清除出球队，巴列斯特雷罗获得了主力位置。正是他在决赛中的高接抵挡，帮助乌拉圭最终击败了阿根廷，他也成为了球队的英雄。

米格尔·卡普奇尼 Miguel Cappuccini
效力俱乐部：佩纳罗尔
佩纳罗尔的门将一直在等待着出场的机会，但很显然，主教练苏皮西更喜欢巴列斯特雷罗。

后　卫

洛伦索·费尔南德斯 Lorenzo Fernandez
生于1900年5月20日/卒于1973年11月16日
效力俱乐部：佩纳罗尔
和卡斯特罗一样，费尔南德斯也是决赛中出人意料的亮点球员。这位30岁的后场在比赛中拥有无穷的能量，多次破坏阿根廷队有威胁的攻势，完美地执行了主教练的战术。

阿尔法罗·赫斯蒂多 Alvaro Gestido
生于1907年5月17日/卒于1957年1月18日
效力俱乐部：佩纳罗尔
乌拉圭队中最不可或缺的球员。赫斯蒂多领衔的乌拉圭第二道防线是一道坚固的屏障，他也因此入选了本届世界杯的最佳阵容。比赛打成2比2之后，他果断的把自己位置前提，给阿根廷的防守持续施压。

何塞·纳萨齐 Jose Nasazzi
生于1901年5月24日/卒于1969年6月17日
效力俱乐部：贝利亚维斯塔
这位有着33场国际比赛经验的球员在决赛同阿根廷队比赛中登场，并且和安德拉德一起稳定了球队的防守。作为球队的队长和精神领袖，纳萨齐完成了一届伟大的比赛，他被认为是乌拉圭全队中发挥最稳定的球员。

埃尔内斯罗·马斯切罗尼 Ernesto Mascheroni
生于1907年11月21日/卒于1984年7月3日
效力俱乐部：蒙得维的亚奥林匹亚
一名强力右后卫，仅仅在首场同秘鲁的比赛中缺阵。马斯切罗尼在决赛中扮演了重要角色，令乌拉圭的后防线密不透风。赛后，乌拉圭官方的战报赞扬这位23岁的球员在比赛中“坚强，可靠，注意力高度集中”，尽管他只是效力于乌拉圭一支不知名的小球队。

埃米利奥·雷科巴 Emilio Recoba
生于1903年/卒于1993年1月
效力俱乐部：国民
本届杯赛全部比赛雷科巴均作壁上观。

卡洛斯·里奥尔弗 Carlos Riolfo
效力俱乐部：佩纳罗尔
佩纳罗尔的后卫未能在首届世界杯的比赛中出场。

多明戈·特赫拉 Domingo Tejera
生于1899年7月27日/卒于1969年6月30日
效力俱乐部：蒙得维的亚流浪者
在首场同秘鲁队的比赛中作为右后卫的登场。但主教练苏皮西并没有让他高兴多久，就把主力位置转给了马斯切罗尼。

中　场

何塞·安德拉德 Jose Andrade
生于1901年10月1日/卒于1957年10月4日
效力俱乐部：乌拉圭国民
安德拉德是乌拉圭赢得最后决赛的英雄。1928年，他还曾代表乌拉圭参加了奥运会，在对抗和防守上表现极佳。他在三场比赛中都被评为最佳球员。

佩德罗·塞亚 Pedro Cea
生于1900年9月1日/卒于1970年9月18日
效力俱乐部：国民
在进攻中，塞亚总能找到对方后卫的漏洞，并把球送入球网。在最后决赛的下半时，塞亚打入了至关重要的扳平一球，将比分改写成了2比2，吹响了乌拉圭反攻的号角。最终，他凭借5个进球成为了乌拉圭在本届比赛中进球最多的球员。

埃克托·斯卡罗内 Hector Scarone

生于1898年7月27日/卒于1967年4月4日

效力俱乐部：国民

这位国民队的球星能够在比赛中从始至终给对方后卫强力冲击，决赛中的第二个和第四个进球都有他的组织功劳。他踢出了一届完美的世界杯。

安赫尔·梅洛格尼奥 Angel Melogno

效力俱乐部：贝利亚维斯塔

这位效力于贝利亚维斯塔的中场球员一直在徒劳地等待着自己的出场机会。

胡安·卡尔沃 Juan Carlos Calvo

效力俱乐部：米西奥内斯

整个杯赛中没有任何值得人注意的地方，只是在球队中呆了两周而已。

前　锋

胡安·安塞尔莫 Juan Anselmo

生于1902年4月30日/卒于1975年10月27日

效力俱乐部：佩纳罗尔

在最后的决赛中，安塞尔莫失去了首发的机会，主力位置被卡斯特罗取代。在本届世界杯上，安塞尔莫势如破竹地打入3个进球，可惜在决赛前他哮喘发作，主教练苏皮西不得不将他放在板凳上。

埃克托·卡斯特罗 Hector Castro

生于1904年11月29日/卒于1960年9月15日

效力俱乐部：国民

这位只有一支手臂的左边路球员无疑是苏皮西在决赛中的幸运棋子。由于主力安塞尔莫突发哮喘，他建议主教练苏皮西派上卡斯特罗，这位25岁的球员果然没有让人失望——他打入了球队的最后一粒入球，把比分锁定为4比2。卡斯特罗在决赛赛场上显示出了强悍的力量，果断的动作和长驱直入的带球，成为球队获胜的关键。

巴勃罗·多拉多 Pablo Dorado

生于1908年6月22日/卒于1978年11月18日

效力俱乐部：贝利亚维斯塔

多拉多参与了决赛的第一个与最后一个进球。上半时，他为乌拉圭率先攻破了阿根廷的大门，一脚射门直挂球门死角得分。在最后时刻，他还妙传卡斯特罗，后者破门并把比分锁定为4比2。在这两个进球之外，他还是乌拉圭队最可靠的控球者和节拍器。

维克托里亚诺·伊里亚特 Victoriano Iriarte

生于1902年11月1日/卒于1961年11月10日

效力俱乐部：蒙得维的亚竞技

他是球队在本届杯赛的最大发现，并且在取得决赛胜利后成为了乌拉圭的民族英雄。在小组赛首场对秘鲁的比赛中，伊里亚特首次登场，并一举奠定了自己的主力位置。在决赛中，他更是打入了球队反超比分的一球。

佩德罗·佩特罗内 Pedro Petrone

生于1905年5月11日/卒于1968年6月17日

效力俱乐部：国民

佩特罗内有着29场国际比赛经验，但在首场同秘鲁队的比赛中却未能登场。由于乌拉圭仅以1比0小胜秘鲁，让主教练下定决心，在剩下的比赛中启用他。1931年，佩特罗内转会去了意大利的佛罗伦萨，但不久就由于过于思念家乡而再次回到乌拉圭。

孔杜埃洛·皮里斯 Conduelo Piriz

效力俱乐部：国民

这位国民俱乐部的前锋一直在徒劳地等待着属于他的出场机会。

佐伊洛·萨尔多姆比德 Zoilo Saldombide

生于1902年

效力俱乐部：蒙得维的亚流浪者

1924年，萨尔多姆比德代表乌拉圭参加了奥运会的比赛，但却未能在本届世界杯中登场。

桑托斯·乌尔迪纳兰 Santos Urdinaran

生于1900年3月30日/卒于1979年7月14日

效力俱乐部：国民

乌尔迪纳兰也只是在一场比赛中登场，那是同秘鲁队的比赛。那场糟糕的比赛之后，他的主力左边锋的位置就被多拉多所取代。尽管他曾经代表乌拉圭获得过1924年和1928年两届奥运会的足球项目金牌。

最佳阵容

赛程赛果

第 1 组

1930.7.13	法国 4:1 墨西哥
1930.7.15	阿根廷 1:0 法国
1930.7.16	智利 3:0 墨西哥
1930.7.19	智利 1:0 法国
1930.7.19	阿根廷 6:3 墨西哥
1930.7.22	阿根廷 3:1 智利

阿根廷 3 战全胜，以小组第一身份晋级

第 2 组

1930.7.14	南斯拉夫 2:1 巴西
1930.7.17	南斯拉夫 4:0 玻利维亚
1930.7.20	巴西 4:0 玻利维亚

南斯拉夫 2 战全胜，以小组第一身份晋级

第 3 组

1930.7.14	罗马尼亚 3:1 秘鲁
1930.7.18	乌拉圭 1:0 秘鲁
1930.7.21	乌拉圭 4:0 罗马尼亚

乌拉圭 2 战全胜，以小组第一身份晋级

第 4 组

1930.7.13	美国 3:0 比利时
1930.7.17	美国 3:0 巴拉圭
1930.7.17	巴拉圭 1:0 比利时

美国 2 战全胜，以小组第一身份晋级

半决赛

1930.7.26	阿根廷 6:1 美国
1930.7.27	乌拉圭 6:1 南斯拉夫

决赛

1930.7.30	乌拉圭 4:2 阿根廷

射手榜

	排名	球员（国家）	进球数
▲	1	斯塔维莱（阿根廷）	8
	2	塞亚（乌拉圭）	5
	3	帕特诺德（美国）	4
	4	波塞列（阿根廷）	3
		普雷吉尼奥（巴西）	3
		贝克（南斯拉夫）	3
		安塞尔莫（乌拉圭）	3

战场

世纪球场
Estadio Centenario
所在城市：蒙得维的亚
容量：65235人
本届杯赛承办10场比赛(包括决赛)

中央公园球场
Estadio Gran Parque Central
所在城市：蒙得维的亚
容量：22000人
本届杯赛承办6场比赛

波西托斯球场
Estadio Pocitos
所在城市：蒙得维的亚
容量：10000人
本届杯赛承办2场比赛(包括首场比赛)

第 1 名 乌拉圭

主教练:阿尔贝托·苏皮西(乌拉圭)

位置	球员	进球 / 出场
门将	巴列斯特罗	-3/4
	卡普奇尼	-/-
后卫	费尔南德斯	0/4
	赫斯蒂多	0/4
	里奥尔弗	-/-
	雷科巴	-/-
	纳萨齐	0/4
	特赫拉	0/1
	马斯切罗尼	0/3
中场	安德拉德	0/4
	梅洛格尼奥	-/-
	塞亚	5/4
	斯卡罗内	1/3
	卡尔沃	-/-
前锋	卡斯特罗	2/2
	安塞尔莫	3/2
	多拉多	2/3
	佩特罗内	0/1
	乌尔迪纳兰	0/1
	伊里亚特	2/4
	萨尔多姆比德	-/-
	皮里斯	-/-

第 2 名 阿根廷

主教练:胡安·特拉拉穆托拉(阿根廷)
弗朗西斯科·奥拉扎尔(阿根廷)

位置	球员	进球 / 出场
门将	博西奥	-4/3
	博塔索	-5/2
后卫	德拉托雷	0/5
	穆蒂斯	0/1
	奥兰蒂尼	0/3
	帕特诺斯特	0/4
	朱梅尔祖	2/1
中场	塞罗	0/1
	奇维蒂尼	0/1
	埃瓦里斯托	0/4
	德马里亚	0/1
	蒙蒂	2/4
	斯科佩利	1/1
	苏亚雷斯	0/2
前锋	埃瓦里斯托	1/4
	费雷拉	0/4
	佩里内蒂	0/1
	保塞列	3/4
	斯帕达罗	0/1
	斯塔维莱	8/4
	巴拉略	1/4

第 3 名 美国

主教练: 鲍勃·米勒(美国)

位置	球员	进球 / 出场
门将	道格拉斯	-6/3
后卫	伍德	0/3
	沃甘	-/-
	摩尔豪斯	0/3
	特雷西	0/3
中场	奥利弗	-/-
	加拉赫	0/3
	布基	-/-
	斯隆	-/-
前锋	奥尔德	0/3
	麦吉	1/3
	佩特瑙德	4/3
	贡萨尔维斯	0/3
	布朗	1/3
	詹特勒	-/-
	弗洛里耶	1/3

第 4 名 南斯拉夫

主教练: 博斯科·西蒙诺维奇(南斯拉夫)

位置	球员	进球 / 出场
门将	斯托扬诺维奇	-/-
	亚克西奇	-7/3
后卫	米哈伊洛维奇	0/3
	托西奇	-/-
	伊夫科维奇	0/3
中场	阿尔塞尼耶维奇	0/3
	乔基奇	0/3
	斯帕索耶维奇	-/-
前锋	蒂尔纳尼奇	1/3
	马扬诺维奇	1/3
	赫尔尼切克	-/-
	塞库利奇	0/2
	武哈蒂诺维奇	2/3
	奈达诺维奇	0/1
	贝克	3/3

第 5 名 智利

主教练: 吉奥里·奥尔斯(匈牙利)

位置	球员	进球 / 出场
门将	埃斯皮诺萨	-/-
	科尔特斯	-3/3
后卫	查帕罗	0/2
	利贝罗斯	0/1
	普瓦里耶	0/1
	莫拉雷斯	0/2
中场	A. 托雷斯	0/3
	C. 托雷斯	0/2
	萨维德拉	0/3
	H 埃尔格塔	0/1
前锋	科多	-/-
	施内贝格尔	0/2
	比达尔	2/3
	比利亚洛布斯	0/3
	阿雷拉诺	1/1
	苏比亚布雷	3/1
	穆尼奥斯	-/-
	阿吉莱拉	0/1
	奥捷达	0/2

第 6 名 巴西

主教练:德卡瓦略(巴西)

位置	球员	进球 / 出场
门将	乔尔	-2/1
	韦洛索	0/1
后卫	布里尔汉特	0/1
	意塔利亚	0/2
	泽路易斯	0/1
中场	本文努托	-/-
	福斯托	0/2
	费尔南多·吉乌迪塞利	0/2
	福特斯	-/-
	埃莫热内斯	0/2
	马里兹	-/-
	奥斯卡里诺	-/-
	帕姆普洛纳	-/-
前锋	阿拉肯	0/1
	本内迪克托	0/1
	莱特	0/1
	多卡	-/-
	马诺尔金霍	-/-
	莫德拉托	1/2
	尼洛	0/1
	波利	0/1
	普雷吉尼奥	2/3
	鲁西尼奥	0/1
	泰奥菲洛	0/1

第 7 名 罗马尼亚

主教练：康斯坦丁·拉杜莱斯库(罗马尼亚)

位置	球员	进球 / 出场
门将	勒普什内亚鲁	-5/2
	扎乌博	-/-
后卫	斯泰纳	0/1
	福格尔	0/2
	曹科	0/1
	布尔格	0/2
中场	埃森贝瑟	0/2
	罗贝	0/1
	拉芬斯基	0/2
前锋	德苏	1/2
	斯坦丘	1/1
	萨巴塞努	-/-
	科瓦奇	1/2
	韦策尔	0/2
	巴布	0/2

第 8 名 巴拉圭

主教练：何塞·杜朗德·拉古纳(阿根廷)

位置	球员	进球 / 出场
门将	丹尼斯	-3/1
	P. 贝尼特斯	0/1
后卫	查莫罗	-/-
	米拉卡	0/1
	奥尔梅多	0/2
	弗洛雷斯	0/1
中场	弗洛伦廷	-/-
	迪亚兹	0/2
	阿吉雷	0/1
	埃特切维里	0/1
	S. 贝尼特斯	0/1
	加尔塞特	0/1
前锋	奥特加	-/-
	A. 冈萨雷斯	0/2
	里贝拉	-/-
	萨格埃尔	-/-
	卡塞雷斯	0/2
	多明戈斯	0/1
	罗梅罗	0/1
	比利亚尔巴	-/-
	内西	0/2
	佩尼亚	1/2

第 9 名 法国

主教练：拉乌尔·科德隆(法国)

位置	球员	进球 / 出场
门将	泰波	-3/3
	塔辛	-/-
后卫	马特勒	0/3
	卡佩勒	0/3
	安德瓦雷	-/-
中场	维拉普拉尼	0/3
	尚特雷尔	0/3
	德尔梅	0/1
	洛朗	-/-
	皮内尔	0/3
前锋	马斯基诺	2/2
	德尔富	0/3
	韦南特	0/1
	里贝拉蒂	0/3
	朗吉耶	1/3

第 10 名 秘鲁

主教练：弗朗西斯科·布鲁(西班牙)

位置	球员	进球 / 出场
门将	帕尔东	-1/1
	巴尔迪维索	-3/1
后卫	索里亚	0/1
	马基隆	0/1
	A. 费尔南德斯	-/-
	卡萨斯	0/2
中场	德内格里	0/2
	加西亚	0/1
	阿斯滕戈	0/1
	瓦莱	-/-
	昆塔纳	-/-
	加林多	0/2
前锋	比利亚诺瓦	0/2
	希隆尼斯	-/-
	内拉	0/2
	贡格拉	-/-
	萨米恩托	-/-
	拉瓦莱	0/2
	洛雷斯	0/2
	罗德里格斯	-/-
	索萨	1/2
	帕切科	-/-

第 11 名 比利时

主教练：埃克托·高丁克(比利时)

位置	球员	进球 / 出场
门将	巴鲁	-4/2
	德比耶	-/-
后卫	德德肯	0/1
	霍伊顿克	0/2
	努文斯	0/2
中场	尚特拉尼	-/-
	赫莱曼斯	0/2
	迪登斯	0/2
	德克勒克	0/1
	布莱尼	0/2
前锋	塞耶斯	-/-
	沃尔霍夫	0/1
	F. 亚当斯	0/2
	德尔贝克	0/1
	莫沙尔	0/2
	韦尔希	0/2

第 12 名 玻利维亚

主教练：乌利塞斯·萨乌塞多(玻利维亚)

号码	球员	进球 / 出场
门将	贝穆德斯	-8/2
	穆里奥	-/-
后卫	查瓦里亚	0/2
	佩尼亚兰达	-/-
	杜朗达尔	0/2
中场	拉拉	0/2
	阿尔戈特	0/1
	巴尔德拉马	0/2
	布里托	-/-
	赛恩斯	0/1
前锋	奥尔蒂斯	0/0
	G. 戈麦斯	0/1
	布斯塔曼特	0/2
	诺亚	-/-
	阿尔伯塔	0/2
	门德斯	0/2
	R. 费尔南德斯	0/2

第 13 名 墨西哥

主教练：胡安·卢克(墨西哥)

号码	球员	进球 / 出场
门将	索塔	-3/1
	邦菲利奥	-10/2
后卫	F. 古铁雷斯	0/1
	罗萨斯	2/3
	R. 古铁雷斯	0/3
中场	桑切斯	0/3
	阿梅斯夸	0/2
	罗萨斯	0/3
	罗德里格斯	0/1
前锋	梅西亚	0/1
	奥利瓦雷斯	0/1
	洛佩斯	0/3
	卡斯特罗	-/-
	鲁伊兹	0/2
	卡雷诺	1/3
	佩雷斯	0/2
	加永	1/2

战胜阿根廷之后，乌拉圭在本土夺取世界杯历史上第一座奖杯，球员们忘情庆祝。

时间: 5.27—6.10

主办国: 意大利

第二届世界杯

1934

冠军

意大利

2

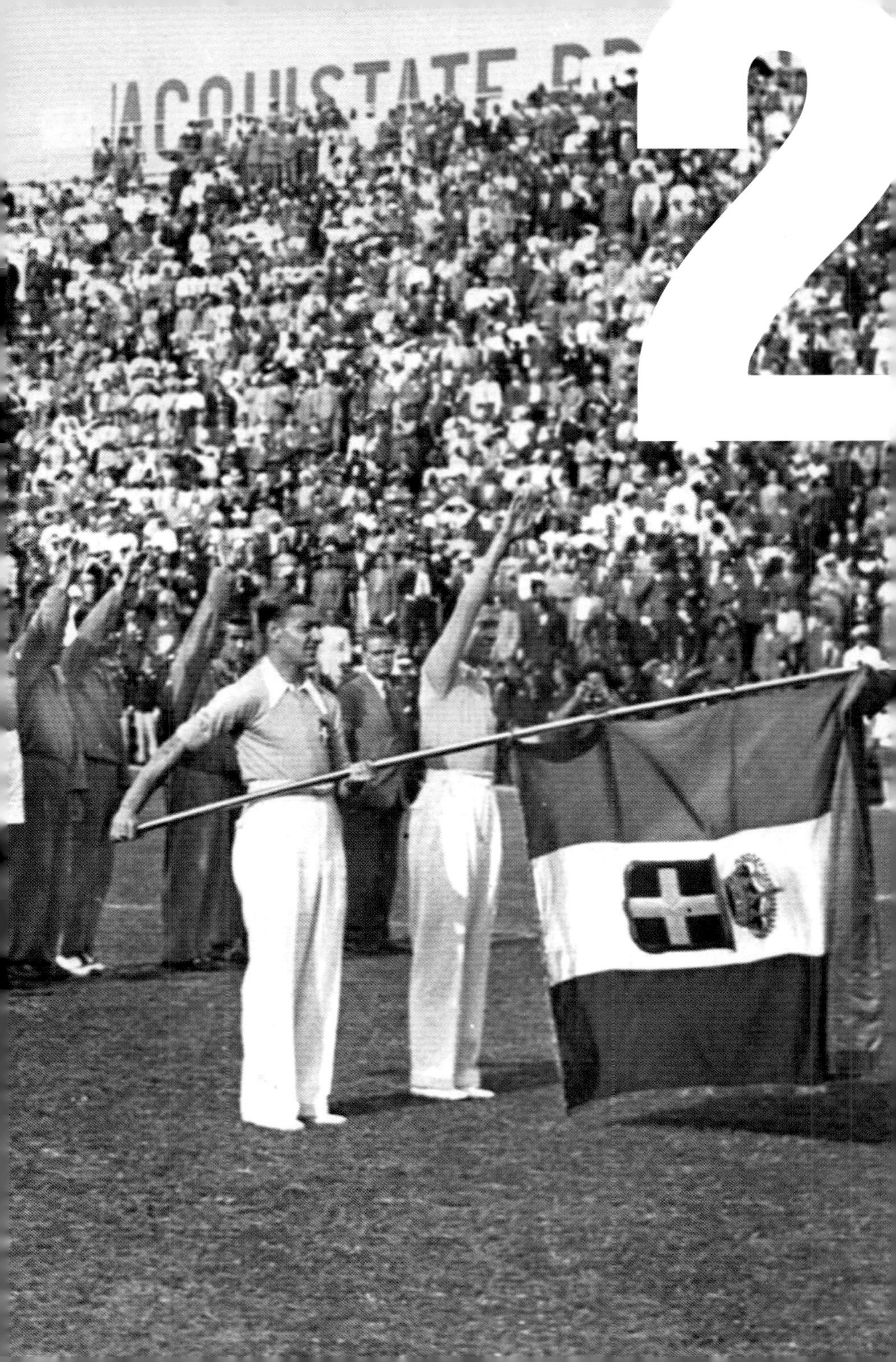

1934年第二届世界杯吸引了媒体关注的目光，从1/8决赛开始，所有比赛场边都有广播直播员的身影。

参赛国家

- 德国
- 阿根廷
- 奥地利
- 比利时
- 巴西
- 埃及
- 西班牙
- 美国
- 法国
- 匈牙利
- 意大利
- 荷兰
- 罗马尼亚
- 瑞典
- 瑞士
- 捷克斯洛伐克

● 迟到的信息

很多年之后，立陶宛球员才知道他们在1933年6月29日和瑞典的比赛被算作世界杯预选赛。由于球员们担心惨败，足协只能告诉他们这是一场友谊赛。

● 特拉维夫的留声机

在预选赛去巴勒斯坦打客场比赛时，埃及队带了台留声机。特拉维夫当地的孩子们非常喜欢，最终这部机器和埃及流行乐一起留了下来。

● 房子换胜利

在客场0比4不敌意大利后，希腊想要晋级决赛阶段的希望愈发渺茫。但是意大利人想要确保万无一失，他们不想再去雅典比赛，于是给希腊人提出优厚的条件换取他们放弃第二回合比赛。就这样，希腊人得到一座大房子直到1980年的使用权。

足球登陆亚平宁

20世纪初，足球运动在意大利沿海城市迅速开展起来，与此同时足球另一路火种则通过阿尔卑斯山传到意大利，当时很多意大利上流社会人家的孩子都会参加瑞士和法国的足球青训营。在足球从英国向南欧国家传播过程中，瑞士起到了非常重要的连接作用。从1880年开始，瑞士专科学校里来了很多机械师、商人和银行家，将这个国家变成了欧洲大陆的“小英国”，英国的体育文化在瑞士成为潮流，20世纪30年代两次带领意大利获得世界杯冠军的教练波佐正是这一时期足球在瑞士推广的受益者。波佐在苏黎世的专科学校深造过，1908年拿到了外语和国际贸易学位。

和地中海很多海港城市一样，意大利热那亚成为“英国城”，这里有很多殖民公司职员和从事国际贸易的人。1893年9月7日，在热那亚生活的英国人成立了板球竞技俱乐部，一开始这家俱乐部只有板球项目，但逐渐，板球的影响力被足球所取代。

在1897年之前，意大利人还不能加盟热那亚俱乐部，但是英国医生斯宾塞改变了这一切，他被看作意大利足球发展的先锋，也是这家俱乐部第一位明星球员。斯宾塞打开了热那亚俱乐部，但一开始还是规定本土球员的人数只能限定在一半。尽管如此，这已经是热那亚当地足球发展迈出的重要一步，它促进了足球在意大利下层社会的传播，热那亚俱乐部因此成为第一次世界大战之前意大利最强大的球会。

1898年，斯宾塞医生组织了意大利第一场正式比赛，热那亚的对手是都灵俱乐部。英国球员萨维奇的进球帮助都灵取得了胜利，都灵俱乐部此时也逐渐成为意大利足坛一支劲旅。1897年11月1日，尤文图斯俱乐部成立，他们本来想将红色作

● 边境城市之争

波兰和捷克斯洛伐克自从1920年就在争夺边境城市谢斯恩。在两队世预赛第二回合比赛前，两国矛盾升级，波兰政府禁止球员去布拉格比赛。波兰队不仅因此错过世界杯，后来还遭到国际足联罚款。

● 巴拉基风波

1910年，罗马尼亚前锋巴拉基出生于当时的奥匈帝国罗马尼亚境内，他首先以Baratki的名字代表匈牙利比赛，之后又加入了罗马尼亚国家队。瑞士在2比2战平罗马尼亚后提出抗议，因为此时距离巴拉基上一次代表匈牙利比赛还不足3年，违反了当时国际足联的规定。国际足联随即宣布本场比赛结果无效，这又激怒了罗马尼亚人，威胁退出世界杯赛。最终理智战胜了冲动，罗马尼亚人参加了决赛阶段比赛，巴拉基也随队去了意大利。

为队服颜色，但他们的第一套比赛服来自英国，采用了和诺丁汉郡一样的黑白条纹。这是因为一位俱乐部董事会成员前往英国观看了诺丁汉郡的比赛，对那支球队的表现印象深刻，因此回来的时候为球队带来了一套比赛服。

1899年12月，米兰人成立了板球和橄榄球俱乐部，其中的足球部门后来成为AC米兰。1908年，大约45名会员离开了俱乐部，另立山头成立了国际米兰俱乐部。这些“叛变者”不满坎佩里奥兄弟的强权领导，也排斥外国人。国际米兰俱乐部的领袖是帕拉米希奥蒂、瑞士人辛特曼和画家穆吉亚尼。尤文图斯、国际米兰和AC米兰至今还是意大利足坛三强，只有他们能够在球衣上印金星标志，这意味着至少10次赢得意甲联赛冠军。

1898年3月15日，意大利足协在都灵成立，光是从足协的名称“di Federazione Italiana del Football”便可以看出当时意大利足协的组织工作受到英国的影响是多么大。亚利桑德里亚斯俱乐部是一支完全由意大利人组成的球队，但和意大利足协的关系一直若即若离，因为他们认为在很多俱乐部里，本土球员的生存状态受到外援的影响。亚利桑德里亚斯队位于皮埃蒙特省，那里很多球队都依赖本土球员。

直到1905年，意大利足协才更名为“Federazione Italiana Giuoco Calcio”，也正是在这一年，意大利足协加入国际足联。而第一届意甲联赛在1898年就开始，决出第一个冠军只通过三场比赛，热那亚在决赛2比1击败了都灵俱乐部。直到1909年，维切利才成为第一支真正依靠本土球员夺冠的意甲球队。

1910年5月15日，意大利国家队迎来第一场比赛，结果他们在米兰6比2击败了法国。随后的1912年奥运会上，意大利刚和第一个对手芬兰比赛完便打道回府。1923年，意大利足球开启职业化进程，足球在意大利成为娱乐

金普顿的建议

1934年世界杯上，法国队委员会任命了一位主教练——英格兰人乔治·金普顿（左一）。作为球员，他在南安普敦度过了辉煌的职业生涯，后来在波兰执教过，又转而执教法国的勒阿弗尔，是他将基于人盯人基础上的WM战术革命带入了法国。赛前，他命令韦里埃斯死死盯住奥地利的明星球员辛德拉尔。他以这样的方式解释自己的战术指令：“乔治，如果辛迪（辛德拉尔的昵称）去上厕所，你也得跟着一起去！”不过，韦里埃斯还是没能阻止辛德拉尔率队取胜。

1934年5月27日，瑞士3比2战胜荷兰，取得本国国家队世界杯历史上的首场胜利。

产业，可以动员起所有民众。1929年，意大利联赛第一次覆盖全国，对意大利足球发展起到了很大的推动作用。

墨索里尼与足球

国际足联1932年在斯德哥尔摩举行的会议上决定，将1934年世界杯举办权交给意大利。除了意大利，瑞典也提出了申办。意大利足协能够胜出的重要原因，是提出了比赛不应像1930年世界杯那样只在蒙得维的亚一个城市举行。要做到在多个城市举办一届大赛，需要得到举办国政府的支持。意大利世界杯组委会成员，以及国家队主帅波佐就得到了政府的积极配合。

在意大利，法西斯头领墨索里尼1922年上台，他个人非常喜欢足球，和拉齐奥俱乐部关系紧密，拉齐奥的球迷看台至今还经常被称作是“Duce”（意大利语“元首”一词）。国际米兰在这段时间不得不改名，因为法西斯者并不喜欢“国际”一词。1926年到1945年期间，国际米兰的名字变成了SS Ambrosiana或者Ambrosiana-Inter（Ambrosiana是米兰的保护神，他曾经在公元4世纪是这座城市的主教）。热那亚和都灵同样在这段时间被迫改名，因为统治者不喜欢他们名字所表现出的和英国的关系。

世界杯的举办有利于提高米兰的国际声望，并且证明法西斯主义的强大，这项赛事的政治意义比起4年前有所增加。为了世界杯，政府投入了大量资金，在都灵、佛罗伦萨、那不勒斯、罗马和米兰要么建造了新球场，要么对原有的球场进行翻修。此时不仅是在意大利，德国、西班牙和葡萄牙的法西斯主义者也在修建球场，从而促进法西斯主义的传播。

足球在之前20年里在欧洲大陆的迅速推广，也为法西斯主义者用足球达到政治目的提供了条件。但无论法西斯分子是否愿意承认，

这支埃及队被写入了世界杯的史册。1934年，他们成为世界杯历史上的第一支非洲球队。

西班牙巨人

西班牙联赛当年最佳门将的奖杯上刻着他的名字，里卡多·萨莫拉。1934年世界杯，他代表着西班牙国家队的历史。在1/4决赛同意大利的首场较量中，萨莫拉是战斗的中心。在两名中卫身后，他顽强地抵抗着意大利人的冲击。领先后，西班牙人一度让意大利和他们的支持者们陷入困境。但这样的任务太艰巨了，拳打脚踢从四面八方袭来。半场结束前，意大利获得任意球，皮球开到门前，萨莫拉像以前那样准备出击，但数名意大利球员围在他身旁冲撞他，费拉里将皮球送入了球门，裁判宣布进球有效。随后的比赛中萨莫拉没再失手，两队不分高下，只能翌日再战，但重赛中失去了萨莫拉的西班牙失利了。

足球的确是英国味道很浓的一项运动。

进军罗马

一个不容否认的事实是，从第二届开始，世界杯成为墨索里尼和意大利的政治玩物。

乌拉圭没有来捍卫他们的冠军头衔，阿根廷和巴西也只派出了二线队，1934年世界杯成为欧洲的内部事务。然而，欧洲足球却呈现出了令人不安的气氛。

对于东道主意大利来说，这届世界杯是一个绝佳机会，一次生动的政治广告。对于墨索里尼的法西斯政权来说，他们要同时展示自己举办国际重大体育赛事的能力，以及他们的冠军球员们的力量和气魄。球场变得更大更漂亮了，吸引了许多国际媒体的记者和评论员。法国记者佩费尔孔说：“这些全新的球场受到世界杯的诱惑拔地而起，也证明了整个意大利对于新舞台的狂热崇拜。”当球场纷纷被命名为“法西斯国家党球场”（罗马）或者“墨索里尼球场”（都灵）时，这当然能让当局感到满足。

整个意大利都对自己的国家队陷入了痴

迷。所有意大利国家队的比赛都有疯狂的人群追随，这对于中立球迷、对手甚至裁判而言，都是令人震惊的。所有意大利队参加的比赛都出现了争议和误判，甚至有些非常严重。1/4决赛中，意大利与西班牙进行了一场野蛮的殴斗。延长期结束后，两队也没能分出高下（1比1），只能翌日重赛。但西班牙在群殴中失去了大半个主力阵容，受伤不能出场的队长兼门将里卡多·萨莫拉表示：“在这里击败意大利是根本不可能的，你们难道还不明白吗？”重赛由众所周知的亲意派瑞士裁判梅尔塞执法。当意大利进攻球员对西班牙替补门将努克斯犯规时，梅尔塞干脆闭上了眼睛，结果那个角球引发了全场比赛的唯一进球。越接近决赛，人们的热情就越高涨。半决赛中，已经改名鲁易吉的蒙蒂依旧粗野地扫荡着对方前锋的小腿，意大利击败老迈的奥地利进入决赛。

奥地利昙花一现

如果第二届世界杯是在1932年，而不是1934年举行，那么冠军也许属于奥地利。当时除了世界冠军乌拉圭以及奥地利的“传奇之师”，根本没有其他球队还有可能争夺世界杯。1934年的奥地利达到其巅峰状态，只可惜他们在半决赛遇到了东道主意大利。而在1938年，已经没有了奥地利这个国家。

打造奥地利“传奇之师”的人叫做迈斯尔，他来自维也纳一个富足的犹太家庭。为了足球，迈斯尔放弃了银行家的工作以及丰厚的收入，毕生都为足球在奥地利的推广做贡献。1912年，迈斯尔将霍甘带到维也纳，他是欧洲大陆第一批英国教练，也是第一次世界大战前欧洲大陆最有名的英国教练，目标是带领奥地利备战斯德哥尔摩奥运会。霍甘最大的成就是在1936年柏林奥运会，带领由业余球员组成的奥地利队闯入决赛，最终1比2惜败意大利，这也是奥地利足球至今参加的唯一一次国际比赛决赛。

迈斯尔在1927年成为国际足联秘书长，并成为奥地利国家队主教练，他和意大利人

● 大众收音机

很多德国人都坐在家里，利用最新的科技了解自己球队在意大利的表现。希特勒政府大力扶持的大众收音机一直在向民众传播法西斯思想，而这在1934年夏天成为民众关注世界杯进程的手段。这一刻，大众收音机终于真正服务于大众。

● 特别报道

和4年前不同，德国《足球》杂志从一开始就在报道世界杯赛，主编贝克尔特意去了意大利。尽管当时德意两国政治关系很密切，很多人要利用一切机会鼓吹法西斯主义，但是特意前往意大利的主编贝克尔只关注足球本身，并在德国队获得第三名后欢庆德国足球跻身世界强队的行列。

● 丙级球员

瑞士和荷兰队比赛的首发阵容里，竟然出现了一名丙级队FC La Tour-de-Peilz俱乐部的球员雅卡尔。在施密特退出后，雅卡尔很好解决了球队中后卫无人可用的窘境。

● 上座率不佳

尽管博洛尼亚赛场的观众人数有19000人，然而在佛罗伦萨和的里雅斯特都不到8000人。原因有二，首先环意大利自行车赛同时举行，意大利人对此更有兴趣，而不是观看陌生球队的比赛，其次便是门票价格过高。

● 海滩边的快乐

利用训练间歇，德国队的球员们在Cernobbio训练营的海滩边享受难得的闲暇，这也许是日耳曼战车最终获得第三名，给人们带来惊喜的重要原因。

媒体聚焦

由于距离太远，欧洲媒体冷落了第一届世界杯，于是1934年世界杯成为一次媒体的盛会。全世界共有249家报纸派出了他们的记者来报道比赛。意大利媒体自然独占鳌头，总共有65名记者领命。法国和德国也分别派出了27名和23名记者。媒体看台上，委内瑞拉人与亚美尼亚人比邻，波兰人和保加利亚人互相打着招呼。梵蒂冈的《罗马观察家报》的特派员也到场了。至于仍在抵制世界杯的英格兰，只派了一个人来。

波佐都是欧洲足坛20世纪30年代的天才人物。奥地利足球一度找不到对手，曾任奥地利足协新闻官的斯特塞维茨表示："当时我们在足球上处于领先地位，经常给对手好好上一课。"

1924年，奥地利成为欧洲大陆第一个足球职业化的国家，德国一度因此拒绝和奥地利比赛。迈斯尔的"传奇之师"在1931年4月12日到1932年10月23日之间的14场比赛保持不败（11胜3平），其中经典之战便是1931年5月16日在维也纳5比0狂胜苏格兰，这也是苏格兰人在欧洲大陆第一次遭遇失败。德国连续被奥地利分别以6比0和5比0击败，瑞士0比2和1比8的结果也是半斤八两。最后是英格兰终结了奥地利的不败纪录，但奥地利媒体觉得这场3比4的比赛双方都是胜利者。

输给英格兰仅仅4天后，奥地利又在布鲁塞尔6比1狂胜比利时，1934年世界杯，在通向半决赛之前，迈斯尔的球队只是1比2不敌捷克斯洛伐克。但0比1输给意大利，是"传奇之师"的终结。从1931年4月12日到1934年6月3日，奥地利在31场国家队比赛赢了21场，仅仅输了3场，打入101球。奥地利就是当时国际足坛的巴西队，没有哪支国家队比他们更富有智慧和技术含量。当时维也纳是国际足球的中心，当地足球队的大部分球员都是来自国外移民的孩子。

奥地利当时的俱乐部水平也相当高，比如维也纳快速和奥地利维也纳。1927年博览会杯创立，由欧洲国家的联赛和杯赛冠军参加，奥地利维也纳快速赢得了1930年的冠军，又在1933年和1936年称雄，每当奥地利球队去国外比赛，都会引起球迷的极大关注。

当时的奥地利足球分为两派，一是维也纳足球，讲究长传冲吊，注重的是速度、力量和战术，另一派是以苏格兰特色的短传和个人发挥为主，强调技术和观赏性。奥地利维也纳俱乐部就代表了后者，口号就是从不用大力射门得分。维也纳快速俱乐部代表了无产阶层的利益，而奥地利维也纳俱乐部则是维也纳咖啡馆文化的代表。

随着奥地利被德国占领，奥地利足球不得不暂时消亡，最后一场比赛的对手正是德国，时间是1938年4月3日，奥地利在维也纳2比0获得胜利。打入第一球的辛德拉尔被认为是当时奥地利足球的最好代表，是一位真正有头脑的球员，身价预计达到4万英镑。德国入侵，奥地利足坛人士纷纷外流，辛德拉尔则和女友被发现死在家里，原因至今仍然成谜。辛德拉尔的葬礼在1939年1月28日举行，有1.5

足球莫扎特

世界杯历史上第一支令人感到遗憾的球队，是两次世界大战之间那支强大的奥地利，当然还有以辛德拉尔为首的一批伟大球员。或许世界杯诞生得太晚，来到欧洲也太迟了。从1928年到1933年之间，奥地利是欧洲的无冕之王，人们都将他们称作"Wunderteam"——"梦之队"。1932年12月，奥地利差点成为第一支在英格兰取胜的非英国球队（3比4）。在巴黎，他们给第一支职业化的法国国家队上了一课（4比0）。辛德拉尔是球队华丽攻击线的大脑。他的身材如此消瘦（身高1.79米，体重63公斤），以至于人们送给他一个外号——"纸人"。但他又是如此天赋秉异，被称为"足球莫扎特"。

万人到场。

意大利众志成城

负于意大利后，奥地利人1934年的世界杯之旅走到了尽头。而另一个半区，捷克斯洛伐克凭借出众的技术，在半决赛中击败了以激情和身体见长的德国（3比1），进入了最后的决战。神圣的时刻来即将临。决赛前几天，意大利媒体不断歌颂波佐的球队的丰功伟绩，以及他们的纪律意识和对胜利的渴望。他们必须获胜。

决赛当天，《晚邮报》写道："对于所有身穿着我们民族标识和国旗颜色的人们来说，我们都将被神圣的激情入侵。"从比赛开始前到结束后的那几个小时里，罗马疯狂的人群不断地叫喊着，鼓舞他们的球队前进，"元首，元首！意大利，意大利！"3000名从布拉格赶来的捷克斯洛伐克球迷，根本无法与已经陷入疯狂的意大利人抗衡……

连续执法了意大利队半决赛和决赛的主裁判埃克林德，据说在半决赛前与墨索里尼见了面。许多人认为，这位瑞典人的执法明显偏向意大利队，而意大利首领墨索里尼则在赛前通过各大媒体呼吁全意大利人都来支持自己的国家队。

毛罗与瓦卡罗

作为意大利足协副主席，毛罗于1932年为意大利争取到世界杯主办权，又担任了世界杯组委会主席职务。他是墨索里尼的追随者，时刻注意保持世界杯的右翼性。在他的主导下，世界杯在意大利8座城市举行。瓦卡罗是意大利足协主席，也是意大利纳粹将军，负责协调意大利足协、政党和国际足联之间的关系。瓦卡罗被认为是墨索里尼的右臂，正是他出面让组委会会议都在最好的酒店召开。

1934年5月31日，在西班牙与意大利进行的世界杯1/4决赛中，意大利队长梅阿查受伤后不得不在队友的帮助下离场，但事实上，更凶残的一方正是意大利人。

决赛

意大利2比1捷克斯洛伐克
1934年6月10日
罗马PNF国立球场

1934年6月10日进行的这场世界杯决赛，是一场势均力敌的较量，双方都充分展示了自己的优势。与意大利队半决赛的对手奥地利一样，捷克斯洛伐克人的短传渗透令人防不胜防；意大利人则显示了自己强壮的身体和充沛的体力。比赛在罗马的PNF国立体育场进行——在这座体育场1953年被拆除前，它一直是拉齐奥和罗马两家俱乐部的主场，后来两队都把主场移到了新落成的奥林匹克体育场。

决赛有5万人来到现场为两队助威。意大利人的主教练是执教风格严谨的波佐，捷克斯洛伐克队的主教练则是佩特鲁。两队的队长都是门将，意大利队的队长是门将孔比，这是他第47场也是最后一场国家队比赛。捷克斯洛伐克的队长，同样是经验丰富的门将普拉尼奇卡。当时正是235金字塔阵型占优势的时代，因此双方都使用了这一阵型。开场后捷克斯洛伐克队气势如虹，踢得比他们此前任何一场比赛都要积极。捷克斯洛伐克的攻击型中场康巴尔和意大利中卫蒙蒂在意大利队的半场进行了一场贴身肉搏；但是意大利人的反击，显得更加犀利。

尽管两队踢得都非常积极，但直到第76分钟，场上僵局才被打破：刚刚从抽筋中恢复过来的捷克斯洛伐克左边锋普茨开出角球后，又得到队友的回传，小角度大力远射攻破意大利人的大门，把这次进攻贴上了个人表演的标签。普茨是捷克斯洛伐克足球史上的功勋射手，60场比赛为国家队攻入34球，在他退役后的60多年时间里一直保持着队史纪录，直到2005年被扬科勒超越。1988年4月，80岁的普茨去世。

接下来的比赛，捷克斯洛伐克人本有望乘胜追击锁定胜局，但命运之神这天显然没

梅阿查和费拉里

朱塞佩·梅阿查（图）和吉奥瓦尼·费拉里，象征着20世纪30年代意大利足球的辉煌，只有他们两人随意大利夺得了1934年和1938年两次世界杯冠军。梅阿查非常具有代表意义，他的外号是“Balilla”——“先锋队”，这是法西斯统治时期的青少年组织的名称，当时所有在校的孩子都要穿统一的制服。梅阿查是国际米兰的天才前锋，同时具备优雅和高效：他是4次意大利联赛的最佳射手，也曾保持意大利国家队的进球纪录（53场打入33球），直到30年后里瓦才改写了这个纪录。世界杯开始时，24岁的梅阿查是整个欧洲最出名的攻击手之一。匈牙利和法国分别在1930年和1931年被他一场3破球门。在这次世界杯上，他扮演着球队组织核心的角色，是中锋斯基亚沃的主要依靠。4年后，梅阿查成为意大利国家队队长，他也是唯一参加了意大利两夺世界杯所有比赛的球员。

如果说右内锋梅阿查不可或缺，那么左内锋费拉里也不差。作为尤文图斯连续5次统治意甲的绝对核心，他是波佐教练在球场上的影子。1934年，费拉里正值巅峰，1938年世界杯时他已经31岁，当时他也加入了梅阿查所在的米兰城。从整体上说，这两名内锋是意大利足球的两块丰碑，也是标志性人物。米兰的体育场以梅阿查命名，费拉里则在1962年世界杯上成为意大利国家队教练，并在日后成为意大利足协的教练主管。

有站在他们一边，先是索博特卡错失一次绝佳的机会，接下来则是斯沃博达射门击中门柱。意大利人在耐心等待后终于得到了反击机会。第81分钟，奥尔西得到队友瓜伊塔的传球，带球摆脱捷克斯洛伐克整条防线，然而他并没有使用自己惯用的左脚射门，而是右脚搓出一记弧线球，球擦着对方门将普拉尼奇卡的指尖飞进网窝。

在90分钟的激战后，双方战成1比1平。加时赛成了一场体力的较量。相比较捷克斯洛伐克人，意大利人明显体能更占优势。但是，球队核心梅阿查的受伤，让双方的信心指数重新得到平衡。然而，正是梅阿查的受伤，让意大利人得到了冠军——捷克斯洛伐克人放松了对他的盯防。第95分钟，梅阿查边路得球，横传给瓜伊塔，后者将球喂给了中锋斯基亚沃。斯基亚沃带球晃过一名后卫然后射门，球穿过普拉尼奇卡的十指关，贴着横梁下沿飞进网窝。

也许对意大利队这个冠军感到最失落的是本届杯赛首轮即出局的阿根廷队，因为夺得冠军的这支意大利队中，有不少球员都是在阿根廷出生的球员。中场路易西托·蒙蒂曾代表阿根廷参加了1930年世界杯的决赛，这位作风顽强的中场球员是历史上唯一代表两个不同的国家参加了两届世界杯决赛的球员，也是世界杯历史上第一位连续两届世界杯随两个不同国家获得世界杯奖牌的球员。德马里亚、瓜伊塔和攻入制胜进球的奥尔西，也都是出生于阿根廷。

率领意大利队登顶的教练波佐，在随后

阵型之争

自从1925年越位规则改革后，足球圈内就开始了阵型的讨论，教练和球员们都在讨论是继续使用传统的235阵型，还是新兴的WM阵型。1934年世界杯是235阵型最后的辉煌，只有德国队使用纯正的WM阵型，但德国媒体对此并不认可。意大利主帅波佐采用235和WM阵型的混合。瑞典和法国也都是WM战术的变形，而奥地利主帅迈斯尔则继续使用235战术。

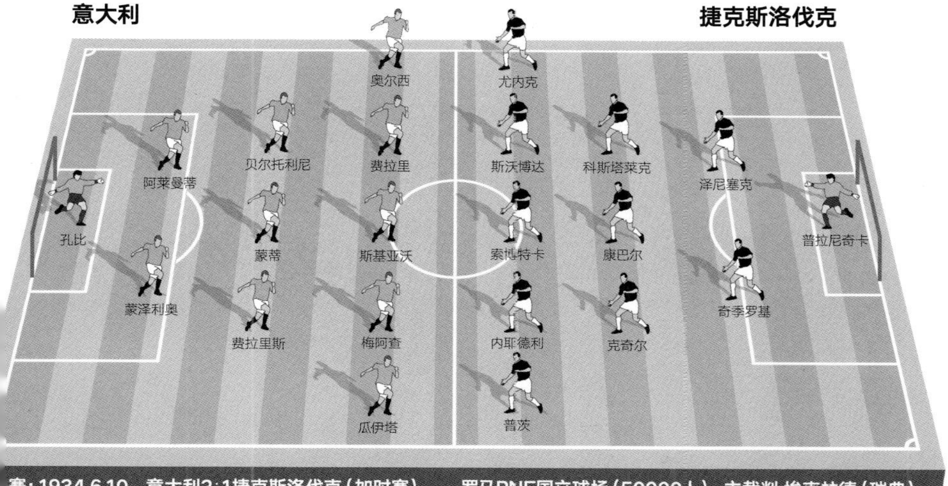

赛：1934.6.10　意大利2∶1捷克斯洛伐克（加时赛）　罗马PNF国立球场（50000人），主裁判:埃克林德（瑞典）
进球：奥尔西81'，斯基亚沃95' / 普茨76'

①对于执法意大利同捷克斯洛伐克决赛的裁判而言，法西斯式敬礼成为开哨前的义务。对于墨索里尼来说，意大利世界杯首先是进行国际性宣传的机会。

②比赛第81分钟，奥尔西为意大利队打入了扳平入球。

③取胜夺冠后，意大利球员兴奋不已，主帅波佐被高高举起。

的1938年世界杯上率领意大利队卫冕成功，成为世界杯历史上唯一两夺世界杯冠军的教练，被认为是意大利链式防守的鼻祖。因为其功勋地位，从1929年到1948年，波佐执教意大利队近20年。1948年退出意大利主教练位置后，波佐担任意大利《新闻报》的记者，1950年世界杯上负责报道意大利队的比赛。多年后，前锋斯基亚沃回忆说："波佐不仅仅是一名主教练，他给我留下了美妙的印象。他是一位心地善良的人，在球员遇到困难时总是不断地鼓励我们。"

收益丰厚

决赛现场其实并没有坐满，尽管官方给出的数据是55000张球票全部卖完。和4年前一样，影响到门票销售情况的还是价格偏高。但组织者对于经营状况也很满意，支出224.3万里拉，收入367万里拉，最终盈余1.427万里拉。16个参赛国家瓜分了72万里拉，分配的标准是比赛现场观众人数。冠军意大利得到21.27万里拉，奥地利11.79万里拉，捷克斯洛伐克9.93万里拉。至于现场观众人数的统计其实存在很大水分，收入究竟如何分配，始终是个秘密。

独裁者

这位独裁者虽然不是组委会成员，却凌驾于世界杯之上。只要墨索里尼出现，看台上就会爆发出欢呼声，媒体也会大肆追捧。墨索里尼也自称"对足球非常狂热"，他现场观看了不少场比赛，并且出席了决赛后的颁奖仪式。

此外，意大利主办方对于本届世界杯很满意，不仅是因为球队夺冠，宣传也达到了预期效果。意大利人一开始根本不知道组织工作该如何开始，但最终成效堪称楷模，有报道称："我们一直没有忘记自己的最高目标，要证明法西斯的意大利人通过领袖人物的责任感和广大人民的努力，实现自己的梦想，而这一切我们都要感谢领袖墨索里尼。"

在波佐（右四）的带领下，意大利人首次夺得世界杯冠军。

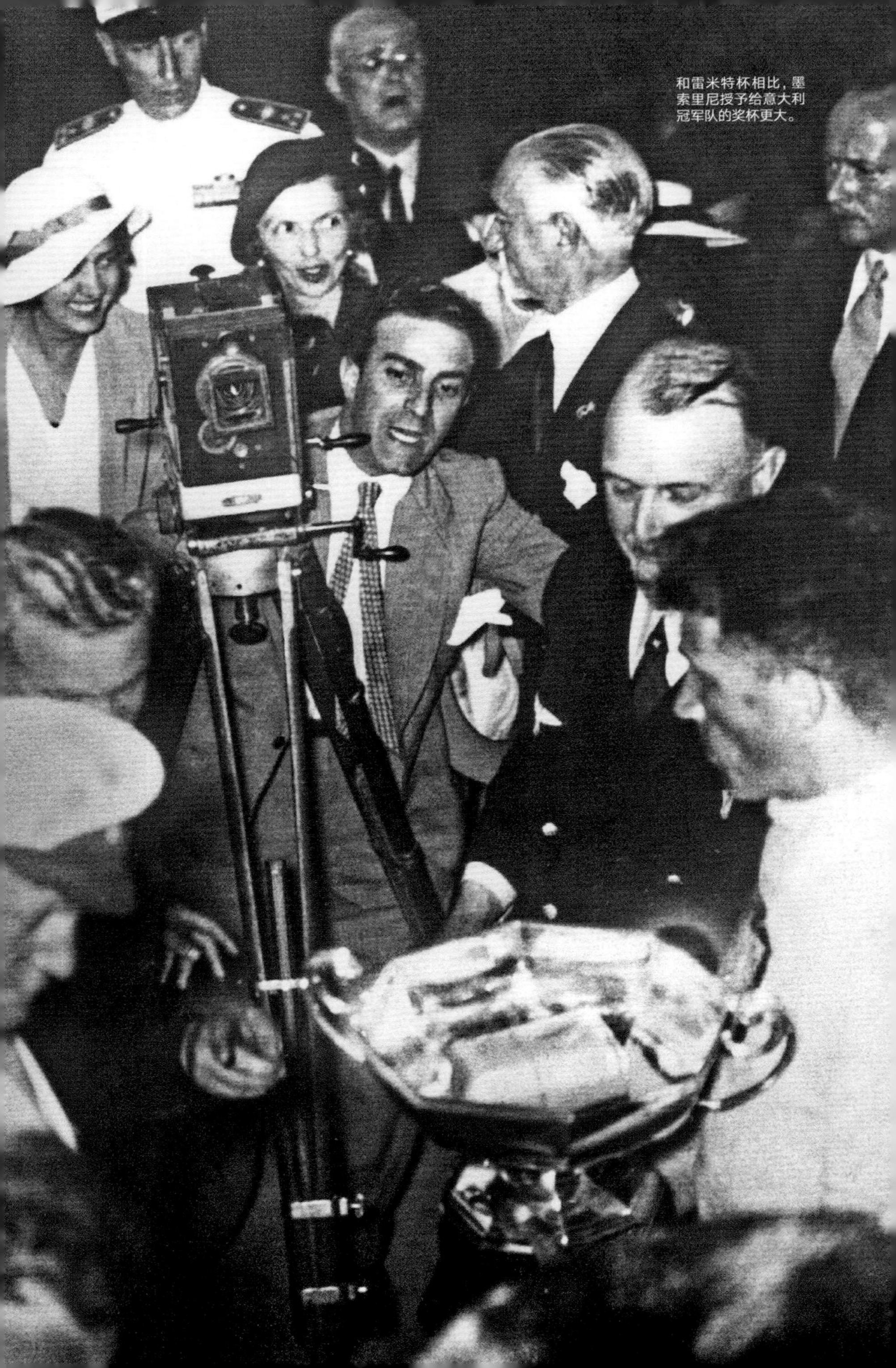

和雷米特杯相比，墨索里尼授予给意大利冠军队的奖杯更大。

他们是冠军

主教练

维托里奥·波佐 Vittorio Pozzo
生于1886年3月12日/卒于1968年12月21日
波佐对即将到来的世界杯做了细致并有纪律性的准备，这也奠定了意大利队夺冠的基石。一方面，他给球队制定了严明的纪律，另一方面他也用自己常年在英格兰执教积累的经验指导球队，同时也和媒体保持了良好的关系，因此受到意大利举国的青睐。

门将

吉亚皮耶罗·孔比 Giampiero Combi
生于1902年11月20日/卒于1956年8月13日
效力俱乐部：尤文图斯
在半决赛和决赛中的出色发挥，帮助意大利队捧起了最后的冠军奖杯。但在世界杯开始前，孔比还并不是国家队的1号门将，是米兰的塞萨尔-塞雷索利的突然受伤成全了他。

后卫

路易吉·阿莱曼蒂 Luigi Allemandi
生于1903年11月18日/卒于1978年9月25日
效力俱乐部：国际米兰
1933年，他一度由于行贿罪被判处终身禁赛，但为了这届世界杯，意大利足协特赦了这名左后卫。他在场上的动作很大，犯规非常粗暴，然而球队十分需要这样一位防守悍将。他参加了意大利全部的5场比赛，并被认定是后防不可或缺的中坚力量——尽管他的缺点也同样突出。

恩贝尔托·卡利加里斯 Umberto Caligaris
生于1901年7月26日/卒于1940年
效力俱乐部：尤文图斯
本届世界杯，这位尤文图斯后场球员只是在训练场和替补席上度过，尽管他强烈渴望能出场比赛。他唯一一次出现在球场上，只是在首场同美国队的比赛前手举意大利国旗走方阵。

埃拉尔多·蒙泽利奥 Eraldo Monzeglio
生于1906年5月6日/卒于1981年11月3日
效力俱乐部：博洛尼亚
只缺席了意大利队的首场比赛，那场比赛球队以7比1大胜美国。在同西班牙和奥地利的两场比赛中，这名右后卫都表现出了强悍的防守能力，给人留下了深刻印象，也是意大利队夺冠的功臣。

维尔吉尼奥·罗塞塔 Virginio Rosetta
生于1902年2月25日/卒于1975年3月29日
效力俱乐部：尤文图斯
在首场同美国队的比赛中，以及1/4决赛同西班牙的比赛中罗塞塔曾有登场机会，其他时间都坐在看台上。

马里奥·瓦尔格利安 Mario Varglien
生于1905年12月16日/卒于1978年
效力俱乐部：尤文图斯
在看台上看完了本届世界杯，徒劳地等待着一个出场机会未果。

中场

路易吉·贝尔托利尼 Luigi Bertolini
生于1904年9月13日/卒于1977年2月11日
效力俱乐部：尤文图斯
仅仅缺席了1比1战平西班牙队的比赛，那还是由于主帅波佐安排的轮休。贝尔托利尼是波佐绝对信任的球员，整个杯赛中一直保持着稳定的状态。

费利斯·伯雷尔 Felice Borel
生于1914年4月5日/卒于1993年2月21日
效力俱乐部：尤文图斯
这位中场球员在本届世界杯上只出场过一次：同西班牙队的重赛。当时他取代了斯亚基沃的位置，但随后的比赛却未能再得到登场的机会。

阿曼多·卡斯特拉齐 Armando Castellazzi
生于1904年2月7日/卒于1968年1月4日
效力俱乐部：国际米兰
本届杯赛中只出场过一次：在1比1战平西班牙的比赛中取代了贝尔托利尼。

阿蒂利奥·德马里亚 Atilio Demaria
生于1909年3月19日/卒年不详
效力俱乐部：国际米兰
1930年世界杯时他还代表阿根廷队出场比赛。转投意大利国家队后，在1934年世界杯上只出场了一次，那是在1比0击败西班牙的比赛中，德马里亚取代了费拉里出任前锋。

吉奥瓦尼·费拉里 Giovanni Ferrari
生于1907年12月6日/卒于1982年12月2日
效力俱乐部：尤文图斯
四次出场，打入两球。在西班牙的比赛中打入了黄金般的进球，为球队赢得了重赛的机会。在决赛中依然发挥出色，他身体强壮，状态神勇。

朱塞佩·梅阿查 Giuseppe Meazza
生于1910年8月23日/卒于1979年8月21日
效力俱乐部：国际米兰
此后意大利足坛的巨星，入选了本届世界杯的最佳阵容。在场上带球灵敏，柔韧性极好。参加了全部的5场比赛，并打入两球。1938年，他再次代表意大利参加世界杯，随队卫冕成功。

路易斯·蒙蒂 Luis Monti
生于1901年5月15日/卒于1983年9月9日
效力俱乐部：尤文图斯
1930年，蒙蒂代表阿根廷队参加了第一届世界杯，并在决赛中多次给乌拉圭队造成巨大威胁，可惜阿根廷队饮恨失利。在加入意大利国籍后，他立即成为波佐球队中的进攻核心，率领球队最终打入决赛捧杯。蒙蒂也成为了历史上第一位曾两次参加世界杯决赛的球员。

马里奥·皮齐奥洛 Mario Pizziolo
生于1909年12月8日/卒于1990年4月30日
效力俱乐部：佛罗伦萨
在1比1战平西班牙的比赛后，被罗马球员费拉里斯抢走了主力位置，一直也没能重新回到首发阵容。

前　锋

安戈洛·斯基亚沃 Angelo Schiavio
生于1905年10月15日/卒于1990年10月17日
效力俱乐部：博洛尼亚
让整个意大利欢腾的英雄。在首场同美国队的比赛中，他就一人上演帽子戏法，在同捷克斯洛伐克的比赛中，又是他打入了致胜一球，成为对方后卫的噩梦。毫无疑问，斯基亚沃是本届世界杯上最出色的前锋，尽管他的进球数屈居射手榜的第二位。

拉伊蒙多·奥尔西 Raimundo Orsi
生于1901年12月2日/卒于1986年4月6日
效力俱乐部：尤文图斯
是本届世界杯决赛中发挥最好的球员。世界杯之前，奥尔西遭遇了骨折，能否参加本届大赛一直是一个疑问。事实上，在比赛开打前40天，奥尔西才恢复训练。首场同美国队的比赛中，他就登场打入两球。决赛中，捷克斯洛伐克一度1比0领先，直到比赛结束前9分钟，奥尔西挺身而出打入扳平一球。他在世界杯期间出场5次打入3球，被评为本届杯赛最佳球员。

恩里克·瓜伊塔 Enrique Guaita
生于1910年7月15日/卒于1959年5月2日
效力俱乐部：罗马
在本届世界杯上，瓜伊塔为波佐的球队出场4次，仅仅在同美国队的比赛中缺席。在同奥地利的半决赛中他成为意大利的英雄，打入了唯一的进球，帮助球队1比0挺进决赛。在决赛中依然登场，却错失了一个必进球的机会。

阿蒂利奥·费拉里斯 Attilio Ferraris
生于1904年3月26日/卒于1947年5月8日
效力俱乐部：罗马
在同西班牙的重赛中代替皮奇奥洛出场，并一举奠定主力位置，直到最后的决赛。这位罗马的中场球员有着昂扬的斗志。

安菲洛吉诺·瓜里西 Anfilogino Guarisi
生于1905年12月26日/卒年不详
效力俱乐部：拉齐奥
这位原籍巴西的意大利队成员仅仅在球队7比1大胜美国的比赛中出场一次。

皮耶特罗·阿卡里 Pietro Arcari
生于1908年12月3日/卒年不详
效力俱乐部：AC米兰
整个杯赛都在板凳上度过。

古伊多·马塞蒂 Guido Masetti
生于1907年11月22日/卒于1993年11月26日
效力俱乐部：罗马
本届杯赛只是在训练场和看台上度过，让这位罗马人非常失望。

战场

费拉里斯球场
Stadio Luigi Ferraris
所在城市：热那亚
容量：50000人
本届杯赛承办1场比赛
平均上座率：71%

圣西罗球场
Stadio San Siro
所在城市：米兰
容量：45000人
本届杯赛承办3场比赛
平均上座率：71%

PNF国立球场
Stadio Nazionale PNF
所在城市：罗马
容量：55000人
本届杯赛承办3场比赛(包括决赛)
平均上座率：56%

吉奥瓦尼·贝尔塔球场
Stadio Giovanni Berta
所在城市：佛罗伦萨
容量：55000人
本届杯赛承办3场比赛
平均上座率：53%

本尼托·墨索里尼球场
Stadio Benito Mussolini
所在城市：都灵
容量：55000人
本届杯赛承办2场比赛
平均上座率：22%

阿斯卡莱利球场
Stadio Giorgio Ascarelli
所在城市：那不勒斯
容量：45000人
本届杯赛承办2场比赛
平均上座率：17%

戴亚拿球场
Stadio Littorale
所在城市：博洛尼亚
容量：50000人
本届杯赛承办2场比赛
平均上座率：33%

利托里奥球场
Stadio Littorio
所在城市：的里雅斯特
容量：25000人
本届杯赛承办1场比赛
平均上座率：32%

最佳阵容

赛程赛果

1/8 决赛

1934.5.27	意大利7比1美国
1934.5.27	捷克斯洛伐克2比1罗马尼亚
1934.5.27	德国5比2比利时
1934.5.27	奥地利3比2法国
1934.5.27	西班牙3比1巴西
1934.5.27	瑞士3比2荷兰
1934.5.27	瑞典3比2阿根廷
1934.5.27	匈牙利4比2埃及

1/4 决赛

1934.5.31	德国2比1瑞典
1934.5.31	奥地利2比1匈牙利
1934.5.31	意大利1比1西班牙
1934.6.1	意大利1比0西班牙(重赛)
1934.5.31	捷克斯洛伐克3比2瑞士

半决赛

1934.6.3	意大利1比0奥地利
1934.6.3	捷克斯洛伐克3比1德国

射手榜

	排名	球员（国家）	进球数
▲	1	内耶德利（捷克斯洛伐克）	5
	2	柯南（德国）	4
		斯基亚沃（意大利）	4
	3	奥尔西（意大利）	3
		基洛茨（瑞士）	3

三四名决赛

1934.6.7	德国3比2奥地利

决赛

1934.6.10	意大利2:1捷克斯洛伐克

决赛开始前，意大利队长孔比(左)、捷克队长普拉尼奇卡(右)和主裁判埃克林德合影。

第 1 名 意大利

主教练:波佐(意大利)

位置	球员	进球 / 出场
门将		
	孔比	-3/5
	卡瓦纳	-/-
后卫		
	蒙泽利奥	0/4
	阿莱曼蒂	0/5
	卡利加里斯	-/-
	罗塞塔	0/1
中场		
	卡斯特拉齐	0/1
	费拉里斯	0/3
	梅阿查	5/2
	贝尔托利尼	0/4
	蒙蒂	0/5
	皮齐奥洛	0/2
	瓦尔格利安	-/-
前锋		
	瓜里西	0/1
	斯基亚沃	4/4
	德马里亚	0/1
	瓜伊塔	1/4
	博雷尔	0/1
	阿卡里	-/-
	奥尔西	3/5

第 2 名 捷克斯洛伐克

主教练:佩特鲁(捷克斯洛伐克)

位置	球员	进球 / 出场
门将		
	潘泽尔	-/-
	普拉尼奇卡	-6/4
后卫		
	比尔吉	0/1
	奇季罗基	0/4
	泽尼塞克	0/3
中场		
	沃迪卡	-/-
	鲍切克	-/-
	科斯塔列克	0/4
	克奇尔	0/4
	康巴尔	0/4
	科佩基	-/-
前锋		
	普茨	2/4
	尤内克	0/4
	斯沃博达	1/3
	卡洛克萨伊	-/-
	索博特卡	1/4
	希尔尼	0/1
	内耶德利	5/4

第 3 名 德国

主教练:内尔茨(德国)

位置	球员	进球 / 出场
门将		
	布赫洛	-/-
	雅克布	-2/1
	克莱斯	-6/3
后卫		
	施瓦茨	0/1
	简斯	0/2
	明岑贝格	0/1
	哈林格尔	0/3
	布施	0/3
中场		
	阿尔布雷彻	-/-
	斯特雷布	-/-
	齐耶林斯基	0/4
	格拉姆利希	0/1
前锋		
	柯南	4/4
	勒纳	2/4
	迪耶内特	-/-
	塞庞	0/4
	本德	0/2
	霍曼	2/2
	黑德曼	0/1
	希夫林	1/4
	诺阿克	1/1
	科别尔斯基	1/3

第 4 名 奥地利

主教练:迈斯尔(奥地利)

位置	球员	进球 / 出场
门将		
	弗兰策	-/-
	普拉策	-7/4
	拉夫特	-/-
后卫		
	扬达	-/-
	希萨尔	0/4
	塞斯塔	-/-
	施毛斯	-/-
中场		
	瓦格纳	0/4
	乌尔巴内克	0/4
	斯米斯提克	0/4
	霍夫曼	-/-
前锋		
	布劳恩	0/1
	霍瓦特	-/-
	韦尔佐费尔	-/-
	比坎	1/4
	哈斯曼	-/-
	斯特罗	-/-
	齐施克	1/4
	卡布雷克	-/-
	辛德拉尔	1/3
	维尔特尔	0/4
	沙尔	1/2

第 5 名 西班牙

主教练:萨拉扎尔(西班牙)

位置	球员	进球 / 出场
门将		
	努克斯	-1/1
	萨莫拉	-2/2
后卫		
	西里亚科	0/2
	金科塞斯	0/3
	马库莱特	0/1
	扎瓦洛	0/1
中场		
	希劳伦	0/3
	里奥	-/-
	伊拉拉戈里	1/2
	穆格尔萨	0/3
	马林	-/-
	莱库埃	0/2
前锋		
	查科	0/1
	博施	0/1
	法德	0/1
	格罗斯蒂萨	0/2
	坎帕尼亚尔	0/1
	朗加拉	2/2
	拉富恩特	0/2
	雷盖罗	1/2
	本托拉	0/1
	索勒	-/-

第 6 名 匈牙利

主教练:纳达什(匈牙利)

位置	球员	进球 / 出场
门将		
	绍博	-4/2
	哈达	-/-
后卫		
	福托	0/1
	瓦戈	-/-
	斯特恩博格	0/2
	比罗	-/-
中场		
	绍洛伊	0/1
	苏奇	0/2
	拉扎尔	0/1
	波尔加	-/-
	帕洛塔斯	0/2
	杜达斯	-/-
	索姆莱	-/-
前锋		
	绍伯	0/1
	托尔迪	2/2
	沙罗希	1/1
	马尔科斯	0/2
	阿瓦尔	0/1
	塔马西	-/-
	温策	1/1
	泰勒基	1/1
	科门	0/1

第 7 名 瑞士

主教练:穆勒(瑞士)

位置	球员	进球 / 出场
门将		
	泽歇哈耶	-5/2
	比佐泽罗	-/-
	胡贝尔	-/-
后卫		
	奥尔特利	-/-
	戈拜特	-/-
	M. 魏勒	-/-
	米内利	0/2
	W. 魏勒	0/2
中场		
	甘沙尔	0/2
	鲁瓦肖	-/-
	弗里克	-/-
	霍夫施密德	0/2
	雅卡尔	0/2
前锋		
	布施	-/-
	雅耶克	0/1
	阿贝格伦	1/2
	霍克斯塔瑟	-/-
	博西	0/1
	基洛茨	3/2
	布埃勒	-/-
	帕塞洛	0/1
	雅吉	1/1
	卡内尔	-/-

第 8 名 瑞典

主教练:J.纳吉(匈牙利)

位置	球员	进球 / 出场
门将		
	吕德贝里	-4/2
	韦德伦德	-/-
后卫		
	格拉纳斯	-/-
	阿克塞尔松	0/2
	O. 安德松	-/-
	S. 安德松	0/2
中场		
	E. 安德松	0/2
	K. 约翰松	-/-
	罗森	0/2
	卡尔松	0/2
前锋		
	索恩	-/-
	敦克尔	1/2
	扬森	-/-
	G. 奥尔松	-/-
	克鲁恩	1/2
	古斯塔夫松	0/2
	约翰松	2/2
	科勒尔	0/2

第 9 名 荷兰

主教练:格兰登宁(英格兰)

位置	球员	进球 / 出场
门将		
	范马莱	-/-
	范德穆伦	-3/1
	哈勒	-/-
后卫		
	范迪耶彭比克	-/-
	韦伯	0/1
	范鲁恩	0/1
中场		
	保韦	-/-
	佩利卡安	0/1
	范黑尔	-/-
	奥普里森	-/-
	安德里埃森	0/1
前锋		
	格拉夫兰德	-/-
	舍马克	-/-
	巴克胡伊斯	0/1
	韦尔斯	0/1
	范内尔伦	0/1
	明德尔斯	-/-
	斯米特	1/1
	文特	1/1
	朗根达尔	-/-

第 10 名 法国

主教练:金普顿(法国)

位置	球员	进球 / 出场
门将		
	泰波	-3/1
	连塞	-/-
	德福斯	-/-
后卫		
	马特勒	0/1
	博库尔	-/-
	马里瑟	0/1
	J. 冈萨雷斯	-/-
	范多伦	-/-
中场		
	德尔梅	-/-
	德尔富	0/1
	韦里埃斯	1/1
	加布里亚格	-/-
	利埃塔尔	0/1
	里奥	0/1
前锋		
	阿斯顿	0/1
	维南特	1/1
	科勒尔	0/1
	尼科拉斯	1/1
	阿卡扎尔	0/1
	L. 洛朗	-/-
	科尔	-/-
	库特瓦斯	-/-

第 11 名 阿根廷

主教练:帕苏西(阿根廷)

位置	球员	进球 / 出场
门将	格里帕	-/-
	弗雷斯基	-3/1
后卫	奇门托	-/-
	拜利斯	1/1
	佩德比利亚	0/1
	阿斯图蒂略	-/-
中场	洛伦索	-/-
	洛佩斯	0/1
	乌尔维塔	1/1
	阿尔巴拉辛	-/-
	内辛	1/1
前锋	加拉特奥	1/1
	德文琴兹	0/1
	威尔德	0/1
	鲁阿	0/1
	伊泽塔	-/-
	伊兰内特	0/1
	佩雷斯	-/-

第 12 名 罗马尼亚

主教练:乌日迪尔(奥地利)

位置	球员	进球 / 出场
门将	普洛克	-/-
	宗博里	-2/1
后卫	阿尔布	0/1
	拉扎尔	-/-
中场	库丹	-/-
	福格尔	0/1
	莫拉维特	0/1
	科托马尼	0/1
	德海莱亚努	0/1
前锋	乔拉克	-/-
	塞皮	0/1
	博多洛	0/1
	科瓦奇斯	0/1
	宾迪亚	0/1
	多鲍伊	1/1

第 13 名 埃及

主教练:麦克雷亚(苏格兰)

位置	球员	进球 / 出场
门将	法赫米	-/-
	曼苏尔	-4/1
后卫	沙尔雷	-/-
	阿里沙菲	0/1
	拉法特	0/1
中场	卡塞伯	-/-
	阿尔法	0/1
	R. 哈桑	0/1
	哈利姆	-/-
	哈米杜	0/1
	拉蒂夫	0/1
	塔哈	0/1
前锋	法齐	2/1
	M. 哈桑	0/1
	阿尔特克	0/1
	内格罗	-/-

第 14 名 巴西

主教练:维尼亚伊斯(巴西)

位置	球员	进球 / 出场
门将	日尔曼诺	-/-
	佩德罗萨	-3/1
后卫	鲁兹	0/1
	奥克塔西利奥	-/-
	西尔维奥	0/1
中场	阿里埃尔	-/-
	卡纳利	0/1
	马蒂姆	0/1
	蒂诺科	0/1
	瓦尔德尔	-/-
前锋	阿马迪尼奥	0/1
	阿蒂利亚	-/-
	莱特	-/-
	莱昂尼达斯	1/1
	路易金霍	0/1
	帕特斯科	1/1
	德布里托	0/1

第 15 名 比利时

主教练:高丁克(比利时)

位置	球员	进球 / 出场
门将	范德维尔	-5/1
	巴德鲁	-/-
后卫	乔基姆	0/1
	帕帕尔特	-/-
	斯梅尔林克	0/1
中场	赫莱芒斯	-/-
	西蒙斯	-/-
	布儒瓦	-/-
	维尔肯胡伊森	0/1
	皮尔拉尔	0/1
	普塔芒斯	-/-
	克拉森斯	0/1
	英格尔根	-/-
前锋	赫尔曼斯	0/1
	伍尔霍夫	2/1
	德维里斯	0/1
	勒当	-/-
	布里肖特	-/-
	卡佩勒	0/1
	格里蒙佩雷斯	0/1
	费斯普	-/-
	拉蒙特	-/-

第 16 名 美国

主教练:古尔德(美国)

位置	球员	进球 / 出场
门将	尤利安	-7/1
后卫	哈尔克	0/1
	切尔凯维奇	0/1
	摩尔豪斯	0/1
	拉普	0/1
	马蒂内利	-/-
中场	弗耶德勒	-/-
	莱曼	-/-
	加拉赫	-/-
	皮耶特拉斯	0/1
	阿姆赖因	-/-
	林西	-/-
前锋	多内利	1/1
	麦克利恩	0/1
	贡萨尔维斯	0/1
	瑞安	0/1
	弗洛里耶	0/1
	迪克	0/1
	尼尔森	0/1

时间: 6.4—6.19

主办国: 法国

第三届世界杯

1938

冠军

意大利

3

1938年5月5日，时任国际足联主席雷米特带着他的孙子参加了第三届世界杯的抽签仪式。

参赛国家

德国
比利时
巴西
古巴
法国
匈牙利
荷属东印度
意大利
挪威
荷兰
波兰
罗马尼亚
瑞典
瑞士
捷克斯洛伐克

足球打赢橄榄球

足球在法国的最早踪迹出现在港口城市以及工业化开展较早的北部。法国第一家足球俱乐部成立于1872年，名字叫做勒阿弗尔，是由英国纺织和军火企业的工人组建。乔治·华盛顿是勒阿弗尔俱乐部首任主席，他是一位英国牧师。勒阿弗尔俱乐部开展的其实是一项由足球和橄榄球相混合的运动，法国人很长时间都没能在这两个项目中做出选择。1892年，勒阿弗尔俱乐部终于有了独立的足球部门，球队坚持不在周日比赛也颇有英国痕迹。

从1890年开始，法国很多学校开始开展足球运动，和英国接壤的诺曼底地区成为法国足球早期发展的中心。巴黎的第一家足球俱乐部于1879年成立，创始者也是英国人，他们一开始也没有完全分清足球和橄榄球的差别。尽管这家俱乐部5年后就宣告解散，但足球还是借此在巴黎生根发芽。不久之后，一些俱乐部相继成立，这里面法国人寥寥无几，大多是英国人

的身影。

1894年，6支来自巴黎的球队进行了第一届法国联赛，最终获得冠军的是标准竞技，参加决赛的22名球员中有20个英国人。在第一次世界大战爆发之前，标准竞技是法国最著名的俱乐部。1895年，法国联赛已经有了一座价值1250法郎的银质奖杯，标准竞技第一个将它举起。值得一提的是，设计这座奖杯的是戈登·贝内特，《纽约时报》的主编。

1895年2月，第一次出现了巴黎城市选拔队和英国俱乐部的比赛，1500名观众目睹了英国人3比0的胜利，当时球票的价格是坐票1法郎，站票价格减半。同年4月，法国球队第一次出国比赛，在英国的三场比赛中，由三家巴黎俱乐部合编成的球队全部失利，得失球比是0比22。法国国家队的第一场比赛则等到了1904年5月1日，球队在布鲁塞尔和比利时3比3战平。法国和比利时的对抗赛，也成为欧洲大陆的第一项赛事。

尽管法国和英国关系很好，但随着法国足球的发展，俱乐部也终于开始考虑限制外援人数的问题，首先便是

● 波兰的骄傲

波兰人很自豪，因为他们的国家队第一次从世界杯预选赛突围。“在客场打进决赛圈。”0比1负于南斯拉夫，波兰《体育报》依然欢呼，因为他们此前主场4比0获胜。

● 瑞士头条

在德国队于柏林主场6比3大胜英格兰、被纳粹通讯社渲染为大捷之后没几天，瑞士队制造了20世纪30年代的头条新闻——他们在苏黎世哈德特姆球场2比1击败了“足球宗师”英格兰。瑞士媒体惊呼道：“我们的伟大胜利。瑞士体育让世人为之侧目。”阿森纳主教练阿利森与17377名球迷一起目睹了这场比赛。“瑞士人给我们上了一课，如何高效传球，如何快速奔跑。”

● 中转站

匈牙利按照惯例坐火车去参赛，他们在德国慕尼黑中转时受到了热烈欢迎。因为主教练沙费尔曾在慕尼黑瓦克尔俱乐部效力，而当时已经230磅重的沙费尔成为了匈牙利足球举足轻重的人物。

● 轮空

1938年6月9日，瑞典队身穿西装从马尔默机场飞往法国后，便入住了奢华的圣詹姆斯酒店。他们可以慢悠悠的进入状态，因为首轮的对手奥地利被德国吞并无法参赛。

● 静悄悄的组织者

世界杯前，人们有担心，也有抱怨，东道主法国足协还没有确定足够的资金，像1930年乌拉圭和1934年意大利那样支付参赛队的旅行费用。组委会主席切瓦利埃最终要到了一笔预算，以承担参赛队的旅行和吃住花销。

限制英国人，还有人提议杯赛每支球队的出场阵容至少要有8名法国球员。

法国足球的发展一度遇到了橄榄球的冲击。19世纪末，法国一共有大约30家足球俱乐部，2000名足球运动员。法国足球发展的一个里程碑是1887年国家体育协会的成立，它是1894年开始的联赛组织者，并在1895年开始委派中立裁判执法比赛。1896年开始，法国的联赛采取了小组赛制，仿照英国人的做法，赢一场球得2分，打平得1分，输球不得分。在1905年之前，国家体育协会在法国足球届是无可争议的龙头老大，但之后却遇到了竞争。1905年，新的体育组织FGSPF成立了全新的联赛。

1906年，法国又成立了第三个体育组织FCAF，他们也拥有自己的联赛，后来从体育协会退出的俱乐部也有了自己的组织。最终，四个组织的混乱局面被改变，四个联赛冠军共同去争夺法国杯冠军。1908年，FCAF和FGSPF合并成为CFI。国家体育协会眼看自己权力受到削弱，在1908年6月退出国际足联——这对于法国足球是灾难性的打击，因为自己的球队再也不能去国外比赛了，外国球队也没法来到法国。1908年底，CFI申请加入国际足联，并在1912年圣诞节后决定只涉足足球项目。1914年，国家体育协会终于放弃其独立性，加盟了CFI。

1911年，法国已经有了2000家俱乐部，然而足球还是得和橄榄球竞争。尽管足球俱乐部的数量是橄榄球的两倍，但是当时的体育报纸还是经常将头版留给橄榄球。第一次世界大战让法国体育发展停滞，直到1919年足球才在这里重新发展起来。1919年4月7日，CFI终于转型成为法国足协，自此法国足球得到飞速发展。第一次世界大战开始前，从事足球运动的还主要是社会精英，但从1921年到1926年，法国注册的球员人数从37780猛增到大约10万，这充分证明了足球在法国的迅速普及。

法国足球职业化从1932年开始，几乎同时，标致公司赞助的索肖俱乐部有了举办邀请赛的想法，共有8支一流俱乐部参加，第二届比赛时又多了12家球会参与。1932年9月11日，新的联赛诞生了，并在1933年4月30日产生了第一个冠军里尔。

联赛的发展使得法国国家队的实力越来

季军巴西

巴西人对世界杯充满了期待，最终桑巴军团在季军战4比2击败瑞典，取得队史最好成绩，之前两届世界杯他们分别获得第6和第14名。回到巴西后，成千上万名球迷聚集在里约热内卢的大街小巷，欢迎球队载誉归来。本届赛事莱昂尼达斯以8球夺得金靴。

1938年6月5日，首次在世界杯中亮相的巴西队6比5战胜波兰，晋级八强。

越强。1935年5月19日，法国队在巴黎以2比0击败了强大的匈牙利，不久之后对瑞典又取得了同样的结果。但在第三届世界杯开始前一年，法国队的成绩开始滑坡，1比3不敌比利时队。好在他们随后备战期间的成绩不错，只是2比4输给过英格兰一场。从实力上看，当时的法国队还算不上是世界杯的夺冠热门，球场条件也显得不够专业。

和平的杯赛

第23届国际足联会议于1936年柏林奥运会期间召开，参加会议的24位代表决定将1938年世界杯主办权交给法国，这是为了表彰法国人对建立国际足坛秩序所做出的努力。尽管如此，将举办权交给法国还是引起了很大的争议。德国本来也想申办，但在雷米特

● 英国人依旧抵制

自1930年以来，英国人找到了一个不让自己“世界最强球队”的王冠旁落的办法：那就是不参加世界杯，只参加一些没有真正名头的比赛。为了嘲笑整个世界，英格兰队在世界杯开赛前几天来到了世界杯决赛的比赛地哥伦布球场，与法国进行了一场友谊赛。英格兰的明星们都在阵中：德拉克、哈普古德、巴斯廷、马修斯。比分很有说服力：4比2。事实上，英格兰人本有可能以特殊的身份参加第三届世界杯。由于奥地利无法参加决赛圈比赛的事实在国际足联内部引起了不满和争议，人们不愿意看到一个不完整的世界杯，于是将目光投向了英格兰，后者没有参加预选赛，实力也足够。但伦敦的绅士们拒绝了这一邀请，因为“参加联赛的球员需要休息三个月。和所有喜爱足球的人一样，他们在6月很疲惫。”

● 官方指南

世界杯第一次有了官方指南，价格仅为3法郎，印刷精美，成为了球迷们的最爱。封面上印上了参赛国的旗帜，虽然那个时代纳粹德国的旗帜随处可见，但组委会没有把德国的旗帜印在封面上。

● 世界杯邮票问世

法国邮政为世界杯发行了纪念邮票，有两枚：一枚是世界杯张贴画，另一枚是禁区内拼抢的场景。在任何一个邮局只要花1.75法郎就能买到该邮票，这样的价格正好等于寄往国外信件的邮费，东道主以此来方便外国游客。

的劝说下放弃，而雷米特当时承诺的是由德国举办1942年世界杯赛。国际足联还担心法国人不能提供可以成功举行世界杯的合格球场，因此想到了让荷兰和比利时联合举办。这样的担心不是没有道理，因为足球在法国的发展的确遭遇了很大的困难。这项运动在法国并非最受欢迎的项目，法国西南部更流行橄榄球，西部和中部的法国人则喜欢自行车。法国缺少足球传统，直到进入20世纪，这项运动还遇到不被大多数人接受的尴尬。

雷米特曾想要将世界杯提前到1937年举办，从而借世博会的东风，为世界杯提供帮助。但世博会拒绝了雷米特的建议。国际足联内部出现了来自南美洲的反对声音，他们认为

盈利

虽然东道主法国被淘汰后观众人数急剧下滑，但整届赛事仍然实现了盈利。374835人在18场比赛中支付了5863320法郎，而法国足协和国际足联的开销是420万法郎，盈利为160万。法国与意大利的1/4决赛创下了上座纪录，有58455名观众到场，产生近90万法郎的门票收入。

世界杯应该由欧洲和南美交替主办，阿根廷应该成为1938年世界杯的东道主。为此，包括乌拉圭和阿根廷在内的8个南美国家都决定抵制本届世界杯赛。

在欧洲的独裁政府们正准备发动战争时，法国只想组织一次和平的赛事。

经历过1930年和1934年世界杯的观众们不会相信自己的眼睛。这项世界第一运动的国际性赛事，在乌拉圭诞生，于意大利成长。在这两个地方，人们对足球的激情最终都不同程度地演化为沙文主义的狂欢。在6月抵达法国时，观察家们看到的是这些：“像世界杯这样的赛事，见证了人们全球化的理解，世界杯得到了如此好的筹划和组织。”他们也开始思考这句话：“足球将用于亲近民众。第三届世界杯应该在体现成功、融洽和社会道德的氛围下进行。”在迎接世界杯时，法国不愿悬挂任何旗帜，不愿鼓吹任何意识形态。他们只想要和平，不论政治立场上，还是球场上。法国世界杯对和平是如此期待，虽然战争的炮火声已经在世界很多地方响起：日本全面侵华战争，西班牙内战……日本最初已经报名参赛，不过后来选择了放弃，使得荷属东印度成为历史上第一支进入世界杯决赛圈的亚洲球队。

当第三届世界杯在法国开幕的时候，欧洲大陆弥漫着战争的恐惧，希特勒的疯狂扩张政策严重威胁着欧洲人民，这也影响到了世界杯。奥地利虽然在1937年10月5日以2比1击败拉脱维亚出线，但其足协却因为德国的侵略而被迫解散，球队无法出现在法国世界杯赛场。奥地利在第二次世界大战前最后一场比赛的对手正是德国，但德国足协直到今天也

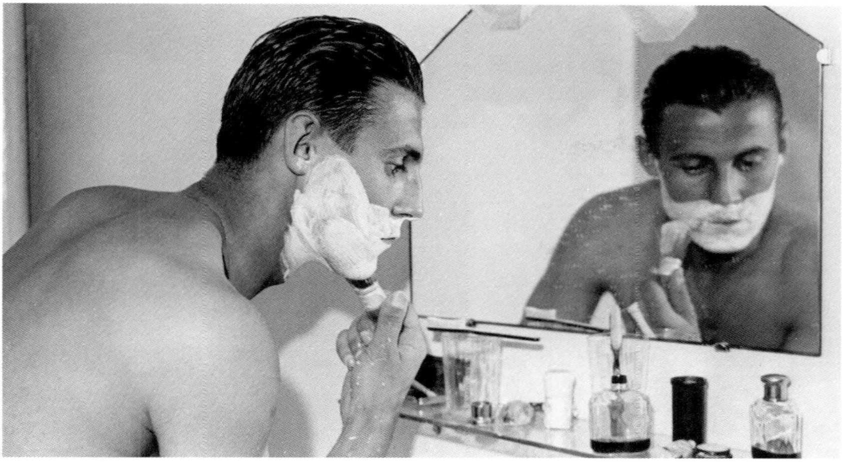

1938年，匈牙利是夺冠热门之一，图为该队前锋沙罗希在半决赛前刮胡子，最终球队5比1大胜瑞典晋级决赛，沙罗希后以5个进球获得赛事银靴。

不愿意把这场比赛算在正式国家队比赛中。

当时德国和奥地利都是欧洲最优秀的球队，将奥地利吞并后，德国队主教练赫尔贝格要从两支球队的球员中选拔组成一支最优秀的球队，而且还要力求比例基本相当。赫尔贝格想让奥地利人辛德拉尔担任核心，但后者宁愿选择不参加世界杯，也不想和纳粹德国合作，德国人将奥地利球员的风格融入自身的企图最终也被证明白费了。

西班牙在1934年世界杯1/4决赛中惜败给意大利，而这一次他们直接无缘世界杯，因为伊比利亚半岛爆发了严重的内战，民主共和人士正在反抗佛朗哥的法西斯统治。本届世界杯的非欧洲球队是古巴、巴西和荷属东印度。除了乌拉圭和阿根廷之外，英格兰也没有参赛，他们第三次对世界杯的邀请说不。三支非欧洲球队只有巴西可以算是第一档次，有人认为，这届世界杯的整体水平是世界杯历史上最差的。

东道主出局

1938年法国世界杯还有另一项“发明”。和此前在乌拉圭、意大利举行的前两届赛事不同的是，法国并没有为世界杯修建全新的国家体育场。起初法国也制定了修建新球场的计划，在筹办1924年奥运会前，这个计划就已经被提了出来，但它始终躺在抽屉里睡大觉。由于这方面的工作被延后，只能作罢。法国世界杯的另一个古怪之处在于，没人将东道主赢得世界杯冠军视作天经地义。法国在1/8决赛中3比1击败比利时，随后在1/4决赛以相反的比分被卫冕冠军意大利淘汰。

第一次，东道主没能成为世界冠军。但没人将此看做悲剧：4年前，法国媒体曾强烈批评意大利世界杯球场内的氛围，因此他们不能过度渲染这种沙文主义的气氛，不能要求球队不计一切代价地获取胜利。尽管在王子公园球场进行的瑞士和德国参加的两场比赛中出现了些许紧张气氛，在马赛还发生了反法西斯的游行抗议，但法国民众还是很好地控制了情绪，他们对世界杯只有热烈的期盼。整个世界杯期间，没有发生任何意外。雷米特先生在回忆录中写道：“法国各地都没有出现公共舆论事件或者威胁，没有任何危险。”

世界杯的第一场‘世纪之战”出现在斯

哈廷和他的玩偶

1938年世界杯迎来了新大陆——亚洲。在1/8决赛中，全新的兰斯体育场迎来了充满了异国情调的荷属东印度，这个国家在1945年赢得独立，更名为印度尼西亚共和国。和强大的匈牙利相比，荷属东印度的球员们太平庸了。9000名观众希望一睹亚洲新军的风采，然而当荷属东印度的球员入场时，观众们却发现他们居然上了12个人：门将哈廷（右一）还带了一个印度教的玩偶，并将它挂在球网上。但这个象征着能带来好运的玩偶，或许只能在哈廷的祖国才能起作用：玩偶跳动了6次（最终比分为6比0），其中4次是在前半个小时。

特拉斯堡，一个狂风暴雨的周日。巴西和波兰在1/8决赛中相遇，赛前谁都没有想到，大雨和进球会不期而至。上半场，波兰人被高温和巴西人怪异的比赛节奏折腾得找不到北——莱昂尼达斯、罗梅乌和佩拉西奥为巴西队各入一球，波兰人则靠一个点球维系着希望。这个时候暴雨突袭球场，波兰人似乎被浇醒了，中锋威利莫夫斯基6分钟内连入两球。佩拉西奥让巴西再度领先后，威利莫夫斯基完成了帽子戏法，比分变成4比4。球场变得泥泞不堪，莱昂尼达斯屡屡拔不起脚。一次两次之后，他决定脱掉球鞋，光着脚踢，不过几分钟后裁判命令他重新穿上球鞋。此时巴西球星已经适应了在泥沼中踢球，莱昂尼达斯在加时赛打入两球，帮助巴西6比5过关。威利莫夫斯基也在加时中打入了个人本场第4球，由此进入了世界杯传奇的史册。

经过在斯特拉斯堡那场伟大的胜利后，巴西人已经成为最有可能挑战卫冕冠军意大利的球队之一，他们极有可能在半决赛中相遇——只要巴西能在波尔多击败捷克斯洛伐克。桑巴军团做到了，但也将力气消耗殆尽。在双方第一场激烈的对决中，巴西球员普罗科皮奥和马沙多双双被罚下场，捷克斯洛伐克这边也有日哈中途离场。两支球队经过延长期仍不分胜负，只能在两天后再战。在捷克斯洛伐克一方，门将普拉尼奇卡和组织核心内耶德利这两名参加了1934年世界杯决赛的重要成员因伤缺阵。两种风格的对碰创造了精彩的比赛。上半场落后一球的巴西绝地反击，最终2比1取胜。莱昂尼达斯又有进账，3场比赛共打入5球。所有人都相信，有他助阵，巴西能掀翻意大利。然而巴西主帅皮门塔自认为比所有人都聪明，已经开始考虑决赛，他决定让外号“黑钻石”的莱昂尼达斯和内锋蒂姆在同意大利的半决赛中轮休！失去了这两人，巴西引以为豪的连续短传完全失去了效率。更为谨慎的意大利人默默地等待自己的机会，在下半场开始后连入两球，巴西人虽然追回1分，却也只能遗憾告别世界杯。在波尔多，莱昂尼达斯又打入2球，帮助巴西战胜瑞典赢得第三名，但这仅仅是一种安慰。在同意大利的半决赛前，自信过头的巴西代表团居然向意大利人建议，将他们已经买好的去巴黎决赛的机票让给自己！

6月19日，意大利同匈牙利之间的决赛成为了美妙的节日。尽管法国同意大利的外交关系并不好，但也没人对意大利队表示出敌意。没有人特别强调决赛双方的背后是两个独裁政体，墨索里尼和霍尔蒂。人们去哥伦布球场的目的是观赏美妙的足球，祝贺胜利者。雷米特写道：“意大利4比2取胜后领取奖杯时，看到法国民众祝贺意大利取胜的热情，听到他们向意大利国旗发出的掌声，让我们忘记了这

半决赛中，意大利淘汰巴西。图为前锋皮奥拉在对方门将的封堵下头球攻门。

两个国家正经历艰难的政治分歧时期。”法国只想要和平。

意大利成为世界杯历史上第一支成功卫冕的球队，后来也只有巴西完成过这一壮举。和1934年不同，这一次没有人怀疑意大利的冠军分量。波佐对意大利队成功完成了年轻化，只有3名1934年世界杯冠军球员来到法国。要不是第二次世界大战，意大利在20世纪40年代应该是欧洲甚至世界上最好的球队。而巴西足球在法国开始展现出潜力。

1939年9月1日，德国对波兰的闪电战打乱了国际足球的正常秩序，原本要安排在德国举行的世界杯也被取消。欧洲大陆战火缭原，下一届世界杯一直到1950年才恢复举行，而且是在远离欧洲大陆的巴西。战争期间，国际足联副主席、意大利人巴拉西将奖杯藏在自己的窗前，世界冠军就是这样保护自己获得的荣誉。

失败的“联姻”

参加法国世界杯的德国队阵中，有9名奥地利球员。这给他们提出了一个无法解决的技术性问题。如何让这支日耳曼-奥地利球队达到精神和战术上的合力？奥地利的技战术风格依旧遵守经典战术，拒绝人盯人防守，这能与德国队已经熟悉的WM战术无缝连接吗？这两支战术风格迥异的球队，在1934年世界杯上都打入了半决赛。合二为一后，他们输给了天分远逊于自己、但内部更加和谐的瑞士。王子公园球场的敌对气氛也起到了作用。双方的首次对决踢成了1比1，只能在5天后重赛，德国队主帅赫尔贝格更换了大半套阵容也没有找到解决办法。虽然他们在重赛中20分钟就取得了两球领先，但随后连丢4球被淘汰。至少在足球上，德国和奥利地的边界还没有打通。

决赛
意大利4比2匈牙利
1938年6月19日
巴黎哥伦布奥林匹克球场

实力强大的巴西人在半决赛中托大，雪藏了此前已攻入7球的本届赛事最佳射手莱昂尼达斯，想要为决赛做准备，结果被意大利人淘汰出局。匈牙利人则以5比1大胜瑞典，与卫冕冠军会师决赛。由于1934年世界杯和1936年奥运会上，墨索里尼和希特勒先后利用体育盛会为纳粹独裁政府做宣传，因此国际足联将本届世界杯安排在世界杯之父雷米特的家乡进行。然而这并未能使世界杯摆脱纳粹极权的阴云，决赛前，墨索里尼给意大利队发来电报：“赢，或死”。

1938年6月19日，决赛在巴黎的哥伦布奥林匹克体育场打响。这座球场是1924年巴黎奥运会的主体育场，在20世纪70年代以前一直都是法国可容纳观众人数最多的体育场。由于法国队提前出局，能容纳6万人的哥伦布球场只坐了5.5万人。不过法国人对世界杯的热情仍然高涨，他们很想弄明白，进攻流畅的匈牙利队和防守严密的意大利队究竟谁更强大。更何况卫冕冠军还到处吹嘘，自己的头号射手皮奥拉是如何神奇。

这又是一届属于235阵型的世界杯决赛。

沙罗希博士

哲尔吉·沙罗希，法律博士，匈牙利队长，未来的尤文图斯主帅。他的履历实在是太令人惊叹了。作为费伦茨城俱乐部的前锋，他在1938年率领匈牙利出征世界杯时还不满26岁。1934年，他曾在1比2输给奥地利的比赛中打入本队唯一进球。在兰斯进行的与荷属东印度的1/8决赛中，他攻入本队6球中的2球，还两次助攻任盖莱尔。决赛对阵意大利，他打入本队第二球，一度给匈牙利带来翻盘的希望。在1999年，英国《世界足球》杂志将他评选为史上最伟大的百名球员之一。

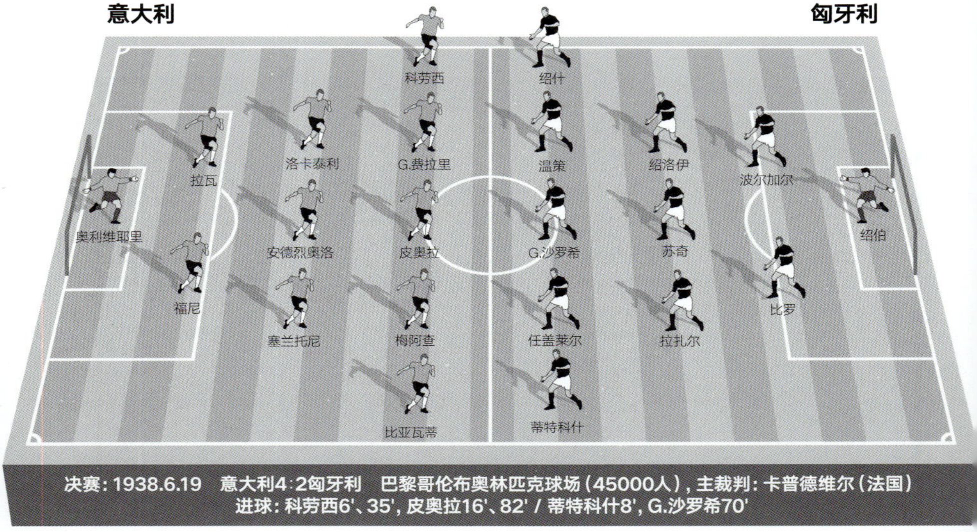

决赛：1938.6.19　意大利4:2匈牙利　巴黎哥伦布奥林匹克球场（45000人），主裁判：卡普德维尔（法国）
进球：科劳西6'、35'，皮奥拉16'、82' / 蒂特科什8'，G.沙罗希70'

大师波佐

1934年世界杯，当意大利在罗马赢得冠军时，不到50岁的波佐已经是满头白发。4年后，意大利夺得了球队史上第二座金杯，我们看到他站在球员中间高举奖杯，这次他满脸都是笑容，更加轻松。在1934年，波佐完成了一个国家使命。在1938年，他有了自己的杰作。年轻时，他曾留学英国，将那里的比赛科学带回了意大利。从“一战”前起，他就致力于意大利足球的发展，参与了都灵俱乐部的创建。1912年斯德哥尔摩奥运会时，他已经是意大利主教练。作为都灵俱乐部的技术主管，波佐率领意大利夺得了1928年阿姆斯特丹奥运会季军。1929年，波佐被任命为意大利国家队唯一主帅，在这个位置上他一直干到了1948年，其间还夺得了1936年奥运会冠军。作为唯一主帅，他共带领意大利国家队出战95场，这是绝对的纪录！两夺世界杯之间，波佐对意大利国家队进行了重建，把球队从一支擅长拼抢的可怕之师，转变为更懂得战术组织的球队。波佐在足球历史上占据着非常重要的地位，是他让意大利国家队实现了职业化。

挽救生命

决赛失利后，匈牙利门将绍伯如释重负：“我这一生从未像现在这样自豪。”到底发生了什么？匈牙利队输球了啊！而且，他还被灌了4球。谜底解开了，“我们拯救了22个人的生命，因为有人跟我说，意大利队赛前收到了来自罗马的电报：要么赢，要么死！现在，他们赢了。”

波佐仍然是意大利队主教练，梅阿查则担任意大利队队长——意甲国际米兰和AC米兰目前共用的梅阿查球场就是以他的名字命名（又称圣西罗球场）。匈牙利人的主教练则是大名鼎鼎的沙费尔，这位足球名宿球员时期创造了15年效力于21家俱乐部的历史纪录，教练生涯除匈牙利队外还执教过纽伦堡、柏林赫塔和罗马等队。

赛前，当意大利人乘坐的大巴车到达球场时，他们发现球场外街道上全是人潮，球员根本无法接近球场。主教练波佐于是立即命令司机掉头返回酒店，理由是不希望自己的球员在一场如此重大的比赛前在大巴车上干耗。实际上，这只不过这位战术大师的一个心理小诡计。当意大利人第二次驱车来到球场，他们没有浪费什么时间便取得了领先，科劳西在比赛第6分钟从左路长驱直入，大力射门穿透匈牙利守门员绍伯的十指关。

意大利人抢得先机，但匈牙利人仅用了2分钟就扳平了比分，蒂特科什小角度大力射门挂网。这位前锋后来成为匈牙利足协的秘书长，作为教练还执教过布达佩斯MTK和埃及国家队。不过意大利人赛前的吹嘘并非虚言，皮奥拉第16分钟和队友在禁区内进行了一次错综复杂的四人传切配合，最后由他本人亲自破门成功。第35分钟，科劳西攻入了他本场比赛第二球，让意大利人3比1领先结束上半场。

下半时，两球领先的意大利人开始展示自己的防守技巧。但是匈牙利人并没有气馁，他们在第70分钟由队长哲尔吉·沙罗希将比分扳为2比3。意大利人被迫重新打起精神。第82分钟，比亚瓦蒂脚跟妙传，皮奥拉10米外左脚大力射门将比分锁定为4比2。

意大利人卫冕了世界杯，他们成为世界足坛第一支王朝球队，也被认为是第二次世界大

①决赛开始前，法国总统勒布伦与意大利球员握手。

②面对意大利前锋费拉里的射门，匈牙利门将绍伯奋力扑击。

③匈牙利队球员蒂特科什为球队打入扳平的一球。

决赛开始前，意大利队长梅阿查（左）与匈牙利队长哲尔吉·沙罗希（右）握手致意。

成功卫冕的意大利球员回国后被视作国家英雄，图为墨索里尼在官邸接见球队。

战前世界足坛最强大的团队。波佐事后认为，本届世界杯的意大利队要比4年前那支更强大。梅阿查和费拉里这对前锋黄金搭档，均连续参加了这两届世界杯。福尼、拉瓦和洛卡泰利三人则是继1936年奥运会夺冠后，再为自己添上一枚世界杯金牌。但有争议者也认为，波佐的成就同样得益于墨索里尼纳粹政府。

被认为是本届赛事最佳球员的皮奥拉，夺得世界杯时还不满26岁，他是意大利足球史上值得铭记的球员，为意大利队出场34次进30球，在意大利队历史进球榜上名列第三。作为拉齐奥的功勋球员，他后来还曾效力于都灵和尤文图斯等队，两次获得意甲最佳射手，至今还保持着274球的意甲历史进球纪录。他同时还被认为是"单车过人"技术的发明者。

在意大利人庆祝夺冠的同时，也有人没有忘记纳粹政府的阴影。输掉决赛的匈牙利队门将绍伯事后半开玩笑说："我们输了一场比赛，但救了22个人的命。"甚至有观点认为匈牙利人是故意输掉了决赛。不过还有人觉得，墨索里尼电报的原文，"Vincere o morire"，在意大利语里是鼓励人们努力战斗的意思，类似于"不胜不归"。

这届世界杯也成为第二次世界大战前最后一届世界杯。随后，战争爆发，整个欧洲卷入了一场血腥的灾难，世界杯和其他大赛一样被战争中断。直到12年后的1950年，世界杯才得以恢复举办。

棘手的颁奖仪式

决赛后，法国总统勒布伦参加的颁奖仪式成人们关注的焦点，因为法国与意大利在外交关系上陷入紧张状态，意大利甚至将驻法大使从巴黎召回了国。出于平衡的需要，勒布伦与两支球队都热情地握了手。但让人震惊的是，在勒布伦将雷米特金杯授予梅阿查后，意大利人集体行起了纳粹礼。

他们是冠军

主教练

维托里奥·波佐 Vittorio Pozzo
生于1886年3月12日/卒于1968年12月21日
1934年世界杯夺冠后，波佐又带领着意大利队在1936年的奥运会上夺魁。1938年他再次率队出征世界杯，给球队的打法增加了技战术含量。同时，波佐开始对球员的心理状态进行调节，最终他率队夺冠，达到了职业生涯的巅峰。

门将

阿尔多·奥利维耶里 Aldo Olivieri
生于1910年10月2日
效力俱乐部：卢切斯卢卡
上届杯赛传奇门将孔比的接班人，以门前的冷静和灵活著称。在决赛同匈牙利的比赛中立下大功，多次扑救出匈牙利的必进之球，打垮了对手的士气。1938年世界杯后转会去了都灵俱乐部。

卡尔洛·切雷索利 Carlo Ceresoli
生于1910年6月14日/卒于1995年4月22日
效力俱乐部：博洛尼亚
意大利的头号“倒霉蛋”。1934年就由于受伤错过了作为主力门将参加世界杯的机会，而1938年的世界杯他只能作为替补在看台上看着队友比赛。他职业生涯中一共为意大利出场8次，却丢了10个球。

后卫

阿尔弗雷多·福尼 Alfredo Foni
生于1911年1月20日/卒于1985年1月28日
效力俱乐部：尤文图斯
福尼是波佐的球队夺得1936年奥运会冠军的英雄之一。在世界杯1/4决赛中，他取代了蒙泽利奥的主力位置，并和拉瓦一起将后防线组织得滴水不漏。这对新搭档最终也凭借出色的技术以及冷静的判断成为本届杯赛的明星。

埃拉尔多·蒙泽利奥 Eraldo Monzeglio
于1906年6月5日/卒于1981年11月3日
效力俱乐部：罗马
1934年世界杯时就在队中，32岁的他是本届杯赛中意大利年龄最大的球员。在2比1击败挪威的比赛中首发，但这场比赛却让意大利上下十分失望，因此蒙泽利奥的主力位置也被福尼夺走。

彼得罗·拉瓦 Pietro Rava
生于1916年1月20日
效力俱乐部：尤文图斯
参加了1936年的奥运会并夺冠，和福尼一起组织起了意大利密不透风的防线。在决赛的下半时，他凭借自己的出色表现为球队守住了胜利果实，是波佐战术中的一颗重要棋子。

中场

米凯莱·安德烈奥洛 Michele Andreolo
出生于1912年9月6日/卒于1981年5月15日
效力俱乐部：博洛尼亚
波佐球队中的一位雇佣军，出生于蒙得维的亚。1935年，安德烈奥洛转会到了博洛尼亚，并在1936年入选了意大利国家队。本届世界杯上，他出场4次，证明了自己是球队中不可缺少的一员。

阿尔多·多纳蒂 Aldo Donati
生于1910年9月29日
效力俱乐部：罗马
这位后卫并没有得到出场机会，就好像1938年世界杯时他不在队中一样。

吉奥瓦尼·费拉里 Giovanni Ferrari
生于1907年12月6日/卒于1982年12月2日
效力俱乐部：国际米兰
和梅阿查一起被称为意大利队的传奇人物。在1934年和1938年的两次世界杯决赛中，米兰人都有着出色的状态，本届杯赛中他出场4次。有他出场的比赛，意大利的防守十分稳固，他总是凭借自己的奔跑能力弥补队友防守中的漏洞。

马里奥·詹塔 Mario Genta
生于1912年3月1日/卒于1993年
效力俱乐部：热那亚
本届杯赛中一直徒劳地等待着登场。日后他首次代表意大利国家队出场，已经是1939年3月26日的事情了，那场比赛中，意大利3比2击败了德国，而那也是这位热那亚中场唯一一次身穿国家队球衣登场比赛。

乌戈·洛卡泰利 Ugo Locatelli
生于1916年2月5日/卒于1993年5月28日
效力俱乐部：国际米兰
参加了1936年的奥运会，并帮助球队夺冠，在比赛场上以媲美田径运动员的奔跑能力著称。洛卡泰利的对抗能力十分出色，是意大利不可或缺的主力球员。1938年的世界杯上，他出场4次，并在决赛中与塞兰托尼联手，冻结了匈牙利的进攻。

雷纳托·奥尔米 Renato Olmi
生于1914年7月12日/卒于1985年5月15日
效力俱乐部：国际米兰
本届世界杯上未获得出场机会，等到决赛后两年才迎来自己在国家队的处子秀。

马里奥·佩拉佐洛 Mario Perazzolo
生于1911年6月7日
效力俱乐部：热那亚
又一位失意的热那亚球员，意大利队的中场并没有他的位置。尽管从1936年他就入选了意大利国家队，但整个杯赛期间他只能作壁上观。

彼得罗·塞兰托尼 Pietro Serantoni
生于1906年12月11日/卒于1964年10月6日
效力俱乐部：罗马
是球队中年龄第二大的球员。在同挪威队的比赛中表现堪称灾难，但波佐并没有把塞兰托尼打入冷宫，这也激发了他的斗志和状态。在和法国的比赛中他发挥得淋漓尽致，与洛卡泰利组成了意大利强悍的中场。同时他也是意大利赢得决赛的关键先生。

前锋

塞尔吉奥·贝尔托尼 Sergio Bertoni
生于1915年9月23日/卒于1995年2月15日
效力俱乐部：比萨
本届世界杯之后，贝尔托尼从比萨转会到了热那亚，但并不是因为他在世界杯上的成功。实际上，他在这届赛事中一直坐在看台上，尽管他是1936年意大利夺得奥运会冠军的球队成员。

阿梅德奥·比亚瓦蒂 Amedeo Biavati
生于1915年4月4日/卒于1979年
效力俱乐部：博洛尼亚
在1/4决赛同法国队的比赛中首次代表意大利出场，并一举奠定主力位置。和皮奥拉并称是意大利队在本届世界杯上的最大发现。

布鲁诺·基佐 Bruno Chizzo
生于1916年4月19日
效力俱乐部：的里雅斯特
这位来自特里斯蒂纳的球员在整个杯赛过程中未能得到出场机会。

路易吉·科劳西 Gino Colaussi
生于1914年3月4日/卒于1991年12月25日
效力俱乐部：的里雅斯特
仅次于皮奥拉，是意大利队本届世界杯的二号射手。在同法国队、巴西队和匈牙利队的比赛中都攻入了打破僵局的进球，率领球队走向最终胜利。在决赛中，凭借自己灵巧的技术和旺盛的斗志，科劳西在左路给匈牙利制造了很多麻烦，并打入两球。

彼得罗·费拉里斯 Pietro Ferraris
生于1912年2月15日/卒于1991年
效力俱乐部：国际米兰
这位来自米兰的前锋在同挪威的比赛中打入一球，把比分改写为1比0，但在随后的比赛中却消失了。

朱塞佩·梅阿查 Giuseppe Meazza
生于1910年8月23日/卒于1979年8月21日
效力俱乐部：国际米兰
意大利传奇球星，1934年和1938年世界杯都是球队绝对核心。本届杯赛半决赛同巴西一役他打入致胜一球，将球队送入决赛。在决赛中他率队击败对手再度获得世界冠军，成为当时国际足坛最为炙手可热的巨星。

彼得罗·帕西纳蒂 Piero Pasinati
生于1910年7月21日
效力俱乐部：的里雅斯特
只在首场2比1击败挪威的比赛中登场，随后主力位置被比亚瓦蒂取代，出生于特里斯蒂纳的他无疑经历了一届失望的世界杯。

西尔维奥·皮奥拉 Silvio Piola
生于1913年9月29日/卒于1996年10月3日
效力俱乐部：拉齐奥
他有着出色的控球能力和得分能力，不俗的视野，难以击垮的意志和绝不服输的战斗精神。在本届世界杯期间，他打入了5个进球，成为了意大利队的最佳射手，是意大利在本届世界杯上的最大发现。

赛程赛果

1/8 决赛

1938.6.4	瑞士1比1德国
1938.6.9	瑞士4比2德国(重赛)
1938.6.5	古巴3比3罗马尼亚
1938.6.5	捷克斯洛伐克3比0荷兰
1938.6.5	奥地利弃权，瑞典直接晋级八强
1938.6.5	法国3比1比利时
1938.6.5	匈牙利6比0荷属东印度
1938.6.5	意大利2比1挪威
1938.6.5	巴西6比5波兰

1/4 决赛

1938.6.12	意大利3比1法国
1938.6.12	瑞典8比0古巴
1938.6.12	匈牙利2比0瑞士
1938.6.12	巴西1比1捷克斯洛伐克
1938.6.14	巴西2比1捷克斯洛伐克(重赛)

半决赛

1938.6.16	匈牙利5比1瑞典
1938.6.16	意大利2比1巴西

三四名决赛

1938.6.19	巴西4比2瑞典

决赛

1938.6.19	意大利4比2匈牙利

战场

王子公园球场
Parc des Princes
所在城市：巴黎
容量：35661人
本届杯赛承办3场比赛
平均上座率：63%

绿洼地球场
Stade de la Cavee Verte
所在城市：勒阿弗尔
容量：28650人
本届杯赛承办1场比赛
平均上座率：37%

沙普球场
Stade Chapou
所在城市：图卢兹
容量：20000人
本届杯赛承办2场比赛
平均上座率：36%

哥伦布奥林匹克球场
Stade Olympique de Colombes
所在城市：巴黎
容量：59837人
本届杯赛承办3场比赛(包括决赛)
平均上座率：63%

韦洛德罗姆球场
Stade Velodrome
所在城市：马赛
容量：35900人
本届杯赛承办2场比赛
平均上座率：72%

拉梅诺球场
Stade de la Meinau
所在城市：斯特拉斯堡
容量：31600人
本届杯赛承办1场比赛
平均上座率：43%

方堡球场
Stade du Fort Carre
所在城市：昂蒂布
容量：22850人
本届杯赛承办1场比赛
平均上座率：30%

韦洛德罗姆市政球场
Stade Velodrome Municipal
所在城市：兰斯
容量：19950人
本届杯赛承办1场比赛
平均上座率：46%

维克多·布凯球场
Stade Victor Boucquey
所在城市：里尔
容量：23063人
本届杯赛承办1场比赛
平均上座率：64%

勒斯库勒公园球场
Parc de Lescure
所在城市：波尔多
容量：26650人
本届杯赛承办3场比赛
平均上座率：66%

最佳阵容

第1名 意大利

主教练：波佐(意大利)

位置	球员	进球 / 出场
门将	奥利维耶里	-5/4
	切雷索利	-/-
	马塞蒂	-/-
后卫	福尼	0/3
	蒙泽利奥	0/1
	拉瓦	0/4
中场	阿尔多·多纳蒂	-/-
	吉奥瓦尼·费拉里	0/4
	马里奥·詹塔	-/-
	佩拉佐洛	-/-
	安德烈奥洛	0/4
	塞兰托尼	0/4
	奥尔米	-/-
	洛卡泰利	0/4
前锋	比亚瓦蒂	0/3
	基佐	-/-
	科劳西	4/3
	梅阿查	1/4
	帕西纳蒂	0/1
	彼得罗·费拉里斯	1/1
	贝尔托尼	-/-
	皮奥拉	5/4

射手榜

	排名	球员（国家）	进球数
▲	1	莱昂尼达斯（巴西）	7
	2	G. 沙罗希（匈牙利）	5
		任盖莱尔（匈牙利）	5
		皮奥拉（意大利）	5
	5	科劳西（意大利）	4
		威利莫夫斯基（波兰）	4

第2名 匈牙利

主教练：沙费尔(匈牙利)

位置	球员	进球 / 出场
门将	绍伯	-5/3
	哈达	0/1
	帕林卡什	-/-
后卫	波尔加尔	0/1
	科拉尼	0/3
	比罗	-/-
中场	绍洛伊	0/3
	贝洛·沙罗希	-/-
	苏奇	0/1
	拉扎尔	0/4
	鲍洛格	0/1
	杜达什	-/-
	图拉伊	0/3
前锋	绍什	0/4
	托尔迪	1/2
	哲尔吉·沙罗希	5/4
	温策	0/2
	切赫	-/-
	比罗	0/4
	蒂特科什	2/2
	科胡特	1/2
	任盖莱尔	5/4

第3名 巴西

主教练：皮门塔(巴西)

位置	球员	进球 / 出场
门将	巴泰	-7/2
	古拉特	-4/3
后卫	多明戈斯·达吉亚	0/4
	若	0/1
	马沙多	0/4
	纳里斯	0/1
中场	阿丰西尼奥	0/4
	阿热米罗	0/1
	布兰当	0/2
	布里托	0/1
	马蒂姆	0/3
	普罗科皮奥	0/4
前锋	埃库莱斯	0/2
	莱昂尼达斯	8/4
	若泽·洛佩斯	0/3
	路易金霍	0/2
	尼吉尼奥	-/-
	佩茨科	0/3
	佩拉西奥	2/4
	罗伯托·达库尼亚	1/2
	罗梅乌	4/3
	蒂姆	0/1

第 4 名 瑞典

主教练:纳吉(匈牙利)

位置	球员	进球 / 出场
门将	舍贝里	- / -
	亚伯拉罕松	-9/3
后卫	埃里克·尼尔松	0/1
	哈里·尼尔松	-/-
	伊瓦尔·埃里克松	0/3
	谢尔格伦	0/2
中场	林德霍姆	0/1
	阿尔姆格伦	0/3
	格兰	-/-
	斯万斯特伦	0/3
	斯文·雅各布松	0/2
	翁格尔	- / -
前锋	奥克·安德松	0/1
	尼贝里	3/3
	贝里斯滕	- /-
	埃里克·佩尔松	0/1
	韦特斯特伦	3/2
	哈里·安德松	3/3
	克努特·汉松	-/-
	邦克	-/-
	约纳松	1/3
	谢勒	1/2

第 5 名 捷克斯洛伐克

主教练:迈斯纳(捷克斯洛伐克)

位置	球员	进球 / 出场
门将	普拉尼奇卡	-1/2
	布尔克特	-2/1
后卫	多茨克	0/3
	布格尔	0/3
	奥尔特	-/-
中场	鲍切克	0/3
	科斯塔列克	1/3
	科尔斯基	-/-
	诺日热	-/-
	切尔尼	-/-
	科佩基	1/3
前锋	普茨	0/2
	克罗伊茨	0/1
	卢德尔	0/2
	约瑟夫·泽曼	1/1
	塞内茨基	0/1
	内耶德利	2/2
	鲁尔茨	0/1
	霍拉克	0/1
	布拉达奇	-/-
	日哈	0/2
	希穆内克	0/2

第 6 名 瑞士

主教练:卡尔·拉潘(奥地利)

位置	球员	进球 / 出场
门将	巴拉比奥	-/-
	比佐泽罗	-/-
	胡贝尔	-3/3
后卫	施特尔策	0/1
	奥古斯特·莱曼	0/3
	米内利	0/2
中场	甘沙尔	-/-
	勒施尔	0/3
	施普林格	0/3
	劳赫	-/-
	韦尔纳蒂	0/3
前锋	弗里杰里奥	-/-
	阿贝格伦	3/3
	普鲁夫	-/-
	瓦拉切克	1/3
	比克尔	1/3
	弗里茨·瓦格纳	-/-
	乔治·埃比	0/2
	阿马多	0/3
	基洛茨	-/-
	保罗·埃比	-/-
	格拉西	0/1

第 7 名 古巴

主教练:塔皮亚(古巴)

位置	球员	进球 / 出场
门将	卡瓦哈莱斯	-8/2
	艾拉	-1/1
后卫	巴尔金	0/3
	肖朗斯	0/3
中场	阿里亚斯	0/3
	何塞·罗德里格斯	0/3
	贝尔赫斯	0/3
	托马斯·费尔南德斯	1/3
前锋	卡洛斯·奥利维拉	-/-
	索科罗	3/3
	马尔吉讷	1/2
	胡安·阿隆索	0/1
	胡安·图尼亚斯	0/3
	马里奥·索萨	0/2
	佩德罗·费雷尔	0/1

第 8 名 法国

主教练:巴劳(法国)

位置	球员	进球 / 出场
门将	达吕伊	-/-
	迪洛托	-4/2
	连塞	-/-
后卫	布阿利	-/-
	波沃尔尼	-/-
	马特勒	0/2
	布尔博特	-/-
	卡扎纳夫	0/2
	万多尔伦	-/-
	迪亚涅	0/2
中场	埃德蒙·德尔富尔	0/2
	魏南特	1/2
	若尔丹	0/2
	巴斯蒂安	0/2
	雅斯隆	-/-
	海塞尔雷尔	1/2
前锋	阿尔弗雷德·阿斯顿	0/2
	科瓦尔奇克	-/-
	让·尼古拉	2/2
	马里奥·扎泰利	-/-
	布吕索	-/-
	库尔图瓦	-/-

第 9 名 罗马尼亚

主教练: 瑟伍列斯库(罗马尼亚)

位置	球员	进球 / 出场
门将	帕夫洛维奇	-3/1
	达维德	-/-
	萨夫多斯基	-2/1
后卫	费莱坎	0/1
	斯费拉	-/-
	鲁道夫·伯格	0/2
	基罗尤	0/1
中场	伯尔布莱斯库	0/1
	勒希纳鲁	0/2
	拉芬斯基	0/2
	科西尼	0/1
	布兰达布拉	-/-
前锋	布劳恩 - 波格丹	-/-
	莫尔多韦亚努	0/1
	约尼卡·波格丹	0/1
	布拉特基	1/2
	博多洛	0/1
	普雷斯勒	0/1
	纳吉	-/-
	尼古拉·科瓦奇	0/1
	宾代亚	1/1
	多鲍伊	2/2

第 10 名　德国

主教练:赫尔贝格(德国)

位置	球员	进球 / 出场
门将	布赫洛	-/-
	汉斯·雅各布	-/-
	拉夫特尔	-5/2
后卫	斯特雷特勒	0/1
	雅内斯	0/2
	明岑贝格	-/-
	施毛斯	0/1
中场	基青格	0/1
	库普弗	0/2
	弗伦茨·瓦格纳	-/-
	莫克	0/1
	戈尔德布鲁纳	0/1
	斯考马尔	0/1
前锋	莱纳	0/2
	塞潘	0/1
	佩塞尔	0/1
	戈什尔	1/1
	施特罗	0/1
	诺伊默尔	0/1
	希夫林	-/-
	盖勒施	0/1
	威廉·哈内曼	1/2

第 11 名　波兰

主教练:卡卢扎(波兰)

位置	球员	进球 / 出场
门将	马德伊斯基	-6/1
	布罗姆	-/-
后卫	加莱基	0/1
	吉耶姆萨	-/-
	特沃茨	- / -
	什切潘尼亚克	0/1
中场	尼奇	0/1
	迪特科	0/1
	瓦西维奇	-/-
	利斯	-/-
	戈拉	0/1
	威廉·皮希	-/-
前锋	吕科	-/-
	阿布夫斯基	-/-
	威利莫夫斯基	4/1
	采布拉	-/-
	谢夫克	1/1
	沃达茨	0/1
	科尔巴斯	-/-
	皮翁特克	0/1
	里夏德·皮希	0/1
	巴兰	-/-

第 12 名　挪威

主教练:哈尔沃森(挪威)

位置	球员	进球 / 出场
门将	希尔	-/-
	亨利·约翰森	-2/1
	诺尔比	-/-
后卫	尤韦	-/-
	奥德蒙·安德森	-/-
	霍尔姆森	0/1
	阿蒙森	-/-
	罗尔夫·约翰内森	0/1
中场	贡纳尔·安德烈亚森	-/-
	克里斯蒂安·亨里克森	0/1
	尼尔斯·埃里克森	0/1
	霍尔姆贝里	0/1
	斯韦勒·汉森	-/-
前锋	马丁森	-/-
	布吕斯塔	1/1
	伊勒比	-/-
	亚尔马·安德烈森	-/-
	布吕尼尔森	0/1
	马尼亚尔·伊萨克森	0/1
	弗兰岑	0/1
	夸门	0/1

第 13 名　比利时

主教练:布特勒(英格兰)

位置	球员	进球 / 出场
门将	范德魏尔	-/-
	巴鲁	-3/1
	布雷特	-/-
后卫	塞斯	0/1
	戈梅尔斯	-/-
	让·佩蒂特	-/-
	斯梅林克斯	-/-
	佩韦里克	0/1
中场	德温特	0/1
	施廷内恩	0/1
	范阿尔芬	0/1
	保罗·亨利	-/-
	达朗	-/-
前锋	瑟勒尔斯	-/-
	伍尔霍夫	0/1
	范德沃弗	-/-
	比勒	0/1
	伊斯姆博尔斯	1/1
	卡佩勒	-/-
	菲夫斯	-/-
	内利斯	-/-
	布雷恩	0/1

第 14 名　荷兰

主教练:格伦迪宁(荷兰)

位置	球员	进球 / 出场
门将	范马莱	-6/1
	米海尔	-/-
后卫	卡尔登霍夫	0/1
	贝恩	-/-
	普伦特罗	-/-
	毛克·韦伯	0/1
中场	保韦	0/1
	霍根比尔克	-/-
	范黑尔	0/1
	皮伊佩尔斯	-/-
	安德里埃森	0/1
前锋	阿里·德温特	-/-
	德哈德	0/1
	德罗克	-/-
	韦尔斯	0/1
	范德费恩	0/1
	范斯帕恩东克	-/-
	乌姆斯	-/-
	斯米特	0/1
	文特	0/1
	皮特·德波尔	-/-
	蓬特	-/-

第 15 名　荷属东印度

主教练:范马斯滕布罗克(荷兰)

位置	球员	进球 / 出场
门将	哈廷	-/-
	坦莫韩	-6/1
后卫	多斯特	0/1
	胡科恩	0/1
	范登伯格	-/-
	塞缪尔斯	0/1
	帕蒂瓦埃勒	0/1
中场	纳伊尔	0/1
	苏丹	-/-
	门格	0/1
	福尔哈伯	-/-
前锋	泰胡图	0/1
	萨默斯	0/1
	坦洪简	0/1
	特尔韦	-/-
	坦塞汉	-/-
	苏达尔马吉	0/1
	泰尔赫贝尔	-/-

时间: 6.24—7.16

主办国: 巴西

第四届世界杯

1950

冠军

乌拉圭

闻名世界的马拉卡纳球场是巴西足球的象征，但他们的国家队在这里输掉了1950年世界杯。

参赛国家

- 英格兰
- 玻利维亚
- 巴西
- 智利
- 西班牙
- 美国
- 意大利
- 墨西哥
- 巴拉圭
- 瑞典
- 瑞士
- 乌拉圭
- 南斯拉夫

多元化足球

足球在巴西的发展，要比在其他南美洲国家更加缓慢，也更加复杂。这里不仅有英国人，而且还有来自其他欧洲国家的移民团体，他们都为足球在巴西的推广做出了贡献。1875年出生于圣保罗的查尔斯·米勒是巴西足球发展的先驱者，他的父母都是英国人。米勒曾经为南安普敦效力过，他在1894年带着两个足球和一套球衣回到了出生地。1895年，米勒第一次在圣保罗踢球，这是一场由他组织的比赛，被认为是巴西国内的第一场正式足球比赛，对阵双方都是在当地工作的英国人。其实在1888年，英国人就已经成立了圣保罗竞技俱乐部，不过他们当时主要从事板球运动，后来逐渐扩展到足球项目。

不仅仅在圣保罗的英国人对足球感兴趣，巴西第一家足球俱乐部叫做麦肯济大学，是由美国传教士们组建的。德国人、法国人和葡萄牙人也都起到各自的作用。1897年，汉堡人诺比林来到圣保罗，除了

传播问题

智利与美国的比赛一共进了7个球，但直到今天都搞不清楚球是怎么进的。智利的《EL MERCURIO》报道说，克雷马斯基上演了帽子戏法，其他媒体则说他进了两个球，把另外一个进球归在了列拉头上。而美国人的两个进球也是众说纷纭，有说是索萨和帕里亚尼进的，也有说来自华莱士和马卡。

法国不愿意

自世界杯创始以来，法国队第一次缺席。雷米特的家乡球队在预选赛中被南斯拉夫淘汰：两场预选赛，双方均战平，随后于1949年12月11日在佛罗伦萨进行的重赛中，南斯拉夫人在最后关头3比2取胜（下图为法国球员在这场比赛结束后的场面）。然而，随着1950年5月的到来，法国去巴西参赛的希望冒出了一线曙光：已经出线的苏格兰和土耳其宣布退出，国际足联于是邀请葡萄牙和法国顶替。葡萄牙拒绝，法国接受。1个月后，法国又反悔了，以示对于赛程安排的抗议：法国队必须在两天内踢两场小组赛，而且还要跋涉3500公里。但真正的原因是，法国人看不到任何获胜的希望。此前两场同苏格兰和比利时的比赛，法国分别以0比1和1比4失利。退出的决定并不光彩，但却十分理性……

印度被拒

印度队获得了决赛圈入场券，但最终没有参赛。因为印度队要求赤脚，而不是穿着足球鞋比赛，被国际足联拒绝。其次，国际足联对印度的实力没有把握，因为他们在1949年12月0比11负于一支瑞典球队；国际足联主席雷米特给全印足球协会写了封信，邀请他们到欧洲比赛“以检验状态”。很快，加尔各答有了回应：虽然不能去欧洲，但印度会与缅甸、菲律宾热身，毫无疑问会以胜利者的身份离开球场。印度人认为，自己的实力虽无法与意大利、英格兰抗衡，但也不甘心沉沦。

足球，他还带来自己所在的德国俱乐部规则。当地已经有了一家体育俱乐部，诺比林加入后带动会员们从事足球运动。

到了1914年，圣保罗和里约热内卢所有在今天闻名世界的俱乐部都已经成立，这都要归功于欧洲移民。作为巴西最高贵的俱乐部，弗卢米嫩塞在1902年由英国人考克斯建立。瓦斯科·达伽马成立于1898年，一开始是葡萄牙移民的航海俱乐部。科林蒂安是在1910年由5名葡萄牙血统的巴西人建立，帕尔梅拉斯一开始叫做“帕莱斯特拉意大利”，在1914年由4名意大利人建立，俱乐部最初的球

意大利交出金杯

自1934年和1938年连夺世界杯后，足球的面貌已经变了。意大利没能成为史上第一支三夺世界杯的球队。自从在巴黎的哥伦布球场加冕后，意大利也变了。波佐，这个战前意大利国家队的指挥官离开了教练席，走上了媒体看台，成为《新闻报》的记者。意大利足球也在1949年遭受重创，一场悲剧迫使意大利国家队进行重建。5月4日，从3年前开始统治意甲的都灵队乘坐的飞机在都灵附近的苏佩加山区坠毁，同行的球员、教练和记者全部遇难。前国家队主帅、都灵俱乐部传奇教练波佐到事故现场辨认尸体，其中有10名国家队球员，还包括了队长瓦伦蒂诺·马佐拉。意大利需要重建球队，去捍卫世界杯卫冕冠军的荣誉。但在一个由三支球队组成、只有一支球队能出线的小组中，2比3输给瑞典已经足以让他们被淘汰。这次作为看客的波佐悲伤地总结道："这是一场一支球队（瑞典）和11个人（意大利）之间的比赛。"

1950年7月9日，瑞典1比7惨败于巴西。图为瑞典门将斯文松扑救阿德米尔的射门。

衣颜色是绿白红，与意大利国旗完全一致。第二次世界大战开始后，由于巴西国内反对意大利法西斯的呼声很高，俱乐部才更改了名字。

1899年，25名来自不同国家的年轻人成立了圣保罗俱乐部，在圣保罗市中心拥有豪华的俱乐部大楼，里面有阅读室、游戏室、酒吧、体操房等等设施。当时足球在巴西还属于白人贵族的运动，600万非洲奴隶的后代都不能参与。和乌拉圭以及阿根廷不同，巴西足球运动的开展没有局限在一座城市，圣保罗和里约热内卢开展足球最早，后来这项运动又扩展到了其他城市。阿根廷足球由河床、博卡青年和独立联合垄断，乌拉圭足球则是国民和佩纳罗尔的天下，可是巴西足球的历史则是由诸多俱乐部携手写就。

黑人的胜利

由于巴西国土面积很大，还有政治等方面的因素，想要成立统一的足协很困难。1914年，巴西虽然有了名义上的足协，但直到1920年，15个州还有各自独立的联赛。组建国家队成为令人头疼的事情，球员们来自不同的联赛，要经过漫长的旅途集中到一起。第一场巴西国家队比赛是在1914年7月21日，对手是英

国球队埃克塞特城。两个月后，巴西队在布宜诺斯艾利斯迎来第一场国际比赛，结果他们3比0击败了阿根廷。

巴西足球历史上第一位球星是拥有德国血统的弗里登赖希，至今他还是国际足联承认的进球最多的球员，一共打进1329球。弗里登赖希1892年生于圣保罗，17岁就在第一级别联赛比赛，43岁才结束职业生涯。他不仅是一名射手，而且还发明了假动作和弧线球射门。作为一名有色人种球员，弗里登赖希打破了巴西足坛的种族界限，要知道巴西在1888年才成为全世界最后一个废除奴隶制的国家，而种族主义一直没有在这个国家消除。

1919年，巴西第一次赢得美洲杯冠军，这是该国第一项国际比赛的冠军荣誉，弗里登赖希在比赛第150分钟打入制胜一球，帮助巴西1比0击败乌拉圭，也因此成为巴西的民族英雄，人们甚至拿着他的球鞋去游街。随着美洲杯的胜利，足球在巴西终于取代了板球和皮划艇的地位。

然而巴西总统佩索阿突然表示，今后只允许白人球员代表国家参加美洲杯，这对于巴西足球打击巨大，也是弗里登赖希职业生涯只代表巴西队出场22次的原因。没有弗里登赖希的时候，巴西队成绩一落千丈。1927年举行了一场巴西黑人和拜仁慕尼黑的足球比赛，黑人球队赢得了胜利，这使得白人俱乐部一下子对黑人球员产生了浓厚兴趣。达伽马俱乐部率先打开大门，他们的步伐比其他球队迈得都要早，因此他们在1923年赢得了里约州冠军。足球在巴西逐渐成为大众项目，社会学家费雷尔表示，足球比除宗教之外的任何事物

● 啊！阿德米尔……

欧洲从未见识过当时最出色的巴西前锋阿德米尔的杰作。他把天分、效率和优雅都留给了南美观众。这名1922年出生于累西腓的超级射手，在弗卢米嫩塞出道，在瓦斯科·达伽马成名。他跟随达伽马赢得了唯一一届南美俱乐部锦标赛（南美解放者杯前身）的冠军，那次赛事在圣地亚哥举行。在巴西国家队，他赢得了1949年美洲杯，并在7比0狂胜巴拉圭的决赛中上演帽子戏法。那一年，巴西队在7场比赛中打入39球！直到同乌拉圭的最后一战前，1950年世界杯都像是为巴西射手搭建的舞台。对阵瑞典，阿德米尔在40分钟内打入4球；对阵西班牙他又有两球入账，而且参与了本队当场全部6个进球。有了齐齐尼奥和雅伊尔在身旁辅佐，他可以完全展现出自己的火力。然而只有为数不多的摄影记者留下了阿德米尔的珍贵照片，这是多么令人遗憾……

● 安德拉德和安德拉德

这是事实：每次乌拉圭夺得世界杯的时候，阵中都有一个叫安德拉德的。何塞·安德拉德，是乌拉圭国家队历史上第一名黑人球员。1924年和1928年奥运会时，他已经震惊了欧洲。他也是乌拉圭夺得首届世界杯的英雄，在个人最后一场国家队比赛中，帮助乌拉圭赢得了金杯。为此，人们在百年纪念球场外为他树立了雕像。1930年何塞夺冠时，他的侄子维克托只有3岁。20年过去了，后者成为了乌拉圭在里约热内卢夺冠的中场主力。这名佩纳罗尔球员随后还参加了1954年世界杯。

第一次参加世界杯的英格兰队以世界第一强队自居，他们的参赛引起了媒体的特别关注，图为英格兰队在参加与智利的比赛前被摄影记者包围。

都更能促进巴西有色人种的解放。

1938年，巴西队第一次派出了职业球员组成的国家队参加世界杯，莱昂尼达斯为黑人球员争得了荣誉，但还是有一些俱乐部到了20世纪50年代还坚持对黑人球员关闭大门。不过成绩的压力最终让他们屈服，弗卢米嫩塞签下迪迪和其他黑人球员，博塔弗戈也签下了加林查。

英格兰终露脸

这是南美洲第二次举办世界杯。和1930年乌拉圭一样，这一次巴西也要面对很多欧洲国家的冷眼。尽管一开始有32支球队报名，主办方本以为通过预选赛还能剩下16支球队，但实际上最终只有13支参赛。19个国家以各种各样的原因退出，而联邦德国和日本则还处于国际足联的禁赛期。1950年6月23日，在揭幕战前一天晚上，国际足联在里约热内卢召开由34个成员国92名代表参加的会议，通过了瑞士足协提出的重新接纳德国足协及其俱乐部的提议。

乌拉圭终于回到了世界杯，英格兰也第一次参赛。1946年，英足总通过了重返国际足联的决议。1947年5月，在格拉斯哥汉

普顿公园球场，举行了一场英国明星队和国际足联明星队的比赛，目的是为了给陷入财政危机的国际足联筹款，最终英国队6比1大获全胜，13.4万名观众到场观看了比赛。英国人随后对自己的球队非常乐观，认为其他球队很难击败他们。这段时间，欧洲大陆球队的确很难击败英格兰，葡萄牙和意大利都惨败给他们。英国本来可以得到两个世界杯名额，但是排名第二的苏格兰不愿接受这份好意，他们只愿意在排名第一的情况下去世界杯，本应顶替苏格兰的葡萄牙也拒绝参赛。

令人遗憾的是，同处于南美的阿根廷也拒绝参赛，尽管他们的领袖庇隆非常重视足球，而且政府里也有很多足球发烧友。阿根廷退赛的官方理由是阿根廷和巴西两国足协的矛盾，但一个不争的事实是，由于球员罢工等原因，阿根廷足球的水平已经大不如前。

大部分东欧国家出于政治原因没有参赛，这是相当令人遗憾的事情，因为匈牙利和捷克斯洛伐克都有望争夺冠军。东亚国家第一次报名，但缅甸和印度后来还是选择了退出，其中印度的原因竟然是缺少足够的球鞋。1948年奥运会，印度球员就是光脚裹着绷带参赛，

“1赔500”的胜利

足球“母国”英格兰一直以来拒绝参加世界杯。但在1950年，他们决定参加。为了能小心翼翼地从自己的岛内直接去世界杯，英格兰从只有英国球队组成的小组赛中脱颖而出。世界将看到他们究竟有多厉害！当时，英格兰对阵非英国球队只输过9次，他们仍以世界足坛王者自居。他们的前锋？一大批英格兰联赛中的超级明星：马修斯、布莱克浦的莫滕森、普雷斯顿的芬尼、米德尔斯堡的曼尼恩、纽卡斯尔的米尔伯恩……后防线？那支堪称伟大的狼队阵中的门将威廉姆斯和队长赖特，再加上联赛冠军朴茨茅斯的迪金森，托特纳姆的拉姆塞，其他人则来自切尔西、利物浦或曼联。英格兰根本不怕任何人。但就是这支由职业球星们组成的球队，在贝洛奥里藏特遭受了最令人吃惊的失利。

自上半时0比1落后开始，英格兰的明星们就再也没能扳平比分。他们统治了比赛，但没能得分；他们索要点球，但无济于事。在英国的电报员都不敢相信大洋彼岸传来的消息：美国打败了英格兰！曼尼恩后来曾多次自嘲：“我们能再和他们踢一场吗？”这一天对于英国体育来说是耻辱的一天，因为他们的板球队当天也输给了西印度群岛！6月29日的诅咒！只有那些下了几便士赌美国队获胜的人会感到高兴：美国获胜的赔率是1赔500！

这显然不能满足国际足联的要求。在印度，足球的地位远远不如曲棍球。

神奇的马拉卡纳

巴西能够获得1950年世界杯主办权，这表明了南美力量在国际足联内部正在逐渐增强。从1946年开始，西班牙语成为国际足联的三大官方语言之一。尽管第二次世界大战结束后，不少国家之间的关系非常微妙，但是时任国际足联主席雷米特还是不放弃组建一个世界足球大家庭的梦想。

雷米特此时已经担任国际足联主席长达25年时间，连世界杯奖杯都以雷米特的名字命名。1946年7月1日，国际足联在卢森堡开会的时候，有34个足协派代表参加。本来这届世界杯是计划安排在1949年进行，后来推迟到了1950年。作为唯一的申办者，巴西轻松拿到主办权。第二次世界大战期间，巴西并没有受到影响，反而经济在这段时间得到了很好的发展，也促进了该国足球运动的飞速进步。

里约热内卢修建了世界最大的球场——马拉卡纳，可以容纳20万名观众。尽管当时世界杯比赛还不允许在晚间灯光条件下进行，但是马拉卡纳球场还是安装了照明系统。50年后，德国《明镜周刊》这样评论：“从上往下看，马拉卡纳球场就像是一个巨大的放大镜，巴西人在这里坦露自己的心灵，他们在球场祈祷、抽泣和庆祝。与普通球场相比，马拉卡纳的球场更大，观众人数更多，现场气氛更加火爆，胜利愈发夺目，但输球也更显可怕。”贝利16岁时便在马拉卡纳比赛。球王承认，如果没有在那里的锤炼，他就不会有后天的成就。贝利的同胞济科职业生涯里的701个进球，有320球都是在马拉卡纳打入：“它总能让我发挥出最大的潜能。”

马拉卡纳球场的落成典礼于1950年6月16日举行，里约热内卢和圣保罗两个州的代表队在此进行了比赛，迪迪打入了第一球。等到世界杯开始的时候，马拉卡纳球场虽然开始使用，但实际上还是一个大工地。

工地球场

对欧洲人来说，巴西的组织工作有些不敢恭维。德国《足球报》的记者如此描述了自己在巴西与墨西哥的揭幕战中寻找媒体席的经历：“这个能容纳20万人的球场所谓的看台通道与我头脑中的概念不同，它还是模仿欧洲的标准。在里约，人们充满了童真般的友好，这让我很轻松。但很多事情还是如此恐怖，我从未在欧洲的生活中经历过。球场没有任何一个地方有方便人们弄清如何去哪个看台的方向指示牌。警察在外围执勤，但球场内没有引导人员帮助人们尽快找到座位。球场的四周还留有建筑垃圾，如此艰苦的经历可以与环法大奖赛相比。”

傲慢与偏见

1950年世界杯，英格兰和东道主巴西同为夺冠大热门。英格兰队拥有拉姆塞、比利·怀特、汤姆·芬利以及斯坦利·马修斯等大牌球星，其中马修斯从1934年便是国家队一员。

英足总在1946年第一次给球队任命了教练，但是球员们一开始对温特伯特姆都抱怀疑态度。马修斯就觉得球员应该自己决定该怎么比赛。当时英格兰的教练也没什么话语权，温特伯特姆在这里执教到1962年，但直到最后几年才有权力选择球员，还要受到由元老们组成的“选择委员会”影响。媒体对于温特伯特姆也没有什么好感，在世界杯报道

一日明星

在门前4米处的一次头球攻门，让约瑟夫·盖特延斯成为了传奇。他是1950年击败英格兰的杀手，但他甚至都不是美国人！海地政府当时出资让他到纽约求学，于是他并不算特别出众的足球天分被发现了。美国足协和国际足联都没拿他当回事，他只需要宣称愿意加入美国籍，就能够代表美国队出赛了，护照上依旧写着他是海地人。在世界杯上的爆发后，许多压根没看过他踢球的职业球队都对他发出了邀请。最终盖特延斯加盟了法国的巴黎RC，并在首场同安德莱赫特的友谊赛中梅开二度，这也是他唯一的闪光点。后来他回到海地，参加了1954年世界杯预选赛海地同墨西哥的比赛，结果球队以0比4失利。1964年，他被海地独裁政府的警察逮捕。此后，再也没有人见过他。

中，他的名字很少被提及，不过后来球队输球的时候，媒体还是会想起他。

英格兰队的备战让人觉得他们把夺冠想得太容易，去巴西的路上他们还去加拿大旅游了一番，球队里的不少主力球员甚至还先跟着俱乐部踢了几场友谊赛。相比之下，巴西队则是雄心勃勃，他们1949年赢得了在本土举办的美洲杯，为世界杯做了最好的热身，球队8场比赛一共打入46球。

当时巴西队主帅是弗拉维奥·科斯塔，他放弃了国内两位最好的球员。后卫毛罗落选是因为科斯塔更喜欢配合默契的达伽马俱乐部后卫线，中锋埃伦诺后来则失望地选择移民到哥伦比亚。

科斯塔以前就是达伽马的主帅，他的助手费奥拉来自圣保罗，巴西国家队中长期存在这两派势力之间的竞争。

科斯塔带领球员进行了4个月的长期备战，已婚球员这段时间都见不到自己的太太，晚上10点钟必须上床休息，每名球员都必须坚持服用维他命饮料。东道主在赛程上占到了很大的便宜，6场比赛有5场都在里约进行，其他球队则饱受舟车劳顿之苦。意大利是唯一一支可以留在一座城市比赛的非巴西球队。巴西的天气对于对手来说也是噩梦。

东道主势不可挡

巴西队是唯一一支前4届世界杯全程参赛的球队，但直到1958年才获得了第一个世界冠军。1950年世界杯最后时刻的失败让巴西人至今仍感到痛苦，毕竟很多人都认为那是一支历史上最出色的巴西队，三名黑人球员比戈德、巴尔博萨和茹韦纳尔被视为罪人。

本届世界杯现场观众人数第一次突破百万大关，达到1091490人，这和马拉卡纳球场的容量，以及巴西人对于自己国家队的浓厚感情有关。69%的观众都来自巴西队参加的6场比赛，其他比赛的观众人数相对要少很多。对于巴西人在看台上的狂热举止，欧洲球队目瞪口呆。而巴西原希望让第四届世界杯变成胜利庆典，但他们失败了。

这是一次绝无仅有的世界杯：经过第一轮小组赛后，4支小组第一的球队以联赛形式进行单循环比赛来确定冠军归属。1950年世界杯是史上唯一一届没有决赛的世界杯，有些球队甚至只需要一场胜利就能进入四强，因为很多球队都退出了。在阿根廷说“不”之后，苏格兰和土耳其也宣布退出，而被邀请顶替两队的法国和葡萄牙也拒绝参赛。结果，决赛阶段只有13支球队出席，第4小组更是只有两支球队，乌拉圭和玻利维亚一战就决定了小组排名。

南斯拉夫球员米蒂奇直到巴西同南斯拉夫的比赛开场5分钟后才进入球场，甚至都没能看到巴西攻入的第一球。在走出球场时，他的脑袋撞上了钢梁，南斯拉夫10人应战巴西时，他还在忙着治伤！但就是在这座难以置信的球场内，巴西继续着通向荣誉之路。

人们见证了来自另一个世界的足球。没有人怀疑巴西将统治整届赛事。尽管小组赛第二轮他们2比2艰难战平瑞士，但随后齐齐尼奥、雅伊尔、阿德米尔、弗里亚萨和希科组成的巴西攻击线，让最出色的欧洲球队们颜面扫地。对阵上届世界杯四强球队之一的瑞典，巴西人打入7球，其中阿德米尔独中四元！

随后对阵过去一年在欧洲保持不败，当届世界杯击败英格兰、逼平乌拉圭的西班牙，巴西人火力全开，6比1大胜。当晚，在里约的夜总会里，人们都跳起时髦的桑巴舞，还不停喊着：“6比1！”巴西人民骄傲地欢庆胜利，而西班牙人则在嘲讽中黯然离开马拉卡纳。

只剩下一场比赛，只需要一场平局，巴西就将成为世界冠军。他们的对手乌拉圭刚进行了两场艰苦的比赛——2比2战平西班牙，然后在最后一刻钟才以3比2收拾了瑞典。

7月16日，马拉卡纳成为世界足坛的中心，20万人涌入球场。

决战
乌拉圭2比1巴西
1950年7月16日
里约热内卢马拉卡纳球场

乌拉圭、瑞典、西班牙和巴西一起进入了四队单循环的决赛阶段。巴西队依次对阵的顺序为：瑞典、西班牙、乌拉圭。然而，巴西人看起来是如此势不可挡，先是7比1战胜瑞典，接着6比1屠杀西班牙，他们的狂热至此达到了极点。当面对西班牙攻入第3个球时，看台上的巴西球迷集体挥舞起白手绢，提前向西班牙人说再见，成为这届杯赛给人印象最深刻的画面之一。下半时，球迷们开始高唱“OLE！OLE！”比赛尚未结束，现场的军乐队就开始高奏凯歌，全场球迷集体响应，高声和唱。后来，一本关于巴西音乐史的书中这样写道：“这一原本仅属于足球的场合，变成了有史以来规模最大的合唱表演。”

相比之下，乌拉圭在决赛循环圈的前两场比赛中，2比2平西班牙、3比2胜瑞典。其余三支球队的实力貌似在伯仲之间，而巴西看起来是如此不可战胜，媒体不得不挖空心思寻找溢美之辞来恭维他们。意大利《米兰体育报》把巴西中场齐齐尼奥与达芬奇相提并论，“他用自己的双脚在马拉卡纳球场巨大的画布上创造作品。”

两轮战罢，巴西队4分，乌拉圭3分，这使得最后一场巴西与乌拉圭的比赛变成了一场非正式的“决赛”。在这场比赛前，瑞典以3比1战胜西班牙，获得第3名。早在乌拉圭与巴西的比赛前几天，媒体已经把冠军“授予”了巴西。7月15日，比赛前一天，圣保罗《体育日报》的头版大标题是：“明天我们将击败乌拉圭！”里约的《世界报》则刊登了一张巴西球员的集体照，写道：“他们是世界冠军。”

1950年7月16日，巴西人准备举国欢庆的日子。一大早，里约街头就挤满了庆祝狂欢的人们，数千人载歌载舞庆祝冠军，高喊“巴西必须赢！”在世界最大的球场马拉卡纳，买票进场的观众达到了174000人，但据称最终进

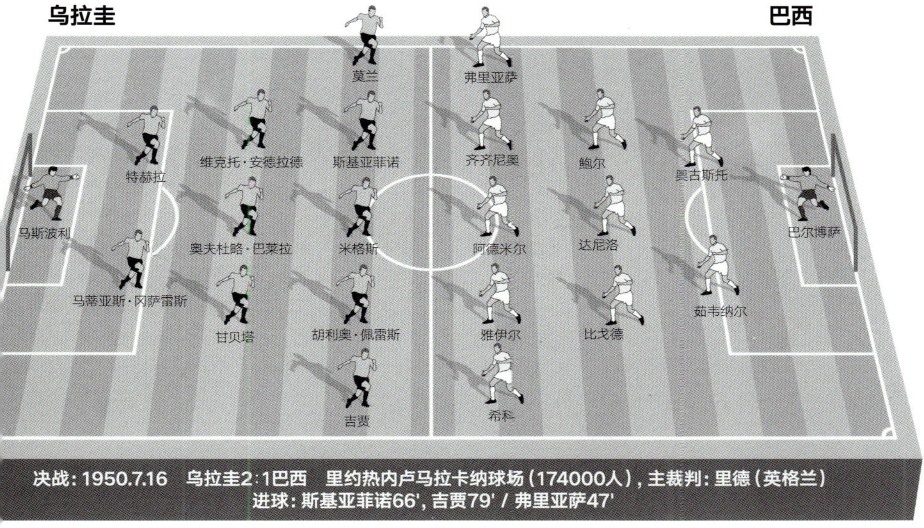

决战：1950.7.16　乌拉圭2：1巴西　里约热内卢马拉卡纳球场（174000人），主裁判：里德（英格兰）
进球：斯基亚菲诺66'，吉贾79' / 弗里亚萨47'

大师"唐·胡安"

12天后，他才满25岁。但被称作"唐·胡安"的乌拉圭左内锋斯基亚菲诺（图左）在1950年7月16日这天进入了乌拉圭足球的神殿，正是这名佩纳罗尔前锋朝着随后垮掉的巴西队扔出了第一块石头。在这场关键比赛的第66分钟，1比0领先的巴西人还处在欢庆氛围中，巴雷拉的传球让吉贾从右路突破，后者随即传中，斯基亚菲诺凌空打入了扳平进球。在乌拉圭随后难以置信的加冕过程中，他的脸上不再显得犹豫不决。当时在现场的法国记者雅克写道："他此前就像带着深不可测的乡愁在场上漫步。"巴西记者认为他很有风度，在球场上，尤其是机会来临时，斯基亚菲诺总能出人意料地出现。他找到了在乌拉圭国家队，尤其是在佩纳罗尔踢球时的自由感觉，加之俱乐部队长兼队友巴雷拉等人的相助，让他们创造了奇迹：乌拉圭再次成为世界冠军！斯基亚菲诺20岁就成为了乌拉圭联赛最佳射手，但在欧洲还无人知晓。4年后，他成为1954年世界杯的主角之一，随后加盟了AC米兰，在欧洲冠军杯中大放异彩，成为意大利移民之后，斯基亚菲诺还曾4次身披意大利国家队战袍出战。

场的人数可能高达21万（另有数字为199854人）。球员们则在前一天晚上就把驻地从郊区酒店换到了市中心，提前接受祝贺。里约市长莫赖斯在接见球员时激励道："各位球员，几个小时后，你们将接受成百上千万国人的冠军祝贺。在这个星球上你们没有对手，你们将战胜任何人，我现在向你们这些胜利者致敬。"有球员后来回忆说，他们当天上午一直就是在握手和拍照中度过。

同样是在比赛开始前，乌拉圭人的更衣室里，则发生着即将改变历史的一幕。乌拉圭主教练胡安·洛佩斯嘱咐他的球员："我们必须全力防守才能顶住巴西人犀利的进攻。"然而，当胡安离开更衣室，34岁的队长奥夫杜略·巴雷拉表情凝重地站了起来："胡安是个好人，但是今天他错了。如果对巴西采取守势，我们的命运将和瑞典或西班牙没有两样。"于是他发表了一场激情洋溢的演说，鼓励球队勇敢战斗，不要被球迷和对手吓住，"兄弟们，踢球的是我们，不是那些外人。让我们尽情表演吧！"

比赛开端如大部分人预料的那样，巴西发动如潮攻势。然而乌拉圭球员前赴后继，整个上半时竭力保持球门不失。平局同样是对巴西有利的比分，但是乌拉圭人的顽强，令看台上的巴西人感觉到了一点异样。

下半时开场2分钟，巴西队就由弗里亚萨破门得分，重新激发了看台上的激情。然而，此时巴雷拉将球抱到裁判面前，同裁判争辩说对方进球越位在先。在上诉被驳回后，巴雷拉冷静地将球抱到中圈处放下，然后向自己的队友怒吼道："来吧，现在该我们赢球了！"

乌拉圭果然开始发起猛烈的反扑，巴西开始暴露出后防线的弱点。第66分钟，斯基亚

再踢一场决赛？

应该再踢一场决赛，给巴西赢得世界杯冠军的第二次机会吗？在马拉卡纳悲剧的翌日，一些里约报纸宣称，为乌拉圭打入至胜入球的吉贾并不是乌拉圭人。"他是阿根廷人，出生在布宜诺斯艾利斯。"在那几个小时里，巴西民众真的相信组委会会组织重赛。直到乌拉圭大使馆拿出证据，证实吉贾确实于1926年12月22日出生于蒙得维的亚。

①第66分钟，斯基亚菲诺为乌拉圭扳平比分。

②巴西队球员（左一）的这记射门给乌拉圭球门造成了巨大威胁。

③第79分钟，来自乌拉圭边锋吉贾的破门宣判了巴西人的“死刑”。

创纪录的胜利

单是决赛，组委会就收入了600万克鲁塞罗（巴西老货币），相当于当时的200万马克。本届世界杯在财务方面取得了巨大的成功，观众人数暴涨，甚至数倍于以前。官方公布的决赛观众人数“仅为”173850人，至今为止却仍然保持着这一纪录。22场比赛共收入了36377359克鲁塞罗，盈利2100万，60%给了参赛队，25%归主办方，15%归国际足联。

菲诺为乌拉圭将比分扳平。场内观众在短暂沮丧后重新恢复兴奋，因为平局仍可以保证巴西拿到冠军。然而，第79分钟，吉贾在前门柱的射门骗过了巴西门将巴尔博萨，后者他还以为吉贾要传中，结果皮球直接入网。看台上一片寂静，直到英格兰主裁判里德宣布比赛结束。时任国际足联主席雷米特事后回忆称：“当时现场的寂静太可怕了，令人难以忍受。”

雷米特当时已经准备好了葡萄牙语贺词，不得不临时更改。失望的东道主甚至无心再主持颁奖仪式，雷米特只好亲自把巴雷拉叫到跟前为他颁发奖杯。雷米特后来回忆道：“我在人群中感觉很孤独，手里捧着奖杯不知道该怎么办。最终我发现了乌拉圭队长，将奖杯交给他，并和他握手。但现场太混乱，我甚至都没能和他说上一句话。”巴西足协提前做好了22枚刻有该国球员名字的金牌（当时国际足联并不向冠军队颁发金牌），也最终成为了“纪念品”。一首在赛前几天已经写好的歌曲《胜者巴西》，永远被束之高阁。巴西社会无法接受这一令人震惊的失利，不少球迷因此自杀。著名电台记者巴罗索宣布退休，经历了失利的巴西队员不少因此选择退役，还有一些则再也没有为国家队踢过球，而他们的整个余生，都要忍受巴西球迷的唾骂。门将巴尔博萨直到2000年去世时还在因为那个失球受到指责。在1993年，他被禁止评论一场巴西国家队的比赛，巴尔博萨悲伤地表示：“在巴西，最严重的刑法也就是监禁30年。而我43年来都在为并非自己犯下的罪行付出代价。”1963年，对马拉卡纳的球门进行更换时，人们还将门柱送给了他，作为最后的“行刑柱”。

巴西队也决定改变他们的球衣设计——这场比赛前，他们的主场球衣是白衣、蓝领、

阿德米尔（左）是1950年世界杯的最佳射手，可惜他在决赛中的这次射门没能成功，倒地铲球者为乌拉圭球员维克托·安德拉德。

白裤，之后他们改成了黄衫、绿领、蓝裤。

“Maracanazo（马拉卡纳打击）”后来成为拉美足坛的专有名词，专指对阵巴西队的比赛，或者在马拉卡纳球场以弱胜强的比赛。

巴西作家内尔松·罗德里格斯说：“每个地方都有自己无法弥补的大灾难，就像广岛被原子弹摧毁那样的惨剧。我们的大灾难，或者所谓“广岛惨剧”，就是在1950年世界杯被乌拉圭击败。”

球衣变色

最初，巴西队穿着雪白色的队服参加世界杯，也包括与乌拉圭的那场“决赛”。在令人失望地输给了自己的邻居后，白色队服被认为缺乏激情，有人建议足协更换国家队队服的颜色，新的队服必须具备巴西国旗的四种颜色：蓝、白、绿和黄。里约的一家媒体特意为此举办了征集活动，来自巴西和乌拉圭边境不远的19岁小伙子阿德里的设计思路最终脱颖而出，他的创意在巴西队身上延续至今。

在巴西人的地盘上夺取冠军，乌拉圭成为继意大利之后又一个两夺世界杯的球队。

滑稽的颁奖仪式

终场哨响前12分钟，国际足联主席雷米特（图左）走下看台，准备颁奖。就在他刚走到场边的时候，吉贾把比分改写成了2比1，巴西人的世界杯梦想落空了。全场球迷还在悲痛中，没有人关心胜利者接过金杯的仪式，乌拉圭人被遗忘了。雷米特只好简单地将奖杯授予了乌拉圭队长巴雷拉，后者很快在安保人员的护送下回到了更衣室的走廊。

他们是冠军

主教练

胡安·洛佩斯 Juan Lopez
生于1908年3月15日/卒于1983年10月4日
这位乌拉圭的主教练被称为“决赛的统帅”。他排出的阵型让巴西队非常不适应，同时制订盯人战术冻结了巴西队的进攻。1950年世界杯，他的球队或许不是每场比赛都表现得非常出色，却展示了顽强的精神。

门　将

罗克·马斯波利 Roque Maspoli
生于1917年10月12日/卒于2004年2月22日
效力俱乐部：佩纳罗尔
由于在同西班牙的比赛中受伤，马斯波利没能参加与瑞典的比赛。那场比赛中乌拉圭丢了两球，以3比2险胜。火线复出后，他在“决赛”中发挥出色，多次扑出巴西队的必进之球。与吉贾、安德拉德和巴雷拉并称为“决赛”的英雄。

安尼瓦尔·帕斯 Anibal Paz
生于1918年2月18日
效力俱乐部：国民
在决赛阶段同瑞典队的比赛中，帕斯取代了受伤的主力门将马斯波利登场，尽管丢掉两球，但乌拉圭还是以3比2取胜。最后的决赛中，主教练洛佩斯还是选择了马斯波利。

后　卫

马蒂亚斯·冈萨雷斯 Matias Gonzalez
生于1925年8月6日/卒于1984年5月12日
效力俱乐部：卡塞罗
在全部4场比赛中登场，并在最后的“决赛”中发挥出色，被乌拉圭人称为“征服马拉卡纳之狮”。与特赫拉和马斯波利一同组成坚固防线，并取得了最终胜利。

威廉·马丁内斯 William Martinez
生于1928年1月13日
效力俱乐部：兰普拉青年
在看台上度过了1950年世界杯的时光，未能得到出场机会。然而在1954年世界杯上，他则和马蒂亚斯·冈萨雷斯以及特赫拉一起搭档乌拉圭后防。

欧塞维奥·特赫拉 Eusebio Tejera
生于1922年1月6日/卒于2002年11月9日
效力俱乐部：国民
和马蒂亚斯·冈萨雷斯一起组成密不透风的后防线。

中　场

维克托·安德拉德 Victor Rodriguez Andrade
生于1927年2月14日/卒于1985年5月19日
效力俱乐部：西班牙中心
1930年世界杯冠军队成员安德拉德的侄子。在“决赛”中成为了球队的节拍器，并成功盯防了巴西队的球星齐齐尼奥，对削弱对手进攻威力起到了决定性的作用。

舒伯特·甘贝塔 Schubert Gambetta
生于1920年4月14日/卒于1991年8月9日
效力俱乐部：国民
甘贝塔在同瑞典队的比赛中代替胡安·冈萨雷斯出场。作为一名耐力出色、渴望比赛的球员，他在不长的出场时间内赢得了尊重。

胡安·冈萨雷斯 Juan Carlos Gonzalez
生于1924年8月22日/卒于1984年5月12日
效力俱乐部：佩纳罗尔
这位中场球员在首场同玻利维亚的比赛之后就失去了主力位置，被甘贝塔取代。在决赛阶段同西班牙的比赛中，他又幸运地获得了一次出场的机会。

华盛顿·奥图尼奥 Washington Ortuno
效力俱乐部：佩纳罗尔
这名中场球员并不在洛佩斯的计划之中，整届杯赛都没能赢得出场机会。

罗多尔福·皮尼 Rodolfo Pini
效力俱乐部：国民
这位国民队的后卫同样是本届世界杯上的看客，作为观众在场边目睹了乌拉圭击败巴西的这一奇迹。

卡洛斯·罗梅罗 Carlos Romero
效力俱乐部：达努比奥
作为一名替补的中场球员，卡洛斯·罗梅罗并没有得到登场亮相的机会。

前 锋

胡利奥·布里托斯 Julio Cesar Britos
效力俱乐部：佩纳罗尔
这位佩纳罗尔的前锋在主教练洛佩斯那里并没能扮演重要的角色，整个杯赛中未能登场。

胡安·布格尼奥 Juan Burgueno
效力俱乐部：国民
另外一位洛佩斯计划外的球员。

阿西德·吉贾 Alcide Ghiggia
生于1926年12月22日
效力俱乐部：佩纳罗尔
他在“决赛”中的发挥令人吃惊。出色的速度和技术令巴西队毫无招架之力，是禁区内最危险的杀手。在乌拉圭先失一球的情况下，吉贾先是助攻了扳平比分的一球，随后亲自破门，将比分反超为2比1，这位24岁的球员展示出了无以伦比的状态。当届世界杯后，他就转会前往意大利踢球。

奥斯卡·米格斯 Oscar Miguez
生于1927年12月5日
效力俱乐部：佩纳罗尔
一名非常危险的中锋，在同巴西队“决赛”的上半场一脚射门遗憾击中门柱。出战全部4场比赛，并在“决赛”中受到巴西队的重点盯防。1954年的瑞士世界杯，他仍在乌拉圭队中。

鲁文·莫兰 Ruben Moran
生于1930年8月6日/卒于1978年1月3日
效力俱乐部：卡塞罗
在“决赛”中才迎来自己在本届杯赛中的处子秀，年仅20岁的莫兰在场上表现出了成熟的气质。由于队友的受伤，他得到了生死战中作为前锋出场的机会。

胡利奥·佩雷斯 Julio Perez
生于1926年6月19日/卒于2002年9月22日
效力俱乐部：国民
身体强壮的中场球员，是乌拉圭队中的快马，在阵中起到了防守和进攻之间的连接作用。在乌拉圭的全部4场比赛中出场，赢得了“疯脚”的称号。

路易斯·里霍 Luis Rijo
效力俱乐部：西班牙人中央
一直在徒劳等待世界杯的出场机会。

胡安·斯基亚菲诺 Juan Schiaffino
生于1925年7月28日/卒于2002年11月13日
效力俱乐部：佩纳罗尔
在“决赛”中为乌拉圭队射入了扳平一球，当时他接到传中球后凌空射门得分，吹响了乌拉圭反攻的号角。斯基亚菲诺技术出色，射门有力，在场上十分果断，是主教练洛佩斯的左膀右臂。本届世界杯上，25岁的他给了球队惊喜，之后又参加了1954年世界杯。

2014年1月，87岁高龄的吉贾出席2014巴西世界杯在乌拉圭的预热活动，他永远是乌拉圭足球的骄傲。

战场

马拉卡纳球场
Estadio Maracana
所在城市：里约热内卢
容量：183345人
本届杯赛承办8场比赛(包括决赛)
平均上座率：55%

帕卡恩布球场
Estadio Pacaembu
所在城市：圣保罗
容量：31394 人
本届杯赛承办 6 场比赛
平均上座率：45%

米涅罗球场
Estadio Mineiro
所在城市：贝洛奥里藏特
容量：25000人
本届杯赛承办2场比赛
平均上座率：30%

布里托球场
Estadio Brito
所在城市：库里蒂巴
容量：25000人
本届杯赛承办2场比赛
平均上座率：35%

多斯尤卡利普托斯球场
Estadio dos Eucaliptos
所在城市：阿莱格里港
容量：25000人
本届杯赛承办2场比赛
平均上座率：35%

伊哈多雷蒂罗球场
Estadio Ilha do Retiro
所在城市：累西腓
容量：30000人
本届杯赛承办1场比赛
平均上座率：28%

最佳阵容

赛程赛果

第 1 组

1950.6.24　巴西4:0墨西哥
1950.6.25　南斯拉夫3:0瑞士
1950.6.28　巴西2:2瑞士
1950.6.28　南斯拉夫4:1墨西哥
1950.7.1　巴西2:0南斯拉夫
1950.7.1　瑞士2:1墨西哥
巴西2胜1平，以小组第一的身份晋级

第 2 组

1950.6.25　英格兰2:0智利
1950.6.25　西班牙3:1美国
1950.6.29　西班牙2:0智利
1950.6.29　美国1:0英格兰
1950.7.2　西班牙1:0英格兰
1950.7.2　智利5:2美国
西班牙3胜全胜，以小组第一的身份晋级

第 3 组

1950.6.25　瑞典3:2意大利
1950.6.29　瑞典2:2巴拉圭
1950.7.2　意大利2:0巴拉圭
瑞典1胜1平，以小组第一的身份晋级

射手榜

	排名	球员（国家）	进球数
▲	1	阿德米尔（巴西）	9
	2	米格斯（乌拉圭）	5
	3	希科（巴西）	4
		萨拉（西班牙）	4
		巴索拉（西班牙）	4
		吉贾（乌拉圭）	4

第 4 组

1950.7.2　乌拉圭8:0玻利维亚
乌拉圭1战1胜，以小组第一的身份晋级

决赛轮

1950.7.9　乌拉圭2:2西班牙
1950.7.9　巴西7:1瑞典
1950.7.13　巴西6:1西班牙
1950.7.13　乌拉圭3:2瑞典
1950.7.16　瑞典3:1西班牙
1950.7.16　乌拉圭2:1巴西
乌拉圭3战2胜1平，夺取冠军

第 1 名 乌拉圭

主教练:胡安·洛佩斯(乌拉圭)

位置	球员	进球 / 出场
门将	帕斯	-2/1
	马斯波利	-3/3
后卫	特赫拉	0/4
	比尔切斯	-/-
	马蒂亚斯·冈萨雷斯	0/4
	甘贝塔	0/2
	威廉·马丁内斯	0/1
中场	卡洛斯·罗梅罗	-/-
	胡安·冈萨雷斯	0/2
	奥夫度略·巴雷拉	1/4
	皮尼	-/-
	维克托·安德拉德	0/4
	奥图尼奥	-/-
前锋	吉贾	4/4
	埃内斯托·比达尔	1/3
	布格尼奥	-/-
	斯基亚菲诺	5/4
	布里托斯	-/-
	胡利奥·佩雷斯	0/4
	里霍	-/-
	奥斯卡·米格斯	4/4
	莫兰	0/1

第 2 名 巴西

主教练:弗拉维奥·科斯塔(巴西)

位置	球员	进球 / 出场
门将	巴尔博萨	-6/6
	卡斯蒂略	-/-
后卫	奥古斯托	0/6
	埃利·多安帕罗	0/1
	茹韦纳尔	0/6
	内纳	-/-
	尼尔顿·桑托斯	-/-
中场	鲍尔	0/5
	比戈德	0/5
	达尼洛	0/5
	诺罗尼亚	0/1
	鲁伊	0/1
	齐齐尼奥	2/4
前锋	亚当津霍	-/-
	阿德米尔	8/6
	阿尔弗雷多	1/1
	巴尔塔萨	2/2
	希科	4/4
	弗朗西斯科·罗德里格斯	-/-
	弗里亚萨	1/4
	雅伊尔	2/5
	马内卡	1/4

第 3 名 瑞典

主教练:乔治·雷纳(英格兰)

位置	球员	进球 / 出场
门将	卡勒·斯文松	-15/5
	林德贝里	-/-
	托雷·斯文松	-/-
后卫	蒙松	-/-
	博丁	-/-
	埃里克·尼尔松	0/5
	贡纳·约翰松	0/1
	萨穆埃尔松	0/5
	苏内·安德松	2/5
中场	英瓦尔·戈德	0/5
	努达尔	0/3
	阿隆德	-/-
前锋	布鲁尔·梅尔贝里	1/2
	埃贡·荣松	0/3
	耶普松	2/4
	吕德尔	0/1
	帕尔梅	3/5
	斯科格隆	0/3
	斯特兰·尼尔松	0/2
	松德奎斯特	3/5
	库尔特·斯文松	-/-
	塔珀	-/-

第 4 名 西班牙

主教练:埃萨吉雷(西班牙)

位置	球员	进球 / 出场
门将	拉马列特斯	-8/4
	埃萨吉雷	-4/2
	阿库尼亚	-/-
后卫	阿方索·席尔瓦	0/1
	安图内斯	0/1
	加布里埃尔·阿隆索	0/6
	何塞·贡萨尔沃	0/5
	帕拉	0/5
	拉斐尔·莱斯梅斯	-/-
	阿森西	0/1
中场	普查德斯	0/6
	马里亚诺·贡萨尔沃	0/5
	南多	-/-
前锋	塞萨尔	-/-
	巴索拉	4/6
	洪科萨	0/1
	帕尼索	0/4
	莫洛尼	0/1
	盖恩萨	0/5
	罗森多·赫尔南德斯	0/2
	伊戈亚	2/5
	萨拉	4/6

第 5 名 南斯拉夫

主教练:阿尔塞尼耶维奇(南斯拉夫)

位置	球员	进球 / 出场
门将	姆尔库希奇	-3/3
	贝亚拉	-/-
后卫	布罗凯塔	-/-
	布兰科·斯坦科维奇	0/3
	霍瓦特	0/3
	乔利奇	-/-
	兹拉特科维奇	-/-
	菲尔姆	-/-
中场	帕尔菲	-/-
	卡特尼奇	-/-
	拉多夫尼科维奇	-/-
	米奥德拉格·约万诺维奇	0/3
	贾伊奇	0/3
	兹拉特科·柴可夫斯基	0/3
前锋	阿塔纳茨科维奇	-/-
	武卡斯	0/2
	托马舍维奇	2/3
	普尔沃斯拉夫·米哈伊洛维奇	0/1
	米蒂奇	1/3
	博贝克	1/3
	奥格尼亚诺夫	1/1
	泽利科·柴可夫斯基	2/2

第 6 名 瑞士

主教练:安德烈乌(瑞士)

位置	球员	进球 / 出场
门将	胡格	-1/1
	科罗迪	-/-
	施图贝尔	-5/2
后卫	纳里	0/3
	索尔迪尼	-/-
	卢森蒂	0/3
	库尔特·雷伊	-/-
	博克特	0/3
	居格	-/-
	凯尔宁	-/-
	斯特芬	-/-
中场	埃吉曼	0/3
	坎什	0/3
前锋	比克尔	0/2
	西根塔勒	-/-
	弗里德伦德尔	0/2
	法顿	2/3
	塔米尼	0/3
	安特南	1/2
	巴德尔	1/3
	贝利	-/-
	施奈特	-/-

第 7 名 意大利

主教练:诺沃(意大利)

位置	球员	进球 / 出场
门将	卡萨里	-/-
	莫罗	0/1
	森蒂门蒂	-3/1
后卫	焦万尼尼	0/1
	帕罗拉	0/1
	布拉松	0/1
	雷蒙迪尼	0/1
	富里亚西	0/2
中场	坎帕泰利	0/1
	马利	0/1
	安诺瓦齐	0/1
	马里	0/1
	托尼翁	-/-
	法托里	0/1
前锋	阿马代	0/1
	洛伦齐	-/-
	潘多尔菲尼	1/1
	卡普里莱	-/-
	穆奇内利	1/2
	博尼佩尔蒂	0/1
	吉诺·卡佩罗	0/2
	卡拉佩塞莱	2/2

第 8 名 英格兰

主教练:温特博特姆(英格兰)

位置	球员	进球 / 出场
门将	伯特·威廉斯	-2/3
	迪奇伯恩	-/-
后卫	阿尔夫·拉姆塞	0/3
	比利·赖特	0/3
	吉姆·泰勒	-/-
	约翰·阿什顿	0/2
	劳伦斯·斯科特	-/-
	埃克斯利	0/1
中场	比尔·尼科尔森	-/-
	吉米·迪金森	0/3
	劳伦斯·休斯	0/3
	威廉·沃森	-/-
前锋	拜利	0/1
	科伯恩	-/-
	米尔伯恩	0/1
	吉米·马伦	0/2
	罗伊·本特利	0/2
	莫滕森	1/3
	斯坦利·马修斯	0/1
	汤姆·芬尼	-/-
	曼尼恩	1/2

第 9 名 智利

主教练:布恰尔迪(智利)

位置	球员	进球 / 出场
门将	基特拉尔	-/-
	塞尔吉奥·利文斯顿	-6/3
	乌罗斯	-/-
后卫	阿图罗·法里亚斯	0/3
	罗尔丹	0/2
	曼努埃尔·阿尔瓦雷斯	0/3
	马丘卡	0/1
	米格尔·弗洛雷斯	-/-
	马扬内斯	0/1
中场	卡洛斯·罗哈斯	0/1
	费尔南多·坎波斯	-/-
	赫尔南·卡瓦略	0/2
	米格尔·布斯克茨	0/3
	塞斯	-/-
前锋	安德烈斯·普列托	1/2
	克雷马斯基	3/3
	卡洛斯·伊巴内斯	0/1
	费尔南多·列拉	0/1
	吉列尔莫·迪亚兹	0/2
	罗夫莱多	1/3
	曼努埃尔·穆尼奥斯	0/2
	因方特	-/-

第 10 名 美国

主教练:比尔·杰弗里(苏格兰)

位置	球员	进球 / 出场
门将	博尔吉	-8/3
	加尔达萨尼奇	-/-
后卫	阿尼斯	-/-
	库姆斯	-/-
	哈里·基奥	0/3
	乔·马卡	0/3
中场	查理·科隆博	0/3
	麦克伊尔韦尼	0/3
	约翰·索萨	2/3
	奥尔特·巴尔	0/3
前锋	沃兰宁	0/1
	鲍勃·克拉多克	-/-
	爱德华·索萨	0/2
	弗兰克·华莱士	0/3
	帕里亚尼	1/3
	盖特延斯	1/3
	迪奥里奥	-/-

第 11 名 巴拉圭

主教练:索奇(巴拉圭)

位置	球员	进球 / 出场
门将	马塞利诺·巴尔加斯	-4/2
	森图里翁	-/-
后卫	阿韦托·冈萨雷斯	0/2
	卡夫雷拉	-/-
	塞斯佩德斯	0/2
	帕拉德斯	-/-
	加维兰	0/2
中场	阿尔曼多·冈萨雷斯	-/-
	坎特罗	0/2
	巴埃斯	-/-
	莱吉蒙萨	0/2
前锋	贝尔尼	-/-
	阿蒂略·洛佩斯	1/2
	弗雷特斯	1/2
	哈拉	0/2
	恩里克·阿瓦洛斯	0/2
	弗朗西斯科·索萨	-/-
	奥索里奥	-/-
	卡涅特	-/-
	温萨因	0/2
	卡隆加	-/-
	马西亚尔·阿瓦洛斯	-/-

1950年世界杯上的巴西队实力强大，但他们未能实现在家门口夺冠的梦想。

第 12 名 玻利维亚

主教练:普雷托(意大利)

位置	球员	进球 / 出场
门将	爱德华多·古铁雷斯	-8/1
	阿拉亚	-/-
后卫	阿查	0/1
	布斯塔门特-纳瓦	0/1
中场	格雷科	0/1
	安东尼奥·巴伦西亚	0/1
	阿劳斯	-/-
	萨韦德拉	-/-
	费雷尔	0/1
	卡夫雷拉	-/-
前锋	戈多伊	-/-
	贝尼尼奥·古铁雷斯	0/1
	马尔多纳多	0/1
	盖拉尔	-/-
	梅纳	-/-
	卡帕雷利	0/1
	阿尔加拉尼亚斯	0/1
	维克托·布朗	-/-
	乌加特	0/1

第 13 名 墨西哥

主教练:比亚尔(墨西哥)

位置	球员	进球 / 出场
门将	卡瓦哈尔	-10/3
	劳尔·科尔多巴	-/-
后卫	蒙特马约尔	0/1
	策特	0/1
	戈麦斯	0/2
	罗加	0/2
	曼努埃尔·古铁雷斯	0/2
	罗德里戈·鲁伊斯	0/2
中场	安东尼奥·弗洛雷斯	0/2
	格韦拉	0/1
	弗朗西斯科·赫尔南德斯	-/-
	埃克托·奥尔蒂斯	1/3
	奥乔亚	0/3
	库布鲁	-/-
前锋	塞普蒂恩	0/1
	贝拉斯克斯	0/3
	卡萨林	1/3
	博沃利亚	0/1
	纳兰霍	0/1
	何塞·纳瓦罗	-/-
	马里奥·佩雷斯	0/2
	马克斯·普列托	-/-

5

时间: 6.16—7.4
主办国: 瑞士

第五届世界杯
1954

冠军
联邦德国

1954年6月17日，瑞士2比1击败意大利，爆出一个不大不小的冷门。

参赛国家

- 联邦德国
- 英格兰
- 奥地利
- 比利时
- 巴西
- 韩国
- 苏格兰
- 法国
- 匈牙利
- 意大利
- 墨西哥
- 瑞士
- 捷克斯洛伐克
- 土耳其
- 乌拉圭
- 南斯拉夫

战后格局剧变

1946年国际足联在卢森堡开会的时候，瑞士就对举办1950年世界杯表达了浓厚兴趣，但国际足联觉得在1934年和1938年之后连续第三次将世界杯主办权交给欧洲国家不太好，他们最终准备将1954年世界杯交给瑞士人。1948年伦敦会议，国际足联终于兑现了诺言。作为一个中立国家，瑞士在国际足联发挥着重要作用，国际足联总部就在苏黎世，并在1954年迎来了成立50周年庆典。

他们成立了“瑞士世界杯协会”，由瑞士足协主

●最后一战

1954年3月，预选赛被分在一组的联邦德国与萨尔进行最后一场比赛。满座的球场里坐了5.3万球迷，但这场比赛已经无关大局，萨尔主教练邵恩不过想证明一下，但很快他们就被强大的邻居征服，最终1比3输给了瓦尔特领衔的球队。萨尔因为政治原因一度脱离于德国之外，两年后，萨尔足协并入了德国足协。

●跨项战士

在捷克斯洛伐克有一项令人吃惊的政策，从1948年起，体育实行集中管理，运动员从事的项目需要听从安排。在捷克斯洛伐克的第一次备战中，布勃尼克和赖曼两名冰球国家队成员也被招了进去。后来，赖曼还在与匈牙利的比赛中以门将身份出场。

●滑倒

世界杯预选赛中，意大利与埃及分在了一起。埃及门将阿布德·哈穆达经历了不幸。1954年1月，第二回合比赛在米兰进行，天下起了雪——埃及人还从来没有见过雪。在雪地上踢球，难度可想而知。开场不久，哈穆达就“出丑”了，他在接对方射门时，整个身体滑进了球门。

●小阵容

墨西哥队只有18人来到了瑞士，因为世界杯前，墨西哥比索贬值，而球队的费用已经申请完毕，瑞士一向以物价昂贵著称。苏格兰队主教练比蒂只带了13名球员到瑞士，以节省费用，其他球员在老家待命。

悲喜瑞士

卡尔·拉潘执教的瑞士在本土踢得不错，他们先在小组赛中2比1击败了意大利，由于积分相同，两队又进行了一场附加赛，瑞士4比1再度胜出。在那场于巴塞尔举行的附加赛中，此前已经取得进球的瑞士射手休吉再度两次建功。紧接着，瑞士迎来了同奥地利的1/4决赛。在这场进球大战中，瑞士人在4分钟内连入3球。但瑞士钟表随后出现了故障，奥地利3分钟内扳平比分。随后比赛疯狂到了极致，奥地利在第32和34分钟将比分扩大到5比3，瑞士人再也没能追平。最终比分定格在7比5……

席托蒙来领导，希望能协助解决世界杯可能带来的财政赤字问题。该协会拟定了市场开发策略，出售各种各样的世界杯纪念品以及比赛转播权，瑞士旅游业也想要搭世界杯的顺风车。这一系列策略都是和新媒体的迅速发展有关，超过30个国家要来报道瑞士世界杯，本土记者更是达到将近400人，其次是联邦德国的同行，澳大利亚、苏联和挪威则只各派出一名记者。

众多商业电视台给瑞士世界杯带来了丰厚的收入，这标志着足球第一次作为商品被放在媒体上展示。资深媒体人哈克霍斯后来这样写道："1954年世界杯的转播，对于欧洲电视网的建立非常重要，体育对于大众传播的发展起到了推动作用，甚至还进行了创新。观众们对于世界杯的兴趣非常浓厚，大约9000万人通过400万台电视机观看了世界杯。电视机销售非常火爆，在世界杯前和世界杯期间销量翻番，属于电视的时代开始了。"

战后的谈判改变了欧洲的政局，欧洲进入了两大社会形态的对峙状态，分别是自由市场经济和计划经济。这集中反映在被"一分为二"的德国，那里成立了联邦德国和民主德国。民主德国足协在1952年国际足联赫尔辛基会议上才加入这一组织，但已经赶不上报名参加1954年瑞士世界杯。

联邦德国足协的步子迈得更早一些，他们于1949年7月10日开始筹备，并在1950年1月21日正式恢复了在国际足联的席位。1949年5月，国际足联取消了对联邦德国的国际比赛禁令，其中美国和瑞士两国足协发挥了重要作用。两个月后，联邦德国进行了战后第一场国际比赛，对手是瑞士队。

早期的瑞士足球

瑞士其实是欧洲大陆上第一个开展足球运动的国家，当然瑞士有很多英国人，特别是在法语区城市洛桑和日内瓦。19世纪60年代，一些英国留学生将足球带到了瑞士，瑞士足协在1860年正式成立。1879年，英国学生们成立了圣加仑俱乐部，1886年成立的苏黎世草蜢在1898年成为第一个瑞士联赛冠军，这家俱乐部的名字则是由学生物的英国学生格里菲斯想出来的。

瑞士向意大利、法国和西班牙出口了不少球员和教练，法国足球早期最成功的俱乐部Helvetique（瑞士）队中全部是瑞士人。19世纪末20纪初，巴黎最强的球队叫做瑞士体育联盟。米兰成立的板球和足球俱乐部一开始是由当地人和外国人组成，这其中就包括了一些瑞士球员，恩里科·辛特曼成为国际米兰

巴西难题

还没有从预选赛出线，巴西球迷就已经在憧憬与匈牙利会师决赛。而巴西足协遇到了另一个问题：寻找合适的主教练。在长时间的洽谈后，执教圣保罗的莫雷拉出任巴西队主帅。在他的坚持下，巴西队实行了严格的管理。数周的集训，球员禁止收发私人信件也不让玩娱乐游戏。同时，球队还配备了医生来检查球员的身体状况。1950年失利的阴霾还没有完全散去，人们希望借此能让球队走向辉煌。在过去的24年中，巴西人一直在追逐世界杯。在瑞士，他们是16支参赛队中唯一不曾缺席世界杯决赛圈的成员。每一次，他们都在赛前被看做热门；每一次，他们都以失败告终——而且经常是由于自己的懈怠。1938年世界杯上，对阵捷克斯洛伐克和意大利就是如此；1950年他们坐镇主场面对乌拉圭竟难以置信地被翻盘。1954年，经历了"马拉卡纳打击"的那批球员绝大多数都没来参赛，位置让给了以迪迪和尼尔顿·桑托斯为首的新一代。

1954年6月27日，匈牙利在1/4决赛中4比2力克巴西，比赛双方在场上拼抢得非常惨烈。

俱乐部成立的创始人之一。巴塞罗那俱乐部的成立同样要感谢一位瑞士人甘伯，他来自苏黎世的一家俱乐部，一开始从事橄榄球和自行车运动。甘伯在1901年到1903年期间为加泰罗尼亚的球队打入103球，直到1930年，他先后5次当选巴萨主席。

1895年4月7日，11家俱乐部联合成立了瑞士足协，包括英美FC苏黎世、洛桑足球板球俱乐部、巴塞尔、苏黎世草蜢和圣加仑等球会。瑞士足协第一任主席叫做韦斯特曼，不过德格林对瑞士足球的贡献更大，他在1897年提出了组织第一届瑞士联赛的想法，并积极付诸实现。

在瑞士足球发展初期，德语区处于领先地位，而在西部地区 足球一度要面临和橄榄球的竞争的局面。1901年，瑞士足协只有15家俱乐部。1931年7月13日对于瑞士足球是有里程碑意义的日子，全国范围的联赛终于开始举行，允许半职业和全职业球员参赛，不少外籍球员都因此被吸引到瑞士来发展。瑞士足协很快宣布每家俱乐部只能有3名外援，不过在瑞士读书的外国大学生以及在瑞士出生的外国人不占外援名额。不少俱乐部开始想办法钻空子，奥地利人拉潘就只是在一家商业学校注册了一下而已。

瑞士国家队最初有不少英国人。1898年

1954年世界杯上的匈牙利队是超级强队，博日克（左）和普斯卡什的场下生活也成为媒体关注的焦点。

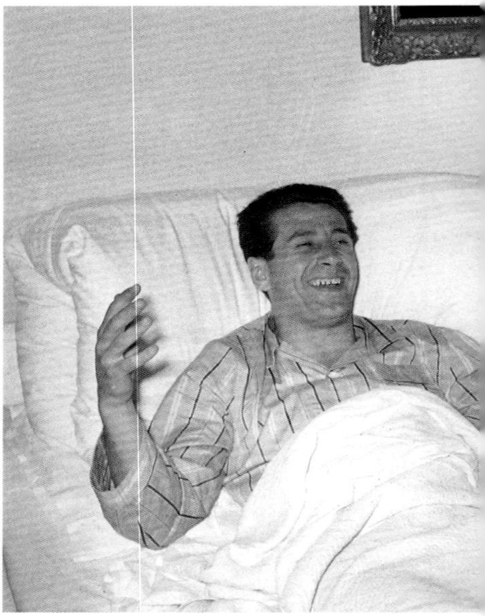

●冒险之旅

开赛前6天，韩国队才踏上征程。他们先从汉城坐火车到釜山，然后乘船到日本。在那里，代表团被分成两部分，一批人乘坐法航班机直接飞往瑞士，另一批人则乘坐美国空军飞机前往欧洲。终于，他们在自己的首场比赛前一天抵达目的地。接下来的问题是，瑞士球场都铺上了草皮，而韩国队已经习惯了在裸场踢球……他们先后以0比9和0比7的大比分输给了匈牙利和土耳其。

●被遗忘的杰作

20世纪末，当全世界媒体都在评选世纪最佳球队、最佳球员、最佳比赛、最难以忘怀的冠军球员和事件时，世界杯前几十年的很多故事却因当时没有电视记录而被遗忘了。比如1954年世界杯上匈牙利同乌拉圭的那场半决赛——在洛桑，来自南美的上届冠军对阵欧洲夺冠大热。和之前匈牙利同巴西的那场粗野比赛正好相反，双方携手奉献了一场流畅、激烈的对攻表演。匈牙利再次早早取得了领先，下半场开始后不久，希代古提将比分改写为2比0。但随后，匈牙利人习惯性地放松了。斯基亚菲诺进入了角色，他帮助出生在阿根廷的佩纳罗尔队友胡安·奥贝格在最后一刻钟连入两球，将比赛拖入了加时。而柯奇士证明了人们为何称他为“金头”——他在5分钟内连进两个头球，将匈牙利送入决赛。4年前在里约热内卢目睹过决赛的队报记者雅克·德里斯韦克看到了上届冠军“以大师级的方式输掉了比赛”。

奥地利绝唱

曾在20世纪30年代迷倒无数球迷的奥地利队在1954年走到了辉煌的终点。球队阵容依旧华丽，哈佩尔和斯托亚斯帕尔很快就要登陆法国联赛，阿纳皮、欧奇维尔克、普罗布斯特、泽曼等人也不比前辈们差。在小组赛中，他们5比0重创捷克斯洛伐克，1/4决赛以7比5这个难以置信的比分送走了瑞士。如同1934年世界杯一样，奥地利打入了半决赛，面对联邦德国。这一次，泽曼踢得很糟，欧奇维尔克放任弗里茨·瓦尔特自由活动，奥地利1比6惨败。奥地利足球此后再也没能重现此般荣光。

圣诞节，瑞士队在一场激动人心的比赛中击败了法国竞技俱乐部，而他们真正意义上的第一场国家队比赛是在1905年2月12日，巴黎王子公园球场，他们0比1不敌主队。1920年，瑞士在历史上第7场国家队比赛中对阵德国，但瑞士西部城市球员拒绝和第一次世界大战“发起者”交锋，东北地区的球员则不这样想法——体育可以反映出瑞士人在政治上的不同看法。1920年，瑞士德语区运动员拒绝参加安特卫普奥运会，因为他们不想看到德国作为第一次世界大战战败国无法参加。第二次世界大战后，又是瑞士德语区希望将联邦德国重新带回国际比赛行列，尽管雷米特一度反对。

瑞士在国际足坛很少获得像样的成绩，最大的成功是在1924年巴黎奥运会赢得银牌。由于当届的冠军是乌拉圭，不少瑞士球迷都认为亚军的成绩意味着瑞士是当时的欧洲冠军。

高级战术

一共有36个国家报名参加了1954年世界

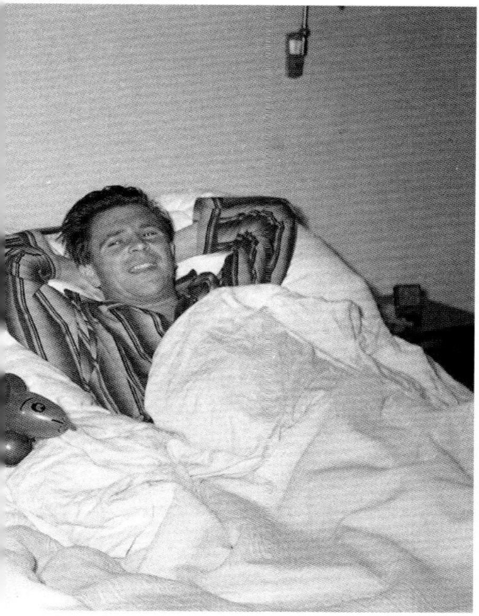

杯，也有一些国家因为报名时间过晚而错过。印度、秘鲁、越南、古巴、冰岛、玻利维亚和哥斯达黎加就因此未能获得参赛资格。尽管苏联、中国和波兰没有参加，但是捷克斯洛伐克、罗马尼亚、保加利亚、匈牙利和南斯拉夫等社会主义国家都强势亮相。阿根廷觉得自己受到了不公正对待，选择放弃。

最终16支球队获得世界杯决赛门票，其中只有巴西和乌拉圭来自南美。韩国队在预选赛击败日本，第一次进军世界杯，再加上墨西哥，这就是瑞士世界杯仅有的4支非欧洲球队。埃及作为当时非洲唯一有足协的国家，在预选赛中被意大利击败。

匈牙利是1954年世界杯的夺冠热门，由于波兰退赛，他们不需要参加预选赛就直接晋级。匈牙利赢得了1952年奥运会的足球项目冠军，带着27场国际比赛23胜4平的不败成绩来到瑞士。27场比赛他们总共打入114球，平均每场比赛超过4个，将多瑙河足球和英式足球很好地融合在一起。

匈牙利主帅谢拜什组建了神奇的四角组合，成为WM战术的核心，一名前锋拖后，很好地找到了攻守平衡。匈牙利的球员都很全面，每个人都可以踢不止一个位置，谢拜什的战术可以看做是巴西队4年后的424战术，以及荷兰全攻全守足球的前奏。匈牙利王者的足球风范甚至征服了温布利，1953年11月25日，匈牙利给英格兰人好好上了一课，普斯卡什和他的队友们6比3狂胜对手。英国媒体赛前还鼓励自己的球队让对手看到谁才是老师，没想到反被好好地羞辱了一番。

球队从英国回来的时候，布达佩斯举行了欢迎仪式，匈牙利人决心向世界杯冠军发起冲击。普斯卡什成为焦点人物，他被授予少校军衔，并且获得了一座别墅。从伦敦回来到出发参加世界杯这段时间，普斯卡什说的话比匈牙利总理还要多。当时匈牙利队在国内享有至高无上的地位，普斯卡什则是这艘航空母舰的舰长，他正在带领队友们向世界冠军的目标前进。英国人则显得不够大度，指责匈牙利球员太依赖政府的支持，不过是"国家养着的马戏团。"

热门变身强弩之末

出乎所有人的意料，德国人夺得了他们历史上的第一次世界杯冠军。

两条路在这里交织。一条通向奇迹，一条通向不公。第5届世界杯，有史以来最美妙的一届。对于联邦德国而言，能出现在这里就是一种幸福，他们不再被世界杯排除在外。面对匈牙利，他们有着勃勃雄心。

这支匈牙利已经近4年保持不败，1953年11月25日，他们成为第一支客场击败英格兰的神奇之旅，6比3的比分也足够震撼。

世界杯开始时，匈牙利是无可争议的夺冠热门——尽管两支冠军球队乌拉圭和意大利都来了，尽管奥地利让人们依稀想起他们战前的美好年代，尽管巴西依旧神秘和华丽。匈牙利的前两场小组赛更加坚定了人们的想法，他们9比0狂拦韩国，柯奇士开始了自己的狂欢节，他上演帽子戏法，普斯卡什则展示了自己现象级的左脚技术。随后匈牙利

度假去的法国人

前往瑞士参加世界杯的法国队认为自己拥有一群能取得好成绩的年轻人，尤其是北方球员组成的攻击线。然而小组赛面对南斯拉夫，他们摔得很痛。瑞士世界杯的小组赛赛制十分古怪，每支球队只与同组三个对手中的两个交手，输一场就足以被淘汰。法国队就遭受了这样的命运，他们首场0比1不敌南斯拉夫，尽管随后3比2战胜墨西哥，但已经无济于事，法国媒体立刻出现一片批评声。输给南斯拉夫后，我们可以读到这样的评论："没有个性，没有气势。"法国雄鸡绵软无力，队长容凯后来承认："我们在瑞士感觉就像是去度假的。"主帅皮巴罗也表示："他们对自己的未来更感兴趣（当时正处在转会期），再有就是打牌和消遣。他们躲避了媒体的压力，哪怕被观众嘘也不在乎。"这是一段需要被遗忘的历史。（下图为法国球员在不敌南斯拉夫一役中与裁判争论。）

1954年6月26日，乌拉圭在1/4决赛中4比2爆冷淘汰英格兰，图为乌拉圭门将防守对方的头球攻门。

8比3击溃联邦德国，柯奇士和普斯卡什再次进球，希代古提梅开二度。人们陶醉于匈牙利人潮水般的进攻表演，都忽略了对方主帅塞普·赫尔贝格雪藏了大部分主力的事实。普斯卡什遭到德国人利布里希一次凶狠的铲球后不得不受伤离场也没被人放在心上。此时，没有任何迹象表明匈牙利会被击败，也没有人相信联邦德国能走得那么远。小组赛结束后，由于与土耳其积分相同，德国球员经过附加赛（7比2）才打入1/4决赛，但他们在不断进步。德国球员的力量和前锋超强的渗透能力，帮助他们2比0击退才华横溢的南斯拉夫进军四强。同一天，匈牙利却陷入了苦战，他们同巴西的1/4决赛原本被视为唯美的巅峰对决，然而球场上到处是肮脏的缠斗。由于普斯卡什缺阵，匈牙利失去了优雅，伯尔尼球场内展现的是肌肉对抗，他们在最后时刻才以4比2锁定胜局。3天后的半决赛，他们又消耗了大量元气才找回最高的水准，经过加时赛，匈牙利击退乌拉圭，拿到了决赛门票。人们沉醉于匈牙利的整体进攻表演，但他们已经是强弩之末。希代古提承认："我们真不该让比赛进入加时，我真的认为他们已经杀死了我们。"

与此同时，在20000名越过莱茵河来到巴塞尔的本国球迷支持下，联邦德国6比1大胜奥地利进入决赛。弗里茨·瓦尔特无处不在，他打入两个点球，两次角球助攻队友破门。德国人将在决赛中与匈牙利一较高下。

决赛前夜，双方阵营中的气氛是如此迥异！匈牙利一方满是疲惫和忧虑。小组赛后就没再出场的普斯卡什即将复出，他必须上，他也想上，尽管他的脚踝伤势根本没有痊愈，但整个匈牙利都要求他出场。德国人则在伯尔尼的一家小酒馆过起了啤酒节。许多年以后，德国球员们承认，他们准备决赛的方式就是狂饮啤酒……

群殴和驱逐

与匈牙利的1/4决赛中，迪迪、因迪奥率领的巴西显示了自己粗野的一面。匈牙利很快取得2比0领先，比赛最后半个小时，巴西人开始狂暴起来。1比3落后的桑巴军团急于扳平比分，而忘记了足球。博日克与尼尔顿·桑托斯突然在场上厮打起来，两人均被罚下，这反而更加刺激了巴西队的神经。在将比分追为2比3后，巴西人开始追着对手下脚。很快，托齐也被罚下。反倒在这之后，巴西人的技术质量开始发挥作用。他们何时才能像控制皮球那样控制好自己的神经呢？或许是4年后……

雷米特卸任

除了产生了意外的冠军，本届世界杯还有一些重要的决定，雷米特结束了33年的任期后交出了国际足联主席位置。30个欧洲国家足协代表齐聚瑞士巴塞尔，成立了欧足联，法国人再次起到重要作用，英国人则再次被排除在外。随着第二次世界大战后亚非拉国家纷纷成立足协，国际足联在20世纪后半段真正成为了一个全球性组织，会员数量迅速增加。1957年非洲足联成立。1961年中北美和加勒比海足联成立。1966年，最后一个洲际足联——大洋洲足联也正式成立。

决战
联邦德国3比2匈牙利
1954年7月4日
伯尔尼万科多夫球场

两队在小组赛中的相遇，因为联邦德国队派出的是替补阵容，并没有太大的可参考性。决赛中，“飞驰的上校”出现在了首发阵容中。而另一边毫无疑问，即便放在足球史上也是传奇一代的这支匈牙利队，是名副其实的夺冠热门。

1954年7月4日，有60000人涌进了万科多夫球场，来观看这场经典大战。虽然大雨让球场变得湿滑，但这并没有影响一场精彩比赛的诞生，联邦德国甚至很喜欢这种天气。他们曾将这种大雨天气叫做“弗里茨·瓦尔特天气”，意指他们的队长瓦尔特最擅长在这种天气条件下发挥出绝佳水平。因为早在比赛前几天就开始下雨，主教练赫尔贝格赛前训练都是安排在雨中。与此同时，联邦德国队所穿的球鞋也有玄机。他们所穿的阿迪达斯球鞋，是该公司开创性设计的活钉鞋，保证了球员在球场湿滑的情况下仍可以穿着平时合脚的旧球鞋，只需要更换鞋钉即可。

坚持带伤上阵的普斯卡什第6分钟就帮助匈牙利人获得领先——柯奇士的射门被挡出，普斯卡什补射破门。两分钟后，联邦德国门将图雷克未能接到左后卫科尔迈尔的回传，齐博尔抓住机会，让匈牙利人在开场8分钟即以2比0领先。看起来匈牙利人将重演小组赛8比3屠杀联邦德国的一幕。

然而，现场6万人有幸见证了一场惊心动魄的比赛。匈牙利队2比0领先的喜悦仅仅持续了两分钟。第10分钟，联邦德国队左边锋舍费尔妙传，莫洛克成功撕开了对手的防线。第18分钟，匈牙利队门将格罗希奇出现失误，被联邦德国队边锋拉恩抓住机会将比分扳平。不过此球也引起了争议，匈牙利人认为舍费尔在禁区内干扰守门员在先。不过，前20分钟就已经进了4球，足以算得上是一场令人激动地比赛。

匈牙利人并没有因此而气馁。下半时他们

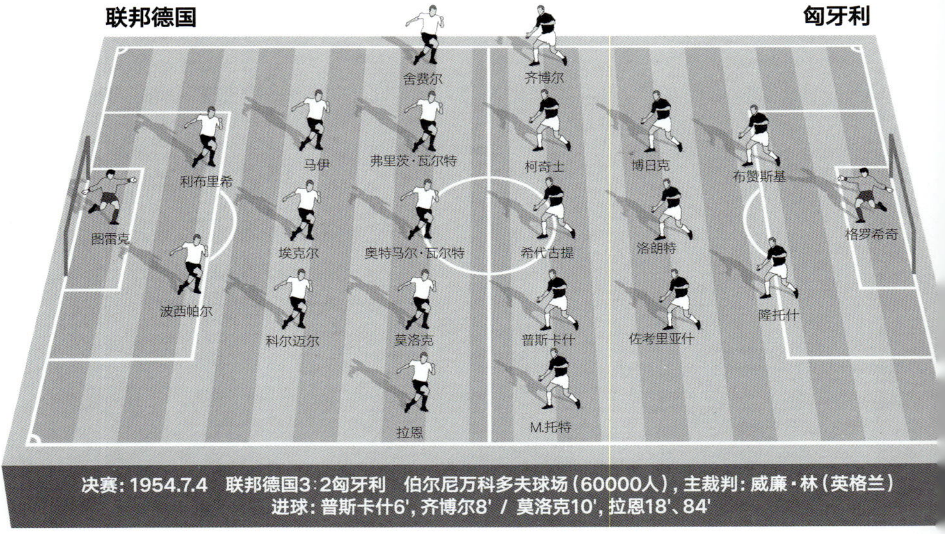

决赛：1954.7.4　联邦德国3：2匈牙利　伯尔尼万科多夫球场（60000人），主裁判：威廉·林（英格兰）
进球：普斯卡什6'，齐博尔8' / 莫洛克10'，拉恩18'、84'

阿迪达斯的胜利

在20世纪50年代以前，球员的足球鞋上没有任何标识。1954年世界杯，只有联邦德国队的球员们穿着带三条杠的球鞋，当时人们还不知道那是什么东西。阿迪·达斯勒，这个德国品牌的老板，鞋匠的儿子，从很年轻的时候就开始设计各种运动专用鞋。1954年，他为德国队提供了独特的运动装备，而他本人也是德国教练组的一员。德国球员们人人穿着一双带钉的革命性的球鞋踢球，它能够适应各种不同的天气。决赛当天早上，德国主帅赛普·赫尔贝格望着天空，他只有一个愿望：快下雨吧！到了下午，天真的下雨了……

再次展开犀利的攻势，并差点再次取得领先，先是希代古提的射门击中门柱，然后是柯奇士的头球射门击中横梁。联邦德国显得疲于应付，科尔迈尔在球门线上挡出了托特的射门，图雷克则作出了几次出色的扑救，其中包括柯奇士的两次精彩射门。

最伟大的时刻出现在终场前第84分钟，当不少人在等着一场加时赛的到来时，沙费尔左路带球下底后传中，匈牙利后卫隆托什一次漫不经心的解围，球正好到了拉恩脚下，后者带球趟了几步，先做了个假动作，然后左脚射门，球从鱼跃扑救的格罗希奇身下滑入网内。

实际上，最后时刻匈牙利人仍有机会扳平比分，但普斯卡什终场前两分钟接托特传球后的进球因被判越位在先而取消。一直到英格兰主裁判比尔·林吹响终场哨，匈牙利人仍在场上为此球申辩。匈牙利人还为柯奇士最后时刻禁区内一次被侵犯未判点球而感到愤怒。这场失利不仅让匈牙利人失去了唾手可得的世界杯冠军，还使他们自1950年开始保持的30场比赛不败的纪录作古。联邦德国成为历史上第一支夺冠的“非种子”球队，球队主教练赫尔贝格也因此成为历史英雄。

当弗里茨·瓦尔特将雷米特杯举过头顶的时候，随队出征的联邦德国球迷还是不敢相信自己的眼睛。当现场响起国歌时，这群德国人还下意识地唱起了纳粹时期的歌词：“德意志高于一切”。法国《世界报》当时这样写道：“地球在颤抖，德国人又在骄傲地歌唱……我必须得说：要小心德国人了！”其实这也怪不得法国人，1952年10月5日，联邦德国去巴黎比赛，足协主席鲍文斯在欢迎宴会上的一句“我们的球员在巴黎会像在家一样”让法国人很不高兴，因为彼时距离巴黎摆脱德国统治还不到10年。在球队赢得世界杯之后，鲍文斯又在慕尼黑发表了获胜感言，称赞球队在国外很好地展示了德意志精神。

联邦德国国内的人们对于这一意料之外的胜利欣喜若狂，这增强了他们的自信心。尽管世界杯的胜利不会让人们忘记第二次世界大战的历史，但德国人终于逐渐走出了战争给他们带来的巨大挫折感，人们重新带着爱国主义热情，投入到战后重建当中。而落败的匈牙利则恰恰相反，曾经被当做英雄般歌颂的球员们一下子跌到了谷底。甚至很多人认为，是奔驰公司花钱从匈牙利人手里买来了胜利，因为世界杯期间普斯卡什曾经为奔驰豪华轿车做宣传，主帅谢拜什也说过想要一辆奔驰。

这个意外的世界杯冠军对联邦德国来说是一次巨大的鼓舞，特别是这个国家仍然经受着第二次世界大战后遗症的精神折磨，这也是战后德国国歌第一次在公众场合演奏。德国历史学家甚至将这次胜利看作是德国战后的历史转折点，因为这是一个被彻底挫败、生活在废墟上的国家，重新找到胜利的感觉。由于当时联邦德国只有少数家庭和公共场所有电视，以激情著称的当地电台解说员齐默尔曼因此成名，一跃成为德国当代史上举足轻重的人物。他在联邦德国队攻入制胜球时声嘶力竭的狂叫，被德国人永久铭记。即便是现在，即便是不关心足球的德国人，仍能说出齐默尔曼当年的经典解说词。

人们习惯用“伯尔尼奇迹”来描述联邦德国此次伟大的胜利。2003年，一部反映这场历史之战的影片在德国上映，名字仍然叫“伯尔尼奇迹”。

盈利

东道主瑞士的账面让人欣喜。本届世界杯一共收入了575万瑞士法郎，其中包括559.3万门票收入，50万音像权收入，广播电台支付了87.5万，电视台支付了1.5万等。总支出为300万，盈利275万。这些钱的60%分给了参赛队，其中新科冠军联邦德国25.9万，亚军匈牙利23.8万；15%归国际足联，剩下的留给了东道主。

第10分钟，联邦德国前锋莫洛克（右）射门得分，将比分扳成1比2。

赛前不被看好的德国队创造了历史，这些球员连同“伯尔尼奇迹”的名字被写进了世界杯历史。

“金头”魔咒

20世纪50年代的孩子们踢球都愿意模仿柯奇士，就连低下头让风吹起头发的动作都一样。柯奇士（下图左）定义了现代中锋，在球场上勇气十足、风度翩翩。他代表匈牙利国家队出场68次打入75球。他是1952年奥运会冠军队成员，参加过1953年客场击败英格兰的那场史诗般战役。与队友普斯卡什、格罗希奇、齐博尔、博日克和布道伊等人一起，他们在爱国者俱乐部和匈牙利国家队书写了一系列辉煌。在1954年世界杯上，他打入11球，创造了世界杯个人单届比赛进球纪录。很多次，都是他救匈牙利于水火之中。对阵巴西他打入两球，同乌拉圭那场美妙的半决赛中，也是他在加时赛梅开二度。对方的门将马斯波利以这样的方式向他致敬：“即使我老得胡子都白了，还会跟你们谈起柯奇士。”整个世界杯期间，柯奇士只有一场比赛没有进球，很不幸，正是同联邦德国的决赛。他在比赛中曾有一次头球击中横梁，“金头”就这样错过了职业生涯中最重要的头球。7年后，已经转会巴塞罗那的柯奇士率队重返伯尔尼，与本菲卡争夺冠军杯，实力明显更强的巴塞罗那是众人看好的热门。这次柯奇士进球了，但巴塞罗那却以2比3失利——与当年匈牙利输掉世界杯决赛相同的比分。日后谈起伯尔尼时 柯奇士不认为那是奇迹，而是魔咒。

决赛结束后，匈牙利球星普斯卡什（右）大度地伸手祝贺联邦德国队长弗里茨·瓦尔特取胜。

他们是冠军

主教练

赛普·赫尔贝格 Sepp Herberger
生于1897年3月28日/卒于1977年4月28日
赫尔贝格堪称德国足球的教父，1954年世界杯的成功奠定了他不可动摇的地位，3比2击败匈牙利的决赛更是成为了赫尔贝格执教生涯的经典之作。

门 将

安东·图雷克 Toni Turek
生于1919年1月18日/卒于1984年5月11日
效力俱乐部：杜塞尔多夫
作为1954年世界杯上德国队年龄最大的球星，图雷克的作用毋庸置疑。作为主力门将的他自然是德国队的夺冠功臣之一，当时的足球解说员齐默尔曼甚至情不自禁的喊出了“图雷克，你是我们的足球之神”。比赛中他冒着脖子被踢断的危险做出了一次精彩扑救，最终确保了球队的胜利。

克维亚特科夫斯基 Heinrich Kwiakowski
生于1926年7月16日
效力俱乐部：多特蒙德
一位不幸的门将，他唯一出场的比赛便是小组赛3比8惨败给匈牙利一战，从那之后他便被打入冷宫。

海因茨·库布施 Heinz Kubsch
生于1930年7月20日/卒于1993年10月24日
效力俱乐部：皮尔马森斯
库布施是1954年世界杯最不走运的联邦德国球员。由于前两场比赛一、二号门将表现不佳，赫尔贝格曾打算在第三场比赛给库布施出场机会，然而他却在赛前不幸受伤，也缺席了整届世界杯。

后 卫

弗里茨·拉班德 Fritz Laband
生于1925年11月1日/卒于1982年1月3日
效力俱乐部：汉堡
拉班德是在世界杯开始前两个月才首次入选国家队，那届世界杯上他为德国队出场3次，但1/4决赛后他便被自己的汉堡队友波西帕尔所取代，从此再未代表国家队出场过。

汉斯·鲍尔 Hans Bauer
生于1927年7月28日/卒于1997年10月30日
效力俱乐部：拜仁慕尼黑
这位来自慕尼黑的后卫参加了联邦德国队3比8不敌匈牙利和7比2大胜土耳其的比赛，但小组赛之后就没再获得出场机会。

维尔纳·利布里希 Werner Liebrich
生于1927年1月18日/卒于1995年3月20日
效力俱乐部：凯泽斯劳滕
来自凯泽的球星，利布里希和他的俱乐部队友弗里茨·瓦尔特联袂奉献了一场经典的决赛，尽管因为他的失误导致球队0比1落后，但利布里希并没有气馁，最终用出色的表现帮助球队逆转夺冠。

卡尔·马伊 Karl Mai
生于1928年7月27日/卒于1993年3月15日
效力俱乐部：菲尔特
在决赛中出色的冻结了1954年世界杯的最佳射手柯奇士，完成了这一艰巨任务的他也成为了联邦德国队的夺冠关键人物。

约瑟夫·波西帕尔 Josef Posipal
生于1927年6月20日/卒于1997年2月21日
效力俱乐部：汉堡
虽然一度受伤缺席了联邦德国队和南斯拉夫的1/4决赛，但伤愈复出后参加了联邦德国队的半决赛和决赛，帮助球队最终夺冠，他出众的头球能力给人留下深刻印象。

中 场

乌尔里希·比辛格 Uli Biesinger
生于1933年8月6日
效力俱乐部：奥格斯堡
比辛格无疑是联邦德国队的幸运儿，他是1954年世界杯上最年轻的国脚，而他第一次随队征战便见证了球队夺冠的伟大历史。

赫伯特·埃拉尔特 Herbert Erhardt
生于1930年7月6日
效力俱乐部：菲尔特
虽然入选了国家队，但整届世界杯这名来自菲尔特的球星都未能获得出场机会，是联邦德国队为数不多的“看客”之一。

霍斯特·埃克尔 Horst Eckel
生于1932年2月8日
效力俱乐部：凯泽斯劳滕
22岁的埃克尔是与匈牙利决赛的首发阵容中最年轻

的球员，这名凯泽新星也出色的完成了防守任务，将对方重点球员希代古提盯得毫无脾气。

维尔纳·科尔迈尔 Werner Kohlmeyer
生于1924年4月19日/卒于1974年3月26日
效力俱乐部：凯泽斯劳滕
这名凯泽后卫在世界杯上的表现给人留下了深刻印象，尽管经历了小组赛3比8惨败给匈牙利的耻辱，但决赛中教练依旧坚决起用他，最终他也帮助球队取得了一场漂亮的胜利。他的激情和拼搏精神无疑是联邦德国队夺冠的关键。

鲍尔·梅布斯 Paul Mebus
生于1920年6月9日/卒于1993年12月12日
效力俱乐部：科隆
1954年世界杯上联邦德国队的另一位失意者，在3比8对匈牙利的比赛中表现非常糟糕，从此再没有得到出场机会。

卡尔-海因兹·梅茨纳 Karl-Heinz Metzner
生于1923年1月9日/卒于1994年10月25日
效力俱乐部：卡塞尔
这名来自黑森州的前锋只为联邦德国队在世界杯上出场两次，并且没有取得进球。

弗里茨·瓦尔特 Fritz Walter
生于1920年10月31日/卒于2002年6月17日
效力俱乐部：凯泽斯劳滕
联邦德国队当之无愧的灵魂与核心，他足以和迪斯蒂法诺、普斯卡什和柯奇士等巨星齐名，决赛中他助攻拉恩打入扳平一球，而他堪称模范的战斗精神和令人钦佩的严谨纪律都给人留下了深刻印象。

前　锋

理查德·赫雷曼 Richard Herrmann
生于1923年1月28日/卒于1962年7月27日
效力俱乐部：法兰克福
在联邦德国队3比8惨败给匈牙利的比赛中替补登场并打入挽回颜面的一球，而这也是他在那届世界杯上唯一代表球队出场的比赛。

贝恩哈尔德·克洛特 Berni Klodt
生于1926年10月26日/卒于1996年5月23日
效力俱乐部：沙尔克04
参加了和土耳其的两场比赛，并且在4比1大胜土耳其的比赛中打入一球。

马克斯·莫洛克 Max Morlock
生于1925年5月11日/卒于1994年9月10日
效力俱乐部：纽伦堡
联邦德国队锋线不折不扣的“杀手”，在世界杯上为球队打入6粒进球，并且在决赛中打入联邦德国队的第一粒进球，吹响了反攻的号角。

阿尔弗雷德·普法夫 Alfred Pfaff
生于1926年7月16日
效力俱乐部：法兰克福
在小组赛3比8不敌匈牙利的比赛中出场并打入一球，遗憾的是那也是他在世界杯上的唯一一次亮相。

赫尔姆特·拉恩 Helmut Rahn
生于1929年8月16日/卒于2003年8月14日
效力俱乐部：红白埃森
联邦德国队夺冠的最大功臣，在和匈牙利的决赛中为球队打入两粒进球，帮助德国人反败为胜并如愿夺冠，表现堪称伟大。

汉斯·舍费尔 Hans Schaefer
生于1927年10月19日
效力俱乐部：科隆
这名科隆前锋给人留下了深刻印象，他不仅打入4粒进球，还在决赛中助攻拉恩打入制胜一球，成为匈牙利最头疼的对手之一。

奥特马尔·瓦尔特 Ottmar Walter
生于1924年3月6日
效力俱乐部：凯泽斯劳滕
虽然名气不及哥哥弗里茨·瓦尔特大，但奥特马同样是联邦德国队的夺冠功臣之一。在小组赛和土耳其的两场比赛他各入一球，半决赛和奥地利的比赛中奥特马又打入两球，之后他又在与匈牙利的决赛获得首发机会，并最终帮助球队捧杯。

战场

万科多夫球场
Wankdorf Stadium
所在城市：伯尔尼
容量：64599人
本届杯赛承办5场比赛（包括决赛）
平均上座率：58%

哈德图姆球场
Hardturm Stadium
所在城市：苏黎世
容量：34799人
本届杯赛承办5场比赛
平均上座率：63%

圣雅各布球场
St. Jakob Stadium
所在城市：巴塞尔
容量：54828人
本届杯赛承办6场比赛
平均上座率：65%

庞泰瑟奥林匹克球场
Stade Olympique de la Pontaise
所在城市：洛桑
容量：50310人
本届杯赛承办5场比赛
平均上座率：54%

科尔纳雷多球场
Cornaredo Stadium
所在城市：卢加诺
容量：35754人
本届杯赛承办1场比赛
平均上座率：67%

查米勒斯球场
Charmilles Stadium
所在城市：日内瓦
容量：35997人
本届杯赛承办4场比赛
平均上座率：29%

最佳阵容

赛程赛果

第 1 组

1954.6.16　南斯拉夫1比0法国
1954.6.16　巴西5比0墨西哥
1954.6.19　巴西1比1南斯拉夫
1954.6.19　法国3比2墨西哥
巴西和南斯拉夫均为1胜1平晋级

第 2 组

1954.6.17　匈牙利9比0韩国
1954.6.17　联邦德国4比1土耳其
1954.6.20　匈牙利8比3联邦德国
1954.6.20　土耳其7比0韩国
1954.6.23　联邦德国7比2土耳其(附加赛)
匈牙利2战2胜晋级，联邦德国1胜1负，附加赛取胜后晋级

第 3 组

1954.6.16　奥地利1比0苏格兰
1954.6.16　乌拉圭2比0捷克斯洛伐克
1954.6.19　奥地利5比0捷克斯洛伐克
1954.6.19　乌拉圭7比0苏格兰
乌拉圭和奥地利均为2战2胜晋级

第 4 组

1954.6.17　英格兰4比4比利时
1954.6.17　瑞士2比1意大利
1954.6.20　英格兰2比0瑞士
1954.6.20　意大利4比1比利时
1954.6.23　瑞士4比1意大利(附加赛)
英格兰1胜1平晋级，瑞士1胜1负，附加赛取胜后晋级

1/4 决赛

1954.6.26　奥地利7比5瑞士
1954.6.26　乌拉圭4比2英格兰
1954.6.27　匈牙利4比2巴西
1954.6.27　联邦德国2比0南斯拉夫

半决赛

1954.6.30　匈牙利4比2乌拉圭
1954.6.30　联邦德国6比1奥地利

三四名决赛

1954.7.3　奥地利3比1乌拉圭

决赛

1954.7.4　联邦德国3比2匈牙利

射手榜

	排名	球员（国家）	进球数
▲	1	柯奇士（匈牙利）	11
	2	普罗布斯特（奥地利）	6
		莫洛克（联邦德国）	6
		休吉（瑞士）	6
	5	拉恩（联邦德国）	4
		舍费尔（联邦德国）	4
		奥特马尔·瓦尔特（联邦德国）	4
		希代古提（匈牙利）	4
		普斯卡什（匈牙利）	4
		巴拉曼（瑞士）	4
		博尔赫斯（乌拉圭）	4

第1名 联邦德国

主教练:赫尔贝格(联邦德国)

号码	球员	进球/出场
门将		
1	图雷克	-6/5
21	库布施	-/-
22	克维亚特科夫斯基	-8/1
后卫		
2	拉班德	0/3
3	科尔迈尔	0/5
4	汉斯·鲍尔	0/2
5	埃拉尔特	-/-
7	波西帕尔	0/5
10	利贝里希	0/4
中场		
8	马伊	0/5
9	梅布斯	0/1
11	梅茨纳	-/-
16	弗里茨·瓦尔特	3/6
18	比辛格	-/-
前锋		
6	埃克尔	0/6
12	拉恩	4/4
13	莫洛克	6/5
14	克洛特	1/2
15	奥特马尔·瓦尔特	4/5
17	赫雷曼	1/1
19	普法夫	1/1
20	舍费尔	4/5

第2名 匈牙利

主教练:谢拜什(匈牙利)

号码	球员	进球/出场
门将		
1	格罗希奇	-10/5
21	盖莱尔	-/-
22	古亚什	-/-
后卫		
2	布赞斯基	0/5
4	隆托什	2/5
12	卡尔帕蒂	-/-
13	瓦尔希迪	-/-
中场		
3	洛朗特	0/5
5	博日克	0/5
6	佐考里亚什	0/4
14	伊姆雷·科瓦奇	-/-
15	索伊卡	0/-
前锋		
7	约瑟夫·托特	1/2
8	柯奇士	11/5
9	希代古提	4/4
10	普斯卡什	4/3
11	齐博尔	3/5
16	布道伊	0/2
17	马乔斯	-/-
18	乔尔达什	-/-
19	保洛塔什	2/2
20	米哈伊·托特	0/2

第3名 奥地利

主教练:瑙奇(奥地利)

号码	球员	进球/出场
门将		
1	施米德	-6/4
15	佩利坎	-/-
16	沃尔特·泽曼	-6/1
后卫		
2	阿纳皮	0/5
3	哈佩尔	0/4
4	阿尔沙安特	0/4
13	科尔曼	0/1
20	哈拉	0/1
中场		
5	欧奇维尔克	2/5
6	克勒尔	0/5
12	施托茨	-/-
14	吉塞尔	-/-
17	泰尼策	-/-
18	里格勒	-/-
前锋		
7	罗伯特·克尔纳	0/5
8	施勒格	0/2
9	瓦格纳	3/4
10	普罗布斯特	6/5
11	阿尔弗雷德·克尔纳	2/4
19	丁斯特	0/2
21	斯托亚斯帕尔	3/4
22	豪默	0/0

第4名 乌拉圭

主教练:胡安·洛佩斯(乌拉圭)

号码	球员	进球/出场
门将		
1	马斯波利	-8/5
12	马塞拉斯	-/-
后卫		
2	何塞·圣马里亚	0/5
3	威廉·马丁内斯	0/5
4	维克托·安德拉德	0/5
13	达瓦纳	-/-
14	特赫拉	-/-
16	卡巴洛	0/2
中场		
5	奥夫杜略·巴莱拉	1/3
6	艾帕尔迪	-/-
15	吕韦拉	-/-
17	路易斯·克鲁斯	0/5
前锋		
7	阿巴迪	2/4
8	奥贝格	3/2
9	奥斯卡·米格斯	3/3
10	斯基亚菲诺	2/5
11	博尔赫斯	4/5
18	索托	0/1
19	安布鲁瓦	1/4
20	奥斯卡·门德斯	0/1
21	儒利奥·佩雷斯	-/-
22	卡斯特罗	-/-

第 5 名 瑞士

主教练:卡尔·拉潘(奥地利)

号码	球员	进球 / 出场
门将		
1	艾希	-/-
2	帕利耶	-11/4
3	施图贝尔	-/-
后卫		
4	博克特	0/4
5	弗吕基格	0/1
6	马蒂斯	-/-
7	纳里	0/4
10	埃吉曼	0/3
14	凯尔宁	0/4
中场		
8	比格勒	0/1
9	卡萨利	0/3
12	费塞莱特	-/-
13	弗罗西奥	-/-
前锋		
11	埃施曼	-/-
15	安特南	0/3
16	巴拉曼	4/4
17	法顿	1/4
18	休吉	6/3
19	莫龙	-/-
20	迈尔	0/2
21	里瓦	-/-
22	罗格·冯兰唐	0/4

第 6 名 巴西

主教练:泽泽·莫雷拉(巴西)

号码	球员	进球 / 出场
门将		
1	卡斯蒂略	-5/3
21	韦卢多	-/-
22	卡贝康	-/-
后卫		
2	贾尔马·桑托斯	1/3
3	尼尔顿·桑托斯	0/3
4	布兰当津霍	0/3
6	鲍尔	0/3
12	保利尼奥	-/-
13	阿尔弗雷多·拉莫斯	-/-
15	毛罗·拉莫斯	-/-
中场		
5	皮涅罗	0/3
8	迪迪	2/3
14	埃利·多安帕罗	-/-
16	德坎尼亚	-/-
前锋		
7	儒利尼奥	2/3
9	巴尔塔萨	1/2
10	平加	2/2
11	弗朗西斯科·罗德里格斯	0/2
17	毛里尼奥	0/1
18	托齐	0/1
19	因迪奥	0/1
20	鲁本斯	-/-

第 7 名 英格兰

主教练:温特博特姆(英格兰)

号码	球员	进球 / 出场
门将		
1	梅里克	-7/3
12	伯金	-/-
后卫		
2	斯塔尼福斯	0/3
3	伯恩	0/3
4	比利·赖特	0/3
5	悉尼·欧文	0/1
13	肯·格林	-/-
18	奇尔顿	-/-
中场		
6	吉米·迪金森	0/3
14	麦加里	0/2
19	肯·阿姆斯特朗	-/-
前锋		
7	斯坦利·马修斯	0/2
8	布罗迪斯	2/3
9	洛夫特豪斯	3/2
10	汤米·泰勒	0/2
11	汤姆·芬尼	1/3
15	威尔肖	1/2
16	奎克索尔	-/-
17	吉米·马伦	1/1
20	耶扎尔德	-/-
21	海恩斯	-/-
22	哈里·胡珀	-/-

第 8 名 南斯拉夫

主教练:蒂尔纳尼奇(南斯拉夫)

号码	球员	进球 / 出场
门将		
1	贝亚拉	-3/3
12	克拉利	-/-
后卫		
2	布兰科·斯坦科维奇	0/3
3	茨尔尼亚科维奇	0/3
5	霍瓦特	0/3
13	泽科维奇	-/-
16	米洛瓦诺夫	-/-
17	贝林	-/-
中场		
4	兹拉特科夫·柴可夫斯基	0/3
6	博什科夫	0/3
11	泽贝茨	1/3
14	曼图拉	-/-
15	斯帕伊奇	-/-
前锋		
7	奥格尼亚诺夫	-/-
8	米蒂奇	0/3
9	武卡斯	0/3
10	博贝克	0/2
18	米洛什·米卢蒂诺维奇	1/3
19	帕佩茨	-/-
20	德沃尔尼奇	0/1
21	韦塞利诺维奇	-/-
22	佩塔科维奇	-/-

第 9 名 法国

主教练:皮巴罗(法国)

号码	球员	进球 / 出场
门将		
1	雷梅特尔	-3/2
2	鲁明斯基	-/-
3	阿布	-/-
后卫		
4	贾内西	0/2
5	格里蒙蓬	-/-
6	克尔贝尔	0/2
7	马尔什	0/1
8	别甘斯基	-/-
10	容凯	0/1
14	庞凡尔纳	0/1
中场		
9	屈萨尔	-/-
11	泽尔士·路易	-/-
12	马塞尔	0/2
13	马哈古卜	0/1
15	本-提富尔	0/1
19	莱布隆德	-/-
前锋		
16	德勒德尔	0/2
17	格洛瓦茨基	0/1
18	科帕	1/2
20	舒尔茨	-/-
21	斯特拉佩	0/2
22	让·樊尚	1/2

第 10 名 土耳其

主教练:普波(意大利)

号码	球员	进球 / 出场
门将		
1	图尔加伊	-4/2
12	许克吕	-7/1
后卫		
2	勒德万	0/3
3	巴斯里	0/3
4	埃尔顿·穆斯塔法	1/3
13	比伦特	-/-
14	阿里	-/-
16	奈迪姆	-/-
17	纳吉	0/1
18	阿克金	-/-
19	贝尔曼·艾哈迈德	-/-
中场		
5	切廷	0/3
6	罗贝尔	0/3
15	丁杰尔·穆罕默德	-/-
前锋		
7	克斯金	1/3
8	苏阿特	3/2
9	费里敦	0/1
10	布尔汉	3/2
11	莱夫特	2/3
20	内吉米	0/2
21	卡德里	-/-
22	焦什昆	0/1

第11名 意大利

主教练:蔡斯勒(匈牙利)

号码	球员	进球 / 出场
门将		
1	盖齐	-3/2
12	维奥拉	-4/1
22	科斯塔廖拉	-/-
后卫		
2	温琴齐	0/1
3	贾科马齐	0/3
13	马尼尼	0/2
14	切尔瓦托	-/-
中场		
4	马伊诺·内里	0/2
5	托尼翁	0/3
6	内斯蒂	1/3
15	马里	0/1
16	费拉里奥	-/-
17	塞加托	0/1
20	格拉顿	-/-
前锋		
7	穆奇内利	0/2
8	潘多尔菲尼	1/3
9	卡洛·加利	1/2
10	吉诺·卡佩罗	0/1
11	洛伦齐	1/3
18	皮瓦特利	-/-
19	博尼佩尔蒂	1/1
21	弗里尼亚尼	1/2

第12名 比利时

主教练:道格·利文斯顿(苏格兰)

号码	球员	进球 / 出场
门将		
1	格纳艾	-8/2
12	海尔茨	-/-
17	奥斯洛斯	-/-
后卫		
2	德里斯	0/2
3	范勃朗特	0/2
13	迪里克斯	-/-
18	范德林德	-/-
中场		
4	许斯曼斯	0/2
5	卡雷	0/2
6	梅斯	0/2
14	范凯尔克霍弗	-/-
19	巴克阿尔特	-/-
20	梅尔滕斯	-/-
21	范斯特恩	-/-
前锋		
7	弗利埃斯	-/-
8	豪夫	0/1
9	科庞	1/2
10	阿努尔	3/2
11	默尔曼斯	0/2
15	波利·范登博施	0/1
16	彼特·范登博施	0/2
22	霍伊韦根	-/-

第13名 墨西哥

主教练:特雷莱斯(墨西哥)

号码	球员	进球 / 出场
门将		
1	卡瓦哈尔	-3/1
12	萨尔瓦多·莫塔	-5/1
后卫		
2	纳西索·洛佩斯	0/2
3	罗莫	0/2
4	萨图尼诺·马丁内斯	0/1
13	塞尔吉奥·布拉沃	-/-
14	胡安·戈麦斯	0/1
20	罗加	-/-
21	奥乔亚	-/-
中场		
5	卡德纳斯	0/2
6	阿瓦洛斯	0/2
16	纳赫拉	-/-
前锋		
7	阿尔弗雷多·托雷斯	0/2
8	纳兰霍	0/2
9	拉马德里	1/2
10	巴尔卡萨尔	1/2
11	阿雷利亚诺	0/2
15	卡洛斯·布兰科	-/-
17	塞普蒂恩	-/-
18	卡鲁斯	-/-
19	希尼基	-/-
22	科尔特斯	-/-

第14名 捷克斯洛伐克

主教练:切伊普(捷克斯洛伐克)

号码	球员	进球 / 出场
门将		
1	赖曼	-2/1
21	斯塔霍	-5/1
22	施罗伊夫	-/-
后卫		
2	沙弗拉内克	0/2
4	拉吉斯拉夫·诺瓦克	0/2
5	特尔恩卡	0/2
12	克拉斯诺霍尔斯基	-/-
中场		
3	普鲁斯卡尔	0/1
6	贝内迪科维奇	-/-
13	赫莱迪克	0/1
14	赫特尔	0/2
16	普罗哈兹卡	-/-
前锋		
7	赫拉瓦切克	0/2
8	黑梅莱	0/2
9	毛洛廷斯基	-/-
10	保齐奇基	0/2
11	佩塞克	0/1
15	卡查尼	0/2
17	克劳斯	0/1
18	马耶尔	-/-
19	科斯纳尔	-/-
20	盖多什	-/-

第15名 苏格兰

主教练:道森·沃克尔(苏格兰)

号码	球员	进球 / 出场
门将		
1	弗雷德·马丁	-8/2
14	约翰·安德森	-/-
后卫		
2	坎宁安	0/2
3	艾尔德	0/2
6	吉米·戴维森	0/2
18	阿莱克斯·威尔逊	-/-
中场		
4	博比·埃文斯	-/-
5	汤米·多切蒂	0/2
7	考伊	0/2
17	戴维·马瑟斯	-/-
前锋		
8	约翰·麦肯齐	0/2
9	乔治·汉密尔顿	-/-
10	阿兰·布朗	0/2
11	莫肯	0/2
12	费尔尼	0/2
13	奥蒙德	0/2
15	罗伯特·约翰斯顿	-/-
16	杰克·亨德森	-/-
19	宾宁	-/-
20	库姆	-/-
21	科普兰	-/-
22	麦克米伦	-/-

第16名 韩国

主教练:金永植(韩国)

号码	球员	进球 / 出场
门将		
1	洪德泳	-16/2
12	韩贤哲	-/-
后卫		
2	朴永重	0/2
3	朴幸成	0/1
6	闵秉大	0/1
13	李钟甲	0/1
14	韩戒豪	0/1
中场		
4	姜昌基	0/2
5	李相益	-/-
11	郑南植	0/1
15	金志城	0/1
16	楚英光	0/1
前锋		
7	李朱南	0/1
8	崔或民	0/1
9	吴相权	0/2
10	成乐元	0/1
17	朴日甲	0/1
18	崔英坤	0/1
19	李基宇	0/1
20	郑国晋	0/1

1958—1970
贝利，象征

这是足球在古典和现代、浪漫和丑陋、欧洲和剩余世界之间摇摆的年代。它在纸上被描述，也能透过客厅那个奇怪的"小窗户"被观看。这个时代的世界杯，在东西南北的平衡中重新融合，成为世界第一运动普及和发展的重要因素。而它的绝对象征叫贝利。

傲慢的英格兰人

这是一个属于黄色和蓝色的时代，甚至让人们误以为足球是巴西发明的。1958年到1970年，是一个不断涌现天才和传奇，足球桂冠最终回到其发源地的年代。

时代的分界线伴随着前所未有的媒体化：电台和纸媒体曾经创造神奇，给了人们更多想想空间，而不是事实依据；电视则开始将足球搬进客厅或者大街小巷，人们聚集在电器商店的屏幕前观看世界杯。

足球的自我讲述，开始从那个奇怪的"小窗子"里的黑白影像里跳出来，评论员的声音经常被球场里的叫喊声所掩盖。

那个年代的世界杯，在东西南北之间重塑着平衡，成为了世界第一运动发展的标尺。世界杯每4年举行一次，创建了永恒的足球王国。它最先走入人们的家庭生活中，并凭借其魅力一直保持着第一运动的位置。

世界杯混杂了各种影响力，淡化了国境线，迫使最保守的人走出自己的家门。它并非总是得到了最好的准备和期待，英格兰就是最初这种漠视和迟疑的代表，直到1966年，身

贝利，原名埃德松·阿兰特·纳西蒙托。1958年初登世界杯舞台时，贝利还是一个无人知晓的天才少年。时间的推移，让他成为活着的传奇，有史以来最伟大的球员。

为东道主的英格兰才给予了世界杯足够重视。

还是这个英格兰，他们对于《队报》于1955年创建的欧洲俱乐部冠军杯不感兴趣。对于足球这项他们所发明的运动，似乎世界杯才值得一看，因而很多人对冠军杯漠不关心。1958年，由于曼联遭遇了慕尼黑空难，英格兰失去了邓肯·爱德华兹、拜恩和泰勒等多名国脚，因而他们并不认为自己是理所当然的夺冠候选。然而，在瑞典进行的那场巴西同英格兰的比赛，已经足以概括这个时期囊括的4届世界杯。世界杯的未来都可以从双方的替补席上读出来：巴西一方坐着受伤的贝利，一个有着天使面孔的17岁孩子；英格兰一方有慕尼黑空难的幸存者博比·查尔顿，他的脑袋已经呈现出谢顶的迹象。

巴西征服世界

4年后，英格兰依旧对准备世界杯没有太大兴趣，比赛地智利离伦敦太远，那里没有他们俱乐部的皮沙发和樱桃酒。在足球的发源地，世界杯的热闹景象被大英帝国和板球所取代。1958年，世界杯开始改变在大洲之间的航向。在此以前，世界足球的价值不能抵挡本土优势：南美球队总能在南美称雄（1930年和1950年的乌拉圭），欧洲球队也将在家门口举行的世界杯照单全收（1934年和1938年的意大利，1954年的德国）。世界杯在这一年开始世界化的步伐，总共有53个国家报名参赛。最终，巴西打破了这种地缘优势的封锁：1958年的巴西，成为历史上第一支在其他大洲举起世界杯的球队。

世界从未以如此快的速度前进，电视、广告和新的赛事接连问世，这也将金钱植入了人们的道德中，期间伴随着巴西足球征服世界，以及对比赛和球员的革命性推动。

虽然电视转播的比赛还不够多，但冠军球队的战术很快蔓延和普及，在6个月内就成为了共识。世界杯上有真正的战术学校——巴西不仅出产优秀的学员，还依靠这些天才组织着自己的战术。那个年代的巴西引导着世界走向424阵型，这是一个有关足球平衡的梦想。其他球队根据自身的情况，对一些位置进行微调后，一同实践着这个梦想。

①	④
②	⑤
③	⑥

①1958年6月6日，乌德瓦拉。在当届世界杯的第一场比赛中，巴西的绝对明星叫迪迪（前排左二），贝利（前排中）当时还只是配角。

②1962年6月2日，圣地亚哥。尽管智利组织的世界杯整体氛围不错，但某些比赛十分野蛮，比如智利同意大利一战。意大利人费里尼（图中）和马里奥·戴维分别在第8分钟和第41分钟被罚下。

③1962年6月17日，圣地亚哥。外号“小鸟”的加林查，在同捷克斯洛伐克的决赛中，成为巴西夺得智利世界杯的英雄。他在这次大赛中打入4球。

④1966年7月30日，伦敦。马丁·彼得斯、赫斯特和亨特庆祝英格兰在决赛中的第二个进球。尽管德国人十分顽强，但英格兰最终还是4比2获胜，赢得了这项他们曾长期抵制的赛事。

⑤1970年6月17日，墨西哥。德国人福格茨对位里瓦。这场意大利同联邦德国的超级半决赛，最终意大利人以4比3笑到了最后。但这支拥有贝肯鲍尔的联邦德国队，已经有了冠军的雏形。

⑥1970年6月21日，墨西哥。巴西和意大利是历史上夺冠次数最多的两支球队，在各自队长卡洛斯·阿尔贝托和法切蒂的带领下，他们进行了一场堪称有史以来最美妙的世界杯决赛。

BRASIL

BONAMP

但这个年代的世界杯，没能避开俱乐部足球、暴力、防守战术和沙文主义的毒害。经历了1958年充满田园气息的瑞典世界杯，4年后的智利世界杯被过分的民族主义所困扰。这是一届令足球悲伤、令记者高兴的世界杯。

尴尬的智利世界杯

智利是一个值得去旅游的国家，但足球却该被遗忘。巴西延续着王朝，与意大利一样成为连夺两届世界杯的国家，巴西的胜利给了1962年世界杯唯一值得书写的一笔。1954年有伟大的匈牙利，1958年诞生了贝利，如果不是巴西夺冠，1962年世界杯还会留下什么？捷克斯洛伐克和智利？智利在举国热情和裁判的帮助下打入了半决赛，在智利人看来，这或许是对东道主应有的礼貌。

足球的边界是如此开放，我们看到很多球员在职业生涯中拥有如此多的护照，他们效力的国家队和俱乐部一样多。那个年代，作为足球“国际警察”的国际足联，对此却视而不见，而且也没有出台相关规则：意大利尽管拥有巴西人阿尔塔菲尼和阿根廷人西沃里，也没能在智利世界杯留下自己的印记；西班牙首轮就出局，虽然他们拥有4年前带领匈牙利打入决赛的普斯卡什、1954年还在为乌拉圭效力的圣马里亚，以及已经为阿根廷和哥伦比亚国家队踢过的迪斯蒂法诺……

由《队报》创建的欧洲俱乐部冠军杯在竞技、媒体和受欢迎程度上取得的爆炸式成功，在20世纪60年代初引起了人们对于国家队足球和俱乐部足球价值的比较。皇马和巴塞罗那那时统治了欧洲，但世界杯并不喜欢西班牙。国际米兰和AC米兰随后加入了争夺，在那个十年里4夺冠军杯。

英格兰，唯一一次

1966年也标志着欧洲足球进入了新时代。截然相反的两股风潮吹过欧陆：一边是混凝土、链式防守、门闩，足球成为了被比赛绑架的人质，创造者们都被关了起来；一边则是比赛智慧和浪漫风情。但世界杯没有陷入这样的二元论，还有一些从未有过的新奇。意大利于1966年耻辱地输给朝鲜——朝鲜有着世人所不熟知的那种军人般的作风，他们只有一种战术：全力进攻，不成功则成仁。英格兰之夏不是拉丁人的节日。拉姆塞所率领英格兰，战术风格远离意大利式混凝土，也不似巴西那么有创造力，他们非常务实。拉姆塞都干了些什么？他收起了双翼，增加了长传，让球员们每球必争。英格兰踢得很精彩，他们拥有一大批出色的球员，从博比·穆尔到博比·查尔顿，但东道主的获胜再次显示出组织者的优势。从1930年的乌拉圭，1934年的意大利，1966年的英格兰，到1974年的联邦德国和1978年的阿根廷，无一不彰显着东道主主场作战的巨大优势。因为有整个国家作为后盾，还是国际足联的裁判或组织者们，倾向于以此来答谢东道主的盛情款待？

足球漫步在最高水准的永恒矛盾中：没有任何一项集体运动像足球这样，充满了如此之多的不可预料，起初被认定的结局如此轻易地被颠覆，尤其是在世界杯这样的大赛中。1966年也是这样，人们一开始都认为，巴西毫无疑问是再夺世界杯的热门，但最终他们第一轮就被扫地出门。

巴西1958年至1970年间夺得了3次世界杯，很多人还要问他们为何丢掉了第四座。答案还是贝利。这个答案或许还涉及到另一个被广泛讨论的问题，贝利是否是巴西队不可或缺的关键人物。但历史记住的是，贝利打入了英格兰世界杯的第一个进球。历史也不会忘记，他是如何被野蛮的犯规夺走了状态，从小组赛第一场的保加利亚人泽舍夫，到第三场的葡萄牙人莫赖斯。这一点必须说清楚。

贝利，成为传奇

贝利书写了历史，他留下的印记比任何一个足球人都要更深刻，他在世界杯上努力了12年，梦想着一次属于他的加冕。在1958年至1970年间，从他在足球世界诞生到职业暮年，贝利在伤病和检查的节奏中度过一次次世界杯之旅。在智利，他伤退后的巴西队还有阿马里尔多，还有加林查。在英格兰，他们最初有贝利，但球王离开后，那些老去的世界冠军并没有给他找到值得期待的替代者。贝利在1970年终结了一个时代，这个时代见证了他神奇的职业生涯和传奇命运。在墨西哥明亮的阿兹台克球场，那场4比1战胜意大利的决赛，让贝利退出历史舞台之前证明了自己与其他所有人之间的不同。

究竟是贝利创造了世界杯传奇，还是世界杯创造了贝利的传奇，为他授予了世纪球王的皇冠？没有贝利，巴西依然夺得了1962年世界杯。但是，没有贝利，世界杯将缺少一个象征。贝利就是一座灯塔，他充满魅力的个性，吸引着人们每隔4年来观看世界杯连续剧。贝利和世界杯，互相成就着对方的伟大。贝利是这项大赛不断成长和确立身份的标志，他让世界杯成为地球上最盛大的体育赛事，超越奥运会或与之并列。

1970年是一个转折，因为世界杯有自己的英雄，而这个英雄带着第三次胜利离去了——人们不得不再去寻觅一个。

1970年6月21日，墨西哥。贝利在同意大利的决赛中攻入第一球后，在雅伊尔津霍的怀中接受庆贺。他就是球王！

时间: 6.8—6.29
主办国: 瑞典

第六届世界杯
1958

冠军
巴西

6

世界杯连续第2届在欧洲大陆举行，这一次国际足联将举办权交给了瑞典。参赛球队还是欧洲占绝大多数，16支球队中占到了多达12支，当时大洲之间的交通依然是一个问题。在国际足联，欧洲人始终掌握话语权，但在本届世界杯上，一颗南美明星冉冉升起。

瑞典足球的黄金年代

足球在瑞典的地位，可比不上在欧洲其他国家，直到今天还要和冰球以及其他冬季项目竞争。实际上瑞典在1904年便是国际足联的创始国之一。同年，瑞典足协成立。

1896年开始，瑞典的各家俱乐部就轮流举行一些比赛，最终决出冠军，首个冠军是1887年在哥德堡成立的奥格里维特IS俱乐部，这也是瑞典最古老的俱乐部之一。需要特别注意的是，最初的瑞典全国冠军，其实就是在哥德堡的球队之间产生，直到1900年比赛才有了斯德哥尔摩的球队参与。

和其他欧洲国家一样，瑞典足球的发展也是走海路，港口城市哥德堡是瑞典足球发展的第一个堡垒，直到今天也是如此。1925年，瑞典联赛建立，1941年又有了正式的瑞典杯赛。

瑞典国家队的首场比赛是在1908年6月12日进行，地点在哥德堡，结果瑞典队11比3大胜邻国挪威。瑞典人尤其看重和丹麦队的比赛，20世纪的前20年，丹麦是斯堪的纳维亚半岛的足球老大，这和该国与英国关系紧密有关。1889年5月，丹麦足协成立，他们对于瑞典足球的发展起到了重要影响。不过在20世纪20年代，瑞典逐渐取代了丹麦的位置，并一直领先到了80年代。

1908年，瑞典作为5个参赛国之一参加了伦敦奥运会，但1比12惨败给英国。4年后瑞典队作为东道主卷土重来，但是在首轮就被荷兰队4比3淘汰，反倒是丹麦队跻身决赛。瑞典在国际足坛第一个像样的成绩要等到1924年巴黎奥运会，球队以3比1击败了荷兰摘得铜牌。1934年世界杯，瑞典队止步于八强。1948年奥运会，瑞典足球取得了有史以来最好成绩，3比1击败了南斯拉夫获得金牌。当时的瑞典拥有格伦、诺达尔和利德霍尔姆组成的球队有史以来最强锋线。

后来他们三人都在1949年转会加盟AC米兰，瑞

参赛国家

联邦德国
英格兰
阿根廷
奥地利
巴西
苏格兰
法国
匈牙利
北爱尔兰
墨西哥
巴拉圭
威尔士
瑞典
捷克斯洛伐克
苏联
南斯拉夫

至少在1958年，巴西队是无可争议的世界第一强队。他们所有人的名字都已经载入历史，贝利更是成为一座高不可攀的山峰。

高朋满座

世界杯预选赛进行中，著名的弥撒城市莱比锡曾经两度为观众人数太多而发愁。一次是民主德国的预选赛揭幕战，对手是威尔士。当时刚刚建好10个月的莱比锡中心球场涌入了11万观众。大约半年后同捷克斯洛伐克的比赛，观众人数更是超过了11万人，场内座无虚席。

出卖主场

足球在北美洲也逐渐进入角色。遗憾的是，本届世界杯预选赛，美国队整体实力不佳，未能突破重围。1958年，加拿大人也首次加入，只可惜被他们称为“soccer”的足球运动在这里并没有迎来开门红，首场同美国队的比赛只有7567名观众入场，这让加拿大足协将其主场同墨西哥的比赛权卖给了对手，这场本应在多伦多进行的比赛最终在阿兹特克球场上演。

拒绝延期

欧洲区预选赛第8小组出现了戏剧性的一幕。1957年12月4日，北爱尔兰在主场贝尔法斯特迎来同意大利的生死战。5万名观众已经将球场围得水泄不通，但他们都在徒劳地等待着本场比赛的主裁判若尔特，由于伦敦的大雾，他无法赶到贝尔法斯特。北爱尔兰足协向一名英国籍比赛监督建议，将比赛推迟一天，但却遭到了意大利队的反对，理由是如果本场比赛推迟一天，那么球员距离下一轮意甲就只有1天的休息时间。为了满足现场狂热的观众，两队决定将比赛改为友谊赛。然而由于没有专门的裁判执法，比赛变成了粗野的犯规集锦，以至于在比赛结束后，北爱尔兰的球员不得不留下来安抚看台上的观众，以防他们的愤怒情绪爆发。6周之后，两支球队才重新开战，结果是北爱尔兰以2比1爆冷击败劲旅意大利。

科帕（左），当届来自欧洲的最佳球员，在法国队征战瑞典世界杯期间，他赢得了“足球拿破仑”的外号。

信仰问题

北爱尔兰在预选赛中的出线形势始终命悬一线。然而在出线之后，北爱尔兰的基督教会发出指示：由于教义规定不许在周日工作，国家队将不允许在周日进行世界杯的比赛。北爱尔兰足协秘书长德伦南沮丧地表示，希望球队能避免在瑞典世界杯期间被安排在周日比赛。由于赛程已经排好，北爱尔兰将面临1万马克的罚款。不过由于当届杯赛不在北爱尔兰本地进行，所以教会最终特批球队可以在周日比赛。

秘密集训营

在距离莫斯科27公里外的小城塔拉索夫卡，苏联队主教练卡恰林和他的球队完成集结。从5月初开始，他们就在这里备战瑞典世界杯。同在这个小城的秘密营地备战的还有球队的助理教练亚库辛以及一系列医学界人士，他们给每名球员都制定了特别的训练计划，并用科学手段观测球员的生理变化。为了避免在公众面前暴露，他们还将基地周围封闭了起来。在此期间，33岁的老将萨尔尼科夫被清除出队。

重回世界杯

20年前的法国世界杯上，莱昂尼达斯凭借出色的表现赢得了“黑钻石”的美誉。而本届世界杯，他再次出现在公众的视野中——作为巴西一家广播公司的比赛解说。这位昔日的射手解说起来也充满激情，热血沸腾的表达风格让全巴西的球迷都感到激动。

罢工破坏者

巴拉圭原本只能以残阵出席世界杯。就在世界杯开始前几天，首都亚松森的劲旅波特诺山丘的球员开始了大罢工，其中包括当时巴拉圭足坛著名的雅拉兄弟。好在球队出发前，在巴拉圭足协的周旋下，罢工事件得以解决，而主教练冈萨雷斯也凑齐了他的阵容。

6月11日，哥德堡。难求一胜的英格兰在小组赛后就打道回府（图为0比0平巴西一战），他们在6月17日的附加赛中输给了苏联。

苏联队的训练对于外界来说一直是一个谜，记者和球迷都很难觅得他们的踪影。

典的锋线让人眼前一亮，他们踢法华丽而且聪明，传球线路神出鬼没，改变了AC米兰的风格。加盟AC米兰的第一个赛季，3位瑞典前锋合力打入71球，第三个赛季便获得了联赛冠军。为了能够阻止他们的进攻，帕多瓦主帅罗科创造了链式防守。但是因为瑞典足协严格对职业足球说不，3位前锋无缘参加1950年世界杯——尽管如此，瑞典队还是获得了第3名，是当届赛事成绩最好的欧洲球队。瑞典在1950年世界杯3比2击败意大利，给意大利俱乐部留下深刻印象，大赛结束一口气引进了8名瑞典球员。1949年至1951年间，一共有19名瑞典球员在意甲闯荡过，这其中有16人参加了1948年奥运会或者1950年世界杯，他们在国际大赛亮相的目标就是要向国外职业俱乐部推荐自己。

世界杯即将在本土举办之际，瑞典足协改变了策略，职业球员和在国外淘金的球员都可以为国出战。不过由于格伦和西蒙森已经从意甲回到瑞典，所以队中只有4名在国外踢球的球员。此时的利德霍尔姆已经35岁，格伦36岁。

对于瑞典足球的发展，外籍教练发挥了重要作用。英国人雷纳率队参加了1948年奥运会、1950年世界杯和1958年世界杯，他是密集防守的推崇者。在雷纳之前，匈牙利人蔡茨勒在瑞典工作过，带领诺雪平IFK于1943年获得瑞典联赛冠军，并在后来加入瑞典国籍。奥地利教练施特洛、普罗布斯特和阿达默克也都在瑞典取得过成功。

列强格局的改变

和1954年瑞士世界杯相比，欧洲足球的力量对比在4年间发生了巨大变化。上届冠军联邦德国已经无法保持此前的水平，在伯尔尼取得胜利后，球队遭遇了一系列失败，赫尔贝格的球队虽然拼劲十足，但技术却是一块短板。联邦德国开始使用一些新球员，试图改变风格，有7名世界冠军球员没能来瑞典，施内林格、希马尼亚克和乌韦·席勒等人取代了他们的位置，不过包括37岁的队长弗里茨·瓦尔特，埃克尔、拉恩和舍费尔等老队员，依然是球队的核心。

匈牙利的梦幻球队已经分崩离析，普斯卡什、柯奇士、齐博尔和格罗希奇在1956年匈牙利“十月事件”后都离开祖国，拒绝继续代表匈牙利参加世界杯，这使得球队在预选赛就让人忐忑不安。1954年世界杯季军奥地利差点没能出线，球队早已失去了过去的巨大潜力，也不再被看作是夺冠热门。意大利因为俱

哈姆林，瘸腿魔鬼

在这个6月，瑞典绝非是足球盛典的陪衬。这是一个足球国家，或者更确切的说是球员的国家：在国内他们是业余身份，去国外就是职业球员。格伦和利德霍尔姆，这两名在AC米兰成就伟业的球员，曾帮助瑞典在1948年赢得奥运会铜牌，但在当时都已是高龄球员。此外还有23岁的帕多瓦前锋哈姆林，他的两个外号——“瘸腿魔鬼”和“小鸟”，都难免让人将他比作欧洲的加林查。哈姆林在意甲共打入了190球。凭借这些出色球员，瑞典一路打入决赛，最终2比5输给巴西。

乐部都是外援当家，预选赛被北爱尔兰淘汰。西班牙则是被苏格兰淘汰，国家队的水平无法和俱乐部相比。

法国则是首次引起人们的关注，高卢雄鸡在汉诺威3比1击败联邦德国。预选赛上，法国人又发挥出了进攻才能，4场比赛打入了19球。尽管如此还是没有人想到法国会有机会夺冠，毕竟进入1958年以来法国还没有赢得一场比赛。好在皇马愿意放人，法国迎来了科帕的回归，后者和方丹组成锋线搭档。

这一届世界杯有一点引人关注，4支英国球队第一次全部获得参赛资格，除了前文提到的北爱尔兰和苏格兰，还有英格兰和威

加林查，有趣的“小鸟”

曼诺埃·弗朗西斯科·多斯桑托斯，外号加林查，1958年时只有23岁，但已经有4个女儿，在瑞典世界杯上，他总是使用同样的动作过人。先将对方后卫定住，然后右脚从皮球上方划过，让人们以为他要走内线，实际上却是从外线突破。这一系列动作，他完成地非常快。他一条腿比另一条短很多，但他拒绝手术；膝盖扭伤了，但他从不在意。人们给他起了个外号——加林查，当年在山区当农民时，他最大的乐趣就是打鸟。从山里走出来后，他展现出比其他人更快的速度，他用神奇的右脚和盘带技术，戏耍着1958年世界杯上的所有后卫。瑞典人格伦在谈起这个巴西人时，如此概括：“他总是做同样的动作，我们都知道他会怎么干，但他总能过去。”

在瑞典，法国队中锋方丹以及他的搭档科帕共打入16球（图为6月28日法国队6比3胜联邦德国队后，上演大四喜的方丹被队友托上肩头）。其中方丹个人贡献13球，成为永恒的纪录。

尔士。英格兰的实力因为慕尼黑空难受到削弱，当时被看作欧洲俱乐部四雄之一的曼联，1958年2月6日进行完一场于贝尔格莱德举行的冠军杯比赛，返回英国的途中，在慕尼黑遭遇空难。21名遇难者当中包括了8名曼联球员，其中22岁的天才爱德华兹直到今天还被认为是曼联历史上最出色的球员。

欧洲占据了1958年世界杯四分之三的参赛席位，南美洲除了传统强队巴西和阿根廷，还出现了巴拉圭的身影，他们在和乌拉圭的预选赛首回合5比0大胜，使得乌拉圭甚至成立调查委员会，寻找惨败的原因，最终教练成为替罪羊。

巴西可不想又一次在世界杯上重演踢得精彩却不能夺冠的悲剧，1954年世界杯阵容里只有D.桑托斯、N.桑托斯和迪迪入选。人们将看到有史以来场上组织最出色的巴西队，主帅费奥拉让巴西队在场上更有效率，门将希尔马尔则稳定了球队的后防。扎加洛和加林查在两个边路，为中路的瓦瓦或者贝利创造机会。这样的风格看起来有点英式，他们建立在由迪迪、奥兰多、贝利尼和齐托组成的强大中场的基础之上，给对手的防线造成很大的压力，奥兰多和齐托则会经常后撤帮助防守，这便形成了完美的424阵型。

曾经对外封锁多年的阿根廷，则是1934年以来第一次参加世界杯。尽管球队在1957年获得了美洲杯冠军，但是意甲俱乐部纷纷闻风而上，博洛尼亚引进了马西奥，尤文图斯引进西沃里，国际米兰则请来了安杰利洛，这三名球员后来都改为意大利效力。

苏联第一次报名参加世界杯，并取得了决赛阶段入场券。人们普遍认为苏联队的实力很难预测，不过瑞典观众倒是对苏联并不陌生，1945年莫斯科迪那摩曾经在瑞典和英国进行友谊赛，给人留下深刻印象，其中包括5比0大胜北雪平。1955年苏联在莫斯科3比2击败世界杯冠军联邦德国，并在1956年墨尔本奥运会获得了冠军。不过那一届奥运会水平不高，这个冠军被认为缺乏说服力。苏联队最著名的球员包括队长为托、伊万诺夫、西莫尼安和门将雅辛。

迷人的巴西足球文化

亚非小组预选赛则是以政治为主体，塞浦路斯尽管想去埃及比赛，但没有得到英国人的同意。以色列和土耳其交手，但后者最终不愿意和犹太球队比赛。由于印尼、苏丹和埃及也都不愿意和以色列交手，因此以色列没踢一场比赛，就将代表亚非两大洲参加世界杯。这时候国际足联也看不下去了，因此通过抽签安排以色列和威尔士进行附加赛，最终威尔士进军瑞典。

预选赛的观众人数纪录由民主德国保持，但是球队输掉了3场，只以2比1击败威尔士。当时民主德国同捷克斯洛伐克以及威尔士在莱比锡中央球场进行的主场比赛，都吸引了至少11万球迷观战。

本届世界杯第一阶段比赛重新分成4个小组进行，各组前两名进1/4决赛，但是直到1958年2月8日抽签开始前，具体规则都还在激烈讨论。最终大家同意了匈牙利足协的方案。联邦德国和阿根廷、捷克斯洛伐克以及北爱尔兰分在一起，看起来过关问题不大。奥地利运气最差，在第4小组遇到巴西、英格兰和苏联；东道主瑞典的对手是墨西哥、威尔士和匈牙利；实力最均衡的是第2小组，分别是法国、巴拉圭、南斯拉夫和苏格兰。

巴西队在本届世界杯的出色表现，让人当时就相信他们可以成为继意大利之后，第2支卫冕世界杯冠军的队伍。很多人都认为，未来国际足坛在相当长时间内都会由巴西人主宰。贝利成为新的超级明星，乌拉圭作家加列诺这样写道："这个17岁男孩凭借其足球艺术，成为这个世界的国王。"

在1958年之前，如果世界杯在欧洲举行就是欧洲球队夺冠，如果南美国家举办则是南美球队称雄，但巴西队打破了这一定律，而且此前欧洲举行世界杯均由欧洲球队会师决赛的法则也被改变。巴西队展示了足球比赛最美的一面，堪称是最成功的球队。

和法国队的超级大战中，瓦瓦的射门以暴力美学的方式敲开了法国队大门，为巴西队先拔头筹。

《法兰克福环视报》认为，欧洲人的单词无法描述出巴西人对足球的控制，桑巴足球的假动作根本就没有词汇可以形容。实际上巴西队不仅是在脚下技术领先欧洲人，战术上同样如此，巴西人的424阵型征服了全世界，此时欧洲人还在死守传统的325阵型。人盯人防守逐渐被区域防守取代，这对于后卫有新的要求，不能只是将注意力对准一名对手，而是要有快速和灵活的跑位，有很好的战术素养，而且具备出色的脚下控球技术，这是继1925年越位规则改变，以及WM战术出现后，国际足球迎来的又一次重大变革。

巴西队并不只是进攻很精彩，424的阵型也加强了防守。不过瑞典世界杯进球最多的球队并不是巴西，而是打入23球的法国，比巴西整整多出7球。巴西队更令人称赞的应该是防守，6场比赛只丢了4球，相比之下法国人则丢了12球。

在兵败1954年世界杯后，巴西人分析失败原因时认为，这是和自己的基因有关，4年后的胜利证明这样的理论是多么荒谬。1958年的巴西队是多元化的，加林查和瓦瓦是印第安人的后代，迪迪、桑托斯和贝利是黑人，足球所反映的是不同文化的特性。

巴西队的胜利还有一个重要原因，那便是非常细致的备战，南美球队习惯于提前两个月来到欧洲，1957年巴西足协就派出队医去瑞典，寻找最适合球队的基地，部署训练安排，并考察了天气、饮食、交通、娱乐等各方面因素。而在出发前往瑞典之前，巴西队还在国内集中训练了一个月。巴西俱乐部在20世纪40年代就有了助理教练、按摩师和队医，而且还有自己的厨师，这给了其他国家很大的启发。

方丹，永恒的纪录

或许要等到世界杯扩军到64支，冠军球队在两个月时间内踢15场比赛，方丹的纪录才有可能被接近。他在1958年世界杯上打入13球，半个多世纪来一直都令后人叹为观止。和伟大的莱昂尼达斯、皮奥拉、柯奇士一样，法国前锋在这次世界杯上的每场比赛都有进球：7比3击败巴拉圭贡献3球，2比3输给南斯拉夫打入2球，2比1击败苏格兰攻入1球，4比0胜北爱尔兰入账2球，半决赛2比5负巴西打进1球，6比3击败联邦德国的季军争夺战中他又独进4球。

如此难以置信的成就，很容易让人们相信方丹是法国队中锋位置上的不二人选。但实际上并非如此。年轻时，他被送到摩洛哥马拉喀什的一所中学，在那里他为卡萨布兰卡USM俱乐部踢球。回到法国后，尼斯一直把他放在预备队中。1956年，方丹试训兰斯成功，成为这支法国最强球队的主力。然而在世界杯前的那个冬天，他刚刚进行了半月板手术。他还能在瑞典成为主力吗？答案是肯定的，而且他最终成为了单届世界杯进球最多的球员。在抵达瑞典时，方丹已经25岁，但只代表法国队出场过4次。长久以来，人们都说他是因为比拉特受伤，才成为球队的主力中锋。但方丹日后表示实情并非如此："在那之前我就是主力了，比拉特根本不可能夺走我的位置。没错，他当时腿上还打着石膏，但他是我的邻居，他需要我们给他打气。可我不会说，如果他没有受伤我就踢不了世界杯。"

世界杯结束时，打入13球的方丹接受了一支步枪作为奖励。这是一个永恒的纪录。

决赛

巴西5比2瑞典
1958年6月29日
斯德哥尔摩拉森达球场

尽管斯德哥尔摩下了整整一天的雨，但是这并没有浇灭瑞典球迷的热情，他们的球队令人惊讶地闯入了世界杯决赛，而且很有希望借助主场优势延续一个法则：没有一支南美球队能够在欧洲获得世界杯冠军。大雨更加点燃了瑞典人的希望，因为这对于习惯于阳光的巴西人绝不是一个好消息。

尽管巴西队在本届世界杯表现非常出色，夺冠的呼声也越来越高，瑞典人还是相信自己能够搞定第六届世界杯决赛。

当然巴西人也对赢得决赛充满信心，总统库比谢克在送球队去欧洲的时候就说了：“我们坚信这一次可以将世界杯带回国内。”让欧洲媒体感到惊讶的是，巴西主帅费奥拉竟然敢在决赛前训练中加入不少活跃气氛的小游戏，让每一名球员都感受到快乐，在决赛到来之前保持内心的平静。

但是巴西队内也有不和谐的声音，费奥拉对于组织者到最后一刻才通知巴西队下榻在斯德哥尔摩哪一家酒店非常愤怒。决赛前一天，巴西队乘坐快速火车赶到斯德哥尔摩，为的是在瓢泼大雨中进行赛前热身。

和巴西队技术主管纳西蒙托一道，费奥拉决定了球队的首发阵容。巴西队中的名将实在是太多了，费奥拉不得不将此时已经和AC米兰签约的阿尔塔菲尼放在替补席上。

瑞典队英国籍主帅雷纳进行了细致的备战，可以排出最强阵容，雷纳赛前显得充满信心。雷纳让球队效仿英格兰和威尔士的例子，这两支球队此前分别和巴西队战成了0比0和0比1，给桑巴军团制造了很大的麻烦。

但是统计数据对瑞典不利，两支球队在世界杯此前交手过两次，1938年争夺第三名的比赛，巴西队4比2获得胜利，1950年世界杯瑞典则遭遇1比7的惨败。瑞典队的王牌是边路球员哈姆林和斯科格隆，他们将力争给巴

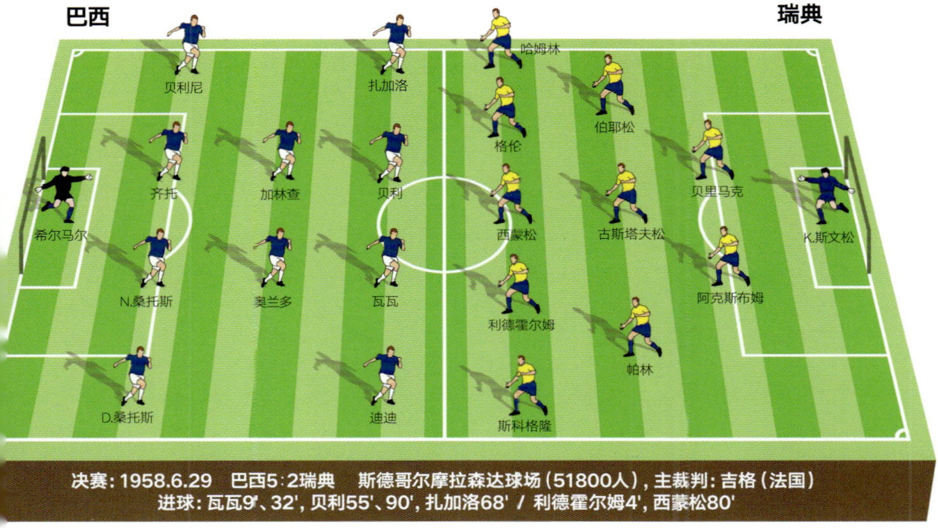

决赛：1958.6.29　巴西5:2瑞典　斯德哥尔摩拉森达球场（51800人），主裁判：吉格（法国）
进球：瓦瓦9'、32'，贝利55'、90'，扎加洛68' / 利德霍尔姆4'，西蒙松80'

上座率不佳

本届世界杯在到场观众人数上并不尽如人意，甚至相比1954年的瑞士世界杯还有所下降，场均只有12000人。仅有一场比赛的门票售光，那就是巴西同奥地利的比赛。而威尔士和匈牙利的比赛只有2832名观众，也创下了世界杯观众人数最少的纪录。尽管如此，从整体的经济方面评估，这届杯赛已经有了很大的进步。组委会主席贝尔格鲁斯预见到观众人数可能不多，因此做出了将转播权出售给电视台这一历史性的决定，避免了组委会在财政方面的亏损。最终收入总计约1200万瑞典克朗，折合983万瑞士法郎（国际足联总部设在瑞士，因此用瑞士法郎结算）。在扣除支出之后，最终收入了544.2万瑞士法郎，而国际足联可以从中获得137.4万。本届世界杯无疑成为了成功商业运作的典范，而在一些其他方面也令人高度满意。东道主瑞典提供的场地和设施称得上有史以来最完美的。从此之后，世界杯的影响力进一步扩大了。

西队长贝利尼领衔的后防线制造麻烦。

两支球队在法国主裁判吉格的带领下走进球场，现场观众人数达到49737人，有节奏地为瑞典队加油。由于瑞典队身穿黄蓝两色球衣，巴西队不得不使用备用球衣，在世界杯历史上第一次穿上了蓝色球衣白色短裤。

利德霍尔姆赢得了猜边，巴西队首先开球。刚开场，瑞典队在主场球迷的助威声中占据了优势，雷纳不仅实现了赛前下雨的愿望，而且还早早取得进球。在意甲淘金的利德霍尔姆刚开场4分钟就连续晃过两名巴西球员，距离球门16米射门得分，瑞典队取得了1比0的完美开局。主场球迷因此陷入狂欢，巴西队在本届世界杯第一次被对手先进球。

巴西队难道会阴沟翻船？答案是否定的。迪迪、瓦瓦、贝利、加林查和队友们并没有陷入慌乱，而是逐渐发挥出了技术优势。瑞典人面对巴西的精彩表现，只能目瞪口呆。

加林查掀起了巴西队反攻的浪潮，尽管瑞典门将斯文松挡出了他的射门，但是此时的巴西队已经无法阻挡，瑞典队则露出了老态，要知道格伦已经37岁，利德霍尔姆35岁，斯文松也32岁了。

巴西队传球精之准让人难以想象，瑞典队则根本没有招架之功，看起来他们是在和来自另一个星球的球队比赛。刚开场的意外落后反而更加激发了巴西队的斗志。第9分钟，加林查的假动作晃过了阿克斯布姆，为瓦瓦送出了完美助攻，巴西队用一个梦幻进球将比分扳成1比1。

比分重新变成平局，巴西队争夺胜利的势头已不可阻挡。贝利和加林查随意戏耍得瑞典球员气喘吁吁，瑞典球迷都不得不为巴西队的表现叫好。现场报道的《踢球者》杂志记者贝克称赞说：“我们是在欣赏历史上最魔幻的足球表演，现代足球历史上还没有一支球队能够表现出如此明显的优势。巴西队让我们相信，足球运动的美感不会被盲目的防守扼杀。”

巴西队的比赛讲究战术和团队合作，每一名球员都会参与进攻，也都会参与防守，他们是绿茵场上的艺术家。在任何情况下，巴西队都会如闪电般作出反应，东道主瑞典虽然还有得分的机会，但是巴西队完全控制了接下来的比赛。瑞典队的两个边路被巴西人完全限制住，现场观众甚至觉得这更像是一场表演赛，因为双方完全不在一个档次。

换边之前巴西便取得领先，又是加林查

①6月29日，斯德哥尔摩。贝利两球（第55和90分钟），扎加洛1球（68分钟），再加上瓦瓦两球（第9和32分钟），这场同瑞典的决赛，成为巴西艺术家们表演的舞台。最重要的是，世界最佳球员突然登上了顶峰。

②贝利（左）在瑞典人古斯塔夫松的盯防中带球突破。巴西的胜利成就了他的丰碑。

③尽管球队是决赛中的输家，但瑞典国王古斯塔夫·阿道夫六世（右）与贝利等巴西球员一一握手表示祝贺，分享了后者赢得世界杯的喜悦。

骗过了阿克斯布姆后传中，这一次进球的同样是瓦瓦。第32分钟的进球让巴西人坚信，世界杯冠军距离他们已经越来越近了。

巴西队接下来也并没有因为领先而松懈，贝利在上半时结束前有过一次精彩的跑动中颠球换脚，之后大力射门的表演，让所有人，包括防守他的瑞典后卫都看得目瞪口呆，因为全部动作只是在几秒钟内完成的。

巴西队随后的三个进球同样非常精彩，本来瑞典队在下半时开始后还一度渴望用攻势来挽救比赛，但是贝利在第55分钟的进球，将比分扩大为3比1，扑灭了瑞典人的幻想。这又是一个梦幻进球，N.桑托斯送出了40米外的传球，贝利跑动中将球停下来，换了一只脚将球凌空打入球门。

下一个进球则是由边锋扎加洛完成，他轻松摆脱了古斯塔夫松、贝里马克和斯文松的防守射门得分，4比1。尽管接下来西蒙松在格伦的助攻下将比分扳成了2比4，但是这根本威胁不到巴西队的胜利。比赛快要结束的时候，贝利又用本场比赛个人第二个进球，为巴西队夺冠画上完美的句号，而且进球的方式和上一个如出一辙。

当吉格刚刚吹响比赛结束的哨音，巴西队的球员就开始迫不及待庆祝这个国家第一个世界杯冠军的荣誉。此前从没有一支球队在获得世界杯冠军时，受到如此多的赞美，也没有哪支球队在世界杯决赛中能够赢得那么轻松。

巴西队终于彻底走出了1950年在马拉卡纳球场痛失冠军的阴霾，巴西队的小伙子们

球王诞生

泪流满面地举起世界杯时，贝利还是个孩子。虽然年仅17岁，但他已经是世界上最好的球员。瑞典人不敢相信自己的眼睛。

贝利是纳西蒙托（Joao Romos Nascimento）和阿兰特（Celeste Arantes）的儿子，1940年出生于米纳斯吉拉斯州的特雷斯科拉松伊斯。小纳西蒙托并非生下来就叫贝利。在故乡桑托斯的博鲁街区，和孩子们一起在街上踢破布做成的足球时，人们都叫他Dico。直到加盟他生命中的俱乐部桑托斯，穿上那件白色球衣，踢上真正的皮球，他才成为贝利。巴西足球一直以来都习惯于给球员起外号，因为他们的本名经常混淆。

在瑞典之夏，当17岁零8个月的贝利初登欧洲时，仿佛来到了另一个世界。巴西人的外号显得那么神秘：在巴西阵中有4个叫桑托斯的球员，全部都是主力，巴西的评论员在麦克风后发疯式地狂吼时，只会用外号来区分他们。其中N.桑托斯和D.桑托斯都保留了自己的父姓，而曼诺埃尔·弗朗西斯科·多斯桑托斯的外号叫加林查，第4个桑托斯则是门将希尔马尔。

只需看一眼那届世界杯的照片，你就会发现巨大的反差：贝利还是这群成年人中的一个孩子。在5比2击败瑞典夺冠的那个夜晚，他泪洒赛场，队友们都把他揽在怀里安慰和祝贺他。他在瑞典正式开始了职业生涯，就如同一个刚走入课堂的小学生：根据1950年的统计，巴西人口中有41%的黑人，其中只有4%读过小学。但几乎所有黑人孩子都在街头踢球。

初登瑞典赛场时，贝利还默默无闻，他以左内锋的身份出现，既不是中场，也不是中锋。大约1年前，年仅16岁的贝利在对阵阿根廷的比赛中首次代表巴西出阵，当时他面对的是马拉卡纳球场中的20万观众。出场仅3分钟，他就打入了处子球。然而瑞典世界杯开始时，他不是主力。他是巴西藏在棉布中的一块珍宝，一颗稚气未脱的新星，在训练中处处显示出自己对足球的热情和天真。在巴西代表团下榻的离哥德堡40公里的辛达斯花园酒店，贝利并没有意识到从这届世界杯起，他将吸引球迷追随自己15年。贝利是以学生的姿态开始瑞典世界杯的。在小组赛阶段，并不是巴西不需要贝利，而是他们都还没有意识到这一点。小组赛3场，贝利没有进球。3比0战胜奥地利他没有出场，阿尔塔菲尼打入2球；0比0平英格兰他也一直坐在板凳上。巴西队主帅费奥拉最终在2比0战胜苏联的比赛中派他出阵，瓦瓦梅开二度。贝利当时已经穿上了10号球衣，那是属于主力的号码。6月19日同威尔士的1/4决赛中，贝利打入了全场唯一进球。半决赛5比2战胜法国，他上演帽子戏法，用出众的技术、速度和灵感宣告自己的诞生。现在只剩下决赛。巴西足球此前从未拿过

在夺冠后，激动地在赛场上狂奔，根本不知道应该如何宣泄狂喜的心情。刚出道的贝利喜极而泣，队医阿梅里克将决赛用球抢走收藏，巴西国内则燃放起了烟花庆祝这次胜利。

这一刻，足球世界成为了黄蓝两色，巴西队不仅赢得了胜利，而且赢得了所有人的心。颁奖仪式上，巴西队的球员们展示了一面巨大的瑞典黄蓝两色国旗，赢得了全场球迷雷鸣般的掌声。

瑞典队根本没必要因为失败而难过太久，因为这是瑞典足球发展史上最受欢迎的一场失败，这场比赛也是本届世界杯赛最美好的回忆。连瑞典媒体都表示："我们不会悲伤，而是带着愉悦的心情参与到这届世界杯中。"

巴西购物狂

新的世界冠军诞生了，他们的庆祝方式很特别。巴西球员发现了瑞典的商业如此发达，可以买到很多他们在家乡买不到的东西，于是他们开始了扫荡，而且使出了在家乡买东西的杀手锏：砍价。而售货员们也慷慨地给予了巴西队员特别优惠。迷人的女售货员一边相互传递着眼神，一边数着巴西球员递过来的钞票。"我们享受的就是这个过程，这是用钱买不到的！"当有人劝阻迪迪的时候，他如此说到。之后，世界冠军的队员提着大包小包，乘着专机回到了巴西。

（左图）斯德哥尔摩，6月29日。贝利在希尔马尔的怀中哭泣。对于这个17岁的孩子来说，胜利的激情太震撼了。

（下图）贝利。个性羞涩而内敛。然而在瑞典展现出自己的天分后，他要面对全世界的歌颂。

世界冠军，1950年他们在主场输给了乌拉圭，那也成为巴西的国耻日。1954年输给匈牙利，让人们以为巴西被施加了魔咒，他们似乎永远都拿不到世界杯冠军。

但这支巴西队，这支拥有瓦瓦、迪迪、加林查和贝利的巴西队，没有重蹈覆辙。贝利让决赛成为节日，瑞典人爆冷的希望只维持了5分钟，瓦瓦在第9分钟回应了利德霍尔姆第4分钟的进球。比赛随后失去了平衡，贝利击中过门柱，在下半时将比分改写为3比1——一次美妙的年射。

比赛临近终场时，贝利打入了决赛中的最后一个进球，这也是他本届赛事的第6球。6球，在个人首次国际大赛中，17岁的他只用4场比赛就完成了这个成绩。当法国主裁吉格先生吹响终场哨，抱住比赛用球时，贝利已经控制不住自己的泪水：他像孩子一样扑在希尔马尔的怀里，泪水浸湿了巴西队门将的球衣。加林查和希尔马尔想把他抛起来欢庆胜利，激动和羞涩让他试图反抗。贝利的生命从这一天发生了改变。巴西和世界杯的命运也一同改变了。

他们是冠军

主教练

费奥拉 Vicente Feola
生于1909年11月1日/卒于1975年11月6日
当费奥拉被任命为巴西队主教练时，巴西国内一片怒骂声：“这样一个高血压患者，根本不能带给球队任何技术上的提高，只能让队员变成一只只斗鸡！”嘲弄声中，他给球队设计了424阵型，并在后来的比赛中证明非常奏效，让那些批评者闭上了嘴，自己也成为了巴西历史上最伟大的主教练之一。

门　将

卡斯蒂略 Castilho
生于1927年11月27日
效力俱乐部：弗拉门戈（巴西甲）
来自里约州的门将在决赛中坐在了板凳上，在瑞典前锋利德霍尔姆率先破门时，卡斯蒂略吓出了眼泪，他以为球队就要输了。尽管没有出场，但他依然兴奋地庆祝最后的冠军。

希尔马尔 Gilmar
生于1930年8月22日
效力俱乐部：科林蒂安（巴西甲）
是巴西队当届只失4球的有力保障。这位球员在决赛中镇守的后防线丢掉两球，但仍然获得了冠军。

后　卫

贝利尼 Hideraldo Luiz Bellini
生于1930年6月7日
效力俱乐部：瓦斯科·达伽马（巴西甲）
这名后卫有钢铁般的意志。作为这支巴西队的队长，他在场上冷静，沉着并且可靠。瑞典的前锋在这位达伽马球员面前毫无机会。

贾尔马·桑托斯 Djalma Santos
生于1929年2月27日
效力俱乐部：圣保罗（巴西甲）
他的表现就给球迷留下了深刻印象。这次在瑞典，伤病让他只赶上了最后的决赛，和同名的尼尔顿·桑托斯一同将瑞典队搅得大乱。

奥雷乔 Oreco
生于1932年6月13日
效力俱乐部：科林蒂安（巴西甲）
原名瓦尔德马·罗德里格斯·马丁斯。在瑞典期间做好登场准备，可惜没获得机会。

佐齐莫 Zozimo
生于1932年6月19日
效力俱乐部：班古（巴西甲）
这位班古俱乐部的中场球员未能在球队中获得出场机会。

尼尔顿·桑托斯 Nilton Santos
生于1925年5月16日
效力俱乐部：博塔弗戈（巴西甲）
这已经是他的第三届世界杯了。作为球队的左后卫，他终于圆了自己的冠军梦想。33岁的他是球队夺冠的关键人物。

德索迪 Nilton de Sordi
生于1931年2月14日
效力俱乐部：圣保罗（巴西甲）
仅仅因伤在决赛中缺席，右后卫的位置被D.桑托斯所取代。完成了一届出色的世界杯，在有他参与的防守下，巴西队只在同法国的比赛中丢了两球。

奥兰多 Orlando
生于1935年9月20日
效力俱乐部：瓦斯科·达伽马（巴西甲）
22岁的他是这支世界冠军队中第四年轻的球员。参加了全部的6场比赛，犯规次数是全队最多的，但也是球队夺冠的重要基石。

毛罗 Mauro
生于1930年8月30日/卒于2002年9月
效力俱乐部：圣保罗（巴西甲）
毛罗·拉莫斯，圣保罗球员。在瑞典一直等待出场机会。

中　场

迪诺 Dino
生于1932年5月23日
效力俱乐部：圣保罗（巴西甲）
在同奥地利和英格兰队比赛中出场，但在中场的作用并不大，随后主力位置被齐托挤掉。原名迪诺·萨尼。

迪迪 Didi

生于1929年10月8日/卒于2001年5月12日
效力俱乐部：博塔弗戈（巴西甲）

原名叫做瓦尔迪·佩雷拉，1954年世界杯就在巴西队中效力。是位难得的传球高手，头球也很出色，他的边路传中是巴西的主要进攻手段。本届杯赛没人能防住他。迪迪也就此成为巴西足球史上的传奇人物。

莫阿希尔 Moacir

生于1936年5月18日
效力俱乐部：弗拉门戈（巴西甲）

莫阿希尔的整届杯赛都是在替补席以及训练场上度过的。这位22岁的里约州前锋感到十分失望。

齐托 Zito

生于1932年8月8日
效力俱乐部 桑托斯（巴西甲）

原名何塞·米兰达，他的身高只有1.69米，是队中最矮的球员。但是只要一登上球场，他的身躯仿佛立即高大了许多。他双脚灵活，带球出色，在本届杯赛中出场4次。

前　锋

迪达 Dida

生于1934年3月16日/卒于2002年9月
效力俱乐部：弗拉门戈（巴西甲）

只在揭幕战3比0击败奥地利的比赛中出场，随后就失去了主教练的信任。剩下的世界杯比赛，他只能在替补席上度过。

加林查 Garrincha

生于1933年10月28日/卒于1983年1月20日
效力俱乐部：博塔弗戈（巴西甲）

加林查原本并不该在前往瑞典的队伍之中，因为1958年4月，他刚刚做完盲肠手术。此外在队内的一次智力测验中，他的得分也不高。但费奥拉还是将加林查带去了世界杯。前两场比赛，加林查只能在场下观看，而在同苏联的比赛中，主帅将他派上了场。他迅速取得了队友的信任，并获得了主力位置。加林查和贝利并称为最后决赛中表现最出色的球员，前者有着难以置信的带球速度。

乔尔 Joel

生于1931年11月23日
效力俱乐部：弗拉门戈（巴西甲）

在小组赛的两场比赛中出场：应战奥地利和英格兰的比赛。此后主力位置被加林查夺走，留下了苍白的回忆。

阿尔塔菲尼 Jose Altafini

生于1938年7月24日
效力俱乐部：帕尔梅拉斯（巴西甲）

是球队中的一号危险人物，在3场比赛中打入2球。世界杯前，这位绰号“马佐拉”的球员加盟了AC米兰。他的绰号是为了纪念1949年苏加佩空难中丧生的同名意大利国脚瓦伦蒂诺·马佐拉。

贝利 Pele

生于1940年10月23日
效力俱乐部 桑托斯（巴西甲）

主教练费奥拉在同苏联队的比赛中打出的秘密王牌。这位只有17岁的桑托斯天才在参加的4场比赛中打入6球，成为了本届杯赛中的超新星。在决赛中，他无人可挡，打入2球。一位新球王诞生了，让我们记住他的本名：埃德松·阿兰特·纳西蒙托。

佩佩 Pepe

生于1935年2月25日
效力俱乐部：桑托斯（巴西甲）

何塞·曼西奥的外号是“佩佩”。他在本届杯赛中成为了来瑞典的“观光游客”之一。

瓦瓦 Vava

生于1934年11月12日
效力俱乐部：瓦斯科·达伽马（巴西甲）

本届杯赛中，瓦瓦打入5球，是除贝利之外球队的第二射手。这位中锋原名埃德瓦尔多·内托，是一名能左右开弓的球员，同时在场上有着闪电般的反应和强壮身体。

马里奥·扎加洛 Mario Zagalo

生于1931年8月9日
效力俱乐部：弗拉门戈（巴西甲）

在瑞典，他参加了全部6场比赛，并在决赛中一度把比分改写为4比1。1962年再次以球员身份捧杯，1970年作为巴西队主教练称雄。另外，1994年扎加洛还作为助理教练捧起了大力神杯。

战场

马尔默球场
Malmoe FF Stadium
所在城市：马尔默
容量：34000人
本届杯赛承办4场比赛
平均上座率：58%

奥林匹亚球场
Olympia Stadium
所在城市：赫尔辛堡
容量：30000人
本届杯赛承办2场比赛
平均上座率：66%

阿罗斯瓦伦球场
Arosvallen Stadium
所在城市：瓦斯特拉斯
容量：20000人
本届杯赛承办3场比赛
平均上座率：55%

图纳瓦伦球场
Tunavallen Stadium
所在城市：埃斯科特纳
容量：22000人
本届杯赛承办1场比赛
平均上座率：60%

奥尔扬牧场球场
Orjans Vall Stadium
所在城市：哈尔姆斯塔德
容量：22000人
本届杯赛承办2场比赛
平均上座率：56%

扬恩瓦伦球场
Jarnvallen Stadium
所在城市：桑德维肯
容量：20000人
本届杯赛承办2场比赛
平均上座率：72%

伊德罗特公园球场
Idrottsparken Stadium
所在城市：诺雪平
容量：30100人
本届杯赛承办2场比赛
平均上座率：44%

里亚瓦伦球场
Ryavallen Stadium
所在城市：博拉斯
容量：21300人
本届杯赛承办2场比赛
平均上座率：87%

埃拉瓦伦球场
Eyravallen Stadium
所在城市：埃斯科特纳
容量：21000人
本届杯赛承办1场比赛
平均上座率：65%

拉森达球场
Rasunda Stadium
所在城市：斯德哥尔摩
容量：52400人
本届杯赛承办8场比赛（包括决赛）
平均上座率：55%

乌勒维球场
Nya Ullevi Stadium
所在城市：哥德堡
容量：51500人
本届杯赛承办7场比赛
平均上座率：76%

里姆纳瓦伦球场
Rimnersvallen Stadium
所在城市：乌德瓦拉
容量：21000人
本届杯赛承办1场比赛
平均上座率：100%

赛程赛果

第 1 小组

1958.6.8 北爱尔兰1比0捷克斯洛伐克
1958.6.8 联邦德国3比1阿根廷
1958.6.11 阿根廷3比1北爱尔兰
1958.6.11 联邦德国2比2捷克斯洛伐克
1958.6.15 联邦德国2比2北爱尔兰
1958.6.15 捷克斯洛伐克6比1阿根廷
1958.6.17 北爱尔兰2比1捷克斯洛伐克(附加赛)
联邦德国1胜2平晋级，北爱尔兰1胜1平1负，附加赛取胜后晋级。

第 2 小组

1958.6.8 苏格兰1比1南斯拉夫
1958.6.8 法国7比3巴拉圭
1958.6.11 巴拉圭3比2苏格兰
1958.6.11 南斯拉夫3比2法国
1958.6.15 法国2比1苏格兰
1958.6.15 巴拉圭3比3南斯拉夫
法国2胜1负晋级，南斯拉夫1胜2平晋级。

第 3 小组

1958.6.8 瑞典3比0墨西哥
1958.6.8 匈牙利1比1威尔士
1958.6.11 墨西哥1比1威尔士
1958.6.12 瑞典2比1匈牙利
1958.6.15 瑞典0比0威尔士
1958.6.15 匈牙利4比0墨西哥
1958.6.17 威尔士2比1匈牙利(附加赛)
瑞典2胜1负晋级，威尔士3战皆平，附加赛取胜后晋级。

第 4 小组

1958.6.8 巴西3比0奥地利
1958.6.8 英格兰2比2苏联
1958.6.11 苏联2比0奥地利
1958.6.11 巴西0比0英格兰
1958.6.15 奥地利2比2英格兰
1958.6.15 巴西2比0苏联
1958.6.17 苏联1比0英格兰(附加赛)
巴西2胜1负晋级，苏联1胜1平1负，附加赛取胜后晋级。

1/4 决赛

1958.6.19 瑞典2比0苏联
1958.6.19 联邦德国1比0南斯拉夫
1958.6.19 法国4比0北爱尔兰
1958.6.19 巴西1比0威尔士

半决赛

1958.6.24 巴西5比2法国
1958.6.24 瑞典3比1德国

三四名决赛

1958.6.26 法国6比3德国

决赛

1958.6.29 巴西5比2瑞典

射手榜

	排名	球员（国家）	进球数
▲	1	方丹（法国）	13
	2	贝利（巴西）	6
		拉恩（联邦德国）	6
	4	瓦瓦（巴西）	5
		麦克帕兰（北爱尔兰）	5
	6	齐坎（捷克斯洛伐克）	4
		蒂希（匈牙利）	4
		西蒙松（瑞典）	4
		哈姆林（瑞典）	4

第 1 名　巴西

主教练:费奥拉(巴西)

号码	球员	进球 / 出场
门将		
1	卡斯蒂略	-/-
3	希尔马尔	-4/6
后卫		
2	贝利尼	0/6
4	贾尔马·桑托斯	0/1
8	奥雷乔	-/-
9	佐齐莫	-/-
12	尼尔顿·桑托斯	1/6
14	德索迪	0/5
15	奥兰多	0/6
16	毛罗	-/-
中场		
5	迪诺·萨尼	0/2
6	迪迪	1/6
13	莫阿希尔	-/-
19	齐托	0/4
前锋		
7	扎加洛	1/6
10	贝利	6/4
11	加林查	0/4
17	乔尔	0/2
18	阿尔塔菲尼	2/3
20	瓦瓦	4/5
21	迪达	0/1
22	佩佩	-/-

最佳阵容

第2名 瑞典

主教练:雷纳(英格兰)

号码	球员	进球 / 出场
门将		
1	谢勒·斯文松	-7/6
12	特雷·斯文松	-/-
16	哈拉尔德松	-/-
后卫		
2	贝里马克	0/6
3	阿克斯布姆	0/6
5	约翰松	-/-
13	奥贝里	-/-
中场		
4	利德霍尔姆	2/5
6	帕林	0/6
8	格伦	1/5
14	古斯塔夫松	0/6
15	伯耶松	0/4
17	霍坎松	-/-
前锋		
7	哈姆林	4/5
9	西蒙松	4/5
10	塞尔蒙松	0/1
11	斯科格隆	1/6
18	勒夫格伦	0/1
19	谢尔格伦	-/-
20	梅尔贝里	0/2
21	贝恩特松	0/1
22	奥尔松	-/-

第3名 法国

主教练:巴托克斯(法国)

号码	球员	进球 / 出场
门将		
1	阿布	-9/4
2	科隆纳	-/-
3	雷梅特	-6/2
后卫		
4	克尔布尔	0/6
5	勒龙	0/6
6	马尔什	0/1
7	穆伊内	-/-
中场		
8	基亚雷利	-/-
9	赫纳托	-/-
10	容凯	0/5
11	拉丰	0/1
12	马塞尔	0/5
13	庞凡尔纳	0/6
前锋		
14	贝洛	-/-
15	布吕埃	-/-
16	杜伊	1/1
17	方丹	13/6
18	科帕	3/6
19	奥利弗	-/-
20	皮安托尼	3/5
21	维森特	1/6
22	维希涅夫斯基	2/6

第4名 联邦德国

主教练:赫尔贝格(联邦德国)

号码	球员	进球 / 出场
门将		
1	赫肯拉特	-8/5
21	萨维特茨基	-/-
22	克维亚特科夫斯基	-6/1
后卫		
2	埃哈特	0/6
3	尤斯科维亚克	0/5
5	韦威尔斯	0/1
7	施托伦韦克	0/6
17	施内林格	0/2
18	赫夫曼	-/-
20	努贝尔	-/-
中场		
4	埃克尔	0/4
6	希马尼亚克	0/6
9	瓦尔特	0/5
10	施密特	0/2
前锋		
8	拉恩	6/6
11	舍费尔	3/6
12	泽勒	2/5
13	克洛特	0/2
14	切斯拉尔茨克	1/2
15	克尔巴萨	0/1
16	斯图尔姆	0/1
19	彼得斯	-/-

第5名 苏联

主教练：卡恰林(苏联)

号码	球员	进球/出场
门将		
1	雅辛	-6/5
12	马斯拉琴科	-/-
13	别利亚耶夫	-/-
后卫		
2	克萨列夫	0/5
3	克里耶夫斯基	0/5
4	库兹涅佐夫	0/5
14	奥斯特洛夫斯基	-/-
15	马斯利翁金	-/-
22	叶罗欣	-/-
中场		
5	沃伊诺夫	0/5
6	内托	0/1
16	察廖夫	0/5
前锋		
7	阿普赫京	0/1
8	V.伊万诺夫	1/5
9	西莫尼安	1/5
10	萨尔尼科夫	0/3
11	伊雷因	2/5
17	A.伊万诺夫	1/4
18	布布金	-/-
19	古萨罗夫	-/-
20	法林	0/1
21	费多索夫	-/-

第6名 南斯拉夫

主教练：蒂恩尼奇(南斯拉夫)

号码	球员	进球/出场
门将		
1	贝亚拉	-6/3
2	克里沃库恰	-1/1
20	伊罗维奇	-/-
后卫		
3	希亚科维奇	0/2
4	茨尔恩科维奇	0/4
5	托米奇	0/2
21	拉多维奇	-/-
中场		
6	泽贝茨	0/4
8	科斯蒂奇	0/4
9	博什科夫	0/4
10	桑特科	-/-
11	波波维奇	-/-
14	米洛拉德·米卢蒂诺维奇	-/-
15	舍库拉拉茨	0/3
前锋		
7	米洛什·米卢蒂诺维奇	0/3
12	佩塔科维奇	2/4
13	韦塞利诺维奇	3/4
16	帕西奇	-/-
17	拉伊科夫	1/4
18	利波西诺维奇	-/-
19	奥格尼亚诺维奇	1/2
22	耶科维奇	-/-

第7名 威尔士

主教练：墨菲(威尔士)

号码	球员	进球/出场
门将		
1	凯尔西	-4/5
12	肯·琼斯	-/-
13	维恩科姆	-/-
后卫		
2	威廉姆斯	0/5
3	霍普金斯	0/5
4	沙利文	0/4
14	爱德华兹	-/-
中场		
5	梅尔·查尔斯	0/5
6	鲍恩	0/5
15	贝克	0/1
16	克朗	-/-
20	埃尔斯沃西	-/-
22	贝克	-/-
前锋		
7	梅德温	1/4
8	休伊特	0/3
9	约翰 查尔斯	1/4
10	阿尔丘奇	2/5
11	克利夫·琼斯	0/5
17	利克	-/-
18	弗农	0/1
19	韦伯斯特	0/3
21	阿尔丘奇	-/-

第8名 北爱尔兰

主教练：多尔蒂(北爱尔兰)

号码	球员	进球/出场
门将		
1	格雷格	-9/4
12	尤普理查德	-1/1
18	雷	-/-
后卫		
2	坎宁安	0/5
3	麦克迈克尔	0/5
5	基思	0/5
19	格拉汉姆	-/-
21	哈米尔	-/-
中场		
4	布兰奇弗劳尔	0/5
6	皮科克	0/4
10	麦基尔罗伊	0/5
20	查普曼	-/-
前锋		
7	宾厄姆	0/5
8	卡什	1/5
9	辛普森	-/-
11	麦克帕兰	5/5
13	凯西	0/2
14	斯科特	0/2
15	麦克罗里	-/-
16	杜根	0/1
17	科伊尔	0/1
22	特雷纳	-/-

第9名 捷克斯洛伐克

主教练：科尔斯基(捷克斯洛伐克)

号码	球员	进球/出场
门将		
1	斯塔霍	-/-
19	多莱西	-6/4
22	施罗伊夫	-/-
后卫		
2	姆拉兹	0/4
4	诺瓦克	0/4
16	波普卢哈尔	0/3
17	布贝尼科	0/1
21	沙弗拉内克	-/-
中场		
3	恰德克	0/1
5	马索普斯特	0/4
6	普卢斯卡尔	0/2
15	赫特尔	0/1
20	莫拉夫奇克	-/-
前锋		
7	盖多什	-/-
8	德沃夏克	0/4
9	莫尔纳	0/3
10	博罗维奇卡	0/3
11	克劳斯	0/1
12	齐坎	4/3
13	霍沃尔卡	2/3
14	弗雷斯尔	1/3
18	谢勒	-/-

第10名 匈牙利

主教练：特拜罗蒂(匈牙利)

号码	球员	进球/出场
门将		
1	格罗希奇	-5/3
22	伊尔库	-1/1
后卫		
2	马特劳伊	0/4
3	希波什	0/4
4	沙罗希	0/4
12	卡尔帕蒂	-/-
13	西盖蒂	-/-
14	索伊卡	0/2
中场		
5	博日克	1/3
6	拜伦迪	0/2
15	科陶塞	0/2
前锋		
7	布达伊	0/2
8	蒂希	4/4
9	希代古提	0/2
10	本扎克	0/3
11	山多尔	1/3
16	拉舒斯	-/-
17	巴萨斯	-/-
18	蒙诺什托里	-/-
19	弗里德曼斯基	-/-
20	本契奇	1/2
21	费尼韦希	0/3

第 11 名 英格兰

主教练:温特博特姆(英格兰)

号码	球员	进球 / 出场
门将		
1	麦克唐纳	-5/4
12	霍普金森	-/-
13	霍奇金森	-/-
后卫		
2	豪	0/4
3	班克斯	0/4
4	克兰	0/3
5	赖特	0/4
14	西莱特	-/-
16	诺曼	-/-
中场		
6	斯莱特	0/4
15	克莱顿	0/1
前锋		
7	道格拉斯	0/3
8	博比·罗布森	0/3
9	基冈	2/4
10	海恩斯	1/4
11	芬尼	0/3
17	布雷布鲁克	0/1
18	布罗德本特	0/1
19	史密斯	-/-
20	博比·查尔顿	-/-
21	埃科特	0/3
22	塞特斯	-/-

第 12 名 巴拉圭

主教练:冈萨雷斯(巴拉圭)

号码	球员	进球 / 出场
门将		
1	马耶尔格	-7/1
12	阿吉拉尔	-5/2
后卫		
2	阿雷瓦洛	0/3
3	莱斯卡诺	0/3
4	阿丘卡罗	0/3
6	埃查圭	-/-
13	吉尼	-/-
14	塞戈维亚	-/-
17	米兰达	0/1
中场		
5	比利亚尔瓦	0/3
15	席尔瓦	-/-
前锋		
7	阿圭罗	2/3
8	帕罗迪	2/3
9	罗梅罗	2/3
10	阿吉莱拉	-/-
11	阿马里利亚	2/3
16	莱斯卡诺	-/-
18	佩纳约	-/-
19	埃利塞奥·因斯弗兰	-/-
20	阿韦罗	-/-
21	雷	1/3
22	埃利希奥·因斯弗兰	-/-

第 13 名 阿根廷

主教练:斯塔维莱(阿根廷)

号码	球员	进球 / 出场
门将		
1	卡里索	-10/3
12	穆西梅希	-/-
后卫		
3	瓦伊罗	0/3
4	隆巴尔多	0/3
14	爱德华兹	-/-
15	阿塞韦多	-/-
17	拉莫斯·德尔加多	-/-
中场		
2	德拉查	0/3
5	罗西	0/3
6	瓦拉茨卡	0/3
13	佩雷斯	-/-
16	莫里尼奥	-/-
前锋		
7	科尔巴塔	3/3
8	帕拉多	0/1
9	梅嫩德斯	1/3
10	罗哈斯	0/1
11	拉布鲁纳	0/2
18	博希奥	0/1
19	阿维奥	1/2
20	因凡特	-/-
21	圣菲利波	-/-
22	克鲁斯	0/2

第 14 名 苏格兰

主教练:沃克尔(苏格兰)

号码	球员	进球 / 出场
门将		
1	沃克	-4/2
2	布朗	-2/1
后卫		
3	帕克	0/1
4	卡尔多	0/3
5	休伊	0/2
6	哈多克	-/-
7	麦科尔	-/-
9	埃文斯	0/3
中场		
10	多切蒂	-/-
11	麦凯	0/1
12	考伊	0/2
13	贝尔德	1/1
前锋		
8	特恩布尔	0/3
14	莱格特 T	0/2
15	斯科特	-/-
16	穆雷	1/2
17	米迪	1/3
18	科伊尔	-/-
19	科林斯	1/3
20	罗伯逊	0/1
21	伊姆拉赫	0/2
22	费尼	0/1

第 15 名 奥地利

主教练:阿尔加尤尔 (奥地利)

号码	球员	进球 / 出场
门将		
1	桑沃尔德	-5/2
12	施密德	-2/1
22	恩格尔迈尔	-/-
后卫		
2	哈拉	0/1
3	哈佩尔	0/2
4	斯沃博达	0/3
5	汉纳比	0/3
15	科尔曼	0/1
18	巴斯查德	-/-
中场		
6	科勒	1/3
16	施托茨	0/1
17	科兹利切克	0/2
21	普施尼克	-/-
前锋		
7	霍拉克	0/2
8	科兹利切克	0/2
9	布泽克	0/1
10	克尔纳	1/3
11	森科夫维基茨	0/3
13	施格勒	0/1
14	哈默尔	-/-
19	丁斯特	-/-
20	尼瑙斯	-/-

第 16 名 墨西哥

主教练:洛佩斯·埃兰斯(西班牙)

号码	球员	进球 / 出场
门将		
1	贾尔·卡瓦哈尔	-8/3
12	卡马乔	-/-
13	戈麦斯	-/-
后卫		
2	德尔穆罗	0/3
3	罗莫	0/2
4	比列加斯	0/1
14	古铁雷斯	0/2
15	塞普尔韦达	0/1
16	罗加	-/-
中场		
5	波图加尔	0/1
6	弗洛雷斯	0/3
7	赫尔南德斯	0/1
17	卡德纳斯	0/2
18	萨拉萨尔	-/-
20	布兰科	0/2
前锋		
8	雷耶斯	0/3
9	卡尔德隆·德拉巴卡	0/1
10	古铁雷斯	0/1
11	塞斯马	0/3
19	贝尔蒙特	1/2
21	洛佩斯	-/-
22	冈萨雷斯	0/2

时间: 5.30—6.17
主办国: 智利

第七届世界杯 1962

冠军
巴西

1962年，第七届世界杯开始的时候，国际足联主席成了英国人斯坦利·劳斯，这位英国人在1961年接替了同胞德鲁里。从1945年开始，此前担任英足总秘书长的斯坦利·劳斯就在国际足坛有着相当大的影响力，即便是在英国人还没有加入国际足联的时候，劳斯也一直保持和该组织的联系。

第二次世界大战后英国政治影响力持续下降，劳斯认为至少在文化领域，英国人还可以通过足球在这个已经发生深刻变革的世界保持一定的地位。劳斯的思想既传统又有创新，生活和处世哲学之间充满了矛盾，他后来的继任者阿维兰热正是利用这一点，最终竞选成功。尽管英国以前有很多殖民地，但是劳斯支持第三世界国家加入国际足联，但另一方面，他又受到传统观念和中产阶级出身的影响，依然站在欧洲人的一边。

智利遭非议

国际足联是在1956年6月9日里斯本会议上决定将1962年世界杯举办权交给智利，其实智利本应该在1958年就举行世界杯赛，但是国际足联高层对于南美的一无所知让智利推迟4年迎来这一足坛盛事。然而很多人这一次依然希望将世界杯主办权留在欧洲，当时西班牙、英格兰和联邦德国都表达过申办世界杯的意向。

不过智利举办世界杯的确引发了讨论，因为在南美足坛，智利的水平只能处于第二集团，和巴西、阿根廷和乌拉圭差距较大。此前巴西和乌拉圭都举办过世界杯，看上去应该轮到阿根廷人了，那里有球迷的热情支持和现成的体育场，条件要好于智利。

1960年5月21日，智利遭遇了大地震，这差点击碎了他们举办世界杯的梦想，原本计划中的世界杯城市康塞普西翁和塔尔卡都遭到了极大的毁坏，那些支持将世界杯留在欧洲的人进行了最后一次努力，但最终也没能成功。智利足协主席迪特布恩态度坚决地表示："我们必须拥有世界杯。"智利总统阿列斯山德里也是相同的意见，将世界杯的举行看作是举国上下的一件大事。

和南美很多国家一样，足球在智利的开展也是要感谢英国人，首先是在瓦尔帕莱索海港以及附近的比尼亚德尔马。智利第一家足球俱乐部是1889年成立的瓦尔帕莱索俱乐部。1895年在9家俱乐部倡议下成立了智利足协，这些俱乐部大部分都和英国人有关。1912年，智利足协加入国际足联，并在1916年成为南美足联创始国之一。1910年，智利国家队迎来第一场

参赛国家

联邦德国
英格兰
阿根廷
巴西
保加利亚
智利
哥伦比亚
西班牙
匈牙利
意大利
墨西哥
瑞士
捷克斯洛伐克
苏联
乌拉圭
南斯拉夫

1962年6月17日，出现在世界杯决赛中的巴西队只有一个任务：卫冕世界杯。按照巴西总统所说的那样，“让巴西人忘记我们所有的不快乐”。

非洲首演

“黑非洲”开始登上世界足坛的舞台。这块昔日的殖民大陆进行了首场世界杯预选赛的比赛——尼日利亚对加纳。

国际纵队

当时还在佛朗哥独裁统治下的西班牙，应这位法西斯头目的要求组织了一支国际化很高的球队。其中迪斯蒂法诺来自阿根廷，普斯卡什来自匈牙利，圣马里亚来自巴拉圭，主教练埃雷拉则是阿根廷人。此外，他们还从世界冠军巴西队那里挖人，其中包括亨托、德尔索尔和索科。当然，队中也有几位西班牙的天才球员。

中东危机

在本届世界杯预选赛的过程中，以色列队是一支特殊的球队。中东的政治冲突还在持续，因此给中东与非洲小组带来了麻烦。埃塞俄比亚队就提出，与以色列的比赛很特殊，出于惧怕本国球迷借机闹事，球队放弃自己主场比赛的权利，两场比赛都在以色列的特拉维夫进行。

日韩对决

在亚洲，韩国与日本之间的预选赛万众瞩目。由于历史原因，两队之间恩怨颇多。日本队为了这场比赛，特地将球队送到欧洲拉练。在汉城则出现了一票难求的局面。最后，除了球场内的11000名球迷外，还有无数观众坐在了球场后面的山坡上观看比赛。最终，韩国队以2比1击败了日本队。

一箭双雕

由于危地马拉爆发内战，该国有两个名义上的足协相互对立。这种对立在同洪都拉斯的比赛前达到了顶峰：两个足协各派了一支国家队，也就是说洪都拉斯队将有两个危地马拉对手……鉴于这种无法比赛的情况，洪都拉斯不战而胜，顺利取走两分。

耻辱之战

欧洲球队与南美球队之间的对决，经常演变为真正的战斗，粗野的对抗在那些年的洲际杯中屡见不鲜。智利2比0战胜意大利的肮脏比赛应该被忘却。在《队报》上，记者让·菲利普·雷塔科尔在比赛翌日如此给这场比赛定义——“一场超越了黑幕底线的比赛”。英格兰主裁判阿斯顿完全被智利球迷疯狂的气氛所吓倒。比赛刚开始，在双方的拳打脚踢中，智利人桑切斯就打断了马斯基奥的鼻子，随后又野蛮地袭击了戴维，而阿斯顿先生毫无表示。英格兰裁判反而在第7分钟将费里尼罚出场，后者拒绝离场！比赛因此被中断5分钟，费里尼最终被警察架出了场。戴维随后在第42分钟因为报复桑切斯也被罚下，意大利只能9人应战。这个事件也导致了红黄牌的诞生。

国际比赛，客场1比3不敌阿根廷。直到1926年，智利队在第34场比赛终于尝到了胜利的滋味——7比1狂胜玻利维亚。1962年前，智利参加了1930年世界杯，但1934年和1938年都没有报名，1950年世界杯他们因为阿根廷的弃权才获得入场券。之后两届世界杯预选赛，智利队又早早出局。

1962年世界杯的16支参赛球队中，欧洲有10支球队，剩下6支全部来自美洲。保加利亚和哥伦比亚成为新面孔，奥地利则第三次没有报名参加在南美洲举行的世界杯赛。16强当中有9支球队都参加了4年前的世界杯，他们的前景更被看好。不过在1958年表现出色的法国队竟然在附加赛0比1不敌保加利亚，射手方丹因为受伤提前退役，因而没有参加预选赛，对于球队影响很大。

上届世界杯凭借东道主之利杀入决赛的瑞典，同样是在附加赛输给瑞士而折戟预选赛。值得一提的是，国际足联将这场比赛安排在柏林进行，联邦德国在上届世界杯刚输给瑞典，因此这一次柏林球迷都努力支持瑞士，帮助后者2比1击败瑞典。输球后瑞典媒体指责瑞士人利用国际足联和欧足联总部都在瑞士的便利，贿赂了执法比赛的裁判。瑞典记者滕纳尔曾经在1950年世界杯前呼吁巴西和阿根廷两国罢工，支持阿根廷参赛，而在自己的球队输球后，他则建议瑞典足协今后不要再和瑞士比赛。

虽然以色列、摩洛哥和韩国在各自小组获得了第一名，却没有资格参加世界杯，因为国际足联认为亚洲、非洲和北美洲的球队根本不具备参加世界杯的实力，他们不得不再次和欧洲球队比赛，结果纷纷被淘汰出局。只有中北美洲的墨西哥终于成功打破欧洲和南美人的垄断。

桑巴狂潮席卷世界

通过1958年世界杯，桑巴足球到达了国际足坛的巅峰，而且在夺冠后巴西队保持住了高水平。参加1962年世界杯，巴西队最大的敌人就是因为实力占优而可能带来的麻痹大意。事实上，当时没有球队能够在技战术水平以及比赛应变能力上赶上巴西，欧洲球队只能努力通过消极保守的办法去摧毁巴西人的攻势足球，当时像威利·舒尔茨和英国人诺比·斯泰尔斯都是这样风格硬朗的防守球员。

从20世纪50年代末开始一直到70年代初，世界足坛最好的球员大多来自南美而不是欧洲，巴西街头涌现出了一大批有天赋的球

贝利，国王倒地

尽管这么多年过去了，也必须承认这个事实：贝利三次成为世界冠军（1958、1962、1970），但他只赢得了两场决赛，1958年和1970年。在1962年巴西3比1击败捷克斯洛伐克的决赛中，贝利只是观众，身穿便装坐在第一排，戴着厚厚的帽子抵御圣地亚哥的寒风。

1962年世界杯，在6月2日巴西同捷克斯洛伐克小组赛的第25分钟被定格。那是巴西的第二场小组赛，当时谁也没想到这会是决赛的预演。贝利在20米外大力轰门，皮球砸在了门柱上，随后他突然转向替补席，向著名的光头医生阿梅里科招手。阿梅里科非常担心，当时还不允许换人。在很长一段时间里，贝利呆在右边路，根本无法移动，随后又换到了左边路。巴西代表团宣布贝利左大腿肌肉拉伤，将休息10到12天。而阿梅里科认为需要更长时间，事实证明他是对的——14天后，决赛前夜，贝利尝试着训练：他小跑了一会，但根本无法加速。世界杯只能在没有贝利的情况下继续进行……

员，因为当年南美球员只能留在国内发展，因此巴西俱乐部的水平也非常高。在1958年之前，欧洲人就非常愿意邀请南美俱乐部前去访问比赛，在20世纪60年代初贝利所在的桑托斯俱乐部已经取代皇马，成为当时世界上最强大的俱乐部。当时桑托斯的球场维拉·贝尔米罗只能容纳2万人，因此球队经常借用圣保罗的帕坎布球场，并在此赢得了1962年和1963年洲际杯。有的时候，桑托斯甚至要一天踢上3场友谊赛，比如在1959年5月23日和24日在索菲亚，26日在列日、27日在布鲁塞尔、30日在根特，6月3日在鹿特丹、6月5日在米兰、6日在杜塞尔多夫、7日在纽伦堡、9日在日内瓦、11日在汉堡、13日在汉诺威、15日在恩斯赫德、17日在马德里、19日和21日在里斯本、24日在瓦伦西亚、26日在马德里、28日在巴塞罗那、30日在热那亚，7月2日在维也纳、5日在塞维利亚……

桑托斯一共去过125个国家，20世纪70年代初俱乐部受到批评，被指责只知道取悦观众，却忘记去争夺冠军，这支球队已经很少在巴西国内比赛，也没有了日常训练，球员们只会在巡回比赛的时候集合。当贝利1974年离开桑托斯俱乐部时，这样的模式终于结束。

不过在20世纪60年代初期，巴西国家队大部分球员还是来自桑托斯。1962年世界杯前，巴西主帅费奥拉听到批评的声音，因为他招入的尼尔顿·桑托斯、贾尔马·桑托斯，迪迪和齐托这样的大龄球员，在巴西有很多更加年轻的天赋球员。尽管如此，费奥拉还是坚持使用经验丰富的球员，并强调战术纪律。巴西队当时的备战非常职业，他们进行高原训练以增强心肺功能，量身定做球员的球鞋和鞋钉，因此最大限度减少了伤病。队医戈斯林甚至去了小组赛比赛地比尼德尔马尔，确保那里的24名性工作者身体没有任何问题。

最终巴西队夺冠，主力阵容和4年前相比变化不大，相互磨合运到了最佳状态，但另一个不争的事实是球队已经达到了能力的极限，必须进行重组。7名球员的年龄都超过30岁，看起来很难再参加4年后的世界杯。

链式防守大行其道

1962年世界杯充斥着粗野的犯规和消极的防守，平均进球2.78个是1930年以来最少的，最佳射手只打入了4个进球，不少比赛现场上座率不高——这和比赛不精彩，以及门票价格过高有关，不过大赛最终还是获得了盈利。场均上座观众人数达到2.8万人，超过4年前 这主要是因为圣地亚哥的球场更大，而且

1962年6月3日，匈牙利6比1战胜保加利亚的比赛中，阿尔伯特（左二白衣）上演了帽子戏法。这位匈牙利人最终也以4粒进球与其他5位球员并列本届世界杯射手榜第一。

● 掉漆的足球

本届比赛中，智利世界杯组委会提供的足球为人所诟病。在世界杯开始前，欧洲人就开始怀疑来自智利的足球能否适合比赛。“很容易掉漆！”德国的《踢球者》给出了这样鉴定——没有被水浸泡，这支叫做“Zamora”的足球就已经开始掉漆。除此之外，这支足球工艺还差到漏气。在揭幕战过程中，就不得不两次更换比赛用球。很多球员抱怨，在踢出一脚后，足球就会像失去生命一样瘪着弹出去。

● 举牌员

这项服务对于来自欧洲的观众和记者很新鲜：年轻的小伙子在场边，举起1到22的号码。如果一名球员受伤，或者在场上打滚不起（1962年开始，场上就经常这样了……），他们就会跑进场看清这名球员的号码，然后跑回场边，举起相应的号码牌。球迷和现场的记者非常欣赏这项服务。

智利人对于本国球队投入了很高的热情。除了智利队的比赛，联邦德国和意大利队最受欢迎，而第一小组和第四小组场均观众人数只有8600人和7660人，即便是拥有世界冠军巴西队的第三小组也不过只有13220人。但是拥有智利、联邦德国、意大利和瑞士的第二小组平均每场比赛观众64758人，6场小组赛观众人数占到整届世界杯大赛的42%。

如果有人认为巴西队在1958年世界杯夺冠，标志着世界足球进入攻势足球的新时代，那么4年后就会发现错了。智利世界杯平均每场比赛进球只有2.78个，意大利链式防守已经流行开来，让足球比赛变得更加功利。

在20世纪60年代初期，意大利完成了一次足球战术革命。著名教练埃雷拉1916年4月17日出生于阿根廷的布宜诺斯艾利斯，他在50年代先后执教马德里竞技和巴塞罗那获得了西班牙联赛冠军，并执教过法国、西班牙和意大利3支国家队。埃雷拉引入了链式防守——不过这一战术的发明人其实是内雷奥·罗科，他凭借自己的创造进入了豪门执教。埃雷拉是足球教练中第一位百万富翁，被称为“奴隶主”，因为他说球员只需要做三件事：跑步、踢球和思考。1960年，埃雷拉执教国际米兰，俱乐部的老板是石油巨商安杰洛·莫拉蒂。有了莫拉蒂的支持，埃雷拉信心十足地表示自己是继索菲娅·罗兰之后，意大利最受欢迎的人。在国际米兰，埃雷拉取得了成功，在1964年和1965年两夺欧洲冠军杯和洲际杯。

链式防守通过人盯人不让对手获得进攻的机会。埃雷拉发现了WM阵型的弱点，如果两名前锋同时从中路突破，居中的后卫往往会束手无策。链式防守被看作是没有吸引力的防守足球的代表，比赛都是围绕着最后的结果来进行，完全是以成败论英雄。这当然引来了不少人的批评，他们认为埃雷拉是足球运动的掘墓人。尽管著名教练波佐也注重防守，但他还是认为："现在的足球缺乏勇气，链式防守对于足球意味着毒药。"埃雷拉因此成为足球史上一位倍受憎恨的教练，他的国际米兰也没有什么好名声。

其实链式防守也需要球员有很强的个人能力，有创造性，有出色的脚下功夫，能够很好控球，从而才能够控制中场。埃雷拉需要的是不仅防守硬朗，而且可以参与进攻的后卫，可以在不影响后防线稳定性的情况下发动攻击。第一位意大利的链式防守自由人是国际米兰的皮基，最全面的是尤文图斯的西雷阿，他在1982年世界杯完全停留在本队半场，而典型的攻击型后卫则是法切蒂。

有些人认为，链式防守理论是为了弥补意大利球员身体的不足，但是埃雷拉可不这么看。而且链式防守不局限于意大利，也传播到其他国家。注重防守的潮流，和足球职业化对于成绩的渴望有关，球队的成绩和经济利益挂钩，人们都因恐惧失败拒绝冒险。

加林查的上诉

在4比2战胜智利的半决赛中，当加林查报复对方后卫罗哈斯被罚下时，他连续第二次参加世界杯决赛的梦想似乎就要破碎了：按照规定，他将自动被停赛一场。第二天，处罚通知下达。对于巴西而言，这是场灾难：半决赛中，正是加林查在最后时刻决定了比赛结果。好在巴西在世界杯纪律委员会有人脉，加林查最终被宽赦。巴西体育仲裁法庭发来了一份电报，证明加林查从1953年以来从未被停赛过。加林查踢了决赛，也帮助巴西保住了世界杯冠军。

雅辛，失望的偶像

列夫·雅辛创造了超越比赛本身的神奇。那个时代还没有市场营销，尤其是在苏联。但在那个冷战时代，苏联门将以其标新立异的装扮给予了人们足够的想象力：他总是穿着黑球衣，黑球裤，黑球袜，黑手套，右腿上绑着一个白色的护膝。人们给他起了个"黑蜘蛛"的外号，因为他看上去就像有很多只手。智利世界杯时，雅辛已经33岁，他与苏联赢得了1960年欧洲杯冠军，当时已经有人怀疑这个苏联偶像开始走下坡路。实际上，他在智利确实倒下了。小组赛对阵哥伦比亚（4比4），雅辛十分罕见地丢了4球。更糟糕的是，1/4决赛对阵智利（苏联1比2失利），雅辛要为两个失球负主要责任。这个曾经的工人，从14岁起长期同时担任冰球和足球门将。1963年，雅辛荣获《法国足球》金球奖，一雪耻辱，随后又在1966年世界杯上当选最佳门将。如今，世界杯决赛阶段最佳门将的奖杯就以他命名。

● 冰天雪地

150位准备乘火车前往智利的阿根廷球迷太不幸了。他们本应在球场内庆祝阿根廷的开门红，并享受智利的阳光，却被迫困在了安第斯山上一个叫做拉斯·奎瓦斯的地方，陪伴着他们的还有深深冰雪。他们乘坐的火车由于科迪勒拉山系常见的天气剧变而无法继续前进。更不幸的是，那段时间阿根廷的铁路工人经常罢工，这些球迷只能长时间和大雪做伴了。

● 迟到的名单

保加利亚能够参加世界杯首场比赛，可谓惊心动魄。这支球队按时到达智利，但国际足联却一直在绝望地等待着他们22人的官方报名名单，直到提交资料的截止时间，依然没有收到保加利亚足协的名单。好在保加利亚如期出现在智利，国际足联也只是对这支东欧球队进行了口头批评。

● 禁拍电影

正在备战的苏联队突然被通知，禁止制作有关世界杯比赛的任何电影。主办国智利将制作电影的版权完全卖给了一家公司，并且禁止参赛球队拍摄相关电影，因此苏联只能制作“给自己球队看的教学影片”。

● 比赛镜头

1962年世界杯，稚嫩的转播技术又向前进步了一步。德国就派了一辆转播车来到了智利报道比赛。车中包括完整的广播和电视技术设备，以便完整地纪录本届大赛。由于当时还没有卫星的现场直播技术，因此转播车内制作的比赛画面在24小时内被空运到德国国内，以便民众收看。

● 带伤坚持

在巴西与智利的半决赛比赛后，在场地内欢呼的巴西队中出现了一名坐在轮椅上的人，他手中还拿着一面巴西国旗。他就是巴西队的队医戈斯林博士，在1/4决赛同英格兰的比赛后意外摔折了腿。在决赛中，他和轮椅再度出现在了场地内，并在巴西队取得冠军后参加了全家福的合影。

马索普斯特（中）领衔的捷克斯洛伐克书写了历史：他们成为历史上第一支在欧洲之外打入世界杯决赛的欧洲球队。

决赛
巴西3比1捷克斯洛伐克
1962年6月17日
圣地亚哥国家体育场

对于东道主智利来说，决赛早已经结束了，因为在半决赛里智利输给了卫冕冠军巴西。而在争夺第三名的比赛结束后，智利人眼中的世界杯似乎也已经提前结束了，尤其是巴西队决赛对手捷克斯洛伐克注重防守的战术，实在无法提起大家的兴趣。因此这场1962年世界杯决赛，最终都没能满座。

很显然，赛前没有多少人看好捷克斯洛伐克。当媒体问起对于这场决赛有何展望，捷克斯洛伐克的中场核心马索普斯特笑着表示：“当然，我也认为巴西是夺冠热门。”全世界球迷更关心的话题，是4年前给人带来惊喜的贝利，能否参加这场决赛。有关贝利的讨论非常多，他已经是巴西队的灵魂人物，但自从小组赛同捷克斯洛伐克的比赛大腿受伤之后，关于贝利伤病情况的传言一直没有中断过。

此时巴西队教练是莫雷拉，之前的费奥拉因为生病留在国内。莫雷拉为贝利找到了合适的替代人选，这便是小组赛和西班牙比赛第一次出场的阿马里尔多。但是智利媒体显然不太认可阿马里尔多，他们还是怀念贝利，认为两个阿马里尔多的足球天赋都无法和贝利相比。

现场一共来了将近69000名球迷，主裁判拉蒂切夫将双方球员带到了阳光照耀的球场，比赛气温25度，正是适合足球比赛的天气。但是强烈的阳光却让双方门将非常担心，这给他们的扑救制造了不小的麻烦。捷克斯洛伐克的球员显然有点讨好主场观众的味道，当他们的主力球员身穿白红两色球衣进场后，替补们举起一面巨大的智利国旗，这让智利球迷欣喜不已。

当然智利球迷的掌声也献给了巴西队，由于这届世界杯是在南美，还有2000名专程赶过来的巴西球迷。果然贝利没有在出场阵容里，顶替他的也的确是阿马里尔多，他是巴西队中唯一一位决赛新人，因为其他主力球员都

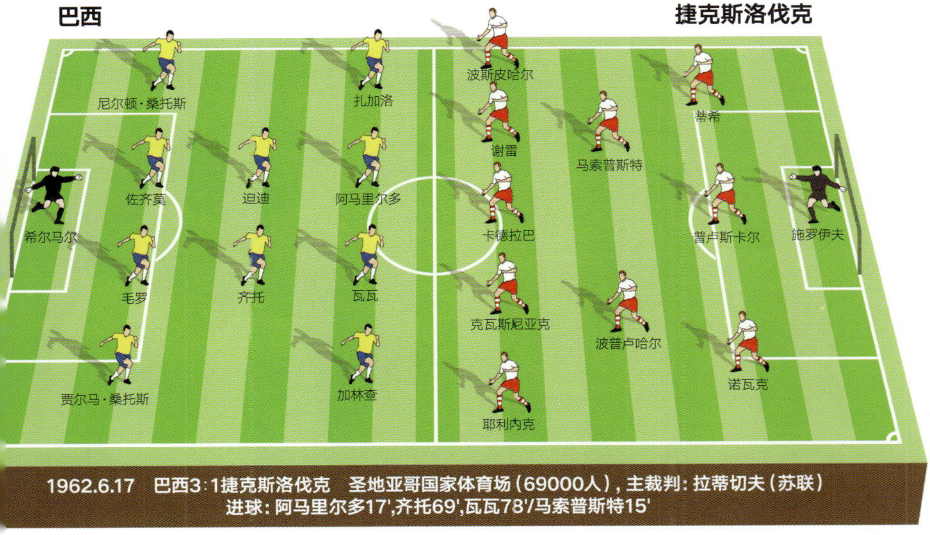

1962.6.17　巴西3:1捷克斯洛伐克　圣地亚哥国家体育场（69000人），主裁判：拉蒂切夫（苏联）
进球：阿马里尔多17',齐托69',瓦瓦78'/马索普斯特15'

参加过4年前瑞典世界杯决赛，并为国家获得了第一座世界杯。

很显然巴西队是要通过经验取胜，此时的尼尔顿·桑托斯在世界杯前已经迎来了37岁生日，迪迪和贾尔马·桑托斯也都33岁，毛罗和希尔马尔32岁，扎加洛快要31岁。其实巴西队本场比赛最大的意外是加林查首发，他在和智利的半决赛被罚下场，本应该无缘决赛，但是国际足联最终决定赦免加林查。捷克斯洛伐克主帅维特拉奇尔排出了令人意想不到的首发阵容，除了因伤留在国内的库切拉，大腿受伤的拉拉也无法参加决赛，蒂希顶替了拉拉的位置。

比赛准时在下午2点30分开始，捷克斯洛伐克背对阳光首先开球，比赛一开始他们并没有一味死守，而是主动进攻，这出乎很多人的意料。双方球员都显得有些紧张，中场传球失误非常多，比赛形势看上去对于黑马捷克斯洛伐克还稍稍有利一些，巴西队想要找到比赛的节奏还真不那么容易。

很显然巴西队没想到对手会主动进攻，还以为他们会在后场防守。加林查无法给捷克斯洛伐克的防线制造威胁，队长诺瓦克领衔的后防线让巴西队一度束手无策。巴西队只有左路的扎加洛表现还算正常，他获得了本场比赛的第一次机会，但是本届比赛的最佳门将施罗伊夫还是力保球门不失。

开场5分钟后，巴西队慢慢进入角色，尽管瓦瓦的射门打中门柱，但是这并没有动摇巴西人进攻的决心。施罗伊夫表现出色，多次作

主办总结

在智利举办的第七届世界杯收入了3852657美元，比1958年增加150万美元。这主要是由于智利在创收以及吸引观众方面的一些创举。例如推出球票预订制度，并推出了一系列方便媒体报道的举措等。智利最大的贡献是增加了观看人数。根据统计，四个小组的观众人数分别是A组15万人，B组150万人，C组32万人，D组12万人，四分之一决赛观众有39万人，半决赛则是48万人，决赛有着63万人观看。因此也带来了丰厚的广播、电视、电影收入，总价值大约360万美元。全部的盈利中，国际足联分走10%，主办国智利得到25%，而其他的部分则由各参赛队获得。

阿马里尔多之年

他并非一个意外的英雄，只是大家没有预见到这一点罢了。阿马里尔多是一名21岁的年轻前锋，当他来到智利时，还处在贝利和1958年世界杯冠军的阴影中。他因为自己的天分和不守纪律而闻名：他曾与效力的弗拉门戈主帅发生过严重冲突——个性乖张的阿马里尔多嘴上叼着一支雪茄出现在训练中，教练命令他掐了，但他反而猛吸一口，把烟喷到教练脸上。因此，他被弗拉门戈开除了。

随后凭借在博塔弗戈俱乐部的卓越表现，他赢得了去智利的机会。在第二场同捷克斯洛伐克的比赛中，贝利受伤了，阿马里尔多的机会来了。对阵西班牙，他打入两球帮助巴西进入1/4决赛，随后一路走到最后。

决赛前夜，贝利去阿马里尔多房间串门。虽然两人同岁，但贝利已经是大众偶像，他知道队友现在需要什么。"上帝将我的位置给了你，现在你要证明自己配得上它。"

第二天，阿马里尔多的命运改变了。他在非常小的角度，洞穿了捷克门神施罗伊夫的球门，为巴西扳平比分，随后又助攻齐托打入反超一球。他的名字开始传到全世界，后来在意大利踢了9个赛季。决赛结束时，身着便装的贝利把他拥入怀中，向他道贺。这是属于阿马里尔多的一年。

1962年6月17日世界杯决赛，巴西队艰难完成卫冕重任。当终场哨响起，为桑巴军团攻入最后一球的瓦瓦（左图19号）兴奋不已。而因伤缺席决赛的贝利（右图右二）也走下球场与队友一起庆祝他们的第二座雷米特金杯。

出精彩扑救。捷克斯洛戈克在第15分钟完成了一次精彩的反击，波斯皮哈尔给马索普斯特送出长传，后者轻松将球射入球门右角，本届比赛表现出色的巴西后防线率先被攻破了。

和4年前的世界杯一样，巴西队再一次陷入0比1落后的境地。但是仅仅过了2分钟，阿马里尔多接到扎加洛左路扔出的界外球，晃过三名球员防守后突然射门，施罗伊夫显然对此准备不足，只能目送反球入网，巴西队轻松地将比分扳平。在这之后，捷克斯洛伐克将主要精力放在防守上，只能伺机进行反击。

巴西队的加林查遇到了麻烦，这位盘球大师很显然还没有从半决赛中很好地恢复过来，他在场上显得缺乏自信、兴致和精力。1958年世界杯决赛帮助球队从落后到反超的迪迪，只是不时用精准的传球制造威胁。真正让捷克斯洛伐克后卫头疼的是扎加洛，但他也遭到了对方的特别照顾。

上半时比赛以1比1收场，人们都认为巴西队并没有展现出4年前的精湛球艺，捷克斯洛伐克显然比想象中要更难对付，谁也说不准哪支球队可以赢得最终的胜利。两支球队都展现出良好的战术纪律，这也符合本届世界杯赛的潮流，这让关注世界杯的全世界足球教练们非常振奋。

必须要有进球才能决出新的世界冠军。下半时轮到施罗伊夫面对智利刺眼的阳光，他不得不将帽檐尽可能往下拉。巴西队在换边后占据了优势，迪迪重新制造出威胁，他的传球线路难以琢磨。加林查受到对手两名球员的照顾，因此不断变化自己的节奏。捷克斯洛

获胜奖励

巴西队世界杯成功卫冕，回到国内后受到了英雄一般的欢迎。巴西队内的每个人都获得了15万克鲁塞罗币（巴西原法定货币名称，现在已经停止流通）的奖励，此外还有各种各样的荣誉勋章。巴西官方的许多外交会晤都由于此次大庆而推迟了至少一个月。

伐克表现得非常顽强，蒂希证明自己完全够格顶替拉拉，和诺瓦克一道在球门前竖起一道屏障。巴西队尽管大举进攻，但是也必须小心对手的反击，接下来任何一个进球都很可能决定比赛的胜负。

第69分钟，加林查的射门被施罗伊夫扑出，球到了波普卢哈尔脚下，但是后者没能停好，阿马里尔多得球后冲刺到左路底线后传中，齐托已经等在那里，用一记强有力的头球破门，巴西队2比1取得领先。然而正当巴西队要庆祝进球的时候，摄像机却对准了受伤躺在地上的进球功臣齐托，直到他重新回到场上，巴西人才如释重负。

比赛最后时刻属于捷克斯洛伐克，他们大举进攻，后来获得金球奖的马索普斯特，和克瓦斯尼亚克一道带领队友们全力冲击巴西队的球门。第73分钟，耶利内克的射门被贾尔马·桑托斯门线处用手挡出，但是主裁判视而不见。5分钟后，逃过一劫的巴西队完成绝杀，正是贾尔马·桑托斯将球传到禁区内，原本扑高球没有问题的施罗伊夫显然被阳光晃了眼睛，结果扑球脱手，瓦瓦轻松将球打入，巴西队3比1领先！

最后的12分钟比赛，巴西队依靠出色的脚下技术开始了传球表演，捷克斯洛伐克的攻击手们陷入了无比的绝望之中。尽管比赛场上还是有一些激动人心的时刻，但是胜利者已经确定无疑。主裁判在第90分钟准时吹响了比赛结束的哨音，此时捷克斯洛伐克还在本队半场扔界外球，希望抓紧时间执行最后一攻。

巴西队成功卫冕，但是这场决赛的胜利和4年前无法相提并论。巴西队显然背上了太重的心理包袱，想赢怕输，结果在决赛里表现的并不好。主教练莫雷拉在整届世界杯只使用了区区12名球员，要不是贝利受伤，他甚至会用同一套阵容一直坚持到最后。

决赛后的更衣室里，贝利（左）与顶替他首发出场的阿马里尔多（右）疯狂庆祝。这个21岁的前锋一战成名，他利用贝利缺阵的机会，成为了决赛中的英雄。

战场

卡洛斯·迪特沃恩体育场
Carlos Dittborn Stadium
所在城市：阿里卡
容量：24000人
本届杯赛承办7场比赛
平均上座率：41%

国家体育场
Nacional Stadium
所在城市：圣地亚哥
容量：77000人
本届杯赛承办10场比赛（包括决赛）
平均上座率：86%

埃斯塔迪奥·布拉登体育场
Estadio Braden Stadium
所在城市：兰卡瓜
容量：25000人
本届杯赛承办7场比赛
平均上座率：33%

绍萨利托体育场
Sausalito Stadium
所在城市：比尼亚德尔马
容量：35000人
本届杯赛承办8场比赛
平均上座率：37%

他们是冠军

主教练

埃莫雷·莫雷拉 Aimore Moreira

生于1912年4月24日/卒于1998年7月26日

他哥哥泽泽·莫雷拉曾是巴西参加1954年世界杯时的主教练。A.莫雷拉手下的巴西队继承了上届优秀传统，在整个杯赛过程中都保持着强大的战斗力，最终卫冕了冠军。

门　将

希尔马尔 Gilmar

生于1930年8月22日

效力俱乐部：桑托斯（巴西甲）

可靠、冷静、低调。这是希尔马尔·多斯·桑托斯·内维斯第二次参加世界杯。作为主力门将为巴西镇守龙门的他令对手的一次次进攻无功而返，给球迷留下了深刻印象。

卡洛斯·卡斯蒂略 Carlos Castilho

生于1927年11月27日

效力俱乐部：弗拉门戈（巴西甲）

这位来自里约州的门将并未能撼动希尔马尔的主力位置，他的世界杯出场纪录还是停留在1954年时的3场。

后　卫

阿尔泰尔 Altair

生于1938年1月22日

效力俱乐部：弗卢米嫩塞（巴西甲）

这位防守悍将的全名叫做阿尔泰尔·戈麦斯·德菲格雷多。本届杯赛一直作壁上观，好在1966年的英格兰世界杯中，他获得了两次出场机会。

希德拉尔多·贝利尼 Hideraldo Bellini

生于1930年6月7日

效力俱乐部：圣保罗（巴西甲）

对于这位1958年世界杯时的巴西队长来说，本届杯赛无疑是失望的一届。毛罗成功地将他的主力位置夺走，让他只能在看台上作壁上观。

雅伊尔·马里尼奥 Jair Marinho

生于1936年7月17日

效力俱乐部：弗拉门戈（巴西甲）

原名雅伊尔·德奥利维拉，本届杯赛未得到一次出场机会。对这位来自里约州的后卫来说实在是一种遗憾。

茹兰迪尔 Jurandir

生于1938年1月22日

效力俱乐部：圣保罗（巴西甲）

作为瓦瓦等前锋球员的替补，他未能得到出场机会。但我们仍然要记住他：茹兰迪尔·德弗雷塔斯。

毛罗·拉莫斯 Mauro Ramos

生于1930年8月30日/卒于2002年9月

效力俱乐部：桑托斯（巴西甲）

1958年世界杯上，毛罗只是贝利尼的替补，而1962年他成为了主力，并接过了队长袖标，让贝利尼在看台上度过了整届杯赛。这位头球出色的后卫是巴西获得冠军的有力保证。

贾尔马·桑托斯 Djalma Santos

生于1929年2月27日

效力俱乐部：帕尔梅拉斯（巴西甲）

这是他连续参加的第三届世界杯了。他和尼尔顿·桑托斯一起组成了一条密不透风的后防线。随着年龄的增加，他的防守也更加可靠了。决赛3比1击败捷克斯洛伐克，他出色的防守功不可没。

尼尔顿·桑托斯 Nilton Santos

生于1925年5月16日

效力俱乐部：博塔弗戈（巴西甲）

当时足坛的活化石，37岁的他参加了4届世界杯，仍是球队后防可靠的基石。他还凭借自己丰富的经验，经常给主帅莫雷拉谏言。

佐齐莫 Zozimo

生于1932年6月19日

效力俱乐部：班古（巴西甲）

除了两位桑托斯之外，佐齐莫也是巴西后防线上的关键人物。他的速度极快，并且十分灵活，帮助巴西队在决赛中击败捷克斯洛伐克捧杯。本届比赛中，原名佐齐莫·阿尔维斯·卡拉桑斯的他出场6次，是球队最可靠的球员之一。

中　场

迪迪 Didi

生于1928年10月8日/卒于2001年5月12日

效力俱乐部：博塔弗戈（巴西甲）

这是迪迪第三次参加世界杯，此前这位来自里约州的中场已经参加了1954年和1958年两届世界杯，是巴西队的传奇。本届世界杯获得冠军后，迪迪功成身退，决定挂靴。

齐托 Zito

生于1932年8月8日

效力俱乐部：桑托斯（巴西甲）

原名若泽·埃利·德米兰达。身高只有1.69米的他是球队的开心果。同时，他在队中的主力位置也及其稳固。作为中场球员，他有效地衔接了前场和后场。在决赛中，他打入了关键一球反超比分，帮助巴西队建立了2比1的领先。

泽基尼亚 Zequinha

生于1940年11月12日

效力俱乐部：帕尔梅拉斯（巴西甲）

这位中场球员原名若泽·费雷拉·佛朗哥，本届杯赛在看台上度过。

门加尔维奥 Mengalvio

生于1940年7月9日

效力俱乐部：桑托斯（巴西甲）

佩德罗·门加尔维奥·菲盖罗·圣莱奥波尔多随队来到了智利，但却无人为他喝彩。

前　锋

雅伊尔 Jair

生于1939年12月17日

效力俱乐部：葡萄牙人（巴西甲）

这位来自圣保罗州的前锋在这支世界冠军球队中并不为人所熟知，在本届杯赛上并没有得到出场机会。

阿马里尔多 Amarildo

生于1939年7月29日

效力俱乐部：博塔弗戈（巴西甲）

在世界杯开赛前不久，他从弗拉门戈转会去了博塔弗戈。这位射手到智利参加世界杯原本只是旅游，但全名叫做阿马罗·塔韦雷斯·达西尔韦塔的他却从贝利的霉运中获益，从第二场比赛中开始出场，在4场比赛中打入了3球。

科蒂尼奥 Coutinho

生于1943年6月11日

效力俱乐部：桑托斯（巴西甲）

尽管没有出场记录，但这位原名为安东尼奥·威尔逊·奥诺里奥的球员还是获得了一块冠军奖牌。

加林查 Garrincha

生于1933年10月8日/卒于1983年1月20日

效力俱乐部：博塔弗戈（巴西甲）

加林查，足坛的火烈鸟！有着悲剧人生的足坛天才。在同智利队的比赛中他两度破门，却被对手铲得伤痕累累，最后忍不住回踢一脚，被红牌罚下场。随后国际足联网开一面，允许他参加最后同捷克斯洛伐克的决赛。最终加林查死于酗酒造成的肝硬化，但他的球迷将永远铭记这位巴西的边路天才。

贝利 Pele

生于1940年10月23日

效力俱乐部：桑托斯（巴西甲）

虽然在本届杯赛中仅出场了两次，但他仍然是全世界谈论的中心。巴西队小组赛第二场同捷克斯洛伐克的比赛中，贝利就因伤下场，缺席了剩下全部的比赛。尽管如此，他在看台上为球队欢呼的画面也深入人心。

佩佩 Pepe

生于1935年2月25日

效力俱乐部：桑托斯（巴西甲）

佩佩原名若泽·马西亚。在巴西队激烈的前锋竞争中败下阵来，没有获得出场机会。主教练莫雷拉对他并不感冒。

瓦瓦 Vava

生于1934年11月12日

效力俱乐部：圣保罗（巴西甲）

本届杯赛中，瓦瓦打入4球，和加林查并列球队最佳射手。这位原名埃德瓦尔多·伊齐迪奥·内图的中锋在智利大放异彩，并在决赛中打入锁定胜局的一球，帮助巴西队3比1获胜。

马里奥·扎加洛 Mario Zagalo

生于1931年3月9日

效力俱乐部：博塔弗戈（巴西甲）

后来成为巴西主帅的扎加洛在本届比赛中的发挥十分出色，在决赛中作为边锋出场的他给巴西队的进攻带来了巨大的活力，也在门前给捷克斯洛伐克制造了不少威胁，是巴西队中发挥最好的球员之一。

赛程赛果

第1小组

1962.5.30　乌拉圭2比1哥伦比亚
1962.5.31　苏联2比0南斯拉夫
1962.6.2　南斯拉夫3比1乌拉圭
1962.6.3　苏联4比4哥伦比亚
1962.6.6　苏联2比1乌拉圭
1962.6.7　南斯拉夫5比0哥伦比亚
苏联2胜1平晋级，南斯拉夫2胜1负晋级。

第2小组

1962.5.30　智利3比1瑞士
1962.5.31　联邦德国0比0意大利
1962.6.2　智利2比0意大利
1962.6.3　联邦德国2比1瑞士
1962.6.6　联邦德国2比0智利
1962.6.7　意大利3比0瑞士
联邦德国2胜1平晋级，智利2胜1负晋级。

第3小组

1962.5.30　巴西2比0墨西哥
1962.5.31　捷克斯洛伐克1比0西班牙
1962.6.2　巴西0比0捷克斯洛伐克
1962.6.3　西班牙1比0墨西哥
1962.6.6　巴西2比1西班牙
1962.6.7　墨西哥3比1捷克斯洛伐克
巴西2胜1平晋级，捷克斯洛伐克1胜1平1负晋级。

第4小组

1962.5.30　阿根廷1比0保加利亚
1962.5.31　匈牙利2比1英格兰
1962.6.2　英格兰3比1阿根廷
1962.6.3　匈牙利6比1保加利亚
1962.6.6　匈牙利0比0阿根廷
1962.6.7　英格兰0比0保加利亚
匈牙利2胜1平晋级，英格兰1胜1平1负晋级。

1/4决赛

1962.6.10　巴西3比1英格兰
1962.6.10　智利2比1苏联
1962.6.10　南斯拉夫1比0联邦德国
1962.6.10　捷克斯洛伐克1比0匈牙利

半决赛

1962.6.13　捷克斯洛伐克3比1南斯拉夫
1962.6.13　巴西4比2智利

三四名决赛

1962.6.16　智利1比0南斯拉夫

决赛

1962.6.17　巴西3比1捷克斯洛伐克

射手榜

	排名	球员（国家）	进球数
▲	1	阿尔伯特（匈牙利）	4
		伊万诺夫（苏联）	4
		加林查（巴西）	4
		瓦瓦（巴西）	4
		耶科维奇（南斯拉夫）	4
		桑切斯（智利）	4
	7	蒂希（匈牙利）	3
		阿马里尔多（巴西）	3
		谢勒（捷克斯洛伐克）	3
		加利奇（南斯拉夫）	3

第1名　巴西

主教练：莫雷拉(巴西)

号码	球员	进球 / 出场
门将		
1	希尔马尔	-5/6
22	卡斯蒂略	-/-
后卫		
2	贾尔马·桑托斯	0/6
3	毛罗·拉莫斯	0/6
5	佐齐莫	0/6
6	尼尔顿·桑托斯	0/6
12	雅伊尔·马里尼奥	-/-
13	贝利尼	-/-
14	茹兰迪尔	-/-
15	阿尔泰尔	-/-
中场		
4	齐托	1/6
8	迪迪	0/6
16	泽基尼亚	-/-
17	门加尔维奥	-/-
前锋		
7	加林查	4/6
9	科蒂尼奥	-/-
10	贝利	1/2
11	佩佩	-/-
18	雅伊尔·达科斯塔	-/-
19	瓦瓦	4/6
20	阿马里尔多	3/4
21	扎加洛	1/6

第2名 捷克斯洛伐克

主教练:维特拉奇尔(捷克斯洛伐克)

号码	球员	进球 / 出场
门将		
1	施罗伊夫	-5/6
13	施穆克尔	-/-
22	考巴	-/-
后卫		
2	拉拉	0/5
3	波普卢哈尔	0/6
4	诺瓦克	0/6
5	普卢斯卡尔	0/6
12	蒂希	0/1
21	邦巴	-/-
中场		
6	马索普斯特	1/6
7	斯季布拉尼	1/3
16	布贝尼科	-/-
19	克瓦斯尼亚克	0/6
前锋		
8	谢勒	3/6
9	莫尔纳	-/-
10	阿达麦茨	0/3
11	耶利内克	0/5
14	马谢克	1/1
15	科什	-/-
17	波斯皮哈尔	0/3
18	卡德拉巴	1/3
20	博罗维奇卡	-/-

第3名 智利

主教练:列拉(智利)

号码	球员	进球 / 出场
门将		
1	埃斯库蒂	-8/5
12	戈多伊	0/1
22	阿斯托加	-/-
后卫		
2	埃萨吉雷	0/6
3	桑切斯	0/6
4	纳瓦罗	0/4
5	孔特雷拉斯	0/5
13	巴尔德斯	-/-
14	莱佩	-/-
15	曼努埃尔·罗德里格斯	0/2
16	温贝托·克鲁斯	0/1
中场		
6	罗哈斯	2/6
8	托罗	1/6
10	富尤	0/2
17	奥尔蒂斯	-/-
前锋		
7	拉米雷斯	2/6
9	兰达	2/5
11	L.桑切斯	4/6
18	莫雷诺	0/1
19	穆索	-/-
20	坎波斯	0/1
21	托瓦尔	0/4

第4名 南斯拉夫

主教练:米哈伊洛维奇(南斯拉夫)

号码	球员	进球 / 出场
门将		
1	索斯基奇	-7/6
12	克里沃库恰	-/-
19	斯托扬诺维奇	-/-
后卫		
2	久尔科维奇	0/6
3	优素菲	0/5
5	马尔科维奇	0/6
13	斯维尼亚雷维奇	0/1
14	希亚科维奇	0/1
20	尼科利奇	-/-
中场		
4	拉达科维奇	1/5
6	波波维奇	0/6
7	安科维奇	0/1
8	舍库拉拉茨	0/6
15	马图斯	0/1
16	穆伊奇	0/1
22	伊沃什	-/-
前锋		
9	耶利维奇	4/6
10	加利奇	3/6
11	斯科布拉	1/5
17	梅利奇	1/2
18	科瓦切维奇	0/2
21	斯蒂皮奇	-/-

8

时间: 7.11—7.30

主办国: 英格兰

第八届世界杯
1966

冠军

英格兰

参赛国家

- 联邦德国
- 英格兰
- 阿根廷
- 巴西
- 保加利亚
- 智利
- 朝鲜
- 西班牙
- 法国
- 匈牙利
- 意大利
- 墨西哥
- 葡萄牙
- 瑞士
- 苏联
- 乌拉圭

英格兰走向欧洲

1963年，英足总迎来了百年华诞，国际足联将1966年世界杯的主办权作为礼物送给了英国人，这也标志着英国人终于真正进入了国际足球大家庭。不过英国人得到世界杯主办权并非那么容易，因为除了他们，联邦德国和西班牙也在申办队伍里。西班牙在最后一刻决定退出，因此国际足联在1960年的会议上必须在英国和联邦德国之间做出选择。最终英国作为现代足球发源地，以微弱优势击败联邦德国。英国人希望，自己的球队能够作为东道主夺冠，从而为英足总的百年庆典送上一份迟来的礼物。

1966年，夺得世界杯的英格兰队拍摄集体照时春风满面。后排左起：谢泼德森（助理教练）、斯泰尔斯、亨特、班克斯、杰克·查尔顿、科恩、威尔逊、拉姆塞（主教练），前排左起：彼得斯、赫斯特、穆尔、鲍尔、博比·查尔顿。

在1966年之前，英格兰队在世界杯的成绩实在是拿不出手，四次入围决赛圈有两次都是第一轮就早早出局。1954年和1962年，英格兰则是被挡在了四强大门外。在欧洲大陆，英格兰在第二次世界大战后的成绩要比

吉祥物 威利

世界杯历史上第一个吉祥物。一向以狮子作为国家徽号的英格兰人（英格兰国家队的绰号就是"三狮军团"），设计了一只卡通狮子向全世界宣传其主办国理念。这个被命名为"威利"的小狮子身着英国国旗球衣大步向前，让人过目不忘。威利也开启了世界杯吉祥物宣传的里程碑。

影响力之争

国际足联从建立之初就书面规定：各国足协无论大小，在国际足联这里都有相同的一票投票权。这项规定一直是欧洲国家的眼中钉。英格兰世界杯开始前，欧洲各足协开始准备推翻这项规定，希望按国家在足球领域的影响力拥有不同份额的投票权。但当时的欧足联主席在伦敦召开了一次会议，他认为现在并非改变的时机："现在就向国际足联施压是不可能的。欧洲之外的成员国数量三倍于我们，欧洲的提议肯定不会被通过。我们只有等待更好的机会。"

红酒供给

一个真正的法国人恐怕会觉得这届世界杯很无聊，因为没有他们最爱的红酒，虽然在英国也有红酒，但价格十分昂贵，而且数量有限，因此法国人自然没有机会享用红酒，他们只能在胜利之后喝香槟庆祝，不过好在这样的痛苦也是短暂的，因为小组赛之后法国队就打道回府了。

打成一片

当时联邦德国队员们的文化水平参差不齐，这让主教练舍恩不得不尽量和球员们在一起，甚至球员们的娱乐活动，他也要一起参加。比如打斯卡特牌（德国一种三人玩的牌类游戏）。

联邦德国、匈牙利、捷克斯洛伐克甚至是瑞典更差。英格兰在1950年巴西世界杯铩羽而归，1953年输给匈牙利之后，使得英国国内有了改革的呼声，这促进了英国足球开始融入世界足球发展的潮流。英国人的固步自封被证明就是一记乌龙球，这使得他们对于国际足球技战术的最新发展一无所知，也无法衡量自己和其他国家球队的差距，导致了英国足球逐渐陷入二流。

1954年，英国联赛冠军狼队分别以4比0和5比2击败了莫斯科斯巴达和布达佩斯捍卫者，英国《每日镜报》便迫不及待宣称这是欧洲最好的俱乐部。但对于这样的观点，法国《队报》足球部主任阿诺提出了质疑。在1954年12月，《队报》刊登了阿诺关于成立欧洲冠军杯的设想，这项赛事在1955/1956赛季开始进行。但是英国冠军切尔西并没有参加，因为英国人还没有改变傲慢的态度。也许英国人担心，自己的球迷看到欧洲大陆球队的比赛，从而对本国球队提出更高的要求。面向欧洲大陆的封闭，至少可以让英国媒体继续宣扬自己的球队是最棒的。

不过英足总秘书长斯坦利·劳斯没有放弃努力，终于在1956/1957赛季促成了曼联参加欧洲俱乐部赛事。曼联主帅巴斯比和劳斯的观点相同，都认为英国俱乐部必须要走出国门，和欧洲其他国家的球队较量，而且参加欧洲俱乐部比赛，也可以增加曼联的收入。

1965年，西汉姆联击败慕尼黑1860获得了欧洲优胜者杯冠军，前者阵中拥有穆尔和赫斯特两位即将在1966年世界杯担任英格兰队主力的球员。在1966年，多特蒙德则成为第一支获得优胜者杯冠军的德甲球队，这也是德国人在欧洲俱乐部赛场的第一项荣誉，他们在决赛里战胜了利物浦。1968年，曼联击败了格拉斯哥流浪者，为英格兰赢得了第一座冠军杯奖杯。从这一趋势看，1966年世界杯赛场上，英德会师决赛并不令人吃惊。

此时英国在文化和政治上也经历了巨大的变化，伦敦逐渐成为国际大都市，这就像20世纪20年代的巴黎和50年代的罗马。1964年，英国工党时隔13年重新执政，提出的一系列改革方案都是以社会的自由化，以及社会更加公正为目标，英国社会普遍对前景感到乐观，足球自然也受到了影响。英国工党领袖威尔逊在国家队夺冠后骄傲地表示："难道你们没有注意到，英格兰队只有在工党执政时期才能够成为世界冠军？"

善良的独裁者

世界杯开幕前4个月，雷米特杯失窃的消息不胫而走。奖杯当时正放在威斯敏斯特展出，就连苏格兰场的神探们也没有能够找回奖杯。倒是一只叫做"泡菜"的小狗在伦敦郊区垃圾堆里找到了金杯，为了感谢"泡菜"和他的主人，国际足联决定邀请他们去观看1970年墨西哥世界杯，只可惜在即将出发之

“屠夫”遍地

20世纪60年代是国际足球最粗野、最丑陋、野蛮球员最无法无天的时代。在公平竞争的国度，1966年世界杯也没能幸免。没有任何一个裁判注意保护球员。在打入第一球后，贝利被保加利亚后卫严重侵犯，4天后又被葡萄牙人莫赖斯粗野犯规。诺比·斯泰尔斯，缺了几颗牙齿的英格兰恐怖后卫，也曾导致法国人西蒙重伤。

英格兰1比0战胜阿根廷的1/4决赛出现的另一个事件，成为世界级丑闻。在被裁判罚出场后，阿根廷队长、著名诗人拉廷拒绝离场。比赛因此被中断了6分40秒。拉廷待在场边，煽动队友，要求阿根廷代表团的领队从看台上下来。后来，他解释说他当时只是想找个翻译，向裁判作出解释。“在阿根廷，我们一直这么做……”

1966年7月19日，带伤上阵的贝利（中间被搀扶者）被葡萄牙人莫赖斯“踢”出了赛事。这届世界杯上，裁判根本没有保护球员的意识。

前，“泡菜”去世了。

尽管有70个国家报名参加英格兰世界杯的预选赛，但是几乎都是欧洲和南美的力量统治着国际足坛。在130个国际足联会员中，欧洲只有32个，占到总数的24%，却有多达10支球队参加英格兰世界杯决赛圈，占到所有球队的62.5%，另外还有5支来自南美洲和中北美洲。非洲和亚洲一共只有一个名额，因此15支非洲球队干脆选择退出。亚洲方面在韩国退出后，只有朝鲜一支球队报名，并先后以6比1和3比1击败了大洋洲的澳大利亚，晋级世界杯。

毫无疑问，东道主英格兰和卫冕冠军巴西都是夺冠热门。巴西队帅印又交给了费奥拉，这次来英国的球队年龄较大，这不仅是因为上届参赛的很多球员依然还在阵中，而且费奥拉还带上了无缘4年前世界杯的贝利尼和奥兰多。球王贝利此时25岁，是状态正佳的时候，但是加林查经历了车祸需要很长一段时间的恢复，所以上届冠军在英格兰会有怎样的表现是一个疑问。也许是因为4年前赢得过于轻松，巴西人觉得赛前的集中训练都没什么必要。

拉姆塞从1962年底开始执教英格兰国家队。这一年10月的欧洲杯预选赛，英格兰和法国1比1战平，最终没能出线，拉姆塞因此接替了温特伯顿掌管帅印。球员时代，拉姆塞作

兴奋剂检测

1966年世界杯第一次引入了兴奋剂检测，最初每支球队的每名球员都要接受检测，于是就出现了比赛后一堆球员拿着自己的尿样排队递交的盛况。检测结果会在比赛结束18小时之内公布，就连主裁判也不能避免，最终检测结果显示所有球员都没有问题，只是朝鲜人的尿样中发现了大量的人参成分。

为右后卫代表国家队出场32次，后来作为教练他将丙级队伊普斯维奇带到了甲级联赛冠军。拉姆塞一向和媒体关系紧张，人们对他的印象是傲慢并且深藏不露。在执教国家队后不久，拉姆塞宣布下一届世界杯将属于英格兰，媒体自然是欢欣鼓舞，但拉姆塞也因此承受了非常大的压力。

拉姆塞的敌人可不仅仅是媒体，还包括英足总那些老迈的官员。1872年起，英格兰国家队不是由主教练，而是由“选择委员会”决定出场名单。拉姆塞终止了这一做法，让国家队的一切都更加职业化。不过拉姆塞和球员的关系非常好，尽管和他们注意保持一定的距离，但对外总是为球队辩护，被称为善良的“独裁者”。

拉姆塞的批评者们认为英格兰队过于追求比赛结果，场上踢得不够精彩。由于英格兰缺少出色的边锋，拉姆塞采取了相对保守的433战术，强调身体对抗和场上的跑动，通过边后卫插上助攻来弥补缺少边锋的不足，后卫插上助攻留下的空档，则由一名能力超强的中场球员填补。前锋线上，英格兰队最多只会有3名球员。

因此在拉姆塞给出的世界杯名单里，主要都是能够在场上不知疲倦奔跑的球员，只有博比·查尔顿是一个例外。最能代表英格兰队风格的是曼联球员斯泰尔斯，他一贯的凶狠铲抢成为对方进攻组织者的噩梦。

当时的英格兰拥有斯托克城的班克斯，这是那个年代的世界最佳门将之一。后防线交给身体强壮的穆尔来打理，中场则是由永远不知疲倦的鲍尔统领，前锋线英格兰队拥有托特纳姆热刺的格里夫斯这位世界级球星。但是随着世界杯的进展，格里夫斯的位置

拉姆塞（中）制止英格兰后卫科恩（右）与阿根廷球员交换球衣。阿根廷粗鲁的球风让一向爱护球员的拉姆塞愤怒不已。

法式球队

他们是唯一一支拥有3名主教练——吕西安·雅斯龙（中），马塞尔·多梅尔凯，亨利·介朗（右），3场比赛使用了3种战术的球队。然而法国队一场都没赢（1比1平墨西哥，1比2负乌拉圭，0比2负英格兰）。时任法国足协主席安托万·基亚里索利如此描述这个他要负主要责任的安排：“他们希望三主教练体制，他们认为这样最好，他们得到了；他们不想在世界杯前与强队过招，他们得到了许可；他们说不需要足协领导的帮助，我们信任了他们。”

逐渐被赫斯特和亨特取代。如果英格兰最终没有赢得世界杯，拉姆塞对于锋线人选的变动一定又会遭到球迷和媒体的口诛笔伐。

有主场就有一切？

输掉决赛的联邦德国对于这场颇有争议的失败倒是可以平静接受，队长乌韦·席勒就表示英国人是当之无愧的世界冠军。很多年后，博比·查尔顿依然表示1966年世界杯的胜利，是英国体育历史上最伟大的时刻。而在决赛里击败联邦德国后，主帅拉姆塞只说了这样一句话：“如果今天有人问，英国人给世界奉献了什么时，我会回答说是足球，精彩、硬朗、干净而聪明的足球。”

英国媒体都对于获得世界杯非常振奋，但是这又导致了另一个不好的结果，那便是英国人觉得自己的足球已经是世界第一，没有必要再去考虑研究世界足球的进一步发展。在拉姆塞的球队里，勇气和投入要比技术本身更加重要，有创造力的球员会觉得在球队里立足愈发困难。传统的英式风格让英国足球的发展进入了死胡同，虽然英国俱乐部在20世纪70年代迎来了黄金时代，但是国家队在1974年、1978年和1994年世界杯都没有出线，在1966年后，英格兰队在世界杯赛场唯一值得一提的成绩是1990年的第四名。

“阿根廷是野兽”

这是世界杯历史上最“著名”的辱骂之一。在英格兰同阿根廷赛后，两支球队的球员冷静下来，开始交换球衣。英格兰主帅拉姆塞冲进球场，阻止他们交换球衣。在媒体面前，他喊道：“看到阿根廷人的天分被如此浪费，实在难以置信！我们希望与一支来踢球的球队共同展现最好的水平，而不是像一群野兽！”

因此一些观察家觉得，英国人之所以能够赢得世界杯是因为依靠主场优势。和阿根廷的1/4决赛，以及和联邦德国决赛的争议进球都在为这一观点提供佐证。而且英格兰所在的第一小组实力偏弱，球队的所有比赛又都被安排在温布利球场进行，球迷在那里可以为主队营造出最好的气氛。温布利球场当初是为了英国展会而修建，但因为1966年世界杯才被载入史册。人们都在抱怨，1966年世界杯受到英足总太多的影响。

意大利前国脚福尼从1964年到1968年之间执教瑞士队，在为国际足联进行的一次调查中发现，如果世界杯在南美洲举行，南美球队就会有优势；放在欧洲举行则是欧洲球队

“葡萄牙珍珠”

他当年差点遭遇海难。席尔瓦·尤西比奥·费雷拉，外号“莫桑比克的珍珠”，那是他出生的地方，而尤西比奥与葡萄牙国家队，也差点在世界杯上被朝鲜击沉。1966年7月23日的利物浦，在同朝鲜的1/4决赛中，葡萄牙24分钟就0比3落后。尤西比奥在小组赛阶段打入3球，其中包括对巴西的两球，他完全没预料到会掉入如此险境。

在利物浦，他用一己之力掌控着葡萄牙的命运，在比赛第27至59分钟之间攻入4球，率领葡萄牙大翻盘，其中包括2个点球。同英格兰的半决赛，以及随后同苏联的季军争夺战中，他又打入2个点球。1966年世界杯最佳射手最终共入9球，其中4个点球。24岁的尤西比奥已经开始追逐荣誉，他在1965年当选金球奖，1966年也只排在博比·查尔顿之后。

1966年7月19日，发生了本届世界杯最惊人的事件：两次世界冠军意大利被第一次参加世界杯决赛圈的朝鲜击败。赛后朝鲜队员、教练相互庆祝球队晋级8强。

占便宜——要么是一开始的对手较弱，要么是赛程更为有利。英国人就是通过指定球场，在两场比赛之间获得更多的休息，以及从裁判判罚上讨了便宜。福尼提出一个新观点，世界杯的举行应该不局限在欧洲和南美洲，而是各大洲都有机会。

本届世界杯还有一大发现是德国人贝肯鲍尔，他所扮演的清道夫角色对于足球战术是一次重大创新，他不仅可以做好防守任务，而且还总会参与球队的进攻，寻找射门机会。相比之下英格兰则是通过人盯人和区域防守，限制对方球员的个人发挥，拼抢更多在中场展开。不过这并不是一届防守至上的世界杯，尽管各支球队都加强了防守，但是他们的进攻实力也有所提高，足球的发展越来越成熟，防线不再是像过去那样弱不禁风。

查尔顿兄弟

他们有长长的脖子，但头发都掉光了。查尔顿兄弟很好辨认。杰克（左）踢后卫，外号“长颈鹿”，以头球而不是双脚出名；博比（右）踢前锋，是球场创造者。他们在纽卡斯尔旁的阿星顿长大，父亲是矿工，母亲茜茜·米尔布姆是前利兹联门将之后。

1952年，14岁的博比来到了曼彻斯特。1958年的慕尼黑空难夺走了那支伟大曼联的大半支球队，博比幸免于难。英格兰本土加冕多亏了他。半决赛对阵葡萄牙，博比包办本队两球，而杰克的手球送给了尤西比奥一个点球。决赛夜，两名英格兰球员平躺在温布利的草皮上望着星空，他们是查尔顿兄弟。

决赛
英格兰4比2联邦德国
1966年7月30日
伦敦温布利球场

从对阵双方的名字看，这就是一场完美的决赛。东道主英格兰迎战媒体纷纷看好的联邦德国——也许只有巴西队会是比联邦德国更吸引人眼球的决赛对手。对于英国人来说，他们终于跳上了国际足坛的云端。作为现代足球的发源地，英国上一次进入国际大赛决赛还是在1912年斯德哥尔摩奥运会，但当时只有业余球员可以参赛。经过了54年的漫长等待，英国人终于有机会证明，他们是足球场上的老大。

从相互战绩上看，联邦德国完全处于下风，他们此前还没有击败过英格兰，而且千万不能低估英格兰的主场优势，温布利球场96924个座位座无虚席。联邦德国主帅舍恩赛前遇到了麻烦，赫特格斯没有完全康复，门将蒂尔科夫斯基在和苏联的半决赛就伤了肩膀。由于替补门将迈耶也受了伤，来自多特蒙德的三号门将贝尔纳德很可能临危受命。这位教练还做出了一个最错误的决定，让阵中年轻、优雅的中场贝肯鲍尔，去盯防英格兰最出色的球员博比·查尔顿。

英格兰主帅拉姆塞则是为究竟选谁出场发愁，颇受球迷喜爱的格里夫斯已经痊愈，但是他的替代者赫斯特此前在和阿根廷以及葡萄牙的比赛中表现出色，最终继续得到了拉姆塞的信任。拉姆塞效仿巴西队执行433战术，但是由于缺少优秀的边锋，这一战术非常依赖两位边后卫科恩和威尔逊的发挥。英格兰的中场都是能拼能抢的球员，格里夫斯最终没能进入比赛阵容。

本场比赛进行得算不上精彩，双方都立足于激烈的身体对抗，联邦德国拥有年轻的贝肯鲍尔等人，踢得还算好看一些。英格兰在本届世界杯表现其实并不是很好，对于胜利的渴望，比赛的投入以及一些运气成分，让他们一次次涉险过关。英格兰在和葡萄牙的半

赫斯特与荣誉有约

这名西汉姆联射手曾是职业板球运动员，也是博比·穆尔最好的朋友。24岁的赫斯特似乎并没有准备好迎接1966年世界杯决赛的辉煌。他于当年1月23日才成为国脚，世界杯决赛是他第8次代表英格兰出场。赫斯特出生在曼彻斯特，父亲曾是奥德汉姆的职业球员。他与世界杯荣耀有约，借托特纳姆前锋吉米·格里夫斯受伤的机会，他在同联邦德国的决赛中上演帽子戏法。此后再也没人复制这一奇迹。

决赛才第一次遭遇严峻的考验，也终于展示出这支球队的潜力。联邦德国此前的比赛则表现出色，一共打入了13个球，几乎是英格兰人的两倍。

本届世界杯决赛第一次实现了在世界范围内的转播，大约有52个国家的4亿名观众通过电视收看了这场英德大战，而且这也是世界杯决赛第一次通过彩色电视播出。德国人在赛前赢得了球衣颜色之争，他们可以身穿传统的白色球衣出场，英格兰则不得不在世界杯历史上第一次穿上红色备用球衣。英国女王出现在看台上，现场还有1.2万来自联邦德国的球迷。由于索要签名的人实在是太多了，舍恩的球队不得不在赛前对外封闭，为的是能够安静备战。

联邦德国必须想办法限制对方进攻核心博比·查尔顿的发挥，贝肯鲍尔接过了这一任务。这样的决定相当大胆，因为这意味着年轻的足球皇帝将没什么精力参与进攻。尽管埃梅里希在半决赛的糟糕表现遭致批评，但是舍恩还是将他留在出场名单里。在双方名单宣布之后，一场时间不长，却下得很大的雨突然光临现场。

足球疑云

在世界杯决赛结束之后，联邦德国中场哈勒尔迅速将皮球抱在怀里想要带走，但主裁判却要求他交出皮球。之前1958年世界杯和1962年世界杯的决赛用用球都被当做国际足联的财产上交。然而最后，1966年的这只皮球却被一位英国官员当做玩具带回了家中，直到数年之后才在哈勒尔的强烈要求之下，由英国政府将其“归还”给哈勒尔的儿子。

现场的气氛真是太棒了，在演奏完双方国歌后，两队队长开始挑边，英格兰的博比·穆尔赢得胜利，联邦德国不得不在上半时顶风作战。比赛开始后，双方都获得了一些机会，埃梅里希的状态依然没有什么改观，看台上的联邦德国球迷也对他不满。

这是一场节奏非常快，拼抢异常激烈的比赛，英格兰稍占优势，但是联邦德国的前锋时刻让东道主感受到威胁，尤其是乌韦·席勒更是成为英格兰后防线的心腹大患。第12分钟，席勒右路传中找到了黑尔德，后者再将球

①1966年7月30日，英格兰与联邦德国的世界杯决赛跌宕起伏。比赛第13分钟，哈勒尔（右一白衣）借助英格兰后卫威尔逊的失误，在温布利球场首开记录。

但赫斯特（图②10号）、彼得斯（图③左下靠左）在第18分钟和第78分钟的进球为英格兰扭转了局势。

①

②

③

加时赛最后1分钟，赫斯特（右）的破门将决赛的最终比分锁定为4比2。赫斯特也成为了唯一一位在世界杯决赛上演帽子戏法的球员。

争议进球

英格兰同联邦德国决赛中的6个进球只有3个有效？这个话题曾持续了很久。德国人韦伯在第89分钟扳平比分，导致进球的那个任意球完全是裁判想象出来的，之前皮球甚至还经施内林格手臂变向（大图红圈）。加时赛中，赫斯特的射门导致了英格兰的第3个进球，皮球击中横梁后反弹在门线上，它是正好压在门线上，还是已经越过了门线（小图）？专家们40年后还在对此进行研究。当值主裁、43岁的瑞士人丁斯特宣布进球有效，随后去咨询巡边员、47岁的苏联人巴赫拉莫夫，后者肯定了瑞士人的判罚。丁斯特自我辩护道："我离球门有20米远，持有怀疑。幸运的是，巡边员用双手向我示意，皮球反弹到了球门线后20厘米。"然而，这并不真实。

比赛第120分钟，当赫斯特上演帽子戏法时，3个年轻的球迷冲入了场内。英格兰媒体展现出特有的幽默感："他们越位了吗？"

吊入禁区里，威尔逊解围不慎将球送到了哈勒尔脚下，助其轻松将球送入球门。联邦德国1比0领先，温布利球场则瞬间陷入了安静，只能听到联邦德国球迷的欢呼。

不过很快英格兰球迷又开始不遗余力给球队加油，拉姆塞的球队很快就给对方制造了压力，联邦德国的后防线不断出现失误。仅仅领先了6分钟，联邦德国就被英格兰扳平比分。奥弗拉特对穆尔毫无必要的犯规，给对手创造了任意球机会。穆尔将球快速发出，引发联邦德国禁区内混乱，赫斯特的头球将比分改写成1比1。

之后双方各自创造出不少机会，但是上半时还是以1比1结束。换边后，两支球队势均力敌，博比·查尔顿执行拉姆塞的战术旨意，要继续加强进攻，但是贝肯鲍尔依然很好地限制了他的发挥。联邦德国的后防线表现得很顽强，但是前锋线却表现一般，席勒运气不是很好，黑尔德几乎无法让对手感受到威胁。埃梅里希呢？他的表现让人绝望，几乎没能赢得一次拼抢。

英格兰方面表现出色的还有科恩和斯泰尔斯，但是本场比赛的最佳球员无疑是赫斯特，尽管他的出场在赛前一度引发激烈讨论。第78分钟，赫斯特为主队创造了第六个角球机会，赫特格斯在防守时不幸将球停到本队小禁区里，彼得斯笑纳大礼，轻松帮助英格兰将比分反超。而就在彼得斯进球前几分钟，现场广播还提醒大家，如果比赛打平的话双方将在下周二重赛，球票在周六晚上开始出售。

看起来比赛可以在90分钟结束了，但是拉姆塞继续冒险的方针却给了联邦德国机会。第86分钟，博比·查尔顿本有希望将比分锁定在3比1，但是这位曼联球星没能抓住机会。就在英国球迷开始提前庆祝胜利的时候，联邦德国在最后一次进攻中创造了奇迹。2比2，比分重新回到了平局。

拉姆塞爵士这时显示出了自己的领导能力。加时赛开始前，他将球员聚集在草皮上，对他们说："你们已经赢了一次！现在，你们要回去再赢一次！"

加时赛中，尽管两支球队都已经筋疲力尽，但还得拼出一个胜负来。比赛第101分钟的一幕可以写进世界杯历史，阿兰·鲍尔右路传中，赫斯特带了几步后抬脚射门，球砸在横梁上笔直落在球门线上，韦伯赶紧将球顶出解围。本来主裁判丁斯特要判罚角球，但是在英国球迷强烈的抗议声中，他走向了边裁巴赫拉莫夫，后者坚持认为球已经越过了门线，于是英格兰3比2再次领先。事后这位边裁承认，自己只是看到英格兰前锋亨特在看到赫斯特射门后振臂欢呼，以及联邦德国门将失望的表情，因此判定进球有效。

这个颇具争议的进球让联邦德国最终没有缓过劲来，尽管他们鼓起勇气进行最后一搏，但是英格兰队在场上将阵型保持得非常好，全力以赴确保胜利。而且在比赛最后时刻，英格兰还利用对手大举进攻留下的漏洞，将比分扩大为4比2。赫斯特在决赛中的第三个进球又颇具争议，因为在他反击中向联邦德国球门冲去的时候，很多英国后勤人员和观众都已经站在球场里。当时担任BBC电视台

● 宴会纠纷

在世界杯之后的庆祝晚宴上，英国政府宴请了本届世界杯上最好的4支球队的全体成员赴宴，分别是英格兰、联邦德国、葡萄牙和苏联。然而宴会不允许球员们偕同妻子前来的规定引发了巨大争议，因为包括伦敦市长在内的主办方代表官员都可以带上妻子，这让球员们十分愤怒。他们原本就因为参加世界杯而与家人分别数周，可如今庆祝晚宴竟然不能带上妻子，这也引发了一番不小的风波。

● 利润新高

1966年世界杯让国际足联的利润再创新高，账面上的数据显示本届世界杯让国际足联进账1700万瑞士法郎，其中单凭决赛就收入245万瑞士法郎。总共有1614677名观众观看了本届世界杯，电视转播收入高达480万瑞士法郎。这让英国主办方开怀不已，认为举办世界杯是最好的投资。

解说员的肯尼特·沃斯滕霍姆正准备描述赫斯特获得的最后一个机会，突然他发现几个孩子冲进了球场："有人冲进了球场！他们以为已经结束了！"随即，赫斯特得分，他又高喊："现在结束了，这是第4个进球！""他们以为已经结束了，但现在才是。"这句经典的评语让这名前飞行员名声大振，他评论了从1949年到1971年之间的所有足总杯决赛。那句话也成为一档娱乐秀节目《他们以为已经结束了》的名字，我们同样可以在很多歌曲中找到这句话，比如新秩序乐队的《动感世界（World in Motion）》。

在赫斯特完成决赛帽子戏法后，丁斯特终于吹响了全场比赛结束的哨音。英格兰成为了新科世界冠军，虽然有一些幸运，但也当之无愧。同样不能忘记的还有联邦德国的出色表现，正是他们和东道主合力，才共同奉献了这场扣人心弦、足以载入世界杯史册的经典决赛。

不能脏着手去见女王

胜利庆典从绿茵场上就开始了。西汉姆联队长博比·穆尔将登上看台，从女王手中接过奖杯。但经过这样一场令人筋疲力尽的战斗后，如何带着沾满泥土和草叶的手去见女王？穆尔想到了办法，经过皇家包厢的看台时，他将右手使劲在桌布上擦了擦。

此时，拉姆塞一个人坐在教练席里。他不想登上看台，不想被人们举起来欢呼。在球场边，乐队演奏着《圣徒到来（When the Saints）》。这个夏天，英格兰确实爱上了世界杯。

他们是冠军

主教练

阿尔夫·拉姆塞 Alf Ramsey

1920年1月22日出生

当1962年夏天拉姆塞执掌英格兰教鞭时，他曾豪言"英格兰将夺得世界杯冠军"，没多少人拿这句话当回事，然而这一幕在1966年成为了现实。这名曾在伊普斯维奇取得巨大成功的主帅开创了享誉世界足坛的442战术，堪称英格兰历史上最伟大的主帅。

门　将

戈登·班克斯 Gordon Banks

1937年12月30日出生

效力俱乐部：莱斯特城（英甲）

他被誉为"英格兰的保险箱"，他把守的英格兰球门在世界杯前四场一球不失，直到半决赛才被尤西比奥点球得分。最终他也帮助英格兰夺冠并赢得了当届世界杯的最佳门将，成为英格兰国家队历史上的传奇人物。

罗恩·斯普林格特 Ron Springett

1935年7月22日

效力俱乐部：谢周三（英甲）

这名1962年智利世界杯上的英格兰一号门将在4年之后只能担任第三门将，在板凳上看完世界杯。

彼得·博内蒂 Peter Bonetti

1941年9月27日出生

效力俱乐部：切尔西（英甲）

三狮军团拥有班克斯这样的门神，替补门将博内蒂自然没有用武之地，因此那届世界杯他也只能担任看客。

后　卫

乔治·科恩 George Cohen

1939年10月22日出生

效力俱乐部　富勒姆（英甲）

这名富勒姆后卫在1966年世界杯上的表现堪称完美，尤其是决赛阻止联邦德国任意球破门，将比赛拖入加时赛，并最终帮助球队获胜。

雷·威尔逊 Ray Wilson

1934年12月17日出生

效力俱乐部：埃弗顿（英甲）

英格兰夺冠的主力成员之一，是那届世界杯上表现最出色的后卫之一，作为英格兰队中年龄最大的球员之一，他的丰富经验也成为了球队的一笔宝贵财富。

杰克·查尔顿 Jack Charlton

1935年5月8日出生

效力俱乐部：利兹联（英甲）

虽然不及弟弟博比那般耀眼，但杰克也是英格兰夺冠的一大功臣，尤其是帮助英格兰2比1力克葡萄牙，只可惜他在这场比赛因为犯规吃牌无缘决赛，无缘亲自帮助球队夺冠。

博比·穆尔 Bobby Moore

1941年4月12日出生

效力俱乐部：西汉姆联（英甲）

这名年仅25岁的英格兰队长堪称球队的灵魂人物，决赛中正是他助攻赫斯特打入制胜一球，最终他从女王手中接过了世界杯历史上最后一座雷米特杯，而他也被视作是英格兰历史上最伟大的队长。

吉米·阿姆菲尔德 Jimmy Armfield

1935年9月21日出生

效力俱乐部：布莱克浦（英甲）

曾被誉为欧洲最佳右后卫的他15次出任英格兰队长，只可惜因伤提前结束自己1966年的世界杯之旅。

格里·伯恩 Gerry Byrne

1938年8月29日出生

效力俱乐部：利物浦（英甲）

这名职业生涯只效力过利物浦一支俱乐部的后卫在国家队只是候补，毫无表现的他也在那届世界杯之后告别了国家队，两年之后更是选择了挂靴。

诺曼·亨特 Norman Hunter

1943年10月29日出生

效力俱乐部：利兹联（英甲）

1966年世界杯上他只是随队积累经验，直到4年后的1970年世界杯上才真正获得重用。

中　场

诺比·斯泰尔斯 Nobby Stiles

1942年5月18日出生

效力俱乐部：曼联（英甲）

这名曼联球星成为了1966年世界杯上

的英格兰后防中坚，他的出色防守力保球队前4场比赛大门不失，最终也确保球队一路杀入决赛并夺冠。

阿兰·鲍尔 Alan Ball
1945年5月21日出生
效力俱乐部：布莱克浦（英甲）
1965年，仅有20岁的他就被慧眼识珠的拉姆塞召入国家队，随后他又跟随球队参加了1966年的世界杯，并成为了那届世界杯上最耀眼的新星之一。

马丁·彼得斯 Martin Peters
1943年11月8日出生
效力俱乐部：西汉姆联（英甲）
在决赛中打入一球帮助英格兰2比1领先德国，确保了球队将比赛拖入加时赛并获得最后的胜利。

罗恩·弗劳尔斯 Ron Flowers
1934年7月28日出生
效力俱乐部：狼队（英甲）
这名狼队中场不在拉姆塞的考虑之中，因此也只能扮演世界杯看客角色。

伊恩·考拉格汉 Ian Callaghan
1942年4月10日出生
效力俱乐部：利物浦（英甲）
这名利物浦队员只参加了小组赛最后一场和法国队的比赛，随即便被拉姆塞弃用。

前 锋

博比·查尔顿 Bobby Charlton
1937年11月10日出生
效力俱乐部：曼联（英甲）
英格兰历史上最伟大的球星，与“足球皇帝”贝肯鲍尔齐名。身为英格兰核心的他是球队最终夺冠的最大功臣之一，而他也当选了1966年的欧洲足球先生。

约翰·康奈利 John Connelly
1938年7月18日出生
效力俱乐部：曼联（英甲）
这名曼联后卫在参加完揭幕战和乌拉圭的比赛之后，就因为令人失望的表现而被拉姆塞弃用，而这也是他最后一次身披国家队战袍。

乔治·伊斯特汉 George Eastham
1936年9月23日出生
效力俱乐部：斯托克城（英甲）
虽然随队参加了世界杯，但显然他并不在拉姆塞的计划之中，因此也没有得到哪怕一分钟的出场时间。

吉米·格里夫斯 Jimmy Greaves
1940年2月20日出生
效力俱乐部：热刺（英甲）
这名英格兰顶级联赛的历史最佳射手一生为英格兰打入44粒进球，但遗憾的是他因伤在世界杯上颗粒无收，成为了职业生涯的一大遗憾。

罗杰·亨特 Roger Hunt
1938年7月20日出生
效力俱乐部：利物浦（英甲）
他跟随英格兰打满了1966年全部6场世界杯比赛，并且打入3球，其中两粒进球都是在小组赛最后一轮2比0击败法国队的比赛中攻进的。

杰夫·赫斯特 Geoff Hurst
1941年12月8日出生
效力俱乐部：西汉姆联（英甲）
英格兰夺冠的关键人物，他在决赛中一人便打入3球，成为了联邦德国的最大噩梦，而他那粒锁定胜局的门线进球更是成为了世界杯历史上最具争议的进球之一。

特里·佩因 Terry Paine
1939年3月23日出生
效力俱乐部：南安普敦（英甲）
那届世界杯上他只参加了一场和墨西哥的比赛，之后便因伤沦为看客，令人惋惜。

战场

温布利球场
Wembley Stadium
所在城市：伦敦
容量：98623 人
本届杯赛承办 9 场比赛（包括决赛）
平均上座率：88%

希尔斯堡球场
Hillsborough Stadium
所在城市：谢菲尔德
容量：58000 人
本届杯赛承办 4 场比赛
平均上座率：57%

白城球场
White City Stadium
所在城市：伦敦
容量：54000 人
本届杯赛承办 1 场比赛
平均上座率：85%

维拉公园球场
Villa Park Stadium
所在城市：伯明翰
容量：55000 人
本届杯赛承办 3 场比赛
平均上座率：85%

古迪逊公园球场
Goodison Park Stadium
所在城市：利物浦
容量 64000 人
本届杯赛承办 5 场比赛
平均上座率：84%

洛克公园球场
Roker Park Stadium
所在城市：桑德兰
容量：54000 人
本届杯赛承办 4 场比赛
平均上座率：52%

老特拉福德球场
Old Trafford Stadium
所在城市：曼彻斯特
容量：58000 人
本届杯赛承办 3 场比赛
平均上座率：53%

阿雷桑公园球场
Ayresome Park Stadium
所在城市：米德尔斯堡
容量：40000 人
本届杯赛承办 3 场比赛
平均上座率：48%

赛程赛果

第 1 小组

1966.7.11	英格兰0比0乌拉圭
1966.7.13	法国1比1墨西哥
1966.7.15	乌拉圭2比1法国
1966.7.16	英格兰2比0墨西哥
1966.7.19	乌拉圭0比0墨西哥
1966.7.20	英格兰2比0法国

英格兰2胜1平晋级，乌拉圭1胜2平晋级。

第 2 小组

1966.7.12	联邦德国5比0瑞士
1966.7.13	阿根廷2比1西班牙
1966.7.15	西班牙2比1瑞士
1966.7.16	联邦德国0比0阿根廷
1966.7.19	阿根廷2比0瑞士
1966.7.20	联邦德国2比1西班牙

联邦德国2胜1平晋级，阿根廷2胜1平晋级。

第 3 小组

1966.7.12	巴西2比0保加利亚
1966.7.13	葡萄牙3比1匈牙利
1966.7.15	匈牙利3比1巴西
1966.7.16	葡萄牙3比0保加利亚
1966.7.19	葡萄牙3比1巴西
1966.7.20	匈牙利3比1保加利亚

葡萄牙3战全胜晋级，匈牙利2胜1负。

第 4 小组

1966.7.12	苏联3比0朝鲜
1966.7.13	意大利2比0智利
1966.7.15	智利1比1朝鲜
1966.7.16	苏联1比0意大利
1966.7.20	苏联2比1智利

苏联3战全胜晋级，朝鲜1胜1平1负晋级。

1/4 决赛

1966.7.23	英格兰1比0阿根廷
1966.7.23	联邦德国4比0乌拉圭
1966.7.23	苏联2比1匈牙利
1966.7.23	葡萄牙5比3朝鲜

半决赛

1966.7.25	联邦德国2比1苏联
1966.7.26	英格兰2比1葡萄牙

三四名决赛

1966.7.28	葡萄牙2比1苏联

决赛

1966.7.26	英格兰4比2联邦德国

射手榜

	排名	球员（国家）	进球数
▲	1	尤西比奥（葡萄牙）	9
	2	哈勒尔（联邦德国）	5
	3	赫斯特（英格兰）	4
		拜奈（匈牙利）	4
		贝肯鲍尔（联邦德国）	4
	6	阿蒂梅（阿根廷）	3
		马洛费耶夫（苏联）	3
		博比·查尔顿（英格兰）	3
		罗杰·亨特（英格兰）	3
		奥古斯托（葡萄牙）	3
		托雷斯（葡萄牙）	3

第 1 名 英格兰

主教练:拉姆塞(英格兰)

号码	球员	进球 / 出场
门将		
1	班克斯	-3/6
12	斯普林格特	-/-
13	博内蒂	-/-
后卫		
2	科恩	0/6
3	威尔逊	0/6
5	杰克·查尔顿	0/6
6	穆尔	0/6
14	阿姆菲尔德	-/-
15	伯恩	-/-
18	诺曼·亨特	-/-
中场		
4	斯泰尔斯	0/6
7	鲍尔	0/4
16	彼得斯	1/5
17	弗劳尔斯	-/-
20	考拉格汉	0/1
前锋		
8	格里夫斯	0/3
9	博比·查尔顿	3/6
10	赫斯特	4/3
11	康奈利	0/1
19	佩因	0/1
21	罗杰·亨特	3/6
22	伊斯特汉	-/-

最佳阵容

第 2 名　联邦德国

主教练:舍恩(联邦德国)

号码	球员	进球 / 出场
门将		
1	蒂尔科夫斯基	-6/6
21	贝尔纳德	-/-
22	迈耶	-/-
后卫		
2	赫特格斯	0/5
3	施内林格	0/6
5	舒尔茨	0/6
6	韦伯	1/6
14	吕茨	0/1
15	帕茨克	-/-
17	保罗	-/-
18	西尔勒夫	-/-
中场		
4	贝肯鲍尔	4/6
7	布吕尔	0/2
8	哈勒尔	5/5
12	奥弗拉特	0/6
16	洛伦茨	-/-
前锋		
9	席勒	2/6
10	黑尔德	2/6
11	埃梅里希	1/4
13	赫尼希	-/-
19	克雷默	0/1
20	格拉博夫斯基	-/-

第 3 名　葡萄牙

主教练:格洛里亚(巴西)

号码	球员	进球 / 出场
门将		
1	阿梅里科	-/-
2	卡瓦略	-1/1
3	何塞·佩雷拉	-7/5
后卫		
4	维森特	0/4
5	热尔马诺	0/1
9	伊拉里奥	0/6
14	克鲁斯	-/-
17	莫赖斯	0/3
20	巴普蒂斯塔	0/5
21	卡洛斯	0/2
22	丰斯塔	0/3
中场		
6	佩雷斯	-/-
10	科卢纳	0/6
16	格拉萨	0/6
19	平托	-/-
前锋		
7	埃内斯托	-/-
8	洛伦索	-/-
11	西蒙斯	1/6
12	奥古斯托	3/6
13	尤西比奥	9/6
15	杜瓦蒂	-/-
18	托雷斯	3/6

第 4 名　苏联

主教练:莫罗佐夫(苏联)

号码	球员	进球 / 出场
门将		
1	雅辛	-5/4
21	卡瓦扎什维利	-1/2
22	班尼科夫	-/-
后卫		
3	奥斯特洛夫斯基	0/2
4	波诺马廖夫	0/5
5	阿福宁	0/1
6	舍斯捷尔尼奥夫	0/5
9	格特马诺夫	0/1
10	丹尼洛夫	0/4
13	科尔涅夫	0/2
中场		
7	胡尔西拉瓦	0/3
8	萨博	0/4
12	沃罗宁	0/5
14	西钦纳瓦	0/2
前锋		
2	谢列布里亚尼科夫	0/2
11	基什连科	2/4
15	侯赛因诺夫	0/4
16	梅特列韦利	0/2
17	波尔库扬	4/3
18	巴尼舍夫斯基	1/5
19	马洛费耶夫	3/5
20	马尔卡罗夫	0/1

第5名 阿根廷

主教练:洛伦佐(阿根廷)

号码	球员	进球 / 出场
门将		
1	罗马	-2/4
2	伊鲁斯塔	0/0
3	加蒂	-/-
后卫		
4	佩尔富莫	0/4
6	卡利奇	0/1
7	马尔佐利尼	0/4
8	费雷罗	0/4
13	洛佩斯	-/-
中场		
5	瓦拉茨卡	-/-
9	西梅奥内	-/-
10	拉廷	0/4
11	帕斯托里萨	-/-
12	阿尔布雷赫特	0/3
17	萨尔纳里	-/-
前锋		
14	卡尔杜	-/-
15	索拉里	0/4
16	冈萨雷斯	0/4
18	罗哈斯	-/-
19	阿蒂梅	3/4
20	奥内加	1/4
21	马斯	0/4
22	塔拉比尼	-/-

第6名 匈牙利

主教练:鲍罗蒂(匈牙利)

号码	球员	进球 / 出场
门将		
1	圣伊米哈尔伊	-3/1
21	盖莱伊	-4/3
22	盖奇	-/-
后卫		
2	卡波斯陶	0/4
3	马特劳伊	0/4
4	绍瓦里	0/1
5	梅瑟伊	2/4
17	塞派希	0/3
18	伊哈斯	-/-
中场		
6	希波什	0/4
8	沃尔高	-/-
13	马特斯	0/2
14	纳吉	0/2
前锋		
7	拜奈	4/4
9	阿尔伯特	0/4
10	法尔卡斯	1/4
11	拉科西	0/4
12	费尼韦希	-/-
15	莫尔纳	-/-
16	蒂希	-/-
19	普斯卡什	-/-
20	纳吉	-/-

第7名 乌拉圭

主教练:翁迪诺·比埃拉(乌拉圭)

号码	球员	进球 / 出场
门将		
1	马祖尔凯维奇	-5/4
12	索萨	-/-
22	泰沃	-/-
后卫		
2	特罗切	0/4
3	马尼塞拉	0/4
4	福尔兰	-/-
5	贡萨尔维斯	0/4
13	迪亚斯	-/-
15	乌维尼亚	0/4
20	拉莫斯	-/-
中场		
6	卡埃塔诺	0/4
7	科尔特斯	1/4
14	埃米利奥·阿尔瓦雷斯	-/-
16	埃利塞奥·阿尔瓦雷斯	-/-
19	埃克托尔·席尔瓦	0/2
21	埃斯帕拉戈	-/-
前锋		
8	乌鲁斯门迪	-/-
9	萨西亚	0/2
10	罗查	1/4
11	佩雷斯	0/4
17	埃克托尔·萨尔瓦	0/1
18	米尔顿·比埃拉	0/3

第8名 朝鲜

主教练:明礼玄(朝鲜)

号码	球员	进球 / 出场
门将		
1	李常明	-9/4
9	李金鹤	-/-
后卫		
2	朴李习	0/2
3	申永奎	0/4
4	姜凤七	-/-
5	林重善	0/4
16	李东云	1/3
中场		
6	任成辉	0/4
7	朴斗一	1/4
10	康龙运	-/-
11	韩奉镇	0/4
13	吴允景	0/4
14	河宗源	0/2
前锋		
8	朴承振	2/4
12	金承一	0/2
15	杨升国	1/2
17	金凤焕	0/1
18	柯升焕	-/-
19	金永吉	-/-
20	柳长吉	-/-
21	安世福	-/-
22	李智安	-/-

第9名 意大利

主教练:法布里(意大利)

号码	球员	进球 / 出场
门将		
1	阿尔贝托西	-2/3
2	安佐林	-/-
18	皮扎巴拉	-/-
后卫		
5	布尔尼奇	0/2
6	法切蒂	0/3
8	瓜尔内里	0/1
9	亚尼赫	0/1
11	兰迪尼	0/1
21	罗萨托	0/2
22	萨尔瓦多雷	0/2
中场		
4	布尔加雷利	0/3
7	福利	0/1
10	尤利亚诺	-/-
12	莱翁奇尼	0/1
13	洛代蒂	0/2
14	马佐拉	1/3
19	里维拉	0/2
20	里奇奥	-/-
前锋		
3	巴里松	1/2
15	梅罗尼	0/1
16	帕斯库蒂	0/1
17	佩拉尼	0/2

第10名 西班牙

主教练:比利亚隆加(西班牙)

号码	球员	进球 / 出场
门将		
1	伊里瓦尔	-5/3
12	贝当古	-/-
13	雷纳	-/-
后卫		
2	桑奇斯	1/3
3	埃拉迪奥	0/1
14	里维利亚	-/-
15	雷希耶	0/2
16	奥利维拉	-/-
21	阿德拉多	0/1
中场		
4	德尔索尔	0/2
5	索科	0/3
6	格拉里亚	0/1
10	苏亚雷斯	0/2
17	加列戈	0/3
18	皮里	1/2
前锋		
7	乌法特	0/1
8	阿曼西奥	1/2
9	马塞利诺	0/1
11	亨托	0/2
19	富思特	1/1
20	佩罗	0/2
22	拉佩特拉	0/1

第 11 名 巴西

主教练:费奥拉(巴西)

号码	球员	进球 / 出场
门将		
1	希尔马尔	-3/2
12	曼加	-3/1
后卫		
2	桑托斯	0/2
3	菲德利斯	0/1
4	贝利尼	0/2
5	布里托	0/1
6	阿尔泰尔	0/2
7	奥兰多	0/1
8	亨里克	0/2
9	里尔多	1/1
中场		
11	热尔松	0/1
13	德尼尔森	0/2
14	利马	0/3
15	齐托	-/-
20	托斯唐	1/1
前锋		
10	贝利	1/2
16	加林查	1/2
17	雅伊尔津霍	0/3
18	阿尔辛多	0/2
19	席尔瓦	0/1
21	帕拉纳	0/1
22	埃杜	-/-

第 12 名 墨西哥

主教练:特雷列斯(墨西哥)

号码	球员	进球 / 出场
门将		
1	卡瓦哈尔	0/1
12	卡尔德隆	3/2
22	巴尔加斯	-/-
后卫		
2	柴雷斯	0/3
3	佩纳	0/3
4	德尔穆罗	0/1
5	豪雷吉	0/1
13	冈萨雷斯	-/-
14	努涅斯	0/3
中场		
6	迪亚斯	0/3
9	西斯内罗斯	0/1
15	赫尔南德斯	0/3
16	雷盖罗	-/-
17	梅尔卡多	0/2
前锋		
7	鲁瓦尔卡瓦	-/-
8	潘迪利亚	0/3
10	弗拉戈索	0/1
11	哈拉	-/-
18	穆尼奥斯	-/-
19	雷耶斯	0/3
20	博尔哈	1/3
21	纳瓦罗	-/-

第 13 名 法国

主教练:介朗(法国)

号码	球员	进球 / 出场
门将		
1	奥布尔	-5/3
21	卡尼斯	-/-
22	舒特	-/-
后卫		
5	博斯基耶	0/3
6	布曾斯基	0/3
7	绍达	-/-
11	德米凯莱	0/1
12	德约卡夫	0/3
中场		
2	阿泰莱萨	0/3
4	博内尔	0/3
15	埃贝尔	0/2
16	埃尔班	0/2
17	穆勒	-/-
18	皮米	-/-
前锋		
3	巴拉夫	-/-
8	孔班	0/1
9	库埃库	-/-
10	布尔古安	1/1
13	贡代	0/3
14	奥塞	1/3
19	罗布斯基	-/-
20	西蒙	0/2

第 14 名 智利

主教练:阿拉莫斯(智利)

号码	球员	进球 / 出场
门将		
9	戈多伊	-/-
13	奥利瓦雷斯	-5/3
2	贝利	-/-
5	多诺索	-/-
6	埃萨吉雷	0/1
7	菲格罗亚	0/3
20	瓦伦蒂尼	0/2
21	比利亚努埃瓦	0/3
中场		
4	克鲁斯	0/3
8	富尤	0/2
10	霍奇	-/-
12	马科斯	2/3
14	普列托	0/3
17	桑切斯	0/3
前锋		
1	阿拉亚	0/3
3	坎波斯	-/-
11	兰达	0/2
15	海梅·拉米雷斯	-/-
16	奥兰多·拉米雷斯	-/-
18	托瓦尔	0/1
19	巴尔德斯	-/-
22	亚瓦尔	0/1

第 15 名 保加利亚

主教练:费奥拉(捷克斯洛伐克)

号码	球员	进球 / 出场
门将		
1	奈德诺夫	-5/2
21	西梅奥诺夫	-3/1
22	杰亚诺夫	-/-
后卫		
2	沙拉马诺夫	0/2
3	武特索夫	0/3
4	加加内洛夫	0/3
5	佩内夫	0/3
12	梅托迪耶夫	-/-
15	拉尔戈夫	0/1
19	阿波斯托洛夫	-/-
中场		
7	德尔门日埃夫	0/2
8	基托夫	0/1
18	扬乔夫斯基	-/-
20	达维多夫	0/1
前锋		
6	泽舍夫	0/3
9	阿斯帕鲁霍夫	1/3
10	热科夫	0/1
11	科列夫	0/2
13	亚基莫夫	0/3
14	科特科夫	0/1
16	科斯托夫	0/1
17	阿巴吉耶夫	-/-

第 16 名 瑞士

主教练:福尼(意大利)

号码	球员	进球 / 出场
门将		
1	埃尔泽内	-7/2
12	艾希曼	-2/1
22	普罗斯佩里	-/-
后卫		
2	阿勒曼	-/-
3	安布鲁斯特	0/2
5	布罗德曼	0/2
7	菲雷尔	0/3
9	格罗贝蒂	0/1
14	莱姆格鲁贝尔	0/1
18	施奈特	0/1
19	施蒂尔利	0/2
20	塔凯拉	0/1
中场		
4	本尼	0/3
6	杜尔	0/1
11	库恩	0/2
15	奥代尔马特	0/1
前锋		
8	戈塔尔迪	0/2
10	赫斯普	0/3
13	金兹利	0/2
16	昆廷	1/2
17	申德尔霍尔茨	0/1
21	维耶乌米尔	-/-

9

时间: 5.31—6.21

主办国: 墨西哥

第九届世界杯

1970

冠军

巴西

1970年6月21日世界杯决赛，贝利（左）为巴西首开记录后欢呼庆祝。神奇的贝利帮助巴西第三次登顶世界杯，将雷米特金杯永久地保留在了桑巴国度。

参赛国家

- 联邦德国
- 英格兰
- 比利时
- 巴西
- 保加利亚
- 以色列
- 意大利
- 摩洛哥
- 墨西哥
- 秘鲁
- 罗马尼亚
- 萨尔瓦多
- 瑞典
- 捷克斯洛伐克
- 苏联
- 乌拉圭

五洲齐聚墨西哥

在日本裕仁天皇1964年宣布东京奥运会开幕前两天，国际足联在日本首都东京确定了1970年世界杯的举办地墨西哥，同样申办的阿根廷因此感到非常失望，要知道此前阿根廷已经力压乌拉圭、巴西和智利，成为代表南美洲申办的国家。阿根廷人此前就在申办1962年世界杯时输给了智利，如今再次失利，布宜诺斯艾利斯的人们显得非常不满。

国际足联的执委大多倾向于墨西哥，因为他们对于阿根廷国内的政治局势很不放心。再加上阿根廷之前对于世界杯和国际足联的态度，让他们主办其实并不是明智的决定。当然墨西哥人的努力也不能忽视，他们的申办工作非常聪明，特莱维萨媒体集团起到了很大的帮助，世界杯第一次实现了卫星转播。最终墨

40年前的“特里”

就在1970年墨西哥世界杯开始前两周，英格兰国家队爆出了丑闻。当时，英格兰队正在南美洲进行拉练比赛，而球队队长博比·穆尔作为队中收入最高的球员，却被发现在哥伦比亚首都圣菲波哥大的酒店内盗窃了价值600镑的珠宝！就在球队马上就要飞离哥伦比亚前往墨西哥的时候，这位英格兰队长被警方逮捕了。4天之后，穆尔被暂时保释，可以与英格兰队会合了。而世界杯之后媒体挖掘出，穆尔是个惯偷，他用相同的手法多次进行盗窃，涉案金额十分惊人。在此期间他还试图收买媒体，隐瞒案件的报道。尽管最后因证据不足被判无罪，但英格兰的评论员斯泰尔斯仍表示：“如果我偷东西被抓住了，宁愿吊死自己。”

不看足球的铁娘子

1970年的英国首相撒切尔夫人还不是那么的“铁娘子”。在接受《每日镜报》的采访时，撒切尔谈到本届世界杯时表示，她不会去看英格兰队的直播，最多看看重播。她甚至表示，重播也只看英格兰队获胜的比赛：“如果英格兰不赢，我也不会去看的。”

西哥得到了56票，力压阿根廷的32票，另外有7票弃权。特莱维萨以18亿美元的价格获得了转播权，并分销给了国外的电视台。但其实墨西哥也遇到不小的问题，批评者的矛头主要指向糟糕的基础设施建设，以及过高的海拔，墨西哥的政局也谈不上稳定。

墨西哥对几乎每一届世界杯的积极投入，对于他们申办成功也起到了重要作用。墨西哥人从19世纪末就开始踢球，特别是在首都墨西哥城，当时这里就已经是世界最大的城市之一。1903年墨西哥有了联赛，但直到1927年才成立足协，并在1929年加入国际足联。墨西哥参加了1930年世界杯，4年后也报了名，但是在资格赛输给美国队。1938年墨西哥没

吉祥物 华尼托

憨态可掬、身着墨西哥队服、怀抱足球、头戴墨西哥传统草帽的小男孩胡安（Juan），成为了1970年墨西哥世界杯的吉祥物。由于在西班牙语系中胡安是一个很普遍的名字，于是墨西哥人给这个小男孩取名华尼托，作为胡安的昵称。可爱的华尼托让墨西哥大草帽迅速风靡全世界。

不进球也经典

很多球员因为他们打入的进球而闻名。贝利绝无仅有，他在1970年世界杯上的两次灵光乍现，虽然没能转化为进球，但更增添了他的传奇色彩。6月3日在瓜达拉哈拉对阵捷克斯洛伐克，他看到对方门将维克托离门很远，于是他在中场拿球后，从50米外直接射门。维克托慌了神，赶紧往回跑，看着皮球擦着门柱偏出。

两周后，半决赛对阵乌拉圭，他完成了更为神奇的表演。雅伊尔津霍的直传让他可以拿球直接面对对方门将马祖尔凯维奇，但贝利没有碰球，而是让它从马祖尔凯维奇的右侧滚过，他自己却从乌拉圭门将左侧绕过。等到贝利再拿到球时，面前几乎是空门，他选择射向后角，以避开回防到前门柱的乌拉圭后卫安切塔，然而皮球却从门柱旁出了底线。他的很多进球都没有这两个没进的机会出名。

营地轶事

参加墨西哥世界杯的球队中，大部分大本营都有或多或少的问题。例如以色列，他们的大本营安扎在了一家夜总会旁边，每晚球员难以入睡。球队不得不另寻场所。在秘鲁队的饭店内，正在进行着一项选美比赛，这让来自安第斯山的英雄们魂不守舍，主教练迪迪只得搬家。瑞典队遇到的问题更加特别。就在其他球队都忍受着墨西哥的酷热时，他们把大本营设置在了山城托卢卡，这里曾是军队的疗养院。但没有想到的是，这家疗养院内居然没有暖气，而山上的早晚温差很大，球员们晚上入睡时必须盖上厚厚的棉被。以准备工作完美著称的巴西队也有问题，由于恐怖分子威胁要绑架贝利，他们的一举一动都必须受到警察的保护。

有参加世界杯，但是在第二次世界大战后他们参加了每一届比赛，只是没取得像样的成绩。直到第五次参加世界杯的时候，墨西哥总算以3比1击败捷克斯洛伐克，取得了他们的第一场世界杯胜利。

1968年墨西哥奥运会后，世界杯成为这个国家举行的第二次体育盛事。墨西哥人非常重视体育，足球只是众多项目中的一个，斗牛同样可以吸引成千上万的墨西哥人亲临现场，当然还包括赛马等项目。墨西哥世界杯第一次拥有来自五大洲一共16支球队参赛，只有大洋洲没有代表。除了东道主墨西哥和卫冕冠军英格兰，其他球队争夺14个参赛名额。

群雄逐鹿

尽管比赛组织者尽量避免实力强大的球队过早碰面，但是墨西哥世界杯抽签在第三小组还是出现了上届冠军英格兰和巴西以及捷克斯洛伐克分在一起的情况。墨西哥分在第一小组，对手苏联、比利时和萨尔瓦多还相对好对付一些，进入8强应该没什么问题。第二小组除了以色列实力一般，意大利、乌拉圭和瑞典要展开激烈争夺。联邦德国则和秘鲁、保加利亚、摩洛哥分在第四小组。

分组抽签出炉后，英足总秘书长斯特芬将雷米特杯交还出来，墨西哥足球传奇英雄卡涅多在摄像机前将世界杯高高举起，看上去好像墨西哥人已经成为了世界冠军……

本届世界杯，巴西队被普遍认为是夺冠热门，球队已经完成了更新换代。昔日世界杯冠军球员只有贝利还在阵中。1969年，时任巴西足协主席的阿维兰热用扎加洛取代了萨尔达尼亚成为巴西队主帅。萨尔达尼亚作为博塔弗戈主帅，在1957年率队获得里约州联赛冠军。同时作为电台记者和电视评论员，萨尔达尼亚的工作都相当成功，但是他成为巴西国家队主帅却遭到了很大的非议。当时的军政府也不想看到国家队由他来统领。萨尔达尼亚的传记作者回忆说："当时没有媒体自由，我们不能对政府发表评论，只能时而通过足

"禁区是他的后花园"

20世纪70年代，中锋有两种类型。一种高大魁梧，头球好，善于处理长球；另一种矮小敦实，脾气暴躁，将禁区当作自家的花园，经常在门前3米进球，皮球在哪儿他就在哪儿，让对方后卫无法盯防。德国中锋盖德·穆勒就是第二种。

人们不会用优雅这种词去形容他，但穆勒用自己的效率成就名声。他习惯将球袜褪到脚踝处，重心很低，就像一头准备猎食的猛兽。作为拜仁中锋，他在1967年夺得了欧洲优胜者杯。墨西哥世界杯时，他与汉堡的光头中场乌韦·席勒同屋。席勒参加过4次世界杯，他的经验对穆勒有用。

穆勒成为墨西哥世界杯的最佳射手：他打进了10球。自从方丹在1958年世界杯打入13球后，再也没人能在单届比赛中比他进球多。在墨西哥，穆勒打入了联邦德国在小组赛阶段8个进球中的7个！1/4决赛3比2战胜英格兰，他在加时赛打入致胜入球；同意大利的那场世纪半决赛中，他又打入两球。单届打入10球的壮举就这么完成了。

1970年6月14日，穆勒（左）在世界杯1/4决赛对阵英格兰的加时赛打入制胜一球。这位联邦德国中锋，是一名真正的高效杀手。

神奇的扑救

在那个年代，英格兰门将极具传奇色彩。卷起的衣袖，白色球袜，还有一些怪癖，比如他们习惯在6米线上做两个标记，因此当他们出击时，能清楚地知道自己所在的位置。戈登·班克斯是其中最伟大的一位。1970年6月7日于瓜达拉拉哈拉进行的同巴西的小组赛前，班克斯几乎没合眼，巴西球迷整夜在英格兰下榻的酒店外跳桑巴。比赛第11分钟，雅伊尔津霍传中，让贝利有了头球破门的机会。英格兰中场马利后来说："我当时都听到贝利喊'进球'了！"皮球弹地后直奔下角，班克斯紧跟在后倒地完成扑救，皮球将将从横梁上方掠过。博比·穆尔说，在那个夏天，哪怕是在训练中，也没人能攻破班克斯的大门。贝利则这样描述这次神奇扑救："我本来打入了那个进球，班克斯将它抹去了。"

里瓦是意大利闯进决赛的头号功臣。卡利亚里前锋在同墨西哥的1/4决赛中梅开二度，还在同联邦德国的半决赛加时赛中打入1球。

球来表达政见。我们觉得扎加洛取代萨尔达尼亚，其实是一个政治行为，我们都痛恨扎加洛。”然而这位传记作者也承认，如果是萨尔达尼亚带领巴西队征战世界杯，球队的成绩恐怕会很糟糕。

除了巴西，上届冠军英格兰也是夺冠热门。球队相比4年前几乎没有什么改变。主帅拉姆塞信心十足的表示，在墨西哥要比国内夺冠更加轻松。英格兰在前往墨西哥的途中，还在哥伦比亚首都波哥大进行了一场热身赛，以适应高原环境。

意大利和联邦德国同样也有夺冠希望，两支球队都拥有出色的球员，比如奥弗拉特、贝肯鲍尔、盖德·穆勒和博宁塞尼亚、里瓦、里维拉。至于黑马球队，人们普遍看好苏联和墨西哥，当然淘汰了阿根廷的乌拉圭也会被人提及，但乌拉圭的问题在于风格过于硬朗，为了取胜在场上不择手段。

欧洲球队最大的敌人其实是高海拔，这让他们在备战时候颇为头疼。苏联和保加利亚都是在距离世界杯还有半年的时候，就开始进行高原训练。本届世界杯还有一个特色是第一次出现了红牌，只要裁判向一名球员亮出红牌，他必须马上离开球场，而且这一届世界杯还开始允许换人。

最美世界杯

最终巴西队获得了冠军，在通向奖杯的道路上丢了7个球，是历史上所有冠军球队丢球最多的。但是巴西队夺冠之路其实没有受到真正的威胁，他们的进球数高达19个，也是历届冠军进球较多的一次。在庆祝巴西夺冠的时候，人们可以暂时忘却这个国家的独裁者梅迪西，所有巴西人都在为扎加洛和他的球队欢呼，扎加洛成为第一位作为球员和教练都举起世界杯冠军奖杯的人，巴西队也成为世界上第一个三夺世界杯冠军的国家。

“世界”杯

墨西哥人对本国主办的这届世界杯感到非常骄傲，获得主办权时他们就承诺，要带来一届“电视世界杯”。从早晨7点开始，墨西哥的电视台就开始滚动报道本届世界杯的一切情况，全天的电视节目都是关于参赛队比赛和训练的情况。对于欧洲的观众来说，无疑有些不适应如此狂热的墨西哥世界杯。一位来到墨西哥看世界杯的德国游客就对《踢球者》表示：“24小时全是。直到午夜，电视中还放着足球。让我睡着后也能梦见那只黑白的皮球。”

在法国，世界杯全部32场比赛中有20场进行了直播。在全球范围内，世界杯收视率达到现象级数字：在52个国家进行直播的决赛吸引了6亿电视观众，仅意大利就有3000万。

1970年世界杯是积极对消极的胜利，也是创造力的胜利，是比赛质量极高的一届世界杯。巴西队的获胜，标志着足球美学和攻势足球的成功。整届世界杯没有出现一张红牌，技术占据了比赛的主导，而不是身体对抗。联邦德国足坛名帅魏斯魏勒当时表示，巴西队捧杯让他看到，教练又重新开始让自己的球员疯狂进攻。要知道在1954年传统的WM阵型逐渐无法对抗进攻的情况下，1958年世界杯球队都纷纷变阵424，当时的巴西队中只有贝利一个人可以自由进攻。

但是那些以为巴西攻势足球会彻底取代意大利链式防守，带来攻势足球全新时代的观点，都被1970年世界杯蒙蔽了。

本届世界杯有8亿人次收看了转播，这是第一届有彩色电视信号的世界杯。如此多人的关注，让各大公司越来越重视世界杯，让其作为他们向全球市场扩张的平台。同时，组织者安排赛程时也第一次要考虑到欧洲转播方，因此周日的比赛都被安排在墨西哥当地时间中午进行。炎热的天气对于本来就要忍受高原气候的球员们来说，无疑是雪上加霜。

●“生命中最美妙的几分钟”

欧洲正值午夜，但这个夜晚不会结束。在大西洋的另一端，在墨西哥的阿兹台克球场，传奇正在诞生。在前90分钟里，联邦德国同意大利的这场半决赛显得很平庸。然而在第90分钟，施内林格打入扳平进球，将比赛拖入了足球历史上最神奇的加时赛。

这次加时赛首先在一个画面中被定格，那就是臂缠纱布的贝肯鲍尔。虽然肩膀受伤，联邦德国后卫依旧带着骄傲和勇气留在球场上。他的手臂被绑在胸前，纱布带限制了他的活动能力，也时刻为他带来痛苦，但他依旧是那么优雅在球场上漫步着。传奇永远美妙。

这次加时赛证明了什么叫颠覆。穆勒在第90分钟将比分改写为2比1，给了联邦德国取胜的希望。然而布尔尼奇3分钟后扳平。来自卡利亚里的里瓦在第104分钟为意大利反超比分 似乎已经给了德国人致命一击，穆勒却在第110分钟再度攻入扳平进球。长时间被意大利主帅瓦尔卡伦吉晾在板凳上的里维拉，在第112分钟用绝杀球将球队送入决赛。瓦尔卡伦吉后来说：“这是我生命中最美妙的几分钟。”在电视观众的强烈要求下，这场比赛当天下午进行了重播。

1970年6月17日，在联邦德国同意大利那场史诗级的半决赛中，肩膀受伤的贝肯鲍尔（中）打上绷带坚持留在场上。尽管未能进入决赛，但贝肯鲍尔还是向世人展示了日耳曼人钢铁般的意志。

HOECHST
OVACION
Selecciones
del Reader's Digest
CINZANO
PERUCHO EL MEJOR

丧地表示："我们（指和贝利）当时都跳了起来，但是当我开始回落到地面的时候，贝利却再次向上跳起。"

雅伊尔津霍的进球让意大利人的梦想彻底破灭，巴西队随心所欲在场上表演起他们的魔力足球，尽管意大利在第84分钟换上里维拉，但是并没有改变局势。距离比赛结束还有3分钟的时候，巴西队再次完成进球，克洛多瓦尔多、雅伊尔津霍和贝利之间眼花缭乱的配合，最终帮助卡洛斯·阿尔贝托将比分锁定在4比1。当时巴西执政者梅迪西赛前就说过，巴西队会在决赛打入四球，因此为了拍他的马屁，卡洛斯·阿尔贝托的进球被称为是"总统球"。

最终巴西队成为世界杯历史上第一支在决赛中率先进球并获得胜利的球队，球迷们兴奋地冲进了球场，庆祝自己的球队历史上第三次捧起雷米特金杯，并因此可以永远拥有它。数百名球迷其实在比赛结束前就已经站到了场边，疯狂的他们甚至将球衣从球员身上撕下，在球场上唱着跳着，意大利人则不得不黯然离场。

毫无疑问，巴西队的实力高出一筹，尽管决赛的进程一度扣人心弦，但是从整届大赛的表现来看，巴西队更加出色。链式防守在和魔力足球的对决中完败，《太阳报》称赞说："其他球队总是赢得比赛，但是巴西人赢得了人们的心。"贝利赤裸上身，被球迷们抬起来一起庆祝的画面成为经典，足球运动有了自己的国王，他就是贝利——也许是全世界最受欢迎的国王。

1970年6月23日，满载而归的巴西队向球迷展示雷米特金杯。这座奖杯不仅为巴西队带来了荣誉，同时还带来了丰富的物质奖励。

伟大的三冠!

在墨西哥，巴西用自己的方式改变了世界杯的面貌：在第三次成为世界冠军后，雷米特金杯被永久授予巴西人。

“Trip Campeao”

在墨西哥，全世界杯学会了葡语中用来表示三次冠军的两个单词：“Trip Campeao”。这是世界杯的标语，巴西的呼声，在1958年和1962年连续夺冠后，巴西人希望将那座由法国艺术家拉夫利尔创作的金杯，永久带回家。巴西确实用自己的方式改变了世界杯的面貌：根据规则，雷米特金杯被永久授予三次夺冠的巴西，为此国际足联只能再铸造一座新奖杯。

在这个充满了快乐的国度，世界杯带来了幸福，这是属于贝利的世界杯。传奇继续走向辉煌的顶点，不过这次他走的小心翼翼。国际舆论批评巴西人有些小题大做，虽然他过去两届世界杯作壁上观，很大程度上是由于后卫的粗野动作。

贝利和巴西为此等待了12年。然而这支巴西队令人担忧，因为在比赛地高温、高海拔，且比赛时间因照顾欧洲观众而安排在正午的客观条件下，巴西人占不到任何便宜。此外，他们没有一名配得上其他队友的门将：费利什应该感到幸福，但他的技术并不保险，选位也存在问题，主帅扎加洛让他首发，是考虑到年龄优势。这总比抓阄来确定主力强得多。

不过，扎加洛让这支巴西成了一支真正的球队，以攻势足球而闻名的世界冠军。在右路，他们有盘带大师雅伊尔津霍，他在同英格兰的小组赛打入全场唯一进球；在左路，他们拥有大胡子里维利诺，他的大力射门和精准传中令人印象深刻；中路则有托斯唐坐镇，他是球队战术执行的指挥棒，热尔松则连接中场和锋线。在他们的辅佐下，贝利小组赛打入3球。1/4决赛4比2击败前世界冠军迪迪所执教的秘鲁，贝利甚至都不用出手。半决赛3比1胜乌拉圭，他也与进球失之交臂。

世界杯决赛，他等待了12年。当年在瑞典参加第一次决赛时，就像一场梦。

贝利史上最伟大

29岁的贝利不再是瑞典世界杯上的那个孩子，他走到了第一线，占据国王的位置，他要给队友指明道路。为此，他准备好了爬上云端。决赛第18分钟，里维利诺传中，贝利跳得比所有人都高，头球攻破了阿尔贝托西的大门。他说这个进球让他接近了史上最伟大球员的头衔：“不论如何都要尽快取得领先，让队友们放松下来。这个进球让我们为世界杯决赛充满了电……”

4天前，意大利与联邦德国进行了一场传奇的半决赛（意大利经过加时赛4比3胜出），决赛时已经有些力不从心。博宁塞尼亚在第37分钟扳平比分，但比赛完全背离了他们的期望，巴西人掌控了比赛。在下半时的5分钟内，热尔松和雅伊尔津霍连入两球，彻底消灭了悬念。第四个进球是对巴西队长卡洛斯·阿尔贝托的奖励，也是贝利天才的展示：他都不用看，就能感觉到队长从身后插上来了，于是送出了那次美妙的助攻。贝利就这样成为了带上3座皇冠的球王。

更衣室里的桑巴

3次世界冠军几乎是赤裸着离开球场的：球迷们冲入了球场，扒走了他的球衣、球裤、球袜，只给他留了条底裤。半个小时后，阿尔贝托独自领取了冠军奖杯，贝利甚至都没能出现在队长捧杯的那张照片中。随后，当彩纸屑从阿兹台克球场的顶上飘落下来时，贝利举着金杯，被球迷们扛在肩膀上欢庆胜利。

随后，在人满为患的更衣室里，巴西风情的桑巴节奏舞起。中场球员克洛多瓦尔多边跳边走到贝利身边，在他的耳边说：“知道吗，墨西哥的彩纸屑在面前飘落的情景，我一辈子都会记得。”第三次，贝利触摸到了世界杯冠军。“Trip Campeao”，在1970年的夏天，这两个葡语单词成就了巴西人民的幸福。

1970年6月21日，当巴西队夺冠后，主教练扎加洛被球迷扛上了肩膀。桑巴军团能够在墨西哥打出如此美妙的足球，扎加洛功不可没。他也成为了史上分别作为球员和主教练赢得世界杯冠军的第一人。

他们是冠军

主教练

马里奥·扎加洛 Mario Zagallo

1931年8月9日出生

扎加洛书写了世界杯的历史：他是首位作为球员（1958年、1962年）和教练都夺得过世界杯冠军的人。因为呈现了美妙的桑巴足球，他广受巴西球迷的爱戴。

门 将

费利什 Felix

1937年12月24日出生

效力俱乐部：弗卢米嫩塞（巴西甲）

这位弗卢米嫩塞门将全名是费利什·米埃利·韦内兰多。他本届杯赛的表现并不令人满意，让巴西队怀念起前国门希尔马尔。好在巴西队有一条强大的锋线，球队的进球数总能比他的失球数多。

阿多 Ado

1944年7月4日出生

效力俱乐部：科林蒂安（巴西甲）

这位来自圣保罗州的门将原名爱德华多·罗伯特·斯廷亨。本届杯赛中，他未能撼动费利什的主力位置。

莱昂 Leao

1949年7月11日出生

效力俱乐部 帕尔梅拉斯（巴西甲）

莱昂在本届世界杯上也未能得到表现机会。这位来自圣保罗州的门将全名为埃默森·莱昂。可喜的是，1974年的世界杯，他终于成为了巴西队的1号。

后 卫

巴尔多齐 Baldochi

1946年3月14日出生

效力俱乐部：帕尔梅拉斯（巴西甲）

原名叫做若泽·吉列尔梅·巴尔多齐，来自圣保罗州的后卫。本届杯赛未得到扎加洛重用。

皮亚扎 Piazza

1943年2月25日出生

效力俱乐部：克鲁塞罗（巴西甲）

威尔逊·达席尔瓦·皮亚扎在决赛中出色地完成了盯防意大利队核心里瓦的任务。他的防守让意大利的进攻无从发起。尽管时有失误，但作为巴西队不可或缺的球员，他打满了全部6场比赛。

布里托 Brito

1939年8月9日出生

效力俱乐部：弗拉门戈（巴西甲）

原名埃库莱斯·德布里托·鲁阿斯，是本届世界杯上，巴西队4名参加全部比赛的队员之一。然而这名自由人发挥不稳定，在决赛出现失误。

卡洛斯·阿尔贝托 Carols Alberto

1944年5月17日出生

效力俱乐部：桑托斯（巴西甲）

阿尔贝托是决赛中发挥抢眼的球员。他接到贝利的妙传，把比分锁定为4比1。他还是这届巴西国家队的队长和领军人物。

马尔科·安东尼奥 Marco Antonio

1951年2月6日出生

效力俱乐部：弗卢米嫩塞（巴西甲）

这位19岁的球员全名为马儿科·安东尼奥·费利恰诺，他是本届巴西队中最年轻的球员，两次登场镇守后防线，但随后主力位置被埃韦拉尔多夺走。

埃韦拉尔多 Everaldo

1944年9月11日出生

效力俱乐部 格雷米奥（巴西甲）

巴西队中一夫当关的后卫，在决赛中的发挥仍然不辜负人们的信任，门前多次救险。美中不足的是，他一人送给意大利队决赛5个角球中的4个。

丰塔纳 Fontana

1940年12月31日出生

效力俱乐部：克鲁塞罗（巴西甲）

若泽·德安谢塔·丰塔纳仅仅在1比0击败英格兰的比赛中打满全场，另外在同捷克斯洛伐克的比赛中他出场2分钟，替下的是皮亚扎。当然，他没能在墨西哥给世界留下什么深刻印象。

泽·马里亚 Ze Maria

1949年5月18日出生

效力俱乐部：葡萄牙人（巴西甲）

对于后卫若泽·马里奥·罗德里格斯·阿尔维斯来说，墨西哥并没有留下什么回忆。主教练扎加洛没给这位圣保罗州人证明自己的机会。

乔尔·卡马戈 Joel Camargo
1946年9月18日出生
效力俱乐部：桑托斯（巴西甲）
本届世界杯，扎加洛没有给这位贝利俱乐部队友任何机会，整个杯赛他只能在看台上度过。

中 场

克洛多瓦尔多 Clodoaldo
1949年9月25日出生
效力俱乐部：桑托斯（巴西甲）
克洛多瓦尔多·塔瓦雷斯·德桑塔纳是巴西队在半决赛中获胜的关键。同乌拉圭的半决赛，在上半时即将结束前，正是他的破门帮助巴西扳平了比分。在决赛中他也发挥十分出色。他的技术十分出众，被誉为巴西队齐托之后的又一位技术大师。

热尔松 Gerson
1941年1月11日出生
效力俱乐部：圣保罗（巴西甲）
这位来自圣保罗的球员有着一脚十分美妙的传球。在决赛中，热尔松·德奥利维拉·努涅斯更是把自己的绝技发挥得淋漓尽致。他抽烟很上瘾，一天三包，甚至在决赛中场休息时也必须抽烟，但他却凭借自己的进球把比分变成了2比1。

托斯唐 Tostao
1947年1月25日出生
效力俱乐部：克鲁塞罗（巴西甲）
对于爱德华多·贡萨尔维斯·德安德拉德来说，世界杯之前他还吉凶未卜。就在揭幕战前不久，这位克鲁塞罗的射手被迫进行了眼部手术。好在这并没有影响他的队内位置，在决赛中也登场亮相，可惜未能攻破意大利队大门。

里维利诺 Rivelino
1946年1月1日出生
效力俱乐部：科林蒂安（巴西甲）
在巴西队的前场总能搅得对手心神不宁，是对手禁区内的危险人物。在决赛大约进行到60分钟时，他一脚怒射击中了门框。

保罗·塞萨尔 Paulo Cesar
1949年6月15日出生
效力俱乐部：博塔弗戈（巴西甲）
保罗·塞萨尔·利马是球队的替补，在同英格兰和罗马尼亚的比赛中两度出场，但并没有得到扎加洛的完全信任。

前 锋

达里奥 Dario
1946年3月4日出生
效力俱乐部：米内罗竞技（巴西甲）
没有比赛，没有考验。这位原名达里奥·若泽·多斯桑托斯的前锋经历了一届令人失望的世界杯。

埃杜 Edu
1949年8月6日出生
效力俱乐部：桑托斯（巴西甲）
参加了1966年的世界杯。当时他只有16岁，被誉为“新贝利”。但是本届世界杯上，他只是在同罗马尼亚的比赛中换下了克洛多瓦尔多踢了16分钟，此后就再没有出场机会。

雅伊尔津霍 Jairzinho
1944年12月25日出生
效力俱乐部：博塔弗戈（巴西甲）
全名叫做雅伊尔·文图拉·小阿利西斯·雅伊尔津霍。他是巴西队的射手王，在决赛中给意大利球星法切蒂留下了噩梦。有着出色的带球和射门技术，是本届杯赛中最出色的边锋，他的7个进球也使得自己穿上了银靴，仅次于传奇射手——打入10球的盖德·穆勒。

贝利 Pele
1940年10月23日出生
效力俱乐部：桑托斯（巴西甲）
尽管每场比赛都被对手严密盯防，但贝利仍然完成了一届史诗般的世界杯。尽管在1966年世界杯后，贝利宣布不再参加世界杯，但最终他改变了自己的决定。本届杯赛也是他的最后一届世界杯。在墨西哥，他用4个进球告别了这一舞台。

罗伯特 Roberto
1943年7月31日出生
效力俱乐部：博塔弗戈（巴西甲）
在比赛中两次被换上，但未有入球。这位全名罗伯特·洛佩斯·米兰达的球员本届世界杯露脸机会不多。

战场

阿兹台克体育场
Azteca Stadium
所在城市：墨西哥城
容量：108192 人
本届杯赛承办 10 场比赛（包括决赛）
平均上座率：93%

夸特莫克体育场
Cuauhtemoc Stadium
所在城市：普埃布拉
容量：31689 人
本届杯赛承办 3 场比赛
平均上座率：72%

路易斯·多萨尔体育场
Luis Dosal Stadium
所在城市：托卢卡
容量：30000 人
本届杯赛承办 4 场比赛
平均上座率：50%

哈利斯科体育场
Jalisco Stadium
所在城市：瓜达拉哈拉
容量：67498 人
本届杯赛承办 8 场比赛
平均上座率：80%

瓜纳华托体育场
Guanajuato Stadium
所在城市：莱昂
容量：32000 人
本届杯赛承办 7 场比赛
平均上座率：48%

赛程赛果

第 1 小组

1970.5.31	墨西哥0比0苏联
1970.6.3	比利时3比0萨尔瓦多
1970.6.6	苏联4比1比利时
1970.6.7	墨西哥4比0萨尔瓦多
1970.6.10	苏联2比0萨尔瓦多
1970.6.11	墨西哥1比0比利时

苏联2胜1平晋级，墨西哥2胜1平晋级。

第 2 小组

1970.6.2	乌拉圭2比0以色列
1970.6.3	意大利1比0瑞典
1970.6.6	乌拉圭0比0意大利
1970.6.7	瑞典1比1以色列
1970.6.10	瑞典1比0乌拉圭
1970.6.11	意大利0比0以色列

意大利1胜2平晋级，乌拉圭1胜1平1负晋级。

第 3 小组

1970.6.2	英格兰1比0罗马尼亚
1970.6.3	巴西4比1捷克斯洛伐克
1970.6.6	罗马尼亚2比1捷克斯洛伐克
1970.6.7	巴西1比0英格兰
1970.6.10	巴西3比2罗马尼亚
1970.6.11	英格兰1比0捷克斯洛伐克

巴西3战全胜晋级，英格兰2胜1负晋级。

第 4 小组

1970.6.2	秘鲁3比2保加利亚
1970.6.3	联邦德国2比1摩洛哥
1970.6.6	秘鲁3比0摩洛哥
1970.6.7	联邦德国5比2保加利亚
1970.6.10	联邦德国3比1秘鲁
1970.6.11	保加利亚1比1摩洛哥

联邦德国3战全胜晋级，秘鲁2胜1负晋级。

1/4 决赛

1970.6.14	巴西4比2秘鲁
1970.6.14	联邦德国3比2英格兰
1970.6.14	意大利4比1墨西哥
1970.6.14	乌拉圭1比0苏联

半决赛

1970.6.17	巴西3比1乌拉圭
1970.6.17	意大利4比3联邦德国

三四名决赛

1970.6.20	联邦德国1比0乌拉圭

决赛

1970.6.21	巴西4比1意大利

射手榜

	排名	球员（国家）	进球数
▲	1	盖德·穆勒（联邦德国）	10
	2	雅伊尔津霍（巴西）	7
	3	库比拉斯（秘鲁）	5
	4	贝绍维茨（苏联）	4
		贝利（巴西）	4
	6	里维利诺（巴西）	3
		里瓦（意大利）	3
		席勒（联邦德国）	3

第 1 名 巴西

主教练:扎加洛(巴西)

号码	球员	进球 / 出场
门将		
1	费利什	-7/6
12	阿多	-/-
22	莱昂	-/-
后卫		
2	布里托	0/6
3	威尔逊·皮亚扎	0/6
4	卡洛斯·阿尔贝托	1/6
6	马尔科·安东尼奥	0/2
14	巴尔多齐	-/-
15	丰塔纳	0/2
16	埃韦拉尔多	0/5
17	乔尔·卡马戈	-/-
21	泽·马里亚	-/-
中场		
5	克洛多瓦尔多	1/6
8	热尔松	1/4
9	托斯唐	2/6
11	里维利诺	3/5
18	保罗·塞萨尔	0/4
前锋		
7	雅伊尔津霍	7/6
10	贝利	4/6
13	罗伯特	0/2
19	埃杜	0/1
20	达里奥	-/-

最佳阵容

第 2 名 意大利

主教练:瓦尔卡伦吉(意大利)

号码	球员	进球 / 出场
门将		
1	阿尔贝托西	-8/6
12	佐夫	-/-
17	利多·维耶里	-/-
后卫		
2	布尔尼奇	1/6
3	法切蒂	0/6
4	波莱蒂	0/1
5	切拉	0/6
6	费兰特	-/-
7	尼古拉	0/1
8	罗萨托	0/6
9	普亚	-/-
中场		
10	贝尔蒂尼	0/6
14	里维拉	2/4
15	马佐拉	0/6
16	德西斯蒂	0/6
18	尤利亚诺	0/1
21	富里诺	0/1
前锋		
11	里瓦	3/6
13	多门吉尼	1/6
19	戈里	0/1
20	博宁塞尼亚	2/6
22	普拉蒂	-/-

第 3 名 联邦德国

主教练:普拉蒂(联邦德国)

号码	球员	进球 / 出场
门将		
1	迈耶	-10/5
21	曼格利茨	-/-
22	沃尔特	-1/1
后卫		
2	赫特格斯	0/4
3	施内林格	1/5
4	贝肯鲍尔	1/5
5	舒尔茨	0/3
6	韦伯	0/2
7	福格茨	0/6
11	菲希特尔	0/5
15	帕茨克	0/3
16	洛伦茨	0/1
18	西尔勒夫	-/-
中场		
8	哈勒尔	0/1
12	奥弗拉特	1/6
19	迪特里克	-/-
前锋		
9	席勒	3/6
10	黑尔德	0/3
13	盖德·穆勒	10/6
14	利布达	1/5
17	勒尔	0/6
20	格拉博夫斯基	0/5

第 4 名 乌拉圭

主教练:霍贝格(乌拉圭)

号码	球员	进球 / 出场
门将		
1	马祖尔凯维奇	-5/6
12	桑托斯	-/-
22	科尔沃	-/-
后卫		
2	安切塔	0/5
3	马托萨斯	0/6
4	乌维尼亚	0/6
6	穆希卡	1/5
14	卡梅拉	-/-
中场		
5	卡斯蒂略	0/6
7	库维利亚	1/5
8	罗查	0/1
9	埃斯帕拉戈	1/6
10	马内罗	1/6
13	桑多瓦尔	0/1
16	卡埃塔诺	-/-
20	科尔特斯	0/6
前锋		
11	莫拉雷斯	0/3
15	丰特斯	0/4
17	巴雷尼奥	0/1
18	戈麦斯	0/1
19	苏维亚	0/2
21	洛萨达	0/2

第5名 苏联

主教练:卡恰林(苏联)

号码	球员	进球 / 出场
门将		
1	什穆茨	-/-
2	卡瓦扎什维利	-2/4
13	雅辛	-/-
后卫		
3	阿福宁	0/3
4	德若季瓦什维利	0/3
5	卡普利奇内	0/3
6	洛夫切奇	0/2
7	洛戈费特	0/2
8	胡尔西拉瓦	0/3
9	舍斯捷尔尼奥夫	0/4
10	济科夫	-/-
中场		
11	阿萨特金	1/4
12	基谢廖夫	0/3
14	蒙强	0/4
15	谢列布里亚尼科夫	0/2
前锋		
16	贝绍维茨	4/4
17	叶夫留日欣	0/4
18	梅特列韦利	-/-
19	诺季亚	0/1
20	普扎奇	0/2
21	赫梅尔尼茨基	1/4
22	波尔库扬	-/-

第6名 墨西哥

主教练:卡德纳斯(墨西哥)

号码	球员	进球 / 出场
门将		
1	卡尔德隆	-4/4
12	莫塔	-/-
22	卡斯特雷霍	-/-
后卫		
2	亚历杭德雷斯	-/-
3	佩纳	1/4
4	蒙特斯	-/-
5	佩雷斯	0/4
6	赫尔南德斯	0/1
13	班托尔拉	0/4
14	古斯曼	0/4
中场		
7	里瓦斯	-/-
8	蒙吉亚	0/4
15	普利多	0/3
16	迪亚斯	0/1
17	冈萨雷斯	1/3
18	韦拉尔德	0/1
前锋		
9	博尔哈	0/2
10	萨尔加多	0/2
11	潘迪利亚	0/3
19	瓦尔迪维亚	2/4
20	巴萨古伦	1/2
21	弗拉戈索	1/4

第7名 秘鲁

主教练:迪迪(巴西)

号码	球员	进球 / 出场
门将		
1	鲁维尼奥斯	-9/4
12	科雷亚	-/-
21	戈伊苏埃塔	-/-
后卫		
2	冈波斯	0/2
3	托雷	0/3
4	琼皮塔斯	1/4
5	富恩特斯	0/4
13	冈萨雷斯	0/2
14	费尔南德斯	0/1
15	冈萨雷斯	0/1
16	萨利纳斯	-/-
中场		
6	米夫林	0/4
7	沙勒	1/4
8	拜隆	0/2
17	克鲁萨多	0/2
19	雷耶斯	0/1
前锋		
9	莱昂	0/4
10	库比拉斯	5/4
11	加拉多	2/4
18	卡斯蒂略	-/-
20	索蒂尔	0/4
22	拉米雷斯	0/2

第8名 英格兰

主教练:拉姆塞(英国)

号码	球员	进球 / 出场
门将		
1	班克斯	-1/3
12	博内蒂	-3/1
13	斯特普尼	-/-
后卫		
2	牛顿	0/3
3	库珀	0/4
5	勒博恩	0/3
6	穆尔	0/4
14	赖特	0/2
15	斯泰尔斯	-/-
17	杰克·查尔顿	0/1
中场		
4	马利	1/4
8	鲍尔	0/4
9	博比·查尔顿	0/4
16	休斯	-/-
18	亨特	0/1
19	贝尔	0/3
前锋		
7	李	0/3
10	赫斯特	1/3
11	彼得斯	1/4
20	奥斯古德	0/2
21	克拉克	1/1
22	阿瑟尔	0/2

第9名 瑞典

主教练:贝里马克(瑞典)

号码	球员	进球 / 出场
门将		
1	赫尔斯特伦	-1/1
12	斯文-贡纳尔·拉尔森	-1/2
17	彼得松	-/-
后卫		
2	塞兰德	0/2
3	阿克塞尔松	0/3
4	诺德奎斯特	0/2
5	格里普	0/3
14	格罗贝蒂	-/-
15	梅尔贝里	-/-
20	奥尔松	0/2
中场		
6	斯文松	0/3
7	博·拉尔森	0/3
8	埃里克森	0/2
11	佩尔森	0/2
16	努达尔	0/1
19	尼克拉松	0/2
21	埃德斯特	0/1
前锋		
9	欣德瓦尔	0/3
10	格兰	1/2
13	克龙奎斯特	0/1
18	蒂勒松	1/2
22	帕尔松	-/-

第10名 罗马尼亚

主教练:尼古列斯库(罗马尼亚)

号码	球员	进球 / 出场
门将		
1	勒杜卡努	0/1
21	阿达马凯	-5/3
22	戈尔内亚	-/-
后卫		
2	萨特马雷亚努	0/3
3	卢佩斯库	0/3
4	莫卡努	0/3
5	迪努	0/3
6	科埃	-/-
12	伊万切斯库	-/-
13	德莱亚努	-/-
20	佩斯卡鲁	-/-
中场		
7	代姆布罗夫斯基	1/3
8	多布林	0/1
10	农韦勒	0/3
14	盖尔格伊	0/1
15	杜米特鲁	0/3
16	尼亚古	1/3
前锋		
9	杜米特拉凯	2/3
11	卢切斯库	0/3
17	特塔鲁	0/3
18	图凡	-/-
19	多米德	0/3

第 11 名 比利时

主教练:戈瑟尔斯(比利时)

号码	球员	进球 / 出场
门将		
1	皮奥	-5/3
12	特拉佩尼埃	-/-
22	迪凯纳	-/-
后卫		
2	埃朗	0/3
3	蒂森	0/3
4	德瓦尔克	0/3
5	耶克	0/2
13	伯莱	-/-
14	马滕斯	-/-
20	佩特斯	-/-
中场		
6	多克斯	0/3
7	泽梅尔林	0/3
8	范默尔	2/3
15	登达埃勒	-/-
17	费尔海恩	-/-
前锋		
9	德夫林特	0/2
10	范西姆斯特	0/3
11	皮伊	0/3
16	波勒尼斯	0/2
18	朗贝尔	2/2
19	卡尔特斯	-/-
21	让森斯	-/-

第 12 名 以色列

主教练:谢费尔(以色列)

号码	球员	进球 / 出场
门将		
1	维索凯尔	-3/3
21	哈梅里	-/-
22	诺索夫斯基	-/-
后卫		
2	巴尔	0/3
3	贝洛	0/1
4	普里莫	0/3
5	罗森	0/3
6	罗森塔尔	0/3
12	施瓦格尔	0/3
16	巴拉赫	0/2
20	卡拉科	-/-
中场		
7	舒姆	0/3
8	施皮格尔	0/3
19	舒鲁克	0/1
前锋		
9	费亨鲍恩	0/3
10	施皮勒	1/3
11	博尔瓦	-/-
13	哈佐姆	-/-
14	罗姆	0/2
15	塔勒比	0/1
17	里莫茨	-/-
18	拉马诺	-/-

第 13 名 保加利亚

主教练:博若夫(保加利亚)

号码	球员	进球 / 出场
门将		
1	西梅奥诺夫	-8/2
13	约尔丹诺夫	-1/1
22	卡缅斯基	-/-
后卫		
2	沙拉马诺夫	0/3
3	季米特洛夫	0/2
4	阿拉佐夫	0/1
6	佩内夫	0/3
12	盖达尔斯基	0/2
14	热切夫	1/2
15	加加内洛夫	0/1
中场		
5	达维多夫	0/1
8	博内夫	1/3
11	德尔门日埃夫	1/2
16	尼科季莫夫	1/2
17	科列夫	1/2
前锋		
7	波波夫	0/2
9	热科夫	0/1
10	亚基莫夫	0/2
18	马拉什利耶夫	0/2
19	阿斯帕鲁霍夫	0/3
20	米特科夫	0/2
21	格里戈罗夫	-/-

第 14 名 摩洛哥

主教练:维迪尼奇(南斯拉夫)

号码	球员	进球 / 出场
门将		
1	卡苏	-5/3
12	哈扎兹	-1/1
19	乌里亚格利	-/-
后卫		
2	拉姆拉尼	0/2
3	班赫里夫	0/3
4	卡努西	0/3
5	塞利马尼	0/3
13	法迪里	0/2
18	艾尔 赫亚提	0/1
中场		
6	马鲁菲	0/3
7	赛义德	0/3
8	巴穆斯	0/3
10	艾尔 菲拉里	0/3
15	达哈内	-/-
16	舒凯里	0/1
前锋		
9	费莱斯	0/2
11	加祖瓦尼	1/3
14	贾里尔	1/2
17	阿拉维	0/2

第 15 名 捷克斯洛伐克

主教练:马尔科(捷克斯洛伐克)

号码	球员	进球 / 出场
门将		
1	维克托	-5/2
13	弗莱萨尔	-/-
22	文采尔	-2/1
后卫		
2	多比亚什	0/3
3	米加斯	0/3
4	哈加拉	0/2
5	霍瓦特	0/2
12	皮瓦尔尼克	-/-
14	赫里夫纳克	0/1
15	兹洛哈	0/1
中场		
6	克瓦斯尼亚克	0/2
7	韦塞利	0/2
9	库纳	0/3
16	赫尔德利奇卡	0/1
17	波拉克	0/1
18	韦塞利	0/3
前锋		
8	彼得拉什	2/3
10	阿达麦茨	0/3
11	约克尔	0/3
19	尤尔卡宁	0/1
20	阿尔布雷赫特	-/-
21	恰普科维奇	0/1

第 16 名 萨尔瓦多

主教练:卡拉斯科(智利)

号码	球员	进球 / 出场
门将		
1	马加尼亚	-9/3
13	皮内达	-/-
后卫		
20	胡安·费尔南德斯	-/-
2	里瓦斯	0/3
3	马里奥纳	0/3
4	科尔特斯	0/2
5	奥索里奥	0/3
14	曼萨诺	0/1
18	卡斯特罗	0/1
中场		
6	金塔尼利亚	0/2
7	罗德里格斯	0/3
8	巴斯克斯	0/3
9	马丁内斯	0/2
12	蒙赫	0/2
16	塞尔梅诺	0/2
19	门德斯	0/2
22	比利亚尔塔	-/-
前锋		
10	卡韦萨斯	0/3
11	阿帕里西奥	0/3
15	卡夫雷拉	-/-
17	波尔蒂略	0/1
21	阿塞韦多	-/-

1974—1994

从一个世界到另一个世界

在足球世界化的进程中，欧洲借其东风，南美则进步缓慢。在后者影响力下降的同时，世界也看到了非洲力量的崛起。尽管如此，这个时代涌现了一位阿根廷超级偶像：迭戈·马拉多纳。

认为“足球比以前更好”的支持者人数在1994年达到了顶峰。

1974年至1994年之间的6届世界杯，明确了足球运动的程式化。《博斯曼法案》还没有彻底改变俱乐部的命运，但世界杯已经发生变化，巴西成为这次变革中的代表。巴西队在1994年举起了球队历史上第四座世界杯，但他们的表现和1970年第三次加冕时无法相提并论。

并不仅仅因为罗马里奥不是贝利，巴西在美国世界杯上踢的442，与他们才华横溢的前辈相去甚远。这支巴西队精于算计、沉着、冷酷，球队的骨干都效力欧洲俱乐部。它是那个时代的一面镜子，世界化正在抹去各大洲足球发展的不平衡。这个时代的伟大象征贝肯鲍尔曾说：“如果我们只想记住某一届世界杯的美妙，我会说是展现了卓越水准的1970年世界杯。那个时候，没有如此多的狂热崇拜，组织者也不会为安全问题伤透脑筋，我们可以干自己想干的事情。只要一个全副武装的警察就可以应付一切。这在今天是不可想象的！一句话总结：那时的一切都更自然和纯真……整个国家都在享受，足球在舞蹈。”

1994年6月25日，美国世界杯D组小组赛，阿根廷2比1战胜尼日利亚。马拉多纳赛后因被查出服用禁药而被逐出本届世界杯，这也是一代球王作为球员参加的最后一场世界杯比赛。

10

时间：6.13—7.7

主办国：联邦德国

第十届世界杯

1974

冠军

联邦德国

参赛国家

- 民主德国
- 联邦德国
- 阿根廷
- 澳大利亚
- 巴西
- 保加利亚
- 智利
- 苏格兰
- 海地
- 意大利
- 荷兰
- 波兰
- 瑞典
- 乌拉圭
- 南斯拉夫
- 扎伊尔

在联邦德国筹备第十届世界杯的时候，德国足球的声誉存在着两面性：一方面球队赢得了1972年的欧洲杯冠军，而且在球场上展现出了至今都不曾达到的统治水平。俱乐部层面上，德甲俱乐部也取得了很好的成绩，1974年拜仁慕尼黑获得了德甲历史上第一座欧洲冠军杯奖杯；但是德甲赛场却出现了假球丑闻，球迷们纷纷通过不去现场观赛的方式来抵制球队。

因此在当时的联邦德国，有关为了世界杯是否应该新建和扩建球场的讨论很是激烈。担任世界杯组委会主席的诺伊贝格尔同时也是德国足协主席，他一直强调世界杯将不会有任何亏损。最终，杜塞尔多夫、慕尼黑、柏

1974年世界杯决赛，克鲁伊夫与贝肯鲍尔赛前交换队旗。在这个时代，欧洲与世界足坛的焦点就是联邦德国对抗荷兰，甚至可以浓缩为贝肯鲍尔对抗克鲁伊夫。

林、多特蒙德、盖尔森基兴、汉堡、汉诺威以及法兰克福等城市的议会都对于举办世界杯比赛开了绿灯。

世界杯进入新时代

所有球场都要满足媒体的新要求。只需要一台摄像机从看台角度转播比赛的时代已经过去了。每个球场都安装了六处机位，确保不错过比赛的任何一个细节，而且能够对比赛进行更加准确的分析。每一场比赛的上座人数都要去掉400个媒体座位。遇到联邦德

贝利的角色

1970年世界杯结束不久，贝利就宣布不再参加1974年世界杯。不过，这位巨星仍然想出现在现场，但却是以巴西一家电视台报道员的身份。这份工作能为这位3次捧起世界杯的球星配备两位女秘书，还有28万美元薪酬，让他好好在德国旅行一趟。可是其他巴西人倒认为这不是一个好主意。在记者协会的倡议下，劳工部长普列托决定，只有职业记者才能去德国。贝利只好解除了与电视台的合同。球王当然很失望，好在揭幕战时，他出现在了法兰克福森林球场，这是与德国一家软饮料公司的短期合同给他带来的好处。

新奖杯

本届世界杯的第一个比赛日属于上届冠军巴西，他们举着雷米特杯在开幕式上接受欢呼——由法国人阿贝·拉弗卢创作的“带着金色翅膀的胜利奖杯”，永久地被授予4年前在墨西哥第三次夺冠的桑巴军团。就连东道主联邦德国队也在这群英雄们面前黯然失色：1974年，东道主第一次没能参加揭幕战，而是卫冕冠军巴西和南斯拉夫拉开了世界杯的序幕。

在开幕式上，新奖杯公之于众。这座奖杯由意大利艺术家西尔维奥·加扎尼加设计，被无趣地命名为“FIFA世界杯”。它高36厘米，重4.97公斤，由18K黄金铸成，此后永远都不会离开国际足联。组委会宣称：“通过自然而流畅的语言，这座奖杯表达了世界杯体育精神的纯粹。”

吉祥物 蒂普和泰普

两个身穿联邦德国队球衣的小孩子，一个叫蒂普（Tip），一个叫泰普（Tap），他俩身上的WM和74的意思就是“世界杯”和“1974”。蒂普和泰普向世界微笑招手，展示着德国的新形象。蒂普和泰普象征着和平与团结，也有着联邦德国和民主德国同时亮相世界杯的纪念意义在其中。巧合的是，两支球队这一次更是被分到了同一个小组。

媒体的世界杯

从来没有一届世界杯能如此广泛地为媒体所传播。东道主都希望通过比赛树立形象，让世界更了解自己。4616名记者报名采访了本届世界杯，而1970年世界杯这一数字仅为2662人，1966年则“只有”1777名记者前往英格兰。电视转播权带来了创纪录的1800万马克收入。当然还有更为可观的销售盈利，没有什么东西可以不带世界杯标志出售，该项收入比1970年世界杯增长了4倍。

国队比赛时，还得临时增加200个媒体座位。开幕式和决赛，媒体座位要增加到1200个。一共有66个国家的3520位记者获得了采访证件，通过文字、声音和画面的形式向全世界发送关于本届世界杯的报道。

为了让全世界各个角落都能第一时间接收到电视信号，德国人特意修建了一个卫星接收站。媒体的关注也让全世界看到了世界杯蕴藏的商机：很快球场边出现了广告牌，球员和教练通过电视、广播、电影院或者杂志开始做广告。过去那些电视台的负责人总是在考虑，如何避免在节目中出现广告，但此时他们不得不放弃了过去的想法。

在世界杯开始前两年，联邦德国刚刚举行了1972年慕尼黑奥运会，这给德国人举办世界杯提供了很多宝贵的经验。但是这些新建的球场在30年后的21世纪已经逐渐落伍，只有经过彻底的翻修才有可能继续被使用。盖尔森基兴的老球场和慕尼黑奥林匹克球场，如今都被更加现代化的傲赴沙尔克和安联球场所取代。

雨一直下！

1974年世界杯被糟糕的天气所困扰，雨水经常不请自来地侵袭球场。比如第二轮小组赛荷兰同阿根廷的比赛中场时，暴雨光顾盖尔森基兴。荷兰同民主德国以及联邦德国同瑞典的比赛也被雨水袭扰。联邦德国同波兰的关键一战更加糟糕，法兰克福的森林球场大雨如注，开场前一个小时，球场内已经到处是水坑。虽然当时还是下午，但球场内必须启用照明设备。两条排水管根本起不到作用，当地的消防队弄来了巨大的抽水泵，希望尽快抽干场地内的积水，但结果仍然不能令人满意，导致比赛被推迟半个小时。尽管开场时太阳出来了，但场地条件依然很糟糕。积水和着泥土限制着球员们的每一次移动，传球经常在半道停住，盘带几乎不可能。正常情况下，比赛应该被推迟。然而到了1974年，竞技和经济双重因素，迫使赛程不能改期。比赛结束时，双方球员松了口气，盖德·穆勒的进球帮助联邦德国取胜。

国际足联能够将世界杯主办权交给联邦德国，也是肯定了足球在这个国家的重要地位。除了1930年和1950年世界杯没有报名外，德国足球队每一次都顺利获得了世界杯入场券。不过这里的职业联赛一直到1963年才启程，比起英国要晚了足足90年。这和德国相当分散的联邦制传统，以及职业球员的合法性有关。联邦德国前主帅赫贝格提出，如果再不实行足球职业化，球员都会流向包括意大利在内的其他国家，从而影响到德国足球在国际赛场的竞争力。一开始，联邦德国职业球员的工资不得超过每月1200马克，这使得德甲的第一个赛季，只有区区34名球员宣布足球是自己的工作。直到1970/1971赛季德甲“假球案”曝光，关于转会费、球员工资和奖金的限制才真正被取消。

阿维兰热的帝国

1974年世界杯的抽签仪式果然引起了全世界媒体的关注，在很多国家都进行了电视转播。第一档球队是4个世界冠军巴西、联邦德国、意大利和乌拉圭，他们在4年前都打入了世界杯半决赛。第二档都是社会主义国家——波兰、保加利亚、民主德国和南斯拉夫。3支世界杯新军海地、扎伊尔和澳大利亚，再加上瑞典队分在了第三档，第四档球队则包括了阿根廷、智利、荷兰和苏格兰。之所以这样做，是为了防止出现“超级死亡之组”，而且也基本上不会出现特别弱的小组。抽签结果出来，只有一场比赛吸引了人们的眼球，这便是将要在1974年6月22日进行的联邦德国和民主德国的比赛。

1974年6月22日，世界杯见证了“两个德国”的握手：联邦德国队长贝肯鲍尔（左）与民主德国队长布兰施在赛前交换队旗。民主德国队是役以1比0获胜，大爆冷门。

出于经济上的考虑，国际足联对于世界杯的赛程从1974年开始第一次做出改变。小组赛结束后不再立刻进行淘汰赛，四个小组的前两名将再次被分在两个小组，每个小组的头名进行决赛，第二名争夺季军。这意味着世界杯的比赛场数从32场增加到38场，世界杯组委会的收入也随之增加。不过取消淘汰赛，让比赛少了一些悬念。

就在1974年世界杯期间，斯坦利·劳斯爵士将国际足联主席的位置交给了巴西人阿维兰热，国际足联第一次由欧洲之外的人掌管。如果说斯坦利·劳斯爵士还属于传统官员的话，阿维兰热则是一位足球经营者。阿维兰热的当选，书写了国际足联新的历史。此时国际足联的会员数量在20年来增长了一倍，其中39个会员来自非洲，33个来自亚洲，第三世界国家开始登上国际足联的舞台。

阿维兰热是巴西人，从小就经历过不同种族人们的共同生活，能够理解不同文化间的分歧。巴西是当时世界浓缩的中心，也是不结盟国家的领袖之一，并且同时具备了当时第一世界、第二世界和第三世界国家的特点。面对阿维兰热，斯坦利·劳斯爵士想要连任根本就没有机会。阿维兰热得到了大部分亚非国家的支持，这些国家的代表前往国际足联参加选举的费用都是由阿维兰热资助的。

阿维兰热被看作是第三世界国家的英

吃饭问题

世界杯裁判遇到了一个问题：虽然他们下榻的法兰克福酒店很舒适，每天每人还有120马克补助，但他们抱怨说：“在那里，一天就是吃简餐也要花掉60马克。”负责训练他们体能的德国人赫德尔戈特想出了一个好办法——法兰克福附近的诺伊-伊森堡有家餐厅物美价廉，德国青少年或者学生来法兰克福一般就去那里吃。于是，裁判们每天坐公共汽车去两趟解决温饱问题。“一顿花15马克，还有汤、饭后甜点、饮料，厨师的手艺也是一流的。”奥地利人利纳马耶尔表示很满意。

拉托与波兰一起燃烧

拉托（图左一）以7球荣膺赛事最佳射手。这名优秀的右边锋，与德厄纳、沙尔马什和加多哈一起，组成了无坚不摧的攻击线。他们打入了波兰整届赛事16个进球中的14个，帮助波兰成为1974年世界杯上攻击力最强大的球队。更难以置信的是，当时的他们还缺少最出色的前锋卢班斯基。拉托将自己的职业生涯与波兰足球最辉煌的时期绑定在一起，他们不仅夺得了1974年世界杯季军，1982年又重现了这一佳绩。拉托荣获了令人羡慕的荣誉：他随米列茨俱乐部两夺国内联赛冠军，1972年夺得奥运会金牌，1976年荣获奥运会亚军。在1971年至1984年间，他代表国家队出场104次打入45球，是波兰历史上仅次于卢班斯基的二号射手。也是在1974年世界杯上，盖德·穆勒成为世界杯总进球数纪录的保持者，他两届世界杯打入14球，超过方丹（1958年打入13球）。德国人的纪录直到2006年才被巴西人罗纳尔多打破，不过罗纳尔多用了3届比赛（1998、2002、2006三届共打入15球）。

雄，他承诺要将欧洲和南美之外国家的世界杯入场券数量加倍，帮助这些国家修建或者翻新球场，提供技术上的支持，并努力提高当地的足球水平。当然阿维兰热的这些承诺都是要通过包括可口可乐、阿迪达斯、麦当劳等大企业来赞助。阿维兰热可以帮助他们开拓新的市场，并且改善企业自身的形象。与此同时，这些大企业的介入也促进了世界杯转播费用的水涨船高。

在阿维兰热的领导下，国际足联进入了赞助商时代。1974年国际足联只有世界杯，而到了1996年阿维兰热主动放弃连任的时候，国际足联已经有了包括青少年和女足在内的一系列世界比赛。援助计划和商业利益紧密结合在一起，新的比赛重点考虑非洲、亚洲，还包括苏联和阿拉伯国家。阿维兰热的计划顺利实施，足球得到进一步传播，大企业的品牌得到了开发，国际足联变得越来越富有。

当时帮助阿维兰热竞选的一个重要伙

红牌初体验

1974年6月14日，周五，土耳其裁判多安·巴巴詹载入了历史，他成为世界杯上第一个出示红牌的裁判。“牺牲品”则是智利前锋卡洛斯·卡塞利，他在智利0比1输给联邦德国的比赛第67分钟因为第二张黄牌被驱逐。红黄牌（黄牌代表警告，红牌代表罚出场）的出现始于1970年世界杯，此前都是裁判口头向球员传达警告或驱逐的决定。在1970年5月31日墨西哥同苏联的揭幕战中，苏联人洛夫切夫成为历史上第一名获得黄牌的球员。等到4年后的联邦德国世界杯，红牌才第一次出现。本次世界杯还出现了另一个第一：苏格兰成为第一支一场没输就被淘汰的球队（1胜2平）。

面临分裂

本届世界杯开战前两年，国际足联在巴黎的会议上一度面临分裂，这险些对世界杯的举办造成巨大影响。乌拉圭提议，英格兰、苏格兰、威尔士、北爱尔兰这四个成员组织在国际足联中只能以一个“大不列颠国家队”的身份出现。上述四个协会下了最后通牒，威胁退出国际足联，与其他愿意的国家和地区一起建立另一个国际足球组织。最后时刻，大家达成了一致，再次确认了1946年国际足联赋予的英国四个地区足协“独立”的特权。

伴，是阿迪达斯老板达斯勒，当然他也得到了阿维兰热的承诺。后来达斯勒也帮助萨马兰奇在1980年当选国际奥委会主席。无论是阿维兰热还是萨马兰奇，都开创了一个崭新的体育帝国，深刻地改变了国际体坛。国际足联在阿维兰热的领导下，成为世界上最有钱的体育组织，总能得到政治家们的接见。

“凯撒”加冕

联邦德国队在决赛的胜利，也是这支球队真正的“老大”贝肯鲍尔的胜利。

1974年，联邦德国队选择了用自己的方式来面对眼前艰巨的任务：他们给世人一副狂妄而自负的面孔。他们将自己描述为当然的热门。慕尼黑奥运会上11名以色列运动员遇害的丑闻刚过去两年，联邦德国需要完成体育上的复仇。人们期待他们呈现出无可指摘的组织工作，而他们还要更多：夺冠！

在慕尼黑奥林匹克球场进行的开幕式前，这个任务就显得如此艰难。他们需要面对来自外面的敌人，尤其是克鲁伊夫率领的荷兰。更重要的是内部的敌人：来自民主德国的兄弟，他们将在小组赛碰头，这加重了比赛的糟糕气氛。在主教练舍恩领导的球队中，实际上是拜仁在掌控一切，特别是贝肯鲍尔。作为1966年世界杯上的一大发现，贝肯鲍尔在1970年被神化，这位来自巴伐利亚的自由人获得了全世界的赞誉。他刚刚带领自己的俱乐部赢得欧洲冠军杯。但“凯撒”的权威，以及他所领头的“巴伐利亚阵营”，已经分裂了东道主。在首场1比0战胜智利前，《踢球者》公布了一份调查报告：在舍恩挑选的22名球员中，盖德·穆勒最受德国人喜欢，贝肯鲍尔只排在第11位。在第二场比赛中，汉堡观众对穆勒和贝肯鲍尔报以嘘声，即使球队以3比0大胜澳大利亚。

联邦德国队被描述成古希腊雅典的刑事法庭，真正的权力属于队长，而不是他们的主帅。当舍恩没有按照约定参加新闻发布会时，德国记者向他们的国际同行们解释说："他没有来，很可能是贝肯鲍尔不愿再让他来公布球队阵容。"

东风压倒西风

几天后，汉堡的人民公园体育场，一种复杂的情感压抑着现场的60020名观众，其中1500人来自民主德国。自从德国一分为二以来，这是两支代表队第一次在足球场上相遇。1974年6月22日，当联邦德国的国歌《德意志高于一切》在民主德国的国歌之后响起时，全场观众的热情达到了顶点。但比赛结束后，在掌声中离开球场的却是另一支德国队，施帕瓦塞尔第77分钟在贝肯鲍尔和福格茨的夹防中打入全场唯一进球。东风压倒了西风，是1974

佐夫终结者

这不是一次奇迹，但至少是令人记忆深刻的事件。23岁的海地前锋埃马努埃尔·萨农（图右）这次来德国可没有空手而归：是他击败了伟大的意大利门神佐夫，让这位尤文图斯门将在国家队的不失球纪录停止在1143分钟！这绝非无关痛痒的插曲，它让人想起了意大利在1966年被朝鲜淘汰的噩梦，那是意大利足球历史上最糟糕的回忆，直到2002年世界杯上被韩国淘汰。对于海地来说，他们能取得进球很不容易，首场同意大利的比赛后，球队最好的前锋让-约瑟夫被查出服用了违禁药品，他的解释是在海地吃了医生开的药。第二场小组赛，海地队0比7惨败于波兰。不过，萨农和他的队友也没有空手而归。在被淘汰的第二天，赛事组委会主席送给了他们每人一台照相机。

年世界杯的第一声惊雷。

不过，此时的联邦德国队已经得到了国民的一致支持。赛事开始前出现的批评和争议都消失了。贝肯鲍尔正式接过了王位。

在第二阶段小组赛的首场比赛中，贝肯鲍尔说服舍恩临时弃用赫内斯，球队得以2比0战胜南斯拉夫。得到民众支持的联邦德国队士气大振：由于在第一阶段小组赛排名第二，他们避开了荷兰、阿根廷和巴西所在的死亡之组。从第二阶段的第二场小组赛4比2战胜瑞典开始，他们已经处于最有利的位置。

阻挡他们夺冠的最后一个障碍，就是赛前他们瞄准的目标：克鲁伊夫的荷兰。一年后转会巴塞罗那的“荷兰飞人”，率领着这支打上阿贾克斯标签的荷兰队一路顺风顺水。阿贾克斯在1971年至1973年完成了欧洲冠军杯三连冠。轻盈、快速和技巧是荷兰人的标签。

当联邦德国在决赛中失球时，贝肯鲍尔的队友甚至没碰过皮球。克鲁伊夫在开球后一个冲刺甩开福格茨，在禁区边缘被赫内斯放倒：点球，1比0。荷兰人领先了，但此时认为他们会夺冠简直大错特错。德国人很快就回到了比赛中，他们先凭借布赖特纳的点球扳平比分，盖德·穆勒又在上半场结束前打入反超一球，荷兰人已经完了。克鲁伊夫除了刚开场那次突破外，再也没能摆脱福格茨的盯防。天才的橙色14号，被贝肯鲍尔的联邦德国击败。

全能足球

1974年世界杯被认为是属于全能足球的一届比赛，这显然是指荷兰队。

全能足球的概念首先由奥地利人梅斯尔提出，他在1955年出版的著作《足球革命》里展示了足球运动发展的未来：后卫也可以冲锋陷阵，前锋也能够参与防守。将来足球比赛的位置变换将非常频繁。但是梅斯尔的观点并没有很快就得到认同。第一位真正能够冲到对方半场参与进攻的后卫，是20世纪60年代初效力于国际米兰的法切蒂。几年后，贝肯鲍尔成为一位现代自由人，可以随时参与到本队的进攻当中。

两位荷兰人米歇尔斯和克鲁伊夫的名字和全能足球紧密联系在一起。米歇尔斯在1965年执教阿贾克斯，又在1974年世界杯到来时接手荷兰国家队。米歇尔斯总是鼓励后卫和中场球员参与进攻。全能足球的概念其实是来自“灵活空间”的理论，通过频繁的换位，达到让球场变得更大或者更小的目的：一方面，阿贾克斯和荷兰队总是强调控球，从而最大限度利用球场的空间，通过边路和其他位置的跑动摧毁对手的比赛；另一方面，一旦丢球，又在小范围内展开拼抢，让球场变小。

当年的荷兰国脚克罗尔这样评价米歇尔斯的阵型，“我们总是在讨论空间一词，防守的时候会让人和人之间的空间尽可能小，当进攻的时候会全力向前推进，充分利用边路。我们的阵型对于体能要求很高，但实际上又解决了体能的问题。因为当我作为左后卫狂奔70米到前场后，很难再立即冲刺回到后场，但是我们的中场球员就会回到我的位置，我们的左边锋会回到中场。”这意味着如果一名球员离开自己的位置，立即会有队友顶上来，无论进攻还是防守都是如此。边后卫不仅可能到前场，甚至可能换到另一边。如果防守球员赖斯贝尔亨突然插入对方禁区，克鲁伊夫就会回来参与防守。

虽然克鲁伊夫名义上的位置是中锋，但实际上却是进攻的组织者，是他策动了荷兰队的全能足球。其实联邦德国也有相似的战术，因为舍恩拥有贝肯鲍尔，这些巨星都促成了足球战术的变革。如今全能足球又有了更加丰富的内容：门将可以和场上球员一样参与比赛；后卫要能左能右，既能进攻也能防守；场上要有边锋；对于传球精准性要求很高，并且需要球员有很高的球商。

决赛
联邦德国2比1荷兰
1974年7月7日
慕尼黑奥林匹克球场

世界杯决赛前夜，头号夺冠热门的核心会做什么？对于克鲁伊夫而言，1974年7月6日的不眠之夜可谓刻骨铭心：此前他和几名队友与几位风尘女子赤身戏水的照片遭德国媒体曝光，"飞人"只得忙不迭地连夜长途电话给暴跳如雷的妻子丹尼，以求息事宁人。于是次日的慕尼黑奥林匹克球场，顶着两只熊猫眼亮相的克鲁伊夫俨然成了赛前最八卦的花絮之一。而决战前的诡异气氛甚至传染了执法官，英格兰主裁泰勒鸣哨开赛前尴尬地发现，助手居然忘记了插角旗！

球圣毕竟是球圣，开场哨响后仅55秒，荷兰队便在连续16次看似漫不经心的中后场倒脚后瞬间发动"闪电战"，克鲁伊夫中圈附近得球后衔枚疾进，赶在补防的福格茨拦截前凭借百米11秒的惊人速度突入禁区，补防的赫内斯无奈之下将其放倒，泰勒旋即鸣哨手指12码点，点球！本届杯赛点球无一失手的内斯肯斯再度操刀，他的大力低射直奔球门右下角，迈耶判断准确但鞭长莫及，1比0！此时的联邦德国队甚至还未碰到皮球！

突如其来的打击并未使得东道主阵脚大乱，25分钟后他们便还以颜色：赫尔岑拜因沿左路高速突破斜插入禁区，尽管克罗尔和阿里·汉已经形成包夹之势，但拍马回追的扬森立功心切，侧后方斜铲将赫尔岑拜因放倒在禁区内，泰勒同样处以极刑。一脸络腮胡的布赖特纳骗过容布勒德从容推射右下角得手，1比1！扳平比分后，联邦德国队士气大振，而不戴手套、身披8号的荷兰队门神容布勒德随即成了场上最忙碌的角色，他先是奋勇击出福格茨的单刀射门，又将贝肯鲍尔诡谲的任意球吊门托出横梁。

然而被动挨打的荷兰队并没能将平局捱过半场，43分钟联邦德国卷土重来，邦霍夫右路沉底传中，中路接应的盖德·穆勒在两名

①	
②	③

①决赛进行到第43分钟，盖德·穆勒的右脚劲射将场上比分改写为2比1，并且一直保持到终场。

②点球是这场决赛的主题。第2分钟，内斯肯斯就为荷兰队罚入了点球。

③第26分钟，布赖特纳的大力点球不仅追平了比分，也掀起了联邦德国队大反攻的浪潮。

弃用内策尔

1972年比利时欧洲杯，人们在欢庆的队伍中还能看到内策尔开心的身影，他神奇的传球把当时的联邦德国队打造成了史上最具攻击性的一支球队。回到本土的世界杯，他却经历了职业生涯的低谷。转会皇马后，他不是很适应，没有得到机会。这导致他在本届世界杯上，仅仅是在对阵民主德国队时获得了20分钟上场时间。图为内策尔（右）在世界杯决赛期间与奥弗拉特交流。当时的媒体和教练普遍认为，奥弗拉特与内策尔是不可能在球场上共存的。

克鲁伊夫离开了

1974年世界杯差点成为克鲁伊夫的世界杯。作为荷兰偶像，他在国家队的影响力一点不比贝肯鲍尔在联邦德国队的影响力差。但和贝肯鲍尔在整个世界杯上的表现相比，荷兰人显得懒散和放纵。和德国人相反，他们可以把自己的妻子带进酒店。闲来无事时，克鲁伊夫就在酒店里打网球，顺带抽上几支香烟。那个时候，未来的巴萨主帅每天至少要抽一包烟，而且赛后回到更衣室里，也不忘赶紧点上一支。

克鲁伊夫是个特别另类的人。决赛中，他是场上22名球员中，唯一没有被阿迪达斯“赞助”的。他的球衣同样与众不同：整个赛事期间，荷兰队长的球衣上只有两条杠，而不像队友们那样有三条。27岁的克鲁伊夫，在慕尼黑输掉了世界杯决赛。世界杯后，他宣布拒绝再次因为世界杯而与家人分开长达两个月。而其他一些政治或私人因素，也催生了这个决定。

上半场结束后，对裁判不满的克鲁伊夫一脸怨气地离开（上图）。全场比赛结束后，盖德·穆勒作为英雄被高高抬起（左图）。

荷兰队防守队员贴身紧逼下不慎将球停在身后，但上届世界杯金靴奖得主立刻转体90度将皮球勾回身前，紧接着脚弓推射，由于距门太近，猝不及防的容布勒德只得目送皮球入网。东道主后来居上领先易边。而进入休息室前始终对主裁喋喋不休的克鲁伊夫，领到的是泰勒一张果断的黄牌。

下半场荷兰人发动了潮水般的攻势：范哈内亨右翼任意球斜吊小禁区，雷普头球偏出；范德科尔霍夫近在咫尺的门前包抄打门稍稍高出横梁；克罗尔的大力远射被迈耶奋力挡出底线；雷普单刀突进将贝肯鲍尔甩在身后，射门前却一脚踩上皮球坐了球车……而联邦德国队则几乎由穆勒提前锁定胜局：彼时格拉博夫斯基右翼连续晃动后斜传，原本与荷兰队后卫线夹缠不清的穆勒突然于人群中蹿出，停球后果断抽射打入球门顶端。然而在皮球入网的一刹那，他听到的却是泰勒的一声短哨，越位在先，进球无效。事后慢镜重放，此球实属误判。然而死里逃生的荷兰人并未抓住救命稻草，克鲁伊夫被福格茨彻底冻结，迈耶则高接低挡无所不能，屡屡令荷兰队前场众将无功而返。

终场哨响，沉浸在紧张、焦急和不安情绪中的慕尼黑奥林匹克球场终于火山爆发，雷鸣般的欢呼声与掌声响彻云霄，忘情庆祝的贝肯鲍尔们身后，是一脸落寞的克鲁伊夫。“飞人”赛后极度自责：“我们输掉了生命中最重要的一场比赛，而这恰恰是输在了我手里。”但有史以来最伟大的14号并不认输：“尽管我们输了，但我们获得了更多的同情和支持。”

身为本届杯赛连挑南美三强且不失一球的“无冕之王”，荷兰人有理由高昂着头离开慕尼黑，然而历史从来只为胜利者书写：联邦德国队成为了史上首支捧起大力神杯的球队，贝肯鲍尔于国家队层面，也完胜了夙敌克鲁伊夫。

他们是冠军

主教练

舍恩 Helmut Schon
1915年9月15日生，德国人
1996年2月23日去世
老帅舍恩在联邦德国队主教练的位置上坐了14年，经历了4届世界杯，他也是世界杯历史上执教场次和取胜场次最多的主教练。他将当时在欧洲近乎无敌的拜仁慕尼黑队作为国家队的骨干，有效地将诸多天才球星捏合在一起。

门　将

迈耶 Sepp Maier
1944年2月28日生，拜仁慕尼黑（德甲）
拥有着超强反应速度的门将，有“猫”的绰号。他是贝肯鲍尔、施瓦岑贝克身后最令人放心的守护神。

尼格布尔 Norbert Nigbur
1948年5月8日生，沙尔克04（德甲）
他在1974年2月的一场“为迈耶选替补”的友谊赛中首次代表国家队出场，然后就获得了世界杯的参赛资格。接下来的比赛就是在板凳上度过了。

克勒夫 Wolfgang Kleff
1946年11月16日生，门兴格拉德巴赫（德甲）
相当于联邦德国队的二号门将，但比赛机会也仅限于友谊赛。他在板凳上成为了联邦德国连夺欧洲杯和世界杯冠军的一员。

后　卫

福格茨 Berti Vogts
1946年12月30日生，门兴格拉德巴赫（德甲）
被誉为是足球史上最伟大的右后卫之一，打满了球队夺冠路上的7场比赛。虽然他没有球队左后卫布赖特纳的助攻力度，但他在右路的防守无懈可击，并时常被舍恩赋予更多的防守任务。决赛中，个头矮小的他盯死了克鲁伊夫，成为了联邦德国队实现逆转的关键。

布赖特纳 Paul Breitner
1951年9月5日生，拜仁慕尼黑（德甲）
这位年轻的左后卫职业生涯才开始第4个赛季，却已经集联赛、冠军杯和欧洲杯奖杯于一身。凶悍的大胡子很容易让人忘记他的年纪。他在决赛阶段打入3球，包括决赛中的一个点球。布赖特纳的冲击力和脚下技术掌控了球队整个左路。带着世界杯冠军的荣誉，他加盟了皇家马德里。

施瓦岑贝克 Hans-Georg Schwarzenbeck
1948年4月3日生，拜仁慕尼黑（德甲）
国家队将他和贝肯鲍尔的拜仁慕尼黑中路搭档进行了完美地移植。这位强悍的中卫终生效力于拜仁慕尼黑，世界杯前刚在欧洲冠军杯决赛中为拜仁攻入关键球，他也将这种好状态带到了世界杯的赛场上。决赛中，他对伦森布林克的防守毫无破绽。

贝肯鲍尔 Franz Beckenbauer
1945年9月11日生，拜仁慕尼黑（德甲）
伟大的队长，是球队中后场的指挥官，他本人则从首次参加世界杯时的后腰位置，转型为中后卫，并成为全球首屈一指的“自由人”。在决赛中，他与施瓦岑贝克的中路防线搭档滴水不漏。而在进攻中，联邦德国队的两个进球也都与他的策动有很大关系。

赫特格斯 Horst-Dieter Hoettges
1943年9月10日生，不来梅（德甲）
他只在第一阶段小组赛的最后一场亮相了20分钟。可恰恰是这场联邦德国与民主德国的比赛，他在替补施瓦岑贝克出场仅8分钟后，就被对手抓住机会破门。赛后据说主教练舍恩受到了政客的威胁，让他再也不要使用赫特格斯。于是在联邦德国队庆祝夺冠的夜晚，赫特格斯宣布告别国家队。

克雷默斯 Helmut Kremers
1949年3月24日生，沙尔克04（德甲）
作为沙尔克04队的明星后卫，面对着国家队后场强大的“拜仁帮”，他只能在板凳席度过。

中　场

维默尔 Herbert Wimmer
1944年11月9日生，门兴格拉德巴赫（德甲）
中场的多面手，号称“铁肺”，奔跑能力极强，防守覆盖范围很大。不过他在球队夺冠的过程中发挥的力量有限，只有一次首发和一次替补出场的机会。

库尔曼 Bernhard Cullmann

1949年11月1日生，科隆（德甲）

防守型中场，在第一阶段小组赛中曾攻入澳大利亚队一球，是联邦德国队在第一阶段的主力。但在0比1不敌民主德国之后，布阵趋于保守的舍恩收回了库尔曼的主力地位，科隆中场只能在场边看着队友们以4连胜夺冠。

内策尔 Guenter Netzer

1944年9月14日生，皇家马德里（西甲）

这位天才的攻击型中场是当时联邦德国队中唯一的“海归”。但身为两届西德足球先生得主的他，却只是这支国家队的边缘人，只在与民主德国队的小组赛中替换奥弗拉特出场20分钟，结果球队还在那20分钟里丢球输掉了比赛。

奥弗拉特 Wolfgang Overath

1943年9月29日生，科隆（德甲）

这支联邦德国队进攻中的心脏，负责发起球队进攻或者自己完成射门。在1972年欧洲杯被内策尔“得势”之后，本届世界杯他重新夺回首发，并收获两个进球。

弗洛厄 Heinz Flohe

1948年1月28日生，科隆（德甲）

攻击型左中场，与俱乐部队友奥弗拉特有着默契的配合。他在本届世界杯上仅首发一次：在与民主德国队的比赛中担任左边锋，但球队输球后，他的地位不保。在第二阶段小组赛里两次在下半场替换赫尔岑拜因。

邦霍夫 Rainer Bonhof

1952年3月29日生，门兴格拉德巴赫（德甲）

这位英俊的中场球员是冠军队中年龄最小的，在世界杯开幕前也仅有4次国家队出场。但在第一阶段小组赛结束、联邦德国中前场大洗牌之后，突然成为中场枢纽的邦霍夫一场比一场打得好，在决赛中助攻盖德·穆勒打入一球。

卡佩尔曼 Hans-Josef Kapellmann

1949年12月19日生，拜仁慕尼黑（德甲）

在世界杯前的一个赛季刚刚从科隆转会拜仁慕尼黑。这位小个子中场在国家队也只是一位过客，没有在世界杯上获得出场机会。

前　锋

格拉博夫斯基 Juergen Grabowski

1944年7月7日生，法兰克福（德甲）

与荷兰的决赛当天，正好是他30岁生日。处于职业生涯中后期的格拉博夫斯基已经改打中场，并凭借着自己强力的远射，以及精准的边路传中技术，在这支国家队站稳脚跟。

海因克斯 Jupp Heynckes

1945年5月9日生，门兴格拉德巴赫（德甲）

这位在1974年世界杯前后各夺一届德甲金靴的著名射手，一度是舍恩阵中的主力前锋，但在头两场小组赛战罢便失去了位置，直至决赛结束也再未获得出场机会。

盖德·穆勒 Gerd Mueller

1945年11月3日生，拜仁慕尼黑（德甲）

不算高大，绝对速度也不快，但他的门前嗅觉以及在禁区内的灵感却是世界顶级的。他可以在禁区内的任何地点射门得分，继1970年世界杯取得10个进球后，他又在本届世界杯上打入4球，占据了世界杯总进球榜的榜首位置超过30年。在决赛中打入制胜进球后，盖德·穆勒的国家队生涯也正式结束。

乌利·赫内斯 Uli Hoeness

1952年1月5日生，拜仁慕尼黑（德甲）

核心阵容中年纪最小的球员，在夺冠路上出场7次6场首发，活跃在中场右路，负责为锋线输送炮弹。决赛刚一开始，他在右路协助福格茨防守克鲁伊夫时却将后者铲倒被判点球。

赫尔岑拜因 Bernd Hoelzenbein

1946年3月9日生，法兰克福（德甲）

出色的边锋，在国家队的主要任务是给穆勒制造机会。决赛阶段出场6次，最突出的贡献是决赛中制造了点球。

赫尔佐格 Dieter Herzog

1946年7月15日生，杜塞尔多夫（德甲）

弱队出身的他在世界杯前仅有2场国家队比赛经历，但还是被舍恩带到了世界杯上。在第二阶段小组赛的前两场，他顶替格拉博夫斯基成为主力左边锋。

战场

慕尼黑奥林匹克球场
Olympiastadion
所在城市：慕尼黑
容量：72000 人
本届杯赛承办 5 场比赛（包括决赛）

西柏林奥林匹克球场
Olympiastadion
所在城市：西柏林
容量：75000 人
本届杯赛承办 3 场比赛

大众公园球场
Volksparkstadion
所在城市：汉堡
容量：55000 人
本届杯赛承办 3 场比赛

威斯特法伦球场
Westfalenstadion
所在城市：多特蒙德
容量：54000 人
本届杯赛承办 5 场比赛

公园球场
Parkstadion
所在城市：盖尔森基兴
容量：48000 人
本届杯赛承办 5 场比赛

莱茵球场
Rheinstadion
所在城市：杜塞尔多夫
容量：45100 人
本届杯赛承办 5 场比赛

森林球场
Waldstadion
所在城市：法兰克福
容量：54000 人
本届杯赛承办 5 场比赛（包括揭幕战）

下萨克森球场
Niedersachsenstadion
所在城市：汉诺威
容量：44000 人
本届杯赛承办 4 场比赛

内卡球场
Neckarstadion
所在城市：斯图加特
容量：55000 人
本届杯赛承办 4 场比赛

赛程赛果

A组

1974.6.14	联邦德国1:0智利
1974.6.14	民主德国2:0澳大利亚
1974.6.18	联邦德国3:0澳大利亚
1974.6.18	民主德国1:1智利
1974.6.22	澳大利亚0:0智利
1974.6.22	民主德国1:0联邦德国

B组

1974.6.13	巴西0:0南斯拉夫
1974.6.14	苏格兰2:0扎伊尔
1974.6.18	巴西0:0苏格兰
1974.6.18	南斯拉夫9:0扎伊尔
1974.6.22	苏格兰1:1南斯拉夫
1974.6.22	巴西3:0扎伊尔

C组

1974.6.15	荷兰2:0乌拉圭
1974.6.15	保加利亚0:0瑞典
1974.6.19	荷兰0:0瑞典
1974.6.19	保加利亚1:1乌拉圭
1974.6.23	荷兰4:1保加利亚
1974.6.23	瑞典3:0乌拉圭

D组

1974.6.15	意大利3:1海地
1974.6.15	波兰3:2阿根廷
1974.6.19	阿根廷1:1意大利
1974.6.19	波兰7:0海地
1974.6.23	阿根廷4:1海地
1974.6.23	波兰2:1意大利

第二轮小组赛

A组

1974.6.26	巴西1:0民主德国
1974.6.26	荷兰4:0阿根廷
1974.6.30	荷兰2:0民主德国
1974.6.30	巴西2:1阿根廷
1974.7.3	荷兰2:0巴西
1974.7.3	阿根廷1:1民主德国

B组

1974.6.26	波兰1:0瑞典
1974.6.26	联邦德国2:0南斯拉夫
1974.6.30	波兰2:1南斯拉夫
1974.6.30	联邦德国4:2瑞典
1974.7.3	瑞典2:1南斯拉夫
1974.7.3	联邦德国1:0波兰

三四名决赛

1974.7.6	波兰1:0巴西

决赛

1974.7.7	联邦德国2:1荷兰

射手榜

	排名	球员（国家）	进球数
▲	1	拉托（波兰）	7
	2	内斯肯斯（荷兰）	5
	2	沙尔马什（波兰）	5
	4	盖德·穆勒（联邦德国）	4
	4	雷普（荷甲）	4
	4	埃德斯特伦（瑞典）	4
	7	豪斯曼（阿根廷）	3
	7	里维利诺（巴西）	3
	7	布赖特纳（联邦德国）	3
	7	克鲁伊夫（荷兰）	3
	7	德厄纳（波兰）	3
	7	巴耶维奇（南斯拉夫）	3

冠军 联邦德国

主教练:舍恩(联邦德国)

号码	球员	进球／出场
门将		
1	迈耶	-4/7
21	尼格布尔	-/-
22	克勒夫	-/-
后卫		
2	福格茨	0/7
3	布赖特纳	3/7
4	施瓦岑贝克	0/7
5	贝肯鲍尔	0/7
6	赫特格斯	0/1
20	克雷默斯	-/-
中场		
7	维默尔	0/2
8	库尔曼	1/3
10	内策尔	0/1
12	奥弗拉特	2/7
15	弗洛厄	0/3
16	邦霍夫	1/4
19	卡佩尔曼	-/-
前锋		
9	格拉博夫斯基	1/6
11	海因克斯	0/2
13	盖德·穆勒	4/7
14	乌利·赫内斯	1/7
17	赫尔岑拜因	0/6
18	赫尔佐格	0/2

最佳阵容

第2名 荷兰

主教练:米歇尔斯(荷兰)

号码	球员	进球 / 出场
门将		
8	容布勒德	-3/7
18	斯赫雷弗斯	-/-
21	特赖伊特尔	-/-
后卫		
4	范勒尔塞尔	-/-
5	伊斯莱尔	0/3
12	克罗尔	1/7
17	赖斯贝尔亨	0/7
19	斯特里克	-/-
20	苏比尔	0/7
22	沃斯	-/-
中场		
2	阿里·汉	0/7
3	范哈内亨	0/7
6	维姆·扬森	0/7
7	德容	1/4
10	R. 范德克尔霍夫	0/1
11	W. 范德克尔霍夫	-/-
13	内斯肯斯	5/7
前锋		
1	吉尔斯	-/-
9	凯泽尔	0/1
14	克鲁伊夫	3/7
15	伦森布林克	1/6
16	雷普	4/7

第3名 波兰

主教练:古尔斯基(波兰)

号码	球员	进球 / 出场
门将		
1	菲舍尔	-/-
2	托马谢夫斯基	-5/7
3	卡利诺夫斯基	-/-
后卫		
4	希马诺夫斯基	0/7
5	古特	0/2
6	戈尔贡	1/7
8	布尔扎茨基	-/-
9	日穆达	0/7
10	穆夏尔	0/6
中场		
7	维乔雷克	-/-
11	奇米基维奇	0/6
12	德厄纳	3/7
13	卡斯佩扎克	0/7
14	马斯奇克	0/7
前锋		
15	雅各布恰克	-/-
16	拉托	7/7
17	沙尔马什	5/6
18	加多哈	0/7
19	多马尔斯基	0/3
20	卡普卡	0/1
21	克米耶奇克	0/2
22	库斯托	-/-

第4名 巴西

主教练:扎加洛(巴西)

号码	球员	进球 / 出场
门将		
1	莱昂	-4/7
12	雷纳托	-/-
22	瓦迪尔·佩雷斯	-/-
后卫		
2	路易斯·佩雷拉	0/6
3	佩雷斯	0/7
4	泽·马里亚	0/4
6	马里尼奥	0/7
14	内利尼奥	0/3
15	阿尔弗雷多	0/1
16	安东尼奥	-/-
中场		
5	皮亚扎	0/3
10	里维利诺	3/7
11	保罗·塞萨尔	0/5
17	卡佩吉亚尼	0/6
18	阿德米尔	0/1
21	迪尔塞乌	0/4
前锋		
7	雅伊尔津霍	2/7
8	莱维尼亚	0/3
9	塞萨尔·奥古斯托	-/-
13	瓦尔多米罗	1/6
19	米兰迪尼亚	0/4
20	埃杜	0/1

第5名 瑞典

主教练:埃里克松(瑞典)

号码	球员	进球/出场
门将		
1	赫尔斯特伦	-6/6
12	斯文·拉尔森	-/-
17	哈格贝里	-/-
后卫		
2	奥尔松	0/4
3	卡尔松	0/6
4	诺德奎斯特	0/5
5	比约恩·安德森	0/4
13	格里普	0/3
14	塔珀	0/5
18	奥古斯特松	0/1
中场		
6	格兰	0/6
7	博·拉尔森	0/5
8	托尔斯滕松	1/5
15	马格努松	0/4
16	艾德斯特德	0/2
19	克隆奎斯特	-/-
20	林德曼	-/-
21	佩尔松	0/2
22	阿尔斯特伦	0/2
前锋		
9	欣德瓦尔	0/2
10	埃德斯特伦	4/6
11	桑德贝里	2/6

第6名 民主德国

主教练:布施纳(民主德国)

号码	球员	进球/出场
门将		
1	克罗伊	-5/6
21	布洛施维茨	-/-
22	弗里泽	-/-
后卫		
2	库尔布尤维特	0/4
3	布兰施	0/6
4	魏泽	0/6
5	弗里切	-/-
12	瓦茨利希	0/4
18	基舍	0/6
中场		
6	施努普哈泽	0/2
7	波默伦克	0/3
10	克赖施	0/6
13	劳克	0/3
16	伊姆舍尔	0/4
17	埃里希·哈曼	0/2
19	塞古因	0/1
前锋		
8	勒韦	0/4
9	杜克	0/3
11	施特赖希	2/4
14	施帕瓦塞尔	1/6
15	福格尔	0/3
20	马丁·霍夫曼	1/6

第7名 阿根廷

主教练:凯普(阿根廷)

号码	球员	进球/出场
门将		
1	卡内瓦利	-12/5
12	菲洛尔	-1/1
21	桑托罗	-/-
后卫		
5	巴尔加斯	0/3
7	卡拉斯科萨	0/2
9	格拉里亚	0/3
10	埃雷迪亚	1/6
14	佩尔富莫	0/4
16	弗朗西斯科·萨	0/5
20	沃尔夫	0/5
中场		
3	巴宾顿	1/5
6	布林迪西	1/4
8	查萨雷塔	0/1
11	豪斯曼	3/6
17	斯奎奥	0/2
18	特尔奇	0/5
19	托涅里	-/-
前锋		
2	鲁文·阿亚拉	1/6
4	巴尔武埃纳	0/4
13	肯佩斯	0/6
15	波伊	-/-
22	亚萨尔德	2/3

第8名 南斯拉夫

主教练:米利亚尼奇(南斯拉夫)

号码	球员	进球/出场
门将		
1	马里奇	-7/6
21	O.彼得罗维奇	-/-
22	梅什科维奇	-/-
后卫		
2	布连	0/6
3	哈吉阿布迪奇	0/6
5	卡塔林斯基	1/6
6	博吉切维奇	1/5
14	佩鲁佐维奇	0/1
15	多伊契诺夫斯基	-/-
中场		
4	穆日尼奇	0/2
8	奥布拉克	1/5
10	阿契莫维奇	0/6
12	耶尔科维奇	0/3
13	帕夫洛维奇	0/1
16	弗拉迪奇	-/-
前锋		
7	I.佩特科维奇	1/5
9	舒里亚克	2/6
11	扎伊奇	1/5
17	波皮沃达	0/1
18	卡拉西	2/4
19	巴耶维奇	3/3
20	V.彼得罗维奇	0/2

第9名 苏格兰

主教练:奥尔蒙德(苏格兰)

号码	球员	进球/出场
门将		
1	哈维	-1/3
12	阿兰	-/-
13	斯图尔特	-/-
后卫		
2	贾丁	0/3
3	麦格兰	0/3
5	霍尔顿	0/3
6	布莱克利	0/1
14	巴肯	0/2
16	多纳切	-/-
21	麦奎因	-/-
22	谢德勒	-/-
中场		
4	布雷姆纳	0/3
7	约翰斯顿	-/-
10	戴维·海	0/3
15	科尔马克	-/-
17	福特	-/-
18	哈奇森	0/2
前锋		
8	达格利什	0/3
9	乔·乔丹	2/3
11	洛里默	1/3
19	丹尼斯·劳	0/1
20	摩根	0/2

第10名 意大利

主教练:瓦尔卡雷吉(意大利)

号码	球员	进球/出场
门将		
1	佐夫	-4/3
12	阿尔贝托西	-/-
22	卡斯特利尼	-/-
后卫		
2	斯皮诺西	0/3
3	法切蒂	0/3
4	贝内蒂	0/3
5	莫里尼	0/3
6	布尔尼奇	0/3
13	萨巴迪尼	-/-
14	贝卢吉	-/-
15	威尔逊	0/2
16	朱利亚诺	-/-
中场		
7	马佐拉	0/3
8	卡佩罗	1/3
10	里维拉	1/2
17	雷切科尼	-/-
18	考西奥	0/2
前锋		
9	基纳利亚	0/2
11	里瓦	0/2
19	阿纳斯塔西	1/3
20	博宁塞尼亚	0/1
21	普利奇	-/-

第 11 名 智利

主教练:阿拉莫斯(智利)

号码	球员	进球 / 出场
门将		
1	巴列霍斯	-2/3
21	奥利瓦雷斯	-/-
22	内夫	-/-
后卫		
2	罗兰多·加西亚	0/3
3	金塔诺	0/3
4	阿里亚斯	0/3
5	E. 菲格罗亚	0/3
12	马丘卡	-/-
13	拉斐尔·冈萨雷斯	-/-
15	加林多	-/-
中场		
6	胡安·罗德里格斯	0/1
8	巴尔德斯	0/3
10	雷诺索	0/3
14	拉拉	0/1
16	派斯	0/3
18	索西亚斯	0/1
19	法里亚斯	0/2
前锋		
7	卡塞利	0/2
9	阿乌马达	1/3
11	贝利斯	0/3
17	亚瓦尔	0/2
20	卡斯特罗	-/-

第 12 名 保加利亚

主教练:姆拉德诺夫(保加利亚)

号码	球员	进球 / 出场
门将		
1	戈拉诺夫	-1/2
21	斯塔伊科夫	-4/1
22	西梅奥诺夫	-/-
后卫		
2	扎菲罗夫	-/-
3	热切夫	-/-
6	佩内夫	0/3
7	沃伊诺夫	0/3
12	阿拉约夫	-/-
13	M. 瓦西列夫	0/1
18	Z. 瓦西列夫	0/3
19	伊夫科夫	0/3
中场		
4	韦利奇科夫	0/3
5	科列夫	0/3
8	博内夫	1/3
10	斯托亚诺夫	0/1
11	德内夫	0/3
17	尼科迪莫夫	0/2
前锋		
9	米哈伊洛夫	0/3
14	米兰诺夫	-/-
15	帕诺夫	0/3
16	格里戈罗夫	-/-
20	鲍里索夫	0/1

第 13 名 乌拉圭

主教练:波尔塔(乌拉圭)

号码	球员	进球 / 出场
门将		
1	马祖尔凯维奇	-6/3
12	桑托斯	-/-
22	费尔南德斯	-/-
后卫		
2	豪雷吉	0/3
3	马斯尼克	0/3
4	巴勃罗·福尔兰	0/3
5	卡斯蒂略	0/1
6	帕沃尼	1/3
13	德西蒙尼	-/-
14	加里斯托	0/2
15	马里奥·冈萨雷斯	-/-
中场		
7	库维利亚	0/2
8	埃斯帕拉戈	0/3
10	罗查	0/3
16	卡尔达乔	0/1
17	希门尼斯	-/-
18	曼特加萨	0/3
前锋		
9	莫雷纳	0/3
11	科尔沃	0/2
19	米拉尔	0/3
20	胡安·席尔瓦	-/-
21	何塞·戈麦斯	-/-

第 14 名 澳大利亚

主教练:拉希奇(澳大利亚)

号码	球员	进球 / 出场
门将		
1	杰克·莱利	-5/3
21	米利萨夫尔耶维奇	-/-
22	马赫	-/-
后卫		
2	乌捷舍诺维奇	0/3
3	彼得·威尔逊	0/3
4	沙费尔	0/3
5	库兰	0/3
15	哈里·威廉姆斯	0/1
16	鲁迪奇	-/-
17	哈丁	-/-
中场		
6	理查兹	0/3
7	吉米·鲁尼	0/3
8	麦凯	0/3
9	沃伦	0/1
13	奥勒顿	0/2
14	托尔逊	-/-
18	沃基斯	-/-
19	E. 坎贝尔	0/1
前锋		
10	马努埃尔	-/-
11	阿邦伊	0/2
12	阿尔斯顿	0/3
20	布尔耶维奇	0/3

第 15 名 海地

主教练:塔西(海地)

号码	球员	进球 / 出场
门将		
1	弗朗西永	-14/3
2	皮夸安	-/-
22	约瑟夫	-/-
后卫		
3	奥古斯特	0/2
4	安德列	0/1
5	迪克斯泰	0/1
6	巴约纳	0/3
13	拉辛	0/2
14	纳泽尔	0/3
19	奥斯汀	-/-
21	路易斯	0/1
中场		
7	沃尔布	0/3
8	德西尔	0/3
9	安托万	0/3
10	弗朗索瓦	0/2
12	让 - 约瑟夫	0/1
17	J-M. 莱昂德尔	0/1
前锋		
11	G. 圣维尔	0/2
15	R. 圣维尔	0/1
16	F. 莱昂德尔	0/1
18	巴泰勒米	0/2
20	萨农	2/3

第 16 名 扎伊尔

主教练:维迪尼奇(南斯拉夫)

号码	球员	进球 / 出场
门将		
1	卡扎迪	-8/3
12	图比兰杜	-6/1
22	卡朗贝	-/-
后卫		
2	姆韦普	0/3
3	穆孔博	0/3
4	布万加	0/3
5	洛比洛	0/3
11	卡巴苏	-/-
16	姆瓦佩	-/-
中场		
6	基拉苏	0/3
7	钦阿布	0/1
8	马纳	0/3
9	肯博	0/3
10	基杜穆	0/3
13	恩达耶	0/2
15	基邦格	0/2
17	恩戈耶	-/-
前锋		
14	马库	0/3
18	马武巴	-/-
19	姆本古	-/-
20	恩通巴	0/1
21	卡科科	0/2

11

时间：6.1—6.25
主办国：阿根廷

第十一届世界杯 1978

冠军
阿根廷

参赛国家

- 联邦德国
- 阿根廷
- 奥地利
- 巴西
- 苏格兰
- 西班牙
- 法国
- 匈牙利
- 伊朗
- 意大利
- 墨西哥
- 荷兰
- 秘鲁
- 波兰
- 瑞典
- 突尼斯

1978年的世界杯终于又回到了南美大陆。布宜诺斯艾利斯是南美足球历史最悠久的城市，这里受到了英国文化的深远影响。和巴西以及乌拉圭不同，阿根廷一开始在国际足坛并不起眼，在1958年世界杯之前仅仅参加过1930年和1934年两届世界杯，和一届奥运会。要不是学习英国人抵制国际足坛的态度，阿根廷也不用等到1978年才第一次成为世界冠军。

血腥笼罩下

早在1966年，阿根廷就已经获得了1978年世界杯赛的主办权，国际足联在1975年再次证实了这一决定。因为这之前曾经有人怀疑阿根廷的经济能力，以及政治上的混乱是否可以让他们成功举办世界杯赛。1976年3

阿根廷世界杯揭幕战前两天，两名阿根廷骑兵在球队的训练场旁看球并保持戒备。由于当时阿根廷的政局不稳，各队的所到之处都会有军警保护。

月，阿根廷政府被军人控制，并血腥镇压反对者。新政府的一些成员认为阿根廷已经无力继续举办世界杯。不过领导核心并不这么看，1976年7月，阿根廷政府宣布举办世界杯符合国家利益，并且成立了组委会。

然而组委会主席阿克蒂斯在前去参加第一次新闻发布会的路上就遭到谋杀。在宣布了节俭办赛的构想后，阿克蒂斯已经不仅是反对者的眼中钉了，还招致政府和国际足联的不满。

反对的声音越来越多，有的国家威胁退出，还有的国家认为比利时和荷兰可以接手这届世界杯。最终，国际足联主席阿维兰热给了阿根廷新政府成员拉考斯特副主席的位

吉祥物 高奇托

“Gauchito”即“高乔小子”，是一位穿着阿根廷国家队球衣，戴着高乔风格的牛仔帽、围巾并且手持马鞭的小孩子。“高乔人”是阿根廷对于牛仔的称呼，而战争又是高乔人所擅长的。当时的阿根廷正受军政府的独裁专制统治，以高乔小子作为吉祥物也就很恰当了。

联邦德国把本队的世界杯备战基地设在了巴西里约热内卢，球员们在沙滩上玩起了“跳山羊”。第一个正在起跳的球员是前锋菲舍尔。

克鲁伊夫的抵制

1974年世界杯输掉决赛后，克鲁伊夫就表示，他根本不想与家人再次分离两个月，去参加1978年世界杯。“我才31岁，但备战和参加世界杯需要6周。这太长了，即使顶级球员也有权享受正常人的生活。”他履行承诺，没有去阿根廷。当时，对于他的退出，流传着很多版本的解释。有人说他是不愿在军政府面前表演，有人说他因为奖金问题与荷兰足协有矛盾，还有人说是他老婆的“枕边风”起了作用。不过，克鲁伊夫在30年后给出了解释：1977年末，他在巴塞罗那遭到了绑架。当时他被凶犯拿着枪威胁，妻子被绑了起来，三个孩子在旁边的屋子里睡觉。最终他幸免于难，但被这个事件深深地震惊了，“我的孩子要在警察的陪伴下去上学，警察就睡在我家里，我要带着保镖去比赛。所有这些都会让你们意识到很多东西。”如果克鲁伊夫去了，荷兰会赢得世界杯吗？这个问题至今仍被荷兰人反复提及。

置，并且提供超过50万美元的贷款。

阿根廷世界杯预算的10%都用来翻修布宜诺斯艾利斯、罗萨里奥和萨斯菲尔德的球场，并且在科尔多瓦、马德普拉塔和门多萨市修建新球场。此外他们还得建造一座能够容纳2500名记者的全新媒体中心。再加上布宜诺斯艾利斯机场的整修以及打造彩色电视信号传播系统……组委会期待国外球迷能有5万人前来，但最终这一数字不过1万人。

阿根廷的极权政府想要通过世界杯展示国家风貌，不让外界听到任何国内的抗议和镇压的声音，而要让人们看到今天的阿根廷完全充满了足球带来的快乐，因此将1978年世界杯命名为“和平的世界杯”。国际足联的官员们更看重的是比赛顺利进行，而不是那些

苏格兰酒鬼

苏格兰代表队的行李员证实：除了每场比赛的4双球鞋外，他们还带了38箱威士忌去阿根廷。球队在那里的规章制度也很特别：威士忌随便喝，允许晚睡。主教练麦克劳德解释说："如果禁止苏格兰球员干某件事情，他们就会带着更大的热情去干。如果不管着他们，没准还不会胡来。"

然而，一名苏格兰球员却因为禁药被禁赛了——药检人员在维利·约翰斯顿（右图）的尿样里找到了芬咖明。实际上，这种药经常被英国球员用来抵抗嗜睡症，或者治疗感冒。球员解释说："我感冒了，就吃了两片。"而一位与球员关系亲密的苏格兰记者则表示："他吃禁药？他只喝威士忌，连刷牙都用这个！"最终，苏格兰一胜一平一负，排名小组第三。

被迫害者的命运。负责世界杯组织工作的联邦德国足协主席诺伊贝格尔称，军人掌控政府会有利于阿根廷国内政治环境越来越好。

极权政府在世界杯开幕前加强了恐怖镇压，国际足联和赞助商却站在他们一边。联邦德国门将迈耶和意大利人保罗·罗西都提出明确反对，荷兰国内甚至考虑干脆退出本届世界杯。不过最终，世界杯还是如期顺利开幕，对于足球的热爱让冲突双方达成暂时的和解。

预选赛冷门迭出

当时国际足坛的力量还很不均衡，欧洲区通过80场预选赛选出了9支参赛球队，这其中包括自动晋级的世界冠军联邦德国。亚洲、大洋洲地区，和中北美及加勒比海地区一共151场预选赛也只能产生3支球队。墨西哥、突尼斯和伊朗分别通过了9场、10场和12场比赛，才终于获得了世界杯入场券。欧洲球队除了联邦德国和匈牙利，都只参加了6场预选赛。过去忽视欧洲和南美洲以外区域的预选赛制，逐渐不能适应时代的要求。1978年以后，世界杯就将扩军为24支球队。

英足总只有苏格兰队打入了决赛阶段，他们淘汰了欧洲杯冠军捷克斯洛伐克。英格兰则是因为净胜球不如意大利，连续第二次无缘世界杯。英格兰人出局后抱怨预选赛分组不利，因为第二小组有4支球队争夺一个名额，其中包括了两个前世界冠军，第六小组却只有三支球队，而且当时瑞典、挪威和瑞士都只能算是欧洲二流。

除了捷克斯洛伐克，另一支东欧劲旅苏联队也没能参加世界杯，他们在预选赛输给了匈牙利，后者通过和南美洲第三名玻利维亚的附加赛最终晋级，强大的乌拉圭则连出战附加赛的资格都没有。

黯淡的星光

毫无疑问，东道主阿根廷是夺冠热门。从1974年开始，梅诺蒂就在球队执教，他的绰号是"瘦子"。梅诺蒂有着左派的政治思想，被看作是政府的反对者，但是和政府有着共同的目标——为阿根廷赢得世界杯。梅诺蒂习惯于听到批评的声音，他很清楚自己和政府的合作是暂时的，"就像机械师如果一下子修不好汽车，或者我一下子带队输掉比赛，那么我们的关系就不知道会走到哪一步了。"

梅诺蒂带领阿根廷足球完成了一次现代化改革，从而步入一个更好的时代。梅诺蒂崇尚攻势足球，给阿根廷足球注入更快的节奏，但同时也要求精确性。梅诺蒂希望能够激活

“暗箱操作”

1978年1月14日，在布宜诺斯艾利斯举行的小组赛抽签仪式出现了意外。国际足联主席阿维兰热3岁的孙子里卡多·特谢拉把签取出来，穿着印有相应国家或者地区国徽服装的小女孩就会从幕后走出来。表面看上去很和谐，但背后却充满了争议。在球队分档方面，时任欧足联主席弗兰基把1974年世界杯第三名波兰队放到第三档里，而把连八强都没进的意大利放到第二档，夺冠热门法国竟与奥地利、伊朗和突尼斯一起成了第四档球队。最终，法国队与阿根廷、意大利分到一起，成为“死亡之组”。“诺伊贝格尔是个有实力的人，影响了小组赛的分组，他照顾了上届冠军（联邦德国）的所有利益。”法国人伊达尔戈猛烈抨击了世界杯组委会主席、联邦德国足协主席诺伊贝格尔（下图右）。

阿根廷足球细腻的传统，并且通过欧洲足球的元素进行完善。尽管梅诺蒂也强调要给聪明的球员自由发挥的空间，但同时也要求队内分工明确，强调目的性。

在1974年世界杯以后，南美球员开始纷纷涌向欧洲，首选的目标是西班牙。梅诺蒂宣布，他最多只招入3名海外球员，主要使用留在本国的力量。梅诺蒂说到做到，只有西甲最有威胁的瓦伦西亚前锋肯佩斯、皇马的沃尔夫以及圣艾蒂安的皮亚萨进入阿根廷队。梅诺蒂要求这3名球员必须从4月起就要留在布宜诺斯艾利斯训练，但由于皇马拒绝放人，皮亚萨的妻儿在法国出了车祸，只有肯佩斯能够回国参赛，他和右脚将卢克组成颇具威胁的锋线组合。

上届世界杯决赛球队联邦德国和荷兰也继续被看好，尽管他们都少了一些明星球员。荷兰队当时的教练换成了奥地利人哈佩尔，但身份却是兼职教练和顾问。哈佩尔从1975年开始执教比利时布鲁日，因此平时过问荷兰队的时间不多。荷兰国内对于这位名帅倒是足够了解，哈佩尔在1970年率领费耶诺德称雄欧洲冠军杯，并在一年后赢得了洲际杯，之前哈佩尔还曾经在1962年到1969年间执教海牙队。

克鲁伊夫此时已经不在荷兰队中，他拒绝参加阿根廷世界杯，官方解释是他已经结束了国脚生涯。荷兰队还不得不放弃国内最好的门将范贝韦伦，以及吉尔斯和范哈内亨。其中范哈内亨是因为得不到主力位置的承诺，在5月临时决定退出。1974年获得世界亚军的荷兰队主力当中，只剩下容布勒德、雷普、伦森布林克、阿里·汉和内斯肯斯等人，从球队实力看明显不如4年之前。

联邦德国队缺少了贝肯鲍尔，后者已经在1977年转会到纽约宇宙队。当时的联邦德国足协主席诺伊贝格尔不想看到球队里有在国外踢球的球员，因此终结了贝肯鲍尔的国脚生涯。射手盖德·穆勒和中场球星奥弗拉特则都宣布了退役。1976年欧洲杯决赛，联邦德国点球输给了捷克斯洛伐克。尽管在1977年的热身赛中客场3比1击败阿根廷，但是世界杯出发前的三场热身赛，联邦德国分别以0比1和1比3输给了巴西和瑞典，和波兰也是令人失望地0比0战平。

注意力在球场外

潘帕斯的空气很污浊。

1978年6月10日的阿根廷马德普拉塔市，法国足协主席萨斯特与法国职业联盟主席让·萨杜尔，公开了他们向阿根廷政府询问的，有关在阿根廷被绑架和失踪的法国人的

伊达尔戈躲过绑架

5月23日，在法国队启程去阿根廷前几个小时，法国队主帅伊达尔戈在他波尔多的住所附近，成为了绑匪的目标。他躲过了3名暴徒的袭击，“我发现一辆车跟着我。突然，那辆车加速，赶上了我，挡住了我的去路。我不是很清楚，是两个，还是三个人。他们跳出车，其中一个用枪抵住我后背，其他人试图抓住我。我捏住了枪管，夺了下来。这群人吓得赶紧逃之夭夭。我去了宪兵队，在那里发现，手枪根本就没装弹。”伊达尔戈回忆说。没多久，有人打电话声称对此事件负责，目的就是抗议受到了法国国家队支持的反恐行动。这起事件让人联想到法国人在阿根廷进行的反对活动，于是成为了政治事件。但伊达尔戈不想让事情扩大化，引起更大关注。

当时的阿根廷总统魏地拉（中）因为铁腕政策而饱受指责，他迫切希望阿根廷队能在家门口赢下世界杯。

消息。实际上，对于这22个法国人，几乎没有新的消息。尽管如此，在法国大使馆和领事馆的帮助下，他们还是将困扰本届世界杯的大问题摆在了世人面前。

“他们做得非常好，但我希望我们不要在这条正确的道路上停下来，应该走得更远。”法国队前锋罗什托表示。法国的球员和领导们绝不是仅有的为此动情动心的人。意大利和瑞典代表团也都采取了同样的行动。在全世界范围内，反对在血腥军政府统治的土地上进行世界杯的声音不断壮大。荷兰和法国公开表达了他们的不满，对“COBA”（抵制阿根廷委员会）组织表示了敬意。这项抵制运动，由波兰裔法籍作家马勒克·哈勒特于1977年10月19日在《世界报》上发起，受到了多位法国著名人士的支持。反对者提出了一个口号：“集中营里没有足球”。这让人想起了1936年纳粹统治下的柏林奥运会。

对于阿根廷人来说，这是矛盾的一个月，

法国队的间条衫

1978年6月10日的马德普拉塔市，法国将在一场失去了意义的比赛中迎战匈牙利。两支球队此前两战皆败，已经被踢出阿根廷世界杯。但一个意外让这场比赛成为了趣事：亨利·米歇尔在热身时，走向匈牙利球员特勒奇克，看着对方的白色球衣问道："白色球衣？""是的，白色！"法国队立刻陷入了混乱。确实是他们弄错了，法国代表团负责人恩里克·帕特雷列，没注意3月30日就发出的一个通知，上面明确要求法国队这场比赛身着蓝色球衣出战。当时看来，这个问题已经找不到解决办法，因为法国队将蓝色球衣都留在了驻地。

此时离比赛开始只有几分钟了，组委会派出一辆警车鸣着警笛穿越马德普拉塔市，到当地Kimberly FC俱乐部临时借了一套球衣。这家渔民俱乐部突然间有了国际名气，因为这件绿白间条球衣被法国队穿着走入了世界杯赛场，而后又以3比1赢得了比赛。这也是本届世界杯上最美妙的混乱。

身旁不断有人失踪的消息令人恐惧和悲伤，而肯佩斯不断的进球又令人激动。

魏地拉将军要不惜一切代价，让阿根廷赢得世界杯，让人们忘记严刑逼供、社会不公和高达100%的通货膨胀率。主教练梅诺蒂获得了得天独厚的条件来准备这次盛会。他在长达3年的时间里试用了120多名球员，踢了42场热身赛！他有足够的时间来调试球队。在迟疑了许久后，他最终放弃了在他看来还太年轻的天才马拉多纳。

任何事物都无法阻止这台阿根廷机器前进，这从小组赛阶段就成为共识。在法国同阿根廷的小组赛中，东道主赢得了一个莫须有的点球，理由是法国后卫特雷索尔手球。

来自瑞士的主裁判迪巴克先生，几天后向法新社的一名记者证实："我离出事点很远，我并没有看到。最初我好像看到特雷索尔对卢克犯规，随后我又看到特雷索尔手击皮球。我想吹罚这次犯规。但我还是有些不确定，所以就去向边裁求证……"他没说的是，他随后给了阿根廷一个点球。几周后迪巴克先生被瑞士足协除名……阿根廷继续前进，没人能阻止他们。

阿根廷人的加冕并非令人心悦诚服。在小组赛他们就输给了意大利，球队因此必须离开布宜诺斯艾利斯和纪念球场，在罗萨里奥开始第二阶段比赛。

一心想留在首都的阿根廷失去了一点小优势，但1978年世界杯已经为他们设计好了。和他们的对手所不同的是，阿根廷队所有的第二阶段比赛都在同一座球场进行，而且所有比赛都安排在同组的另一场比赛之后。在2比1战胜波兰、0比0战平巴西后，情况变得有些复杂，他们必须在最后一场比赛中净胜秘鲁4球以上才能进入决赛。不过阿根廷是主场作战，一切有利条件都具备，更何况秘鲁门将拉蒙·基罗加出生于阿根廷，他被视为一个国家的阴谋。在这种气氛下，秘鲁0比6惨败，因此被挤出决赛的巴西控诉这是个丑闻，认定基罗加肯定与对手合谋。几天后，基罗加通过阿根廷媒体发了一封公开信自辩，以平息争议，但这已经无关紧要了。

回到纪念球场后，阿根廷队受到了七彩纸屑雨的欢迎，等待他们的是连续第二次打入世界杯决赛的荷兰。荷兰在球场上等了两分钟，“傲慢”的东道主才出场。他们还要忍受阿根廷人对荷兰中场范德科尔霍夫的刁难：阿根廷球员认为他手上的石膏应该拆掉。

比赛的气氛非常压抑，双方真刀真枪地拼杀，梅诺蒂一场比赛抽了70根香烟！这是历史上第三次进入加时赛的世界杯决赛。最终肯佩斯释放了阿根廷人民的紧张情绪，尤其是那个穿着军装、戴着军帽的人：当终场哨吹响时，魏地拉泪如涌泉，他向帕萨雷拉颁发了阿根廷历史上第一座世界杯。最好的球队获胜了，阿根廷赢得了从1930年以来就一直追求的世界杯，他们在首场世界杯决赛中输给了乌拉圭。人们内心中的不安，一直伴随着他们的征服之旅。

足球退步了

不少专家都认为，相比起前两届世界杯，1978年世界杯出现了退步，战术和拼抢逐渐

与时间赛跑

对阵意大利，法国队很快取得了领先：37秒。博西斯后场拿球，传给了左路的西克斯，后者传中，拉孔布（白衣者）骗过伟大的意大利门将佐夫，为法国队首开纪录。这个进球没能帮助法国在这场异常激烈的比赛中避免失利，他们也因此失去了进入第二轮的机会。作为小小的安慰，法国前锋从阿根廷带回了一只金表。2002年世界杯上，最快进球的纪录被土耳其中锋哈坎·苏克打破。

取代了技术和比赛的快乐，球队在场上开始变得缩手缩脚。值得庆幸的是，打入决赛的阿根廷和荷兰还是坚持攻势足球。

冠军教练梅诺蒂依然无法和军政府站在一起，当政府首脑魏地拉将世界杯交到他手里时，梅诺蒂拒绝和他握手，并且一语双关地评论自己球队的胜利："我充满天赋又很聪明的球员们，击败了战术的独裁和阵型的恐怖。他们敢于冒险，将自己的激情和大气带给了足球。"德国足球记者舒尔策则认为，梅诺蒂通过胜利给阿根廷人民传达了两个信息，那就是要对自己的足球有信心，要相信能够从统治者那里赢回属于自己的尊严。梅诺蒂不久之后就开始了逃亡，他在随后几年严厉批判了阿根廷政府，阿根廷人能够在1983年结束独裁统治，也有梅诺蒂的功劳。

这届世界杯让人们看到了足球美丽和丑陋的不同层面。阿根廷人可以将它们完美结合在一起。冠军教头梅诺蒂打造出一支技术出色、坚持攻势足球的球队，能够让人享受他的足球哲学和美学，但同时阿根廷人的胜利也有争议，甚至涉嫌假球。阿根廷大胜秘鲁从而进入决赛的比赛，至今依然存在不少疑点。

福格茨爱阿根廷

当大部分球员都在抱怨和反对阿根廷世界杯的政治气氛时，德国人福格茨却显得很另类。当时效力于多特蒙德的福格茨毫不犹豫地表达了对强权政府的好感，还遗憾人们"对这个美丽的国家说了那么多不好的话"。更有趣的是，在世界杯结束几个月后，他又去阿根廷度了一次假。

阿根廷前锋卢克庆祝进球。1978年6月21日，阿根廷队在一场充满争议的比赛中6比0大胜秘鲁，从而以净胜球的优势力压巴西队挺进决赛。秘鲁门将基罗加（左下）趴在地上无可奈何。卢克是役打进两球。

决赛

阿根廷3比1荷兰
1978年6月25日
布宜诺斯艾利斯纪念球场

菜地

阿根廷的球场管理员要被骂死了。布宜诺斯艾利斯的纪念球场的场地状况被视为是最糟糕的。在巴西队比赛的马德普拉塔，人们也把坑坑洼洼的球场称为“草皮地毯”。官方的解释是，肥料有问题，事实上是赛事组织者在管理上出了问题。比赛开始前的两个月，布宜诺斯艾利斯的球场还没有铺上草皮，由于时间太短，草根本就没有生根。开幕仪式后，球场管理员匆忙修补了草皮，很多地方被旗手踩得坑坑洼洼。德国与波兰的揭幕战结束后，球场看上去就像是一个矿场，两支球队的主教练都在咒骂场地。

世界杯第1000球，属于球风、位置乃至容貌都与克鲁伊夫神似的伦森布林克。在荷兰队2比3负于苏格兰一战破门的橙衣军团10号，4年前因伤仅踢半场便被换下，枯坐板凳目睹国家队功败垂成。4年之后，顶替负气退出国家队的克鲁伊夫担纲荷兰队核心的他，所面临的困局无疑比前任艰难得多。

横在荷兰人面前的，是一支年轻天才辈出的阿根廷队，但身为潘帕斯军团掌门人的梅诺蒂却缺乏南美人普遍的浪漫情怀，世界杯前梅帅便公然宣称：“进球只不过是把球传到网里。”而他以年纪太轻为由撤下一手提拔的马拉多纳，将两届西甲射手王肯佩斯委以核心重任，一度令国内媒体哗然。在肯佩斯身边，是后来闯荡英伦并获成功的阿迪莱斯、天生防线统帅帕萨雷拉及门神菲洛尔等一干精兵强将，比起声名彪炳的荷兰人，阿根廷队风头稍逊，但拼劲和锐气，加之本土作战的优势弥补了经验的缺陷。

1978年6月25日，布宜诺斯艾利斯纪念球场内座无虚席，看台上飘洒而下的长纸带、漫天飞舞的纸屑几乎将跑道与球门背后的绿色草皮“染白”，南美的严冬在这一刻被场内的热情彻底融化。比赛伊始，战术素养和经验更胜一筹的荷兰

阿根廷 **荷兰**

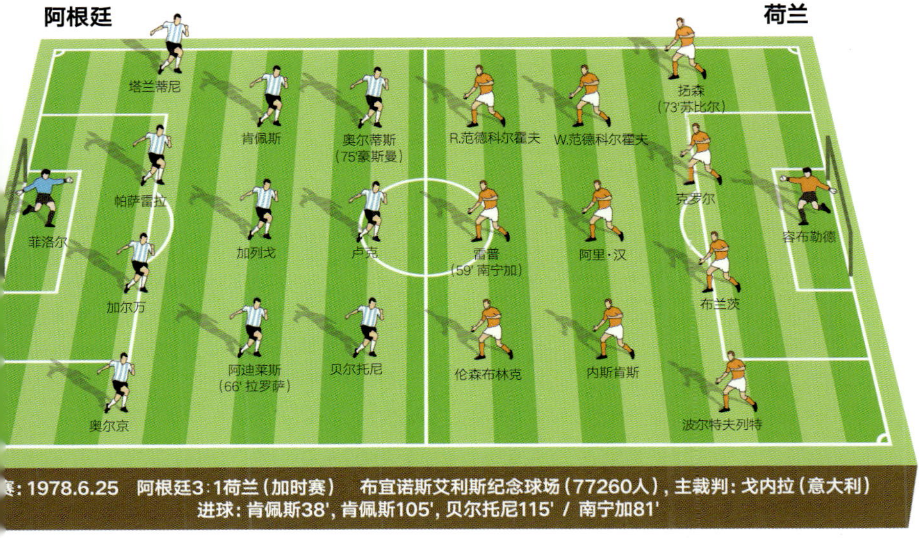

赛：1978.6.25　阿根廷3:1荷兰（加时赛）　布宜诺斯艾利斯纪念球场（77260人），主裁判：戈内拉（意大利）
进球：肯佩斯38'，肯佩斯105'，贝尔托尼115' / 南宁加81'

肯佩斯的秘密

“我的国家有幸出产了很多伟大的球员，我只是在阿根廷足球历史上书写了短短几行的这批球员之一。”肯佩斯在退役的时候如此说道。作为1978年世界杯的巨星（他当时以创纪录的转会费加盟瓦伦西亚），他却没能在第一阶段进球。主教练梅诺蒂解释说：“我建议他把胡子刮了，起初这只是个玩笑，没想到好像真的起作用了。”从第二阶段小组赛开始，绰号“屠夫”的肯佩斯开始连续进球，最终以6球成为赛事最佳射手。对于马拉多纳之前最后一个身穿阿根廷10号球衣的肯佩斯来说，这是一种解脱。肯佩斯与马拉多纳都是左撇子，但他们有着截然不同的性格。

与迭戈相比，肯佩斯一直都是公平竞赛的模范。直到41岁退役，他职业生涯中从没吃过红牌。世界杯期间，肯佩斯有一个秘密：他在大腿上涂了一种气味非常强烈的油。对手们都说，那种气味类似发酵的饮料或腐烂的菜肴。

民族自豪感

“虽然组委会工作开始得很晚，但阿根廷让世人看到了一届组织得很成功的世界杯。”1978年12月，“国际足联新闻”对这届世界杯赞誉有加，赛事在世界范围内改善了东道主的国家形象。阿根廷人从世界杯不仅得到了很多，还创造了价值。“不是11个人或者22个人在世界杯表演，而是2500万阿根廷人。就像那句话所说‘向世界展示，你们如何，你们真的怎样’，阿根廷人也被如此要求。通过各种现代传播手段，民族自豪感、国家荣誉感被根植于阿根廷人的心中。”1978年6月26日的《法兰克福观察家报》如是点评，而同期的《世界足球》则着眼军政府的表现，“世界杯对这个国家而言也有着重大的政治意义”。

队旋即展开潮水般的攻势：伦森布林克敲山震虎般的头球令菲洛尔一阵紧张。不久后，阿根廷队禁区内再度兵荒马乱，加列戈头球解围不远，R.范德科尔霍夫禁区内不停球直接抽射，但菲洛尔有如神助，飞身腾起将皮球托出横梁！

荷兰队久攻不下，防线反倒先生乱相：第38分钟阿根廷队前场反抢成功，肯佩斯禁区前沿拿球后转身趟过克罗尔，抢在容布勒德封堵前倒地左脚铲射，皮球滚入网底，东道主先拔头筹！而随后的比赛陷入胶着，火药味渐渐浓郁：克罗尔放倒贝尔托尼，后者起身后怒目相向；范德科尔霍夫前场左翼被帕萨雷拉连人带球一起放倒；南宁加数次与卢克抱作一团；而加列戈和内斯肯斯几乎大打出手……当值主裁、意大利人戈内拉被迫频繁出示黄牌压制双方过于旺盛的火气。转眼已是下半时83分钟，东道主距离首夺世界杯冠军似乎仅是时间问题。

然而善于团队作战的荷兰人并未提前缴械：内斯肯斯前场转移给右侧高速插上的R.范德科尔霍夫，后者右翼从容起脚传中，下半时才被换上的前锋南宁加后排插上有力地甩头攻门，忙于出击封堵传中的菲洛尔失去位置，只能徒呼奈何。2分钟后荷兰人几乎提前宣判东道主死刑：伦森布林克在帕萨雷拉贴身盯防下，突然右脚外脚背弹射，菲洛尔措手不及已经缴枪，但皮球却不偏不倚地击中立柱弹出！此球若进，伦森布林克非但将为祖国首次捧起世界杯冠军奖杯，更可把金靴乃至金球一并收入囊中！

阿根廷中场铁闸加列戈抢断荷兰队的雷普。在这场粗野与技术共存的决赛中，阿根廷队笑到了最后。

伦森布林克的直接任意球攻门未果。缺少了定位球大师的荷兰队最终输掉了比赛。

惊魂未定的阿根廷人在加时赛终于不再浪费机会：肯佩斯在一次纵贯半场的个人突破中被放倒，但并不气馁的他随即再度上演奔袭好戏，扬森与南宁加先后舍命铲球，但磕磕绊绊的阿根廷10号仅是减速，并未丢球。在首次射门被容布勒德一扑弹起后，机敏的瓦伦西亚射手立即追上皮球，脚尖一捅将皮球送入大门，此时时钟指向第105分钟，仅剩15分钟救赎时间的荷兰队大势已去。第116分钟，东道主为荷兰人送出致命一击，杀死悬念：肯佩斯突入禁区后疑似用手停住皮球，皮球几经弹地后落在边锋贝尔托尼脚下，后者转身抽射，将比分锁定为3比1。

梅诺蒂终于以坚韧、严酷、冷漠的足球理念令高乔人心悦诚服。二度跻身世界杯决赛的荷兰队再次败在东道主脚下，而这场失败对于首发11人多半已过巅峰的橙衣军团而言可谓是提前敲响的丧钟，老迈的他们已无力企及大赛桂冠。挑战欧洲足球传统版图的先锋身份，也日渐为普拉蒂尼的法国所取代。

盆满钵满

1978年世界杯结束后，账面的数字让人兴奋。总盈利达到了45645686瑞士法郎，这是一个新的纪录。1610215名现场观众支付了3260万瑞士法郎购买门票，平均每场观众人数达到了42374人，83%的门票被销售了出去。当然，有两场比赛的现场观众人数少于1万人：波兰对阵突尼斯，只有9624人；伊朗面对苏格兰，7938人。虽然这些数字是根据每一个球场的球票实际销售数量统计汇总的，但和以往的世界杯一样，人们对于到底有多少人进入了球场还是存疑。15亿全球观众通过电视机观看了比赛，决赛也首次在中国大陆地区转播。广告权和市场开发带来了1500万瑞士法郎的收益。6711名媒体工作者采访世界杯，也创造了新的纪录。

①
② ③

①决赛第105分钟，肯佩斯（左）再次助阿根廷领先。

②阿根廷右后卫奥尔京（右）在防守中尽职尽责，严防对方前锋雷普。

③伦森布林克的倒地铲射被菲洛尔扑出，荷兰队错过了首度问鼎世界杯的机会。

他们是冠军

主教练

梅诺蒂 Cesar Luis Menotti

1938年11月5日生，阿根廷人

他32岁开始教练生涯，36岁就接手了阿根廷国家队，率队参加世界杯时也不到40岁。他在世界杯前的几年经历了太多奇怪事件，包括博卡河床对国家队的抵制，以及军政府对于球队人选的指手画脚。但梅诺蒂的可贵之处就在于可以排除干扰指挥球队，甚至还可以通过派“后门生”上场来取悦高层。阿根廷的夺冠虽然有些不令人信服（比如对秘鲁队诡异的6比0），但梅诺蒂在决赛中的排兵布阵是值得称道的。

门　将

巴莱 Hector Baley

1950年11月16日生，飓风（阿甲）

黝黑的皮肤使他获得了“巧克力”的绰号，但在国家队门将的排位中，他从1978到1982年世界杯，都要静静地等在菲洛尔的背后，只是国家队的过客而已。

菲洛尔 Ubaldo Fillol

1950年7月21日生，河床（阿甲）

穿着5号球衣的门将，最让人放心的一环，绰号“鸭子”，这是他4届世界杯经历中的第二届。一整届比赛只丢4球。这位河床队史上的最伟大门将最后如愿在本俱乐部的主场捧起了世界杯。

拉沃尔佩 Ricardo Lavolpe

1952年2月6日生，圣洛伦索（阿甲）

第三门将，虽然在班菲尔德和圣洛伦索效力期间获得不少好评，但在国家队只待了很短的一段时间。他最有名的经历还是退役后当上了墨西哥国家队的主教练。

后　卫

路易斯·加尔万 Luis Galvan

1948年2月24日生，塔勒莱斯（阿甲）

拥有着不逊于欧洲中卫的强健体格，制空能力超强，打满了阿根廷队的所有比赛。他在阿根廷队效力到了1982年世界杯，35岁时才告别国家队。

基勒 Daniel Killer

1949年12月21日生，竞技（阿甲）

头球不俗的强力中后卫，曾随罗萨里奥中央队两夺联赛冠军。但在1978年世界杯期间，他在板凳上从头坐到尾。

奥尔京 Jorge Olguin

1952年5月17日生，圣洛伦索（阿甲）

被梅诺蒂信赖有加的右后卫，在夺冠路上没有缺席1分钟的比赛。在他18年的职业生涯中，联赛出场超过500次，获得过8个冠军。在国家队的出场也达到60次。

帕尼亚尼尼 Ruben Pagnanini

1949年1月31日生，独立（阿甲）

绰号“猫”的右后卫，虽然在世界杯前他为独立队夺得了联赛冠军，但在梅诺蒂眼中他只是奥尔京的替补。没有获得1分钟出场机会。

帕萨雷拉 Daniel Passarella

1953年5月25日生，河床（阿甲）

阿根廷队最伟大的队长，具备着出色的领袖能力和球场感召力。除了强壮的身体素质外，他还总能从中后卫的位置上带球杀向前场参与进攻。他也成为了第一个捧起世界杯冠军奖杯的阿根廷球员。

塔兰蒂尼 Alberto Tarantini

1955年12月3日生，伯明翰（英甲）

主力左后卫，他和肯佩斯是这支阿根廷队仅有的两名旅欧海归。虽然绰号“兔子”，但他的脾气却格外火爆。他参加了球队夺冠路上的每一场比赛，作为左后卫，更加偏重防守。

中　场

诺贝托·阿隆索 Norberto Alonso

1953年1月4日生，河床（阿甲）

穿着怪异的“1号”球衣的中场球员。他水准不差，但从没有在梅诺蒂的计划中。不过由于阿根廷军政府官员的青睐，让阿隆索得以跻身阿根廷队的世界杯名单，甚至还在3场比赛中获得了替补登场的机会。

阿迪莱斯 Osvaldo Ardiles

1952年8月3日生，飓风（阿甲）

阿根廷队中场的盘带大师，绰号“蟒蛇”，总能在右中场的位置上展现着自己的“蛇形盘带”。他只错过了与秘鲁的第二阶段小组赛。在决赛中策动了本队的第一个进球，但是在球队需要加强防守时，个子矮小的他被梅诺蒂换下。

贝尔托尼 Daniel Bertoni

1955年3月14日生，独立（阿甲）

出色的右边锋，阿根廷队的第三攻击手，被梅诺蒂放在了多个位置上进行过尝试，一度取代卢克担任主力前锋。在决赛中打入阿根廷队第3球，锁定了胜局。

加列戈 Americo Gallego

1955年4月25日生，纽维尔老伙计（阿甲）

天才的防守型中场，阿根廷队进攻的组织者之一，整届赛事只错过了4分钟的比赛。球场上出众的大局观和领导能力，成为他退役之后当上教练的资本。

鲁文·加尔万 Ruben Galvan

1952年4月7日生，独立（阿甲）

作为加列戈的替补入围球队，却没有获得任何出场时间。事实上，当年那支连夺两届阿根廷联赛冠军的独立队当中，3位中场加尔万、贝尔托尼和拉罗萨都前往国家队报到。

豪斯曼 Rene Houseman

1953年7月19日生，飓风（阿甲）

在1974年世界杯上曾经攻入3球，到了本土世界杯上，表现已经退步了不少，多以前场“摇摆人”的身份出场，决赛直到第75分钟才获得出场。在与秘鲁的比赛中打入1球。

拉罗萨 Omar Larrosa

1947年11月18日生，独立（阿甲）

世界杯前不久才入选国家队的过客，也是这支阿根廷队岁数最大的球员，决赛第66分钟被派上加强防守。世界杯后，他再没有和国家队产生过联系。

奥尔蒂斯 Oscar Ortiz

1953年4月8日生，河床（阿甲）

在左中场和左边锋位置非常活跃的球员，在决赛中出任左边锋。而决赛的比赛地，正是他所效力的河床队的主场——纪念球场。

奥维多 Miguel Oviedo

1950年10月12日生，塔勒莱斯（阿甲）

来自中游球队塔勒莱斯队的中场核心，但国家队显然没有给他什么展示的机会，整届比赛只有4分钟的亮相时间。

何塞·巴伦西亚 Jose Daniel Valencia

1955年10月3日生，塔勒莱斯（阿甲）

年轻的攻击型中场，在球队的前4场比赛中均出任主力，可惜最后阶段被弃用。他在本届世界杯后成为了国家队的绝对主力，参加了1982年世界杯。

里卡多·比利亚 Ricardo Villa

1952年8月18日生，竞技（阿甲）

大胡子中场，本届世界杯一共两次替补出场。但这难得的两个半场时间，却打动了英格兰托特纳姆热刺队的官员。他在世界杯后就告别了阿甲赛场。

前　锋

肯佩斯 Mario Kempes

1954年7月15日生，瓦伦西亚（西甲）

1974年世界杯的颗粒无收，以及效力于遥远的西甲联赛，让人们起初对他缺乏信心，但高大强壮的肯佩斯在经历了第一阶段小组赛的沉寂期之后，在第二阶段和决赛连入6球，成为了阿根廷队绝对的关键先生，一代巨星就此诞生。

卢克 Leopoldo Luque

1949年5月3日生，河床（阿甲）

阿根廷队的双前锋之一，本届比赛贡献了4粒进球，包括与法国比赛中的精彩远射。但他也因为肘部伤势而缺阵两场。在世界杯决赛阶段，他的一个兄弟车祸丧生，但这没有影响他在随后的比赛中为阿根廷队进球，并打满了决赛的120分钟。

战场

纪念体育场
Estadio Monumental
所在城市：布宜诺斯艾利斯
容量 :76000 人
本届杯赛承办 9 场比赛 (包括揭幕战和决赛)

阿马尔菲塔尼体育场
Estadio Jose Amalfitani
所在城市：布宜诺斯艾利斯
容量 :49540 人
本届杯赛承办 3 场比赛

科尔多瓦体育场
Estadio Cordoba
所在城市：科尔多瓦
容量 :46083 人
本届杯赛承办 8 场比赛

米内利亚体育场
Estadio Jose Maria Minella
所在城市：马德普拉塔
容量 :43542 人
本届杯赛承办 6 场比赛

阿罗伊托体育场
Estadio Gigante de Arroyito
所在城市：罗萨里奥
容量 :41654 人
本届杯赛承办 6 场比赛

门多萨市政体育场
Estadio Ciudad de Mendoza
所在城市：门多萨
容量 :34875 人
本届杯赛承办 6 场比赛

赛程赛果

A 组

1978.6.2	意大利2:1法国
1978.6.2	阿根廷2:1匈牙利
1978.6.6	意大利3:1匈牙利
1978.6.6	阿根廷2:1法国
1978.6.10	法国3:1匈牙利
1978.6.10	意大利1:0阿根廷

B 组

1978.6.1	波兰0:0联邦德国
1978.6.2	突尼斯3:1墨西哥
1978.6.6	波兰1:0突尼斯
1978.6.6	联邦德国6:0墨西哥
1978.6.10	突尼斯0:0联邦德国
1978.6.10	波兰3:1墨西哥

C 组

1978.6.3	巴西1:1瑞典
1978.6.3	奥地利2:1西班牙
1978.6.7	奥地利1:0瑞典
1978.6.7	巴西0:0西班牙
1978.6.11	巴西1:0奥地利
1978.6.11	西班牙1:0瑞典

D 组

1978.6.3	荷兰3:0伊朗
1978.6.3	秘鲁3:1苏格兰
1978.6.7	荷兰0:0秘鲁
1978.6.7	伊朗1:1苏格兰
1978.6.11	苏格兰3:2荷兰
1978.6.11	秘鲁4:1伊朗

第二轮小组赛

A 组

1978.6.14	意大利0:0联邦德国
1978.6.14	荷兰5:1奥地利
1978.6.18	荷兰2:2联邦德国
1978.6.18	意大利1:0奥地利
1978.6.21	荷兰2:1意大利
1978.6.21	奥地利3:2联邦德国

B 组

1978.6.14	巴西3:0秘鲁
1978.6.14	阿根廷2:0波兰
1978.6.18	波兰1:0秘鲁
1978.6.18	阿根廷0:0巴西
1978.6.21	巴西3:1波兰
1978.6.21	阿根廷6:0秘鲁

三四名决赛

1978.6.24	巴西2:1意大利

决赛

1978.6.25	阿根廷3:1荷兰

射手榜

	排名	球员（国家）	进球数
▲	1	肯佩斯（阿根廷）	6
	2	伦森布林克（荷兰）	5
	2	库比拉斯（秘鲁）	5
	4	卢克（阿根廷）	4
	4	克兰克尔（奥地利）	4
	6	迪尔塞乌（巴西）	3
	6	罗伯托·迪纳米特（巴西）	3
	6	鲁梅尼格（联邦德国）	3
	6	罗西（意大利）	3
	6	雷普（荷兰）	3

第 1 名 阿根廷

主教练:梅诺蒂(阿根廷)

号码	球员	进球 / 出场
门将		
3	巴莱	-/-
5	菲洛尔	-4/7
13	拉沃尔佩	-/-
后卫		
7	路易斯·加尔万	0/7
11	基勒	-/-
15	奥尔京	0/7
18	帕尼亚尼尼	-/-
19	帕萨雷拉	1/7
20	塔兰蒂尼	1/7
中场		
1	诺贝托·阿隆索	0/3
2	阿迪莱斯	0/6
4	贝尔托尼	2/6
6	加列戈	0/7
8	鲁文·加尔万	-/-
9	豪斯曼	1/6
12	拉罗萨	0/2
16	奥尔蒂斯	0/6
17	奥维多	0/1
21	何塞·巴伦西亚	0/4
22	里卡多·比利亚	0/2
前锋		
10	肯佩斯	6/7
14	卢克	4/5

第 2 名 荷兰

主教练:恩斯特·哈佩尔(奥地利)

号码	球员	进球 / 出场
门将		
1	斯赫雷弗斯	-4/3
8	容布勒德	-6/5
19	杜斯堡	-/-
后卫		
2	波尔特夫列特	0/6
4	范克赖	0/2
5	克罗尔	0/7
7	维尔德斯屈特	0/3
15	霍芬坎普	-/-
17	赖斯贝尔亨	0/3
20	苏比尔	0/4
22	布兰茨	2/4
中场		
3	舍内克尔	0/1
6	维姆·扬森	0/7
9	阿里·汉	2/6
10	R. 范德克尔霍夫	1/7
11	W. 范德克尔霍夫	1/7
13	内斯肯斯	0/5
14	博斯坎普	0/1
前锋		
12	伦森布林克	5/7
16	雷普	3/7
18	南宁加	1/4
21	吕布塞	-/-

第 3 名 巴西

主教练:科蒂尼奥(巴西)

号码	球员	进球 / 出场
门将		
1	莱昂	-3/7
12	卡洛斯	-/-
22	佩雷斯	-/-
后卫		
2	托尼尼奥	0/6
3	奥斯卡	0/7
4	阿马拉尔	0/7
6	埃迪尼奥	0/3
13	内利尼奥	2/4
14	阿贝尔	-/-
15	波洛齐	-/-
16	内托	0/4
中场		
5	塞雷佐	0/6
8	济科	1/6
11	迪尔塞乌	3/7
17	巴蒂斯塔	0/7
21	希考	0/3
前锋		
7	泽·塞尔吉奥	-/-
9	雷纳尔多	1/3
10	里维利诺	0/3
18	吉尔	0/7
19	门东萨	0/6
20	罗伯托·迪纳米特	3/5

第 4 名 意大利

主教练:贝阿尔佐特(意大利)

号码	球员	进球 / 出场
门将		
1	佐夫	-6/7
12	保罗·孔蒂	-/-
22	博尔东	-/-
后卫		
2	贝卢吉	0/5
3	卡布里尼	0/7
4	库库雷杜	0/5
5	詹蒂莱	0/7
6	马尔代拉	0/1
7	曼弗雷多尼亚	-/-
8	西雷阿	0/7
中场		
9	安托尼奥尼	0/5
10	贝内蒂	1/6
11	佩奇	-/-
13	帕特里齐奥·萨拉	0/1
14	塔尔德利	0/6
15	扎卡雷利	1/5
16	考西奥	1/7
17	克劳迪奥·萨拉	0/2
前锋		
18	贝特加	2/7
19	格拉齐亚尼	0/3
20	普利奇	-/-
21	保罗·罗西	3/7

第5名 波兰

主教练：格莫赫（波兰）

号码	球员	进球/出场
门将		
1	托马谢夫斯基	-3/4
21	库克拉	-3/2
22	科斯切瓦	-/-
后卫		
3	马楚莱维奇	0/6
4	希马诺夫斯基	0/6
6	戈尔贡	0/5
9	日穆达	0/6
10	鲁迪	0/1
13	库普切维奇	-/-
14	尤斯特克	-/-
20	武伊齐茨基	-/-
中场		
5	纳瓦乌卡	0/5
8	卡斯佩扎克	0/6
11	马什塔勒	0/4
12	德厄纳	1/6
15	库斯托	-/-
18	博涅克	2/6
前锋		
2	马祖尔	0/1
7	伊万	0/2
16	拉托	2/6
17	沙尔马什	1/6
19	卢班斯基	0/5

第6名 联邦德国

主教练：舍恩（联邦德国）

号码	球员	进球/出场
门将		
1	迈耶	-5/6
21	卡尔古斯	-/-
22	布尔登基	-/-
后卫		
2	福格茨	0/6
3	迪茨	0/5
4	吕斯曼	0/6
5	卡尔茨	0/6
8	齐默尔曼	0/2
12	施瓦岑贝克	-/-
13	科诺普卡	0/1
中场		
6	邦霍夫	0/6
7	阿布拉姆奇克	1/3
10	弗洛厄	2/4
15	贝尔	0/4
16	库尔曼	-/-
18	策韦	-/-
前锋		
9	菲舍尔	0/5
11	鲁梅尼格	3/5
14	迪特·穆勒	2/4
17	赫尔岑拜因	1/3
19	沃尔姆	-/-
20	汉斯·穆勒	1/4

第7名 奥地利

主教练：泽内科维奇（奥地利）

号码	球员	进球/出场
门将		
1	孔奇利亚	-10/6
21	富克斯比赫勒	-/-
22	鲍姆加特纳	-/-
后卫		
2	萨拉	0/6
3	奥伯迈尔	1/6
4	布赖滕贝格尔	0/4
5	佩策伊	0/6
14	施特拉瑟	1/3
15	韦伯	0/3
16	佩尔西迪斯	-/-
中场		
6	哈滕贝格尔	-/-
7	希克斯贝格	0/6
8	普罗哈斯卡	0/6
11	亚拉	0/4
12	克里格	0/5
13	哈皮希	0/1
20	鲍梅斯特	-/-
前锋		
9	克兰克尔	4/6
10	克罗伊茨	0/6
17	奥贝拉彻	0/1
18	沙赫纳	1/3
19	皮尔克纳	0/2

第8名 秘鲁

主教练：马科斯·卡尔德隆（秘鲁）

号码	球员	进球/出场
门将		
1	萨尔托尔	-/-
13	胡安·卡塞雷斯	-/-
21	基罗加	-12/6
后卫		
2	杜阿特	0/6
3	曼索	0/6
4	琼皮塔斯	0/6
5	迪亚斯	0/4
14	何塞·纳瓦罗	0/2
22	罗伯托·罗哈斯	0/1
中场		
6	贝拉斯克斯	1/5
8	奎托	1/6
9	珀西·罗哈斯	0/3
10	库比拉斯	5/6
15	莱吉亚	0/1
16	戈里蒂	0/1
17	克萨达	0/2
18	拉瓦尔特	-/-
前锋		
7	穆尼安特	0/6
11	奥布利塔斯	0/6
12	莫斯克拉	-/-
19	拉罗萨	0/5
20	索蒂尔	0/4

第9名 突尼斯

主教练：谢塔利（突尼斯）

号码	球员	进球/出场
门将		
1	萨西	-2/3
21	L.本阿齐扎	-/-
22	纳伊利	-/-
后卫		
2	祖伊卜	1/3
3	卡比	1/3
5	莫森·拉比迪	0/1
17	卢泽	-/-
18	谢卜利	-/-
20	杰巴利	0/3
中场		
4	加斯米	0/2
6	古米兹	1/3
8	本雷海埃姆	0/3
10	齐亚卜	0/3
12	赫麦斯·拉比迪	0/1
前锋		
7	拉赫扎米	0/3
9	阿基德	0/3
11	A.本阿齐扎	0/2
13	利曼	-/-
14	卡鲁伊	0/1
15	本莫扎	-/-
16	谢海比	-/-
19	哈斯尼	-/-

第10名 西班牙

主教练：库巴拉（西班牙）

号码	球员	进球/出场
门将		
1	阿科纳达	-/-
13	米格尔·安赫尔	-2/3
22	乌鲁蒂	-/-
后卫		
2	德拉克鲁斯	0/2
5	米格利	0/2
6	比奥斯卡	0/2
16	奥尔莫	0/2
17	马尔塞利诺	0/3
18	皮里	0/2
中场		
3	乌里亚	0/2
4	阿森西	1/3
11	卡德尼奥萨	0/3
12	古斯曼	0/1
14	莱亚尔	0/3
21	圣何塞	0/3
前锋		
7	达尼	1/1
8	华尼托	0/2
9	吉尼	0/1
10	桑蒂利亚纳	0/2
15	马拉尼翁	-/-
19	雷克萨奇	0/1
20	卡诺	0/1

第11名 苏格兰

主教练:麦克劳德(苏格兰)

号码	球员	进球 / 出场
门将		
1	拉夫	-6/3
12	布莱思	-/-
20	克拉克	-/-
后卫		
2	贾丁	0/1
3	多纳切	0/2
4	巴肯	0/3
5	麦奎因	-/-
13	肯尼迪	0/2
14	福塞思	0/3
22	伯恩斯	0/2
中场		
6	里奥克	0/2
7	马森	0/1
10	哈特福德	0/3
11	维利·约翰斯顿	0/1
15	格米尔	2/3
18	索内斯	0/1
前锋		
8	达格利什	1/3
9	乔·乔丹	1/3
16	马卡里	0/2
17	德里克·约翰斯顿	-/-
19	罗伯逊	0/1
21	哈珀	0/1

第12名 法国

主教练:伊达尔戈(法国)

号码	球员	进球 / 出场
门将		
1	巴拉特利	-1/1
21	德芒斯	-3/2
22	德罗普西	-1/1
后卫		
2	巴蒂斯通	0/1
3	博西斯	0/2
4	让维翁	0/2
5	布拉奇	0/1
6	克里斯蒂安·洛佩	1/2
7	里奥	0/1
8	特雷索尔	0/3
中场		
9	巴特内	0/2
10	吉洛	0/1
11	亨利·米歇尔	0/1
12	帕皮	0/1
13	让·珀蒂	0/1
15	普拉蒂尼	1/3
前锋		
14	贝尔多	1/2
16	达尔热	0/1
17	拉孔布	1/2
18	罗什托	1/2
19	西克斯	0/3
20	鲁耶	0/2

第13名 瑞典

主教练:耶奥里·埃里克松(瑞典)

号码	球员	进球 / 出场
门将		
1	赫尔斯特伦	-3/3
12	哈格贝里	-/-
17	默勒	-/-
后卫		
2	博里	0/3
3	罗伊·安德松	0/3
4	诺德奎斯特	0/3
5	埃兰德松	0/3
13	马格努斯·安德松	-/-
19	卡尔松	-/-
20	罗兰德·安德松	-/-
中场		
6	塔珀	0/2
7	安德斯·林德洛特	0/3
9	伦纳特·拉尔松	0/3
10	舍贝里	1/3
14	阿曼	-/-
18	努丁	0/1
前锋		
8	博·拉尔松	0/3
11	文特	0/3
15	尼尔松	0/1
16	托尔斯滕松	0/1
21	奥斯隆德	-/-
22	埃德斯特伦	0/3

第14名 伊朗

主教练:穆哈杰拉尼(伊朗)

号码	球员	进球 / 出场
门将		
1	赫加齐	-8/3
12	马瓦达特	-/-
22	科尔贝坎迪	-/-
后卫		
5	阿拉赫韦尔迪	0/1
11	盖斯加扬	-/-
14	纳扎里	0/3
15	埃斯坎达里安	0/2
19	阿里·绍杰	-/-
20	阿卜多拉希	0/3
21	卡泽拉尼	0/3
中场		
2	达纳埃法尔德	1/2
6	纳耶巴加	0/2
7	帕尔温	0/3
8	加塞姆普尔	0/3
9	萨德吉	0/3
前锋		
3	法里巴	0/1
4	比什卡尔	-/-
10	劳尚	1/3
13	塔杰穆里	-/-
16	努拉埃	-/-
17	贾哈尼	0/3
18	法拉基	0/3

第15名 匈牙利

主教练:鲍罗蒂(匈牙利)

号码	球员	进球 / 出场
门将		
1	古伊达尔	-5/2
21	梅萨罗什	-3/1
22	科瓦奇	-/-
后卫		
2	特勒克	0/1
3	伊斯特万·科奇什	0/2
4	约瑟夫·托特	0/3
6	凯赖基	0/3
12	马尔托什	0/3
14	巴林特	0/1
15	拉布	-/-
中场		
5	宗博里	1/3
8	尼洛希	0/2
10	平特	0/3
13	乔波	1/3
16	豪拉斯	0/1
18	纳吉	0/3
20	菲勒普	-/-
前锋		
7	福泽考什	0/1
9	特勒奇克	0/2
11	瓦劳迪	-/-
17	普斯陶伊	0/2
19	安德拉什·托特	1/1

第16名 墨西哥

主教练:何塞·罗卡(墨西哥)

号码	球员	进球 / 出场
门将		
1	何塞·雷耶斯	-7/2
22	索托	-5/2
后卫		
2	纳哈拉	-/-
3	特纳	0/2
4	爱德华多·拉莫斯	0/2
5	阿图罗·阿亚拉	1/3
12	赫苏斯·马丁内斯	0/2
13	西斯内罗斯	0/1
14	卡洛斯·戈麦斯	0/1
15	弗洛雷斯	0/1
中场		
6	门迪萨瓦尔	0/3
7	德拉托雷	0/3
10	奥特加	0/1
16	卡德纳斯	0/1
17	奎利亚尔	0/3
18	卢戈	0/2
前锋		
8	萨尔萨	0/1
9	兰赫尔	1/3
11	乌戈·桑切斯	0/3
19	罗德里格斯	-/-
20	梅迪纳	-/-
21	伊西奥迪亚	0/1

12

时间:6.13—7.11

主办国:西班牙

第十二届世界杯

1982

冠军

意大利

1982年世界杯是国际足联主席阿维兰热提出世界杯突破欧洲和南美洲界限后的第一次，非洲、亚洲（包括大洋洲）、中北美和加勒比海地区都各得到了两个参赛席位，世界杯决赛阶段的参赛球队也从16支增加到24支，因此欧洲和南美洲的利益其实也没有受到损害。1978年世界杯，欧洲一共有10支球队参加，到了1982年增加到14支。南美的代表从1978年的3支球队增加到了1982年的4支，不过欧洲和南美势力的比例从81%降到了75%，欧洲球队依然是数量最多的，欧洲和南美之外的球队势力依然不足。欧洲球队占到报名参加预选赛的32%，决赛阶段比例增加到58%，相反非洲球队的比例则从预选赛的25%下降到决赛圈的8%。

矛盾环绕西班牙

历史上西班牙足球向世界展现出两面性，俱乐部的水平明显高于国家队，最重要的西班牙俱乐部都是在100多年前便已经成立。1878年西班牙历史上最古老的俱乐部赫尔瓦成立，在西班牙

参赛国家

- 阿尔及利亚
- 联邦德国
- 英格兰
- 阿根廷
- 奥地利
- 比利时
- 巴西
- 喀麦隆
- 智利
- 苏格兰
- 西班牙
- 法国
- 洪都拉斯
- 匈牙利
- 北爱尔兰
- 意大利
- 科威特
- 新西兰
- 秘鲁
- 波兰
- 萨尔瓦多
- 捷克斯洛伐克
- 苏联
- 南斯拉夫

海港城市，英国的水手们以及经理和工人们传播了足球运动。1898年毕尔巴鄂俱乐部成立，俱乐部名字当中的Athletic一词正说明了英国人当年在巴斯克地区的影响力。一年后巴塞罗那俱乐部成立，创始者包括了瑞士人坎帕，后来他改名叫甘伯。俱乐部第一位主席是英国人维尔德，球队大部分球员都是外国人，最多的是英国人。1902年马德里俱乐部成立，这是一家带有皇家贵族味道的俱乐部，因此在1920年得到阿方索三世国王批准，这家俱乐部正式更名为皇家马德里。

1929年，西班牙人在马德里4比3击败英格兰，这是英格兰人第一次输给大不列颠联合王国以外的代表队，因此这场比赛具有历史意义。不过和俱乐部相比，西班牙国家队的水平显然令人不敢恭维。从1930年到1978年，西班牙在11次世界杯中只有5次入围决赛圈。1934年和1950年，西班牙获得了第四名，1962年、1966年和1978年西班牙则在第一阶段就被淘汰。西班牙人在国际赛场唯一的胜利，是获得

● 封杀

开赛没几天，比利时驻地就一地鸡毛。因为西班牙报纸报道说，红魔的球员深夜喝着啤酒，追逐漂亮女孩。几家比利时媒体转载了这一报道，球员们的老婆和女友纷纷打电话给他们。愤怒之余，比利时球员封杀了他们国家的记者。

● 狂热

英格兰球迷在西班牙得到了尊重。英格兰被安排在毕尔巴鄂比赛，8000名球迷让人们充满了担忧。好在所有的一切都还平静，几天后，巴斯克人感到了满足，这些喜欢喝酒、说话大声的客人留下了金钱，举止也还得体。

● 贿赂传言

意大利被世界杯新军喀麦隆逼平的小组赛在1984年突然掀起了波澜。一个名叫菲利普·科图的男子对意大利媒体说，这场比赛存在对意大利有利的贿赂行为。这一说法在国际足联以及两个国家激起了强烈反响。意大利议会关注这一指控，与此同时，喀麦隆人却宣布，这一说法“毫无常识可言”，“菲利普·科图先生的职业是医院护工，从未以任何形式为喀麦隆足协工作过”。此外，调查也很快结束，因为“国际足联认为，1982年6月23日在维戈进行的喀麦隆与意大利的比赛从竞技层面而言没有争议，出现这样的事件是某些媒体的不道德操作所造成的，谴责这样的行为”。

决赛中罗西(蓝衣卧地者)奋不顾身的头球冲顶，为意大利首开纪录，这也彻底催垮了德国人的防守意志。

吉祥物 纳兰吉托

浪漫的西班牙人将橙子设计为这届世界杯的吉祥物。纳兰吉托上身被设计成身着西班牙国旗颜色的运动服，红色代表碧血，黄色代表黄沙，体现了西班牙人民英勇顽强、不畏强暴的精神。纳兰吉托的裤子是蓝色运动短裤，球袜是红黄相间款式，这也是西班牙国家队的球袜颜色。而在西班牙语中，“Naranjito”的意思就是橙子。火红的身躯，可爱的笑容，也体现了西班牙人热情奔放的一面。

波兰避难狂潮

偷渡

突然一下子，波兰多了很多世界杯球迷？在华沙，有10万人向政府要求前往西班牙，为波兰国家队呐喊助威。事实上，他们中的大多数是想借此机会离开陷入经济、政治等一系列问题的祖国。当局最终决定，让1000人前往西班牙，而每个人的花费高达15万兹罗提（老波兰货币），这相当于一个普通工人18个月的收入。尽管819名球迷的大多数经过了政治和意识形态的审核，但世界杯后只有一半人回到了波兰。

波兰的教练组

世界杯前6个月，波兰总书记雅鲁泽尔斯基宣布全国进入战时状态，而波兰国家队也在世界杯上全副武装。他们带着至少7名教练来到了西班牙，其中包括主教练皮耶赫尼切克，两名助手哈伊达斯和察亚，足协副主席齐恩塔拉，他拥有教练证书，负责排兵布阵。此外还有负责门将的科特斯卡，国内俱乐部冠军维泽洛兹的主教练伊姆达，以及负责青年队的奥布雷布斯基。

政治避难所

往教练组里塞这么多教练或许也是为了看住球员。因为在世界杯期间，25名乘坐大巴从波兰赶来的球迷，利用这次机会要求政治避难！当时冷战还远未结束，世界杯见证了这一点。苏联同波兰的小组赛吸引了3万名观众，比赛开始时看台上出现了一则标语——团结一致！在苏联足协主席的要求下，这条标语在比赛进行到1小时后才被撤下。最终，波兰追平了1974年世界杯获得季军的成绩。

了1964年欧洲杯冠军。

西班牙强调地域性，这促进了俱乐部水平的提高，西班牙球员代表国家队比赛的荣誉感只能说一般般，比如巴斯克和加泰罗尼亚地区的球员总和首都马德里的球员对着干。西班牙人对于马德里的反感，是源于佛朗哥从1939年到1975年之间的独裁统治，当时巴斯克和加泰罗尼亚都是反抗佛朗哥统治的主要地区。1936年，当时巴塞罗那俱乐部的主席桑约尔正是被佛朗哥手下的人处死。尽管西班牙从1978年开始了民主化，但是地域和中央的矛盾依然无法调和。

政治上的矛盾同样反映到了足球上，直到今天皇马都被加泰罗尼亚和巴斯克的球队看作死敌，因为皇马正是在佛朗哥统治时期成为西班牙乃至全欧洲顶尖俱乐部，佛朗哥公开声称自己是皇马球迷。佛朗哥身边的外交部长卡斯蒂埃利亚称赞皇马是他们最好的大使，巴塞罗那则被当地球迷们赋予了独立的意味。在佛朗哥独裁时期，每当巴萨主场和皇马比赛，都成为球迷们呼喊反对佛朗哥统治的好机会。

很多观察家都认为，西班牙内部的不团结是他们国家队总是成绩不佳的原因。西班牙没有自己的国家体育场，国家队从来没有固定在毕尔巴鄂、伯纳乌或者是诺坎普。国家队在加泰罗尼亚比赛的时候，通常都是选择在西班牙人的主场，加泰罗尼亚和巴斯克甚至还拥有自己的地方选拔队，每年圣诞节之前都会组织热身赛，通常对手是东欧或者非洲的球队。佛朗哥执政时代明令禁止这

样的比赛，1999年加泰罗尼亚人闹到国际足联，希望能够有属于自己的国家队。

外援的舞台

其实西班牙国家队表现不佳的另一个原因是本土球员水平不高，联赛里充斥着国外的球星。在能引起意甲俱乐部兴趣的为数不多的西班牙球员当中，有一位便是路易·苏亚雷斯，他在1961年从巴塞罗那转会到国际米兰。1960年，苏亚雷斯成为至今唯一一位赢得过欧洲金球奖的西班牙人。亨托、萨拉、萨米铁尔和桑蒂利亚纳都相当不错，但是在国际足坛，西班牙被认为是盛产门将的国家，其中有萨莫拉、伊里巴尔、阿科纳达和苏比萨雷塔。在20世纪50年代，皇家马德里成为欧洲足坛最出色的俱乐部，连续5次赢得冠军杯，1960年巴萨捧起了展览会杯，即联盟杯前身。

当初皇马和巴萨能够跻身欧洲一流俱乐

6月16日，阿尔及利亚队(绿衣)在小组赛首场比赛中大爆冷门，2比1击败了当时不可一世的联邦德国。

在世界杯历史上的第一场点球大战中，法国队博西斯(罚球者)面对联邦德国门将舒马赫将球罚失，拱手将对手送入决赛。

在德法之间进行的半决赛中，联邦德国门将舒马赫一次粗暴的犯规引爆了整场比赛的火药味。在一次出击中，他将法国球员巴蒂斯通重重击倒在地(上、中图)，后者随即不省人事(下图)。

部行列，外援们发挥了重要作用。在皇马的黄金时代，有迪斯蒂法诺、本·巴雷克、普斯卡什、圣马利亚、普拉特科和科帕等来自不同国家的球员，巴萨则拥有匈牙利的3名球员库巴拉、柯奇士和齐博尔。与欧洲其他国家相比，西班牙使用外援上没怎么遇到问题，其中一些外援甚至还代表西班牙国家队出场，其中包括迪斯蒂法诺、普斯卡什、库巴拉和圣马利亚，尽管他们此前已经为祖国效力过。到了60年代中期，国际足联禁止了这一做法，一名球员只能代表一支国家队比赛。而在这之前，一共有29位外国人身披西班牙球衣出场过，其中包括14位阿根廷人、3名巴西人、3名巴拉

破坏性足球

52场比赛的表现让批评的声音很尖锐。小组赛磕磕绊绊的意大利和与奥地利踢了一场“默契球”的德国队进入了决赛。德国足协顾问迪特里希·魏斯认为：“几年前，德国还是巴西之外唯一大打攻势足球的球队。但在西班牙，他们也开始踢起了避免风险的厨房毛巾足球。如果我们像在西班牙那样踢下去，那么以后就会只剩下球员、教练、官员和记者自己在球场上自娱自乐。不要让进入决赛的成功欺骗了我们，它只是愚蠢的偶然产物。”

最大分差

1982年6月15日，匈牙利10比1击败萨尔瓦多。这是世界杯决赛圈历史上的最大比分差距。那个时候，冷战仍未结束，马岛战争的冲突，让阿根廷人认为这是有人要让他们无法小组出线。最终，阿根廷还是4比1击败匈牙利成功小组突围。而面对萨尔瓦多，基什(左，红衣)率领匈牙利10比1取胜，创造了世界杯决赛阶段最大的比分差距。

圭人、2名匈牙利人、2名古巴人和摩洛哥、丹麦、菲律宾、乌拉圭、法国球员各1人，其中6人出场次数都超过10次，迪斯蒂法诺更是成为西班牙历史上最成功的射手之一。

1965年到1973年之间，西班牙足协减少了引进外援的数量，只有那些能找到西班牙血统证据的球员，才可以来西班牙踢球，因此外援几乎只可能来自南美洲。但后来的调查结果发现，60名南美球员当中有46人都涉嫌材料作假，而西班牙国家队的成绩也没有因为联赛限制外援而有所起色。西班牙在1970年和1974年世界杯都没有取得入场券，俱乐部成绩也开始下滑。看起来西班牙已经和欧洲一流足球说再见了。而在取消外援限制后，巴萨立即引进了克鲁伊夫和内斯肯斯两位荷兰人，皇马则购入德国球星布赖特纳和内策尔。直到1979年，巴萨获得优胜者杯冠军，西班牙俱乐部重新在欧洲赛场取得成功。西甲俱乐部涌现出的优秀教练如赫雷拉、克鲁伊夫、库巴拉、彭特兰、本哈克和海因克斯也都是外国人。

争议不断

1976年1月9日，1982年世界杯组委会开始工作，主席是萨波尔塔，他曾是皇马副主席。辅助他的是何塞·萨尔瓦、巴勃罗·波尔塔、安塞尔莫·洛佩斯以及曼努埃尔·贝尼托。两年后，胡安·卡洛斯一世国王实际领导了组委会，国际足联方面还是派出了成功领导组织了1974年和1978年世界杯的德国足协主席诺伊贝格尔。

在参赛队扩充到24支之后，最紧要的任务就是筹措资金。一套纪念邮票开始发行，世界杯彩票以及吉祥物、专用标志的市场开发也开始进行，这些成了资金来源的重要途径。加泰罗尼亚艺术家米罗画了世界杯宣传画，而且每一个世界杯举办城市都有一幅。

5亿观众收看了1982年世界杯决赛阶段抽签，这已经和1974年世界杯决赛收看人数持平。抽签结果引发很大的争议，因为东道主西班牙以及夺冠热门联邦德国、巴西和阿

科威特闹剧

起初，科威特人用一个过时的要求娱乐了大众：在同捷克斯洛伐克的比赛前，他们希望带着自己的吉祥物单峰驼绕场一周！这个要求自然会被国际足联拒绝，然而国际足联很快就笑不出来了。在法国4比1战胜科威特的比赛终场前10分钟，吉雷瑟打入1球，起初苏联主裁判斯图帕尔宣布进球有效。但这引起了科威特官员的不满，他们认为科威特球员之前在听到了一声从看台上传来的哨声后已经停止了防守。科威特亲王的弟弟法赫德王子从看台上走下球场，与球员、记者和裁判开始了讨论。但他没有与法国队主帅伊达尔戈交谈，愤怒的伊达尔戈被警察推开。最终，法赫德王子赢了，这个进球在他的威胁下被取消："国际足联可以不在乎我们，他们比黑手党更糟糕。"最终，法赫德王子因为"反体育"行为被罚款2.5万瑞士法郎，苏联裁判随后被禁赛。

根廷很难早早碰面。西班牙人的筹备工作也引发争议，因为在阿根廷和比利时揭幕战前3天，球场建设还没有完工，这使得人们更加关注4年后东道主哥伦比亚的筹办情况。

对于西班牙来说，这次世界杯是他们向世人证实，属于佛朗哥独裁政府的一页已经被翻过去的机会。在特赫罗企图发动军事政变1年后，世界杯的开幕式在一片和平的气氛中进行。1982年世界杯成为第一项在五大洲进行现场直播的体育赛事，总共有140个国家的10亿观众目睹了世界杯。

1982年6月13日，西班牙世界杯终于如期开始，2300名儿童在开幕式组成毕加索的和平鸽作品团，一只鸽子被从巨型足球里放飞出来。不过看台上的标语让人们想起了两个世界杯参赛球队英国和阿根廷之间的马岛战争。最终意大利获得了冠军，世界杯的水平看起来没有阻止下滑的势头。观众人数在下降，巴西和阿根廷的折戟说明单纯唯美的攻势足球很难再赢得世界杯。

第一次有24支球队参加、历史最长的世界杯，一度让人很担心会出现亏空。一些不具观赏性的比赛让人充满了担忧，因为糟糕的事情之一就是一些比赛的观众人数被修改了。比如，官方公布的匈牙利与萨尔瓦多比赛的观众人数是23000人，但实际上只有6000人。尽管如此，国际足联和东道主西班牙给出的财务报告仍然很优秀，63938898瑞士法郎的盈利创造了新的纪录。总收入为115258928瑞士法郎（门票40258928瑞士法郎，电视转播权3900万瑞士法郎，商业开发3600万瑞士法郎），总支出为51320030瑞士法郎。24支参赛队分走了4150万瑞士法郎，每场比赛每支球队得到了30万瑞士法郎。国际足联官方宣布，现场观众总人数为1856277人，创造了新的纪录。当然这一点也不让人惊奇，因为以前从来没有一届世界杯进行了52场比赛。平均每场的观众人数为35698人，这是1962年智利世界杯以来的新低。

德法血腥对决

意大利第三次夺得王冠后，西班牙世界杯上联邦德国同法国半决赛中难以置信的情节几乎被遗忘。1982年7月9日，《队报》选择了用《绝妙》这个标题来概括这场比赛的紧张程度。主编埃尔诺在法国同联邦德国这场超

在小组赛阿根廷同比利时的较量中，马拉多纳(蓝白衣)的一次拿球竟然同时吸引了对方6名球员的追逐，足可见对手对球王的忌惮。

级半决赛后的专栏中写道："这真是艰苦，太艰苦了，比我们所能表达的还要艰苦得多。"

在这场美妙的对决之后，普拉蒂尼率领的法国队兵败点球大战。在法国人看来这个结果很不公正，中立人士认为它值得商榷，德国人则会认为很幸运。这场在塞维利亚进行的半决赛，堪称此次世界杯最美妙的时刻。法国队自1958年以后就再也没能通过小组赛，此次他们开局非常糟糕，1比3输给了英格兰，但普拉蒂尼的球队最终凭借华丽的进攻一路过关斩将。自从巴西在第二轮被意大利淘汰后，伊达尔戈率领的法国成为西班牙世界杯最浪漫的球队，其中场拥有3名组织者：吉雷瑟、让吉尼、普拉蒂尼。德国队虽然只带了19名球员来西班牙，但他们展示了自己永不言败的精神。

比赛开始时，成百上千的观众脑海里还

回想着联邦德国同奥地利在小组赛的那场和平球。要想进入第2轮，德国人必须取胜，而奥地利人最多只能输1个球。在赫鲁贝什接利特巴尔斯基传中首开纪录后，比赛演变成化装舞会：两支球队都停止了进攻，在希洪球迷鄙视的目光中毫无目的地来回倒脚。这是一场耻辱的比赛，德国教练协会不得不在赛后向阿尔及利亚足协发出了一封致歉信，因为这场和平球的直接结果就是把阿尔及利亚淘汰出局。

德国队内部也很紧张。主帅德瓦尔与汉堡前锋赫鲁贝什发生了冲突，不过集体利益还是被摆在了第一位，比赛开始前，两人在球场上进行了和谈。

在皮斯胡安球场，法国知道等待他们的是什么。德国人非常明确地表达了他们对比赛的态度，那就是用身体和对抗来压制对手的进攻，而这正是法国队所忌惮的。不过开始阶段，比赛还不至于那么夸张，德国人的快节奏足以让伊达尔戈的球队陷入困境。利特巴尔斯基第17分钟首开纪录，法国没有慌张太久，普拉蒂尼很快就用点球扳平。然而德国门将舒马赫一次粗野的犯规让比赛变得高度紧张，他的双拳重重砸在了可怜的法国人巴蒂斯通的脸上。梅斯后卫摔倒在草皮上，不省人事。在那么几秒钟时间里，法国队队医甚至发现巴蒂斯通的脉搏已经停止跳动了。在球员们都为巴蒂斯通的安危担忧时，德国门将却在一旁玩着球，还厚颜无耻地说："如果他真的愿意，我可以帮他支付看牙医的钱。"巴蒂斯通当晚在医院里接受观察，他断了两颗牙，下颌骨下陷。

然而舒马赫却可以嘲笑所有人。因为荷兰主裁判科沃尔，并没有因为这次足以吃到红牌的犯规而将他驱逐，比赛重新开始时，法国队甚至没有获得任意球，而是门球！这个事件中最美妙的一幕，是法国人重新投入了比赛，他们在加时赛上半时连入两球，特雷索尔和吉雷瑟两度建功。法国队似乎看到了他们历史上的第一场决赛。然而他们没能把握住机会，科沃尔漏判了德国队两次明显的犯规，其中一次还导致了德国人将比分扳为2比3。多么讽刺的故事！因为是法国强烈要求科沃尔来吹罚这场比赛的。国际足联最初安排葡萄牙人加里多吹罚，然而法国代表认为他已经吹罚过法国同英格兰的小组赛，转而推荐了科沃尔……

随后，德国人扳平比分，比赛进入了点球大战。德国人施蒂利克率先失手，但西克斯和博西斯连续罚失，世界杯历史上第一次点球大战，以德国人胜出而告终。赫鲁贝什打入制胜点球后，像只小山羊一样蹦着冲向队友，如同1年后汉堡在欧洲冠军杯中击败尤文图斯后一样。德国前锋后来解释："比赛开始前1小时，当我打开更衣室柜子的门时，看见里面贴了一张耶稣的照片。我完全愣住了，随后对队友们说：'伙计们，我认为他一定不会让我们失望。'"经历这场大战晋级的德国，随后在决赛中输给了罗西的意大利。普拉蒂尼承认："这天晚上，我经历了一个男人一生中所有可能的感情。我认为这是我职业生涯中的最佳比赛，它将永远留在我的记忆中。比赛过程，各种感情的交织，舒马赫的粗野袭击，那个没有被判罚的点球……我这一生都不会再有如此复杂而强烈的感受。"

斯坦入狱

斯坦，苏格兰传奇教练，在世界杯上有了一次难以置信的经历。一天，他在两名助手陪伴下离开苏格兰代表团下榻的豪华酒店，想去参观旅游胜地马尔贝拉。但他们忘记了通知安保部门，在发现拨给斯坦使用的汽车失踪后，安保部门还以为汽车被偷了，于是立刻开始追捕偷车贼。

很快"失车"就被找到了，3个苏格兰人立刻被扔进了牢房。在1小时里，西班牙警察拒绝相信斯坦和助手们的辩解，直到苏格兰代表团的领导来保释他们！

这则趣闻反映了西班牙世界杯期间安保工作的强度，也象征了苏格兰人的不幸。尽管他们希望努力改变自己的某些坏习惯，但仍在小组赛被淘汰。

决赛
意大利3比1联邦德国
1982年7月11日
伯纳乌球场

一支小组赛一场未胜的球队，还想捧起大力神杯？冒着举国媒体和球迷倒戈风险，毅然召入涉嫌假球枯坐球监、复出后状态未卜的罗西，贝阿尔佐特的用人方略于小组赛连连吃瘪，然而仅凭进球数多跻身复赛后，意大利人却把晦气转成了运气：詹蒂莱以全场十余次粗暴犯规锁死马拉多纳，阿根廷群龙无首难逃一败；面对打平即可出线的巴西，罗西连中三元灭掉桑巴黄金四重奏；半决赛战波兰，对蓝衫军最知根知底的博涅克累计黄牌停赛，无核波兰无奈缴械。而对面的联邦德国人则是一路过山车：小组赛与奥地利的准默契球已经遭人不齿，复赛险胜西班牙更令东道主球迷将其视作了理所当然的敌人，待到皮斯胡安一场消耗战逆转法国后，精疲力竭的日耳曼战车已然不堪重负，而在对意大利队生龙活虎的罗西万分忌惮同时，自家核心鲁梅尼格的膝盖伤势却早已不堪重负，决赛尚未鸣哨，胜负天平便已悄然偏转。

7月11日入夜的马德里依然沉闷湿热，意大利人显然更适应溽暑，尽管德国队伤兵满营，但整个上半时的主旋律却是火力侦察与反侦察，唯一能令几度响起口哨的现场球迷略微提神的，是第24分钟孔蒂在禁区内准备接应传中头球攻门后，被身后的施蒂利克以泰山压顶之势压趴，巴西主裁科埃略立刻奔赴事发地点处以极刑，然而上届世界杯最佳新秀卡布里尼的左脚推射却偏出左侧立柱，成为迄今唯一在世界杯决赛常规时间射失点球的倒霉蛋。乏善可陈的前45分钟，联邦德国队仅有鲁梅尼格几次心有余而力不足的突破可算作攻势，而意大利队最醒目的活靶则是现任国米技术总监奥里亚利，从本方禁区到对方底线，这位工兵中场不止一次地在对抗中被铲翻或放倒……

下半时甫一易边便风云突变：鲁梅尼格背后侵犯奥里亚利，后者快开任意球分边，助攻上前的詹蒂莱45度斜传禁区，前点阿尔托贝利包抄带走施蒂利克，后点罗西距离门

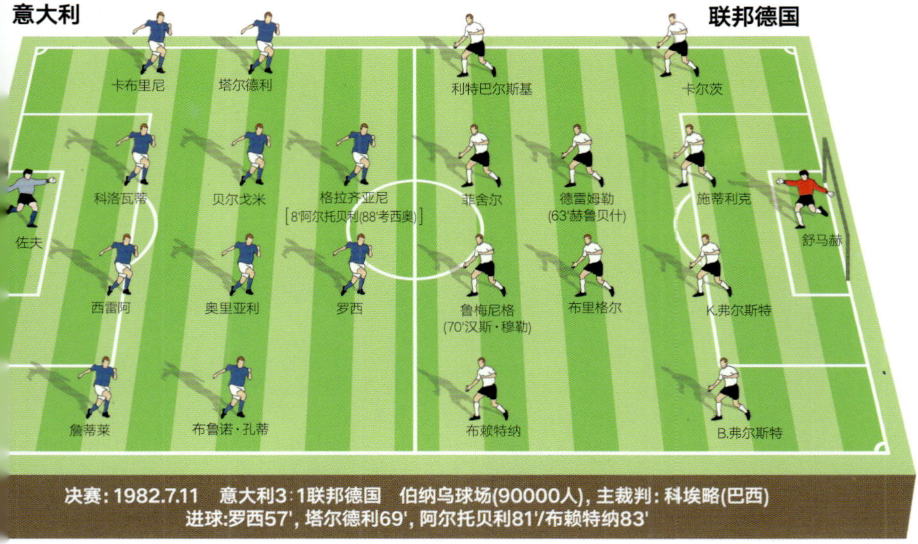

决赛：1982.7.11 意大利3:1联邦德国 伯纳乌球场(90000人)，主裁判：科埃略(巴西)
进球：罗西57'，塔尔德利69'，阿尔托贝利81'/布赖特纳83'

线不过两米，冒着被弗尔斯特解围踢中脸部的危险头球一点，皮球从舒马赫腋下入网，1比0！僵局一破，伯纳乌顿时沸腾，连在贵宾席枯坐了近一小时的超级球迷卡洛斯国王都忍不住开怀长笑。

一波未平一波又起，第65分钟意大利队策动反击，联邦德国队后场一片开阔地，情急之下舒马赫一直冲到边线，一番手脚并用后从罗西脚下收走皮球，方才化险为夷，但更大的危机随即降临：第69分钟西雷阿一次干净利落的断球后与贝尔戈米一道长途冲锋，禁区内两人几经传递后回给禁区弧顶守候多时的塔尔德利，蓝军铁腰大力抽射直挂球迷下角而入——进球的三大功臣皆是典型的防守队员，批评意大利只擅长守不擅攻的论调，此刻可以休矣。而塔尔德利双拳紧握咆哮庆祝进球的特写，更成为该届杯赛集锦的压轴镜头。

军心重挫的联邦德国此时已由汉斯·穆勒换下鲁梅尼格，渐有放弃比赛态势的他们不出意料地等来了第三个失球：孔蒂81分钟右路长驱直入直塞禁区，包抄到位的阿尔托贝利接球后冷静地晃过出击的舒马赫，身体即将失去平衡之前左脚扫射，皮球直窜空门，3比0！虽然仅过2分钟老元勋布莱特纳便在定位球混战中为德国人攻入挽回颜面的一球，无奈大势已去——罗西仅用三场比赛便由千夫所指蜕变为万人敬仰，而年逾四旬的佐夫更成为世界杯史上最年长的冠军队成员及队长！

一个月内体味了地狱天堂两重天的罗西自然逃不过媒体围追堵截，但看透炎凉世态的他仅有一句戏谑般的回答：“我只是受到了神灵的庇佑。”

罗西，意式奇迹

过多的故事掺杂其中，让保罗·罗西的1982年世界杯成了奇迹。因为这名意大利中锋本来没有参加西班牙世界杯的机会。起初，他因为卷入一场假球事件被禁赛，那是意大利足球的一段丑闻：一名水果批发商告发，罗西和他的3名佩鲁贾队友收了黑钱，操纵了1979年12月佩鲁贾同阿维利诺的比赛。罗西对此否认，但仍被意大利足协禁赛3年，随后被减刑到1982年4月29日，那时离西班牙世界杯开幕只剩下一个半月。当罗西登陆西班牙时，只代表他的新俱乐部尤文图斯踢了3场正式比赛，以及1场意大利国家队的世界杯热身赛，总共只进了1球。然而主教练贝阿尔佐特给予了他绝对的信任。

罗西始终是球队的首发中锋，但小组赛阶段一无所获(0进球0机会)。虽然凭借3场平局打入了第二阶段，但意大利和罗西的糟糕表现引起了国内媒体的强烈批评。但贝阿尔佐特不为所动：“你们应该像我一样耐心。到了关键比赛，保罗会找到进球的办法。”他说对了。在第二阶段对阵巴西的比赛中，罗西上演帽子戏法，半决赛对阵波兰梅开二度，决赛对阵德国又首开纪录。难以置信！只用了3场比赛，罗西从罪人变成了英雄！他是1982年世界杯最佳射手，当年还获得了金球奖！贝阿尔佐特总是喃喃自语：“我从来没有怀疑过他。”

效力于尤文图斯的塔尔德利在决赛中为意大利队打进第2球。

他们是冠军

主教练

贝阿尔佐特 Enzo Bearzot

1927年9月26日出生，意大利人

从1977年开始贝阿尔佐特就正式出任意大利国家队主帅一职。本届世界杯上在率队遭遇了小组赛三连平后，贝帅一度遭到了本国媒体的强烈质疑。此时贝阿尔佐特选择了“冷对媒体”，以沉默的方式帮助自己度过了危机。在接下来的复赛中，意大利一改小组赛中的颓势，接连击败夺冠热门阿根廷和巴西，并一路杀入决赛捧杯。

门　将

佐夫 Dino Zoff

1942年2月28日出生

效力俱乐部：尤文图斯(意甲)

在40岁的高龄以队长身份率队夺冠，“钢门”迪诺·佐夫可谓书写了一段不朽的传奇。继1934年的孔比后他成为第二位世界冠军球队的门将队长，也是世界杯历史上最年长的冠军获得者。尽管在7场比赛中丢掉6球，但是佐夫还是被评选为当届比赛的最佳门将。

博尔东 Ivano Bordon

1951年4月13日出生

效力俱乐部：国际米兰(意甲)

这是博尔东参加的第二次世界杯赛，但是佐夫的存在让他没有任何上场机会。

加利 Giovanni Galli

1958年4月29日出生

效力俱乐部：佛罗伦萨(意甲)

尽管同样未能出场，但是年轻的加利还是通过出征本届世界杯积累了一定的大赛经验。

后　卫

西雷阿 Gaetano Scirea

1953年5月25日出生

效力俱乐部：尤文图斯(意甲)

在经历了1978年世界杯上的惊艳演出后，西雷阿坐稳了意大利后防核心的位置，本届比赛中他作为球队后场大闸表现一直相当稳定，尤其是在决赛中成功封杀了来势汹汹的联邦德国队的攻势，并在进攻端同样做出了突出的贡献。

科洛瓦蒂 Fulvio Collovati

1957年5月9日出生

效力俱乐部：AC米兰(意乙)

科洛瓦蒂具有良好的弹跳力和精湛的头球功夫，观察和判断能力很强，补位极佳，与西雷阿联袂打满全部7场比赛，是球队的后防核心。科洛瓦蒂最大的特点还在于他的防守动作十分干净，被媒体誉为“打着领带防守的后卫”。

卡布里尼 Antonio Cabrini

1957年10月8日出生

效力俱乐部：尤文图斯(意甲)

卡布里尼能够同时胜任左、右两个边后卫，继法切蒂之后他一度成为意大利最出色的左边后卫。同时心理素质出色的卡布里尼还是本届国家队的头号点球操刀手，不过他在决赛中却罚丢点球。

詹蒂莱 Claudio Gentile

1953年9月27日出生

效力俱乐部：尤文图斯(意甲)

“足球场不是芭蕾舞演员的秀场！”这是詹蒂莱的名言。而在本届杯赛中这名意大利后卫也因为在对阿根廷比赛中对马拉多纳的粗暴防守而闻名，在比赛中，贝阿尔佐特经常安排他去盯防对手的箭头人物。

贝尔戈米 Giuseppe Bergomi

1963年12月22日出生

效力俱乐部：国际米兰(意甲)

在意大利3比2击败巴西的比赛中，贝尔戈米上演了自己的世界杯处子秀。此后的半决赛和决赛他都以主力身份参赛，尤其是在决赛中牢牢盯死了联邦德国核心鲁梅尼格。

巴雷西 Franco Baresi

1960年5月8日出生

效力俱乐部：AC米兰(意乙)

巴雷西防守意识一流，善于卡位。但是在本届赛事中年轻的巴雷西未能获得出场机会。

维尔乔沃德 Pietro Vierchowod

1959年4月6日出生

效力俱乐部：佛罗伦萨(意甲)

维尔乔沃德在意大利被人们称为“沙皇”。遗憾的是“沙皇”在本届杯赛中未能出场。

中　场

塔尔德利 Marco Tardelli
1954年9月24日出生
效力俱乐部：尤文图斯(意甲)

作为意大利的中场防守型铁腰，塔尔德利并不擅长进球，但是他却在本届赛事中两次攻破对手球门。尤其是在决赛中他的左脚怒射为球队攻入第二球，进球后塔尔德利的激情庆祝也成为世界杯的经典镜头。

布鲁诺·孔蒂 Bruno Conti
1955年3月13日出生
效力俱乐部：罗马(意甲)

意大利主力中场，代表球队参加了全部7场比赛。在小组赛对阵秘鲁的比赛中他攻入一球，并当选那场比赛的最佳球员。决赛中，孔蒂助攻塔尔德利攻入第二球并策划了第三球。

安托尼奥尼 Giancarlo Antognoni
1954年4月1日出生
效力俱乐部：佛罗伦萨(意甲)

半决赛对阵波兰，安托尼奥尼撞中门柱受伤下场，在前6场比赛都出战的他遗憾无缘最终的决战。

奥里亚利 Gabriele Oriali
1952年11月25日出生
效力俱乐部：国际米兰(意甲)

国米铁腰的技术并不出众，但他却是一名优秀的阻击者，能在场上非常完美地抢断和阻截对手，因此奥里亚利在国家队中也占据了一席之地。

马里尼 Giampiero Marini
1951年2月25日出生
效力俱乐部：国际米兰(意甲)

马里尼的地位介于主力和替补之间，他是贝阿尔佐特手中一枚关键的替补棋子，往往在比赛后半阶段上场稳定军心。

多塞纳 Giuseppe Dossena
1958年5月2日出生
效力俱乐部：都灵(意甲)

此前一年刚刚加盟都灵的多塞纳用自己出色的表现征服了国家队主帅贝阿尔佐特，但是他却在本届赛事中一场都没踢。

前　锋

保罗·罗西 Paolo Rossi
1956年9月23日出生
效力俱乐部：尤文图斯(意甲)

在世界杯前两年罗西都因为涉嫌操纵比赛和非法赌球被意大利足协禁赛，但是对其无比信任的贝阿尔佐特还是顶住舆论的压力将其带到西班牙并出任锋线尖刀。小组赛3场比赛罗西形同梦游，在一片口诛笔伐声中，罗西终于在之后的比赛中用不断的进球回报了主帅的信任。最终他以6球捧走当届赛事金靴，并荣膺当年度世界足球先生。

格拉齐亚尼 Francesco Graziani
1952年12月16日出生
效力俱乐部：佛罗伦萨(意甲)

作为意大利主力前锋，格拉齐亚尼出战全部7场比赛打入1球。但是他的贡献远不能用进球数字来衡量。他在锋线上为搭档罗西提供了极好的掩护，从而成全了后者的一步登天。

阿尔托贝利 Alessandro Altobelli
1955年11月28日出生
效力俱乐部：国际米兰(意甲)

阿尔托贝利不是强力型前锋，也不是机会型杀手，但身体特别灵活，非常善于组织进攻和包抄破门。阿尔托贝利在决赛中利用一次防守反击盘过出击的联邦德国门将舒马赫打进了锁定胜局的一球，这也是他在世界杯上的处子球。

考西奥 Franco Causio
1949年2月1日出生
效力俱乐部：乌迪内斯(意甲)

他是中场大师，同时也可以在锋线上冲锋陷阵，33岁的考西奥本届杯赛获得了两次出场机会，为球队带来了宝贵的经验。

马萨罗 Daniele Massaro
1961年5月23日出生
效力俱乐部：佛罗伦萨(意甲)

马萨罗年少成名，21岁就被贝阿尔佐特选中前往西班牙，但是未能出场。

塞尔瓦吉 Franco Selvaggi
1953年5月15日出生
效力俱乐部：卡利亚里(意甲)

在替补席上度过了全部比赛。

战场

巴莱多斯球场
Estadio Balaidos
所在城市：维戈
容量：56790人
本届杯赛承办3场比赛
平均上座率：46%

里亚索球场
Estadio Riazor
所在城市：拉科鲁尼亚
容量：34190人
本届杯赛承办3场比赛
平均上座率：58%

大磨坊球场
Estadio El Molinon
所在城市：希洪
容量：45153人
本届杯赛承办3场比赛
平均上座率：92%

塔尔蒂埃雷球场
Estadio Carlos Tartiere
所在城市：奥维耶多
容量：28241人
本届杯赛承办3场比赛
平均上座率：72%

佩雷斯球场
Estadio Jose Rico Perez
所在城市：阿利坎特
容量：35886人
本届杯赛承办3场比赛
平均上座率：86%

圣马梅斯球场
Estadio San Mames
所在城市：毕尔巴鄂
容量：46223人
本届杯赛承办3场比赛
平均上座率：90%

索里利亚球场
Estadio Jose Zorrilla
所在城市：巴拉多利德
容量：29990人
本届杯赛承办3场比赛
平均上座率：92%

比利亚马林球场
Estadio Benito Villamarin
所在城市：塞维利亚
容量：50253人
本届杯赛承办2场比赛
平均上座率：90%

射手榜

	排名	球员(国家)	进球数
▲	1	罗西(意大利)	6
	2	鲁梅尼格(联邦德国)	5
	3	博涅克(波兰)	4
		济科(巴西)	4
	5	基什(匈牙利)	3
		吉雷瑟(法国)	3
		法尔考(巴西)	3
		阿姆斯特朗(北爱尔兰)	3

梅斯塔利亚球场
Estadio Luis Casanova
所在城市：瓦伦西亚
容量：49562人
本届杯赛承办3场比赛
平均上座率：99%

拉罗马雷达球场
Estadio La Romareda
所在城市：萨拉戈萨
容量：41806人
本届杯赛承办3场比赛
平均上座率：44%

玫瑰园球场
Estadio La Rosaleda
所在城市：马拉加
容量：34411人
本届杯赛承办3场比赛
平均上座率：97%

皮斯胡安球场
Estadio Ramon Sanchez Pizjuan
所在城市：塞维利亚
容量：68110人
本届杯赛承办2场比赛
平均上座率：101%

战场

伯纳乌球场
Estadio Santiago Bernabeu
所在城市：马德里
容量：90800人
本届杯赛承办4场比赛
平均上座率：94%

诺坎普球场
Estadio Camp Nou
所在城市：巴塞罗那
容量：132000人
本届杯赛承办3场比赛
平均上座率：48%

努埃博球场
Nuevo Estadio
所在城市：埃尔切
容量：53290人
本届杯赛承办3场比赛
平均上座率：47%

卡尔德隆球场
Estadio Vicente Calderon
所在城市：马德里
容量：65695人
本届杯赛承办3场比赛
平均上座率：48%

萨里亚球场
Estadio Sarria
所在城市：巴塞罗那
容量：48000人
本届杯赛承办3场比赛
平均上座率：91%

赛程赛果

A组

1982.6.14　意大利0:0波兰
1982.6.15　秘鲁0:0喀麦隆
1982.6.18　意大利1:1秘鲁
1982.6.22　波兰0:0喀麦隆
1982.6.22　波兰5:1秘鲁
1982.6.23　意大利1:1喀麦隆

B组

1982.6.16　联邦德国1:2阿尔及利亚
1982.6.17　智利0:1奥地利
1982.6.20　联邦德国4:1智利
1982.6.21　阿尔及利亚0:2奥地利
1982.6.24　阿尔及利亚3:2智利
1982.6.25　联邦德国1:0奥地利

C组

1982.6.13　阿根廷0:1比利时
1982.6.15　匈牙利10:1萨尔瓦多
1982.6.18　阿根廷4:1匈牙利
1982.6.19　比利时1:0萨尔瓦多
1982.6.22　比利时1:1匈牙利
1982.6.23　阿根廷2:0萨尔瓦多

D组

1982.6.16　英格兰3:1法国
1982.6.17　捷克斯洛伐克1:1科威特
1982.6.20　英格兰2:0捷克斯洛伐克
1982.6.21　法国4:1科威特
1982.6.24　法国1:1捷克斯洛伐克
1982.6.25　英格兰1:0科威特

E组

1982.6.16　西班牙1:1洪都拉斯
1982.6.17　南斯拉夫0:0北爱尔兰
1982.6.20　西班牙2:1南斯拉夫
1982.6.21　洪都拉斯1:1北爱尔兰
1982.6.24　洪都拉斯0:1南斯拉夫
1982.6.25　西班牙0:1北爱尔兰

F组

1982.6.14　巴西2:1苏联
1982.6.15　苏格兰5:2新西兰
1982.6.18　巴西4:1苏格兰
1982.6.19　苏联3:0新西兰
1982.6.22　苏联2:2苏格兰
1982.6.23　巴西4:0新西兰

复赛

第1组

1982.6.28　波兰3:0比利时
1982.7.1　比利时0:1苏联
1982.7.4　波兰0:0苏联

第2组

1982.6.29　联邦德国0:0英格兰
1982.7.2　联邦德国2:1西班牙
1982.7.5　英格兰0:0西班牙

第3组

1982.6.29　意大利2:1阿根廷
1982.7.2　巴西3:1阿根廷
1982.7.5　意大利3:2巴西

第4组

1982.6.28　奥地利0:1法国
1982.7.1　北爱尔兰2:2奥地利
1982.7.4　北爱尔兰1:4法国

半决赛

1982.7.8　波兰0:2意大利
1982.7.8　联邦德国3:3法国（点球5:4）

三四名决赛

1982.7.10　法国2:3波兰

决赛

1982.7.11　意大利3:1联邦德国

第1名 意大利

主教练:贝阿尔佐特(意大利)

号码	球员	进球/出场
门将		
1	佐夫	-6/7
12	博尔东	-/-
22	加利	-/-
后卫		
2	巴雷西	-/-
3	贝尔戈米	0/3
4	卡布里尼	1/7
5	科洛瓦蒂	0/7
6	詹蒂莱	0/6
7	西雷阿	0/7
8	维尔乔沃德	-/-
中场		
9	安托尼奥尼	0/6
10	多塞纳	-/-
11	马里尼	0/5
13	奥里亚利	0/5
14	塔尔德利	2/7
16	布鲁诺·孔蒂	1/7
前锋		
15	考西奥	0/2
17	马萨罗	-/-
18	阿尔托贝利	1/3
19	格拉齐亚尼	1/7
20	保罗·罗西	6/7
21	塞尔瓦吉	-/-

第2名 联邦德国

主教练:德瓦尔(德国)

号码	球员	进球/出场
门将		
1	舒马赫	-10/7
21	弗兰克	-/-
22	伊梅尔	-/-
后卫		
2	布里格尔	0/7
4	K.弗尔斯特	0/7
5	B.弗尔斯特	0/4
12	汉内斯	-/-
19	希罗尼穆斯	-/-
20	卡尔茨	0/7
中场		
3	布赖特纳	1/7
6	德雷姆勒	0/7
7	利特巴尔斯基	2/7
10	汉斯·穆勒	0/2
14	马加特	0/4
15	施蒂利克	0/7
17	恩格斯	-/-
18	马特乌斯	0/2
前锋		
8	菲舍尔	2/6
9	赫鲁贝什	1/5
11	鲁梅尼格	5/7
13	赖因德斯	1/3
16	阿洛夫斯	-/-

第3名 波兰

主教练:皮耶赫尼切克(波兰)

号码	球员	进球/出场
门将		
1	姆文纳尔奇克	-5/7
21	卡齐梅尔斯基	-/-
22	莫夫利克	-/-
后卫		
2	久巴	0/5
4	多尔尼	0/7
5	亚纳斯	0/7
6	斯克罗博夫斯基	-/-
7	亚洛哈	0/3
9	日姆达	0/7
10	马耶夫斯基	1/7
12	沃伊齐茨基	0/1
中场		
3	库普岑维奇	1/5
8	马蒂西克	0/6
13	本措尔	1/7
14	帕瓦什	0/2
15	乔韦克	1/4
16	拉托	1/7
19	伊万	0/2
前锋		
11	斯莫拉雷克	1/6
17	沙尔马什	1/2
18	库斯托	0/3
20	博涅克	4/6

第4名 法国

主教练:伊达尔戈(法国)

号码	球员	进球/出场
门将		
1	巴拉特利	-/-
21	卡斯塔纳达	-3/1
22	埃托里	-9/6
后卫		
2	阿莫罗	0/5
3	巴蒂斯通	0/3
4	博西斯	1/6
5	让维翁	0/6
6	克里斯蒂安·洛佩	0/4
7	马乌	0/1
8	特雷索尔	1/7
中场		
9	让吉尼	2/5
10	普拉蒂尼	2/5
11	吉拉尔	1/5
12	吉雷瑟	3/6
13	拉里奥斯	0/2
14	蒂加纳	0/5
前锋		
15	贝洛内	0/1
16	库里奥尔	1/3
17	拉孔布	0/3
18	罗什托	2/4
19	西克斯	2/7
20	索莱尔	1/6

第5名 巴西

主教练:桑塔纳(巴西)

号码	球员	进球/出场
门将		
1	佩雷斯	-6/5
12	保罗·塞尔吉奥	-/-
22	卡洛斯	-/-
后卫		
2	莱安德罗	0/5
3	奥斯卡尔	1/5
4	路易斯尼奥	0/5
13	埃德瓦尔多	0/1
14	儒尼尼奥	-/-
16	埃迪尼奥	0/1
中场		
5	塞雷佐	0/4
6	儒尼奥尔	1/5
7	伊西多罗	0/4
8	苏格拉底	2/5
10	济科	4/5
15	法尔考	3/5
17	佩德里尼奥	-/-
18	巴蒂斯塔	0/1
前锋		
9	塞尔吉尼奥	2/5
11	埃德尔	2/5
19	雷纳托	-/-
20	卡雷卡	-/-
21	迪尔塞乌	0/1

第6名 英格兰

主教练:格林伍德(英格兰)

号码	球员	进球/出场
门将		
1	克莱门斯	-/-
13	科里根	-/-
22	希尔顿	-1/5
后卫		
2	V.安德森	-/-
4	布彻	0/4
6	史蒂夫·福斯特	0/1
12	米克·米尔斯	0/5
14	菲尔·尼尔	0/2
17	桑瑟姆	0/4
18	菲尔·汤普森	0/5
中场		
3	布鲁金	0/1
5	科佩尔	0/4
9	霍德尔	0/2
10	麦克德莫特	-/-
15	里克斯	0/5
16	布莱恩·罗布森	2/4
19	威尔金斯	0/5
前锋		
7	凯文·基冈	0/1
8	T.弗朗西斯	2/5
11	马里纳	1/5
20	威斯	-/-
21	伍德科克	0/2

第7名 苏联

主教练:贝斯科夫(苏联)

号码	球员	进球/出场
门将		
1	达萨耶夫	-4/5
16	维克多·恰诺夫	-/-
22	维亚切斯拉夫·恰诺夫	-/-
后卫		
2	苏拉科维利泽	0/4
3	奇瓦泽	1/5
4	希迪亚图林	-/-
5	巴尔塔恰	1/5
6	杰米亚年科	0/5
8	贝索诺夫	0/5
14	博罗夫斯基	0/2
20	罗曼采夫	-/-
中场		
7	申格利亚	1/5
10	奥加涅相	1/3
12	巴尔	1/4
13	达拉塞利亚	0/4
17	布里亚克	-/-
18	苏斯洛帕罗夫	0/1
19	叶夫图申科	-/-
前锋		
9	加夫里洛夫	1/5
11	布洛欣	1/5
15	安德烈耶夫	0/3
21	罗迪奥诺夫	0/2

第8名 奥地利

主教练:施密特(奥地利)

号码	球员	进球/出场
门将		
1	孔西利亚	-4/5
21	福伊拉尔	-/-
22	林登贝格尔	-/-
后卫		
2	克劳斯	0/5
3	奥贝尔马耶	0/5
4	德格奥吉	0/4
5	佩策伊	1/5
12	皮希勒	0/1
15	迪汉尼希	-/-
16	梅斯伦德	-/-
17	普雷格斯鲍尔	0/1
19	韦伯	0/3
中场		
6	哈滕贝格尔	0/4
8	普罗哈斯卡	0/5
10	欣特迈尔	1/5
11	亚拉	0/1
14	鲍迈斯特	0/4
前锋		
7	沙赫纳	2/5
9	克兰克尔	1/4
13	哈格马耶尔	0/1
18	尤尔廷	0/2
20	韦尔茨尔	0/3

第9名 北爱尔兰

主教练:宾厄姆(北爱尔兰)

号码	球员	进球/出场
门将		
1	詹宁斯	-5/4
17	普拉特	-2/1
22	邓洛普	-/-
后卫		
2	J.尼科尔	0/5
3	多纳吉	0/4
5	C.尼科尔	0/5
6	约翰·奥尼尔	0/1
12	麦克莱兰	0/5
13	尼尔森	0/2
中场		
4	麦格里里	0/5
8	迈克尔·奥尼尔	0/5
10	麦基尔罗伊	0/5
14	卡西蒂	0/1
15	芬尼	-/-
19	菲利克斯·希利	0/1
20	克利里	-/-
前锋		
7	布拉泽斯顿	0/2
9	杰里 阿姆斯特朗	3/5
11	比利 汉密尔顿	2/5
16	怀特塞德	0/5
18	詹姆森	-/-
21	博比·坎贝尔	-/-

第10名 比利时

主教练:蒂斯(比利时)

号码	球员	进球/出场
门将		
1	普法夫	-1/3
12	屈斯泰	-3/1
22	穆纳隆	-1/1
后卫		
2	格雷茨	0/3
3	L.米勒坎普斯	0/5
4	梅乌斯	0/4
5	朗坎	0/2
14	贝克	0/4
15	德斯赫雷弗	0/2
16	普勒塞尔斯	0/2
中场		
6	韦科特朗	0/5
7	范德雷肯	-/-
8	范默尔	0/3
10	库克	1/5
11	瑟勒芒斯	0/5
17	费尔海恩	0/1
18	莫门斯	-/-
19	M.米勒坎普斯	0/1
前锋		
9	范登堡	1/5
13	F.范德埃尔斯特	0/2
20	范德斯米森	0/4
21	切尔尼亚蒂恩斯基	1/5

第11名 阿根廷

主教练:梅诺蒂(阿根廷)

号码	球员	进球/出场
门将		
2	巴莱	-/-
7	菲洛尔	-7/5
16	蓬皮多	-/-
后卫		
8	加尔万	0/5
14	奥尔京	0/5
15	帕萨雷拉	2/5
18	塔兰蒂尼	0/5
19	特罗塞罗	-/-
22	范图伊内	-/-
中场		
1	阿迪莱斯	1/5
3	巴尔巴斯	0/2
9	加列戈	0/4
10	马拉多纳	2/5
12	P.埃尔南德斯	-/-
13	奥拉蒂科埃西亚	-/-
21	何塞·巴伦西亚	0/1
前锋		
4	贝尔托尼	2/5
5	G.卡尔德隆	0/4
6	R.迪亚斯	1/4
11	肯佩斯	0/5
17	圣马利亚	0/2
20	巴尔达诺	0/2

第12名 西班牙

主教练:何塞·圣玛利亚(乌拉圭)

号码	球员	进球/出场
门将		
1	阿科纳达	-5/5
21	乌鲁蒂	-/-
22	米格尔·安赫尔	-/-
后卫		
2	何塞·卡马乔	0/5
5	滕迪略	0/5
6	亚历山科	0/5
12	乌基亚加	0/2
14	马塞达	0/1
中场		
3	戈迪略	0/5
4	米格尔·阿隆索	0/5
8	华金	0/1
10	赫苏斯·萨莫拉	1/4
13	M.希门尼斯	-/-
16	J.桑切斯	0/4
17	加列戈	0/1
20	吉尼	0/3
前锋		
7	华尼托	1/4
9	萨特鲁斯特吉	0/4
11	乌法特	1/4
15	绍拉	1/4
18	乌拉尔德	0/1
19	桑蒂利亚纳	0/2

第13名 阿尔及利亚

主教练:卡勒夫(摩洛哥)

号码	球员	进球/出场
门将		
1	塞尔巴	-5/3
21	阿马拉	-/-
22	本塔阿拉	-/-
后卫		
2	盖杜兹	0/3
3	库伊奇	-/-
4	库里希	0/3
5	梅尔泽坎	0/3
16	F.曼苏里	0/3
17	霍尔	-/-
中场		
6	本谢克	-/-
8	费尔加尼	0/3
10	贝卢米	1/2
15	达勒布	0/3
18	马罗克	-/-
前锋		
7	阿萨德	2/3
9	本萨乌拉	1/3
11	马杰尔	1/3
12	拉尔贝斯	0/2
13	雅西	0/1
14	D.齐达内	0/2
19	特雷姆卡尼	0/1
20	布雷布	0/1

第14名 匈牙利

主教练:梅瑟伊(匈牙利)

号码	球员	进球/出场
门将		
1	梅萨罗什	-6/3
21	卡策尔兹	-/-
22	基什	-/-
后卫		
2	马尔托什	0/3
3	巴林特	0/2
4	托特	1/2
13	拉布	0/1
14	邵洛伊	0/3
18	凯赖凯什	0/1
19	沃尔高	1/2
20	丘豪伊	-/-
中场		
5	S.穆勒	0/2
6	加拉巴	0/3
8	尼洛希	2/3
16	琼格拉迪	0/1
17	乔波	-/-
前锋		
7	福泽考什	2/3
9	特勒奇克	0/2
10	基什	3/3
11	珀勒什凯伊	2/3
12	森泰什	1/2
15	博多尼	-/-

第15名 苏格兰

主教练:斯坦(苏格兰)

号码	球员	进球/出场
门将		
1	拉夫	-8/3
12	乔治·伍德	-/-
22	莱顿	-/-
后卫		
2	麦格莱恩	0/2
3	弗兰克·格雷	0/3
4	格雷	1/3
5	阿兰·汉森	0/3
6	W.米勒	0/2
14	纳雷	1/3
17	阿兰·埃文斯	0/1
21	乔治·伯恩利	-/-
中场		
7	斯特拉坎	0/3
10	瓦克	2/3
13	麦克利什	0/1
16	哈特福德	0/1
前锋		
8	达格利什	1/2
9	布拉齐尔	0/2
11	罗伯特森	1/3
15	乔·乔丹	1/1
18	阿奇巴尔德	1/3
19	斯图尔罗克	-/-
20	普罗万	-/-

第16名 南斯拉夫

主教练:米尔亚尼奇(南斯拉夫)

号码	球员	进球/出场
门将		
1	D.潘特利奇	-2/3
12	普达尔	-/-
22	斯维拉尔	-/-
后卫		
2	耶罗利莫夫	-/-
3	古德尔伊	1/3
4	扎耶茨	0/3
5	N.斯托伊科维奇	0/3
9	武约维奇	-/-
14	N.约万诺维奇	0/3
15	赫尔斯蒂奇	0/1
中场		
6	克尔姆波蒂奇	0/2
7	彼得罗维奇	1/3
8	斯尔伊沃	0/3
10	日夫科维奇	-/-
17	耶尔科维奇	-/-
前锋		
11	Z.武约维奇	0/3
13	苏西奇	0/3
16	塞斯蒂奇	0/2
18	德韦里奇	-/-
19	哈利尔霍季奇	0/2
20	舒里亚克	0/3
21	帕西奇	-/-

第17名 喀麦隆

主教练:让·凡尚(法国)

号码	球员	进球/出场
门将		
1	恩科诺	-1/3
12	贝尔	-/-
22	乔邦	-/-
后卫		
2	卡哈姆	0/3
3	埃诺卡	-/-
4	恩杰亚	0/3
5	奥纳纳	0/3
6	孔德	0/3
7	姆邦	0/3
中场		
8	姆比达	1/3
10	托科托	0/3
14	阿贝加	0/3
16	奥杜	0/3
17	卡姆加	-/-
19	埃南加	-/-
前锋		
9	米拉	0/3
11	图伯	-/-
13	博康	0/1
15	恩敦贝	-/-
18	恩格阿	0/2
20	埃约博	-/-
21	埃邦格	-/-

第18名 捷克斯洛伐克

主教练:文格洛什(捷克斯洛伐克)

号码	球员	进球/出场
门将		
1	塞曼	-2/1
21	赫鲁斯卡	-1/1
22	斯特罗姆西克	-1/2
后卫		
2	亚库贝茨	-/-
3	菲亚拉	0/3
4	尤尔凯米克	0/2
5	巴尔莫斯	0/3
6	沃亚切克	0/2
14	拉迪梅茨	0/2
中场		
7	科扎克	-/-
8	帕年卡	2/2
12	比奥夫斯基	0/2
13	博格	0/2
15	库库茨卡	0/1
16	哈劳普卡	0/1
17	斯塔姆巴赫尔	0/1
前锋		
9	维泽克	0/3
10	克里兹	0/2
11	内霍达	0/3
18	亚内茨卡	0/3
19	马斯尼	0/2
20	佩特尔泽拉	0/1

第19名 洪都拉斯

主教练:本格洛斯(洪都拉斯)

号码	球员	进球/出场
门将		
1	纳萨尔	-/-
21	阿尔苏	-3/3
22	斯图尔德	-/-
后卫		
2	C.古铁雷斯	0/2
3	比列加斯	0/3
4	布尔内斯	0/2
5	科斯特利	0/3
12	德鲁蒙德	0/1
17	何塞·克鲁斯	0/1
20	耶尔伍德	0/3
中场		
6	马拉迪亚加	0/3
11	布埃索	-/-
14	胡安·克鲁斯	0/1
15	塞拉亚	1/3
16	贝利	-/-
前锋		
7	莱恩	1/2
8	F.托尔多	-/-
9	贝当古	0/3
10	J.菲格罗亚	0/3
13	诺拉莱斯	0/2
18	C.卡巴列罗	0/1
19	吉蒂	-/-

第20名 秘鲁

主教练:蒂姆(巴西)

号码	球员	进球/出场
门将		
1	阿卡苏索	-/-
12	何塞·冈萨雷斯	-/-
21	基罗加	-6/3
后卫		
2	杜阿特	0/3
3	萨尔格罗	0/3
4	加斯图洛	-/-
13	阿里萨加	-/-
14	M.古铁雷斯	-/-
15	鲁文·迪亚斯	1/3
16	奥莱切亚	0/3
中场		
6	贝拉斯克斯	0/3
8	奎托	0/3
10	库比拉斯	0/3
18	马拉斯克斯	-/-
19	拉罗萨	1/3
20	罗哈斯	-/-
22	雷纳	-/-
前锋		
5	莱吉亚	0/3
7	巴尔巴迪略	0/3
9	乌里韦	0/3
11	奥夫利塔斯	0/3
17	F.纳瓦罗	-/-

第21名 科威特

主教练:佩雷拉(巴西)

号码	球员	进球/出场
门将		
1	塔拉比勒西	-6/3
21	马尔杰姆	-/-
22	巴赫曼	-/-
后卫		
2	N.穆巴拉克	0/3
3	M.穆巴拉克	0/3
4	加班迪	-/-
5	W.穆巴拉克	0/3
14	马尤夫	0/3
15	阿尔哈沙什	-/-
17	阿尔舍姆马里	0/2
中场		
6	阿尔胡提	0/3
7	马尔祖格	0/3
8	布卢希	1/3
11	加尼姆	-/-
12	苏瓦耶德	0/1
13	阿尔伊萨	-/-
18	卡拉姆	0/2
19	阿利延	-/-
前锋		
9	雅科卜	0/2
10	安巴里	0/3
16	达克希尔	1/3
20	布卢希	-/-

第22名 智利

主教练:桑迪瓦涅斯(智利)

号码	球员	进球/出场
门将		
1	维尔特	-/-
12	科尔内斯	-/-
22	奥斯文	-8/3
后卫		
2	加里多	0/2
3	巴伦苏埃拉	0/3
4	比戈拉	0/3
5	E.菲格罗亚	0/3
18	加林多	0/1
19	恩佐·埃斯科巴	-/-
中场		
6	杜博	0/3
7	邦瓦尔莱特	0/3
8	卡洛斯·里巴斯	-/-
10	索托	0/2
14	奥尔梅诺	-/-
16	M.罗哈斯	0/1
20	米格尔·内拉	1/3
前锋		
9	莱特利尔	1/2
11	莫斯科索	1/3
13	卡塞利	0/2
15	亚内斯	0/3
17	O.罗哈斯	-/-
21	加姆博阿	0/2

第23名 新西兰

主教练:阿希德(新西兰)

号码	球员	进球/出场
门将		
1	理查德·威尔森	-/-
21	皮克林	-/-
22	范哈图姆	-12/3
后卫		
2	多兹	0/2
3	赫尔伯特	0/3
5	布莱特	-/-
6	阿尔蒙德	0/2
11	马尔科姆森	0/1
14	艾尔里克	0/3
15	约翰·希尔	0/1
中场		
8	邓肯·科尔	0/3
10	萨姆纳	1/3
12	麦凯	0/3
13	克莱斯维尔	0/3
16	格伦·亚当	-/-
17	博阿斯	0/3
18	西蒙森	-/-
19	麦克卢尔	-/-
前锋		
4	布莱恩·特尔纳	0/1
7	鲁弗	0/3
9	伍丁	1/3
20	格兰特·特尔纳	-/-

第24名 萨尔瓦多

主教练:毛里西奥·罗德里格斯(萨尔瓦多)

号码	球员	进球/出场
门将		
1	路易斯·莫拉	-13/3
19	埃尔南德斯	-/-
20	蒙吉亚	-/-
后卫		
2	马里奥·卡斯蒂略	0/1
3	霍贝尔	0/3
4	雷西诺斯	0/3
12	奥索尔托	0/2
15	J.罗德里格斯	0/3
18	阿尔贝拉多	0/2
中场		
5	法戈阿加	0/2
6	本图拉	0/3
8	鲁加马斯	0/2
10	乌埃索	0/3
13	何塞·里瓦斯	0/3
14	拉米雷斯·萨帕塔	1/3
前锋		
7	阿基诺	-/-
9	E.埃尔南德斯	0/1
11	M.冈萨雷斯	0/3
16	阿尔法罗	0/1
17	拉加索内	-/-
-	米格尔.冈萨雷斯	-/-
-	金塔尼利亚	-/-

13

时间:5.31—6.29
主办国:墨西哥

第十三届世界杯
1986

冠军
阿根廷

参赛国家

- 阿尔及利亚
- 联邦德国
- 英格兰
- 阿根廷
- 比利时
- 巴西
- 保加利亚
- 加拿大
- 韩国
- 丹麦
- 苏格兰
- 西班牙
- 法国
- 匈牙利
- 伊拉克
- 北爱尔兰
- 意大利
- 摩洛哥
- 墨西哥
- 巴拉圭
- 波兰
- 葡萄牙
- 苏联
- 乌拉圭

吉祥物 皮克

墨西哥人爱吃辣椒举世闻名，他们把对辣椒的酷爱也发挥在第13届世界杯上，主办方设计了一只名为“皮克(Pique)”的拟人化辣椒作为吉祥物。与1970年墨西哥世界杯吉祥物“胡安尼特”一样，皮克的造型也是头戴墨西哥的传统尖顶草帽。火红的球衣，标志性的墨西哥胡须，皮克的设计无不展示出墨西哥人对世界杯的热情。

在1986年世界杯申办结束后，国际足联决定将该届参赛球队从16支增加到24支，这意味着对于主办国家提出了更高的要求，需要提供更多一流的体育场，这涉及大量的兴修工作，此外还包括训练场、酒店、街道等基础设施建设。对于许多想要举办世界杯的第三世界国家来说，这下子再想举办世界杯就成了不可能的事情。

本来国际足联是选定哥伦比亚来举办1986年世界杯，做决定的时候世界杯参赛球队还是16支。哥伦比亚是一个发展中国家，这里失业率和文盲率很高，经济指数波动较大，而且还有较高的人均债务。要想成功举办一次世界杯赛，哥伦比亚需要大量资金。如果政府加重税收，势必要加重哥伦比亚国内的贫富分化，从而激化社会矛盾，而且因为贩毒团伙和政府的斗争，社会充满了安全问题。

正是认识到这么多问题和风险，哥伦比

马拉多纳在队友和记者的簇拥下捧起大力神杯，在这一刻他也站在了世界之巅。

亚总统最终决定在1982年将世界杯主办权还给国际足联。当时的哥伦比亚足协主席对此愤愤不平："总统先生压根就不想看到世界杯，于是告诉我说他已经想过了，哥伦比亚不应该举办世界杯，这就是他个人的决定。于是哥伦比亚就成为唯一拒绝举办世界杯的东道主。"

墨西哥幸运插足

巴西、墨西哥和美国此前也参与了申办，美国的申办得到了前国务卿基辛格、德国足坛明星贝肯鲍尔和巴西球王贝利的支持，但是国际足联觉得美国人并不重视足球这个项目，在这里举办世界杯还太早了，这对于比赛的吸引程度以及世界杯的市场开发都不是一件好事。1983年5月斯德哥尔摩的国际足联会议上，压根就没有再讨论美国的申办。墨西哥出人意料获得主办权，这不仅是因为这个国家在1970年

● 规则修改

赛前，两项规则被修改：首先，受伤的球员不能再在场地内治疗，而要被抬到场地边，以避免消磨比赛时间的行为。其次是对裁判的明确指示，如果人墙不按照规定距离排，他们不能鸣哨示意任意球开罚，并可出示黄牌警告。揭幕战中，意大利人西雷阿就成了第一个吃螃蟹的人。

● 一场接着一场

舆论对第十三届世界杯总体满意度还是很高的。当年的《踢球者》专栏作者曾这样评论："在墨西哥，我们观赏到了足球的多面性，它可以很简单，也可以很美丽，还可以很成功。关于足球的一切被重新定义，比赛是如此精彩而有趣。同样，比赛也不总是如人们所预期的。而且，人们对于比赛也来不及仔细回味，因为在墨西哥比赛一场接着一场，赛程密集（1986年世界杯为24队，第一次采用第一阶段小组赛，第二阶段淘汰赛的赛制），人们还没谈论完上一场比赛，下一场已经鸣哨了。这让足球受益匪浅，ADIOS（西班牙语：再见），墨西哥。"

● 数字游戏

1986年是联合国命名的"世界和平年"，这届世界杯的体育场都同时悬挂了国际足联和联合国的标志，并配以"和平世界杯"的口号。一句"和平世界杯"制造了巨大的广告和经济效应，至少在账面上是盈利的。本届世界杯的支出为7290万瑞士法郎，而收入达到了1.444亿瑞士法郎，在世界杯历史上首次形成了三大收入支柱：门票5000万瑞士法郎，电视转播权4900万瑞士法郎，广告4500万瑞士法郎。以门票收入为主的时代一去不复返。7154.3万瑞士法郎的盈利也按照新的方案进行了分配：70%分给了参赛队，30%归国际足联和东道主墨西哥。官方数字显示，现场观众总人数为2407431人，平均每场46297人，但到底有多少人进入球场观战一直无法弄清楚。1986年世界杯是一届"电视世界杯"，官方也公布了另一组数字：在为期近4周的比赛期间，全世界有135亿人次在电视机前观看了世界杯，单单决赛就有5.85亿人。

举办的世界杯给人留下深刻印象，而且墨西哥媒体巨头阿斯卡拉加和国际足联主席阿维兰热之间密切的经济联系。1982年世界杯决赛，阿维兰热乘坐的就是阿斯卡拉加的私人飞机，墨西哥因此成为第一个两度举办世界杯的国家，而且中间只相隔了短短的16年时间。

墨西哥获得成功的关键和1970年世界杯时候一样，是特莱维萨和卡内多。其中前者在20世纪末期成为世界上最大的媒体集团之一，在墨西哥和拉美国家拥有300家电视台，形成了巨大的西班牙语电视网络，17家电台，还有很多报刊杂志以及三个音乐室，而这一切都是由阿斯卡拉加家族管理。墨西哥足球则长期在卡内多的领导下，而他也和阿斯卡拉加密切联系在一起，他是特莱维萨集团的副主席，据悉参与了电视版权卖到国外的生意，并因此赚了很多钱。

1961年，特莱维萨集团拥有了第一家俱乐部美洲，集团在墨西哥足协高层占据了一席之地，并且对于比赛直接施加影响。其他俱乐部也纷纷参与进来，形成了以特莱维萨集团利益为核心的全国假球集团。1982年的时候，特莱维萨电视台已经可以将大多数世界杯举办场地的市场开发权攥在自己手中，其中包括了著名的阿兹台克体育场。

卡内多和国际足联主席阿维兰热的良好关系，从墨西哥申办1970年世界杯就开始，当时卡内多努力劝说时任巴西足协主席的阿维兰热投墨西哥一票。在阿维兰热上位之前，卡内多一直坚定支持竞争对手英国人劳斯，但

好在他及时改变阵营。在阿维兰热的帮助下，卡内多成为国际足联副主席，和阿维兰热一起参与世界杯市场开发公司ISL的事务。1986年墨西哥世界杯，卡内多和16年前一样在组委会里，尽管他已经不再是墨西哥足协主席。

卡内多向来是肥水不流外人田，就连世界杯决赛阶段抽签都是如此。1970年，卡内多10岁的女儿莫妮卡负责此事，16年后这一荣誉又交给了卡内多的孙子巴尔波索。抽签仪式

6月15日，在1/8决赛墨西哥与保加利亚的比赛中，东道主前锋内格雷特(白衣22号)在第35分钟用一记腾空之后的左脚凌空扫射破门技惊四座，此球的精彩程度甚至能堪比马拉多纳的世纪进球。

史上最快红牌

小组赛，乌拉圭和苏格兰的比赛，法国主裁判约艾尔·基尼乌掏出了历史上最快的一张红牌，比赛开始53秒后，将乌拉圭人巴蒂斯塔罚下，他对斯特拉坎犯规。乌拉圭主教练奥马尔·巴罗斯将其评价为“杀手”，其足球哲学是：“既不要幼稚的足球，也不要变态的足球。”

艾尔·基尼乌掏出的红牌没能让苏格兰避免又一次过早被淘汰：最后一拨抵达墨西哥土地，苏格兰人却第一拨离开。满打满算，苏格兰人只在墨西哥待了13天。恼羞成怒后，苏格兰球员们拒绝官员们陪他们坐飞机，并且坚决不接受采访。

桃色新闻

首场比赛前，墨西哥日报*Excelsior*披露说，联邦德国队驻地有过狂欢派对。这样的新闻绝对不会被德国《图片报》放过，《性！5个女人在我们的国家队》，他们打出了这样的大标题，这当然激怒了刚刚经历了3周集训的主教练贝肯鲍尔，他宣布了全面禁止一切采访。德国电视二台的体育节目咒骂*Excelsior*的记者米格尔：“如果不戴眼镜，人们绝对看不到这个矮小的墨西哥人，因为他是如此矮小……人们只要轻轻一按，他就会消失不见。”

一警察，仨观众

安保问题是组织者们首要考虑的事情。法国队稍微移动一下，就有7辆车陪同，大巴前3辆，大巴后4辆。如果是长途，还要添上两车全副武装的安全人员、两辆武装吉普和一辆救护车。当法国队助理教练巴尼德和埃米尔外出巡逻时，他们就被一位摩托骑警遥遥跟随。安保在托卢卡举行的巴拉圭和伊拉克的小组赛时到达顶峰。这场比赛共动用了4000名安保力量，也就是说一名警察保护3名观众，因为现场观众只有1.2万人。

的电视转播权，自然也会被进行包装，而这都是由特莱维萨集团负责完成。

1985年9月，墨西哥也遇到了麻烦，这个国家遭遇了里氏8.1级大地震，这让整个国家蒙受了巨大灾难，超过1.2万人在地震中丧生。于是再一次传出了世界杯主办国要易地的呼声，欧洲国家成为候选。不过世界杯场地基本没有遭到毁坏，这让阿维兰热非常欣慰。特莱维萨集团则努力避免上传太多关于地震灾难的图片和消息，而是向世界展示墨西哥已经恢复正常，这符合政府喊出的口号——墨西哥重新站立起来。

阿根廷革新

1982年世界杯决赛阶段赛制包括两个阶段小组赛，这招致不少批评声音，要求有新的变化。这一次24支球队被分成6个小组，小组前两名直接出线，成绩最好的四个第三名也可

6月22日，马拉多纳(蓝衣)最后过掉英格兰的门将希尔顿，将球推入空门，也完成了世界杯史上的最佳进球。

以参加1/8决赛。

巴西队是博彩公司认定的夺冠热门，主教练是桑塔纳。但是巴西队有不少球星受到伤病困扰，比如济科左膝有伤，法尔考是右膝，塞雷佐则是左大腿出了问题。球队内部的气氛也有问题，雷纳托·高乔因为无视球队的宵禁时间，被球队开除，他在弗拉门戈的队友莱昂德罗对于这样的决定很难理解，因此没能按时出现在机场和球队一起前往墨西哥。

出于习惯，人们将联邦德国列为夺冠球队之一。倒是上届冠军意大利普遍不被看好，4年前夺冠的英雄们都过于疲劳。阿根廷队比拉尔多取代梅诺蒂执教，球员时代比拉尔多曾经在大学生队迎来辉煌。1968年到1970年期间3次获得南美解放者杯，1970年还获得了洲际杯冠军。但是比拉尔多的球队并不受欢迎，他们总是做一些丑陋的事情，要么是扯对手的头发，要么是向对手吐口水或者下黑脚。只要不输掉比赛，他们可以不择手段。

球员时代，踢中场的比拉尔多也是以粗野著称，大学生队和费耶诺德的世俱杯赛，比拉尔多将近视的荷兰球员范达莱的眼镜打掉，并且在近距离向范哈内亨吐口水。在阿根廷足坛，大学生队一直被认为踢法很丑陋，密不透风的防守不给对手任何机会，而且还会完美地使用越位规则。

阿根廷军方和足球官员都很喜欢比拉尔多，因为他政治上保守，而且不像前任那样要那么多钱。比拉尔多和梅诺蒂的足球哲学迥异，阿根廷足坛因此形成了截然不同的两个帮派。梅诺蒂倡导充分发挥出球员创造力的足球美学，比拉尔多则强调阵型和功利足球思想，强调秩序、准时和胜利并且不择手段。比拉尔多说过："我想成为第一，第二名什么都不是，第二名意味着失败。"梅诺蒂则怒斥自己的继任者什么都不成，"他的铁桶阵策略完全扼杀了我们的足球。"梅诺蒂的支持者卡帕更加形象地称比拉尔多的哲学是"他吃完就是为了拉屎。"最著名的比拉尔多批评者是阿根廷总统阿尔方辛，这是结束独裁统治后，阿根廷选举产生的第一位国家元首。

比拉尔多的风格其实是借鉴了欧洲足球，对于阿根廷足球是一次补充，强调团队作战。比拉尔多曾经说过："我们可以去学习像欧洲人那样思考，但是欧洲人却永远无法学会南美人处理球的技巧。"比拉尔多彻底颠覆了阿根廷人培养青少年球员完全顺从其天性的做法，"1958年世界杯，当欧洲人可以打入我们五六个球的时候，阿根廷人的想法已经发生了改变"。

在比拉尔多的球队里，只有马拉多纳可以有自由发挥的空间，比拉尔多安排了一名自由人在后卫线身后，是由布朗来担任，中场安排5名球员。阿根廷传统的边锋战术被取消，比拉尔多只需要一名前锋，第二名前锋回撤中场。比拉尔多的足球其实也受到了荷兰全攻全守足球的影响，他认为后卫和前锋之间的差别已经消失，"21世纪的球队，将是1名门将和10名全能球员组成，他们没有固定的位置，也没有谁是某方面的专家"。

迭戈征服世界

毫无疑问，马拉多纳是本届世界杯赛最耀眼的明星，这是1970年世界杯以来，世界杯第一次拥有一位超越常人的球员。尽管赛前人们就预测，本届世界杯将属于中场指挥者，但是只有马拉多纳做到这一点。其他球星比如马特乌斯、布特拉格诺、普拉蒂尼、桑切斯和希福表现都不如他。

墨西哥世界杯的平均每场比赛上座人数要比1982年世界杯多出5000人，墨西哥城的5场比赛现场人数达到487328人，平均每场比赛97466人。之所以没有突破10万人大关，是因为他们最后一场比赛没有在阿兹台克体育场，而选择在了相对较小的蒙特雷。世界冠军阿根廷7场比赛总人数522590人，几乎占到整届大赛人数的22%，平均每场比赛高达74655人。这不仅是因为比赛在美洲进行，南美球队有半个主场优势，而且是因为马拉多纳的足球艺术吸引了球迷。

马拉多纳成长于布宜诺斯艾利斯郊区一个贫困的村庄费利托，他符合所有关于传统

苏格拉底火上浇油

苏格拉底以其政治理念偏向左派出名，他的立场往往出人意料。在巴西队的第一场比赛打完西班牙后，巴西队长非常强势。在比赛中，他打入一球。虽然他有明显的越位，虽然10分钟前米歇尔打入的一粒好球（皮球击中横梁，然后落到门线之后）没被判有效。媒体们惊呼这是丑闻。苏格拉底解释说："出于政治和商业的因素考虑，很明显，所有人都知道，为了大家的利益，得让巴西队和墨西哥队走得尽量远。也就是说，在敏感时刻，巴西队和墨西哥队从来不会吃亏。"一周之后，巴西足协副主席要求所有的巴西球员不要再说牵扯政治的话："我们是带着使命来到这里的，那就是踢好世界杯。我们得排除掉所有的政治引申，不要损害巴西的形象，也不要损害我们和墨西哥的密切关系。"

“电视转播的最大灾难”

5月31日世界杯在墨西哥城阿兹台克体育场揭幕，成为媒体看台上恐慌的开始，记者们和转播者们发现什么都玩不转。比如欧洲电视观众们发现不能同时接收到声音和画面。这是重大的失误，Eurovision电视台的管理层给国际足联秘书长约瑟夫·布拉特发了官方信函：“这是电视转播体育历史上最大的灾难。”著名的英国电视频道ITV的一名管理者评价说：“这是完全的混乱。墨西哥的电视界就像疯了的意大利面。”但就第一场比赛来说，媒体席并不是唯一混乱的。电力故障让观众们没看到出场阵容和国歌环节：现场有9万墨西哥观众高唱国歌。

观点贫困家庭产生球星的条件，在家里8个孩子当中排行第五。9岁的时候，马拉多纳就可以参加表演用左脚颠橘子，他的进步势头非常猛。1982年，仅仅21岁的他便被巴萨签下，当时的马拉多纳看起来有些惊恐，充满了对于取得好成绩的渴望。马拉多纳的两只眼睛就像是两个大盘子，他想要吃了整个世界，让所有人感到恐惧。正是在巴塞罗那，马拉多纳第一次吸食可卡因，而他的服药史开始得更早。马拉多纳七八岁的时候被球探发现，被介绍给一位叫帕拉迪诺的医生那里，后者给马拉多纳服用了兴奋剂和维生素，从而帮助他肌肉的生长。

1984年马拉多纳转会到了那不勒斯，据说他的爷爷以前就是当地的农民。马拉多纳在那里迎来了职业生涯最好的一段时间，球迷将他看作圣人一样，大家都叫他金童。当时马拉多纳的转会费达到800万美元，创造了国际足坛的最高身价，那不勒斯平均每场比赛观众人数从2万人迅速增加到77457人。俱乐部的收入在过去3年里增加了2倍还要多，城市里到处都是马拉多纳有关的纪念品。1987年，那不勒斯在马拉多纳的带领下第一次成为意甲冠军。

但是马拉多纳也不断招惹丑闻，因为在输掉一场杯赛的决赛后参与殴斗事件，他在西班牙被禁赛3个月。1994年世界杯，马拉多纳因为服用兴奋剂被提前送回家，后来人们发现马拉多纳毒瘾非常大，而这一切都是在那不勒斯的时候就已经开始。

那不勒斯人至今还为马拉多纳保留着10号球衣，那里已经成为马拉多纳的家乡。这里的人不会纠缠于他的丑闻，而是将这看作针对这座城市的阴谋。在评选世纪最佳球员的时候，马拉多纳排在贝利身后，但是网上投票却是马拉多纳第一，国际足联出于谨慎认可了两个结果。比贝利年轻20岁的马拉多纳能够在网上投票胜出，这是因为他能得到网络一代的更多支持。

马拉多纳昔日队友巴尔达诺这样评价他：“他是一个很任性，同时又很叛逆的人，只有球场上的马拉多纳才能得到所有人的喜爱。比赛中当球队遇到困难的时候，他知道可以通过自己的能力搞定一切，这就是迭戈·马拉多纳。”

上帝之作

对阵英格兰的1/4决赛中，马拉多纳做出了能代表其矛盾挣扎人性的经典一幕。他打入了一粒手球，然后凭借真本领踢入了世纪最佳入球。

这是一个早被预知的胜利。从世界杯的第一场比赛对阵韩国开始，阿根廷金童就受到广泛关注。赛后，球队重看了比赛录像，认真记录：马拉多纳送出了3记助攻，触球218次，参与了73次攻势。他启动非常快，而且不会减速。这届世界杯是属于马拉多纳的。在1/8决赛中，对阵乌拉圭，马拉多纳依然没有进球，但击中了横梁。高潮在下一场比赛到来，对阵英格兰。阿根廷已经是世界杯中硕果仅存的南美球队。在几小时前，德国和法国已经先后淘汰了墨西哥和巴西。但卡洛斯·比拉尔多的球队可以依靠那不勒斯的迭戈，世界上最伟大的球员。这一天，在墨西哥城的阿兹台克体育场，马拉多纳成功留下了值得记忆的比赛，他的才华无与伦比，他的狡猾也无与伦比。巴尔达诺传中，英格兰的后卫解围踢偏，马拉多纳高举拳头，就在英格兰门将希尔顿面前将球打入。突尼斯主裁判本纳赛尔判定进球有效。阿根廷天才赛后说：“这个球部分

决赛
阿根廷3比2联邦德国
1986年6月29日
阿兹台克球场

"La Ola！"每当阿兹台克体育场回响起这句独属于墨西哥人的欢呼口号时，多数球迷脑海中第一时间浮现的画面，便是1986年世界杯主场球迷屡屡掀起的、顺时针方向此起彼落、最大宽度达12米的人浪，而热情如火的墨西哥人除了屡次将这一欢庆方式献给国民英雄乌戈·桑切斯外，更毫不吝啬地赠予了那位身材矮壮敦实、继迪斯蒂法诺和贝利之后南美足坛最不世出的奇才——迭戈·阿曼多·马拉多纳，时光倒退回4年前，一身戾气的新球王活脱脱反派嘴脸，飞踹巴蒂斯塔小腹招来的是个人的出场与国家队的出局；而仅仅24个月前，他与戈耶切亚两番全武行令暴怒的努涅斯将其轰出了诺坎普，但如今风华正茂的小马哥却是一览众山小的神祇：面对英格兰和比利时分别梅开二度，几乎是以一己之力击败对手的整整11人。

"他还能做什么？"1986年6月倒数第二天正午12点，巴西主裁费略的开场哨揭开了全世界球迷翘首以盼整4天的悬念，但联邦德国人面对风头正劲的对手却不卑不亢，马拉多纳自传《我是迭戈》重现了这一幕："我们大声吼叫，并敲击胸膛。所有的对手都会害怕地看着我们，但德国人没有，他们一如既往的冷静而冷酷，我记得当时我告诉队友布朗，这些家伙什么都不怕。"始终对迭戈死缠烂打的绿衣8号，名唤洛塔尔·马特乌斯，与迭戈一样少年

决赛中，马拉多纳(上)遭到对手的"特殊照顾"，但这还是不能阻止球王通过助攻主宰比赛。

成名，一样血气方刚，一样气质绝伦。无往不利的球王无从施展心火陡升，17分钟防守任意球时毫无必要地提前冲出人墙，领受本场比赛首张黄牌。

但身为主角的阿根廷人显然不甘被动，23分钟库休福赢得前场右侧任意球，他亲自主罚，落点极佳，后卫布朗赶在出击的舒马赫前抢先一头将皮球撞进网窝，阿兹台克球场11.4万名观众霎时一片欢腾，布朗更是以双膝跪地滑行数米的方式激情庆祝。半场易边后才10分钟，蓬皮多截断对手攻势策动反击，库休福连闯联邦德国队前场多次拦截后分球给马拉多纳，再转移给布鲁查加，后者连带几步后非常隐蔽地分给高速插上的巴尔达诺，后者突入禁区单刀右脚低射，封角度未果的舒马赫目送皮球缓缓滚入远角，2比0！

比赛提前结束了？1990年莱因克尔“足球是一项22个人参与，最后德国人胜出的运动”的“恐德症”论调虽是后话，“穿越”到4年前却毫无半点夸张，身陷绝境的联邦德国终于祭出他们的终极武器——有伤在身的鲁梅尼格，80年代德国足球最悲情的图腾在角球中接应队友摆渡，门前铲射扳回一球，而他因重伤蹒跚的步伐激励着全队背水一战：6分钟后联邦德国队如法炮制再次门前角球接力得手，只不过这次换成了沃勒尔机敏的头球，此时比赛仅剩10分钟！全线退守以求胜果的阿根廷队，显然被两记闷棍打懵了。

延长期？碌碌无为了1小时20分钟的马拉

具有象征意义的胜利

阿根廷夺得了其历史上第二个世界杯冠军。胜利自然具有象征意义的一面。在世界杯开始前的6个月，法庭判决从1976年到1982年之间管理阿根廷的9位将军中5位有罪。其中彼德拉将军被判无期徒刑，而1978年正是他将世界杯奖杯颁发给帕萨雷拉。劳尔·阿尔方辛，阿根廷推翻军政后的第一位民选总统，显得非常高兴：他的被马尔维纳斯群岛战争谋杀的国家正走向和解，而世界上最好的足球运动员是阿根廷人。

决赛：1986.6.29　阿根廷3:2联邦德国　阿兹台克球场(114000人)，主裁判：费略(巴西)
进球：布朗23'，巴尔达诺56'，布鲁查加88'/鲁梅尼格74'，沃勒尔82'

多纳第一个站出来说不！仅4分钟后，身处联邦德国队中场三人前后包夹，断无突出重围可能的球王再次以瞬间才华秒杀对手，他看似漫不经心的脚背一弹，皮球却如长了眼睛一般划过联邦德国队层层布防的中后场，布鲁查加拿球后只需突入禁区完成最简单的推射，留给舒马赫与“甩开两条原木般的大腿”（马拉多纳语）回追的布里格尔两声沉重的叹息。胜负此时已分，联邦德国队没有输给阿根廷，却实实在在地输给了马拉多纳。

“Argentina！Argentina！”赛后更衣室里，蓝白军团22人声嘶力竭地高呼祖国，并用嘶哑的嗓子唱着阿根廷街头巷尾最粗鄙的小调。宣泄过后，迭戈与比拉尔多紧紧拥抱：“哭出来吧，卡洛斯，别再憋闷着了！世界杯前他们（阿根廷记者）像对待一条狗一样对待你，现在是时候喊出来了！”

夺冠后，马拉多纳与队友忘情庆祝，此刻的球王已经完全沉醉于属于他的世界中。

他们是冠军

主教练

比拉尔多 Carlos Bilardo

1939年3月16日出生，阿根廷人

比拉尔多从1983年开始执掌阿根廷国家队，在他执教7年间，阿根廷经历了历史上一段最辉煌的时期，他们捧得了1986年世界杯桂冠，并在1990年打入世界杯决赛。比拉尔多是一个坚定的中场论者，他认为足球比赛究其根本是中场的争夺。但掌握中场的必须是一个技术熟练能够控球的球星，而马拉多纳正是这种领军人物。主帅与球星相得益彰，也难怪阿根廷在本届杯赛上所向披靡。

门　将

蓬皮多 Nery Pumpido

1957年7月30日出生

效力俱乐部：河床(阿甲)

本届杯赛，蓬皮多终于成为主力并打满全部7场比赛。在这7场比赛中，蓬皮多共丢掉5球，不过其中有3场都是零封对手。

伊斯拉斯 Luis Islas

1965年12月22日出生

效力俱乐部：大学生(阿甲)

因为其火爆的脾气，伊斯拉斯被人冠以“疯子门将”的称号。本届本赛他作为蓬皮多的替补。

塞拉达 Hector Zelada

1957年4月30日出生

效力俱乐部：美洲(墨甲)

作为第三门将，萨拉达未能出场。

后　卫

何塞·布朗 Jose Brown

1956年11月10日出生

效力俱乐部：博卡青年(阿甲)

阿根廷后防“清道夫”，比拉尔多3后卫阵型中的定海神针。何塞·布朗不但出战了全部7场比赛，还在与联邦德国的决赛中为球队首开纪录。

鲁杰里 Oscar Ruggeri

1962年1月26日出生

效力俱乐部：河床(阿甲)

鲁杰里与何塞·布朗一道是阿根廷的后防核心，他主要担任盯人中卫的任务。和后者一样，鲁杰里同样打满了全部7场比赛，并在小组赛首场为球队攻入第二球。

奥拉蒂科切亚 Julio Olarticoechea

1958年10月18日出生

效力俱乐部：博卡青年(阿甲)

奥拉蒂科切亚能力全面，能够出任左边前卫和左边后卫的位置。小组赛3场比赛他全部替补出场，出任中场，进入淘汰赛后，他开始坐稳阿根廷主力左后卫的位置。

库休福 Jose Cuciuffo

1961年2月1日出生

效力俱乐部：萨斯菲尔德(阿甲)

库休福补位意识出众，脚下技术一流，作为盯人中卫为阿根廷出战了6场比赛。

加雷 Oscar Garre

1956年12月9日出生

效力俱乐部：费罗卡里尔(阿甲)

在小组赛阶段加雷曾以左边后卫身份为阿根廷首发出战2场，但进入淘汰赛后，他进入了比拉尔多的轮换阵容。整届杯赛他总共4次出战，也是阿根廷防线上的重要成员。

克劳森 Nestor Clausen

1962年9月29日出生

效力俱乐部：独立(阿甲)

克劳森仅以首发右后卫的身份为球队出战了小组赛第一场比赛，此后再无上场机会。

帕萨雷拉 Daniel Passarella

1953年5月25日出生

效力俱乐部：佛罗伦萨(意甲)

毫无疑问，帕萨雷拉是阿根廷后防线上的头号明星，但是因为在本届杯赛前肠炎发作，他不得不遗憾地退出了其人生的最后一届世界杯，他的位置也被布朗所取代。帕萨雷拉不但防守凶悍，还经常前插助攻，并有一脚远射才能。尽管身高只有1.74米，但帕萨雷拉争顶头球能力极强，经常能够在角球和任意球中破门得分，因此他也成为得分能力超强的中后卫。

中　场

马拉多纳 Diego Maradona

1960年10月30日出生

效力俱乐部：那不勒斯(意甲)

这是一届属于马拉多纳的世界杯。本届杯赛前，马拉多纳被主帅比拉尔多正式任命为阿根廷队长，也让阿根廷国内媒体一片哗然，他们怀疑桀骜不驯的迭戈没有足够的能力带领阿根廷夺冠。但是球王用自己的表现征服了所有人，他为球队出战了每一分钟的赛事，贡献5粒进球外加5次助攻，可以说每一场比赛都完全被他统治。在对阵英格兰的四分之一决赛中，马拉多纳为全世界留下了两个经典。他先是用“上帝之手”首开纪录，紧接着用自己的真本事留下了连过五人进球的史上最佳进球。在最后的决战中，马拉多纳遭到了马特乌斯的严密贴身盯防，但是他还是抓住了唯一一次机会为布鲁查加献上助攻打入制胜进球。凭借这样超凡的发挥，马拉多纳不但无可争议地揽下1986年几乎所有足坛个人奖项，还一举奠定了自己的球王地位。

巴蒂斯塔 Sergio Batista

1962年11月9日出生

效力俱乐部：阿根廷青年人(阿甲)

在马拉多纳统治的阿根廷中场，巴蒂斯塔可谓球王最好的副手，他揽下了球队中场几乎所有的脏活累活。作为阿根廷主力后腰，巴蒂斯塔身材高大、侵略性强、位置感极佳，在球队中起着重要的战术作用。

朱斯蒂 Ricardo Giusti

1956年12月11日出生

效力俱乐部：独立(阿甲)

阿根廷主力右边前卫，打满了全部7场比赛，在球队中场起着重要的串联作用。

H.恩里克 Hector Enrique

1962年4月26日出生

效力俱乐部：河床(阿甲)

球队主力左边前卫，本届杯赛共出战5场。有趣的是，正是恩里克最后将球传给马拉多纳，后者才打入了那记“世纪进球”。

塔皮亚 Carlos Tapia

1962年8月20日出生

效力俱乐部：博卡青年(阿甲)

在本届杯赛中，塔皮亚仅替补出场2次踢了几分钟。

博奇尼 Ricardo Bochini

1954年1月25日出生

效力俱乐部：独立(阿甲)

博奇尼技术细腻，意识出众，本届比赛他仅在半决赛替补出场了4分钟。

特罗比亚尼 Marcelo Trobbiani

1955年2月17日出生

效力俱乐部：艾尔切(西乙)

在场上不知疲倦的奔跑让比拉尔多将其招入了国家队。本届杯赛他同样只替补出战1次。

前　锋

巴尔达诺 Jorge Valdano

1955年10月4日出生

效力俱乐部：皇家马德里(西甲)

巴尔达诺身材高大，门前抢点能力突出，是阿根廷锋线上围绕马拉多纳执行战术的一枚重要棋子。本届杯赛巴尔达诺出战7场，打入4球，其中两次都来自马拉多纳的助攻。

布鲁查加 Jorge Burruchaga

1962年10月9日出生

效力俱乐部：南特(法甲)

本届世界杯赛正值布鲁查加的职业巅峰期，而马拉多纳的存在让他经常回撤至中场拿球，这也多少影响了他的进球数量。但是在决赛中面对联邦德国的那记致命一击，让布鲁查加成为除马拉多纳外的夺冠最大功臣。

帕斯库利 Pedro Pasculli

1960年5月17日出生

效力俱乐部：莱切(意甲)

帕斯库利仅出战两场，但是他在1/8决赛与乌拉圭的比赛中打入了全场唯一入球。

博尔吉 Claudio Borghi

1964年9月28日出生

效力俱乐部：阿根廷青年人(阿甲)

年轻前锋博尔吉有幸入选本届国家队并在世界杯上获得了两次出场机会。

阿尔米隆 Sergio Almiron

1958年8月18日出生

效力俱乐部：纽维尔老伙计(阿甲)

身披1号战袍，他是全队除替补门将外唯一未能获得出场机会的球员。

射手榜

排名	球员(国家)	进球数
▲ 1	莱因克尔(英格兰)	6
2	布特拉格诺(西班牙)	5
	卡雷卡(巴西)	5
	马拉多纳(阿根廷)	5
5	E.拉尔森(丹麦)	4
	别拉诺夫(苏联)	4
	巴尔达诺(阿根廷)	4
	阿尔托贝利(意大利)	4

战场

阿兹台克球场
Estadio Azteca
所在城市：墨西哥城
容量：114600人
本届杯赛承办9场比赛
平均上座率：95%

奥林匹克球场
Estadio Olimpico Universitario
所在城市：墨西哥城
容量：72212人
本届杯赛承办4场比赛
平均上座率：83%

哈利斯科球场
Estadio Jalisco
所在城市：瓜达拉哈拉
容量：66193人
本届杯赛承办3场比赛
平均上座率：81%

战场

库奥特莫克球场
Estadio Cuauhtemoc
所在城市：普埃布拉
容量：46416人
本届杯赛承办5场比赛
平均上座率：62%

克雷塔罗州球场
Estadio La Corregidora
所在城市：克雷塔罗
容量：38576人
本届杯赛承办4场比赛
平均上座率：87%

大学球场
Estadio Universitario
所在城市：蒙特雷
容量：43780人
本届杯赛承办5场比赛
平均上座率：58%

特克诺洛吉科球场
Estadio Tecnologico
所在城市：蒙特雷
容量：33805人
本届杯赛承办3场比赛
平均上座率：63%

莱昂新球场
Campo Nuevo
所在城市：莱昂
容量：36540人
本届杯赛承办4场比赛
平均上座率：93%

内萨球场
Estadio Neza 86
所在城市：内萨瓦尔科约特尔
容量：34536人
本届杯赛承办3场比赛
平均上座率：62%

三三球场
Estadio Tres de Marzo
所在城市：瓜达拉哈拉
容量：30015人
本届杯赛承办3场比赛
平均上座率：87%

革命球场
Estadio Sergio Leon Chavez
所在城市：伊拉普阿托
容量：31336人
本届杯赛承办3场比赛
平均上座率：47%

内梅西奥球场
Estadio Nemesio Diez
所在城市：托卢卡
容量：32612人
本届杯赛承办3场比赛
平均上座率：61%

赛程赛果

A组

1986.5.31	保加利亚1:1意大利
1986.6.2	阿根廷3:1韩国
1986.6.5	意大利1:1阿根廷
1986.6.5	韩国1:1保加利亚
1986.6.10	韩国2:3意大利
1986.6.10	阿根廷2:0保加利亚

B组

1986.6.3	比利时1:2墨西哥
1986.6.4	巴拉圭1:0伊拉克
1986.6.7	墨西哥1:1巴拉圭
1986.6.8	伊拉克1:2比利时
1986.6.11	墨西哥1:0伊拉克
1986.6.11	巴拉圭2:2比利时

C组

1986.6.1	加拿大0:1法国
1986.6.2	苏联6:0匈牙利
1986.6.5	法国1:1苏联
1986.6.6	匈牙利2:0加拿大
1986.6.9	匈牙利0:3法国
1986.6.9	苏联2:0加拿大

D组

1986.6.1	西班牙0:1巴西
1986.6.3	阿尔及利亚1:1北爱尔兰
1986.6.6	巴西1:0阿尔及利亚
1986.6.7	北爱尔兰1:2西班牙
1986.6.12	北爱尔兰0:3巴西
1986.6.12	阿尔及利亚0:3西班牙

E组

1986.6.4	乌拉圭1:1联邦德国
1986.6.4	苏格兰0:1丹麦
1986.6.8	联邦德国2:1苏格兰
1986.6.8	丹麦6:1乌拉圭
1986.6.13	丹麦2:0联邦德国
1986.6.13	苏格兰0:0乌拉圭

F组

1986.6.2	摩洛哥0:0波兰
1986.6.3	葡萄牙1:0英格兰
1986.6.6	英格兰0:0摩洛哥
1986.6.7	波兰1:0葡萄牙
1986.6.11	葡萄牙1:3摩洛哥
1986.6.11	英格兰3:0波兰

1/8决赛

1986.6.15	墨西哥2:0保加利亚
1986.6.15	苏联3:4比利时
1986.6.16	巴西4:0波兰
1986.6.16	阿根廷1:0乌拉圭
1986.6.17	意大利0:2法国
1986.6.17	摩洛哥0:1联邦德国
1986.6.18	英格兰3:0巴拉圭
1986.6.18	丹麦1:5西班牙

1/4决赛

1986.6.21	巴西1:1法国(点球3:4)
1986.6.21	联邦德国0:0墨西哥(点球4:1)
1986.6.22	阿根廷2:1英格兰
1986.6.22	西班牙1:1比利时(点球4:5)

半决赛

1986.6.25	法国0:2联邦德国
1986.6.25	阿根廷2:0比利时

三四名决赛

1986.6.28	法国4:2比利时

决赛

1986.6.29	阿根廷3:2联邦德国

第1名 阿根廷

主教练:比拉尔多(阿根廷)

号码	球员	进球/出场
门将		
15	伊斯拉斯	-/-
18	蓬皮多	-5/7
22	塞拉达	-/-
后卫		
5	何塞·布朗	1/7
6	帕萨雷拉	-/-
8	克劳森	0/1
9	库休福	0/6
13	加雷	0/4
19	鲁杰里	1/7
中场		
2	S.巴蒂斯塔	0/7
3	博奇尼	0/1
7	布鲁查加	2/7
10	马拉多纳	5/7
12	H.恩里克	0/5
14	朱斯蒂	0/7
16	奥拉蒂科切亚	0/7
20	塔皮亚	0/2
21	特罗比亚尼	0/1
前锋		
1	S.阿尔米隆	-/-
4	博尔吉	0/2
11	巴尔达诺	4/7
17	帕斯库利	1/2

第2名 联邦德国

主教练:贝肯鲍尔(联邦德国)

号码	球员	进球/出场
门将		
1	舒马赫	-7/7
12	施泰因	-/-
22	伊梅尔	-/-
后卫		
2	布里格尔	0/6
3	布雷默	1/5
4	K.弗尔斯特	0/7
5	赫格特	0/1
14	贝特霍尔德	0/6
15	奥根塔勒	0/2
17	雅各布斯	0/6
中场		
6	埃德尔	0/7
7	利特巴尔斯基	0/5
8	马特乌斯	1/7
10	马加特	0/6
13	阿尔戈韦	-/-
16	托恩	-/-
18	拉恩	-/-
21	罗尔夫	0/2
前锋		
9	沃勒尔	3/6
11	鲁梅尼格	1/7
19	阿洛夫斯	2/7
20	迪特·赫内斯	0/2

第3名 法国

主教练:亨里·米歇尔(法国)

号码	球员	进球/出场
门将		
1	巴茨	-4/6
21	贝热鲁尔	-/-
22	鲁斯特	-2/1
后卫		
2	阿莫罗	1/7
3	阿亚什	0/4
4	巴蒂斯通	0/7
5	比巴尔	0/1
6	博西斯	0/7
7	勒鲁	0/1
中场		
8	蒂索	0/4
9	路易斯·费尔南德斯	1/6
10	普拉蒂尼	2/6
11	费雷里	1/4
12	吉雷瑟	0/6
13	让吉尼	1/1
14	蒂加纳	1/7
15	韦克吕斯	0/3
前锋		
16	贝洛内	0/4
17	帕潘	2/4
18	罗什托	1/4
19	斯托皮拉	2/6
20	舒埃雷布	0/1

第4名 比利时

主教练:蒂斯(比利时)

号码	球员	进球/出场
门将		
1	普法夫	-8/7
12	穆纳隆	-/-
20	博尔达特	-/-
后卫		
2	格雷茨	0/6
4	沃尔夫	0/2
5	朗坎	0/5
13	格林	0/6
14	克利杰斯特	0/2
15	L.范德埃尔斯特	0/4
中场		
3	F.范德埃尔斯特	0/3
6	韦科特朗	1/6
7	范德雷肯	0/2
8	希福	2/7
10	德梅特	0/3
17	莫门斯	0/1
19	布鲁斯	0/3
21	德莫尔	1/7
22	费福尔特	0/5
前锋		
9	范登堡	1/1
11	瑟勒芒斯	3/7
16	克拉森	3/7
18	韦特	1/5

第5名 巴西

主教练:桑塔纳(巴西)

号码	球员	进球/出场
门将		
1	卡洛斯	-1/5
12	维克多	-/-
22	莱奥	-/-
后卫		
2	埃德森	0/2
3	奥斯卡	-/-
4	埃迪尼奥	1/5
13	若西马尔	2/3
14	儒利奥·塞萨尔	0/5
16	加尔旺	-/-
17	布兰科	0/5
中场		
5	法尔考	0/2
6	儒尼奥尔	0/5
10	济科	0/3
15	阿莱芒	0/5
18	苏格拉底	2/5
19	埃尔佐	0/5
20	西拉斯	0/2
21	瓦尔多	-/-
前锋		
7	穆勒	0/5
8	卡萨格兰德	0/3
9	卡雷卡	5/5
11	艾迪瓦尔多	-/-

第6名 墨西哥

主教练:米卢蒂诺维奇(南斯拉夫)

号码	球员	进球/出场
门将		
1	拉里奥斯	-2/5
12	I.罗德里格斯	-/-
20	埃雷迪亚	-/-
后卫		
2	特雷霍	0/2
3	吉拉尔特	2/5
4	曼索	-/-
5	哈维尔·克鲁斯	0/4
14	菲利克斯·克鲁斯	0/5
17	塞尔宾	1/5
18	阿马多尔	0/3
中场		
6	科波斯	0/3
7	埃斯帕尼亚	0/5
8	A.多明格斯	0/1
10	博伊	0/5
16	穆尼奥斯	0/4
前锋		
9	乌戈·桑切斯	1/4
11	埃尔莫西略	-/-
13	J.阿吉雷	0/5
15	弗洛雷斯	1/3
19	J.赫尔南德斯	-/-
21	C.奥尔特加	-/-
22	内格雷特	1/5

第7名 西班牙

主教练:米格尔·穆尼奥斯(西班牙)

号码	球员	进球/出场
门将		
1	苏比萨雷塔	-4/5
13	乌鲁蒂	-/-
22	阿布拉内多	-/-
后卫		
2	托马斯	0/5
3	何塞·卡马乔	0/5
4	马塞达	0/1
8	戈伊科埃特塞阿	1/4
11	阿尔韦托	0/3
15	琴多	0/1
中场		
5	维克多	0/5
6	戈迪略	0/1
7	塞尼奥尔	1/4
12	塞蒂恩	-/-
14	加列戈	0/4
17	弗朗西斯科	0/4
18	卡尔德雷	2/4
21	米歇尔	0/5
前锋		
9	布特拉格诺	5/5
10	卡拉斯科	-/-
16	H.林肯	-/-
19	萨利纳斯	1/5
20	埃洛伊	1/3

第8名 英格兰

主教练:博比·罗布森(英格兰)

号码	球员	进球/出场
门将		
1	希尔顿	-3/5
13	克里斯·伍兹	-/-
22	贝利	-/-
后卫		
2	加里·史蒂文斯	0/5
3	桑瑟姆	0/5
5	阿尔文·马丁	0/1
6	布彻	0/5
12	V.安德森	-/-
14	芬威克	0/4
15	A.史蒂文斯	0/2
中场		
4	霍德尔	0/5
7	布赖恩·罗布森	0/2
8	威尔金斯	0/2
16	里德	0/3
17	史蒂文	0/3
18	霍奇	0/5
19	巴恩斯	0/1
前锋		
9	哈特利	0/3
10	莱因克尔	5/6
11	沃德尔	0/4
20	比尔兹利	1/4
21	迪克森	0/1

第9名 丹麦

主教练:皮翁特克(德国)

号码	球员	进球/出场
门将		
1	拉斯穆森	-1/2
16	奎斯特	-/-
22	霍	-5/2
后卫		
2	西韦贝克	0/2
3	布斯克	0/4
4	M.奥尔森	0/4
5	伊万·尼尔森	0/3
12	贝特尔森	0/3
17	肯特·尼尔森	-/-
中场		
6	莱尔比	1/4
7	莫尔比	0/4
8	J.奥尔森	3/4
11	大劳德鲁普	1/4
13	弗里曼	-/-
15	阿内森	0/3
18	克里斯滕森	-/-
20	巴特拉姆	-/-
21	亨里克·安德森	0/3
前锋		
9	博格林	0/3
10	P.拉尔森	4/4
14	西蒙森	0/1
19	埃里克森	1/2

第10名 苏联

主教练:洛巴诺夫斯基(苏联)

号码	球员	进球/出场
门将		
1	达萨耶夫	-5/3
16	恰诺夫	0/1
22	克拉科夫斯基	-/-
后卫		
2	别索诺夫	0/3
3	奇瓦泽	-/-
4	莫罗佐夫	0/1
5	杰米亚年科	0/3
6	布布诺夫	0/1
10	库兹涅佐夫	0/4
15	拉廖诺夫	0/2
中场		
7	亚列姆丘克	2/3
8	雅科文科	1/3
9	萨瓦罗夫	1/4
12	巴尔	0/2
13	利托夫琴科	0/1
17	叶夫图申科	0/3
20	阿列尼科夫	1/4
21	拉茨	1/3
前锋		
11	布洛欣	1/2
14	罗季奥诺夫	1/4
18	普罗塔索夫	0/1
19	别拉诺夫	4/4

第11名 摩洛哥

主教练:何塞·法里亚(巴西)

号码	球员	进球/出场
门将		
1	扎基	-2/4
12	米耶德	-/-
22	穆达尼	-/-
后卫		
2	卡利法	0/4
3	拉姆里斯	0/4
4	比亚斯	0/3
5	布亚约维	0/4
14	瓦达尼	0/2
19	日拉尔	-/-
20	比达内	-/-
中场		
6	多尔米	0/4
7	穆斯塔法·哈达维	0/3
8	布德尔巴拉	0/4
10	蒂穆米	0/4
15	穆恩西夫·哈达维	-/-
16	阿马纳拉	-/-
17	凯里	2/4
前锋		
9	克里莫	1/4
11	梅尔里	0/2
13	里亚蒂	-/-
18	萨伊尔	-/-
21	苏兰曼尼	0/3

第12名 意大利

主教练:贝阿尔佐特(意大利)

号码	球员	进球/出场
门将		
1	加利	-7/4
12	坦克雷迪	-/-
22	曾加	-/-
后卫		
2	贝尔戈米	0/3
3	卡布里尼	0/4
4	科洛瓦蒂	0/1
5	内拉	-/-
6	西雷阿	0/4
7	特里切拉	-/-
8	维尔乔沃德	0/4
中场		
9	安切洛蒂	-/-
10	巴尼	0/4
11	巴雷西	0/3
13	德纳波利	0/4
14	迪詹纳罗	0/4
15	塔尔德利	-/-
16	布鲁诺·孔蒂	0/4
前锋		
17	维亚利	0/4
18	阿尔托贝利	4/4
19	加尔德里西	0/4
20	保罗·罗西	-/-
21	塞雷纳	-/-

第13名 巴拉圭

主教练：雷(巴拉圭)

号码	球员	进球/出场
门将		
1	罗伯托·费尔南德斯	-6/4
12	巴塔格利亚	-/-
22	科罗内尔	-/-
后卫		
2	托拉莱斯	0/4
3	萨瓦拉	0/4
4	斯切蒂纳	0/3
5	R.德尔加多	0/4
6	豪尔赫·努涅斯	0/4
13	V.卡塞雷斯	-/-
14	卡巴列罗	-/-
中场		
7	B.费雷拉	0/4
10	加内特	0/4
16	瓜施	0/4
19	罗兰多·奇拉维特	-/-
前锋		
8	J.罗梅罗	2/4
9	R.卡瓦尼亚斯	2/4
11	门多萨	0/4
15	卡布拉尔	-/-
17	阿尔卡拉斯	-/-
18	伊萨西	-/-
20	希克斯	0/2
21	F.阿隆索	-/-

第14名 波兰

主教练：皮耶赫尼切克(波兰)

号码	球员	进球/出场
门将		
1	姆文纳尔奇克	-7/4
12	卡齐梅尔斯基	-/-
19	万德齐克	-/-
后卫		
2	普尔齐贝斯	0/2
3	伊姆达	0/1
4	奥斯特罗夫斯基	0/4
5	沃伊齐茨基	0/4
10	马耶夫斯基	0/4
14	库比茨基	0/1
18	帕夫拉克	0/2
中场		
6	马蒂西克	0/3
7	塔拉辛维奇	0/1
9	卡拉斯	0/3
13	科莫尼茨基	0/3
15	本措尔	0/2
16	帕瓦什	-/-
前锋		
8	乌尔班	0/4
11	斯莫拉雷克	1/4
17	兹古特琴斯基	0/1
20	博涅克	0/4
21	津卡诺夫斯基	0/4
22	富尔托克	0/1

第15名 保加利亚

主教练：武特索夫(保加利亚)

号码	球员	进球/出场
门将		
1	米哈伊洛夫	-6/4
21	德亚科夫	-/-
22	瓦洛夫	-/-
后卫		
3	阿拉博夫	0/3
4	P.彼得罗夫	0/3
5	迪米特罗夫	0/4
12	兹德拉夫科夫	0/4
13	A.马尔科夫	0/2
中场		
2	斯拉科夫	1/4
6	热利亚兹科夫	0/3
8	萨德科夫	0/4
10	戈斯波迪诺夫	0/3
11	格托夫	1/4
15	约尔达诺夫	0/2
17	科列夫	-/-
19	帕舍夫	0/1
前锋		
7	伊斯科莱诺夫	0/3
9	姆拉德诺夫	0/3
14	P.马尔科夫	0/1
16	德拉戈洛夫	-/-
18	韦利奇科夫	0/1
20	科斯塔迪诺夫	0/3

第16名 乌拉圭

主教练：博拉斯(乌拉圭)

号码	球员	进球/出场
门将		
1	R.罗德里格斯	-/-
12	F.阿尔维斯	-8/4
22	奥特罗	-/-
后卫		
2	N.古铁雷斯	0/4
3	阿塞贝多	0/4
4	迪奥戈	0/3
6	何塞·巴蒂斯塔	0/3
13	贝加	-/-
14	佩雷拉	0/2
15	里贝罗	0/1
中场		
5	博西奥	0/3
8	巴里奥斯	0/3
11	桑廷	0/4
16	萨拉莱吉	0/3
17	萨拉萨尔	0/1
前锋		
7	阿尔萨门迪	1/3
9	若热·达席尔瓦	0/3
10	弗朗西斯科利	1/4
18	帕斯	0/1
19	V.拉莫斯	0/4
20	阿吉莱拉	-/-
21	卡布雷卡	0/2

第17名 葡萄牙

主教练：何塞·托雷斯(葡萄牙)

号码	球员	进球/出场
门将		
1	本托	0/1
12	若热·马丁斯	-/-
22	达马斯	-4/2
后卫		
2	若昂·平托	-/-
4	里贝罗	-/-
5	阿尔瓦罗	0/3
11	班代里尼亚	-/-
13	莫拉托	-/-
15	A.奥利维拉	0/3
20	伊纳西奥	0/3
中场		
3	安东尼奥·索萨	0/3
6	曼努埃尔	1/3
7	帕谢科	0/3
8	弗雷德里科	0/3
14	马加良斯	0/2
16	何塞·安东尼奥	0/1
17	迪亚曼迪诺	1/3
18	索布里尼奥	-/-
21	安德烈	0/2
前锋		
9	费尔南多·戈麦斯	0/3
10	富特雷	0/3
19	阿瓜斯	0/1

第18名 匈牙利

主教练：梅瑟伊(匈牙利)

号码	球员	进球/出场
门将		
1	迪斯特尔	-9/2
18	森德雷伊	0/1
22	翁德鲁什	-/-
后卫		
2	邵洛伊	0/3
3	罗特	0/3
4	沃尔加	0/2
5	考尔多斯	0/3
12	丘豪伊	-/-
13	迪斯特尔	-/-
14	佩泰尔	0/1
中场		
6	加拉巴	0/3
7	基普里奇	0/2
10	代塔里	1/3
15	洪尼奇	0/1
16	j.纳吉	-/-
前锋		
8	A.纳吉	0/3
9	道伊考	0/3
11	艾斯特哈兹伊	1/3
17	布尔茨绍	0/2
19	博格纳尔	0/3
20	科瓦奇	0/1
21	豪伊桑	-/-

第19名 苏格兰

主教练:弗格森(苏格兰)

号码	球员	进球/出场
门将		
1	莱顿	-3/3
12	戈拉姆	-/-
22	拉夫	-/-
后卫		
2	高夫	0/3
3	马尔帕斯	0/2
4	索内斯	0/2
6	威利·米勒	0/3
13	尼科尔	0/3
14	纳雷	0/2
15	阿尔比斯顿	0/1
中场		
5	麦克利什	0/1
7	斯特拉坎	1/3
8	艾特肯	0/3
11	麦克斯泰	0/1
16	麦卡文尼	0/2
21	库珀	0/2
前锋		
9	班农	0/2
10	贝特	-/-
17	阿奇巴尔德	0/1
18	夏普	0/1
19	尼古拉斯	0/2
20	斯图尔罗克	0/2

第20名 韩国

主教练:金正男(韩国)

号码	球员	进球/出场
门将		
1	赵炳德	-/-
21	吴衍交	-7/3
后卫		
2	朴庆勋	0/3
3	郑钟秀	0/1
5	郑龙焕	0/3
12	金平锡	0/1
15	刘炳玉	-/-
中场		
4	赵广来	0/3
8	赵永徵	0/2
9	崔淳镐	1/2
13	卢寿振	0/1
14	曹敏国	0/2
17	许丁茂	1/3
18	金三寿	-/-
前锋		
6	李泰昊	-/-
7	金钟富	1/2
10	朴昌善	1/3
11	车范根	0/3
16	金龙世	0/3
19	边炳柱	0/3
20	金铸城	0/1
22	姜德寿	-/-

第21名 北爱尔兰

主教练:宾厄姆(北爱尔兰)

号码	球员	进球/出场
门将		
1	詹宁斯	-6/3
12	普拉特	-/-
13	菲利普·休斯	-/-
后卫		
2	J.尼科尔	0/3
3	多纳吉	0/3
4	约翰·奥尼尔	0/3
5	阿兰·麦克唐纳	0/3
15	沃辛顿	0/2
16	保罗·拉姆齐	-/-
18	麦克莱兰	-/-
中场		
6	麦格里里	0/3
8	麦基尔罗伊	0/3
10	怀特塞德	1/3
20	麦克纳利	-/-
21	大卫·坎贝尔	0/1
前锋		
7	彭尼	0/2
9	奎因	-/-
11	斯图尔特	0/3
14	G.阿姆斯特朗	0/1
17	克拉克	1/3
19	汉密尔顿	0/3
22	考伊	-/-

第22名 阿尔及利亚

主教练:萨达内(阿尔及利亚)

号码	球员	进球/出场
门将		
1	德里德	-2/2
21	哈迪	-3/2
22	阿马拉	-/-
后卫		
2	盖杜兹	0/3
3	舍巴尔	-/-
4	库里希	0/2
5	列日翁	0/2
15	萨德米	-/-
16	曼苏里	0/3
20	迈加里亚	0/2
中场		
6	赛义德	0/3
8	马罗克	0/2
10	贝卢米	0/3
17	卡利迪	-/-
18	班马布鲁克	0/2
19	谢卜	-/-
前锋		
7	阿萨德	0/2
9	迈纳德	0/2
11	马杰尔	0/3
12	本萨乌拉	0/1
13	哈尔库克	0/2
14	D.齐达内	1/3

第23名 伊拉克

主教练:巴巴(伊拉克)

号码	球员	进球/出场
门将		
1	萨尔曼	-3/2
20	贾西姆	-1/1
21	A.穆罕默德	-/-
后卫		
2	马吉德	0/1
3	卡利勒·阿拉维	0/3
4	萨利姆	0/3
9	明希德	0/2
17	特韦雷什	0/1
22	鲁拜	0/3
中场		
5	S.穆罕默德	0/2
6	希哈卜	0/3
7	哈桑	0/2
13	卡里姆·阿拉维	-/-
14	哈纳	0/2
15	阿比敦	0/3
16	S.哈姆扎	0/1
18	沙里夫	0/1
19	巴西姆	0/2
前锋		
8	拉齐	1/3
10	赛义德	0/1
11	奥菲	0/3
12	J.哈姆扎	-/-

第24名 加拿大

主教练:韦特斯(英格兰)

号码	球员	进球/出场
门将		
1	莱蒂耶里	-4/2
21	哈伯曼	-/-
22	多兰	-1/1
后卫		
2	莱纳尔杜齐	0/3
3	布鲁斯·威尔森	0/3
5	特里·摩尔	-/-
6	布里奇	0/3
12	R.萨穆埃尔	0/3
16	艾奥	-/-
20	科林·米勒	-/-
中场		
4	拉根	0/3
8	格雷	0/2
9	塞戈塔	0/3
11	斯维尼	0/2
13	帕科斯	0/1
15	保罗·詹姆斯	0/3
17	诺曼	0/3
前锋		
7	瓦伦丁	0/3
10	弗拉布利克	0/2
14	米切尔	0/1
18	洛厄里	0/1
19	德卢卡	-/-

14

时间:6.8—7.8
主办国:意大利

第十四届世界杯
1990

冠军
联邦德国

这是历史上最忧郁的一届世界杯，最终联邦德国夺冠。其中，喀麦隆队的神奇经历是为数不多的让人满意的一点。

将1990年世界杯举办权交给意大利，这是1984年洛杉矶奥运会期间，国际足联开会做出的决定。当时意大利唯一的申办对手是苏联，但后者因为抵制洛杉矶奥运会而陷入不利的境地。意大利成为继墨西哥之后，第二个两度举办世界杯的国家。意大利的政府总理安德雷奥蒂将1990年世界杯赛看作具有国家意义的任务，为此十座球场都将被翻修，巴里和都灵还修建了崭新的球场。一度人们以为球场工作无法按期完成，在距离世界杯开幕还有3个月时，国际足联的世界杯负责人诺伊贝格尔在视察完工地后提醒说：“你们意大利人真的要小心了，你们必须在3个月内完成我们德国人需要2年才能做完的工作。”

在巴勒莫市，由于缺少必要的安全措施，在修建新看台的时候，有5位工人丧命。而且在修建球场过程中，腐败丑闻和延误工期的情况一次次出现。最终总造价达到了90亿马克，远远高出了之前的估计。但这一切不和谐的因素，都在开幕式这一天被忘得一干二净。意大利向全世界奉献出了一届完美组织的世界杯，具备了地中海特色的轻松和亮丽。

欧洲足球之国

曾经有记者这么描述过尤文图斯俱乐部：“如果你在都灵人当中讨论起尤文图斯俱乐部，

参赛国家

联邦德国	阿联酋
英格兰	美国
阿根廷	苏格兰
奥地利	西班牙
比利时	意大利
巴西	荷兰
喀麦隆	罗马尼亚
哥伦比亚	瑞典
韩国	捷克斯洛伐克
哥斯达黎加	苏联
埃及	乌拉圭
爱尔兰	南斯拉夫

吉祥物 你好

一个由三种颜色的方块构成的人物线条，他的名字“Ciao”意大利语是“你好”的意思。构成小人的三种颜色红、白、绿是意大利国旗的颜色。头部为足球，显示了意大利人对于足球运动的无比热爱。“Ciao”被认为是历届世界杯吉祥物中最具有现代化气息的一个。

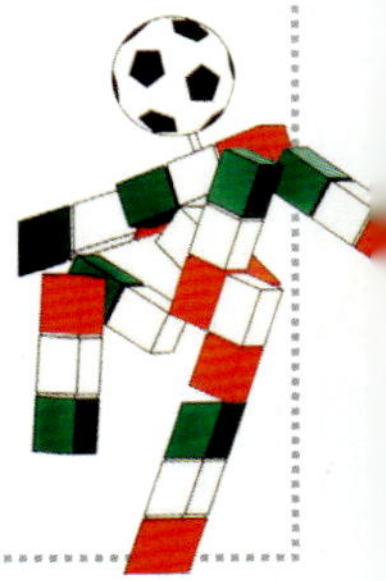

那么你会觉得自己是走进了一次思想课的教室。”尤文图斯是意大利最受欢迎的俱乐部，拥有悠久的传统，具备特有的足球文化。尤文图斯就是意大利这个为足球疯狂的国家的象征。在意大利，足球从来不会被认为是劳苦工人的运动，而是很早就引起了创造文化者以及工业领袖们的关注。尤文图斯就和意大利真正的实权派阿涅利家族紧密联系在一起。足球是意大利文化的重要组成部分，包含了所有社会和政治阶层。过去很长时间里，足球在英国和德国被看作无产者的运动，但是意大利人却将足球看作和歌剧、建筑以及文学一样高雅的行当，而且意大利女性也早早就对足球投入了极大的热情。

等到1990年世界杯开始的时候，意大利甲级联赛的财政水平已经超越了当时的英格兰和德甲联赛。这里的俱乐部总是能够支付天文数字的转会费或者工资，原因便是足球

巨大的损失

在1990年5月末，组委会自豪地宣布，已经卖出了2754000张门票中的2516000张。但为何比赛时球场看台上还有那么多位置空着？答案是：众多公司购买了门票中的很大部分，然后给了他们的雇员。但是，并不是每场比赛都对他们有吸引力，比如喀麦隆对阵罗马尼亚。除了那些只能在电视机前观看比赛的“真”球迷，意大利酒店和旅馆的经理们同样不满，他们抱怨组委会给游客预留的门票太少，而且太早对外发布酒店已经被预订满的消息，后果之一就是罗马旅店业的收入反而比之前一年同期下降了50%。

马拉多纳在揭幕战中被喀麦隆后卫放倒。1986年世界杯的冠军阿根廷，在本届世界杯揭幕战中0比1不敌喀麦隆。非洲力量果然生猛。

在这个国家的地位实在是太高了，因此球员在这里才可以挣到近乎疯狂的工资。

意大利被认为是欧洲的体育之国，这里为足球发展提供了肥沃的土壤，因此也成为欧洲其他足球强国的榜样。1990年世界杯成为展示世界第一运动的重要平台，意大利的球场在当时都很现代化而且很舒适，此时陪伴足球的文化项目已经不再是唱诗班，而是三大男高音歌唱家的演唱。此时的世界杯已经从单纯的足球比赛，变成了内容丰富的足球节日，引起了全世界人们的关注，内涵早已超越了足球本身。无论性别和社会出身，都可以参与其中感受世界杯，甚至这个人究竟是不是真正的球迷，对于足球比赛是否真的感兴趣也无所谓。

意大利足球联赛的号召力，以及各家俱乐部的财力使得不少外籍球星都被吸引到亚平宁。意大利一度禁止外援在俱乐部效力，但是他们已经重新打开大门。AC米兰的“荷兰三剑客”范巴斯滕、古力特和里杰卡尔德，国际米兰的德国“三驾马车”马特乌斯、克林斯曼和布雷默以及之前的鲁梅尼格，尤文图斯的普拉蒂尼都为人津津乐道。当然最引起关注的转会，还是阿根廷球王马拉多纳从巴塞罗那来到那不勒斯，这使得那不勒斯一下子受到了全世界的关注。在奥尔西和蒙蒂等前辈之后，终于又有一位阿根廷人成为亚平宁的“当地人”。不过马拉多纳不是成为了意大利

世界杯见证历史

1990年世界杯举办前几个月，柏林墙倒塌了。这是联邦德国在两德统一前踢的最后一届世界杯，也是苏联的最后一届世界杯。到了1992年欧洲杯上，亮相的就是独联体了。捷克斯洛伐克还没有分成捷克共和国和斯洛伐克。但捷克斯洛伐克队的球员们(下图)有些心不在焉。捷克斯洛伐克足协的一位官员说：“这是40年以来我们国家首次举行的自由选举，这比世界杯要重要得多。”

人，而是成了那不勒斯人。

意甲联赛在20世纪80年代后半段已经成为世界上最强也最有吸引力的联赛，大部分世界级球星都在意甲效力。传媒巨头贝卢斯科尼也值得一提。1986年，贝卢斯科尼成为AC米兰俱乐部的新老板，帮助这家历史悠久的俱乐部实现了复兴。

贝卢斯科尼自己成立了右翼政党“前进意大利”。欧洲足坛除了贝卢斯科尼之外，找不到另一个能够在经济、政治、媒体和足球领域，都能够具有象征意义的领袖。贝卢斯科尼旗下的电视台确保了足够的收视率和广告收入，媒体和足球又宣扬了贝卢斯科尼的政治理想，最终他成为意大利总理。为了确保足球、金钱和政治能够形成良性循环，贝卢斯科尼一直努力使得绿茵场能够在符合一些大俱乐部利益的前提下发展。

伊斯梅尔(左)与队友严防联邦德国队中锋克林斯曼。“金色轰炸机”是役攻进一球，率领联邦德国队5比1大胜阿联酋。

喀麦隆惊奇

1990年世界杯是没有被履行的承诺。当时意大利足球统治着世界，意大利的足球俱乐部则刚刚夺得了欧洲三大杯的冠军。但世界杯的球场很多都是在揭幕前几小时才刚刚完工，让世界杯带上了苦涩的味道，也成为历史上最忧伤的一届世界杯。一幅画面久久留存——在罗马奥林匹克体育场进行的决赛，马拉多纳泪流满面。整场决赛，阿根廷队长都在被罗马观众咒骂，阿根廷队最终在点球决胜中输给了联邦德国队。马拉多纳被骂的原因在于之前他淘汰了意大利队。还好，在这一现实主义的忧伤颂歌中，有喀麦隆，真正的UFO。

8年前，阿尔及利亚在联邦德国队身上取胜，4年之前，摩洛哥成为第一支世界杯小组赛出线的非洲球队，而由苏联人涅波姆尼亚奇

罗杰·米拉在与哥伦比亚队的1/8决赛中抢断了对方门将伊基塔的球之后，向大门奔袭。凭借米拉大叔的两个进球，喀麦隆队昂首挺进八强。

率领的喀麦隆队取得了更辉煌的成绩：它切实打乱了世界足球的旧秩序，并且距离打入半决赛只有一步之遥。

这是近乎不可能完成的功绩。喀麦隆的球队主力是一群效力于法甲和法乙中的无名之辈。他们的领袖是38岁的罗杰·米拉。这位前蒙彼利埃俱乐部的前锋受到了民意的压力，从半退休的状态中复出（当时他效力于留尼旺的圣皮埃尔队）。他重归喀麦隆国家队只是为了帮忙，当个替补。但事实上，这位“老爷爷”将会摧毁一切。直到揭幕战的最后时刻，他才上场，这场比赛喀麦隆战胜了卫冕冠军阿根廷（1比0，奥曼-比耶克进球）。从第二场比赛开始，这头“老狮子”开始了自己的节日：他进场，然后逆转了与罗马尼亚的比赛进程（2比1），在最后15分钟，他打入两球。每进一球，他都在角旗杆那里跳舞。

在第3场比赛之前，喀麦隆就已经确定小组出线。第3场比赛，喀麦隆0比4输给了苏联。这也是苏联在其解体之前参加的最后一届世界杯。

淘汰赛阶段的比赛到来了，米拉大叔带队迎来了哥伦比亚。他依然是下半时才登场，打到了加时赛。他先入一球，然后又进一球，流传后世：米拉从哥伦比亚的疯子门将伊基塔脚下断球，打入空门。喀麦隆打入了八强，罗杰·米拉成为注意力的焦点：“我在喀麦隆度假3周。国家队当时正在中国训练。记者们提起了我复出的可能性。公众意见也是如此。我和国家队的教练之一米歇尔·卡哈姆一起吃饭，他曾是1982年世界杯上我的队友。他说如果我提出重入国家队的正式申请，就能归队。我仔细考虑，然后接受了。就这样……”他考虑了12天，没有害怕。他说：“我对自己说，7个月没踢高水平足球不会是无法跨越的障碍。”

米拉大叔将他的这种无忧无虑或者说信心传递给了所有喀麦隆不可驯服的雄狮们。他们将送上1990年世界杯上最激动人心的一场比赛，在这个周日的夜晚，那不勒斯的圣保罗体育场很潮湿。方法呢？奥曼-比耶克解析说：“我们的战术是摧毁对方想建立起的体系。我们来这里只想踢出美妙的比赛，我们做到了，而且进入了八强，这太棒了。”

伊斯梅尔的劳斯莱斯

在意大利，阿联酋首次参加了世界杯决赛阶段比赛。他们唯一的希望是对抗强国，取得进球。而为阿联酋打入第一粒进球的是哈利德·伊斯梅尔·穆巴拉克，他攻破了联邦德国队的球门。“当我看到皮球进入网窝时，我的心都要爆炸了。这是我生命中最美的一天。”虽然阿联酋以1比5惨败，但伊斯梅尔被看成了国家英雄，他获奖了一辆劳斯莱斯。阿联酋三战皆败，小组赛就被淘汰，但他们的世界杯之旅是成功的。他们的主教练也给人留下了深刻印象，第一场比赛之后，他宣称：“1粒进球，4个角球。能说什么？一个只有1500名球员的国家能打入世界杯已经是奇迹了。”这位主教练名叫卡洛斯·阿尔贝托·佩雷拉，4年之后，他带领巴西队第4次夺得了世界杯。

在八进四的比赛中，喀麦隆打量着英格兰，并且一开场就险些进球，奥曼-比耶克的射门打到了希尔顿身上。非洲冠军贯彻着自己的节奏，英格兰队快要被窒息了。这是个错误，从英格兰队第一次发动攻势开始，大卫·普拉特就突击成功，首开纪录。于是这一次中场休息后，米拉立即上场。是他造成了加斯科因犯规，拿到点球。也是他，助攻埃科科打入第二球。在5分钟之内，全场观众以为局势又要逆转，非常兴奋。但本杰明·马辛对加里·莱因克尔犯规，被吹罚点球，莱因克尔自己主罚命中。比赛还剩下7分钟，喀麦隆人进入了致命的加时赛。加时赛中，马卡纳基、米拉、奥曼-比耶克先后错失绝杀英格兰、历史性地杀入半决赛的机会。希尔顿扑出了他们的射门。而喀麦隆队门将的恩科诺在禁区内扑倒了莱因克尔，第2粒点球，也是英格兰的第3粒进球。喀麦隆人的节日结束了，世界杯的节日也结束了。

国际足联也立刻宣布，非洲从此将有3支球队参赛（从1994年世界杯开始）。而击退了非洲力量的莱因克尔也表示了敬意：“喀麦隆人踢得很好。他们非常强大，非常强大。我相信在某种意义上，他们也胜利了。”

热门遇冷

1990年世界杯的夺冠热门当然是东道主意大利、上届冠军阿根廷、上届亚军联邦德国、欧洲冠军荷兰以及巴西队。意大利队在主帅维奇尼率领下，拥有一批世界级球员如巴雷西、多纳多尼、贾尼尼、巴乔、维亚利、贝尔戈米和曾加等人，不再是死守战术，而且还拥有主场之利。

阿根廷队继续由比拉尔多带队，这是一位在国内颇受争议的教练。总统梅内姆都是他的批评者，他不理解比拉尔多为什么弃用曾在国际米兰获得联赛冠军的前锋拉蒙·迪亚斯，后者在代表法甲摩纳哥队和阿根廷队的一场热身赛中，将比拉尔多球队的后防线冲击得七零八落。据说是马拉多纳不喜欢迪亚斯，他们曾经是很好的朋友，但因为迪亚斯批评马拉多纳，导致双方关系破裂。马拉多纳的搭档也就换成了从河床转会到维罗纳。

荷兰队在1988年无可争议地获得欧洲冠军，出自苏里南的球员古力特和里杰卡尔德等人发挥了重要作用。其实在1960年，当时荷兰队主帅米歇尔斯就曾经第一次让苏里南人进入国家队，但直到苏里南1975年独立后，大批当地人才离开故土来到荷兰，为的是加入荷兰国籍，荷兰队里才开始有了越来越多的苏里南血统的球员。荷兰队最后一次由全部白人球员出场比赛，还是1981年11月的事情，当时在世界杯预选赛0比2不敌法国。到了1999年，苏里南首都帕拉马里博已经成为培养荷甲球员第二多的城市。荷兰足球注重个人能力的发挥，这让苏里南球员更容易融入球队。苏里南球员的足球思维更像巴西人，将享受足球比赛的快乐放在第一位。

荷兰队的核心是效力于AC米兰的“三剑客”。范巴斯滕是一位身体条件出色的前锋，速度很快而且非常聪明；古力特身材高大而且力量很好，特点非常全面；里杰卡尔德则被认为是当时世界上最好的后卫球员之一。在三位荷兰人帮助下，AC米兰在1989年和1990年赢得冠军杯荣誉。国家队主帅米歇尔斯则在1988年欧洲杯夺冠后，将帅位传给了本哈克。在西班牙，本哈克执教过皇马等球队，取得了不错的成绩，但荷兰媒体并不喜欢他。

贝肯鲍尔还是联邦德国队的主帅，球队里有马特乌斯、克林斯曼、布雷默、哈斯勒、贝特霍尔德和沃勒尔等在意甲效力的名将。世界杯后，穆勒、里德尔和罗伊特也去了意甲。联邦德国尤其强大的是中场，而门将则是只有23岁的伊尔格纳，他先是在科隆俱乐部，之后在国家队取代了托尼·舒马赫的位置。舒马赫在自传《开场哨》中揭秘了这支德国队不少内幕，甚至还谈到了兴奋剂问题，因此被逐出国家队。贝肯鲍尔在清道夫位置上启用奥根塔勒，后者在墨西哥世界杯只出场两次后已经淡出球队。贝肯鲍尔给奥根塔勒的任务是：“你身前有布赫瓦尔德和科勒尔，会为你搞定一切，剩下的工作你穿西装打上领带都可以完成，尽可以放心插上成为球队前后贯穿的枢纽，确保球队在场上不出现混乱。”

巴西队则在拉扎罗尼指挥下开始了又一次欧化。球队有了普鲁士的纪律性，在场上显得更加功利。为了加强防守，巴西队采用清道夫战术，尽管有一些球员技术非常出色，但是球队依然显得缺乏创造性，没有了过去两届世界杯的风采，反而让人想起了1978年世界杯

性与比赛

“性与世界杯”是整届比赛期间人们一直热议的话题。小伙子们如何在4周甚至更长的时间里专注于追求足球场上的成功？方法多种多样：乌拉圭主教练塔巴雷斯定出了77天禁欲期，“世界杯4年才一次，做爱可以放在这辈子的其他时间。”相反，他的同行、阿根廷队主帅比拉尔多则给予了球员更多自由，但严禁在比赛前夜行房。喀麦隆队的主教练涅波姆尼亚奇最开放，2比1战胜罗马尼亚后，他放了球员们一天假，“如果一个人长时间感觉不良，那会影响他的发挥”。

昙花一现的斯基拉奇

意大利队主场作战，非常想最终获胜。意大利国家队身上的压力是沉重的，而一位几个月前还被所有人忽视的前锋却很快挑起了重任。他名叫萨尔瓦托雷·斯基拉奇，1989年夏天刚刚从乙级的墨西拿转会尤文图斯。在尤文图斯，他在意甲中打入15球，夺得了意大利杯和联盟杯。在世界杯开始前几个月，他在意大利和瑞士的友谊赛中尝试性上场。世界杯开始时，他是替补，但第一场比赛对奥地利，他上场并打入制胜球。从小组赛第3场比赛开始，意大利队主教练维奇尼让他打起了主力，和巴乔搭档。半决赛中，斯基拉奇又与维亚利搭档，最终意大利点球输给了阿根廷（1比1，点球3比4）。斯基拉奇以6粒进球成为世界杯最佳射手。人们觉得这是一段美妙历程的开始。而且在世界杯期间，他的妻子为他生下了第二个儿子马蒂亚。斯基拉奇说："这是世界上最美妙的进球。"事实上，斯基拉奇在意大利队度过了自己最美好的时光。他只代表意大利队打过16场比赛，进了7球，最后一场是在1991年9月对阵瑞士。他此后的职业生涯急转直下，1992年，他从尤文图斯转会到国际米兰，在那里遭遇了严峻的竞争和很多伤病。1994年起，他加盟了日本联赛的磐田喜悦，延续自己已经暗淡的足球生涯。

的巴西队。

足球进入繁荣期

从整个大赛的表现看，联邦德国夺冠当之无愧。球队155次射门打入15球，是24强当中进攻最出色的球队。主帅贝肯鲍尔成为继巴西人扎加洛之后，第二位分别作为球员和教练获得世界杯的人。贝肯鲍尔告别联邦德国队，将教鞭交给福格茨的时候所说的话给人留下很深的印象："我要对世界其他国家说'对不起'，因为我们现在又要迎来来自东德的球员，未来几年将是不可战胜的。"

从战术角度和比赛内容看，意大利世界杯让人失望。平均每场比赛进球只有2.21个，是历史上最少的，而且决赛只是通过一粒点球决出胜负。不少世界级球星的表现令人失望，能够让人记住的反而是喀麦隆人罗杰·米拉和此前默默无闻、最终以6球成为最佳射手的意大利前锋斯基拉奇。

国际足联对此也束手无策，"进攻足球

里杰卡尔德(右)口水吐向沃勒尔。荷兰队与联邦德国队的1/8决赛，两位名将互吐口水，结果双双吃到红牌。

受到了来自欧洲的影响，比赛变成了中场的争夺。有威胁的射门越来越少，很少看到精彩的配合，平均每场比赛四五十次任意球让比赛很不流畅”。44场有进球的比赛，37场都是先进球的球队最终获胜，只有2次有球队完成逆转。最精彩的比赛，应该是英格兰3比2击败喀麦隆。

尽管如此，1990年世界杯赛成为足球进入繁荣期的开始，媒体和东道主不应该对比赛水平不高而负责。本届世界杯卖出了250万张球票，超过7000名记者注册报道比赛，118个国家和地区转播了比赛，收看人次达到了250亿。吉祥物“Ciao”大受欢迎，让生产公司赚了30万美元。

奴隶市场？

《时代》杂志在比赛期间将1990年世界杯比作“罗马帝国之后最大的奴隶市场”。事实上，世界杯就是球员博览会，他们可以借此向俱乐部展示自己，与有意向的球队接触转会事宜。而且，世界杯之前东欧巨变，边境线打开了。突然一下子，罗马尼亚人、捷克斯洛伐克人、南斯拉夫人、苏联人可以自由选择工作了。1990年7月初，《时代》估计528名参赛球员中的50人已经办好转会，意大利经纪人安东尼奥·卡利恩多表示：“世界杯就是展示球员的大橱窗。”世界杯所引发的转会金额是巨大的。1990年5月，罗伯托·巴乔以250亿里拉（1300万美元）转会尤文图斯，而其他人的心中也充满了期待，不仅是像罗马尼亚人哈吉、南斯拉夫人普罗辛内茨基那些风华正茂的球星，也包括米拉这样的球员，“我等着有人来谈”。虽然有过在法国踢球的经历，但他说：“我还没从足球上赚到什么。”

决赛
德国1比0阿根廷
1990年7月8日
罗马奥林匹克球场

1990年7月8日的罗马奥林匹克球场，俨然是一场意大利人搭台、两国英豪唱戏的意甲同学会。仅联邦德国一队，便有马特乌斯、布雷默、克林斯曼、沃勒尔、贝特霍尔德五大主将远赴亚平宁淘金。而在阿根廷一方，身为那不勒斯神祇的马拉多纳身边，是加盟亚特兰大队仅一个赛季的卡尼吉亚，但潘帕斯军团最锐利的反击武器却因累计黄牌而在决赛作壁上观。但对上述名字耳熟能详的意大利人对待两队的态度却有云泥之判：德国三驾马车享受掌声、起立与欢呼，而送给阿根廷人的只有倒彩。很简单，比拉尔多的球队半决赛淘汰的正是东道主。

打到决赛伤停累累的阿根廷队已经排不出像样的首发阵容，比拉尔多索性将他一贯主张的“其他人保证不丢球，剩下的问题交给马拉多纳解决”的战术思维发挥到极致。此前单场进球从未超过一个的阿根廷队前场仅留马拉多纳和布鲁查加，象征性打反击。全队龟缩本方半场静待120分钟结束，由扑点球专家戈耶切亚来结果对手。联邦德国队一边，少帅贝肯鲍尔显然不愿陷入与对手死缠烂打的僵局，对策简洁明了：两个边路

马拉多纳的眼泪

在这一刻，我们觉得再也看不到马拉多纳踢世界杯了，他的态度让人心碎。阿根廷天才哭得像个刚刚打碎了玩具的天才。他在那里，罗马奥林匹克体育场中心，身边围满了队友，但绝世独立。他看不到巴蒂斯塔被主教练卡洛斯·比拉尔多拦腰抱着。巴蒂斯塔正准备冲上去打墨西哥裁判埃德加多·科德萨。当马拉多纳满脸热泪的样子出现在大屏幕上时，全场激动，都在骂他。这是决赛，整场比赛中，“迭戈国王”被嘘个不停。意大利观众嘘他，为德国人助威，主要是因为马拉多纳带队将意大利挡在了决赛大门之外。他为此付出了代价。马拉多纳，那不勒斯人，本来这里是他的后花园，如今却被铺天盖地的仇恨淹没。

“我职业生涯中最大的失望”，在小组赛中，他又犯下了新的魔鬼手球。这一次，是在阿根廷的禁区内，阿根廷2比0战胜苏联的比赛中，马拉多纳在门线上用手挡住了皮球，而瑞典裁判弗雷德里克森没有说什么。

决赛开始前，奏响阿根廷国歌时，嘘声就已经响起。人在满场嘘声中，马拉多纳没能表现出最好的自己。他刚刚从严重的脚踝伤势中恢复，没能打出最佳水平。

他和队友们一样，被极具控制力的联邦德国队压制。即便马拉多纳很天才，对手很愚蠢，但天才一次次被伐倒时也无济于事。马拉多纳说：“这是我职业生涯最大的遗憾，我宁愿输个0比4，也不愿意以这种方式输球。”

轮番起球，克林斯曼和沃勒尔凭空战优势轰炸阿根廷队海拔有限的中卫组合。于是整个上半时在不计其数的45度传中里度过：布雷默的几次定位球均造成阿根廷队门前兵荒马乱，所幸戈耶切亚始终保持注意力高度集中，而联邦德国队两大箭头也在对方的贴身紧逼下无法从容完成射门。全线退守的阿根廷队上半时仅射门一次——马拉多纳的右侧任意球高出横梁。值得一提的是，上半时阿根廷后卫们曾多次在禁区内以肘击、拉拽、踩人等方式暗算克林斯曼，但墨西哥主裁科德萨始终未予理睬。

罗马城的夜色已然越发浓重，而下半时联邦德国队见阿根廷无意进取，索性将阵线整体前提，也不再囿于高举高打。利特巴尔斯基易边后首次触球便在禁区前沿低射球门死角，戈耶切亚狼狈地将球封出底线，此后他在禁区左肋游弋中吊射球门远角又差之毫厘；由于鲁杰里半场结束时伤势加剧无法坚持比赛，失去防线主心骨的阿根廷人对定位球的防守不再井然有序，科勒尔一次后点头槌险些先拔头筹，而奥根塔勒曾在禁区内直面戈耶切亚，但脚下过于笨拙的他调整过多错失良机，阿根廷躲过一劫，随后布雷默的远射又被戈耶切亚救险。毫无疑问，阿根廷12号是此刻场上最忙碌的人，在出击中被撞伤脸部的他血流不止，却越发坚韧不屈。

枯燥的闷战终于在第65分钟迎来转机：右侧形成突破之势的克林斯曼被蒙松从侧后方飞铲放倒，科德萨毫不犹豫地出示红牌，后者成为世界杯决赛史上首位染红球员。防线松动的阿根廷终于大祸临头：沃勒尔右侧突入禁区被特罗利奥放倒，科德萨直指12码点！此时已是全场第84分钟，出人意料的是，西德队点球头号操刀手马特乌斯却让出了成为决赛英雄的机会，站上罚球点的是布雷默，事后德国队队长轻描淡写："我鞋带松了。"

国际米兰的左后卫没让此前令布尔诺维奇、多纳多尼和塞雷纳相继饮恨12码的戈耶切亚得逞，他长距离助跑后使用了并不擅长的右脚推射球门右下死角。尽管戈耶切亚判断准确飞身鱼跃，但皮球还是擦着他的指尖飞进网底，日耳曼人冲向场边紧紧拥抱在一起。但比赛的高潮还没有结束，第87分钟，心绪失衡

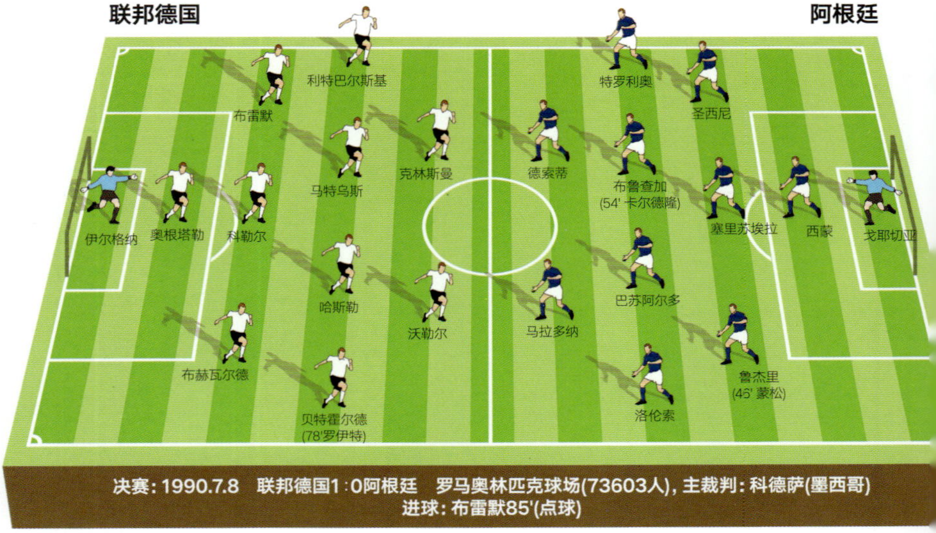

决赛：1990.7.8　联邦德国1：0阿根廷　罗马奥林匹克球场(73603人)，主裁判：科德萨(墨西哥)
进球：布雷默85'(点球)

的德索蒂对科勒尔施以锁喉功，也遭到了红牌驱逐。这一举动激起了全阿根廷队的怒火，以马拉多纳为首，全队围攻裁判长达2分多钟。比赛一度中断，愤怒的球王几乎与墨西哥主裁面贴面，更有出格的肢体接触。倒是肇事者德索蒂上前理论时始终背着双手，一副含冤受屈的模样。科德萨不得不黄牌警告马拉多纳以压制事态。

长达4分钟的补时结束后，这场被《米兰体育报》批为"史上最丑陋决赛"的闹剧终告收场，双方主将不约而同地以泪洗面：马特乌斯、沃勒尔流下的是君子报仇、四年不晚的幸福之泪，而马拉多纳则像个委屈的孩子般伏在比拉尔多肩头放声痛哭。球王不停抽搐的厚实背影，成为那天无数媒体报道决赛战况的头版大图。谈及本场主裁，马拉多纳更是怒火冲天："他就是黑手党！"全场唯一表情轻松的是贝肯鲍尔，但他在自传《半世球魂》中回忆这一刻时却吐露了真相："那一刻，我大脑一片空白，什么都想不出，只是例行公事地和比拉尔多握手后，加入庆祝人群。"

庆祝仪式

1990年世界杯充满了媒体的争吵，胜利之后的庆祝镜头里也能让人看到这样的场面，但颁奖仪式却从未如此整齐过。终场哨响，场地中央马上布置好了一个颁奖台，德国国旗优雅地在风中飘荡，礼花冲破了罗马的夜空，一切都充满了欢庆的气氛，但看上去并不完全令人信服。奖牌首先颁发给阿根廷人，他们失望至极，马拉多纳的嘴里还在咒骂着裁判和公众。接下来是新科世界冠军联邦德国队登场，队长马特乌斯从意大利总统科西加手中接过了大力神杯。当他向苍穹高举奖杯时，数千球迷发出了欢呼，有一些是自发的。

决赛前，马拉多纳(左)与马特乌斯握手时还非常友好，只是主裁判的举止有些怪异。

①频繁的犯规与任意球把这场决赛弄得支离破碎，还好联邦德国队总能凭借布雷默（左）的定位球制造威胁。

②布雷默罚入点球，结束了这场枯燥的决赛，他与队友们疯狂庆祝。

不可战胜的贝肯鲍尔

1990年7月8日，贝肯鲍尔进入了世界足球的万神殿。这一天，他作为主教练成为世界冠军。16年之前他作为球员曾经夺得世界杯。有史以来，只有他和巴西的扎加洛实现过这一壮举。4年之前，他已经快要修成正果，决赛中也是这些德国人和阿根廷人（这种两支球队在决赛里连续两度交手，再也没有出现过）。1986年的联邦德国还没有这么强大，他们被处于巅峰状态的马拉多纳率队击败。在1990年，联邦德国队已经深深有了"弗朗茨·凯撒"的印记。他们才华横溢，几乎没有弱点。这是联邦德国在两德统一前的最后一届世界杯，在1990年世界杯全程中都表现出了全面。

他们控制全场，贝肯鲍尔的手掌笼罩全场。联邦德国就此和巴西、意大利一样，3次夺得世界杯。拿到奖杯后，贝肯鲍尔说："从未有一届世界杯决赛的胜利如此理所当然。"事实上，决赛中还没有完全表现出联邦德国队对整届世界杯的统治力。 第二天的《队报》的标题是《西德应该更好》。在罗马的决赛，是联邦德国连续第3次打世界杯决赛，5年来的第4次决赛，却从未表现得有在其统一前夕这样强大。而且它还创造了一个新的世界纪录：14届世界杯的9届中，德国队打入了四强。贝肯鲍尔在想象着更美好的未来："我们是世界冠军，球队接近于完美。加上东德的球员们，我们的国家队会更加强大，更加全面。这么多年了，我们很难被击败。我为其他球队感到遗憾，但我们是不可战胜的。呵呵。"

球员时代，贝肯鲍尔诠释了清道夫这一位置，他在后场不仅需要防守，而且还可以投入进攻并射门得分。通常贝肯鲍尔会首先埋伏在本队半场，抢断对手的球后立即发动反击。贝肯鲍尔1965年9月20日在斯德哥尔摩迎来了国家队处子秀，2比1击败了瑞典。当时《法兰克福晚报》就称赞说："贝肯鲍尔表现得和国王一样，完全控制了中场，他代表了德国足球的未来。"

贝肯鲍尔成为联邦德国队的大脑，将球队的比赛打上了自己的烙印。1971年，贝肯鲍尔成为联邦德国队队长，联邦德国迎来了成绩最好的几年，不仅是依靠"德国性格"，同样也是通过真正展现出来的优势压倒对手。从1966年到1976年之间，联邦德国队获得了世界杯和欧洲杯冠亚军各一次。

贝肯鲍尔是联邦德国第一位出场次数超过100场的国脚，而且他非常有个性，遭到很多人的嫉妒。贝肯鲍尔表示自己从没有把足球当作工作，"我对工作有不同的理解"。贝肯鲍尔效力拜仁12年，参加了558场正式比赛，打入69球，获得了4次德甲冠军和3次冠军杯冠军，1977年选择加盟纽约宇宙，和贝利成为队友。这次转会其实是一次逃离，因为贝肯鲍尔当时婚姻失败，财政局也在找他的麻烦。

贝肯鲍尔是在1984年成为联邦德国主帅，带队打入1986年世界杯决赛，并获得了1990年世界杯的胜利。看起来贝肯鲍尔在足球场上无所不能，之后他负责为德国申办2006年世界杯努力，又获得了成功。贝肯鲍尔获选德国世纪最佳球员是当之无愧的。

联邦德国队在捧杯之后列队狂欢。这届世界杯之后，两德正式统一，德国足球也进入了新时代。

点球先生戈耶切亚

他是以替补身份开始的世界杯。作为门将，他先是被河床抛弃，然后锁骨骨折，哥伦比亚联赛生涯结束（他在波哥大百万富翁队找到了避难所）。在抵达意大利时，塞尔吉奥·戈耶切亚已经有6个多月没打过正式比赛了。但在对苏联的比赛中，他顶替断腿的蓬皮多上场，就此站稳了位置。不止如此，这位永远的"倒霉蛋"变成了阿根廷国家队的护身符。他在面对的6粒点球中扑出了4粒，先是在1/4决赛，然后在半决赛。在后一场比赛中，他扑出了多纳多尼和塞雷纳的点球，让整个意大利哭泣。"这是我生命中最好的一天，我完全不敢相信自己正在踢世界杯，能上电视……"几周之后，他与布雷斯特俱乐部签约。戈耶切亚无比骄傲，他感谢本队的"上帝"："我接到的最美妙的赞扬来自马拉多纳，在对南斯拉夫的比赛之后。他说我是个魔鬼。"

他们是冠军

主教练

贝肯鲍尔 Franz Beckenbauer

1945年9月11日生，联邦德国人

在两德统一前，贝肯鲍尔带领联邦德国队最后一次征战世界杯。他的球队拥有着最成型的攻防体系以及绝对信得过的球员阵容。再次与阿根廷相会在决赛赛场上，他执教的球队终于没有再犯4年前的老错误。举起世界杯的一刹那，贝肯鲍尔坦言那是他人生中最幸福的时刻。

门　将

伊尔格纳 Bodo Illgner

1967年4月7日生，科隆(德甲)

偏爱高龄门将的德国队，这一次信赖的是年仅23岁、仅在国家队打了3年主力的伊尔格纳。但这位科隆门将用几乎完美的表现完成了世界杯之旅。在一对一中的精准扑救和对于空中球的判断是他的法宝。在半决赛点球大战中扑出皮尔斯的点球助联邦德国队成功杀入决赛。

奥曼 Raimond Aumann

1963年10月12日生，拜仁慕尼黑(德甲)

是拜仁慕尼黑连夺两届德甲联赛冠军的一号门将，实力得到了公认，但在国家队只是二号门将。除了在世界杯前有过4场国家队比赛的经历外，世界杯期间枯坐板凳。

科普克 Andreas Koepke

1962年3月12日生，纽伦堡(德甲)

虽然是联邦德国队三大门将中最老的一位，但当时还只是国家队的新丁，基本没有出场机会。他的爆发期从1993年开始。

后　卫

罗伊特 Stefan Reuter

1966年10月16日生，拜仁慕尼黑(德甲)

这位速度如风的右后卫是联邦德国队中的小字辈，贝肯鲍尔在小组赛阶段给了他主力的机会，但进入淘汰赛后逐渐成为替补，在加强防守时才被派上场。在3后卫的打法中，罗伊特并不太适应这种名为中场实则边卫的角色。

布雷默 Andreas Brehme

1960年11月9日生，国际米兰(意甲)

伟大的左后卫，拥有着能传擅射的金左脚，入围本届比赛最佳阵容当之无愧。他在淘汰赛阶段完成了两个任意球，又在决赛的最后关头命中点球。这届世界杯上，布雷默还有3次助攻，居助攻榜首位。所以说联邦德国队捧起的这座金杯，有一半应该归功于布雷默。

科勒尔 Juergen Kohler

1965年10月6日生，拜仁慕尼黑(德甲)

后来的德国队史上最佳中后卫在这届比赛中还只是个小字辈，小组赛枯守板凳，进入淘汰赛后，伴随着贝肯鲍尔对首发后防线的调整而跻身首发。作为盯人中卫打满了最后4场比赛，在与范巴斯滕、斯库赫拉维和莱因克尔的对抗中取得完胜。

奥根塔勒 Klaus Augenthaler

1957年9月26日生，拜仁慕尼黑(德甲)

拜仁老队长在1986年世界杯期间只是一位匆匆过客，他的国家队主力地位直到本届比赛才变得不可动摇，但这也是他的最后一届大赛，同样是国家队生涯的尾声。作为德国队战术体系最特殊的一环，扮演自由人的奥根塔勒在攻防两方面均为球队付出了很多。

布赫瓦尔德 Guido Buchwald

1961年1月24日生，斯图加特(德甲)

这名高大的中后卫赢得了大多数的空中作战，在马拉多纳面前也没有惧怕的意思。他和后防线上来自拜仁慕尼黑的队友们总有着默契的配合。

贝特霍尔德 Thomas Berthold

1964年11月12日生，罗马(意甲)

在他所效力的罗马队主场捧起世界杯，对于这位稳健的后卫是最好的奖赏。贝特霍尔德可以担任右边卫或右中卫，助攻力度虽然不大，但在场上让人无比放心。作为盯人中卫出场时，他的表现也非常不错，走出了在1986年世界杯上吃到红牌的阴影。

施泰纳 Paul Steiner

1957年1月23日生，科隆(德甲)

世界杯冠军队中的“闲人”，没有在意大利获得出场机会。其实，这位高龄替补中卫的入围也很富戏剧性。他直到1990年才有过第一次代表国家队出场的经历，然后就被贝肯鲍尔作为奥根塔勒的替补带到了世界杯，挤掉了之前被看好的中后卫法赫。

普夫吕格勒 Hans Pfluegler

1960年3月27日生，拜仁慕尼黑(德甲)

经验丰富的左后卫，也可担任中卫，是当时拜仁5夺联赛冠军的支柱。但在国家队，在左路是无法与布雷默竞争的，只在本队出线已定的情况下获得了一次出场机会。

中　场

利特巴尔斯基 Pierre Littbarski

1960年4月16日生，科隆(德甲)

德国队的边路盘带大师，他为德国队稍显沉闷的比赛场面带来了激情。在自己的第三届世界杯征程中终于捧起了世界杯，也将自己的世界杯决赛阶段助攻总数提升到了7次。

哈斯勒 Thomas Haessler

1966年5月30日生，科隆(德甲)

作为1988年奥运队的成员，脚法细腻的他承担起这支德国队的中场组织和推进职责。由于攻强守弱，他在这届国家队的地位并不稳固，经常被贝肯鲍尔中途换下。但在决赛打满90分钟，发挥了重要的作用。

马特乌斯 Lothar Matthaeus

1961年3月21日生，国际米兰(意甲)

这是他5次世界杯经历中的第3次，也是唯一一次捧杯的经历。作为队长，他在球队的夺冠路上奉献了4个进球，从始至终推动着球队夺冠。

拜恩 Uwe Bein

1960年9月26日生，法兰克福(德甲)

中场攻击型人才，在世界杯初期是贝肯鲍尔心目中的主力，但经常被中途换下。在参加完3场小组赛和1场1/4决赛后，受伤的他错过了此后的半决赛和决赛。

穆勒 Andreas Moeller

1967年9月2日生，多特蒙德(德甲)

作为多特蒙德队的中场新星，在当时的国家队还只是替补。他的攻击才华在20世纪90年代中期才得以展现。

托恩 Olaf Thon

1966年5月1日生，拜仁慕尼黑(德甲)

世界杯前刚帮助拜仁慕尼黑两夺联赛冠军，这名小个子中场凭借着他的体能和跑动推动着球队前进。但他在这届国家队只是一位替补。职业生涯后期，托恩改打后卫，依然获得诸多好评。

赫尔曼 Guenter Hermann

1960年12月5日生，不来梅(德甲)

这名小个子防守型中场是不来梅队的中场屏障，但在国家队没有出场机会。他1988年首次代表联邦德国队出场，世界杯前才代表国家队第2次登场，然后就再也没有入选过国家队。

前　锋

沃勒尔 Rudi Voeller

1960年4月13日生，罗马(意甲)

效力罗马队的他虽然是主场作战，但表现只能算及格。小组赛攻下3个进球后，在1/4决赛中与里杰卡尔德互吐口水而吃了红牌。解禁后再没有了令人难忘的表现，整届比赛虎头蛇尾。

米尔 Frank Mill

1958年7月23日生，多特蒙德(德甲)

高龄的骚扰型前锋，在8年的国脚生涯中一直没有获得什么表现的机会。偏低的进球率，是他无法与国家队另3位锋线名将竞争的主要原因。

里德尔 Karl-Heinz Riedle

1965年9月16日生，不来梅(德甲)

国家队的新面孔，在赛前被寄予厚望，身高不过1.80米的他有着出众的头球技术和爆发力，被视作下一个盖德·穆勒。但里德尔终归没有在这届世界杯上取得进球，与英格兰队点球大战中的进球，是他给这支德国队为数不多的贡献。

克林斯曼 Juergen Klinsmann

1964年7月30日生，国际米兰(意甲)

“金色轰炸机”在他的首届世界杯之旅贡献了3个进球。效力于国际米兰的他在“半主场”的氛围里打满了球队的7场比赛，在两场小组赛和与荷兰的1/8决赛中各进1球。

射手榜

排名	球员(国家)	进球数
1	斯基拉奇(意大利)	6
2	斯库赫拉维(捷克斯洛伐克)	5
3	米歇尔(西班牙)	4
3	米拉(喀麦隆)	4
3	莱因克尔(英格兰)	4
3	马特乌斯(联邦德国)	4
7	普拉特(英格兰)	3
7	布雷默(联邦德国)	3
7	沃勒尔(联邦德国)	3
7	克林斯曼(联邦德国)	3

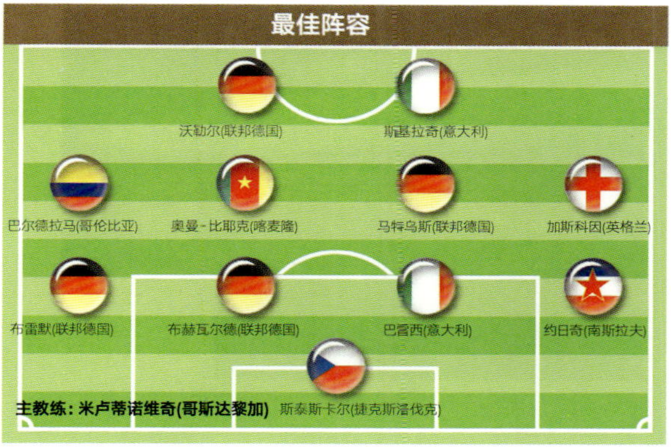

战场

奥林匹克球场
Stadio Olimpico
所在城市:罗马
容量:86000人
本届杯赛承办6场比赛(包括决赛)

梅阿查球场
Stadio Giuseppe Meazza
所在城市:米兰
容量:85700人
本届杯赛承办6场比赛(包括揭幕战)

圣保罗球场
Stadio San Paolo
所在城市:那不勒斯
容量:74000人
本届杯赛承办5场比赛

阿尔卑球场
Stadio Delle Alpi
所在城市:都灵
容量:68000人
本届杯赛承办5场比赛

本特戈迪球场
Stadio Marcantonio Bentegodi
所在城市:维罗纳
容量:42000人
本届杯赛承办4场比赛

圣尼古拉球场
Stadio San Nicola
所在城市:巴里
容量:56000人
本届杯赛承办5场比赛

弗兰基球场
Stadio Artemio Franchi
所在城市:佛罗伦萨
容量:41000人
本届杯赛承办4场比赛

圣埃利亚球场
Stadio Sant'Elia
所在城市:卡利亚里
容量:40000人
本届杯赛承办3场比赛

达拉拉球场
Stadio Renato Dall'Ara
所在城市:博洛尼亚
容量:39000人
本届杯赛承办4场比赛

弗留利球场
Stadio Friuli
所在城市:乌迪内
容量:38000人
本届杯赛承办3场比赛

巴尔贝拉球场
Stadio La Favorita
所在城市:巴勒莫
容量:36000人
本届杯赛承办3场比赛

费拉里斯球场
Stadio Luigi Ferraris
所在城市:热那亚
容量:36000人
本届杯赛承办4场比赛

赛程赛果

注：■为点球大战比分，■为出现加时赛。

A组

1990.6.9	意大利1:0奥地利
1990.6.10	捷克斯洛伐克5:1美国
1990.6.14	意大利1:0美国
1990.6.15	捷克斯洛伐克1:0奥地利
1990.6.19	意大利2:0捷克斯洛伐克
1990.6.19	奥地利2:1美国

B组

1990.6.8	喀麦隆1:0阿根廷
1990.6.9	罗马尼亚2:0苏联
1990.6.13	阿根廷2:0苏联
1990.6.14	喀麦隆2:1罗马尼亚
1990.6.18	苏联4:0喀麦隆
1990.6.18	阿根廷1:1罗马尼亚

C组

1990.6.10	巴西2:1瑞典
1990.6.11	哥斯达黎加1:0苏格兰
1990.6.16	巴西1:0哥斯达黎加
1990.6.16	苏格兰2:1瑞典
1990.6.20	哥斯达黎加2:1瑞典
1990.6.20	巴西1:0苏格兰

日期	球队	比分	点球
1990.6.25	意大利	2	
	乌拉圭	0	
1990.6.25	爱尔兰	0	5
	罗马尼亚	0	4
1990.6.26	南斯拉夫	2	
	西班牙	1	
1990.6.24	阿根廷	1	
	巴西	0	
1990.6.30	意大利	1	
	爱尔兰	0	
1990.6.30	阿根廷	0	3
	南斯拉夫	0	2
1990.7.3	阿根廷	1	4
	意大利	1	3
季军 1990.7.7	意大利	2	
	英格兰	1	
决赛 1990.7.8	联邦德国	1	
	阿根廷	0	
1990.7.4	联邦德国	1	4
	英格兰	1	3
1990.7.1	联邦德国	1	
	捷克斯洛伐克	0	
1990.7.1	英格兰	3	
	喀麦隆	2	
1990.6.24	联邦德国	2	
	荷兰	1	
1990.6.23	捷克斯洛伐克	4	
	哥斯达黎加	1	
1990.6.23	喀麦隆	2	
	哥伦比亚	1	
1990.6.26	英格兰	1	
	比利时	0	

D组

1990.6.9	哥伦比亚2:0阿联酋
1990.6.10	联邦德国4:1南斯拉夫
1990.6.14	南斯拉夫1:0哥伦比亚
1990.6.15	联邦德国5:1阿联酋
1990.6.19	哥伦比亚1:1联邦德国
1990.6.19	南斯拉夫4:1阿联酋

E组

1990.6.12	比利时2:0韩国
1990.6.13	西班牙0:0乌拉圭
1990.6.17	西班牙3:1韩国
1990.6.17	比利时3:1乌拉圭
1990.6.21	西班牙2:1比利时
1990.6.21	乌拉圭1:0韩国

F组

1990.6.11	英格兰1:1爱尔兰
1990.6.12	埃及1:1荷兰
1990.6.16	英格兰0:0荷兰
1990.6.17	埃及0:0爱尔兰
1990.6.21	英格兰1:0埃及
1990.6.21	荷兰1:1爱尔兰

第1名　联邦德国

主教练：贝肯鲍尔（联邦德国）

位置	号码	球员	进球/出场
门将	1	伊尔格纳	-5/7
	12	奥曼	-/-
	22	科普克	-/-
后卫	2	罗伊特	0/6
	3	布雷默	3/6
	4	科勒尔	0/4
	5	奥根塔勒	0/7
	6	布赫瓦尔德	0/7
	14	贝特霍尔德	0/7
	16	施泰纳	-/-
	19	普夫吕格勒	0/1
中场	7	利特巴尔斯基	1/6
	8	哈斯勒	0/5
	10	马特乌斯	4/7
	15	拜恩	1/4
	17	穆勒	0/2
	20	托恩	0/2
	21	赫尔曼	-/-
前锋	9	沃勒尔	3/6
	11	米尔	-/-
	13	里德尔	0/4
	18	克林斯曼	3/7

第2名　阿根廷

主教练：比拉尔多（阿根廷）

位置	号码	球员	进球/出场
门将	1	蓬皮多	-1/2
	12	戈耶切亚	-3/6
	22	坎切拉里奇	-/-
后卫	5	包萨	-/-
	11	法布里	0/1
	13	洛伦索	0/3
	15	蒙松	1/4
	16	奥拉蒂科切亚	0/5
	17	圣西尼	0/2
	18	塞里苏埃拉	0/5
	19	鲁杰里	0/5
	20	胡安·西蒙	0/7
中场	2	巴蒂斯塔	0/4
	4	巴苏阿尔多	0/7
	6	卡尔德隆	0/5
	7	布鲁查加	1/7
	10	马拉多纳	0/7
	14	朱斯蒂	0/4
	21	特罗利奥	1/6
前锋	3	巴尔博	0/1
	8	卡尼吉亚	2/6
	9	德索蒂	0/3

第3名　意大利

主教练：维奇尼（意大利）

位置	号码	球员	进球/出场
门将	1	曾加	-2/7
	12	塔科尼	-/-
	22	帕柳卡	-/-
后卫	2	巴雷西	0/7
	3	贝尔戈米	0/7
	4	德阿戈斯蒂尼	0/6
	5	费拉拉	0/1
	6	费里	0/7
	7	马尔蒂尼	0/7
	8	维尔乔沃德	0/3
中场	9	安切洛蒂	0/3
	10	贝尔蒂	0/4
	11	德纳波利	0/6
	13	贾尼尼	1/7
	14	马罗基	-/-
	17	多纳多尼	0/5
前锋	15	罗伯托·巴乔	2/5
	16	卡尔内瓦莱	0/2
	18	曼奇尼	-/-
	19	斯基拉奇	6/7
	20	塞雷纳	1/3
	21	维亚利	0/3

第4名　英格兰

主教练：博比·罗布森（英格兰）

位置	号码	球员	进球/出场
门将	1	希尔顿	-6/7
	13	克里斯·伍兹	-/-
	22	比桑特	-/-
后卫	2	史蒂文斯	0/3
	3	皮尔斯	0/6
	5	德斯·沃克	0/7
	6	布彻	0/5
	12	保罗·帕克	0/6
	14	马克·赖特	1/6
	15	多里戈	0/1
中场	4	韦布	0/1
	7	布赖恩·罗布森	0/2
	8	沃德尔	0/7
	11	巴恩斯	0/5
	16	麦克马洪	0/4
	17	普拉特	3/6
	18	霍奇	-/-
	19	加斯科因	0/6
	20	史蒂文	0/3
前锋	9	比尔兹利	0/5
	10	莱因克尔	4/7
	21	布尔	0/4

第5名　南斯拉夫

主教练：奥西姆（南斯拉夫）

位置	号码	球员	进球/出场
门将	1	伊夫科维奇	-6/5
	12	奥梅罗维奇	-/-
	22	莱科维奇	-/-
后卫	2	斯坦诺伊科维奇	0/2
	3	斯帕希奇	0/5
	4	武利奇	0/4
	5	哈日贝吉奇	0/5
	6	约日奇	2/5
	17	贾尔尼	0/1
	18	巴尔季奇	0/1
	21	帕纳迪奇	-/-
中场	7	布尔诺维奇	0/5
	8	苏西奇	1/5
	10	斯托伊科维奇	2/4
	13	卡塔尼奇	0/3
	15	普罗辛内茨基	1/3
	16	沙巴纳卓维奇	0/4
	19	萨维切维奇	0/3
前锋	9	潘采夫	2/3
	11	武约维奇	0/5
	14	博克西奇	-/-
	20	达沃·苏克尔	-/-

第6名　捷克斯洛伐克

主教练：文格洛什（捷克斯洛伐克）

位置	号码	球员	进球/出场
门将	1	斯泰斯卡尔	-5/5
	21	米克洛什科	-/-
	22	帕卢赫	-/-
后卫	2	别利克	0/2
	3	卡德莱茨	0/5
	5	科西安	0/4
	6	斯特拉卡	0/3
	14	魏斯	0/3
	15	基尼尔	0/1
中场	4	哈谢克	1/5
	7	比莱克	2/5
	8	霍瓦内茨	0/5
	9	库比克	1/4
	11	莫拉夫契克	0/5
	12	菲贝尔	-/-
	13	涅梅茨	-/-
	16	希拉维	-/-
	20	内梅切克	0/3
前锋	10	斯库赫拉维	5/5
	17	克诺夫利切克	0/5
	18	卢霍维	1/1
	19	格里加	0/1

第7名 喀麦隆

主教练:涅波姆尼亚奇(苏联)

号码	球员	进球/出场
门将		
1	贝尔	-/-
16	恩科诺	-6/5
22	松戈奥	-/-
后卫		
3	奥纳纳	0/3
4	马辛	0/2
5	埃布韦勒	0/5
6	孔德	1/4
12	永比	-/-
14	塔陶	0/5
17	恩迪普	0/4
中场		
2	卡纳-比耶克	0/3
8	姆博	0/4
13	帕加尔	0/3
15	利比	0/2
19	弗特姆巴	-/-
20	马卡纳基	0/5
21	马博昂	0/3
前锋		
7	奥曼-比耶克	1/5
9	米拉	4/5
10	姆费德	0/5
11	埃科科	1/1
18	琼凯普	0/1

第8名 爱尔兰

主教练:杰克·查尔顿(英格兰)

号码	球员	进球/出场
门将		
1	邦纳	-3/5
22	派顿	-/-
后卫		
2	莫里斯	0/5
3	斯汤顿	0/5
4	麦卡锡	0/5
5	莫兰	0/5
12	奥利莱	0/1
14	休顿	-/-
20	伯恩	-/-
中场		
6	惠兰	0/1
7	麦格拉思	0/5
8	霍顿	0/5
11	希迪	1/5
13	汤森	0/5
16	谢里登	0/1
21	麦克洛克林	0/2
前锋		
9	阿尔德里奇	0/5
10	卡斯卡里诺	0/5
15	斯拉文	-/-
17	奎因	1/4
18	斯塔普莱顿	-/-
19	戴维·凯利	-/-

第9名 巴西

主教练:拉扎罗尼(巴西)

号码	球员	进球/出场
门将		
1	塔法雷尔	-2/4
12	阿卡西奥	-/-
22	泽·卡洛斯	-/-
后卫		
2	尤尔津霍	0/4
3	里卡多·戈麦斯	0/4
6	布兰科	0/4
13	莫泽尔	0/2
14	阿尔代尔	-/-
19	里卡多·罗沙	0/2
21	毛罗·加尔沃	0/4
中场		
4	邓加	0/4
5	阿莱芒	0/4
7	比斯马克	-/-
8	瓦尔多	0/4
10	西拉斯	0/3
18	马津霍	-/-
前锋		
9	卡雷卡	2/4
11	罗马里奥	0/1
15	穆勒	2/4
16	贝贝托	0/1
17	雷纳托	0/1
20	蒂塔	-/-

第10名 西班牙

主教练:路易斯·苏亚雷斯(西班牙)

号码	球员	进球/出场
门将		
1	苏比萨雷塔	-4/4
13	阿夫拉内多	-/-
22	奥乔托雷纳	-/-
后卫		
2	琴多	0/4
3	希门尼斯	0/1
4	安德里努亚	0/4
5	桑奇斯	0/4
8	基克·弗洛雷斯	-/-
12	阿尔科塔	0/1
14	戈里斯	1/4
17	耶罗	-/-
中场		
6	巴斯克斯	0/4
10	费尔南多·戈麦斯	0/1
11	比利亚罗亚	0/4
15	罗伯托	0/4
16	巴克罗	0/1
18	帕斯	0/2
21	米歇尔	4/4
前锋		
7	帕德萨	0/1
9	布特拉格诺	0/4
19	萨利纳斯	1/3
20	马诺洛	0/1

第11名 比利时

主教练:蒂斯(比利时)

号码	球员	进球/出场
门将		
1	普雷德霍姆	-4/4
12	博达尔	-/-
20	德维尔德	-/-
后卫		
2	格雷茨	0/3
3	阿尔贝特	0/1
4	克利杰斯特	1/3
6	埃默斯	0/3
7	德莫尔	0/4
13	格林	0/2
16	德沃尔夫	1/4
17	普洛维	0/1
中场		
5	韦尔萨韦	0/3
8	范德埃尔斯特	0/4
10	希福	1/4
15	德萨尔	-/-
18	斯塔伦斯	0/1
22	费尔福特	1/3
前锋		
9	德格里斯	1/4
11	瑟勒芒斯	1/4
14	克拉森	0/1
19	范德林登	0/2
21	威尔莫茨	-/-

第12名 罗马尼亚

主教练:热内伊(罗马尼亚)

号码	球员	进球/出场
门将		
1	伦格	-3/4
12	斯泰莱亚	-/-
22	利利亚克	-/-
后卫		
2	雷德尼奇	0/4
3	克莱因	0/4
4	安多内	0/4
5	罗塔留	0/4
13	A.波佩斯库	-/-
19	森多伊	-/-
中场		
6	G.波佩斯库	0/4
8	萨伯乌	0/4
10	哈吉	0/3
15	马泰乌茨	0/1
17	杜米特雷斯库	0/2
20	穆日瑙伊	-/-
21	卢佩斯库	0/3
前锋		
7	勒克图什	2/3
9	克默塔鲁	-/-
11	卢普	0/2
14	拉杜乔尤	0/3
16	蒂莫夫特	0/3
18	巴林特	2/4

第13名 哥斯达黎加

主教练:米卢蒂诺维奇(南斯拉夫)

号码	球员	进球/出场
门将		
1	科内霍	-2/3
21	巴兰特斯	-4/1
22	塞古拉	-/-
后卫		
2	凯萨达	-/-
3	弗洛雷斯	1/4
4	罗纳德·冈萨雷斯	1/4
5	奥班多	0/1
13	米格尔·戴维斯	-/-
15	罗纳德·马林	-/-
18	G.哈拉	-/-
20	蒙特罗	0/4
中场		
6	查韦斯	0/4
8	查瓦里亚	0/4
10	拉米雷斯	0/4
12	罗赫尔·戈麦斯	0/3
14	卡亚索	1/4
16	海克尔	-/-
19	马切纳	0/4
前锋		
7	梅德福德	1/3
9	吉马良斯	0/3
11	C.哈拉	0/4
17	迈尔斯	0/1

第14名 哥伦比亚

主教练:马图拉纳(哥伦比亚)

号码	球员	进球/出场
门将		
1	伊基塔	-4/4
12	尼尼奥	-/-
17	卡西亚尼	-/-
后卫		
2	埃斯科巴	0/4
3	吉尔达多·戈麦斯	0/4
4	埃雷拉	0/4
5	莱昂·比利亚	-/-
6	何塞·佩雷斯	-/-
13	霍约斯	-/-
15	佩雷亚	0/4
18	卡布雷拉	-/-
21	门多萨	-/-
中场		
8	加布里埃尔·戈麦斯	0/4
10	巴尔德拉马	1/4
11	雷丁	2/3
14	阿尔瓦雷斯	0/4
19	林孔	1/4
20	法哈尔多	0/2
前锋		
7	埃斯特拉达	0/4
9	米格尔·格雷罗	-/-
16	伊瓜兰	0/3
22	埃尔南德斯	0/1

第15名 荷兰

主教练:本哈克(荷兰)

号码	球员	进球/出场
门将		
1	范布勒克伦	-4/4
16	希勒	-/-
22	门佐	-/-
后卫		
2	范阿尔莱	0/4
4	罗纳德·科曼	1/4
5	范蒂赫伦	0/4
13	鲁特耶斯	0/1
18	弗雷泽	0/1
21	布林德	-/-
中场		
3	里杰卡尔德	0/4
6	沃特斯	0/4
7	埃尔文·科曼	0/1
8	范恩博柽	0/1
10	古力特	1/4
11	维茨赫格	0/4
14	范斯奇普	0/2
20	温特	0/1
前锋		
9	范巴斯滕	0/4
12	基夫特	1/4
15	罗伊	-/-
17	吉尔豪斯	0/3
19	范洛恩	0/1

第16名 乌拉圭

主教练:塔巴雷斯(乌拉圭)

号码	球员	进球/出场
门将		
1	阿尔韦斯	-5/4
12	爱德华多·佩雷拉	-/-
22	塞奥利	-/-
后卫		
2	古铁雷斯	0/4
3	莱昂	0/4
4	埃雷拉	0/3
6	多明格斯	0/4
13	雷韦莱斯	-/-
14	萨尔达尼亚	0/1
中场		
5	佩尔多莫	0/4
8	奥斯托拉萨	0/3
9	弗朗西斯科利	0/4
10	鲁文·帕斯	0/3
15	卡洛斯·科雷亚	0/1
16	本戈切亚	1/1
20	鲁文·佩雷拉	0/2
21	卡斯特罗	-/-
前锋		
7	阿尔萨门迪	0/3
11	鲁本·索萨	0/4
17	塞尔吉奥·马丁内斯	0/1
18	阿吉莱拉	0/4
19	冯塞卡	1/2

第17名 奥地利

主教练:希克斯贝格(奥地利)

号码	球员	进球/出场
门将		
1	林登贝格尔	-3/3
21	孔塞尔	-/-
22	康拉德	-/-
后卫		
2	艾格纳	0/3
3	佩茨尔	0/3
4	普费弗	0/2
5	舍特尔	0/2
8	阿尔特纳	0/2
16	赖辛格	0/1
18	施特赖特尔	0/3
中场		
6	扎克	0/3
7	鲁斯	0/2
10	林茨迈尔	0/1
11	赫尔特纳格尔	0/2
12	鲍尔	-/-
13	奥格里斯	1/3
17	普费芬博格	-/-
20	赫尔佐格	0/3
前锋		
9	波尔斯特	0/3
14	罗达克斯	1/2
15	凯格莱维茨	-/-
19	格拉茨迈尔	0/1

第18名 苏格兰

主教练:罗克斯博格(苏格兰)

号码	球员	进球/出场
门将		
1	莱顿	-3/3
12	戈拉姆	-/-
22	冈恩	-/-
后卫		
2	麦克利什	0/3
4	高格	0/1
6	马尔帕斯	0/3
11	吉莱斯皮	0/1
15	利文	0/1
17	麦金米	0/2
19	麦克弗森	0/3
中场		
3	艾特肯	0/3
5	麦克斯泰	0/3
8	贝特	0/1
10	麦克劳德	0/2
16	麦考尔	1/3
18	约翰·科林斯	-/-
20	麦卡利斯特	-/-
21	弗莱克	0/2
前锋		
7	莫·约翰斯顿	1/3
9	麦考伊斯特	0/3
13	杜里	0/1
14	麦基纳利	0/1

第19名 埃及

主教练:戈哈里(埃及)

号码	球员	进球/出场
门将		
1	舒拜尔	-2/3
21	塔赫尔	-/-
22	巴塔尔	-/-
后卫		
2	易卜拉欣·哈桑	0/3
3	亚辛	0/3
4	哈尼·拉姆齐	0/3
5	亚坎	0/3
6	卡塞姆	-/-
13	艾哈迈德·拉姆齐	0/2
中场		
8	阿卜德加尼	1/3
10	阿卜德哈米德	0/3
12	阿布扎伊德	0/1
14	马伊霍布	-/-
15	艾德	-/-
16	托尔巴	0/2
18	奥拉比	0/1
20	卡斯	0/3
前锋		
7	优素福	0/3
9	霍萨姆·哈桑	0/3
11	索利曼	0/1
17	肖基	-/-
19	阿卜德尔拉赫曼	0/2

第20名 苏联

主教练:洛巴诺夫斯基(苏联)

号码	球员	进球/出场
门将		
1	达萨耶夫	-2/1
16	恰诺夫	-/-
22	乌瓦罗夫	-2/2
后卫		
2	别索诺夫	0/2
3	希迪亚图林	0/3
4	库兹涅佐夫	0/3
5	杰米亚年科	0/1
13	茨维巴	-/-
17	济曼托维奇	1/2
19	福金	-/-
20	戈尔卢科维奇	0/3
中场		
6	拉茨	0/1
7	阿列尼科夫	0/3
8	利托夫琴科	0/3
9	扎瓦罗夫	1/3
15	亚列姆丘克	0/2
18	沙利莫夫	0/2
21	布罗申	-/-
前锋		
10	普罗塔索夫	1/3
11	多布罗沃尔斯基	1/3
12	博罗久克	0/1
14	柳特	0/1

第21名 瑞典

主教练:努丁(瑞典)

号码	球员	进球/出场
门将		
1	斯文·安德森	-/-
12	拉斯·埃里克森	-/-
22	拉维利	-6/3
后卫		
2	扬·埃里克森	-/-
3	许森	0/2
4	彼得·拉松	0/3
5	罗格·荣	0/1
6	R.尼尔松	0/3
7	尼伦	-/-
8	施瓦茨	0/3
中场		
9	恩奎斯特	0/1
10	英厄松	0/3
11	扬松	-/-
13	林帕尔	0/2
14	J.尼尔松	0/3
15	斯特隆贝里	1/3
16	特恩	0/2
19	洛伦	0/1
前锋		
17	布罗林	1/3
18	埃克斯特伦	1/2
20	马格努松	0/1
21	彼得松	0/3

第22名 韩国

主教练:李会泽(韩国)

号码	球员	进球/出场
门将		
1	金奉杜	-/-
19	郑基东	-/-
21	崔仁荣	-6/3
后卫		
2	朴景勋	0/3
3	崔康熙	0/3
4	尹德如	0/2
5	郑龙焕	0/1
7	卢寿振	0/2
13	郑钟秀	0/2
15	曹敏国	0/1
17	具相范	0/2
中场		
6	李泰昊	0/1
8	丁海元	0/2
10	李相润	-/-
12	李兴实	0/1
14	崔淳镐	0/3
16	金铸城	0/3
20	洪明甫	0/3
22	李永镇	0/1
前锋		
9	皇甫官	1/2
11	边炳柱	0/2
18	黄善洪	0/2

第23名 美国

主教练:甘斯勒(美国)

号码	球员	进球/出场
门将		
1	梅奥拉	-8/3
18	凯勒	-/-
22	瓦诺尔	-/-
后卫		
2	特里茨楚	0/1
3	多伊尔	0/2
4	班克斯	0/2
5	温迪施曼	0/3
15	阿姆斯特朗	0/3
17	巴尔博亚	0/2
中场		
6	哈克斯	0/3
7	塔布·拉莫斯	0/3
8	布利斯	0/1
12	克伦普	-/-
13	埃奇曼	-/-
14	斯托尔梅耶	0/2
19	亨德森	-/-
20	卡利朱里	1/3
21	科翁	-/-
前锋		
9	沙利文	0/2
10	韦尔姆斯	0/3
11	温纳尔达	0/2
16	默里	1/3

第24名 阿联酋

主教练:佩雷拉(巴西)

号码	球员	进球/出场
门将		
1	阿卜杜拉·穆萨	-/-
17	法拉伊	-11/3
22	阿卜杜尔卡迪尔·哈桑	-/-
后卫		
2	哈利尔	0/3
4	穆巴拉克·哈尼姆	-/-
6	阿卜杜拉赫曼	0/3
8	伊斯梅尔	1/2
15	易卜拉欣·梅埃尔	0/3
16	萨利姆	-/-
19	艾萨·梅埃尔	0/3
20	侯赛因	0/2
21	哈达德	0/2
中场		
3	阿里·朱马	1/3
5	苏尔坦	0/2
10	塔利亚尼	0/3
13	哈桑·穆罕默德	0/1
14	纳赛尔	0/3
前锋		
7	法赫德·穆巴拉克	0/1
9	阿卜杜拉齐兹	-/-
11	巴克希特	0/1
12	古洛姆	0/3
18	法哈德	0/1

15

时间:6.17—717

主办国:美国

第十五届世界杯

1994

冠军

巴西

1988年7月4日，是世界足球运动发展具有历史意义的一天，国际足联第一次没有将世界杯的举办权交给欧洲和拉丁美洲的国家。美国这样一个足球发展中国家，在自己的国庆日当天获得了举办权。尽管那里的足球土壤相当贫瘠，甚至还没有一个完善的全国联赛。准备用于世界杯的球场，其实都不是真正的足球场，而是用来举行美式橄榄球比赛。

像NBA一样每场四节？

在足球传统国家，一些评论员认为，让美国举办世界杯简直就是一个笑话，认为国际足联完全是出于商业开发的角度考虑。因为预计美国世界杯的总销售额可以达到10亿美元。但的确，把世界杯带到美国，是当时国际足联主席阿维兰热策略的一部分，为的是占领新的市场。甚至出现这样的传言：国际足联准备改变现有足球比赛的规则，为的是让北美人对足球更感兴趣。新的举措包括增大球门，减少球员

参赛国家

德国	美国
沙特	希腊
阿根廷	意大利
比利时	摩洛哥
保加利亚	墨西哥
玻利维亚	尼日利亚
巴西	挪威
喀麦隆	荷兰
哥伦比亚	罗马尼亚
韩国	俄罗斯
爱尔兰	瑞典
西班牙	瑞士

巴雷西在决赛中死缠罗马里奥。1994年7月17日的美国世界杯决赛虽然众星云集，但双方在120分钟内互交白卷令人失望。

人数以及将比赛像NBA一样分为四节。不过这些千奇百怪的建议可不是美国人所提出的，而是来自总部设在苏黎世的国际足联。

其实美国人也并非真的对足球毫无兴趣。在1984年洛杉矶奥运会上，观看足球比赛的观众人数超过其他项目，32场比赛平均上座观众达到了44426人。在玫瑰碗球场举行的法国和巴西的比赛，现场观众更是达到了101799人，南斯拉夫和意大利争夺第三名的比赛也超过10万人。

美国人喜欢凑热闹，因此不用担心世界杯冷场，组委会对此相当乐观。问题只是世界杯后会怎么样？国际足联要求组委会将收入的一部分，大约2000万美元用于为将来建立美国足球职业联赛做准备。

美国的棒球传统显然要好于足球。在19世纪30年代便已经在纽约、波士顿和费城流行开来。1876年开始有了美国职棒大联盟，棒球得到了美国劳工阶层的欢迎。美国人不喜欢足球，认为这有些娘娘腔，不够美国味。他们更喜欢美国人的足球，即橄榄球。19世纪末之前，足球只在很少的一些城市推广，而且主要都是英国和爱尔兰移民在踢。1884年美国足协（AFA）成立，但是只坚持到了1899年。后来在1906年再度重建。1912年，美国业余足球协会（AAFA）成立，并努力想加入国际足联。然而在国际足联，美国人的利益都是由英国足总秘书长沃尔代表。英国人不想看到美国足协加入国际足联，因此最终选择支持业余足球协会，反正他们无法负责美国职业足球事务。业余足球协会本来想和美国足协合作，但是双方没能达成共识。1913年4月5日，全新的美国足协（USFA）在纽约成立，取代了以前的美国足协。1945年，美国足协更名为USSFA，并在1974年最终定名为USSF。

足球荒漠里的绿洲

1900年之前，美国的欧洲移民主要来自西欧和北欧。在这之后，南欧和东欧也加入了移民大潮。这些对足球非常热衷的欧洲人来到美国后成立了球队和联赛。比如有着德国血统的纽约人就曾在1920年成立“德国美国联赛”。但即便是在欧洲移民当中，喜欢足球

吉祥物 射手

一条迪士尼气息十足的卡通狗，象征着美国足球的青春、活力与娱乐，穿着的红白蓝三色球衣，也是美国国旗上的三种颜色。取名Striker，也显示了美国足球奋起的雄心。Striker的出现，也正式开启了世界杯吉祥物的动物时代。

当时的美国总统克林顿在世界杯开幕式上讲话。这届世界杯让东道主美国获利颇丰。

的也是少数，他们当中大部分人都想成为真正的美国人，因此不愿意继续关注足球。

犹太移民对于足球在美国的传播发挥了重要作用。纳森·阿格尔是美国足球的先驱者之一，他在1904年将足球带到纽约，并在后来参与了USFA的建立。1911年，来自德国的犹太医生古斯·曼宁成为AAFA的首任主席，并在1913年成为USFA首任主席。1948年，曼宁成为国际足联执委中第一个美国人。

在20世纪50年代，美国68%的移民都来自欧洲和加拿大。1980年以后，80%的移民则来自拉美、加勒比海地区和亚洲，这推动了足球在美国进一步开展。20世纪六七十年代，美国人逐渐对于职业足球产生了兴趣，1968年北美足球联赛（NASL）成立。1971年，土耳其后裔兄弟内苏蒂和艾哈迈德成立了纽约宇宙队，和球王贝利签约3年，开出了450万美元的年薪。当然，贝利的任务不仅是踢球，而且还要负责宣传工作。在贝利之后，加林查、贝肯鲍尔、贝斯特和盖德·穆勒等巨星都来到纽约宇宙队，为的是在职业生涯暮年再好好捞一笔。应该说贝利的到来让人们对于北美足球联赛的信心大幅提升，并改变了公众和媒体对美国足球的态度。但是当时美国足球俱乐部都依赖于外籍球星，大部分球员都是从英国俱乐部租借而来。1978年的时候，只有20%的美国联赛球员出生于美国。观众人数暴涨，贝利在宇宙队效力的最后一个赛季，主场的平均上座人数达到了47856人。

但美国足球的好景不长。随着大牌球星纷纷离开，宇宙队观众人数迅速下降，从1981年的8000人，再到1982年的4000人。1984年，北美足球职业联赛由于财政问题停办，最后一个赛季的亏损高达2000万到2500万美元。美国曾经申办过1986年世界杯赛，当时的宣传大使就包括了贝利、贝肯鲍尔以及有犹太血统的前国务卿基辛格。这位在德国菲尔特出生的政治家，曾经在纽约马卡比俱乐部效力过。

比尔·克林顿出动

1994年夏天，世界杯首次来到了这片足球的处女地，取得了巨大的成功。只不过决赛多少让人失望……

1994年世界杯标志着各大洲轮换举行的终结，或者说这种轮换扩大了。到这个时候为止，一个欧洲国家举办世界杯，然后换一个南美国家，然后再是欧洲国家，如此轮换。国际足联选择了美国为主办国，想要让足球变得世界化一点，它会走得更远。因为世界第一经济强国美国依然是足球的处女地，而在美国之外，足球几乎都是第一运动。在美国，没有真正的职业足球联赛，美国国家队也刚刚成型。美国没有足球观众，造星运动留待开始，但这并没有吓倒组织者。恰恰相反，从零开始可以让剧情更具效果，这也算是当地特色吧。1994年世界杯，是米老鼠的世界杯，充满着迪士尼般的气氛。在芝加哥举办的开幕式，非常可爱。美国忘情地投入世界杯，美国队也在其第一次世界杯决赛圈之旅中拼搏。在博拉·米卢蒂诺维奇的带领下，他们有了魔幻的表现。米卢是超能的雇佣兵和救火队员，1991年接管美国队。与他之前的任务相比，3年时间已经很长了，但与宏大目标相比，依然不足。根据世界杯开幕前的调查，共有56%的美国人不打算看比赛。

不过，星条旗国家队打入了1/8决赛。

一颗原子弹！

虽然美国世界杯距离2001年9月11日还早，但当时美国机场的安检等级已经最大化了。一名荷兰记者就领教了其中的厉害。当时他正要随荷兰队去达拉斯，他在机场想开个玩笑。当警察问他行李中有什么时？他随意回答说："一颗原子弹！"结果……FBI介入，飞机推迟起飞5小时。荷兰队主教练艾德沃卡特和球队上下非常气愤，因为这时距离荷兰对阵巴西的1/4决赛只剩下3天了。这位记者立刻被其所属报纸遣送回国。当然还有其他的幽默：当时在美国，O.J.辛普森案件正在审理当中。这位美国前橄榄球球星正因为嫌疑杀妻受审，而瑞典队中，马丁·达赫林被队友们戏称为"OJ"，因为两人的外形非常接近。

他们战平了瑞士（1比1），战胜了哥伦比亚（2比1）。拥有着摇滚范的美国队后卫亚历克西斯·拉拉斯说：“没人相信我们，我们自己的国家也不相信。我们都想做成一些事情。”

这一次的挑战是7月4日，美国国庆日，在旧金山，是世界杯永远的最大热门巴西队。所有的观察家都认为山姆大叔的子孙们会被生吞活剥。但后者们不答应，当地最现实主义的球迷们打出了这样的标语“Beware of the underdogs”（小心弱者）。一个真正的现象似乎可以被触摸了，美国队毕竟在小组赛中2比1击败了本组强队哥伦比亚。ABC电视台改变了原有的转播计划，不再转播意大利的1/8决赛，而转播美国对巴西的比赛。总统比尔·克林顿也出动了。

上半场结束，巴西依然没有进球，甚至还少了一人：莱昂纳多对塔布·拉莫斯肘击犯规被罚下。现场气氛非常美妙。全场84147名观众中，没太多人真正懂球。他们是来看表演的，找乐子，为气氛而激动。直到贝贝托的进

非洲悲痛

1993年4月27日，非洲陷入了悲痛中。一架赞比亚军用飞机在飞往塞内加尔的途中坠入加蓬附近的大海，机上前去参加世界杯预选赛的赞比亚国家队，连同12名工作人员全部遇难。人们除了找寻不幸的原因（因为这是一架军用飞机，它是不是被射落的？），安全问题再度被热议。无疑，这样的不幸在非洲不是仅此一次，是资金短缺的后果之一。非洲国家借贷的世界银行贷款已经让他们感到了巨大的压力，他们必须省着点花钱。正因为如此，赞比亚队没有坐普通民航客机，而是选择了价格更为便宜而又更危险的军机。“很久以来，非洲球员要冒着生命危险乘坐那些二手公共汽车、轿车和飞机。”《非洲足球》杂志描述说，这引发了人们深思。

6月29日，沙特前锋奥维兰在小组赛与比利时的比赛中连过数人破门的进球，成为世界杯历史上的经典。

超现实射手萨连科

1994年6月28日，对阵喀麦隆的比赛中，奥列格·萨连科有了他职业生涯中最好的表现。他一个人抹杀了罗杰·米拉的功绩。米拉在42岁1个月的高龄再次在世界杯上进球，创造了进球者的年长纪录。但俄罗斯射手一人打入5球。这场比赛俄罗斯占据了统治地位，萨连科是有史以来第一个在世界杯决赛圈有如此表演的球员，其5球奇迹被广泛赞扬。在《队报》的打分中，萨连科得到了10分。但不幸的是，萨连科之后不再有同等水平的表现。世界杯后，他转会到瓦伦西亚，无法适应新环境。俄罗斯和喀麦隆在小组赛中双双被淘汰，奥列格·萨连科留给了世界杯不可思议的技术统计：上场201分钟打入6球。而且他曾先后为两支国家队效力过：乌克兰（1992年踢了一场比赛），然后是俄罗斯。

球，才将所有人带回到现实世界。这是一场世界杯比赛，而且是高水平的，但也不能掩盖这支美国队整体能力有限的事实。美国队退出了，任务已经完成。博拉·米卢蒂诺维奇说："我，我很确信美国会动员起来迎接如此规模的赛事。不管是哪种体育，只要是高水平展现，就行得通。"

除去体育，足球在新世界的开拓也是完全的成功。球场很大、现代、爆满、快乐。在观众和演员之间没有任何栅栏。

世界杯的组织很完美，安保达到了最高级别。这届世界杯只有一个缺点，但组织者们也没有办法：1994年的夏天，美国很热，一如既往地热。和全世界任何地方一样，中午的温度比傍晚高很多。为了满足欧洲电视观众的需要，很多比赛被安排在正午进行，天气炎热，现场球迷们也跟着受苦。

赛事的剧情也不会像期望的那样走得太远。小组赛中一度非常高产，但随着比赛的进行，比分也变得逐渐"理性化"起来。因为比赛越来越重要，要求各支球队管理好自己的消耗。最终获胜者就是最好的例子。在第3次夺得冠军24年后，巴西队在1994年7月17日再次登顶。但除去和荷兰队的1/4决赛，巴西队都实践着精打细算的足球，进攻力量主要集中在贝贝托与罗马尼奥的组合身上。有史以来第一次，世界杯决赛以点球决胜告终。巴乔，意大利的灵感源泉，罚失了点球。几分钟之后，巴西队队长、防守型中场、球队大脑邓加捧起了奖杯。这是新巴西队的象征，精打细算，但经常获胜。1994年7月4日，他们击碎了美国人的美梦。

不美丽的桑巴

巴西队第四次成为世界杯冠军，从整个大赛期间的表现来看是当之无愧的。但是和巴西队前三次夺冠不同。这一次尽管胜利了，但是从所展现出的水平来看，远远不如折戟1982年西班牙世界杯的桑巴军团。当时的那支球队拥有济科、法尔考和苏格拉底等艺术大师。1994年的巴西队少了一些进攻的元素，而把更多的精力放在防守上。7场比赛，巴西队有5场比赛都没有丢球，门将塔法雷尔把守的球门只有12次受到对手的真正威胁，一共只丢了3个球。只要对方得球，巴西队就会全队一起参与拼抢。20世纪80年代到90年代初，国

马拉多纳哭泣离场

1978年，马拉多纳没有入选阿根廷国家队；1982年，他表现一般；1986年，他到达巅峰；1990年，他哭泣不已……1994年世界杯，马拉多纳依然在场。为了入选国家队，他做出了巨大的努力，克服了因为服用可卡因停赛15个月、体重超标健康受损等障碍。奇迹似乎要发生了：阿根廷先是4比0战胜了希腊，然后2比1战胜了尼日利亚，阿根廷的巨星在闪烁。

但，第二场比赛结束时，马拉多纳已经面露忧虑。他已经预感到刚刚接受的药检会给他带来大麻烦。很快，谣言四起，迅速成为真实：马拉多纳被查出麻黄碱阳性，这种药物比较温和，低龄儿童有时也可服用，但麻黄碱位列禁药名单上。马拉多纳的体能师费尔南多·西格诺里尼解释说："比赛前一天，马拉多纳感冒了。他就吃药了，一种非处方的感冒药。"马拉多纳的另一位体能师达尼埃尔·塞里尼错误地给马拉多纳开了这种药。

这一消息令阿根廷崩溃。为了消灭丑闻，阿根廷足协决定立即开除其队长。迭戈带着哭腔说："他们砍断了我的腿。"随后，马拉多纳作为电视解说员跟踪了之后的比赛。阿根廷逐渐崩溃了，他们小组赛0比2输给保加利亚，然后1/8决赛中2比3输给哈吉的罗马尼亚，哈吉外号是"喀尔巴阡山的马拉多纳"。

际足坛一直有足球艺术家和反足球艺术的争论，巴西队在1994年的夺冠证明了后者取得胜利，尽管他们本身是来自艺术足球的家乡。克鲁伊夫表示，体能和力量取代了技术和灵巧，而这也是1990年世界杯带来的影响，再一次证明了取得胜利的球队是战术最狡猾，体能最强大的，而不是踢得最漂亮的。看起来，南美和非洲球队都从欧洲人那里学到了不少东西，尽管这从另一个意义上说是扼杀了足球美学。

当巴西队载誉回到国内的时候，一件小事说明了巴西公众对于自己球队的态度。1970年，当贝利和队友们从墨西哥回来的时候，他们所带的礼物都可以免费入关，而这一次球员们从美国携带了重达12吨的高科技电子产品都必须缴税，整个过程花了将近5小时，巴西财政部都不得不介入此事。之后的舆论调查显示，70%的巴西人都支持不要对这伙国脚们有任何特别的优待。

1960年，当意大利尤文图斯俱乐部想要从桑托斯队引进贝利的时候，得到的回复是“国宝不能出口”，而这样的情况也发生了变化。巴西足坛的腐败和国际足坛的商业化，使得越来越多的桑巴球员都来到欧洲大陆淘金。1994年世界杯之后，巴西球员的出国潮愈演愈烈，因为98%的巴西球员在国内的工资还达不到每月90英镑。每年有700名巴西球员离开祖国，他们的目标不仅仅是欧洲富裕国家的高水平联赛，甚至还有一些人去了冰岛、印度和印尼。2000/2001赛季欧洲冠军杯赛场，一共有41名巴西球员，这一数字超过了英格兰球员（40人）。

从水平上看，美国世界杯和4年前的意大利世界杯相比没有什么进步，尽管平均每场比赛的进球数从2.21球增加到了2.71球。甚至有一些激进的批评家认为，这两届世界杯的水平还不如1962年和1982年世界杯赛。不过媒体对于足球水平的话题并不是非常关注，他们讨论的是美国世界杯的组织工作。他们为了得到世界杯转播权，不得不支付了一大笔钱。但同时也正是这些媒体和美国人的共同努力，让这一届世界杯如此丰富多彩。

美国足球重生

美国世界杯全部52场比赛的现场观众人数达到了350万人，这创造了世界杯历史上的新纪录，比意大利世界杯多出了100万人。美国人重新开始讨论足球，并开始有了恢复美国足球联赛的想法。1996年，全新的美国足球职业联赛终于创立，即美国足球大联盟MLS。但欧洲球员这一次只占了很小的比重，俱乐部重用的是中北美洲和南美洲的老将，比如哥伦比亚的“金毛狮王”巴尔德拉马，以及墨西哥球星乌戈·桑切斯。一开始，场均观众人数能达到2万人，这达到了组织者的期望。洛杉矶、纽约和达拉斯这些墨西哥后裔众多的大城市，足球比赛显得更加火爆。仅用了一个赛季，美国足球大联盟在新闻报道中已经占据了非常重要的位置，尽管这和棒球、美式橄榄球和NBA还是不能相比的。

其实从1990年开始，美国踢球的年轻人越来越多。1998年，美国的足球人口已经达到了1700万，无论是男孩还是女孩对于足球的热情都在显著上升，青年队里有800万球员。

误闯白宫

荷兰球迷在橙衣军团与沙特的赛前有了特殊的经历。在等待期间，他们玩起了飞盘游戏。愚蠢的是，飞盘飞进了华盛顿白宫的花园。球迷们不以为然，一个球迷抄近路越过栅栏想取回飞盘，结果白宫高度戒备的安保人员不明就里，对这个球迷盘问了6小时后才释放。

如果说棒球和橄榄球比赛是父亲带着自己的孩子熟悉这项运动的话，那么在足球领域恰恰相反，是孩子们带着父母来到足球场地。尽管美国的足球基础越来越好，但是年轻人还缺少一位真正的偶像，就像篮球场上的迈克尔·乔丹。美国足球唯一的标志性人物是米娅·哈姆，但她只是一名女足球员。美国足协的商业开发显然还不是那么重视女足，尽管他们的球队在1991年和1999年两度赢得女足世界杯。

在美国高校，足球比赛也变得越来越流行，只不过依然赶不上棒球、美式橄榄球和篮球，这些学校还没有参与足球的职业体系里。尽管如此，足球还是可以排在第四项运动。不过值得注意的是，在美国踢球的年轻人当中，超过90%的人都是在本国出生，这意味着那些移民的孩子依然还没有为美国足球的腾飞做出贡献。

保加利亚成为主角

对于法国观众来说，保加利亚队在美国世界杯上的每一次露面都是心酸。这让法国人想起1993年11月17日，那天晚上，法国队只要一场平局就能晋级美国世界杯。但在巴黎王子公园体育场，获胜的是保加利亚。在第90分钟，科斯塔迪诺夫半高球射门，攻破了贝尔纳·拉马的大门。法国队就此缺席美国世界杯，而保加利亚队则像一个小疯子，在那里尽情游戏。

在美国世界杯前，保加利亚队打了17场世界杯比赛，只赢了一场。但在美国，他们连爆冷门，小组赛赢了阿根廷，1/8决赛赢了墨西哥，1/4决赛赢了德国。他们只是在半决赛输给了意大利，因为在纽约，意大利宛如是在主场作战。

在美国世界杯上，科斯塔迪诺夫并没有星光闪烁，而他的锋线搭档斯托伊奇科夫（下图）却在其艺术的顶峰。这位巴塞罗那球员经常被拿来与坎托纳对比，其队友格奥尔基耶夫如此点评："这两人都不可预测，有其疯狂的一面，但多少还是有些区别。坎托纳想得很多，有时想得过多，但斯托伊奇科夫从来不思索。"事实上，在三四名决赛之后，由于斯托伊奇科夫争夺最佳射手的希望落空，他竟然控诉4名队友（科斯塔迪诺夫、伊万诺夫、希拉科夫、米哈伊洛夫）在对瑞典的比赛中阻碍他得分。

世界杯第四名的成绩是保加利亚的历史最好战绩。1998年世界杯，他们小组赛就遭淘汰，之后再也没能打入世界杯的决赛阶段（保加利亚曾在1962年到1974年连续四次参加世界杯正赛）。

7月10日，保加利亚与德国队的1/4决赛，斯托伊奇科夫主罚的这粒直接任意球直入死角，保加利亚人追平了比分，并紧接着再下一城。

录像介入比赛判罚

在意大利和西班牙的1/4决赛中，我们看到了第一个录像判罚：塔索蒂野蛮地肘击恩里克，打断了后者的鼻子（右图）。这一恶性犯规躲过了匈牙利主裁判普尔的判罚，但没有躲过比赛官员。后者通告了意大利边后卫的动作。在录像的帮助下，这位AC米兰边后卫被判罚停赛8场。在上诉未果后，这一判罚被维持。2006年，齐达内的头撞犯规让他受到了停赛3场的处罚。

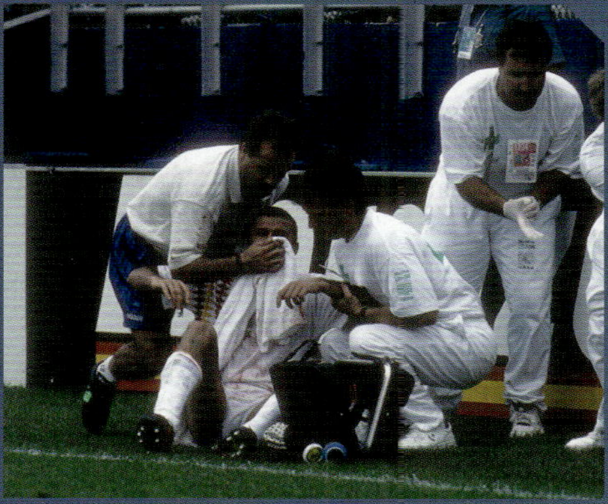

决赛是一场没有输家的比赛。点球大战后，巴西门将塔法雷尔与意大利门将帕柳卡的神情形成鲜明的对比。

决赛

巴西0比0意大利（点球3比2）

1994年7月17日

洛杉矶玫瑰碗体育场

盯着门线上左右摇摆的塔法雷尔，深吸一口气，长距离助跑，脚弓推射！门将已经被晃倒，但皮球却高出横梁整整一米多，飞向看台……疯狂的欢庆声与不时传来的叹息声相交织，队长巴雷西倒在萨基的怀中泣不成声，远处身披巴西国旗的罗马里奥从邓加手中接过金杯高高举起，无数镁光灯交相闪烁，甚至比下午3点灼人的阳光还要强烈……

“剪断巴乔的小辫！”1994年世界杯半决赛前，莱切科夫的挑衅火药味十足。尽管保加利亚人没留下意大利10号的个人标志，但伊万诺夫如影随形的粗野防守却让蓝衫军核心18岁时就曾缝过220针的膝盖伤势加重。萨基的球队每一步前进均系于巴乔一身；而决战的另一方巴西同样有赖头号射手罗马里奥披荆斩棘：新科西甲金靴1/4决赛和半决赛均以关键进球射杀荷兰与瑞典，对于同进5球的两人而言，还有什么比决赛战场作为金球与金靴的诞生地更合适？

然而洛杉矶7月份12点半的酷日却让决赛从第一秒钟就变成了消耗战。炽烈的阳光下，双方均显得无精打采。萨基移植自AC米兰的钢铁防线固然飞鸟难越，以四后卫加双后腰改造巴西的佩雷拉同样祭出铁桶。整个上半时，巴乔近乎人间蒸发，而跃跃欲试的罗马里奥则球运不佳，他于人丛中见缝插针的头球角度太正，帕柳卡候个正着。随后他抹入禁区又在巴雷西和马尔蒂尼的围追堵截下失去重心，勉强射门偏出；意大利队最有威胁的进攻

倒霉的巴乔

这是一届奇怪的世界杯，其中包括巴乔最后痛苦的收场。第一场比赛，意大利0比1输给爱尔兰，巴乔难见踪影。第二场比赛第21分钟，巴乔被主教练萨基替换下场，因为门将帕柳卡被罚下场，得撤下一名球员，换上替补门将。巴乔和萨基之间的互不理解已经到了顶点。赛后，这位尤文图斯的球星说：“在同样的条件下，难道阿根廷队会换下马拉多纳吗？”人们在怀疑这位1993年金球奖得主会就此旁观这届世界杯。在没有巴乔的情况下，意大利1比0战胜了挪威，接下来1比1战平墨西哥的比赛中，巴乔依然透明。

直到1/8决赛对阵尼日利亚比赛的第88分钟，巴乔才从昏昏沉沉的状态中摆脱出来。当时意大利队正以10人作战，这一次是佐拉被罚下了，而且0比1落后。巴乔在18米开外的一脚射门扳平了比分，开始了自己的世界杯。他确保了意大利队晋级，罚中了点球。1/4决赛，他盘带过了西班牙门将苏比萨雷塔，在比赛结束前2分钟打入关键进球。然后在半决赛对保加利亚时打入两球，无比优雅，但他的大腿受伤。决赛中，巴乔没能拯救意大利。他的射门偏离了球门，而且在点球决胜中他也踢高了。巴乔的失败惩罚了意大利，也惩罚了自己。

票贩子多梅内克

秘闻！如今的法国队主教练曾经在美国世界杯期间被警察带走。1994年世界杯本来是雷蒙·多梅内克的最大幸福。当时他是法国青年队的主教练，作为法国代表团的一员前去美国看比赛。他对法国媒体表示，“能有这样的经历，我非常高兴”。但发生一件让人不快的意外事故。那天，多梅内克在体育场外兜售门票，被美国警察抓住。法国足协高层艾斯诺说：“这是惯常的事情，我们派多梅内克去把法国足协手中那些在法国找不到买主的票卖出去。但美国警方不这么认为。未来的法国队主教练在警局待了几小时，卖票所得的500美元被没收。

来源于开场不久马萨罗单刀突入禁区，但米兰老枪似乎在欧冠决赛耗尽了全部的体能与运气，他的抽射稳稳落进塔法雷尔怀中。整个上半时的乏味程度与1982年沉闷的前45分钟如出一辙，就连贵宾席上西装革履、满心期待祖国夺冠的国际足联主席阿维兰热，都对巴西队干瘪的攻势连连摇头。

平均年龄远高于对手的意大利下半时疲态尽显，而巴西队虽然将对手压在半场，却依然无法组织有效攻势。唯有津霍禁区外的大力抽射令正对阳光的帕柳卡判断失误。弹起的皮球飞向意大利1号身后的空门，却鬼使神差地撞上内侧立柱后弹回帕柳卡怀中，天性幽默的国米门神不忘亲吻“帮忙”的门柱，庆幸躲过一劫。更加枯燥的90分钟结束后，世界杯决赛史上首场加时赛已是在所难免。

在场边干掉了足够多的矿泉水与运动饮料后，两队再度披挂上阵。但延长期的主角仍是巴西人：沉寂许久的贝贝托左侧底线无私地回敲门前，再度冒失出击的帕柳卡快速回身，封住罗马里奥的射门角度；而易边之后贝贝托依然忙于为搭档做嫁衣，这次他的传中已经令失去位置的帕柳卡绝望，但后门柱跟进铲射的罗马里奥却败在了同样矮小的对手面前——意大利队场上“海拔”最低的左后卫贝纳里沃及时补防，门线上将射门铲出底线……场边的萨基愤怒地挥舞双手，对帕柳卡的冒失表示不满。全场比赛仅剩5分钟时，碌碌无为的巴乔终于迎来无人盯防的良机，但他禁区

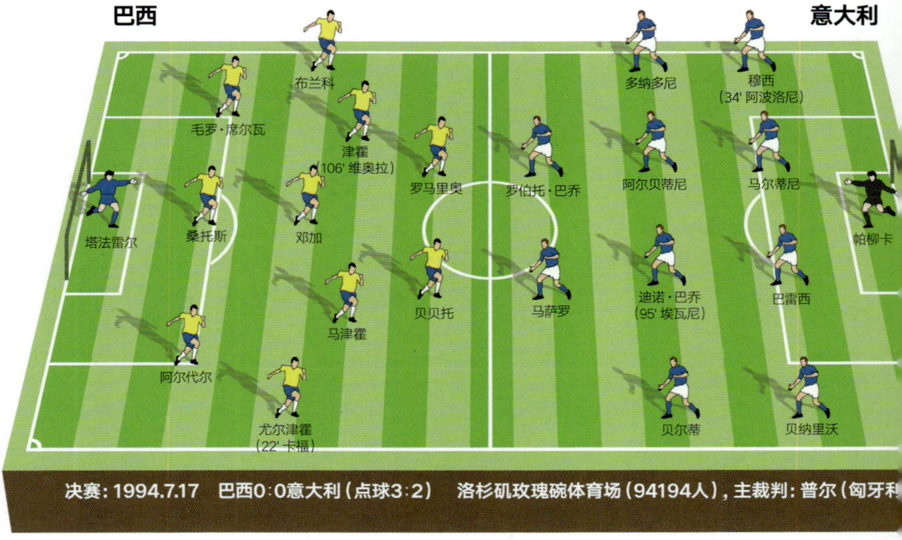

决赛：1994.7.17　巴西0:0意大利（点球3:2）　洛杉矶玫瑰碗体育场（94194人），主裁判：普尔（匈牙利

①巴西队左后卫布兰科（右）与邓加（中）一起，联合防守意大利右路利刃多纳多尼。

②美国世界杯决赛，罗马里奥（中）在意大利队巴雷西（左）和穆西的夹防下，很难威胁对方的球门。

③巴西队长邓加高举金杯庆祝， 一旁的罗纳尔多（右）虽然整届比赛都是看客，但也非常兴奋。

决赛结束后，身披巴西国旗的罗马里奥向天祈祷。

前沿的抽射却被塔法雷尔一托高出横梁。

世界杯决赛史上首场点球大战终于突然而必然地降临：首轮双方各遣卫将登场：巴雷西一脚踢飞，桑托斯的推射则被帕柳卡识破扑出；次轮阿尔贝蒂尼先罚命中，罗马里奥不甘示弱，骗过帕柳卡射入球门顶端；第三轮两位定位球大师秀脚法，埃瓦尼和布兰科均以

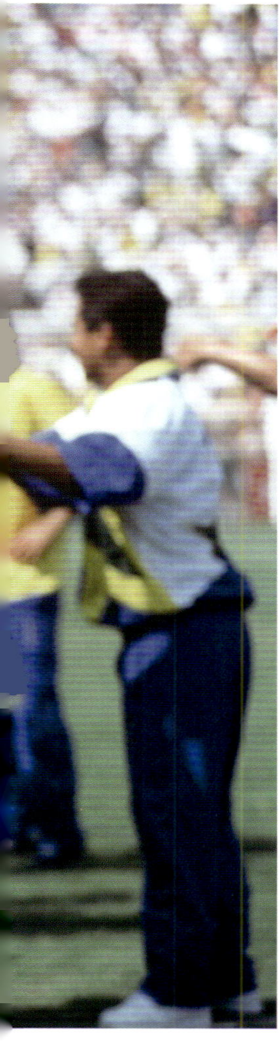

● 广告时段

当时效力勒沃库森的罗马尼亚国脚卢佩斯库对美国电视台很是恼怒："喀麦隆与瑞典的比分是2比2，而我们在电视转播中却只看到了两个进球。ESPN放了很多高尔夫、棒球和沙滩排球的节目，转播足球时，又插播了一大堆广告。经常让人只能看到球过了球门线的画面。这真的很无聊，想看一场完整的比赛是不可能的。"比利时队有着同样的感受，他们筹了180美元，买了一个卫星接收器，用来搜索更会转播足球的频道。

● 新型工具

受伤的球员也会觉得好笑。在美国，一种电瓶车出现在了球场以运送受伤球员到场边治疗。这种车是组委会从高尔夫球场找来的，也让球迷觉得好玩，但却很合适。后来这种电瓶车出现在了很多国际比赛中。

● 赞扬东道主

东道主美国受到了普遍的赞誉。观众人数暴增，球场的氛围浓烈，组织工作很完美。记者拉德尼基不失时机地在《世界足球》杂志上与跳上前台的批评家们清算："一群欧洲足球知识分子，也许他们自己这样认为，把1994年美国世界杯视为透支的足球市场，这里失去了'足球的真实'。这样的评价是欧洲顽固派的典型证明，是在自圆其说。"

● 巨额收益

正如所期待的，美国世界杯的收益颇丰。总收入达到了2.35亿美元（门票8400万美元，电视转播权9100万美元，商业开发6000万美元），总支出为1.355亿美元，盈利差不多接近1亿美元。30%留给了主办方，70%分给了参赛队。不管是小组赛，还是决赛，每支球队每场比赛可以拿到67万美元。罗森博格领导的美国组委会拿到了3000万美元左右，他个人获得了700万美元。

稳准狠的方式维持着平局；第四轮，两位老将的PK终于令胜负天平偏转，倒霉透顶的马萨罗没角度没力量的射门被无情封出，但邓加却不给帕柳卡任何机会，全部的压力，都集于第五个出场的巴乔肩上。

此后发生的一切，已经无须赘述。

"在我参加世界杯前，我的佛教导师曾告诉我，我会遇到很多困难，一切都将在最后一刻被决定。当时，我没有意识到他的预言竟是如此准确。"世界杯结束后，巴乔一度拒谈射失点球的个中原委，几个月后心绪逐渐平复的他才一再强调那次失手纯属意外。然而待到马尾王子年过而立，皈依佛教后性情日渐豁达的他终于在自传《天门》中，谈起了那段苦涩的回忆。

他们是冠军

主教练

佩雷拉 Carlos Alberto Parreira

1943年2月27日生，巴西人

在率领科威特和阿联酋征战了两届世界杯后，1970年世界杯巴西队的体能教练佩雷拉，终于能以主教练的身份带领祖国的球队出征世界杯了。他的球队打法是稳妥的442，缺少变阵以及绝对的天才球员，但这样一支朴实的巴西队终于还是站到了世界足球之巅。世界杯后，他选择去了西甲执教。

门　将

塔法雷尔 Taffarel

1966年5月8日生，雷吉亚纳（意甲）

这名被帕尔马抛弃的门将是球队最不起眼的角色，但他的稳健又格外让人放心。决赛点球大战中扑出马萨罗的点球，成为巴西队夺冠的重要人物。

泽蒂 Zetti

1965年1月10日生，圣保罗（巴西甲）

在20世纪90年代中期一直扮演着塔法雷尔替补的角色，主要是在友谊赛里登场，世界杯没他出场的份儿。

吉尔马尔 Gilmar

1959年1月13日生，弗拉门戈（巴西甲）

在俱乐部领域荣誉无数的老牌门将，球队唯一的“50后”，作为第三门将结束了他的美国行。

后　卫

尤尔津霍 Jorginho

1964年8月17日生，拜仁慕尼黑（德甲）

虽然决赛只踢了20分钟就受伤下场，但这位技术出众的右后卫依然是美国世界杯该位置上的最佳球员。整届比赛贡献两次助攻，包括半决赛对瑞典时的精准传中。

里卡多·罗沙 Ricardo Rocha

1962年9月11日生，达伽马（巴西甲）

本来是巴西队中卫位置的第一人选，但在与俄罗斯队的小组赛首战仅踢了68分钟就因伤下场，而他的替代者阿尔代尔在接下来的比赛中越打越好。

罗纳尔当 Ronaldao

1965年6月19日生，清水鼓动（J联赛）

虽然在世界杯期间度过了自己的29岁生日，但佩雷拉并没有给他哪怕1分钟的出场时间。他的名字罗纳尔当在葡语里是“大罗纳尔多”的意思。

布兰科 Branco

1964年4月4日生，弗卢米嫩塞（巴西甲）

在前4场枯坐板凳的情况下，借着原主力左后卫莱昂纳多停赛4场的机会，在1/4决赛与荷兰一战首发出场。在2比2的僵持局面下，打入一粒35米外的直接任意球，还在决赛的点球大战里罚入球队的第3球。

阿尔代尔 Aldair

1965年11月30日生，罗马（意甲）

世界杯之前的一个赛季有2/3的时间都在养伤，因此一度失去了国家队的主力位置。还好在原主力里卡多·罗沙伤退后，他及时顶替，一场比一场踢得出色。

卡福 Cafu

1970年6月7日生，圣保罗（巴西甲）

世界杯前刚刚度过24岁生日的他早已被明确为右后卫尤尔津霍的第一替补，他也确实在决赛中当尤尔津霍受伤后迅速上位成功。世界杯结束后，他在巴西队的这个位置上把持了十余年。

马西奥·桑托斯 Marcio Santos

1969年9月15日生，波尔多（法甲）

强力的中路屏障，本届比赛的最佳中卫之一，年仅24岁却有着格外老到的表现。虽然他在决赛的点球大战中率先出场，却被帕柳卡扑出了点球，但这并不能抹杀他在巴西队夺冠之路上的贡献。

中　场

毛罗·席尔瓦 Mauro Silva

1968年1月12日生，拉科鲁尼亚（西甲）

这名以体能和铲断著称的后腰打满了球队的7场比赛，是巴西队夺冠最容易被忽视的角色。他33岁告别巴西国家队，直到37岁才在拉科鲁尼亚队退役。

邓加 Dunga

1963年10月31日生，斯图加特（德甲）

如今的巴西国家队主教练是当年这支巴西队的大脑，扮演着攻防转换枢纽的角色，只有1场比赛被提前换下。在决赛的点球大战中，罚进了决定胜负的一球。

津霍 Zinho

1967年6月17日生，帕尔梅拉斯（巴西甲）

是这支巴西队中场防守任务最轻的球员，佩雷拉希望发挥他的盘带和组织优势，但津霍的总体表现让人失望，多场比赛都被换下，媒体认为他的发挥远不如在帕尔梅拉斯队时。

拉易 Rai

1965年5月15日生，巴黎圣日耳曼（法甲）

这位天才的中场核心在这支巴西队里的地位随着比赛的进行而逐渐下滑。到了淘汰赛阶段已经成为球队的第12人。在法甲联赛一年的锤炼反倒令拉易发生了退步，他只在小组赛中罚进一粒点球。

莱昂纳多 Leonardo

1969年9月5日生，圣保罗（巴西甲）

挤掉罗伯托·卡洛斯成功入围国家队，担任主力左后卫。但在1/8决赛中对美国队中场塔布·拉莫斯的肘击让他招致停赛4场的重罚，成为球队夺冠路上的看客。

马津霍 Mazinho

1966年4月8日生，帕尔梅拉斯（巴西甲）

决赛阶段受到了佩雷拉的格外欣赏，顶替了拉易的主力位置。马津霍攻防比较均衡，多在右路活动。虽然没有太强的创造力，但表现并不让人失望。

保罗·塞尔吉奥 Paulo Sergio

1969年6月2日生，勒沃库森（德甲）

佩雷拉带到美国的秘密武器之一，可以出任左边锋和前锋，他一共只在两场比赛中替补出场30分钟。

前 锋

贝贝托 Bebeto

1964年2月16日生，拉科鲁尼亚（西甲）

1992/1993赛季的西甲最佳射手与罗马里奥组成了最佳锋线搭档，本届世界杯打入3球。而妻子在1/4决赛前为他生下第3个儿子，更让其将“摇篮舞”推广到世界杯的舞台上。

罗马里奥 Romario

1966年1月29日生，巴塞罗那（西甲）

预选赛期间被佩雷拉弃之不用的“独狼”，成为巴西队在决赛阶段最有杀伤力的武器。3场小组赛各进1球，1/4决赛和半决赛也有球进账，与贝贝托的配合炉火纯青，获得当年的国际足联世界足球先生也是当之无愧。

穆勒 Muller

1966年1月31日生，圣保罗（巴西甲）

这是他的第3届世界杯之旅，但只获得了10分钟出场机会。显然佩雷拉对这位擅长做球和助攻的二前锋并不感冒。

罗纳尔多 Ronaldo

1976年9月22日生，克鲁塞罗（巴西甲）

17岁的“肥罗”在世界杯前的巴西杯比赛中有着神奇的发挥，被带到美国当观众，也算是对他最好的奖励。

维奥拉 Viola

1969年1月1日生，科林蒂安（巴西甲）

作为圣保罗州联赛的最佳射手而被佩雷拉带到美国，但只在决赛进行到106分钟时才获得替补出场的机会。世界杯后很快就无缘国家队。

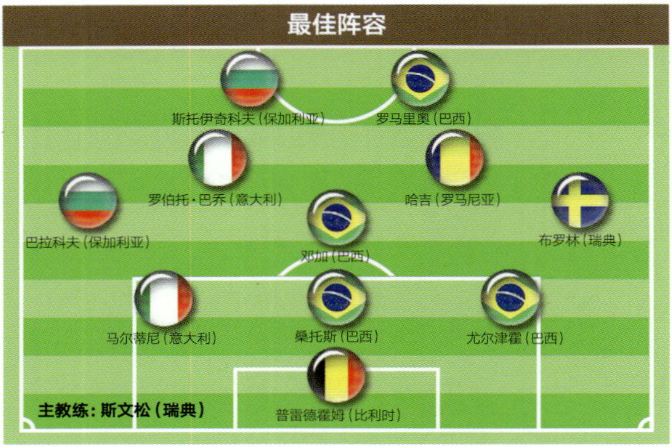

射手榜

	排名	球员（国家）	进球
▲	1	萨连科（俄罗斯）	6
	2	斯托伊奇科夫（保加利亚）	6
	3	罗马里奥（巴西）	5
	3	克林斯曼（德国）	5
	3	罗伯托·巴乔（意大利）	5
	3	肯内特·安德森（瑞典）	5
	7	巴蒂斯图塔（阿根廷）	4
	7	拉杜乔尤（罗马尼亚）	4
	7	达赫林（瑞典）	4
	10	贝贝托（巴西）	3
	10	博格坎普（荷兰）	3
	10	哈吉（罗马尼亚）	3
	10	卡米内罗（西班牙）	3
	10	布罗林（瑞典）	3

★萨连科因为助攻数多于斯托伊奇科夫而列第一

战场

玫瑰碗体育场
Rose Bowl
所在城市:洛杉矶
容量:91794人
本届杯赛承办8场比赛（包括决赛）

庞蒂亚克银顶体育场
Pontiac Silverdome
所在城市:底特律
容量:77557人
本届杯赛承办4场比赛

斯坦福体育场
Stanford Stadium
所在城市:圣弗朗西斯科
容量:80906人
本届杯赛承办6场比赛

巨人体育场
Giants Stadium
所在城市:纽约
容量:75338人
本届杯赛承办7场比赛

军人体育场
Soldier Field
所在城市:芝加哥
容量:63117人
本届杯赛承办5场比赛（包括揭幕战）

柠檬碗体育场
Citrus Bowl
所在城市:奥兰多
容量:61219人
本届杯赛承办5场比赛

棉花碗体育场
Cotton Bowl
所在城市:达拉斯
容量:63998人
本届杯赛承办6场比赛

福克斯堡体育场
Foxboro Stadium
所在城市:波士顿
本届杯赛承办6场比赛

肯尼迪纪念体育场
RFK Stadium
所在城市:华盛顿
本届杯赛承办5场比赛

赛程赛果

注：■为点球大战比分，■为出现加时赛。

A组

1994.6.18	美国1:1瑞士
1994.6.18	罗马尼亚3:1哥伦比亚
1994.6.22	美国2:1哥伦比亚
1994.6.22	瑞士4:1罗马尼亚
1994.6.26	罗马尼亚1:0美国
1994.6.26	哥伦比亚2:0瑞士

B组

1994.6.19	喀麦隆2:2瑞典
1994.6.20	巴西2:0俄罗斯
1994.6.24	巴西3:0喀麦隆
1994.6.24	瑞典3:1俄罗斯
1994.6.28	俄罗斯6:1喀麦隆
1994.6.28	瑞典1:1巴西

C组

1994.6.17	德国1:0玻利维亚
1994.6.17	韩国2:2西班牙
1994.6.21	德国1:1西班牙
1994.6.23	玻利维亚0:0韩国
1994.6.27	西班牙3:1玻利维亚
1994.6.27	德国3:2韩国

日期	球队	比分	点球
1994.7.3	罗马尼亚	3	
	阿根廷	2	
1994.7.3	瑞典	3	
	沙特	1	
1994.7.4	巴西	1	
	美国	0	
1994.7.4	荷兰	2	
	爱尔兰	0	
1994.7.10	瑞典	2	5
	罗马尼亚	2	4
1994.7.9	巴西	3	
	荷兰	2	
1994.7.13	巴西	1	
	瑞典	0	
季军 1994.7.16	瑞典	4	
	保加利亚	0	
决赛 1994.7.17	巴西	0	3
	意大利	0	2
1994.7.13	意大利	2	
	保加利亚	1	
1994.7.10	保加利亚	2	
	德国	1	
1994.7.9	意大利	2	
	西班牙	1	
1974.7.5	保加利亚	1	3
	墨西哥	1	1
1994.7.2	德国	3	
	比利时	2	
1994.7.5	意大利	2（加时）	
	尼日利亚	1（加时）	
1994.7.2	西班牙	3	
	瑞士	0	

D组

1994.6.21	阿根廷4:0希腊
1994.6.21	尼日利亚3:0保加利亚
1994.6.25	阿根廷2:1尼日利亚
1994.6.26	保加利亚4:0希腊
1994.6.30	尼日利亚2:0希腊
1994.6.30	保加利亚2:0阿根廷

E组

1994.6.19	爱尔兰1:0意大利
1994.6.19	挪威1:0墨西哥
1994.6.23	意大利1:0挪威
1994.6.24	墨西哥2:1爱尔兰
1994.6.28	爱尔兰0:0挪威
1994.6.28	意大利1:1墨西哥

F组

1994.6.19	比利时1:0摩洛哥
1994.6.20	荷兰2:1沙特
1994.6.25	比利时1:0荷兰
1994.6.25	沙特2:1摩洛哥
1994.6.29	荷兰2:1摩洛哥
1994.6.29	沙特1:0比利时

第1名 巴西

主教练：佩雷拉（巴西）

号码	球员	进球/出场
门将		
1	塔法雷尔	-3/7
12	泽蒂	-/-
22	吉尔马尔	-/-
后卫		
2	尤尔津霍	0/7
3	里卡多·罗沙	0/1
4	罗纳尔当	-/-
6	布兰科	1/3
13	阿尔代尔	0/7
14	卡福	0/3
15	桑托斯	1/7
中场		
5	毛罗·席尔瓦	0/7
8	邓加	0/7
9	津霍	0/7
10	拉易	1/5
16	莱昂纳多	0/4
17	马津霍	0/6
18	保罗·塞尔吉奥	0/2
前锋		
7	贝贝托	3/7
11	罗马里奥	5/7
19	穆勒	0/1
20	罗纳尔多	-/-
21	维奥拉	0/1

第2名 意大利

主教练：萨基（意大利）

号码	球员	进球/出场
门将		
1	帕柳卡	-2/5
12	马切吉亚尼	-2/3
22	布奇	-/-
后卫		
2	阿波洛尼	0/3
3	贝纳里沃	0/6
4	科斯塔库塔	0/6
5	马尔蒂尼	0/7
6	F.巴雷西	0/3
7	米诺蒂	-/-
8	穆西	0/3
9	塔索蒂	0/2
中场		
11	阿尔贝蒂尼	0/7
13	迪诺·巴乔	2/7
14	贝尔蒂	0/7
15	孔蒂	0/2
16	多纳多尼	0/6
17	埃瓦尼	0/2
前锋		
10	罗伯托·巴乔	5/7
18	卡西拉吉	0/3
19	马萨罗	1/6
20	希格诺里	0/6
21	佐拉	0/1

第3名 瑞典

主教练：托米·斯文森（瑞典）

号码	球员	进球/出场
门将		
1	拉维利	-8/7
12	拉斯·埃里克森	-/-
22	赫德曼	-/-
后卫		
2	R.尼尔森	0/7
3	帕特里克·安德森	0/7
4	比约克伦德	0/6
5	罗格·荣	1/6
13	M.尼尔森	-/-
14	卡马尔克	0/4
15	卢西克	-/-
中场		
6	施瓦茨	0/6
8	英厄松	0/7
9	特恩	0/5
16	林帕尔	0/1
17	雷恩	0/1
18	米尔德	1/5
21	布洛姆奎斯特	0/2
前锋		
7	拉尔森	1/5
10	达赫林	4/5
11	布罗林	3/7
19	肯内特·安德森	5/7
20	埃林马克	0/1

第4名 保加利亚

主教练：佩内夫（保加利亚）

号码	球员	进球/出场
门将		
1	米哈伊洛夫	-11/7
12	尼科洛夫	0/1
后卫		
2	克雷门利耶夫	0/5
3	T.伊万诺夫	0/6
4	茨维塔诺夫	0/6
5	胡布切夫	0/7
15	伊利耶夫	-/-
16	基里亚科夫	0/6
中场		
6	扬科夫	0/6
9	莱切科夫	2/7
11	博里米罗夫	1/4
14	古恩切夫	0/3
17	米塔尔斯基	0/1
19	格奥尔基耶夫	-/-
20	巴拉科夫	0/7
22	安多诺夫	-/-
前锋		
7	科斯塔迪诺夫	0/7
8	斯托伊奇科夫	6/7
10	西拉科夫	1/7
13	约尔丹诺夫	0/5
18	亚历山德罗夫	-/-
21	约托夫	-/-

第5名 德国

主教练：福格茨（德国）

号码	球员	进球/出场
门将		
1	伊尔格纳	-7/5
12	科普克	-/-
22	卡恩	-/-
后卫		
3	布雷默	0/5
4	科勒尔	0/5
5	海尔默	0/3
6	布赫瓦尔德	0/3
14	贝特霍尔德	0/5
中场		
2	施特伦茨	0/3
7	穆勒	0/4
8	哈斯勒	0/5
10	马特乌斯	1/5
15	高迪诺	-/-
16	萨默尔	0/4
17	瓦格纳	0/2
20	埃芬博格	0/3
21	巴斯勒	0/1
前锋		
9	里德尔	1/2
11	昆茨	0/1
13	沃勒尔	2/3
18	克林斯曼	5/5
19	基尔斯滕	-/-

第6名 罗马尼亚

主教练：约尔达内斯库（罗马尼亚）

号码	球员	进球/出场
门将		
1	普鲁内亚	-4/3
12	斯泰莱亚	-5/2
22	普雷达	-/-
后卫		
2	彼得雷斯库	1/5
3	普罗丹	0/5
4	贝洛德迪奇	0/5
6	波佩斯库	0/5
13	塞利梅斯	0/4
14	米哈利	0/4
19	帕普勒	0/2
中场		
5	卢佩斯库	0/5
7	蒙特亚努	0/5
8	基里察	-/-
10	哈吉	3/5
11	杜米特雷斯库	2/5
15	潘杜鲁	0/2
18	加尔卡	0/2
20	斯滕加	-/-
前锋		
9	拉杜乔尤	4/4
16	弗拉多尤	0/1
17	摩尔多万	-/-
21	伊万	-/-

第7名 荷兰

主教练:艾德沃卡特(荷兰)

号码	球员	进球/出场
门将		
1	德胡耶	-6/5
13	范德萨	-/-
22	斯内尔德斯	-/-
后卫		
2	弗兰克·德波尔	0/4
4	科曼	0/5
14	范戈贝尔	0/1
15	布林德	-/-
16	努曼	0/1
18	瓦尔克斯	0/4
21	德沃尔夫	-/-
中场		
3	里杰卡尔德	0/4
5	维茨赫格	0/4
6	沃特斯	0/4
7	奥维马斯	0/5
8	琼克	2/5
9	罗纳德·德波尔	0/3
17	陶门特	1/3
20	温特	1/3
前锋		
10	博格坎普	3/5
11	罗伊	1/5
12	博斯曼	-/-
19	范沃森	0/4

第8名 西班牙

主教练:克莱门特(西班牙)

号码	球员	进球/出场
门将		
1	苏比萨雷塔	-4/4
13	卡尼萨雷斯	-2/1
22	洛佩特古伊	-/-
后卫		
2	费雷尔	0/5
3	奥特罗	0/2
4	卡马拉萨	0/2
5	阿贝拉多	0/5
6	耶罗	1/5
12	塞尔吉	0/5
17	沃罗	0/1
18	阿尔科塔	0/4
20	纳达尔	0/3
中场		
7	戈伊科切亚	2/5
8	格雷罗	0/2
9	瓜迪奥拉	1/2
10	巴克罗	0/4
11	贝吉里斯坦	1/1
15	卡米内罗	3/4
21	路易斯·恩里克	1/4
前锋		
14	华内莱	-/-
16	费利佩	0/2
19	萨利纳斯	1/4

第9名 尼日利亚

主教练:韦斯特霍夫(荷兰)

号码	球员	进球/出场
门将		
1	鲁法伊	-4/4
16	阿古	-/-
22	阿博纳夫巴雷	-/-
后卫		
2	埃瓜温	0/3
3	伊罗哈	0/1
4	凯希	0/1
5	乌切	0/4
6	恩瓦努	0/4
13	埃泽乌戈	0/1
19	埃梅纳洛	0/3
20	奥卡福	-/-
中场		
7	菲尼迪·乔治	1/4
8	奥利哈	0/1
10	奥科查	0/3
11	阿穆尼克	2/4
15	奥利塞赫	0/4
21	阿德波尤	0/4
前锋		
9	耶基尼	1/4
12	夏夏	1/3
14	阿莫卡奇	2/4
17	伊克佩巴	-/-
18	埃科库	-/-

第10名 阿根廷

主教练:巴西莱(阿根廷)

号码	球员	进球/出场
门将		
1	戈耶切亚	-/-
12	伊斯拉斯	-6/4
22	斯科波尼	-/-
后卫		
2	巴斯克斯	-/-
3	查莫特	0/4
4	圣西尼	0/3
6	鲁杰里	0/4
13	卡塞雷斯	0/4
15	博雷利	-/-
16	迪亚斯	0/2
中场		
5	雷东多	0/4
8	巴苏阿尔多	0/1
10	马拉多纳	1/2
14	西蒙尼	0/4
17	奥特加	0/3
18	佩雷斯	-/-
20	L.罗德里格斯	0/1
21	曼库索	0/2
前锋		
7	卡尼吉亚	2/3
9	巴蒂斯图塔	4/4
11	梅迪纳·贝略	0/2
19	巴尔博	1/4

第11名 比利时

主教练:范希姆斯特(比利时)

号码	球员	进球/出场
门将		
1	普雷德霍姆	-4/4
12	德维尔德	-/-
20	韦尔林登	-/-
后卫		
2	梅德韦德	0/2
3	博克尔芒	0/2
4	阿尔贝特	2/3
5	斯米茨	0/4
6	斯泰伦斯	0/4
13	格林	1/3
14	德沃尔夫	0/4
19	范梅尔	-/-
22	雷尼耶	-/-
中场		
7	范德埃尔斯特	0/4
10	希福	0/4
15	埃梅	0/3
16	博芬	0/3
18	威尔莫茨	0/1
21	范德海登	-/-
前锋		
8	尼利斯	0/3
9	德格里斯	1/3
11	切尔尼亚廷斯基	0/1
17	韦伯	0/4

第12名 沙特阿拉伯

主教练:豪尔赫·索拉里(阿根廷)

号码	球员	进球/出场
门将		
1	代亚耶亚	-6/4
21	萨迪克	-/-
22	赫勒瓦赫	-/-
后卫		
2	多萨里	0/2
3	海拉维	0/4
4	祖布罗马维	0/3
5	马达尼	0/4
13	贾瓦德	0/4
15	达沃德	-/-
17	塔伊菲	-/-
18	阿纳齐	0/1
中场		
6	阿明	2/3
8	比希	0/4
14	穆瓦利德	0/4
16	杰布林	0/3
19	萨利赫	0/3
前锋		
7	格舍扬	1/2
9	阿卜杜拉	0/2
10	奥维兰	1/4
11	梅哈尔	-/-
12	贾贝尔	1/2
20	法拉塔	0/3

第13名 墨西哥

主教练:巴龙（墨西哥）

号码	球员	进球/出场
门将		
1	坎波斯	-4/4
12	费尔南德斯	-/-
22	阿德里安·查韦斯	-/-
后卫		
2	苏亚雷斯	0/4
3	胡安·拉米雷斯	0/4
4	安布里斯	0/4
5	赫苏斯·拉米雷斯	0/2
18	何塞·萨尔加多	-/-
21	古铁雷斯	0/2
中场		
6	贝纳尔	1/4
8	加西亚·阿斯佩	1/3
13	胡安·查韦斯	0/1
14	德尔奥尔莫	0/3
15	埃斯皮诺萨	-/-
16	巴尔德斯	0/1
17	加林多	0/2
20	罗德里格斯	0/3
前锋		
7	埃尔莫西略	0/2
9	乌戈·桑切斯	0/1
10	路易斯·加西亚	2/4
11	萨格	0/4
19	萨尔瓦多尔	0/1

第14名 美国

主教练:米卢蒂诺维奇（南斯拉夫）

号码	球员	进球/出场
门将		
1	梅奥拉	-4/4
12	萨默	-/-
18	弗里德尔	-/-
后卫		
2	拉佩尔	-/-
3	伯恩斯	-/-
4	库伊曼	0/1
5	杜利	0/4
17	巴尔博亚	0/4
20	卡利朱里	0/4
21	克拉维罗	0/3
22	拉拉斯	0/4
中场		
6	哈克斯	0/3
7	佩雷斯	0/1
9	塔布·拉莫斯	0/4
13	琼斯	0/4
16	索尔贝尔	0/4
19	雷纳	-/-
前锋		
8	斯图尔特	1/4
10	韦格勒	0/4
11	温纳尔达	1/4
14	克洛帕斯	-/-
15	穆尔	-/-

第15名 瑞士

主教练:霍奇森（英格兰）

号码	球员	进球/出场
门将		
1	帕斯科洛	-7/4
12	斯特凡·莱曼	-/-
22	布伦纳	-/-
后卫		
2	奥蒂格	0/4
3	康坦	0/4
4	埃尔	0/4
5	热日尔	0/4
8	奥雷尔	0/4
13	埃格利	-/-
18	吕埃达	-/-
19	斯蒂德	0/1
中场		
6	布雷吉	2/4
7	苏特	1/3
10	斯福扎	0/4
16	比克尔	0/3
17	富尼耶	-/-
20	西尔韦斯特	0/1
21	怀斯	0/1
前锋		
9	克尼普	1/3
11	查普伊萨特	1/4
14	苏比亚特	0/3
15	格拉西	0/1

第16名 爱尔兰

主教练:杰克·查尔顿（英格兰）

号码	球员	进球/出场
门将		
1	邦纳	-4/4
22	阿兰·凯利	-/-
后卫		
2	丹尼斯·欧文	0/2
3	费兰	0/3
4	莫兰	-/-
5	麦格拉思	0/4
11	斯汤顿	0/4
12	加里·凯利	0/2
13	克纳汉	-/-
14	巴布	0/4
19	麦克洛克林	-/-
中场		
6	罗伊·基恩	0/4
7	汤森	0/4
8	霍顿	1/4
10	谢里登	0/4
17	麦戈德里克	-/-
18	惠兰	0/1
21	麦卡蒂尔	0/4
前锋		
9	阿尔德里奇	1/3
15	科因	0/3
16	卡斯卡里诺	0/1
20	戴维·凯利	0/1

第17名 挪威

主教练:埃吉尔·奥尔森（挪威）

号码	球员	进球/出场
门将		
1	托尔斯特韦德特	-1/3
12	格罗达斯	-/-
13	里塞	-/-
后卫		
2	哈勒	0/2
3	约翰森	0/1
4	布拉特塞特	0/3
5	布约内比	0/3
14	尼尔森	-/-
17	埃根	-/-
18	哈兰德	0/2
20	亨宁·博格	0/3
中场		
7	米克兰德	0/3
8	莱昂哈德森	0/3
10	雷克达尔	1/3
11	雅各布森	0/3
15	洛肯	-/-
19	斯特兰德	-/-
22	博希嫩	0/3
前锋		
6	约斯泰因·弗洛	0/3
9	弗约托夫特	0/2
16	索洛特	0/1
21	鲁什费尔特	0/1

第18名 俄罗斯

主教练:萨德林（俄罗斯）

号码	球员	进球/出场
门将		
1	切尔切索夫	-1/1
16	哈林	-5/2
后卫		
2	库兹涅佐夫	0/2
3	戈尔卢科维奇	0/2
4	加利亚明	0/1
5	尼基福罗夫	0/3
6	特尔纳夫斯基	0/2
12	捷特拉泽	0/1
18	奥诺普科	0/2
21	赫列斯托夫	0/3
中场		
7	皮亚特尼茨基	0/1
8	波波夫	0/1
10	卡尔平	0/3
13	博罗久克	0/2
17	岑姆巴拉	0/2
19	莫斯托沃伊	0/1
20	列季亚霍夫	0/1
前锋		
9	萨连科	6/3
11	别斯查尼奇	0/1
14	科尔内耶夫	0/1
15	拉德琴科	1/3
22	尤兰	0/1

第19名 哥伦比亚

主教练:马图拉纳(哥伦比亚)

号码	球员	进球/出场
门将		
1	奥斯卡·科尔多瓦	-5/3
12	蒙德拉贡	-/-
22	帕索	-/-
后卫		
2	埃斯科巴	0/3
3	门多萨	0/1
4	埃雷拉	0/3
13	奥尔蒂斯	-/-
15	佩雷亚	0/2
18	科尔特斯	-/-
20	威尔逊·佩雷斯	0/3
中场		
5	加维里亚	1/2
6	G.戈麦斯	0/1
8	洛萨诺	1/1
10	巴尔德拉马	0/3
14	阿尔瓦雷斯	0/3
17	塞尔纳	-/-
19	林孔	0/3
前锋		
7	德阿维拉	0/2
9	巴伦西亚诺	0/1
11	巴伦西亚	2/3
16	阿里斯蒂萨瓦尔	-/-
21	阿斯普里拉	0/3

第20名 韩国

主教练:金浩(韩国)

号码	球员	进球/出场
门将		
1	崔仁荣	-5/3
21	朴哲佑	-/-
22	李云在	0/1
后卫		
3	李钟和	-/-
4	金判根	0/3
5	朴正培	0/3
12	崔英一	0/3
13	安益秀	-/-
17	具相范	-/-
20	洪明甫	2/3
中场		
2	郑钟秀	0/1
6	李永镇	0/3
7	申弘基	0/3
8	卢廷润	0/2
14	崔大植	-/-
16	河锡舟	0/2
19	崔文植	-/-
前锋		
9	金铸城	0/3
10	高正云	0/3
11	徐正源	1/3
15	赵真浩	0/1
18	黄善洪	1/3

第21名 玻利维亚

主教练:阿斯卡戈塔(西班牙)

号码	球员	进球/出场
门将		
1	特鲁科	-4/3
12	达里奥·罗哈斯	-/-
19	托里科	-/-
后卫		
2	胡安·佩尼亚	0/1
3	桑迪	0/3
4	林巴	0/3
5	金特罗斯	0/2
13	索鲁科	0/1
15	索里亚	0/3
中场		
6	博尔哈	0/3
8	梅尔加	0/3
10	埃切维里	0/1
14	M.拉莫斯	0/1
17	奥斯卡·桑切斯	-/-
22	巴尔迪维索	0/2
前锋		
7	皮内多	-/-
9	阿尔瓦罗·佩尼亚	0/1
11	莫雷诺	0/2
16	克里斯塔尔多	0/2
18	罗马略	0/3
20	卡斯蒂略	0/1
21	埃尔文·桑切斯	1/3

第22名 喀麦隆

主教练:亨利·米歇尔(法国)

号码	球员	进球/出场
门将		
1	贝尔	-5/2
21	恩科诺	-/-
22	松戈奥	-6/1
后卫		
3	宋	0/2
4	恩迪巴	-/-
5	恩迪普	0/1
13	卡拉	0/3
14	塔陶	0/3
15	阿格博	0/3
中场		
2	卡纳-比耶克	0/1
6	利比	0/3
8	姆博	0/2
11	马博昂	0/2
12	洛加	-/-
17	维维安·福	0/3
18	菲亚拉	-/-
前锋		
7	奥曼-比耶克	1/3
9	米拉	1/2
10	姆费德	0/3
16	查米	0/1
19	恩贝	1/3
20	莫耶梅	0/1

第23名 摩洛哥

主教练:布林达(摩洛哥)

号码	球员	进球/出场
门将		
1	阿兹米	-3/2
12	德哈伊	-/-
22	阿拉维	-2/2
后卫		
2	阿卜杜拉	0/2
3	A.哈德里乌伊	0/3
4	哈利伊	0/2
5	特里基	0/3
6	奈贝特	0/2
11	达乌迪	0/3
13	巴赫贾	0/3
14	马斯巴希	-/-
18	内克鲁兹	0/1
中场		
7	穆斯塔法·哈吉	0/3
8	阿祖齐	0/3
10	M.哈德里乌伊	0/1
15	哈巴比	0/3
20	卡奇卢尔	-/-
21	萨马迪	0/2
前锋		
9	沙乌什	1/2
16	纳德尔	1/1
17	加里西	0/1
19	布伊布德	0/1

第24名 希腊

主教练:帕纳古利亚斯(希腊)

号码	球员	进球/出场
门将		
1	米努	-4/1
15	卡尔卡马尼斯	-2/1
20	阿特马齐季斯	-4/1
后卫		
2	阿波斯托拉基斯	0/2
3	科利齐达基斯	0/1
4	马诺拉斯	0/1
5	卡利察基斯	0/3
13	卡拉伊安尼斯	0/2
18	卡拉塔伊季斯	0/1
中场		
6	察洛希季斯	0/2
8	尼奥普利亚斯	0/3
10	米特罗普洛斯	0/3
11	齐安塔基斯	0/2
12	马兰戈斯	0/2
17	汉齐季斯	0/2
19	科菲季斯	0/3
前锋		
7	萨拉瓦科斯	0/1
9	马赫拉斯	0/3
14	季米特里亚季斯	0/2
16	亚历克索季斯	0/1
21	亚历山德里斯	0/1
22	亚历克西乌	0/1

齐达内再一次昂首踏过巴西人设下的障碍，桑巴军团的天才在齐祖面前似乎永远缺少必胜的信念。

1998—2006

缩影
齐达内

"齐达内是过去10年的大师。他是这个时期的世界最佳球员，没有人能与他比肩。"**——贝利**

2006年7月9日，柏林。

代性的新星，集体组织和团体作战优先于个人的胆量。

艺术家最后的表演本身成了传奇。齐达内于2004年离开法国国家队，2005年回归，以确保法国队打入世界杯决赛圈。齐达内在皇马度过了一个疲劳的赛季。大部分球迷只是在期待一个足球巨星的退役巡回演出，最后却看到了一次新颖的“独唱音乐会”。8年之后，他再次埋葬了巴西，在对葡萄牙的比赛中打入点球，带领法国队第二次打入决赛。在柏林，他以同样的方式开启比赛。在第7分钟，勺子点球将比赛带给人们的惊险、刺激最大化。

决赛那天早上，全世界媒体都表达出自己的兴趣，比如英国《泰晤士报》：“要想知道什么是对一个人最好的总结，看看齐达内的最后一场比赛是世界杯决赛就知道了。”

但这一次，在比赛的第110分钟，风云突

2002年属于罗纳尔多（大图），他的可爱发型为他带来了金杯与金靴。而2002年的齐达内并不是救世主，当他跌跌撞撞倒在丹麦人的禁区里（上图），那简直就是法国队窘相的一个缩影。

变，齐达内的职业生涯结局提前到来。虽然他的双脚奉献了那么多疯狂、有魅力的动作，可他的最后一个足球动作却是一记头槌，就像8年前将他送上王座的头槌一样。但这一次是撞向意大利后卫马特拉齐的胸膛，马特拉齐的脏话激起了齐达内阴暗的一面，让他失去了控制。齐达内被罚下，而且没有回来领取失败者的奖牌。之后，齐达内就自己的行为道歉，但没有原谅挑衅者。这一事件吸引了全世界的注意力，甚至超过了赛事本身。不过，这并没有损害齐达内的形象，也没有熄灭他的光环。齐达内职业生涯一共吃了14张红牌，以这种方式结束也实属自然。这段传奇当年也险些因为红牌禁赛而不会发生。1998年，法国队小组赛对阵沙特，齐达内因踩踏对手被罚下，禁赛两场。如果法国队在1/8决赛负于乌拉圭，齐达内也许就再也回不来了，世界杯的历史也将就此改写。

16

时间:6.10—7.12

主办国:法国

第十六届世界杯

1998

冠军

法国

1974年时，国际足联名下只有一项世界杯赛；而到了1998年，已经有11项赛事，其中包括各级青少年世界杯赛和女足世界杯赛。1974年的世界杯决赛阶段仅有16个国家参加，其中非洲以及亚洲（包括大洋洲）一共只有两个名额；而到了1998年，参赛球队数量已经翻倍到32支，其中28%的球队都来自水平最高的欧洲和拉丁美洲之外。24年间，带来这些变化的人，叫做阿维兰热。

领袖的变革

在法国第二次举办世界杯之前，国际足联的阿维兰热时代已经走到了尽头。巴西老人终于告别了曾经把持24年的国际足联主席位置，在这24年里，

7月13日，香榭丽舍大街人满为患，海量球迷拥护着国家英雄们奔向凯旋门。这是蓝色的胜利，浪漫的胜利，整个法国的胜利！

参赛国家

南非	西班牙
德国	美国
英格兰	法国
沙特	伊朗
阿根廷	意大利
奥地利	牙买加
比利时	日本
巴西	摩洛哥
保加利亚	墨西哥
喀麦隆	尼日利亚
智利	挪威
哥伦比亚	巴拉圭
韩国	荷兰
克罗地亚	罗马尼亚
丹麦	突尼斯
苏格兰	南斯拉夫

足球世界发生了巨大的变革，最显著的变化便是世界足坛每年的销售额已经高达2500亿美元。阿维兰热上任之初，国际足联只有不到100个会员；然而到了世纪之交的时候，会员数已经增加到203个，甚至超过了联合国会员数，这意味着新的国家成立后，首先要想办法加入国际足联，这也成为了一个国家或地区得到国际社会承认的标志。

1930年到1990年期间，世界杯都是在欧洲或拉丁美洲举行的，其中8次在欧洲，4次在南美洲，还有2次在中美洲。1994年，世界杯第一次在不属于欧洲和拉丁美洲的美国举办，1996年的时候又确定了2002年世界杯将在日

●“只有一支球队在塔林”

欧洲区预选赛第4小组爱沙尼亚对苏格兰的比赛，原本被安排在当地时间1996年10月9日18时45分进行，地点是塔林科德里奥格球场。但因为球场灯光无法达到最佳，国际足联在10月9日上午将比赛时间更改为下午15点开球。这让东道主球队非常不爽，因为他们当时在距离比赛地100公里以外的训练营，不想太早离开午餐餐桌。结果，只有苏格兰队和裁判团队在15点出现在了场地中，700名现场球迷高唱：“只有一支球队在塔林。”国际足联原本判定这场比赛为苏格兰获胜，但在爱沙尼亚人上诉后，又改判重赛，双方后来在摩纳哥0比0战平。

● 2500

加勒比地区的多米尼加共和国与阿鲁巴的比赛原本不值一提，可是在1996年3月24日进行的这场中北美及加勒比地区预选赛，是世界杯历史上第2500场预选赛！东道主多米尼加也获得了他们参赛史上第一场预选赛胜利。

● 高原风

多年以来，人们对玻利维亚海拔3580米的足球堡垒拉巴斯心有余悸，从平原到这里来的球员，往往会呼吸困难。1995年12月，国际足联要求南美足联规定比赛只能安排在海拔2500米以下的城市，除了拉巴斯，海拔2640米的哥伦比亚首都圣菲波哥大、海拔2800米的厄瓜多尔首都基多都在“禁令”之内。不过玻利维亚并没有放弃，1996年5月，他们的顽强抗争换回了自己的权利，而当时南美洲预选赛正好开始。

吉祥物　福蒂克斯

身披法国队蓝色外衣、手持三色球的福蒂克斯（Footix），是一只勇敢好斗、活泼可爱的小公鸡。公鸡是法国人最钟爱的动物，代表了法国人的性格和精神；而福蒂克斯这个名字可以拆分成“Foot”和“ix”，前面代表足球，后面则是法国最著名的漫画角色——阿斯特里克斯的名字后缀。幽默浪漫的法国人，将福蒂克斯塑造成了世界杯历史上一个经典的吉祥物形象。

本和韩国举行，2006年世界杯的申办国家，甚至出现了来自非洲的南非。在阿维兰热时代，世界杯成了一项全球性的活动。

从政治意义上说，阿维兰热也是胜利者。通过足球，中国打破了政治和经济的孤立，加入到了世界杯大家庭中；韩国和日本共同主办世界杯，有利于两个国家达成和解；国际足联一度还想在美国纽约，组织一场以色列国家队和巴勒斯坦代表队的比赛。阿维兰热希望向世界证明，在政治力量所不及的领域，足球能够奏效。1998年，巴勒斯坦终于加入国际足联，尽管它当时还不是一个真正的国家。

新的国际足联主席是瑞士人布拉特，他从1981年开始担任国际足联秘书长，深受阿维兰热信任。当初因为得到了阿迪达斯总裁达斯勒的推荐，布拉特击败了欧足联主席约翰松当选，111票对80票胜出。布拉特当选后，认为自己是世界上“最大国家的总理”，于是很快就流传出一个关于他的笑话：布拉特和上帝的区别何在？上帝从不会觉得自己是布拉特。

同时也有消息说，布拉特是靠贿选上台，每张选票花了5万美元。对此布拉特坚决予以驳斥，并否认自己希望“援助”经济困难足协的打算。

时任欧足联主席约翰松原本表示，自己如果当选国际足联主席，会推进这一机构的民主化进程；但最终布拉特当选，意味着阿维兰热的政策得到了延续，即扩张主义和任人唯亲的结合。很多第三世界国家代表认为，约翰松代表的是欧洲中央主义，原因是约翰松竞选之前接受瑞典《晚报》采访，在谈到参加一次约翰内斯堡会议时居然表示：“会议室里到处都是黑人，那么多黑人在一起，看起来很昏暗，而且他们发脾气的样子一点都不有趣。”这一席话，被认为是约翰松具有种族歧视情绪的代表。

● 危地马拉城惨剧

1996年11月24日，世界足球史上黑暗的一天，它给人们带来的悲痛可与1989年的希尔斯堡惨案相提并论。一幕看台惨剧发生在危地马拉首都危地马拉城，危地马拉对阵哥斯达黎加的比赛前，能容纳45800名观众的弗洛雷斯球场已经涌入了60000人，而且还有球迷不断往场内挤。就像1989年在英格兰一样，人挤人，人踩人。这起事故最终导致81人死亡，154人受伤。事后查明，当时大多数人持假票入场，造成入场人数大大超过了球场容量。

● 装满钱的箱子

1997年11月，主场2比2被牙买加逼平后，萨尔瓦多足协公开质疑牙买加队，指责他们的足协主席赫拉斯·布雷尔赛前拎了一个装满钞票的箱子来到萨尔瓦多。可被指控者说，那是“用来给球迷买票的”，单方面否定了“行贿论”。

新军涌入

1998年法国世界杯参赛球队达到32支，是有史以来规模最大的。172个国家和地区报名参加，光是预选赛就踢了643场。相比之下，1938年只有21场，1954年和1966年分别只有56场和127场。32强之中，15支来自欧洲，5支来自南美，所占比重下降到了62.5%，这也是1950年世界杯以来第一次，欧洲球队还不到所有参赛球队的一半。要知道，与最后一届24支球队参加的美国世界杯相比，欧洲球队的数量已经从13支增加到15支。非洲和亚洲球队的数量，则从1994年的5支猛增到9支。世界杯逐渐成为了世界性事件，不仅仅是因为参赛球队，也因为经济利益。

毫无疑问，国际足联的经济核心还是在欧洲，尽管欧洲成员只占国际足联会员的

夺冠之夜，总统希拉克、世界杯组委会主席普拉蒂尼与总理若斯潘（中排从左至右）走进更衣室，与法国队球员和教练组一同狂欢。足球与政治，在这一刻完美融为一体。

25%，但是国际足联80%的收入来自欧洲。参加法国世界杯的704名球员当中，有436名球员在欧洲踢球，比重占到了62%。其中大部分又分布在英超、意甲、西甲和德甲等主流联赛。32支球队只有英格兰、西班牙、日本、墨西哥和沙特的球员全部来自本国联赛，尼日利亚则是22名国脚都在国外踢球。南美洲的110名球员有41人在南美以外效力，其中83%都在欧洲联赛效力。非洲则是74人的俱乐部，96%都在欧洲。90年代中期，保守估计，非洲球员在欧洲各国前两级联赛效力的人数超过了350人，20世纪末则增加到了770人。

世界杯扩军，也使得大部分强队都能顺利出线，不过1998年世界杯，还是有俄罗斯、瑞典、捷克以及匈牙利这些欧洲老牌劲旅无缘决赛圈。德国队则是心惊胆颤地出线，末轮面对阿尔巴尼亚以4比3险胜，当时如果输掉这场比赛，德国就会被淘汰。由于德国队在1996年欧洲杯上夺冠有很大偶然性，因此他

激情四射的瑞奇·马丁（左图，世界杯主题曲演唱者），美艳绝伦的时装模特（下图），1998年世界杯首次将流行、时尚与足球结合在一起，并取得了意想不到的突出效果。

们并没有被视为1998世界杯夺冠热门。

南美洲参赛球队除了卫冕冠军巴西，还有阿根廷、巴拉圭、哥伦比亚和智利，老牌劲旅乌拉圭再度缺席。中北美和加勒比地区三支球队除了常客墨西哥和美国，这一次出人意料地加入了牙买加——他们有一些在英超效力的球员，比如德比郡的伯顿。非洲的代表是喀麦隆、摩洛哥、突尼斯、尼日利亚和南非，其中只有1996年在本土捧起非洲杯的南非算是新军，摩洛哥和喀麦隆，已经是第四次参赛。

亚洲球队里，日本队是第一次参赛，伊朗则是1978年之后重返世界杯舞台。当伊朗队出人意料地在附加赛淘汰澳大利亚、载誉回国的时候，首都德黑兰的球场甚至涌进了数千名妇女。要知道，此前伊朗要求女人只能在家里看电视。

移民催生冠军

1998世界杯开始前，巴西、荷兰和东道主法国都被视为夺冠热门，不过法国媒体对于自己的球队不抱太大希望，毕竟法国队是1986年后第一次参加世界杯，而且还是直接晋级。法国球星都在国外踢球，很少有人对本国联赛感兴趣。世界杯之前，法甲通常一场比赛的上座人数不过1.7万人，因此在法国获得世界杯举办权后，还有一些国外媒体认为，法国糟糕的足球文化并不适合举办这样一届足球盛会。

法甲当时仅有两支豪门，马赛和巴黎圣日耳曼。前者在1993年赢得欧洲冠军杯，可

悲剧开场

6月13日，整个法国陷入到了悲痛之中。把世界杯承办权争取到法国，并竭尽全力参与筹备工作的费尔南多·萨斯特尔先生因癌症去世。比赛虽然还要正常进行，但悲痛气氛一直笼罩在球场上空。1962年世界杯也曾遇到过这样的事情，当时的世界杯组委会主席卡洛斯·迪特伯恩在赛事开始前不久离开了人世。

齐达内，这个阿尔及利亚人的儿子，在1998年夏天成为了整个法国的偶像。夺冠以后，法国民众对国家队的移民球员也渐渐学会了包容。

电子数字牌

1962年，世界杯历史上首度引进了数字牌，在换人时，第四官员会举起标有球员号码的牌子。到了1998年，这项技术又有了新的进步，真正实现了电子控制。此外，补时时间也会通过这个牌子展示，让人一目了然。

短传流行

1998法国世界杯，“短传战术”复苏。很多球队会安排两个攻击型前卫和两个前锋，这使得战术推进更为灵活。荷兰队是所有球队中传球多样化方面做得最好的，法国队的配合也令人叫绝。国际足联对此很满意，认为球员的身体素质有了提高，支撑起了战术的进步；外界也一致认定，这是技术水平最高的一届世界杯。

后来因为假球案发，不得不遭受降级处罚；后者则是1970年才成立，目标是借助首都影响力成为一支强队，但他们在1991年通过巴黎市政府以及欧洲历史最悠久的收费电视台Canal Plus共同挽救，才避免破产。巴黎圣日耳曼俱乐部的成立，是商业在足球圈中影响力逐渐增加的证明。1993年到1997年之间，巴黎圣日耳曼5次打入欧洲俱乐部赛事半决赛，并在1996年获得优胜者杯冠军；球队的胸前赞助商和拜仁、AC米兰一样，都是欧宝。但法甲市场开发毕竟与西班牙、英格兰、意大利以及德国无法相比，巴黎圣日耳曼在1996年的预算只能排在欧洲俱乐部第22位，甚至无力吸引本国球星齐达内、卡雷姆布和维埃拉等人加盟。

主帅雅凯在1993年接替霍利尔执教法国队，并引发了一系列争议。1996年欧洲杯，法国队半决赛点球大战不敌捷克；1997年四国

比赛，不是战争

由于美国和伊朗的政治关系在当时非常紧张，一场世界杯小组赛也被赋予了特殊的意味。6月21日在里昂，美国球员和伊朗球员将比赛变成了一场和平的聚会，双方互相献花，并且勾肩搭背地拍摄了赛前合影。最终的结果是伊朗人“爆冷”2比1获胜，埃斯蒂利进球后的表情也让人想起了1982年的塔尔德利。波斯人开始觉得自己有希望出线，但小组赛最后一场0比2输给德国后，希望破灭了。

球风开放、场面精彩的1998世界杯，为国际足球历史留下了不少经典瞬间。1/4决赛中荷兰前锋博格坎普对阿根廷的进球技惊四座（左图），墨西哥前锋布兰科经常使用的“蛙跳过人”则是妙趣横生（下图）。

● **红色星期四**

新当选的国际足联主席布拉特上任没几天，就听到了外界对裁判的严厉批评，瑞士人马上表示："裁判的任务不是判定人们如何诠释犯规！如果有人从背后铲人，那么就必须被出示红牌！"而在几个小时前，国际足联裁判委员会主席大卫·威尔刚刚对本届世界杯裁判的表现给予了表扬。在竞选国际足联主席时，威尔被视为约翰松阵营的一员，他成为"后院起火的牺牲品"（德国《每日镜报》）。布拉特发表意见后那个比赛日（6月18日），裁判频繁出示红牌，C组两场比赛共有5名球员被罚出场（包括齐达内），那天成了名副其实的"红色星期四"。

● **"现象"罗纳尔多**

罗纳尔多没有被揠苗助长。1994年，他还是一个替补；1998年，一副娃娃脸的他成了巨星，得到了人们的青睐。一时间，全世界球迷都疯狂地喜欢他。一本巴西杂志曾预言，法国世界杯后，罗纳尔多就会走下坡路。但这并没有应验。

● **全世界都在"看"**

与1994年相比，世界杯决赛圈总比赛场数从52场增加到了64场，但现场观众人数下跌了50万以上。法国人只卖出了所有球票中的95%，导致这一结果的直接原因，就是他们的球场比美国的"橄榄球场"小。更具参考性的数据应该是电视观众人数：全球有490亿人次观看了法国世界杯，比1994年增长8倍，这当然也为国际足联带来了创纪录的收益——1996年，国际足联以18亿马克的价格，放弃了之前的合作商ISL，将电视转播权卖给了德国的基尔希集团。

邀请赛也表现不佳，雅凯承受着无数指责。法国足球受乌拉圭足球影响很深，1924年巴黎奥运会，法国队半决赛1比5惨败于后来的冠军乌拉圭；随后乌拉圭在1928年奥运会和1930年世界杯的胜利，赢得了法国人对于他们的赞美。无论是1958年率领法国队参加世界杯的教练巴托克斯，还是1984年本土欧洲杯主帅伊达尔戈，都特别崇尚乌拉圭人的攻势足球，讲究个人能力。上世纪70年代法国队主帅布伦倒是持不同观点，他强调的是纪律严明的整体足球，可惜他在1970年和1974年都没能带队晋级世界杯。

雅凯的球队吸收了两种足球风格的精髓：一方面要踢出美丽的"香槟足球"，另一方面又坚决不给不守纪律的"巨星"吉诺拉、坎托纳机会。面对媒体有关浪漫足球的呼声，雅凯根本不为所动。同时法国极右势力还喊出了要将齐达内、德约卡夫、利扎拉祖、佩德罗斯、安格洛马、卡雷姆布以及拉马等"外国人"清洗出球队的口号，他们认为，这些人获得法国国籍只是为了出现在国际大赛赛场。

对于法国队来说，这并非新生问题。上世纪50年代也有包括科帕在内的一批移民后代进入法国国家队，但他们普遍不是来自法属殖民地，而是具有波兰或者意大利血统。当时法国足球还没有进入职业化，本土球员普遍来自中产阶层。但必须承认，不同文化、不同种族球员的加入，让法国社会进入了一个新阶段，也让法国队进入了一个新时代。

1998年出现在世界杯赛场的法国队，确实是历史上最复杂的一支，拉马出生于圭亚那，安格洛马是瓜德罗普人，卡雷姆布是新喀里多尼亚人，德塞利是加纳人，维埃拉是塞内加尔人，图拉姆出生于法国，但母亲来自瓜德罗普，齐达内父母都是阿尔及利亚人，德约卡夫的母亲来自亚美尼亚，博格西昂也有亚美尼亚血统，巴特斯的祖母是西班牙人，利扎拉祖有西班牙巴斯克血统，亨利和迪奥梅德的父母都来自瓜德罗普，皮雷身上流着葡萄牙的血液，特雷泽盖的父亲则是阿根廷人……

但正是靠着这些"外国人"，法国队走上了巅峰。齐达内在决赛中打进两球后，法国街头很多人都挥舞着阿尔及利亚国旗，高呼"应该让齐达内当总统"。齐达内与足球，成为了多种族相互融合的新法国最好的标志。齐达内曾说过："我知道，如果没有足球场上的成功，我的生命可能非常糟糕。因此我享受每一天，享受每一场比赛。"

商战与关注度

法国世界杯期间，虽然爆出了德国足球

可怜的尼维尔

在公元纪年第三个“千年”即将到来的时候，足球自认为已经快要摆脱足球流氓的困扰了。但1998年世界杯证明，一切还没有那么简单——法国宪兵达尼埃尔·尼维尔（小图），成了可以让世界杯历史铭记的悲剧人物。6月21日，德国对南斯拉夫的比赛期间，尼维尔在朗斯体育场外遭到德国足球流氓群殴（上图），虽然没有生命危险，但大脑受到严重冲击的他从此失去了工作能力。后来克罗地亚队主教练布拉泽维奇每场比赛之前都要头戴宪兵帽 就是为了向尼维尔表示慰问（左图）。

而尼维尔遇袭3天之前，在马赛，英国足球流氓挑起事端，并和当地年轻人发生斗殴。据统计，法国世界杯期间，被逮捕的人员中共有165人被送上刑事程序。2001年5月22日，认罪袭击了宪兵尼维尔的马库斯·瓦内克，被判处5年监禁。

流氓闹事的丑闻，但本届赛事还是体现出了一个趋势：足球正逐渐成为一次家庭聚会，而不再是相互敌对。由此球票问题逐渐反映出来：64场比赛一共的门票数是264.8万张，但需求量高达3000万张。发给赞助商的赠票（每个赞助商2万张）和非法倒卖，使得真正用于出售的球票数缩水不少。公众只能去争夺110万张球票，那仅仅是总量的41.5%。

法国和巴西的决赛，现场7.2万名观众有2万人根本没有花钱买票。法国门将巴特斯对此怒斥道："这是一届属于VIP的世界杯！"法国队长德尚也批评说，人们来到球场就像欣赏戏剧。"当我走进球场时，发现看台上都是穿着黑色西服的人，我怀疑他们是来参加葬礼的。"德国金色轰炸机克林斯曼同样感觉到，足球逐渐和过去的网球一样，成为一项贵族运动，失去了其本来面貌——"一切都是把商业开发放在第一位"。

贝克汉姆诅咒与英格兰悲剧

1998年6月30日，贝克汉姆离开球场时低着头，眼睛发红……曼联中场还不知道这个被诅咒的夜晚，为他接下来的世界杯生涯定下了基调。英格兰球迷永远不会原谅这位年仅23岁的新星，他让本队长时间只能以10人对战阿根廷，并输掉了比赛。原本英格兰主教练霍德尔最担心的，只是"辣妹"的男友比赛中可能走神——小贝的时尚形象和俊秀脸庞让他倾国倾城，喜欢他的球迷太多了。

1998年的圣艾蒂安对英格兰人来说，有点类似1982年的塞维利亚之于法国人。一场史诗般的比赛，融合了足球激情的种种要素：18岁的欧文爆发、23岁的贝克汉姆被罚下、75分钟的团体抵抗、点球大战的轮盘赌。这场阿根廷与英格兰的1/8决赛，堪称本届世界杯最紧凑的比赛。开场仅9分钟两队就各有一个点球，半场结束前狡黠的阿根廷人还完成了世界杯历史上最经典的一次任意球配合——巴蒂跑动，贝隆直塞球给萨内蒂，国际米兰后卫左脚抽射挂网！当然，我们也不能忘记本届世界杯上最精彩的个人进球，进球者是迈克尔·欧文。这个天才前锋睿智、灵敏，无法捕捉，他以中学生的外型制造了一次最猛烈的轰炸：过掉查莫特、趟过阿亚拉，打垮阿根廷门将罗阿……一气呵成！可惜下半场刚开始，贝克汉姆愚蠢地踢倒西蒙尼被红牌罚下，决定了比赛的走向……无情的厮杀后，点球大战，胜利者名叫罗阿。

本届世界杯，韩国中场河锡舟是第二个被红牌罚下的球员（对阵墨西哥），他也成了国际足联严肃纪律之后，第一个在大赛上因为背后侵犯对手而被直接驱逐出场的倒霉蛋。

在这样的背景下，本届世界杯的总销售额创造了新的纪录，电视转播费用高达5400万英镑，门票销售和商业开发总计进账2.36亿英镑，全世界范围内的商业开发，更是达到了7.5亿英镑。现场观众总人数达到2987668人，比4年前多出了50多万人。抛开比赛场次增多的因素，这样的增幅依然非常可观。事实证明，世界杯扩军让社会公众对比赛的关注得到了提升，小组赛的时候，各小组现场观众人数相差无几，几乎没有一场比赛让人觉得提不起兴趣——法国世界杯从揭幕战到最后的决赛，一直非常引人关注。

据统计，世界上有5.7亿人做到了"每个人至少6次通过电视关注有关法国世界杯的报道"，这样的数字相当于1996年亚特兰大奥运会期间的两倍。巴西对苏格兰的揭幕战转播，收看人数达到了17亿，最终法国和巴西的决赛电视观众更是高达22亿。在亚洲的孟加拉，因为1998世界杯期间用电量猛增而导致了停电，并引发了暴动，政府不得不出动3万名警察维持秩序。

当然，不同地区对于世界杯的关注也不尽相同，最关注的要数欧洲和南美洲，北美洲、澳大利亚、亚洲以及非洲要逊色不少。一些穷困地区，电视机数量不足或者缺少卫星转播，成为重要问题。而在日本这样发达的工业化国家，人们对于世界杯的兴趣和关注度也不够。

国际足联猛然意识到，世界杯发展，是时候向亚洲扩张了！

“Sukerman”

世界杯第3名的成绩对他们来说，很像一个错误的惊喜。克罗地亚，这个在1991年宣布独立的国家，让他们的第一次世界杯决赛圈之旅充满神奇。不可否认，他们是当时欧洲最技术流的一支球队，他们有一群30岁上下的经验球员，比如博班、苏克尔（左图）、普罗辛内茨基、贾尔尼、比利奇……这伙人在1987年曾代表南斯拉夫赢得世青赛冠军。后来南斯拉夫爆发内战，天才们被分开，伤口也需要慢慢愈合。闪耀的达沃·苏克尔一举成为世界杯金靴，并创造了4场淘汰赛均有进球的佳绩，克罗地亚球迷心中从此有了又一个“超人”！法国世界杯结束后，后卫斯蒂马奇说：“我们的成绩比南斯拉夫好（1/8决赛被淘汰），这让人很开心。”

突然死亡

这是本届世界杯的一个创新：如果常规90分钟时间双方打平，加时赛中先进球的一方就是最后的胜利者，“突然死亡”。其实金球决胜制在1996年欧洲杯上已经投入实践，德国队也借此在决赛中2比1击败捷克，比埃霍夫成了第一个凭借“金球”闪耀大赛的球员。

布兰克是世界杯历史上第一粒金球的制造者，他也完成了1998年世界杯上唯一一粒金球，具体是在法国和巴拉圭的1/8决赛第113分钟。皮雷传中，特雷泽盖头球摆渡到布兰克脚下，法国中卫轻松击败奇拉维特推射入网。布兰克事后回忆说：“当时我决定压上，因为我非常希望打进一个我曾经屡次批判的金球。”因为广泛受到球员和教练的反对，金球决胜制在2004年被废除。于是世界杯历史上，只有1998年和2002年见证了这一制度。共有4场比赛以“金球”结束，进球者除了布兰克，还有2002年的亨利·卡马拉（1/8决赛，塞内加尔2比1瑞典）、安贞焕（1/8决赛，韩国2比1意大利）和伊尔汗（1/4决赛，土耳其1比0塞内加尔）。

荷兰中卫弗兰克·德波尔入选了最终的赛事全明星阵容，但他的出色发挥，终究还是无法挽回荷兰队点球决战输给巴西队的噩运。

科库的预言

荷兰人是本届世界杯上最不幸的英雄，哪怕是在毫无意义的季军争夺战中，他们也输给了克罗地亚。希丁克的弟子们一个月来表现得很不错，他们的团队足球极具说服力，三条线都有精彩的个人表演；可惜半决赛对阵巴西，荷兰人再度输掉了点球轮盘赌。射失点球的科库失望之余，竟然准确预见了未来："巴西队缺少某种东西，他们不会成为冠军。"

●"雷鬼男孩"首秀

牙买加是本届世界杯上非常有特色的一支球队，而且他们做的不仅仅是"露面"这么简单。连续输给克罗地亚和阿根廷之后，"雷鬼男孩"在小组赛最后一轮2比1战胜了日本，首次参加世界杯就赢得了胜利，打入两球的惠特莫尔也成为历史功臣。牙买加全国只有250万居民，球队回国时，受到了英雄般的欢迎。

● 失业

雷吉斯·法谢是世界杯期间最不幸的人，因为他失业了。法谢原本是被组委会招募来扮演吉祥物的演员，但法国足球界并没有美国式娱乐化，小组赛阶段，吉祥物福蒂克斯并不是很受欢迎。"对现场观众来说，这是个遗憾，我自己也很生气。"

● 马特乌斯，回归与纪录

本来1994年世界杯后，与克林斯曼交恶的马特乌斯被福格茨排除在德国国家队大门外，但法国世界杯开始前最后一刻，他又被思虑再三的福格茨招入队中。这一复出得益于德国队当时伤情严重，而且37岁的马特乌斯刚刚与拜仁一起度过了一个非常成功的赛季。这次完美的回归，也让马特乌斯创造了世界杯决赛圈出场纪录：5届世界杯，马特乌斯先后代表前西德和德国队一共出战25场（1982年2场、1986年7场、1990年7场、1994年5场、1998年4场）。虽然德国队在法国世界杯1/4决赛中惨败于克罗地亚，但马特乌斯的成绩，无可比拟。

本届赛事表现不错的迪比亚吉奥，依然没能逃过意大利队的点球魔咒。1/4决赛对法国的点球大战，罗马中场的射门重重砸到了横梁上。

图拉姆的困惑

图拉姆职业生涯代表法国队出战142场，这幅画面毫无疑问是最突出的：法国后卫跪倒在法兰西大球场的草坪上，一脸无法置信的表情，一根手指放在嘴唇上。“我什么都不明白。即便在训练中，我都很少进球。比赛结束后我双膝跪地，不是感情迸发，而是疑惑不解。”是的，法国对阵克罗地亚的半决赛第70分钟，图拉姆沿右边路奔袭，在失去身体平衡的状态下左脚射门，打入了晋级一球；而在大约20分钟之前，他从博班脚下断球、传给德约卡夫，并接应回传右脚射门得分。图拉姆为国家队的所有进球，全在这一场！

这个瓜德罗普人确实不同凡响。2001年，他从帕尔马转会尤文图斯，成为当时最贵的后卫（3000万欧元）。同时图拉姆还以公民社会参与感著称，2008年欧洲杯后，36岁的图拉姆宣布退役，并成为社会活动家。职业生涯后半段作为中后卫，图拉姆也取得了非常杰出的成就，以至于他还埋怨过雅凯当年固执地将自己放在右边路。1998年半决赛前一天，克罗地亚队主教练布拉泽维奇说：“图拉姆和利扎拉祖一样，总是压上，放弃自己的基本责任……我们可以突击他镇守的那一路通道。”但1998年7月8日这一幕，会让布拉泽维奇做何感想？

决赛
巴西0比3法国
1998年7月12日
圣丹尼斯法兰西大球场

与4年前一样，再度闯进决赛的巴西人依然手拉手鱼贯入场，然而夺冠呼声远高于上届的桑巴战士却个个面色凝重——比赛前夜，罗纳尔多据传在休息室中莫名其妙地口吐白沫，人事不省，同屋的卡洛斯被吓得大呼小叫。尽管巴西队医坚称“外星人”的病情只是压力过大的生理反应，但“罗纳尔多是否参加决赛”，成了赛前巴西队更衣室内最激烈的争论。罗尼在队医和赞助商的坚持下继续首发，但“外星人”面色蜡黄、魂不守舍。

法兰西大球场的气氛前所未有地热烈，上至法国总统希拉克，下至组委会主席普拉蒂尼，各界名流笔挺的西装下，都是清一色的法国队蓝色球衣；一名球迷甚至将球队吉祥物——大公鸡始终抱在怀中。而法国队主帅雅凯特意于比赛开始前，送给已故前法国足协主席、世界杯申办元勋萨斯特尔的遗孀一面全体队员及教练签名的队旗。

响彻全场的《马赛曲》唱罢，法国队藉主场优势率先发难，但始终打不开进球账户的吉瓦尔什屡屡于门前挥霍良机，球队淘汰赛以来“前锋零进球”的尴尬仍在延续。关键时刻，雅凯上任后被钦点为球队核心的齐达内挺身而出！多数人未曾料到，小组赛因恶意踩踏沙特球员阿明被停赛2场的齐祖会迅速脱胎换骨，而且进球方式竟是其鲜少使用的头球——上一次齐达内为法国队进头球还是1994年8月2比2战平捷克，他的国家队首秀！

第27分钟，珀蒂开出角球，禁区内的齐达内游弋到前点抢先甩头攻门，皮球砸地反弹，越过下意识扑救的塔法雷尔入网！上半时行将结束前，齐达内如法炮制，只是角球助攻者换成了右脚精准的德约卡夫——“10号”禁区

第一个非洲人

有史以来第一次，世界杯决赛裁判是一个非洲人，他来自摩洛哥，叫萨义德·贝勒古拉，当时41岁，法国世界杯之前几个月刚刚执法了非洲杯决赛。由非洲人来执法世界上最重要的足球比赛，象征着世界杯的全球化。2002年6月，又一届世界杯在另一个大陆举行，可惜贝勒古拉在长期患病后去世，终年45岁。

无论从任何角度来欣赏，齐达内在决赛中的第一个头球都不算漂亮，但它却成了齐祖从球星到巨星的关键转折。而赛前被寄予厚望的巴西前锋罗纳尔多由于身染“怪病”，只能在数次与巴特斯的交锋中颓然败阵（左上小图）。

内几乎无人盯防，原地发力再度甩头，皮球从前门柱封堵的卡洛斯胯下入网，2比0！“头球几乎从来轮不到我，但我知道，自己得做点事情，因为那是最后一场比赛了。”

而在对面，巴西队最有威胁的一次射门在于罗纳尔多禁区内与巴特斯一对一争球，奋不顾身的光头门将奋力破坏来球之际，下坠的身体重重砸在“外星人”身上，后者痛苦倒地不起……看台上身披巴西国旗的罗尼未婚妻苏珊娜顿时花容失色。

下半场一贯严谨的法国队犯了一个错误，可谓整届世界杯中唯一的错误：德塞利连续两次对形成反击态势的卡福战术犯规，两黄变一红提前下场，而此时距比赛结束尚有近半小时！

巴西人仿佛看到了扳平曙光，但众志成城的法国铁桶阵依然水泼不进，贝贝托几次偷袭均无功而返，场边满头银发的扎加洛急得团团转。雅凯则始终不忘高声激励弟子，球队防守在队长德尚的带领下，将能量提高到了极致。齐达内甚至顶替珀蒂在中场防守，“长辫子”则退回到后防线。

伤停补时阶段，全线压上的巴西队终于在法国队接二连三的反击下再度失守：两位阿森纳球员心有灵犀，维埃拉轻巧分球给珀蒂，后者抢在卡福和塔法雷尔联手封堵前轻推远角！冠军到手了！“一而再，再而三，3比0”……歌声从法兰西大球场传到道路上、广场上、城市里、村庄里。夜晚22点54分，历史上第6次，东道主夺得了世界杯冠军！

巴西队吞下了他们参加世界杯以来最惨痛的失利，顺便成就东道主成为世界杯历史上第7支冠军队！罗纳尔多木然下场，并拒绝将决赛前夜发生的事情吐露给媒体。大肆渲染其病情的同寝密友卡洛斯，从此与罗尼渐行渐远。而在法国队一边，尽管此前曾多次攻讦雅凯的《队报》公开向这位刚刚成为法国足球界太上皇的巨擘致歉，但得到的只是对方在自传《一生只为那颗星》中高傲的回击：“你们毫无职业道德可言！”

珀蒂，里程碑

决赛第91分钟，已经失去悬念，2比0领先的法国人早已准备庆祝胜利……一次反击，杜加里分球给维埃拉，维埃拉助攻中路插上的珀蒂。外型飘逸的珀蒂晃过卡福，然后将球打入塔法雷尔把守的大门，3比0——这个球正好也是法国国家队历史上的第1000粒进球。这是一种完满的象征，对于珀蒂来说也是。当时27岁的他效力于阿森纳，在本届世界杯前其实不是首发。但出色的技战术能力和无懈可击的心理状态，让他成为本届世界杯法国队发挥最好的球员之一，堪比图拉姆、德塞利和齐达内。

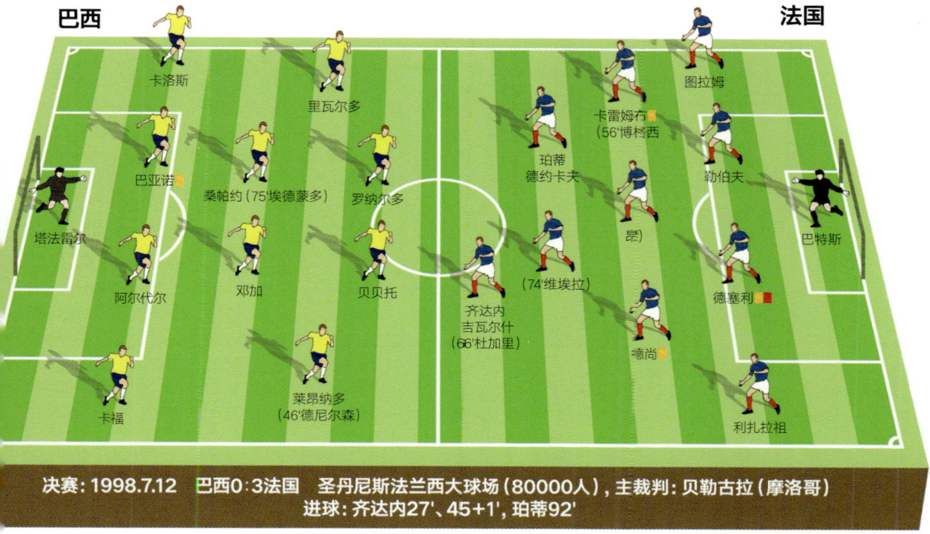

决赛：1998.7.12　巴西0:3法国　圣丹尼斯法兰西大球场（80000人），主裁判：贝勒古拉（摩洛哥）
进球：齐达内27'、45+1'，珀蒂92'

雅凯多年来承受的指责与怀疑，终于在1998年夏天的法兰西大球场爆发。作为第一个率领法国队夺取世界杯冠军的主帅，雅凯必将被法国足球的历史永远铭记。

东道主的浪漫约会

法国人完美地第二次举办了世界杯，并赢得了关键性的胜利。

他们从来没有想到，最美妙的约会时间到了。1998年7月12日，蓝白色的大巴将法国队球员运往巴黎郊外的圣丹尼斯，从法国队训练基地克莱枫丹到法兰西大球场，65公里路程非常遥远，但没人感到无聊。世界杯历史上第一次，东道主迎战上届冠军。要知道，法国队在此之前还从未打过世界杯决赛，而巴西人已经4次夺冠。

成千上万的球迷涌上街头，鼓励他们的球队。法国队主教练雅凯说："我当时告诉司机，'我们永远到不了球场'。因为我非常害怕迟到，错过比赛。"雅凯的担心没错，确实有一个人迟到了，但那是一名巴西球员，一名万众期待的球员，他在开场哨前不足半小时才到达球场——他叫罗纳尔多。

数天以来，全法国都在为法国队着迷。比赛前，比赛中，比赛后，都是如此……法国人频繁涌上街头，他们从未如此热爱体育。高卢雄鸡曾在1996年打入欧洲杯4强，可随后两年，他们在友谊赛中表现平平。而随着世界杯的逐渐展开，法国队证明了自己是最强的团队：进攻最好（9人共进15球），防守最坚固（仅丢2球，防守最好的冠军）。球队激起了全国人民的融合，法国人的热情全部聚集在了球队身上。

整届世界杯，法国队的每一场胜利都是那么与众不同，用其独特的英雄和剧本，写就了最好的故事。即便是前两场比赛对阵南非和沙特的大胜，也显得那么特别。在马赛，吉瓦尔什第27分钟受伤，杜加里替补上场……他的国脚地位一直深受质疑，那两年在米兰和巴塞罗那都不如意。第35分钟，杜加里接好友齐达内的角球，头球破门，完成了法国队在本土世界杯中的首粒进球。进球后杜加里兴奋地狂奔，吐出舌头，"我进入了另一个世界"。

两场赛罢，法国队小组出线了。但杜加里的大腿出现伤情，齐达内也出事了："10号"神经过敏，脾气大发，脚踏沙特队长阿明，被直接罚下，禁赛两场。齐祖下场那一刻，雅凯连看都没看他。齐达内禁赛的第一场，法国队2比1战胜丹麦，大部分主力队员可以休息，替补们也确保了法国队小组第一的成绩；齐达内禁赛的第二场，1/8决赛对阵巴拉圭，让人揪心的时刻出现了。法国队的进攻完全哑火，亨利受伤，但布兰克用世界杯历史上第一粒金球击败了强大的奇拉维特，将法国队送入8强。

金球决胜是规则上的创新，而8强大战，如果罗伯托·巴乔第108分钟的射门没有滑门而出，刚刚受益的法国队又会成为这一规则的牺牲者。恶战意大利，法国队排上了3名防守型中场，赢得了战术上的胜利。进入无法避免的点球决胜，利扎拉祖没有罚入，但阿尔贝蒂尼和迪比亚吉奥也失手了。当迪比亚吉奥的射门打中横梁，中圈处的法国队员兴奋地流下泪水，小将亨利也不再躲于特雷泽盖背后，开始纵情狂欢。

半决赛对手克罗地亚是个意料之外的敌人，但法国队取胜的历程依然如履薄冰。中场休息时，0比0的比分让雅凯非常着急。而下半场刚刚开始，法国队就遭遇了整届赛事唯一一次落后：第46分钟，达沃·苏克尔进球，图拉姆负有责任。幸好第47分钟和第70分钟，图拉姆打入两球，让人震惊，也挽救了自己。

金球，点球，后卫梅开二度……法国队一路杀进决赛充满传奇经历。但这还不是最夸张的：决赛中，他们3比0大胜巴西，全世界为之惊叹！巴西人何时受过这等屈辱，要知道，之前世界杯决赛中的两次净胜三球可都是巴西队的杰作（1958年5比2胜瑞典和1970年4比1胜意大利）。

在开往法兰西大球场的大巴上，哪位法国队球员能想到这样的比分？

他们是冠军

主教练

雅凯 Aime Jacquet

1941年11月27日出生，法国人

从1993年12月17日上任开始，雅凯就一直处于球迷攻击和媒体批评的漩涡中。他的风格被指责太理性、太中规中矩、太功利；他对坎托纳、吉诺拉等一代巨星的漠视，也让很多人等着看国家队的笑话。不过世界杯夺冠后，一切成了过眼云烟，看台横幅也从“雅凯，下课”换成了“雅凯，我们支持你”。不过世界杯开幕之前，雅凯早已宣布将在赛事后离职，直到今天他也未接手任何球队。

门　将

巴特斯 Fabien Barthez

1971年6月28日出生

效力俱乐部：摩纳哥（法甲）

法国队夺冠的决定性棋子之一。反应快、阅读比赛能力强，唯一的小缺点是禁区内控制力不足，但他依靠勇气弥补了这一缺憾。打满所有7场比赛仅失两球，这在世界杯历史上是前无古人的成绩，2006年才被意大利的布冯追平。

拉马 Bernard Lama

1963年4月7日出生

效力俱乐部：西汉姆联（英超）

世界杯开始前爆出吸毒丑闻，让他身败名裂，能够成为冠军队二号门将已经十分幸运。

沙博尼耶 Lionel Charbonnier

1966年10月25日出生

效力俱乐部：欧塞尔（法甲）

生不逢时型球员。实力不错，但巴特斯的存在让他只能在板凳上度日。

后　卫

布兰克 Laurent Blanc

1965年11月19日出生

效力俱乐部：马赛（法甲）

整届比赛的表现令人信服，对阵巴拉圭还打进一粒金球；但半决赛因为“肘击比利奇”得到了一张红牌，缺席决赛。每场比赛前他都会亲吻巴特斯的光头，后者认为这会给球队带来幸运，而且只允许布兰克亲吻，那一幕也成为世界杯历史上的经典瞬间。

德塞利 Marcel Desailly

1968年9月7日出生

效力俱乐部：AC米兰（意甲）

这位对抗能力超强的防守工兵参加了所有7场比赛，并有让人放心的表现。可惜决赛中因为一次对卡福的不必要犯规，累计黄牌下场，成为世界杯历史上第3个在决赛中被红牌罚下的球员。

利扎拉祖 Bixente Lizarazu

1969年12月9日出生

效力俱乐部：拜仁慕尼黑（德甲）

能攻善守，作风凶悍，在决赛与卡福的对位对抗中大获全胜。小组赛对阵沙特打进一球，也让他收获颇丰。值得一提的是，这位身高仅仅1.69米的巴斯克小狮子，还是本届世界杯最矮的球员。

图拉姆 Lilian Thuram

1972年1月1日出生

效力俱乐部：帕尔马（意甲）

半决赛前，球迷们还没有对他另眼相看。但对决克罗地亚0比1落后的关键时刻，造成丢球的他马上将功补过，用两个意外进球击败了对手，帮助球队杀进决赛。本届赛事，他在右边路功勋卓著，决赛对位还压过了皇马巨星罗伯托·卡洛斯。

勒伯夫 Frank Leboeuf

1968年1月22日出生

效力俱乐部：切尔西（英超）

曾在《法国足球》上通过小广告宣传自己，转会切尔西后成为较有名气的后卫，并入选了国家队。世界杯决赛中成功顶替被禁赛的布兰克，获胜后马上成为这个地球上最幸运的人……

坎德拉 Vincent Candela

1973年10月24日出生

效力俱乐部：罗马（意甲）

仅仅在小组赛第3场对丹麦时出战，球队夺冠，他的贡献实在不多。

中　场

齐达内 Zinedine Zidane

1972年6月23日出生

效力俱乐部：尤文图斯（意甲）

当之无愧的核心，超级巨星！虽然决赛前一直没有进球，还在对阵沙特时吃到红牌，但他仍是法国队最重要的球员。优雅技术足以控制比赛节奏，拼搏精神也有领袖风范。决赛中，他无疑是场上最佳球员，两个头球决定了比赛结果。普拉蒂尼之后，法国足球终于又迎来了一个伟大的领袖。

德尚 Didier Deschamps

1968年10月15日出生

效力俱乐部：尤文图斯（意甲）

“没有迪迪耶，我们现在就只能聊聊决赛了。”半决赛后，雅凯如是赞扬自己的队长。尤文图斯中场在人们眼中体能充沛、斗志昂扬，他一般站在齐达内身后，像工兵一样，不是很显眼，但却衔接了攻防，是球队真正意义上的首脑。

珀蒂 Emmanuel Petit

1970年9月22日出生

效力俱乐部：阿森纳（英超）

不但完美实现了从替补到主力的过渡，还告诉那些女球迷，他的魅力并非只有俊朗的外表和飘逸的马尾辫。他与德尚一起组成了“防线之前的防线”，确保了本队一路平稳爬升。

德约卡夫 Youri Djorkaeff

1968年3月9日出生

效力俱乐部：国际米兰（意甲）

不会经常引人注意，但却是首发11人中最强悍、最全面的。由于创造力和艺术性不强，他没有齐达内那么显眼。

卡雷姆布 Christian Karembeu

1970年12月3日出生

效力俱乐部：皇家马德里（西甲）

相比竞技层面，他更多时候是因为自己的名模妻子而出现在报章头条。决赛之前的文艺表演，他的妻子出来走秀；可随后的决赛，“野兽”成了表现最差的球员。

博格西昂 Alain Boghossian

1970年10月27日出生

效力俱乐部：桑普多利亚（意甲）

一直以替补身份出现，无法挤入首发。特点与珀蒂类似，但不如后者稳定全面。

维埃拉 Patrick Vieira

1976年6月23日出生

效力俱乐部：阿森纳（英超）

当时还属于“小将”，机会不多。除了小组赛对丹麦，决赛也得到了出场机会，为最后15分钟增加安全系数同时，还为珀蒂送出了助攻。

迪奥梅德 Bernard Diomede

1974年1月23日出生

效力俱乐部：欧塞尔（法甲）

比较重要的替补球员，三次出场，对阵丹麦时有不俗表现……

皮雷 Robert Pires

1973年10月29日出生

效力俱乐部：梅斯（法甲）

仅仅3次出场，但在1/8决赛后没有再得到重用，无法给人留下特别印象。

前 锋

杜加里 Christophe Dugarry

1972年3月24日出生

效力俱乐部：马赛（法甲）

打进了法国队本届赛事第一个进球，但小组赛后只能坐到替补席上。决赛中，他替换状态不佳的吉瓦尔什，错失了一次极好的机会。

吉瓦尔什 Stephane Guivarc'h

1970年9月6日出生

效力俱乐部：欧塞尔（法甲）

赛前曾被寄予厚望，但整体表现让人失望，门前总是找不到感觉。整届赛事没有取得一个进球，实在有愧于自己冠军队主力前锋的身份。

亨利 Thierry Henry

1977年8月17日出生

效力俱乐部：摩纳哥（法甲）

法国世界杯上最耀眼的新星，充满活力，素质全面。可惜决赛只能在替补席上观望。

特雷泽盖 David Trezeguet

1977年10月15日出生

效力俱乐部：摩纳哥（法甲）

替补中锋，潜力无限，需要的时候随叫随到。不过他与好友亨利一样，仅仅是积累了经验。

赛程赛果

注:■为点球大战比分,■为出现加时赛。

A组	
1998.6.10	巴西2:1苏格兰
1998.6.10	挪威2:2摩洛哥
1998.6.16	苏格兰1:1挪威
1998.6.16	巴西3:0摩洛哥
1998.6.23	挪威2:1巴西
1998.6.23	摩洛哥3:0苏格兰

B组	
1998.6.11	意大利2:2智利
1998.6.11	奥地利1:1喀麦隆
1998.6.17	智利1:1奥地利
1998.6.17	意大利3:0喀麦隆
1998.6.23	意大利2:1奥地利
1998.6.23	智利1:1喀麦隆

C组	
1998.6.12	丹麦1:0沙特阿拉伯
1998.6.12	法国3:0南非
1998.6.18	丹麦1:1南非
1998.6.18	法国4:0沙特阿拉伯
1998.6.24	法国2:1丹麦
1998.6.24	沙特阿拉伯2:2南非

D组	
1998.6.12	保加利亚0:0巴拉圭
1998.6.13	尼日利亚3:2西班牙
1998.6.19	尼日利亚1:0保加利亚
1998.6.19	西班牙0:0巴拉圭
1998.6.24	西班牙6:1保加利亚
1998.6.24	巴拉圭3:1尼日利亚

日期	球队	比分	点球大战/加时赛
1998.6.27	巴西	4	
	智利	1	
1998.6.28	丹麦	4	
	尼日利亚	1	
1998.6.29	荷兰	2	
	南斯拉夫	1	
1998.6.30	阿根廷	2	4
	英格兰	2	3
1998.7.3	巴西	3	
	丹麦	2	
1998.7.4	荷兰	2	
	阿根廷	1	
1998.7.7	巴西	1	4
	荷兰	1	2
季军 1998.7.11	克罗地亚	2	
	荷兰	1	
决赛 1998.7.11	巴西	0	
	法国	3	
1998.7.8	法国	2	
	克罗地亚	1	
1998.7.3	法国	0	4
	意大利	0	3
1998.7.4	克罗地亚	3	
	德国	0	
1998.6.27	意大利	1	
	挪威	0	
1998.6.28	法国	1	加时赛
	巴拉圭	0	加时赛
1998.6.30	克罗地亚	1	
	罗马尼亚	0	
1998.6.29	德国	2	
	墨西哥	1	

E组	
1998.6.13	墨西哥3:1韩国
1998.6.13	比利时0:0荷兰
1998.6.20	比利时2:2墨西哥
1998.6.20	荷兰5:0韩国
1998.6.25	荷兰2:2墨西哥
1998.6.25	比利时1:1韩国

F组	
1998.6.14	南斯拉夫1:0伊朗
1998.6.15	德国2:0美国
1998.6.21	南斯拉夫2:2德国
1998.6.21	伊朗2:1美国
1998.6.25	德国2:0伊朗
1998.6.25	南斯拉夫1:0美国

G组	
1998.6.15	英格兰2:0突尼斯
1998.6.15	罗马尼亚1:0哥伦比亚
1998.6.22	哥伦比亚1:0突尼斯
1998.6.22	罗马尼亚2:1英格兰
1998.6.26	罗马尼亚1:1突尼斯
1998.6.26	英格兰2:0哥伦比亚

H组	
1998.6.14	阿根廷1:0日本
1998.6.14	克罗地亚3:1牙买加
1998.6.20	克罗地亚1:0日本
1998.6.21	阿根廷5:0牙买加
1998.6.26	阿根廷1:0克罗地亚
1998.6.26	牙买加2:1日本

射手榜

	排名	球员（国家）	进球数
▲	1	苏克尔（克罗地亚）	6
	2	巴蒂斯图塔（阿根廷）	5
		维耶里（意大利）	5
	4	罗纳尔多（巴西）	4
		萨拉斯（智利）	4
		赫尔南德斯（墨西哥）	4
	7	博格坎普（荷兰）等7人	3

战场

圣丹尼斯法兰西大球场
Stade de France
所在城市：巴黎
容量：80000人
本届杯赛承办9场比赛
（包括揭幕战和决赛）
平均上座率：96%

王子公园球场
Parc des Princes
所在城市：巴黎
容量：49000人
本届杯赛承办6场比赛
平均上座率：96%

韦洛德罗姆球场
Stade Velodrome
所在城市：马赛
容量：60000人
本届杯赛承办7场比赛
平均上座率：94%

费利克斯·博拉埃球场
Stade Felix Bollaert
所在城市：朗斯
容量：41800人
本届杯赛承办8场比赛
平均上座率：97%

丰特诺球场
Louis Fonteneau
所在城市：南特
容量：38500人
本届杯赛承办6场比赛
平均上座率：92%

热尔兰球场
Stade de Gerland
所在城市：里昂
容量：41200人
本届杯赛承办4场比赛
平均上座率：93%

吉夏尔球场
Stade Geoffroy-Guichard
所在城市：圣艾蒂安
容量：36000人
本届杯赛承办6场比赛
平均上座率：94%

沙邦-戴尔马球场
Stade Chaban-Delmas
所在城市：波尔多
容量：35200人
本届杯赛承办6场比赛
平均上座率：96%

蒙松球场
Stade de la Mosson
所在城市：蒙彼利埃
容量：33900人
本届杯赛承办6场比赛
平均上座率：93%

图卢兹市政球场
Stadium de Toulouse
所在城市：图卢兹
容量：37000人
本届杯赛承办6场比赛
平均上座率：97%

第1名 法国

主教练:雅凯（法国）

号码	球员	进球/出场
门将		
1	拉马	-/-
16	巴特斯	-2/7
22	沙博尼耶	-/-
后卫		
2	坎德拉	0/1
3	利扎拉祖	1/6
5	布兰克	1/5
8	德塞利	0/7
15	图拉姆	2/6
18	勒伯夫	0/3
中场		
4	维埃拉	0/2
6	德约卡夫	1/7
7	德尚	0/6
10	齐达内	2/5
11	皮雷	0/3
13	迪奥梅德	0/3
14	博格西昂	0/5
17	珀蒂	2/6
19	卡雷姆布	0/4
前锋		
9	吉瓦尔什	0/6
12	亨利	2/6
20	特雷泽盖	1/6
21	杜加里	1/3

第2名 巴西

主教练:扎加洛（巴西）

号码	球员	进球/出场
门将		
1	塔法雷尔	-10/7
12	热尔马诺	-/-
22	迪达	-/-
后卫		
2	卡福	0/6
3	阿尔代尔	0/6
4	巴亚诺	0/7
6	罗伯托·卡洛斯	0/7
13	泽·卡洛斯	0/1
14	贡萨尔维斯	0/2
15	安德烈·克鲁兹	-/-
中场		
5	桑帕约	3/6
7	吉奥瓦尼	0/1
8	邓加	0/7
10	里瓦尔多	3/7
11	埃莫森	0/2
16	泽·罗伯托	0/1
17	多里瓦	0/1
18	莱昂纳多	0/7
前锋		
9	罗纳尔多	4/7
19	德尼尔森	0/7
20	贝贝托	3/7
21	埃德蒙多	0/2

第3名 克罗地亚

主教练:布拉泽维奇（波黑）

号码	球员	进球/出场
门将		
1	拉迪奇	-5/7
12	姆尔米奇	-/-
22	瓦西利	-/-
后卫		
4	斯蒂马奇	0/7
5	尤里奇	-/-
6	比利奇	0/7
14	索尔多	0/6
15	图多尔	0/3
17	贾尔尼	1/7
18	马米奇	-/-
20	西米奇	0/6
中场		
3	塞里奇	-/-
7	阿萨诺维奇	0/7
8	普罗辛内茨基	2/5
10	博班	0/6
11	马里奇	0/4
13	斯坦尼奇	1/7
21	尤尔契奇	0/3
前锋		
2	克尔潘	0/1
9	达沃·苏克尔	6/7
16	科日尼库	-/-
19	弗劳维奇	1/7

第4名 荷兰

主教练:希丁克（荷兰）

号码	球员	进球/出场
门将		
1	范德萨	-7/7
18	德胡耶	-/-
22	海斯普	-/-
后卫		
2	雷兹格尔	0/4
3	斯塔姆	0/7
4	弗兰克·德波尔	0/7
5	努曼	0/6
13	奥耶	-/-
15	博加德	0/2
中场		
6	琼克	0/6
7	罗纳德·德波尔	2/6
10	西多夫	0/4
11	科库	2/7
12	岑登	1/4
16	戴维斯	1/6
19	范布隆克霍斯特	-/-
20	温特	0/4
前锋		
8	博格坎普	3/7
9	克鲁伊维特	2/4
14	奥维马斯	1/6
17	范胡耶唐克	1/3
21	哈塞尔巴因克	0/2

第5名 意大利

主教练:老马尔蒂尼（意大利）

号码	球员	进球/出场
门将		
1	托尔多	-/-
12	帕柳卡	-3/5
22	布冯	-/-
后卫		
2	贝尔戈米	0/3
3	马尔蒂尼	0/5
4	卡纳瓦罗	0/5
5	科斯塔库塔	0/5
6	内斯塔	0/3
7	佩索托	0/3
8	托里切利	-/-
中场		
9	阿尔贝蒂尼	0/4
11	迪诺·巴乔	0/5
13	科伊斯	-/-
14	迪比亚吉奥	1/5
15	迪利维奥	0/4
16	迪马特奥	0/2
17	莫雷罗	0/4
前锋		
10	皮耶罗	0/4
18	罗伯托·巴乔	2/4
19	因扎吉	0/2
20	基耶萨	0/2
21	维耶里	5/5

第6名 阿根廷

主教练:帕萨雷拉（阿根廷）

号码	球员	进球/出场
门将		
1	罗阿	-4/5
12	博格斯	-/-
17	卡巴列罗	-/-
后卫		
2	阿亚拉	0/5
3	查莫特	0/4
4	皮内达	1/3
6	圣西尼	0/3
13	帕斯	0/1
14	维瓦斯	0/4
22	萨内蒂	1/5
中场		
5	阿尔梅达	0/5
8	西蒙尼	0/5
10	奥特加	2/5
11	贝隆	0/5
15	L.阿斯特拉达	-/-
16	贝尔蒂	0/2
20	加拉多	0/3
前锋		
7	克劳迪奥·洛佩斯	1/5
9	巴蒂斯图塔	5/5
18	巴尔博	0/2
19	克雷斯波	0/1
21	M.德尔加多	-/-

第7名 德国

主教练:福格茨(德国)

号码	球员	进球/出场
门将		
1	科普克	-6/5
12	卡恩	-/-
22	莱曼	-/-
后卫		
2	沃恩斯	0/5
4	科勒尔	0/4
5	海尔默	0/2
6	托恩	0/3
8	马特乌斯	0/4
14	巴贝尔	0/2
19	罗伊特	0/1
中场		
3	海因里希	0/5
7	A.穆勒	1/3
10	哈斯勒	0/4
13	耶雷梅斯	0/3
15	弗洛因德	-/-
16	哈曼	0/5
17	齐格	0/4
21	塔纳特	0/4
前锋		
9	基尔斯滕	0/4
11	马绍尔	0/1
18	克林斯曼	3/5
20	比埃霍夫	3/5

第8名 丹麦

主教练:博·约翰松(瑞典)

号码	球员	进球/出场
门将		
1	施梅切尔	-7/5
16	克罗格	-/-
22	彼得·凯尔	-/-
后卫		
2	施永博格	0/4
3	里珀	1/5
4	赫格	0/5
5	扬·海因策	0/5
6	赫尔维格	1/5
12	科尔丁	0/5
13	J.劳尔森	0/1
20	亨里克森	-/-
中场		
7	A.尼尔森	1/5
8	弗兰德森	0/2
10	大劳德鲁普	1/5
14	韦格霍斯特	0/3
15	托夫丁	0/2
17	戈德贝克	-/-
21	约根森	1/5
前锋		
9	莫尔纳	0/1
11	小劳德鲁普	2/5
18	彼得·穆勒	1/2
19	桑德	1/5

第9名 英格兰

主教练:霍德尔(英格兰)

号码	球员	进球/出场
门将		
1	希曼	-4/4
13	N.马丁	-/-
22	弗洛尔斯	-/-
后卫		
2	坎贝尔	0/4
3	勒索	0/4
5	亚当斯	0/4
6	索思盖特	0/2
12	加里·内维尔	0/3
18	基翁	-/-
21	里奥·费迪南德	-/-
中场		
4	因斯	0/4
7	贝克汉姆	1/3
8	大卫·巴蒂	0/4
11	麦克马纳曼	0/1
14	安德顿	1/4
15	默森	0/1
16	斯科尔斯	1/4
17	罗伯特·李	0/1
前锋		
9	希勒	2/4
10	谢林汉姆	0/2
19	莱斯·费迪南德	-/-
20	欧文	2/4

第10名 南斯拉夫

主教练:桑特拉奇(南斯拉夫)

号码	球员	进球/出场
门将		
1	克拉利	-4/4
12	莱科维奇	-/-
后卫		
2	米尔科维奇	0/2
3	乔罗维奇	0/4
5	久基奇	-/-
6	布尔诺维奇	0/3
11	米哈伊洛维奇	1/4
13	科姆利耶诺维奇	2/3
14	萨韦利奇	0/1
中场		
4	约卡诺维奇	0/4
7	尤戈维奇	0/4
8	萨维切维奇	0/2
10	斯托伊科维奇	1/4
15	德鲁洛维奇	-/-
16	彼得罗维奇	0/4
18	戈维达里察	0/1
19	斯特维奇	0/1
20	斯坦科维奇	0/3
前锋		
9	米亚托维奇	1/4
17	米洛舍维奇	0/2
21	奥格涅诺维奇	0/3
22	科瓦切维奇	0/2

第11名 罗马尼亚

主教练:约尔达内斯库(罗马尼亚)

号码	球员	进球/出场
门将		
1	斯滕加丘	-/-
12	斯泰莱亚	-3/4
22	普鲁内亚	-/-
后卫		
2	彼得雷斯库	1/4
3	杜尔卡	0/1
4	多博什	0/1
6	Gh.波佩斯库	0/4
13	乔博塔留	0/4
18	菲利佩斯库	0/3
20	塞利梅斯	-/-
中场		
5	加尔卡	0/4
8	蒙特亚努	0/4
10	哈吉	0/4
14	尼库莱斯库	0/2
15	马里内斯库	0/4
16	Ga.波佩斯库	0/3
17	杜米特雷斯库	0/1
19	斯滕加	0/2
前锋		
7	勒克图什	0/2
9	摩尔多万	2/4
11	伊利耶	1/4
21	克拉约韦努	0/1

第12名 尼日利亚

主教练:米卢蒂诺维奇(南斯拉夫)

号码	球员	进球/出场
门将		
1	鲁菲	-9/3
12	W.奥克帕拉	-/-
22	巴鲁瓦	-/-
后卫		
2	奥帕拉库	0/2
3	巴巴亚罗	0/3
5	奥克楚库	0/3
6	韦斯特	0/4
16	奥卡福	0/1
17	埃瓜温	0/1
19	伊罗阿	0/1
21	G.奥克帕拉	0/2
中场		
7	菲尼迪·乔治	0/4
8	阿德波尤	1/3
10	奥科查	0/3
11	拉瓦尔	1/4
15	奥利塞赫	1/4
18	奥鲁马	1/1
前锋		
4	卡努	0/3
9	耶基尼	0/4
13	巴班吉达	1/4
14	阿莫卡奇	0/1
20	伊克佩巴	1/3

第13名 巴拉圭

主教练：卡佩吉亚尼（巴西）

号码	球员	进球/出场
门将		
1	奇拉维特	-2/4
12	阿塞瓦尔	-/-
22	R.迪亚斯	-/-
后卫		
2	阿尔塞	0/3
3	里瓦罗拉	-/-
4	加马拉	0/4
5	塞尔索·阿亚拉	1/4
11	萨拉维亚	0/4
14	R.罗哈斯	-/-
20	卡尼萨	0/4
中场		
6	E.阿吉莱拉	-/-
7	耶格罗斯	0/4
8	A.罗哈斯	0/3
10	阿库纳	0/4
13	帕雷德斯	0/4
16	恩西索	0/4
前锋		
9	何塞·卡多索	1/3
15	米格尔·贝尼特斯	1/4
17	布里苏埃拉	0/1
18	C.拉米雷斯	0/2
19	C.莫拉莱斯	0/1
21	冈波斯	0/3

第14名 墨西哥

主教练：拉普恩特（墨西哥）

号码	球员	进球/出场
门将		
1	坎波斯	-7/4
12	O.桑切斯	-/-
22	O.佩雷斯	-/-
后卫		
2	C.苏亚雷斯	0/4
3	J.桑切斯	0/2
5	达比诺	0/4
13	帕尔多	0/3
16	特拉萨斯	-/-
18	卡尔莫纳	0/2
中场		
4	G.比利亚	0/3
6	贝尔纳尔	0/2
7	R.拉米雷斯	0/3
8	阿斯佩	1/4
14	拉拉	0/3
19	卢纳	0/2
20	奥尔迪亚莱斯	0/2
21	阿雷利亚诺	0/4
前锋		
9	R.佩莱斯	2/3
10	路易斯·加西亚	-/-
11	布兰科	1/4
15	赫尔南德斯	4/4
17	帕伦西亚	0/2

第15名 挪威

主教练：E.奥尔森（挪威）

号码	球员	进球/出场
门将		
1	格罗达斯	-5/4
12	麦赫雷	-/-
13	巴德森	-/-
后卫		
2	哈雷	0/1
3	R.约翰森	0/4
4	亨宁·博格	0/4
5	布约内比	0/4
14	赫根	-/-
15	埃根	1/4
19	霍夫滕	-/-
中场		
6	索尔巴肯	0/3
7	米克兰德	0/3
8	莱昂哈德森	0/3
10	雷克达尔	1/4
11	M.雅各布森	0/1
16	J.弗洛	0/1
17	H.弗洛	1/4
21	里塞特	0/4
22	斯特兰德	0/3
前锋		
9	T.A.弗洛	1/4
18	奥斯滕斯塔德	0/1
20	索尔斯沙尔	0/3

第16名 智利

主教练：阿科斯塔（智利）

号码	球员	进球/出场
门将		
1	塔皮亚	-8/4
12	M.拉米雷斯	-/-
22	特哈斯	-/-
后卫		
2	卡斯塔涅达	0/1
3	富恩特斯	0/4
4	罗哈斯	0/3
5	马尔加斯	0/4
6	佩德罗·雷耶斯	0/4
14	米格尔·拉米雷斯	0/3
15	比利亚罗埃尔	0/3
16	阿罗斯	0/1
中场		
7	帕拉格斯	0/3
8	阿库尼亚	0/4
10	谢拉	1/4
17	贝加	0/1
18	穆斯里	0/1
19	科尔内霍	0/3
20	埃斯泰	0/4
前锋		
9	萨莫拉诺	0/4
11	萨拉斯	4/4
13	内拉	-/-
21	瓦雷拉	-/-

第17名 西班牙

主教练：哈维尔·克莱门特（西班牙）

号码	球员	进球/出场
门将		
1	苏比萨雷塔	-4/3
13	卡尼萨雷斯	-/-
22	莫利纳	-/-
后卫		
2	费雷尔	0/1
3	阿兰萨瓦尔	-/-
4	阿尔科塔	0/3
5	阿韦拉多	0/1
6	耶罗	2/3
12	塞尔吉	0/3
14	坎波	0/1
15	卡洛斯·阿吉莱拉	0/2
20	纳达尔	0/2
中场		
8	格雷罗	0/1
16	塞拉德斯	0/2
17	埃切贝里亚	0/3
18	阿莫尔	0/3
21	路易斯·恩里克	1/3
前锋		
7	莫伦特斯	2/2
9	皮齐	0/1
10	劳尔	1/3
11	阿方索	0/2
19	基科	1/3

第18名 摩洛哥

主教练：米歇尔（法国）

号码	球员	进球/出场
门将		
1	布拉齐	-/-
12	本泽克里	-5/3
22	沙迪利	-/-
后卫		
2	萨贝尔	0/3
3	哈德里维	0/2
4	优素福·罗西	0/3
5	特里基	0/1
6	奈贝特	0/3
13	内克鲁兹	-/-
15	阿卜拉米	0/2
19	塞拉米	0/1
20	哈勒伊	0/3
中场		
7	穆斯塔法·哈吉	1/3
8	奇巴	0/2
11	哈塔比	0/2
16	阿祖齐	0/2
17	安津	0/3
18	奇波	0/3
前锋		
9	哈达	2/3
10	瓦基利	-/-
14	巴锡尔	2/3
21	罗基	-/-

第19名 比利时

主教练:里肯斯(比利时)

号码	球员	进球/出场
门将		
1	德维尔德	-2/2
12	范德瓦尔	-1/1
13	韦尔林登	-/-
后卫		
2	克拉松	0/1
3	斯泰伦斯	0/3
4	维多维奇	0/2
5	博克尔芒	0/3
16	德伯克	0/1
17	韦尔斯特莱滕	0/1
19	范梅尔	-/-
22	德弗朗德	0/3
中场		
6	范德埃尔斯特	0/3
11	范凯克霍温	0/1
14	希福	0/2
15	P.克莱门特	0/2
21	博芬	0/2
前锋		
7	威尔莫茨	2/3
8	奥利维拉	0/3
9	大姆彭萨	0/1
10	尼利斯	1/3
18	韦尔海恩	0/1
20	小姆彭萨	0/3

第20名 伊朗

主教练:塔莱比(伊朗)

号码	球员	进球/出场
门将		
1	阿拜德扎代	-3/2
12	纳基萨	-1/1
22	布鲁曼德	-/-
后卫		
3	萨达维	0/1
4	哈克普尔	0/3
5	佩罗瓦尼	0/1
14	穆罕默德哈尼	0/3
15	奥斯塔德-阿萨迪	-/-
17	扎林舍	0/3
20	帕沙扎代	0/3
中场		
2	马达维基亚	1/3
6	巴盖里	0/3
7	曼苏里安	0/2
8	默哈马迪	0/1
9	埃斯蒂利	1/3
16	沙赫鲁迪	-/-
18	哈姆达尼	-/-
21	米纳万德	0/3
前锋		
10	阿里·代伊	0/3
11	阿齐兹	0/3
13	拉提菲	-/-
19	塞拉伊	-/-

第21名 哥伦比亚

主教练:埃尔南·戈麦斯(哥伦比亚)

号码	球员	进球/出场
门将		
1	O.科尔多瓦	-/-
12	卡莱罗	-/-
22	蒙德拉贡	-3/3
后卫		
2	伊万·科尔多瓦	-/-
3	E.帕拉西奥斯	0/3
4	可塞·桑塔	0/2
5	白穆德斯	0/3
13	卡布雷拉	0/3
16	.莫雷诺	0/1
中场		
6	塞尔纳	0/3
8	洛萨诺	0/3
10	巴尔德拉马	0/3
14	博拉尼奥	0/1
17	埃斯特拉达	-/-
18	J.佩雷斯	-/-
19	林孔	0/3
前锋		
7	德阿维拉	0/2
9	A.巴伦西亚	0/3
11	阿斯普里拉	0/1
15	阿里斯蒂萨瓦尔	0/3
20	里卡德	0/1
21	普雷西亚多	1/3

第22名 牙买加

主教练:西蒙斯(巴西)

号码	球员	进球/出场
门将		
1	巴雷特	-8/2
13	亚伦·劳伦斯	-1/1
14	多诺万·里基茨	-/-
后卫		
2	马尔科姆	0/2
4	迪克逊	-/-
5	伊恩·古迪逊	0/3
12	迪恩·休厄尔	-/-
15	里卡多·加德纳	0/3
19	弗兰克·辛克莱	0/3
21	杜兰特·布朗	-/-
中场		
3	克里斯·道斯	0/2
6	菲茨罗伊·辛普森	0/3
7	彼得·卡吉尔	0/2
11	惠特莫尔	2/3
16	罗比·厄尔	1/3
20	达瑞尔·鲍威尔	0/2
前锋		
8	马库斯·加莱	0/1
9	安迪·威廉姆斯	0/1
10	沃尔特·博伊德	0/3
17	奥兰迪·劳	0/2
18	迪昂·伯顿	0/3
22	保罗·霍尔	0/3

第23名 奥地利

主教练:普罗哈斯卡(奥地利)

号码	球员	进球/出场
门将		
1	孔塞尔	-4/3
16	沃尔法特	-/-
21	克纳勒	-/-
后卫		
3	舍特尔	0/3
4	普费弗尔	0/3
5	菲尔辛格	0/3
6	科格勒	-/-
12	希登	-/-
中场		
2	绍普	0/1
8	普费芬博格	0/3
10	赫尔佐格	1/3
11	阿默豪泽	-/-
13	切尔尼	0/2
15	韦特尔	0/3
17	迈赫利希	0/3
18	施特格尔	0/2
20	赫拉夫	-/-
22	基赫鲍尔	0/3
前锋		
7	马里奥·哈斯	0/3
9	瓦斯蒂奇	1/3
14	赖因迈尔	0/1
19	波尔斯特	1/3

第24名 南非

主教练:特鲁西埃(法国)

号码	球员	进球/出场
门将		
1	冯克	-6/3
16	巴洛伊	-/-
23	戈庞	-/-
后卫		
2	蒙古尼	-/-
3	尼亚蒂	0/3
4	威廉·杰克逊	0/2
5	费什	0/3
19	拉德贝	0/3
21	伊萨	0/3
中场		
7	福琼	0/3
8	菲里	0/1
10	莫绍乌	0/3
11	姆哈莱莱	0/3
15	乌马洛	0/1
18	莫鲁拉	-/-
20	W.莫科纳	-/-
前锋		
6	马辛加	0/2
9	巴特莱特	2/3
12	奥古斯汀	0/2
13	巴克利	0/2
14	西霍萨纳	0/1
17	麦卡锡	1/3

*原本身披22号的门将阿伦德斯比赛开始前受伤。

第25名 喀麦隆

主教练：勒鲁瓦（法国）

号码	球员	进球/出场
门将		
1	松戈奥	-5/3
16	安德姆	-/-
22	布卡尔	-/-
后卫		
2	埃兰加	-/-
3	沃姆	0/3
4	里戈贝尔·宋	0/3
5	卡拉	0/2
6	恩扬卡	1/3
12	劳伦	0/1
中场		
8	安吉比乌	0/3
13	阿班达	-/-
14	西莫	0/1
15	恩多	0/3
18	伊普阿	0/2
20	奥莱姆贝	0/3
前锋		
7	奥曼-比耶克	0/3
9	查米	0/3
10	姆博马	1/3
11	埃托奥	0/1
17	彭塞	0/1
19	马乌韦	0/1
21	若布	0/3

第26名 突尼斯

主教练：卡斯佩扎克（波兰）/塞勒米（突尼斯）

号码	球员	进球/出场
门将		
1	瓦耶尔	-4/3
16	萨勒伊	-/-
22	布姆尼耶	-/-
后卫		
3	S.特拉贝尔西	0/3
4	布卡迪达	0/2
5	H.特拉贝尔西	0/1
6	舒尚	0/2
7	塔贝特	0/3
20	贾巴拉	-/-
21	巴德拉	0/1
中场		
8	巴亚	0/3
10	戈德班	0/3
13	布阿齐齐	0/2
14	奇希	0/3
15	苏阿亚	1/3
17	克莱顿	0/2
19	本·艾哈迈德	0/1
前锋		
2	本·尤尼斯	0/3
9	杰拉西	0/1
11	塞利米	0/3
12	迈勒基	-/-
18	本·斯利曼	0/3

★卡斯佩扎克小组赛第2轮结束后下课。

第27名 苏格兰

主教练：克雷格·布朗（苏格兰）

号码	球员	进球/出场
门将		
1	吉姆·莱顿	-6/3
12	尼尔·沙利文	-/-
21	古尔德	-/-
后卫		
3	汤姆·博伊德	0/3
4	考德伍德	0/2
5	科林·亨德里	0/3
6	托什·麦金利	0/2
16	威尔	0/2
18	马特·埃利奥特	-/-
19	德雷克·怀特	-/-
22	克里斯蒂安·戴利	0/3
中场		
2	麦克纳马拉	0/2
8	克雷格·伯利	1/3
11	约翰·科林斯	1/3
14	兰伯特	0/3
15	杰米尔	-/-
17	比利·麦金利	0/1
前锋		
7	凯文·加拉赫	0/3
9	杜里	0/3
10	达伦·杰克逊	0/2
13	西蒙·唐纳利	-/-
20	斯科特·布思	0/1

第28名 沙特阿拉伯

主教练：佩雷拉（巴西）/哈拉希（沙特）

号码	球员	进球/出场
门将		
1	代亚耶亚	-7/3
21	萨迪克	-/-
22	安泰夫	-/-
后卫		
2	贾哈尼	0/3
3	希莱维	0/2
4	祖布罗马维	0/3
5	马达尼	-/-
13	苏莱曼尼	0/3
17	多希	0/1
19	贾努比	-/-
中场		
6	阿明	0/3
12	哈尔比	0/2
14	穆瓦利德	0/2
16	K.奥维兰	0/3
18	蒂姆亚特	0/1
20	萨利赫	0/3
前锋		
7	沙赫拉尼	0/3
8	O.多萨里	0/1
9	贾贝尔	1/3
10	S.奥维兰	0/2
11	迈哈利勒	0/1
15	图纳扬	1/2

★佩雷拉小组赛第2轮结束后下课。

第29名 保加利亚

主教练：博内夫（保加利亚）

号码	球员	进球/出场
门将		
1	兹德拉夫科夫	-7/3
12	米哈伊洛夫	-/-
后卫		
2	基希舍夫	0/3
3	T.伊万诺夫	0/3
4	I.彼得科夫	0/2
13	金切夫	0/2
15	扎菲罗夫	-/-
21	基里洛夫	-/-
中场		
5	约尔达诺夫	0/2
6	扬科夫	0/2
10	巴拉科夫	0/3
11	伊利耶夫	0/3
14	赫里斯托夫	0/2
16	南科夫	0/2
17	斯托伊洛夫	-/-
18	博里米罗夫	0/3
22	M.彼得科夫	-/-
前锋		
7	科斯塔迪诺夫	1/3
8	斯托伊奇科夫	0/3
9	佩内夫	0/3
19	巴切夫	0/2
20	G.伊万诺夫	-/-

第30名 韩国

主教练：车范根（韩国）/金平锡（韩国）

号码	球员	进球/出场
门将		
1	金秉址	-9/3
22	徐东明	-/-
后卫		
3	李林生	0/1
4	崔英一	0/1
5	李敏成	0/3
12	李相宪	0/1
13	金泰映	0/3
16	张亨硕	0/2
19	张大一	-/-
20	洪明甫	0/3
中场		
2	崔成勇	0/3
6	柳相铁	1/3
7	金都根	0/3
8	卢廷润	0/1
14	高钟秀	0/3
15	李相润	0/2
17	河锡舟	1/2
前锋		
9	金度勋	0/2
10	崔龙洙	0/2
11	徐正源	0/3
18	黄善洪	-/-
21	李东国	0/1

★车范根小组赛第2轮结束后下课。

第31名 日本

主教练:冈田武史(日本)

号码	球员	进球/出场
门将		
1	小岛伸幸	-/-
20	川口能活	-4/3
21	楢崎正刚	-/-
后卫		
2	名良桥晃	0/3
3	相马直树	0/3
4	井原正巳	0/3
5	小村德男	0/1
16	齐藤俊秀	-/-
17	秋田丰	0/3
19	中西永辅	0/2
中场		
6	山口素弘	0/3
7	伊东辉悦	-/-
8	中田英寿	0/3
10	名波浩	0/3
11	小野伸二	0/1
13	服部年宏	-/-
15	森岛宽晃	0/1
22	平野孝	0/2
前锋		
9	中山雅史	1/3
12	吕比须	0/3
14	冈野雅行	0/1
18	城彰二	0/3

第32名 美国

主教练:史蒂夫·桑普森(美国)

号码	球员	进球/出场
门将		
1	弗里德尔	-1/1
16	索默	-/-
18	凯勒	-4/2
后卫		
2	海杜克	0/3
3	波普	0/2
4	麦克·伯恩斯	0/2
5	托马斯·杜利	0/3
6	大卫·里吉斯	0/3
12	阿古斯	-/-
17	巴尔博亚	0/1
22	拉拉斯	-/-
中场		
8	E.斯图尔特	0/3
10	T.拉莫斯	0/2
13	柯比·琼斯	0/3
14	拉多萨夫列维奇	0/2
15	迪林	0/1
19	梅桑纽	0/3
21	雷纳	0/3
前锋		
7	韦格勒	0/2
9	乔-马克斯·摩尔	0/2
11	温纳尔达	0/2
20	麦克布莱德	1/2

年仅18岁的英格兰前锋欧文(中)是1998年世界杯的最大发现之一，他在1/8决赛对阿根廷队打进的“千里走单骑”，也被很多人认为是本届赛事最佳进球。

17

时间:5.31—6.30
主办国:韩国/日本

第十七届世界杯

2002

冠军
巴西

2002世界杯见证了东亚球迷的热情与疯狂：韩国队每一次胜利都能引发一场恢弘浩大的红色人潮游行（左图），日本球迷则更喜欢用“滑稽跳桥”等另类方式支持球队（上图）。

参赛国家

南非	美国
德国	法国
英格兰	意大利
沙特	日本
阿根廷	墨西哥
比利时	尼日利亚
巴西	巴拉圭
喀麦隆	波兰
中国	葡萄牙
韩国	俄罗斯
哥斯达黎加	塞内加尔
克罗地亚	斯洛文尼亚
丹麦	瑞典
厄瓜多尔	突尼斯
爱尔兰	土耳其
西班牙	乌拉圭

热情期盼之下，世界杯终于来到了地球上陆地面积最大的大洲。

这里有全世界最多的球迷，有全世界最棒的人文风景，还有全世界最热情的东道主。韩国和日本两个“小国家”第一次站在足球舞台的中心，张开怀抱迎接世界杯客人。而且让欧美人不适应的是，他们要在工作时间或睡觉时间看世界杯了。

快乐的分歧

1996年5月31日是一个具有双重历史意义的日子：首先，世界杯第一次被决定将在亚洲进行；其次，世界杯第一次被安排由两个国家举办。

这是一个非常英明的决定，当然也带有不小的风险，尤其是韩国和日本这两个国家历史上存在着很大的仇恨：1910年到1945年期间，日本曾经侵占过韩国！在国际足联宣布最终决定前，日本和韩国曾经各自为了能够独立获得世界杯主办权，进行了艰苦而又铺张的宣传活动。

但最终，两个亚洲国家还是接受了时任国际足联主席阿维兰热的建议。阿维兰热的

SPEED 011

吉祥物 阿托、卡兹和尼克

2002世界杯第一次出现了3个吉祥物：黄色的阿托（Ato）是教练，紫色的卡兹（Kaz）和蓝色的尼克（Nik）是球员，他们都是科技化、未来化的足球参与者。3个吉祥物组成了一个有趣、动人的追求足球梦想的故事，每个人都有自己的性格，每个人都有自己的理想。这3个全新概念的吉祥物，也代表了东亚地区神秘、迷人的特点，以及漫画、电影等视觉领域的突出成就。

6月30日，巴西前锋罗纳尔多（9号）决赛对德国完成了本届世界杯第161个、也是最后一个进球。相比4年前的法国世界杯，本届赛事少了10个进球，观赏性略有下降，欧美球队、球星过于疲劳，也许是一个重要原因。

● 一座球场，两场比赛

韩日世界杯各个体育场进行了一项有意思的尝试：广告大屏幕同步播放正在进行的比赛，包括进球和精彩镜头回放。这原本是一个好点子，不过，国际足联在小组赛阶段就对此进行了限制。“经验告诉我们，同步播放比赛发生的一切并不是明智的选择。”国际足联媒体主管库珀马上宣布，比赛中裁判的判罚不可以在场内回放——这是布拉特在看完一场比赛之后要求的。

● 失望的数字

世界杯首次由两国合力承办，但创纪录的20个比赛场地交出的数据答卷并不令人满意。64场比赛打进161球，平均每场2.52球，是1990年世界杯（2.21球）之后平均进球率第二低的一届赛事。现场观众人数也不理想：64场共有270万球迷到场观战，平均每场42268人，这也是1962年以来的最差数字。要知道，1998年世界杯平均每场有43517人，而且法国的球场普遍还要小一些。

女婿、巴西足协主席特谢拉，同时还是韩国知名汽车公司“现代”在里约热内卢的全权代表，而韩国足协主席从1993年开始就由郑梦准担任，他是现代公司的家族成员。不久之后，郑梦准还成为国际足联的副主席。

就在同一年晚些时候，还有一个问题得到了解决：世界杯揭幕战将在韩国首都首尔举行，决赛则被安排在日本横滨举行。比赛的正式名称很有意思——2002年国际足联韩日世界杯，而不是日韩世界杯。日本和韩国的英文首字母分别是J和K，K正好在26个字母排序中位列于J的后面，于是，韩国球迷在世界杯期间都在脸上写下了他们国家新的英语名字——“Corea”！

然而，在距离世界杯开幕还有500天的时候，两个国家又发生了一次激烈的矛盾。韩国方面指责日本同行违反合同，因为日本组委会方面试图通过将“日本”放在世界杯冠名前面，降低韩国的重要性；而且日本方面在世界杯门票上印的，也是“日韩世界杯”。因此韩国人威胁说，要重新讨论关于决赛地点的安排问题。

2001年，韩日联手举办了联合会杯，算是世界杯的彩排。韩国队小组出局，日本队则

上届冠军溃败

和1998年一样，法国队再次成了足以载入世界杯历史的角色：上届冠军，小组赛就被淘汰，从1966年的巴西被淘汰以来还未发生过；上届冠军，第一场比赛就被击败，从1990年的阿根廷以来还未发生过，但那一次马拉多纳的球队依然杀入了决赛；上届冠军，3场比赛一球未进，前无古人！

对于1998年世界杯冠军、2000年欧洲杯冠军来说，坠落来得那么突然。韩日世界杯前老队长德尚退役，核心皮雷因伤缺战，而齐达内则因为左大腿伤势缺席了世界杯小组赛前两场。法国队的3场比赛，连成了一场噩梦：第1场，0比1输给塞内加尔，揭幕战蒙羞；第2场，亨利第25分钟就被罚下，顽抗乌拉圭0比0收场；第3场，他们必须净胜丹麦队两球才能出线，齐达内虽然回归（下图），但大师的偶尔闪光无法力挽狂澜于既倒，0比2落败。而且要知道，法国队当时有很多超级射手：2001/2002赛季英超射手王亨利，2001/2002赛季意甲射手王特雷泽盖，2001/2002赛季法甲射手王西塞，但是他们来到亚洲都没有收获。勒梅尔帮助球队夺得欧洲杯的光环彻底褪去，赛事一结束，前雅凯助手就被桑蒂尼取代了。

虽然2002的韩日盛会没有出现足球暴力，但世界杯的疯狂还是让全球其他地区陷入了不安。小组赛俄罗斯0比1输给日本后，愤怒的俄罗斯球迷在莫斯科用砸车毁物的方式宣泄着不满与压抑。

一路打入决赛，仅仅0比1输给了世界冠军法国队。当时联合会杯的平均上座人数已经达到3.5万人，决赛更是达到了65335人。最重要的是，联合会杯比赛场地周边的交通问题，引起了人们对一年后世界杯同等情况的重视。

从懵懂，到发展

尽管亚洲大陆第一场国家队之间的比赛早在1913年就进行了（当时菲律宾人在马尼拉2比1击败了中国代表队），但是足球在亚洲普遍发展，还是二战结束后才开始的。英国和法国的殖民者将足球带到了亚洲：在印度，首先是传教士和军人从事这项运动，殖民者意识到，足球的推广有利于传教。

最早在亚洲进行的足球比赛，都是由英国人组织的，随着当地人参与足球运动，第一批俱乐部和联赛先后成立。1888年，印度足协成立，10年后便有了印度足球联赛。随后英国殖民者将足球传播到了中国沿海城市，最初的俱乐部成立于19世纪末20世纪初，最著名的便是香港南华队。当时很多比赛都是以攻击裁判而结束，并出现了越来越多反对欧洲殖民者的声音。

具体涉及日本足球，大约是在1873年被英国海员引入；韩国的足球传播者则是欧洲技术人员和传教士，韩国举行的第一场足球比赛，居然是在英国战舰上进行的。足球在亚洲的传播，受到了其他项目的激烈竞争，比如在印度，当地人更热衷于板球和曲棍球；而在远东地区，很多人都喜欢从事棒球。

1954年5月8日，包括阿富汗、缅甸、中国香港、印度、印尼、日本、韩国、马来西亚、巴基斯坦、菲律宾、新加坡、越南在内的13个亚洲国家和地区（中国台湾省也在此列），在菲律宾首都马尼拉开会成立了亚足联，并在同年6月21日加入国际足联。到了2000年，亚足联成员数已经增加到了45个国家和地区，从西边的黎巴嫩，到东边太平洋上的关岛；从北边的中国，到南边的印尼，覆盖面超过世界一半以上的人口。

1956年，第一届亚洲杯在中国香港举行，韩国队获得了冠军。在亚洲杯初期，韩国和伊朗是最成功的两个国家。后来盛产石油的西亚国家也赶了上来，他们拥有雄厚的财力和出色的基础设施，科威特获得了1980年亚洲杯冠军，沙特则在1984年、1988年和1996年三度称雄。

亚洲球队参加世界杯的历史算不上成功。1938年，荷属印尼成为第一个报名参加世界杯的亚洲国家，0比6输给匈牙利后马上回家。1950年印度取得世界杯参赛资格，但因为不满国际足联强行限制球鞋品牌而退出。4年

凶徒“罢工”

世界杯在韩国引发了一个奇效：这个国家的刑事案件发生率，在世界杯比赛期间出现了下降，凶杀案下降70%多，其他案件则下降了33%。韩国的凶徒们开始停下犯罪，纷纷坐到电视机前看世界杯，这让警察们也可以安心地欣赏精彩赛事。

● 球票问题

世界杯向来一票难求，在亚洲同样如此。2002世界杯开幕前几天，很多球迷都没有搞定自己的球票。开赛后，多数人都在等待，或者去球场外从黄牛党那里购买高价票。而在球场里面，并不是每一个位置都坐着人。很多球迷发问：“球票都去哪里了？”是啊，德国足协主席沃尔费尔德也有这样的疑惑。

● 1+1大于2

虽然赛前很多人对国际足联把承办权交给韩国、日本颇有怨言，但赛事开始后，两个东道主得到的都是满意的声音。国际足联主席布拉特赞扬道：“两个承办国相互给予了充分的信任。”当然，韩日两国之间也存在一些差异，英国《世界足球》出版人加文·汉密尔顿如是总结自己的经历：“一个微小的差异，体现在文化和社会方面。韩国人的生活方式更像拉美人，日本人则与欧洲人更为接近。”此外，汉密尔顿认为韩国人并没有在裁判方面做什么手脚——“韩国队的成功是真实的，他们改写了历史。”

首次参加世界杯，中国队3场比赛收获了3种感情：憾负哥斯达黎加是冲动的惩罚（右上图），惨败于巴西是孱弱不堪（右下图），输给土耳其，杨晨射中立柱则是无尽的遗憾。

后，韩国终于代表亚洲出现在世界杯赛场，但亚洲球队下一次进军世界杯竟然又等了12年，所幸朝鲜队在英格兰取得了2002年之前亚洲球队在世界杯上的最好成绩。

1970年和1974年，以色列和澳大利亚分别代表亚洲球队（当时是亚太地区预选赛）出场，1978年是伊朗，1982年是科威特。1986年亚洲开始有两个名额，韩国和伊拉克一起去了墨西哥；1990年是阿联酋和韩国，1994年是韩国和沙特。1998年世界杯再度扩军，伊朗、韩国、沙特和日本携手奔赴法兰西。综上可见，韩国是参加世界杯次数最多的亚洲球队，但在2002年之前，“太极虎”4平10负的成绩实在拿不出手。

探索者

最近30年，越来越多的亚洲国家开始足球职业化进程：韩国在1983年开始了职业联赛，并有了第一家职业化俱乐部。当时韩国足球体现出了浓郁的“美国特色”，球队名字大都是老虎、公牛之类——也正是浓厚的美国文化，使得韩国足球联赛的观众人数始终低于棒球比赛。

“大男孩”推动日本

小组赛第2轮对俄罗斯打入唯一进球，稻本润一为东道主日本队带来了世界杯决赛阶段的第一场胜利。这位22岁的阿森纳球员，外号叫作“大男孩”，凭借小组赛前两场的两个进球一举成了日本新的国家英雄。日本人开始为足球着迷，球迷们一心想把他们的球员偶像化到最高境界。可惜，特鲁西埃的球队并没有比另一个东道主韩国队走得更远，他们在1/8决赛被土耳其击败，稻本润一的演出戛然而止。

克洛泽翻跟头庆祝不远处，沙特老门将代亚耶亚一脸茫然。0比8输给德国，不但让沙特队创造了本届世界杯最惨之败，还让亚洲足球颜面尽失。

欧洲人更熟悉的还是1993年开始创办的日本J联赛，布赫瓦尔德、利特巴尔斯基、莱因克尔和济科等著名欧美球星都曾来到日本，度过职业生涯暮年。日本的职业联赛参赛球队主要是由各大企业赞助，前三个赛季，观众平均人数达到了每场1.9万人。但随后，J联赛的过分扩张和经济危机导致了观众人数下降，日本职业足球开始面临生存危机，并引发了经营路线改变——高薪外援，逐渐被更多的本土球员取代。

东亚和西亚的足球发展经济基础都要比非洲好，踢球的人数也在逐渐增加。1990年，亚洲注册球员人数达到5400万，是全世界球员人数的一半。但是亚洲足球的成绩却不怎么样：1954年到1998年的33场世界杯比赛，只有4胜7平22负的成绩，得失球为28比87，4场胜利分别由1966年的朝鲜（对意大利），1994年的沙特（对摩洛哥和比利时）和1998年的伊朗（对美国）取得。

亚洲人为什么在足球领域长期无所作为？这的确是一个谜。世界上人口最多的两个国家——中国和印度竟然是最合适的反面典型。中国在1974年才加入亚足联，1979年加入国际足联，1990年注册球员人数2100万。中国政府对足球投资不少，终于在20世纪末拥有了世界上最多的注册球员。也许亚洲一些国家存在经济或者政治问题，但是这些在世界其他很多地方也存在，比如非洲。

欧洲大陆上非洲球员不少，但亚洲球员非常稀有。有一些亚洲国家生活水平很高，因此球员失去了去国外闯荡的动力。在亚洲和非洲工作过的前德国传奇门将特劳特曼表示，非洲年轻球员都迫不及待想去欧洲，并渴望了解那里的生活；亚洲球员的天赋并不比非洲人差，但却对欧洲不感兴趣。1998年世界杯后，韩国足协明确表示，鼓励自己的球员去欧洲联赛踢球，从而为4年后本土举行的世界杯打下一定基础。

此前韩国在欧洲俱乐部最著名的球员是车范根，他在1979年到1989年期间，分别代表法兰克福和勒沃库森参加308场德甲，打入98球，并参加了1986年世界杯。2000/2001赛季，拥有中田英寿的罗马获得意甲冠军，一时间引领了日本球员奔赴亚平宁的风潮。中田英寿早在1997年就成为日本足球的英雄，因为他在对伊朗的世界杯附加赛中替补三浦知良出场，并助攻关键一球。法国世界杯后，中田英寿转会佩鲁贾，马上站稳脚跟，赛季末被《都灵体育报》评选为意甲十大中场，从此成为日本年轻球员的榜样。

不过日本足球的问题，在于身体对抗能力不强，2002年国家队主教练特鲁西埃说过："阿森纳的稻本润一和费耶诺德的小野伸二在俱乐部都是替补，并不是因为他们技术能力不行，而是身体不够强壮。"

可是从1986年到1998年连续参加4届世界杯、却从来没有赢过一场比赛的韩国队，2002年在"主场"，居然正是凭借钢铁般的身体和超强的耐力成了主角——勇往直前的"太极虎"，不可思议地打入了半决赛。

整个夏天，整个韩国都在红色的节奏下齐声高唱，因为他们的球队先后击败了波兰、葡萄牙、意大利、西班牙等欧洲强队，虽然后两场比赛存在错误判罚，欧洲强队也受困于长途跋涉的疲劳，但这些都不能抹杀韩国队的顽强斗志和战术智慧。

为了2002世界杯，韩国人早已积极准备了5个月。在世界舞台上，韩国队的名气不如日本队，但他们无比渴望在主场胜利，并终于获得了成功。

1966年，朝鲜队曾在英格兰打入世界杯8强；36年后，韩国成了世界杯战绩最好的亚洲国家队。荷兰主帅希丁克用果敢和执着，赢得了永恒的赞誉：对阵意大利比分落后时，荷兰人敢于换下两名后卫和一名防守型中场，一口气换上3名进攻队员，"红潮"也终于逆转了比赛。

快递员哈坎

6月29日，韩国大邱，三、四名决赛。比赛刚刚开始11秒，土耳其前锋哈坎·苏克（下图右3）就攻破了韩国门将李云在把守的大门……这是世界杯历史上最快的进球，土耳其前锋一举超过了前捷克斯洛伐克前锋瓦切拉夫·马谢克，后者在1962年世界杯开始15秒攻破了墨西哥队的大门。

非洲新“狮”力

喀麦隆雄狮震惊世界杯12年后，塞内加尔人成为一历史上第2支打入世界杯8强的非洲球队。与前辈们一样，塞内加尔狮群首场比赛就击败了卫冕冠军——1990年世界杯，罗杰·米拉率领喀麦隆队给了阿根廷人一个下马威。有意思的是，击败法国队的博巴·迪奥普及其10名队友，全部出身于法国联赛！法国人布鲁诺·梅楚身为首次参赛的塞内加尔队主教练，给球队注入了正确的战术意识。小组赛中，他们战平乌拉圭也堪称疯狂：塞内加尔上半场3比0领先，可最后居然被对手扳平了。1/8决赛对瑞典，亨利·卡马拉（上图右）这位替补球员打入两球，还成为“金球先生”；可惜随后塞内加尔人似乎被冲昏了头脑，8强大战被土耳其击败，方式也是“突然死亡”。

打入金球的“花花公子”安贞焕当时效力意甲佩鲁贾，赛后他可爱地表示：“我还没有在国际比赛中踢过加时赛……”可惜世界杯结束后，他马上被佩鲁贾扫地出门。

竞技失败？

全球化，是韩日世界杯上最常被讨论的字眼之一。参加2002世界杯的736名球员当中，有361人在非本国联赛效力，其中大部分是在欧洲联赛闯荡。尽管32强当中只有15支欧洲球队，但是31个国家队都有球员在欧洲淘金，唯一的例外是沙特。阿根廷队23名球员当中，有20人在欧洲一线俱乐部效力，法国队则有18人在国外联赛踢球。相比之下，德国队只有3人在国外效力，这是因为欧洲顶级豪门此时对于德国球员的兴趣已经不大。决赛时德国队出场球员只有哈曼效力英超利物浦，对手巴西队则是只有3名球员在本国联赛踢球。

英格兰和西班牙都只有一名球员来自国外俱乐部，意大利则是清一色意甲球员，他们的球员实在找不出什么理由离开本国联赛。全球化，是足球场上强弱差距越来越小的原因，各支球队的选帅方针也都不再坚持本土化，32强中有8支球队聘请了外教。

非洲球队中，塞内加尔走得最远，这其实并不令人惊讶。相比其他非洲球队，塞内加尔人有一个优势，那便是主帅梅楚想要观察自己的球员，根本不需要在整个欧洲大陆四处旅行，或者辗转于欧洲和非洲，他只要在自己的

2002年夏天，韩国和日本上演了一幕幕友谊歌、欢乐颂。4年前结下仇怨的英格兰中场贝克汉姆（右图右）与阿根廷名将西蒙尼化干戈为玉帛，季军争夺战后土、韩两国球员并肩携手向球迷致意也是温情十足（下图）。

祖国法国待着就够了——除了两个替补门将，其他21个塞内加尔国脚都是在法甲效力。这使得球队磨合起来会非常容易，比赛风格也容易达成一致——塞内加尔其实是一个享受欧洲工作条件的非洲球队。

除了塞内加尔，其他非洲球队在韩日世界杯上的表现普遍令人失望。喀麦隆传奇球星罗杰·米拉认为，非洲各国足协对此负有不可推卸的责任，“很多足协往往都找不出可以做决定的人”。

尽管法国、葡萄牙等强队在小组赛结束即遭淘汰，荷兰甚至没能入围32强，但欧洲球队在亚洲依然展现出了强大的整体实力。相比欧洲，南美洲实力损失更大，阿根廷、乌拉圭和厄瓜多尔三支球队都折戟小组赛，巴拉圭在1/8决赛被德国人淘汰，如果不是斯科拉里的巴西队靠着防守足球一路夺冠，南美足球将遭遇更大的灾难。

从竞技角度来看，本届世界杯是历史上比较糟糕的：平均每场2.52个进球，明显低于1994年的2.71球和1998年的2.67球。如果没有德国8比0狂胜沙特以及巴西5比2击败哥斯达黎加两场比赛，本届世界杯实在缺乏可以让人大呼过瘾的对决。要知道，那两场比赛的15个进球已经快要占到本届世界杯总进球数的10%了。

球星累了

本届世界杯，不少大牌球星都暴露出了疲态，这直接导致了他们所在的豪强球队过早出局。教练们纷纷开始重视整体作战，因此，球星的个人作用在本届世界杯无法得到发挥。这一次的冷门实在是太多了，被称为“乌鸦嘴”的球王贝利就表示：“几乎每天都会产生一支新的夺冠热门，但是十几个小时后，热

神速伤愈

2002年4月10日，欧洲冠军联赛曼联与拉科鲁尼亚，贝克汉姆被对方中场杜舍尔铲伤，造成跖骨骨折，此时距离世界杯开幕只有6周！杜舍尔因此遭到口诛笔伐，甚至有人认为，由于杜舍尔是阿根廷人，他是故意犯规，好让贝克汉姆不能在英格兰对阿根廷的比赛中出场。当然，这是一种过激的想法，但埋怨、怀疑已经无用。在接受医生治疗同时，贝克汉姆自己也采取了恢复手段，最终赶在小组赛首场对瑞典之前复出。随后面对阿根廷，小贝也用一记点球破门完成了等待4年的救赎！

● 不受欢迎的吸毒者

马拉多纳又哭了。能被卡斯特罗邀请去古巴的他，却因为吸毒往事被日本拒绝入境。在公开表现难过、并向组委会诚切申请后，日本方面同意他来现场观看阿根廷对瑞典的小组赛，可是马拉多纳最终还是留在家中看完了比赛。马拉多纳没去日本也是好事，因为那场比赛，阿根廷被对手1比1逼平，提前告别了世界杯。

● 团队精神

《韩国时报》将第17届世界杯称为“团队的世界杯”，认为整届赛事是“团队精神”“集体意识”的突出表现。无论是菲戈、齐达内，还是打入决赛的德国或者表现不错的美国，都突出体现了“团队”的意义。阿森纳主教练温格将其视为一种趋势：“比赛精神很重要，甚至比技术、战术和身体素质更重要。在球队水平越来越接近的情况下，精神往往能够决定一切。现如今，世界杯就是意志的对抗。”

● 足球革命

无论是韩国还是日本，球迷们在世界杯期间都制造了热烈的氛围，电视转播收视率也达到了75%。当然，两个国家存在很多区别，包括球迷文化。在韩国，人们容易联想到英格兰；而在日本，足球是与棒球相区别的运动。一方面，你能看到很多女球迷；而另一方面，很多人不过是为了在90分钟里凑凑热闹。日本语言学家久米川麻里生表示：“足球对日本年轻人而言，其实远远超过普通运动，它为我们生活的圈子提供了另外一种选择。一个孩子如果想打棒球，必须经过严酷的训练，这是有上进心人的运动；但如果谁想酷一些，和老师、家长背道而驰，就会踢足球，染头发，戴上耳钉……”

首次参加世界杯便有出色发挥，巴拉克让人眼前一亮。可惜2002年随勒沃库森获得3个亚军的德国中场，不但错过了世界杯决赛，还与冠军失之交臂。

鲁斯图的战争图绘

2000年欧洲杯已经让人们认识了阿里夫、于米特·达瓦拉、奥坎和其他一些土耳其实力派球员；韩日世界杯，则证明土耳其国家队到了世界一流水准。球队成员大都来自加拉塔萨雷俱乐部，2000年欧洲联盟杯的冠军。这是土耳其在1954年之后首次打入世界杯，2000年欧洲杯8强球队一举夺得世界杯第3名，也让人刮目相看。土耳其队的整体足球是世界杯上最好的，每个球员的个人能力都表现得淋漓尽致。居内什执掌的土耳其队充满战术智慧、坚韧和决心，最重要的是，他们的门将非常强大。29岁的鲁斯图是本届世界杯的最大发现，马尾辫、眼睛下方两记黑色的“睫毛膏”、高水准的扑救……鲁斯图后来说，那些“战争图绘”只是一个小技巧，是用来抵御刺眼的球场灯光的。不过他的传奇可并非小技巧：2008年欧洲杯输掉半决赛宣布退役后，他土耳其国家队出场纪录已经有119场。

门就会被淘汰。”

传统的“弱队”迅速追赶上来，特别是他们在战术层面上的准备工作非常出色。强队的球星们因为俱乐部的比赛过于繁重，严重影响了状态，齐达内、菲戈和贝克汉姆都是典型的例子。2002年欧洲冠军杯决赛是在5月15日进行，而第一场世界杯比赛，5月31日就已经开始，这不禁让贝利想起了1970年：“当时巴西队曾经集中训练5个月，最终获得了世界杯冠军。”

体能储备更好的球队，在本届世界杯上占到了大便宜。阿森纳主帅温格表示：“球队的精神非常重要，尤其是在两支球队技战术和身体条件接近的情况下。在没有一支球队能够完全占据上风的情况下，士气决定成败。

这届世界杯更像是一次精神上而不是足球场上的比拼。”

于是，我们看到了世界杯往往不如欧洲冠军联赛精彩。可是评判国家队的标准，本来就不应该和评判曼联、皇马一样：俱乐部球员几乎每天都在一起，而且都是从转会市场上四处搜刮来的精英。

值得一提的是，本届世界杯第一次采用了每队23人报名制度，比以往增加一人。有45名球员在各国的第二级联赛效力，喀麦隆和爱尔兰都是最典型的例子，还有一些球员效力水平更低的联赛。5支非洲参赛球队中，有25人在国内踢球，他们几乎都是业余球员——塞内加尔第三门将卡利杜·西索科在国内联赛的圣女贞德俱乐部效力，每个月只有250欧元薪水。

相比之下，巴西队和德国队的决赛首发球员中，有11人来自德甲，3人来自意甲，2人来自西甲，2人来自法甲，1人来自英超，3人来自巴西甲，完全是明星级对决。

尽管整体水平不高，但韩日世界杯还是证明了世界足球盛会的地位和影响力。正如德国《明镜周刊》评论的那样，虽然现在球员经常更换俱乐部，或者是手机号码，但回到国家队、参加世界杯，是他们找回足球本质的唯一机会。每一场国家队比赛，都是一次球星和祖国的约会。

莫雷诺，小丑

苦涩与闹剧中窝囊出局的意大利队，让一个人举世闻名。维隆·莫雷诺·鲁亚莱斯，33岁的厄瓜多尔裁判。本届赛事他先执法了小组赛美国3比2击败葡萄牙，表现还算不错。6月18日，1/8决赛意大利对韩国，厄瓜多尔人开始了狂放表演：意大利人控诉莫雷诺以并不存在的越位取消了托马西的进球，还抱怨他以假摔之名罚下了托蒂。莫雷诺因此成为意大利队出局的替罪羊，也成为国际足联抓出来的反面典型。面对本届世界杯上过多的错误判罚，国际足联主席布拉特承诺，未来的世界杯只会请习惯高水平比赛的裁判执法。2003年3月，国际足联最终认定莫雷诺“舞弊证据不足”，意大利人也只能靠娱乐节目调侃这个“黑哨”。但世界杯后3个月，莫雷诺居然被厄瓜多尔足协停哨20场，理由是他在一场本国比赛中，补时长达12分钟。

总统家的足球

乔治·布什（下图中），2002年的美国总统，他承认自己完全不懂足球，但早早便要求布鲁斯·阿瑞纳执教的美国国家队结束世界杯回国后一定要到白宫做客——岂料争气的美国队一举打入8强，这是他们在1930年世界杯（4强）之后的最好成绩。他们和韩国队一样，趁着葡萄牙队状态不济小组出线，1/8决赛利用防守反击淘汰了墨西哥。阿瑞纳让美国队的组织更加职业化，并收获了培训计划的果实。队中的一批年轻人，比如多诺万、比斯利、奥布赖恩，都从此被世界所认知。

1/4决赛巴西对英格兰，罗纳尔迪尼奥（小图）击垮英格兰老门将希曼的“天外飞仙”任意球，堪称想象力与运气的完美结合。

决赛
德国0比2巴西
2002年6月30日
横滨国立竞技场

欧洲与南美洲获得世界杯次数最多的两巨头会师决赛，将是何种场景？世界杯前72年的历史从未给出答案，而这一谜底，终于在2002年6月30日的横滨国立竞技场揭开。可惜这并不是一场均等的较量：巴西队前场魔翼罗纳尔迪尼奥结束停赛重回首发，而德国队的中场核心巴拉克，却因为淘汰赛阶段连吃两黄作壁上观，沃勒尔只能押宝开赛至今神勇无敌的卡恩。

此前已追平前6届世界杯金靴单届进球数的罗纳尔多，会否打破射手王6球封顶魔咒？相比决赛结果，这仿佛是人们最关心的悬念。而"外星人"创造纪录之前，巴西队长卡福已经成为第一个连续参加三届世界杯决赛的传奇。

2002年6月30日，巴西队历史上第5次世界杯夺冠后，在横滨国立竞技场中央完成了一场盛大的"感恩仪式"。巴西、金杯，两者完美融为一体！

科利纳魔咒

从事裁判工作14年之后，意大利"光头法官"科利纳终于站在了世界杯决赛的最高舞台。冷静，敏锐，严格，幽默，意大利人用最棒的表现结束了韩日世界杯最后一场比赛，也让一届充满争议哨声的赛事得到了一个安慰性收尾。不过德国门将卡恩对科利纳不太满意，并非因为执法水平，而是因为一个魔咒。"科利纳是最好的主裁判，但他总是给我带来噩运。1999年欧冠决赛，他吹，我们输了（拜仁1比2曼联）；2001年世界杯预选赛主场对英格兰，他吹，我们又输了（德国1比5）；这次，他又给我吹输了……"

木讷的卡恩

决赛结束哨音吹响，卡恩失落地坐下，靠在左侧门柱边。一贯神色严峻、霸道高傲的巨人，此时有些让人认不出来了，他被石化了。他的德国队友们逐个来安慰他，要么拍拍他的背，要么摸摸他的肩……但卡恩已经无法被安慰。33岁的他，正处于职业生涯的巅峰，7场世界杯比赛的表现近乎完美，直到决赛第66分47秒，一次意外的扑球脱手，让他深深陷入了困惑与自责……为了忘记自己的罪恶感，卡恩谈到了未来："我们将依赖眼下这些年轻球员备战2006年本土世界杯。"可惜2006年德国队退居第三，卡恩也不再是主力。

决赛：2002.6.30　德国0：2巴西　横滨国立竞技场（69029人），主裁判：科利纳（意大利）
进球：罗纳尔多67'、79'

横滨夏天的傍晚凉爽舒适，分外适合比赛。开场后，两队均小心翼翼，立足于稳固防守的巴西队，也付出了罗克·儒尼奥尔吃到本场首张黄牌的代价。不过第19分钟，技术更佳的桑巴军团还是率先发难，罗纳尔迪尼奥直传塞到德国队防线身后，罗纳尔多单刀突进面对卡恩选择横传远角，但里瓦尔多跟上稍慢错过皮球。随后极度兴奋的"外星人"再度单挑"狮王"，但后者注意力完全集中，识破了对手的挑射。

斯科拉里向来不迷信控球率，在此指导思想下，场面占优的德国队并未创造出多少进攻机会，倒是巴西队的反击每每直奔要害：第45分钟，小罗左侧横传，克莱伯森在门前20米处右脚内侧搓出弧线球，皮球越过卡恩头顶，却打在横梁上。

上半时补时阶段，卡洛斯左侧大力低射，罗纳尔多在门前10米处停下皮球后转身左脚射门，卡恩再次用腿将皮球挡出，整个上半场几乎成了德国1号的独角戏。

易边后，德国队迎来了绝佳机会：日耳曼战车在门前30米处主罚任意球，老将诺伊维尔用右脚外脚背抽出弧线，球绕过人墙，马科斯飞身扑救指尖堪堪触及，皮球稍稍变向，击中右门柱弹出。懊恼的诺伊维尔狠狠地搓着自己的头发，而场边的主帅沃勒尔神情更加沮丧，他似乎预感到了不妙。躲过一劫的巴西队随后发动潮水般攻势：吉尔伯托头顶脚踢却在门前将球打偏，罗纳尔多禁区内再度开炮被拉梅洛舍身化解；禁区内抢点的埃德米尔森

第5金靴

凭借决赛中的两个进球，罗纳尔多终于以7场比赛8个进球的成绩打破了过去6届世界杯“最佳射手只能进6球”的宿命。不过罗纳尔多的成绩只能并列排在历史单届射手榜第5名，在他前面还有阿德米尔（巴西，1950）和尤西比奥（葡萄牙，1966）的9球，盖德·穆勒（西德，1970）的10球，柯奇士（匈牙利，1954）的11球，而1958年世界杯法国射手方丹6场13个进球的纪录，至今无人能破！

对德国老将比埃霍夫（左）和博德（右）来说，用一个世界杯亚军告别国家队也并非悲剧，更何况两人本届赛事也都取得了进球。

更被对手撕破球衣，但科利纳并未理睬巴西后卫的投诉。

加时赛？对于诞生了多场金球决胜的本届世界杯而言，的确很刺激，但留着阿福头的罗纳尔多显然不同意。第66分钟他在前场突破被断，心有不甘的“外星人”马上反抢，从哈曼脚下将球勾出，横推给里瓦尔多，之前已经打进5球的后者门前20米处左脚抽射，卡恩面对并无太多冲击力的皮球竟然不可思议地脱手，高速起动的罗纳尔多杀到小禁区边缘右脚推射，皮球滚入大门下角，僵局终于被改写！好戏还不算完，10分钟后“外星人”奏鸣双响炮：里瓦尔多面对林克防守漏过皮球，后面赶来的罗纳尔多在门前17米处右脚脚弓推射，球贴着地面从卡恩腋下钻过，擦门柱入网，2比0！

兵员不整的德国队，此时终于缴械。完美演出一小时，10分钟内竟然砸锅！卡恩尽管将金球奖和雅辛奖包揽，但“狮王”赛后还没来得及擦拭脸上的伤口，便抄起一瓶啤酒，嘴对瓶喝了个底朝天，以宣泄郁闷——赛后有媒体报道，卡恩扑救里瓦尔多的射门之前，手指已经受伤。而在巴西队一边，马科斯继续长跪不起，双手指天感谢上帝，还拉上了另一个虔诚的教徒——20岁的卡卡。

以8个进球改写纪录、捧起金靴的罗纳尔多，终于结束了噩梦般的4年。身型略有发福的他面对话筒不忘打趣：“世界杯期间禁欲，无疑分外难受，好在世界杯每四年才来一次。”

外星人归来

世界杯第一次亚洲之行，便回馈了它最忠实的信徒。其中，有个信徒刚刚回归。

罗纳尔多全身抖动，痛哭失声……几秒钟前，他在欢呼声中下场，他为巴西队在球衣上增加了第5颗星。如果要给这颗崭新的星星命名，它必须叫罗纳尔多。对阵德国队的决赛，他是唯一的进球者；半决赛对阵土耳其，他也是唯一的进球者。2002年夏夜荣耀，注定属于罗纳尔多。

在这届充满惊喜的世界杯中，罗纳尔多是为数不多保持水准的巨星之一。或者说，他的出现就是最大的惊喜。4年前他的名誉、光荣、期待达到了顶峰，但最终结果却让人们失望——1998年那场决赛前几小时他身体不适的原因依然是个谜。其间4年，罗纳尔多感受到了非凡的阴暗和痛苦，4年中，罗纳尔多再也没有恢复到1998年那场决赛之前的水平。

1999年7月，罗纳尔多打入5球，并帮助巴西队夺得美洲杯。但11月21日，在国际米兰的一场比赛中，"外星人"的右膝髌骨韧带撕裂……手术，康复，漫长的休息。2000年4月12日，罗纳尔多对拉齐奥复出，可是回归只持续了7分钟。这一次，又是撕裂，完全的撕裂。一年半后，罗纳尔多重返意甲；2002年3月底，罗纳尔多重返国家队，这时距离韩日世界杯开始只有两个月了。对南斯拉夫的热身赛后，罗纳尔多说："今天，我没能进球，但我把它们留给世界杯了。"

个人第3次世界杯开始时，罗纳尔多仅仅25岁，正是青春好年华。然而即便在巴西，也很少有人愿意信赖这个过去4年累积只踢了一个赛季（36场意甲）比赛的人。"外星人"的身体很脆弱，不能猛烈启动，也不能疯狂加速冲刺。但在亚洲，一切怀疑都成了罗纳尔多强势复兴的铺垫。

这次的巴西国家队由斯科拉里率领，球队在预选赛中表现非常糟糕，不比罗纳尔多更被人看好。因此这一次，桑巴球队确实不是夺冠大热门。但这支貌不惊人的巴西队无暇与光荣前辈们相比，而是逐渐用比赛改进着自己的配合，尽量发挥着天才们的个人水平。7战全胜，从未进入加时赛，共打入18粒进球，这就是冠军的数字。

第一场比赛对土耳其，罗纳尔多强势启动，飞身扳平比分；到了半决赛再碰土耳其，罗纳尔多已然威风八面，脚尖轻轻一捅，就击溃了土耳其最优秀的门将鲁斯图。复兴的罗纳尔多无所不能，甚至发型都是推陈出新，可爱的阿福头，就像胡须长到了头顶上。横滨决赛那天，罗纳尔多邀请了法国人吉拉尔·塞扬教授到场，当初正是塞扬医生为他做的手术，他最清楚罗纳尔多忍受的一切。在巴西与德国的决赛前67分钟时间里，巴西足球历史上最后一位在世界杯决赛常规时间进球的名字，依然是"卡洛斯·阿尔贝托"，那已经是32年前的事情了。

但90分钟之后，"外星人"成为世界杯历史上第9个在决赛中至少打入两球的球员，追平了科劳西和皮奥拉（1938年意大利）、拉恩（1954年西德）、瓦瓦和贝利（1958年巴西）、肯佩斯（1978年阿根廷）以及齐达内（1998年法国），仅比1966年英格兰队的赫斯特少进一球。罗纳尔多还追平了贝利在世界杯上的进球纪录，12个；他只需要再进3球，就能打破西德射手盖德·穆勒保持的14球世界杯个人进球纪录，这正是4年后他在德国世界杯上的所作所为。

他们是冠军

主教练

斯科拉里 Luiz Scolari

1948年11月9日出生，巴西人

人们称他为“将军”，更多是出于尊重和敬畏，而不是赞美。本届世界杯，他的球队更多是依靠个体强悍和团队精神，而不是人们印象中的华丽技术和精妙配合走向成功的。斯科拉里的理念体现在放弃罗马里奥，并重用不怎么“巴西”的吉尔伯托·席尔瓦和克莱伯森。

门　将

马科斯 Marcos

1973年8月4日出生

效力俱乐部：帕尔梅拉斯（巴西甲）

人称“圣马科斯”，解决了长期困扰巴西队的门将问题。总能自信地控制禁区，对比利时、土耳其的淘汰赛发挥上佳，决赛几乎没有受到威胁。

迪达 Dida

1973年10月7日出生

效力俱乐部：科林蒂安（巴西甲）

赛前被寄予厚望的门将，但在韩日世界杯上没能取代马科斯。

塞尼 Ceni

1973年1月22日出生

效力俱乐部：圣保罗（巴西甲）

“点球杀手”，但没有得到出场机会。

后　卫

卢西奥 Lucio

1978年5月8日出生

效力俱乐部：勒沃库森（德甲）

他的向前意识总让球迷兴奋不已，也稍稍改变了斯科拉里“安全第一”的理念。从头到尾7场比赛均有不俗表现，唯一的失误是1/4决赛漏掉欧文，让英格兰队取得领先。

罗克·儒尼奥尔 Roque Junior

1976年8月31日出生

效力俱乐部：AC米兰（意甲）

整届赛事乏善可陈，状态起伏，制空能力也差。尽管如此，他仍然在7场比赛中6次首发。决赛时终于表现了一下，空中对抗没落下风，但地面控制依然乏力。

埃德米尔森 Edmilson

1976年7月10日出生

效力俱乐部：里昂（法甲）

首战对阵土耳其表现一般，迎战中国坐到了替补席上，但末战哥斯达黎加打进惊世侧钩！淘汰赛阶段重新复活，按照斯科拉里的部署，他与卢西奥、罗克·儒尼奥尔组成的防线很稳固。

卡福 Cafu

1970年6月7日出生

效力俱乐部：罗马（意甲）

世界杯历史上第一位连续三届决赛首发的球员，可靠的右路攻防全能手。职业生涯第一次成为世界杯冠军队长，与罗伯托·卡洛斯一起延展了球队的边路，稳定、娴熟的技术令人放心。

罗伯托·卡洛斯 Roberto Carlos

1973年4月10日出生

效力俱乐部：皇家马德里（西甲）

左脚任意球大师，对阵中国队打进世界波，参加6场比赛（对哥斯达黎加停赛），不断用助攻为巴西队增加有效进攻点。

波尔加 Anderson Polga

1979年2月9日出生

效力俱乐部：格雷米奥（巴西甲）

对阵中国和哥斯达黎加都得到了机会，但整体表现并不令人信服。因此进入淘汰赛后，只能在板凳上打发时间了。

贝莱蒂 Belletti

1976年6月20日出生

效力俱乐部：圣保罗（巴西甲）

这名防守型全能球员在对土耳其的半决赛中替补出场5分钟，当然，无法尽情发挥。

儒尼奥尔 Junior

1973年6月20日出生

效力俱乐部：帕尔马（意甲）

虽然在小组赛末轮5比2大胜哥斯达黎加的比赛中得到机会并用进球证明了自己，但在关键场合，斯科拉里还是不敢用他替换强悍的卡洛斯。

中 场

里瓦尔多 Rivaldo

1972年4月19日出生

效力俱乐部：巴塞罗那（西甲）

控球之王，全部7场比赛都有优异表现。只要他拿球，对方的禁区就要面临危险，巴西球迷也会陷入疯狂。不过对土耳其的小组赛诈伤倒地表演以及之后的不当言行，葬送了他的形象。

吉尔伯托·席尔瓦 Gilberto Silva

1976年10月7日出生

效力俱乐部：米内罗竞技（巴西甲）

埃莫森因伤退出后，他在中场的作用更为关键。虽然2001年11月才开始代表国家队比赛，但吉尔伯托是韩日世界杯上仅有4个打满了全部7场的球员之一。勤奋的工兵，善于填补空当，也能用简单实用的办法支援进攻。

大儒尼尼奥 Juninho

1973年2月22日出生

效力俱乐部：弗拉门戈（巴西甲）

前4场比赛均首发出场，可惜没能提供让人信服的表现，于是从1/4决赛开始，他被防守更好的克莱伯森取代了。

克莱伯森 Kleberson

1979年6月19日出生

效力俱乐部：巴拉纳竞技（巴西甲）

进入淘汰赛后依靠稳健的防守和积极的跑动成为主力，让批评家们不再挑剔。决赛中，他的控球、策应、加速和盘带也起到了决定性作用。

德尼尔森 Denilson

1977年8月24日出生

效力俱乐部：皇家贝蒂斯（西甲）

豪华替补，最耀眼的表演是半决赛对土耳其，充分展示了盘带功夫。但与4年前一样，他的球风还是有些独。

万佩塔 Vampeta

1974年3月13日出生

效力俱乐部：科林蒂安（巴西甲）

人们原本以为埃莫森伤退后他能得到机会，但前国际米兰失意人仅仅在对阵土耳其的小组赛中得到了18分钟亮相时间。

里卡迪尼奥 Ricardinho

1976年5月23日出生

效力俱乐部：科林蒂安（巴西甲）

埃莫森训练中意外受伤后替补入选，3次出场也证明了自己是合格的“龙套”。

卡卡 Kaka

1982年4月22日出生

效力俱乐部：圣保罗（巴西甲）

23人中最年轻的球员，他的入选也引起了一阵兴奋。虽然仅对哥斯达黎加得到机会，但一年之后，他马上成为AC米兰的闪耀之星。

前 锋

罗纳尔多 Ronaldo

1976年9月22日出生

效力俱乐部：国际米兰（意甲）

差点因伤错过赛事，但最终战胜了自己，小组赛阶段就展现了重生状态。决赛中依靠两次闪电进攻决定了最终结果，整届赛事一共打进8球，当之无愧的射手王。

罗纳尔迪尼奥 Ronaldinho

1980年3月21日出生

效力俱乐部：巴黎圣日耳曼（法甲）

本届世界杯巴西队的最大发现。对阵英格兰打进了超级任意球，又被红牌罚下。高速盘带、个人突破，他与罗纳尔多、里瓦尔多组成了巴西队无与伦比的“3R”进攻组合。决赛上半场表现不错，但下半场“消失”了。

路易松 Luizao

1975年11月14日出生

效力俱乐部：格雷米奥（巴西甲）

两次出场，都是对阵土耳其，但没有令人信服的表现，反而激起了有关“斯科拉里不应该放弃那些在欧洲踢球的大牌”的讨论。

埃迪尔森 Edilson

1971年9月17日出生

效力俱乐部：克鲁塞罗（巴西甲）

两次替补出场，但个人能力和创造力都无法与罗纳尔迪尼奥相比。速度很快，但性情也很暴躁。

赛程赛果

注：■为点球大战比分，■为出现加时赛。

A组	
2002.5.31	法国0:1塞内加尔
2002.6.1	乌拉圭1:2丹麦
2002.6.6	法国0:0乌拉圭
2002.6.6	丹麦1:1塞内加尔
2002.6.11	塞内加尔3:3乌拉圭
2002.6.11	丹麦2:0法国

B组	
2002.6.2	巴拉圭2:2南非
2002.6.2	西班牙3:1斯洛文尼亚
2002.6.7	西班牙3:1巴拉圭
2002.6.8	南非1:0斯洛文尼亚
2002.6.12	南非2:3西班牙
2002.6.12	斯洛文尼亚1:3巴拉圭

C组	
2002.6.3	巴西2:1土耳其
2002.6.4	中国0:2哥斯达黎加
2002.6.8	巴西4:0中国
2002.6.9	哥斯达黎加1:1土耳其
2002.6.13	哥斯达黎加2:5巴西
2002.6.13	土耳其3:0中国

D组	
2002.6.4	韩国2:0波兰
2002.6.5	美国3:2葡萄牙
2002.6.10	韩国1:1美国
2002.6.10	葡萄牙4:0波兰
2002.6.14	韩国1:0葡萄牙
2002.6.14	波兰3:1美国

日期	球队	比分	点球/加时
2002.6.15	德国	1	
	巴拉圭	0	
2002.6.17	美国	2	
	墨西哥	0	
2002.6.16	西班牙	1	3
	爱尔兰	1	2
2002.6.18	韩国		2
	意大利		1
2002.6.21	德国	1	
	美国	0	
2002.6.22	韩国	0	5
	西班牙	0	3
2002.6.25	韩国	0	
	德国	1	
季军 2002.6.29	韩国	2	
	土耳其	3	
决赛 2002.6.30	德国	0	
	巴西	2	
2002.6.26	巴西	1	
	土耳其	0	
2002.6.21	英格兰	1	
	巴西	2	
2002.6.22	塞内加尔		0
	土耳其		1
2002.6.15	丹麦	0	
	英格兰	3	
2002.6.17	巴西	2	
	比利时	0	
2002.6.16	瑞典		1
	塞内加尔		2
2002.6.18	日本	0	
	土耳其	1	

E组	
2002.6.1	爱尔兰1:1喀麦隆
2002.6.1	德国8:0沙特阿拉伯
2002.6.5	德国1:1爱尔兰
2002.6.6	喀麦隆1:0沙特阿拉伯
2002.6.11	喀麦隆0:2德国
2002.6.11	沙特阿拉伯0:3爱尔兰

F组	
2002.6.2	阿根廷1:0尼日利亚
2002.6.2	瑞典1:1英格兰
2002.6.7	瑞典2:1尼日利亚
2002.6.7	阿根廷0:1英格兰
2002.6.12	瑞典1:1阿根廷
2002.6.12	尼日利亚0:0英格兰

G组	
2002.6.3	克罗地亚0:1墨西哥
2002.6.3	意大利2:0厄瓜多尔
2002.6.8	意大利1:2克罗地亚
2002.6.9	墨西哥2:1厄瓜多尔
2002.6.13	墨西哥1:1意大利
2002.6.13	厄瓜多尔1:0克罗地亚

H组	
2002.6.4	日本2:2比利时
2002.6.5	俄罗斯2:0突尼斯
2002.6.9	日本1:0俄罗斯
2002.6.10	突尼斯1:1比利时
2002.6.14	比利时3:2俄罗斯
2002.6.14	日本2:0突尼斯

战场

韩国

蓝弧世界杯体育场
Daegu Blue-Arc Stadium
所在城市：大邱
容量：68014人
本届杯赛承办4场比赛
平均上座率：78%

首尔世界杯体育场
Seoul World Cup Stadium
所在城市：首尔
容量：64677人
本届杯赛承办3场比赛（包括揭幕战）
平均上座率：88%

釜山亚运体育场
Busan Asiad Stadium
所在城市：釜山
容量：55983人
本届杯赛承办3场比赛
平均上座率：69%

仁川文鹤体育场
Incheon Munhak Stadium
所在城市：仁川
容量：52179人
本届杯赛承办3场比赛
平均上座率：92%

蔚山文殊体育场
Munsu Cup Stadium
所在城市：蔚山
容量：43550人
本届杯赛承办3场比赛
平均上座率：78%

水原大鸟体育场
Suwon World Cup Stadium
所在城市：水原
容量：43288人
本届杯赛承办4场比赛
平均上座率：86%

希丁克体育场
Guus Hiddink Stadium
所在城市：光州
容量：44118人
本届杯赛承办3场比赛
平均上座率：76%
（原名光州世界杯体育场）

全州世界杯体育场
Jeonju World Cup Stadium
所在城市：全州
容量：42477人
本届杯赛承办3场比赛
平均上座率：72%

济州世界杯体育场
Jeju World Cup Stadium
所在城市：西归浦
容量：36800人
本届杯赛承办3场比赛
平均上座率：73%

大田世界杯体育场
Daejeon World Cup Stadium
所在城市：大田
容量：40535人
本届杯赛承办3场比赛
平均上座率：78%

日本

横滨国立竞技场
International Stadium Yokohama
所在城市：横滨
容量：70000人
本届杯赛承办4场比赛（包括决赛）
平均上座率：92%

埼玉2002体育场
Saitama Stadium 2002
所在城市：埼玉
容量：63000人
本届杯赛承办4场比赛
平均上座率：87%

小笠山综合运动公园体育场
Shizuoka "Ecopa" Stadium
所在城市：静冈
容量：50600人
本届杯赛承办3场比赛
平均上座率：92%

长居陆上竞技场
Nagai Stadium
所在城市：大阪
容量：50000人
本届杯赛承办3场比赛
平均上座率：90%

宫城体育场
Miyagi Stadium
所在城市：宫城
容量：49000人
本届杯赛承办3场比赛
平均上座率：93%

大分体育公园综合竞技场
Oita Stadium
所在城市：大分
容量：43000人
本届杯赛承办3场比赛
平均上座率：92%

东北电力大天鹅体育场
Niigata Stadium
所在城市：新泻
容量：42300人
本届杯赛承办3场比赛
平均上座率：84%

茨城县立鹿嶋体育场
Kashima Stadium
所在城市：茨城
容量：42000人
本届杯赛承办3场比赛
平均上座率：85%

御崎公园竞技场
Kobe Wing Stadium
所在城市：神户
容量：42000人
本届杯赛承办3场比赛
平均上座率：85%

札幌穹顶体育场
Sapporo Dome Stadium
所在城市：札幌
容量：42000人
本届杯赛承办3场比赛
平均上座率：78%

最佳阵容

射手榜

排名	球员（国家）	进球数
▲ 1	罗纳尔多（巴西）	8
2	里瓦尔多（巴西）	5
	克洛泽（德国）	5
4	托马森（丹麦）	4
	维耶里（意大利）	4
6	伊尔汗（土耳其）等9人	3

第1名 巴西

主教练：斯科拉里（巴西）

号码	球员	进球/出场
门将		
1	马科斯	-4/7
12	迪达	-/-
22	塞尼	-/-
后卫		
2	卡福	0/7
3	卢西奥	0/7
4	罗克·儒尼奥尔	0/6
5	埃德米尔森	1/6
6	罗伯托·卡洛斯	1/6
13	贝莱蒂	0/1
14	波尔加	0/2
16	儒尼奥尔	1/1
中场		
7	里卡迪尼奥	0/3
8	吉尔伯托·席尔瓦	0/7
10	里瓦尔多	5/7
11	罗纳尔迪尼奥	2/5
15	克莱伯森	0/5
18	万佩塔	0/1
19	大儒尼尼奥	0/5
23	卡卡	0/1
前锋		
9	罗纳尔多	8/7
17	德尼尔森	0/5
20	埃迪尔森	0/4
21	路易松	0/2

第2名 德国

主教练：沃勒尔（德国）

号码	球员	进球/出场
门将		
1	卡恩	-3/7
12	莱曼	-/-
23	布特	-/-
后卫		
2	林克	1/7
3	雷默	0/1
4	鲍曼	0/1
5	拉梅洛	0/5
6	齐格	0/5
21	梅策尔德	0/7
中场		
8	哈曼	0/6
10	里肯	-/-
13	巴拉克	3/6
15	凯尔	0/2
16	耶雷梅斯	0/7
17	博德	1/6
18	博梅	-/-
19	施奈德	1/7
22	弗林斯	0/7
前锋		
7	诺伊维尔	1/6
9	扬克尔	1/3
11	克洛泽	5/7
14	阿萨莫阿	0/3
20	比埃霍夫	1/5

第3名 土耳其

主教练:居内什（土耳其）

号码	球员	进球/出场
门将		
1	鲁斯图	-6/7
12	厄梅尔	0/1
23	厄兹吉尔泰金	-/-
后卫		
2	埃姆雷·阿西克	0/2
3	布伦特	1/6
4	法蒂赫	0/7
5	阿尔帕伊	0/5
16	于米特·厄扎特	0/2
20	哈坎·云萨尔	0/4
中场		
7	奥坎	0/[illegible]
8	图加伊	0/7
10	巴斯图尔克	0/7
13	伊泽特	0/[illegible]
14	塔伊富尔	0/3
18	埃尔京	0/5
19	埃尔坎	-/-
21	埃姆雷	1/5
22	于米特·达瓦拉	2/7
前锋		
6	阿里夫	0/4
9	哈坎·苏克	1/7
11	哈桑·萨斯	2/6
15	尼哈特	0/2
17	伊尔汗	3/7

第4名 韩国

主教练:希丁克（荷兰）

号码	球员	进球/出场
门将		
1	李云在	-6/7
12	金秉址	-/-
23	崔殷诚	-/-
后卫		
4	崔镇哲	0/6
7	金泰映	0/7
10	李荣杓	0/5
15	李敏成	0/2
20	洪明甫	0/7
22	宋钟国	1/7
中场		
2	玄泳民	-/-
3	崔成勇	-/-
5	金南一	0/5
6	柳相铁	1/7
8	崔兑旭	0/1
13	李乙容	1/4
17	尹晶焕	-/-
21	朴智星	1/7
前锋		
9	薛琦铉	1/7
11	崔龙洙	0/1
14	李天秀	0/7
16	车杜里	0/4
18	黄善洪	1/5
19	安贞焕	2/7

第5名 西班牙

主教练:卡马乔（西班牙）

号码	球员	进球/出场
门将		
1	卡西利亚斯	-5/5
13	里卡多	-/-
23	孔特雷拉斯	-/-
后卫		
2	库罗·托雷斯	0/1
3	胡安弗兰	0/3
5	普约尔	0/4
6	耶罗	2/4
15	罗梅罗	0/3
20	纳达尔	0/4
中场		
4	埃尔格拉	0/5
8	巴拉哈	0/4
11	德佩德罗	0/4
14	阿尔贝尔达	0/2
16	门迭塔	1/3
17	贝莱隆	1/4
18	塞尔吉奥	0/1
19	哈维	0/3
21	路易斯·恩里克	0/5
22	华金	0/2
前锋		
7	劳尔	3/4
9	莫伦特斯	3/5
10	特里斯坦	0/2
12	卢克	0/2

第6名 英格兰

主教练:埃里克森（瑞典）

号码	球员	进球/出场
门将		
1	希曼	-3/5
13	N.马丁	-/-
22	詹姆斯	-/-
后卫		
2	迈尔斯	0/5
3	阿什利·科尔	0/5
5	费迪南德	1/5
6	坎贝尔	1/5
12	韦斯·布朗	-/-
14	布里奇	0/2
15	基翁	-/-
16	索思盖特	-/-
中场		
4	T.辛克莱	0/4
7	贝克汉姆	1/5
8	斯科尔斯	0/5
18	哈格里夫斯	0/2
19	乔·科尔	0/1
21	巴特	0/4
23	代尔	0/3
前锋		
9	福勒	0/1
10	欧文	2/5
11	赫斯基	1/5
17	谢林汉姆	0/4
20	瓦塞尔	0/3

第7名 塞内加尔

主教练:梅楚（法国）

号码	球员	进球/出场
门将		
1	西尔瓦	-6/5
16	迪亚洛	-/-
22	K.西索科	-/-
后卫		
2	O.达夫	0/5
4	M.迪奥普	0/5
5	恩杜尔	0/1
6	A.西塞	0/4
13	迪亚塔	0/5
17	科利	0/5
21	贝耶	0/3
中场		
3	萨尔	0/1
10	法迪加	1/4
12	A.法耶	0/2
14	Mo.恩迪亚耶	0/3
15	迪奥	1/3
19	博巴·迪奥普	3/5
20	S.恩迪亚耶	-/-
23	Ma.恩迪亚耶	-/-
前锋		
7	H.卡马拉	2/4
8	A.特劳雷	-/-
9	S.卡马拉	0/1
11	迪乌夫	0/5
18	恰夫	0/1

第8名 美国

主教练:阿瑞纳（美国）

号码	球员	进球/出场
门将		
1	弗里德尔	-7/5
18	凯勒	-/-
19	梅奥拉	-/-
后卫		
2	梅杜克	0/4
3	贝尔哈特	0/2
4	马斯特罗尼	0/3
6	里吉斯	-/-
12	阿古斯	0/3
14	切伦多洛	-/-
16	利亚莫萨	0/2
22	桑内赫	0/5
23	波普	0/5
中场		
5	奥布赖恩	1/5
7	埃迪·刘易斯	0/3
8	E.斯图尔特	0/4
10	雷纳	0/4
13	柯比·琼斯	0/4
17	比斯利	0/3
前锋		
9	J.摩尔	0/2
11	马西斯	1/3
15	J.沃尔夫	0/2
20	麦克布莱德	2/5
21	多诺万	2/5

第9名 日本

主教练:特鲁西埃(法国)

号码	球员	进球/出场
门将		
1	川口能活	-/-
12	楢崎正刚	-3/4
23	曾端准	-/-
后卫		
2	秋田丰	-/-
3	松田直树	0/4
4	森冈隆三	0/1
6	服部年宏	0/1
16	中田浩二	0/4
17	宫本恒靖	0/4
中场		
5	稻本润一	2/4
7	中田英寿	1/4
8	森岛宽晃	1/3
14	三都主	0/2
15	福西崇史	0/1
18	小野伸二	0/4
19	小笠原满男	0/1
20	明神智和	0/3
21	户田和幸	0/4
22	市川大祐	0/3
前锋		
9	西泽明训	0/1
10	中山雅史	0/1
11	铃木隆行	1/4
13	柳泽敦	0/3

第10名 丹麦

主教练:奥尔森(丹麦)

号码	球员	进球/出场
门将		
1	索伦森	-5/4
16	P.凯尔	-/-
22	克里斯蒂安森	-/-
后卫		
3	亨里克森	0/4
4	劳尔森	0/4
5	海因策	0/2
6	赫尔维格	0/4
12	N.延森	0/3
13	卢斯蒂	-/-
20	博盖伦	0/2
中场		
2	托夫丁	0/4
7	格拉维森	0/4
8	格伦夏尔	0/4
10	约根森	0/3
14	C.延森	0/1
17	波尔森	0/3
19	罗梅达尔	1/4
23	B.尼尔森	0/1
前锋		
9	托马森	4/4
11	桑德	0/3
15	米夏尔森	-/-
18	洛文克兰斯	0/1
21	马森	-/-

第11名 墨西哥

主教练:阿吉雷(墨西哥)

号码	球员	进球/出场
门将		
1	O.佩雷斯	-4/4
12	O.桑切斯	-/-
23	坎波斯	-/-
后卫		
2	德安达	-/-
4	马克斯	0/4
5	比德里奥	0/4
16	卡尔莫纳	0/4
20	M.布朗	-/-
22	A.罗德里格斯	-/-
中场		
3	R.加西亚	0/1
6	托拉多	1/4
7	R.莫拉莱斯	0/4
8	阿斯佩	0/1
11	卢纳	0/4
13	梅尔卡多	0/3
14	G.比利亚	-/-
18	J.罗德里格斯	0/3
19	卡瓦列罗	0/3
21	阿雷利亚诺	0/3
前锋		
9	博尔格蒂	2/4
10	布兰科	1/4
15	赫尔南德斯	0/3
17	帕伦西亚	0/2

第12名 爱尔兰

主教练:麦卡锡(爱尔兰)

号码	球员	进球/出场
门将		
1	吉文	-3/4
16	迪恩·基利	-/-
23	阿兰·凯利	-/-
后卫		
2	芬南	0/4
3	哈特	0/4
4	坎宁安	0/2
5	斯汤顿	0/4
14	布林	1/4
15	R.邓恩	-/-
18	加里·凯利	0/4
20	A.奥布赖恩	-/-
中场		
7	麦卡蒂尔	0/2
8	霍兰	1/4
11	基尔巴尼	0/4
12	金塞拉	0/4
22	卡斯利	0/1
前锋		
9	达夫	1/4
10	罗比·基恩	3/4
13	康诺利	0/1
17	奎因	0/3
19	莫里森	-/-
21	S.里德	0/2

★6号罗伊·基恩开赛前与麦卡锡产生矛盾被开除。

第13名 瑞典

主教练:拉格贝克/舍德贝里(瑞典)

号码	球员	进球/出场
门将		
1	赫德曼	-5/4
12	基尔斯特特德	-/-
23	伊萨克松	-/-
后卫		
2	梅尔贝里	0/4
3	P.安德森	-/-
4	米亚尔比	0/4
5	M.斯文松	-/-
13	安东内柳斯	0/0
14	埃德曼	0/0
15	A.雅各布松	0/4
16	卢西克	0/4
中场		
6	林德罗特	0/4
7	亚历山大松	1/4
8	A.斯文松	1/4
9	永贝里	0/2
17	M.斯文松	0/4
18	M.容松	0/2
19	法尔内鲁德	-/-
20	D.安德森	-/-
前锋		
10	奥尔巴克	0/4
11	拉尔森	3/4
21	伊布拉希莫维奇	0/2
22	A.安德森	0/4

第14名 比利时

主教练:瓦塞吉(比利时)

号码	球员	进球/出场
门将		
1	德弗利格	-7/4
13	范登德列舍	-/-
23	赫普埃尔	-/-
后卫		
2	德弗朗德	0/1
3	德伯克	0/2
4	范梅尔	0/2
5	范凯克霍温	0/2
12	范德海登	1/2
15	J.彼得斯	0/3
16	范比滕	0/4
中场		
6	西蒙斯	0/4
8	古尔	0/4
10	瓦勒姆	1/3
11	韦尔海恩	0/4
14	韦尔曼特	0/1
17	恩格尔贝特	-/-
18	范德海格	0/4
19	泰斯	-/-
21	博芬	-/-
前锋		
7	威尔莫茨	3/4
9	松克	1/4
20	斯特鲁帕	0/2
22	大姆彭萨	0/3

第15名 意大利

主教练:特拉帕托尼(意大利)

号码	球员	进球/出场
门将		
1	布冯	-5/4
12	阿比亚蒂	-/-
22	托尔多	-/-
后卫		
2	帕努奇	0/4
3	马尔蒂尼	0/4
4	科科	0/2
5	卡纳瓦罗	0/3
13	内斯塔	0/3
15	尤利亚诺	0/1
23	马特拉齐	0/1
中场		
6	扎内蒂	0/3
8	加图索	0/2
11	多尼	0/2
14	迪比亚吉奥	0/1
16	迪利维奥	0/2
17	托马西	0/4
19	赞布罗塔	0/4
前锋		
7	皮耶罗	1/3
9	因扎吉	0/2
10	托蒂	0/4
18	德尔维奇奥	-/-
20	蒙特拉	0/1
21	维耶里	4/4

第16名 巴拉圭

主教练:老马尔蒂尼(意大利)

号码	球员	进球/出场
门将		
1	奇拉维特	-5/3
12	比利亚尔	-/-
22	塔巴雷利	-2/1
后卫		
2	阿尔塞	1/4
3	萨拉维亚	-/-
4	加马拉	0/4
5	C.阿亚拉	0/4
17	胡安·佛朗哥	0/2
18	卡塞雷斯	0/4
19	萨纳夫里亚	-/-
21	卡尼萨	0/4
中场		
6	斯特鲁维	0/3
8	阿尔瓦伦加	0/2
10	阿库纳	0/4
13	帕雷德斯	0/2
14	加维兰	0/3
15	博内特	0/1
16	莫里尼戈	0/1
前锋		
7	拜斯	-/-
9	圣克鲁斯	1/4
11	冈波斯	1/4
20	J.卡多索	0/3
23	奎瓦斯	2/2

第17名 南非

主教练:索诺(南非)

号码	球员	进球/出场
门将		
1	冯克	-/-
16	阿伦德斯	-5/3
20	C.马林	-/-
后卫		
2	恩扎马	0/3
3	卡内尔	0/3
4	A.莫科纳	0/3
5	莱克盖索	0/1
13	伊萨	0/1
19	拉德贝	1/3
22	莫莱费	0/1
中场		
6	西巴亚	0/3
7	福琼	1/3
8	蒙戈梅尼	-/-
9	穆坎西	0/1
10	蒙古尼	-/-
11	普尔	0/1
12	T.莫科纳	1/3
15	祖马	0/3
18	巴克利	0/1
21	皮纳尔	-/-
前锋		
14	诺姆维特	1/2
17	麦卡锡	1/3
23	库曼塔拉基斯	0/3

第18名 阿根廷

主教练:贝尔萨(阿根廷)

号码	球员	进球/出场
门将		
1	博格斯	-/-
12	卡巴列罗	-2/3
23	博纳诺	-/-
后卫		
2	阿亚拉	-/-
3	索林	0/3
4	波切蒂诺	0/3
6	萨穆埃尔	0/3
8	萨内蒂	0/3
13	普拉森特	0/2
22	查莫特	0/1
中场		
5	阿尔梅达	0/1
10	奥特加	0/3
11	贝隆	0/3
14	西蒙尼	0/2
15	胡塞因	-/-
16	艾马尔	0/3
17	G.洛佩斯	-/-
18	基利	0/3
20	加拉多	-/-
前锋		
7	C.洛佩斯	0/3
9	巴蒂斯图塔	1/3
19	克雷斯波	1/3
21	卡尼吉亚	-/-

第19名 哥斯达黎加

主教练:吉马良斯(哥斯达黎加)

号码	球员	进球/出场
门将		
1	洛尼斯	-6/3
18	梅森	-/-
23	L.摩根	-/-
后卫		
2	德鲁蒙德	-/-
3	L.马林	0/3
4	M.赖特	1/3
5	G.马丁内斯	0/3
14	J.罗德里格斯	-/-
15	H.华莱士	0/3
21	钦奇利亚	-/-
22	C.卡斯特罗	0/3
中场		
6	W.洛佩斯	0/3
8	索利斯	0/3
10	森特诺	0/3
17	梅德福德	0/2
19	科尔德罗	-/-
前锋		
7	R.丰塞卡	0/2
9	万乔普	1/3
11	罗纳德·戈麦斯	2/3
12	帕克斯	1/2
13	巴列霍斯	-/-
16	布赖斯	0/3
20	孙星	0/1

第20名 喀麦隆

主教练:沙费尔(德国)

号码	球员	进球/出场
门将		
1	布卡尔	-3/3
16	松戈奥	-/-
22	卡梅尼	-/-
后卫		
2	查托	0/3
3	沃姆	0/3
4	里戈贝尔·宋	0/3
5	卡拉	0/3
6	恩扬卡	0/1
8	格雷米	0/3
13	梅托莫	-/-
中场		
7	恩多	-/-
12	劳伦	0/3
14	埃帕莱	-/-
15	阿尔努迪	-/-
17	维维安·福	0/3
19	杰姆巴	-/-
20	奥莱姆贝	0/3
23	恩戈莫	0/2
前锋		
9	埃托奥	1/3
10	姆博马	1/3
11	恩迪耶菲	0/1
18	苏福	0/2
21	若布	0/1

第21名 葡萄牙

主教练：安东尼奥·奥利维拉（葡萄牙）

号码	球员	进球/出场
门将		
1	巴亚	-4/3
15	内尔松	-/-
16	里卡多	-/-
后卫		
2	若热·科斯塔	0/3
3	沙维尔	0/1
4	卡内拉	-/-
5	科托	0/3
13	安德拉德	0/2
18	弗雷绍特	0/1
22	贝托	1/3
23	鲁伊·若热	0/3
中场		
6	保罗·索萨	-/-
7	菲戈	0/3
10	鲁伊·科斯塔	1/2
11	孔塞桑	0/3
12	维亚纳	-/-
14	巴尔博萨	-/-
17	本托	0/3
19	卡普舒	0/1
20	佩蒂特	0/3
前锋		
8	若昂·平托	0/3
9	保莱塔	3/3
21	努诺·戈麦斯	0/2

第22名 俄罗斯

主教练：罗曼采夫（俄罗斯）

号码	球员	进球/出场
门将		
1	尼格马图林	-4/3
12	切尔切索夫	-/-
23	菲利莫诺夫	-/-
后卫		
2	科夫通	0/3
3	尼基福罗夫	0/3
5	索洛马京	0/3
7	奥诺普科	0/3
13	达耶夫	-/-
14	楚加伊诺夫	-/-
18	先尼科夫	0/1
中场		
4	斯梅尔京	0/2
6	谢姆绍夫	0/2
8	卡尔平	1/3
9	季托夫	1/3
10	莫斯托沃伊	-/-
15	阿列尼切夫	0/2
17	谢马克	-/-
20	伊斯梅洛夫	0/2
21	霍赫洛夫	0/3
前锋		
11	别斯查尼奇	1/3
16	克尔扎科夫	0/1
19	皮缅诺夫	0/2
22	瑟乔夫	1/3

第23名 克罗地亚

主教练：约日奇（克罗地亚）

号码	球员	进球/出场
门将		
1	普莱蒂科萨	-3/3
12	布蒂纳	-/-
23	瓦西利	-/-
后卫		
2	塞里奇	-/-
3	西穆尼奇	0/3
6	济夫科维奇	0/1
15	萨里奇	0/3
17	贾尔尼	0/3
20	西米奇	0/2
21	R.科瓦奇	0/3
中场		
4	托马什	0/3
5	拉帕伊奇	1/3
7	武格里内茨	0/2
8	普罗辛内茨基	0/1
10	N.科瓦奇	0/3
13	斯坦尼奇	0/2
14	索尔多	0/2
16	弗拉涅什	0/2
前锋		
9	苏克尔	0/1
11	博克西奇	0/3
18	奥利奇	1/2
19	弗劳维奇	-/-
22	巴拉班	-/-

第24名 厄瓜多尔

主教练：埃尔南·戈麦斯（哥伦比亚）

号码	球员	进球/出场
门将		
1	塞巴略斯	-4/3
12	O.伊瓦拉	-/-
22	比特里	-/-
后卫		
2	波罗索	0/3
3	乌尔塔多	0/3
4	德拉克鲁斯	0/3
6	格隆	0/3
8	L.戈麦斯	-/-
15	M.阿约维	0/3
17	埃斯皮诺萨	-/-
中场		
5	奥夫雷贡	0/3
7	阿森西奥	0/1
10	阿吉纳加	0/3
14	布尔巴诺	-/-
16	查拉	0/3
18	C.特诺里奥	0/3
19	门德斯	1/3
20	E.特诺里奥	0/2
21	W.桑切斯	-/-
23	W.阿约维	-/-
前锋		
9	卡维德斯	0/2
11	德尔加多	1/3
13	A.费尔南德斯	-/-

第25名 波兰

主教练：恩格尔（波兰）

号码	球员	进球/出场
门将		
1	杜德克	-6/2
12	马伊丹	-1/1
22	马蒂塞克	-/-
后卫		
2	克沃斯	0/2
3	热林斯基	0/1
4	Mi.热夫拉科夫	0/2
6	海托	0/2
13	格沃瓦茨基	0/1
15	瓦尔多赫	0/3
20	J.巴克	0/1
21	科兹明斯基	0/3
中场		
5	日扎萨	0/1
7	希维尔切夫斯基	0/2
10	卡武日内	0/2
16	穆拉夫斯基	0/1
17	A.巴克	0/1
18	克日诺维克	0/3
23	西比克	0/1
前锋		
8	库哈尔斯基	0/1
9	克里扎洛维茨	1/3
11	奥利萨德贝	1/3
14	Ma.热夫拉科夫	1/3
19	茹拉夫斯基	0/3

第26名 乌拉圭

主教练：普阿（乌拉圭）

号码	球员	进球/出场
门将		
1	卡里尼	-5/3
12	穆努亚	-/-
23	埃尔杜亚延	-/-
后卫		
2	G.门德斯	0/1
3	伦博	0/2
4	蒙特罗	0/3
6	D.罗德里格斯	1/3
14	索隆多	0/3
19	比塞拉	-/-
中场		
5	巴勃罗·加西亚	0/3
7	吉古	0/2
8	巴雷拉	0/3
10	F.奥尼尔	-/-
15	N.奥利维拉	-/-
16	M.罗梅罗	0/2
17	雷盖罗	0/2
22	德洛斯桑托斯	0/1
前锋		
9	达里奥·席尔瓦	0/3
11	马加兰尼斯	0/2
13	阿布鲁	0/3
18	R.莫拉莱斯	1/2
20	雷科巴	1/3
21	福尔兰	1/1

第27名 尼日利亚

主教练:奥尼宾德(尼日利亚)

号码	球员	进球/出场
门将		
1	绍伦穆	-3/2
12	埃伊德	-/-
22	恩耶马	0/1
后卫		
2	雅博	0/3
3	巴巴亚罗	0/2
5	奥科隆克沃	0/3
6	韦斯特	0/2
13	阿福拉比	-/-
14	乌德泽	0/2
16	索杰	0/2
19	埃伊奥福	-/-
中场		
7	伊克迪亚	0/3
8	阿德波尤	-/-
10	奥科查	0/3
11	拉瓦尔	0/1
15	克里斯多夫	0/3
20	奥比奥拉	0/1
前锋		
4	卡努	0/2
9	奥格贝彻	0/2
17	阿加霍瓦	1/3
18	阿克韦布	0/1
21	乌塔卡	0/1
23	奥帕本米	0/1

第28名 法国

主教练:勒梅尔(法国)

号码	球员	进球/出场
门将		
1	拉梅	-/-
16	巴特斯	-3/3
23	库佩	-/-
后卫		
2	坎德拉	0/2
3	利扎拉祖	0/3
5	克里斯坦瓦尔	-/-
8	德塞利	0/3
13	西尔维斯特	-/-
15	图拉姆	0/3
18	勒伯夫	0/2
19	萨尼奥尔	-/-
中场		
4	维埃拉	0/3
6	德约卡夫	0/2
7	马克莱莱	0/1
10	齐达内	0/1
14	博格西昂	-/-
17	珀蒂	0/2
22	米库	0/2
前锋		
9	西塞	0/3
11	维尔托德	0/3
12	亨利	0/2
20	特雷泽盖	0/3
21	杜加里	0/3

第29名 突尼斯

主教练:苏阿亚(突尼斯)

号码	球员	进球/出场
门将		
1	布姆尼耶	-5/3
16	贝贾维	-/-
22	贾瓦希	-/-
后卫		
2	巴德拉	0/3
4	姆卡舍尔	0/1
6	特拉贝尔西	0/3
12	布扎伊尼	1/3
14	马尔祖基	-/-
15	贾伊迪	0/3
17	塔贝特	-/-
19	姆卡德米	-/-
23	克莱顿	0/1
中场		
3	巴亚	0/3
7	迈代比	0/2
8	加布西	0/2
10	戈德班	0/2
13	布阿齐齐	0/3
18	本·阿舒尔	0/3
21	迈勒基	0/2
前锋		
5	贾齐里	0/3
9	杰拉西	-/-
11	塞利米	0/2
20	齐图尼	0/3

第30名 斯洛文尼亚

主教练:卡塔尼奇(斯洛文尼亚)

号码	球员	进球/出场
门将		
1	西梅乌诺维奇	-4/2
12	达巴诺维奇	-3/1
22	内梅茨	-/-
后卫		
2	桑科维奇	-/-
3	米利诺维奇	0/3
4	武格达利奇	0/1
5	加利奇	0/1
6	克纳夫斯	0/2
15	塔夫察	0/1
23	布拉伊奇	0/2
中场		
7	D.诺瓦克	0/3
8	A.切赫	0/3
10	扎霍维奇	0/1
11	帕夫林	0/3
14	加伊塞尔	0/1
17	帕夫洛维奇	-/-
18	阿西莫维奇	1/3
19	卡里奇	0/3
20	N.切赫	0/2
前锋		
9	奥斯特茨	0/3
13	鲁多尼亚	0/3
16	蒂加尼	0/1
21	齐米罗蒂奇	1/3

第31名 中国

主教练:米卢蒂诺维奇(南斯拉夫)

号码	球员	进球/出场
门将		
1	安琦	-/-
22	江津	-9/3
23	区楚良	-/-
后卫		
2	张恩华	-/-
3	杨璞	0/2
4	吴承瑛	0/3
5	范志毅	0/1
7	孙继海	0/1
14	李玮锋	0/3
17	杜威	0/2
21	徐云龙	0/3
中场		
6	邵佳一	0/2
8	李铁	0/3
9	马明宇	0/2
13	高尧	-/-
15	肇俊哲	0/2
18	李霄鹏	0/3
19	祁宏	0/1
前锋		
10	郝海东	0/3
11	于根伟	0/2
12	宿茂臻	0/1
16	曲波	0/3
20	杨晨	0/2

第32名 沙特阿拉伯

主教练:贾哈尔(沙特)

号码	球员	进球/出场
门将		
1	代亚耶亚	-12/3
21	M.扎伊德	-/-
22	霍贾利	-/-
后卫		
2	贾哈尼	0/2
3	图卡尔	0/3
4	祖布罗马维	0/3
5	哈尔提	-/-
6	谢赫里	0/2
12	D.多萨里	0/2
13	苏莱曼尼	0/3
23	塔加菲	-/-
中场		
7	沙赫拉尼	0/3
8	努尔	0/2
10	沙尔霍卜	0/1
14	哈特兰	0/3
16	K.多萨里	0/2
17	I.沙赫拉尼	0/2
18	蒂姆亚特	0/3
19	加姆迪	-/-
前锋		
9	贾贝尔	0/1
11	O.多萨里	0/1
15	A.多萨里	0/3
20	亚米	0/3

18

时间:6.9—7.9

主办国:德国

第十八届世界杯 2006

冠军

意大利

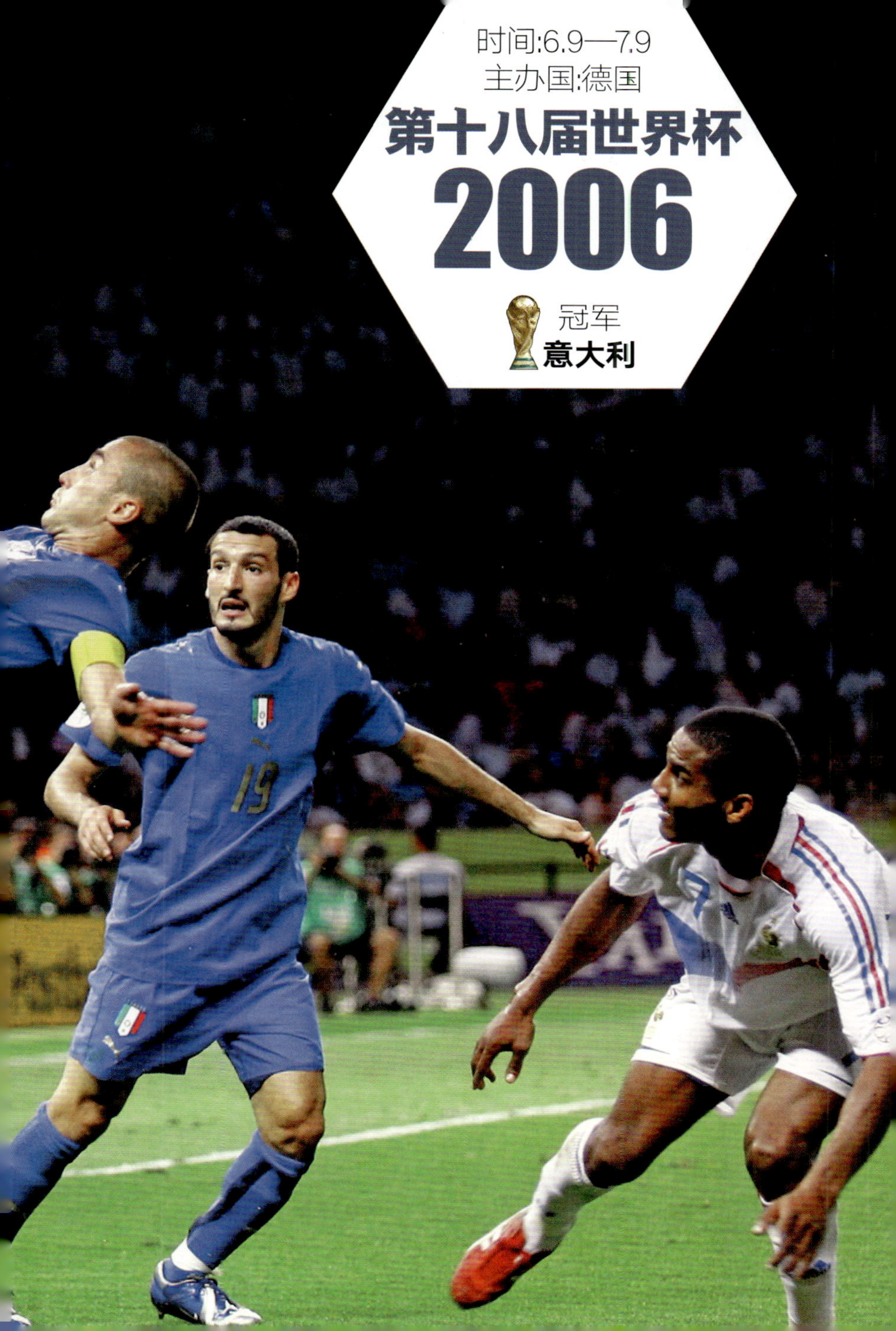

参赛国家

德国	伊朗
英格兰	意大利
安哥拉	日本
沙特	墨西哥
阿根廷	巴拉圭
澳大利亚	荷兰
巴西	波兰
韩国	葡萄牙
哥斯达黎加	捷克
科特迪瓦	塞黑
克罗地亚	瑞典
厄瓜多尔	瑞士
西班牙	乌克兰
美国	多哥
法国	特立尼达和多巴哥
加纳	突尼斯

德国作为东道主为世界奉献了一次欢乐的聚会，这种气氛从开幕式便展现出来，虽然最终未能获得冠军，但从马特乌斯手中接过最佳新人奖的波多尔斯基则代表了世人对东道主年轻阵容的肯定。

●红黄牌主宰的比赛

4张红牌，16张黄牌。世界杯的单场比赛中从未出现过这么多红黄牌。1/8决赛中，葡萄牙（1球，7黄牌，2红牌）战胜了荷兰（9黄牌，2红牌），以对葡萄牙年轻球星C罗的犯规开始，以殴斗结束，而中间是攻击、挑衅、有些昏头的裁判，以及马尼切在第23分钟的进球。

吉祥物 戈利奥

德国世界杯的吉祥物戈利奥（Golec），可能是史上最憨厚的狮子形象。那个和他永不分离的小足球也有自己的名字"皮勒（Pille）"，他们应算是一对固定组合。而事实上，戈利奥全名应该是"戈利奥六世"，虽然无人知道前五世都是谁。"六世"与2006这个数字并无必然联系，而是在德国世界杯众多吉祥物设计方案中，戈利奥是第6个。他与皮勒的动画，也以幽默、诙谐的风格赢得了人们的喜爱。

克林斯曼胜过教皇

修身衬衣与名牌皮鞋、夸张的肢体语言和丰富的面部表情，向来严谨拘束的德国足坛，因美国女婿克林斯曼的入主而多了份狂野的激情。尽管“金色轰炸机”早在世界杯前就宣布世界杯后将信守合同期限卸任，但东道主的出色表现还是令多数球迷投出了信任票，落花有意流水无情，为家庭放弃事业的克氏着实令国人失落了许久。尽管离任已成定局，但克林斯曼的人气却并未衰减：他的爱车CABIRO轿车最初被挂上拍卖网站的时候，起拍价只有3万欧元，恰与其一度遭遇信任危机时的低迷人气吻合；经过逐轮竞拍，最后被一神秘买家以30万欧元的天价收购。德国电视台披露，此次竞拍价格刷新了德国拍卖市场的一项纪录。此前汽车拍卖的最高价格是教皇保罗曾经坐过的汽车，但成交价也不过18万欧元。

另类的组队

在德国世界杯赛场，意大利队的23名球员全部来自意甲联赛，加上本土教练里皮，可以说意大利最终的夺冠是对动荡时期的意甲联赛最好的支援。和意大利相反，参加德国世界杯时，非洲区排名最高的科特迪瓦，全队23名球员无一来自本国联赛。而另一支非洲球队加纳队，全部23名球员竟然没有一对同俱乐部队友，分别来自23家俱乐部。

开球最高的门将

英格兰与巴拉圭的首场小组赛进行到下半场第18分钟，英格兰门将罗宾逊在一次大脚开球时，直接将球开到了体育场顶部，这应该创造了世界杯历史上门将大脚开球垂直高度最高纪录。

这一届足球盛会其实差一点就不在德国举办，因为德国提出申办一事在国际足联内部是有争议的。除了德国，南非、英格兰和摩洛哥也都在觊觎2006年世界杯。本来的热门是南非，世界杯第一次在非洲大陆举行，符合布拉特的世界杯扩张构想。布拉特明确支持南非，而且南非还可以得到南美的支持，因为巴西决定放弃申办，从而换得对方支持自己申办2010年世界杯。

德国人的逆转

社会民主党和绿党联合政府从1998年在德国上台，联邦总理施罗德是位出了名的超级球迷，经常亲自上场。受到过1954年伯尔尼奇迹和1966年温布利决赛的影响，他的外交部长费舍尔同样也是球迷。联邦政府完全支持德国足协申办世界杯，施罗德将世界杯看作宣传他政治构想，以及德国经济繁荣的好机会。为德国申办做宣传的克林斯曼说过：“世界杯给了德国向全世界展示自己的机会，这也是多文化相互融合的国度坦诚面对世界的机会。世界杯有着政治和经济双重影响力，而且足球能够把各大洲的人都聚集在一起。”

为了能争取到申办权，足球皇帝贝肯鲍尔几乎要扮演起外交部长的角色，在全世界范围内旅行。“当时我们的机会并不大，没人希望是德国，国际足联也如此。”德国首先要击败同样来自欧洲的英格兰，后者的公关工作做得比德国还要好，但也许做得有些过了。世界其他大洲的态度则不尽相同，南美和非洲努力争取亚洲阵营，但最终亚洲国家成为德国的坚强后盾。

巨幅广告宣传画上，德国对抗世界的概念明确、清晰，球星们专注的眼神提醒着人们：大战一触即发，目标金杯。

西班牙腾飞

这几乎是一个习惯。1998年，小组赛，西班牙人6比1击败了保加利亚，但没能打入1/8决赛。这一次，他们小组赛第一场比赛就4比0大胜乌克兰，但在1/8决赛中碰到了坚韧的法国队（1比3）。小组赛中的爆发是没有明天的。但是22岁的托雷斯和24岁的比利亚的表现让人们相信，西班牙的时代已经不远。

最终表决时，想要胜出的国家需要得到24票中至少13票。欧洲虽然有9票，但其中布拉特明确支持南非。非洲和亚洲各有4票，中北美洲和南美洲各有3票，剩下的1票属于大洋洲。南非可以得到非洲、中北美洲、南美洲以及布拉特的11票，亚洲和欧洲剩余的12票都支持德国，因此大洋洲的选票至关重要。新西兰人登普西在第三轮选择弃权，这导致了该国和南非的关系紧张，新西兰政府不得不因为自己没有兑现支持南非的承诺，而公开道歉。

登普西成为南非竞选失败的关键因素，没有人去关心德国申办团队在亚洲做出的努力。贝肯鲍尔透露说，其实登普西在2000年4月就书面保证，如果英格兰提前出局，就会支持德国。投票前那个晚上，登普西受到了很大的压力，半夜他接到曼德拉的电话，邀请他一起打高尔夫球和度假。而塞进登普西房间的匿名信，则建议他投德国的票。登普西不得不寻求本国帮助，最终新西兰足协给他的指示是弃权。

布拉特在投票结束后非常失望，“我们本以为能揭开体育历史新的一页，团结一致和公正都到哪里去了”？1998年布拉特第一次竞选国际足联主席的时候，曾经向支持自己的非洲人承诺，会让南非举办2006年世界杯。在申办失败后，国际足联提出各大洲轮流举办，这样一个大洲16年后才能举办一次世界杯。

德国因此成为继意大利、墨西哥和法国之后，第四个两次举办世界杯的国家。尽管国际足联成员国不少，但真正具备主办世界杯条件的国家并不多，因为这对于基础设施建设有很高的要求。从这个角度说，德国的确非常适合举办世界杯，因为这里的条件都优于南非，国际足联的赞助商也更喜欢德国。

执着的版图扩张

2003年夏天，曾经有过世界杯是否应该扩军到36支球队的讨论，这是来自南美足联的建议，这差点引起国际足联24人执委会的内讧。这是因为国际足联剥夺了南美洲第5张世界杯入场券。原本南美第5名需要和大洋洲胜者进行附加赛，但是就连这半个名额也要被剥夺，原因是布拉特给了大洋洲一个百分之百的名额，这正是布拉特当初竞选的时候得到大洋洲人信任的条件。

南美足联提出不满，并得到了当时欧足联主席约翰松的支持，国际足联内部对此意见不一。南美和欧洲人看重的不仅仅是世界杯入场券，更是传统和势力。南美人提出了36支球队的建议：南美多一支球队，欧洲增加两支，亚洲同中北美和加勒比海地区共同争夺最后一个名额。

布拉特和德国主办方都坚决反对扩军到

性感的夏奇拉在世界杯闭幕式上的演唱提醒着人们过去一个月里的火热激情，各个参赛国带来的不同文化，也在这里大融合，看看憨态可掬的哆拉A梦吧。

3黄牌=1红牌

6月22日，克罗地亚和澳大利亚的比赛，英格兰人波尔成为了第一个用3张黄牌处罚一名球员的人，受罚的是克罗地亚人西穆尼奇。这是一场很暴躁的比赛（3人被罚下，2个点球漏判），直到他第3次警告才想起出示红牌。波尔被国际足联遣返回家，他先是宣布结束国际裁判生涯，后来又回心转意。

神奇纸条

1/4决赛中，德国与阿根廷的比赛一直被1比1的比分拖入残酷的点球大战，一张纸条决定了最终的胜负。在双方队员都在场边接受主帅安排主罚点球人员顺序时，科普克走到莱曼身边，塞给他一张小纸条。最终莱曼神奇地扑出对手两粒点球，并且每一次扑救都判断对方向。通过电视镜头，全世界的人都看到莱曼每一次站在门前，都会打开那张纸条，而那上面记录的，是严谨的德国人对于阿根廷每一位球员罚点球的习惯路线与方向。

两个“贝里”老拳相向

瑞典队首战遭特立尼达和多巴哥白卷逼平，心浮气躁的北欧海盗把怒火全部宣泄在训练场上。口气峻急的永贝里和后防中坚梅尔贝里分析着得势不得分的原因，但业务讨论很快化作激烈争吵，进而升级为互相嘲讽乃至瑞典国骂，话不投机的二人甚至拽住了对方的衣领，直到和事佬林德罗特将情绪激动的两人拉开，闹剧才告一段落，不过这位老好人也无端受殃，几分钟后伊布走到林德罗特身边挑衅：“你下场还想首发吗？”内讧沸沸扬扬，主帅拉格贝克只得站出来打圆场：“虽然我不知道球员间究竟发生了什么，不过没有太大的问题。”肇事者永贝里也忙不迭解释：“我相信我与梅尔贝里能够解决这段小插曲。”但最先踢爆此事的《瑞典晚报》却并不善罢甘休，他们非但将两人动手的照片放上头版，甚至还揭露了更衣室里更多细节：永贝里和伊布这两名性格张扬的进攻球员自成一派，梅尔贝里和林德罗特等后防球员得到了主帅拉格贝克的暗地支持，老将拉尔森靠着个人魅力，身边也有一帮好兄弟。

与其说莱曼神勇，倒不如说德国人数据分析能力的严谨与强大。从科普克手中接过的纸条，让阿根廷人无奈地告别了德国世界杯的舞台。

36支球队，这不仅是因为会带来组织问题，而且担心影响比赛质量，让赌球集团更便于渗透自己的势力。因为36支球队需要分成9个小组，届时小组第二名如何出线需要仔细计算。当年世界杯只有24支球队的时候，经常因为计算哪支小组第三可以进军16强而传出一些不和谐的声音。

最终国际足联以22比1的结果通过继续维持32支球队参加世界杯，南美可以继续有4.5个名额，大洋洲则还是半个名额。南美人还是可以满意的。新西兰在2003年联合会杯的糟糕表现，让国际足联做决定时没那么困难。不久之后布拉特又创办了世俱杯，每个大洲最优秀的两支球队可以参加，日本和韩国则成为赛事主办地的选择，亚洲市场的进入使得欧洲人也不再抵制世俱杯，国际足联有了一项和欧冠联赛相抗衡的俱乐部比赛。

6比0横扫塞黑，18岁的梅西（下图）收获了他第一粒世界杯进球，看台上的马拉多纳（右图）为他的球队振臂高呼。

●屠杀

6比0，这是小组赛的一声惊雷：阿根廷队羞辱了塞黑人，要知道，预选赛中塞黑是防守最佳的球队，10场比赛只丢了1球。6月16日，在盖尔森基兴，18岁的梅西打入一球，马克西·罗德里格斯，25岁的进攻型中场打入两球。1/8决赛对墨西哥时（2比1，加时赛），这位右脚选手用左脚抽射打入了极其精彩的一球。才华、想象力、效率，阿根廷轻松地小组出线，他们打平了荷兰（0比0）、战胜了德罗巴的科特迪瓦（2比1）。但1/4决赛中，阿根廷点球输给了德国（1比1，点球4比2）。从1990年打入决赛以来，阿根廷还从未在欧洲举办的世界杯中冲过1/4决赛这道关卡。

一切正常如初

意大利和法国的决赛有些索然无味，只有小组赛的水平还能比韩日世界杯强些。和4年前强队纷纷提前出局不同，这一次强队都没有早早落马。亚洲球队则没有延续此前的难得强势，纷纷小组赛结束就回家。亚洲球队小组赛平均积分从1.17分迅速降到0.58分，欧洲和南美球队得分则分别从1.42分和1.47分，增加到了1.88分和2.08分。

亚洲球队，特别是日本都严格遵守教练的战术安排，但是很多亚洲球员都缺乏强大的意志力和创造力，因为在比赛中缺乏应变性和节奏的变化。亚洲前锋在对方球门前很忙碌却缺乏效率，个人能力不强。亚洲球队另一个严重问题，是头脑不够强大。德国亚洲足球专家法比施认为，亚洲球员在参加国际比赛的时候都过于礼貌，而这是亚洲文化所造成的影响。尽管亚洲经济基础要比非洲强太多，但即便是发展最好的日本J联赛，也很难培养出世界一流的球星。参加德国世界杯的92名球员，16人在欧洲效力，只有5人是在一流俱乐部。亚洲球员融入欧洲足球的愿望并不是那么强烈，欧洲豪门对于亚洲球员的兴趣，往往有市场方面的因素。

非洲球员方面，115名参加世界杯球员中有85人在欧洲闯荡，其中包括像切尔西的埃辛和德罗巴，费内巴切的阿皮亚以及阿森纳的阿德巴约等。非洲最强的科特迪瓦，整支球队都在欧洲淘金，所在的俱乐部包括切尔西、阿森纳、马赛、巴黎圣日耳曼和欧塞尔。

尽管最终只有加纳打入16强，但科特迪瓦和阿根廷、荷兰分在一个小组，表现出相近的实力，抽签结果好一点完全可以出线。多哥和安哥拉原本就是冷门球队，真正表现不如期望的只有突尼斯。多哥暴露出任人唯亲和组织混乱的毛病，相比之下小组出线的加纳就更加职业，战术上也做得更好。非洲球队的问题在于犯规太多，而且浪费机会过多。同时，非洲球队还和亚洲球队存在一个共同毛病，便是换帅过于频繁，不利于球队的长期稳定发展。

本届世界杯首先的亮点是阿根廷和西班牙，以及东道主德国。阿根廷绝对是小组赛表现最好的，技术、战术和力量结合得非常好。西班牙控球非常自信，技术堪称完美，而且还有速度很快的短传以及不知疲倦的跑动。德国队给人留下深刻印象的，则是和传统不太一样的攻势足球。克林斯曼的球队准备工作做得很充分，体能、心理和团队精神都为德国人踢现代足球创造了条件，向对手施加巨大的压力。经验则在德国队征战大赛时，第一次没有占据那么重要的位置。

小组赛平均进球2.437球，炎热的天气对于一些下午的比赛有影响，导致了进球数并不高。大比分出现的越来越少，强弱差距逐渐缩小。进入1/8决赛后，比赛质量并没有提高，西班牙、墨西哥、捷克和科特迪瓦都纷纷出局，1/4决赛又有三支夺冠热门被淘汰。佩克尔

小手段　大效果

德国世界杯前，德国《图片报》在德国队集训营中拍到德国队主力后卫梅策尔德专心拆手表的照片，犹如军人在拆除炸弹一样小心、认真 。据德国队领队比埃霍夫介绍，这是德国队为球员们安排的特殊训练课，以拆手表、然后再装上的形式让球员们集中注意力。

WAGs里是非多

WAGs一词源于如今人们熟知的英格兰太太团（Wives And Girlfriends）的缩写，而如果没有英格兰主帅世界杯前网开一面，2006之夏，注定沉闷乏味。以贝克汉姆夫人维多利亚、阿什利·科尔未婚妻谢莉尔为首，浩浩荡荡开进德国的英格兰太太团可谓风头出尽：奢侈品店血拼、酒吧豪饮、场边助威无一例外谋杀了大把菲林，连一向严肃的《图片报》都未能免俗。威廉希尔甚至以见报率为标准为“最上镜太太团成员”开出赔率。出人意料的是，一贯被英媒诟病品位恶俗、身材臃肿的鲁尼女友科琳竟力压维多利亚登顶！这一结果令不少老牌女星醋意十足，杰拉德女友库兰第一个跳出来批评科琳能享如此殊荣，纯粹是沾了男友的光。

但令英足总龙颜震怒的，并非这群白天可陪伴夫君、夜晚可下榻球队驻地酒店的女红人们的种种大牌做派，而是明知球队次日有比赛要打的情况下，竟有人半夜宿醉后，含混不清地跟另一半煲电话粥！英格兰再度折戟八强后，新帅麦克拉伦上任后头条军令便将板子打向太太团：今后球队但逢大赛，家眷一概不得陪同前往！尽管多数国脚争先恐后求情，但盛怒之下的足总再无半点情面可讲。但令人捧腹的是，一年半后英格兰队便折戟欧洲杯预选赛，麦克拉伦狼狈下野，禁令也成了一纸空文。

● 被打败的德国，幸福的德国

已经习惯了决赛的德国队（1974年以来5次打入决赛），在其做东的世界杯上只得到第3名，这看上去似乎是失败。他们在三四名决赛中击败葡萄牙却在德国引发了广泛的庆祝。德国总统科勒说：“从柏林墙倒下以来，我们还从未如此欢腾。”虽然失败，但依然高兴。他们抹净了自己的形象，让全世界用新眼光看他们。他们的国家队是世界杯上最年轻的，6名球员还可以踢青年队，21岁的波多尔斯基打入3球，在1/8决赛对瑞典时梅开二度。主教练克林斯曼只有41岁，想给球队打造进攻、迷人、现代的形象。他完成了任务，场内场外都是。德国队拥有最好的进攻（14球），以及射入5球的最佳射手克洛泽。

● 难得的胜利

7月1日，法国队重现了1998年的那一幕：像8年前一样，法国队击败了上届冠军巴西队。再加上1986年那次，巴西队已经在世界杯中3次输给法国队。一周之前，多梅内克带领的法国队，这支本届世界杯中年龄最大的球队，看上去要重演2002年的经历，而不是20世纪末的辉煌。小组赛很艰难（0比0瑞士，1比1韩国），他们最终2比0击败了多哥，实现自我救赎。然后1/3决赛掀翻了西班牙，是一场非常具有说服力的胜利。

与葡萄牙的1/4决赛，贝克汉姆在受伤下场之后，因为无法继续率领英格兰队前进，因此泪丧地掩面流下男儿泪。

袋鼠蹦

澳大利亚是这届世界杯的惊喜，他们已经32年没有在世界杯上露面了，而且也从未小组出线。在2002年韩国队的主教练希丁克的带领下，这支拥有科威尔、卡希尔（下图）和维杜卡的球队2比2战平了克罗地亚，在对日本时展现出了战术上的优势，3比1逆转，在比赛末段两次改变战术体系。1/8决赛中，他们让意大利吃尽苦头。他们11打10的情况下，最终在补时阶段死于格罗索的突破，卢卡斯·尼尔犯规，托蒂点球命中。

曼领衔的阿根廷也许是德国世界杯上最华丽的球队，他们的进攻手法多样，节奏变化令对手无法预料，但还是在点球大战不敌东道主。

重回防守时代

随着比赛深入，经验和防守质量起到越来越重要的作用，最终两支开局并不出色的球队意大利和法国进入决赛，正是符合这一原则。本届世界杯平均进球只有2.296球，是继1990年意大利世界杯以来最少的。如今的球员越来越看重身体条件，从1974年到2006年，球员平均身高增长了5厘米。1954年球员一场比赛只跑动4公里，2006年的距离几乎是以前的3倍。各支球队都非常看重防守，这甚至让门将很多时候都无所事事。

远射成为重要的进攻手段，这也和"团队之星"用球有关，球的飞行路线让门将很难扑救。此外边路进攻也很重要，德国在和波兰比赛最后时刻打入的进球便缘于此。德国队球探齐根塔勒表示，边后卫将是未来产生最佳球星的位置，成为球队的枢纽。但是如何攻破对手的密集防守，暂时还没有哪支球队找到更好的办法。

2006年世界杯和4年前一样，再次证明了世界杯不是最佳水平足球比赛的舞台，最好的表演都留给了冠军杯。欧洲豪门俱乐部的球员来自各个国家，足以让新科世界冠军球队

1998年夏天的那道撕破阿根廷人防线的闪电，8年后的欧文却倒在自己脆弱的膝盖面前，只能看着克劳奇、杰拉德（左图）们继续的"演出"。

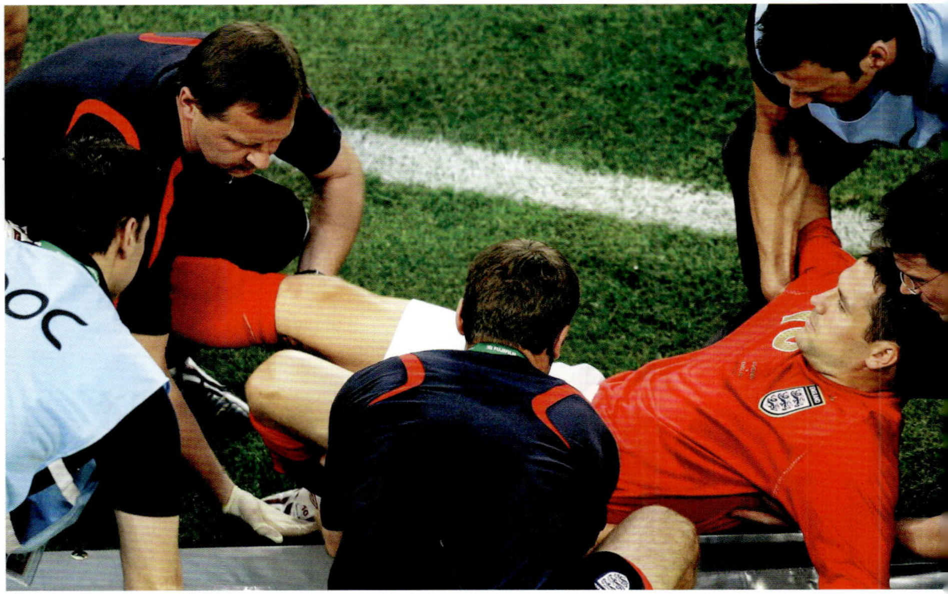

C罗的骗术

在荷兰与葡萄牙那场红黄牌横飞的1/8决赛后，屡屡以夸张表演欺骗裁判的枣红军团顿时成了世界杯上最不受欢迎的角色。英国一家软件公司声称，他们以独家计量方法统计了本届世界杯的欺骗指数，备受指责的C罗和葡萄牙队以6场比赛24次假摔证实了球迷的论断。但他们只能排名第2——意大利队以32次假摔成为世界杯上的头号“骗子”。包括15次和对手争吵，11次假装受伤，5次干扰裁判执法。在英格兰与葡萄牙之战中，狂奔半个球场投诉俱乐部队友鲁尼踩踏犯规，进而导致英格兰9号被罚下的C罗当夜接到自家保安电话：他在曼彻斯特的公寓被球迷投掷石块砸烂了窗户和大门。身为全英公敌的葡萄牙人大倒苦水：“我再也不回曼联了，西甲更适合我。”

汗颜。他们在战术上达到了意大利或者法国国家队的水平，而且更能发挥出球员的个人实力。想看到真正的罗纳尔迪尼奥或者兰帕德，还是应该买票去看冠军杯。

传统的10号球员在这届世界杯上几乎看不到，强队当中只有法国的齐达内和阿根廷的里克尔梅扮演这一角色。反倒是像皮尔洛和维埃拉这样的后腰球员，担任越来越重要的职责。他们能很好地理解比赛，并且将自己的想法注入比赛，瞬间内做出正确的决定。后腰成为现代足球通向胜利的关键，比赛组织者如今都开始穿6号球衣，这需要球员能够不知疲倦奔跑并且无所不能，能够从纵深位置启动。其实这样的潮流并不新鲜，冠军杯上早就证明了这一点。

从足球水平上看，世界杯已经要排在冠军杯和欧洲杯之后了，不过德国世界杯的气氛还是有史以来最棒的一次。德国位于欧洲中心地带，方便了各国球迷纷纷前来为各自球队助威。各国球迷在一起欢庆世界杯这个盛大的足球节日，而且谁也没有想到，德国会在世界杯期间迎来那么好的天气。东道主德国队的表现不仅让本国球迷振奋，还吸引了国外球迷的关注，世界杯后一部有关德国队备战和征战比赛的电影《德国，一个夏天的童话》上映。

罗纳尔多，第15球

罗纳尔多，2002年的胜利英雄，2006年体重、年龄均增长了不少的他却并不处在最佳状态。但在1/8决赛对加纳时，他标志性的晃动骗倒对方门将，为桑巴军团首开纪录，加上“外星人”此前在小组赛对阵日本时打入的两粒进球，就此超越了德国传奇射手盖德·穆勒保持的14球世界杯历史总进球纪录，从而成为了世界杯历史上第一个打入15球的球员。

两个意甲赛场多年的对手，在2006年世界杯上对多年的对抗做了一次完美的了结。托蒂拉起内德维德，这是两个高手间的惺惺相惜。

决赛
意大利1比1（点球5比3）法国
2006年7月9日
柏林奥林匹克体育场

“打完这一仗，我就回家去。”出现在2006年7月10日的柏林奥林匹克球场的齐达内，早已抱定了退役念头，对于首发22人中9位年届而立、国家队时日无多的老将而言，又何尝有意再战4年？继佐夫和马尔蒂尼后，卡纳瓦罗于世界杯决赛迎来蓝衫百场秀，但他的搭档内斯塔则持续走背字——连续三届世界杯复赛阶段因伤报销。对于里皮而言，他肩负的绝不仅是一场比赛——自1986年1/8决赛0比2不敌普拉蒂尼领军的法国队后，蓝衫军整20年逢法不胜。惊险闯过小组赛地雷阵的多梅内克气定神闲：在法国队晋级之路上，横躺着西班牙、巴西和葡萄牙三支世界杯大热，世界杯决赛史上第7次的欧洲双雄会，究竟会鹿死谁手？

面对希拉克、默克尔、安南、姆贝基等多位政要的观战，齐达内在职业生涯的最后一场比赛中迎来梦幻开局：第7分钟法国队任意球长传，亨利左侧边线附近头球摆渡，马卢达左肋转身切入禁区，突破卡纳瓦罗与马特拉齐的包夹，与马特拉齐抬起的左腿轻微接触后倒地，阿根廷主裁埃利松多指向点球点。齐达内操刀，右脚冷静打出勺子吊射，球击中右侧横梁的下沿反弹到球门线以里，再打在横梁上被前俱乐部队友布冯得到，但球明显已经落在线内，法国队1比0领先。

过早的失球并未令保持着复赛以来各参赛队最佳防守水准的意大利人惊慌失措，12分钟后他们便还以颜色：卡莫拉内西赢得右侧角球，皮尔洛开出落点准确的弧线球，马特拉齐后点力压维埃拉，在门前6米处头球砸进大门中央。国际米兰中卫成为托尼之后意大利第2位进2球的队员，世界杯20年来首次决赛双方均有进球。此后场面逐渐倒向意大利队一边：马特拉齐再次头槌轰门被图拉姆挡出，托尼高空轰炸击中横梁。中场休息，多明戈的歌声让场上的紧张气氛些许松缓。

下半时开局阶段法国队率先来袭，亨利低射被布冯挡出，赞布罗塔门前解围险些误入本方大门，最惊险的场面发生在53分钟，马卢达突入禁区被赞布罗塔放倒，但埃利松多并未给予法国人第2个点球。随后托尼接应皮尔洛任意球头球破门，但被吹越位。此后双方进入消耗战，迪亚拉和加图索成为最

齐达内（下右图）的脑袋撞向马特拉齐胸膛那一刻，胜利女神的天平已经倾向于意大利人。格罗索的一蹴而就，令意大利陷入疯狂。

坦诚的恶人

因为其发生情景特殊，而且极其突然，齐达内的顶人事件成为媒体现象，在全世界激发了激情。有一个问题让人很感兴趣：马特拉齐到底对齐达内说了什么，让后者如此反应？法国人只是说辱骂牵扯到了他的姐姐。意大利人没有否认，他说自己用辱骂来回应了“傲慢”。“当我拉他球衣时，他傲慢地看着我，对我说‘如果你想要的话，我随后给你’。”7月20日，国际足联象征性地判罚已经退役的齐达内停赛3场。马特拉齐被禁赛两场。这也是历史上第一次，类似情境中，挑衅者受到处罚。

2000年欧洲杯上，特雷泽盖搭弓拉箭，一击置意大利人于死地。6年之后，他成为唯一在决赛中罚失点球的球员，还给意大利人一座奖杯。

抢镜头的角色，随着齐达内角球直接攻门被皮尔洛在门线顶出，双方不得不再鏖战半小时，决一雌雄。

换上特雷泽盖的法国人攻势不减：在与卡纳瓦罗争球时肩膀受伤，经过紧急处理后重返球场的齐祖接应萨尼奥尔传中，再度施展8年前一战成名的头球绝技，但布冯不想成人之美，单手托出横梁。加时赛下半时已经战至第109分钟，疲态尽显的两队一次攻防结束后，马特拉齐对慢步走回中场的齐达内喋喋不休，沉默的齐祖先是停住脚步，然后两步冲上前，一头顶在马特拉齐胸口上，后者应声倒地！这突如其来的一瞬间甚至令助理裁判都来不及反映给主裁，但球场大屏幕重放的慢动作最终令埃利松多向齐达内出示了红牌。一代巨星的世界杯征程及职业生涯戛然而止，而并无一声辩驳的齐达内退场之时，颇为留恋地望了一眼摆放在入场通道前、近在咫尺的大力神杯。

点球决战终于不可避免地降临。皮尔洛、维尔托德、马特拉齐、德罗西、阿比达尔、皮耶罗、萨尼奥尔均弹无虚发，唯一失手的来自第二轮出场的特雷泽盖。这位几乎被多梅内克排除出国家队的中锋一脚劲射砸在了横梁上。而6年前欧洲杯决赛正是他在加时赛的凌空抽射令意大利人"突然死亡"，阴差阳错，轮回不爽。意大利队最后一个操刀的格罗索延续了伟大左后卫的传统，他左脚推射球门右侧入网，意大利队成为继巴西队后第2支4夺世界杯的球队！

然而意大利人的欣喜绝不纯粹：世界杯前东窗事发的电话门将布冯、皮耶罗、卡莫拉内西等一众国脚送去了意乙，而马特拉齐挑衅齐达内的污言秽语赛后也被曝光，他用极其污秽的意大利语羞辱齐达内的母亲和姐姐，而吃到红牌的后者只是说出上述事实后

意式复仇

6月初，自从意大利人来到德国，他们便到处被嘲笑、被贬低。两周之前，亚平宁半岛上爆发了巨大的假球丑闻，牵扯到意甲卫冕冠军尤文图斯和其他的大俱乐部，意大利国脚们大都在这些俱乐部。意大利队在嘘声中备战，很多人都被法庭传唤作证，主教练里皮也差点离职。即便是东道主和前世界杯得主贝肯鲍尔也看走了眼："意大利队会在球场上付出代价，球员们会心神不宁。"恰恰相反，意大利人走到了最后，就像1982年他们的前辈们被托托内罗丑闻困扰一样。但这一次，没有保罗·罗西这样的孤胆英雄：里皮的球队依赖坚强的信念、团结和坚韧夺得第4次世界杯。

精彩程度上，这支意大利队并非首屈一指。队长和向导卡纳瓦罗自嘲说："让我们多一点意大利式，少一点愤世嫉俗。"意大利只有一个前锋，防守非常强大，追平了1998年的法国（只丢2球）。他们得到外号"柏林墙"。这次胜利是一个复仇的故事；在内斯塔受伤后，马特拉齐升为主力，在小组赛对阵捷克时进球，决赛时对法国也进球了；这也是托蒂的复仇，他在最后时刻从伤病中恢复归队，在1/8决赛对澳大利亚的比赛时打入关键点球；这也是格罗索的复仇，他28岁才终成大器，攻入了最后的点球，在对德国的半决赛加时赛中打入关键进球；这也是皮尔洛的复仇，他让那些批评他缺乏稳定性的人闭嘴；这也是托尼的复仇，29岁的意甲最佳射手，但始终被豪门忽视；这也是布冯的复仇，当时布冯深受假球丑闻困扰。他无愧世界最佳门将的称号，他只丢了两球，一球是扎卡尔多的乌龙球，另一球是决赛第7分钟，齐达内的惊天大勺子点球。

到了决赛，意大利队已经累了，但依然准备好了战斗。1978年以来，意大利队就没有战胜过法国队。法国队当时的格言是："同生共死。"在这个7月9日，柏林奥林匹克体育场，法国队终于实现了"同死"的实验。马特拉齐的进球回击了齐达内的勺子，比分就此凝固。特雷泽盖，他在2000年欧洲杯对意大利的决赛中打入金球，这次却成为唯一一个罚丢点球的人。尤文图斯前锋帮助意大利这一点球苦主——1990年、1994年、1998年输于点球，2002年输于金球——结束了这一坏习惯，以28岁零6个月的平均年龄夺冠，这是1962年巴西（33岁1个月）以来的最老世界杯得主。

便长期保持缄默，期间马特拉齐虽然多次致意修好，但均被齐祖一一回绝，直至4年后的2010年，面对《国家报》齐祖仍然难掩心中的愤怒："我永远不会对他道歉，那还不如让我去死！"

即便有这样那样的赞美与批评，但罗马狼王无愧于他所高举的这座金杯。多年来为意大利所奉献的青春与汗水，让托蒂对金杯无比珍爱。

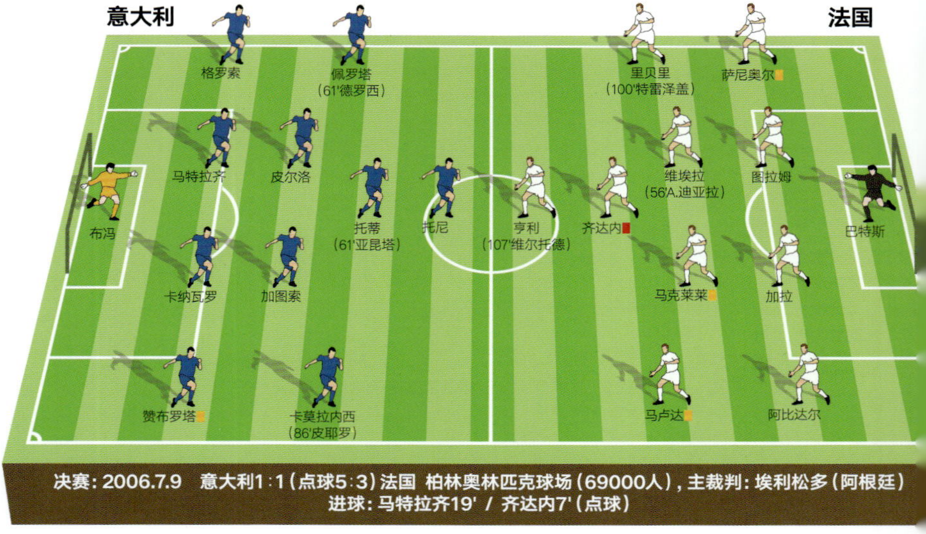

决赛：2006.7.9　意大利1：1（点球5：3）法国　柏林奥林匹克球场（69000人），主裁判：埃利松多（阿根廷）
进球：马特拉齐19' / 齐达内7'（点球）

他们是冠军

主教练

里皮 Marcello Lippi

1948年4月12日出生，意大利人

2004年欧洲杯，里皮顶替特拉帕托尼成为球队主帅，为蓝衣军团选择了一条简单务实的重建道路，3比1战胜荷兰以及4比1战胜德国的两场热身赛，赢得一片赞誉，最终率领意大利登顶世界杯。

门　将

布冯 Gianluigi Buffon

1978年1月28日出生

效力俱乐部：尤文图斯（意甲）

2006年世界杯的登顶终于让28岁的布冯正式加冕“世界第一门将”。整届杯赛，仅失2球，一粒点球，一个乌龙球，雅辛奖得主实至名归。

佩鲁齐 Angelo Peruzzi

1970年2月16日出生

效力俱乐部：拉齐奥（意甲）

说佩鲁齐生不逢时应算是贴切，一名绝对实力派的门将，但却在自己竞技状态的巅峰期陷入了前有帕柳卡、后有布冯的尴尬时代，佩鲁齐直到36岁首次参加世界杯。

阿梅利亚 Marco Amelia

1982年4月2日出生

效力俱乐部：利沃诺（意甲）

在盛产门将的意大利，能挤掉诸多竞争对手随队出征，24岁的阿梅利亚该心满意足了。

后　卫

扎卡尔多 Cristian Zaccardo

1981年12月2日出生

效力俱乐部：巴勒莫（意甲）

本来小组赛前两轮以主力右后卫出战的扎卡尔多，在不幸地在与美国队的小组赛第2轮比赛中成为意大利本届杯赛首粒失球的“缔造者”。

格罗索 Fabio Grosso

1977年11月18日出生

效力俱乐部：巴勒莫（意甲）

“伟大”的格罗索身高近1.90米，左路突破、得分通吃，与澳大利亚的1/8决赛必将成为其职业生涯代表作。

卡纳瓦罗 Fabio Cannavaro

1973年9月13日出生

效力俱乐部：尤文图斯（意甲）

33岁，完美的表现，经典的意式防守，以队长身份捧起大力神杯。

巴尔扎利 Andrea Barzagli

1981年5月8日出生

效力俱乐部：巴勒莫（意甲）

巴尔扎利在中后卫位置上只能是第4选择，与乌克兰的1/4决赛虽首发打满全场，但并不能动摇卡纳瓦罗与马特拉齐的中卫组合。

内斯塔 Alessandro Nesta

1976年3月19日出生

效力俱乐部：AC米兰（意甲）

1998、2002年两届世界杯均意外伤别赛场，2006年内斯塔如被命运戏弄般再次倒在伤病面前，小组赛最后一轮仅17分钟便被马特拉齐换下，完成世界杯“伤离别”帽子戏法。

赞布罗塔 Gianluca Zambrotta

1977年2月19日出生

效力俱乐部：尤文图斯（意甲）

这位老将和卡纳瓦罗一样焕发了青春，右路重现“猛兽级”表现，和格罗索一同将意大利两翼撑起，在1/4决赛对阵乌克兰的比赛中首开纪录。

奥多 Massimo Oddo

1976年6月14日出生

效力俱乐部：拉齐奥（意甲）

意大利防线上的“最替补”，仅在1/4决赛与乌克兰的比赛中登场22分钟，表现中规中矩。

马特拉齐 Marco Materazzi

1973年8月19日出生

效力俱乐部：国际米兰（意甲）

有点神经质的马特拉齐虽然出场是拜内斯塔受伤所赐，但登场后的“表演”绝对堪称精彩，与捷克的小组赛，登场仅9分钟便收获进球，更为重要的是那粒世界杯决赛进球。

战场

柏林奥林匹克体育场
Olympiastadion
所在城市：柏林
容量：74716人
本届杯赛承办6场比赛（包括决赛）

傲赴沙尔克球场
Arena AufSchalke
所在城市：盖尔森基兴
容量：53804人
本届杯赛承办5场比赛

威斯特法伦球场
Westfalenstadion
所在城市：多特蒙德
容量：65718人
本届杯赛承办6场比赛

莱茵能源球场
RheinEnergieStadion
所在城市：科隆
容量：46134人
本届杯赛承办5场比赛

商业银行球场
Commerzbank-Arena
所在城市：法兰克福
容量：48132人
本届杯赛承办5场比赛

戈特利布·戴姆勒球场
Gottlieb-Daimler-Stadion
所在城市：斯图加特
容量：54267人
本届杯赛承办6场比赛

AOL球场
AOL Arena
所在城市：汉堡
容量：51055人
本届杯赛承办5场比赛

法兰克福人球场
Frankenstadion
所在城市：纽伦堡
容量：41926人
本届杯赛承办5场比赛

下萨克森球场
AWD-Arena
所在城市：汉诺威
容量：44652人
本届杯赛承办5场比赛

弗里茨·瓦尔特球场
Fritz-Walter-Stadion
所在城市：凯泽斯劳滕
容量：43450人
本届杯赛承办5场比赛

中央球场
Zentralstadion
所在城市：莱比锡
容量：44199人
本届杯赛承办5场比赛

安联球场
Allianz Arena
所在城市：慕尼黑
容量：66016人
本届杯赛承办6场比赛

最佳阵容

射手榜

排名	球员（国家）	进球数
▲ 1	克洛泽（德国）	5
2	亨利（法国）	3
	齐达内（法国）	3
	托雷斯（西班牙）	3
	波多尔斯基（德国）	3
	马克西（阿根廷）	3
	罗纳尔多（巴西）	3
	克雷斯波（阿根廷）	3
	比利亚（西班牙）	3

第1名 意大利

主教练：里皮（意大利）

号码	球员	进球/出场
门将		
1	布冯	-2/7
12	佩鲁齐	-/-
14	阿梅利亚	-/-
后卫		
2	扎卡尔多	0/3
3	格罗索	1/3
5	卡纳瓦罗	0/7
6	巴尔扎利	0/2
13	内斯塔	0/3
19	赞布罗塔	1/5
22	奥多	0/1
23	马特拉齐	2/4
中场		
4	德罗西	0/3
8	加图索	0/6
10	托蒂	1/7
16	卡莫拉内西	0/6
17	巴罗内	0/2
20	佩罗塔	0/7
21	皮尔洛	1/7
前锋		
7	皮耶罗	1/5
9	托尼	2/6
11	吉拉迪诺	1/5
15	亚昆塔	1/5
18	因扎吉	1/1

第2名 法国

主教练：多梅内克（法国）

号码	球员	进球/出场
门将		
1	朗德罗	-/-
16	巴特斯	-3/7
23	库佩	-/-
后卫		
2	布姆松	-/-
3	阿比达尔	0/6
5	加拉	0/7
13	西尔维斯特	0/1
15	图拉姆	0/7
17	吉韦	-/-
19	萨尼奥尔	0/7
21	希姆邦达	-/-
中场		
4	维埃拉	2/7
6	马克莱莱	0/7
7	马卢达	0/6
8	多拉索	0/2
10	齐达内	3/6
18	A.迪亚拉	0/2
22	里贝里	1/7
前锋		
9	戈武	0/4
11	维尔托德	0/7
12	亨利	3/7
14	萨哈	0/3
20	特雷泽盖	0/3

第3名 德国

主教练:克林斯曼(德国)

号码	球员	进球/出场
门将		
1	莱曼	-5/6
12	卡恩	-1/1
23	希尔德布兰	-/-
后卫		
2	扬森	0/1
3	弗里德里希	0/6
4	胡特	0/1
6	诺沃特尼	0/1
16	拉姆	1/7
17	默特萨克	0/6
21	梅策尔德	0/6
中场		
5	凯尔	0/4
7	施魏因斯泰格	2/7
8	弗林斯	1/6
13	巴拉克	0/5
15	希茨尔斯佩格	0/1
18	博罗夫斯基	0/6
19	施奈德	0/7
22	奥东科	0/4
前锋		
9	汉克	0/1
10	诺伊维尔	1/7
11	克洛泽	5/7
14	阿萨莫阿	0/1
20	波多尔斯基	3/7

第4名 葡萄牙

主教练:斯科拉里(巴西)

号码	球员	进球/出场
门将		
1	里卡多	-4/7
12	基姆	-/-
22	保罗·桑托斯	-/-
后卫		
2	费雷拉	0/3
3	卡内拉	0/1
4	里卡多·科斯塔	0/1
5	梅拉	0/7
13	米格尔	0/6
14	瓦伦特	0/6
16	卡瓦略	0/6
中场		
6	科斯蒂尼亚	0/5
8	佩蒂特	0/6
10	维亚纳	0/2
18	马尼切	2/7
19	蒂亚戈	0/5
20	德科	1/4
前锋		
7	菲戈	0/7
9	保莱塔	1/6
11	西芒	1/7
15	博阿莫特	0/1
17	C.罗纳尔多	1/6
21	努诺·戈麦斯	1/2
23	波斯蒂加	0/3

第5名 巴西

主教练:佩雷拉(巴西)

号码	球员	进球/出场
门将		
1	迪达	-2/5
12	塞尼	0/1
22	儒利奥·塞萨尔	-/-
后卫		
2	卡福	0/4
3	卢西奥	0/5
4	胡安	0/5
6	卡洛斯	0/4
13	西西尼奥	0/2
14	路易松	-/-
15	克里斯	-/-
16	吉尔伯托	1/1
中场		
5	埃莫森	0/3
8	卡卡	1/5
10	罗纳尔迪尼奥	0/5
11	泽·罗伯托	1/5
17	吉尔伯托·席尔瓦	0/4
18	米内罗	-/-
19	小儒尼尼奥	1/3
20	里卡迪尼奥	0/2
前锋		
7	阿德里亚诺	2/4
9	罗纳尔多	3/5
21	弗雷德	1/1
23	罗比尼奥	0/4

第6名 阿根廷

主教练:佩克尔曼(阿根廷)

号码	球员	进球/出场
门将		
1	阿邦丹齐耶里	-2/5
12	佛朗哥	-1/1
23	乌斯塔里	-/-
后卫		
2	阿亚拉	1/5
3	索林	0/4
4	科洛奇尼	0/2
6	海因策	0/4
13	斯卡洛尼	0/1
15	G.米利托	0/1
17	库弗雷	0/2
21	布尔迪索	0/3
中场		
5	坎比亚索	1/5
8	马斯切拉诺	0/5
10	里克尔梅	0/5
16	艾马尔	0/6
18	马克西	3/5
22	L.冈萨雷斯	0/3
前锋		
7	萨维奥拉	1/3
9	克雷斯波	3/4
11	特维斯	1/4
14	帕拉西奥	0/1
19	梅西	1/3
20	克鲁斯	0/2

第7名 英格兰

主教练:埃里克森(瑞典)

号码	球员	进球/出场
门将		
1	罗宾逊	-2/5
13	詹姆斯	-/-
22	卡森	-/-
后卫		
2	加里·内维尔	0/5
3	阿什利·科尔	0/5
5	费迪南德	0/5
6	特里	0/5
12	坎贝尔	0/1
14	布里奇	-/-
15	卡拉格	0/4
中场		
4	杰拉德	2/5
7	贝克汉姆	1/5
8	兰帕德	0/5
11	乔·科尔	1/5
16	哈格里夫斯	0/4
17	耶纳斯	-/-
18	卡里克	0/1
19	伦农	0/3
20	唐宁	0/3
前锋		
9	鲁尼	0/4
10	欧文	0/3
21	克劳奇	1/4
23	沃尔科特	-/-

第8名 乌克兰

主教练:布洛欣(乌克兰)

号码	球员	进球/出场
门将		
1	肖夫科夫斯基	-7/5
12	反亚托夫	-/-
23	舒斯特	-/-
后卫		
2	内斯马奇尼	0/5
3	亚岑科	-/-
5	耶泽尔斯基	0/1
6	鲁索尔	1/4
13	奇格林斯基	-/-
17	瓦施丘克	0/3
22	斯维德尔斯基	0/3
中场		
4	季莫什丘克	0/5
8	舍拉耶夫	0/5
9	胡谢夫	0/5
14	胡辛	0/5
18	纳扎连科	-/-
19	卡利尼琴科	1/4
21	罗坦	0/3
前锋		
7	舍甫琴柯	2/5
10	沃罗宁	0/4
11	雷布罗夫	1/4
15	米列夫斯基	0/4
16	沃罗别伊	0/4
20	别利克	0/1

第9名 西班牙

主教练：阿拉贡内斯（西班牙）

号码	球员	进球/出场
门将		
1	卡西利亚斯	-4/3
19	卡尼萨雷斯	0/1
23	雷纳	-/-
后卫		
2	萨尔加多	0/1
3	佩尼亚	0/3
4	马切纳	0/1
5	普约尔	0/3
12	A.洛佩斯	0/1
15	拉莫斯	0/3
20	华尼托	1/1
22	巴勃罗	0/3
中场		
6	阿尔贝尔达	0/1
8	哈维	0/4
10	雷耶斯	0/1
13	伊涅斯塔	0/1
14	阿隆索	1/3
16	塞纳	0/3
17	华金	0/3
18	法布雷加斯	0/4
前锋		
7	劳尔	1/4
9	托雷斯	3/4
11	路易斯·加西亚	0/3
21	比利亚	3/4

第10名 瑞士

主教练：库恩（瑞士）

号码	球员	进球/出场
门将		
1	祖贝布勒	0/4
12	贝纳利奥	-/-
21	科尔托蒂	-/-
后卫		
2	朱鲁	0/3
3	马格宁	0/3
4	森德罗斯	1/3
5	马尔盖拉兹	0/2
13	格里希丁	0/1
17	施皮歇尔	0/1
20	米勒	0/4
23	菲利普·德根	0/4
中场		
6	沃热尔	0/4
7	卡巴纳斯	0/4
8	维基	0/4
15	哲马伊利	-/-
16	巴内塔	1/4
19	贝赫拉米	0/1
22	哈坎·雅金	0/3
前锋		
9	弗雷	2/4
10	居加	0/2
11	施特雷勒	0/3
14	大卫·德根	-/-
18	卢斯特里内利	0/2

第11名 荷兰

主教练：范巴斯滕（荷兰）

号码	球员	进球/出场
门将		
1	范德萨	-2/4
22	蒂默	-/-
23	斯特克伦堡	-/-
后卫		
2	亚林斯	0/1
3	布拉鲁兹	0/4
4	马泰森	0/3
5	范布隆克霍斯特	0/3
12	克隆坎普	-/-
13	奥耶	0/4
14	海廷加	0/3
15	德克勒	0/1
中场		
6	兰扎特	0/3
8	科库	0/4
10	范德法特	0/3
16	马杜罗	0/1
18	范博梅尔	0/3
20	斯内德	0/4
前锋		
7	库伊特	0/3
9	范尼斯特尔鲁伊	1/3
11	罗本	1/3
17	范佩西	1/4
19	海塞林克	0/1
21	巴贝尔	0/1

第12名 厄瓜多尔

主教练：路易斯·苏亚雷斯（哥伦比亚）

号码	球员	进球/出场
门将		
1	比利亚富埃特	-/-
12	莫拉	-4/4
22	兰萨	-/-
后卫		
2	瓜瓜	0/3
3	乌尔塔多	0/3
4	德拉克鲁斯	0/4
5	佩拉萨	-/-
13	安布罗西	0/1
17	埃斯皮诺萨	0/4
18	雷亚斯科	0/3
中场		
6	乌鲁蒂亚	0/3
7	拉拉	0/2
8	E.门德斯	0/4
14	S.卡斯蒂略	0/3
15	阿约维	0/1
16	巴伦西亚	0/4
19	萨里塔马	-/-
20	E.特诺里奥	0/4
前锋		
9	博尔哈	0/1
10	卡维德斯	1/4
11	德尔加多	2/3
21	C.特诺里奥	2/3
23	贝尼特斯	0/1

第13名 加纳

主教练：杜伊科维奇（塞黑）

号码	球员	进球/出场
门将		
1	阿杰伊	-/-
16	奥乌	-/-
22	金斯顿	-6/4
后卫		
2	萨尔佩	-/-
4	库福尔	0/1
5	门萨	0/4
6	帕波	0/2
7	希拉	0/4
13	穆罕默德	0/2
15	潘特希尔	0/4
17	夸耶	-/-
21	伊萨	-/-
中场		
8	埃辛	0/3
9	D.博阿滕	0/3
10	阿皮亚	1/4
11	蒙塔里	1/3
18	E.阿多	0/4
20	O.阿多	0/2
23	德拉曼	1/2
前锋		
3	吉安	1/3
12	塔奇-门萨	0/3
14	阿莫亚	0/4
19	皮姆邦	0/3

第14名 瑞典

主教练：拉格贝克（瑞典）

号码	球员	进球/出场
门将		
1	伊萨克松	-4/3
12	阿尔韦博格	-/-
23	沙班	0/1
后卫		
2	尼尔松	-/-
3	梅尔贝里	0/4
4	卢西克	0/4
5	埃德曼	0/4
13	汉松	0/1
14	斯滕曼	-/-
15	卡尔·斯文松	-/-
中场		
6	林德罗特	0/4
7	亚历山大松	0/4
8	安德斯·斯文松	0/1
9	永贝里	1/4
16	卡尔斯特伦	0/4
19	安德松	0/1
21	威廉松	0/4
前锋		
10	伊布拉希莫维奇	0/3
11	拉尔森	1/4
17	埃尔曼德	0/2
18	容松	0/4
20	奥尔巴克	1/4
22	罗森贝里	-/-

第15名 墨西哥

主教练:拉沃尔佩(阿根廷)

号码	球员	进球/出场
门将		
1	桑切斯	-5/4
12	科罗纳	-/-
12	奥乔亚	-/-
后卫		
2	苏亚雷斯	-/-
3	萨尔西多	0/4
4	马克斯	1/4
5	奥索里奥	0/4
14	皮内达	0/4
15	卡斯特罗	0/2
16	M.门德斯	0/4
18	瓜尔达多	0/1
22	F.罗德里格斯	0/1
中场		
6	托拉多	0/3
7	齐尼亚	1/4
8	帕尔多	0/4
20	拉斐尔·加西亚	-/-
23	路易斯·佩雷斯	0/2
前锋		
9	博尔格蒂	0/2
10	佛朗哥	0/3
11	莫拉莱斯	0/2
17	冯塞卡	1/4
19	布拉沃	2/3
21	阿雷利亚诺	0/1

第16名 澳大利亚

主教练:希丁克(荷兰)

号码	球员	进球/出场
门将		
1	施瓦泽	-4/3
12	科维奇	-/-
18	卡拉奇	-2/1
后卫		
2	尼尔	0/4
3	穆尔	1/4
6	波波维奇	0/1
14	奇珀菲尔德	0/4
16	比彻姆	-/-
22	米利甘	-/-
中场		
4	卡希尔	2/4
5	丘利纳	0/4
7	埃默顿	0/3
8	斯科科	-/-
11	拉扎里迪斯	-/-
13	格雷拉	0/4
20	威尔克希尔	0/2
21	什特约夫斯基	0/3
23	布雷西亚诺	0/4
前锋		
9	维杜卡	0/4
10	科威尔	1/3
15	阿洛伊西	1/4
17	汤普森	-/-
19	肯尼迪	0/2

第17名 韩国

主教练:艾德沃卡特(荷兰)

号码	球员	进球/出场
门将		
1	李云在	-4/3
20	金龙大	-/-
21	金永光	-/-
后卫		
2	金永澈	0/2
3	金东进	0/2
4	崔镇哲	0/3
6	金珍圭	0/2
12	李荣杓	0/3
18	金相植	0/2
22	宋钟国	0/1
23	赵源熙	-/-
中场		
5	金南一	-/-
7	朴智星	1/3
8	金斗玄	-/-
13	李乙容	0/2
15	白智勋	-/-
17	李皓	0/3
前锋		
9	安贞焕	1/3
10	朴周永	0/1
11	薛琦铉	0/2
14	李天秀	1/4
16	郑景浩	-/-
19	曹宰榛	0/3

第18名 巴拉圭

主教练:鲁伊斯(乌拉圭)

号码	球员	进球/出场
门将		
1	比利亚尔	-1/1
12	戈麦斯	-/-
22	博瓦迪利亚	-1/3
后卫		
2	努涅斯	0/3
3	托莱多	0/1
4	加马拉	0/3
5	卡塞雷斯	0/3
14	达席尔瓦	0/1
15	曼苏尔	0/1
21	卡尼萨	0/3
中场		
6	博内特	0/2
7	卡瓦涅斯	-/-
8	巴雷托	0/2
10	阿库纳	0/3
11	加维兰	-/-
13	帕雷德斯	0/3
16	里维罗斯	0/2
17	蒙铁尔	-/-
19	多斯桑托斯	0/2
前锋		
9	圣克鲁斯	0/3
18	巴尔德斯	0/1
20	D.洛佩斯	0/1
23	奎瓦斯	1/2

第19名 科特迪瓦

主教练:亨利·米歇尔(法国)

号码	球员	进球/出场
门将		
1	蒂齐耶	-4/2
16	尼扬乌安	-/-
23	巴里	-2/1
后卫		
3	博卡	0/3
4	科洛·杜尔	0/2
6	夸西	0/1
12	梅特	0/2
13	佐罗	-/-
17	多莫劳	0/1
21	埃布埃	0/3
中场		
2	阿卡勒	0/3
5	佐科拉	0/3
7	费	-/-
10	亚皮	0/1
18	凯塔	0/2
19	亚亚·杜尔	0/3
20	梅德尔	-/-
22	罗马里克	0/1
前锋		
8	卡卢	1/2
9	阿罗纳·科内	0/3
11	德罗巴	1/2
14	巴卡里·科内	1/3
15	丹当	2/3

第20名 捷克

主教练:布吕克纳(捷克)

号码	球员	进球/出场
门将		
1	切赫	-4/3
16	布拉热克	-/-
23	金斯基	-/-
后卫		
2	格里格拉	0/3
3	马雷什	-/-
6	扬库洛夫斯基	0/3
13	伊拉内克	-/-
21	乌伊法卢西	0/2
22	罗泽纳尔	0/3
中场		
4	加拉塞克	0/2
5	科瓦奇	0/1
8	波博斯基	0/3
10	罗西基	2/3
11	内德维德	0/3
14	亚罗利姆	0/1
17	施泰纳	0/3
19	波拉克	0/3
20	普拉希尔	0/3
前锋		
7	西翁科	0/1
9	科勒	1/1
12	洛克文茨	0/2
15	巴罗什	0/1
18	海因茨	0/1

第21名 波兰

主教练:亚纳斯(波兰)

号码	球员	进球/出场
门将		
1	博鲁茨	-4/3
12	库什恰克	-/-
22	法比安斯基	-/-
后卫		
2	约普	0/1
3	甘察奇克	-/-
4	巴斯辛斯基	0/3
6	巴克	0/3
14	热夫拉科夫	0/3
17	杜德卡	0/1
18	列万多夫斯基	0/2
19	博萨茨基	2/2
中场		
5	科索夫斯基	0/1
7	索博列夫斯基	0/2
8	克日诺维克	0/3
10	希姆科维亚克	0/2
13	米拉	-/-
15	斯莫拉雷克	0/3
16	拉多姆斯基	0/3
20	吉扎	-/-
前锋		
9	茹拉夫斯基	0/3
11	拉夏克	0/1
21	耶伦	0/3
23	布罗热克	0/3

第22名 克罗地亚

主教练:老克拉尼察(克罗地亚)

号码	球员	进球/出场
门将		
1	普莱蒂科萨	-3/3
12	迪杜利卡	-/-
23	布蒂纳	-/-
后卫		
3	西穆尼奇	0/3
4	罗伯特·科瓦奇	0/2
5	图多尔	0/3
7	西米奇	0/3
11	托基奇	-/-
13	托马斯	0/1
中场		
2	斯尔纳	1/2
6	弗拉涅斯	-/-
8	巴比奇	0/3
10	尼科·科瓦奇	1/3
14	莫德里奇	0/2
15	伊万·莱科	-/-
16	耶尔科·莱科	0/2
19	克拉尼察	0/3
20	塞里奇	-/-
前锋		
9	普尔绍	0/3
17	克拉什尼奇	0/3
18	奥利奇	0/3
21	巴拉班	-/-
22	博斯尼亚克	0/1

第23名 安哥拉

主教练:贡萨尔维斯(安哥拉)

号码	球员	进球/出场
门将		
1	里卡多	-2/3
12	拉马	-/-
22	马里奥	-/-
后卫		
2	埃罗萨	-/-
3	姜巴	0/3
4	莱博	-/-
5	卡利	0/3
15	鲁伊·马克斯	0/2
20	洛科	0/3
21	德尔加多	0/3
23	阿布鲁	-/-
中场		
6	米洛伊	0/3
7	菲格雷多	0/3
8	安德烈	0/2
11	马特乌斯	0/3
13	埃德森	0/1
14	门东卡	0/3
17	泽卡兰加	0/3
前锋		
9	曼托拉斯	0/2
10	阿夸	0/3
16	弗拉维奥	1/1
18	洛夫	0/1
19	布恩戈	-/-

第24名 突尼斯

主教练:勒梅尔(法国)

号码	球员	进球/出场
门将		
1	布姆尼耶	-6/3
16	奈夫齐	-/-
22	卡斯拉维	-/-
后卫		
3	哈古伊	0/3
4	叶海亚	0/1
6	特拉贝尔西	0/3
15	贾伊迪	1/3
18	耶马利	0/1
19	阿亚里	0/2
21	赛义迪	-/-
中场		
8	纳夫蒂	0/3
10	古德班	0/3
12	姆纳里	1/3
13	布阿齐齐	0/3
14	谢德利	0/3
20	纳穆奇	0/3
23	梅利蒂	-/-
前锋		
2	埃塞迪里	0/1
5	贾齐里	1/3
7	盖芒迪亚	0/1
9	希哈维	0/1
11	多斯桑托斯	0/1
17	本·萨阿达	0/1

第25名 伊朗

主教练:伊万科维奇(克罗地亚)

号码	球员	进球/出场
门将		
1	米尔扎普尔	-6/3
12	鲁德巴里安	-/-
22	塔莱卜洛	-/-
后卫		
3	巴赫蒂亚里扎德赫	1/2
4	戈尔莫罕马迪	1/2
5	雷扎伊	0/3
13	卡阿比	0/3
19	萨迪吉	-/-
20	诺斯拉蒂	0/3
中场		
2	马达维基亚	0/3
6	内科南	0/2
7	灿迪	0/2
8	卡里米	0/2
14	泰穆里安	0/3
18	纳维德基亚	-/-
21	马丹齐	0/3
23	绍杰	0/1
前锋		
9	哈什米安	0/3
10	代伊	0/2
11	哈提比	0/2
15	博尔哈尼	0/2
16	埃纳亚蒂	-/-
17	卡泽米安	-/-

第26名 美国

主教练:阿瑞纳(美国)

号码	球员	进球/出场
门将		
1	霍华德	-/-
18	凯勒	-6/3
19	哈内曼	-/-
后卫		
2	奥尔布赖特	-/-
3	博卡内格拉	0/2
4	马斯特罗尼	0/2
6	切伦多洛	0/3
7	刘易斯	0/2
12	贝尔哈特	-/-
13	康拉德	0/2
22	奥涅乌	0/3
23	波普	0/2
中场		
5	奥布赖恩	0/1
8	登普西	1/2
10	雷纳	0/3
14	奥尔森	0/1
15	康韦	0/3
17	比斯利	0/3
21	多诺万	0/3
前锋		
9	约翰逊	0/2
11	布赖恩·程	-/-
16	沃尔夫	0/1
20	麦克布莱德	0/3

第27名 特立尼达和多巴哥

主教练:本哈克(荷兰)

号码	球员	进球/出场
门将		
1	希斯洛普	-2/2
21	杰克	-2/1
22	因斯	-/-
后卫		
2	考克斯	-/-
3	A.约翰	0/2
4	安德鲁斯	-/-
5	桑乔	0/3
6	劳伦斯	0/3
8	格雷	0/2
17	查尔斯	-/-
中场		
7	伯查尔	0/3
9	惠特利	0/3
11	爱德华兹	0/3
18	西奥博尔德	0/3
23	沃尔夫	-/-
前锋		
10	拉塔皮	0/1
12	萨穆埃尔	0/1
13	格伦	0/3
14	S.约翰	0/3
15	琼斯	0/2
16	怀斯	0/2
19	约克	0/3
20	斯科特兰	-/-

第28名 沙特

主教练:PAQUETA(巴西)

号码	球员	进球/出场
门将		
1	代亚耶亚	-/-
21	泽耶德	-7/3
22	库亚	-/-
后卫		
2	杜希	0/3
3	图卡尔	0/3
4	蒙塔沙里	0/3
5	卡迪	-/-
12	哈斯兰	0/2
13	苏莱曼尼	0/3
15	巴赫里	-/-
17	比希	0/3
中场		
6	加姆迪	0/2
7	海达尔	0/2
8	努尔	0/3
10	沙尔霍布	-/-
14	哈里里	0/3
16	哈利德	0/3
18	蒂姆亚特	0/2
19	马萨德	0/1
前锋		
9	贾贝尔	1/3
11	哈尔蒂	0/1
20	卡赫塔尼	1/2
23	侯萨维	0/3

第29名 日本

主教练:济科(巴西)

号码	球员	进球/出场
门将		
1	楢崎正刚	-/-
12	土肥洋一	-/-
23	川口能活	-7/3
后卫		
2	茂庭照幸	0/1
3	驹野友一	0/1
5	宫本恒靖	0/2
6	中田浩二	0/1
14	三都主	0/3
19	坪井庆介	0/2
21	加地亮	0/2
22	中泽佑二	0/3
中场		
4	远藤保仁	0/2
7	中田英寿	0/3
8	小笠原满男	0/2
10	中村俊辅	1/3
15	福西崇史	0/2
17	稻本润一	0/2
18	小野伸二	0/1
前锋		
9	高原直泰	0/3
11	卷诚一郎	0/1
13	柳泽敦	0/2
16	大黑将志	0/3
20	玉田圭司	1/3

第30名 多哥

主教练:普菲斯特(德国)

号码	球员	进球/出场
门将		
1	查尼鲁	-/-
16	阿加萨	-6/3
22	奥比拉雷	-/-
后卫		
2	尼邦贝	0/3
3	阿巴洛	0/2
5	昌盖	0/3
12	阿科托	-/-
19	阿瑟莫阿萨	0/1
23	阿西米乌	0/2
中场		
6	阿齐阿沃努	0/2
8	阿格博	0/1
9	多塞维	0/2
10	谢里夫·杜尔	0/3
15	罗马奥	0/2
20	埃拉萨	-/-
21	阿楚	-/-
前锋		
4	阿德巴约	0/3
7	M.萨利富	0/3
11	马尔姆	0/1
13	福尔松	0/3
14	奥卢法德	0/1
17	卡德尔	1/3
18	塞纳亚	0/3

第31名 哥斯达黎加

主教练:吉马良斯(哥斯达黎加)

号码	球员	进球/出场
门将		
1	梅森	-/-
18	波拉斯	-9/3
23	阿尔法罗	-/-
后卫		
2	德拉蒙德	0/2
3	马林	0/3
4	乌马纳	0/3
5	马丁内斯	0/1
12	冈萨雷斯	0/3
15	华莱士	0/2
17	巴迪利亚	0/1
22	罗德里格斯	-/-
中场		
6	丹尼·冯塞卡	0/2
7	博拉诺斯	0/2
8	索利斯	0/3
10	森特诺	0/3
14	阿索费法	0/1
16	埃尔南德斯	0/2
20	塞凯拉	0/2
前锋		
9	万乔普	2/3
11	戈麦斯	1/3
13	贝纳尔	0/1
19	萨沃里奥	0/2
21	努涅斯	-/-

第32名 塞黑

主教练:皮特科维奇(塞尔维亚)

号码	球员	进球/出场
门将		
1	耶夫里奇	-10/3
12	科瓦切维奇	-/-
23	斯托伊科维奇	-/-
后卫		
3	德拉古蒂诺维奇	0/1
5	维迪奇	-/-
6	加夫兰契奇	0/3
13	巴斯塔	-/-
14	N.乔尔杰维奇	0/2
15	杜迪奇	0/2
20	克尔斯塔季奇	0/3
中场		
2	埃尔吉奇	0/2
4	杜利亚伊	0/3
7	科罗曼	0/2
10	斯坦科维奇	0/3
11	P.乔尔杰维奇	0/3
17	纳吉	0/3
18	武基奇	0/1
22	伊利奇	1/1
前锋		
8	凯日曼	0/2
9	米洛舍维奇	0/3
19	日吉奇	1/2
21	柳博亚	0/2

武齐尼奇因伤退出，替补、主帅之子杜尚迫于压力，没有随队出征。

2010—2018

集体主义崛起

从2010年南非开始，世界杯的发展似乎进入了一条与此前并不相同的轨道。那一年，这场盛事诞生了一个新的冠军——西班牙，也让世界足球的发展方向发生了微妙的变化。斗牛士军团一度成为全球主宰，除了世界杯，他们还有前后两届欧洲杯桂冠。在那之后，2014年的冠军德国从战术风格来说，可以算是西班牙的“精神继承者”。但2018年捧杯的法国，却又是一支一直被外界评价为“龟派反击流”的队伍。

看上去风向好像又变了，不过仔细品品，这8年来的足球还是有很大的共通之处。曾经，世界杯在大多数人的印象中，应该都是展现英雄主义的最佳舞台。从贝利到马拉多纳，从齐达内到罗纳尔多，每一位非凡人物最能展现个人魅力的时候，就是他引领团队冲向终点之时。而如今这种一人高呼万人随的味道却淡了不少。从西班牙到德国再到法国，集体主义的团队足球都占据了主流。

不可否认，西班牙的成功除了源于传控战术的大成，“哈白布”这一黄金中场三角更是起到了核心的作用。哈维的调度，伊涅斯塔的前插，还有布斯克茨的衔接与防守，他们毫无疑问就是斗牛士军团的领军人物。可换个角度来想想，这三个人虽然不能算三个臭皮匠，

2010年南非世界杯，西班牙队凭借着娴熟的传控打法，获得了最终的胜利。

但也始终不是一个诸葛亮，这一点从当年的金球奖评选情况也可以看出。最终捧走奖杯的是梅西，头顶上俱乐部英雄光环最亮的那位，而伊涅斯塔和哈维都因为属性更偏团队而败下阵来。

其实就传控流这种套路而言，它要求每个人都能传能控，足球要快速地在各人之间轮转，这本身就有一些淡化个人主义的倾向——除非你是梅西这种水准的高人。巅峰时期的西班牙，各个位置显然都不弱，但也没人突出到可以掌控一切。他们的足球以控制为主，进球其实不多，但丢球也很少，而这无疑是团队的力量，因为所有人连接在了一起，才让从前到后的赛场都不会露出空当。

到了2014年，德国人似乎开发出了“进化版的传控”。他们的攻击火力看上去更猛，这种“青出于蓝”也在进球数上得到了表现：小组赛首场他们4比0痛揍葡萄牙，后来半决赛7比1战胜巴西，更是世界杯历史上罕有的悬殊比分。然而“华丽”背后，你却很难指出这支队伍究竟谁是绝对领袖。

打进5球的穆勒？首场打进3球的他更像是一个突击手，能出其不意地伤人，但到后来还是需要藏在克洛泽身后，算不上扛起大旗的人物。克洛泽虽然可以被称为是球队精神领袖，但时年36岁的他也肯定不能独自带动球队。还有克罗斯、施魏因斯泰格等被盛赞的中场球员，他们都很出色，但要说少了谁地球就不转，那恐怕完全是谬论。

最终的决赛也很耐人寻味，因为输掉对决的阿根廷正是英雄主义的代表——前场梅西统帅，后场则靠马斯切拉诺。相反，整体强大的德国凭借两名替补许尔勒和格策的协作，完成了加时赛中的致命绝杀。

2014年巴西世界杯决赛，面对整体实力更为强大的德国队，梅西领衔的阿根廷队在加时赛中败下阵来。

被外界批评战术过于保守的德尚，将球星云集的法国队打磨得几乎没有短板。

相较而言，法国队在俄罗斯捧杯的时候，星味已经要比德国人足上很多。格列兹曼制造乌龙加点球命中，然后是博格巴与姆巴佩相继破网。单论法国与克罗地亚的决赛较量，足够印证舆论对于高卢雄鸡的高度评价：星光熠熠的他们天才云集，每个响亮的名字单独拎出来，你都可以吹捧他是领袖级的人物。

但冠军法国踢的就是天才足球吗？如果非要往这个方向上靠的话，也可以说有一点，毕竟德尚的“安全第一”留给了姆巴佩很多突击的空间。然而总体上，法国并不是那种可以自由挥洒天赋的队伍。他们的进攻天才很多，却要以防守为本，但防守靠的并不是几个后卫天神下凡，而是需要全队协作，所有人都投入力量。于是我们看到了甘当蓝领的进攻核心，大部分时间都不会带球耍帅的天才射手，还有花里胡哨场进场后却突然转性的中场发动机。当然，还有原本就在默默奉献的勤奋后腰。

在这个时候，能够一览众山小的个别英雄依旧是人们所想念和向往的，就像在俱乐部层面，大家曾经把梅西、C罗的位置推到绝对顶峰。但团队足球显然早已起势，要想称雄世界，单靠一两位“领袖”的套路，看起来已经行不通了。

19

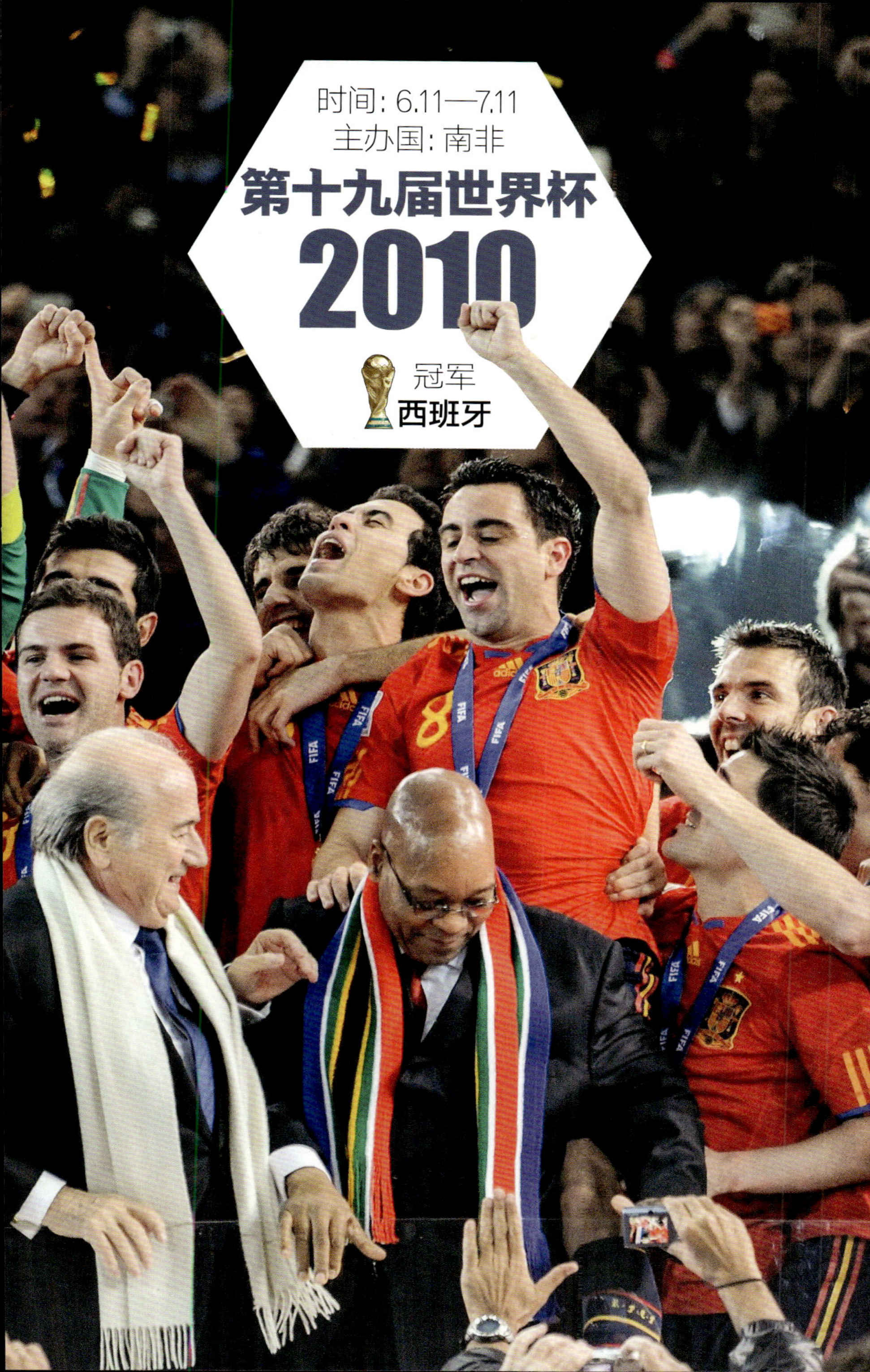

时间：6.11—7.11

主办国：南非

第十九届世界杯 2010

冠军

西班牙

参赛国家

- 澳大利亚
- 日本
- 朝鲜
- 韩国
- 阿尔及利亚
- 喀麦隆
- 加纳
- 科特迪瓦
- 尼日利亚
- 南非
- 洪都拉斯
- 墨西哥
- 美国
- 阿根廷
- 巴西
- 智利
- 巴拉圭
- 乌拉圭
- 新西兰
- 丹麦
- 英格兰
- 法国
- 德国
- 希腊
- 意大利
- 荷兰
- 葡萄牙
- 塞尔维亚
- 斯洛伐克
- 斯洛文尼亚
- 西班牙
- 瑞士

世界杯首次走进非洲，热情洋溢的南非球迷搞怪装扮本领一流。

章鱼保罗

一只章鱼可以决定足球比赛的胜负，这在任何时候听起来都像是天方夜谭。但世间就是出现过这样的“神兽”，只要由它选中的球队，在接下来的较量中必定取胜。这支名叫保罗的章鱼原本是德国奥伯豪森水族馆的一支普通章鱼，从2008年欧洲杯期间就开始被用于“预测”比赛结果。到了南非世界杯，保罗成功预测了德国队所有比赛的胜出队伍，并选中西班牙为最终冠军，堪称世界杯历史上的一大奇观。

吉祥物　扎库米

扎库米（Zakumi）是一只身着白色T恤、绿色短裤的猎豹，T恤上写着“南非2010”字样。他的一头绿色鬃毛代表绿茵场，猎豹则是奔跑速度最快的动物，主要分布在非洲。他的名字Zakumi由两部分组成，“Za”源于南非的ISO 3166-1代码，“kumi”在非洲多种语言中都是“10”的意思，而10号往往是一个球队的灵魂。

在世界杯诞生的第80个年头，它终于来到了一块此前从未踏足过的大地。非洲，在很长一段时间里都被认为是贫穷和落后的代名词，但这里却从不缺少孕育足球的土壤。而让南非承办第19届世界杯，既是一次看上去有些冒险的尝试，也标志着世界足球对新时代的向往。让足球的花朵遍布全世界，这正是世界杯开疆扩土的意义所在。不过一切并非如预先想象得那么简单，由南非世界杯所开启的“新时代”，依旧是由欧洲势力主宰。

非洲“崛起”

早在2001年，在阿根廷布宜诺斯艾利斯举行的国际足联大会便正式确定了将在非洲举行世界杯的基调——这一盛事将由各大洲

呜呜祖拉

这种长约一米的号角曾经是部分球员和观众的噩梦，因为它单调又嘈杂的呜呜声会震得人头晕目眩。而当一大群南非当地球迷用它“演奏”时，球场之内就像是有一群喧闹的大象在狂奔。世界杯尊重了南非球迷的习惯，但呜呜祖拉发出的巨大噪音也造成了深远影响。在那之后，不少赛事都对赛场内的噪音分贝量提出了限制规定。

弱旅新西兰小组赛3平出局后向球迷致意，他们的球迷也很有才，装鸟人毫无压力。新西兰成为第1支因为3分制改革而无缘世界杯出线的球队，若是采取2分制，他们便可凭借净胜球数力压斯洛伐克晋级。

轮流举办，并且首先从“新大陆”开始。2002年，国际足联开始征询2010年世界杯的东道主，并明确只有非洲国家才能承办。随后，毛遂自荐者不断出现。最初是尼日利亚，但他们与贝宁、加纳、多哥四国承办的方案很快就遭到了否定。希望合办的国家还有突尼斯和利比亚，然而在那个韩日世界杯刚刚结束的时代，国际足联最终告诉他们不接受联合举办。

最终的候选者是南非、摩洛哥和埃及。在投票进行之前，胜负形势似乎便已经非常明显。在2006年世界杯的主办权争夺中，南非经过三轮票选才败给了德国，最终的得票也仅仅是比对手少了1张而已。等到“非洲内战”，摩洛哥与埃及这对北非势力的自相残杀也给了南非一定机会。最终，南非在2004年举行的投票中第一轮就拿到了超过半数的14票，力压10票的摩洛哥和0票埃及，如愿以偿地成为了世界杯第一位非洲东道主。

南非获得主办权称得上是众望所归，但承办工作也仅仅是刚刚开始而已。作为非洲南部最为繁荣的国家之一，南非拥有属于自己的优势，但相比那些真正的发达国家，亦或者拥有悠久足球历史的国家，这位新手就显得问题多多。比赛场馆的建设、安全问题，方方面面都曾经让外界担忧。2010年1月，多哥国家队在前往参加非洲杯的途中曾遭到安哥拉反政府武装的机枪扫射，这一事件更加增大了世人对非洲主办世界杯的担心。

不过最终，南非人坚守了他们的承诺，为全世界带来了一场美丽的足球盛会。在这其中，也有过一点瑕疵，比如英格兰对阿尔及利亚的小组赛，一名球迷竟然在毫无阻拦的情况下走进了英格兰队的更衣室。而就在这场“意外”发生前不久，威廉王子和哈利王子才刚刚从那里离开，这一安保工作的纰漏曾让英国人心中不安。

在赛场之上，则没有多少意外出现，64场比赛吸引了超过317万的现场观众，还有数以亿计的球迷通过电视和互联网关注了这场四年一度的盛典。有些可惜的是，费尽心力的南非人最终却没有成为主角，至少没有成为他们想成为的那种角色。三场小组赛过后，1胜1平1负的东道主便被淘汰出局。主办国没有通过

英德门线悬疑

1966年世界杯，赫斯特用一记实际上皮球很可能没有越过门线的进球，帮助英格兰击败德国捧走了冠军金杯。44年之后，英格兰中场兰帕德的射门明明经过反弹后越过了门线，却因为皮球时速太快，裁判没有看清而没有算进。那一球原本可以让三狮军团将比分扳为2比2平，但遭受误判的他们却最终1比4惨败。如此重大错误也再次激起了改革派的呼声：足球需要科技的帮助。

第一轮，在世界杯历史上还是第一次。

世界杯来到非洲，世界也期待着非洲足球的起飞，然而6支参赛队伍依然没有改变历史，唯有加纳从小组赛中出线。这支绰号黑星的队伍原本有望成为第一支晋级世界杯四强的非洲球队。但非常不幸，他们倒在了一次“非常规操作”面前。乌拉圭人苏亚雷斯用红牌的代价，在门线前用手挡住了加纳队的加时赛绝杀。然后吉安罚丢了点球，坚持到最后的乌拉圭赢得了点球大战。

新鲜与沉闷

严格来说，南非世界杯并非是新势力的“灾难”，至少也有些陌生的名字创造出了惊喜。例如来自大洋洲的新西兰，3平收关的他们是本届大赛唯一一支全程不败的队伍。与他们同组的还有卫冕冠军意大利，后者只拿到2分而已。南非与四年前的德国不同，世界足坛的局势早已有了不少变化。除了意大利，2006年和他们争夺大力神杯的法国队也是早早出局。

旧王已去，新王当立，两大传统势力的倒台为世界杯增添了几分新奇感。然而随着赛程的深入，这场五彩斑斓的欢聚也透出一丝过于“沉稳”的感觉。进入八强阶段，非欧洲和南美的球队便只剩下加纳一支，最终的决赛是在两支欧洲球队之间进行。另外虽然并非没有激情四射的对决，但进球总数还是太少了一些——145粒，场均不过2.27次。这是在世界杯决赛圈改制为64场之后，破门次数最少的一届，甚至比2006年的147还少2粒。

是什么原因让比赛变得如此“沉闷”？有人大概会怪罪比赛用球“普天同庆”。阿根廷

末轮2比3爆冷输给斯洛伐克后，卫冕冠军意大利惨遭淘汰。大图为蓝军队长、2006年金球奖得主卡纳瓦罗跪倒在斯洛伐克队长哈姆西克面前。小图为库茨卡庆祝，高难动作切勿模仿！

MENSAH
5

勒夫挖鼻孔

出生于1960年的德国国家队主帅勒夫外形俊朗，是世界杯赛场上引人瞩目的型男主帅。然而美男子也不是全无死角，尤其是在众多摄像镜头的关注之下。1/8决赛英德大战期间，在场边的勒夫一度挖起了鼻孔，然后这一举动正好被巴西的一家电视台拍到。镜头中的德国主帅还把挖出之物揉了揉放入口中。从此以后，他的这一陋习便闻名天下，但也有人站出来为勒夫辩护，甚至有专家称这有益身体健康。

1/4决赛乌拉圭与加纳战至加时赛尾声，苏亚雷斯用手挡出对手射门，虽然被判红牌加点球，但吉安点球宴客。120分钟1比1结束，大难不死的乌拉圭赢得点球大战。时候，苏亚雷斯享受到英雄般的待遇 坐在埃古伦肩膀上尽情庆祝，哪怕半决赛他将停赛。

1/4决赛巴西与荷兰赛前，巴西球迷拿针扎罗本小人的巫术显然没有显灵，罗本表现活跃，让梅洛吃到红牌。还有巴西球迷打出了“再见荷兰”的标语，然而1比2负于荷兰的桑巴军团，显然让他们大失所望。

郑大世泪流满面

朝鲜时隔44年重回世界杯决赛圈，首场比赛即为这场盛事留下了令人难忘的镜头。奏国歌仪式上，前锋郑大世泪流满面，让全世界观众都感受到了他的心潮澎湃。值得一提的是，郑大世出生于日本也在日本长大，因为爷爷是朝鲜半岛北部人才将朝鲜作为自己的精神祖国。由于球风与外形和英格兰球星鲁尼有几分相似，他还曾收获一个有趣的外号“人民的鲁尼”。

AND
1994
1998
2010
10
BRASIL

主帅马拉多纳就曾经调侃道："世界杯上不会有任何长传，因为这球根本不按线路飞。"而巴西门将塞萨尔更是对这款新产品嗤之以鼻："这就像从超市里买来的便宜东西。"但比赛用球更像是一种借口，更深层次的原因，还是长久以来占据主流的实用主义思想仍在流行。当舆论把巴西奉为夺冠大热门时，最重要的理由是主帅邓加为这支球队打造了极为实用的防反战略。

荷兰淘汰巴西，也不是攻势足球的胜利，事实上恰恰相反，由范马尔维克率领的橙衣军团早就一改传统踢起了防反。只有尽量少丢球才能战胜敌人，这才是南非世界杯的最终主旋律。当然，不同球队实现这一目标的手段不同，也为世界足球带来了一股新风。Tiki-taka，传控流的西班牙在2008年就征服了欧洲，然后他们又在南非把自己的风尚发挥到了极致。但是有一点略有些让人在意，那就是西班牙只有两场比赛进球数达到了2粒以上。7场比赛他们总共只破门8次，是世界杯历史上进球数最少的当届冠军。

1/4决赛德阿大战之前，率队4场全胜一路狂飙的马拉多纳接受采访时眉飞色舞，眼神里全是戏。结果阿根廷被德国4球胖揍，比赛中的老马完全变了模样，唯有两块手表依然醒目。

法国内乱

世界杯舞台上从来都不缺少内讧、罢训的闹剧，但像2010年法国这样的足球大国还出现如此混乱的局面，就有点让人难以置信。在该队第二场0比2负于墨西哥，小组出线几无希望的情况下，前锋阿内尔卡与主帅多梅内克爆发冲突，大骂后者。此事很快被媒体曝光，阿内尔卡也遭到法国足协禁赛，而认为队内有内鬼的球员们则不甘示弱，以集体罢训的方式声援阿内尔卡，图为多梅内克在媒体簇拥下宣读球员联名抗议信。整个事件导致包括足协主席在内的多名法国足球官员离职，而世界杯后接替多梅内克上任的新帅布兰科，也不得不对法国队进行了大幅度的人员调整。

决赛

荷兰0比1（加时）西班牙
2010年7月11日
约翰内斯堡足球城

当荷兰与西班牙分别晋级，南非世界杯的最终决赛便注定会是非常特别的一次。毕竟对阵双方都从未有过夺冠经历，这种情况在这项世界上最伟大的足球赛事中已经有32年未曾出现。上一回是在1978年，对阵双方是荷兰和阿根廷，结果坐拥主场之利的潘帕斯雄鹰笑到了最后，而橙衣军团则只能收获“无冕之王”的称号。32年过去之后，是荷兰一雪前耻为自己正名，还是2008年的欧洲杯冠军西班牙一统天下？这是个让人想想都很带感的对决，最终的胜者必定会让他们的粉丝欣喜若狂。

决赛场下，曼德拉亲临现场观战；决赛场上，荷兰斗士德容一记窝心脚踹倒阿隆索，主裁判韦博竟然只亮出黄牌。

伊涅斯塔完成绝杀后脱掉球衣，露出T恤上纪念英年早逝的好友哈尔克的字样。赛后，捧着金杯的伊涅斯塔被媒体团团围住。

7月11日的约翰内斯堡，足球城体育馆内的热闹景象能让人充分感受到足球运动的魅力。84490名现场观众之中，不乏有来自各国的名流。荷兰和西班牙的皇室成员是必须到场督战的，另外纳达尔和加索尔等西班牙网球和篮球明星也到场为祖国球队呐喊助威。然而再伟大的比赛，当你正在经历它时，有些部分其实也不怎么美妙——事实上这并不是一场华丽的巅峰对决，因为高手过招，首先想到的都是自己不能先出错。

正是在这样的紧张气氛之下，比赛焦灼得让人有些窒息。与此同时，来自英格兰的主裁判韦伯也没有完美地把握好比赛的判罚尺度，不幸让自己成为了比赛的主角之一。由于双方都不愿意被对手先进球，用犯规阻止对手进攻的频率很高，韦伯也从比赛开始阶段就变成了“发牌机器”。从第15到第28分钟，他接连向荷兰的范佩西、范博梅尔、德容，以及西班牙的普约尔、拉莫斯出示了黄牌。但即便如此，随时发出警告的英格兰人还是不够“严厉”——第28分钟德容的犯规是用脚踹向阿隆索的胸口，这够得上被直接罚下，但韦

埃布埃刺探敌情

G组最后一轮朝鲜对科特迪瓦，比赛中途曾经发生过非常搞笑的一幕：朝鲜教练在场边指导本方球员布置战术，科特迪瓦右后卫埃布埃也跑到跟前“旁听”。双方明显语言不通，可埃布埃却假装听懂，还接连点头若有所思，在严肃的世界杯赛场上上演了一出即兴的幽默表演。

决赛：2010.7.11 荷兰0:1（加时）西班牙 约翰内斯堡足球城（84490人） 主裁判：韦伯（英格兰）
进球：116’伊涅斯塔

伯只是出示了黄牌。

南非世界杯结束之后，韦伯曾在接受采访时表示自己的确没有看清楚那次犯规，没有出示红牌是做了一次误判。不过也正因为他的误判，这场世界杯历史上黄牌数最多的决赛（总共14张，其中荷兰后卫海廷加拿到2张），一直都能在相对均势的情况下进行。西班牙是略微占优的一方，但他们并没有掌控比赛。面对荷兰人的顽强防守，斗牛士们的进攻还缺少足够的致命性。

双方鏖战了1个小时后，比分依旧是0比0，西班牙率先做出调整，用边路快马纳瓦斯换下了边锋佩德罗。主帅博斯克希望用调整进攻球员的方式改变局面，可险些率先破门的反倒是荷兰人。第62分钟，斯内德的直塞球穿越了西班牙人的防线，罗本快马杀到，得球后迅速直奔龙门。然而有些令人吃惊的是，这位本届大赛已经为荷兰队攻入2球的快攻高手，却在与门将卡西利亚斯的斗法中败下阵来。罗本没有用他引以为傲的速度趟过对手，也没有来一个狡猾的假动作，他只是相对简单地选择了射门，然后皮球便被出击门将伸出的脚碰到，慢慢滚出了底线。

罗本错过了用反击击溃强敌的绝佳机会，胜利的天平便似乎开始向着西班牙倾斜。在那之后，罗本也曾于第83分钟强突对方后卫，用一己之力杀出一条单刀血路，但最终，皮球还是被出击倒地的卡西利亚斯抱在怀中，荷兰人收获的不过是抱怨裁判后的黄牌警告。当然，继续猛攻的斗牛士们也浪费过绝佳机会，比如第77分钟，中卫拉莫斯便曾在无人盯防的情况下，在禁区内将哈维的角球传中顶高。但博斯克的球队一直都还有“绝招”未出——直到第87分钟，他们才做出第二次换人，用法布雷加斯换下阿隆索，把阵型调整得更有利于进攻。

余下的时间太短，最后时刻的换人还不足以让西班牙队在90分钟内解决战斗。但斗牛士们的确越战越勇，在加时赛阶段贡献了更多精彩镜头。首先，法布雷加斯证明了他是一位可以唤起进攻活力的球员，在第95分钟便接伊涅斯塔直传形成单刀。只是这位年轻中场的射门功夫还不够老辣，进攻最终以荷兰门将斯特克伦堡的精彩扑救而结束。4分钟后，法布雷加斯投桃报李给伊涅斯塔传了一脚，若非后卫范布隆克霍斯特火速解围，橙衣军团或许坚持不到加时赛的下半场就会城门告失。

在晋级决赛的道路上，荷兰和西班牙都没有经历过加时赛的煎熬，更不用说点球大战。当时间一分一秒过去，距离120分钟结束越来越近之时，荷兰人却渐渐显露出一丝坚持不下去的感觉。第99分钟他们用攻击中场范德瓦特换下德容，表面上是加强进攻，但实际原因是后腰的能量已经被消耗了太多。第105分钟老将范布隆克霍斯特也已经无力再战，被名不见经传的布拉夫海德换下。

然后，防守向来冒冒失失的中卫海廷加在第109分钟犯下了一次严重错误。身背一张黄牌的他在禁区前沿将伊涅斯塔拉倒，两黄下场留下了10位队友。7分钟后，法布雷加斯的禁区前妙传再度找到了伊涅斯塔。后者虽然没有将球稳稳停在脚下，却仍然可以顺着弹起的皮球攻向对手。凌空抽射！比分终于被改写，西班牙人也就此拿到了可以成为世界之王的进球。

对于西班牙人的破门，荷兰人忿忿不平，尤其是他们丢球之前又经历了一次误判。斯内德的任意球攻门是在击中法布雷加斯之后才飞出底线，橙衣军团应该获得一次角球机会，但韦伯却判给了西班牙门球，也正是这次看似并不算太关键的判罚，影响了比赛的走向。不过即便荷兰人再觉得委屈，他们也改变不了西班牙更强势的事实。在120分钟的比赛结束之后，伊涅斯塔和哈维们成功建立起了属于他们的王朝。这也是足球史上第一次，欧洲冠军能够在欧洲大陆之外问鼎世界杯。

他们是冠军

主教练

德尔博斯克 Vicente Del Bosque

1950年12月23日出生，西班牙人

2008年欧洲杯后从阿拉贡内斯手中接过教鞭，继承发扬了前任夺取欧洲杯时的传控战术。与巴萨控球流进攻水银泻地不同，博斯克的斗牛士军团控球其实更多是为防守服务，根本不给对手进攻机会，淘汰赛4场1比0稳定到可怕，西班牙也以8球成为史上进球最少的世界杯冠军。

门　将

卡西利亚斯 Iker Casillas

1981年5月20日出生

效力俱乐部：皇家马德里（西甲）

斗牛士门神，继2008年欧洲杯之后，圣卡西再次大赛淘汰赛一球不失，力保西班牙史上首次捧起大力神杯。其中又以1/4决赛扑住卡多索的点球最为关键，当时比分0比0，若是丢掉此球，恐怕斗牛士直到现在都还在为首次打进世界杯4强而努力。

巴尔德斯 Victor Valdes

1982年1月14日出生

效力俱乐部：巴塞罗那（西甲）

此前从未代表国家队参加过大赛，本届世界杯虽然入选大名单，但并未得到出场机会。

雷纳 Pepe Reina

1982年8月31日出生

效力俱乐部：利物浦（英超）

直到多年后仍是稳定的国家队替补门将，因为他更衣室开心果的角色无人可以替代。

后　卫

阿尔比奥尔 Raul Albiol

1985年9月4日出生

效力俱乐部：皇家马德里（西甲）

西班牙队有3人本届大赛没有出场，除了两名替补门将，第3人便是阿尔比奥尔。

皮克 Gerard Pique

1987年2月2日出生

效力俱乐部：巴塞罗那（西甲）

度过了梦幻般的3个赛季，也迈出了坚实的三大步：2008年作为曼联替补成为双冠王、2009年作为巴萨准主力成为三冠王、2010年作为西班牙队绝对主力打满全部7场660分钟成为世界杯冠军。

马切纳 Carlos Marchena

1979年7月31日出生

效力俱乐部：巴伦西亚（西甲）

3次替补出场，不过总计比赛时间只有短短8分钟，前3场淘汰赛都在最后时刻被派上场。

普约尔 Carles Puyol

1978年4月13日出生

效力俱乐部：巴塞罗那（西甲）

西班牙防线领袖，在对德国的半决赛中顶入关键进球，帮助得势不得分的斗牛士1比0力克对手。这也是继2008年欧洲杯决赛后，西班牙再次以相同比分在大赛上击败德国。

卡普德维拉 Joan Capdevila

1978年2月3日出生

效力俱乐部：比利亚雷亚尔（西甲）

西班牙队本届世界杯共有3人打满全部7场660分钟，除了门将卡西利亚斯和中卫皮克，第3人便是左后卫卡普德维拉。

拉莫斯 Sergio Ramos

1986年3月30日出生

效力俱乐部：皇家马德里（西甲）

由于巴塞罗那一老一少普约尔和皮克的存在，拉莫斯本届世界杯的角色是右后卫，他圆满完成了任务。而在之后的日子里，拉莫斯将取代同样打过右后卫的普约尔，成为斗牛士防线新领袖。

阿韦洛亚 Alvaro Arbeloa

1983年1月17日出生

效力俱乐部：皇家马德里（西甲）

只在小组赛次轮2比0完胜洪都拉斯一战中，替补皇马队友拉莫斯出场13分钟。

中　场

伊涅斯塔 Andres Iniesta

1984年5月11日出生

效力俱乐部：巴塞罗那（西甲）

西班牙赢得世界杯的重要功臣，决赛加时赛绝杀荷兰，进球后脱掉球衣，露出纪念好友哈尔

战场

足球城　Soccer City
所在城市：约翰内斯堡　容量：84490人
本届杯赛举办8场比赛
平均上座率：99.25%

埃利斯公园球场　Ellis Park Stadium
所在城市：约翰内斯堡　容量：55686人
本届杯赛举办7场比赛
平均上座率：95.65%

德班球场　Durban Stadium
所在城市：德班　容量：62760人
本届杯赛举办7场比赛
平均上座率：98.95%

绿点球场　Green Point Stadium
所在城市：开普敦　容量：64100人
本届杯赛举办8场比赛
平均上座率：98.94%

洛夫特斯球场
Loftus Versfeld Stadium
所在城市：比勒陀利亚　容量：42858人
本届杯赛举办6场比赛
平均上座率：91.03%

曼德拉湾球场
Nelson Mandela Bay Stadium
所在城市：伊丽莎白港　容量：42486人
本届杯赛举办8场比赛
平均上座率：84.04%

莫卡巴球场　Peter Mokaba Stadium
所在城市：波罗瓜尼　容量：41733人
本届杯赛举办4场比赛
平均上座率：83.53%

姆邦贝拉球场　Mbombela Stadium
所在城市：内尔斯普雷特　容量：40929人
本届杯赛举办4场比赛
平均上座率：87.65%

自由州球场　Free State Stadium
所在城市：布隆方丹　容量：40911人
本届杯赛举办6场比赛
平均上座率：80.18%

皇家巴福肯球场　Royal Bafokeng Stadium
所在城市：勒斯滕堡　容量：38646人
本届杯赛举办6场比赛
平均上座率：83.53%

最佳阵容

射手榜

排名	球员（国家）	进球数
1	托马斯·穆勒（德国）	5
	大卫·比利亚（西班牙）	5
	斯内德（荷兰）	5
	福兰（乌拉圭）	5
5	伊瓜因（阿根廷）	4
	克洛泽（德国）	4
	维特克（斯洛伐克）	4

第1名 西班牙

主教练：德尔博斯克（西班牙）

号码	球员	进球/出场
门将		
1	卡西利亚斯	-2/7
12	巴尔德斯	-/-
23	雷纳	-/-
后卫		
2	阿尔比奥尔	-/-
3	皮克	0/7
4	马切纳	0/3
5	普约尔	1/7
11	卡普德维拉	0/7
15	塞尔希奥·拉莫斯	0/7
17	阿韦洛亚	0/1
中场		
6	伊涅斯塔	2/6
8	哈维	0/7
10	法布雷加斯	0/4
14	哈维·阿隆索	0/7
16	布斯克茨	0/7
20	哈维·马丁内斯	0/1
21	大卫·席尔瓦	0/2
前锋		
7	大卫·比利亚	5/7
9	费尔南多·托雷斯	0/7
13	马塔	0/1
18	佩德罗	0/5
19	费尔南多·略伦特	0/1
22	赫苏斯·纳瓦斯	0/3

第2名 荷兰

主教练：范马尔韦克（荷兰）

号码	球员	进球/出场
门将		
1	斯特克伦伯格	-6/7
16	福尔姆	-/-
22	博施克	-/-
后卫		
2	范德维尔	0/5
3	海廷加	0/7
4	马泰森	0/6
5	范布隆克霍斯特	1/7
12	布拉鲁兹	0/2
13	奥耶	0/1
15	布拉夫海德	0/1
中场		
6	范博梅尔	0/7
8	尼赫尔·德容	0/6
10	斯内德	5/7
14	德泽乌	0/2
18	斯哈斯	-/-
20	阿费莱	0/3
23	范德法特	0/5
前锋		
7	库伊特	1/7
9	范佩西	1/7
11	罗本	2/5
17	埃利亚	0/6
19	巴贝尔	-/-
21	亨特拉尔	1/4

第3名 德国

主教练：勒夫（德国）

号码	球员	进球 / 出场
门将		
1	诺伊尔	-3/6
12	维泽	-/-
22	布特	-2/1
后卫		
3	阿内·弗里德里希	1/7
4	奥戈	0/1
5	塔什彻	1/1
14	巴德施图伯	0/2
16	拉姆	0/6
17	默特萨克	0/7
20	热罗姆·博阿滕	0/5
中场		
2	扬森	1/4
6	赫迪拉	1/7
7	施魏因斯泰格	0/7
8	厄齐尔	1/7
13	托马斯·穆勒	5/6
15	特罗霍夫斯基	0/4
18	克罗斯	0/4
21	马林	0/2
前锋		
9	基斯林	0/2
10	波多尔斯基	2/6
11	克洛泽	4/5
19	卡考	1/4
23	马里奥·戈麦斯	0/4

第4名 乌拉圭

主教练：塔瓦雷斯（乌拉圭）

号码	球员	进球 / 出场
门将		
1	穆斯莱拉	-8/7
12	胡安·卡斯蒂略	-/-
23	马丁·席尔瓦	-/-
后卫		
2	卢加诺	0/6
3	戈丁	0/5
4	富西莱	0/5
6	维多利诺	0/5
16	马克西·佩雷拉	1/7
19	斯科蒂	0/2
22	马丁·卡塞雷斯	0/2
中场		
5	加加诺	0/3
8	埃古伦	0/1
11	阿尔瓦罗·佩雷拉	1/5
14	洛代罗	0/3
15	迭戈·佩雷斯	0/7
17	阿雷瓦洛	0/7
18	伊格纳西奥·冈萨雷斯	0/1
20	阿尔瓦罗·费尔南德斯	0/4
前锋		
7	卡瓦尼	1/6
9	路易斯·苏亚雷斯	3/6
10	福兰	5/7
13	阿布鲁	0/4
21	塞瓦斯蒂安·费尔南德斯	0/2

第5名 阿根廷

主教练：马拉多纳（阿根廷）

号码	球员	进球 / 出场
门将		
1	波索	-/-
21	安杜哈尔	-/-
22	罗梅罗	-6/5
后卫		
2	德米凯利斯	1/5
3	克莱门特·罗德里格斯	0/1
4	布尔迪索	0/5
6	海因策	1/4
12	加尔塞	-/-
13	萨穆埃尔	0/2
15	奥塔门迪	0/3
中场		
5	博拉蒂	0/2
7	迪马里亚	0/5
8	贝隆	0/3
14	马斯切拉诺	0/4
17	霍纳斯·古铁雷斯	0/3
20	马克西·罗德里格斯	0/5
23	帕斯托雷	0/3
前锋		
9	伊瓜因	4/4
10	梅西	0/5
11	特维斯	2/4
16	阿圭罗	0/3
18	帕勒莫	1/1
19	迭戈·米利托	0/2

第6名 巴西

主教练：邓加（巴西）

号码	球员	进球 / 出场
门将		
1	儒利奥·塞萨尔	-4/5
12	戈麦斯	-/-
22	多尼	-/-
后卫		
2	麦孔	1/5
3	卢西奥	0/5
4	胡安	1/5
6	巴斯托斯	0/5
13	达尼·阿尔维斯	0/5
14	路易松	-/-
15	蒂亚戈·席尔瓦	-/-
16	吉尔伯托	0/2
中场		
5	梅洛	0/4
7	埃拉诺	2/2
8	吉尔伯托·席尔瓦	0/5
10	卡卡	0/4
17	若苏埃	0/1
18	拉米雷斯	0/4
19	巴普蒂斯塔	0/1
20	克莱伯森	0/1
前锋		
9	路易斯·法比亚诺	3/5
11	罗比尼奥	2/4
21	尼尔马尔	0/4
23	格拉菲特	0/1

第7名 加纳

主教练：拉耶瓦茨（塞尔维亚）

号码	球员	进球 / 出场
门将		
1	阿杰	-/-
16	阿霍卢	-/-
22	金森	-4/5
后卫		
2	萨尔佩	0/5
4	潘特希尔	0/5
5	约翰·门萨	0/4
7	因库姆	0/2
8	乔纳森·门萨	0/3
15	沃萨	0/2
17	易卜拉欣·阿尤	-/-
19	李·阿迪	0/3
中场		
6	安东尼·安南	0/5
9	德里克·博阿滕	-/-
10	阿皮亚	0/3
11	蒙塔里	1/4
13	安德烈·阿尤	0/4
21	夸杜沃·阿萨莫阿	0/5
前锋		
3	吉安	3/5
12	塔戈	0/3
14	阿莫阿	0/2
18	阿迪亚	0/2
20	奥苏武－阿贝耶	0/2
23	凯文－普林斯·博阿滕	1/5

第8名 巴拉圭

主教练：马蒂诺（阿根廷）

号码	球员	进球 / 出场
门将		
1	比利亚尔	-2/5
12	迭戈·巴雷托	-/-
22	博瓦迪利亚	-/-
后卫		
2	达里奥·贝隆	0/1
3	莫雷尔	0/5
4	卡尼萨	0/1
5	胡利奥·卡塞雷斯	0/1
14	保罗·达席尔瓦	0/5
17	奥雷利亚诺·托雷斯	0/2
21	阿尔卡拉斯	1/4
中场		
6	博内特	0/3
8	埃德加·巴雷托	0/3
11	霍纳坦·桑塔纳	0/2
13	恩里克·贝拉	1/5
15	维克托·卡塞雷斯	0/4
16	里韦罗斯	1/5
20	奥蒂戈萨	0/1
前锋		
7	卡多索	0/5
9	圣克鲁斯	0/5
10	埃德加·贝尼特斯	0/2
18	内尔松·巴尔德斯	0/5
19	巴里奥斯	0/5
23	鲁道夫·加马拉	-/-

第9名 日本

主教练：冈田武史（日本）

号码	球员	进球/出场
门将		
1	楢崎正刚	-/-
21	川岛永嗣	-2/4
23	川口能活	-/-
后卫		
3	驹野友一	0/4
4	田中斗莉王	0/4
5	长友佑都	0/4
6	内田笃人	-/-
13	岩政大树	-/-
15	今野泰幸	0/1
22	中泽佑二	0/4
中场		
2	阿部勇树	0/4
7	远藤保仁	1/4
8	松井大辅	0/4
10	中村俊辅	0/1
14	中村宪刚	0/1
17	长谷部诚	0/4
18	本田圭佑	2/4
20	稻本润一	0/2
前锋		
9	冈崎慎司	1/4
11	玉田圭司	0/2
12	矢野贵章	0/1
16	大久保嘉人	0/4
19	森本贵幸	-/-

第10名 智利

主教练：贝尔萨（阿根廷）

号码	球员	进球/出场
门将		
1	克劳迪奥·布拉沃	-5/4
12	米格尔·平托	-/-
23	路易斯·马林	-/-
后卫		
2	富恩特斯	0/1
3	庞塞	0/3
4	伊斯拉	0/4
5	孔特雷拉斯	0/2
17	梅德尔	0/3
18	贡萨洛·哈拉	0/4
中场		
6	卡莫纳	0/3
8	阿图罗·比达尔	0/4
10	巴尔迪维亚	0/4
13	马尔科·埃斯特拉达	0/1
14	马蒂亚斯·费尔南德斯	0/2
19	菲耶罗	-/-
20	米利亚尔	1/3
21	罗德里戈·特略	0/1
前锋		
7	亚历克西斯·桑切斯	0/4
9	温贝托·苏亚索	0/2
11	马克·冈萨雷斯	1/4
15	博塞茹	1/4
16	奥雷利亚纳	0/1
22	埃斯特万·帕雷德斯	0/2

第11名 葡萄牙

主教练：奎罗斯（葡萄牙）

号码	球员	进球/出场
门将		
1	爱德华多	-1/4
12	贝托	-/-
22	丹尼尔·费尔南德斯	-/-
后卫		
2	布鲁诺·阿尔维斯	0/4
3	保罗·费雷拉	0/1
4	罗兰多	-/-
5	杜达	0/2
6	里卡多·卡瓦略	0/4
13	米格尔	0/1
21	里卡多·科斯塔	0/2
23	科恩特朗	0/4
中场		
8	佩德罗·门德斯	0/4
14	韦洛索	0/2
15	佩佩	0/2
16	梅雷莱斯	1/4
17	阿莫里姆	0/1
19	蒂亚戈	2/4
20	德科	0/1
前锋		
7	C.罗纳尔多	1/4
9	列德松	1/3
10	丹尼	0/3
11	西芒	1/4
18	乌戈·阿尔梅达	1/2

第12名 美国

主教练：鲍勃·布拉德利（美国）

号码	球员	进球/出场
门将		
1	蒂姆·霍华德	-5/4
18	古赞	-/-
23	哈内曼	-/-
后卫		
2	斯佩克特	-/-
3	博卡内格拉	0/4
5	奥涅乌	0/2
6	切伦多洛	0/4
12	博恩斯坦	0/2
15	德梅里特	0/4
21	古德森	-/-
中场		
4	迈克尔·布拉德利	1/4
7	比斯利	0/1
8	登普西	1/4
10	多诺万	3/4
11	霍尔登	0/1
13	里卡多·克拉克	0/2
16	何塞·托雷斯	0/1
19	莫里斯·埃杜	0/3
22	费尔哈伯	0/3
前锋		
9	埃库莱斯·戈麦斯	0/3
14	巴德尔	0/2
17	阿尔蒂多雷	0/4
20	芬德利	0/3

第13名 英格兰

主教练：卡佩罗（意大利）

号码	球员	进球/出场
门将		
1	大卫·詹姆斯	-4/3
12	罗伯特·格林	-1/1
23	乔·哈特	-/-
后卫		
2	格伦·约翰逊	0/4
3	阿什利·科尔	0/4
5	道森	-/-
6	特里	0/4
13	沃诺克	-/-
15	厄普森	1/2
18	卡拉格	0/2
20	莱德利·金	0/1
中场		
4	杰拉德	1/4
7	伦农	0/2
8	兰帕德	0/4
11	乔·科尔	0/2
14	巴里	0/3
16	米尔纳	0/3
17	赖特-菲利普斯	0/3
22	卡里克	-/-
前锋		
9	克劳奇	0/2
10	鲁尼	0/4
19	迪福	1/3
21	赫斯基	0/4

第14名 墨西哥

主教练：阿吉雷（墨西哥）

号码	球员	进球/出场
门将		
1	奥斯卡·佩雷斯	-5/4
13	奥乔亚	-/-
23	路易斯·米歇尔	-/-
后卫		
2	弗朗西斯科·罗德里格斯	0/4
3	萨尔西多	0/4
4	拉斐尔·马克斯	1/4
5	奥索里奥	0/4
12	保罗·阿吉拉尔	0/1
15	埃克托·莫雷诺	0/2
16	华雷斯	0/3
19	马加利翁	-/-
中场		
6	托拉多	0/4
8	伊斯雷尔·卡斯特罗	0/1
18	瓜尔达多	0/3
20	豪尔赫·托雷斯	-/-
前锋		
7	巴勃罗·巴雷拉	0/3
9	吉列尔莫·佛朗哥	0/4
10	夸特莫克·布兰科	1/3
11	卡洛斯·贝拉	0/2
14	哈维尔·埃尔南德斯	2/4
17	乔瓦尼·多斯桑托斯	0/4
21	包蒂斯塔	0/1
22	梅迪纳	-/-

第 15 名 韩国

主教练：许丁茂（韩国）

号码	球员	进球 / 出场
门将		
1	李云在	-/-
18	郑成龙	-8/4
21	金永光	-/-
后卫		
2	吴范锡	0/1
3	金亨镒	-/-
4	赵容亨	0/4
12	李容杓	0/4
14	李正秀	2/4
15	金东进	0/1
22	车杜里	0/3
23	姜敏寿	-/-
中场		
5	金南一	0/3
6	金甫炅	-/-
7	朴智星	1/4
8	金正友	0/4
13	金在城	0/3
16	奇诚庸	0/4
17	李青龙	2/4
19	廉基勋	0/4
前锋		
9	安贞焕	-/-
10	朴主永	1/4
11	李昇烈	0/1
20	李同国	0/2

第 16 名 斯洛伐克

主教练：老弗拉迪米尔·魏斯（斯洛伐克）

号码	球员	进球 / 出场
门将		
1	穆哈	-7/4
12	佩尔尼什	-/-
23	库恰克	-/-
后卫		
2	佩卡里克	0/3
3	什克特尔	0/4
4	马雷克·切赫	0/1
5	扎巴夫尼克	0/3
16	杜里察	0/4
21	萨拉塔	0/1
22	彼得拉什	0/1
中场		
6	什特尔巴	0/3
7	小弗拉迪米尔·魏斯	0/3
8	科扎克	0/1
10	萨帕拉	0/1
15	斯托赫	0/4
17	哈姆西克	0/4
19	库茨卡	0/3
20	科普内克	1/2
前锋		
9	谢斯塔克	0/3
11	维特克	4/4
13	霍洛什科	0/2
14	雅各布科	0/1
18	延德里舍克	0/3

第 17 名 科特迪瓦

主教练：斯文·埃里克森（瑞典）

号码	球员	进球 / 出场
门将		
1	布巴卡尔·巴里	-3/3
16	佐格博	-/-
23	丹尼尔·叶博亚	-/-
后卫		
2	安吉亚	-/-
3	阿蒂尔·博卡	0/1
4	科洛·图雷	0/3
6	戈乌里	-/-
17	蒂耶内	0/2
20	德梅尔	0/2
21	埃布埃	0/3
22	班巴	-/-
中场		
5	佐科拉	0/3
9	蒂奥特	0/3
12	戈索	-/-
13	罗马里	1/3
14	埃马纽埃尔·科内	-/-
19	亚亚·图雷	1/3
前锋		
7	敦比亚	0/1
8	萨洛蒙·卡卢	1/3
10	热尔维尼奥	0/3
11	德罗巴	1/3
15	丹运内	0/3
18	卡德尔·凯塔	0/3

第 18 名 斯洛文尼亚

主教练：凯克（斯洛文尼亚）

号码	球员	进球 / 出场
门将		
1	萨米尔·汉达诺维奇	-3/3
12	亚斯明·汉达诺维奇	-/-
16	舍利加	-/-
后卫		
2	布雷茨科	0/3
3	季尼奇	-/-
4	舒勒	0/3
5	采萨尔	0/3
6	伊利奇	-/-
13	约基奇	0/3
19	菲莱科维奇	-/-
22	马夫里奇	-/-
中场		
8	科伦	1/3
10	比尔萨	1/3
15	克尔欣	-/-
17	基尔姆	0/3
18	拉多萨夫列维奇	0/3
20	科马奇	0/2
21	斯特万诺维奇	-/-
前锋		
7	佩奇尼克	0/2
9	柳比扬基奇	1/3
11	诺瓦科维奇	0/3
14	德迪奇	0/3
23	马塔夫日	0/1

第 19 名 瑞士

主教练：希斯菲尔德（德国）

号码	球员	进球 / 出场
门将		
1	贝纳利奥	-1/3
12	韦尔夫利	-/-
21	莱奥尼	-/-
后卫		
2	利希施泰纳	0/3
3	马格宁	-/-
4	森德罗斯	0/1
5	冯贝尔根	0/3
13	格里希廷	0/3
17	雷托·齐格勒	0/3
22	埃吉曼	0/1
中场		
6	胡格尔	0/3
7	巴内塔	0/3
8	因勒	0/3
11	贝赫拉米	0/1
14	帕达利诺	-/-
15	哈坎·雅金	0/2
16	热尔松·费尔南德斯	1/3
20	施韦格勒	-/-
23	沙奇里	0/1
前锋		
9	亚历山大·弗雷	0/2
10	恩库福	0/3
18	邦亚库	0/1
19	德迪约克	0/3

第 20 名 南非

主教练：佩雷拉（巴西）

号码	球员	进球 / 出场
门将		
1	约瑟夫斯	-3/2
16	库冈	-2/2
22	沃特斯	-/-
后卫		
2	加夸	0/3
3	马西莱拉	0/3
4	莫科纳	0/3
5	农夸	0/1
14	布思	-/-
15	特瓦拉	0/1
20	库马洛	1/3
21	桑夸尼	-/-
中场		
6	西巴亚	0/1
7	兰斯·戴维兹	-/-
8	查巴拉拉	1/3
10	皮纳尔	0/3
11	莫迪塞	0/3
12	莱乔洛尼亚内	0/2
13	迪哈施瓦	0/2
19	莫里里	0/1
23	库博尼	0/1
前锋		
9	姆费拉	1/3
17	伯纳德·帕克	0/2
18	诺姆维特	0/1

第 21 名 澳大利亚

主教练：费尔贝克（荷兰）

号码	球员	进球 / 出场
门将		
1	施瓦泽	-6/3
12	费代里奇	-/-
18	加莱科维奇	-/-
后卫		
2	卢卡斯·尼尔	0/3
3	克雷格·穆尔	0/2
6	博尚	0/1
8	威尔克希尔	0/3
11	奇珀菲尔德	0/3
20	米利根	-/-
21	戴维·卡尼	0/2
中场		
5	丘利纳	0/3
7	埃默顿	0/3
13	格雷拉	0/1
15	耶迪纳克	0/1
16	瓦莱里	0/3
22	维多希奇	-/-
前锋		
4	蒂姆·卡希尔	1/2
9	乔舒亚·肯尼迪	0/2
10	科威尔	0/1
14	霍尔曼	2/3
17	鲁卡维恰	0/2
19	理查德·加西亚	0/2
23	布雷西亚诺	0/2

第 22 名 新西兰

主教练：赫伯特（新西兰）

号码	球员	进球 / 出场
门将		
1	帕斯顿	-2/3
12	格伦·莫斯	-/-
23	班纳坦	-/-
后卫		
2	西格蒙德	-/-
3	洛克海德	0/3
4	温斯顿·里德	1/3
5	维切利奇	0/3
6	瑞恩·尼尔森	0/3
18	博延斯	-/-
19	汤米·史密斯	0/3
中场		
7	西蒙·埃利奥特	0/3
8	蒂姆·布朗	-/-
11	伯托斯	0/3
13	巴伦	0/1
15	麦格林奇	-/-
16	克拉彭	-/-
17	马利根	-/-
21	杰里米·克里斯蒂	0/2
前锋		
9	斯梅尔茨	1/3
10	基伦	0/3
14	法伦	0/3
20	克里斯·伍德	0/3
22	杰里米·布罗基	0/1

第 23 名 塞尔维亚

主教练：安蒂奇（塞尔维亚）

号码	球员	进球 / 出场
门将		
1	弗拉迪米尔·斯托伊科维奇	-3/3
12	伊萨伊洛维奇	-/-
23	久里契奇	-/-
后卫		
2	鲁卡维纳	-/-
3	科拉罗夫	0/2
5	维迪奇	0/3
6	布拉尼斯拉夫·伊万诺维奇	0/3
13	卢科维奇	0/2
16	奥布拉多维奇	0/1
20	苏博蒂奇	0/2
中场		
4	卡查尔	0/1
7	佐兰·托希奇	0/1
10	斯坦科维奇	0/3
11	米利亚什	0/1
14	约万诺维奇	1/3
17	克拉西奇	0/3
18	宁科维奇	0/2
19	拉多萨夫·彼得罗维奇	0/1
22	库兹曼诺维奇	0/3
前锋		
8	拉佐维奇	0/3
9	潘特利奇	1/2
15	日吉奇	0/3
21	姆尔贾	-/-

第 24 名 丹麦

主教练：莫滕·奥尔森（丹麦）

号码	球员	进球 / 出场
门将		
1	索伦森	-6/3
16	斯特凡·安德森	-/-
22	杰斯珀·克里斯蒂安森	-/-
后卫		
3	凯尔	0/2
4	阿格	0/3
6	拉尔斯·雅各布森	0/3
13	克罗尔德鲁普	0/1
15	西蒙·波尔森	0/3
23	姆蒂利加	-/-
中场		
2	克里斯蒂安·波尔森	0/3
5	奎斯特	-/-
7	丹尼尔·延森	0/1
10	约根森	0/3
12	卡伦贝格	0/3
14	雅各布·波尔森	0/2
20	埃内沃尔森	0/1
21	克里斯蒂安·埃里克森	0/2
前锋		
8	格伦夏尔	0/2
9	托马森	1/2
11	本特纳	1/3
17	贝克曼	0/1
18	索伦·拉尔森	0/1
19	罗梅达尔	1/3

第 25 名 希腊

主教练：雷哈格尔（德国）

号码	球员	进球 / 出场
门将		
1	哈尔基亚斯	-/-
12	措瓦斯	-5/3
13	西法基斯	-/-
后卫		
2	西塔里迪斯	0/1
3	帕察措格卢	0/2
4	斯皮罗普洛斯	0/1
5	莫拉斯	0/1
8	帕帕多普洛斯	0/3
11	温特拉	0/3
15	托罗西迪斯	1/3
16	基尔贾科斯	0/2
19	帕帕斯塔索普洛斯	0/2
22	马莱扎斯	-/-
中场		
6	乔利斯	0/3
10	卡拉古尼斯	0/3
18	尼尼斯	0/2
21	卡楚拉尼斯	0/3
23	普里塔斯	-/-
前锋		
7	萨马拉斯	0/3
9	查理斯特亚斯	0/1
14	萨尔平吉迪斯	1/2
17	耶卡斯	0/2
20	卡佩塔诺斯	0/1

第 26 名 意大利

主教练：里皮（意大利）

号码	球员	进球 / 出场
门将		
1	布冯	-1/1
12	马尔凯蒂	-4/3
14	德桑克蒂斯	-/-
后卫		
2	马乔	0/1
3	克里希托	0/3
4	基耶利尼	0/3
5	卡纳瓦罗	0/3
13	博凯蒂	-/-
19	赞布罗塔	0/3
23	博努奇	-/-
中场		
6	德罗西	1/3
7	西莫内·佩佩	0/3
8	加图索	0/1
15	马尔基西奥	0/2
16	卡莫拉内西	0/2
17	帕隆博	-/-
21	皮尔洛	0/1
22	蒙托利沃	0/3
前锋		
9	亚昆塔	1/3
10	迪纳塔莱	1/3
11	吉拉迪诺	0/2
18	夸利亚雷拉	1/1
20	帕齐尼	0/1

第 27 名 尼日利亚

主教练：拉格贝克（瑞典）

号码	球员	进球 / 出场
门将		
1	恩耶亚马	-5/3
16	埃吉德	-/-
23	艾耶努巴	-/-
后卫		
2	雅博	0/3
3	塔伊沃	0/2
5	阿福拉比	0/2
6	希图	0/3
17	奥迪亚	0/3
21	埃谢吉莱	0/2
22	阿德莱耶	-/-
中场		
4	卡努	0/1
12	卡卢·乌切	2/3
13	优素福	0/1
14	卡伊塔	0/2
15	哈鲁纳	0/2
20	埃图胡	0/3
前锋		
7	约翰·乌塔卡	-/-
8	雅库布	1/3
9	马丁斯	0/2
10	伊德耶	-/-
11	奥德姆温吉	0/2
18	奥比纳	0/2
19	奥巴西	0/3

第 28 名 阿尔及利亚

主教练：萨阿丹（阿尔及利亚）

号码	球员	进球 / 出场
门将		
1	加瓦维	-/-
16	沙乌希	-1/1
23	姆布勒希	-1/2
后卫		
2	布格拉	0/3
3	贝勒哈吉	0/3
4	叶海亚	0/3
5	哈利舍	0/3
12	贝拉伊	-/-
14	莱法维	-/-
18	梅贾尼	-/-
20	梅斯巴	0/1
中场		
6	曼苏里	-/-
7	布德布兹	0/1
8	拉康	0/3
13	马特穆尔	0/3
15	齐亚尼	0/3
17	格迪乌拉	0/3
19	耶卜达	0/3
21	卡迪尔	0/3
22	阿卜敦	0/1
前锋		
9	盖扎勒	0/2
10	赛菲	0/2
11	杰布尔	0/2

第 29 名 法国

主教练：多梅内克（法国）

号码	球员	进球 / 出场
门将		
1	洛里斯	-4/3
16	芒当达	-/-
23	卡拉索	-/-
后卫		
2	萨尼亚	0/3
3	阿比达尔	0/3
4	雷韦埃	-/-
5	加拉	0/3
6	普拉尼	-/-
13	埃夫拉	0/3
17	斯奎拉奇	0/1
22	克利希	0/1
中场		
8	古尔库夫	0/2
14	图拉朗	0/2
15	马卢达	1/3
18	阿卢·迪亚拉	0/1
19	迪亚比	0/3
前锋		
7	里贝里	0/3
9	西塞	0/1
10	戈武	0/3
11	吉尼亚克	0/3
12	亨利	0/2
20	瓦尔比埃纳	0/1
21	阿内尔卡	0/2

第 30 名 洪都拉斯

主教练：鲁埃达（哥伦比亚）

号码	球员	进球 / 出场
门将		
1	里卡多·卡纳莱斯	-/-
18	巴利亚达雷斯	-3/3
22	埃斯科韦尔	-/-
后卫		
2	奥斯曼·查韦斯	0/3
3	梅诺·菲格罗亚	0/3
4	约翰尼·帕拉西奥斯	-/-
5	贝纳德斯	0/1
14	博涅克·加西亚	-/-
16	萨维里翁	0/1
21	伊萨吉雷	0/2
23	塞尔希奥·门多萨	0/2
中场		
6	亨德里·托马斯	0/2
7	拉蒙·努涅斯	0/3
8	威尔逊·帕拉西奥斯	0/3
10	杰里·帕拉西奥斯	0/2
17	埃德加·阿尔瓦雷斯	0/2
19	图西奥斯	0/2
20	阿马多·格瓦拉	0/2
前锋		
9	卡洛斯·帕冯	0/1
11	戴维·苏亚索	0/2
12	韦尔科姆	0/3
13	罗赫尔·埃斯皮诺萨	0/2
15	瓦尔特·马丁内斯	0/3

第 31 名 喀麦隆

主教练：勒冈（法国）

号码	球员	进球 / 出场
门将		
1	卡梅尼	-/-
16	阿米杜	-5/3
22	恩迪·阿森贝	-/-
后卫		
2	阿苏-埃克托	0/3
3	恩库卢	0/3
4	里戈贝特·宋	0/1
5	巴松	0/2
8	格雷米	0/3
12	加埃唐·邦	0/1
14	谢朱	0/1
19	姆比亚	0/3
中场		
6	亚历山大·宋	0/1
7	恩盖莫	0/1
11	马孔	0/3
18	埃诺	0/2
20	曼杰克	-/-
21	若埃尔·马蒂普	0/1
前锋		
9	埃托奥	2/3
10	埃马纳	0/2
13	舒波-莫廷	0/2
15	韦博	0/2
17	伊德里苏	0/3
23	阿布巴卡尔	0/2

第 32 名 朝鲜

主教练：金正勋（朝鲜）

号码	球员	进球 / 出场
门将		
1	李明国	-12/3
18	金明吉	-/-
20	金明元	-/-
后卫		
2	车正赫	0/3
3	李俊日	0/3
5	李光川	0/3
8	池允南	1/3
13	朴哲镇	0/3
14	朴南哲（小）	-/-
16	南成哲	0/1
21	李光学	-/-
中场		
4	朴南哲（大）	0/3
6	金锦一	0/2
11	文仁国	0/3
15	金勇俊	0/1
17	安英学	0/3
19	李哲明	-/-
22	金京一	-/-
23	朴成学	-/-
前锋		
7	安哲赫	
9	郑大世	0/3
10	洪永早	0/3
12	崔建日	0/1

20
2014 FIFA Worl
FIFA WORLD CUP Brasil
SSIA
2014
REUS 21
FIFA WORLD CHAMPIONS 2014
CHAM
2014 FIFA

时间: 6.12—7.13
主办国: 巴西

第二十届世界杯 2014

冠军
德国

喝水时间

在地处热带的巴西进行比赛，对于绝大多数球员而言都是极为严峻的考验。部分比赛城市的温度和湿度都非常高，很容易让剧烈运动的球员出现虚脱状况。为了保证参赛者们的健康，巴西世界杯专门设置了喝水时间，规定如果气温太高，可以在比赛上下半场的第30分钟左右让球员们稍作喘息。

隐形喷雾

判罚任意球之后，如何让防守球员站在自己圈定的距离之外，曾经是裁判员们比较心烦的一个问题。但到了巴西世界杯，它已经被隐形喷雾这项新科技完美解决。画上一条白线，球员有没有过界便一目了然。一段时间后，白线又会自动消失，真是实用无残留。其实在巴西世界杯之前，南美的一些联赛就已经在使用这种隐形喷雾。世界杯后这项技术在全球得到迅速推广。

荷兰首轮5比1狂胜西班牙，为上届决赛复仇。范佩西这记头球望月堪称杰作，他与主帅范加尔激情击掌的画面同样经典。

现代足球运动起源于欧洲，但世界杯的开端却在南美。1930年，乌拉圭成为第一个举办该项赛事的国家，然后巴西、智利和阿根廷都先后扮演过东道主的角色。可是自1978年以后，这场世界足球最顶级的盛会却远离了南美大陆。足足等了36年，这块深爱足球的土地才迎回了世界杯，让全球拥趸重新近距离地感受到南美洲的别样风情。

快乐并痛苦着

世界杯回归南美，在桑巴之乡绽放光芒，这一切就像是上天注定。当国际足联决定在各大洲轮流选择东道主之后，巴西甚至没有和任何对手进行激烈竞争就拿到承办权。哥伦比亚原本考虑过申办世界杯，但最终选择放弃，让巴西成为唯一的申办者。于是在2007年，国际足联宣布巴西将继1950年之后再度举办世界杯。那个时候，桑巴军团于德国世界杯“受辱”不久，以罗纳尔多为首的一大批巨星已经告别国家队。但这个国家从来都不缺乏技艺精湛的天才，

他们丰富的足球资源让人相信，巴西世界杯将会美丽而绚烂。

然而计划有时候会跟不上变化，足球也无法避免被其自身以外的种种因素所困扰。申办之时，巴西经济正处在一个明显的上升阶段，富足而美好的社会现状让人们非常期待足球能带来更多的快乐和财富。可是后来几年，由于铁矿、石油和大豆等重要出口商品的价格大跌，巴西发展开始减速，再加上很多历史遗留问题的影响，整个国家的经济环境由好变差几乎就是一转眼的功夫。

当很多巴西人开始为生计担忧，花大钱办世界杯变得备受争议。从2013年的联合会杯开始，民众的抗议活动就让国际足联和世界杯组委感到有些尴尬。由于联合会杯上的政要致辞被现场观众报以嘘声，世界杯开幕式也因此取消了任何讲话。当然，还有更多人愿意享受足球的乐趣。在这项全世界最流行的运动之中，任何人都能得到最纯粹的快乐。所以巴西人也是快乐的。当英姿勃发的内马尔率领桑巴军团摧城拔寨，一亮相就在

小组赛次轮，刚伤愈复出的苏亚雷斯接杰拉德乌龙助攻梅开二度后滑跪庆祝，乌拉圭2比1力克英格兰。赛后，苏亚雷斯安慰了郁闷的利物浦队友。

点球大战换门将

如果没有受伤或者红牌，比赛中途换门将几乎是不会出现的情况，但1/4决赛荷兰对哥斯达利亚，老帅范加尔却在120分钟的比赛互交白卷之后，用替补门将克吕尔换下了首发西莱森。随后克吕尔守住了两粒点球，帮助橙衣军团挺进4强。非常有趣的是，这位英超纽卡斯尔门将此前并不太擅长扑点球，关键时候范加尔却对他委以重任，可见老帅眼光独到。半决赛对阿根廷，荷兰又遇到了点球大战，但那一次他们没有名额再换门将，最终也输掉了比赛。

PRINCE

苏亚雷斯咬人

中国球迷喜欢叫乌拉圭前锋苏亚雷斯为“苏牙”，除了因为他有一对显眼的兔牙，他的“嘴上功夫”在足坛也是赫赫有名。早在2010年，还在荷甲阿贾克斯效力的苏亚雷斯就咬过对方球员的肩膀。2013年代表利物浦对垒切尔西，他又啃过伊万诺维奇的手臂。到了巴西世界杯，苏牙在小组赛对意大利时咬了基耶利尼的肩膀。此场比赛乌拉圭取胜晋级，但当场没有被处罚的苏亚雷斯随后还是被追加禁赛9场。

小组赛次轮，德国队后卫热罗姆·博阿滕与哥哥、加纳队中场凯文-普林斯·博阿滕赛前匆匆拥抱，比赛中则激烈对抗。这对亲兄弟已是连续第2届世界杯小组赛相遇，这一次德国与加纳2比2握手言和。

开幕战中3比1逆转克罗地亚之时，他们仿佛看到了一位民族英雄横空出世。东道主很有希望在家乡捧得金杯，他们的足球也再次散发出欢快的活力。

可惜欢乐的开幕还是没能带来欢乐的结局。尽管巴西队的成绩超过了2010年的止步8强，但第4名却给他们带来了太多的苦涩。与哥伦比亚的1/4决赛是痛苦的开始。在一场裁判执法不公，导致双方球员都火气上浮、动作偏大的较量中，内马尔被对方后卫苏尼加撞伤椎骨，提前告别了原本可以属于他的盛会。随后失去主心骨的巴西队又在对垒德国时彻底崩溃。1比7，这是巴西足球自1920年以来的最大失利。在那一场半决赛中，巴西传奇罗纳尔多就坐在看台之上，他眼睁睁地看着后辈们被击垮，也看到了德国人打破原本由他保持的世界杯个人进球纪录。从今往后，世界杯进球最多的不再是15球的罗纳尔多，而是16球的克洛泽。

进攻为王

巴西并不是唯一一支遭受过惨败的队伍。即使是连续称霸三届大赛、蝉联2008年和2012年欧洲杯冠军、世界杯的卫冕者西班牙也享受过被人血洗的待遇。B组小组赛开幕战，斗牛士军团1比5被荷兰逆转，让对手完

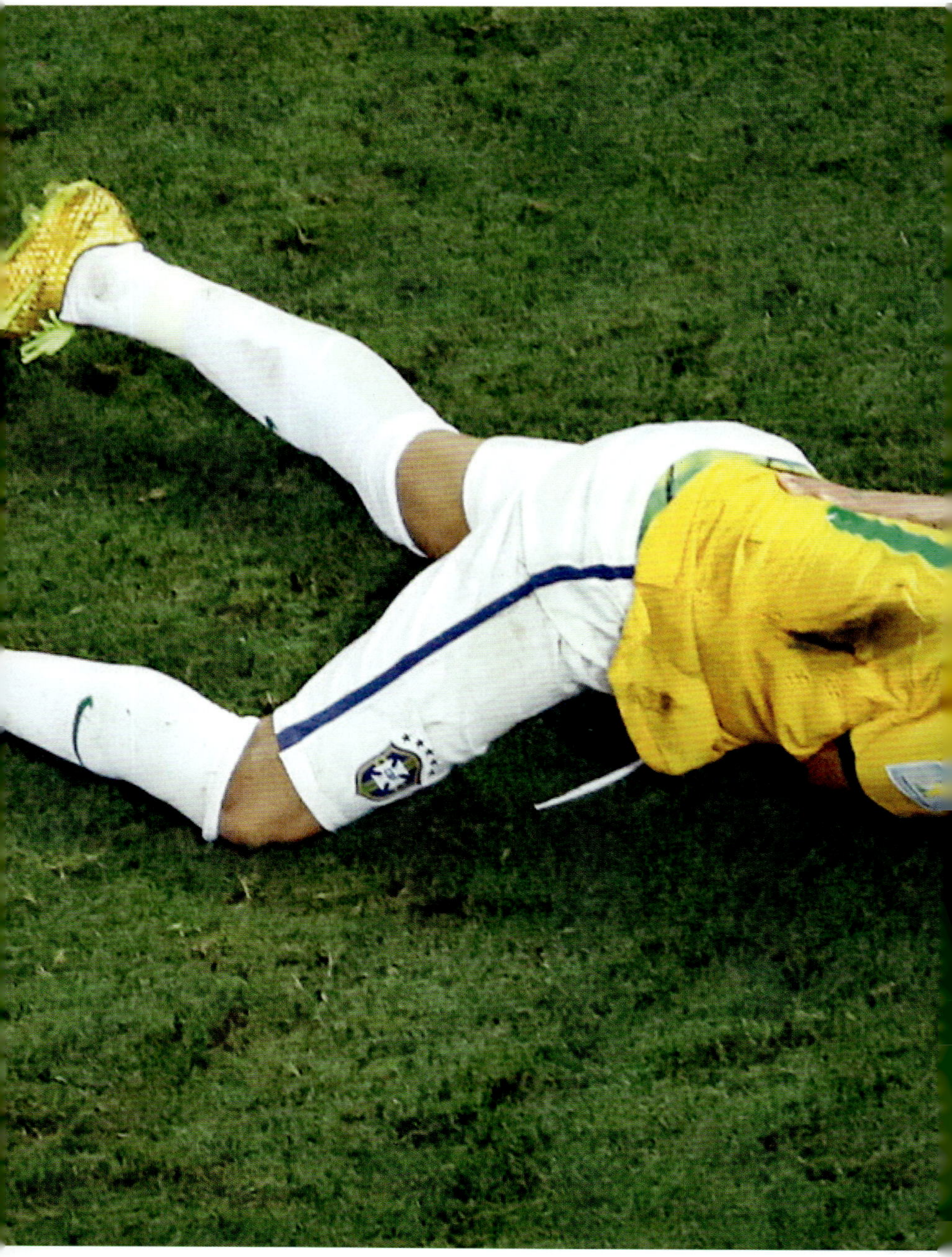

在太空中看球

世界杯有多火，它已经冲出了地球！就算是太空中的宇航员们，也按耐不住对足球的热爱 要在空间中观看世界杯。6月26日，G组最后一轮美国对德国的比赛，就吸引到了几位特别的观众——三位正在国际空间站工作的宇航员。两位美国人希望自己的祖国获胜，但最终还是德国宇航员笑到了最后。

1/4决赛，内马尔被对手弄伤提前告别世界杯，不过巴西还是2比1晋级，阿尔维斯和大卫·路易斯赛后安慰出局的哥伦比亚新星J罗，此时他们还不知道会有怎样的惨败在等待桑巴军团。

半决赛点球大战，看了小纸条秘籍的罗梅罗表现神勇，接连扑出弗拉尔和斯内德的射门，将阿根廷送入决赛，也延续了球队连续3届世界杯被德国淘汰的命运。

迪耶神秘的泪水

C组第二轮哥伦比亚对科特迪瓦，后者中场迪耶在奏国歌仪式上情绪激动，留下了一组“以泪洗面”的镜头。当时曾有媒体迅速曝料，宣称迪耶是因为父亲刚刚去世才如此伤心。然而事后证明此消息完全是有人胡编乱造。据迪耶自己透露，他父亲早在2004年便已经离世，流泪是因为为国出征而感到骄傲。不过小组赛首轮迪耶也是首发，为何到第二场才最为激动，还真是有些奇妙。

完全全地报了4年前饮恨决赛的一箭之仇。那一战标志着世界足坛的改朝换代，曾经的霸者已经无法将强劲的对手们死死压在身下。他们被掀翻在地，甚至连小组出线名额都没有捞到，只能默默告别，将冠军王座让出。

改变不只发生在巅峰的队伍中。大部分人崇尚的战术、赢球的方式，在这场于南美洲进行的巅峰聚会中都有了与以往不同的变化。从1998年的法国开始，世界杯扩军为32强，总比赛场次也从52场变为64场。比赛变多了，但随之而来的却是进球越来越少的趋势。令人难忘的1998年世界杯总共出现了171粒进球，到了2002年则减少为161粒，随后的2006年和2010年更是分别只有147粒和145粒，防守至上的理念似乎已经征服了世界。但巴西世界杯给出了不一样的答案：171粒，64场比赛的总进球数又回归到了1998年的水平。每场比赛平均2.67粒，几乎每场交锋都有漂亮的破门。

这样的世界杯对于中立球迷而言是赏心悦目的，而且进球大战也总是能够提起人们看球的精神。当然客观上也曾经有过一些因素，对参赛队伍的状态产生了较大影响，让他们的发挥显得不那么正常，比如巴西北部潮热的天气，就曾让来自英格兰和意大利的两支队伍很不适应。不过没有了两支欧洲传统劲旅的小组出线，黑马哥斯达黎加也让人看到了世界杯的惊喜感。从另一角度来讲，这也是一届所有国家都有所收获的世界杯——参赛32强每一队都至少有1粒进球，这是过去三届都不曾出现的局面。即便是排名倒数的喀麦隆、洪都拉斯、澳大利亚，也都曾用破门表明自己并不是来巴西度假的。而最终的冠军德国，也正是这场大会进球最多的球队。

还有最佳射手，在2002年的罗纳尔多之后，终于有人能以超过5球的数字捧走金靴奖。6球其实也不算太多，但要知道哈梅斯·罗德里格斯并不是一名真正的前锋。事实上这位哥伦比亚中场的登顶算得上是足球进攻多元化的结果。球队破门不再只依赖于那些超级射手，而原本是中锋角色的球员，也可能为破解对方的重点盯防而变换角色。这届大赛还有一项数据是破纪录的，那就是总共有121人破门，包括5粒乌龙。在世界杯的历史上，此前还没有哪一届大赛能有如此之多的球员能进入得分榜。

决赛

德国1比0（加时）阿根廷
2014年7月13日
里约热内卢马拉卡纳体育场

决赛替补登场的格策在加时赛下半场一脚定乾坤，赛后他得到德国前总理默克尔的热烈拥抱。

在2002年巴西击败德国之后，世界杯就开始了属于欧洲的年代。从意大利对法国到西班牙对荷兰，两届决赛都由来自欧洲的球队包办。正因如此，这场在马拉卡纳球场举行的巅峰对决才让人吊足了胃口——这里是南美洲的地盘，决赛中也再次出现了南美球队。然而非常微妙的是，与德国争夺金杯的队伍并不是12年前击败过他们的东道主巴西，而是后者的世仇阿根廷。这让决赛的气氛变得略有点怪异，本土球迷更愿意支持远道而来的欧洲球队，反而让德国人有了一点点坐镇主场的感觉。

不过巴西球迷的支持并不能让比赛的其中一方获得绝对优势。从运气的角度来讲，德国人甚至还要倒霉一些。关于决赛首发阵容，两支走到最后的球队都选择了以不变应万变，用人和半决赛时完全一致。可开场哨声未响，德国便折损大将，后腰赫迪拉在热身时拉伤小腿，他的位置只好由小将克拉默替代。克拉默出生于1991年，是国家队内绝对的小字辈。决赛之前，他从未为国首发出战，在巴西也只有过两次短暂的替补机会。而随后的

MESSI
10

事实也证明他并不是那种能够一鸣惊人的类型。由于在和对方中卫加拉伊的碰撞中撞伤头部，克拉默在坚持到第31分钟时还是被换下，可以说是浪费了一个换人名额。

对手损兵折将，原有计划被意外打乱，这对于阿根廷和梅西而言绝对是千载难逢的好机会。毕竟德国队强在团队配合，而萨维利亚执教的阿根廷则善用单兵反击。只差一座国家队金杯，在俱乐部层面已经打遍天下的梅西也将能够顺理成章地登上“球王”之位。可这世界就是那么的奇妙，机会再好，也有统统抓不住的时候。当梅西边路带球狂奔，用灵巧的身躯引走了德国人大部分防守精力，这位在国家队扮演组织者角色的巴萨前锋却缺少能够在禁区内接应的队友。

比赛进行到第21分钟，德国中场克罗斯的回顶失误给了伊瓜因绝好的单刀良机，阿根廷前锋禁区边缘半凌空射门，皮球却完全没有飞向门框范围，那是一次很让人失望的攻门。9分钟后也是一样，这一回伊瓜因把球送进了网窝，但是他越位在先，进球被判无效。然后在双方各展所长又毫无收获的情况下，幸运女神在上半时补时阶段又略微眷顾了阿根廷：德国后卫赫韦德斯的头球冲顶击中门柱内侧，但皮球没有弹向球网，而是飞出门外让比分保持在0比0。

德国人在大部分时间里掌握了球权。尤其是在前腰克罗斯因人员调整而被迫后撤的情况下，他们的战术似乎更倾向于不轻易把皮球让给对手。而控球寥寥的阿根廷人则在尝试着不同的突袭手段，比如用阿圭罗换下拉维奇，又或者由梅西突然加速直奔禁区。下半场开始仅2分钟，阿根廷的10号就有一次漂亮的禁区左侧斜射，不过很可惜，皮球还是擦着立柱滚出了底线。

萨维利亚更早地换上自己的底牌，阿圭

决赛中，诺伊尔从梅西脚下摘球。两人赛后分别领取金手套奖和金球奖，前者极力保持低调，后者极力掩饰悲伤。

罗之后便是帕拉西奥。两位前锋分别效力于曼城和国际米兰，都是英超、意甲赫赫有名的射手。然而十分诡异的是，无论谁出现在这决赛的战场上，表现都像是伊瓜因的翻版。90分钟内，德国和阿根廷不分高下，世界杯决赛连续第三次进入到了加时赛阶段。然后，阿根廷人便再次浪费了在所有人看来都应该把握住的机会——罗霍长传，胡梅尔斯冒顶，得球后的帕拉西奥将球挑过了出击的门将，但也将球挑出了底线。

大难不死，必有后福，更何况没死的是一直占据控球优势的德国。表面上德国人少了一点攻坚的能力，尤其是在第88分钟换下体能下降的中锋克洛泽之后，替补登场的格策是一名中场，勒夫球队在加时赛中已然“无锋”。但他们拥有坚毅的斗志，并且整体实力占优。当阿根廷的防守中坚马斯切拉诺开始疲惫，跟不上许尔勒的突破速度，德国人胜利时刻也随之来到。许尔勒的传中越过了中卫德米凯利斯，格策胸部一停，门前近距离凌空将球捅进了网窝。此时比赛已经进行到第113分钟，赛场内外的所有人都明白，德国人完成了绝杀。他们第四次捧起世界杯的奖杯，也成为第一支在南美夺冠的欧洲球队。

决赛：2014.7.30 德国1∶0（加时）阿根廷 里约热内卢马拉卡纳大球场（74738人） 主裁判：里佐利（意大利）
进球：113' 格策

他们是冠军

主教练

勒夫 Joachim Loew
1960年2月3日出生，德国人
2008年欧洲杯决赛0比1“惨败”西班牙后，开始全盘学习西班牙传控足球，甚至要取消中锋位置，并模仿瓜迪奥拉在拜仁让拉姆打后腰的举措。然而本届世界杯开局不顺，直到重用中锋克洛泽并让拉姆回到右后卫位置，德国战车才终于爆发出恐怖战斗力。

门将

诺伊尔 Manuel Neuer
1986年3月27日出生
效力俱乐部：拜仁慕尼黑（德甲）
在拜仁被瓜迪奥拉调教成清道夫门将，冲出禁区成为家常便饭，对阿尔及利亚一战屡屡出击解围。7场比赛全部打满，做出24次扑救、10次解围，总共只丢4球，毫无争议拿到金手套奖。

齐勒 Ron-Robert Zieler
1989年2月12日出生
效力俱乐部：汉诺威（德甲）
国家队“酱油男”，2011年首秀被乌克兰灌进3球，2012年热身赛对阿根廷，成为队史首位吃红牌的门将。

魏登费勒 Roman Weidenfeller
1980年8月6日出生
效力俱乐部：多特蒙德（德甲）
33岁上演国家队首秀，凭借在多特蒙德的稳定表现，职业生涯晚期终于在国家队板凳上赢得一席之地。

后卫

格罗斯克罗伊茨 Kevin Grosskreutz
1988年7月19日出生
效力俱乐部：多特蒙德（德甲）
昵称“大十字”，多特蒙德的战斗狂人，不过在国家队只能和黄黑队友魏登费勒、杜尔姆一起“打酱油”。

金特尔 Matthias Ginter
1994年1月19日出生
效力俱乐部：弗赖堡（德甲）
20岁小将迎来职业生涯腾飞的夏天，不仅零出场蹭到世界杯，还从弗赖堡转会多特蒙德。

赫韦德斯 Benedikt Hoewedes
1988年2月29日出生
效力俱乐部：沙尔克04（德甲）
主打位置是中后卫，却作为左后卫打满7场690分钟，表现中规中矩，甚至还贡献了1次助攻。不过，决赛上半场面对拉韦齐和梅西的联手冲击，险些被打爆。

胡梅尔斯 Mats Hummels
1988年12月16日出生
效力俱乐部：多特蒙德（德甲）
值得放心的中卫，不仅防守能力出众，还有一脚精准长传可以用来策动进攻。本届大赛攻入2球，其中1/4决赛力压瓦拉内头球破门，帮助球队1比0淘汰法国。

杜尔姆 Erik Durm
1992年5月12日出生
效力俱乐部：多特蒙德（德甲）
2013年8月才代表多特蒙德替补登场完成德甲首秀，能作为“酱油”众捧起世界杯，要感谢俱乐部队友受伤给了他崭露头角的机会。

默特萨克 Per Mertesacker
1984年9月29日出生
效力俱乐部：阿森纳（英超）
中卫位置上的半个主力，不过决赛是替补，第120分钟才登场换下厄齐尔。如果勒夫不安排4中卫防线布阵，自然轮不到默特萨克打主力。

博阿滕 Jerome Boateng
1988年9月3日出生
效力俱乐部：拜仁慕尼黑（德甲）
与胡梅尔斯组成了坚固的中卫搭档，日后这一组合也被移植到拜仁慕尼黑。本届大赛解围34次、抢断15次，两项数据均排名全队第1，而且7场比赛全部出场却只有4次犯规。

穆斯塔菲 Shkodran Mustafi
1992年4月17日出生
效力俱乐部：桑普多利亚（意甲）
作为替补后卫有3次出场，总计亮相132分钟，传球61次、成功率87%。

中 场

赫迪拉 Sami Khedira

1987年4月4日出生

效力俱乐部：皇家马德里（西甲）

半决赛7比1血洗东道主巴西一战，他攻入本队第5球，也是上半场最后1球。可惜因伤错过决赛，勒夫只能让新人克拉默首发，等到克拉默受伤下场，德国队甚至凑不出双后腰。

施魏因斯泰格 Bastian Schweinsteiger

1984年8月1日出生

效力俱乐部：拜仁慕尼黑（德甲）

前几场受到不少批评，认为他节奏太慢，跟不上全队要求，然而随着赛事进行，“猪哥”的大赛经验逐渐开始起到作用，决赛更是彻底点燃斗志，吃到黄牌激励全队前行。

厄齐尔 Mesut Oezil

1988年10月15日出生

效力俱乐部：阿森纳（英超）

在国家队似乎总也找不到在俱乐部当“喂饼侠”的状态，1/8决赛对阿尔及利亚时他被骂了全场，结果第120分钟为球队扩大比分，这也是他本届大赛唯一进球。

德拉克斯勒 Julian Draxler

1993年9月20日出生

效力俱乐部：沙尔克04（德甲）

本届大赛只在半决赛7比1血洗巴西一战替补赫迪拉出场14分钟，留下8次传球全部到位、犯规1次的数据。

拉姆 Philipp Lahm

1983年11月11日出生

效力俱乐部：拜仁慕尼黑（德甲）

瓜迪奥拉在拜仁让他打后腰，这位俱乐部和国家队双料队长感觉终于找到人生价值。可德国队实在缺边后卫，勒夫的4中卫防线布阵并不靠谱，拉姆终于在最后3场淘汰赛从后腰位置改回右后卫老本行，从此球队遇神杀神遇佛杀佛。

克罗斯 Toni Kroos

1990年1月4日出生

效力俱乐部：拜仁慕尼黑（德甲）

德国队中场指挥官，作用远不只是打进2球、助攻3次，他的605次传球、544次成功传球均为队内最多，准确率高达90%，其中有15脚威胁传球。此外还有15次抢断、6次解围，被犯规12次则为全队第3多，仅次于穆勒和施魏因斯泰格。

克拉默 Christoph Kramer

1991年2月19日出生

效力俱乐部：门兴格拉德巴赫（德甲）

经历了一届神奇的世界杯，原本只是绝对替补，然而由于拉姆打回右后卫、赫迪拉受伤，决赛竟然获得首发机会，却在上半场撞成脑震荡，只打了31分钟便被许尔勒换下。

前 锋

许尔勒 Andre Schuerrle

1990年11月6日出生

效力俱乐部：切尔西（英超）

总共出场244分钟，贡献3个进球、1次助攻，堪称超级替补。半决赛换下克洛泽后梅开二度，帮助球队7比1血洗巴西，决赛换下克拉默，加时赛下半场助攻格策完成绝杀。

波多尔斯基 Lukas Podolski

1985年6月4日出生

效力俱乐部：阿森纳（英超）

典型的国家队球员，虽然在俱乐部层面低迷多年，但国家队大赛总是有他一席之地，本届世界杯替补出场2次，共计53分钟。

克洛泽 Miroslav Klose

1978年6月9日出生

效力俱乐部：拉齐奥（意甲）

小组赛对阵加纳，在球队被2比1逆转后临危受命换下格策，刚出场2分钟便扳平比分。最后3场淘汰赛终于重新成为主力，德国从此顺风顺水直至夺冠。半决赛对巴西攻入2比0之球，以16球超越罗纳尔多，成为世界杯史上头号射手。

穆勒 Thomas Mueller

1989年9月13日出生

效力俱乐部：拜仁慕尼黑（德甲）

连续两届世界杯斩获5球，以他的年龄，有望冲击克洛泽16球的世界杯历史进球纪录。此外还有3次助攻，是德国队攻击线上的全能战士。

格策 Mario Goetze

1992年6月3日出生

效力俱乐部：拜仁慕尼黑（德甲）

作为勒夫着力培养的假中锋，前4场首发3次并对加纳首开纪录，不过由于表现并未达到预期，此后沦为替补。然而决赛第88分钟替补克洛泽登场后，加时赛下半场完成绝杀，成为球队夺冠的重要功臣。

赛程赛果

注：■为点球大战比分，■为出现加时赛。

A组

2014.6.12	巴西3比1克罗地亚
2014.6.13	墨西哥1比0喀麦隆
2014.6.17	巴西0比0墨西哥
2014.6.18	喀麦隆0比4克罗地亚
2014.6.23	喀麦隆1比4巴西
2014.6.23	克罗地亚1比3墨西哥

B组

2014.6.13	西班牙1比5荷兰
2014.6.13	智利3比1澳大利亚
2014.6.18	澳大利亚2比3荷兰
2014.6.18	西班牙0比2智利
2014.6.23	澳大利亚0比3西班牙
2014.6.23	荷兰2比0智利

C组

2014.6.14	哥伦比亚3比0希腊
2014.6.14	科特迪瓦2比1日本
2014.6.19	哥伦比亚2比1科特迪瓦
2014.6.19	日本0比0希腊
2014.6.24	日本1比4哥伦比亚
2014.6.24	希腊2比1科特迪瓦

D组

2014.6.14	乌拉圭1比3哥斯达黎加
2014.6.14	英格兰1比2意大利
2014.6.19	乌拉圭2比1英格兰
2014.6.20	意大利0比1哥斯达黎加
2014.6.24	意大利0比1乌拉圭
2014.6.24	哥斯达黎加0比0英格兰

日期	球队	比分	点球/加时
2014.6.28	巴西	1	3
	智利	1	2
2014.6.28	哥伦比亚	2	
	乌拉圭	0	
2014.6.30	法国	2	
	尼日利亚	0	
2014.6.30	德国		2
	阿尔及利亚		1
2014.7.4	巴西	2	
	哥伦比亚	1	
2014.7.4	法国	0	
	德国	1	
2014.7.8	巴西	1	
	德国	7	
2014.7.12	巴西	3	
2010.7.10	荷兰	1	
决赛 2014.7.13	德国		1
	阿根廷		0
2014.7.9	荷兰	0	2
	阿根廷	0	4
2014.7.5	荷兰	0	4
	哥斯达黎加	0	3
2014.7.5	阿根廷	1	
	比利时	0	
2014.6.29	荷兰	2	
	墨西哥	1	
2014.6.29	哥斯达黎加	1	5
	希腊	1	3
2014.7.1	阿根廷		5
	瑞士		3
2014.7.1	比利时		2
	美国		1

E组

2014.6.15	瑞士2比1厄瓜多尔
2014.6.15	法国3比0洪都拉斯
2014.6.20	瑞士2比5法国
2014.6.20	洪都拉斯1比2厄瓜多尔
2014.6.25	洪都拉斯0比3瑞士
2014.6.25	厄瓜多尔0比0法国

F组

2014.6.15	阿根廷2比1波黑
2014.6.16	伊朗0比0尼日利亚
2014.6.21	阿根廷1比0伊朗
2014.6.21	尼日利亚1比0波黑
2014.6.25	尼日利亚2比3阿根廷
2014.6.25	波黑3比1伊朗

G组

2014.6.16	德国4比0葡萄牙
2014.6.16	加纳1比2美国
2014.6.21	德国2比2加纳
2014.6.22	美国2比2葡萄牙
2014.6.26	美国0比1德国
2014.6.26	葡萄牙2比1加纳

H组

2014.6.17	比利亚2比1阿尔及利亚
2014.6.17	俄罗斯1比1韩国
2014.6.22	比利时1比0俄罗斯
2014.6.22	韩国2比4阿尔及利亚
2014.6.26	韩国0比1比利时
2014.6.26	阿尔及利亚1比1俄罗斯

战场

马拉卡纳体育场　Estadio do Maracana
所在城市：里约热内卢　容量：74738人
本届杯赛举办7场比赛
平均上座率：99.24%

国家体育场　Estadio Nacional
所在城市：巴西利亚　容量：69349人
本届杯赛举办7场比赛
平均上座率：98.51%

圣保罗竞技场　Arena de Sao Paulo
所在城市：圣保罗　容量：63321 人
本届杯赛举办 6 场比赛
平均上座率：98.86%

大城堡体育场　Estadio Castelao
所在城市：福塔莱萨　容量：60342 人
本届杯赛举办 6 场比赛
平均上座率：98.58%

米内朗体育场　Estadio Mineirao
所在城市：贝洛奥里藏特　容量：58170 人
本届杯赛举办 6 场比赛
平均上座率：98.95%

贝拉里奥体育场　Estadio Beira-Rio
所在城市：阿雷格里港　容量：43394 人
本届杯赛举办 5 场比赛
平均上座率：99.08%

新水源竞技场　Arena Fonte Nova
所在城市：萨尔瓦多　容量：51900 人
本届杯赛举办 6 场比赛
平均上座率：96.56%

伯南布哥竞技场　Arena Pernambuco
所在城市：累西腓　容量：42610 人
本届杯赛举办 5 场比赛
平均上座率：96.17%

潘塔纳尔竞技场　Arena Pantanal
所在城市：库亚巴　容量：41112 人
本届杯赛举办 4 场比赛
平均上座率：96.52%

亚马逊竞技场　Arena da Amazonia
所在城市：马瑙斯　容量：40549 人
本届杯赛举办 4 场比赛
平均上座率：98.79%

沙丘竞技场　Arena das Dunas
所在城市：纳塔尔　容量：39971 人
本届杯赛举办 4 场比赛
平均上座率：98.93%

拜沙达竞技场　Arena da Baixada
所在城市：库里蒂巴　容量：39631 人
本届杯赛举办 4 场比赛
平均上座率：99.03%

射手榜

排名	球员（国家）	进球数
1	哈梅斯·罗德里格斯（哥伦比亚）	6
2	托马斯·穆勒（德国）	5
3	梅西（阿根廷）	4
	内马尔（巴西）	4
	范佩西（荷兰）	4
6	恩内尔·巴伦西亚（厄瓜多尔）等5人	3

第1名　德国

主教练：勒夫（德国）

号码	球员	进球／出场
门将		
1	诺伊尔	-4/7
12	齐勒	-/-
22	魏登费勒	-/-
后卫		
2	格罗斯克罗伊茨	-/-
3	金特尔	-/-
4	赫韦德斯	0/7
5	胡梅尔斯	2/6
15	杜尔姆	-/-
17	默特萨克	0/6
20	热罗姆·博阿滕	0/7
21	穆斯塔菲	0/3
中场		
6	赫迪拉	1/5
7	施魏因斯泰格	0/6
8	厄齐尔	1/7
14	德拉克斯勒	0/1
16	拉姆	0/7
18	克罗斯	2/7
23	克拉默	0/3
前锋		
9	许尔勒	3/6
10	波多尔斯基	0/2
11	克洛泽	2/5
13	穆勒	5/7
19	格策	2/6

第2名　阿根廷

主教练：萨韦利亚（阿根廷）

号码	球员	进球／出场
门将		
1	罗梅罗	-4/7
12	奥里翁	-/-
21	安杜哈尔	-/-
后卫		
2	加拉伊	0/7
3	坎帕尼亚罗	0/1
4	萨瓦莱塔	0/7
15	德米凯利斯	0/3
16	罗霍	1/6
17	费德里科·费尔南德斯	0/4
23	巴桑塔	0/2
中场		
5	加戈	0/6
6	比格利亚	0/7
7	迪马里亚	1/5
8	恩佐·佩雷斯	0/3
11	马克西·罗德里格斯	0/2
13	奥古斯托·费尔南德斯	-/-
14	马斯切拉诺	0/7
19	里基·阿尔瓦雷斯	0/1
前锋		
9	伊瓜因	1/7
10	梅西	4/7
18	帕拉西奥	0/5
20	阿圭罗	0/5
22	拉韦齐	0/6

第3名 荷兰

主教练：范加尔（荷兰）

号码	球员	进球/出场
门将		
1	西莱森	-4/7
22	福尔姆	0/1
23	克吕尔	0/1
后卫		
2	弗拉尔	0/7
3	德弗赖	1/7
4	因迪	0/6
5	达莱·布林德	1/7
7	扬马特	0/5
12	费尔哈赫	0/1
13	费尔特曼	0/2
14	孔戈洛	0/1
中场		
6	尼赫尔·德容	0/5
8	德古兹曼	0/3
10	斯内德	1/6
16	克拉西	0/2
18	费尔	1/1
20	韦纳尔杜姆	1/7
前锋		
9	范佩西	4/6
11	罗本	3/7
15	库伊特	0/5
17	伦斯	0/4
19	亨特拉尔	1/3
21	孟菲斯	2/4

第4名 巴西

主教练：斯科拉里（巴西）

号码	球员	进球/出场
门将		
1	杰斐逊	-/-
12	儒利奥·塞萨尔	-14/7
22	维克托	-/-
后卫		
2	达尼·阿尔维斯	0/4
3	蒂亚戈·席尔瓦	1/6
4	大卫·路易斯	2/7
6	马塞洛	0/6
13	丹特	0/1
14	马克斯韦尔	0/1
15	恩里克	0/1
23	麦孔	0/3
中场		
5	费尔南迪尼奥	1/5
8	保利尼奥	0/6
11	奥斯卡	2/7
16	拉米雷斯	0/7
17	路易斯·古斯塔沃	0/6
18	埃尔纳内斯	0/3
19	威廉	0/5
20	贝尔纳德	0/3
前锋		
7	浩克	0/6
9	弗雷德	1/6
10	内马尔	4/5
21	若	0/3

第5名 哥伦比亚

主教练：佩克尔曼（阿根廷）

号码	球员	进球/出场
门将		
1	奥斯皮纳	-4/5
12	卡米洛·巴尔加斯	-/-
22	蒙德拉贡	0/1
后卫		
2	克里斯蒂安·萨帕塔	0/4
3	耶佩斯	0/4
4	阿里亚斯	0/3
7	阿梅罗	1/5
16	巴兰塔	0/1
18	苏尼加	0/4
23	卡洛斯·巴尔德斯	0/1
中场		
5	卡沃内罗	0/1
6	卡洛斯·桑切斯	0/4
8	阿韦尔·阿吉拉尔	0/3
10	哈梅斯·罗德里格斯	6/5
11	夸德拉多	1/5
13	瓜林	0/3
15	梅希亚	0/4
20	金特罗	1/3
前锋		
9	特奥菲洛·古铁雷斯	1/4
14	伊瓦尔沃	0/3
17	巴卡	0/1
19	阿德里安·拉莫斯	0/3
21	杰克逊·马丁内斯	2/3

第6名 比利时

主教练：威尔莫茨（比利时）

号码	球员	进球/出场
门将		
1	库尔图瓦	-3/5
12	米尼奥莱	-/-
13	博叙	-/-
后卫		
2	阿尔德韦雷尔德	0/4
3	费尔马伦	0/1
4	孔帕尼	0/4
5	费尔通亨	1/5
15	范比滕	0/5
18	隆巴尔茨	0/1
21	范登博雷	0/1
23	西曼	-/-
中场		
6	维策尔	0/4
7	德布劳内	1/4
8	费莱尼	1/5
10	阿扎尔	0/5
16	德富尔	0/1
19	穆萨·登贝莱	0/2
20	亚努扎伊	0/1
22	沙兹利	0/4
前锋		
9	罗梅卢·卢卡库	1/4
11	米拉拉斯	0/4
14	梅尔滕斯	1/5
17	奥里吉	1/5

第7名 法国

主教练：德尚（法国）

号码	球员	进球/出场
门将		
1	洛里斯	-3/5
16	鲁菲耶	-/-
23	朗德罗	-/-
后卫		
2	德比希	0/4
3	埃夫拉	0/4
4	瓦拉内	0/5
5	马马杜·萨科	0/4
13	芒加拉	-/-
15	萨尼亚	0/1
17	迪涅	0/1
21	科斯谢尔尼	0/4
中场		
6	卡巴耶	0/4
7	卡贝拉	-/-
8	瓦尔比埃纳	1/4
11	格列兹曼	1/5
12	马武巴	0/1
14	马图伊迪	1/5
18	穆萨·西索科	1/4
19	博格巴	1/5
22	施耐德林	0/1
前锋		
9	吉鲁	1/5
10	本泽马	3/5
20	雷米	0/2

第8名 哥斯达黎加

主教练：豪尔赫·平托（哥伦比亚）

号码	球员	进球/出场
门将		
1	凯勒·纳瓦斯	-2/5
18	彭伯顿	-/-
23	坎布罗内罗	-/-
后卫		
2	约翰尼·阿科斯塔	0/2
3	贾恩卡洛·冈萨雷斯	0/5
4	乌马尼亚	0/4
6	奥斯卡·杜阿尔特	1/4
8	戴维·米列	0/1
12	韦伦·弗朗西斯	-/-
15	儒尼奥尔·迪亚斯	0/5
16	甘博亚	0/5
19	罗伊·米勒	0/1
中场		
5	博尔赫斯	0/5
7	博拉尼奥斯	0/5
11	巴兰特斯	0/2
13	格拉纳多斯	-/-
17	特赫达	0/5
20	卡尔沃	-/-
22	库韦罗	0/4
前锋		
9	霍埃尔·坎贝尔	1/5
10	布赖恩·鲁伊斯	2/5
14	布雷内斯	0/3
21	乌雷尼亚	1/4

第9名 智利

主教练：桑保利（阿根廷）

号码	球员	进球 / 出场
门将		
1	克劳迪奥·布拉沃	-4/4
12	托塞利	-/-
23	约翰尼·埃雷拉	-/-
后卫		
2	欧亨尼奥·梅纳	0/4
3	阿尔沃诺斯	0/0
4	伊斯拉	0/4
13	罗哈斯	0/1
17	梅德尔	0/4
18	贡萨洛·哈拉	0/4
中场		
5	弗朗西斯科·席尔瓦	0/3
6	卡莫纳	0/1
8	阿图罗·比达尔	0/3
10	巴尔迪维亚	1/3
15	博塞茹	1/2
16	费利佩·古铁雷斯	0/4
19	富恩萨利达	-/-
20	阿朗吉斯	1/4
21	马塞洛·迪亚斯	0/4
前锋		
7	亚历克西斯·桑切斯	2/4
9	皮尼利亚	0/3
11	爱德华多·巴尔加斯	1/4
14	奥雷利亚纳	-/-
22	埃斯特万·帕雷德斯	-/-

第10名 墨西哥

主教练：米格尔·埃雷拉（墨西哥）

号码	球员	进球 / 出场
门将		
1	赫苏斯·科罗纳	-/-
12	塔拉韦拉	-/-
13	奥乔亚	-3/4
后卫		
2	弗朗西斯科·罗德里格斯	0/4
3	萨尔西多	0/2
4	拉斐尔·马克斯	1/4
5	迭戈·雷耶斯	0/1
7	米格尔·拉云	0/4
15	埃克托·莫雷诺	0/4
16	米格尔·庞塞	-/-
18	瓜尔达多	1/4
22	保罗·阿吉拉尔	0/4
中场		
6	埃克托·埃雷拉	0/4
8	马尔科·法维安	0/3
17	布里苏埃拉	-/-
20	哈维尔·阿基诺	0/1
21	卡洛斯·佩尼亚	0/1
23	何塞·巴斯克斯	0/3
前锋		
9	劳尔·希门尼斯	0/1
10	乔瓦尼·多斯桑托斯	1/4
11	普利多	-/-
14	哈维尔·埃尔南德斯	1/4
19	佩拉尔塔	1/4

第11名 瑞士

主教练：希斯菲尔德（德国）

号码	球员	进球 / 出场
门将		
1	贝纳利奥	-7/4
12	佐默	-/-
21	比尔基	-/-
后卫		
2	利希施泰纳	0/4
3	雷托·齐格勒	-/-
4	森德罗斯	0/1
5	冯贝尔根	0/2
6	米夏埃尔·朗	0/1
13	里卡多·罗德里格斯	0/4
20	朱鲁	0/4
22	舍尔	0/2
中场		
7	巴内塔	-/-
8	因勒	0/4
10	扎卡	1/4
11	贝赫拉米	0/4
14	施托克	0/1
15	哲马伊利	1/3
16	热尔松·费尔南德斯	0/1
23	沙奇里	3/4
前锋		
9	塞费罗维奇	1/4
17	加夫拉诺维奇	-/-
18	阿德米尔·穆罕默迪	1/4
19	德尔米奇	0/4

第12名 乌拉圭

主教练：塔瓦雷斯（乌拉圭）

号码	球员	进球 / 出场
门将		
1	穆斯莱拉	-6/4
12	罗德里戈·穆尼奥斯	-/-
23	马丁·席尔瓦	-/-
后卫		
2	卢加诺	0/1
3	戈丁	1/4
4	富西莱	0/1
13	何塞·希门尼斯	0/3
16	马克西·佩雷拉	0/3
19	科亚特斯	0/1
22	马丁·卡塞雷斯	0/4
中场		
5	加加诺	0/1
6	阿尔瓦罗·佩雷拉	0/3
7	克里斯蒂安·罗德里格斯	0/4
14	洛代罗	0/3
15	迭戈·佩雷斯	-/-
17	阿雷瓦洛	0/4
18	加斯东·拉米雷斯	0/2
20	阿尔瓦罗·冈萨雷斯	0/4
前锋		
8	阿韦尔·埃尔南德斯	0/2
9	路易斯·苏亚雷斯	2/2
10	福兰	0/2
11	斯图亚尼	0/4
21	卡瓦尼	1/4

第13名 希腊

主教练：费尔南多·桑托斯（葡萄牙）

号码	球员	进球 / 出场
门将		
1	卡内齐斯	-4/4
12	格利科斯	-1/1
13	卡皮诺	-/-
后卫		
3	察韦拉斯	-/-
4	马诺拉斯	0/4
5	莫拉斯	-/-
11	温特拉	-/-
15	托罗西迪斯	0/4
19	帕帕斯塔索普洛斯	1/4
20	霍莱瓦斯	0/4
中场		
2	马尼亚蒂斯	0/4
6	乔利斯	-/-
8	帕纳约蒂斯·科内	0/3
10	卡拉古尼斯	0/4
16	赫里斯托祖洛普洛斯	0/2
18	费特法齐迪斯	0/2
21	卡楚拉尼斯	0/3
22	萨马里斯	1/2
23	塔赫齐迪斯	-/-
前锋		
7	萨马拉斯	1/4
9	米特罗格卢	0/3
14	萨尔平吉迪斯	0/4
17	耶卡斯	0/4

第14名 阿尔及利亚

主教练：哈利霍季奇（波黑）

号码	球员	进球 / 出场
门将		
1	塞德里克·穆罕默德	-/-
16	泽马穆舍	-/-
23	姆博尔希	-7/4
后卫		
2	布格拉	0/3
3	古拉姆	0/2
4	贝尔卡勒姆	0/3
5	哈利舍	1/4
6	梅斯巴	0/2
12	梅贾尼	0/3
17	卡达穆罗	-/-
20	艾萨·曼迪	0/3
中场		
7	耶卜达	0/1
8	拉康	0/3
10	费古利	1/4
11	卜拉希米	1/3
14	本·塔莱卜	0/3
18	贾布	2/3
19	泰德尔	0/2
21	马赫雷兹	0/1
22	穆斯塔法	0/2
前锋		
9	吉拉斯	0/3
13	苏莱曼尼	2/4
15	苏达尼	0/3

第 15 名　美国

主教练：克林斯曼（德国）

号码	球员	进球 / 出场
门将		
1	蒂姆·霍华德	-6/4
12	古赞	-/-
22	里曼多	-/-
后卫		
2	耶德林	0/3
3	奥马尔·冈萨雷斯	0/3
5	贝斯勒	0/4
6	约翰·布鲁克斯	1/1
7	比斯利	0/4
20	杰夫·卡梅伦	0/3
21	蒂莫西·钱德勒	-/-
23	费边·约翰逊	0/4
中场		
4	迈克尔·布拉德利	0/4
10	迪斯凯吕德	-/-
11	贝多亚	0/4
13	杰曼·琼斯	1/4
14	布拉德·戴维斯	0/1
15	贝克曼	0/3
16	朱利安·格林	1/1
19	祖西	0/4
前锋		
8	登普西	2/4
9	阿龙·约翰松	0/1
17	阿尔蒂多尔	0/1
18	翁多洛夫斯基	0/2

第 16 名　尼日利亚

主教练：凯希（尼日利亚）

号码	球员	进球 / 出场
门将		
1	恩耶亚马	-5/4
16	埃吉德	-/-
21	阿格宾	-/-
后卫		
2	雅博	0/4
5	安布罗斯	0/4
6	埃古埃奎	-/-
12	奥敦拉米	-/-
13	奥沙尼瓦	0/4
14	奥博阿博纳	0/1
22	奥梅鲁奥	0/4
中场		
3	乌佐恩伊	0/1
4	鲁本·加布里埃尔	0/1
10	米克尔	0/4
11	摩西	0/2
15	拉蒙·阿齐兹	0/1
17	奥纳齐	0/4
18	巴巴通德	0/2
前锋		
7	艾哈迈德·穆萨	2/4
8	奥德姆温吉	1/4
9	埃梅尼克	0/4
19	恩沃福	0/2
20	乌切博	0/1
23	阿梅奥比	0/2

第 17 名　厄瓜多尔

主教练：鲁埃达（哥伦比亚）

号码	球员	进球 / 出场
门将		
1	班格拉	-/-
12	博内	-/-
22	亚历山大·多明格斯	-3/3
后卫		
2	豪尔赫·瓜瓜	0/3
3	埃拉索	0/3
4	胡安·帕雷德斯	0/3
10	瓦尔特·阿约维	0/3
18	巴吉	-/-
21	阿奇列尔	0/2
中场		
5	伊瓦拉	0/1
6	沃诺亚	0/3
7	赫费尔松·蒙特罗	0/3
8	爱迪生·门德斯	0/1
9	若昂·罗哈斯	0/1
14	奥斯瓦尔多·明达	0/2
15	迈克尔·阿罗约	0/2
16	安东尼奥·巴伦西亚	0/3
19	萨里塔马	-/-
20	菲德尔·马丁内斯	-/-
23	洛鲁埃索	0/2
前锋		
11	凯塞多	0/3
13	恩内尔·巴伦西亚	3/3
17	海梅·阿约维	-/-

第 18 名　葡萄牙

主教练：保罗·本托（葡萄牙）

号码	球员	进球 / 出场
门将		
1	爱德华多	0/1
12	鲁伊·帕特里西奥	-4/2
22	贝托	-3/1
后卫		
2	布鲁诺·阿尔维斯	0/3
3	佩佩	0/2
5	科恩特朗	0/1
13	里卡多·科斯塔	0/2
14	内托	-/-
19	安德烈·阿尔梅达	0/2
21	若昂·佩雷拉	0/3
中场		
4	韦洛索	0/3
6	威廉·卡瓦略	0/2
8	穆蒂尼奥	0/3
10	维埃里尼亚	0/1
15	拉法·席尔瓦	-/-
16	梅雷莱斯	0/2
17	纳尼	1/3
18	西尔韦斯特雷·瓦雷拉	1/2
20	阿莫里姆	0/1
前锋		
7	克里斯蒂亚诺·罗纳尔多	1/3
9	乌戈·阿尔梅达	0/1
11	埃德	0/3
23	波斯蒂加	0/1

第 19 名　克罗地亚

主教练：尼科·科瓦奇（克罗地亚）

号码	球员	进球 / 出场
门将		
1	普莱蒂科萨	-6/3
12	泽莱尼卡	-/-
23	苏巴希奇	-/-
后卫		
2	弗尔萨利科	0/2
3	普拉尼奇	0/2
5	乔尔卢卡	0/3
6	洛夫伦	0/3
11	斯尔纳	0/3
13	席尔登费尔德	-/-
21	维达	-/-
中场		
4	佩里希奇	2/3
7	拉基蒂奇	0/3
8	武科耶维奇	-/-
10	莫德里奇	0/3
14	布罗佐维奇	0/1
15	巴代利	-/-
19	萨米尔	0/1
20	科瓦契奇	0/3
前锋		
9	耶拉维奇	0/2
16	雷比奇	0/3
17	曼朱基奇	2/2
18	奥利奇	1/3
22	爱德华多	0/1

第 20 名　波黑

主教练：萨费特·苏希奇（波黑）

号码	球员	进球 / 出场
门将		
1	贝戈维奇	-4/3
12	费伊齐奇	-/-
22	阿夫杜基奇	-/-
后卫		
2	弗尔萨耶维奇	1/1
3	比查克契奇	0/1
4	斯帕希奇	0/3
5	科拉希纳克	0/2
6	弗拉涅什	0/1
7	贝希奇	0/3
13	穆伊扎	0/2
15	舒尼奇	0/2
中场		
8	皮亚尼奇	1/3
10	米西莫维奇	0/2
14	蒂诺－斯文·苏希奇	0/2
16	塞纳德·卢利奇	0/2
17	伊布里契奇	-/-
18	梅杜尼亚宁	0/2
20	哈伊罗维奇	0/2
21	哈季奇	0/1
23	萨利霍维奇	0/2
前锋		
9	伊比舍维奇	1/3
11	哲科	1/3
19	维什恰	0/2

第21名 科特迪瓦

主教练：拉穆希（法国）

号码	球员	进球/出场
门将		
1	布巴卡尔·巴里	-5/3
16	博霍	-/-
23	芒代	-/-
后卫		
2	维耶拉	-/-
3	博卡	0/3
4	科洛·图雷	0/1
5	佐科拉	0/2
7	阿克帕－阿克普罗	-/-
17	奥里埃	0/3
18	贾克帕	0/1
22	班巴	0/3
中场		
9	蒂奥特	0/3
14	迪奥曼德	0/1
15	格拉德尔	0/1
19	亚亚·图雷	0/3
20	迪耶	0/3
前锋		
6	博利	0/1
8	萨洛蒙·卡卢	0/3
10	热尔维尼奥	2/3
11	德罗巴	0/3
12	博尼	2/3
13	亚·科南	0/1
21	西奥	0/1

第22名 意大利

主教练：普兰德利（意大利）

号码	球员	进球/出场
门将		
1	布冯	-2/2
12	西里古	-1/1
13	佩林	-/-
后卫		
2	德西利奥	0/1
3	基耶利尼	0/3
4	达米安	0/3
7	阿巴特	0/1
15	巴尔扎利	0/3
19	博努奇	0/1
20	帕莱塔	0/1
中场		
5	蒂亚戈·莫塔	0/3
6	坎德雷瓦	0/2
8	马尔基西奥	1/3
14	阿奎拉尼	-/-
16	德罗西	0/2
18	帕罗洛	0/2
21	皮尔洛	0/3
23	维拉蒂	0/2
前锋		
9	巴洛特利	1/3
10	卡萨诺	0/2
11	切尔奇	0/1
17	因莫比莱	0/2
22	因西涅	0/1

第23名 西班牙

主教练：博斯克（西班牙）

号码	球员	进球/出场
门将		
1	卡西利亚斯	-7/2
12	德赫亚	-/-
23	佩佩·雷纳	0/1
后卫		
2	阿尔比奥尔	0/1
3	皮克	0/1
5	胡安弗兰	0/1
15	塞尔希奥·拉莫斯	0/3
18	阿尔瓦	0/3
22	阿斯皮利奎塔	0/2
中场		
4	哈维·马丁内斯	0/1
6	伊涅斯塔	0/3
8	哈维	0/1
10	法布雷加斯	0/2
13	马塔	1/1
14	哈维·阿隆索	1/3
16	布斯克茨	0/2
17	科克	0/2
20	卡索拉	0/2
21	大卫·席尔瓦	0/3
前锋		
7	大卫·比利亚	1/1
9	费尔南多·托雷斯	1/3
11	佩德罗	0/2
19	迭戈·科斯塔	0/2

第24名俄罗斯

主教练：卡佩罗（意大利）

号码	球员	进球/出场
门将		
1	阿金费耶夫	-3/3
12	洛德金	-/-
16	雷日科夫	-/-
后卫		
2	科兹洛夫	0/2
3	先尼科夫	-/-
4	伊格纳舍维奇	0/3
5	谢苗诺夫	-/-
13	格拉纳特	-/-
14	瓦西里·别列祖茨基	0/3
18	日尔科夫	0/1
22	叶先科	0/2
23	孔巴罗夫	0/3
中场		
7	杰尼索夫	0/2
8	格卢沙科夫	0/3
10	扎戈耶夫	0/3
15	莫吉列韦茨	-/-
17	沙托夫	0/3
20	法伊祖林	0/3
前锋		
6	卡农尼科夫	0/2
9	科科林	1/3
11	克尔扎科夫	1/3
19	萨梅多夫	0/3
21	约诺夫	-/-

第25名 加纳

主教练：阿夸西·阿皮亚（加纳）

号码	球员	进球/出场
门将		
1	史蒂芬·亚当斯	-/-
12	夸拉西	-2/1
16	道达	-4/2
后卫		
2	因库姆	-/-
4	奥帕雷	0/1
15	苏迈拉	-/-
19	乔纳森·门萨	0/3
21	博耶	0/3
23	阿富尔	0/2
中场		
5	埃辛	0/1
6	阿夸	0/1
7	阿楚	0/3
8	巴杜	0/2
10	安德烈·阿尤	2/3
11	蒙塔里	0/2
14	阿多马	0/1
17	拉比乌	0/3
20	夸杜沃·阿萨莫阿	0/3
22	瓦卡索	0/2
前锋		
3	吉安	2/3
9	凯文－普林斯·博阿滕	0/2
13	乔丹·阿尤	0/3
18	瓦里斯	0/1

第26名 英格兰

主教练：霍奇森（英格兰）

号码	球员	进球/出场
门将		
1	乔·哈特	-4/2
13	本·福斯特	0/1
22	弗雷泽·福斯特	-/-
后卫		
2	格伦·约翰逊	0/2
3	贝恩斯	0/2
5	加里·卡希尔	0/3
6	雅盖尔卡	0/2
12	斯莫林	0/1
16	菲尔·琼斯	0/1
23	卢克·肖	0/1
中场		
4	杰拉德	0/3
7	威尔希尔	0/2
8	兰帕德	0/1
14	亨德森	0/2
15	张伯伦	-/-
17	米尔纳	0/1
19	斯特林	0/3
20	拉拉纳	0/1
21	巴克利	0/3
前锋		
9	斯图里奇	1/3
10	鲁尼	1/3
11	韦尔贝克	0/2
18	里基·兰伯特	0/1

第 27 名 韩国

主教练：洪明甫（韩国）

号码	球员	进球 / 出场
门将		
1	郑成龙	-5/2
21	金成奎	-1/1
23	李范永	-/-
后卫		
2	金昌洙	-/-
3	尹锡荣	0/3
4	郭泰辉	-/-
5	金英权	0/3
6	黄锡镐	0/1
12	李镕	0/3
20	洪正好	0/3
22	朴柱昊	-/-
中场		
7	金甫炅	0/2
8	河大成	-/-
13	具滋哲	1/3
14	韩国荣	0/3
15	朴钟佑	-/-
16	奇诚庸	0/3
17	李青龙	0/3
前锋		
9	孙兴民	1/3
10	朴主永	0/2
11	李根镐	1/3
18	金信煜	0/2
19	池东沅	0/2

第 28 名 伊朗

主教练：奎罗斯（葡萄牙）

号码	球员	进球 / 出场
门将		
1	拉赫曼·艾哈迈迪	-/-
12	阿利雷扎·哈吉吉	-4/3
22	达瓦里	-/-
后卫		
4	侯赛尼	0/3
5	萨德吉	0/3
13	马希尼	-/-
15	蒙塔泽里	0/3
17	阿莱内梅	-/-
19	贝克扎德	-/-
20	贝塔舒尔	-/-
23	普拉迪	0/3
中场		
2	黑达里	0/3
3	哈杰萨菲	0/3
6	内库南	0/3
7	绍贾埃	0/3
8	雷扎·哈吉吉	0/1
11	哈达迪法尔	-/-
14	泰穆里安	0/3
18	拉赫马尼	-/-
21	德贾加	0/3
前锋		
9	贾汉巴赫什	0/3
10	安萨里法尔德	0/1
16	古钱内贾德	1/3

第 29 名 日本

主教练：扎切罗尼（意大利）

号码	球员	进球 / 出场
门将		
1	川岛永嗣	-6/3
12	西川周作	-/-
23	权田修一	-/-
后卫		
2	内田笃人	0/3
3	酒井高德	-/-
5	长友佑都	0/3
6	森重真人	0/1
15	今野泰幸	0/2
19	伊野波雅彦	-/-
21	酒井宏树	-/-
22	吉田麻也	0/3
中场		
4	本田圭佑	1/3
7	远藤保仁	0/2
8	清武弘嗣	0/1
10	香川真司	0/3
14	青山敏弘	0/1
16	山口萤	0/3
17	长谷部诚	0/3
前锋		
9	冈崎慎司	1/3
11	柿谷曜一朗	0/2
13	大久保嘉人	0/3
18	大迫勇也	0/2
20	斋藤学	-/-

第 30 名 澳大利亚

主教练：波斯特科格卢（澳大利亚）

号码	球员	进球 / 出场
门将		
1	马修·瑞安	-9/3
12	朗格拉克	-/-
18	加莱科维奇	-/-
后卫		
2	弗兰伊奇	0/1
3	贾森·戴维森	0/3
6	斯皮拉诺维奇	0/3
8	贝利·赖特	-/-
19	麦克格文	0/3
22	亚历克斯·威尔金森	0/3
中场		
5	米利根	0/1
10	哈洛伦	0/3
11	奥尔	0/3
13	博扎尼奇	0/2
14	特罗伊西	0/2
15	耶迪纳克	1/3
16	詹姆斯·霍兰	-/-
17	马特·麦凯	0/2
20	维多希奇	-/-
21	卢翁戈	-/-
23	布雷西亚诺	0/3
前锋		
4	蒂姆·卡希尔	2/2
7	马修·莱基	0/3
9	塔加特	0/2

第 31 名 洪都拉斯

主教练：路易斯·苏亚雷斯（哥伦比亚）

号码	球员	进球 / 出场
门将		
1	路易斯·洛佩斯	-/-
18	巴利亚达雷斯	-8/3
22	埃斯科韦尔	-/-
后卫		
2	奥斯曼·查韦斯	0/1
3	梅诺·菲格罗亚	0/3
4	胡安·蒙特斯	-/-
5	贝纳德斯	0/3
6	胡安·加西亚	0/2
7	伊萨吉雷	0/2
21	贝克莱斯	0/3
中场		
8	威尔逊·帕拉西奥斯	0/2
10	马里奥·马丁内斯	0/1
12	埃德·德尔加多	-/-
14	博涅克·加西亚	0/3
15	罗赫尔·埃斯皮诺萨	0/3
17	纳哈尔	0/2
19	加里多	0/2
20	克拉罗斯	0/3
23	马文·查韦斯	0/2
前锋		
9	杰里·帕拉西奥斯	0/1
11	杰里·本特森	0/3
13	科斯特利	1/3
16	罗尼·马丁内斯	-/-

第 32 名 喀麦隆

主教练：福尔克尔·芬克（德国）

号码	球员	进球 / 出场
门将		
1	弗朱	-/-
16	伊唐杰	-9/3
23	恩乔克	-/-
后卫		
2	阿苏-埃科托	0/2
3	恩库卢	0/3
4	杰乌圭	0/1
5	农克乌	0/2
12	贝迪莫	0/1
14	谢朱	0/2
22	尼翁	0/1
中场		
6	亚历山大·宋	0/2
7	恩盖莫	0/1
11	马昆	0/1
17	姆比亚	0/3
18	埃诺	0/3
20	萨利	0/2
21	若埃尔·马蒂普	1/2
前锋		
8	穆康乔	0/3
9	埃托奥	0/1
10	阿布巴卡尔	0/2
13	舒波-莫廷	0/3
15	韦博	0/3
19	奥林加	-/-

21

时间：6.14—7.15

主办国：俄罗斯

第二十一届世界杯

2018

冠军

法国

参赛国家

- 俄罗斯
- 沙特
- 埃及
- 乌拉圭
- 葡萄牙
- 西班牙
- 摩洛哥
- 伊朗
- 法国
- 澳大利亚
- 秘鲁
- 丹麦
- 阿根廷
- 冰岛
- 克罗地亚
- 尼日利亚
- 巴西
- 瑞士
- 哥斯达黎加
- 塞尔维亚
- 德国
- 墨西哥
- 瑞典
- 韩国
- 比利时
- 巴拿马
- 突尼斯
- 英格兰
- 波兰
- 塞内加尔
- 哥伦比亚
- 日本

吉祥物 扎比瓦卡

扎比瓦卡（Zabivaka）的原型是一只西伯利亚平原狼，其名字融合了俄语的“射门”和“狼”两个单词。扎比瓦卡的毛色白、棕相间，身穿的球衣则为白、蓝、红三色，与俄罗斯国旗的颜色对应。同时扎比瓦卡还戴有运动护目镜，这通常是自行车等速度项目才会用到的装备，但吉祥物的设计者表示：“扎比瓦卡的速度太快，所以他需要眼部保护。”

俄罗斯在揭幕战中5比0大胜沙特，高中锋久巴（左）头球破门。本届世界杯，东道主俄罗斯表现出色，小组出线后点球淘汰西班牙，最终止步8强。球迷群体也对这届赛事抱有极高的热情，每一场比赛几乎都座无虚席。

VAR

VAR，也就是视频助理裁判技术首次现身世界杯。和大多数人预想的一样，这项新事物给人带来了一些不适的感觉，比如判罚可能比以前更消耗时间，进球庆祝也可能变成空欢喜。VAR似乎还让点球的判罚变得有些过于频繁，让本届创下了29次点球判罚（进22球）的世界杯新纪录。但相对应的是，红牌数大量减少，总共只有4名球员被罚下，这是1978年以来最“文明”的一届。所以，是否可以说新技术起到了好的效果？

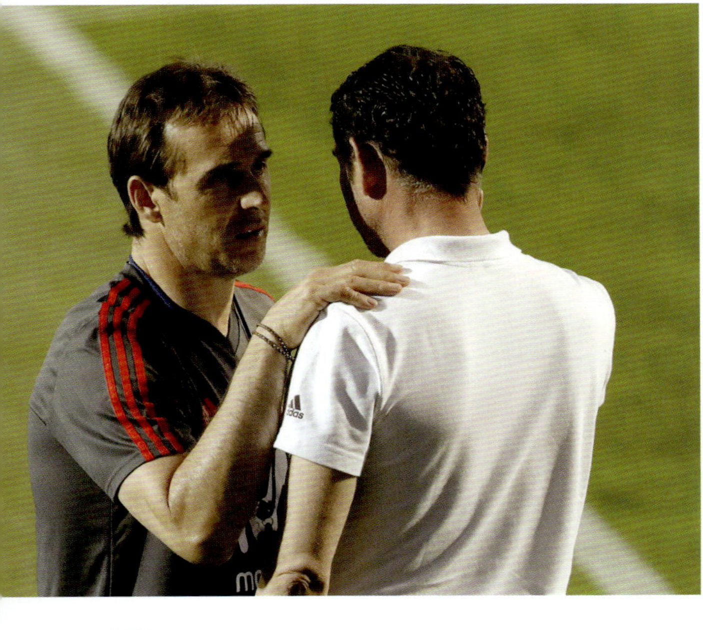

B组的葡萄牙与西班牙，在第二个比赛日为球迷奉献了一场精彩的进球大战。C罗终场前任意球破门，攻入绝平进球，两队战成3比3。

本届世界杯开幕之前，西班牙队经历了一场巨大的危机。6月12日，皇马宣布时任西班牙队主帅洛佩特吉将在世界杯后执教该队，此举引发西班牙足协主席鲁维亚莱斯震怒。西足协次日宣布罢免洛佩特吉，安排在足协任职的耶罗出任过渡主帅，带领球队征战世界杯。耶罗执教经验并不丰富，西班牙也在1/8决赛点球不敌东道主俄罗斯，遗憾出局。

内马尔的翻滚

内马尔的球技没有人怀疑，他花样繁多的带球假动作向来是足球场上的一道独特风景。然而在俄罗斯，这位巴西巨星却深陷假摔风波，很多观众认为他“演技浮夸”，明明只是稍微被碰了一下，内马尔却表现得像断腿一般痛苦。1/8决赛巴西对阵墨西哥，内马尔倒地滚来滚去的画面，后来成为了广大网民进行恶搞创作的素材。不知是否受到了舆论的影响，在那之后内马尔也明显不再受到裁判们的袒护，有时候他看上去是真被犯规了，裁判也不轻易吹哨。

在2018年，人们可能很难想象，再过4年之后，俄罗斯这个国家便几乎被踢出世界足坛。他们的国家队被禁止参加卡塔尔世界杯的预选赛，俱乐部也失去了在欧洲赛场征战的机会。而在2018，俄罗斯却与足球运动连接得无比紧密，你甚至可以认为两者融为一体，毕竟世界杯就在那里，而那里也给人留下了难以忘却的记忆。

惊艳盛会，击退疑虑

在2010年通过国际足联执委会投票获得世界杯的举办权时，俄罗斯就曾引来一些质疑。西方媒体对他们表示不信任的原因之一，是该国一直被认为存在较为严重的种族歧视问题，而这一点在足球领域更容易显露出来。事实上，当年俄罗斯的获选优势也并不太多，第一轮票选他们排名第一，但也仅仅是以2票

冰岛首次跻身世界杯决赛圈，并在小组赛首战逼平阿根廷，这个只有30多万人口的欧洲小国，一时间成为话题焦点。冰岛门将哈尔多松立下奇功，扑出了梅西主罚的点球。冰岛球迷曾在2016欧洲杯赛场展示过独特的战吼，他们也将这一互动方式带到了世界杯赛场。

埃及时隔28年重返世界杯决赛圈，3战皆负小组垫底出局。头号球星萨拉赫在之前的欧冠决赛中肩膀受伤，并不在最佳状态，但他还是包办了球队的全部2粒进球。

优势高出了第二名葡萄牙、西班牙合办，算不上是绝对优势。第二轮投票，原本支持英格兰或者是比利时、荷兰合办的部分执委，在胜出无望的情况下转向俄罗斯，这才让后者的得票超过了半数——22票中占去13票。

俄罗斯人开始兴高采烈地展示他们的主办权。在那个年代，这个国家对于大型体育盛会似乎充满了热情，除了筹备2018年世界杯，他们还承办了2014年的索契冬奥会。到访者们看到了一个热情而开放的俄罗斯，无论是比赛场馆还是大赛氛围都堪称顶级。一位BBC的记者甚至在告别莫斯科时感慨："我们原本很担心这里的情况，但疑虑消退得飞快，从在地铁站得到的帮助，到在机场受到的热烈接待，我们感到自己在这里非常受欢迎。"依照该记者的说法，成千上万的俄罗斯人甚至会为英格兰欢呼，"当凯恩绝杀突尼斯的时候，他们的喜悦程度并不亚于我身边的英格兰球迷。"

据悉，为举办世界杯，俄罗斯政府总计投入了140亿美元。显而易见的是，这届昂贵的大赛也让到访者们享受到了一流的体验。国际足联主席因凡蒂诺称赞道："俄罗斯世界杯是有史以来最好的一届世界杯。"根据国际足联的统计，有98%的球票被卖出，也就是说比赛场场爆满。而在全世界，总共有35亿人次通过电视直播观看了本届大赛，并有超过770万的球迷实地造访了这场盛会。

当然，俄罗斯并不仅仅是在场外展现出了热情好客与雄厚实力，他们在赛场上的表现同样令人刮目相看。世界杯揭幕战，东道主即5比0大胜沙特，为这场盛典打响了头炮。那场比赛还有一个会让人为之稍稍侧目的亮点：表现活跃助攻积极的俄罗斯右后卫马里奥·费

“公平竞赛”公平吗？

本届大赛诞生了一支凭借“公平竞赛积分”晋级的球队。H组日本和塞内加尔都是1胜1平1负积4分，同时两队的净胜球和进球数完全一样，相互交锋战绩也是2比2。最终，日本凭借黄牌数更少，以小组第二的成绩与哥伦比亚一同晋级。然而论小组赛最后一轮对阵波兰时的表现，同样落后的日本竟然在比赛最后几分钟来回倒脚，完全不思进取，为的就是保住0比1的败局籍此晋级，而他们也最终如愿以偿。

如同此前的意大利和西班牙，德国延续了卫冕冠军的霉运，在本届世界杯小组垫底出局。小组赛末轮对阵韩国，德国整场进攻无果，又在补时阶段连丢两球。面对这样的结果，主帅勒夫陷入迷茫。

尔南德斯，其实是原籍巴西的归化球员，这让俄罗斯足球俨然也有了几分桑巴元素。

新王当立，只是幻象

东道主国家队的精彩，还不仅限于“虐菜”时的勇猛。1/8决赛，他们还创造了本届大赛的重要冷门之一。鏖战120分钟，俄罗斯与强大的西班牙战成1比1，然后通过点球大战淘汰了对手。这一胜利延续了这年夏天的一大特色——“旧王者”们正在褪色，新时代似乎注定将要到来。同时，西班牙的出局也强化了一种奇妙的“强弱分明”状态： 大部分人印象中的强队都在淘汰赛的上半区，而下半区则像是黑马的天堂，又或者是英格兰的“决赛直通车”。

造成这一局面的关键要素，是2014年世界杯的冠亚军都在小组赛阶段表现不佳。卫冕冠军德国让人跌破眼镜，三场比赛只赢了区区一场。如果说首战0比1输给墨西哥，是被风格有些相克的对手抓住了软肋，末轮0比2被韩国掀翻，则完全算是一种自我崩溃。德国人必须要赢，全场28脚射门却找不到球门。已经出局的韩国却是意志胜过钢铁，他们从不放弃、反击坚决，最终在补时阶段连入2球。

相较之下，上一届亚军阿根廷的情况要稍好一点，他们至少进入了淘汰赛阶段。小组赛0比3完败于克罗地亚的阿根廷，在1/8决赛遭遇法国，早早出局。另外别忘了，西班牙是2010年的冠军，再加上甚至没有进入决赛圈的南非世界杯亚军荷兰，此前两届的前两名，都未能进入到2018年世界杯的8强，这绝对有点时代翻篇的感觉。

鉴于德、阿、西三国的早早退场（或许还要算上拥有C罗的葡萄牙？），2018年世界杯自然就给人带来了“新王当立”的感觉，尤其是已经远隔奖杯许久，却又莫名成为“天之骄子”的英格兰。他们有人才有运气，确实像是“躺冠”的最佳人选。但剧情的发展还是惊喜多过纸上谈兵，差点冲上云霄的不是三狮，而是格子军团。在自己即将33岁的年纪，克罗地亚人莫德里奇也演绎了一出何为“大器晚成”。当时所有人都在讨论梅西、C罗何时会结束属于他们的绝代双骄时代，而这位中场大脑，则用大师风范和领袖气质带走了世界杯最佳球员的荣誉。

在“冷门区”的另一边，场场都像是巅峰对决。从法国、阿根廷的进球大战，到比利时的逆转日本、巧取巴西，几乎每场较量都是针锋相对，既比实力也斗胆量与才智。在这种情况下，高卢雄鸡走到了最后并时隔20年捧起大力神杯，也算是实力使然，无愧为当世第一。

虚假的地震

墨西哥小组赛首轮爆冷1比0击败德国之后，网络上曾经流传过一条消息：由于整个墨西哥城的球迷都在为进球而欢呼雀跃，这座城市用于监测地震的传感器被触发了。换句话来说，就是世界杯引发了一场地震。然而此消息的真实性很快就遭到了质疑，多家地质调查机构并没有检测到此次“地震”。事实上这只是所谓“墨西哥地质和大气调查研究所”夸大其词的说法。在这个资讯爆炸的时代，谣言真的很多。

惊险地晋级淘汰赛之后，阿根廷在1/8决赛3比4不敌法国，梅西在比赛中遭遇坎特与马图伊迪的夹防。阿根廷队主帅桑保利最初的三后卫布阵，让全队都难以适应，也增加了更衣室内的不稳定因素。姆巴佩此役梅开二度并制造点球，成为法国队获胜的功臣。

定位球与射手王

杀进四强的英格兰队给人留下了深刻的印象，这不是因为他们的球风有多么的华丽，而是看起来非常独特的“一字长蛇阵”。在获得角球机会之后，三狮军团的头球高手们就会排成一列，等皮球飞出就突然四散开去，令对手十分难以防范。这一招据称偷师自美式橄榄球，是主帅索斯盖特思考出来的套路，结果出其不意，效果相当不错。而通过新颖多样的角球战术，英格兰中锋凯恩门前接力加补射打进2球，再加上3粒点球和1次禁区内被动折射队友射门入网，三狮军团造就了也许是世界杯历史上平均破门距离最近的最佳射手。

马拉多纳加戏

在俄罗斯数以万计的现场球迷中，马拉多纳无疑是最引人注目的一位，他的“表演”也为最丰富——依照英国媒体当时的爆料，阿根廷球王的种种观战表现，都会被放进他新的纪录片中。从公然在球场违反吸烟禁令，到站在包间边缘与球迷“激情互动”，时年58岁的马拉多纳没有一刻是闲着的。他最令人揪心的场景则发生在小组赛最后一轮，阿根廷险胜尼日利亚出线晋级的那一战。也许是由于激动过度，也可能是呐喊助威太久消耗过大，比赛半场时，马拉多纳还出现了身体不适疑似晕倒的情况。

法国队右后卫帕瓦尔在对阵阿根廷的比赛中，打入了一记精彩的抽射，这粒进球也被评为本届世界杯最佳进球。左后卫卢卡斯·埃尔南德斯送出的传中，穿过了阿根廷整条后防线，两名边后卫联手制造了这粒进球。

快乐足球

足球比赛不仅有对抗，还经常会出现一些有趣的小插曲。比如小组赛巴西对瑞士，桑巴军团门将阿利松就表演过一回“怒踩气球”，为广大网民提供了改图素材。然而论快乐程度，谁都比不上比利时前锋巴舒亚伊那次极富“节目效果”的庆祝动作。小组赛比利时1比0胜英格兰，在队友贾努扎伊破门之后，巴舒亚伊举起皮球踢向门柱，皮球反弹，立马砸中比利时人自己的头。这是快乐呢，还是快乐呢？

英格兰与克罗地亚在半决赛鏖战至加时，三狮军团主帅索斯盖特在加时赛开始前为球队鼓劲。淘汰赛阶段，英格兰进入到了“弱半区”，但克罗地亚前锋曼朱基奇在加时赛的进球，将英格兰挡在了决赛大门外。

18
19
FIFA WORLD CUP
RUSSIA 2018
DELE

决赛

法国4比2克罗地亚

2018年7月15日

莫斯科卢日尼基体育场

俱乐部表现饱受争议的博格巴，在法国队的夺冠历程中发挥了重要作用。博格巴在决赛打入法国队的第3粒进球，这次关键得分最终决定了比赛的走势。姆巴佩随后的进球，基本浇灭了克罗地亚的翻盘希望。

俱乐部表现饱受争议的博格巴，在法国队的夺冠历程中发挥了重要作用。博格巴在决赛打入了法国队的第3粒进球，这次关键得分最终决定了比赛的走势。姆巴佩随后的进球，基本浇灭了克罗地亚的翻盘希望。

在相当长一段时间里，世界杯决赛可能并没有那样精彩绝伦。它确实无与伦比，会让人紧张到近乎窒息，但也会因为进球偏少使得过程略显沉闷。从2006年开始，世界杯决赛连续三届都踢到了加时赛，除了2006年是意大利与法国点球决胜，2010年西班牙胜荷兰和2014年德国胜阿根廷，都是在加时赛阶段分出胜负。

不过这种局面在俄罗斯之夏被彻底改变了，法国对阵克罗地亚的最终比分是4比2。这是继2002年韩日世界杯巴西2比0击败德国之后，时隔16年首次有球队能以2球及以上的优势拿下决赛。这也是1998年法国3比0巴西之后，首度有球队能在世界杯决赛中收获3个及以上的进球数。而如昊要论总进球数的话，上一次有6个进球的世界杯决赛，竟然要追溯到遥远的1966年。那一年英格兰4比2击败德国，但踢到了加时赛。

显而易见，这种最后决战变进球盛宴的体验是非同寻常的。也许有点不够“严肃”？但无疑这才是球迷们所期待的比赛，顶尖高手毫无保留地大打出手，而不是过于谨慎地相互试探，脑子里都是“安全第一”。当然你也可以认为，出现大比分这种情况是因为双方的整体实力并不均等。毕竟高卢雄鸡是实打实从“死亡半区”里拼杀出来的，他们淘汰了阿根廷、乌拉圭和比利时，没有一个不是硬骨头。反观克罗地亚则像是沾了赛制的光，除了半决赛击退的英格兰，其他的淘汰赛对手丹麦和俄罗斯都算不上是一流强队。

然而这并不是一场单方面的表演，用开

玩笑的说法，克罗地亚人的实际进球数量与法国人一样，都是3粒。他们包揽了前两次破门，当然有一回是曼朱基奇的自摆乌龙。开场不过18分钟，克罗地亚中锋就在防守任意球时不慎将球后蹭进了自家球网。这是很尴尬的决赛亮相，也非常打击士气，但格子军团真就德不配位吗？10分钟过后，佩里西奇即用一记漂亮的爆射宣告：能进决赛的都是好汉，而要想赢下世界杯，没有真本事绝对不行。

客观来说，法国人在决赛的运气显然更好，毕竟他们的前两粒进球都来自于对手的“馈赠”。除了曼朱自摆乌龙，在左边锋位置的佩里西奇也犯了大错，他在防守角球时手臂有些远离身体，跃起之后触到了来球。这一举动被法国球员集体投诉，紧接着来自阿根廷的当值主裁也判罚了点球。

但无疑法国人并不仅仅赢在运气，这支队伍单看阵容，豪华程度就难有敌手。虽然他们的战术有时候偏保守，但真到了要拼刺刀的时候，高卢雄鸡的进攻天赋绝对让人难以抵挡。就像1/8决赛对阿根廷的4比3，梅西的球队也曾经2比1领先，但法国却用令人惊叹的冲击力反击了对手。

克罗地亚人也深知，自己很难硬扛法国队的速度与力量，或许发挥本方优势，增加中场控制，主动进攻可以减轻压力？但结果是全场控球率高达61%的格子军团并不能有效地控制局势。法国人的火力点太强，也不止一个，哪怕他们的中锋吉鲁只为做球而生，所谓的左边锋也是主打防守。

比赛时间快到1小时的时候，中场博格巴用远射彻底确定了决赛的走向。在那些年，效力于英超曼联的法国中场已经在俱乐部听到了一些闲言闲语，不少人认为他有天赋缺素质，最终成不了大气候。然而在国家队，博格巴却是更衣室的士气鼓动者，赛场上的中场枢纽。由于在首战中的破门最终被认定为对手乌龙，博格巴的俄罗斯之行只有一粒入球，但这也已经足够，并且更加意义非凡。

至于最后的“句点”，对于身处卢日尼基体育场的7.8万名现场球迷，以及全球数以亿计的直播观众来说，更是精彩绝伦且趋近完美。为法国打进第4球的，是被认为最有希望接班梅罗的姆巴佩。那一年他还不到20岁，却已在世界杯的舞台上风驰电掣、无人能挡，令人想起巅峰时期的“外星人”罗纳尔多。而在4比1之后，自摆乌龙的曼朱基奇竟然又回敬了一球，这既是一种赎罪，也代表着决赛舞台上，克罗地亚没有提前认输或放弃抵抗。

决赛：2018.7.15 法国4:2克罗地亚 莫斯科卢日尼基体育场（78011人） 主裁判：皮塔纳（阿根廷）
进球：曼朱基奇18'（乌龙），格列兹曼38'（点球），博格巴59'，姆巴佩65' / 佩里西奇28'，曼朱基奇69'

他们是冠军

主教练

德尚 Didier Deschamps

1968年10月15日出生 法国人

球员时代就以防守强悍著称，到了教练的岗位，这位前法国传奇中场依旧显得有点重守轻攻。鉴于法国的攻击线群英荟萃，受期待度很高，德尚相对保守的战术部署也就受到了很多质疑。但无论如何，结果都很美妙，并且类似用后腰踢边锋的套路，也确实在一定程度上给了姆巴佩更大的发挥空间。

门　将

洛里斯 Hugo Lloris

1986年12月26日出生

效力俱乐部：托特纳姆热刺（英超）

作为队长和球队的最后一道防线，洛里斯很难说真的起到了定海神针的作用，关于他的评价也总是质疑与赞美并存。而很明显的是，洛里斯在决赛赛场有一次很低级的失误，在试图带球晃开曼朱基奇时被断，导致了第二粒失球。但幸好这对最终的胜利没有影响。

芒当达 Steve Mandanda

1985年3月23日出生

效力俱乐部：马赛（法甲）

曾经有过担当一号国门的可能，但在南非世界杯前被时任法国队主帅多梅内克放到了二号的位置，随后多年都屈居在洛里斯之下。在俄罗斯，已经33岁的芒当达在小组赛对丹麦时才获得了自己的世界杯首秀机会。

阿雷奥拉 Alphonse Areola

1993年2月27日出生

效力俱乐部：巴黎圣日耳曼（法甲）

一直被寄予厚望，但总是只能当替补或是效力二流俱乐部。出生于巴黎但拥有菲律宾血统，少年时曾收到菲律宾国家队的邀请。

后　卫

帕瓦尔 Benjamin Pavard

1996年3月28日出生

效力俱乐部：斯图加特（德甲）

原本在斯图加特主要踢中卫，但或许是主帅德尚希望边路防守更稳妥，帕瓦尔出人意料地成为了主力右后卫。不过他还是用进攻给人留下了深刻印象：4比3胜阿根廷一战中的世界波，让人想起了20年前的图拉姆。

金彭贝 Presnel Kimpembe

1995年8月13日出生

效力俱乐部：巴黎圣日耳曼（法甲）

作为中卫储备人才，在小组赛末轮对丹麦的比赛里出场了90分钟，与搭档瓦拉内一起，助法国取得了一场0比0的平局。

瓦拉内 Raphael Varane

1993年4月25日出生

效力俱乐部：皇家马德里（西甲）

球队后防的顶梁柱，本届大赛7场较量全部首发并且踢满了每一分钟。在帮助法国拿下大力神杯之后，瓦拉内达成了同一年内连夺欧冠和世界杯的罕见成就。在此之前只有卡伦布（1998）、罗伯托·卡洛斯（2002）与赫迪拉（2014）有过相似经历。

乌姆蒂蒂 Samuel Umtiti

1993年11月14日出生

效力俱乐部：巴塞罗那（西甲）

2016年欧洲杯期间首度代表高卢雄鸡出赛，也是继1966年世界杯的德·米歇尔之后，法国队首位在国际大赛决赛圈实现国家队首秀的球员。2018世界杯他成为了德尚的主力中卫选择，半决赛对比利时打进全场唯一进球。

拉米 Adil Rami

1985年12月27日出生

效力俱乐部：马赛（法甲）

2010年就入选法国队的老资格国脚，但地位不高作用不大。2010和2014世界杯他都没参加，在2018年世界杯则是唯一一名未曾登场的法国非门将球员。

西迪贝 Djibril Sidibe

1992年7月29日出生

效力俱乐部：摩纳哥（法甲）

从2016欧洲杯结束，到2018世界杯开始之前的这段时间里，助攻能力超强的西迪贝都算是法国队的主力右后卫。但或许是风格过于重攻轻守，从俄罗斯开始就不再受到重用。

卢卡斯·埃尔南德斯 Lucas Hernandez

1996年2月14日

效力俱乐部：马德里竞技（西甲）

又一例主帅德尚用中卫踢边卫的安排。卢卡斯2018年3月才首次入选法国成年队，但在俄罗斯就成为了主力左闸。7场比赛他全部出席，其中6次踢满全场，在攻防两端都有不错表现。

邦雅曼·门迪 Benjamin Mendy

1994年7月17日出生

效力球队：曼城（英超）

性格开放的左后卫，助攻和传中能力都很强。当然门迪最出名的还是他的“网红”属性，以及后来被控性侵导致前途尽毁的经历。

中　场

博格巴 Paul Pogba
1993年3月15日出生
效力俱乐部：曼联（英超）
2016年以1.05亿欧元天价回归曼联之后，博格巴享受的蜜月期并不长。在不少红魔拥趸看来，这是个被惯坏的大孩子，空有天赋但从不知如何努力付出。然而在国家队，博格巴却是另一幅模样，他在赛场上调度自如，场下也是更衣室内的鼓动者。

托利索 Corentin Tolisso
1994年8月3日出生
效力俱乐部：拜仁慕尼黑（德甲）
小组赛首场曾获得首发，与博格巴、坎特组成了中场三角。但后来德尚改变了思路，这位各方面能力比较均衡的中场选手也让位于马图伊迪。

坎特 N'Golo Kante
1991年3月29日出生
效力俱乐部：切尔西（英超）
“地球70%的表面是水，剩下的面积则被坎特覆盖。”这句著名的吹捧之词足够说明坎特对法国队的非凡贡献。世界杯前夕，坎特的哥哥尼阿马因突发心脏病去世，所以这位马里后裔也可以说是带着伤痛，用自己坚定的意志和超凡的中场防守能力征服了世界。

马图伊迪 Blaise Matuidi
1987年4月9日出生
效力俱乐部：尤文图斯（意甲）
助攻能力相当不俗的防守型中场，后插上射门堪称一绝。不过在俄罗斯，马图伊迪的出场位置都是左前卫，左脚踢球的他被安排到左侧作为佯攻，主要任务还是协同中场以及边路的防守。

恩宗齐 Steven Nzonzi
1988年12月15日出生
效力俱乐部：塞维利亚（西甲）
身高达到1.96米的中场“大黑柱”，防守能力突出，但直到2017年快29岁的时候才首次入选法国队。决赛替换坎特登场，踢了35分钟。

费基尔 Nabil Fekir
1993年7月18日出生
效力俱乐部：里昂（法甲）
攻击型中场，也可以出任边锋或者二前锋，在本届大赛主要担任格列兹曼的替补，但每次出场都不超过25分钟，甚至临近终场才有机会。

勒马尔 Thomas Lemar
1995年11月12日出生
效力俱乐部：摩纳哥（法甲）
法国队名单将其列为前锋，但勒马尔的场上角色主要还是左脚踢球的左前卫。他盘带能力强，能突破能传球，但本届世界杯唯一出场是小组赛末轮对丹麦。

前　锋

格列兹曼 Antoine Griezmann
1991年3月21日出生
效力俱乐部：马德里竞技（西甲）
当年搞“决定时刻”，花式宣布自己留在马竞，曾恶心到了一部分球迷。但论世界杯的场上表现，格列兹曼还是合格且优异的。这位影子前锋不仅是球队的第一点球手（总计打进4球，包括3点球），其传球也恰如其分地连接起了前场，另外格列兹曼对防守的参与度也颇高。

吉鲁 Olivier Giroud
1986年9月30日出生
效力俱乐部：切尔西（英超）
球队的锋线桥头堡，7场比赛全部有出场。虽然从进球数据上来说是0，甚至13次射门也没有一脚命中门框范围，但高中锋吉鲁确实为格列兹曼和姆巴佩两位队友提供了足够多的掩护和支援，战术意义非同一般。

姆巴佩 Kylian Mbappe
1998年12月20日出生
效力俱乐部：巴黎圣日耳曼（法甲）
最闪亮的超新星，让人不能不期盼他会接班梅罗。姆巴佩拥有闪电一般的速度，容易让人想起年轻时的“外星人”罗纳尔多，而他的灵气也不用多说。此次大赛法国小伙总计进了4球，尤以对阿根廷的梅开二度外加造点给人印象深刻。最终姆巴佩也拿到了赛事最佳年轻球员的奖项。

奥斯曼·登贝莱 Ousmane Dembele
1997年5月15日出生
效力俱乐部：巴塞罗那（西甲）
早早成名却又玩世不恭的速度型边锋，天价转会巴萨之后并没有继续快速成长的感觉。小组赛首轮曾获得先发机会，但效果不太理想，随后沦为替补。

托万 Florian Thauvin
1993年1月26日出生
效力俱乐部：马赛（法甲）
比较让人意外的选择，因为德尚放弃了名气更大的马夏尔和拉卡泽特。但主打右边锋的托万最终也没什么机会，只是曾在对阿根廷的第89分钟替补登场。

赛程赛果

注：■为点球大战比分，■为出现加时赛。

A 组	
2018.6.14	俄罗斯 5 比 0 沙特
2018.6.15	埃及 0 比 1 乌拉圭
2018.6.19	俄罗斯 3 比 1 埃及
2018.6.20	乌拉圭 1 比 0 沙特
2018.6.25	乌拉圭 3 比 0 俄罗斯
2018.6.25	沙特 2 比 1 埃及

B 组	
2018.6.15	摩洛哥 0 比 1 伊朗
2018.6.15	葡萄牙 3 比 3 西班牙
2018.6.20	葡萄牙 1 比 0 摩洛哥
2018.6.20	伊朗 0 比 1 西班牙
2018.6.25	伊朗 1 比 1 葡萄牙
2018.6.25	西班牙 2 比 2 摩洛哥

C 组	
2018.6.16	法国 2 比 1 澳大利亚
2018.6.16	秘鲁 0 比 1 丹麦
2018.6.21	丹麦 1 比 1 澳大利亚
2018.6.21	法国 1 比 0 秘鲁
2018.6.26	丹麦 0 比 0 法国
2018.6.26	澳大利亚 0 比 2 秘鲁

D 组	
2018.6.16	阿根廷 1 比 1 冰岛
2018.6.16	克罗地亚 2 比 0 尼日利亚
2018.6.21	阿根廷 0 比 3 克罗地亚
2018.6.22	尼日利亚 2 比 0 冰岛
2018.6.26	尼日利亚 1 比 2 阿根廷
2018.6.26	冰岛 1 比 2 克罗地亚

日期	球队	比分	点球
2018.6.30	乌拉圭	2	
	葡萄牙	1	
2018.6.30	法国	4	
	阿根廷	3	
2018.7.2	巴西	2	
	墨西哥	0	
2018.7.2	比利时	3	
	日本	2	
2018.7.6	乌拉圭	0	
	法国	2	
2018.7.6	巴西	1	
	比利时	2	
2018.7.10	法国	1	
	比利时	0	
季军 2018.7.14	比利时	2	
	英格兰	0	
决赛 2018.7.15	法国	4	
	克罗地亚	2	
2018.7.11	克罗地亚	2（加时）	
	英格兰	1（加时）	
2018.7.7	俄罗斯	2	3
	克罗地亚	2	4
2018.7.7	瑞典	0	
	英格兰	2	
2018.7.1	西班牙	1	3
	俄罗斯	1	4
2018.7.1	克罗地亚	1	3
	丹麦	1	2
2018.7.3	瑞典	1	
	瑞士	0	
2018.7.3	哥伦比亚	1	3
	英格兰	1	4

E 组	
2018.6.17	哥斯达黎加 0 比 1 塞尔维亚
2018.6.17	巴西 1 比 1 瑞士
2018.6.22	巴西 2 比 0 哥斯达黎加
2018.6.22	塞尔维亚 1 比 2 瑞士
2018.6.27	塞尔维亚 0 比 2 巴西
2018.6.27	瑞士 2 比 2 哥斯达黎加

F 组	
2018.6.17	德国 0 比 1 墨西哥
2018.6.18	瑞典 1 比 0 韩国
2018.6.23	韩国 1 比 2 墨西哥
2018.6.23	德国 2 比 1 瑞典
2018.6.27	韩国 2 比 0 德国
2018.6.27	墨西哥 0 比 3 瑞典

G 组	
2018.6.18	比利时 3 比 0 巴拿马
2018.6.18	突尼斯 1 比 2 英格兰
2018.6.23	比利时 5 比 2 突尼斯
2018.6.24	英格兰 6 比 1 巴拿马
2018.6.28	英格兰 0 比 1 比利时
2018.6.28	巴拿马 1 比 2 突尼斯

H 组	
2018.6.19	哥伦比亚 1 比 2 日本
2018.6.19	波兰 1 比 2 塞内加尔
2018.6.24	日本 2 比 2 塞内加尔
2018.6.24	波兰 0 比 3 哥伦比亚
2018.6.28	日本 0 比 1 波兰
2018.6.28	塞内加尔 0 比 1 哥伦比亚

战场

卢日尼基体育场　Luzhniki Stadium
所在城市：莫斯科　容量：81000
本届杯赛举办7场比赛
平均上座率：100%

斯巴达克体育场　Spartak Stadium
所在城市：莫斯科　容量：45360
本届杯赛举办5场比赛
平均上座率：100%

菲什特体育场　Fisht Stadium
所在城市：索契　容量：47659
本届杯赛举办6场比赛
平均上座率：99.37%

圣彼得堡体育场　Saint Petersburg Stadium
所在城市：圣彼得堡　容量：64287
本届杯赛举办7场比赛
平均上座率：99.43%

喀山竞技场　Kazan Arena
所在城市：喀山　容量：45379
本届杯赛举办6场比赛
平均上座率：98.92%

萨马拉竞技场　Samara Arena
所在城市：萨马拉　容量：44918
本届杯赛举办6场比赛
平均上座率：98.51%

下诺夫哥罗德体育场
Nizhny Novgorod Stadium
所在城市：下诺夫哥罗德　容量：44899
本届杯赛举办6场比赛
平均上座率：98.66%

罗斯托夫竞技场　Rostov Arena
所在城市：顿河畔罗斯托夫　容量：45000
本届杯赛举办5场比赛
平均上座率：98.54%

叶卡捷琳堡竞技场　Yekaterinburg Arena
所在城市：叶卡捷琳堡　容量：35696
本届杯赛举办4场比赛
平均上座率：94.85%

莫尔多瓦竞技场　Mordovia Arena
所在城市：萨兰斯克　容量：44442
本届杯赛举办4场比赛
平均上座率：96.10%

加里宁格勒体育场　Kaliningrad Stadium
所在城市：加里宁格勒　容量：35212
本届杯赛举办4场比赛
平均上座率：97.32%

伏尔加格勒竞技场　Volgograd Arena
所在城市：伏尔加格勒　容量：45568
本届杯赛举办4场比赛
平均上座率：92.07%

最佳阵容

射手榜

排名	球员（国家）	进球数
1	凯恩（英格兰）	6
2	卢卡库（比利时）	4
	C 罗（葡萄牙）	4
	格列兹曼（法国）	4
	姆巴佩（法国）	4
	切雷舍夫（俄罗斯）	4
3	阿扎尔（比利时）等 7 人	3

第 1 名 法国

主教练：德尚（法国）

号码	球员	进球 / 出场
门将		
1	洛里斯	0/6
16	芒当达	0/1
23	阿雷奥拉	-/-
后卫		
2	帕瓦尔	1/6
3	金彭贝	0/1
4	瓦拉内	1/7
5	乌姆蒂蒂	1/6
17	拉米	-/-
19	贾布里勒·西迪贝	0/1
21	卢卡斯·埃尔南德斯	0/7
22	邦雅曼·门迪	0/1
中场		
6	博格巴	1/6
12	托利索	0/5
13	坎特	0/7
14	马图伊迪	0/5
15	恩宗齐	0/5
前锋		
7	格列兹曼	4/7
8	勒马尔	0/1
9	吉鲁	0/7
10	姆巴佩	4/7
11	奥斯曼·登贝莱	0/4
18	费基尔	0/6
20	托万	0/1

第 2 名 克罗地亚

主教练：达利奇（克罗地亚）

号码	球员	进球 / 出场
门将		
1	利瓦科维奇	-/-
12	洛夫雷·卡利尼奇	0/1
23	苏巴希奇	0/6
后卫		
2	弗尔萨利科	0/6
3	斯特里尼奇	0/6
5	乔尔卢卡	0/4
6	洛夫伦	0/7
13	耶德瓦伊	0/1
15	查莱塔 - 察尔	0/1
21	维达	1/6
22	皮瓦里奇	0/4
中场		
7	拉基蒂奇	1/7
8	科瓦契奇	0/5
10	莫德里奇	2/7
11	布罗佐维奇	0/6
14	布拉达里奇	0/1
19	巴德利	1/3
前锋		
4	佩里西奇	3/7
9	克拉马里奇	1/7
16	尼古拉·卡利尼奇	0/0
17	曼朱基奇	3/6
18	雷比奇	1/6
20	皮亚察	0/3

第3名 比利时

主教练：罗伯托·马丁内斯（西班牙）

号码	球员	进球 / 出场
门将		
1	库尔图瓦	0/7
12	米尼奥莱	-/-
13	卡斯特尔斯	-/-
后卫		
2	阿尔德韦雷尔德	0/6
3	费尔马伦	0/3
4	孔帕尼	0/5
5	费尔通亨	1/6
15	默尼耶	1/5
20	博亚塔	0/3
中场		
6	维特塞尔	0/6
7	德布劳内	1/6
8	费莱尼	1/5
11	卡拉斯科	0/4
16	托尔冈·阿扎尔	0/2
17	蒂耶勒曼	0/4
18	贾努扎伊	1/1
19	穆萨·登贝莱	0/4
22	沙兹利	1/6
23	登东克尔	0/1
前锋		
9	罗梅卢·卢卡库	4/6
10	埃当·阿扎尔	3/6
14	梅尔滕斯	1/6
21	巴舒亚伊	1/3

第4名 英格兰

主教练：索斯盖特（英格兰）

号码	球员	进球 / 出场
门将		
1	皮克福德	0/7
13	巴特兰	-/-
23	波普	-/-
后卫		
2	凯尔·沃克	0/5
3	丹尼·罗斯	0/5
5	斯通斯	2/7
6	马圭尔	1/7
12	特里皮尔	1/6
15	加里·卡希尔	0/1
16	菲尔·琼斯	0/2
18	阿什利·扬	0/5
22	亚历山大-阿诺德	0/1
中场		
4	埃里克·戴尔	0/6
7	林加德	1/6
8	亨德森	0/5
17	德尔夫	0/4
20	德利·阿里	1/5
21	洛夫特斯-奇克	0/4
前锋		
9	凯恩	6/6
10	斯特林	0/6
11	瓦尔迪	0/4
14	韦尔贝克	0/1
19	拉什福德	0/6

第5名 乌拉圭

主教练：奥斯卡·塔瓦雷斯（乌拉圭）

号码	球员	进球 / 出场
门将		
1	费尔南多·穆斯莱拉	0/5
12	马丁·坎帕尼亚	-/-
23	马丁·席尔瓦	-/-
后卫		
2	何塞·希门尼斯	1/4
3	迭戈·戈丁	0/5
4	吉列尔莫·巴雷拉	0/2
13	加斯东·席尔瓦	-/-
16	马克西·佩雷拉	-/-
19	科阿特斯	0/1
22	马丁·卡塞雷斯	0/5
中场		
5	卡洛斯·桑切斯	0/3
6	本坦库尔	0/5
7	克里斯蒂安·罗德里格斯	0/5
8	南德斯	0/5
10	德阿拉斯卡埃塔	0/1
14	托雷拉	0/5
15	贝西诺	0/5
17	拉克索尔特	0/4
20	乌雷塔维斯卡亚	0/1
前锋		
9	路易斯·苏亚雷斯	2/5
11	斯图亚尼	0/2
18	马克西·戈麦斯	0/2
21	卡瓦尼	3/4

第6名 巴西

主教练：蒂特（巴西）

号码	球员	进球 / 出场
门将		
1	阿利松	0/5
16	卡西奥	-/-
23	埃德松	-/-
后卫		
2	蒂亚戈·席尔瓦	1/5
3	米兰达	0/5
4	热罗梅尔	-/-
6	菲利佩	0/2
12	马塞洛	0/4
13	马尔基尼奥斯	0/1
14	达尼洛	0/1
22	法格纳	0/4
中场		
5	卡塞米罗	0/4
8	雷纳托·奥古斯托	1/3
11	库蒂尼奥	2/5
15	保利尼奥	1/5
17	费尔南迪尼奥	0/5
18	弗雷德	-/-
19	威廉	0/5
前锋		
7	道格拉斯·科斯塔	0/2
9	加布里埃尔·热苏斯	0/5
10	内马尔	2/5
20	菲尔米诺	1/4
21	泰松	-/-

第7名 瑞典

主教练：扬内·安德松（瑞典）

号码	球员	进球 / 出场
门将		
1	罗宾·奥尔森	0/5
12	卡尔-约翰·约翰松	-/-
23	努德费尔特	-/-
后卫		
2	卢斯蒂格	0/4
3	林德勒夫	0/4
4	格兰奎斯特	2/5
5	马丁·奥尔松	0/2
6	奥古斯丁松	1/5
14	赫兰德	-/-
16	克拉夫特	0/2
18	蓬图斯·扬松	0/2
中场		
7	塞巴斯蒂安·拉尔森	0/4
8	埃克达尔	0/5
10	福斯贝里	1/5
13	古斯塔夫·斯文松	0/3
15	希耶马克	0/2
17	克拉松	0/5
19	罗登	-/-
21	杜尔马兹	0/1
前锋		
9	贝里	0/5
11	圭代蒂	0/2
20	托伊沃宁	1/5
22	特林	0/4

第8名 俄罗斯

主教练：切尔切索夫（俄罗斯）

号码	球员	进球 / 出场
门将		
1	阿金费耶夫	0/5
12	卢尼奥夫	-/-
20	加布洛夫	-/-
后卫		
2	马里奥·费尔南德斯	1/5
3	库捷波夫	0/5
4	伊格纳舍维奇	0/5
5	谢苗诺夫	-/-
13	库德里亚绍夫	0/4
14	格拉纳特	0/1
23	斯莫尔尼科夫	0/1
中场		
6	切雷舍夫	4/5
7	库贾耶夫	0/5
8	加津斯基	1/4
9	扎戈耶夫	0/2
11	佐布宁	0/5
15	阿列克谢·米兰丘克	0/1
16	安东·米兰丘克	-/-
17	戈洛温	1/4
18	日尔科夫	0/3
19	萨梅多夫	0/5
21	叶罗欣	0/2
前锋		
10	斯莫洛夫	0/5
22	久巴	3/5

22

时间: 11.20—12.18

主办国: 卡塔尔

第二十二届世界杯

2022

卢赛尔地标球场夜景，该球场将承办卡塔尔世界杯决赛。

卡塔尔
厄瓜多尔
塞内加尔
荷兰
英格兰
伊朗
美国
威尔士
阿根廷
沙特
墨西哥
波兰
法国
澳大利亚
丹麦
突尼斯
西班牙
哥斯达黎加
德国
日本
比利时
加拿大
摩洛哥
克罗地亚
巴西
塞尔维亚
瑞士
喀麦隆
葡萄牙
加纳
乌拉圭
韩国

空调球场

世界杯改在北半球冬天举行，卡塔尔的炎热天气是罪魁祸首。根据统计，当地6月到7月的平均温度在40℃以上，极端情况下甚至会接近50℃，平均最低温度也会在30℃以上。卡塔尔曾提出所有比赛在“空调球场”中进行的方案，但国际足联认为这并不足够。即便修改了比赛日程，球场降温系统的设计还是保留了下来。据称，8座承办球场都安装了该系统，可以确保场馆内的平均温度在18℃到24℃之间，因为当地气温在11月仍可能达到30℃以上。

2010年12月2日，卡塔尔战胜美国、韩国、日本与澳大利亚，获得2022年世界杯主办权。时任国际足联主席布拉特公布结果之后，卡塔尔申办代表团欢庆胜利。

吉祥物 **拉伊卜**

拉伊卜（La'eeb）这个词在阿拉伯语中的意思是“技术极为出色的球员”。他的造型则一眼就能让人看出其浓厚的阿拉伯元素——这是一块长着萌萌大眼睛并且会飞的精灵头巾，而他的身上又像是披着阿拉伯传统的白色长袍。对此国际足联官方网站还介绍道：“La'eeb以其年轻的精神而闻名，他所到之处都散发着欢乐和信心。”

最“弱小”东道主

由卡塔尔来承办世界杯，是一个令很多人意外的选择，气候因素仅仅是一个方面而已。这个国家是迄今为止国土面积最小的世界杯主办国，此前最小的瑞士（1954年世界杯），国土面积也是卡塔尔的3倍以上。排除首届和第2届的世界杯东道主乌拉圭、意大利，卡塔尔也是世界杯史上第2支获得主办权时，尚未有晋级世界杯决赛圈经历的球队。第一支是日本，他们在1996年拿到了联合承办2002年世界杯的资格，但后来也凭自身实力进入到了1998年世界杯。

空调球场

世界杯改在冬天举行，卡塔尔的炎热天气是罪魁祸首。根据统计，当地6到7月的平均温度在40℃以上，极端情况下甚至会接近50℃，平均最低温度也会在30℃以上。卡塔尔曾提出所有比赛在“空调球场”中进行的方案，但国际足联认为这并不足够。即便修改了比赛日程，球场降温系统的设计还是保留了下来。据称，8座承办球场都安装了该系统，可以确保场馆内的平均温度在18到24℃之间，而当地气温在11月仍可能达到30℃以上。

35岁的梅西与37岁的C罗将踏上卡塔尔世界杯的赛场，这会是“绝代双骄”在世界杯舞台上的绝唱吗？

欧洲冠军缺席

在足球史上，新科欧洲杯冠军无缘随后一届世界杯的情况，总计有4次。首次是1976年的欧洲冠军捷克斯洛伐克，然后是1994年无缘美国世界杯的丹麦。第三次是希腊，他们在2004年欧洲杯大爆冷门，2006年世预赛却折戟沉沙。到了卡塔尔世界杯预选赛，在2021年还是足球奇迹的意大利，则成为了大笑话。作为欧洲杯冠军，蓝衣军团似乎只想躺在功劳簿上继续享受美梦。他们小组赛末轮被北爱尔兰逼平，屈居瑞士之下，附加赛又被北马其顿淘汰。

26人名单

疫情的到来改变了整个足球世界，包括游戏的规则也逐渐与从前不同，比如换人名额。为尽量减少赛程压缩导致的球员消耗过度、伤病增多，换人名额从3人临时增加到了5人，然后又在今年被定为永久条款。而在国家队层面，赛事大名单的容量也在2021年欧洲杯时扩容，由23人增加至26人。世界杯延续了这一新规，并且还做了改进：26人全部可以直接参赛，而非欧洲杯时的单场报名23人，剩余3人只是候补。

除了梅西与C罗，还有一众顶级球星可能在本届世界杯后告别这一舞台，谁能把握住这最后的机会？

卡塔尔世界杯注定与众不同，毕竟，这是有史以来首次在北半球冬季举行这一世界盛会。这种巨大的变化必然带来许多疑问，让人好奇赛场上的局面是否也会随之大变模样。比如，本届世界杯在欧洲赛季中途开打，球员身体状况肯定有所不同。是更容易进入状态还是更疲惫、更容易受伤，这一点令人期待，也会引发担忧。世界杯是会更加开放精彩，还是更加保守，现在真有点拿不准。

然而有一个非常重要的理由，让我们不能不怀着更多的期盼，来关注本届大赛——这很可能是一代英豪们的最后演出，并且这一回应该不再是“狼来了”。

绝代双骄，最后一搏

其实早在俄罗斯世界杯的时候，舆论就已经开始广泛讨论：梅罗时代是否即将落幕？4年过后，绝代双骄仍未放弃对大力神杯的眷恋。在梅西的率领下，阿根廷以南美区第二的好成绩进入决赛圈。C罗所在的葡萄牙虽然路遇颠簸，但也通过附加赛赶上了末班车。两位天王巨星仍未服老，卡塔尔将是他们继续追逐至高梦想的地方。

如果说4年前大家更多只是带着怀疑去推断，到了现在，各种“时代终结”的证据已经足够多。无论梅西还是C罗，他们在俱乐部层面都已经离开了自己可以“掌控一切”的区域。梅西已离开巴萨，而回到英超的C罗甚至都无法帮助球队拿到欧冠门票。两人的衰退是显而易见的，梅西还变成了配角，在巴黎圣日耳曼扮演起了扶持新王姆巴佩的角色，年纪更大的C罗仍想出演绝对主角，可惜他的转会闹剧满是尴尬，在2022年夏天成为了球迷茶余饭后的话题。

也正因为梅罗二人不再代表俱乐部足球的顶峰，这让人更加期盼他们或许可以在国家队层面获得新成就。2016年，C罗圆了欧洲杯夺冠的梦想，到了2021年，梅西也终于有了美洲杯冠军的头衔。两位足球史上的不世之才，同差世界杯这一终极荣誉，他们一定会竭尽所能，在自己还能释放足够能量的时候，最后一搏。

半自动越位判定

2018年，世界杯首次引入了VAR。这一新技术为更准确的判罚提供了帮助，但有些缺陷也比较明显。比如在英超等联赛，VAR引发的“体毛越位”争议不仅难以服众，在比赛途中更是非常耽误时间。如此局面有望在卡塔尔得到改善，因为国际足联新研发的“半自动越位判定系统”将在这届世界杯投入使用。该技术通过12个安装在球场顶棚下方的摄像头，对比赛用球和每名场上球员身体的29个数据点进行实时跟踪，频率高达每秒50次。同时，世界杯用球也将在中心部位内置传感器。

需要说明的是，无论梅西还是C罗，在2022/2023赛季开始的时候，都还没有公开的退休计划。2021年曾有人问梅西：“卡塔尔世界杯后是否有别的安排？”言下之意，是问1987年出生的阿根廷人会不会届时退出国家队，甚至很快挂靴。梅西的回答是世界杯之后再看，“一切顺其自然”，他并没把话说死。出生于1985年的C罗，也尚未表露过会在什么时候选择结束，葡萄牙面临附加赛生死考验时，C罗表示，“就算出局也不退出国家队”，这等于是表态要再战下届大赛。

那么，39岁的梅西和41岁的C罗，有没有可能齐聚2026年世界杯？这种可能性不能完全被排除，毕竟在卡塔尔的世预赛阶段，40岁的伊布拉希莫维奇差点帮助瑞典成功突围，比伊布才华更高的梅罗自然也有机会。然而，就算瑞典能够晋级，伊布也早非主角，他的名望仍在，但实力距离巅峰时期相差甚远。所以同理，要看“仍有统治力”的梅罗，也就只剩这最后的一届。

大师神锋，谢幕演出

除了梅罗，从年岁上来看，在卡塔尔之后将要告别世界杯舞台的顶级明星，一只手都数不过来。比如波兰前锋莱万多夫斯基，他是1988年生人，而从他努力打造自创品牌和转会巴萨的表现来看，他也早就在为自己的“退休生活”铺路。还有在2021/2022赛季西甲和欧冠大放异彩的“老来俏”本泽马，也已经34岁，再算上均为1987年出生的苏亚雷斯、卡瓦尼，当代球迷熟悉的一批神锋，都到了谢幕演出的时刻。

还有一些球员，比如1986年出生的诺伊尔，1988年出生的布斯克茨，或是1989年出生的托马斯·穆勒，他们也有可能在卡塔尔上演“最后的辉煌”。这些球员的职业生涯肯定将会继续，但对于世界杯能起到的重要影响，大概率会止于2022年。甚至这一年刚刚30出头的德布劳内、内马尔，也可能会把卡塔尔当作是“最后的机会”。前者所代表的比利时“黄金一代”已经明显老化，就算未来德布劳内仍能统领欧洲红魔，下一届世界杯他也不可能再拥有相同的队友。而巴西人早熟却也早衰，内马尔可是曾经亲口说过“最后一届”的，理由则是怀疑自己未来“是否还有足够的精力去应对足球”。

有这么多熟面孔准备最后一战，能不让人好好关注吗？当然，有旧就有新，世界杯的主题也绝不仅仅是老将。像维尼修斯、佩德里、穆西亚拉、福登和达尔文·努涅斯这些年轻的名字，都是我们对卡塔尔充满期待的理由。

打折的备战期

通常情况下，像欧洲杯、世界杯这样的国际大赛都会有至少两周的备战期。各国家队除了召集人手自己合练之外，还有充裕时间组织几场热身赛磨合队伍或者是给自己打气。但夹在欧洲各大联赛中途的卡塔尔世界杯，无法依照老规矩办事。赛程原本就很密集，要挤出一个多月时间给世界杯，留给国家队的备战时间自然也不会很多。本届世界杯前，俱乐部放人的最后期限是11月14日，而世界杯将在11月21日开幕。这也意味着，世界杯各参赛队只有约一周的准备时间，在过去，这一般是非洲杯才会遭遇的尴尬场面。

金杯战史 1930—2022

1930

决赛阶段

无预选赛，13个队参加决赛阶段比赛。13队分成4个小组进行单循环赛，小组第1名进入半决赛，通过淘汰赛决出冠军，无三四名争夺战。

第1组	胜	平	负	进:失球	分
阿根廷	3	0	0	10:4	6
智利	2	0	1	5:3	4
法国	1	0	2	4:3	2
墨西哥	0	0	3	4:13	0

(阿根廷晋级)

1930.7.13 法国4:1墨西哥
蒙得维的亚/1000人,**主裁判**:隆巴迪(乌拉圭)
进球:L.洛朗19', 朗吉耶40', 马斯切罗尼43'、87'/卡雷诺70'
法国(235):泰波/卡佩勒、马特勒/尚特雷尔、皮内尔、维拉普拉尼/里贝拉蒂、德尔富、马斯切罗尼、洛朗、朗吉耶
墨西哥(235):邦菲利奥/R.古铁雷斯、M.罗萨斯/阿梅斯夸、桑切斯、F.罗萨斯/洛佩斯、鲁伊兹、梅西亚、卡雷诺、佩雷斯

1930.7.15 阿根廷1:0法国
蒙得维的亚/3000人,**主裁判**:雷戈(巴西)
进球:蒙蒂81'
阿根廷(235):博西奥/德拉托雷、穆蒂斯/J.埃瓦里斯托、蒙蒂、苏亚雷斯/佩里内蒂、巴拉略、费雷拉、塞罗、M.埃瓦里斯托
法国(235):泰波/卡佩勒、马特勒/尚特雷尔、皮内尔、维拉普拉尼/里贝拉蒂、德尔富、马斯切罗尼、洛朗、朗吉耶

1930.7.16 智利3:0墨西哥
蒙得维的亚/500人,**主裁判** 克里斯托弗(比利时)
进球:苏比亚布雷3', M.罗萨斯52'(乌龙), 比达尔65'
智利(235):科尔特斯/普瓦里耶、莫拉雷斯/A.托雷斯、萨维德拉、埃尔格塔/奥捷达、苏比亚布雷、比利亚洛布斯、比达尔、施内贝格尔
墨西哥(235):索塔/R. 古铁雷斯、M.罗萨斯/阿梅斯夸、桑切斯、F.罗萨斯/洛佩斯、加永、鲁伊兹、卡雷诺、佩雷斯

1930.7.19 智利1:0法国
蒙得维的亚/2000人,**主裁判**:特拉达(乌拉圭)
进球: 苏比亚布雷65'
智利(235):科尔特斯/查帕罗、利贝罗斯/A.托雷斯、萨维德拉、C.托雷斯/奥捷达、苏比亚布雷、比利亚洛布斯、比达尔、施内贝格尔
法国(235):泰波/卡佩勒、马特勒/尚特雷尔、德尔梅、维拉普拉尼/里贝拉蒂、德尔富、皮内尔、韦南特、朗吉耶

1930.7.19 阿根廷6:3墨西哥
蒙得维的亚/5000人,**主裁判**:萨乌塞多(玻利维亚)
进球: 斯塔维莱8'、17'、80', 朱梅尔祖12'、55', 巴拉略53'/M.罗萨斯42'、65', 加永75'
阿根廷(235):博西奥/德拉托雷、帕特诺斯特/奇维蒂尼、朱梅尔祖、奥兰蒂尼/保塞列、巴拉略、斯塔维莱、德马里亚、斯帕达罗
墨西哥(253):邦菲利奥/R.古铁雷斯、M.罗萨斯/奥利瓦雷斯、桑切斯、罗德里格斯、F.古铁雷斯、F.罗萨斯/洛佩斯、加永、卡雷诺

1930.7.22 阿根廷3:1智利
蒙得维的亚/1000人,**主裁判**:朗格努斯(比利时)
进球: 斯塔维莱12'、13', 埃瓦里斯托51'/苏比亚

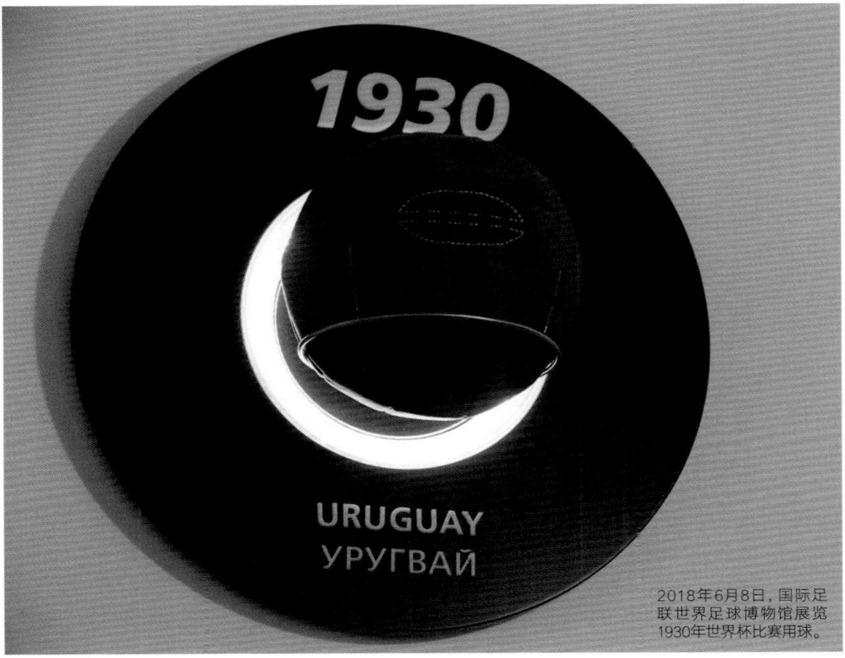

2018年6月8日，国际足联世界足球博物馆展览1930年世界杯比赛用球。

布雷15'
阿根廷(235):博西奥/德拉托雷、帕特诺斯特/J.埃瓦里斯托、蒙蒂、奥兰蒂尼/保塞列、巴拉略、斯塔维莱、费雷拉、M.埃瓦里斯托
智利(253):科尔特斯/查帕罗、莫拉雷斯/A.托雷斯、萨维德拉、C.托雷斯/阿雷拉诺、苏比亚布雷、比利亚洛布斯、比达尔、阿吉莱拉

第2组	胜	平	负	进:失球	分
南斯拉夫	2	0	0	6:1	4
巴西	1	0	1	5:2	2
玻利维亚	0	0	2	0:8	0

(南斯拉夫晋级)

1930.7.14 南斯拉夫2:1巴西
蒙得维的亚/5000人,**主裁判**:特拉达(乌拉圭)
进球:蒂尔纳尼奇21', 贝克30'/普雷吉尼奥62'
南斯拉夫(235):亚克西奇/伊夫科维奇、米哈伊洛维奇/阿尔塞尼耶维奇、斯特凡诺维奇、乔基奇/蒂尔纳尼奇、马扬诺维奇、贝克、武哈蒂诺维奇、塞库利奇
巴西(235):乔尔/布里尔汉特、意塔利亚/埃莫热内斯、福斯托、费尔南多/波利、尼洛、阿拉肯、普雷吉尼奥、泰奥菲洛

1930.7.17 南斯拉夫4:0玻利维亚
蒙得维的亚/800人,**主裁判**:马泰乌奇(乌拉圭)
进球:贝克60'、67', 马扬诺维奇65', 武哈蒂诺维奇85'
南斯拉夫(235):亚克西奇/伊夫科维奇、米哈伊洛维奇/阿尔塞尼耶维奇、斯特凡诺维奇、乔基奇/蒂尔纳尼奇、马扬诺维奇、贝克、武哈蒂诺维奇、奈达诺维奇
玻利维亚(235):贝穆德斯/杜朗达尔、查瓦里亚/阿尔戈特、拉拉、巴尔德拉马/戈麦斯、布斯塔曼特、门德斯、阿尔伯塔、费尔南德斯

1930.7.20 巴西4:0玻利维亚
蒙得维的亚/1200人,**主裁判**:巴尔维(法国)
进球:莫德拉托37'、73', 普雷吉尼奥57'、83'
巴西(235):韦洛索/泽路易斯、意塔利亚/埃莫热内斯、福斯托、费尔南多/本内蒂托、鲁西尼奥、莱特、普雷吉尼奥、莫德拉托
玻利维亚(235):贝穆德斯/杜朗达尔、查瓦里亚/赛恩斯、拉拉、巴尔德拉马/奥尔蒂斯、布斯塔曼特、门德斯、阿尔伯塔、费尔南德斯

第3组	胜	平	负	进:失球	分
乌拉圭	2	0	0	5:0	4
罗马尼亚	1	0	1	3:5	2
秘鲁	0	0	2	1:4	0

(乌拉圭晋级)

1930.7.14 罗马尼亚3:1秘鲁
蒙得维的亚/300人,**主裁判**:沃恩肯(智利)
进球:德苏1', 巴布84', 斯坦丘85'/索萨75'
罗马尼亚(235):勒普什内亚鲁/博格、斯泰纳/埃森贝瑟、福格尔、拉芬斯基/科瓦奇、德苏、韦策尔、斯坦丘、巴布
秘鲁(235):巴尔迪维索/卡萨斯、索里亚/加林多(被驱逐)54'、加西亚、瓦莱/洛雷斯、比利亚诺瓦、德内格里、内拉、索萨

1930.7.18 乌拉圭1:0秘鲁
蒙得维的亚/70000人,**主裁判**:朗格努斯(比利时)
进球:卡斯特罗65'
乌拉圭(235):巴列斯特罗/纳萨齐、特赫拉/安德拉德、费尔南德斯、赫斯蒂多/乌尔迪纳兰、卡斯特罗、佩特罗内、塞亚、伊里亚特
秘鲁(235):帕尔东/卡萨斯、马基隆/加林多、德内格里、阿斯滕戈/洛雷斯、比利亚诺瓦、瓦莱、内拉、索萨

1930.7.21 乌拉圭4:0罗马尼亚
蒙得维的亚/80000人,**主裁判**:雷戈(巴西)
进球:多拉多7', 斯卡罗内26', 安塞尔莫31', 塞亚35'
乌拉圭(235):巴列斯特罗/纳萨齐、马斯切罗尼/安德拉德、费尔南德斯、赫斯蒂多/多拉多、斯卡罗内、安塞尔莫、塞亚、伊里亚特
罗马尼亚(235):勒普什内亚鲁/博格、曹科/埃森贝瑟、福格尔、罗贝/科瓦奇、德苏、韦策尔、拉芬斯基、巴布

第4组	胜	平	负	进:失球	分
美国	2	0	0	6:0	4
巴拉圭	1	0	1	1:3	2
比利时	0	0	2	0:4	0

(美国晋级)

1930.7.13 美国3:0比利时
蒙得维的亚/10000人,**主裁判**:马西亚斯(阿根廷)
进球:麦吉41'、45', 佩特瑙德88'
美国(235):道格拉斯/伍德、摩尔豪斯/加拉赫、特雷西、布朗/贡萨尔维斯、弗洛里耶、佩特瑙德、奥尔德、麦吉
比利时(235):巴鲁/努文斯、霍伊顿克斯/德克勒克、赫莱曼斯、F.布莱尼/迪登斯、沃尔霍夫、亚当斯、莫沙尔、韦尔希

1930.7.17 美国3:0巴拉圭
蒙得维的亚/800人,**主裁判**:马西亚斯(阿根廷)
进球:佩特瑙德10'、15'、50'
美国(235):道格拉斯/伍德、摩尔豪斯/加拉赫、特雷西、奥尔德/布朗、贡萨尔维斯、佩特瑙德、弗洛里耶、麦吉
巴拉圭(2314):丹尼斯/奥尔梅多、米拉卡/埃特切维里、迪亚兹、阿吉雷/内西/多明戈斯、冈萨雷斯、卡塞雷斯、瓦尔加斯、佩尼亚

1930.7.17 巴拉圭1:0比利时
蒙得维的亚/900人,**主裁判**:巴拉里诺(乌拉圭)
进球:佩尼亚40'
巴拉圭(244):P.贝尼特斯/奥尔梅多、弗洛雷斯/S.贝尼特斯、迪亚兹、加尔塞特/内西、罗梅罗、冈萨雷斯、卡塞雷斯、瓦尔加斯 佩尼亚
比利时(235):巴鲁/德德肯斯、霍伊东克斯/莫沙尔、赫莱曼斯、F.布莱尼/迪登斯、努文斯、亚当斯、德尔贝克、韦尔希(点球)

半决赛

1930.7.26 阿根廷6:1美国
蒙得维的亚/80000人,**主裁判**:朗格努斯(比利时)
进球:蒙蒂20', 斯科佩利56', 斯塔维莱69'、87', 保塞列80'、85'/布朗89'
阿根廷(235):博塔索/德拉托雷、帕特诺斯特/J.埃瓦里斯托、蒙蒂、奥兰蒂尼/保塞列、斯科佩利、斯塔维莱、费雷拉、M.埃瓦里斯托
美国(235):道格拉斯/伍德、摩尔豪斯/加拉赫、特雷西、奥尔德/布朗、贡萨尔维斯、佩特瑙德、弗洛里耶、麦吉

1930.7.27 乌拉圭6:1南斯拉夫
蒙得维的亚/93000人,**主裁判**:雷戈(巴西)
进球:塞亚18'、67'、72', 安塞尔莫20'、31', 伊里亚特61'/塞库利奇4'
乌拉圭(235):巴列斯特罗/纳萨齐、马斯切罗尼/安德拉德、费尔南德斯、赫斯蒂多/多拉多、斯卡罗内、安塞尔莫、塞亚、伊里亚特
南斯拉夫(235):亚克西奇/伊夫科维奇、米哈伊洛维奇/阿尔塞尼耶维奇、斯特凡诺维奇、乔基奇/蒂尔纳尼奇、马扬诺维奇、贝克、武哈蒂诺维奇、塞库利奇

决赛

1930.7.30 乌拉圭4:2阿根廷
蒙得维的亚/80000人,**主裁判**:朗格努斯(比利时)
进球:多拉多12', 塞亚57', 伊里亚特68', 卡斯特罗89'/保塞列20', 斯塔维莱37'
乌拉圭(235):巴列斯特罗/纳萨齐、马斯切罗尼/安德拉德、费尔南德斯、赫斯蒂多/多拉多、斯卡罗内、卡斯特罗、塞亚、伊里亚特
阿根廷(235):博塔索/德拉托雷、帕特诺斯特/J.埃瓦里斯托、蒙蒂、苏亚雷斯/保塞列、巴拉略、斯塔维莱、费雷拉、M.埃瓦里斯托

1934

预选赛

原定32队参加预选赛(实际参赛27队)，争夺16个出线席位。预选赛共进行了27场，进球141个，场均5.22球。入场券分配方面，欧洲区12个，美洲区3个，亚洲和非洲1个。巴西、阿根廷所在组的对手被认定放弃参赛，他们得以直接出线。

欧洲区

(赛制)共21队参赛，分成8个小组。每小组最后一名被淘汰，其余球队进入决赛圈。

第1组	胜	平	负	进:失球	分
瑞典	2	0	0	8:2	4
立陶宛	0	0	1	0:2	0
爱沙尼亚	0	0	1	2:6	0

(瑞典出线)

1933.6.11 瑞典6:2爱沙尼亚
蒂普纳7'(乌龙)，班克10'，埃里克森13'、70'，班克E43'，S.安德松79'(点球)/卡阿斯47'，库雷马61'

1933.6.29 立陶宛0:2瑞典
K.汉松55'，63'

第2组	胜	平	负	进:失球	分
西班牙	2	0	0	11:1	4
葡萄牙	0	0	2	1:11	0

(西班牙出线)

1934.3.11 西班牙9:0葡萄牙
E.冈萨雷斯3'，兰加拉13'、14'(点球)、46'、71'、85'，雷盖罗65'、70'、本托拉68'

1934.3.18 葡萄牙1:2西班牙
维克多·席尔瓦10'/兰加拉12'、25'

第3组	胜	平	负	进:失球	分
意大利	1	0	0	4:0	2
希腊	0	0	1	0:4	0

(意大利出线)

1934.3.25 意大利4:0希腊
瓜里西40'，梅阿查44'、71'，费拉里59'

第4组	胜	平	负	进:失球	分
匈牙利	2	0	0	8:2	4
奥地利	1	0	0	6:1	2
保加利亚	0	0	3	3:14	0

(匈牙利、奥地利出线)

1934.3.25 保加利亚1:4匈牙利
拜库舍夫27'/沙罗希29'，绍伯61'(点球)，托尔迪88'，马尔科斯89'

1934.4.25 奥地利6:1保加利亚
霍瓦特19'、22'、33'，齐施克59'，维尔特尔62'，辛德拉尔67'/洛扎诺夫66'

1934.4.28 匈牙利4:1保加利亚
绍伯9'(点球)、58'(点球)，索尔蒂60'、73'/托多罗夫61'

第5组	胜	平	负	进:失球	分
捷克斯洛伐克	2	0	0	4:1	4
波兰	0	0	2	1:4	0

(捷克斯洛伐克出线)

1933.10.15 波兰1:2捷克斯洛伐克
马蒂纳52'(点球)/希尔尼37'，佩尔切78'

1934.4.15 捷克斯洛伐克2:0波兰

第6组	胜	平	负	进:失球	分
瑞士	1	1	0	4:2	3
罗马尼亚	1	0	1	2:3	2
南斯拉夫	0	1	1	3:4	1

(瑞士、罗马尼亚出线)

1933.9.24 南斯拉夫2:2瑞士
克拉季奇50'，马扬诺维奇61'/弗里格里奥76'，雅吉80'

1933.10.29 瑞士2:0罗马尼亚
霍克斯塔瑟75'，霍夫施密德80'(点球)

1934.4.29 罗马尼亚2:1南斯拉夫
施瓦茨38'，多鲍伊74'/克拉季奇71'

第7组	胜	平	负	进:失球	分
荷兰	2	0	0	9:4	4
比利时	0	1	1	6:8	1
爱尔兰	0	1	1	6:9	1

(荷兰、比利时出线)

1934.2.25 爱尔兰4:4比利时
摩尔27'、48'、59'、75'/卡佩勒13'，范登埃恩德25'、47'、62'

1934.4.8 荷兰5:2爱尔兰
斯密特41'、85'，巴库伊斯67、78'，文特83'/斯奎雷斯44'，摩尔57'

1934.4.29 比利时2:4荷兰
格里蒙佩雷斯51'，伍尔霍夫71'/斯密特60'，巴库伊斯62'、64'，文特84'

第8组	胜	平	负	进:失球	分
德国	1	0	0	9:1	2
法国	1	0	0	6:1	2
卢森堡	0	0	2	2:15	0

(德国出线)

1934.3.11 卢森堡1:9德国
门格尔27'/拉塞恩伯格3'、36'、56'、90'，维高德12'，阿尔布雷彻25'，霍曼30'、51'、53'

1934.4.15 卢森堡1:6法国
斯佩彻46'/阿斯顿3'，尼科拉斯26'、67'、84'、89'(点球)，利贝拉蒂80'

中北美区

(赛制)共3队参赛，进行3轮比赛。第1轮，海地在太子港与古巴进行3场比赛；积分多者进入第2轮，在墨西哥城对阵墨西哥，同样进行3场比赛；第2轮胜者再进入附加赛，以一场定胜负的方式与美国争夺出线名额。

第11组第1轮	胜	平	负	进:失球	分
古巴	2	1	0	10:2	5
海地	0	1	2	2:10	1

1934.1.28 海地1:3古巴
圣福特85'(点球)/M.洛佩斯20'(点球)，索科罗61'，A.马丁内斯64'

1934.2.1 海地1:1古巴
圣福特25'(点球)/M.洛佩斯85'

1934.2.4 海地0:6古巴
索科罗，M.洛佩斯+2，索科罗，费雷，索托

第11组第2轮	胜	平	负	进:失球	分
墨西哥	3	0	0	12:3	6
古巴	0	0	3	3:12	0

1934.3.4 墨西哥3:2古巴
梅西亚12'、14'、16'/梅贾40'、63'

1934.3.11 墨西哥5:0古巴
索塔24'，梅贾31'、40'、79'，罗萨斯72'

1934.3.18 墨西哥4:1古巴
M.阿隆索32'、85'，鲁瓦卡巴41'、马尔科斯60'/M.洛佩斯15'

第11组附加赛	胜	平	负	进:失球	分
美国	1	0	0	4:2	2
墨西哥	0	0	1	2:4	0

1934.5.24 美国4:2墨西哥
多内利28'、32'、74'、87'/M.阿隆索23'，梅西亚75'

亚洲-非洲区

(赛制)非洲的埃及与亚洲的巴勒斯坦进行两回合比赛。

第12组	胜	平	负	进:失球	分
埃及	2	0	0	11:2	4
巴勒斯坦	0	0	2	2:11	0

1934.3.16 埃及7:1巴勒斯坦
拉法伊+3，塔哈+2，拉蒂夫+2/努德尔曼

1934.4.6 巴勒斯坦1:4埃及
苏克恩尼克70'/拉法伊+2，拉蒂夫，法乌奇

决赛阶段

16队进行单轮淘汰赛，直至最终决出冠军。

1934.5.27 瑞典3:2阿根廷
博洛尼亚/14000人，**主裁判**:布劳恩(奥地利)
进球:S.约翰松9'、67'，克鲁恩79'/拜利4'，加拉特奥48'
瑞典(235):吕德贝里/阿克塞尔松、S.安德松/卡尔松、罗森、E.安德松/敦克尔、古斯塔夫松、约翰松、科勒尔、克鲁恩
阿根廷(235):弗雷斯基/佩德比利亚、拜利斯/内辛、乌尔维塔、洛佩斯/鲁阿、威尔德、德文琴兹、加拉特奥、伊兰内特

1934.5.27 奥地利3:2法国
都灵/16000人，**主裁判**:莫尔塞尔(荷兰)
进球:辛德拉尔44'，沙尔93'，比坎109'/尼科拉斯18'，韦里埃斯116'(点球)
奥地利(235):普拉策/希萨尔、塞斯塔/瓦格纳、斯米斯提克、乌尔巴内克/齐施克、比坎、辛德拉尔、沙尔、维尔特尔
法国(235):泰波/马里瑟、马特勒/德尔富、韦里埃斯、利埃塔尔/科勒尔、阿卡扎尔、尼科拉斯、里奥、阿斯顿

1934.5.27 德国5:2比利时
佛罗伦萨/8000人，**主裁判**:马蒂(意大利)
进球:科别尔斯基25'，希夫林49'，柯南66'、70'、87'/伍尔霍夫29'43'
德国(235):克莱斯/哈林格尔、施瓦茨/简斯、塞庞、齐耶林斯基/勒纳、霍曼、柯南、希夫

林、科别尔斯基
比利时(235):范德维尔/斯梅尔林克、乔基姆/皮尔拉尔、维尔肯胡伊森、克拉森斯/德维里斯、伍尔霍夫、卡佩勒、格里蒙佩雷斯、赫尔曼斯

1934.5.27 西班牙3:1巴西
热那亚/21000人,**主裁判**:博莱姆(德国)
进球:伊拉拉戈里18'(点球)25'，朗加拉29'/莱昂尼达斯55'
西班牙(235):萨莫拉/西里亚科、金科塞斯/希劳伦、穆格尔萨、马库莱特/伊拉拉戈里、朗瓜拉、莱库埃、拉富恩特、格罗斯蒂萨
巴西(235):佩德罗萨/西尔维奥、鲁兹/蒂诺科、西尔维拉、卡纳利/路易金霍、德布里托、莱昂尼达斯、阿马迪尼奥、帕特斯科

1934.5.27 匈牙利4:2埃及
那不勒斯/9000人,**主裁判**:巴拉希纳(意大利)
进球:泰勒基11'，托尔迪27'、61'，温策53'/法齐31'、39'
匈牙利(235):A.绍伯/福托、斯特恩博格/帕洛塔斯、苏奇、拉扎尔/马尔科斯、温策、泰勒基、托尔迪、G.绍伯
埃及(235):曼苏尔/阿里沙菲、哈米杜/阿尔法、拉法特、R. 哈桑/拉蒂夫、法齐、阿尔特克、塔哈、M. 哈桑

1934.5.27 瑞士3:2荷兰
米兰/33000人,**主裁判**:埃克林德(瑞典)
进球:基洛茨7'、43'，阿贝格伦69'/斯米特19'，文特84'
瑞士(235):泽歇哈耶/米内利、魏勒/甘沙尔、雅卡尔、霍夫施密德/卡内尔、帕塞洛、基洛茨、阿贝格伦、博西
荷兰(235):范德穆伦/韦伯、范鲁恩/佩利卡安、安德里埃森、范黑尔/韦尔斯、文特、巴克胡伊斯、斯米特、范内尔伦

1934.5.27 意大利7:1美国
罗马/25000人,**主裁判**:梅尔塞(瑞士)
进球:斯基亚沃18'、29'、64'，奥尔西20'、69'，费拉里63'，梅阿查90'/多内利57'
意大利(235):孔比/罗塞塔、阿莱曼蒂/皮齐奥洛、蒙蒂、贝尔托利尼/瓜里西、梅阿查、斯基亚沃、费拉里、奥尔西
美国(235):尤利安/切尔凯维奇、摩尔豪斯/皮耶特拉斯、贡萨尔维斯、弗洛里耶/瑞安、尼尔森、多内利、迪克、麦克利恩

1934.5.27 捷克斯洛伐克2:1罗马尼亚
里雅斯特/9000人,**主裁判**:朗格努斯(比利时)
进球:普茨50'，内耶德利67'/多鲍伊11'
捷克斯洛伐克(235):普拉尼奇卡/泽尼塞克、奇季罗基/科斯塔列克、康巴尔、克奇尔/尤内克、希尔尼、索博特卡、内耶德利、普茨
罗马尼亚(235):宗博里/福格尔、阿尔布/德海莱亚努、科托马尼、莫拉维特/宾代亚、科瓦奇、塞皮、博多洛、多鲍伊

1/4决赛

1934.5.27 捷克斯洛伐克3:2瑞士
都灵/12000人,**主裁判**:贝拉内克(奥地利)
进球:斯沃博达24'、49'，内耶德利82'/基洛茨18',雅吉78'
捷克斯洛伐克(235):普拉尼奇卡/泽尼塞克、奇季罗基/科斯塔列克、康巴尔、克奇尔/尤内克、斯沃博达、索博特卡、内耶德利、普茨
瑞士(235):泽歇哈耶/米内利、魏勒/甘沙尔、雅卡尔、霍夫施密德/卡内尔、雅吉、基洛茨、阿贝格伦、雅耶克

1934.5.31 德国2:1瑞典
米兰/3000人,**主裁判**:巴拉希纳(意大利)
进球:霍曼60'、63'/敦克尔82'
德国(235):克莱斯/哈林格尔、布施/格拉姆利希、塞庞、齐耶林斯基/勒纳、霍曼、柯南、希夫林、科别尔斯基
瑞典(235):吕德贝里/阿克塞尔松、S.安德松/卡尔松、罗森、E.安德松/敦克尔、古斯塔夫松、约翰松、科勒尔、克鲁恩

1934.5.31 意大利1:1西班牙(加时)
佛罗伦萨/35000人,**主裁判**:巴埃特(比利时)
进球:费拉里44'/雷盖罗30'
意大利(235):孔比/蒙泽利奥、阿莱曼蒂/皮齐奥洛、蒙蒂、卡斯特拉齐/瓜伊塔、梅阿查、斯基亚沃、费拉里、奥尔西
西班牙(235):萨莫拉/西里亚科、金科塞斯/希劳伦、穆格尔萨、拉富恩特/伊拉拉戈里、朗瓜拉、法德、雷盖罗、格罗斯蒂萨

1934.5.31 奥地利2:1匈牙利
博洛尼亚/23000人,**主裁判**:马蒂(意大利)
进球:霍瓦特8'，齐施克51'/沙罗希60'(点球)
奥地利(235):普拉策/希萨尔、塞斯塔/瓦格纳、斯米斯提克、乌尔巴内克/齐施克、比坎、辛德拉尔、霍瓦特、维尔特尔
匈牙利(235):A.绍伯/福托、斯特恩博格/帕洛塔斯、苏奇、绍洛伊/马尔科斯(被驱逐63')、阿瓦尔、沙罗希、托尔迪、科门伊

1934.6.1 意大利1:0西班牙(重赛)
佛罗伦萨/43000人,**主裁判**:梅尔塞(瑞士)
进球:梅阿查11'
意大利(235):孔比/蒙泽利奥、阿莱曼蒂/费拉里斯、蒙蒂、贝尔托利尼/瓜伊塔、梅阿查、博雷尔、德马里亚、奥尔西
西班牙(235):努克斯/扎瓦洛、金科塞斯/希劳伦、穆格尔萨、莱库埃/本托拉、雷盖罗、坎帕尼亚尔、查科、博施

半决赛

1934.6.3 意大利1:0奥地利
米兰/35000人,**主裁判**:埃克林德(瑞典)
进球: 瓜伊塔19'
意大利(235):孔比/蒙泽利奥、阿莱曼蒂/费拉里斯、蒙蒂、贝尔托利尼/瓜伊塔、梅阿查、斯基亚沃、费拉里、奥尔西
奥地利(235):普拉策/希萨尔、塞斯塔/瓦格纳、斯米斯提克、乌尔巴内克/齐施克、比坎、辛德拉尔、沙尔、维尔特尔

1934.6.3 捷克斯洛伐克3:1德国
罗马/35000人,**主裁判**:巴拉希纳(意大利)
进球:内耶德利21'、69'、80'/诺阿克62'
捷克斯洛伐克(235):普拉尼奇卡/比尔吉、奇季罗基/科斯塔列克、康巴尔、克奇尔/尤内克、斯沃博达、索博特卡、内耶德利、普茨
德国(235):克莱斯/布施、哈林格尔/齐耶林斯基、塞庞、本德/勒纳、希夫林、柯南、诺阿克、科别尔斯基

三四名决赛

1934.6.7 德国3:2奥地利
那不勒斯/7000人,**主裁判**:卡拉罗(意大利)
进球:勒纳1'、42'，柯南27'/霍瓦特28'，塞斯塔54'
德国(235):雅克布/布施、简斯/齐耶林斯基、塞庞、蒙泽伯格/本德、勒纳、希夫林、柯南、黑德曼
奥地利(235):普拉策/希萨尔、塞斯塔/瓦格纳、斯米斯提克、乌尔巴内克/齐施克、比坎、布劳恩、霍瓦特、维尔特尔

决赛

1934.6.10 意大利2:1捷克斯洛伐克(加时赛)
罗马/50000人,**主裁判**:埃克林德(瑞典)
进球:奥尔西81'，斯基亚沃95'/普茨76'
意大利(235):孔比/蒙泽利奥、阿莱曼蒂/费拉里斯、蒙蒂、贝尔托利尼/瓜伊塔、梅阿查、斯基亚沃、费拉里、奥尔西
捷克斯洛伐克(235):普拉尼奇卡/泽尼塞克、奇季罗基/科斯塔列克、康巴尔、克奇尔/尤内克、斯沃博达、索博特卡、内耶德利、普茨

1934年6月29日，世界杯1/8决赛，瑞士3比2击败荷兰，赢得了球队历史上的世界杯首胜。

1938

预选赛

东道主法国队、卫冕冠军意大利队直接晋级。原定34队参加预选赛(实际参赛21队)，争夺14个出线席位。预选赛共进行了22场，进球96个，场均4.36球。入场券分配方面，欧洲区13个(含法国、意大利)，美洲区2个，亚洲区1个。阿根廷等拉美国家放弃参赛，巴西、古巴直接取得出线资格。

●欧洲区

(赛制)共23队参赛，分为9组。第6组、第8组中由3支球队进行两阶段的比赛，其余每个小组的第一名直接出线。

第1组	胜	平	负	进:失球	分
德国	3	0	0	11:1	6
瑞典	2	0	1	11:7	4
爱沙尼亚	1	0	2	4:11	2
芬兰	0	0	3	0:7	0

(德国出线)

1937.6.16 瑞典4:0芬兰
邦克60'、82'，E.佩尔松65'，斯万斯特伦68'

1937.6.20 瑞典7:2爱沙尼亚
约瑟夫松7'、41'，邦克40'，S.约纳松49'(点球)，韦特斯特伦73'、77'、84'/西蒙松2'，乌克基维3'

1937.6.29 芬兰0:2德国
E.莱纳26'，厄尔班38'

1937.8.19 芬兰0:1爱沙尼亚
库莱马56'

1937.8.29 德国4:1爱沙尼亚
E.莱纳50'、65'，戈什53'、86'/西蒙松34'

1937.11.21 德国5:0瑞典
西夫林2'、57'，塞潘8'，舍恩48'、63'

第2组	胜	平	负	进:失球	分
挪威	1	1	0	6:5	3
爱尔兰	0	1	1	5:6	1

(挪威出线)

1937.10.10 挪威3:2爱尔兰
夸门30'、64'，马丁森78'/乔盖根37'，詹姆斯·邓恩49'

1937.11.7 爱尔兰3:3挪威
詹姆斯·邓恩10'，奥弗拉纳根62'，达根88'/夸门16'、33'，马丁森49'

第3组	胜	平	负	进:失球	分
波兰	1	0	1	4:1	2
南斯拉夫	1	0	1	1:4	2

(波兰出线)

1937.10.10 波兰4:0南斯拉夫
皮亚特克3'、20'，沃斯塔尔57'，威利莫夫斯基78'

1938.4.3 南斯拉夫1:0波兰
马里亚诺维奇61'

第5组	胜	平	负	进:失球	分
瑞士	1	0	0	2:1	2
葡萄牙	0	0	1	1:2	0

(瑞士出线)

1938.5.1 瑞士2:1葡萄牙
埃比24'，阿马多29'/皮罗特奥72'(点球)

第6组第1轮	胜	平	负	进:失球	分
希腊	2	0	0	4:1	4
巴勒斯坦	0	0	2	1:4	0

1938.1.22 巴勒斯坦1:3希腊
诺伊费尔德36'/维凯利迪斯15'30'，米贡基斯73'

1938.2.20 希腊1:0巴勒斯坦
维凯利迪斯88'(点球)

第6组附加赛	胜	平	负	进:失球	分
匈牙利	1	0	0	11:1	2
希腊	0	0	1	1:11	0

(匈牙利出线)

1938.3.25 匈牙利11:1希腊
任盖莱尔15'、23'(点球)25'、65'、81'，蒂特科什18'、75'，温策26'，内梅斯34'、40'、52'/马克里斯89'

第7组	胜	平	负	进:失球	分
捷克斯洛伐克	1	1	0	7:1	3
保加利亚	0	1	1	1:7	1

(捷克斯洛伐克出线)

1937.11.7 保加利亚1:1捷克斯洛伐克
潘切迪耶夫89'/日哈44'

1938.4.24 捷克斯洛伐克6:0保加利亚
希穆内克21'、79'、89'，内耶德利57'、77'，卢德尔73'

第8组第1轮	胜	平	负	进:失球	分
拉脱维亚	2	0	0	9:3	4
立陶宛	0	0	2	3:9	0

1937.7.29 拉脱维亚4:2立陶宛
卡涅普斯19'、52'、83'，韦斯特曼斯50'/古德利斯79'，保利尼奥斯90'

1937.9.3 立陶宛1:5拉脱维亚
保利尼奥斯72'/卡涅普斯4'、45'(点球)，博尔杜什科11'、30'，韦斯特曼斯67'

第8组附加赛	胜	平	负	进:失球	分
奥地利	1	0	0	2:1	2
拉脱维亚	0	0	1	1:2	0

(奥地利出线)

1937.10.5 奥地利2:1拉脱维亚
耶路撒冷15'，宾德尔34'/韦斯特曼斯6'

第9组	胜	平	负	进:失球	分
荷兰	1	1	0	5:1	3
比利时	1	1	0	4:3	3
卢森堡	0	0	2	2:7	0

(荷兰出线)

1937.11.28 荷兰4:0卢森堡
斯米特29'，皮特·德波尔68'、73'、82'

1938.5.13 卢森堡2:3比利时
利巴尔4'，肯普33'/伍尔霍夫19'，布雷恩55'，德弗里斯59'

1938.4.3 比利时1:1荷兰
伊斯姆博尔斯53'/范斯帕恩唐克37'

决赛圈

(赛制)共15支球队参赛，直接进行一对一的淘汰赛。1/8决赛中，原定1938年6月25日瑞典对奥地利的比赛取消，瑞典直接晋级。

1/8决赛

1938.6.4 瑞士1:1德国(加时)
巴黎/27000人，**主裁判**:朗格努斯(比利时)
进球:阿贝格伦43'/戈什尔29'
瑞士(235):胡贝尔/米内利、A.莱曼/施普林格、韦尔纳蒂、勒施尔/阿马多、瓦拉切克、比克尔、阿贝格伦、埃比
德国(235):拉夫特尔/雅内斯、施毛斯/库普弗、莫克、基青格/莱纳、盖勒施、戈什尔、W.哈内曼、佩塞尔(96'被驱逐)

1938.6.5 匈牙利6:0荷属东印度
兰斯/9000人，**主裁判**:孔里耶(法国)
进球:科胡特13'，托尔迪15'，G.沙罗希28'、89'，任盖莱尔35'、76'
匈牙利(235):哈达/科拉尼、比罗/拉扎尔、图拉伊、鲍洛格/绍什、任盖莱尔、G.沙罗希、托尔迪、科胡特
荷属东印度(235):坦莫韩/胡科恩、塞缪尔斯/纳伊尔、门格、苏丹/坦洪简、苏达尔马吉、萨默斯、帕蒂瓦埃勒、泰胡图

1938.6.5 法国3:1比利时
巴黎/30000人，**主裁判**:维特里希(瑞士)
进球:魏南特1'，尼古拉16'69'/伊斯姆博尔斯38'
法国(235):迪洛托/卡扎纳夫、马特勒/巴斯蒂安、若尔丹、迪亚涅/A.阿斯顿、海塞尔雷尔、尼古拉、E.德尔富尔、魏南特
比利时(235):巴鲁/佩韦里克、塞斯/范阿尔芬、施廷内恩、A.德温特/范德沃弗、伍尔霍夫、伊斯姆博尔斯、布雷摁、比勒

1938.6.5 古巴3:3罗马尼亚(加时)
图卢兹/7000人，**主裁判**:斯卡尔皮(意大利)
进球:索科罗44'、103'，马尔吉讷69'/宾代亚35'，布拉特基88'，多鲍伊105'
古巴(235):卡瓦哈莱斯/巴尔金、肖朗斯/阿里亚斯、J.罗德里格斯、贝尔赫斯/马尔吉讷、T.费尔南德斯、索科罗、J.图尼亚斯、M.索萨
罗马尼亚(235):帕夫洛维奇/R.伯格、基罗尤/科西尼、勒希纳鲁、拉芬斯基/宾代亚、N.科瓦奇、布拉特基、博多洛、多鲍伊

1938.6.5 意大利2:1挪威(加时)
马赛/19000人，**主裁判**:贝拉内克(奥地利)
进球:P.费拉里斯2'，皮奥拉94'/布吕斯塔83'
意大利(235):奥利维耶里/蒙泽利奥、拉瓦/塞兰托尼、安德烈奥洛、洛卡泰利/帕西纳蒂、梅阿查、皮奥拉、G.费拉里、费拉里斯
挪威(235):H.约翰森/R.约翰内森、霍尔姆森/K.亨里克森、N.亨里克森、霍尔姆贝里/弗兰岑、夸门、布吕尼尔森、M.伊萨克森、布吕斯塔

1938.6.5 巴西6:5波兰(加时)
斯特拉斯堡/13000人，**主裁判**:埃克林德(瑞典)
进球:莱昂尼达斯18'、93'、104'，罗梅乌25'，佩拉西奥44'、71'/谢夫克23'(点球)，威利莫夫斯基53'、59'、89'、118'
巴西(235):巴泰/多明戈斯、马沙多/普罗科皮奥、马蒂姆、阿丰西尼奥/J.洛佩斯、罗梅乌、莱昂尼达斯、佩拉西奥、埃库莱斯
波兰(235):马德伊斯基/什切潘尼亚克、加莱

茨基/戈拉、尼奇、迪特科/皮希、皮翁特克、谢夫克、威利莫夫斯基、沃达茨

1938.6.5　捷克斯洛伐克3:0荷兰(加时)
勒阿弗尔/11000人，**主裁判**:勒克莱尔(法国)
进球:科斯塔列科93'，内耶德利111'，J.泽曼118'
捷克斯洛伐克(235):普拉尼奇卡/布格尔、多茨克/科斯塔列科、鲍切克、科佩基/日哈、V.希穆内克、J.泽曼、内耶德利、普茨
荷兰(235):范马莱/M.韦伯、卡尔登霍夫/保韦、安德里埃森、范黑尔/韦尔斯、范德费恩(90'因伤离场)、斯米特、文特、德哈德

1938.6.9　古巴2:1罗马尼亚
图卢兹/8000人，**主裁判**:比勒姆(德国)
进球:索科罗51'，T.费尔南德斯53'/多勉伊28'
古巴(235):艾拉/巴尔金、肖朗斯/阿里亚斯、J.罗德里格斯、贝尔赫斯/马尔吉讷、T.费尔南德斯、索科罗、J.图尼亚斯、M.索萨
罗马尼亚(235):帕夫洛维奇/R.伯格、费莱坎/伯尔布莱斯库、勒希纳鲁、拉芬斯基/I.波格丹、莫尔多韦亚努、布拉特基、普雷斯勒、多勉伊

1938.6.9　瑞士4:2德国
巴黎/20000人，**主裁判**:埃克林德(瑞典)
进球:瓦拉切克42'，比克尔64'，阿贝格伦75'、78'/W.哈内曼8'，勒施尔22'(乌龙)
瑞士(235):胡贝尔/米内利、A.莱曼/施普林格、韦尔纳蒂、勒施尔/阿马多、瓦拉切克、比克尔、阿贝格伦、埃比
德国(235):拉夫特尔/雅内斯、斯特雷特勒/库普弗、戈尔德布鲁纳、斯考马尔/莱纳、施特罗、塞潘、W.哈内曼、诺伊默尔

1/4决赛

1938.6.12　巴西1:1捷克斯洛伐克(加时)
波尔多/19000人，**主裁判**:赫茨卡(匈牙利)
进球:莱昂尼达斯30'/内耶德利65'(点球)
巴西(235):古拉特/多明戈斯、马沙多(89'被驱逐)/普罗科皮奥(14'被驱逐)、马蒂姆、阿丰西尼奥/J.洛佩斯、罗梅乌、莱昂尼达斯、佩拉西奥、埃库莱斯
捷克斯洛伐克(235):普拉尼奇卡/布格尔、多茨克/科斯塔列克、鲍切克、科佩基/日哈(89'被驱逐)、希穆内克、卢德尔、内耶德利、普茨

1938.6.12　匈牙利2:0瑞士
里尔/15000人，**主裁判**:巴拉西纳(意大利)
进球:G.沙罗希40'，任盖莱尔89'
匈牙利(235):绍伯/科拉尼、比罗/拉扎尔、图拉伊、绍洛伊/绍什、任盖莱尔、G.沙罗希、温策、科胡特
瑞士(235):胡贝尔/施特尔策、A.莱曼/施普林格、韦尔纳蒂、勒施尔/阿马多、瓦拉切克、比克尔、阿贝格伦、格拉西

1938.6.12　瑞典8:0古巴
昂蒂布/7000人，**主裁判**:克里斯特(捷克斯洛伐克)
进球:谢勒9'、80'、81'，韦特斯特伦32'、37'、44'，尼贝里84'，H.安德松90'
瑞典(235):亚伯拉罕松/I.埃里克松、谢尔格伦/阿尔姆格伦、S.雅各布松、斯万斯特伦/韦特斯特伦、谢勒、H.安德松、约纳松、尼贝里
古巴(235):卡瓦哈莱斯/巴尔金、肖朗斯/阿里亚斯(90'因伤离场)、J.罗德里格斯、贝尔赫斯/费雷尔、T.费尔南德斯、索科罗、J.图尼亚斯、J.阿隆索

1938.6.12　意大利3:1法国
巴黎/59000人，**主裁判**:路易·巴尔(比利时)
进球:科劳西9'，皮奥拉51'、72'/海塞尔雷尔10'
意大利(235):奥利维耶里/福尼、拉瓦/塞兰托尼、安德烈奥洛、洛卡泰利/比亚瓦蒂、梅阿查、皮奥拉、G.费拉里、科劳西
法国(235):迪洛托/卡扎纳夫、马特勒/巴斯蒂安、若尔丹、迪亚涅/A.阿斯顿、海塞尔雷尔、尼古拉、E.德尔富尔、魏南特1938.6.14巴西2:1捷克斯洛伐克(重赛)
波尔多/22000人，**主裁判**:卡普德维尔(法国)
进球:莱昂尼达斯57'，罗伯托63'/科佩基25'
巴西(235):古拉特/若、纳里斯/布里托、布兰当、阿热米罗/罗伯托、路易金霍、莱昂尼达斯、蒂姆、佩茨科
捷克斯洛伐克(235):布尔克特/布格尔、多茨克/科斯塔列克、鲍切克、科佩基/克罗伊茨、霍拉克、卢德尔、塞内茨基、鲁尔茨

半决赛

1938.6.16　匈牙利5:1瑞典
巴黎/20000人，**主裁判**:勒克莱尔(法国)
进球:任盖莱尔19'、39'、85'，绍什37'，G.沙罗希65'/尼贝里1'
匈牙利(235):绍伯/科拉尼、比罗/绍洛伊、图拉伊、拉扎尔/绍什、任盖莱尔、G.沙罗希、托尔迪、蒂特科什
瑞典(235):亚伯拉罕松/I.埃里克松、谢尔格伦/阿尔姆格伦、S.雅各布松、斯万斯特伦/韦特斯特伦、谢勒、H.安德松、约纳松、尼贝里

1938.6.16　意大利2:1巴西
马赛/33000人，**主裁判**:维特里希(瑞士)
进球:科劳西51'，梅阿查60'(点球)/罗梅乌87'
意大利(235):奥利维耶里/福尼、拉瓦/塞兰托尼、安德烈奥洛、洛卡泰利/比亚瓦蒂、梅阿查、皮奥拉、G.费拉里、科劳西
巴西(235):古拉特/多明戈斯、马沙多/普罗科皮奥、马蒂姆、阿丰西尼奥/J.洛佩斯、路易金霍、佩拉西奥、罗梅乌、佩茨科

三四名决赛

1938.6.19　巴西4:2瑞典
波尔多/12000人，**主裁判**:朗格努斯(比利时)
进球:罗梅乌44'、莱昂尼达斯63'、74'、佩拉西奥80'/S.约纳松28'，尼贝里38'
巴西(235):巴泰/多明戈斯、马沙多/普罗科皮奥、布兰当、阿丰西尼奥/罗伯托、莱昂尼达斯、佩拉西奥、罗梅乌、佩茨科
瑞典(235):亚伯拉罕松/I.埃里克松、尼尔松/阿尔姆格伦、林德霍姆、斯万斯特伦/E.佩尔松、A.安德松、H.安德松、S.约纳松、尼贝里

决赛

1938.6.19　意大利4:2匈牙利
巴黎/45000人，**主裁判**:卡普德维尔(法国)
进球:科劳西6'、35'，皮奥拉16'、82'/蒂特科什8'，G.沙罗希70'
意大利(235):奥利维耶里/福尼、拉瓦/塞兰托尼、安德烈奥洛、洛卡泰利/比亚瓦蒂、梅阿查、皮奥拉、G.费拉里、科劳西
匈牙利(235):绍伯/波尔加尔、比罗/绍洛伊、苏奇、拉扎尔/绍什、温策、G.沙罗希、任盖莱尔、蒂特科什

巴西前锋莱昂尼达斯是1938年世界杯的大明星，图为他在比赛前与球迷交流。

1950

预选赛

东道主巴西队、卫冕冠军意大利队直接晋级。原定32队参加预选赛(实际参赛19队)，争夺14个出线席位。预选赛共进行了26场，进球121个，场均4.65个。入场券分配方面，欧洲区8个(含意大利)，美洲区7个(含巴西)，亚洲区1个。原定南美区第7组的阿根廷队和第8组的厄瓜多尔队、秘鲁队退赛，其余球队出线。而已获出线权的印度、苏格兰、土耳其放弃参赛资格 因此实际最终入围决赛圈的只有13支球队。

●欧洲区

(赛制)共18队参赛，分为6组。第3组由3支球队进行两阶段的比赛，除英国与2支球队出线外，其余每个小组的第一名出线。

第1组	胜	平	负	进:失球	分
英格兰	3	0	0	14:3	6
苏格兰	2	0	1	10:3	4
威尔士	0	1	2	1:6	1
北爱尔兰	0	1	2	4:17	1

(英格兰、苏格兰出线)

1949.10.1 北爱尔兰2:8苏格兰
萨米·史密斯50'、59'/亨利·莫里斯2'、70'、88'，威利·瓦德尔5'、31'(点球)，比利·斯蒂尔23'，劳伦斯·赖利24'，吉米·梅森80'

1949.10.15 威尔士1:4英格兰
马尔·格里菲斯80'/莫滕森22'，米尔伯恩29'、34'、66'

1949.11.9 苏格兰2:0威尔士
麦克费尔25'，林伍德78'

1949.11.16 英格兰9:2北爱尔兰
杰克·罗利6'、47'、56'、58'，弗罗加特25'，莫滕森35'、50'，斯坦·皮尔森33'、68'/萨米·史密斯55'，博比·布伦纳75'

1950.3.8 威尔士0:0北爱尔兰

1950.4.15 苏格兰0:1英格兰
罗伊·本特利64'

第2组	胜	平	负	进:失球	分
土耳其	1	0	0	7:0	2
叙利亚	0	0	1	0:7	0

(土耳其出线)

1949.11.20 土耳其7:0叙利亚
詹塞韦12'、16'、87'，埃肯44'，屈曲坎登亚迪斯66'，凯什金67'，基利奇72'

第3组第1轮	胜	平	负	进:失球	分
南斯拉夫	2	0	0	11:2	4
以色列	0	0	2	2:11	0

1949.8.21 南斯拉夫6:0以色列
帕耶维奇12'、19'、26，森卡尔44'，柴可夫斯基63'，博贝克83'(点球)

1949.9.18 以色列2:5南斯拉夫
耶霍舒亚46'、78'/瓦洛克15'、37'，博贝克26'，柴可夫斯基61'、75'

第3组附加赛	胜	平	负	进:失球	分
南斯拉夫	1	2	0	5:4	4
法国	0	2	1	4:5	2

(南斯拉夫出线)

1949.10.9 南斯拉夫1:1法国
柴可夫斯基36'/巴约55'

1949.10.30 法国1:1南斯拉夫
巴约8'/博贝克44'

1949.12.11 南斯拉夫3:2法国(加时)
P.米哈伊洛维奇12'、84'(点球)，柴可夫斯基114'/M.沃尔特13'，吕坎83'

第4组	胜	平	负	进:失球	分
瑞士	2	0	0	8:4	4
卢森堡	0	0	2	4:8	0

(瑞士出线)

1949.6.26 瑞士5:2卢森堡
迈兰20'，法顿30'、41'，巴拉曼48'，安特南59'/C.瓦格纳3'，雷乌特86'

1949.9.18 卢森堡2:3瑞士
A.穆勒38'，J.克雷默44'/迈兰15'，奥布雷雷59'，法顿75'(点球)

第5组	胜	平	负	过:失球	分
瑞典	2	0	0	6:2	4
爱尔兰	1	1	2	6:7	3
芬兰	0	1	1	1:4	1

(瑞典出线)

1949.6.2 瑞典3:1爱尔兰
苏内·安德松17'，耶普松37'，利德霍尔姆69'/戴维·沃尔什9'

1949.9.8 爱尔兰3:0芬兰
约翰尼·加文35'，康·马丁44'(点球)、68'

1949.10.9 芬兰1:1爱尔兰
瓦伊海拉89'/彼得·法莱尔65'

1949.11.13 爱尔兰1:3瑞典
康·马丁61'(点球)/帕尔梅4'、40'、68'

第6组	胜	平	负	进:失球	分
西班牙	1	1	0	7:3	3
葡萄牙	0	1	1	3:7	1

(西班牙出线)

1950.4.2 西班牙5:1葡萄牙
萨拉11'、58'，巴索拉13'，帕尼索15'，莫洛尼65'/卡布旦塔36'

1950.4.9 葡萄牙2:2西班牙
特拉瓦索斯51'，科雷拉53'/萨拉25'，盖恩萨82'

●中北美区

(赛制)墨西哥、美国、古巴在墨西哥城进行双循环赛，小组第一获出线资格。

第9组	胜	平	负	进:失球	分
墨西哥	4	0	0	17:2	8
美国	1	1	2	8:15	3
古巴	0	1	3	3:11	1

(墨西哥、美国出线)

1949.9.4 墨西哥6:0美国
A.弗洛雷斯20'，卢纳30'，德拉富恩特37'、55'、58'，塞普蒂恩85'

1949.9.11 墨西哥2:0古巴
卢纳26'，卡萨林56'

1949.9.14 美国1:1古巴
F.华莱士23'/J.戈麦斯28'

1949.9.18 墨西哥6:2美国
H.奥尔蒂斯14'(点球)，卡萨林23'、41'、76'，德拉富恩特47'，奥乔亚89'/约翰·索萨52'，本·瓦特曼90'

1949.9.21 古巴2:5美国

1950年世界杯决赛，占尽优势的巴西人最终在主场输给乌拉圭，爆出冷门，图为巴西球员在射门。

巴尔金42'，贝加50'/巴尔16'，约翰·索萨23'，马泰维奇30'、35'，F.华莱士48'

1949.9.25 古巴0:3墨西哥

纳兰霍44'、88'，A.弗洛雷斯58'

决赛阶段

13队分成4个小组进行单循环赛，第1和第2组分别有4支队，第3组有3支队，第4组有2支队，每个小组头名出线，这4支队再进行最后一轮单循环赛，积分最多者为冠军。

第1组	胜	平	负	进:失球	分
巴西	2	1	0	8:2	5
南斯拉夫	2	0	1	7:3	4
瑞士	1	1	1	4:6	3
墨西哥	0	0	3	2:10	0

(巴西晋级)

1950.6.24 巴西4:0墨西哥

里约热内卢/82000人，**主裁判**:里德(英格兰)

进球:阿德米尔30'、79'，雅伊尔65'，巴尔塔萨71'

巴西(325):巴尔博萨/奥古斯托、茹韦纳尔、埃利/达尼洛、比戈德/马内卡、阿德米尔、巴尔塔萨、雅伊尔、弗里亚萨

墨西哥(325):卡瓦哈尔/策特、蒙特马约尔、R.鲁伊斯/奥乔亚、罗加/塞普蒂恩、H.奥尔蒂斯、卡萨林、M.佩雷斯、贝拉斯克斯

1950.6.25 南斯拉夫3:0瑞士

贝洛奥里藏特/7500人，**主裁判**:加莱亚蒂(意大利)

进球:托马舍维奇60'、70'，奥格尼亚诺夫75'

南斯拉夫(235):姆尔库希奇/I.霍瓦特、B.斯坦科维奇/Zl.柴可夫斯基、M.约万诺维奇、贾伊奇/奥格尼亚诺夫、米蒂奇、K.托马舍维奇、博贝克、武卡斯

瑞士(325):施图贝尔/纳里、博克特、卢森蒂/埃吉曼、坎什/比克尔、安特南、塔米尼、巴德尔、法顿

1950.6.28 巴西2:2瑞士

圣保罗/42000人，**主裁判**:阿松·罗马(西班牙)

进球:阿尔弗雷多3'，巴尔塔萨32'/法顿17'88'

巴西(235):巴尔博萨/奥古斯托、茹韦纳尔/鲍尔、鲁伊、诺罗尼亚/马内卡、阿德米尔、巴尔塔萨、阿尔弗雷多、弗里亚萨

瑞士(325):施图贝尔/纳里、博克特、卢森蒂/埃吉曼、坎什/比克尔、弗里德伦德尔、塔米尼、巴德尔、法顿

1950.6.28 南斯拉夫4:1墨西哥

阿雷格里港/11000人，**主裁判**:利夫(英格兰)

进球:博贝克19'，Z.柴可夫斯基22'、62'，托马舍维奇81'/H.奥尔蒂斯89'(点球)

南斯拉夫(235):姆尔库希奇/I.霍瓦特、B.斯坦科维奇/Zl.柴可夫斯基、M.约万诺维奇、贾伊奇/P.米哈伊洛维奇、米蒂奇、K.托马舍维奇、博贝克、Z.柴可夫斯基

墨西哥(325):卡瓦哈尔/M.古铁雷斯、G.戈麦斯、R.鲁伊斯/奥乔亚、A.弗洛雷斯/纳兰霍、H.奥尔蒂斯、卡萨林、M.佩雷斯、贝拉斯克斯

1950.7.1 巴西2:0南斯拉夫

里约热内卢/142000人，**主裁判**:格里菲斯(威尔士)

进球:阿德米尔4'，齐齐尼奥69'

巴西(235):巴尔博萨/奥古斯托、茹韦纳尔/鲍尔、达尼洛、比戈德/马内卡、阿德米尔、雅伊尔、齐齐尼奥、希科

南斯拉夫(235):姆尔库希奇/I.霍瓦特、B.斯坦科维奇 / Zl.柴可夫斯基、M.约万诺维奇、贾伊奇/武卡斯、米蒂奇、K.托马舍维奇、博贝克、Z.柴可夫斯基

1950.7.1 瑞士2:1墨西哥

阿雷格里港/4000人，**主裁判**:埃克林德(瑞士)

进球:巴德尔10'，塔米尼37'/卡萨林89'

瑞士(325):胡格/纳里、博克特、卢森蒂/埃吉曼、坎什/安特南、弗里德伦德尔、塔米尼、巴德尔、法顿

墨西哥(235):卡瓦哈尔/M.古铁雷斯、G.戈麦斯/奥乔亚、H.奥尔蒂斯、罗加/A.弗洛雷斯、格韦拉、卡萨林、博沃利亚、贝拉斯克斯

第2组	胜	平	负	进:失球	分
西班牙	3	0	0	6:1	6
英格兰	1	0	2	2:2	2
智利	1	0	2	5:6	2
美国	1	0	2	4:8	2

(西班牙晋级)

1950.6.25 英格兰2:0智利

里约热内卢/30000人，**主裁判**:范德梅尔(荷兰)

进球:莫滕森27'，曼尼恩51'

英格兰(325):B.威廉斯/拉姆塞、J.阿什顿、比利·赖特/L.休斯、J.迪金森/芬尼、莫滕森、R.本特利、曼尼恩、马伦

智利(325):利文斯顿/法里亚斯、罗尔丹、M.阿尔瓦雷斯/M.布斯克茨、H.卡瓦略/马扬内斯、克雷马斯基、罗夫莱多、M.穆尼奥斯、迪亚兹

1950.6.25 西班牙3:1美国

库里蒂巴/10000人，**主裁判**:维亚纳(巴西)

进球:巴索拉75'、78'，萨拉85'/J.索萨17'

瑞典和西班牙都杀入了最终的决赛轮，在两队的直接交锋中，瑞典3比1胜出。

西班牙(325):埃萨吉雷/G.阿隆索、安图内斯、J.贡萨尔沃/M.贡萨尔沃、普查德斯/巴索拉、R.赫尔南德斯、萨拉、伊戈亚、盖恩萨

美国(235):博尔吉/H.基奥、乔·马卡/麦克伊尔韦尼、C.科隆博、巴尔/B.克拉多克、J.索萨、盖特延斯、帕里亚尼、沃兰宁

1950.6.29 西班牙2:0智利

里约热内卢/16000人,**主裁判**:马尔歇尔(巴西)

进球:巴索拉17',萨拉30'

西班牙(325):拉马列特斯/G.阿隆索、帕拉、J.贡萨尔沃/M.贡萨尔沃、普查德斯/巴索拉、帕尼索、萨拉、伊戈亚、盖恩萨

智利(325):利文斯顿/法里亚斯、罗尔丹、M.阿尔瓦雷斯/M.布斯克茨、H.卡瓦略/A.普列托、克雷马斯基、罗夫莱多、M.穆尼奥斯、迪亚兹

1950.6.29 美国1:0英格兰

贝洛奥里藏特/10000人,**主裁判**:达蒂洛(意大利)

进球:盖特延斯38'

美国(235):博尔吉/H.基奥、乔·马卡/麦克伊尔韦尼、C.科隆博、巴尔/F.华莱士、J.索萨、盖特延斯、帕里亚尼、E.索萨

英格兰(325):B.威廉斯/拉姆塞、J.阿什顿、比利·赖特/L.休斯、J.迪金森/芬尼、莫滕森、R.本特利、曼尼恩、马伦

1950.7.2 西班牙1:0英格兰

里约热内卢/74000人,**主裁判**:加莱亚蒂(意大利)

进球:萨拉48'

西班牙(325):拉马列特斯/G.阿隆索、帕拉、J.贡萨尔沃/M.贡萨尔沃、普查德斯/巴索拉、帕尼索、萨拉、伊戈亚、盖恩萨

英格兰(325):B.威廉斯/拉姆塞、埃克斯利、比利·赖特/L.休斯、J.迪金森/斯坦利·马修斯、莫滕森、米尔伯恩、拜利、芬尼

1950.7.2 智利5:2美国

累西腓/9000人,**主裁判**:加尔代利(巴西)

进球:罗夫莱多16',F.列拉32',克雷马斯基54'、82',A.普列托60'/F.华莱士47',J.索萨48'(点球)

智利(325):利文斯顿/法里亚斯、马丘卡、M.阿尔瓦雷斯/M.布斯克茨、罗哈斯/A.普列托、克雷马斯基、罗夫莱多、F.列拉、伊巴内斯

美国(235):博尔吉/H.基奥、乔·马卡/麦克伊尔韦尼、C.科隆博、巴尔/F.华莱士、J.索萨、盖特延斯、帕里亚尼、E.索萨

第3组	胜	平	负	进:失球	分
瑞典	1	1	0	5:4	3
意大利	1	0	1	4:3	2
巴拉圭	0	1	1	2:4	1

(瑞典晋级)

1950.6.25 瑞典3:2意大利

圣保罗/36000人,**主裁判**:卢茨(瑞士)

进球:耶普松25'、68',S.安德松33'/卡拉佩塞莱7',穆奇内利75'

瑞典(325):K.斯文松/萨穆埃尔松、E.尼尔松、S.安德松/努达尔、戈德/松德奎斯特、帕尔梅、耶普松、斯科格隆、S.尼尔松

意大利(235):森蒂门蒂/焦万尼尼、富里亚西/安诺瓦齐、帕罗拉、马利/穆奇内利、博尼佩尔蒂、G.卡佩罗、坎帕泰利、卡拉佩塞莱

1950.6.29 瑞典2:2巴拉圭

库里蒂巴/8000人,**主裁判**:罗博特·米切尔(苏格兰)

进球:松德奎斯特24',帕尔梅26'/阿蒂略·洛佩斯32',弗雷特斯89'

瑞典(325):K.斯文松/萨穆埃尔松、E.尼尔松、S.安德松/努达尔、戈德/松德奎斯特、帕尔梅、耶普松、斯科格隆、E.荣松

巴拉圭(325):巴尔加斯/阿尔韦托·冈萨雷斯、塞斯佩德斯、加维兰/莱吉萨蒙、坎特罗/阿瓦洛斯、阿蒂略·洛佩斯、哈拉、弗雷特斯、温萨因

1950.7.2 意大利2:0巴拉圭

圣保罗/26000人,**主裁判**:阿瑟·埃利斯(英格兰)

进球:卡拉佩塞莱12',潘多尔菲尼62'

意大利(235):莫罗/布拉松、富里亚西/法托里、雷蒙迪尼、马里/潘多尔菲尼、穆奇内利、G.卡佩罗、阿马代、卡拉佩塞莱

巴拉圭(325):巴尔加斯/阿尔韦托·冈萨雷斯、塞斯佩德斯、加维兰/莱吉萨蒙、坎特罗/阿瓦洛斯、阿蒂略·洛佩斯、哈拉、弗雷特斯、温萨因

第4组	胜	平	负	进:失球	分
乌拉圭	1	0	0	8:0	2
玻利维亚	0	0	1	0:8	0

(乌拉圭晋级)

1950.7.2 乌拉圭8:0玻利维亚

贝洛奥里藏特/6000人,**主裁判**:里德(英格兰)

进球:米格斯14'、45'、56',埃内斯托·比达尔18',斯基亚菲诺23'、59',胡利奥·佩雷斯73',吉贾83'

乌拉圭(235):马斯波利/马蒂亚斯·冈萨雷斯、特赫拉/J.C.冈萨雷斯、奥夫杜略·巴雷拉、罗德里格斯·安德拉德/吉贾、胡利奥·佩雷斯、米格斯、斯基亚菲诺、埃内斯托·比达尔

玻利维亚(235):E.古铁雷斯/阿查、布斯塔门特-纳瓦/格雷科、A.巴伦西亚、费雷尔/阿尔加拉尼亚斯、乌加特、卡帕雷利、B.古铁雷斯、马尔多纳多

决赛轮	胜	平	负	进:失球	分
乌拉圭	2	1	0	7:5	5
巴西	2	0	1	14:4	4
瑞典	1	0	2	6:11	2
西班牙	0	1	2	4:11	1

1950.7.9 乌拉圭2:2西班牙

圣保罗/45000人,**主裁判**:格里菲斯(威尔士)

进球:吉贾29',奥夫杜略·巴雷拉73'/巴索拉32'39'

乌拉圭(235):马斯波利/马蒂亚斯·冈萨雷斯、特赫拉/J.C.冈萨雷斯、奥夫杜略·巴雷拉、罗德里格斯·安德拉德/吉贾、胡利奥·佩雷斯、米格斯、斯基亚菲诺、埃内斯托·比达尔

西班牙(325):拉马列特斯/G.阿隆索、帕拉、J.贡萨尔沃/M.贡萨尔沃、普查德斯/巴索拉、伊戈亚、萨拉、莫洛尼、盖恩萨

1950.7.9 巴西7:1瑞典

里约热内卢/139000人,**主裁判**:阿瑟·埃利斯(英格兰)

进球:阿德米尔17'、36'、52'、58',希科39'、88',马内卡85'/S.安德松67'(点球)

巴西(235):巴尔博萨/奥古斯托、茹韦纳尔/鲍尔、达尼洛、比戈德/马内卡、齐齐尼奥、阿德米尔、雅伊尔、希科

瑞典(325):K.斯文松/萨穆埃尔松、E.尼尔松、S.安德松/努达尔、戈德/松德奎斯特、帕尔梅、耶普松、斯科格隆、S.尼尔松

1950.7.13 巴西6:1西班牙

里约热内卢/153000人,**主裁判**:利夫(英格兰)

进球:阿德米尔15'、57',雅伊尔21',希科31'、55',齐齐尼奥67'/伊戈亚71'

巴西(235):巴尔博萨/奥古斯托、茹韦纳尔/鲍尔、达尼洛、比戈德/弗里亚萨、齐齐尼奥、阿德米尔、雅伊尔、希科

西班牙(325):拉马列特斯/G.阿隆索、帕拉、J.贡萨尔沃/M.贡萨尔沃、普查德斯/巴索拉、伊戈亚、萨拉、帕尼索、盖恩萨

1950.7.13 乌拉圭3:2瑞典

圣保罗/8000人,**主裁判**:加莱亚蒂(意大利)

进球:吉贾39',米格斯77'、85'/帕尔梅5',松德奎斯特40'

乌拉圭(325):帕斯/马蒂亚斯·冈萨雷斯、特赫拉、甘贝塔/奥夫杜略·巴雷拉、罗德里格斯·安德拉德/吉贾、胡利奥·佩雷斯、米格斯、斯基亚菲诺、埃内斯托·比达尔

瑞典(325):K.斯文松/萨穆埃尔松、E.尼尔松、S.安德松/G.约翰松、戈德/松德奎斯特、帕尔梅、B.梅尔贝里、耶普松、E.荣松

1950.7.16 瑞典3:1西班牙

圣保罗/11000人,**主裁判**:范德梅尔(荷兰)

进球:松德奎斯特15',B.梅尔贝里33',帕尔梅80'/萨拉82'

瑞典(325):K.斯文松/萨穆埃尔松、E.尼尔松、S.安德松/G.约翰松、戈德/松德奎斯特、帕尔梅、E.梅尔贝里、吕德尔、E.荣松

西班牙(325):埃萨吉雷/阿森西、帕拉、G.阿隆索/A.席尔瓦、普查德斯/巴索拉、R.赫尔南德斯、萨拉、帕尼索、洪科萨

1950.7.16 乌拉圭2:1巴西

里约热内卢/174000人,**主裁判**:里德(英格兰)

进球:斯基亚菲诺66',吉贾79'/弗里亚萨47'

乌拉圭(325):马斯波利/马蒂亚斯·冈萨雷斯、特赫拉、甘贝塔/奥夫杜略·巴雷拉、罗德里格斯·安德拉德/吉贾、胡利奥·佩雷斯、米格斯、斯基亚菲诺、莫兰

巴西(235):巴尔博萨/奥古斯托、茹韦纳尔/鲍尔、达尼洛、比戈德/弗里亚萨、齐齐尼奥、阿德米尔、雅伊尔、希科

1954

预选赛

东道主瑞士队、卫冕冠军乌拉圭队直接晋级。共45个国家和地区参加预选赛(实际参赛33队)，争夺14个出线席位。预选赛共进行57场比赛，进球208个，场均3.65球。入场券分配方面，欧洲区12个(包括瑞士，埃及和以色列参加欧洲区比赛)，南美区3个(包括乌拉圭)，亚洲区1个。第7组波兰弃权，西班牙直接出线。秘鲁和台湾地区赛前弃权。

欧洲区

(赛制)共25支球队参赛，分成10个小组，第3组出线2支球队，其余小组第1名出线。

第1组	胜	平	负	进:失球	分
德国	3	1	0	12:3	7
萨尔	1	1	2	4:8	3
挪威	0	2	2	4:9	2

(德国出线)

1953.6.24 挪威2:3萨尔
托勒森2'，达伦15'/宾克特16'，奥托30'，西德勒52'
1953.8.19 挪威1:1德国
亨努姆41'/F.瓦尔特44'
1953.10.11 德国3:0萨尔
莫洛克13'、51'，沙德71'
1953.11.8 萨尔0:0挪威
1953.11.22 德国5:1挪威
莫洛克131'、63'，O.瓦尔特69'，F.瓦尔特80'，拉恩82'/诺达尔27'
1953.3.28 萨尔1:3德国
H.马丁69'(点球)/莫洛克137'、51'，舍费尔R83'

第2组	胜	平	负	进:失球	分
比利时	3	1	0	11:6	7
瑞典	1	1	2	9:8	3
芬兰	0	2	2	7:13	2

(比利时出线)

1953.5.25 芬兰2:4比利时
伦托维尔塔55'、77'/科庞7'、25'、79'，阿努尔9'
1953.5.28 瑞典2:3比利时
本特松20'，塞尔莫松26'/阿努尔28'，施特雷特曼38'，伦贝雷克茨41'
1953.8.5 芬兰3:3瑞典
伦托维尔塔63'，拉赫蒂宁67'，里克贝里70'/桑德尔9'、71'，佩尔松23'
1953.8.16 瑞典4:0芬兰
桑德贝里22'，桑德尔24'、61'，桑丁56'
1953.9.23 比利时2:2芬兰
博伦22'、30'/拉赫蒂宁83'，瓦伊拉90'
1953.10.8 比利时2:0瑞典
科庞33'，梅斯75'

第3组	胜	平	负	进:失球	分
英格兰	3	0	0	11:4	6
苏格兰	1	1	1	8:8	3
北爱尔兰	1	0	2	4:7	2
威尔士	0	1	2	5:9	1

(英格兰、苏格兰出线)

1953.10.3 北爱尔兰1:3苏格兰
洛克哈特72'(点球)/福莱明52'、63'，杰克·亨德森81'
1953.10.10 威尔士1:4英格兰
奥尔丘奇23'/威尔肖45'、48'，洛夫豪斯52'、53'
1953.11.4 苏格兰3:3威尔士
阿兰·布朗19'，博比·约翰斯顿42'，赖利58'/约翰·查尔斯49'、88'，奥尔丘奇73'
1953.11.11 英格兰3:1北爱尔兰
哈索尔1'、57'，洛夫豪斯74'/麦克莫伦54'
1954.3.31 威尔士1:2北爱尔兰
约翰·查尔斯80'/麦克帕兰1'、52'
1954.4.3 苏格兰2:4英格兰
阿兰·布朗7'，奥蒙德89'/布罗迪斯13'，约翰·尼科尔斯50'，鲁尼·艾伦68'，马伦83'

第4组	胜	平	负	进:失球	分
法国	4	0	0	20:4	8
爱尔兰	2	0	2	8:6	4
卢森堡	0	0	4	1:19	0

(法国出线)

1953.9.20 卢森堡1:6法国
科恩6'/皮安托尼5'，科帕10'，奇奇41'，格洛瓦茨基44'，卡尔古73'，弗拉米翁88'
1953.10.4 爱尔兰3:5法国
莱格·瑞恩53'，沃尔什83'，奥法莱尔88'/格洛瓦茨基23'，庞韦内41'，乌伊洛基49'、67'，弗拉米翁72'
1953.10.28 爱尔兰4:0卢森堡
菲茨蒙斯20'、75'，莱格·瑞恩47'(点球)，埃灵顿62'
1953.11.25 法国1:0爱尔兰
皮安托尼72'
1953.12.17 法国8:0卢森堡
格德朗热2'、88'，樊尚6'、10'，方丹21'、75'、80'，富瓦57'
1954.3.7 卢森堡0:1爱尔兰
卡明斯62'

第5组	胜	平	负	进:失球	分
奥地利	1	1	0	9:1	3
葡萄牙	0	1	1	1:9	1

(奥地利出线)

1953.9.26 奥地利9:1葡萄牙
欧奇维尔克13'，普罗布斯特14'、19'、31'、58'、71'，哈佩尔67'，瓦格纳82'，丁斯特87'/阿瓜斯60'
1953.11.29 葡萄牙0:0奥地利

第6组	胜	平	负	进:失球	分
西班牙	1	0	1	4:2	2
土耳其	1	0	1	2:4	2

(西班牙通过抽签出线)

1954.1.6 西班牙4:1土耳其
V.佩雷斯12'，盖因萨47'，米格尔·冈萨雷斯48'，阿尔苏阿65'/阿达纳尔31'
1954.3.14 土耳其1:0西班牙
萨尔根16'

附加赛

1954.3.17 土耳其2:2西班牙
萨尔根32'，马马特65'/阿特切18'，埃斯库德罗79'

第8组	胜	平	负	进:失球	分
捷克斯洛伐克	3	1	0	5:1	7
罗马尼亚	2	0	2	5:5	4
保加利亚	0	1	3	3:7	1

(捷克斯洛伐克出线)

1953.6.28 罗马尼亚3:1保加利亚
佩乔斯基20'、30'，埃内82'/塔什科夫55'
1953.7.14 捷克斯洛伐克2:0罗马尼亚
保齐奇基54'，威尔克63'
1953.9.6 保加利亚1:2捷克斯洛伐克
博日科夫53'(点球)/威尔克8'、40'
1953.10.11 保加利亚1:2罗马尼亚
科列夫11'/谢尔弗泽10'，克利诺尤52'
1953.10.25 罗马尼亚0:1捷克斯洛伐克
沙弗拉内克38'(点球)
1953.11.8 捷克斯洛伐克0:0保加利亚

第9组	胜	平	负	进:失球	分
意大利	2	0	0	7:2	4
埃及	0	0	2	2:7	0

(意大利出线)

1953.11.13 埃及1:2意大利
迪巴23'/弗里尼亚尼61'，穆奇内利79'
1954.1.24 意大利5:1埃及
潘多尔菲尼1'，弗里尼亚尼62'，博尼佩尔蒂65'、86'，里卡尼84'/埃尔丁32'

第10组	胜	平	负	进:失球	分
南斯拉夫	4	0	0	4:0	8
希腊	2	0	2	3:2	4
以色列	0	0	4	0:5	0

(南斯拉夫出线)

1953.5.9 南斯拉夫1:0希腊
马托希奇21'
1953.11.1 希腊1:0以色列
贝比斯53'
1953.11.8 南斯拉夫1:0以色列
米洛什·米卢蒂诺维奇2'
1954.3.8 以色列0:2希腊
科基纳基斯61'，卡马拉斯83'
1954.3.21 以色列0:1南斯拉夫
泽贝茨81'
1954.3.28 希腊0:1南斯拉夫
韦塞利诺维奇51'

美洲区

(赛制)共6支球队参赛，分成2个小组。每组第一名出线。

第11组	胜	平	负	进:失球	分
墨西哥	4	0	0	19:1	8
美国	2	0	2	7:9	4
海地	0	0	4	2:18	0

(墨西哥出线)

1953.7.19 墨西哥8:0海地
巴尔卡萨尔22'、24'、76'，G.戈麦斯27'，特列斯34'，阿尔瑙达38'、69'、85'
1953.12.27 海地0:4墨西哥
阿瓦洛S4'，拉马德里14'、59'，巴尔卡萨尔65'
1954.1.10 美国0:4墨西哥
巴尔卡萨尔4'，SHEPPELL16'(乌龙)，拉马德里57'，纳兰霍61'
1954.1.14 墨西哥3:1美国

A.托雷斯59'、89'，拉马德里82'/洛比7'

1954.4.3　　海地2:3美国

埃利60'(点球)，黑格89'/C.凯西20'，沙许里安42'，洛比83'

1954.4.4　　美国3:0海地

洛比22'、65'，门多萨31'

第12组	胜	平	负	进:失球	分
巴西	4	0	0	8:1	8
巴拉圭	2	0	2	8:6	4
智利	0	0	4	1:10	0

(巴西出线)

1954.2.14　　巴拉圭4:0智利

卢戈30'，J.帕罗迪52'，埃莫西利亚70'，S.帕罗迪79'

1954.2.21　　智利1:3巴拉圭

罗夫莱多16'/卢戈22'、62'，J.帕罗迪82'

1954.2.28　　智利0:2巴西

巴尔塔萨37'、62'

1954.3.7　　巴拉圭0:1巴西

巴尔塔萨57'

1954.3.14　　巴西1:0智利

巴尔塔萨35'

1954.4.21　　巴西4:1巴拉圭

儒利尼奥59'、85'，巴尔塔萨65'，毛里尼奥89'/E.马丁内斯75'

亚洲区

(赛制)共2支球队参赛，小组第一名出线。

第13组	胜	平	负	进:失球	分
韩国	1	1	0	7:3	3
日本	0	1	1	3:7	1

(韩国出线)

1954.3.7　　日本1:5韩国

长沼坚16'/郑南植22'，崔光植34'，成乐元65'，崔钟民82'、85'

1954.3.14　　韩国2:2日本

岩谷纪雄17'、61'/郑南植24'，崔光植43'

决赛阶段

16支球队分为4组，每组4支球队中有2支被定为种子队，另外2支为非种子队。小组赛中，种子队之间不交手，非种子队之间也不交手，小组前2名晋级1/4决赛。若小组出现并列第2名，那么并列的2支球队需要进行附加赛。

第1组	胜	平	负	进:失球	分
巴西	1	1	0	6:1	3
南斯拉夫	1	1	0	2:1	3
法国	1	0	1	3:3	2
墨西哥	0	0	2	2:8	0

(巴西、南斯拉夫晋级)

1954.6.16　　南斯拉夫1:0法国

洛桑/27000人，**主裁判**:格里菲斯(威尔士)

进球:M.米卢蒂诺维奇15'

南斯拉夫(325):贝亚拉/B.斯坦科维奇、茨尔尼亚科维奇、I.霍瓦特/Z.柴可夫斯基、博什科夫/M.米卢蒂诺维奇、米蒂奇、武卡斯、博贝克、泽贝茨

法国(325):雷梅特尔/贾内西、克尔贝尔、庞凡尔纳/容凯、马塞尔/科帕、格洛瓦基、斯特拉佩、德勒德尔、樊尚

1954.6.16　　巴西5:0墨西哥

日内瓦/27000人，**主裁判**:怀斯林(瑞士)

进球:巴尔塔萨23'，迪迪30'，平加34'、43'，儒利尼奥69'

巴西(325):卡斯蒂略/D.桑托斯、N.桑托斯、布兰当津霍/皮涅罗、鲍尔/儒利尼奥、迪迪、巴尔塔萨、平加、F.罗德里格斯

墨西哥(325):莫塔/N.洛佩斯、J.戈麦斯、卡德纳斯/罗莫、阿瓦洛斯/A.托雷斯、纳兰霍、拉马德里、巴尔卡萨尔、阿雷利亚诺

1954.6.19　　巴西1:1南斯拉夫(加时)

洛桑/40000人，**主裁判**:福尔特莱斯(苏格兰)

进球:泽贝茨48'/迪迪69'

巴西(325):卡斯蒂略/D.桑托斯、N.桑托斯、布兰当津霍/皮涅罗、鲍尔/儒利尼奥、迪迪、巴尔塔萨、平加、F.罗德里格斯

南斯拉夫(325):贝亚拉/B.斯坦科维奇、茨尔尼亚科维奇、I.霍瓦特/Z.柴可夫斯基、博什科夫/M.米卢蒂诺维奇、米蒂奇、武卡斯、德沃尔尼奇、泽贝茨

1954.6.19　　法国3:2墨西哥

日内瓦/19000人，**主裁判**:阿森西(西班牙)

进球:樊尚19'，卡德纳斯49'(乌龙)，科帕88'(点球)/拉马德里54'，巴尔卡萨尔85'

法国(325):雷梅特尔/贾内西、克尔贝尔、马尔什/本-提富尔、马塞尔/科帕、马哈古卜、斯特拉佩、德勒德尔、樊尚

墨西哥(325):卡瓦哈尔/N.洛佩斯、S.马丁内斯、卡德纳斯/罗莫、阿瓦洛斯/A.托雷斯、纳兰霍、拉马德里、巴尔卡萨尔、阿雷利亚诺

第2组	胜	平	负	进:失球	分
匈牙利	2	0	0	17:3	4
联邦德国	2	0	1	14:11	4
土耳其	1	0	2	10:11	2
韩国	0	0	2	0:16	0

(匈牙利、联邦德国晋级)

1954.6.17　　联邦德国4:1土耳其

伯尔尼/39000人，**主裁判**:维埃拉(葡萄牙)

进球:舍费尔14'，克洛特52'，O.瓦尔特60'，莫洛克84'/苏阿特2'

联邦德国(325):图雷克/拉班德、波西帕尔、科尔迈尔/埃克尔、马伊/克洛特、莫洛克、O.瓦尔特、F.瓦尔特、舍费尔

土耳其(325):图尔加伊/勒德万、巴斯里、E.穆斯塔法/切廷、罗贝尔/克斯金、苏阿特、费里敦、布尔汉、莱夫特

1954.6.17　　匈牙利9:0韩国

苏黎世/18000人，**主裁判**:温琴蒂(法国)

进球:普斯卡什12'、89'，隆托什18'，柯奇士24'、36'、50'，齐博尔59'，保洛塔什75'、83'

匈牙利(325):格罗希奇/布赞斯基、隆托什、博日克/洛朗特、索伊卡/布道伊、柯奇士、保洛塔什、普斯卡什、齐博尔

韩国(325):洪德泳/朴永重、闵秉大、朴宰成/姜昌基、楚英光/郑南植、朴日甲、成乐元、吴相权、崔英坤

1954.6.20　　匈牙利8:3联邦德国

巴塞尔/65000人，**主裁判**:威廉·林(英格兰)

进球:柯奇士3'、21'、67'、78'，普斯卡什17'，希代古提50'、54'，J.托特73'/普法夫25'，拉恩77'，赫雷曼81'

匈牙利(325):格罗希奇/布赞斯基、隆托什、博日克/洛朗特、佐考里亚什/J.托特、柯奇士、希代古提、普斯卡什(61'因伤离场)、齐博尔

联邦德国(325):克维亚特科夫斯基/H.鲍尔、利布里希、科尔迈尔/波西帕尔、梅布斯/拉恩、埃克尔、F.瓦尔特、普法夫、赫雷曼

1954.6.20　　土耳其7:0韩国

日内瓦/3000人，**主裁判**:马里诺(乌拉圭)

进球:苏阿特10'、30'，莱夫特24'，布尔汉37'、64'、70'，克斯金76'

土耳其(325):图尔加伊/勒德万、巴斯里、E.穆斯塔法/切廷、罗贝尔/克斯金、苏阿特、内吉米、布尔汉、莱夫特

韩国(325):洪德泳/朴永重、韩成豪、李钟甲/姜昌基、金志城/崔英坤、李洙南、李基宇、吴相权、郑国晋

1954.6.23　　联邦德国7:2土耳其(重赛)

苏黎世/18000人，**主裁判**:温琴蒂(法国)

进球:O.瓦尔特7'，舍费尔12'、79'，莫洛克30'、60'、77'，F.瓦尔特62'/E.穆斯塔法21'，莱夫特82'

联邦德国(325):图雷克/拉班德、波西帕尔、H.鲍尔/埃克尔、马伊/克洛特、莫洛克、O.瓦尔特、F.瓦尔特、舍费尔

土耳其(325):许克吕/勒德万、巴斯里、纳吉/E.穆斯塔法、切廷(50'因伤离场)/罗贝尔、克斯金、内吉米、焦什昆、莱夫特

第3组	胜	平	负	进:失球	分
乌拉圭	2	0	0	9:0	4
奥地利	2	0	0	6:0	4
捷克斯洛伐克	0	0	2	0:7	0
苏格兰	0	0	2	0:8	0

(乌拉圭、奥地利晋级)

1954.6.16　　奥地利1:0苏格兰

苏黎世/30000人，**主裁判**:弗兰肯(比利时)

进球:普罗布斯特33'

奥地利(325):施米德/阿纳皮、哈佩尔、巴尔沙安特/欧奇维尔克、克勒尔/R.克尔纳、施勒格、丁斯特、普罗布斯特、A.克尔纳

苏格兰(325):F.马丁/坎宁安、艾尔德、T.多切蒂/吉米·戴维森、考伊/麦肯齐、费尔尼、莫肯、阿兰·布朗、奥蒙德

1954.6.16　　乌拉圭2:0捷克斯洛伐克

伯尔尼/20500人，**主裁判**:埃利斯(英格兰)

进球:米格斯72'，斯基亚菲诺81'

乌拉圭(325):马斯波利/圣马里亚、W.马丁内斯、V.安德拉德/O.巴莱拉、路易斯·克鲁斯/阿巴迪、安布鲁瓦、米格斯、斯基亚菲诺、博尔赫斯

联邦德国与匈牙利的决赛中，德国球员拉恩(举臂庆祝者)与队友庆祝进球。

捷克斯洛伐克(325):赖曼/沙弗拉内克、L.诺瓦克、特尔恩卡/赫莱迪克、赫特尔/赫拉瓦切克、黑梅莱、卡查尼、保齐奇基、佩塞克

1954.6.19　乌拉圭7:0苏格兰
巴塞尔/43000人,**主裁判**:奥兰迪尼(意大利)
进球:博尔赫斯17'、47'、57',米格斯30'、83',阿巴迪54'、85'
乌拉圭(325):马斯波利/圣马里亚、W.马丁内斯、V.安德拉德/O.巴莱拉、路易斯·克鲁斯/阿巴迪、安布鲁瓦、米格斯、斯基亚菲诺、博尔赫斯
苏格兰(325):F.马丁/坎宁安、艾尔德、T.多切蒂/吉米·戴维森、考伊/麦肯齐、费尔尼、莫肯、阿兰·布朗、奥蒙德

1954.6.19　奥地利5:0捷克斯洛伐克
苏黎世/25000人,**主裁判**:斯特凡诺维奇(南斯拉夫)
进球:斯托亚斯帕尔3'、70',普罗布斯特4'、21'、24'
奥地利(325):施米德/阿纳皮、哈佩尔、巴尔沙安特/欧奇维尔克、克勒尔/R.克尔纳、瓦格纳、斯托亚斯帕尔、普罗布斯特、A.克尔纳
捷克斯洛伐克(325):斯塔霍/沙弗拉内克、L.诺瓦克、特尔恩卡/普鲁斯卡尔、赫特尔/赫拉瓦切克、黑梅莱、卡查尼、保齐奇基、克劳斯

第4组	胜	平	负	进:失球	分
瑞士	2	0	1	6:4	4
英格兰	1	1	0	6:4	3
意大利	1	0	2	6:7	2
比利时	0	1	1	5:8	1

(瑞士、英格兰晋级)

1954.6.17　瑞士2:1意大利
洛桑/43000人,**主裁判**:维亚纳(巴西)
进球:巴拉曼18',休吉78'/博尼佩尔蒂44'
瑞士(325):帕利耶/纳里、凯尔宁、弗吕基格/博克特、卡萨利/巴拉曼、R.冯兰唐、休吉、迈尔、法顿
意大利(325):盖齐/温琴齐、贾科马齐、M.内里/托尼翁、内斯蒂/穆奇内利、博尼佩尔蒂、C.加利、潘多尔菲尼、洛伦齐

1954.6.17　英格兰4:4比利时(加时)
巴塞尔/40000人,**主裁判**:施梅策尔(联邦德国)
进球:布罗迪斯26'、63',洛夫特豪斯36'、91'/阿努尔5'、71',科庞67',J.迪金森94'(乌龙)
英格兰(325):梅里克/斯塔尼福斯、伯恩、比利·赖特/S.欧文、J.迪金森/马修斯、布罗迪斯、洛夫特豪斯、T.泰勒、芬尼
比利时(325):格纳艾/德里斯、范勃兰特、许斯曼斯/卡雷、梅斯/默尔曼斯、豪夫、科庞、阿努尔、P.范登博施

1954.6.20　意大利4:1比利时
卢加诺/26000人,**主裁判**:施泰纳(奥地利)
进球:潘多尔菲尼41'(点球),C.加利48',弗里尼亚尼58',洛伦齐78'/阿努尔81'
意大利(325):盖齐/马尼尼、贾科马齐、M.内里/托尼翁、内斯蒂/弗里尼亚尼、G.卡佩罗、C.加利、潘多尔菲尼、洛伦齐
比利时(325):格纳艾/德里斯、范勃兰特、许斯曼斯/卡雷、梅斯/默尔曼斯、H.范登博施、科庞、阿努尔、P.范登博施

1954.6.20　英格兰2:0瑞士
伯尔尼/50000人,**主裁判**:若尔特(匈牙利)
进球:马伦43',威尔肖69'
英格兰(325):梅里克/斯塔尼福斯、伯恩、比利·赖特/麦加里、J.迪金森/威尔肖、布罗迪斯、马伦、T.泰勒、芬尼
瑞士(325):帕利耶/纳里、凯尔宁、埃吉曼/博克特、比格勒/巴拉曼、R.冯兰唐、安特南、迈尔、法顿

1954.6.23　瑞士4:1意大利(重赛)
巴塞尔/30000人,**主裁判**:格里菲斯(威尔士)
进球:休吉14'、85',巴拉曼48',法顿90'/内斯蒂67'
瑞士(325):帕利耶/纳里、凯尔宁、埃吉曼/博克特、卡萨利/巴拉曼、R.冯兰唐、休吉、安特南、法顿
意大利(325):维奥拉/马尼尼、贾科马齐、马里/托尼翁、内斯蒂/穆奇内利、塞加托、弗里尼亚尼、潘多尔菲尼、洛伦齐

1/4决赛

1954.6.26　奥地利7:5瑞士
洛桑/35000人,**主裁判**:福尔特莱斯(苏格兰)
进球:瓦格纳25'、27'、53',R.克尔纳26'、34',欧奇维尔克32',普罗布斯特76'/巴拉曼16'、39',休吉17'、19'、58'
奥地利(325):施米德/阿纳皮、哈佩尔、巴尔沙安特/欧奇维尔克、克勒尔/R.克尔纳、瓦格纳、斯托亚斯帕尔、普罗布斯特、A.克尔纳
瑞士(325):帕利耶/纳里、凯尔宁、埃吉曼/博克特、卡萨利/安特南、R.冯兰唐、休吉、巴拉曼、法顿

1954.6.26　乌拉圭4:2英格兰
巴塞尔/35000人,**主裁判**:施泰纳(奥地利)
进球:博尔赫斯5',O.巴莱拉39',斯基亚菲诺46',安布鲁瓦78'/洛夫特豪斯16',芬尼67'
乌拉圭(325):马斯波利/W.马丁内斯、圣马里亚、V.安德拉德/O.巴莱拉、路易斯·克鲁斯/阿巴迪、安布鲁瓦、米格斯、斯基亚菲诺、博尔赫斯
英格兰(235):梅里克/斯塔尼福斯、伯恩/麦加里、比利·赖特、J.迪金森/马修斯、布罗迪斯、洛夫特豪斯、威尔肖、芬尼

1954.6.27　匈牙利4:2巴西
伯尔尼/60000人,**主裁判**:埃利斯(英格兰)
进球:希代古提4',柯奇士7'、88',隆托什60'(点球)/D.桑托斯18'(点球),儒利尼奥65'
匈牙利(325):格罗希奇/布赞斯基、隆托什、博日克(71'被驱逐)/洛朗特、佐考里亚什/M.托特、柯奇士、希代古提、齐博尔、J.托特
巴西(325):卡斯蒂略/D.桑托斯、N.桑托斯(71'被驱逐)、布兰当津霍/皮涅罗、鲍尔/儒利尼奥、迪迪、因迪奥、托齐(79'被驱逐)、毛里尼奥

1954.6.27　联邦德国2:0南斯拉夫
日内瓦/20000人,**主裁判**:若尔特(匈牙利)
进球:I.霍瓦特9'(乌龙),拉恩85'
联邦德国(325):图雷克/拉班德、利布里希、科尔迈尔/埃克尔、马伊/拉恩、莫洛克、O.瓦尔特、F.瓦尔特、舍费尔
南斯拉夫(325):贝亚拉/B.斯坦科维奇、茨尔尼亚科维奇、I.霍瓦特/Zl.柴可夫斯基、博什科夫/M.米卢蒂诺维奇、米蒂奇、武卡斯、博贝克、泽贝茨

半决赛

1954.6.30　匈牙利4:2乌拉圭(加时)
洛桑/37000人,**主裁判**:格里菲斯(威尔士)
进球:齐博尔13',希代古提46',柯奇士111'、116'/奥贝格75'、86'
匈牙利(325):格罗希奇/布赞斯基、隆托什、博日克/洛朗特、佐考里亚什/布道伊、柯奇士、希代古提、齐博尔、保洛塔什
乌拉圭(325):马斯波利/W.马丁内斯、圣马里亚、V.安德拉德/卡巴洛、路易斯·克鲁斯/索托、安布鲁瓦、奥贝格、斯基亚菲诺、博尔赫斯

1954.6.30　联邦德国6:1奥地利
巴塞尔/58000人,**主裁判**:奥兰迪尼(意大利)
进球:舍费尔31',莫洛克47',F.瓦尔特54'(点球)64'(点球),O.瓦尔特61'、89'/普罗布斯特51'
联邦德国(325):图雷克/波西帕尔、利布里希、科尔迈尔/埃克尔、马伊/拉恩、莫洛克、O.瓦尔特、F.瓦尔特、舍费尔
奥地利(325):泽曼/阿纳皮、哈佩尔、施勒格/欧奇维尔克、克勒尔/R.克尔纳、瓦格纳、斯托亚斯帕尔、普罗布斯特、A.克尔纳

三四名决赛

1954.7.3　奥地利3:1乌拉圭
苏黎世/35000人,**主裁判**:怀斯林(瑞士)
进球:斯托亚斯帕尔16'(点球),路易斯·克鲁斯59'(乌龙),欧奇维尔克89'/奥贝格22'
奥地利(325):施米德/阿纳皮、巴尔沙安特、科尔曼/欧奇维尔克、克勒尔/R.克尔纳、瓦格纳、斯托亚斯帕尔、普罗布斯特、丁斯特
乌拉圭(325):马斯波利/W.马丁内斯、圣马里亚、V.安德拉德/卡巴洛、路易斯·克鲁斯/阿巴迪、O.门德斯、奥贝格、斯基亚菲诺、博尔赫斯

决赛

1954.7.4　联邦德国3:2匈牙利
伯尔尼/60000人,**主裁判**:威廉·林(英格兰)
进球:普斯卡什6',齐博尔8'/莫洛克10',拉恩18'、84'
联邦德国(325):图雷克/波西帕尔、利布里希、科尔迈尔/埃克尔、马伊/拉恩、莫洛克、O.瓦尔特、F.瓦尔特、舍费尔
匈牙利(325):格罗希奇/布赞斯基、隆托什、博日克/洛朗特、佐考里亚什/齐博尔、柯奇士、希代古提、普斯卡什、M.托特

夺冠后,荣归故里的联邦德国队受到英雄般的欢呼和追捧。

1958

预选赛

东道主瑞典队和卫冕冠军联邦德国队直接出线。另56队参加预选赛，争夺14个出线席位。预选赛共进行了89场，进球341个，场均3.83球。入场券分配方面，欧洲区11个(含瑞典和联邦德国)，南美区3个，中北美及加勒比区1个，非洲区与亚洲区争夺1个。原本应该是1张入场券通过附加赛决出:亚洲区冠军与非洲区冠军进行两回合附加赛，胜出者晋级决赛圈——但是苏丹因政治原因拒绝和以色列进行附加赛，国际足联只得从欧洲区选出第4小组亚军(威尔士)和以色列进行附加赛。最终威尔士晋级决赛圈。

欧洲区

(赛制)共27队参赛，分成9个小组，每小组第1名晋级决赛圈。若小组前两名分数相同则进行附加赛，胜者晋级决赛圈。

第1组	胜	平	负	进:失球	分
英格兰	3	1	0	15:5	7
爱尔兰	2	1	1	6:7	5
丹麦	0	0	4	4:13	0

(英格兰出线)

1956.10.13 爱尔兰2:1丹麦
柯蒂斯27',加文45'(点球)/A.延森85'

1956.12.05 英格兰5:2丹麦
泰勒2'、22'、53',爱德华兹66'、77'/O.尼尔森27'、32'

1957.05.08 英格兰5:1爱尔兰
泰勒x3,埃特尤x2/柯蒂斯

1957.05.15 丹麦1:4英格兰
J.延森27'/海恩斯28',泰勒71',86',埃特尤75'

1957.05.19 爱尔兰1:1英格兰
林斯特德/埃特尤

1957.10.02 丹麦0:2爱尔兰
康明斯53',柯蒂斯61'

第2组	胜	平	负	进:失球	分
法国	3	1	0	19:4	7
比利时	2	1	1	16:11	5
冰岛	0	0	4	6:26	0

(法国出线)

1956.11.11 法国6:3比利时
奇索夫斯基13'、15'、44'、72'、88',维森特18'/豪夫16',威廉斯61'、67'

1957.06.02 法国8:0冰岛
C.奥利维耶6'、11',维森特29'、83',德勒德尔36',皮安托尼45'、81',卜拉希米49'

1957.06.05 比利时8:3冰岛
奥伦斯x2,皮捷尔斯,P.范登贝里,科庞x2,米斯x2/索尔达松33'、78',R.荣松82'

1957.09.01 冰岛1:5法国
T.荣松64'/奇索夫斯基29'、32',乌伊洛基48'、66',维希涅夫斯基53'

1957.09.04 冰岛2:5比利时
R.荣松1',索尔达松73'/反埃尔普,P.范登贝里x3,威廉斯

1957.10.27 比利时0:0法国

第3组	胜	平	负	进:失球	分
匈牙利	3	0	1	12:4	6
保加利亚	2	0	2	11:7	4
挪威	1	0	3	3:15	2

(匈牙利出线)

1957.05.22 挪威1:2保加利亚
亨努姆/G.季米特洛夫x2

1957.06.12 挪威2:1匈牙利
亨努姆,克里斯蒂安森/蒂希

1957.06.23 匈牙利4:1保加利亚
马乔斯x3,博日克/G.季米特洛夫

1957.09.15 保加利亚1:2匈牙利
迪耶夫/希代古提x2

1957.11.03 保加利亚7:0挪威
伊莱夫x3,帕纳约托夫x2,亚涅夫,德巴尔斯基

1957.11.10 匈牙利5:0挪威
乔尔达斯x2,山多尔,马乔斯,乌龙

第4组	胜	平	负	进:失球	分
捷克斯洛伐克	3	0	1	9:3	6
威尔士	2	0	2	6:5	4
民主德国	1	0	3	5:12	2

(捷克斯洛伐克出线)

1957.05.01 威尔士1:0捷克斯洛伐克
弗农

1957.05.19 民主德国2:1威尔士
维尔特21',特洛格61'/M.查尔斯6'

1957.05.26 捷克斯洛伐克2:0威尔士
克劳斯,丹尼尔(乌龙球)

1957.06.16 捷克斯洛伐克3:1民主德国
克劳斯60',布勃尼克81',莫尔纳89'/维尔特18'

1957.09.25 威尔士4:1民主德国
帕尔默38'、44'、73',琼斯42'/凯泽57'

1957.10.27 民主德国1:4捷克斯洛伐克
H.米勒35'/克劳斯4'、88',莫拉夫奇克23',诺瓦克43'

第5组	胜	平	负	进:失球	分
奥地利	3	1	0	14:3	7
荷兰	2	1	1	12:7	5
卢森堡	0	0	4	3:19	0

(奥地利出线)

1956.09.30 奥地利7:0卢森堡
瓦格纳x2,汉纳比x2,豪默,沃尔茨霍费尔,科兹利切克

1957.03.20 荷兰4:1卢森堡
范德海普x2,布吕塞勒斯,迪伦/哈尔斯多夫

1957.05.26 奥地利3:2荷兰
布泽克,科勒,施托茨/范梅利斯x2

1957.09.11 荷兰5:2卢森堡
伦斯特拉x2,威尔肯斯,赖伊弗斯,范梅利斯/菲德勒,莱齐

1957.09.25 荷兰1:1奥地利
伦斯特拉/汉纳比

1957.09.29 卢森堡0:3奥地利
丁斯特,科兹利切克,森科夫维基茨

第6组	胜	平	负	进:失球	分
苏联	3	0	1	16:3	6
波兰	3	0	1	9:5	6
芬兰	0	0	4	2:19	0

(苏联出线)

1957.06.23 苏联3:0波兰
塔图申9',西莫尼安55',伊雷因77'

1957.07.05 芬兰1:3波兰
万哈宁72'/扬科夫斯基19'、56'、65'

1957.07.27 苏联2:1芬兰
沃伊诺夫23',内托62'/拉赫蒂宁42'

1957.08.15 芬兰0:10苏联
内托6',西莫尼安9'、13'、31',伊萨耶夫12'、20',斯特列利索29'、49',伊雷因60'、87'

1957.10.20 波兰2:1苏联
切西利克43'、50'/V.伊万诺夫80'

1957.11.03 波兰4:0芬兰
加夫利克2',布里赫茨基4'、48',扬科夫斯基60'

附加赛(中立场地：民主德国)

1957.11.24 苏联2:0波兰
斯特列利科31',菲多索75'

第7组	胜	平	负	进:失球	分
南斯拉夫	2	2	0	7:2	6
罗马尼亚	2	1	1	6:4	5
希腊	0	1	3	2:9	1

(南斯拉夫出线)

1957.05.05 希腊0:0南斯拉夫

1957.16.06. 希腊1:2罗马尼亚
帕纳基斯/埃内,奥宗

1957.29.09 罗马尼亚1:1南斯拉夫
埃内/穆伊奇

1957.03.11 罗马尼亚3:0希腊
佩乔斯基,特塔鲁,卡科维亚努

1957.10.1 南斯拉夫4:1希腊
穆伊奇x2,佩塔科维奇,科斯蒂奇/内斯托里迪斯

1957.11.17 南斯拉夫2:0罗马尼亚
米洛什·米卢蒂诺维奇x2

第8组	胜	平	负	进:失球	分
北爱尔兰	2	1	1	6:3	5
意大利	2	0	2	5:5	4
葡萄牙	1	1	2	4:7	3

(北爱尔兰出线)

1957.16.0 葡萄牙1:1北爱尔兰
瓦斯克斯/宾厄姆

1957.25.04 意大利1:0北爱尔兰
切尔瓦托3

1957.01.05 北爱尔兰3:0葡萄牙
辛普森,J.麦基尔罗伊,凯西

1957.26.05 葡萄牙3:0意大利3:0
瓦斯克斯4',特谢拉83',马塔特乌87'

1957.22.12 意大利3:0葡萄牙
格拉顿36'、72',皮瓦特利84'

1958.01.15 北爱尔兰2:1意大利
麦基尔罗伊13',卡什28'/达科斯塔56'

第9组	胜	平	负	进:失球	分
苏格兰	3	0	1	10:9	6
西班牙	2	1	1	12:8	5
瑞士	0	1	3	6:11	1

(苏格兰出线)

1957.03.10 西班牙2:2瑞士
苏亚雷斯,米盖尔/休吉,阿斯穆森

1957.05.08 苏格兰4:2西班牙
米迪x3,休伊/库鲍洛,苏亚雷斯

1957.05.19 瑞士1:2苏格兰
冯兰唐/米迪,科林斯

1957.05.26 西班牙4:1苏格兰
巴索拉x2,马特奥斯,库鲍洛/G.史密斯

1957.11.06 苏格兰3:2瑞士
A.罗伯逊,米迪,斯科特/里瓦,冯兰唐

1957.11.24 瑞士1:4西班牙
巴拉曼/库鲍洛x2,迪斯蒂法诺x2

南美区

(赛制)共9队参赛，分成3个小组，每小组第一名晋级决赛圈。若小组前两名分数相同则进行附加赛，胜者晋级决赛圈。

第1组	胜	平	负	进:失球	分
巴西	1	1	0	2:1	3
秘鲁	0	1	1	1:2	1
委内瑞拉	弃权				

(巴西出线)

1957.04.13 秘鲁1:1巴西
特里38'/因迪奥1'
1957.04.21 巴西1:0秘鲁
迪迪

第2组	胜	平	负	进:失球	分
阿根廷	3	0	1	10:2	6
玻利维亚	2	0	2	6:6	4
智利	1	0	3	2:10	2

(阿根廷出线)

1957.09.22 智利2:1玻利维亚
G.迪亚斯,拉米雷斯/阿尔孔
1957.09.29 玻利维亚3:0智利
阿尔科塞尔x2,加尔达
1957.10.06 玻利维亚2:0阿根廷
阿尔科塞尔13',拉米雷斯62'
1957.10.13 智利0:2阿根廷
梅嫩德斯,孔德
1957.10.20 阿根廷4:0智利
科尔巴塔x2,梅嫩德斯,萨拉特
1957.10.27 阿根廷4:0玻利维亚
萨拉特,科尔巴塔,帕拉多,梅嫩德斯

第3组	胜	平	负	进:失球	分
巴拉圭	3	0	1	11:4	6
乌拉圭	2	1	1	4:6	5
哥伦比亚	0	1	3	3:8	1

(巴拉圭出线)

1957.06.16 哥伦比亚1:1乌拉圭
阿朗戈15'/安布鲁瓦46'
1957.06.20 哥伦比亚2:3巴拉圭
古铁雷斯,R.迪亚斯/A.哈拉,阿圭罗,阿吉莱拉
1957.06.30 乌拉圭1:0哥伦比亚
米格斯89'(点球)
1957.07.07 巴拉圭3:0哥伦比亚
E.哈拉,A.哈拉,阿吉莱拉
1957.07.14 巴拉圭5:0乌拉圭
阿马里利亚5'、48'、57',A.哈拉萨吉尔88',阿圭罗90'
1957.07.28 乌拉圭2:0巴拉圭
贝尼特斯8',W.马丁内斯88'

中北美及加勒比海地区

(赛制)第一轮共6队参赛，分成2个小组，每小组第1名晋级第2轮。进入第2轮的两支球队进行主客场比赛，胜者晋级决赛圈。进入第2轮后，若两队在主客场均战平或者各胜一场，将在中立场地进行附加赛，胜者晋级。

第1轮

第1组	胜	平	负	进:失球	分
墨西哥	4	0	0	18:2	8
加拿大	2	0	2	8:8	4
美国	0	0	4	5:21	0

(墨西哥晋级)

1957.07.04 墨西哥6:0美国
C.古铁雷斯14、26',雷耶斯33'、69'、76',A.赫尔南德斯63'
1957.28.04 美国2:7墨西哥
墨菲5'、45'/基奥20'(乌龙球),A.赫尔南德斯31'、83',C.古铁雷斯35',H.赫尔南德斯65'、88',塞斯马79'
1957.22.06 加拿大5:1美国
休斯x2,斯图尔特,菲尔西,麦克劳德/基奥
1957.30.06 墨西哥3:0加拿大
C.冈萨雷斯5'、85',C.古铁雷斯46'
1957.03.07 墨西哥2:0加拿大
C.古铁雷斯8',塞斯马27'
1957.06.07 美国2:3加拿大
鲁尼x2/麦克劳德,斯图尔特,贝拉萨

第1轮

第2组	胜	平	负	进:失球	分
哥斯达黎加	4	0	0	15:4	8
荷属安的列斯	1	0	2	4:7	2
危地马拉	0	0	3	4:12	0

(哥斯达黎加晋级)

荷属安的列斯主场迎战危地马拉的比赛因故未进行，因为危地马拉的球员不得前往荷属安的列斯进行比赛。

1957.02.20 危地马拉2:6哥斯达黎加
维克斯,埃斯皮诺萨/蒙赫x3,穆里略,希门尼斯,罗德里格斯
1957.02.17 哥斯达黎加3:1危地马拉
卡雷拉,蒙特罗,希门尼斯/(缺失)
1957.03.03 哥斯达黎加4:0荷属安的列斯
穆里略x2,埃雷拉,希门尼斯
1957.03.14 危地马拉1:3荷属安的列斯
孔特雷拉斯/朔普x2,达尔
1957.08.04 荷属安的列斯1:2哥斯达黎加
朔普/蒙赫,蒙特罗

第2轮	胜	平	负	进:失球	分
墨西哥	1	1	0	3:1	3
哥斯达黎加	0	1	1	1:3	1

(墨西哥出线)

1957.10.20 墨西哥2:0哥斯达黎加
卡尔德隆,塞斯马
1957.10.20 哥斯达黎加1:1墨西哥
索托32'/L.利佐里奥27'

亚洲区/非洲区

中华台北弃权，印度尼西亚自动进入第1轮

第1轮

第1组	胜	平	负	进:失球	分
印尼	1	0	1	5:4	2
中国	1	0	1	4:5	2
中华台北	弃权				

(印尼晋级)

1957.05.12 印尼2:0中国
拉曼,维塔萨
1957.06.02 中国4:3印尼
王陆x2,年维泗,孙福成/威特沙x2,哈桑
附加赛在缅甸首都仰光进行，双方0:0战平；后经国际足联执委会商议，印度尼西亚凭借客场进球多晋级。

第2组	胜	平	负	进:失球	分
以色列	自动晋级				
土耳其	弃权				

(以色列晋级)

土耳其拒绝国际足联将其纳入亚洲区预选赛的分组决定，选择弃权

第3组	胜	平	负	进:失球	分
埃及	自动晋级				
塞浦路斯	弃权				

(埃及自动晋级)

塞浦路斯也拒绝国际足联将其纳入亚洲区预选赛的分组决定，选择弃权

第4组	胜	平	负	进:失球	分
苏丹	1	1	0	2:1	3
叙利亚	0	1	1	1:2	1

(苏丹晋级)

1957.03.08 苏丹1:0叙利亚
M.奥斯曼
1957.05.24 叙利亚1:1苏丹
恰布拉/M.奥斯曼

第2轮

印度尼西亚拒绝和以色列进行比赛，埃及也选择了弃权，所以以色列和苏丹自动晋级第3轮。

第3轮

苏丹拒绝和以色列进行比赛。依逻辑以色列可自动获得出线资格。但是国际足联规定，任何参加预选赛的球队，不得在未参加任何比赛的情况下自动晋级决赛阶段。随着苏丹的弃权，国际足联安排了一场特殊的附加赛：由以色列和一支欧洲球队争夺最后一张世界杯入场券。在比利时拒绝和以色列做赛的情况下，国际足联最终挑中了欧洲区第4小组的第2名威尔士。

附加赛	胜	平	负	进:失球	分
威尔士	2	0	0	4:0	4
以色列	0	0	2	0:4	0

(威尔士出线)

1958.02.15 以色列0:2威尔士
阿尔丘奇,鲍恩
1958.02.05 威尔士2:0以色列
阿尔丘奇,C.琼斯

决赛阶段

16队分成4个小组进行单循环比赛，每个小组的前两名晋级8强，积分相同的球队需进行附加赛。8强捉对交手直支产生冠军。半决赛失利两支球队争夺季军。

A组	胜	平	负	进:失球	分
德国	1	2	0	7:5	4
北爱尔兰	1	1	1	4:5	3
捷克斯洛伐克	1	1	1	8:4	3
阿根廷	1	0	2	5:10	2

(德国、北爱尔兰晋级)

1958.6.8 北爱尔兰1:0捷克斯洛伐克
哈尔姆斯塔德/11000人,**主裁判**:赛佩尔特(奥地利)
进球:卡什20'
北爱尔兰(325):格雷格/基思、麦克迈克尔、布兰奇弗劳尔/坎宁安、皮科克/宾厄姆、卡什、杜根、麦基尔罗伊、麦克帕兰
捷克斯洛伐克(325):多莱西/姆拉兹、诺瓦克、普卢斯卡尔/恰德克、马索普斯特/霍沃尔卡、德沃夏克,博罗维奇卡、赫特尔、克劳斯
1958.6.8 联邦德国3:1阿根廷
马尔默/31000人,**主裁判**:利福(英格兰)
进球:科尔巴塔3'/拉恩33',泽勒42',拉恩79'
联邦德国(325):赫肯拉特/施托伦韦克、尤斯科维亚克、埃克尔/埃哈特、希马尼亚克/拉恩、F.瓦尔特、泽勒、施密特、舍费尔
阿根廷(325):卡里索/隆巴尔多、瓦伊罗、罗西/德拉查、瓦拉茨卡/科尔巴塔、帕拉多、梅嫩德斯、罗哈斯、克鲁斯
1958.6.11 阿根廷3:1北爱尔兰
哈尔姆斯塔德/14000人,**主裁判**:阿尔纳(瑞典)
进球:麦克帕兰4'/科尔巴塔36'(点球),梅嫩德斯66',阿维奥80'
阿根廷:卡里索/隆巴尔多、瓦伊罗、罗西/德拉查、瓦拉茨卡/科尔巴塔,阿维奥、梅嫩德斯、拉布鲁纳、博希奥
北爱尔兰:格雷格/基思、麦克迈克尔、布兰奇弗劳尔/坎宁安、皮科克/宾厄姆、卡什、科伊尔、麦基尔罗伊、麦克帕兰
1958.6.11 联邦德国2:2捷克斯洛伐克
赫尔辛堡/25000人,**主裁判**:埃利斯(英格兰)

进球:德沃夏克24'(点球),齐坎42'/舍费尔60',拉恩70'
联邦德国(325):赫肯拉特/施托伦韦克、尤斯科维亚克、施内林格/埃哈特、希马尼亚克/拉恩、F.瓦尔特、泽勒、克洛特、舍费尔
捷克斯洛伐克(325):多莱西/姆拉兹、诺瓦克、普卢斯卡尔/波普卢哈尔、马索普斯特/霍沃尔卡、德沃夏克,莫尔纳、弗雷斯尔、齐坎
1958.6.15 联邦德国2:2北爱尔兰
马尔默/21190人,**主裁判**:坎波斯(波兰)
进球:麦克帕兰19'、60'/拉恩21',泽勒79'
联邦德国(325):赫肯拉特/施托伦韦克、尤斯科维亚克、埃克尔/埃哈特、希马尼亚克/拉恩、F.瓦尔特、泽勒、克洛特、舍费尔
北爱尔兰(325):格雷格/基思、麦克迈克尔、布兰奇弗劳尔/坎宁安、皮科克/宾厄姆、卡什、凯西、麦基尔罗伊、麦克帕兰
1958.6.15 捷克斯洛伐克6:1阿根廷
赫尔辛堡/16000人,**主裁判**:埃利斯(英格兰)
进球:德沃夏克8',齐坎17'、82',霍沃尔卡39',弗雷斯尔69',霍沃尔卡89'/科尔巴塔65(点球),
捷克斯洛伐克(325):多莱西/姆拉兹、诺瓦克、波普卢哈尔/马索普斯特、霍沃尔卡/德沃夏克,博罗维奇卡、莫尔纳、弗雷斯尔、齐坎
阿根廷(325):卡里索/隆巴尔多、瓦伊罗、罗西/德拉查、瓦拉茨卡/科尔巴塔,阿维奥、梅嫩德斯、拉布鲁纳、克鲁斯

附加赛
1958.6.17 北爱尔兰2:1捷克斯洛伐克
马尔默/6000人,**主裁判**:吉格(法国)
进球:麦克帕兰44'、99'/齐坎19'
北爱尔兰(325):尤普理查德/基思 麦克迈克尔、布兰奇弗劳尔/坎宁安、皮科克/宾厄姆、卡什、斯科特、麦基尔罗伊、麦克帕兰
捷克斯洛伐克(325):多莱西/姆拉兹、诺瓦克、布贝尼科/波普卢哈尔、马索普斯特/齐坎、德沃夏克,博罗维奇卡、弗雷斯尔、莫尔纳

B组	胜	平	负	进:失球	分
法国	2	0	1	11:7	4
南斯拉夫	1	2	0	7:6	4
巴拉圭	1	1	1	9:12	3
苏格兰	0	1	2	4:6	1

(法国、南斯拉夫晋级)
1958.6.8 苏格兰1:1南斯拉夫
瓦斯特拉斯/9500人,**主裁判**:维斯林(瑞士)
进球:佩塔科维奇13'/默里48'
苏格兰(325):扬格/卡尔多、休伊、特恩布尔/埃文斯、考伊/莱格特、默里,米迪、科林斯、伊姆拉赫
南斯拉夫(325):贝亚拉/希亚科维奇、茨尔恩科维奇、科斯蒂奇/泽贝茨、博什科夫/佩塔科维奇,韦塞利诺维奇、米洛什·米卢蒂诺维奇,舍库拉拉茨、拉伊科夫
1958.6.8 法国7:3巴拉圭
诺科平/16000人,**主裁判**:加德亚萨瓦尔(西班牙)
进球:方丹24'、30'、67',皮安托尼52',维希涅夫斯基61',科帕70',维森特83'/阿马里利亚20'、44'(点球),罗梅罗50'
法国(325):雷梅特/克尔布尔、勒龙、庞凡尔纳/容凯、马塞尔/维希涅夫斯基、方丹、科帕、皮安托尼、维森特
巴拉圭(325):马耶尔格/阿雷瓦洛、米兰达、阿丘卡罗/莱斯卡诺、比利亚尔瓦/阿吉罗、帕罗迪、罗梅罗、雷、阿马里利亚
1958.6.11 巴拉圭3:2苏格兰
诺科平/11000人,**主裁判**:奥兰迪尼(意大利)
进球:阿奎罗4',雷45',帕罗迪73'/米迪24',科林斯74'
巴拉圭(325):阿吉拉尔/阿雷瓦洛、埃查圭、阿丘卡罗/莱斯卡诺、比利亚尔瓦/阿吉罗、帕罗迪、罗梅罗、雷、阿马里利亚
苏格兰(244):扬格/卡尔多、帕克/特恩布尔、埃文斯、考伊、莱格特/罗伯逊、米迪、科林斯、费尼
1958.6.11 南斯拉夫3:2法国
瓦斯特拉斯/12000人,**主裁判**:格里菲斯(威尔士)
进球:佩塔科维奇16',韦塞利诺维奇63'、88'/方丹4'、85'
南斯拉夫(325):贝亚拉/托米奇、茨尔恩科维奇、科斯蒂奇/泽贝茨、博什科夫/佩塔科维奇、韦塞利诺维奇、米洛什·米卢蒂诺维奇、舍库拉拉茨、拉伊科夫
法国(325):雷梅特/克尔布尔、勒龙、庞凡尔纳/容凯、马尔什/维希涅夫斯基、方丹、科帕、皮安托尼、维森特
1958.6.15 法国2:1苏格兰
厄勒布鲁/14000人,**主裁判**:罗西(阿根廷)
进球:皮安托尼22',方丹44'/贝尔德58'
法国(325):阿布/克尔布尔、勒龙、庞凡尔纳/容凯、马塞尔/维希涅夫斯基,方丹、科帕、皮安托尼、维森特
苏格兰(325):布朗/卡尔多、休伊、特恩布尔/埃文斯、麦凯/伊姆拉赫、默里,米迪、科林斯、贝尔德
1958.6.15 巴拉圭3:3南斯拉夫
埃斯科特纳/13000人,**主裁判**:马茨科(捷克)
进球:帕罗迪20',阿奎罗52',罗梅罗80'/奥格尼亚诺维奇18',韦塞利诺维奇21',拉伊科夫73'
巴拉圭:阿吉拉尔/阿雷瓦洛、埃查圭、阿丘卡罗/莱斯卡诺、比利亚尔瓦/阿奎罗、帕罗迪、罗梅罗、雷阿马里利亚
南斯拉夫:贝亚拉/托米奇、茨尔恩科维奇、科斯蒂奇/泽贝茨、博什科夫/佩塔科维奇、韦塞利诺维奇、奥格尼亚诺维奇、舍库拉拉茨、拉伊科夫

C组	胜	平	负	进:失球	分
瑞典	2	1	0	5:1	5
威尔士	0	3	0	2:2	3
匈牙利	1	1	1	6:3	3
墨西哥	0	1	2	1:8	1

(瑞典、威尔士晋级)
1958.6.8 瑞典3:0墨西哥
索尔纳/34000人,**主裁判**:拉蒂切夫(苏联)
进球:西蒙松17'、64',利德霍尔姆57'(点球)
瑞典(424):K.斯文松/贝里马克、阿克斯布姆、利德霍尔姆、古斯塔夫松/帕林、哈姆林/梅尔贝里、西蒙松、格伦、斯科格隆
墨西哥(424):卡瓦哈尔/德尔穆罗、比列加斯、波图加尔、罗莫/弗洛雷斯、赫尔南德斯/雷耶斯、卡尔德隆、古铁雷斯、塞斯马
1958.6.8 匈牙利1:1威尔士
桑德维肯/15000人,**主裁判**:科尔德萨(乌拉圭)
进球:博日克5'/J.查尔斯27'
匈牙利(325):格罗希奇/马特劳伊、沙罗希、博日克/希波什、拜伦迪/山多尔、希代古提、蒂希、本扎克、费尼韦希
威尔士(325):凯尔西/威廉姆斯、霍普金斯、沙利文/M.查尔斯、鲍恩/韦伯斯特,梅德温、J.查尔斯、阿尔丘奇、琼斯
1958.6.11 墨西哥1:1威尔士
索尔纳/15000人,**主裁判**:莱梅西奇(南斯拉夫)
进球:贝尔蒙特89'/I.阿尔丘奇32'
墨西哥(325):卡瓦哈尔/德尔穆罗、卡德纳斯、贝尔蒙特/罗莫、弗洛雷斯/冈萨雷斯,雷耶斯、布兰科、古铁雷斯、塞斯马
威尔士(325):凯尔西/威廉姆斯、霍普金斯、贝克/M.查尔斯、鲍恩/韦伯斯特、梅德温、J.查尔斯、阿尔丘奇、琼斯
1958.6.12 瑞典2:1匈牙利
索尔纳/39000人,**主裁判**:莫厄特(苏格兰)
进球:哈姆林34'、55'/蒂希77'
瑞典(325):K.斯文松/贝里马克、阿克斯布姆、利德霍尔姆/古斯塔夫松、帕林/哈姆林、梅尔贝里、西蒙松、格伦、斯科格隆
匈牙利(325):格罗希奇/马特劳伊、沙罗希、博日克/希波什、拜伦迪/山多尔、索伊卡、蒂希、本扎克、费尼韦希
1958.6.15 瑞典0:0威尔士
索尔纳/29000人,**主裁判**:范尼费尔(比利时)
瑞典(325):K.斯文松/贝里马克、阿克斯布姆、伯耶松/古斯塔夫松、帕林/贝恩特松、塞尔蒙松、克尔格伦、勒夫格伦、斯科格隆
威尔士(325):凯尔西/威廉姆斯、霍普金斯、沙利文/M.查尔斯、鲍恩/弗农、休伊特、J.查尔斯、阿尔丘奇、琼斯
1958.6.15 匈牙利4:0墨西哥
桑德维肯/13000人,**主裁判**:埃里克森(芬兰)
进球:蒂希19'、46',山多尔54',本契奇69'
匈牙利(325):伊尔库/马特劳伊、沙罗希、科陶塞/希波什、布达伊/希代古提、索伊卡、蒂希、本契奇、山多尔
墨西哥(325):卡瓦哈尔/德尔穆罗、卡德纳斯、贝尔蒙特/塞普尔韦达、弗洛雷斯/冈萨雷斯、雷耶斯、布兰科、古铁雷斯、塞斯马

附加赛
1958.6.17 威尔士2:1匈牙利
马尔默/3000人,**主裁判**:拉蒂切夫(苏联)
进球:I.阿尔丘奇55',梅德温76'/蒂希33'
威尔士(325):凯尔西/威廉姆斯、霍普金斯、沙利文/M.查尔斯、鲍恩/梅德温、休伊特、J.查尔斯、阿尔丘奇、琼斯
匈牙利(325):格罗希奇/马特劳伊、沙罗希、博日克/希波什(被罚出)、本契奇/科陶塞、布达伊、蒂希、本扎克、费尼韦希

D组	胜	平	负	进:失球	分
巴西	2	1	0	5:0	5
苏联	1	1	1	4:4	3
英格兰	0	3	0	4:4	3
奥地利	0	1	2	2:7	1

(巴西、苏联晋级)
1958.6.8 巴西3:0奥地利
乌德瓦拉/21000人,**主裁判**:吉格(法国)
进球:阿尔塔费尼37'、85',尼尔顿·桑托斯50'
巴西(325):希尔马尔/德索尔迪、N.桑托斯、迪诺/贝利尼、奥兰多/乔尔、迪迪、阿尔塔费尼、迪达、扎加洛
奥地利(325):桑沃尔德/哈拉、斯沃博达、汉纳比/哈佩尔、科勒/霍拉克、森科夫维基茨、布泽克、A.克尔纳、施格勒
1958.6.8 英格兰2:2苏联
哥德堡/49000人,**主裁判**:若尔特(匈牙利)
进球:西莫尼安13',A.伊万诺夫56'/基冈66',芬尼85'(点球)
英格兰(325):麦克唐纳/豪、班克斯、克兰/赖特、斯莱特/道格拉斯、罗布森、基冈、海恩斯、芬尼
苏联(325):雅辛/克萨列夫、库兹涅佐夫、沃伊诺夫/克里耶夫斯基、察廖夫/A.伊万诺夫、V.伊万诺夫、西莫尼安、萨尔尼科夫、伊雷因
1958.6.11 苏联2:0奥地利
博拉斯/21000,**主裁判**:约根森(丹麦)
进球:A.伊万诺夫15',V.伊万诺夫62'
苏联(325):雅辛/克萨列夫、库兹涅佐夫、沃伊诺夫/克里耶夫斯基、察廖夫/A.伊万诺夫、V.伊万诺夫、西莫尼安、萨尔尼科夫、伊雷因
奥地利(325):施密德/E.科兹利切克、斯沃博达、汉纳比/施托茨、科勒/霍拉克、P.科兹利切克、布泽克、A.克尔纳、森科夫维基茨
1958.6.11 巴西0:0英格兰
哥德堡/41000人,**主裁判**:杜施(德国)
巴西(325):希尔马尔/德索尔迪、N.桑托斯、迪诺/贝利尼、奥兰多/乔尔、迪迪、阿尔塔费尼、瓦瓦、扎加洛
英格兰(325):麦克唐纳/豪、班克斯、克兰/赖特、斯莱特/道格拉斯、罗布森、基冈、海恩斯、埃科特
1958.6.15 奥地利2:2英格兰

博拉斯/17000人，**主裁判**:布隆克霍斯特(荷兰)
进球:海恩斯56',基冈74'/科勒15',克尔纳71'
奥地利(325):桑沃尔德/科尔曼、斯沃博达、汉纳比/哈佩尔、科勒/E.科兹利切克、森科夫维基茨、布泽克、克尔纳、P.科兹利切克
英格兰(325):麦克唐纳/豪、班克斯、克兰/赖特、斯莱特/道格拉斯、罗布森、基冈、海恩斯、埃科特

1958.6.15 巴西2:0苏联
哥德堡/51000人，**主裁判**:吉格(法国)
进球:瓦瓦3'、77'
巴西(325):希尔马尔/德索尔迪、N.桑托斯、齐托/贝利尼、奥兰多/加林查、迪迪、贝利、瓦瓦、扎加洛
苏联(325):雅辛/克萨列夫、库兹涅佐夫、沃伊诺夫/克里耶夫斯基、察廖夫/A.伊万诺夫、V.伊万诺夫、西莫尼安、内托、伊雷因

附加赛
1958.6.17 苏联1:0英格兰
哥德堡/23000人，**主裁判**:杜施(德国)
进球:伊雷因69'
苏联(325):雅辛/克萨列夫、库兹涅佐夫、沃伊诺夫/克里耶夫斯基、察廖夫/阿普赫京、V.伊万诺夫、西莫尼安、法林、伊雷因
英格兰(325):麦克唐纳/豪、班克斯、克莱顿/赖特、斯莱特/布雷布鲁克、布罗德本特、基冈、海恩斯、埃科特

1/4决赛
1958.6.19 瑞典2:0苏联
索尔纳/32000人，**主裁判**:利福(英格兰)
进球:哈姆林48',西蒙松87'
瑞典(325):K.斯文松/贝里马克、阿克斯布姆、伯耶松/古斯塔夫松、帕林/哈姆林、格伦、西蒙松、利德霍尔姆、斯科格隆
苏联(325):雅辛/克萨列夫、库兹涅佐夫、沃伊诺夫/克里耶夫斯基、察廖夫/A.伊万诺夫、V.伊万诺夫、西莫尼安、萨尔尼科夫、伊雷因

1958.6.19 联邦德国1:0南斯拉夫
马尔默/20000人，**主裁判**:维斯林(瑞士)
进球:拉恩12'
联邦德国(325):赫肯拉特/施托伦韦克、尤斯科维亚克、埃克尔/埃哈特、希马尼亚克/拉恩、F.瓦尔特、泽勒、施密特、舍费尔
南斯拉夫(325):克里沃库恰/希亚科维奇、茨尔恩科维奇、科斯蒂奇/泽贝茨、博什科夫/佩塔科维奇,奥格尼亚诺维奇、米洛什·米卢蒂诺维奇、韦塞利诺维奇、拉伊科夫

1958.6.19 法国4:0北爱尔兰
诺科平/12000人，**主裁判**:加德亚萨瓦尔(西班牙)
进球:维希涅夫斯基43',方丹55'、63',皮安托尼70'
法国(325):阿布/克尔布尔、勒龙、庞凡尔纳/容凯、马塞尔/维希涅夫斯基、方丹、科帕、皮安托尼、维森特
北爱尔兰(325):格雷格/基思、麦克迈克尔、布兰奇弗劳尔/坎宁安、卡什/宾厄姆、凯西、斯科特、麦基尔罗伊、麦克帕兰

1958.6.19 巴西1:0威尔士
哥德堡/26000人，**主裁判**:赛佩尔特(奥地利)
进球:贝利73'
巴西(325):希尔马尔/德索尔迪、N.桑托斯、齐托/贝利尼、奥兰多/加林查、迪迪、阿尔塔费尼、贝利、扎加洛
威尔士(325):凯尔西/威廉姆斯、霍普金斯、沙利文/M.查尔斯、鲍恩/梅德温、休伊特、韦伯斯特、阿尔丘奇、琼斯

半决赛
1958.6.24 巴西5:2法国
索尔纳/28000人，**主裁判**:格里菲斯(威尔士)
进球:瓦瓦2',迪迪39',贝利52'、64'、75'/方丹9',皮安托尼83'
巴西(352):希尔马尔/德索尔迪、N.桑托斯、齐托/贝利尼、奥兰多/加林查,迪迪、瓦瓦、贝利、扎加洛
法国(352):阿布/克尔布尔、勒龙、庞凡尔纳/容凯、马塞尔/维希涅夫斯基、方丹、科帕、皮安托尼、维森特

1958.6.24 瑞典3:1联邦德国
哥德堡/50000人，**主裁判**:若尔特(匈牙利)
进球:斯科格隆32',格伦81',哈姆林88'/舍费尔24'
瑞典(325):K.斯文松/阿克斯布姆、贝里马克、古斯塔夫松/伯耶松帕林/哈姆林、格伦、西蒙松、利德霍尔姆、斯科格隆
联邦德国(325):赫肯拉特/施托伦韦克、尤斯科维亚克(被罚出)、埃克尔/埃哈特、希马尼亚克/拉恩、F.瓦尔特、泽勒、切斯拉尔茨克、舍费尔

三四名决赛
1958.6.26 法国6:3联邦德国
哥德堡/33000人，**主裁判**:布罗齐(阿根廷)
进球:方丹16'、36'、78'、89',科帕27'(点球),杜伊50'/切斯拉尔茨克18',拉恩52',舍费尔84'
法国(325):阿布/克尔布尔、勒龙、庞凡尔纳/拉丰、马塞尔/维希涅夫斯基,方丹、科帕、杜伊、维森特
联邦德国(325):克维亚特科夫斯基/施托伦韦克、韦威尔斯、埃哈特/施内林格、希马尼亚克/拉恩、斯特鲁姆、舍费尔、克尔巴萨、切斯拉尔茨克

决赛
1958.6.29 巴西5:2瑞典
索尔纳/50000人，**主裁判**:吉格(法国)
进球:瓦瓦9'、32',贝利55'、90',扎加洛68'/利德霍尔姆4',西蒙松80'
巴西(352):希尔马尔/D.桑托斯、N.桑托斯、齐托/贝利尼、奥兰多/加林查、迪迪、瓦瓦、贝利、扎加洛
瑞典(352):K.斯文松/贝里马克、阿克斯布姆、伯耶松/古斯塔夫松、帕林/哈姆林,格伦、西蒙松、利德霍尔姆、斯科格隆

1958年世界杯决赛，瓦瓦（左）将比分改写为2比0后与贝利拥抱庆祝。

1962

预选赛

东道主智利队和卫冕冠军巴西队直接出线。另56队参加预选赛，争夺14个出线席位。预选赛共进行了92场，进球325个，场均3.53球。入场券分配方面，欧洲区8个直接晋级名额、2个附加赛名额，南美区5个直接晋级名额(含巴西、智利)、1个附加赛名额，中北美及加勒比区1个附加赛名额，非洲区1个附加赛名额，亚洲区1个附加赛名额。附加赛对阵形势为：欧洲区第9小组第1对阵非洲区冠军、欧洲区第10小组第1对阵亚洲区冠军、南美附加赛球队对阵中北美及加勒比海地区冠军。

●欧洲区

(赛制)共30队参赛(含以色列及埃塞俄比亚)，分成10个小组，不同小组赛制不同：
第1、2、3、4、5、6、8小组各有3支球队，进行主客场双循环比赛，小组第一晋级决赛圈；
第7小组5支球队，进行主客场淘汰赛，最终胜者晋级决赛圈；
第9小组2支球队，进行主客场两回合比赛，胜者晋级附加赛，面对非洲区冠军；
第10小组2支球队，进行主客场两回合比赛，胜者晋级附加赛，面对亚洲区冠军。

第1组	胜	平	负	进:失球	分
瑞典	3	0	1	10:3	6
瑞士	3	0	1	9:9	6
比利时	0	0	4	3:10	0

(瑞士出线)

1960.10.19 瑞典2:0比利时
伯耶松,布罗德
1960.11.20 比利时2:4瑞士
范西姆斯特,佩斯亨/安特南x2,施奈特
1961.5.20 瑞士2:1比利时
巴拉曼x2/克莱森
1961.5.28 瑞典4:0瑞士
约恩松8,伯耶松15'、75,西蒙松70'
1961.10.4 比利时0:2瑞典
布罗德70'、78'
1961.10.9 瑞士3:2瑞典
安特南8',维斯特里希68',埃施曼81'/西蒙松2',布罗德79'

附加赛(中立场地：联邦德国)

1961.11.12 瑞士2:1瑞典
施奈特65',安特南76'/布罗德20'

第2组	胜	平	负	进:失球	分
法国	3	0	1	10:3	6
保加利亚	3	0	1	6:4	6
芬兰	0	0	4	3:12	0

(保加利亚出线。)

1960.9.25 芬兰1:2法国
波尔曼36'(点球)/维希涅夫斯基63',乌伊塔基83'
1960.12.11 法国3:0保加利亚
维希涅夫斯基48',马塞尔58',科索80'
1961.6.16 芬兰0:2保加利亚
伊尔莱夫/科列夫(点球)
1961.9.28 法国5:1芬兰
费弗尔6'41',维希涅夫斯基12',皮安托尼79',舒尔茨86'/波尔曼44'
1961.10.29 保加利亚3:1芬兰
亚基莫夫,迪耶夫,韦利奇科夫/皮耶蒂莱宁
1961.11.12 保加利亚1:0法国
伊尔莱夫89'

附加赛(中立场地：意大利)

1961.12.16 保加利亚1:0法国
亚基莫夫47'

第3组	胜	平	负	进:失球	分
联邦德国	4	0	0	11:5	8
北爱尔兰	1	0	3	7:8	2
希腊	1	0	3	3:8	2

(联邦德国出线)

1960.10.26 北爱尔兰3:4联邦德国
麦克亚当斯x3/德费尔x2,布吕尔,泽勒
1960.11.20 希腊0:3联邦德国
哈勒尔,布吕尔,德费尔
1961.5.3 希腊2:1北爱尔兰
帕帕马努伊x2/J.麦基尔罗伊
1961.5.10 联邦德国2:1北爱尔兰
科雷什,布吕尔/J.麦基尔罗伊
1961.10.17 北爱尔兰2:0希腊
麦克劳克林x2
1961.10.22 联邦德国2:1希腊
泽勒x2/帕帕马努伊

第4组	胜	平	负	进:失球	分
匈牙利	3	1	0	11:5	7
荷兰	0	2	1	4:7	2
民主德国	0	1	2	3:6	1

(匈牙利出线)

1961.4.16 匈牙利2:0民主德国
阿尔伯特12',格罗希52'
1961.4.30 荷兰0:3匈牙利
山多尔,费尼韦希,蒂希
1961.5.14 民主德国1:1荷兰
埃勒尔79'/赫罗特63'
1961.9.10 民主德国2:3匈牙利
埃勒尔53',P.杜克87'/绍伊莫希43',山多尔75',蒂希78'
1961.10.1 荷兰-民主德国*
1961.10.22 匈牙利3:3荷兰
蒙诺什托里,格罗希,蒂希/范德林登x2,赫罗特
注：因荷兰政府拒绝向民主德国球员发放签证，荷兰队与民主德国队的比赛取消。

第5组	胜	平	负	进:失球	分
苏联	4	0	0	11:3	8
土耳其	2	0	2	4:4	4
挪威	0	0	4	3:11	0

(苏联出线)

1961.6.1 挪威0:1土耳其
梅廷16'
1961.6.18 苏联1:0土耳其
沃罗宁20'
1961.7.1 苏联5:2挪威
梅特列韦利14',波内德尔内克26',布布金32'、66',梅斯基53'/博根64',E.汉森87'
1961.8.23 挪威0:3苏联
波内德尔内克48',梅斯基49',梅特列韦利76'
1961.10.29 土耳其2:1挪威
艾丁60',梅廷72'/延森
1961.11.22 土耳其1:2苏联
梅廷78'/古萨罗夫12',马梅金18'

第6组	胜	平	负	进:失球	分
英格兰	3	1	0	16:2	7
葡萄牙	1	1	2	97	3
卢森堡	1	0	3	5:21	2

(英格兰出线)

1960.10.19 卢森堡0:9英格兰
R.查尔顿x3,格里夫斯x3,R.史密斯x2,海恩斯
1961.3.19 葡萄牙6:0卢森堡
J.阿瓜斯,洛卡x3,科卢纳,布鲁修斯(乌龙)
1961.5.21 葡萄牙1:1英格兰
J.阿瓜斯/弗劳尔斯
1961.9.28 英格兰4:1卢森堡
波因特,维奥利特,R.查尔顿x2/迪默
1961.10.8 卢森堡4:2葡萄牙
A.施密特x3,赫夫曼/尤西比奥,洛卡
1961.10.25 英格兰2:0葡萄牙
康奈利,波因特

第7组

第1轮

1960.11.13 塞浦路斯1:1以色列
亚赛米斯/考夫曼31'
1960.11.27 以色列6:1塞浦路斯
S.利维14'、30'、66',施特尔马赫61'、88',纳哈里34'/亚赛米斯

(以色列晋级)

第2轮

1961.3.14 以色列1:0埃塞俄比亚
格雷泽69'
1961.3.19 以色列3:2埃塞俄比亚
格雷泽27'、77,施特尔马赫59'/门吉斯顿

(以色列晋级)

注：两回合比赛皆在以色列进行。

由于罗马尼亚放弃比赛，意大利直接晋级。

第3轮

1961.10.15 以色列2:4意大利
施特尔马赫15',扬38'/洛亚科诺53'(点球),阿尔塔菲尼79',科尔索87'、90'
1961.4.11 意大利6:0以色列
西沃里16'、52'、65'、88',科尔索59',安杰利洛69'

(意大利出线)

第8组	胜	平	负	进:失球	分
捷克斯洛伐克	3	0	1	16:5	6
苏格兰	3	0	1	10:7	6
爱尔兰	0	0	4	3:17	0

(捷克斯洛伐克出线)

1961.5.3 苏格兰4:1爱尔兰
布兰德x2,赫德x2/哈弗蒂
1961.5.7 爱尔兰0:3苏格兰
扬x2,布兰德
1961.5.14 捷克斯洛伐克4:0苏格兰
波斯皮哈尔x2,克瓦斯尼亚克,卡德拉巴
1961.9.26 苏格兰3:2捷克斯洛伐克
约翰,劳x2/谢勒,克瓦斯尼亚克
1961.10.8 爱尔兰1:3捷克斯洛伐克
希莱斯/克瓦斯尼亚克x2,谢勒
1961.10.29 捷克斯洛伐克7:1爱尔兰
谢勒x2,克瓦斯尼亚克x2,马索普斯特,波斯皮哈尔,耶利内克/福格蒂

附加赛(中立场地：比利时)

1961.11.29 捷克斯洛伐克4:2苏格兰

谢勒84',波斯皮哈尔95',克瓦斯尼亚克101',赫莱迪克70'/约翰38'、71'

第9组
1961.4.19 威尔士1:2西班牙
伍斯纳姆/丰乔,迪斯蒂法诺
1961.5.18 西班牙1:1威尔士
佩罗/阿尔丘奇
(西班牙晋级附加赛)

第10组
1961.6.4 南斯拉夫2:1波兰
卡洛佩罗维奇42'(点球),科斯蒂奇49'/布里赫茨基65'
1961.6.25 波兰1:1南斯拉夫
J.施密特29'/加利奇2'
(南斯拉夫晋级附加赛)

●南美区

(赛制)共7队参赛，巴拉圭被抽中直接参加附加赛。剩余6队捉对交手，进行主客场两回合比赛，胜者晋级决赛圈。

第1组
1960.12.4 厄瓜多尔3:6阿根廷
斯潘塞81',拉福83'、85'/科尔巴塔x2,潘多,索萨,圣菲利波,拉马乔蒂
1960.12.17 阿根廷5:2厄瓜多尔
科尔巴塔x2,圣菲利波,索萨,潘多
(阿根廷出线)

第2组
1961.7.15 玻利维亚1:1乌拉圭
阿尔科塞尔54'/L.库维利亚23'
1961.7.30 乌拉圭2:1玻利维亚
卡夫雷拉3',埃斯卡拉达39'/卡马乔65'
(乌拉圭出线)

第3组
1961.4.30 哥伦比亚1:0秘鲁
冈萨雷斯
1961.5.7 秘鲁1:1哥伦比亚
德尔加多3'/阿塞罗斯
(哥伦比亚出线)

●中北美及加勒比海地区

(赛制)第一轮共7队参加，按地域分为3个小组，第1组为北美地区球队，第2组为中美地区球队，第3组为加勒比海地区球队，进行主客场双循环比赛，每个小组头名晋级第二轮；第二轮3支球队进行主客场双循环比赛，积分最高球队晋级决赛圈。

第一轮
第1组
1960.11.6 美国3:3墨西哥
比采克31',泽胡森58',菲斯特85'/雷耶斯17'21',梅尔卡多8'
1960.11.13 墨西哥3:0美国
迪亚斯38',雷耶斯35',梅尔卡多5'
(墨西哥晋级)

第2组	胜	平	负	进:失球	分
哥斯达黎加	2	1	1	13:8	5
洪都拉斯	2	1	1	5:7	5
危地马拉	0	2	2	7:10	2

(哥斯达黎加晋级)
1960.8.21 哥斯达黎加3:2危地马拉
★本场资料缺失
1960.8.28 危地马拉4:4哥斯达黎加
★本场资料缺失
1960.9.4 洪都拉斯2:1哥斯达黎加
★本场资料缺失
1960.9.11 哥斯达黎加5:0洪都拉斯
希门尼斯x2,乌略亚x2,罗德里格斯
1960.9.25 洪都拉斯1:1危地马拉
★本场资料缺失
1960.10.2 危地马拉0:2洪都拉斯*
注：危地马拉因内战出现两个足协，判0比2负。
附加赛(中立场地：危地马拉)
1961.1.14 哥斯达黎加1:0洪都拉斯
罗德里格斯
(哥斯达黎加晋级)

第3组
1960.10.2 苏里南1:2荷属安的列斯
★本场资料缺失
1960.11.27 荷属安的列斯0:0苏里南
(荷属安的列斯晋级)

第二轮	胜	平	负	进:失球	分
墨西哥	2	1	1	11:2	5
哥斯达黎加	2	0	2	8:6	4
荷属安的列斯	1	1	2	2:13	3

(墨西哥出线)
1961.3.22 哥斯达黎加1:0墨西哥
戈本51'
1961.3.29 哥斯达黎加6:0荷属安的列斯
罗德里格斯,戈本,蒙赫,费奥,乌略亚x2
1961.4.5 墨西哥7:0荷属安的列斯
F.弗洛雷斯28'、52'、64',雷耶斯45'、75',帕尔默65'80'
1961.4.12 墨西哥4:1哥斯达黎加
卡德纳斯31',C.古铁雷斯77',F.弗洛雷斯11',梅尔卡多87'/乌略亚54'
1961.4.23 荷属安的列斯2:0哥斯达黎加
★本场资料缺失
1961.5.21 荷属安的列斯0:0墨西哥

●非洲区

(赛制)第一轮，4支捉对进行主客场两回合比赛，胜者晋级第二轮；第二轮，2支球队再进行主客场两回合比赛，胜者晋级决赛圈。

第一轮
第1组
1960.10.30 摩洛哥2:1突尼斯
哈伊勒33',爱资哈尔60'/迈德卜43'
1960.11.13 突尼斯2:1摩洛哥
舍塔利47',特拉卡尼60'/希沙64'
附加赛(中立场地：意大利)
1961.1.22 摩洛哥1:1突尼斯
爱资哈尔36'/克里特89'
(摩洛哥通过掷硬币晋级)

第2组
1960.8.28 加纳4:1尼日利亚
★缺失/法耶米50'
1960.9.10 尼日利亚2:2加纳
埃纳马科28',法耶米75'(点球)/★缺失
(尼日利亚晋级)
第二轮
1961.4.2 加纳0:0摩洛哥
1961.5.28 摩洛哥1:0加纳
哈里
(摩洛哥晋级附加赛)

●亚洲区

(赛制)2支球队进行主客场两回合赛，胜者晋级附加赛。

1960.11.6 韩国2:1日本
★本场资料缺失
1961.6.11 日本0:2韩国
★本场资料缺失
(韩国晋级附加赛)

●附加赛

第1组
1961.10.8 南斯拉夫5:1韩国
舍库拉拉茨x2,切比纳茨,拉达科维奇,加利奇/张宣陈
1961.11.26 韩国1:3南斯拉夫
朱方宣/加利奇x2,耶科维奇
(南斯拉夫出线)

第2组
1961.11.12 摩洛哥0:1西班牙
德尔索伊
1961.11.23 西班牙3:2摩洛哥
马塞利诺12',迪斯蒂法诺44',科利亚尔58'/里亚希40',阿卜杜拉64'
(西班牙出线)

第3组
1961.10.29 墨西哥1:0巴拉圭
雷耶斯20'
1961.11.5 巴拉圭0:0墨西哥
(墨西哥出线)

决赛阶段

16队分成4个小组进行单循环赛，每个小组前两名晋级8强。8强捉对交手直至产生冠军。半决赛失利两支球队争夺季军。

A组	胜	平	负	进:失球	分
苏联	2	1	0	8:5	5
南斯拉夫	2	0	1	8:3	4
乌拉圭	1	0	2	4:6	2
哥伦比亚	0	1	2	5:11	1

(苏联、南斯拉夫晋级)
1962.5.30 乌拉圭2:1哥伦比亚
阿里卡/7908人,**主裁判**:多罗吉(匈牙利)
进球:苏如阿加19'(点球),萨西亚74'/库维利亚57'
乌拉圭(442):索萨/特罗切、埃米利奥·阿尔瓦雷斯、埃利塞奥·阿尔瓦雷斯、门德斯/贡萨尔维斯、库维利亚、罗查、朗贡/萨西亚、佩雷斯
哥伦比亚(424):桑切斯/苏如阿加、J.冈萨雷斯、洛佩斯、埃切韦里/席尔瓦、科利/阿塞罗斯、克林热、甘博尔、阿里亚斯
1962.5.31 苏联2:0南斯拉夫
阿里卡/15000人,**主裁判**:杜施(联邦德国)
进球:伊万诺夫52',波内德尔内克84'
苏联(424):雅辛/杜宾斯基、奥斯特洛夫斯基、沃罗宁、马斯连金/内托、梅特列韦利/伊万诺夫、波内德尔内克、卡涅夫斯基、梅斯希
南斯拉夫(325):索斯基奇/久尔科维奇、优素菲、马尔科维奇/波波维奇、马图斯/穆伊奇、舍库拉拉茨、耶科维奇、加利奇、斯科布拉
1962.6.2 南斯拉夫3:1乌拉圭
阿里卡/8829人,**主裁判**:高尔鲍(捷克斯洛伐克)
进球:卡夫雷拉19',加利奇30',耶科维奇49'/斯科布拉26'(点球)
南斯拉夫(424):索斯基奇/久尔科维奇、优素菲、拉达科维奇、马尔科维奇/波波维奇(71'被驱逐)、梅利奇/舍库拉拉茨、耶科维奇、加利奇、斯科布拉
乌拉圭(424):索萨/特罗切、埃米利奥·阿尔瓦雷斯、埃利塞奥·阿尔瓦雷斯、门德斯/贡萨尔维斯、贝尔加拉/罗查、卡夫雷拉(71'被驱逐)、萨西亚、佩雷斯
1962.6.3 苏联4:4哥伦比亚
墨西哥城/8040人,**主裁判**:小埃策尔(巴西)
进球:伊万诺夫8'、12',基什连科10',波内德尔内克57'/阿塞罗斯21',科利63',拉贡72',克林

热77'
苏联(424):雅辛/乔赫利、奥斯特洛夫斯基、沃罗宁、马斯连金/内托、基什连科/伊万诺夫、波内德尔内克、卡涅夫斯基、梅斯希
哥伦比亚(424):桑切斯/阿尔萨特、J.冈萨雷斯、洛佩斯、埃切韦里/塞拉诺、科利/阿塞罗斯、克林热、拉贾、E.冈萨雷斯
1962.6.6 苏联2:1乌拉圭
阿里卡/9973人,**主裁判**:约尼(意大利)
进球:马米金38',伊万诺夫89'/萨西亚54'
苏联(424):雅辛/乔赫利、奥斯特洛夫斯基、沃罗宁、马斯连金/内托、侯赛因诺夫/伊万诺夫、波内德尔内克、基什连科、马米金
乌拉圭(424):索萨/特罗切、埃米利奥·阿尔瓦雷斯、埃利塞奥·阿尔瓦雷斯、门德斯/贡萨尔维斯、科尔特斯/库维利亚、卡夫雷拉、萨西亚、佩雷斯
1962.6.7 南斯拉夫5:0哥伦比亚
阿里卡/7167人,**主裁判**:罗夫莱斯(智利)
进球:加利奇21',耶科维奇25',加利奇62',梅利奇82',耶科维奇88'
南斯拉夫(424):索斯基奇/久尔科维奇、优素菲、拉达科维奇、马尔科维奇/波波维奇、梅利奇/舍库拉拉茨、耶科维奇、加利奇、安科维奇
哥伦比亚(424):桑切斯/阿尔萨特、J.冈萨雷斯、洛佩斯、埃切韦里/塞拉诺、科利/阿塞罗斯、克林热、拉贾、E.冈萨雷斯

B组	胜	平	负	进:失球	分
联邦德国	2	1	0	4:1	5
智利	2	0	1	5:3	4
意大利	1	1	1	3:2	3
瑞士	0	0	3	2:8	0

(联邦德国、智利晋级)
1962.5.30 智利3:1瑞士
圣地亚哥/65000人,**主裁判**:阿斯顿(英格兰)
进球:维斯特里希7',L.桑切斯44'、55'/拉米雷斯52'
智利(424):埃斯库蒂/埃萨吉雷、R.桑切斯、孔特雷拉斯、纳瓦罗/托罗、罗哈斯/拉米雷斯、兰达、富尤、L.桑切斯
瑞士(424):埃尔泽内/莫尔夫、施奈特、塔凯拉、格罗贝蒂/韦伯、阿勒曼、鲍狄埃、埃施曼、维斯特里希、安特南
1962.5.31 联邦德国0:0意大利
圣地亚哥/65440人,**主裁判**:戴维森(苏格兰)
联邦德国(424):法里安/诺瓦克、施内林格、舒尔茨、埃哈特/希马尼亚克、斯图尔姆/哈勒尔、泽勒、布吕尔、舍费尔
意大利(424):洛伦佐·布冯/洛西、罗博蒂、萨尔瓦多雷、切萨雷·马尔蒂尼/拉迪切、费里尼/里维拉、阿尔塔菲尼、西沃里、梅尼凯利
1962.6.2 智利2:0意大利
圣地亚哥/66057人,**主裁判**:阿斯顿(英格兰)
进球:拉米雷斯73',托罗88'
智利(424):埃斯库蒂/埃萨吉雷、R.桑切斯、孔特雷拉斯、纳瓦罗/托罗、罗哈斯/拉米雷斯、兰达、富尤、L.桑切斯
意大利(424):马特拉尔/戴维(41'被驱逐)、罗博蒂、萨尔瓦多雷、亚尼赫/通布鲁斯、费里尼(8'被驱逐)/马斯基奥、阿尔塔菲尼、莫拉、梅尼凯利
1962.6.3 联邦德国2:1瑞士
圣地亚哥/64922人,**主裁判**:霍恩(荷兰)
进球:布吕尔45',泽勒60'/施奈特74'
联邦德国(424):法里安/诺瓦克、施内林格、舒尔茨、埃哈特/希马尼亚克、科斯特洛夫斯基/哈勒尔、泽勒、布吕尔、舍费尔
瑞士(424):埃尔泽内/施奈特、塔凯拉、格罗贝蒂、韦伯/阿勒曼、冯兰唐/杜尔、埃施曼、维斯特里希、安特南
1962.6.6 联邦德国2:0智利
圣地亚哥/67224人,**主裁判**:戴维森(苏格兰)
进球:希马尼亚克21'(点球),泽勒80'
联邦德国(424):法里安/诺瓦克、施内林格、舒尔茨、埃哈特/希马尼亚克、吉泽曼/克劳斯、泽勒、布吕尔、舍费尔
智利(424):埃斯库蒂/埃萨吉雷、R.桑切斯、孔特雷拉斯、纳瓦罗/托罗、罗哈斯/拉米雷斯、兰达、莫雷诺、L.桑切斯
1962.6.7 意大利3:0瑞士
圣地亚哥/59828人,**主裁判**:拉蒂切夫(苏联)
进球:莫拉2',布尔加雷65'、67'
意大利(424):洛伦佐·布冯/洛西、罗博蒂、萨尔瓦多雷、切萨雷·马尔蒂尼/拉迪切、莫拉/布尔加雷利、索尔马尼、西沃里、帕斯库蒂
瑞士(424):埃尔泽内/施奈特、塔凯拉、格罗贝蒂、迈耶/韦伯、阿勒曼/冯兰唐、杜尔、维斯特里希、安特南

C组	胜	平	负	进:失球	分
巴西	2	1	0	4:1	5
捷克斯洛伐克	1	1	2	3:3	3
墨西哥	1	0	2	3:4	2
西班牙	1	0	2	2:3	2

(巴西、捷克斯洛伐克晋级)
1962.5.30 巴西2:0墨西哥
比尼亚德尔马/10484人,**主裁判**:丁斯特(瑞士)
进球:扎加洛56',贝利73'
巴西(424):希尔马尔/D.桑托斯、毛罗、佐齐莫、N.桑托斯/齐托、迪迪/加林查、瓦瓦、贝利、扎加洛
墨西哥(424):卡瓦哈尔/德尔穆罗、卡德纳斯、塞普尔韦达、比列加斯/雷耶斯、纳赫拉/德尔阿吉拉、埃克托尔·赫尔南德斯、亚绍、迪亚斯
1962.5.31 捷克斯洛伐克1:0西班牙
比尼亚德尔马/12700人,**主裁判**:斯泰纳(奥地利)
进球:斯季布拉尼60'
捷克斯洛伐克(424):施罗伊夫/拉拉、诺瓦克、普卢斯卡尔、波普卢哈尔/马索普斯特、斯季布拉尼/谢雷、克瓦斯尼亚克、阿达麦

1962年世界杯决赛，巴西队3比1击败捷克斯洛伐克队后，因伤未能出场的贝利与取代其位置的阿马里尔多（右）激情拥抱。

茨、耶利内克

西班牙(424):塞德伦/里维利亚、雷哈、塞加拉、圣玛丽亚/加拉、德尔索尔/马丁内斯、普斯卡什、苏亚雷斯、亨托

1962.6.2 巴西0:0捷克斯洛伐克

比尼亚德尔马/14903人,**主裁判**:施温特(法国)

巴西(424):希尔马尔/D.桑托斯、毛罗、佐齐莫、N.桑托斯/齐托、迪迪/加林查、瓦瓦、贝利、扎加洛

捷克斯洛伐克(424):施罗伊夫/拉拉、诺瓦克、普卢斯卡尔、波普卢哈尔/马索普斯特、斯季布拉尼/谢雷、克瓦斯尼亚克、阿达麦茨、耶利内克

1962.6.3 西班牙1:0墨西哥

比尼亚德尔马/11875人,**主裁判**:泰萨尼奇(南斯拉夫)

进球:佩罗89'

西班牙(325):卡梅洛/罗德里、加西亚、贝赫斯/圣玛丽亚、帕钦/德尔索尔、佩罗、普斯卡什、苏亚雷斯、亨托

墨西哥(424):卡瓦哈尔/德尔穆罗、卡德纳斯、塞普尔韦达、豪雷吉/雷耶斯、纳赫拉/德尔阿吉拉、埃克托尔·赫尔南德斯、亚绍、迪亚斯

1962.6.6 巴西2:1西班牙

比尼亚德尔马/18715人,**主裁判**:布斯塔曼特(智利)

进球:阿马里尔多72'、86'/阿德拉多35'

巴西(424):希尔马尔/D.桑托斯、毛罗、佐齐莫、N.桑托斯/齐托、迪迪/加林查、瓦瓦、阿马里尔多、扎加洛

西班牙(325):阿拉基斯塔因/罗德里、加西亚、贝赫斯/埃切贝里亚、帕钦/科利亚尔、佩罗、普斯卡什、阿德拉多、亨托

1962.6.7 墨西哥3:1捷克斯洛伐克

比尼亚德尔马/10648人,**主裁判**:丁斯特(瑞士)

进球:马谢克1',德尔阿吉拉29',H.赫尔南德斯90'(点球)/迪亚斯13'

墨西哥(424):卡瓦哈尔/德尔穆罗、卡德纳斯、塞普尔韦达、豪雷吉/雷耶斯、纳赫拉/德尔阿吉拉、埃克托尔·赫尔南德斯、阿尔弗雷多·赫尔南德斯、迪亚斯

捷克斯洛伐克(424):施罗伊夫/拉拉、诺瓦克、普卢斯卡尔、波普卢哈尔/马索普斯特、斯季布拉尼/谢雷、克瓦斯尼亚克、阿达麦茨、马谢克

D组	胜	平	负	进:失球	分
匈牙利	2	1	0	8:2	5
英格兰	1	1	1	4:3	3
阿根廷	1	1	1	2:3	3
保加利亚	0	1	2	1:7	1

(匈牙利、英格兰晋级)

1962.5.30 阿根廷1:0保加利亚

兰卡瓜/7134人,**主裁判**:加德萨瓦尔(西班牙)

进球:法昆多4'

阿根廷(424):罗马/R.纳瓦罗、派斯、赛恩斯、马尔佐利尼/萨基、罗西/法昆多、帕加尼、圣菲利波、贝伦

保加利亚(424):奈德诺夫/拉卡罗夫、基托夫、亚历山大·科斯托夫、季米特洛夫/科瓦切夫、迪耶夫/韦利奇科夫、伊利耶夫、亚基莫夫、科列夫

1962.5.31 匈牙利2:1英格兰

兰卡瓜/7938人,**主裁判**:霍恩(荷兰)

进球:蒂希17',阿尔伯特71'/弗劳尔斯60'(点球)

匈牙利(325):格罗希奇/马特劳伊、沙罗希、绍伊莫希/梅瑟伊、希波什\山多尔、拉科西、阿尔伯特、蒂希、费尼韦希

英格兰(424):斯普林格特/阿姆菲尔德、威尔逊、穆尔、诺曼/弗劳尔斯、道格拉斯/格里夫斯、希钦斯、海恩斯、R.查尔顿

1962.6.2 英格兰3:1阿根廷

兰卡瓜/9794人,**主裁判**:拉蒂切夫(苏联)

进球:弗劳尔斯18'(点球),R.查尔顿42',格里夫斯67'/圣菲利波81'

英格兰(424):斯普林格特/阿姆菲尔德、威尔逊、穆尔、诺曼/弗劳尔斯、道格拉斯/格里夫斯、皮科克、海恩斯、R.查尔顿

阿根廷(424):罗马/R.纳瓦罗、派斯、恰普、马尔佐利尼/萨基、拉廷/奥列尼亚克、索萨、圣菲利波、贝伦

1962.6.3 匈牙利6:1保加利亚

兰卡瓜/7442人,**主裁判**:加德亚萨瓦尔(西班牙)

进球:阿尔伯特1'、6'、54',蒂希8'、70',绍伊莫希12'/阿斯帕鲁霍夫64'

匈牙利(325):伊尔库/马特劳伊、沙罗希、绍伊莫希/梅瑟伊、希波什\山多尔、格罗希、阿尔伯特、蒂希、费尼韦希

保加利亚(325):奈德诺夫/拉卡罗夫、基托夫、亚历山大科斯托夫/季米特洛夫、科瓦切夫/索科洛夫、韦利奇科夫、阿斯帕鲁霍夫、德尔门耶夫、科列夫

1962.6.6 匈牙利0:0阿根廷

兰卡瓜/17875人,**主裁判**:亚马萨基(秘鲁)

匈牙利(325):格罗希奇/马特劳伊、沙罗希、绍伊莫希/梅瑟伊、希波什\库哈尔斯基、格罗希、莫诺什特罗伊、蒂希、拉科西

阿根廷(424):多明戈斯/赛恩斯、德尔加多、恰普、马尔佐利尼/马尔佐利尼、萨基/潘多、奥列尼亚克、法昆多、帕加尼、阿尔韦托·冈萨雷斯

1962.6.7 英格兰0:0保加利亚

兰卡瓜/5700人,**主裁判**:布拉维耶(比利时)

英格兰(325):斯普林格特/阿姆菲尔德、威尔逊、穆尔/诺曼、弗劳尔斯/道格拉斯、格里夫斯、皮科克、海恩斯、R.查尔顿

保加利亚(325):奈德诺夫/拉卡罗夫、泽舍夫、亚历山大·科斯托夫/迪米特尔·科斯托夫、季米特洛夫/科瓦切夫、索科洛夫、韦利奇科夫、德尔门耶夫、科列夫

1/4决赛

1962.6.10 巴西3:1英格兰

比尼亚德尔马/17736人,**主裁判**:施温特(法国)

进球:加林查30'、59',瓦瓦53'/希钦斯38'

巴西(424):希尔马尔/D.桑托斯、毛罗、佐齐莫、N.桑托斯/齐托、迪迪/加林查、瓦瓦、阿马里尔多、扎加洛

英格兰(325):斯普林格特/阿姆菲尔德、威尔逊、穆尔、诺曼/弗劳尔斯、道格拉斯/格里夫斯、希钦斯、海恩斯、R.查尔顿

1962.6.10 智利2:1苏联

阿里卡/17268人,**主裁判**:霍恩(荷兰)

进球:L.桑切斯11',罗哈斯27'/基什连科26'

智利(424):埃斯库蒂/埃萨吉雷、孔特雷拉斯、R.桑切斯、纳瓦罗/托罗、罗哈斯/拉米雷斯、兰达、托瓦尔、L.桑切斯

苏联(424):雅辛/乔赫利、奥斯特洛夫斯基、沃罗宁、马斯连金/内托、基什连科/伊万诺夫、波内德尔内克、马米金、梅斯希

1962.6.10 南斯拉夫1:0联邦德国

圣地亚哥/63324人,**主裁判**:亚马萨基(秘鲁)

进球:拉达科维奇87'

南斯拉夫(352):索斯基奇/久尔科维奇、优素菲、拉达科维奇/马尔科维奇、波波维奇/科瓦切维奇、舍库拉拉茨、耶科维奇、加利奇、斯科布拉

联邦德国(334):法里安/诺瓦克、施内林格、舒尔茨/埃哈特、吉泽曼、布吕尔/哈勒尔、泽勒、希马尼亚克、舍费尔

1962.6.10 捷克斯洛伐克1:0匈牙利

兰卡瓜/11690人,**主裁判**:拉蒂切夫(苏联)

进球:谢勒14'

捷克斯洛伐克(424):施罗伊夫/拉拉、诺瓦克、普卢斯卡尔、波普卢哈尔/马索普斯特、斯季布拉尼/谢雷、克瓦斯尼亚克、阿达麦茨、马谢克

匈牙利(424):格罗希奇/马特劳伊、沙罗希、绍伊莫希、梅瑟伊/希波什、山多尔/拉科西、阿尔伯特、蒂希、费尼韦希

半决赛

1962.6.13 捷克斯洛伐克3:1南斯拉夫

比尼亚德尔马/5890人,**主裁判**:丁斯特(瑞士)

进球:卡德拉巴49',谢勒80'、87'(点球)/耶科维奇69'

捷克斯洛伐克(424):施罗伊夫/拉拉、诺瓦克、普卢斯卡尔、波普卢哈尔/马索普斯特、波斯皮哈尔/谢雷、克瓦斯尼亚克、卡德拉巴、耶利内克

南斯拉夫(424):索斯基奇/久尔科维奇、优素菲、马尔科维奇、拉达科维奇/波波维奇、希亚科维奇/舍库拉拉茨、耶科维奇、加利奇、斯科布拉

1962.6.13 巴西4:2智利

圣地亚哥/76500人,**主裁判**:亚马萨基(秘鲁)

进球:加林查9'、31',瓦瓦48'、78'/托罗41',L.桑切斯62'(点球)

巴西(442):希尔马尔/D.桑托斯、毛罗、佐齐莫、N.桑托斯/加林查(83'被驱逐)、齐托、迪迪、瓦瓦/阿马里尔多、扎加洛

智利(424):埃斯库蒂/埃萨吉雷、孔特雷拉斯、R.桑切斯、M.罗德里格斯/托罗、罗哈斯、拉米雷斯、兰达(80'被驱逐)/托瓦尔、L.桑切斯

三四名决赛

1962.6.16 智利1:0南斯拉夫

圣地亚哥/67000人,**主裁判**:加德亚萨瓦尔(西班牙)

进球:罗哈斯90'

智利(424):戈多伊/埃萨吉雷、温贝托·克鲁斯、劳尔·桑切斯、曼努埃尔·罗德里格斯/托罗、罗哈斯/拉米雷斯、坎波斯、托瓦尔、莱昂内尔·桑切斯

南斯拉夫(325):索斯基奇/久尔科维奇、斯维尼亚雷维奇、拉达科维奇/马尔科维奇、波波维奇/科瓦切维奇、舍库拉拉茨、耶科维奇、加利奇、斯科布拉

决赛

1962.6.17 巴西3:1捷克斯洛伐克

圣地亚哥/69000人,**主裁判**:拉蒂切夫(苏联)

进球:阿马里尔多17',齐托69',瓦瓦78'/马索普斯特15'

巴西(424):希尔马尔/贾尔马桑托斯、毛罗、佐齐莫、尼尔顿桑托斯/齐托、迪迪/加林查、瓦瓦、阿马里尔多、扎加洛

捷克斯洛伐克(325):施罗伊夫/蒂希、诺瓦克、马索普斯特/波普卢哈尔、普卢斯卡尔/波斯皮哈尔、谢雷、卡德拉巴、克瓦斯尼亚克、耶利内克

1966

预选赛

东道主英格兰队和卫冕冠军巴西队直接出线。另74队参加预选赛，争夺14个出线席位。预选赛共进行了127场，进球393个，场均3.09球。入场券分配方面，欧洲区9个(含英格兰)，南美区3个(含巴西)，中北美及加勒比区1个，非洲区0.5个，亚洲区0.25个，大洋洲区0.25个。只有1张入场券通过跨州附加赛决出:亚洲区冠军与大洋洲区冠军交手，胜者再与非洲区冠军进行附加赛，胜者晋级决赛圈。阿尔及利亚、韩国等17国因不满国际足联只给予非洲、亚洲、大洋洲合计1个名额，集体退赛。

●欧洲区

(赛制)共31队参赛，分成9个小组，每小组第一名晋级决赛圈。若小组前两名分数相同则进行附加赛，胜者晋级决赛圈。

第1组	胜	平	负	进:失球	分
比利时	3	0	1	11:3	6
保加利亚	3	0	1	9:6	6
以色列	0	0	4	1:12	0

(保加利亚出线)

1965.5.9 比利时1:0以色列
朱里翁
1965.6.13 保加利亚4:0以色列
科特科夫x2,阿斯帕鲁霍夫,基托夫
1965.9.26 保加利亚3:0比利时
科特科夫x2,阿斯帕鲁霍夫
1965.10.27 比利时5:0保加利亚
范西姆斯特x2,蒂奥x2,施托克曼
1965.11.10 以色列0:5比利时
范西姆斯特x3,蒂奥,普特斯
1965.11.21 以色列1:2保加利亚
塔尔比/I.科列夫,阿斯帕鲁霍夫
附加赛(中立场地:意大利)
1965.12.29 保加利亚2:1比利时
阿斯普鲁霍夫x2/武特索夫

第2组	胜	平	负	进:失球	分
联邦德国	3	1	0	14:2	7
瑞典	2	1	1	10:3	5
塞浦路斯	0	0	4	0:19	0

(联邦德国出线)

1964.11.4 联邦德国1:1瑞典
布鲁嫩·迈耶/哈姆林
1965.4.24 联邦德国5:0塞浦路斯
奥弗拉特x2,西尔勒夫x2,施特雷尔
1965.5.5 瑞典3:0塞浦路斯
西蒙松x2,T.约恩松
1965.9.26 瑞典1:2联邦德国
T.约恩松/席勒,克雷默
1965.11.7 塞浦路斯0:5瑞典
B.拉尔森x2,格兰斯特伦x2,金德瓦尔
1965.11.14 塞浦路斯0:6联邦德国
布鲁嫩·迈耶x2,希马尼亚克,海斯,克雷默,乌龙

第3组	胜	平	负	进:失球	分
法国	5	0	1	9:2	10
挪威	3	1	2	10:5	7
南斯拉夫	3	1	2	10:8	7
卢森堡	0	0	0	6:20	0

(法国出线)

1964.9.20 南斯拉夫3:1卢森堡
科瓦切维奇,耶科维奇,加利奇/A.施密特
1964.10.4 卢森堡0:2法国
居伊17',阿泰莱萨80'
1964.11.8 卢森堡0:2挪威
E.约翰松,贝里
1964.11.11 法国1:0挪威
朗贝尔17'
1965.4.18 南斯拉夫1:0法国
加利奇59'
1965.5.27 挪威4:2卢森堡
彼泽森,E.约翰松,克里斯托弗松,舍贝里/布伦纳,达布林
1965.6.16 挪威3:0南斯拉夫
尼尔森,贝里,泽曼
1965.9.15 挪威0:1法国
孔班22'
1965.9.19 卢森堡2:5南斯拉夫
皮洛x2/加利奇x2,扎伊奇x2,穆绍维奇
1965.10.9 法国1:0南斯拉夫
贡代77'
1965.11.6 法国4:1卢森堡
贡代8'、27',孔班11'、38'/皮洛53'
1965.11.7 南斯拉夫1:1挪威
瓦索维奇/斯塔夫鲁姆

第4组	胜	平	负	进:失球	分
葡萄牙	4	1	1	9:4	9
捷克斯洛伐克	3	1	2	12:4	7
罗马尼亚	3	0	3	9:7	6
土耳其	1	0	5	4:19	2

(葡萄牙出线)

1965.1.24 葡萄牙5:1土耳其
科卢纳,尤西比奥x3,格拉萨/费夫齐33'
1965.4.19 土耳其0:1葡萄牙
尤西比奥
1965.4.25 捷克斯洛伐克0:1葡萄牙
尤西比奥
1965.5.2 罗马尼亚3:0土耳其
杰奥尔杰斯库,马泰亚努,克雷伊尼恰努
1965.5.30 罗马尼亚1:0捷克斯洛伐克
马泰亚努
1965.6.13 葡萄牙2:1罗马尼亚
尤西比奥x2/阿夫拉姆
1965.9.19 捷克斯洛伐克3:1罗马尼亚
克内博特x2,约克尔/科埃
1965.10.9 土耳其0:6捷克斯洛伐克
克内博特x2,约克尔x2,卡巴特,克瓦斯尼亚克
1965.10.23 土耳其2:1罗马尼亚
费夫齐13',奈迪姆48'/杰奥尔杰斯库
1965.10.31 葡萄牙0:0捷克斯洛伐克
1965.11.21 捷克斯洛伐克3:1土耳其
姆拉兹x2,霍拉特/艾汉8'
1965.11.21 罗马尼亚2:0葡萄牙
皮尔卡拉布,巴代亚

第5组	胜	平	负	进:失球	分
瑞士	4	1	1	7:3	9
北爱尔兰	3	2	1	9:5	8
荷兰	2	2	2	6:4	6
阿尔巴尼亚	0	1	5	2:12	1

(瑞士出线)

1964.5.24 荷兰2:0阿尔巴尼亚
斯赫雷弗斯,穆勒
1964.10.14 北爱尔兰1:0瑞士
克罗桑
1964.10.25 阿尔巴尼亚0:2荷兰
戈伊森,范尼
1964.11.14 瑞士2:1北爱尔兰
昆廷29',库恩34'/贝斯特31'
1965.3.17 北爱尔兰2:1荷兰
克罗桑,贝斯特/哈斯哈里
1965.4.7 荷兰0:0北爱尔兰
1965.4.11 阿尔巴尼亚0:2瑞士
昆廷21',库恩88'
1965.5.2 瑞士1:0阿尔巴尼亚
库恩
1965.5.7 北爱尔兰4:1阿尔巴尼亚
克罗桑x3,贝斯特/哈斯哈里
1965.10.17 荷兰0:0瑞士
1965.11.14 瑞士2:1荷兰
阿勒曼,赫斯普/拉塞罗姆斯
1965.11.24 阿尔巴尼亚1:1北爱尔兰
哈久/欧文

第6组	胜	平	负	进:失球	分
匈牙利	3	1	0	8:3	7
民主德国	1	2	1	5:5	4
奥地利	0	1	3	1:6	1

(匈牙利出线)

1965.4.25 奥地利1:1民主德国
霍夫46'/诺尔内尔74'
1965.5.23 民主德国1:1匈牙利
弗格尔17'/拜奈28'
1965.6.13 奥地利0:1匈牙利
费尼韦希
1965.9.5 匈牙利3:0奥地利
法尔卡斯,费尼韦希,梅瑟伊
1965.10.9 匈牙利3:2民主德国
拉科西41',诺瓦克53',法尔卡斯80'/杜克31'、71'
1965.10.31 民主德国1:0奥地利
诺尔内尔1'

第7组	胜	平	负	进:失球	分
苏联	5	0	1	19:6	10
威尔士	3	0	3	11:9	6
希腊	2	1	3	10:14	5
丹麦	1	1	4	7:18	3

(苏联出线)

1964.10.21 丹麦1:0威尔士
O.马德森4[illegible]'
1964.11.29 希腊4:2丹麦
西代理斯30'、46',帕帕亚安努71'、85'/贝里60',O.马德森70'
1964.12.9 希腊2:0威尔士
帕帕约安努,帕帕埃马努伊
1965.3.17 威尔士4:1希腊
阿尔丘奇x2,弗农,英格兰/帕帕约安努
1965.5.23 苏联3:1希腊
卡扎科夫14',V.伊万诺夫71'、83'/帕帕约安努60'
1965.5.30 苏联2:1威尔士
V.伊万诺夫39',威廉姆斯48'(乌龙)/R.戴维斯69'
1965.6.27 苏联6:0丹麦
侯赛因诺夫9',梅特列韦利47',沃罗宁64',巴尔卡伊亚69'、77',梅斯希72'
1965.10.3 希腊1:4苏联
帕帕亚安努27'/梅特列韦利46',马拉费夫62',

夫、马尔卡罗夫、波尔库扬
智利(433):奥利瓦雷斯/瓦伦蒂尼、克鲁斯、菲格罗亚、比利亚努埃瓦/普列托、马科斯、阿拉亚/兰达、亚瓦尔、L.桑切斯

1/4决赛
1966.7.23 英格兰1:0阿根廷
伦敦/90000人,**主裁判**:克赖特莱因(联邦德国)
进球:赫斯特78'
英格兰(433):班克斯/科恩、威尔逊、斯泰尔斯、J.查尔顿/穆尔、鲍尔、赫斯特/B.查尔顿、R.亨特、彼得斯
阿根廷(442):罗马/费雷罗、马尔佐利尼、拉廷(35'被驱逐)、佩尔富莫/阿尔布雷赫特、阿尔布雷赫特、索拉里、阿蒂梅/冈萨雷斯、马斯
1966.7.23 联邦德国4:0乌拉圭
谢菲尔德/35000人,**主裁判**:芬尼(英格兰)
进球:哈勒尔11'、83',贝肯鲍尔70',席勒75'
联邦德国(433):蒂尔科夫斯基/赫特格斯、舒尔茨、韦伯、施内林格/贝肯鲍尔、哈勒尔、奥弗拉特/席勒、黑尔德、埃梅里希
乌拉圭(532):马祖尔凯维奇/特罗切(49'被驱逐)、乌维尼亚、贡萨尔维斯、马尼塞拉、卡埃塔诺/萨尔瓦、罗查、席尔瓦(54'被驱逐)科尔特斯、佩雷斯
1966.7.23 苏联2:1匈牙利
桑德兰/26000人,**主裁判**:加德亚萨瓦尔(西班牙)
进球:基什连科5',波尔库扬46'/拜奈57'
苏联(424):雅辛/波诺马廖夫、舍斯捷尔尼奥夫、沃罗宁、丹尼洛夫/萨博、侯赛因诺夫/基什连科、巴尼舍夫斯基、马洛费耶夫、波尔库扬
匈牙利(433):盖莱伊/马特劳伊、卡波斯陶、梅瑟伊、希波什/塞派希、纳吉、阿尔伯特/拉科西、拜奈、法尔卡斯

1966.7.23 葡萄牙5:3朝鲜
利物浦/51000人,**主裁判**:阿什克纳齐(以色列)
进球:尤西比奥27'、43'(点球)、56'、59'(点球),奥古斯托80'/朴承振1',李东云22',杨升国25'
葡萄牙(433):J.佩雷拉/莫赖斯、巴普蒂斯塔、维森特、伊拉里奥/格拉萨、科卢纳、奥古斯托/尤西比奥、托雷斯、西蒙斯
朝鲜(433):李常明/林重善、李东云、河宗源、申永奎/吴允景、朴承振、任成辉/韩奉镇、朴斗一、杨升国

半决赛
1966.7.25 联邦德国2:1苏联
利物浦/43000人,**主裁判**:罗贝洛(意大利)
进球:哈勒尔43',贝肯鲍尔67'/波尔库扬88'
联邦德国(433):蒂尔科夫斯基/吕茨、韦伯、舒尔茨、施内林格/贝肯鲍尔、哈勒尔、奥弗拉特/席勒、黑尔德、埃梅里希
苏联(424):雅辛/波诺马廖夫、舍斯捷尔尼奥夫、沃罗宁、丹尼洛夫/萨博、侯赛因诺夫/基什连科(47'被驱逐)、巴尼舍夫斯基、马洛费耶夫、波尔库扬
1966.7.26 英格兰2:1葡萄牙
伦敦/94000人,**主裁判**:施温特(法国)
进球:B.查尔顿30'、80'/尤西比奥82'(点球)
英格兰(433):班克斯/科恩、威尔逊、斯泰尔斯、J.查尔顿/穆尔、鲍尔、B.查尔顿/赫斯特、R.亨特、彼得斯
葡萄牙(433):J.佩雷拉/丰斯塔、巴普蒂斯塔、卡洛斯、伊拉里奥/格拉萨、科卢纳、奥古斯托/尤西比奥、托雷斯、西蒙斯

三四名决赛
1966.7.28 葡萄牙2:1苏联
伦敦/87000人,**主裁判**:达格纳尔(英格兰)
进球:尤西比奥43'(点球),托雷斯89'/马洛费耶夫43'
葡萄牙(433):J.佩雷拉/丰斯塔、巴普蒂斯塔、卡洛斯、伊拉里奥/格拉萨、科卢纳、奥古斯托/尤西比奥、托雷斯、西蒙斯
苏联(442):雅辛/波诺马廖夫、胡尔西拉瓦、沃罗宁、丹尼洛夫/科尔涅夫、西钦纳瓦、梅特列韦利、巴尼舍夫斯基/马洛费耶夫、谢列布里亚尼科夫

决赛
1966.7.26 英格兰4:2联邦德国
伦敦/93000人,**主裁判**:丁斯特(瑞士)
进球:赫斯特18'、101'、120',彼得斯78'/哈勒尔12',韦伯89'
英格兰(433):班克斯/科恩、J.查尔顿、穆尔、威尔逊/斯泰尔斯、B.查尔顿、彼得斯/鲍尔、R.亨特,赫斯特
联邦德国(433):蒂尔科夫斯基/赫特格斯、舒尔茨、韦伯、施内林格/贝肯鲍尔、奥弗拉特、哈勒尔/席勒、黑尔德、埃梅里希

1966年7月19日，在葡萄牙与巴西的世界杯小组赛中，尤西比奥(左一)力压奥兰多(左二)头球攻门。猎豹在本届赛事大放异彩，一人攻入9球荣膺金靴，并率领葡萄牙杀入四强。

1970

预选赛

东道主墨西哥队和卫冕冠军英格兰队直接出线。另75队参加预选赛，争夺14个出线席位。预选赛共进行了172场，进球542个，场均3.15球。入场券分配方面，欧洲区9个(含英格兰)，南美区3个，中北美及加勒比区2个(含墨西哥)，非洲区1个，亚洲区与大洋洲区1个。只有1张入场券通过跨洲附加赛决出:亚洲区冠军与大洋洲区冠军交手，主客场两回合胜出者晋级决赛圈。

●欧洲区

(赛制)共29队参赛，分成8个小组进行主客场双循环比赛，每小组第一名晋级决赛圈。若小组前两名分数相同则进行附加赛，胜者晋级决赛圈。

第1组	胜	平	负	进:失球	分
罗马尼亚	3	2	1	7:6	8
希腊	2	3	1	13:9	7
瑞士	2	1	3	5:8	4
葡萄牙	1	2	3	8:10	4

(罗马尼亚出线)

1968.10.12 瑞士1:0希腊
昆廷

1968.10.27 葡萄牙3:0罗马尼亚
雅辛托21'、72',若昂33'

1968.11.23 罗马尼亚2:0瑞士
杜米特拉凯51',多米德74'

1968.12.11 希腊4:2葡萄牙
迪迪斯33',帕帕约安努37',西代理斯61',托雷斯49'(乌龙)/奥古斯托17',尤西比奥64'

1969.4.16 希腊2:2罗马尼亚
迪迪斯60',西代理斯51'/杜米特拉凯53',66'

1969.4.16 葡萄牙0:2瑞士
维耶乌米尔21'、35'

1969.5.4 葡萄牙2:2希腊
尤西比奥82',佩雷斯86'/埃莱夫泰拉基斯68',波蒂诺斯74'

1969.5.14 瑞士0:1罗马尼亚
★本场资料缺失

1969.10.12 罗马尼亚1:0葡萄牙
多布林30'

1969.10.15 希腊4:1瑞士
考达斯33',西代理斯43',波蒂诺斯39'、49'/孔斯利77'

1969.11.2 瑞士1:1葡萄牙
孔斯利88'/尤西比奥40'

1969.11.16 罗马尼亚1:1希腊
代姆布罗夫斯基36'/佐马佐斯50'

第2组	胜	平	负	进:失球	分
匈牙利	4	1	1	16:7	9
捷克斯洛伐克	4	1	1	12:6	9
丹麦	2	1	3	6:10	5
爱尔兰	0	1	5	3:14	1

(捷克斯洛伐克出线)

1968.9.25 丹麦0:3捷克斯洛伐克
约克尔11',库纳22',哈加拉80'

1968.10.20 捷克斯洛伐克1:0丹麦
约克尔56'

1968.12.4 爱尔兰-丹麦
注：比赛第50分钟因大雾取消，1969年10月15日重赛

1969.5.4 爱尔兰1:2捷克斯洛伐克
罗杰17'/卡巴特51',阿达麦茨71'

1969.5.25 匈牙利2:0捷克斯洛伐克
A.多瑙伊11',阿尔伯特88'

1969.5.27 丹麦2:0爱尔兰
O.索伦森34'、66'

1969.6.8 爱尔兰1:2匈牙利
吉文斯59'/A.多瑙伊23',拜奈80'

1969.6.15 丹麦3:2匈牙利
O.索伦森3',勒费夫尔35',O.马德森67'/拜奈7',法尔卡斯39'

1969.9.14 捷克斯洛伐克3:3匈牙利
哈加拉,克瓦斯尼亚克,库纳/拜奈,A.多瑙伊,福泽考什

1969.10.7 捷克斯洛伐克3:0爱尔兰
阿达麦茨9'、37'、45'

1969.10.15 爱尔兰1:1丹麦(重赛)
吉文斯11'/B.延森84'

1969.10.22 匈牙利3:0丹麦
拜奈15'、88',叙奇28'

1969.11.5 匈牙利4:0爱尔兰
豪尔莫西30',拜奈49',普斯卡什58',柯奇士83'

附加赛(中立场地：法国)

1969.12.3 捷克斯洛伐克4:1匈牙利
克瓦斯尼亚克44'(点球),F.韦塞利57',阿达麦茨65',约克尔80'/柯奇士90'(点球)

第3组	胜	平	负	进:失球	分
意大利	3	1	0	10:3	7
民主德国	2	1	1	7:7	5
威尔士	0	0	4	3:10	0

(意大利出线)

1968.10.23 威尔士0:1意大利
里瓦44'

1969.3.29 民主德国2:2意大利
弗格尔26',克赖舍75'/里瓦54'、82'

1969.4.6 民主德国2:1威尔士
洛31',罗克89'/英格兰57'

1969.10.22 威尔士1:3民主德国
鲍威尔83'/弗格尔54',洛60',弗伦茨62'

1969.11.4 意大利4:1威尔士
里瓦37'、73'、81',马佐拉55'/英格兰67'

1969.11.12 意大利3:0民主德国
马佐拉7',多门吉尼25',里瓦36'

第4组	胜	平	负	进:失球	分
苏联	3	1	0	8:1	7
北爱尔兰	2	1	1	7:3	5
土耳其	0	0	4	2:13	0

(苏联出线)

1968.10.13 北爱尔兰4:1土耳其
贝斯特31',麦克莫迪埃47',杜根65',坎贝尔76'/厄云9'

1968.12.11 土耳其0:3北爱尔兰
哈金36'、87',尼科尔森63'

1969.9.10 北爱尔兰0:0苏联

1969.10.11 苏联3:0土耳其
穆恩特佳43'、78',诺季贾62'

1969.11.4 意大利4:1威尔士
里瓦37'、73'、81',马佐拉55'/英格兰67'

1969.11.12 意大利3:0民主德国
马佐拉7',多门吉尼25',里瓦36'

第5组	胜	平	负	进:失球	分
瑞典	3	0	1	12:5	6
法国	2	0	2	6:4	4
挪威	1	0	3	4:13	2

(瑞典出线)

1968.10.9 瑞典5:0挪威
金德瓦尔x3,B.拉尔森x2

1968.11.6 法国0:1挪威
艾弗森67'

1969.6.19 挪威2:5瑞典
奥尔森53'、83'/佩尔森21',L.埃里克森26',金德瓦尔36',格兰47',格里普49'

1969.9.10 挪威1:3法国
奥尔森90'/雷韦利9'、48'、77'

1969.10.15 瑞典2:0法国
金德瓦尔32'(点球),65'

1969.11.1 法国3:0瑞典
布拉39'、43',德约卡夫41'(点球)

第6组	胜	平	负	进:失球	分
比利时	4	1	1	14:8	9
南斯拉夫	3	1	2	19:7	7
西班牙	2	2	2	10:6	6
芬兰	1	0	5	6:28	2

(比利时出线)

1968.6.19 芬兰1:2比利时
弗林克15'/德夫林特85',波勒尼斯89'

1968.9.25 南斯拉夫9:1芬兰
扎姆巴塔x3,姆塞米奇x3,扎伊奇x2,奥西姆/托尔萨

1968.10.9 比利时6:1芬兰
波勒尼斯x3,皮伊x2,泽梅尔林/林霍尔姆

1968.10.13 比利时3:0南斯拉夫
德夫林特x2,波勒尼斯

1968.10.27 南斯拉夫0:0西班牙

1968.12.11 西班牙1:1比利时
加拉特75'/德夫林特3'

1969.2.23 比利时2:1西班牙
德夫林特33'、83'/阿森西84'

1969.4.30 西班牙2:1南斯拉夫
布斯蒂略20',阿曼西奥27'/帕夫洛维奇67'

1969.6.4 芬兰1:5南斯拉夫
托尔萨20'/布考22'、71',扎伊奇14',斯普雷科40',皮里克50'

1969.6.25 芬兰2:0西班牙
林霍尔姆7',托尔萨20'

1969.10.15 西班牙6:0芬兰
加拉特18'、42',皮里5',贝拉斯克斯21',阿曼西奥44',基诺36'

1969.10.19 南斯拉夫4:0比利时
斯帕索夫斯基x2,贝林,扎伊奇

第7组	胜	平	负	进:失球	分
联邦德国	5	1	0	20:3	11
苏格兰	3	1	2	18:7	7
奥地利	3	0	3	12:7	6
塞浦路斯	0	0	6	2:35	0

(联邦德国出线)

1968.5.19 奥地利7:1塞浦路斯
霍夫x5,雷德尔,西贝尔/坎特齐利埃里斯

1968.10.13 奥地利0:2联邦德国
G.穆勒,乌龙

1968.11.6 苏格兰2:1奥地利

劳8',布雷姆纳75'/斯塔雷克3'
1968.11.23 塞浦路斯0:1联邦德国
G.穆勒
1968.12.11 塞浦路斯0:5苏格兰
吉尔津5'、35',斯泰因25'、41',默多克44'
1969.4.16 苏格兰1:1联邦德国
默多克85'/G.穆勒39'
1969.4.19 塞浦路斯1:2奥地利
埃夫蒂米亚迪斯89'/克罗伊茨27',雷德尔55'
1969.5.10 联邦德国1:0奥地利
G.穆勒88'
1969.5.17 苏格兰8:0塞浦路斯
格雷,麦克尼尔,斯泰因x4,亨德森,格默尔
1969.5.21 联邦德国12:0塞浦路斯
G.穆勒3'、44'、48'、85',奥弗拉特5'、12'、63',哈勒尔17'、46,洛伦茨32',黑尔德41',赫特格斯51'
1969.10.22 联邦德国3:2苏格兰
G.穆勒59',利布达79',菲希特尔37'/约翰斯通3',吉尔津62'
1969.11.5 奥地利2:0苏格兰
雷德尔x2

第8组	胜	平	负	进:失球	分
保加利亚	4	1	1	12:7	9
波兰	4	0	2	19:8	8
荷兰	3	1	2	9:5	7
卢森堡	0	0	6	4:24	0

(保加利亚出线)
1968.9.4 荷兰2:0卢森堡
范哈内亨,扬森
1968.10.27 保加利亚2:0荷兰
博内夫45'(点球),阿斯帕鲁霍夫65'
1969.3.26 荷兰4:0卢森堡
帕赫尔帕拉茨85'、88',克鲁伊夫25',范戴克35'
1969.4.20 波兰8:1卢森堡
卢巴尔斯基9'、29'、36'、82'、85',德厄纳54'、55',维利姆64'/莱昂纳多
1969.4.23 保加利亚2:1卢森堡
阿斯帕鲁霍夫31'(点球)49'/莱昂纳多50'(点球)
1969.5.7 荷兰1:0波兰
洛加文90'
1969.6.15 保加利亚4:1波兰
博内夫24',德尔门日埃夫25',D.佩内夫72',阿斯帕鲁霍夫88'/德厄纳27'
1969.9.7 波兰2:1荷兰
亚罗西克58',卢巴尔斯基67'/韦里20'
1969.10.10 卢森堡1:5波兰
基尔兴斯38'/德厄纳49'、67',亚罗西克54',布拉58',卢巴尔斯基60'
1969.10.22 荷兰1:1比利时
费恩斯特拉35'/博内夫58'
1969.11.9 波兰3:0比利时
亚罗西克18'、68,德厄纳75'
1969.12.7 卢森堡1:3比利时
菲利普58'(点球)/德尔门日埃夫35',亚基莫夫37',博内夫83'

南美区

(赛制)共10队参赛，分成3个小组，每小组第一名晋级决赛圈。若小组前两名分数相同则进行附加赛，胜者晋级决赛圈。

第1组	胜	平	负	进:失球	分
秘鲁	2	1	1	7:4	5
玻利维亚	2	0	2	5:6	4
阿根廷	1	1	2	2:4	3

(秘鲁出线)
1969.7.27 玻利维亚3:1阿根廷
J.迪亚斯18',布拉库特51',阿尔瓦雷斯70'/塔拉比尼43'
1969.8.3 秘鲁1:0阿根廷
莱昂52'
1969.8.10 玻利维亚2:1秘鲁
阿尔瓦雷斯,琼皮塔斯(点球)/沙勒
1969.8.17 秘鲁3:0玻利维亚
库维利亚,克鲁萨多,加拉多
1969.8.24 阿根廷1:0玻利维亚
阿尔布雷赫特
1969.8.31 阿根廷2:2秘鲁
阿尔布雷赫特80',伦多89'/O.拉米雷斯70'、81'

第2组	胜	平	负	进:失球	分
巴西	6	0	0	23:2	12
巴拉圭	4	0	2	6:5	8
哥伦比亚	1	1	4	7:12	3
委内瑞拉	0	1	5	1:18	1

(巴西出线)
1969.7.27 哥伦比亚3:0委内瑞拉
J.冈萨雷斯x2,塞雷拉
1969.8.2 委内瑞拉1:1哥伦比亚
门多萨/塔马约
1969.8.6 哥伦比亚0:2巴西
托斯唐37'、44'
1969.8.6 委内瑞拉0:2巴拉圭
J.罗哈斯x2
1969.8.10 哥伦比亚0:1巴拉圭
马丁内斯57'
1969.8.10 委内瑞拉0:5巴西
托斯唐x3,贝利x2
1969.8.17 巴拉圭0:3巴西
埃杜,雅伊尔津霍,乌龙
1969.8.21 巴西6:2哥伦比亚
贝利,托斯唐x2,雅伊尔津霍,埃杜,里维利诺/梅萨,加列戈
1969.8.21 巴拉圭1:0委内瑞拉

1969年3月29日，世预赛欧洲区第3小组，意大利客场2比2战平民主德国。民主德国前锋劳(右二)在意大利队长法切蒂(右三)的盯防下碌碌无为。

希门尼斯
1969.8.24 巴西6:0委内瑞拉
托斯唐3'、22'、24',贝利45'、69',雅伊尔津霍30'
1969.8.24 巴拉圭2:1哥伦比亚
阿鲁阿x2/塞雷拉
1969.8.31 巴西1:0巴拉圭
贝利78'

第3组	胜	平	负	进:失球	分
乌拉圭	3	1	0	5:0	7
智利	1	2	1	5:4	4
厄瓜多尔	0	1	3	2:8	1

(乌拉圭出线)
1969.7.6 厄瓜多尔0:2乌拉圭
巴雷尼奥31',苏维亚60'
1969.7.13 智利0:0乌拉圭
1969.7.20 乌拉圭1:0厄瓜多尔
安切塔76'
1969.7.27 智利4:1厄瓜多尔
奥利瓦雷斯55'、77',巴尔德斯63'、84'/马西亚斯88'
1969.8.3 厄瓜多尔1:1智利
T.罗德里格斯10'/奥利瓦雷斯58'
1969.8.10 乌拉圭2:0智利
科尔特斯44',罗查90'

中北美及加勒比海地区

(赛制)第一轮共12队参赛，分成4个小组，每小组第一名晋级第二轮。第二轮的4支球队进行主客场淘汰赛决出2个名额，之后再进行主客场两回合，胜者晋级决赛圈。从第二轮比赛开始，若两队在主客场均战平或者各胜一场，将在中立场地进行附加赛，胜者晋级。

第一轮

第1组	胜	平	负	进:失球	分
洪都拉斯	3	1	0	7:2	7
哥斯达黎加	2	1	1	7:3	5
牙买加	0	0	4	2:11	0

(洪都拉斯晋级)
1968.11.27 哥斯达黎加3:0牙买加
L.赫尔南德斯,沃基,萨恩斯
1968.12.1 哥斯达黎加3:1牙买加
维加,查瓦里亚,努涅斯/邓克林
1968.12.5 洪都拉斯3:1牙买加
乌尔基亚,戈麦斯,布莱/邓克林
1968.12.8 洪都拉斯2:0牙买加
布莱,乌尔基亚
1968.12.22 洪都拉斯1:0哥斯达黎加
戈麦斯
1968.12.29 哥斯达黎加1:1洪都拉斯
查瓦里亚/戈麦斯

第2组	胜	平	负	进:失球	分
海地	2	1	1	9:5	5
危地马拉	1	2	1	5:3	4
特立尼达和多巴哥	1	1	2	4:10	3

(海地晋级)
1968.11.17 危地马拉4:0特立尼达和多巴哥
佩纳x3,斯托克斯
1968.11.20 危地马拉0:0特立尼达和多巴哥
1968.11.23 海地4:0特立尼达和多巴哥
维尔x2,奥巴斯,巴泰勒米
1968.11.25 海地2:4特立尼达和多巴哥
索林/阿奇博尔德,卡韦,卡明斯x2
1968.12.8 海地2:0危地马拉
索林,吉尔劳梅
1969.2.23 危地马拉1:1海地
E.冈萨雷斯/奥巴斯
注：特立尼达和多巴哥所有比赛均在客场进行。

第3组	胜	平	负	进:失球	分
萨尔瓦多	3	0	1	10:5	6
苏里南	2	0	2	10:9	4
荷属安的列斯	1	0	3	3:9	2

(萨尔瓦多晋级)
1968.11.24 苏里南6:0荷属安的列斯
法嫩堡x2,斯洪霍芬x2,科斯特x2
1968.12.1 萨尔瓦多6:0苏里南
金塔尼利亚,阿苏卡尔x2,卡韦萨斯(点球),巴连特x2
1968.12.5 荷属安的列斯2:0苏里南
马丁纳,布鲁克
1968.12.12 萨尔瓦多1:0荷属安的列斯
金塔尼利亚
1968.12.15 萨尔瓦多2:1荷属安的列斯
巴兰萨,巴连特/马丁纳
1968.12.22 苏里南4:1萨尔瓦多
乌修仁,沙尔,拉加迪安x2/阿苏卡尔
注：萨尔瓦多与荷属安的列斯比赛均在萨尔瓦多进行。

第4组	胜	平	负	进:失球	分
美国	3	0	1	11:6	6
苏里南	2	1	1	8:3	5
百慕大	0	1	3	2:12	1

(美国晋级)
1968.10.6 加拿大4:0百慕大
扎纳塔x2,维格,克尔
1968.10.13 加拿大4:2美国
维格,麦克帕迪x2,帕特森/罗伊,斯特里茨
1968.10.20 百慕大0:0加拿大
1968.10.26 美国1:0加拿大
阿尔布雷赫特
1968.11.3 美国6:2加拿大
米勒x3,贝克x2,罗伊/贝斯特x2
1968.11.11 百慕大0:2美国
罗伊,阿尔布雷赫特

第二轮
第1组
1969.4.20 海地2:0美国
维尔,奥巴斯
1969.5.11 美国0:1海地
维尔
(海地晋级)

第二场
1969.6.8 洪都拉斯1:0萨尔瓦多
戈麦斯
1969.6.15 萨尔瓦多3:0洪都拉斯
马丁内斯(点球),阿塞韦多,罗德里格斯
附加赛(中立场地：墨西哥)
1969.6.26 萨尔瓦多3:2洪都拉斯
阿塞韦多,马丁内斯x2/R.戈麦斯x2
(萨尔瓦多晋级)

第三轮
1969.9.21 海地1:2萨尔瓦多
弗朗索瓦/阿塞韦多,罗德里格斯
1969.9.28 萨尔瓦多3:0洪都拉斯
马丁内斯(点球),阿塞韦多,罗德里格斯
附加赛(中立场地：牙买加)
1969.10.8 萨尔瓦多1:0洪都拉斯
马丁内斯
(萨尔瓦多出线)

非洲区

(赛制)第一轮，加纳轮空直接晋级第二轮，剩下10支球队进行主客场两回合比赛决出5个名额；第二轮，6支球队捉对进行主客场两回合比赛，决出3个名额进入第三轮；第三轮，3支球队进行主客场双循环比赛，积分最高球队晋级决赛圈。

第一轮
第1组
1968.11.17 阿尔及利亚1:2突尼斯
阿姆鲁什29'(点球)/沙克龙73'、75'
1968.12.29 突尼斯0:0阿尔及利亚
(突尼斯晋级)

第2组
1968.11.3 摩洛哥1:0塞内加尔
班赫里埃夫
1969.1.5 塞内加尔2:1摩洛哥
注：两回合总分2比2战平。因为第二回合没有进行加时赛，将在中立场地进行附加赛。
附加赛(中立场地：加纳利岛)
1969.2.13 摩洛哥2:0塞内加尔
巴穆斯,哈夫纳维
(摩洛哥晋级)

第3组
1969.1.26 利比亚2:0埃塞俄比亚
让伊,M.库萨
1969.2.9 埃塞俄比亚5:1利比亚
热尔马x2,费谢哈x2,盖雷穆/苏伊德
(埃塞俄比亚晋级)

第4组
1968.10.27 赞比亚4:2苏丹
卡彭弗x2,卡波萨,马克瓦萨/奥斯曼x2
1968.11.8 苏丹4:2赞比亚
加格杜尔x2,卡菲,索托/卡彭弗,奇塔卢
(苏丹晋级)
注：第二回合常规时间比分3比1，加时比分1比1，苏丹因第二回合进球多晋级。

第5组
1968.12.7 尼日利亚1:1喀麦隆
萨拉米/奥沃纳
1968.12.22 喀麦隆2:3尼日利亚
贝桑居昂,阿尤/奥菲奥克维,阿尼克,拉瓦尔
(尼日利亚晋级)

第二轮
第1组
1969.4.27 突尼斯0:0摩洛哥
1969.5.18 摩洛哥0:0突尼斯
附加赛(中立场地：法国)
1969.6.13 摩洛哥2:2突尼斯
伊德里斯27',霍迈奈53'/沙伊比3',舍曼87'
(通过抽签摩洛哥晋级)

第2组
1969.5.4 埃塞俄比亚1:1苏丹
门古伊图斯/巴凯特
1969.5.11 苏丹3:1埃塞俄比亚
沃赫拜,希德尔,艾尔法迪尔/T.阿斯富
(苏丹晋级)

第3组
1969.5.10 尼日利亚2:1加纳
奥拉约姆博,塞西/阿多凯厄
1969.5.18 加纳1:1尼日利亚
奥拉/奥科耶
(尼日利亚晋级)

第三轮

球队	胜	平	负	进:失球	分
摩洛哥	2	1	1	5:3	5
尼日利亚	1	2	1	8:7	4
苏丹	0	3	1	5:8	3

(摩洛哥出线)
1969.9.13 尼日利亚2:2苏丹
奥科耶,拉瓦尔/埃尔丁,艾尔赛德
1969.9.21 摩洛哥2:1尼日利亚
艾尔菲埃利50',费莱斯63'/拉瓦尔
1969.10.3 苏丹3:3尼日利亚
埃尔丁,纳斯尔,沃赫拜/森迪,奥科耶,奥波内
1969.10.10 苏丹0:0摩洛哥
1969.10.23 摩洛哥3:0苏丹
艾尔菲埃利41',霍迈奈7'、86'

1969.11.8 尼日利亚2:0摩洛哥
拉瓦尔,奥科耶

亚洲区/大洋洲区

(赛制)朝鲜因拒绝与以色列比赛，退出本届预选赛。第一轮，以色列、新西兰、罗德西亚轮空直接晋级第二轮，澳大利亚、日本、韩国三支球队进行双循环比赛(所有比赛均在韩国进行)，积分最高球队晋级第二轮；第二轮，4支球队进行主客场淘汰赛决出2个名额；第三轮，2支球队进行主客场两回合比赛，胜者晋级决赛圈。

第一回合

球队	胜	平	负	进:失球	分
澳大利亚	2	2	0	7:4	6
韩国	1	2	1	6:5	4
日本	0	2	2	4:8	2

(澳大利亚晋级)

1969.10.10 澳大利亚3:1日本
麦科尔,奥吉奥,巴尔茨/渡边

1969.10.12 韩国2:2日本
朴秀一,李力禹/松本,杉山

1969.10.14 韩国1:2澳大利亚
李力禹/沃基斯,麦科尔

1969.10.16 澳大利亚1:1日本
麦科尔/宫本

1969.10.18 韩国2:0日本
洪印雄,郑秉铎

1969.10.20 韩国1:1澳大利亚
朴秀一/巴尔茨

第二轮

第1组

1969.11.23 罗德西亚1:1澳大利亚
查尔莫斯/麦科尔

1969.11.27 罗德西亚0:0澳大利亚

附加赛

1969.11.29 罗德西亚1:3澳大利亚
查尔莫斯/拉瑟福德,沃伦

(澳大利亚晋级)

注：所有比赛均在莫桑比克进行。

第2组

1969.9.28 以色列4:0新西兰
施皮格尔65',施皮勒48',法伊根鲍姆72'、86'

1969.10.1 以色列2:0新西兰
施皮勒24',施皮格尔33'

(以色列晋级)

注：两回合比赛均在以色列进行。

第三轮

1969.12.4 以色列1:0澳大利亚
施皮格尔18'

1969.12.14 澳大利亚1:1以色列
沃基斯87'/施皮勒8'

(以色列出线)

决赛阶段

16队分成4个小组进行单循环赛，每个小组前两名晋级8强。8强捉对交手直至产生冠军。半决赛两支失利球队争夺季军。

A组	胜	平	负	进:失球	分
苏联	2	1	0	6:1	5
墨西哥	2	1	0	5:0	5
比利时	1	0	2	4:5	2
萨尔瓦多	0	0	3	0:9	0

(苏联、墨西哥晋级)

1970.5.31 墨西哥0:0苏联
墨西哥城/107160人,**主裁判**:辰切尔(联邦德国)
墨西哥(4231):卡尔德隆/佩纳■、佩雷斯、赫尔南德斯、萨尔加多/班托尔拉、古斯曼/普利多、韦拉尔德(67'蒙吉亚)、瓦尔迪维亚/弗拉戈索
苏联(442):卡瓦扎什维利/卡普利奇内、洛夫切奇■、洛戈费特■、舍斯捷尔尼奥夫/阿萨特金■、蒙强、谢列布里亚尼科夫(46'普扎奇)、贝绍维茨/叶夫留日欣、诺季亚■(67'赫梅尔尼茨基)

1970.6.3 比利时3:0萨尔瓦多
墨西哥城/92205人,**主裁判**:勒杜列斯库(罗马尼亚)
进球:范默尔13'、55',朗贝尔80'(点球)
比利时(442):皮奥/埃朗、德瓦尔克、多克斯、蒂森/泽梅尔林(79'波勒尼斯)、范默尔、德夫林特、范西姆斯特/朗贝尔、皮伊
萨尔瓦多(442):马加尼亚/里瓦斯、马里奥纳、奥索里奥、曼萨诺(66'科尔特斯)/金塔尼利亚、巴斯克斯、卡韦萨斯、罗德里格斯(80'塞尔梅诺)/马丁内斯、阿帕里西奥

1970.6.6 苏联4:1比利时
墨西哥城/95261人,**主裁判**:朔伊尔(瑞士)
进球:贝绍维茨14'、63',阿萨特金57',赫梅尔尼茨基78'/朗贝尔86'

1969年8月21日，埃杜(右一)的进球帮助巴西主场6比2大胜委内瑞拉。桑巴军团也以6战全胜的骄人战绩晋级世界杯决赛圈。

苏联(442):卡瓦扎什维利/卡普利奇内(35'洛夫切奇)、阿福宁、舍斯捷尔尼奥夫、阿萨特金/蒙强、德若季瓦什维利(73'基谢廖夫)、贝绍维茨、叶夫留日欣/胡尔西拉瓦、赫梅尔尼茨基
比利时(442):皮奥/埃朗、德瓦尔克、多克斯、蒂森/泽梅尔林、范默尔、耶克、范西姆斯特/朗贝尔、皮伊

1970.6.7 墨西哥4:0萨尔瓦多
墨西哥城/103058人,**主裁判**:坎迪勒(埃及)
进球:瓦尔迪维亚45'、46,弗拉戈索58',巴萨古伦83'
墨西哥(442):卡尔德隆/佩纳、佩雷斯、蒙吉亚、博尔哈(46'萨尔加多(76'巴萨古伦))/潘迪利亚、班托尔拉、古斯曼、L.冈萨雷斯/瓦尔迪维亚、弗拉戈索
萨尔瓦多(442):马加尼亚/里瓦斯、马里奥纳、奥索里奥、科尔特斯(68'蒙赫)、奎塔尼利亚、巴斯克斯、卡韦萨斯、罗德里格斯/马丁内斯、阿帕里西奥(59'门德斯)

1970.6.10 苏联2:0萨尔瓦多
墨西哥城/89979人,**主裁判**:霍尔察卫尔(智利)
进球:贝绍维茨51'、74'
苏联(433):卡瓦扎什维利/阿福宁、舍斯捷尔尼奥夫、谢列布里亚尼科夫、蒙强/德若季瓦什维利、基谢廖夫(81'阿萨特金)、贝绍维茨/普扎奇(46'叶夫留日欣)、胡尔西拉瓦、赫梅尔尼茨基
萨尔瓦多(442):马加尼亚/里瓦斯、马里奥纳、奥索里奥、卡斯特罗/蒙赫、波尔蒂略、巴斯克斯、卡韦萨斯(82'阿帕里西奥)/罗德里格斯(86'塞尔梅诺)、门德斯

1970.6.11 墨西哥1:0比利时
墨西哥城/108192人,**主裁判**:科埃雷扎(阿根廷)
进球:佩纳14'(点球)
墨西哥(442):卡尔德隆/佩纳、班托尔拉、古斯曼、佩雷斯/普利多、L.冈萨雷斯、蒙吉亚、瓦尔迪维亚(46'巴萨古伦)/弗拉戈索、潘迪利亚
比利时(442):皮奥/埃朗、德瓦尔克、多克斯、蒂森/泽梅尔林、范默尔、耶克、范西姆斯特/波勒尼斯(66'德夫林特)、皮伊

B组	胜	平	负	进:失球	分
意大利	1	2	0	1:0	4
乌拉圭	1	1	1	2:1	3
瑞典	1	1	1	2:2	3
以色列	0	2	1	1:3	2

(意大利、乌拉圭晋级)

1970.6.2 乌拉圭2:0以色列
普埃布拉/20654人,**主裁判**:戴维森(苏格兰)
进球:马内罗23',穆希卡81'
乌拉圭(433):马祖尔凯维奇/乌维尼亚、安切塔、马托萨斯、穆希卡/库维利亚、卡斯蒂略、罗查(13'科尔特斯)/埃斯帕拉戈、马内罗、洛萨达
以色列(433):维索凯尔/施瓦格尔、普里莫、罗森(46'巴拉赫)、罗森/罗森塔尔、施皮格尔、施皮勒、舒姆,/费亨鲍恩、塔勒比(57'巴尔)

1970.6.3 意大利1:0瑞典
托卢卡/13433人,**主裁判**:泰勒(英格兰)
进球:多门吉尼11'
意大利(433):阿尔贝托西/布尔尼奇、切拉、尼古拉(38'罗萨托)、法切蒂/贝尔蒂尼、德西斯蒂、马佐拉/多门吉尼、博宁塞尼亚、里瓦
瑞典(433):赫尔斯特伦/努德奎斯特、格里普、斯文松、阿克塞尔松/B.帕尔松(79'尼克拉松)、格兰、埃里克森(56'埃德斯特)/金德瓦尔、克龙奎斯特、奥尔松

1970.6.6 乌拉圭0:0意大利
普埃布拉/29968人,**主裁判**:格勒克纳(民主德国)
乌拉圭(442):马祖尔凯维奇/乌维尼亚、穆希卡、卡斯蒂略、安切塔/马托萨斯、库维利亚、埃斯帕拉戈、马内罗/科尔特斯、巴雷尼奥(71'苏维亚)
意大利(433):阿尔贝托西/布尔尼奇、切拉、罗萨托、法切蒂/贝尔蒂尼、德西斯蒂、马佐拉/多门吉尼(46'富里诺)、博宁塞尼亚、里瓦

1970.6.7 瑞典1:1以色列
托卢卡/9624人,**主裁判**:塔雷凯尼(埃塞俄比亚)
进球:施皮勒56'/蒂勒松53'
瑞典(442):S.拉尔森/塞兰德、格里普、斯文松、阿克塞尔松/B.拉尔森、蒂勒松、金德瓦尔/佩尔森(78'佩尔森)、奥尔松
以色列(433):维索凯尔/巴尔、普里莫、巴拉赫(51'舒鲁克)、罗森/施瓦格尔、罗森塔尔、舒姆,/施皮勒、施皮格尔、费亨鲍恩

1970.6.10 瑞典1:0乌拉圭
普埃布拉/13163人,**主裁判**:亨利(美国)
进球:格兰90'
瑞典(442):S.拉尔森/塞兰德、格里普、斯文松、阿克塞尔松/B.拉尔森、努德奎斯特、埃里克森、金德瓦尔(68'蒂勒松)/佩尔森、尼克拉松(84'格兰)
乌拉圭(442):马祖尔凯维奇/乌维尼亚、穆希卡、卡斯蒂略、安切塔/马托萨斯、埃斯帕拉戈(62'丰特斯)、马内罗、科尔特斯/苏维亚、洛萨达

1970.6.11 意大利0:0以色列

1970年世界杯，本土作战的墨西哥首次杀入八强。在主场球迷的助威下，墨西哥球员表现异常英勇，在与苏联队的小组赛中，前锋萨尔加多(中)冒着被蹬踏的危险拼抢头球。

1974

预选赛

东道主联邦德国队和卫冕冠军巴西队直接出线。另99队报名参加预选赛，争夺14个出线席位。共90队参加了至少1场的预选赛阶段比赛。预选赛共进行了226场，进球620个，场均2.74球。入场券分配方面，欧洲区9.5个(含德国)，南美区3.5个(含巴西)，中北美及加勒比区1个，非洲区1个，亚洲及大洋洲区1个。只有1张入场券通过附加赛决出:欧洲区第9组的第1名对南美区第3名，但这场附加赛因为苏联拒绝去处于政变中的智利比赛所以只进行了一场，智利在第二场交锋中不战而胜。

●欧洲区

(赛制)共32队参赛，分成9个小组，其中5个小组有4队，4个组有3队。前8组的第一名直接获得世界杯入场券，第9小组的出线队要与南美区第3名进行附加赛。

第1组	胜	平	负	进:失球	分
瑞典	3	2	1	15:8	8
奥地利	3	2	1	14:7	8
匈牙利	2	4	0	12:7	8
马耳他	0	0	6	1:20	0

(奥地利与瑞典积分和净胜球均相同，在第三地进行了单场附加赛，瑞典胜出。)

1971.11.14 马耳他0:2匈牙利
拜奈3'、56'

1972.4.30 奥地利4:0马耳他
希克斯贝格29'、34'、36'，霍夫85'

1972.5.6 匈牙利3:0马耳他
L.科奇什'，拜奈60'，尤哈斯75'

1972.5.25 瑞典0:0匈牙利

1972.6.10 奥地利2:0瑞典
潘茨65'，普姆78'

1972.10.15 奥地利2:2匈牙利
哈西尔58'(点球)，亚拉71'/杜奈16',L.科奇什20'

1972.10.15 瑞典7:0马耳他
埃德斯特伦2'、32'、64'，博·拉尔森18'、35'(点球)，桑德贝里44'，塞潘斯基57'

1972.11.25 马耳他0:2奥地利
克格贝格尔48'，斯皮特里77'(乌龙)

1973.4.29 匈牙利2:2奥地利
赞博12'，巴林特69'/施塔雷克14'，亚拉28'

1973.5.23 瑞典3:2奥地利
桑德贝里24'、78'，格兰52'/亚拉50'，施塔雷克89'

1973.6.13 匈牙利3:3瑞典
科兹马9'，维达茨59'，赞博71'/欣德瓦尔38'，桑德贝里57'，埃德斯特伦77'

1973.11.11 马耳他1:2瑞典
卡米尔莱里20'/欣德瓦尔21'，博·拉尔森35'(点球)

1973.11.27(附加赛,西德举行) 瑞典2:1奥地利
桑德贝里12'，B.拉尔森28'(点球)/哈滕贝格尔39'

第2组	胜	平	负	进:失球	分
意大利	4	2	0	12:0	10
土耳其	2	2	2	5:3	6
瑞士	2	2	2	2:4	6
卢森堡	1	0	5	2:14	2

(意大利出线)

1972.10.7 卢森堡0:4意大利
基纳利亚3'，里瓦6'、36'，卡佩罗62'

1972.10.21 瑞士0:0意大利

1972.10.22 卢森堡2:0土耳其
杜歇14'，布劳恩16'

1972.12.10 土耳其3:0卢森堡
奥斯曼6'、39'，科克萨尔79'(点球)

1973.1.13 意大利0:0土耳其

1973.2.25 土耳其0:1意大利
阿纳斯塔西35'

1973.3.31 意大利5:0卢森堡
里瓦18'、45'、70'、80'，里维拉63'

1973.4.8 卢森堡0:1瑞士
奥德马特20'

1973.5.9 瑞士0:0土耳其

1973.9.26 瑞士1:0卢森堡
布拉特2'

1973.10.20 意大利2:0瑞士
里维拉39'(点球)，里瓦79'

1973.11.18 土耳其2:0瑞士
F.默罕默德51'，梅利赫54'

第3组	胜	平	负	进:失球	分
荷兰	4	2	0	24:2	10
比利时	4	2	0	12:0	10
挪威	2	0	4	9:16	4
冰岛	0	0	6	2:29	0

(荷兰出线)

1972.5.18 比利时4:0冰岛
范希姆斯特特12'，波莱乌尼斯34'、57'，贡纳松89'(乌龙)

1972.5.22 冰岛0:4比利时
让森斯28'，朗贝尔30'(点球)、49'(点球)，多克斯60'

1972.8.3 挪威4:1冰岛
富塞特48'，伦德，赫斯塔德，约翰森/奥斯卡尔松90'

1972.10.4 挪威0:2比利时
多尔芒58'(点球)，朗贝尔60'

1972.11.1 荷兰9:0挪威
内斯肯斯21'、51'、63'，克鲁伊夫55'、82'，德容70'，布罗坎普76、87'，凯泽尔80'(点球)

1972.11.19 比利时0:0荷兰

1973.8.2 冰岛0:4挪威
松德，约翰森(2球)，彼得森

1973.8.22 荷兰5:0冰岛
范哈内亨6'，克鲁伊夫8'、57'，阿里·汉17'，布罗坎普29'

1973.8.29 冰岛1:8荷兰
盖尔松44'/克鲁伊夫8'、28'，布罗坎普15'、75'，内斯肯斯24'，R.范德科尔霍夫46'，施奈德48'(点球)，范哈内亨71'

1973.9.12 挪威1:2荷兰
赫斯塔德77'/克鲁伊夫7'，许尔绍夫87'

1973.10.31 比利时2:0挪威
多尔芒32'(点球)，朗贝尔85'(点球)

1973.11.18 荷兰0:0比利时

第4组	胜	平	负	进:失球	分
民主德国	5	0	1	18:3	10
罗马尼亚	4	1	1	17:4	9
芬兰	1	1	4	3:21	3
阿尔巴尼亚	1	0	5	3:13	2

(民主德国出线)

1972.6.21 芬兰1:0阿尔巴尼亚
托伊沃拉13'

1972.9.20 芬兰1:1罗马尼亚
里萨宁86'/农韦勒52'

1972.10.7 民主德国5:0芬兰
克赖施26'，施帕瓦塞尔68'、86'，施特赖希70'、76'

1972.10.29 罗马尼亚2:0阿尔巴尼亚
多布林38'，邓布罗夫斯基41'

1973.4.8 民主德国2:0阿尔巴尼亚
施特赖希62'，施帕瓦塞尔69'

1973.5.6 阿尔巴尼亚1:4罗马尼亚
比齐/杜米特鲁12'，杜米特拉凯25'、57'，塔拉伦加72'

1973.5.27 罗马尼亚1:0民主德国
杜米特拉凯53'

1973.6.6 芬兰1:5民主德国
曼门88'/施特赖希7'、30'，勒韦44'，杜克75'，克赖施83'

1973.9.26 民主德国2:0罗马尼亚
布兰施42'、64'

1973.10.10 阿尔巴尼亚1:0芬兰
拉加米

1973.10.14 罗马尼亚9:0芬兰
杜米特鲁6'，马尔库8'、42'，米尔恰25'、65'，杜米特拉凯45'、63'，潘泰亚55'，杰奥尔杰斯库81'

1973.11.13 阿尔巴尼亚1:4民主德国
吉卡15'/施特赖希5'、35'，勒韦62'，77'

第5组	胜	平	负	进:失球	分
波兰	2	1	1	6:3	5
英格兰	1	2	1	3:4	4
威尔士	1	1	2	3:5	3

(波兰出线)

1972.11.15 威尔士0:1英格兰
贝尔35'

1973.1.24 英格兰1:1威尔士
亨特41'/托沙克23'

1973.3.28 威尔士2:0波兰
詹姆斯46'，霍基85'

1973.6.6 波兰2:0英格兰
巴纳斯7'，卢班斯基47'

1973.9.26 波兰3:0威尔士
加多哈29'，拉托34'，多马尔斯基53'

1973.10.17 英格兰1:1波兰
克拉克63'(点球)/多马尔斯基57'

第6组	胜	平	负	进:失球	分
保加利亚	4	2	0	13:3	10
葡萄牙	2	3	1	10:6	7
北爱尔兰	1	3	2	5:6	5
塞浦路斯	1	0	5	1:14	2

(保加利亚出线)

1972.3.29 葡萄牙4:0塞浦路斯
温贝托，若尔当，A.若热，内内

1972.5.10 塞浦路斯0:1葡萄牙
法里亚36'

1972.10.18 保加利亚3:0北爱尔兰
博内夫18'(点球)、85'(点球)，科列夫53'

1972.11.19 塞浦路斯0:4保加利亚
米哈伊洛夫2'，德内夫15'，博内夫17'、80'

1973.2.14 塞浦路斯1:0北爱尔兰
萨瓦88'

1973.3.28 北爱尔兰1:1葡萄牙
奥尼尔/尤西比奥84'(点球)

1973.5.2 保加利亚2:1葡萄牙
德内夫38', 博内夫60'/内内74'
1973.5.8 北爱尔兰3:0塞浦路斯
安德森x2, 摩根
1973.9.26 北爱尔兰0:0保加利亚
1973.10.13 葡萄牙2:2保加利亚
夸雷斯马, 西莫斯/博内夫56'、65'
1973.11.14 葡萄牙1:1北爱尔兰
若尔当/卢顿
1973.11.18 保加利亚2:0塞浦路斯
科列夫2', 德内夫65'

第7组	胜	平	负	进:失球	分
西班牙	2	2	0	8:5	6
南斯拉夫	2	2	0	7:4	6
希腊	0	0	4	5:11	0

(西班牙与南斯拉夫的积分和净胜球均相同，在第三地进行了单场附加赛，南斯拉夫胜出。)

1972.10.19 西班牙2:2南斯拉夫
阿曼西奥30', 阿森西89'/巴耶维奇52、60'
1972.11.18 南斯拉夫1:0希腊
阿契莫维奇14'
1973.1.17 希腊2:3西班牙
多马佐斯41'/库达斯56'/巴尔德斯40'、56', 克拉拉蒙特65'
1973.2.21 西班牙3:1希腊
克拉拉蒙特, 马丁内斯, 索尔/安托尼亚季斯
1973.10.21 南斯拉夫0:0西班牙
1973.12.19 希腊2:4南斯拉夫
萨拉菲斯36', 卡拉西(乌龙)/巴耶维奇12', 卡拉西15'、90', 彼得罗维奇60'
1974.2.13(附加赛,西德举行) 南斯拉夫1:0西班牙
卡塔林斯基10'

第8组	胜	平	负	进:失球	分
苏格兰	3	0	1	8:3	6
捷克斯洛伐克	2	1	1	9:3	5
丹麦	0	1	3	2:13	1

(苏格兰出线)

1972.10.18 丹麦1:4苏格兰
F.劳德鲁普28'/马卡里18', 博恩20', 哈珀80', 摩根83'
1972.11.15 苏格兰2:0丹麦
达格利什2', 洛里默46'
1973.5.2 丹麦1:1捷克斯洛伐克
比约内莫塞15'/彼得拉什32'
1973.6.2 捷克斯洛伐克6:0丹麦
内霍达46', 韦塞利56'、65'、80', 比科夫斯基57', 哈加拉60'
1973.9.26 苏格兰2:1捷克斯洛伐克
霍尔顿40', 乔丹74'/内霍达32'
1973.10.17 捷克斯洛伐克1:0苏格兰
内霍达(点球)

第9组	胜	平	负	进:失球	分
苏联	3	0	1	5:2	6
爱尔兰	1	1	2	4:5	3
法国	1	1	2	3:5	3

(苏联出线)

1972.10.13 法国1:0苏联
贝雷塔61'
1972.10.18 爱尔兰1:2苏联
康罗伊83'/费多托夫55', 科托夫65'
1972.11.15 爱尔兰2:1法国
康罗伊27', 特里西77'/拉尔凯66'
1973.5.13 苏联1:0爱尔兰
奥尼先科58'
1973.5.19 法国1:1爱尔兰
谢萨78'/马丁83'
1973.5.26 苏联2:0法国
布洛欣81', 奥尼先科84'

附加赛

1973.9.26 苏联0:0智利
1973.11.21 智利2:0苏联
因为智利政变，苏联拒绝前往参赛，国际足联判定智利以2比0胜出。

●南美洲区

(赛制)巴西队以卫冕冠军的身份直接晋级，余下9队参赛争夺2.5张入场券，后来委内瑞拉弃权。9队分成3个小组，各自进行双循环赛，第1组和第2组的小组第一名晋级世界杯，只有两队参赛的第3组第一名，与欧洲区的苏联队进行附加赛。

第1组	胜	平	负	进:失球	分
乌拉圭	2	1	1	6:2	5
哥伦比亚	1	3	0	3:2	5
厄瓜多尔	0	2	2	3:8	2

(乌拉圭出线)

1973.6.21 哥伦比亚1:1厄瓜多尔
奥尔蒂斯44'/穆尼奥斯72'
1973.6.24 哥伦比亚0:0乌拉圭
1973.6.28 厄瓜多尔1:1哥伦比亚
穆尼奥斯29'/奥尔蒂斯50'
1973.7.1 厄瓜多尔1:2乌拉圭
埃斯图皮南35'/埃斯帕拉戈41', 莫雷纳74'
1973.7.5 乌拉圭0:1哥伦比亚
奥尔蒂斯71'
1973.7.8 乌拉圭4:0厄瓜多尔
莫雷纳4'、27', 库比利亚30', 米拉尔62'

第2组	胜	平	负	进:失球	分
阿根廷	3	1	0	9:2	7
巴拉圭	2	1	1	8:5	5
玻利维亚	0	0	4	1:11	0

(阿根廷出线)

1973.9.2 玻利维亚1:2巴拉圭
莫拉莱斯30'/埃斯科巴尔41', 因斯弗兰74'
1973.9.9 阿根廷4:0玻利维亚
布林迪西30'、43', 阿亚拉66'、75'
1973.9.16 巴拉圭1:1阿根廷
阿鲁阿41'/阿亚拉33'
1973.9.23 玻利维亚0:1阿根廷
弗马里17'
1973.9.30 巴拉圭4:0玻利维亚
巴雷罗10', 奥索里奥13', 因斯弗兰18', 阿鲁阿89'
1973.10.7 阿根廷3:1巴拉圭
阿亚拉32'、57', 格里尼89'/埃斯科巴尔22'

第3组(智利出线)

1973.4.29 秘鲁2:0智利
索蒂尔x2

1973年10月17日，英格兰队在主场1比1战平波兰队后，无缘世界杯决赛圈。波兰门将托马谢夫斯基的扑救令对手一筹莫展。

1973.5.13 智利2:0秘鲁
阿乌马达、克里索托
由于总比分相同，两队在第三地乌拉圭进行了附加赛
1973.8.5 智利2:1秘鲁
法里亚斯、巴尔德斯/拜尔克蒂

●亚大区

(赛制)15队按照地缘或政治因素分为两个赛区，A区7队，包括东亚球队及以色列；B区8队，包括西亚球队、大洋洲球队、印尼及朝鲜。A、B两区各自的第一名进行两回合附加赛，胜出者获得该赛区唯一一张入场券。
A区比赛均在韩国首都汉城(即现在的首尔)进行。先进行3场资格赛，根据胜负情况，将参加附加赛的6支球队分入A组和B组。两组各自进行单循环赛，小组前两名晋级淘汰赛，然后由A1对B2，A2对B1，胜利者再进行交锋，争夺A区冠军。

资格赛
1973.5.16 南越南1:0泰国
1973.5.16 以色列2:1日本
斯皮格勒5'，奥纳纳61'/平泽周策62'
1973.5.17 香港1:0马来西亚
卢洪海

A区第1组	胜	平	负	进:失球	分
香港	2	0	0	2:0	4
日本	1	0	1	4:1	2
南越南	0	0	2	0:5	0

(香港、日本晋级)
1973.5.20 日本4:0南越南
釜本邦茂5'、86'，森孝慈19'，对手乌龙49'
1973.5.22 香港1:0日本
郭家明83'
1973.5.24 香港1:0南越南
朱国权

A区第2组	胜	平	负	进:失球	分
以色列	2	1	0	9:0	5
韩国	1	2	0	4:0	4
马来西亚	1	1	1	2:3	3
泰国	0	0	3	0:12	0

(以色列、韩国晋级)
1973.5.19 以色列3:0马来西亚
法尔卡斯50'，舒姆62'，奥纳纳82'
1973.5.19 韩国4:0泰国
金吉国x2，车范根，金珠焕
1973.5.21 韩国0:0马来西亚
1973.5.21 以色列6:0泰国
查瓦利特12'(乌龙)，斯皮格勒62'，舒姆69'，罗岑73'、84'(点球)，奥纳纳78'
1973.5.23 韩国0:0以色列
1973.5.23 马来西亚2:0泰国
阿卜杜拉、约苏赫
A区半决赛
1973.5.26 韩国3:1香港
1973.5.26 以色列1:0日本(加时)
奥纳纳110'
A区决赛
1973.5.28 韩国1:0以色列(加时)
韩柱旭109'

B区:8队分成两个小组，其中第1组的4队在伊朗德黑兰进行双循环赛会制比赛，第2组的4队在澳大利亚的悉尼和墨尔本进行双循环赛(只有新西兰主场与澳大利亚的比赛放在了新西兰的奥克兰进行)。两个小组的第一名进行主客场两回合较量，胜利者从B区出线。

B区第1组	胜	平	负	进:失球	分
伊朗	4	1	1	7:3	9
叙利亚	3	1	2	6:6	7
朝鲜	1	3	2	5:5	5
科威特	1	1	4	4:8	3

(伊朗晋级)
1973.5.4 伊朗0:0朝鲜
1973.5.4 叙利亚2:1科威特
沙赫雷斯顿62'，纳诺65'/杜拉希姆57'
1973.5.6 朝鲜1:1叙利亚
1973.5.6 伊朗2:1科威特
瓦法卡赫20'，帕尔文56'/卡米尔83'
1973.5.8 朝鲜0:0科威特
1973.5.8 伊朗1:0叙利亚
卡加尔亚姆85'
1973.5.11 伊朗2:1朝鲜
莫纳贾蒂19'，萨德吉89'
1973.5.11 叙利亚2:0科威特
1973.5.13 朝鲜3:0叙利亚
马俊宇x2，安熙悦
1973.5.13 伊朗2:0科威特
格利赫哈米60'，贾巴里75'
1973.5.15 叙利亚1:0伊朗
塔蒂切12'
1973.5.15 科威特2:0朝鲜
卡拉姆x2

B区第2组	胜	平	负	进:失球	分
澳大利亚	3	3	0	15:6	9
伊拉克	3	2	1	11:6	8
印尼	1	2	3	6:13	4
新西兰	0	3	3	5:12	3

(澳大利亚晋级)
1973.3.4 新西兰1:1澳大利亚
特纳57'/坎贝尔85'
1973.3.11 澳大利亚3:1伊拉克
理查兹49'，阿尔斯顿80'、85'/诺里89'
1973.3.11 印尼1:1新西兰
庞加比恩/泰勒
1973.3.13 澳大利亚2:1印尼
坎贝尔23'，阿尔斯顿42'/伊斯瓦迪36'
1973.3.13 伊拉克2:0新西兰
哈特姆，拉希德
1973.3.16 澳大利亚3:3新西兰
乌捷舍诺维奇11'，巴尔茨19'，布尔耶维茨26'/韦斯特10'，廷达利50'，霍格86'
1973.3.16 伊拉克1:1印尼
哈杜姆/伊斯瓦迪
1973.3.18 澳大利亚0:0伊拉克
1973.3.18 印尼1:0新西兰
蒂洛特逊
1973.3.21 伊拉克3:2印尼
阿齐兹，哈特姆，乌比德/阿斯马拉，庞加比恩
1973.3.24 伊拉克4:0新西兰
哈特姆x3，哈杜姆
1973.3.24 澳大利亚6:0印尼
麦凯3'、40'，阿邦伊23'、54'，理查兹72'，巴尔茨78'

B区决赛
1973.8.18 澳大利亚3:0伊朗
阿尔斯顿43'，阿邦伊45'，威尔逊83'
1973.8.24 伊朗2:0澳大利亚
格利赫哈米14'、32'
(澳大利亚以总比分3比2晋级)
总决赛
1973.10.28 澳大利亚0:0韩国
1973.11.10 韩国2:2澳大利亚
金载翰15'，高在旭27'/布尔耶维奇29'，拉尔茨48'
两队总比分战平，选择在第三地——中国香港进行附加赛
1973.11.13 澳大利亚1:0韩国
麦凯70'

●非洲区

(赛制)22队参加(有2队中途弃权)，在进行完3轮淘汰赛后，剩下的3队进行一次主客场双循环赛，最终排名第一的球队进军世界杯。

第一阶段淘汰赛
1972.11.19 摩洛哥0:0塞内加尔
1972.12.3 塞内加尔1:2摩洛哥
摩洛哥总比分2比1晋级
1972.3.2 阿尔及利亚1:0几内亚
卡尔克姆65'
1972.3.12 几内亚5:1阿尔及利亚
卡马拉28'，I.凯塔36'，索马赫54'(点球)，谢里夫78'，史密斯82'/加莫62'
几内亚总比分5比2晋级
1972.12.8 埃及2:1突尼斯
哈伊利10'，阿卜德拉扎克69'/查克隆61'
1972.12.17 突尼斯2:0埃及
查克隆16'，莫黑德迪内71'
突尼斯总比分3比2晋级
1972.10.15 塞拉利昂0:1科特迪瓦
1972.10.29 科特迪瓦2:0塞拉利昂
夸梅42'，夸塔拉72'
科特迪瓦总比分3比0晋级
1972.7.16 肯尼亚2:0苏丹
安扬扎，欧马
1972.7.23 苏丹1:0肯尼亚
肯尼亚总比分2比1晋级
马达加斯加弃权，毛里求斯晋级
1972.11.25 坦桑尼亚1:1埃塞俄比亚
1972.12.3 埃塞俄比亚0:0坦桑尼亚
总比分战平，在埃塞俄比亚进行了附加赛
1972.12.10 埃塞俄比亚3:0坦桑尼亚
因达沃克x2，特斯法耶
埃塞俄比亚晋级
1972.4.30 莱索托0:0赞比亚
1972.6.4 赞比亚6:1莱索托
奇塔片20'、40'，辛亚韦36'、65'，马普兰加50'，希姆特韦72'
赞比亚总比分6比1晋级
1972.8.5 尼日利亚2:1刚果
1972.8.15 刚果1:1尼日利亚
莫基亚/奥拉永博
尼日利亚总比分3比2晋级
1972.6.18 达荷美0:5加纳
1972.7.2 加纳5:1达荷美
加纳总比分10比1晋级
1972.6.6 多哥0:0扎伊尔
1972.6.20 扎伊尔4:0多哥
卡科科x3，肯博
扎伊尔总比分4比0晋级
加蓬弃权，喀麦隆晋级

第二阶段淘汰赛
1973.2.11 几内亚1:1摩洛哥
谢里夫38'/塔齐
1973.2.25 摩洛哥2:0几内亚
哈达迪，帕拉斯
摩洛哥总比分3比1晋级
1973.2.11 突尼斯1:1科特迪瓦
莫黑德迪内/夸梅
1973.2.25 科特迪瓦2:1突尼斯
恩格萨x2/阿德乌马
科特迪瓦总比分3比2晋级
1972.12.10 毛里求斯1:3肯尼亚
1972.12.17 肯尼亚2:2毛里求斯
阿卢科，阿齐布瓦/因贝特x2
肯尼亚总比分5比3晋级
1973.4.1 埃塞俄比亚0:0赞比亚
1973.4.15 赞比亚4:2埃塞俄比亚
穆加拉52'，希姆特韦63'，辛瓦拉76'，马普兰加86'
赞比亚总比分4比2晋级
1973.2.10 尼日利亚2:3加纳
(比赛在第85分钟因为球迷骚乱而中断，国际足联裁定本场比赛加纳以2比0获胜)
1973.2.25 加纳0:0尼日利亚
加纳总比分2比0晋级
1973.2.4 喀麦隆0:1扎伊尔
恩通巴
1973.2.25 扎伊尔0:1喀麦隆

1973.5.2 保加利亚2:1葡萄牙
德内夫38', 博内夫60'/内内74'
1973.5.8 北爱尔兰3:0塞浦路斯
安德森x2, 摩根
1973.9.26 北爱尔兰0:0保加利亚
1973.10.13 葡萄牙2:2保加利亚
夸雷斯马, 西莫斯/博内夫56'、65'
1973.11.14 葡萄牙1:1北爱尔兰
若尔当/卢顿
1973.11.18 保加利亚2:0塞浦路斯
科列夫2', 德内夫65'

第7组	胜	平	负	进:失球	分
西班牙	2	2	0	8:5	6
南斯拉夫	2	2	0	7:4	6
希腊	0	0	4	5:11	0

(西班牙与南斯拉夫的积分和净胜球均相同，在第三地进行了单场附加赛，南斯拉夫胜出。)

1972.10.19 西班牙2:2南斯拉夫
阿曼西奥30', 阿森西89'/巴耶维奇52'、60'
1972.11.18 南斯拉夫1:0希腊
阿契莫维奇14'
1973.1.17 希腊2:3西班牙
多马佐斯41'库达斯56'/巴尔德斯40'、56', 克拉拉蒙特65'
1973.2.21 西班牙3:1希腊
克拉拉蒙特, 马丁内斯, 索尔/安托尼亚季斯
1973.10.21 南斯拉夫0:0西班牙
1973.12.19 希腊2:4南斯拉夫
萨拉菲斯36', 卡拉西(乌龙)/巴耶维奇12', 卡拉西15'、90', 彼得罗维奇60'
1974.2.13(附加赛,西德举行) 南斯拉夫1:0西班牙
卡塔林斯基10'

第8组	胜	平	负	进:失球	分
苏格兰	3	0	1	8:3	6
捷克斯洛伐克	2	1	1	9:3	5
丹麦	0	1	3	2:13	1

(苏格兰出线)

1972.10.18 丹麦1:4苏格兰
F.劳德鲁普28'/马卡里18', 博恩20', 哈珀80', 摩根83'
1972.11.15 苏格兰2:0丹麦
达格利什2', 洛里默46'
1973.5.2 丹麦1:1捷克斯洛伐克
比约内莫塞15'/彼得拉什32'
1973.6.2 捷克斯洛伐克6:0丹麦
内霍达46', 韦塞利56'、65'、80', 比科夫斯基57', 哈加拉60'
1973.9.26 苏格兰2:1捷克斯洛伐克
霍尔顿40', 乔丹74'/内霍达32'
1973.10.17 捷克斯洛伐克1:0苏格兰
内霍达(点球)

第9组	胜	平	负	进:失球	分
苏联	3	0	1	5:2	6
爱尔兰	1	1	2	4:5	3
法国	1	1	2	3:5	3

(苏联出线)

1972.10.13 法国1:0苏联
贝雷塔61'
1972.10.18 爱尔兰1:2苏联
康罗伊83'/费多托夫55', 科托托夫65'
1972.11.15 爱尔兰2:1法国
康罗伊27', 特里西77'/拉尔凯66'
1973.5.13 苏联1:0爱尔兰
奥尼先科58'
1973.5.19 法国1:1爱尔兰
谢萨78'/马丁83'
1973.5.26 苏联2:0法国
布洛欣81', 奥尼先科84'

附加赛

1973.9.26 苏联0:0智利
1973.11.21 智利2:0苏联
因为智利政变，苏联拒绝前往参赛，国际足联判定智利以2比0胜出。

南美洲区

(赛制)巴西队以卫冕冠军的身份直接晋级，余下9队参赛争夺2.5张入场券，后来委内瑞拉弃权。9队分成3个小组，各自进行双循环赛，第1组和第2组的小组第一名晋级世界杯，只有两队参赛的第3组第一名，与欧洲区的苏联队进行附加赛。

第1组	胜	平	负	进:失球	分
乌拉圭	2	1	1	6:2	5
哥伦比亚	1	3	0	3:2	5
厄瓜多尔	0	2	2	3:8	2

(乌拉圭出线)

1973.6.21 哥伦比亚1:1厄瓜多尔
奥尔蒂斯44'/穆尼奥斯72'
1973.6.24 哥伦比亚0:0乌拉圭
1973.6.28 厄瓜多尔1:1哥伦比亚
穆尼奥斯29'/奥尔蒂斯50'
1973.7.1 厄瓜多尔1:2乌拉圭
埃斯图皮南35'/埃斯帕拉戈41', 莫雷纳74'
1973.7.5 乌拉圭0:1哥伦比亚
奥尔蒂斯71'
1973.7.8 乌拉圭4:0厄瓜多尔
莫雷纳4'、27', 库比利亚30', 米拉尔62'

第2组	胜	平	负	进:失球	分
阿根廷	3	1	0	9:2	7
巴拉圭	2	1	1	8:5	5
玻利维亚	0	0	4	1:11	0

(阿根廷出线)

1973.9.2 玻利维亚1:2巴拉圭
莫拉莱斯30'/埃斯科巴尔41', 因斯弗兰74'
1973.9.9 阿根廷4:0玻利维亚
布林迪西30'、43', 阿亚拉66'、75'
1973.9.16 巴拉圭1:1阿根廷
阿鲁阿41'/阿亚拉33'
1973.9.23 玻利维亚0:1阿根廷
弗马里17'
1973.9.30 巴拉圭4:0玻利维亚
巴雷罗10', 奥索里奥13', 因斯弗兰18', 阿鲁阿89'
1973.10.7 阿根廷3:1巴拉圭
阿亚拉32'、57', 格里尼89'/埃斯科巴尔22'

第3组(智利出线)

1973.4.29 秘鲁2:0智利
索蒂尔x2

1973年10月17日，英格兰队在主场1比1战平波兰队后，无缘世界杯决赛圈。波兰门将托马谢夫斯基的扑救令对手一筹莫展。

1973.5.13 智利2:0秘鲁
阿乌马达、克里索托
由于总比分相同，两队在第三地乌拉圭进行了附加赛
1973.8.5 智利2:1秘鲁
法里亚斯、巴尔德斯/拜尔克蒂

●亚大区

(赛制)15队按照地缘或政治因素分为两个赛区，A区7队，包括东亚球队及以色列；B区8队，包括西亚球队、大洋洲球队、印尼及朝鲜。A、B两区各自的第一名进行两回合附加赛，胜出者获得该赛区唯一一张入场券。

A区比赛均在韩国首都汉城(即现在的首尔)进行。先进行3场资格赛，根据胜负情况，将参加附加赛的6支球队分入A组和B组。两组各自进行单循环赛，小组前两名晋级淘汰赛，然后由A1对B2，A2对B1，胜利者再进行交锋，争夺A区冠军。

资格赛
1973.5.16 南越南1:0泰国
1973.5.16 以色列2:1日本
斯皮格勒5'，奥纳纳61'/平泽周策62'
1973.5.17 香港1:0马来西亚
卢洪海

A区第1组	胜	平	负	进:失球	分
香港	2	0	0	2:0	4
日本	1	0	1	4:1	2
南越南	0	0	2	0:5	0

(香港、日本晋级)
1973.5.20 日本4:0南越南
釜本邦茂5'、86'，森孝慈19'，对手乌龙49'
1973.5.22 香港1:0日本
郭家明83'
1973.5.24 香港1:0南越南
朱国权

A区第2组	胜	平	负	进:失球	分
以色列	2	1	0	9:0	5
韩国	1	2	0	4:0	4
马来西亚	1	1	1	2:3	3
泰国	0	0	3	0:12	0

(以色列、韩国晋级)
1973.5.19 以色列3:0马来西亚
法尔卡斯50'，舒姆62'，奥纳纳82'
1973.5.19 韩国4:0泰国
金吉国x2，车范根，金珠焕
1973.5.21 韩国0:0马来西亚
1973.5.21 以色列6:0泰国
查瓦利特12'(乌龙)，斯皮格勒62'，舒姆69'，罗岑73'、84'(点球)，奥纳纳78'
1973.5.23 韩国0:0以色列
1973.5.23 马来西亚2:0泰国
阿卜杜拉、约苏赫
A区半决赛
1973.5.26 韩国3:1香港
1973.5.26 以色列1:0日本(加时)
奥纳纳110'
A区决赛
1973.5.28 韩国1:0以色列(加时)
韩柱旭109'

B区：8队分成两个小组，其中第1组的4队在伊朗德黑兰进行双循环赛会制比赛，第2组的4队在澳大利亚的悉尼和墨尔本进行双循环赛(只有新西兰主场与澳大利亚的比赛放在了新西兰的奥克兰进行)。两个小组的第一名进行主客场两回合较量，胜利者从B区出线。

B区第1组	胜	平	负	进:失球	分
伊朗	4	1	1	7:3	9
叙利亚	3	1	2	6:6	7
朝鲜	1	3	2	5:5	5
科威特	1	1	4	4:8	3

(伊朗晋级)
1973.5.4 伊朗0:0朝鲜
1973.5.4 叙利亚2:1科威特
沙赫雷斯顿62'，纳诺65'/杜拉希姆57'
1973.5.6 朝鲜1:1叙利亚
1973.5.6 伊朗2:1科威特
瓦法卡赫20'，帕尔文56'/卡米尔83'
1973.5.8 朝鲜0:0科威特
1973.5.8 伊朗1:0叙利亚
卡加尔亚姆85'
1973.5.11 伊朗2:1朝鲜
莫纳贾蒂19'，萨德吉89'
1973.5.11 叙利亚2:0科威特
1973.5.13 朝鲜3:0叙利亚
马俊宇x2，安熙悦
1973.5.13 伊朗2:0科威特
格利赫哈米60'，贾巴里75'
1973.5.15 叙利亚1:0伊朗
塔蒂切12'
1973.5.15 科威特2:0朝鲜
卡拉姆x2

B区第2组	胜	平	负	进:失球	分
澳大利亚	3	3	0	15:6	9
伊拉克	3	2	1	11:6	8
印尼	1	2	3	6:13	4
新西兰	0	3	3	5:12	3

(澳大利亚晋级)
1973.3.4 新西兰1:1澳大利亚
特纳57'/坎贝尔85'
1973.3.11 澳大利亚3:1伊拉克
理查兹49'，阿尔斯顿80'、85'/诺里89'
1973.3.11 印尼1:1新西兰
庞加比恩/泰勒
1973.3.13 澳大利亚2:1印尼
坎贝尔23'，阿尔斯顿42'/伊斯瓦迪36'
1973.3.13 伊拉克2:0新西兰
哈特姆，拉希德
1973.3.16 澳大利亚3:3新西兰
乌捷舍诺维奇11'，巴尔茨19'，布尔耶维茨26'/韦斯特10'，廷达利50'，霍格86'
1973.3.16 伊拉克1:1印尼
哈杜姆/伊斯瓦迪
1973.3.18 澳大利亚0:0伊拉克
1973.3.18 印尼1:0新西兰
蒂洛特逊
1973.3.21 伊拉克3:2印尼
阿齐兹，哈特姆，乌比德/阿斯马拉，庞加比恩
1973.3.24 伊拉克4:0新西兰
哈特姆x3，哈杜姆
1973.3.24 澳大利亚6:0印尼
麦凯3'、40'，阿邦伊23'、54'，理查兹72'，巴尔茨78'

B区决赛
1973.8.18 澳大利亚3:0伊朗
阿尔斯顿43'，阿邦伊45'，威尔逊83'
1973.8.24 伊朗2:0澳大利亚
格利赫哈米14'、32'
(澳大利亚以总比分3比2晋级)
总决赛
1973.10.28 澳大利亚0:0韩国
1973.11.10 韩国2:2澳大利亚
金载翰15'，高在旭27'/布尔耶维奇29'，拉尔茨48'
两队总比分战平，选择在第三地——中国香港进行附加赛
1973.11.13 澳大利亚1:0韩国
麦凯70'

●非洲区

(赛制)22队参加(有2队中途弃权)，在进行完3轮淘汰赛后，剩下的3队进行一次主客场双循环赛，最终排名第一的球队进军世界杯。

第一阶段淘汰赛
1972.11.19 摩洛哥0:0塞内加尔
1972.12.3 塞内加尔1:2摩洛哥
摩洛哥总比分2比1晋级
1972.3.2 阿尔及利亚1:0几内亚
卡尔克姆65'
1972.3.12 几内亚5:1阿尔及利亚
卡马拉28'，I.凯塔36'，索马赫54'(点球)，谢里夫78'，史密斯82'/加莫62'
几内亚总比分5比2晋级
1972.12.8 埃及2:1突尼斯
哈伊利10'，阿卜德拉扎克69'/查克隆61'
1972.12.17 突尼斯2:0埃及
查克隆16'，莫黑德迪内71'
突尼斯总比分3比2晋级
1972.10.15 塞拉利昂0:1科特迪瓦
1972.10.29 科特迪瓦2:0塞拉利昂
夸梅42'，夸塔拉72'
科特迪瓦总比分3比0晋级
1972.7.16 肯尼亚2:0苏丹
安扬扎，欧马
1972.7.23 苏丹1:0肯尼亚
肯尼亚总比分2比1晋级
马达加斯加弃权，毛里求斯晋级
1972.11.25 坦桑尼亚1:1埃塞俄比亚
1972.12.3 埃塞俄比亚0:0坦桑尼亚
总比分战平，在埃塞俄比亚进行了附加赛
1972.12.10 埃塞俄比亚3:0坦桑尼亚
因达沃克x2，特斯法耶
埃塞俄比亚晋级
1972.4.30 莱索托0:0赞比亚
1972.6.4 赞比亚6:1莱索托
奇塔卢20'、40'，辛亚韦36'、65'，马普兰加50'，希姆特韦72'
赞比亚总比分6比1晋级
1972.8.5 尼日利亚2:1刚果
1972.8.15 刚果1:1尼日利亚
莫基亚/奥拉永博
尼日利亚总比分3比2晋级
1972.6.18 达荷美0:5加纳
1972.7.2 加纳5:1达荷美
加纳总比分10比1晋级
1972.6.6 多哥0:0扎伊尔
1972.6.20 扎伊尔4:0多哥
卡科科x3，肯博
扎伊尔总比分4比0晋级
加蓬弃权，喀麦隆晋级

第二阶段淘汰赛
1973.2.11 几内亚1:1摩洛哥
谢里夫38'/塔齐
1973.2.25 摩洛哥2:0几内亚
哈达迪，帕拉斯
摩洛哥总比分3比1晋级
1973.2.11 突尼斯1:1科特迪瓦
莫黑德迪内/夸梅
1973.2.25 科特迪瓦2:1突尼斯
恩格萨x2/阿德乌马
科特迪瓦总比分3比2晋级
1972.12.10 毛里求斯1:3肯尼亚
1972.12.17 肯尼亚2:2毛里求斯
阿卢科，阿齐布瓦/因贝特x2
肯尼亚总比分5比3晋级
1973.4.1 埃塞俄比亚0:0赞比亚
1973.4.15 赞比亚4:2埃塞俄比亚
穆加拉52'，希姆特韦63'，辛瓦拉76'，马普兰加86'
赞比亚总比分4比2晋级
1973.2.10 尼日利亚2:3加纳
(比赛在第85分钟因为球迷骚乱而中断，国际足联裁定本场比赛加纳以2比0获胜)
1973.2.25 加纳0:0尼日利亚
加纳总比分2比0晋级
1973.2.4 喀麦隆0:1扎伊尔
恩通巴
1973.2.25 扎伊尔0:1喀麦隆

昂格内
总比分战平，在扎伊尔首都金沙萨进行了附加赛
1973.2.27 扎伊尔2:0喀麦隆
卡科科，马鲁巴
扎伊尔晋级

第三阶段淘汰赛
1973.5.20 科特迪瓦1:1摩洛哥
波科/阿奇拉
1973.6.3 摩洛哥4:1科特迪瓦
法拉斯x2，楚克里，费图尼/波科
摩洛哥总比分5比2晋级
1973.8.12 赞比亚2:0肯尼亚
昌达34'，辛亚韦72'
1973.8.19 肯尼亚2:2赞比亚
赞比亚总比分4比2晋级
1973.8.5 加纳1:0扎伊尔
1973.8.19 扎伊尔4:1加纳
恩通巴x3，布万加/奥乌苏
扎伊尔总比分4比2出线

决赛	胜	平	负	进:失球	分
扎伊尔	4	0	0	9:1	8
赞比亚	1	0	3	5:6	2
摩洛哥	1	0	3	2:9	2

(扎伊尔出线)
1973.10.21 赞比亚4:0摩洛哥
西穆朗博17'，昌达39'，辛亚韦52'，辛瓦拉74'
1973.11.4 赞比亚0:2扎伊尔
卡科科，马扬加
1973.11.18 扎伊尔2:1赞比亚
卡科科，肯博/奇塔卢
1973.11.25 摩洛哥2:0赞比亚
法拉斯，马格弗
1973.12.9 扎伊尔3:0摩洛哥
恩达耶60'，肯博61'，恩顿古80'
1973.12.23 摩洛哥0:2扎伊尔
由于已经无关本队出线，摩洛哥放弃了这场比赛，所以最终比分按扎伊尔2比0取胜计。

中北美及加勒比区

(赛制)14队参赛，分成6组，其中4个小组各只有2队，两个组各有3队，6个小组的第一名进入决赛阶段。6队在决赛阶段进行单循环赛，积分最高者出线。

第1小组	胜	平	负	进:失球	分
墨西哥	4	0	0	8:2	8
加拿大	1	1	2	6:7	3
美国	0	1	3	6:10	1

(墨西哥晋级)
1972.8.20 加拿大3:2美国
帕尔森斯5'，陶姆利41'，约翰逊83'/罗伊65'，格尔金格88'
1972.8.24 加拿大0:1墨西哥
巴尔博利亚61'
1972.8.29 美国2:2加拿大
罗伊14'，盖默25'/麦凯9'，道格拉斯81'
1972.9.3 墨西哥3:1美国
维克托里诺，布斯托斯，博尔哈/罗伊
1972.9.6 墨西哥2:1加拿大
维克托里诺21'，布斯托斯46'/罗宾逊40'
1972.9.10 美国1:2墨西哥
盖默8'/塞瓦略斯11'，巴尔博利亚55'
第2小组(危地马拉晋级)
1972.12.3 危地马拉1:0萨尔瓦多
1972.12.10 萨尔瓦多0:1危地马拉
第3小组(洪都拉斯晋级)
1972.12.3 洪都拉斯2:1哥斯达黎加
1972.12.10 哥斯达黎加3:3洪都拉斯
第4小组(荷属安地列斯晋级)
牙买加弃权
第5小组(海地晋级)
1972.4.15 海地7:0波多黎各
萨农x3，巴泰勒米，德西尔，弗朗索瓦，沃贝
1972.4.23 波多黎各0:5海地
萨农x3，巴永，德西尔

第6小组	胜	平	负	进:失球	分
特立尼达多巴哥	3	1	0	16:4	7
荷属圭亚那	2	1	1	11:4	5
阿提瓜和巴布达	0	0	4	3:22	0

(特立尼达和多巴哥晋级)
1972.11.10 特立尼达和多巴哥11:1安提瓜和巴布达
戴维x4，列韦林x3，布雷韦斯特，罗伯茨，斯潘
1972.11.19 安提瓜和巴布达1:2特立尼达和多巴哥
戴维、列韦林
1972.11.28 特立尼达和多巴哥2:1荷属圭亚那
布雷韦斯特，戴维/沙尔
1972.11.30 特立尼达和多巴哥1:1荷属圭亚那
戴维
1972.12.3 安提瓜和巴布达0:6荷属圭亚那
1972.12.5 安提瓜和巴布达1:3荷属圭亚那

决赛	胜	平	负	进:失球	分
海地	4	0	1	8:3	8
特立尼达和多巴哥	3	0	2	11:4	6
墨西哥	2	2	1	10:5	6
洪都拉斯	1	3	1	6:6	5
危地马拉	0	3	2	4:6	3
荷属安地列斯	0	2	3	4:19	2

(海地出线)
1973.11.29 洪都拉斯2:1特立尼达和多巴哥
吉法罗，埃尔南德斯/戴维
1973.11.30 墨西哥0:0危地马拉
1973.12.1 海地3:0荷属安地列斯
萨农x2，沃贝
1973.12.3 洪都拉斯1:1墨西哥
吉法罗/H.洛佩斯
1973.12.4 海地2:1特立尼达和多巴哥
萨农，圣维尔/戴维
1973.12.5 荷属安地列斯2:2危地马拉
库茨，朔普/莫拉莱斯x2
1973.12.7 海地1:0洪都拉斯
圣维尔
1973.12.8 墨西哥8:0荷属安地列斯
穆克莫x4，H.洛佩斯x2，拉普恩特，西莱斯
1973.12.10 特立尼达和多巴哥1:0危地马拉
戴维
1973.12.12 洪都拉斯2:2荷属安地列斯
吉法罗，索萨/克莱门西亚，圣戈
1973.12.13 海地2:1危地马拉
萨农x2/博拉尼奥斯
1973.12.14 特立尼达和多巴哥4:0墨西哥
库明斯35'、39'，戴维，阿奇巴尔德62'
1973.12.15 洪都拉斯1:1危地马拉
吉法罗/门德斯
1973.12.17 特立尼达和多巴哥4:0荷属安地列斯
戴维x3，摩根
1973.12.18 海地0:1墨西哥
博尔哈29'

决赛阶段

16队分成4个小组进行单循环赛，各组前两名晋级八强。八强赛继续分成两个小组进行单循环赛，两个组的第一名争夺冠军，第二名争夺季军。

第一轮小组赛

A组	胜	平	负	进:失球	分
民主德国	2	1	0	4:1	5
联邦德国	2	0	1	4:1	4
智利	0	2	1	1:2	2
澳大利亚	0	1	2	0:5	1

(民主德国、联邦德国晋级)
1974.6.14 联邦德国1:0智利
西柏林/83168人，**主裁判:**巴巴詹(土耳其)
进球:布赖特纳16'
联邦德国(433):迈耶/福格茨、施瓦岑贝克、贝肯鲍尔、布赖特纳/库尔曼、格拉博夫斯基、乌利·赫内斯/盖德·穆勒、奥弗拉特(75'赫尔岑拜因)、海因克斯
智利(442):巴列霍斯/罗兰多·加西亚、金塔诺、阿里亚斯、E.菲格罗亚/胡安·罗德里格斯(84'拉拉)、卡塞利、巴尔德斯(79'贝利斯)、雷诺索/阿乌马达、派斯
1974.6.14 民主德国2:0澳大利亚
汉堡/18180人，**主裁判:**恩迪亚耶(塞内加尔)
进球:库兰58'(乌龙)，施特赖希72'
民主德国(433):克罗伊/基舍、布兰施、魏泽、瓦茨利希/伊姆舍尔、波默伦克、施帕瓦塞尔/勒韦(54'马丁·霍夫曼)、施特赖希、福格尔
澳大利亚(433):杰克·莱利/乌捷舍诺维奇、彼得·威尔逊、沙费尔、库兰/理查兹、吉米·鲁尼、麦凯/沃伦、阿尔斯顿、布尔耶维奇
1974.6.18 联邦德国3:0澳大利亚
汉堡/52000人，**主裁判:**穆斯塔法·穆罕默德(埃及)
进球:奥弗拉特13'，库尔曼35'，盖德·穆勒53'
联邦德国(433):迈耶/福格茨、施瓦岑贝克、贝肯鲍尔、布赖特纳/库尔曼(68'维默尔)、格拉博夫斯基、乌利·赫内斯/盖德·穆勒、奥弗拉特、海因克斯(45'赫尔岑拜因)
澳大利亚(433):杰克·莱利/乌捷舍诺维奇、彼得·威尔逊、沙费尔、库兰/理查兹、吉米·鲁尼、麦凯/E.坎贝尔(45'阿邦伊)、阿尔斯顿、布尔耶维奇(61'奥勒顿)
1974.6.18 民主德国1:1智利
西柏林/27000人，**主裁判:**安戈内塞(意大利)
进球:霍夫曼55'/阿乌马达69'
民主德国(442):克罗伊/基舍、布兰施、魏泽、瓦茨利希/伊姆舍尔、塞古因(73'克赖施)、施帕瓦塞尔、马丁·霍夫曼/施特赖希、福格尔(30'杜克)
智利(433):巴列霍斯/罗兰多·加西亚、金塔诺、阿里亚斯、E.菲格罗亚/索西亚斯(66'法里亚斯)、巴尔德斯(45'亚瓦尔)、阿乌马达/贝利斯、雷诺索、派斯
1974.6.22 澳大利亚0:0智利
西柏林/16100人，**主裁判:**纳姆达尔(伊朗)
澳大利亚(442):杰克·莱利/乌捷舍诺维奇、彼得·威尔逊、沙费尔、库兰(80'哈里·威廉姆斯)/理查兹、吉米·鲁尼、麦凯、阿邦伊/阿尔斯顿(66'奥勒顿)、布尔耶维奇
智利(433):巴列霍斯/罗兰多·加西亚、金塔诺、阿里亚斯、E.菲格罗亚/卡塞利、巴尔德斯(58'法里亚斯)、阿乌马达/贝利斯(57'亚瓦尔)、雷诺索、派斯
1974.6.22 民主德国1:0联邦德国
汉堡/58900人，**主裁判:**巴雷托·鲁伊斯(乌拉圭)
进球:施帕瓦塞尔77'
民主德国(442):克罗伊/基舍、布兰施、魏泽、瓦茨利希/伊姆舍尔(66'埃里希·哈曼)、库尔布尤维特、克赖施、劳克/施帕瓦塞尔、马丁·霍夫曼
联邦德国(433):迈耶/福格茨、施瓦岑贝克(69'赫特格斯)、贝肯鲍尔、布赖特纳/库尔曼、格拉博夫斯基、乌利·赫内斯/盖德·穆勒、奥弗拉特(69'内策尔)、弗洛厄

B组	胜	平	负	进:失球	分
南斯拉夫	1	2	0	10:1	4
巴西	1	2	0	3:0	4
苏格兰	1	2	0	3:1	4
扎伊尔	0	0	3	0:14	0

(南斯拉夫、巴西晋级)
1974.6.13 巴西0:0南斯拉夫
法兰克福/61500人，**主裁判:**朔伊尔(瑞士)
巴西(442):莱昂/内利尼奥、路易斯·佩雷拉、佩雷斯、马里尼奥/皮亚扎、里维利诺、保罗·塞萨尔、瓦尔多米罗/雅伊尔津霍、莱维尼亚

1974年6月13日，南斯拉夫队在小组赛中0比0战平巴西，奥布拉克头球攻门。后贝利时代的巴西队开局不利。

1974年6月14日，扎伊尔队迎来了世界杯决赛阶段的首秀，但以0比2负于苏格兰。

南斯拉夫(442):马里奇/布连、卡塔林斯基、博吉切维奇、哈吉阿布迪奇/穆日尼奇、奥布拉克、阿契莫维奇、I.佩特科维奇/舒里亚克、扎伊奇

1974.6.14　苏格兰2:0扎伊尔

多特蒙德/25800人，**主裁判:**舒伦博格(联邦德国)

进球:洛里默26', 乔丹33'

苏格兰(433):哈维/贾丁、麦格兰、布雷姆纳、霍尔顿/布莱克利、达格利什(78'哈奇森)、戴维·海/洛里默、乔丹、丹尼斯·劳

扎伊尔(442):卡扎迪/姆韦普、穆孔博、布万加、洛比洛/基拉苏、马库(65'肯博)、马纳、恩达耶/基杜穆(,78'基邦格)、卡科科

1974.6.18　巴西0:0苏格兰

法兰克福/60000人，**主裁判:**范格梅尔特(荷兰)

巴西(442):莱昂/内利尼奥、路易斯·佩雷拉、佩雷斯、马里尼奥/皮亚扎、里维利诺、保罗·塞萨尔、米兰迪尼亚/雅伊尔津霍、莱维尼亚(65'卡佩吉亚尼)

苏格兰(442):哈维/贾丁、麦格兰、布雷姆纳、霍尔顿/巴肯、达格利什、戴维·海、洛里默/乔丹、摩根

1974.6.18　南斯拉夫9:0扎伊尔

盖尔森基兴/30500人，**主裁判:**德尔加多(哥伦比亚)

进球:巴耶维奇8', 扎伊奇14', 舒里亚克18', 卡塔林斯基28', 巴耶维奇30', 博吉切维奇38', 奥布拉克51', 佩特科维奇65', 巴耶维奇81'

南斯拉夫(442):马里奇/布连、卡塔林斯基、博吉切维奇、哈吉阿布迪奇/巴耶维奇、奥布拉克、阿契莫维奇、I.佩特科维奇/舒里亚克、扎伊奇

扎伊尔(442):卡扎迪(21'图比兰杜)/姆韦普、穆孔博、布万加、洛比洛/基拉苏、肯博、马纳、恩达耶/基杜穆、卡科科(45'马库)

1974.6.22　苏格兰1:1南斯拉夫

法兰克福/54000人，**主裁判:**阿琼迪亚(墨西哥)

进球:乔丹89'/卡拉西82'

苏格兰(442):哈维/贾丁、麦格兰、布雷姆纳、霍尔顿/巴肯、达格利什(66'哈奇森)、戴维·海、洛里默/乔丹、摩根

南斯拉夫(442):马里奇/布连、卡塔林斯基、博吉切维奇、哈吉阿布迪奇/巴耶维奇(,72'卡拉西)、奥布拉克、阿契莫维奇、I.佩特科维奇/舒里亚克、扎伊奇

1974.6.22　巴西3:0扎伊尔

盖尔森基兴/35000人，**主裁判:**赖内亚(罗马尼亚)
进球:雅伊尔津霍13'，里维利诺67'，瓦尔多米罗78'
巴西(442):莱昂/内利尼奥、路易斯·佩雷拉、佩雷斯、马里尼奥/皮亚扎(60'米兰迪尼亚)、里维利诺、雅伊尔津霍、莱维尼亚(11'瓦尔多米罗)/卡佩吉亚尼、埃杜
扎伊尔(442):卡扎迪/姆韦普、穆孔博、布万加、洛比洛/基邦格、钦阿布(65'肯博)、马纳、恩通巴/基杜穆(81'基拉苏)、马库

C组	胜	平	负	进:失球	分
荷兰	2	1	0	6:1	5
瑞典	1	2	0	3:0	4
保加利亚	0	2	1	2:5	2
乌拉圭	0	1	2	1:6	1

(荷兰、瑞典晋级)

1974.6.15 荷兰2:0乌拉圭
汉诺威/53700人，**主裁判:**保洛陶伊(匈牙利)
进球:雷普8'，雷普87'
荷兰(442):容布勒德/苏比尔、赖斯贝尔亨、阿里·汉、克罗尔/扬森、内斯肯斯、范哈内亨、雷普/克鲁伊夫、伦森布林克
乌拉圭(442):马祖尔凯维奇/豪雷吉、马斯尼克、巴勃罗·福尔兰、帕沃尼/埃斯帕拉戈、卡斯蒂略、罗查、库维利亚(68'米拉尔)/莫雷纳、曼特加萨

1974.6.15 保加利亚0:0瑞典
杜塞尔多夫/22500人，**主裁判:**埃迪森·佩雷斯(秘鲁)
保加利亚(433):戈拉诺夫/Z.瓦西列夫、伊夫科夫、韦利奇科夫、科列夫/佩内夫、沃伊诺夫(72'米哈伊洛夫)、博内夫/德内夫、帕诺夫(75'M.瓦西列夫)、尼科迪莫夫
瑞典(442):赫尔斯特伦/奥尔松、卡尔松、博·拉尔松、比约恩·安德森/欣德瓦尔(72'马格努松)、塔珀、格兰、托尔斯滕松/桑德贝里、埃德斯特伦

1974.6.19 荷兰0:0瑞典
多特蒙德/52500人，**主裁判:**温瑟曼(加拿大)
荷兰(442):容布勒德/苏比尔、赖斯贝尔亨、阿里·汉、克罗尔/扬森、内斯肯斯、范哈内亨(73'德容)、雷普/克鲁伊夫、凯泽尔
瑞典(442):赫尔斯特伦/奥尔松(76'格里普)、卡尔松、博·拉尔松、比约恩·安德森/诺德奎斯特、塔珀(61'佩尔松)、格兰、艾德斯特德/桑德贝里、埃德斯特伦

1974.6.19 保加利亚1:1乌拉圭
汉诺威/13400人，**主裁判:**杰克·泰勒(英格兰)
进球:博内夫75'/帕沃尼87'
保加利亚(433):戈拉诺夫/韦利奇科夫、科列夫、佩内夫、沃伊诺夫/博内夫、德内夫、帕诺夫/尼科迪莫夫(65'米哈伊洛夫)、Z.瓦西列夫、伊夫科夫
乌拉圭(433):马祖尔凯维奇/豪雷吉、米拉尔、巴勃罗·福尔兰、帕沃尼/埃斯帕拉戈、罗查、加里斯托(72'马斯尼克)/莫雷纳、曼特加萨(83'卡尔达乔)、科尔沃

1974.6.23 荷兰4:1保加利亚
多特蒙德/52200人，**主裁判:**巴斯科维奇(澳大利亚)
进球:内斯肯斯8'(点球)，内斯肯斯45'(点球)，雷普71'，德容88'/克罗尔78'(乌龙)
荷兰(442):容布勒德/苏比尔、赖斯贝尔亨、阿里·汉、克罗尔/扬森、内斯肯斯、范哈内亨(,45'伊斯莱尔)、雷普/克鲁伊夫、伦森布林克
保加利亚(442):斯塔伊科夫/韦利奇科夫、科列夫、佩内夫、沃伊诺夫/博内夫、德内夫、帕诺夫(55'鲍里索夫)、斯托亚诺夫(45'米哈伊诺夫)/Z.瓦西列夫、伊夫科夫

1974.6.23 瑞典3:0乌拉圭
杜塞尔多夫/28300人，**主裁判:**利纳马耶尔(奥地利)
进球:埃德斯特伦46'，桑德贝里74'，埃德斯特伦78'
瑞典(442):赫尔斯特伦/格里普、卡尔松、博·拉尔松、比约恩·安德森/诺德奎斯特、欣德瓦尔(78'托尔斯滕松)、格兰、马格努松(82'阿尔斯特伦)/桑德贝里、埃德斯特伦
乌拉圭(433):马祖尔凯维奇/豪雷吉、米拉尔、巴勃罗·福尔兰、帕沃尼/埃斯帕拉戈、罗查、加里斯托(45'马斯尼克)/莫雷纳、曼特加萨、科尔沃(43'库维利亚)

D组	胜	平	负	进:失球	分
波兰	3	0	0	12:3	6
阿根廷	1	1	1	7:5	3
意大利	1	1	1	5:4	3
海地	0	0	3	2:14	0

(波兰、阿根廷晋级)

1974.6.15 意大利3:1海地
慕尼黑/51100人，**主裁判:**略布雷加特(委内瑞拉)
进球:里维拉52'，奥古斯特64'(乌龙)，阿纳斯塔西79'/萨农46'
意大利(442):佐夫/斯皮诺西、莫里尼、布尔尼奇、法切蒂/马佐拉、卡佩罗、里维拉、贝内蒂/基纳利亚(70'阿纳斯塔西)、里瓦
海地(442):弗朗西永/巴约内、让-约瑟夫、纳泽尔、奥古斯特/安托万、德西尔、沃尔布、弗朗索瓦/G.圣维尔(45'巴泰勒米)、萨农

1974.6.15 波兰3:2阿根廷
斯图加特/31500人，**主裁判:**托马斯(威尔士)
进球:拉托7'，沙尔马什9'，拉托63'/埃雷迪亚61'，巴宾顿67'
波兰(433):托马谢夫斯基/希马诺夫斯基、戈尔贡、日穆达、穆夏尔/卡斯佩扎克、德厄纳、马斯奇克/拉托、沙尔马什(72'多马尔斯基)、加多哈(84'奇米基维奇)
阿根廷(433):卡内瓦利/佩尔富莫、沃尔夫、埃雷迪亚、弗朗西斯科·萨/巴尔加斯(59'特尔奇)、巴宾顿、布林迪西(45'豪斯曼)/肯佩斯、鲁文·阿亚拉、巴尔武埃纳

1974.6.19 阿根廷1:1意大利
斯图加特/68900人，**主裁判:**卡萨科夫(苏联)
进球:豪斯曼19'/佩尔富莫36'(乌龙)
阿根廷(433):卡内瓦利/佩尔富莫、沃尔夫(61'格拉里亚)、埃雷迪亚、弗朗西斯科·萨/特尔奇、巴宾顿、豪斯曼、肯佩斯/鲁文·阿亚拉、亚萨尔德(78'查萨雷塔)
意大利(433):佐夫/斯皮诺西、莫里尼(67'威尔逊)、布尔尼奇、法切蒂/马佐拉、卡佩罗、里维拉(66'考西奥)/贝内蒂、阿纳斯塔西、里瓦

1974.6.19 波兰7:0海地
慕尼黑/25400人，**主裁判:**塞皮亚(新加坡)
进球:拉托17'，德厄纳19'，沙尔马什30'，戈尔贡32'，沙尔马什34'，沙尔马什50'，拉托67'
波兰(433):托马谢夫斯基/戈尔贡、希马诺夫斯基、日穆达、穆夏尔(72'古特)/卡斯佩扎克、德厄纳、马斯奇克(64'奇米基维奇)/拉托、沙尔马什、加多哈
海地(442):弗朗西永/巴约内、安德列(37'巴泰勒米)、纳泽尔、奥古斯特/安托万、德西尔、沃尔布、弗朗索瓦/R.圣维尔(45'拉辛)、萨农

1974.6.23 阿根廷4:1海地
慕尼黑/24000人，**主裁判:**巴勃罗·伊瓦涅斯(西班牙)
进球:亚萨尔德15'，豪斯曼18'，鲁文·阿亚拉55'，亚萨尔德67'/萨农63'
阿根廷(442):卡内瓦利/佩尔富莫、沃尔夫、埃雷迪亚、弗朗西斯科·萨/特尔奇、巴宾顿、豪斯曼(59'布林迪西)、肯佩斯(57'巴尔武埃纳)/鲁文·阿亚拉、亚萨尔德
海地(442):弗朗西永/巴约内、迪科斯泰、纳泽尔(28'J-M.莱昂德尔)、安托万/德西尔、沃尔布、路易斯、R.圣维尔(54'F.莱昂德尔)/拉辛、萨农

1974.6.23 波兰2:1意大利
斯图加特/68900人，**主裁判:**维兰德(联邦德国)
进球:沙尔马什38'，德厄纳45'/卡佩罗66'
波兰(433):托马谢夫斯基/戈尔贡、希马诺夫斯基、日穆达、穆夏尔/卡斯佩扎克、德厄纳、马斯奇克/拉托、沙尔马什(78'奇米基维奇)、加多哈
意大利(442):佐夫/斯皮诺西、莫里尼、布尔尼奇(31'威尔逊)、法切蒂/马佐拉、卡佩罗、考西奥、贝内蒂/阿纳斯塔西、基纳利亚(45'博宁塞尼亚)

第二轮小组赛

A组	胜	平	负	进:失球	分
荷兰	2	1	0	9:4	5
巴西	1	1	1	2:2	3
民主德国	0	2	1	4:5	2
阿根廷	1	0	2	4:8	2

(荷兰晋级决赛，巴西晋级三四名决赛)

1974.6.26 巴西1:0民主德国
汉诺威/58463人，**主裁判:**托马斯(威尔士)
进球:里维利诺61'
巴西(442):莱昂/泽·马里亚、路易斯·佩雷拉、佩雷斯、马里尼奥/卡佩吉亚尼、里维利诺、迪尔塞乌、瓦尔多米罗/雅伊尔津霍、保罗·塞萨尔
民主德国(442):克罗伊/库尔布尤维特、布兰施、魏泽、施特赖希/瓦茨利希、劳克(55'勒韦)、施帕瓦塞尔、埃里希·哈曼(,45'伊姆舍尔)/基舍、马丁·霍夫曼

1974.6.26 荷兰4:0阿根廷
盖尔森基兴/55348人，**主裁判:**戴维森(苏格兰)
进球:克鲁伊夫11'，克罗尔25'，雷普73'，克鲁伊夫90'
荷兰(442):容布勒德/苏比尔(,84'伊斯莱尔)、阿里·汉、赖斯贝尔亨、克罗尔/扬森、内斯肯斯、范哈内亨、雷普/克鲁伊夫、伦森布林克
阿根廷(442):卡内瓦利/佩尔富莫、沃尔夫(45'格拉里亚)、埃雷迪亚、弗朗西斯科·萨/特尔奇、斯奎奥、豪斯曼(65'肯佩斯)、亚萨尔德/鲁文·阿亚拉、巴尔武埃纳

1974.6.30 荷兰2:0民主德国
盖尔森基兴/67148人，**主裁判:**朔伊尔(瑞士)
进球:内斯肯斯8'，伦森布林克59'
荷兰(442):容布勒德/苏比尔、阿里·汉、赖斯贝尔亨、克罗尔/扬森、内斯肯斯、范哈内亨、雷普/克鲁伊夫、伦森布林克
民主德国(442):克罗伊/库尔布尤维特、布兰施、魏泽、施努普哈泽/波默伦克、劳克(55'克雷施)、施帕瓦塞尔、勒韦(66'杜克)/基舍、马丁·霍夫曼

1974.6.30 巴西2:1阿根廷
汉诺威/38000人，**主裁判:**洛罗(比利时)
进球:里维利诺32'，雅伊尔津霍48'/布林迪西35'
巴西(442):莱昂/泽·马里亚、路易斯·佩雷拉、佩雷斯、马里尼奥/卡佩吉亚尼、里维利诺、迪尔塞乌、瓦尔多米罗/雅伊尔津霍、保罗·塞萨尔
阿根廷(433):卡内瓦利/格拉里亚、埃雷迪亚、弗朗西斯科·萨(45'卡拉斯科萨)、巴尔加斯/斯奎奥、巴宾顿、布林迪西/鲁文·阿亚拉、巴尔武埃纳、肯佩斯(45'豪斯曼)

1974.7.3 荷兰2:0巴西
多特蒙德/52500人，**主裁判:**辰切尔(联邦德国)
进球:内斯肯斯50'，克鲁伊夫65'
荷兰(442):容布勒德/苏比尔、阿里·汉、赖斯贝尔亨、克罗尔/扬森、内斯肯斯(84'伊斯莱尔)、范哈内亨、雷普/克鲁伊夫、伦森布林克(87'德容)
巴西(442):莱昂/泽·马里亚、路易斯·佩雷拉、佩雷斯、马里尼奥/卡佩吉亚尼、里维利诺、迪尔塞乌、瓦尔多米罗/雅伊尔津霍、保罗·塞萨尔(62'米兰迪尼亚)

1974.7.3 阿根廷1:1民主德国
盖尔森基兴/53054人，**主裁判:**杰克·泰勒(英格兰)
进球:豪斯曼21'/施特赖希14'
阿根廷(442):菲洛尔/沃尔夫、埃雷迪亚、卡拉斯科萨、巴尔加斯/特尔奇、肯佩斯、豪斯曼、巴宾顿/布林迪西、鲁文·阿亚拉
民主德国(442):克罗伊/库尔布尤维特、布兰施、魏泽、施努普哈泽/波默伦克、施特赖希(81'杜克)、施帕瓦塞尔、勒韦(66'福格尔)/基舍、马丁·霍夫曼

B组	胜	平	负	进:失球	分
联邦德国	2	1	0	9:4	5
波兰	1	1	1	2:2	3
瑞典	0	2	1	4:5	2
南斯拉夫	1	0	2	4:8	2

(联邦德国晋级决赛，波兰晋级三四名决赛)

1974.6.26 波兰1:0瑞典
斯图加特/43755人，**主裁判:**巴雷托(乌拉圭)
进球:拉托44'
波兰(433):托马谢夫斯基/希马诺夫斯基、戈尔贡、日穆达、古特/德厄纳、卡斯佩扎克、马斯奇克/拉托、沙尔马什(,62'奇米基维奇)、加多哈
瑞典(442):赫尔斯特伦/卡尔松、格里普、诺德奎斯特、比约恩·安德森(62'奥古斯特松)/格兰、塔珀(82'阿尔斯特伦)、博·拉尔松、托尔斯滕·松/桑德贝里、埃德斯特伦

1974.6.26 联邦德国2:0南斯拉夫
杜塞尔多夫/66085人，**主裁判:**阿曼多·马克斯(巴西)
进球:布赖特纳39'，盖德·穆勒80'
联邦德国(442):迈耶/福格茨、施瓦岑贝克、贝肯鲍尔、布赖特纳/邦霍夫、维默尔(74'乌利·赫内斯)、赫尔岑拜因(79'弗洛厄)、奥弗拉特/盖德·穆勒、赫尔佐格
南斯拉夫(442):马里奇/布连、哈吉阿布迪奇、穆日尼奇、卡塔林斯基/奥布拉克(84'耶尔科维奇)、波皮沃达、阿契莫维奇、舒里亚克/卡拉西、扎伊奇(84'I.佩特科维奇)

1974.6.30 波兰2:1南斯拉夫
法兰克福/53200人，**主裁判:**格洛克纳(民主德国)
进球:德厄纳27'(点球)，拉托63'/卡拉西43'
波兰(433):托马谢夫斯基/希马诺夫斯基、戈尔贡、日穆达、穆夏尔/德厄纳(81'多马尔斯基)、卡斯佩扎克、马斯奇克/拉托、沙尔马什(58'奇米基维奇)、加多哈
南斯拉夫(442):马里奇/布连、哈吉阿布迪奇、博吉切维奇、卡塔林斯基/奥布拉克(17'耶尔科维奇)、巴耶维奇、阿契莫维奇、舒里亚克/卡拉西、I.佩特科维奇(V.彼得罗维奇)

1974.6.30 联邦德国4:2瑞典
杜塞尔多夫/67861人，**主裁判:**卡萨科夫(苏联)
进球:奥弗拉特51'，邦霍夫52'，格拉博夫斯基77'，赫内斯89'(点球)/埃德斯特伦25'，桑德贝里53'
联邦德国(442):迈耶/福格茨、施瓦岑贝克、贝肯鲍尔、布赖特纳/邦霍夫、乌利·赫内斯、赫尔岑拜因(83'弗洛厄)、奥弗拉特/盖德·穆勒、赫尔佐格(66'格拉博夫斯基)
瑞典(442):赫尔斯特伦/卡尔松、奥尔松、诺德奎斯特、比约恩·安德森/格兰、塔珀、博·拉尔松(31'艾德斯特德)、托尔斯滕·松/桑德贝里、埃德斯特伦

1974.7.3 瑞典2:1南斯拉夫
杜塞尔多夫/37300人，**主裁判:**佩里斯塔里诺(阿根廷)
进球:埃德斯特伦30'，托尔斯滕·松85'/舒里亚克27'
瑞典(442):赫尔斯特伦/卡尔松、奥尔松、诺德奎斯特、奥古斯特松/格兰、塔珀、佩尔松、托尔斯滕·松/桑德贝里、埃德斯特伦
南斯拉夫(433):马里奇/布连、哈吉阿布迪奇、博吉切维奇、卡塔林斯基/帕夫洛维奇(78'佩鲁佐维奇)、扎伊奇、阿契莫维奇/舒里亚克、V.彼得罗维奇(66'卡拉西)、耶尔科维奇

1974.7.3 联邦德国1:0波兰
法兰克福/61249人，**主裁判:**利纳马耶尔(奥地利)
进球:盖德·穆勒76'
联邦德国(442):迈耶/福格茨、施瓦岑贝克、贝肯鲍尔、布赖特纳/邦霍夫、乌利·赫内斯、赫尔岑拜因、奥弗拉特/盖德·穆勒、格拉博夫斯基
波兰(433):托马谢夫斯基/希马诺夫斯基、戈尔贡、日穆达、穆夏尔/德厄纳、卡斯佩扎克(80'奇米基维奇)、马斯奇克(80'克米耶奇克)/拉托、多马尔斯基、加多哈

三四名决赛

1974.7.6 波兰1:0巴西
慕尼黑/74100人，**主裁判:**安戈内塞(意大利)
进球:拉托77'
波兰(433):托马谢夫斯基/希马诺夫斯基、戈尔贡、日穆达、穆夏尔/马斯奇克、德厄纳、卡斯佩扎克(,73'奇米基维奇)/拉托、沙尔马什(73'卡普卡)、加多哈
巴西(433):莱昂/泽·马里亚、阿尔弗雷多、佩雷斯、马里尼奥/卡佩吉亚尼、里维利诺、迪尔塞乌/阿德米尔(56'米兰达尼亚)、瓦尔多米罗、雅伊尔津霍

决赛

1974.7.7 联邦德国2:1荷兰
慕尼黑/77833人，**主裁判:**杰克·泰勒(英格兰)
进球:布赖特纳25'(点球)，盖德·穆勒43'/内斯肯斯2'(点球)
联邦德国(433):迈耶/福格茨、施瓦岑贝克、贝肯鲍尔、布赖特纳/邦霍夫、乌利·赫内斯、赫尔岑拜因、奥弗拉特/格拉博夫斯基、盖德·穆勒、赫尔岑拜因
荷兰(433):容布勒德/苏比尔、阿里·汉、赖斯贝尔亨(69'德容)、克罗尔/扬森、内斯肯斯、范哈内亨/雷普、克鲁伊夫、伦森布林克(45'范德科尔霍夫)

1974年7月6日，拉托在三四名决赛中射门得分。是役波兰队以1比0击败巴西获得铜牌。

1978

预选赛

东道主阿根廷队和卫冕冠军联邦德国队直接出线，另105队报名参加预选赛，争夺14个出线席位。共95队参加了至少1场预选赛阶段比赛。预选赛共进行了252场，进球723个，场均2.87球。入场券分配方面，欧洲区9.5个(含联邦德国)，南美区3.5个(含阿根廷)，中北美及加勒比区1个，非洲区1个，亚洲及大洋洲区1个。只有1张入场券通过附加赛决出：欧洲区第9组第一名与南美区第3名交手，胜者晋级决赛圈。

●欧洲区

(赛制)共31队参赛，分成9个小组。其中第1到4组为4队，第5-9组为3队。前8小组的第一名获得出线权，第9小组的第一名与南美区预选赛第3名通过附加赛角逐出线权。

第1组	胜	平	负	进:失球	分
波兰	5	1	0	17:4	11
葡萄牙	4	1	1	12:6	9
丹麦	2	0	4	14:12	4
塞浦路斯	0	0	6	3:24	0

(波兰出线)

1976.5.23 塞浦路斯1:5丹麦
米海尔/巴斯特鲁普x2，图恩，拉斯穆森，西蒙森

1976.10.27 葡萄牙0:2波兰
拉托49'、77'

1976.10.31 丹麦5:0塞浦路斯
H.延森x2，克里斯滕森，尼尔森，伦特韦德

1976.10.31 波兰5:0塞浦路斯
德厄纳24'、40'，沙尔马什25'，博涅克58'，泰尔莱茨基

1976.11.17 葡萄牙1:0丹麦
M.费尔南德斯69'

1976.12.5 塞浦路斯1:2葡萄牙
斯蒂利亚努74'(点球)/沙拉纳36'，内内76'

1977.5.1 丹麦1:2波兰
西蒙森50'/卢班斯基7'、55'

1977.5.15 塞浦路斯1:3波兰
安托莫13'/拉托26'，泰尔莱茨基40'，马祖尔82'

1977.9.21 波兰4:1丹麦
马什塔勒27'，拉托38'，德厄纳62'沙尔马什81'/尼高66'(点球)

1977.10.9 丹麦2:4葡萄牙
伦特韦德45'(点球)，汉森88'/若尔当15'，内内35'，M.费尔南德斯61'，奥克塔沃79'

1977.10.29 波兰1:1葡萄牙
德厄纳35'/M.费尔南德斯61'

1977.11.15 葡萄牙4:0塞浦路斯
塞尼尼奥11'，沙拉纳35'，维塔尔58'，M.费尔南德斯71'

第2组	胜	平	负	进:失球	分
意大利	5	0	1	18:4	10
英格兰	5	0	1	15:4	10
芬兰	2	0	4	11:16	4
卢森堡	0	0	6	2:22	0

(意大利出线)

1976.6.12 芬兰1:4英格兰
帕塔莱宁27'/皮尔逊14'，基冈30'、60'，查农56'

1976.9.22 芬兰7:1卢森堡
A.黑斯卡宁15'、55'，E.黑斯卡宁22'、27'，里萨宁51'、61'，马基宁82'(点球)/詹德尔52'

1976.10.13 英格兰2:1芬兰
罗伊尔，图尔特/涅米宁

1976.10.16 卢森堡1:4意大利
布朗86'/格拉齐亚尼24'，贝特加44'、81'，安托尼奥尼50'

1976.11.17 意大利2:0英格兰
安托尼奥尼36'，贝特加77'

1977.3.3 英格兰5:0卢森堡
基冈9'，T.弗朗西斯58'，肯尼迪65'，查农68'、79'

1977.5.26 卢森堡0:1芬兰
A.黑斯卡宁57'

1977.6.8 芬兰0:3意大利
詹蒂莱8'，贝特加56'，贝内蒂81'

1977.10.12 卢森堡0:2英格兰
肯尼迪31'，马里纳90'

1977.10.15 意大利6:1芬兰
贝特加29'、38'、59'、62'，格拉齐亚尼45'，扎卡雷利71'/哈斯基维67'

1977.11.16 英格兰2:0意大利
基冈11'，布鲁金80'

1977.12.3 意大利3:0卢森堡
贝特加4'，格拉齐亚尼11'，考西奥56'

第3组	胜	平	负	进:失球	分
奥地利	4	2	0	14:2	10
民主德国	3	3	0	15:4	9
土耳其	2	1	3	9:5	5
马耳他	0	0	6	0:27	0

(奥地利出线)

1976.10.31 土耳其4:0马耳他
K.穆罕默德22'，杰米尔54'、57'、75'

1976.11.17 民主德国1:1土耳其
科特3'(点球)/杰米尔31'(点球)

1976.12.5 马耳他0:1奥地利
克兰克尔

1977.4.2 马耳他0:1民主德国
施特赖希55'

1977.4.17 奥地利1:0土耳其
沙赫纳43'

1977.4.30 奥地利9:0马耳他
克兰克尔x6，施特林x2，皮尔克纳

1977.9.24 奥地利1:1民主德国
克罗伊茨9'/霍夫曼40'

1977.10.12 民主德国1:1奥地利
勒夫50'/哈滕贝格尔43'

1977.10.29 民主德国9:0马耳他
霍夫曼2'、44'、84'，沙德38'，施帕瓦塞尔52'，韦伯56'，施特赖希63'、79'、82'

1977.10.30 土耳其0:1奥地利
普罗哈斯卡72'

1977.11.16 土耳其1:2民主德国
沃尔坎81'/沙德30'、霍夫曼62'

1977.11.27 马耳他0:3土耳其
塞达特21'、48'，杰米尔36'

第4组	胜	平	负	进:失球	分
荷兰	5	1	0	11:3	11
比利时	3	0	3	7:6	6
北爱尔兰	2	1	3	7:6	5
冰岛	1	0	5	2:12	2

(荷兰出线)

1976.9.5 冰岛0:1比利时
范德埃尔斯特73'

1976.9.8 冰岛0:1荷兰
吉尔斯

1976.10.13 荷兰2:2北爱尔兰
克鲁伊夫、克罗尔/麦格拉思，斯彭斯

1976.11.10 比利时2:0北爱尔兰
范古尔29'，朗贝尔52'

1977.3.26 比利时0:2荷兰
雷普19'，克鲁伊夫65'

1977.6.11 冰岛1:0北爱尔兰
阿尔伯特松

1977.8.31 荷兰4:1冰岛
范哈内亨15'，吉尔斯18'、89'(点球)，雷普35'/西古尔维松68'

1977.9.3 比利时4:0冰岛
范宾斯特15'，马滕斯20'，库朗60'，朗贝尔65'

1977.9.21 北爱尔兰2:0冰岛
麦格拉思67'，麦基尔罗伊76'

1977.10.12 北爱尔兰0:1荷兰
W.范德科尔霍夫76'

1977.10.26 荷兰1:0比利时
R.范德克尔霍夫4'

1977.11.16 北爱尔兰3:0比利时
阿姆斯特朗42'、74'，麦格拉思58'

第5组	胜	平	负	进:失球	分
法国	2	1	1	7:4	5
保加利亚	1	2	1	5:6	4
爱尔兰	1	1	2	2:4	3

(法国出线)

1976.10.9 保加利亚2:2法国
博内夫45'，帕诺夫68'/普拉蒂尼37'，拉孔布40'

1976.11.17 法国2:0爱尔兰
普拉蒂尼47'，巴特内88'

1977.3.30 爱尔兰1:0法国
布拉迪11'

1977.6.1 保加利亚2:1爱尔兰
帕诺夫14',热拉科夫76'/吉文斯47'

1977.10.12 爱尔兰0:0保加利亚

1977.11.16 法国3:1保加利亚
罗什托38'，普拉蒂尼63'，达尔热89'/茨韦特科夫85'

第6组	胜	平	负	进:失球	分
瑞典	3	0	1	7:4	6
挪威	2	0	2	3:4	4
瑞士	1	0	3	3:5	2

(瑞典出线)

1976.6.16 瑞典2:0挪威
罗伊·安德松，舍贝里

1976.9.8 挪威1:0瑞士
伦德

1976.10.9 瑞士1:2瑞典
特林切罗/伯耶松，舍贝里

1977.6.8 瑞典2:1瑞士
伯耶松，舍贝里/里西

1977.9.7 挪威2:1瑞典
奥滕森34'，伊弗森66'/舍贝里53'

1977.10.30 瑞士1:0挪威
苏尔瑟29'

1977年11月16日，意大利后卫难阻英格兰前锋布鲁金前进。虽然以0比2输掉了比赛，但意大利队依然在预选赛中力压英格兰出线。

第7组	胜	平	负	进:失球	分
苏格兰	3	0	1	6:3	6
捷克斯洛伐克	2	0	2	4:6	4
威尔士	1	0	3	3:4	2

(苏格兰出线)

1976.10.13 捷克斯洛伐克2:0苏格兰
帕年卡，彼得拉什
1976.11.17 苏格兰1:0威尔士
埃文斯
1977.3.30 威尔士3:0捷克斯洛伐克
詹姆斯27'、65'，迪西65'
1977.9.21 苏格兰3:1捷克斯洛伐克
达格利什，哈特福德，乔丹/盖杜谢克
1977.10.12 威尔士0:2苏格兰
梅森78'(点球)，达格利什86'
1977.11.16 捷克斯洛伐克1:0威尔士
内霍达12'

第8组	胜	平	负	进:失球	分
西班牙	3	0	1	4:1	6
罗马尼亚	2	0	2	7:8	4
南斯拉夫	1	0	3	6:8	2

(西班牙出线)

1976.10.10 西班牙1:0南斯拉夫
皮里
1977.4.16 罗马尼亚1:0西班牙
贝尼托8'(乌龙)
1977.5.8 南斯拉夫0:2罗马尼亚
杰奥尔杰斯库37'，约尔达内斯库44'
1977.10.26 西班牙2:0罗马尼亚
莱亚尔75'，卡诺83'
1977.11.13 罗马尼亚4:6南斯拉夫
维库2'，约尔达内斯库40'，博洛尼43'，杰奥尔杰斯库68'/苏西奇18'、56'、63'，穆日尼奇18'，特里福诺维奇78'，菲利波维奇84'
1977.11.30 南斯拉夫0:1西班牙
卡诺71'

第9组	胜	平	负	进:失球	分
匈牙利	2	1	1	6:4	5
苏联	2	0	2	5:3	4
希腊	1	1	2	2:6	3

(匈牙利晋级附加赛)

1976.10.9 希腊1:1匈牙利
帕帕约安努68'/凯赖基84'
1977.4.24 苏联2:0希腊
孔科夫26'，基皮亚尼77'
1977.4.30 匈牙利2:1苏联
尼洛希44'，凯赖基67'/基皮亚尼88'
1977.5.10 希腊1:0苏联
帕帕约安努58'
1977.5.18 苏联2:0匈牙利
布尔亚克3'，巴林特14'(乌龙)
1977.5.28 匈牙利3:0希腊
普斯陶伊13'，尼洛希15'，福泽考什88'

南美洲区

(赛制)除东道主阿根廷外共9队参赛，分成3个小组，争夺2.5张入场券。各组第一名进入决赛，决赛在哥伦比亚卡利市举行，3队采取单循环方式进行比赛，积分最高的两队晋级世界杯决赛圈，第3名与欧洲区第9小组的第一名进行附加赛，胜者晋级世界杯。

第1组	胜	平	负	进:失球	分
巴西	2	2	0	8:1	6
巴拉圭	1	2	1	3:3	4
哥伦比亚	0	2	2	1:8	2

(巴西晋级)

1977.2.20 哥伦比亚0:0巴西
1977.2.24 哥伦比亚0:1巴拉圭
哈拉26'
1977.3.6 巴拉圭1:1哥伦比亚
哈拉90'/比拉雷特58'
1977.3.9 巴西6:0哥伦比亚
罗伯托15'、31'，马里尼奥41'、55'，济科25'，里维利诺85'
1977.3.13 巴拉圭0:1巴西
因斯弗兰59'(乌龙)
1977.3.20 巴西1:1巴拉圭
罗伯托6'(点球)/贝斯54'

第2组	胜	平	负	进:失球	分
玻利维亚	2	2	0	8:1	6
乌拉圭	1	2	1	3:3	4
委内瑞拉	0	2	2	1:8	2

(玻利维亚晋级)

1977.2.9 委内瑞拉1:1乌拉圭
弗洛雷斯88'/奥利维拉5'
1977.2.27 玻利维亚1:0乌拉圭
希门尼斯48'
1977.3.6 委内瑞拉1:3玻利维亚
伊利亚尔特86'/梅萨5'，希门尼斯76'，阿吉拉尔80'
1977.3.13 玻利维亚2:0委内瑞拉
希门尼斯17'，阿拉戈内斯53'
1977.3.17 乌拉圭2:0委内瑞拉
皮萨尼11'、83'
1977.3.27 乌拉圭2:2玻利维亚
佩雷拉23'、49'/阿吉拉尔25'、59'

第3组	胜	平	负	进:失球	分
秘鲁	2	2	0	8:2	6
智利	2	1	1	5:3	5
厄瓜多尔	0	1	3	1:9	1

(秘鲁晋级)

1977.2.20 厄瓜多尔1:1秘鲁
帕斯81'/奥布利塔斯43'
1977.2.27 厄瓜多尔0:1智利
甘博亚33'
1977.3.9 智利1:1秘鲁
阿乌马达42'/穆南特70'
1977.3.12 秘鲁4:0厄瓜多尔
奥布利塔斯x2，卢塞斯，贝拉斯克斯
1977.3.20 智利3:0厄瓜多尔
菲格罗亚29'、55'，卡斯特罗40'
1977.3.26 秘鲁2:0智利
索蒂尔49'，奥布利塔斯54'

决赛	胜	平	负	进:失球	分
巴西	2	0	0	9:0	4
秘鲁	1	0	1	5:1	2
玻利维亚	0	0	2	0:13	0

(巴西、秘鲁出线，玻利维亚参加附加赛)

1977.7.10 巴西1:0秘鲁
吉尔53'
1977.7.14 巴西8:0玻利维亚
济科5'、10'、27'、60'，罗伯托22'，吉尔54'，塞雷佐70'，马塞洛89'

1977.7.17 秘鲁5:0玻利维亚
库比拉斯31'、44'，贝拉斯克斯65'、89'，罗哈斯74'

附加赛(欧洲VS南美)
1977.10.29 匈牙利6:0玻利维亚
尼洛希12'，特勒奇克19'，宗博里22'，瓦劳迪27'，平特39'，纳吉81'
1977.11.30 玻利维亚2:3匈牙利
阿拉戈内斯45'(点球)、90'/特勒奇克36'，豪拉斯43'，德尔利亚诺84'(乌龙)
匈牙利以总比分9比2出线

亚大区

(赛制)共22队报名参赛，争夺1张入场券。南越南队因为在国家统一成越南之后消失，斯里兰卡、朝鲜、伊拉克和阿联酋在分组抽签揭晓之后弃权。亚大区一共分成5个小组进行预选赛，由各小组安排自己的赛制。5个小组第一名晋级决赛圈，决赛以主客场双循环的方式进行，积分最高者出线。

第1组	胜	平	负	进:失球	分
香港	5	1	0	11:3	11
新加坡	3	0	3	7:6	6
马来西亚	2	1	3	7:6	5
印度	1	0	5	2:12	2
泰国	1	0	5	2:12	2

(斯里兰卡弃权。香港晋级)
1977.2.27 新加坡2:0泰国
1977.2.28 香港4:1印度
1977.3.1 马来西亚6:4泰国
1977.3.2 新加坡2:2香港
1977.3.3 印度0:0马来西亚
1977.3.5 香港2:1泰国
1977.3.6 新加坡1:0马来西亚
1977.3.7 泰国3:2印度
1977.3.8 马来西亚1:1香港
1977.3.9 新加坡0:4印度
香港和新加坡分获小组前两名，按该小组赛制，两队加赛一场
1977.3.12 新加坡0:1香港
刘荣业36'

第2组	胜	平	负	进:失球	分
韩国	2	2	0	4:1	6
以色列	2	1	1	5:3	5
日本	0	1	3	0:5	1

(朝鲜弃权。韩国晋级)
1977.2.27 以色列0:0韩国
1977.3.6 以色列2:0日本
1977.3.10 日本0:2以色列
1977.3.20 韩国3:1以色列
车范根23'，朴相仁86'，崔成东88'/马尔米利安76'
1977.3.26 日本0:0韩国
1977.4.3 韩国1:0日本
车范根

第3组	胜	平	负	进:失球	分
伊朗	4	0	0	8:0	8
沙特	1	0	3	3:7	2
叙利亚	1	0	3	2:6	2

(伊拉克弃权。伊朗晋级)
1976.11.12 沙特2:0叙利亚
1976.11.26 叙利亚2:1沙特
1977.1.7 沙特0:3伊朗
马兹隆米16'、78'，劳尚62'
1977.1.28 叙利亚0:1伊朗
帕尔温
1977.4.6 伊朗2:0叙利亚*
(此战叙利亚弃权，判伊朗2比0胜)
1977.4.22 伊朗2:0沙特
尤斯菲10'，沙里菲84'

第4组	胜	平	负	进:失球	分
科威特	4	0	0	10:2	8
巴林	1	0	3	4:6	2
卡塔尔	1	0	3	3:9	2

(阿联酋弃权。科威特晋级)
1977.3.11 巴林0:2科威特
安巴里，亚科卜
1977.3.13 卡塔尔2:0巴林
1977.3.15 卡塔尔0:2科威特
1977.3.17 巴林1:2科威特
沙格尔73'/安巴里33'，杜尔哈延56'
1977.3.19 卡塔尔0:3巴林
1977.3.21 卡塔尔1:4科威特

第5组	胜	平	负	进:失球	分
澳大利亚	3	1	0	9:3	7
新西兰	2	1	1	14:4	5
中华台北	0	0	4	1:17	0

(澳大利亚晋级)
1977.3.13 澳大利亚3:0中华台北
鲁尼x2，阿邦伊
1977.3.16 中华台北1:2澳大利亚
冯/阿邦伊，科斯米纳
1977.3.20 新西兰6:0中华台北
尼尔森x3，坎贝尔，泰勒，韦莫斯
1977.3.27 澳大利亚3:1新西兰
奥勒顿x2，科斯米纳/尼尔森
1977.3.30 新西兰1:1澳大利亚
尼尔森/奥勒顿

决赛	胜	平	负	进:失球	分
伊朗	6	2	0	12:3	14
韩国	3	4	1	12:8	10
科威特	4	1	3	13:8	9
澳大利亚	3	1	4	11:8	7
香港	0	0	8	5:26	0

(伊朗出线)
1977.6.19 香港0:2伊朗
卡泽拉尼22'，贾哈尼77'
1977.6.26 香港0:1韩国
1977.7.3 韩国0:0伊朗
1977.7.10 澳大利亚3:0香港
科斯米纳x2，巴恩斯
1977.8.14 澳大利亚0:1伊朗
劳尚70'
1977.8.27 澳大利亚2:1韩国
科斯米纳x2
1977.10.2 香港1:3科威特
钟楚维/达希尔，霍莫德，亚科卜
1977.10.9 韩国1:0科威特
朴相仁59'
1977.10.16 澳大利亚1:2科威特
鲁尼83'/卡米尔42'，安巴里49'
1977.10.23 韩国0:0澳大利亚
1977.10.28 伊朗1:0科威特
贾哈尼48'
1977.10.30 香港2:5澳大利亚
邓鸿昌65'，钟楚维80'/奥勒顿19'、31'、65'，阿邦伊39'，本内特85'
1977.11.5 科威特2:2韩国
达希尔，布阿巴斯/车范根，崔成东
1977.11.11 伊朗2:2韩国
劳尚55'、57'/李荣模28'、88'
1977.11.12 科威特4:0香港
达希尔3'、17'，安巴里45'，卡米尔80'
1977.11.18 伊朗3:0香港
贾哈尼3'、35'，卡泽拉尼19'
1977.11.19 科威特1:0澳大利亚
达希尔52'
1977.11.25 伊朗1:0澳大利亚
贾哈尼44'
1977.12.3 科威特1:2伊朗
杜克海尔14'/法里巴48'，哈比里59'
1977.12.4 韩国5:2香港

非洲区

(赛制)26队报名参赛，争夺1张入场券。参赛队进行一轮资格赛和三轮淘汰赛，产生出3支进入决赛阶段的球队。这3支球队再通过进行主客场双循环赛，产生积分最高的一支，获得出线权。

资格赛
1976.3.7 塞拉利昂5:1尼日尔
1976.3.21 尼日尔2:1塞拉利昂
塞拉利昂总比分6比3晋级
1976.3.13 上沃尔塔(现布基纳法索)1:1毛里塔尼亚
1976.3.28 毛里塔尼亚0:2上沃尔塔
上沃尔塔总比分3比1晋级

第一轮淘汰赛
1976.4.1 阿尔及利亚1:0利比亚
贝特罗尼83'
1976.4.16 利比亚0:0阿尔及利亚
阿尔及利亚总比分1比0晋级
1976.12.12 摩洛哥1:1突尼斯
1977.1.9 突尼斯1:1摩洛哥
双方总比分2比2战平，进过点球大战，**突尼斯以4比2胜出晋级**
1976.10.17 多哥1:0塞内加尔
1976.10.31 塞内加尔1:1多哥
多哥总比分2比1晋级
1976.10.10 加纳2:1几内亚
1976.10.31 几内亚2:1加纳
双方总比分3比3战平，决定在第三地(多哥首都洛美)进行附加赛，**几内亚晋级**
1977.1.16 几内亚2:0加纳
P.卡马拉，希拉
中非共和国弃权，扎伊尔晋级
1976.10.16 塞拉利昂0:0尼日利亚
1976.10.30 尼日利亚6:2塞拉利昂
尼日利亚总比分6比2晋级
1976.10.17 刚果2:2喀麦隆
1976.10.31 喀麦隆1:2刚果*
(这场比赛因为主场球迷骚乱而在第82分钟提前终止，国际足联判刚果2比0胜)
1976.9.4 上沃尔塔1:1科特迪瓦
1976.9.26 科特迪瓦2:0上沃尔塔
科特迪瓦总比分3比1晋级
1976.10.29 埃及3:0埃塞俄比亚
1976.11.14 埃塞俄比亚1:2埃及
埃及总比分5比1晋级
苏丹弃权，肯尼亚晋级
坦桑尼亚弃权，乌干达晋级
1976.5.9 赞比亚4:0马拉维
1976.5.30 马拉维0:1赞比亚
赞比亚总比分5比0晋级

第二轮淘汰赛
1977.2.6 突尼斯2:0阿尔及利亚
阿基德56'，卡比73'
1977.2.28 阿尔及利亚1:1突尼斯
贡杜兹34'/杰巴利89'
突尼斯总比分3比1晋级
1977.2.13 多哥0:2几内亚
班古拉，谢里夫
1977.2.27 几内亚2:1多哥
几内亚总比分4比1晋级
扎伊尔弃权，尼日利亚晋级
1977.2.13 科特迪瓦3:2刚果
1977.2.27 刚果1:3科特迪瓦
科特迪瓦总比分6比3晋级
1977.2.6 肯尼亚0:0埃及
1977.2.27 埃及1:0肯尼亚
哈利尔
埃及总比分1比0晋级
1977.2.13 乌干达1:0赞比亚
1977.2.27 赞比亚4:2乌干达
赞比亚总比分4比3晋级

第三轮淘汰赛
1977.6.5 几内亚1:0突尼斯
伊斯梅尔·尤西比奥
1977.6.19 突尼斯3:1几内亚
B.阿卜杜拉，霍维尼，利曼/希拉
突尼斯总比分3比2晋级
1977.7.10 尼日利亚4:0科特迪瓦
1977.7.25 科特迪瓦2:2尼日利亚
尼日利亚总比分6比2晋级
1977.7.15 埃及2:0赞比亚
加法尔29'，哈曼49'
1977.7.31 赞比亚0:0埃及
埃及总比分2比0晋级

决赛	胜	平	负	进:失球	分
突尼斯	2	1	1	7:4	5
埃及	2	0	2	7:11	4
尼日利亚	1	1	2	5:4	3

(突尼斯出线)
1977.9.25 突尼斯0:0尼日利亚
1977.10.8 尼日利亚4:0埃及
1977.10.21 埃及3:1尼日利亚
阿卜杜x2，莫克塔尔/伊韦卢莫
1977.11.12 尼日利亚0:1突尼斯
奥迪耶61'(乌龙)
1977.11.25 埃及3:2突尼斯
加法尔25'，阿卜杜53'，哈提布82'/拉乌夫80'，阿基德87'
1977.12.11 突尼斯4:1埃及
阿基德15'，特米梅43'，本阿齐扎64'拉比迪75'/莫克塔尔80'

●中北美及加勒比区

(赛制)共17队报名参赛，洪都拉斯在赛前弃权。16队分成3个区，其中北美区3队，中美区4队，加勒比区9队。每个区按不同的赛制各自产生前两名。6支球队进入决赛圈进行单循环赛，积分排第一名的球队进军世界杯。

北美区	胜	平	负	进:失球	分
墨西哥	1	2	1	3:1	4
加拿大	1	2	1	2:3	4
美国	1	2	1	3:4	4

(墨西哥率先晋级，积分和净胜球相同的美国和加拿大进行了附加赛，加拿大胜出晋级)
1976.9.24 加拿大1:1美国
博利托/班多夫
1976.10.3 美国0:0墨西哥
1976.10.10 加拿大1:0墨西哥
帕森斯
1976.10.15 墨西哥3:0美国
达米安，达比拉，索利斯
1976.10.20 美国2:0加拿大
里斯，韦
1976.10.27 墨西哥0:0加拿大
附加赛(海地)
1976.12.22 加拿大3:0美国
博利托、布德、勒纳尔杜齐

中美区	胜	平	负	进:失球	分
危地马拉	3	2	1	15:6	8
萨尔瓦多	2	3	1	10:7	7
哥斯达黎加	1	4	1	8:6	6
巴拿马	1	1	4	7:21	3

(危地马拉、萨尔瓦多晋级)
1976.4.4 巴拿马3:2哥斯达黎加
1976.5.2 巴拿马1:1萨尔瓦多
1976.7.11 哥斯达黎加3:0巴拿马
1976.8.1 萨尔瓦多4:1巴拿马
1976.9.17 巴拿马2:4危地马拉
1976.9.26 危地马拉7:0巴拿马
1976.12.1 萨尔瓦多1:1哥斯达黎加
1976.12.5 哥斯达黎加0:0危地马拉
1976.12.8 危地马拉3:1萨尔瓦多
麦克尼西，蒙特罗索，桑切斯/巴伦西亚
1976.12.12 危地马拉1:1哥斯达黎加
桑多瓦尔/萨尔加多
1976.12.15 哥斯达黎加1:1萨尔瓦多
1976.12.19 萨尔瓦多2:0危地马拉
卡布雷拉/巴伦西亚

加勒比区(A组)

第一轮
1976.7.4 圭亚那2:0苏里南
布茨，尼莱斯
1976.8.29 苏里南3:0圭亚那
罗伊·乔治x2，普雷菲尔
苏里南总比分3比2晋级
1976.8.15 巴巴多斯2:1特立尼达和多巴哥
克拉克x2/戴维
1976.8.31 特立尼达和多巴哥1:0巴巴多斯
由于总比分相同，两队在巴巴多斯再进行一场附加赛
1976.9.14 特立尼达和多巴哥3:1巴巴多斯
特立尼达和多巴哥晋级
第二轮
1976.11.14 苏里南1:1特立尼达和多巴哥
罗伊·乔治/戴维
1976.11.28 特立尼达和多巴哥2:2苏里南
菲加罗(点球)，莱维林/奥尔姆博格，恩廷
由于总比分相同，两队在圭亚那再进行一场附加赛
1976.12.18 苏里南3:2特立尼达和多巴哥
罗伊·乔治x2，奥尔姆博格/戴维x2
苏里南晋级

加勒比区(B组)

资格赛
1976.4.2 多米尼加0:3海地
奥古斯特，巴泰勒米，马里耶
1976.4.17 海地3:0多米尼加
海地总比分6比0晋级
第一轮
1976.7.30 荷属安地列斯1:2海地
1976.8.14 海地7:0荷属安地列斯
海地总比分9比1晋级
1976.8.15 牙买加1:3古巴
布朗/萨里纳斯x2，拉萨
1976.8.29 古巴2:0牙买加
古巴总比分5比2晋级
第二轮
1976.11.28 古巴1:1海地
努内斯/萨农
1976.12.11 海地1:1古巴
萨农/佩雷拉
由于总比分相同，两队在巴拿马再进行一场附加赛
1976.12.29 海地2:0古巴
萨农x2

海地晋级决赛圈

决赛	胜	平	负	进:失球	分
墨西哥	5	0	0	20:5	10
海地	3	1	1	6:6	7
萨尔瓦多	2	1	2	8:9	5
加拿大	2	1	2	7:8	5
危地马拉	1	1	3	8:10	3
苏里南	0	0	5	6:17	0

(墨西哥出线)
1977.10.8 危地马拉3:2苏里南
麦克唐纳15'、38'，阿尔法罗85'/沙尔2'，里格特斯55'
1977.10.8 加拿大1:2萨尔瓦多
布德85'/萨帕塔44'、85'
1977.10.9 墨西哥4:1海地
乌戈·桑切斯1'，兰赫尔46'、70'、82'/奥古斯特78'
1977.10.12 加拿大2:1苏里南
帕森斯32'，巴基奇74'/奥尔姆博格40'(点球)
1977.10.12 墨西哥3:1萨尔瓦多
兰赫尔x2，卡德纳斯/乌埃索
1977.10.12 危地马拉1:2海地
米特罗维奇/赫拉德，多明格
1977.10.15 墨西哥8:1苏里南
伊西奥迪亚x2，希门尼斯x2，乌戈·桑切斯x2，查韦斯，兰赫尔/奥尔姆博格
1977.10.16 萨尔瓦多0:1海地
萨农24'
1977.10.16 加拿大2:1危地马拉
PARSONS20'，勒纳尔杜齐35'/阿尔法罗62'
1977.10.19 墨西哥2:1危地马拉
巴斯克斯28'(点球)，卡德纳斯81'/米特罗维奇44'
1977.10.20 萨尔瓦多3:2苏里南
豪尔赫·冈萨雷斯，罗萨斯x2/埃马努埃尔松，奥尔姆博格
1977.10.20 加拿大1:1海地
巴基奇89'/多桑维尔70'
1977.10.22 墨西哥3:1加拿大
古斯曼31'、40'，乌戈·桑切斯65'/帕森斯9'
1977.10.23 危地马拉2:2萨尔瓦多
里韦拉58'、75'/埃尔默44'，蒙托亚85'
1977.10.23 海地1:0苏里南
多明格

决赛阶段

16队分成4个小组进行单循环赛，各组前两名晋级八强。八强赛继续分成两个小组进行单循环赛，两个组的第一名争夺冠军，第二名争夺季军。

第一轮小组赛

A组	胜	平	负	进:失球	分
意大利	3	0	0	6:2	6
阿根廷	2	0	1	4:3	4
法国	1	0	2	5:5	2
匈牙利	0	0	3	3:8	0

(意大利、阿根廷晋级)
1978.6.2 意大利2:1法国
马德普拉塔/42653人，**主裁判**:赖内亚(罗马尼亚)
进球:罗西29'，扎卡雷利54'/拉孔布1'(37秒)
意大利(433):佐夫/詹蒂莱、贝卢吉、西雷阿、卡布里尼/塔尔德利■、安托尼奥尼(45'扎卡雷利)、贝内蒂/考西奥、罗西、贝特加
法国(433):德芒斯/让维翁、里奥、特雷索尔、博西斯/吉洛、普拉蒂尼■、亨利·米歇尔■/达尔热、拉孔布(74'贝尔多)、西克斯(76'鲁耶)
1978.6.2 阿根廷2:1匈牙利
布宜诺斯艾利斯/71615人，**主裁判**:加里多(葡萄牙)
进球:卢克14'，贝尔托尼83'/乔波9'
阿根廷(442):菲洛尔/奥尔京、帕萨雷拉■、路易斯·加尔万、塔兰蒂尼/阿迪莱斯、加列戈、何塞·巴伦西亚(75'阿隆索)、豪斯曼(67'贝尔托尼)/卢克、肯佩斯
匈牙利(433):古伊达尔/特勒克(45'马尔托什)、伊斯特万·科奇什、凯赖基、约瑟夫·托特/尼洛希■■、平特、宗博里/乔波、特勒奇克■■、纳吉
1978.6.6 意大利3:1匈牙利
马德普拉塔/26533人，**主裁判**:巴雷托(乌拉圭)
进球:罗西34'，贝特加35'，贝内蒂61'/安德拉什·托特81'(点球)
意大利(442):佐夫/詹蒂莱、贝卢吉、西雷阿、卡布里尼(79'库库雷杜)/贝内蒂、塔尔德利、安托尼奥尼、考西奥/罗西、贝特加(84'格拉齐亚尼)

匈牙利(433):梅萨罗什/约瑟夫·托特、伊斯特万·科奇什、凯赖基、马尔托什■/普斯陶伊、平特、宗博里■/福泽考什(45'豪拉斯)、乔波、纳吉(45'安德拉什·托特)

1978.6.6 阿根廷2:1法国

布宜诺斯艾利斯/71666人,**主裁判**:迪巴克(瑞士)

进球:帕萨雷拉45'(点球),卢克73'/普拉蒂尼60'

阿根廷(442):菲洛尔/奥尔京、帕萨雷拉、路易斯·加尔万、塔兰蒂尼/阿迪莱斯、加列戈、何塞·巴伦西亚(63'阿隆索(72'奥尔蒂斯))、豪斯曼/卢克、肯佩斯

法国(442):德芒斯(58'巴拉特利)/巴蒂斯通、洛佩、特雷索尔、博西斯/亨利·米歇尔、罗什托、巴特内、拉孔布/普拉蒂尼、西克斯■

1978.6.10 法国3:1匈牙利

马德普拉塔/23127人,**主裁判**:科埃略(巴西)

进球:洛佩23',贝尔多38',罗什托42'/宗博里41'

法国(433):德罗普西/让维翁、洛佩、特雷索尔、布拉奇/让·珀蒂、巴特内、帕皮(45'普拉蒂尼)/罗什托(75'西克斯)、贝尔多、鲁耶

匈牙利(433):古伊达尔/马尔托什、巴林特、凯赖基、约瑟夫·托特/尼洛希、平特、宗博里/普斯陶伊、特勒奇克、纳吉(73'乔波)

1978.6.10 意大利1:0阿根廷

布宜诺斯艾利斯/71712人,**主裁判**:克莱因(以色列)

进球:贝特加67'

意大利(442):佐夫/詹蒂莱、贝卢吉(6'库库雷杜)、西雷阿、卡布里尼/贝内蒂■、塔尔德利、安托尼奥尼(73'扎卡雷利)、考西奥/罗西、贝特加

阿根廷(442):菲洛尔/奥尔京、帕萨雷拉、路易斯·加尔万、塔兰蒂尼/阿迪莱斯、加列戈、何塞·巴伦西亚、贝尔托尼/奥尔蒂斯(73'豪斯曼)、肯佩斯

B组	胜	平	负	进:失球	分
波兰	3	0	0	6:2	6
联邦德国	2	0	1	4:3	4
突尼斯	1	0	2	5:5	2
墨西哥	0	0	3	3:8	0

(波兰、联邦德国晋级)

1978.6.1 波兰0:0联邦德国

布宜诺斯艾利斯/67579人,**主裁判**:科雷萨(阿根廷)

波兰(433):托马谢夫斯基/马楚莱维奇、戈尔贡、日穆达、希马诺夫斯基/纳瓦乌卡(84'卡斯佩扎克)、德厄纳、马什塔勒/拉托、卢班斯基(79'博涅克)、沙尔马什

联邦德国(433):迈耶/福格茨、吕斯曼、卡尔茨、齐默尔曼/邦霍夫、弗洛厄、贝尔/阿布拉姆奇克、菲舍尔、汉斯·穆勒

1978.6.2 突尼斯3:1墨西哥

罗萨里奥/17396人,**主裁判**:戈登(苏格兰)

进球:卡比55',古米兹79',祖伊布87'/阿图罗·阿亚拉45'(点球)

突尼斯(433):纳伊利/祖伊布、卡比、杰巴利、古米兹/莫森·拉比迪、拉赫扎米(88'赫麦斯·拉比迪)、本雷海埃姆/阿基德、齐亚卜、本阿齐扎(81'卡鲁伊)

墨西哥(424):何塞·雷耶斯/赫苏斯·马丁内斯、拉莫斯、特纳、阿图罗·阿亚拉/门迪萨瓦尔(67'卢戈)、德拉托雷/奎利亚尔、兰赫尔、乌戈·桑切斯、伊西奥迪亚

1978.6.6 波兰1:0突尼斯

罗萨里奥/9624人,**主裁判**:安赫尔·马丁内斯(西班牙)

进球:拉托43'

波兰(433):托马谢夫斯基/马楚莱维奇、戈尔贡、日穆达、希马诺夫斯基/纳瓦乌卡、德厄纳、卡斯佩扎克/拉托、沙尔马什(80'伊万)、卢班斯基(76'博涅克)

突尼斯(442):纳伊利/祖伊布、杰巴利、莫森·拉比迪、卡比/古米兹、齐亚卜、本雷海埃姆、加斯米/拉赫扎米、阿基德

1978.6.6 联邦德国6:0墨西哥

科尔多瓦/35258人,**主裁判**:布佐(叙利亚)

进球:迪特·穆勒15',汉斯·穆勒30',鲁梅尼格38',弗洛厄40',鲁梅尼格73',弗洛厄90'

联邦德国(433):迈耶/福格茨、吕斯曼、卡尔茨、迪茨/邦霍夫■、弗洛厄、汉斯·穆勒/鲁梅尼格、菲舍尔、迪特·穆勒

墨西哥(433):何塞·雷耶斯(40'索托)/赫苏斯·马丁内斯、拉莫斯、特纳、阿图罗·阿亚拉■/门迪萨瓦尔、德拉托雷、萨尔萨(45'卢戈)/乌戈·桑切斯、兰赫尔、奎利亚尔

1978.6.10 突尼斯0:0联邦德国

科尔多瓦/30667人,**主裁判**:奥罗斯科(秘鲁)

突尼斯(433):纳伊利/祖伊布、莫森·拉比迪、杰巴利、卡比、古米兹、加斯米、本雷海埃姆/拉赫扎米、阿基德(63'■.本阿齐扎)、齐亚卜■

联邦德国(433):迈耶/福格茨、吕斯曼、卡尔茨、迪茨/邦霍夫、弗洛厄、汉斯·穆勒■/鲁梅尼格、菲舍尔、迪特·穆勒

1978.6.10 波兰3:1墨西哥

罗萨里奥/22651人,**主裁判**:纳姆达(伊朗)

进球:博涅克43',德厄纳56',博涅克84'/兰赫尔52'

波兰(442):托马谢夫斯基/希马诺夫斯基、戈尔贡、日穆达、鲁迪(85'马楚莱维奇)/卡斯佩扎克、德厄纳、博涅克、马什塔勒/拉托、伊万(76'卢班斯基)

墨西哥(433):索托/弗洛雷斯、卡洛斯·戈麦斯、西斯内罗斯、阿图尔·阿亚拉/奎利亚尔、德拉托雷、卡德纳斯(45'门迪萨瓦尔)/奥特加、兰赫尔、乌戈·桑切斯

C组	胜	平	负	进:失球	分
奥地利	2	0	1	3:2	4
巴西	1	2	0	2:1	4
西班牙	1	1	1	2:2	3
瑞典	0	1	2	1:3	1

(奥地利、巴西晋级)

1978.6.3 巴西1:1瑞典

马德普拉塔/38618人,**主裁判**:托马斯(威尔士)

进球:雷纳尔多45'/舍贝里38'

巴西(433):莱昂/托尼尼奥、阿马拉尔、奥斯卡■、埃迪尼奥/塞雷佐(81'迪尔塞乌)、济科、里维利诺/吉尔(66'内利尼奥)、雷纳尔多、巴蒂斯塔

瑞典(442):赫尔斯特伦/博里、罗伊·安德松、诺德奎斯特、埃兰德松/塔珀、安德斯·林德罗特、伦纳特·拉尔森(81'埃德斯特伦)、博·拉尔松/舍贝里、文特

1978.6.3 奥地利2:1西班牙

布宜诺斯艾利斯/40841人,**主裁判**:保洛陶伊(匈牙利)

进球:沙赫纳10',克兰克尔77'/达尼21'

奥地利(433):孔奇利亚/萨拉、佩策伊、奥伯迈尔、布赖滕贝格尔/克罗伊茨、普罗哈斯卡、希克斯贝格(67'韦伯)/沙赫纳、克兰克尔(81'皮尔克纳),亚拉

西班牙(442):米格尔·安赫尔/马尔塞利诺、米格利、皮里、德拉克鲁斯/圣何塞、阿森西、卡德尼奥萨(41'莱亚尔)、雷克萨奇(60'基尼)/卡诺、达尼

1978.6.7 奥地利1:0瑞典

布宜诺斯艾利斯/41424人,**主裁判**:科韦尔(荷兰)

进球:克兰克尔42'(点球)

奥地利(442):孔奇利亚/萨拉、佩策伊、奥伯迈尔、布赖滕贝格尔/克罗伊茨、普罗哈斯卡、希克斯贝格、克里格(71'韦伯)/克兰克尔、亚拉

瑞典(433):赫尔斯特伦/博里、罗伊·安德松、诺德奎斯特、埃兰德松/塔珀(36'托尔斯滕松)、安德斯·林德罗特(80'埃德斯特伦)、伦纳特·拉尔森/博·拉尔松、舍贝里、文特

1978.6.7 巴西0:0西班牙

马德普拉塔/34771人,**主裁判**:戈内拉(意大利)

巴西(433):莱昂/内利尼奥(71'吉尔)、阿马拉尔、托尼尼奥、奥斯卡/埃迪尼奥、塞雷佐、济科(83'门东萨)/迪尔塞乌、雷纳尔多、巴蒂斯塔

西班牙(442):米格尔·安赫尔/马尔塞利诺、米格利(51'比奥斯卡)、乌里亚(79'古斯曼)、奥尔莫/圣何塞、阿森西、卡德尼奥萨、莱亚尔■/华尼托、桑蒂利亚纳

1978.6.11 巴西1:0奥地利

马德普拉塔/35221人,**主裁判**:武尔茨(法国)

进球:罗伯托·迪纳米特40'

巴西(433):莱昂/内利尼奥、阿马拉尔、托尼尼奥、奥斯卡/塞雷佐(71'希考)、门东萨(84'济科)、迪尔塞乌/罗伯托·迪纳米特、吉尔、巴蒂斯塔

奥地利(442):孔奇利亚/萨拉、佩策伊、奥伯迈尔、布赖滕贝格尔/克罗伊茨、普罗哈

1978年6月6日,在第一阶段小组赛阿根廷2比1击败法国一役中,普拉蒂尼(左)与加列戈观察场上形势。

斯卡、希克斯贝格(61'韦伯)、克里格(84'哈皮希)/克兰克尔、亚拉

1978.6.11　西班牙1:0瑞典

布宜诺斯艾利斯/42132人，**主裁判**:比维尔西(联邦德国)

进球:阿森西78'

西班牙(442):米格尔·安赫尔/马尔塞利诺、比奥斯卡、乌里亚、奥尔莫(45'皮里)/圣何塞、阿森西、卡德尼奥萨、莱亚尔/华尼托、桑蒂利亚纳

瑞典(442):赫尔斯特伦/博里、罗伊·安德松、诺德奎斯特、埃兰德松/T.尼尔松、伦纳特·拉尔松、努丁、博·拉尔松/舍贝里(67'安德斯·林德罗特)、埃德斯特伦(60'文特)

D组	胜	平	负	进:失球	分
秘鲁	2	1	0	7:2	5
荷兰	1	1	1	5:3	3
苏格兰	1	1	1	5:6	3
伊朗	0	1	2	2:8	1

(秘鲁、荷兰晋级)

1978.6.3　荷兰3:0伊朗

门多萨/33431人，**主裁判**:阿琼迪亚(墨西哥)

进球:伦森布林克40'(点球)，伦森布林克62'，伦森布林克75'(点球)

荷兰(343):容布勒德/苏比尔、赖斯贝尔亨、克罗尔/扬森、内斯肯斯、阿里·汉、W.范德科尔霍夫/R.范德科尔霍夫(70'南宁加)、雷普、伦森布林克

伊朗(442):赫加齐/纳扎里、阿卜多拉希、卡泽拉尼、埃斯坎达里安■/帕尔温、加塞姆普尔、萨德吉、纳耶巴加/贾哈尼、法拉基(51'劳尚)

1978.6.3　秘鲁3:1苏格兰

科尔多瓦/37792人，**主裁判**:乌尔夫·埃里克松(瑞典)

进球:奎托43'，库比拉斯72'，库比拉斯77'/乔丹14'

秘鲁(433):基罗加/杜阿特、曼索、琼皮塔斯、迪亚斯/贝拉斯克斯■、奎托(83'罗哈斯)、库比拉斯/穆尼安特、拉罗萨(63'索蒂尔)、奥布利塔斯

苏格兰(433):拉夫/伯恩斯、肯尼迪、福塞思、巴肯/里奥克(76'格米尔)、马森(76'马卡里)、哈特福德/肯尼·达格利什、乔丹、维利·约翰斯顿

1978.6.7　荷兰0:0秘鲁

门多萨/28125人，**主裁判**:普罗科普(民主德国)

荷兰(433):容布勒德/苏比尔、赖斯贝尔亨、克罗尔、波尔特夫列特/扬森、内斯肯斯(68'南宁加)、W.范德科尔霍夫/R.范德科尔霍夫(■,45'雷普)、阿里·汉、伦森布林克

秘鲁(442):基罗加/杜阿特、曼索、琼皮塔斯、迪亚斯/穆尼安特■、贝拉斯克斯、奎托、库比拉斯/拉罗萨(63'索蒂尔)、奥布利塔斯

1978.6.7　伊朗1:1苏格兰

科尔多瓦/7938人，**主裁判**:尤索·恩迪亚耶(塞内加尔)

进球:达纳埃法尔德60'/埃斯坎达里安43'(乌龙)

伊朗(442):赫加齐/纳扎里、阿卜多拉希、卡泽拉尼、埃斯坎达里安■/帕尔温、加塞姆普尔、萨德吉、达纳埃法尔德(89'纳耶巴加)/贾哈尼、法拉基(83'劳尚)

苏格兰(433):拉夫/贾丁、伯恩斯、巴肯(56'福塞思)、多纳切/格米尔、马卡里、哈特福德/肯尼·达格利什(74'哈珀)、乔丹、罗伯逊

1978.6.11　苏格兰3:2荷兰

门多萨/35130人，**主裁判**:利纳马耶尔(奥地利)

进球:达格利什44'，格米尔47'(点球)，格米尔68'/伦森布林克34'(点球)，雷普72'

苏格兰(442):拉夫/肯尼迪、巴肯、福塞思、多纳切/里奥克、格米尔、索内斯、哈特福德/肯尼·达格利什、乔丹

荷兰(433):容布勒德/苏比尔、赖斯贝尔亨(44'维尔德斯屈特)、克罗尔、波尔特夫列特/扬森、内斯肯斯(10'博斯坎普)、W.范德科尔霍夫/R.范德科尔霍夫、雷普、伦森布林克

1978.6.11　秘鲁4:1伊朗

科尔多瓦/21262人，**主裁判**:雅古兹(波兰)

进球:贝拉斯克斯2'，库比拉斯36'(点球)，库比拉斯39'(点球)，库比拉斯79'/劳尚41'

秘鲁(433):基罗加/杜阿特、曼索(68'莱吉亚)、琼皮塔斯、迪亚斯/贝拉斯克斯、奎托、库比拉斯/穆尼安特、拉罗萨(60'索蒂尔)、奥布利塔斯

伊朗(442):赫加齐/纳扎里、阿卜多拉希、卡泽拉尼、阿拉赫韦尔迪/帕尔温、加塞姆普尔、萨德吉、达纳埃法尔德/法拉基(52'贾哈尼)、劳尚(66'法里巴)

第二轮小组赛

A组	胜	平	负	进:失球	分
荷兰	2	1	0	9:4	5
意大利	1	1	1	2:2	3
联邦德国	0	2	1	4:5	2
奥地利	1	0	2	4:8	2

(荷兰晋级决赛，意大利晋级三四名决赛)

1978.6.14　意大利0:0联邦德国

布宜诺斯艾利斯/67547人，**主裁判**:马克西莫维奇(南斯拉夫)

意大利(433):佐夫/詹蒂莱、贝卢吉、西雷阿、卡布里尼/塔尔德利、贝内蒂、安托尼奥尼(45'扎卡雷利)/考西奥、罗西、贝特加

联邦德国(442):迈耶/福格茨、吕斯曼(54'科诺普卡)、迪茨、卡尔茨/邦霍夫、弗洛厄(69'贝尔)、齐默尔曼、鲁梅尼格/菲舍尔、赫尔岑拜因

1978.6.14　荷兰5:1奥地利

科尔多瓦/25069人，**主裁判**:约翰·戈登(苏格兰)

进球:布兰茨7'，伦森布林克35'(点球)，雷普

1978年6月7日，伊朗球员在1比1战平苏格兰的比赛中庆祝进球。这届世界杯，波斯军团收获了1个积分和2个进球。

37', 雷普53', W.范德科尔霍夫87'/奥伯迈尔70'
荷兰(343):斯赫雷弗斯/布兰茨(65'范克赖)、克罗尔、波尔特夫列特/扬森、阿里·汉、维尔德斯屈特、W.范德科尔霍夫/R.范德科尔霍夫(61'舍内克尔)、雷普、伦森布林克
奥地利(442):孔奇利亚/萨拉、佩策伊、奥伯迈尔、布赖滕贝格尔/希克斯贝格、克里格、普罗哈斯卡、亚拉/克兰克尔、克罗伊茨

1978.6.18 荷兰2:2联邦德国
科尔多瓦/40750人, **主裁判**:巴雷托(乌拉圭)
进球:阿布拉姆奇克3', 迪特·穆勒70'/阿里·汉27', R.范德科尔霍夫87'
荷兰(343):斯赫雷弗斯/布兰茨、克罗尔、波尔特夫列特/扬森、维尔德斯屈特(79'南宁加■)、阿里·汉、W.范德科尔霍夫■/R.范德科尔霍夫、雷普、伦森布林克
联邦德国(451):迈耶■/福格茨、吕斯曼、迪茨、卡尔茨/阿布拉姆奇克、邦霍夫、赫尔岑拜因、贝尔、鲁梅尼格/迪特·穆勒

1978.6.18 意大利1:0奥地利
布宜诺斯艾利斯/66695人, **主裁判**:里翁(比利时)
进球:罗西14'
意大利(433):佐夫/詹蒂莱、贝卢吉(45'库库雷杜)、西雷阿、卡布里尼/塔尔德利、贝内蒂、扎卡雷利/考西奥、罗西、贝特加(71'格拉齐亚尼)
奥地利(433):孔奇利亚/萨拉、佩策伊、奥伯迈尔、施特拉瑟/希克斯贝格、普罗哈斯卡、克罗伊茨/沙赫纳(63'皮尔克纳)、克兰克尔、克里格

1978.6.21 荷兰2:1意大利
布宜诺斯艾利斯/67433人, **主裁判**:安赫尔·马丁内斯(西班牙)
进球:布兰茨49', 阿里·汉76'/布兰茨19'(乌龙)
荷兰(343):斯赫雷弗斯(21'容布勒德)/布兰茨、克罗尔、波尔特夫列特/扬森、阿里·汉■、内斯肯斯、W.范德科尔霍夫/R.范德科尔霍夫、雷普(■,66'范克赖)、伦森布林克
意大利(442):佐夫/詹蒂莱、库库雷杜、西雷阿、卡布里尼■/考西奥(45'克劳迪奥·萨拉)、塔尔德利■、贝内蒂(■, 79'格拉齐亚尼)、扎卡雷利/罗西、贝特加

1978.6.21 奥地利3:2联邦德国
科尔多瓦/38318人, **主裁判**:克莱恩(以色列)
进球:福格茨59'(乌龙), 克兰克尔66', 克兰克尔88'/鲁梅尼格19', 赫尔岑拜因68'
奥地利(433):孔奇利亚/萨拉■、佩策伊、奥伯迈尔、施特拉瑟/希克斯贝格、普罗哈斯卡■、克罗伊茨/沙赫纳(71'奥贝拉彻)、克兰克尔、克里格
联邦德国(433):迈耶/福格茨、吕斯曼、迪茨、卡尔茨/邦霍夫、贝尔(45'汉斯·穆勒)、赫尔岑拜因/阿布拉姆奇克■、迪特·穆勒(61'菲舍尔)、鲁梅尼格

B组	胜	平	负	进:失球	分
阿根廷	2	1	0	8:0	5
巴西	2	1	0	6:1	5
波兰	1	0	2	2:5	2
秘鲁	0	0	3	0:10	0

(阿根廷晋级决赛, 巴西晋级三四名决赛)

1978.6.14 巴西3:0秘鲁
门多萨/31278人, **主裁判**:赖内亚(罗马尼亚)
进球:迪尔塞乌15', 迪尔塞乌28', 济科73'(点球)
巴西(442):莱昂/托尼尼奥、奥斯卡、阿马拉尔、内托/巴蒂斯塔、塞雷佐(76'希考)、门东萨、迪尔塞乌/吉尔(70'济科)、罗伯托·迪纳米特
秘鲁(433):基罗加/杜阿特、曼索、琼皮塔斯、迪亚斯(11'纳瓦罗)/贝拉斯克斯、奎托、库比拉斯/穆尼安特、拉罗萨、奥布利塔斯(45'罗哈斯)

1978.6.14 阿根廷2:0波兰
罗萨里奥/37091人, **主裁判**:乌尔夫·埃里克松(瑞典)
进球:肯佩斯16', 肯佩斯71'
阿根廷(433):菲洛尔/奥尔京、帕萨雷拉、路易斯·加尔万、塔兰蒂尼/阿迪莱斯、加列戈■、何塞·巴伦西亚(45'比利亚)/贝尔托尼、豪斯曼(63'奥尔蒂斯)、肯佩斯
波兰(352):托马谢夫斯基/马楚莱维奇■、希马诺夫斯基、日穆达/纳瓦乌卡、卡斯佩扎克、德厄纳、博涅克、马什塔勒(65'马祖尔)/拉托、沙尔马什

1978.6.18 波兰1:0秘鲁
门多萨/35288人, **主裁判**:帕特里奇(英格兰)
进球:沙尔马什65'
波兰(442):库克拉/希马诺夫斯基、戈尔贡■、日穆达、马楚莱维奇/纳瓦乌卡、德厄纳、博涅克(■,86'卢班斯基)、马什塔勒(45'卡斯佩扎克)/拉托、沙尔马什
秘鲁(433):基罗加■/杜阿特、曼索■、琼皮塔斯、纳瓦罗/奎托、克萨达、库比拉斯/穆尼安特(45'罗哈斯)、拉罗萨(73'索蒂尔)、奥布利塔斯

1978.6.18 阿根廷0:0巴西
罗萨里奥/37326人, **主裁判**:保洛陶伊(匈牙利)
阿根廷(442):菲洛尔/奥尔京、帕萨雷拉、路易斯·加尔万、塔兰蒂尼/阿迪莱斯(45'比利亚■)、加列戈、卢克、奥尔蒂斯/肯佩斯、贝尔托尼
巴西(433):莱昂/托尼尼奥、奥斯卡、阿马拉尔、内托(34'埃迪尼奥■)/巴蒂斯塔、希考■、迪尔塞乌/吉尔、门东萨(67'济科■)、罗伯托·迪纳米特

1978.6.21 巴西3:1波兰
门多萨/39586人, **主裁判**:卡班纳(智利)
进球:内利尼奥13', 罗伯托·迪纳米特57', 罗伯托·迪纳米特63'/拉托45'
巴西(433):莱昂/托尼尼奥、奥斯卡、阿马拉尔、内利尼奥/巴蒂斯塔、塞雷佐(■,70'里维利诺)、迪尔塞乌/吉尔、济科(7'门东萨■)、罗伯托·迪纳米特
波兰(442):库克拉/希马诺夫斯基、戈尔贡、日穆达、马楚莱维奇/纳瓦乌卡、德厄纳、博涅克、卡斯佩扎克(65'卢班斯基)/拉托、沙尔马什

1978.6.21 阿根廷6:0秘鲁
罗萨里奥/37326人, **主裁判**:武尔茨(法国)
进球:肯佩斯21', 塔兰蒂尼43', 肯佩斯49', 卢克50', 豪斯曼67', 卢克72'
阿根廷(442):菲洛尔/奥尔京、帕萨雷拉、路易斯·加尔万、塔兰蒂尼/拉罗萨、加列戈(86'奥维多)、卢克、奥尔蒂斯/肯佩斯、贝尔托尼(65'豪斯曼)
秘鲁(433):基罗加/杜阿特、曼索、琼皮塔斯、罗哈斯/奎托、贝拉斯克斯(■,52'戈里蒂)、库比拉斯/穆尼安特、克萨达■、奥布利塔斯

三四名决赛

1978.6.24 巴西2:1意大利
布宜诺斯艾利斯/69659人, **主裁判**:克莱恩(以色列)
进球:内利尼奥64', 迪尔塞乌72'/考西奥38'
巴西(433):莱昂/内利尼奥■、奥斯卡、阿马拉尔、内托/塞雷佐(64'里维利诺)、巴蒂斯塔■、迪尔塞乌/吉尔(45'雷纳尔多)、罗伯托·迪纳米特、门东萨
意大利(433):佐夫/詹蒂莱■、西雷阿、库库雷杜、卡布里尼/帕特里齐奥·萨拉、安托尼奥尼(79'克劳迪奥·萨拉)、马尔代拉/考西奥、罗西、贝特加

决赛

1978.6.25 阿根廷3:1荷兰
布宜诺斯艾利斯/71483人, **主裁判**:戈内拉(意大利)
进球:肯佩斯38', 肯佩斯105', 贝尔托尼115'/南宁加82'
阿根廷(433):菲洛尔/奥尔京、帕萨雷拉、路易斯·加尔万、塔兰蒂尼/加列戈、阿迪莱斯(■,66'拉罗萨■)、肯佩斯/贝尔托尼、卢克、奥尔蒂斯(75'豪斯曼)
荷兰(343):容布勒德/布兰茨、克罗尔■、波尔特夫列特■/扬森(73'苏比尔)、阿里·汉、内斯肯斯、W.范德科尔霍夫/R.范德科尔霍夫、雷普(59'南宁加)、伦森布林克

1978年6月25日的世界杯决赛, 肯佩斯打进了个人本届赛事的第6个进球。

1982

预选赛

东道主西班牙队和卫冕冠军阿根廷队直接出线。另105队参加预选赛，争夺22个出线席位。预选赛共进行了306场，进球797个，场均2.60球。入场券分配方面，欧洲区14个(含西班牙)，南美区4个(含阿根廷)，中北美及加勒比区2个，非洲区2个，亚大区2个。

欧洲区

(赛制)共33队参赛，分成7个小组。前6个小组前两名和第7小组头名直接晋级决赛圈。

第1组	胜	平	负	进:失球	分
联邦德国	8	0	0	33:3	16
奥地利	5	1	2	16:6	11
保加利亚	4	1	3	11:10	9
阿尔巴尼亚	1	0	7	4:22	2
芬兰	1	0	7	4:27	2

(联邦德国、奥地利出线)

1980.6.4 芬兰0:2保加利亚
马尔科夫，科斯塔迪诺夫
1980.9.3 阿尔巴尼亚2:0芬兰
布拉霍，巴齐
1980.9.24 芬兰0:2奥地利
亚拉13'，韦尔茨尔77'
1980.10.19 保加利亚2:1阿尔巴尼亚
热拉兹科夫14'，斯拉夫科夫51'/佩尔纳斯卡69'
1980.11.15 奥地利5:0阿尔巴尼亚
佩策伊，沙赫纳x2，韦尔茨尔，克兰克尔
1980.12.3 保加利亚1:3联邦德国
詹茨泽乌66'/卡尔茨14'、36'(点球)，鲁梅尼格54'
1980.12.6 阿尔巴尼亚0:1奥地利
韦尔茨尔38'
1981.4.1 阿尔巴尼亚0:2联邦德国
舒斯特尔9'、71'
1981.4.29 联邦德国2:0奥地利
克劳斯30'(乌龙)，菲舍尔36'
1981.5.13 保加利亚4:0芬兰
斯拉夫科夫x2，科斯塔迪诺夫，茨维特科夫
1981.5.24 芬兰0:4联邦德国
菲舍尔x2，卡尔茨，布里格尔
1981.5.28 奥地利2:0保加利亚
克兰克尔32'(点球)，亚拉36'
1981.6.17 奥地利5:1芬兰
普罗哈斯卡16'、18'，克兰克尔48'，韦尔茨尔55'，尤尔廷66'/瓦尔韦71'
1981.9.2 芬兰2:1阿尔巴尼亚
胡特索宁61'，库萨85'/塔尔加伊47'(点球)
1981.9.23 联邦德国7:1芬兰
菲舍尔11'，鲁梅尼格42'、60'、72'，布赖特纳54'、67'，德雷姆勒83'/图鲁宁40'
1981.10.14 奥地利1:3联邦德国
沙赫纳16'/利特巴尔斯基17'、77'，马加特20'
1981.10.14 阿尔巴尼亚0:2保加利亚
斯拉夫科夫49'，姆亚杰诺夫84'
1981.11.11 保加利亚0:0奥地利
1981.11.18 联邦德国8:0阿尔巴尼亚
鲁梅尼格5'、19'、43'，菲舍尔30'、82'，卡尔茨36'，利特巴尔斯基52'，布赖特纳67'
1981.11.22 联邦德国4:0保加利亚
菲舍尔4'，鲁梅尼格49'、83'卡尔茨63'(点球)

第2组	胜	平	负	进:失球	分
比利时	5	1	2	12:9	11
法国	5	0	3	20:8	10
爱尔兰	4	2	2	17:11	10
荷兰	4	1	3	11:7	9
塞浦路斯	0	0	8	4:29	0

(比利时、法国出线)

1980.3.26 塞浦路斯2:3爱尔兰
潘蒂齐亚拉斯，凯阿法斯/劳伦森，麦吉x2
1980.9.10 爱尔兰2:1荷兰
戴伊，劳伦森/塔哈马塔
1980.10.11 塞浦路斯0:7法国
拉孔布4'，普拉蒂尼14'、23'，拉里奥斯40'(点球)、76'(点球)，西克斯82'，齐马科87'
1980.10.15 爱尔兰1:1比利时
格里亚利什42'/克鲁依滕斯13'
1980.10.28 法国2:0爱尔兰
普拉蒂尼11'，齐马科77'
1980.11.19 比利时1:0荷兰
范登堡
1980.11.19 爱尔兰6:0塞浦路斯
戴伊x2，格里亚利什，罗宾逊，斯塔普莱顿，休顿
1980.12.21 塞浦路斯0:2比利时
范登堡30'，瑟勒芒斯69'
1981.2.18 比利时3:2塞浦路斯
普勒塞尔斯12'，范登堡18'，瑟勒芒斯67'/利桑德鲁41'，夫拉伊米斯52'
1981.2.22 荷兰3:0塞浦路斯
霍文坎普15'，沙彭东克48'，纳宁加58'
1981.3.25 荷兰1:0法国
姆赫伦47'
1981.3.25 比利时1:0爱尔兰
瑟勒芒斯86'
1981.4.29 法国3:2比利时
索莱尔14'、31'，西克斯26'/范登堡5'，瑟勒芒斯52'
1981.4.29 塞浦路斯0:1荷兰
范库滕29'
1981.9.9 荷兰2:2爱尔兰
蒂伊森11'，穆伦65'(点球)/罗宾逊40'，斯塔普莱顿71'
1981.9.9 比利时2:0法国
切尔尼亚蒂恩斯基25'，范登堡84'
1981.10.14 荷兰3:0比利时
梅特霍德6'，范库滕26'，赫尔斯54'
1981.10.14 爱尔兰3:2法国
马乌特3'(乌龙)，斯塔普莱顿23'，罗宾逊40'/贝洛内9'，普拉蒂尼83'
1981.11.18 法国2:0荷兰
普拉蒂尼52'，西克斯82'
1981.12.5 法国4:0塞浦路斯
罗什托25'，拉孔布29'、82'，让吉尼86'

第3组	胜	平	负	进:失球	分
苏联	6	2	0	20:2	14
捷克斯洛伐克	4	2	2	15:6	10
威尔士	4	2	2	12:7	10
冰岛	2	2	4	10:21	6
土耳其	0	0	8	1:22	0

(苏联、捷克斯洛伐克出线)

1980.6.2 冰岛0:4威尔士
瓦尔什x2，吉莱斯，弗利恩
1980.9.3 冰岛1:2苏联
斯维森74'/加夫里洛夫35'，安德烈耶夫80'
1980.9.24 土耳其1:3冰岛
法蒂72'/古德朗森，古德蒙德森，托尔达森
1980.10.15 威尔士4:0土耳其
弗利恩19'，L.詹姆斯37'(点球)、85'，瓦尔什79'
1980.10.15 苏联5:0冰岛
安德烈耶夫9'、87'，奥加涅相39'、58'，贝索诺夫84'
1980.11.19 威尔士1:0捷克斯洛伐克
吉莱斯
1980.12.3 捷克斯洛伐克2:0土耳其
内霍达13'、14'
1981.3.25 土耳其0:1威尔士
哈里斯68'
1981.4.15 土耳其0:3捷克斯洛伐克
亚内茨卡55'，科扎克70'，维泽克81'
1981.5.27 捷克斯洛伐克6:1冰岛
科扎克78'、79'维泽克36'，帕年卡42'(点球)，内霍达74'(点球)，亚内茨卡85'/赫里58'
1981.5.30 威尔士0:0苏联
1981.9.9 冰岛2:0土耳其
古德蒙德森21'，埃德瓦尔德森74'
1981.9.9 捷克斯洛伐克2:0威尔士
戴维斯24'(乌龙)，利茨卡67'
1981.9.23 冰岛1:1捷克斯洛伐克
奥德恩斯莱夫6'/科扎克76'
1981.9.23 苏联4:0土耳其
施瓦泽4'，杰米亚年科20'，布洛欣26'，申格利亚49'
1981.10.7 土耳其0:3苏联
申格利亚17'，布洛欣38'、54'
1981.10.14 威尔士2:2冰岛
R.詹姆斯24'，科尔蒂斯54'/西格尔文森46'、61'
1981.10.28 苏联2:0捷克斯洛伐克
申格利亚28'、46'
1981.11.18 苏联3:0威尔士
达拉塞利亚13'，布洛欣18'，加夫里洛夫64'
1981.11.29 捷克斯洛伐克1:1苏联

第4组	胜	平	负	进:失球	分
匈牙利	4	2	2	13:8	10
英格兰	4	1	3	13:8	9
罗马尼亚	2	4	2	5:5	8
瑞士	2	3	3	9:12	7
挪威	2	2	4	8:15	6

(匈牙利、英格兰出线)

1980.9.10 英格兰4:0挪威
麦克德莫特x2，伍德科克，马里纳
1980.9.24 挪威1:1罗马尼亚
哈雷德21'/洛丹涅斯库13'
1980.10.15 罗马尼亚2:1英格兰
拉杜卡努34'，洛丹涅斯库78'(点球)/伍德科克64'
1980.10.29 瑞士1:2挪威
巴贝里斯49'/哈雷德5'，马蒂森79'
1980.11.19 英格兰2:1瑞士
马里纳，(乌龙球)/普费斯特

1981.4.28 瑞士2:2匈牙利
苏尔瑟32'、47'/巴林特45', S.穆勒65'(点球)
1981.4.29 英格兰0:0罗马尼亚
1981.5.13 匈牙利1:0罗马尼亚
福泽考什
1981.5.20 挪威1:2匈牙利
索雷森/基什x2
1981.5.30 瑞士2:1英格兰
施威维尔德27', 苏尔瑟29'/麦克德莫特54'
1981.6.3 罗马尼亚1:0挪威
蒂克莱亚努67'
1981.6.6 匈牙利1:3英格兰
加拉巴44'/布鲁金18'、59', 基冈72'(点球)
1981.6.17 挪威1:1瑞士
戴维森88'/巴贝里斯55'
1981.9.9 挪威2:1英格兰
阿尔伯特森35', 索雷森41'/布赖恩·罗布森15'
1981.9.23 罗马尼亚0:0匈牙利
1981.10.10 罗马尼亚1:2瑞士
巴拉奇56'/萨帕69', 卢蒂76'
1981.10.14 匈牙利3:0瑞士
尼洛希17'、49', 福泽考什59'
1981.10.31 匈牙利4:1挪威
巴林特11', 基什60'、84', 福泽考什7'/伦德35'
1981.11.11 瑞士0:0罗马尼亚
1981.11.18 英格兰1:0匈牙利
马里纳14'

第5组	胜	平	负	进:失球	分
南斯拉夫	6	1	1	22:7	13
意大利	5	2	1	12:5	12
丹麦	4	0	4	14:11	8
希腊	3	1	4	10:13	7
卢森堡	0	0	8	1:23	0

(南斯拉夫、意大利出线)
1980.9.10 卢森堡0:5南斯拉夫
Z.武约维奇x2, 苏西奇, 彼得罗维奇, 布尔扬
1980.9.27 南斯拉夫2:1丹麦
潘特利奇18'(点球), Z.武约维奇37'/阿内森5'(点球)
1980.10.11 卢森堡0:2意大利
科洛瓦蒂33', 贝特加77'
1980.10.15 丹麦0:1希腊
库伊斯50'
1980.11.1 意大利2:0丹麦
格拉齐亚尼5'、50'
1980.11.15 意大利2:0南斯拉夫
卡布里尼40'(点球), 孔蒂75'
1980.11.19 丹麦4:0卢森堡
阿内森x2, 埃尔克沙尔, 西蒙森
1980.12.6 希腊0:2意大利
安托尼奥尼11', 西雷阿81'
1981.1.28 希腊2:0卢森堡
库伊斯8', 科斯蒂科斯33'
1981.3.11 卢森堡0:2希腊
库伊斯31', 马夫罗斯54'(点球)
1981.4.29 南斯拉夫5:1希腊
斯尔伊沃7', 哈利尔霍季奇23', 潘特利奇42'(点球)、Z.武约维奇50'、56'/科斯蒂科斯76'(点球)
1981.5.1 卢森堡1:2丹麦
纽伦堡37'/埃尔克沙尔46', 阿内森62'
1981.6.3 丹麦3:1意大利
罗恩特维德59', 阿内森61', 巴斯特鲁普87'/格拉齐亚尼69'
1981.9.9 丹麦1:2南斯拉夫
埃尔克沙尔62'/Z.武约维奇48', 彼得罗维奇63'
1981.10.14 希腊2:3丹麦
阿纳斯托普洛斯60', 库伊斯84'/莱尔比8', 阿内森28', 埃尔克沙尔65'
1981.10.17 南斯拉夫1:1意大利
Z.武约维奇9'/贝特加33'
1981.11.14 意大利1:1希腊
孔蒂61'/库伊斯87'
1981.11.21 南斯拉夫5:0卢森堡
哈利尔霍季奇1'、45', 舒里亚克65', 帕西埃73', Z.武约维奇75'
1981.11.29 希腊1:2南斯拉夫
马夫罗斯5'/舒里亚克22', 耶尔科维奇39'
1981.12.5 意大利1:0卢森堡
科洛瓦蒂6'

第6组	胜	平	负	进:失球	分
苏格兰	4	3	1	9:4	11
北爱尔兰	3	3	2	6:3	9
瑞典	3	2	3	7:8	8
葡萄牙	3	1	4	8:11	7
以色列	1	3	4	6:10	5

(苏格兰、北爱尔兰出线)
1980.3.26 以色列0:0北爱尔兰
1980.6.18 瑞典1:1以色列
拉贝里/达姆蒂
1980.9.10 瑞典0:1苏格兰
斯特拉坎
1980.10.15 北爱尔兰3:0瑞典
布拉泽斯顿24', 麦基尔罗伊28', J.尼科尔37'
1980.10.15 苏格兰0:0葡萄牙
1980.11.12 以色列0:0瑞典
1980.11.19 葡萄牙1:0北爱尔兰
约尔当
1980.12.17 葡萄牙3:0以色列
科埃略33'、72', 约尔当36'
1981.2.25 以色列0:1苏格兰
达格利什54'
1981.3.25 苏格兰1:1北爱尔兰
瓦克75'/汉密尔顿70'
1981.4.28 苏格兰3:1以色列
罗伯特森21'(点球),30'(点球), 普罗万54/西奈56'
1981.4.29 北爱尔兰1:0葡萄牙
阿姆斯特朗74'
1981.6.3 瑞典1:0北爱尔兰
伯格50'p
1981.6.24 瑞典3:0葡萄牙
博耶森40', 许森61', J.斯文森73'
1981.9.9 苏格兰2:0瑞典
乔丹20', 罗伯特森80'(点球)
1981.10.14 葡萄牙1:2瑞典
皮埃特拉65'/拉尔森38', 佩尔森89'
1981.10.14 北爱尔兰0:0苏格兰
1981.10.28 以色列4:1葡萄牙
塔巴克6'、18'、30', 达姆蒂14'/约尔当8'
1981.11.18 北爱尔兰1:0以色列
阿姆斯特朗27'
1981.11.18 葡萄牙2:1苏格兰
M.费尔南德斯33'、56'/斯图尔罗克9'

第7组	胜	平	负	进:失球	分
波兰	4	0	0	12:2	8
民主德国	2	0	2	9:6	4
马耳他	0	0	4	2:15	0

(波兰出线)
1980.12.7 马耳他0:2波兰
W.斯莫拉雷克55', 利普卡75'
1981.4.4 马耳他1:2民主德国
法布里11'/舒努帕塞20'(点球), 哈夫纳44'
1981.5.2 波兰1:0民主德国
本措尔55'
1981.10.10 民主德国2:3波兰
舒努帕塞53'(点球), 斯特雷施66'/沙尔马什2', W.斯莫拉雷克5'、61'
1981.11.11 民主德国5:1马耳他
克劳斯11', 斯特雷施35'、75', 霍伊恩71', 霍兰90'(点球)/冈齐41'
1981.11.15 波兰6:0马耳他
伊万6', W.斯莫拉雷克46'、64', 马耶夫斯基48', 杰卡诺夫斯基80', 博涅克85'

南美区

(赛制)共9队参赛, 分成3个小组。每个小组头名直接晋级决赛圈。

第1组	胜	平	负	进:失球	分
巴西	4	0	0	11:2	8
玻利维亚	1	0	3	5:6	2
委内瑞拉	1	0	3	1:9	2

(巴西出线)
1981.2.8 委内瑞拉0:1巴西
济科82'(点球)
1981.2.15 玻利维亚3:0委内瑞拉
阿吉拉尔, 阿拉贡内斯, 雷纳尔多
1981.2.22 玻利维亚1:2巴西
阿拉贡内斯27'/苏格拉底6', 雷纳尔多60'
1981.3.15 委内瑞拉1:0玻利维亚
阿科斯塔42'
1981.3.22 巴西3:1玻利维亚
济科20'、26'、80'/阿拉贡内斯68'(点球)
1981.3.29 巴西5:0委内瑞拉
蒂塔35'、57', 济科72', 苏格拉底55', 儒尼奥尔84'(点球)

第2组	胜	平	负	进:失球	分
秘鲁	2	2	0	5:2	6
乌拉圭	1	2	1	5:5	4
哥伦比亚	0	2	2	4:7	2

(秘鲁出线)
1981.7.26 哥伦比亚1:1秘鲁
埃尔雷拉64'/拉罗萨86'
1981.8.9 乌拉圭3:2哥伦比亚
帕斯20', 莫拉莱斯80'、88'(点球)/萨尔米恩托40', 埃尔雷拉59'
1981.8.16 秘鲁2:0哥伦比亚
巴尔巴迪略5', 乌里韦72'(点球)
1981.8.23 乌拉圭1:2秘鲁
维克托里诺67'/拉罗萨39', 乌里韦47'
1981.9.6 秘鲁0:0乌拉圭
1981.9.13 哥伦比亚1:1乌拉圭
埃尔雷拉12'/维克托里诺43'(点球)

第3组	胜	平	负	进:失球	分
智利	3	1	0	6:0	7
厄瓜多尔	1	1	2	2:5	3
巴拉圭	1	0	3	3:6	2

(智利出线)
1981.5.17 厄瓜多尔1:0巴拉圭
克林格尔
1981.5.24 厄瓜多尔0:0智利
1981.5.31 巴拉圭3:1厄瓜多尔
阿诺利47', 莫雷尔64', 罗梅罗81'/尼埃贝88'
1981.6.7 巴拉圭0:1智利
亚内斯70'
1981.6.14 智利2:0厄瓜多尔
里巴斯10', 卡塞利50'
1981.6.21 智利3:0巴拉圭
卡塞利10', 亚内斯11', 内拉28'

中北美及加勒比区

(赛制)共15队参赛, 分成北美区、中美区和加勒比区, 每区前两名进入第二轮主客场双循环小组赛, 小组前两名晋级决赛圈。

第一轮

北美区	胜	平	负	进:失球	分
加拿大	1	3	0	4:3	5
墨西哥	1	2	1	8:5	4
美国	1	1	2	4:8	3

(加拿大、墨西哥晋级)
1980.10.18 加拿大1:1墨西哥
斯托亚诺维奇/卢纳
1980.10.25 美国0:0加拿大
1980.11.1 加拿大2:1美国
拉鲁施, 塞戈塔/维拉
1980.11.9 墨西哥5:1美国
H.桑切斯, 卡马乔x2, 门迪萨巴尔, 冈萨雷斯/戴维斯
1980.11.16 墨西哥1:1加拿大
H.桑切斯/格雷

1980.11.23 美国2:1墨西哥
莫耶斯x2/H.桑切斯

中美区	胜	平	负	进:失球	分
洪都拉斯	5	2	1	15:5	12
萨尔瓦多	5	2	1	12:5	12
危地马拉	3	3	2	10:2	9
哥斯达黎加	1	4	3	6:10	6
巴拿马	0	1	7	3:24	1

（洪都拉斯、萨尔瓦多晋级）

1980.7.2 巴拿马0:2危地马拉
戈麦斯，米特罗维奇
1980.7.30 巴拿马0:2洪都拉斯
贝尔纳德斯，贝利
1980.8.10 巴拿马1:1哥斯达黎加
蒙蒂利亚/阿拉约
1980.8.24 巴拿马1:3萨尔瓦多
巴沙尔/里巴斯，乌埃索，M.冈萨雷斯
1980.10.1 哥斯达黎加2:3洪都拉斯
W.希门尼斯x2/米尔斯，贝尔纳德斯，贝利
1980.10.5 萨尔瓦多4:1巴拿马
M.冈萨雷斯x3，里巴斯/蒙蒂利亚
1980.10.12 危地马拉0:0哥斯达黎加
1980.10.26 洪都拉斯0:0危地马拉
1980.10.26萨尔瓦多VS哥斯达黎加(哥斯达黎加弃权被判0:2负)
1980.11.5 哥斯达黎加2:0巴拿马
费尔南德斯，W.希门尼斯
1980.11.9 危地马拉0:0萨尔瓦多
1980.11.16 危地马拉5:0巴拿马
彭南特，戈麦斯，米特罗维奇x2，维尔曼
1980.11.16 洪都拉斯1:1哥斯达黎加
贝拉斯克斯/莫雷拉
1980.11.23 萨尔瓦多2:1洪都拉斯
M.冈萨雷斯，古雷罗/菲格罗亚
1980.11.26 哥斯达黎加0:3危地马拉
彭南特，桑切斯，戈麦斯
1980.11.30 洪都拉斯2:0萨尔瓦多
贝利x2
1980.12.7 危地马拉0:1洪都拉斯
贝利
1980.12.10 哥斯达黎加0:0萨尔瓦多
1980.12.14 洪都拉斯5:0巴拿马
贝尔纳德斯x3，菲格罗亚x2
1980.12.21 萨尔瓦多1:0危地马拉
乌埃索

加勒比区
初赛
1980.3.30 圭亚那5:2格林纳达
1980.4.13 格林纳达2:3圭亚那

A组	胜	平	负	进:失球	分
古巴	3	1	0	7:0	7
苏里南	2	1	1	5:3	5
圭亚那	0	0	4	0:9	0

（古巴晋级）

1980.8.17 古巴3:0苏里南
1980.9.7 苏里南0:0古巴
1980.9.28 圭亚那0:1苏里南
1980.10.12 苏里南4:0圭亚那
1980.11.9 古巴1:0圭亚那
1980.11.30 圭亚那0:3古巴

B组	胜	平	负	进:失球	分
海地	2	1	1	4:2	5
特立尼达和多巴哥	1	2	1	1:2	4
荷属安的列斯	0	3	1	1:2	3

（海地晋级）

1980.8.1 海地2:0特立尼达和多巴哥
1980.8.17 特立尼达和多巴哥1:0海地
1980.9.12 海地1:0荷属安的列斯
1980.11.9 特立尼达和多巴哥0:0荷属安的列斯
1980.11.29 荷属安的列斯0:0特立尼达和多巴哥
1980.12.12 荷属安的列斯1:1海地

第二轮	胜	平	负	进:失球	分
洪都拉斯	3	2	0	8:1	8
萨尔瓦多	2	2	1	2:1	6
墨西哥	1	3	1	6:3	5
加拿大	1	3	1	6:6	5
古巴	1	2	2	4:8	4
海地	0	2	3	2:9	2

（洪都拉斯、萨尔瓦多出线）

1981.11.1 墨西哥4:0古巴
H.桑切斯43'、50'，卡斯特罗18'，曼索53'
1981.11.2 加拿大1:0萨尔瓦多
斯托亚诺维奇90'
1981.11.3 洪都拉斯4:0海地
布埃索35'，乌尔吉亚40'，莱恩64'，菲格罗亚75'
1981.11.6 海地1:1加拿大
罗穆卢斯34'/斯托亚诺维奇50'
1981.11.6 墨西哥0:1萨尔瓦多
埃尔南德斯81'
1981.11.8 洪都拉斯2:0古巴
布埃索36'，科斯特利69'
1981.11.11 萨尔瓦多0:0古巴
1981.11.11 墨西哥1:1海地
H.桑切斯87'/卡德特47'
1981.11.12 洪都拉斯2:1加拿大
卡巴列罗12'，菲格罗亚40'/布里奇19'
1981.11.15 海地0:2古巴
马蒂埃乌55'(乌龙)，努涅斯90'
1981.11.15 墨西哥1:1加拿大
卡斯特罗29'/布里奇57'
1981.11.16 洪都拉斯0:0萨尔瓦多
1981.11.19 海地0:1萨尔瓦多
乌埃索
1981.11.21 古巴2:2加拿大
罗德里格斯，努涅斯/迈克里奥德48'，拉鲁西84'
1981.11.22 洪都拉斯0:0墨西哥
（第二轮所有比赛均在洪都拉斯举行。）

非洲区

(赛制)共28队参赛，进行4轮主客场双循环淘汰赛，产生2个晋级名额。

第一轮
1980.5.8 利比亚2:1冈比亚
1980.7.6 冈比亚0:0利比亚
1980.5.18 埃塞俄比亚0:0赞比亚
1980.6.1 赞比亚4:0埃塞俄比亚
1980.5.31 塞拉利昂2:2阿尔及利亚
诺阿50'、63'/本萨乌拉65'，梅纳德70'
1980.6.13 阿尔及利亚3:1塞拉利昂
费尔加尼42'，本萨乌拉47'，马杰尔78'/森托79'
1980.6.22 塞内加尔0:1摩洛哥
1980.7.6 摩洛哥0:0塞内加尔
1980.6.22 几内亚3:1莱索托
1980.7.6 莱索托1:1几内亚
1980.6.29 喀麦隆3:0马拉维
米拉，孔德，阿贝加
1980.7.20 马拉维1:1喀麦隆
1980.6.29 突尼斯2:0尼日利亚
利曼，特米梅
1980.7.12尼日利亚2:0突尼斯（点球尼日利亚4:3胜）
奥西格维，布维滕
1980.7.5 肯尼亚3:1坦桑尼亚
1980.7.19 坦桑尼亚5:0肯尼亚
1980.7.13 扎伊尔5:2莫桑比克
基卡x2，马塞诺x2，恩达耶/吉莱斯x2
1980.7.27 莫桑比克1:2扎伊尔
1980.7.16 尼日尔0:0索马里
1980.7.27 索马里1:1尼日尔
（利比亚、赞比亚、阿尔及利亚、摩洛哥、几内亚、喀麦隆、尼日利亚、坦桑尼亚、扎伊尔、尼日尔晋级第二轮；由于加纳、乌干达退出，埃及、马达加斯加不战而胜晋级第二轮；苏丹、利比里亚、多哥、津巴布韦直接晋级第二轮）

第二轮
1980.10.12 喀麦隆2:0津巴布韦
翁圭内，姆比达
1980.11.16 津巴布韦1:0喀麦隆
姆西纳雷皮
1980.11.16 摩洛哥2:0赞比亚
布萨蒂，利马内
1980.11.30 赞比亚2:0摩洛哥（点球摩洛哥5:4胜）
马塞姆巴，弗雷德里克
1980.11.16 马达加斯加1:1扎伊尔
基拉/马尔班加
1980.12.21 扎伊尔3:2马达加斯加
姆佩蒂，马尔班加，马耶来/阿卜杜x2
1980.12.6 尼日利亚1:1坦桑尼亚
阿克瓦拉/萨利姆
1980.12.20 坦桑尼亚0:2尼日利亚
1980.12.7 利比里亚0:0几内亚
1980.12.21 几内亚1:0利比里亚
班古拉
1980.12.12 阿尔及利亚2:0苏丹
本萨乌拉9'，费尔加尼45'
1980.12.28 苏丹1:1阿尔及利亚
切克80'/加穆65'
1980.12.14 尼日尔0:1多哥
阿库拉西
1980.12.28 多哥1:2尼日尔
德约比/巴哈马内，拉瓦尼
（喀麦隆、摩洛哥、扎伊尔、尼日利亚、几内亚、阿尔及利亚、尼日尔晋级第三轮；由于利比亚弃权，埃及直接晋级第三轮）

第三轮
1981.5.1 阿尔及利亚4:0尼日尔
贝卢米46'、77'，马杰尔44'，库里希53'
1981.5.31 尼日尔1:0阿尔及利亚
塞伊杜90'
1981.4.12 几内亚1:1尼日利亚
塞杰吉/索里
1981.4.25 尼日利亚1:0几内亚
恩沃苏
1981.4.26 摩洛哥1:0埃及
达伊蒂
1981.5.8 埃及0:0摩洛哥
1981.4.12 扎伊尔1:0喀麦隆
恩卡马23
1981.4.26 喀麦隆6:1扎伊尔
米拉x4，姆比达，孔德/姆肯迪
（阿尔及利亚、尼日利亚、摩洛哥、喀麦隆晋级第四轮）

第四轮
1981.10.10 尼日利亚0:2阿尔及利亚
齐达内44'，贝卢米34'
1981.10.30 阿尔及利亚2:1尼日利亚
贝卢米9'，马杰尔85'/奥沃卢40'
1981.11.15 摩洛哥0:2喀麦隆
米拉15'(点球)，托克托40'
1981.11.29 喀麦隆2:1摩洛哥
阿卜杜(点球)，米拉47'/雅加
（阿尔及利亚、喀麦隆出线）

亚大区

(赛制)共20队参赛，按地区分成4个小组，各组头名晋级第二轮主客场双循环小组赛，前两名晋级决赛圈。

A组	胜	平	负	进:失球	分
新西兰	6	2	0	31:3	14
澳大利亚	4	2	2	22:9	10
印尼	2	2	4	5:14	6
中华台北	1	3	4	5:8	5
斐济	1	3	4	6:35	5

（新西兰晋级）

1981.4.25 新西兰3:3澳大利亚
G.特尔纳x2，萨姆纳/科恩切维奇x2，博登
1981.5.3 斐济0:4新西兰
B.特尔纳x3，萨姆纳
1981.5.7 中华台北0:0新西兰
1981.5.11 印尼0:2新西兰
B.特尔纳，科尔
1981.5.16 澳大利亚0:2新西兰
伍丁x2
1981.5.20 澳大利亚2:0印尼
科斯米那，戴维森
1981.5.23 新西兰5:0印尼
G.特尔纳x2，B.特尔纳，艾尔里克，伍丁
1981.5.30 新西兰2:0中华台北
伍丁14'，G.特尔纳75'
1981.5.31 斐济0:0印尼
1981.6.6 斐济2:1中华台北
1981.6.10 澳大利亚3:2中华台北
亨德森17'，科斯米那54'，拜尔内68'(点球)/邓贤82'，89'
1981.6.15 印尼1:0中华台北
伊斯曼特75'
1981.6.28 中华台北2:0印尼
邓贤，金森
1981.7.26 斐济1:4澳大利亚
维拉巴萨/科尔x2，巴恩斯，谢姆
1981.8.4 中华台北0:0斐济
1981.8.10 印尼3:3斐济
乔伊(乌龙)，布迪，里迪安托/威廉姆斯，特乌尼，维拉巴萨
1981.8.14 澳大利亚10:0斐济
米切尔29'、35'、83'，科尔42'、52'、64'、67'、71'(点球)、75'、78'
1981.8.16 新西兰13:0斐济
萨姆纳x6，G.特尔纳x2，B.特尔纳x2，科尔，伍丁，麦凯
1981.8.30 印尼1:0澳大利亚
里迪安托
1981.9.6 中华台北0:0澳大利亚

B组	胜	平	负	进:失球	分
沙特阿拉伯	4	0	0	5:0	8
伊拉克	3	0	1	5:2	6
卡塔尔	2	0	2	5:3	4
巴林	1	0	3	1:6	2
叙利亚	0	0	4	2:7	0

（沙特阿拉伯晋级）
1981.3.18 卡塔尔0:1伊拉克
侯赛因·赛义德
1981.3.19 叙利亚0:1巴林
沙格尔
1981.3.21 伊拉克0:1沙特阿拉伯
阿明
1981.3.22 卡塔尔3:0巴林
穆夫塔赫x2，萨尔曼
1981.3.24 叙利亚0:2沙特阿拉伯
亚塞姆x2
1981.3.25 伊拉克2:0巴林
巴希尔，德尔亚尔
1981.3.27 卡塔尔2:1叙利亚
卡尔凡，穆夫塔赫/耶哈德
1981.3.28 巴林0:1沙特阿拉伯
多萨里
1981.3.30 伊拉克2:1叙利亚
凯德海耶，纳萨尔/杰哈德
1981.3.31 卡塔尔0:1沙特阿拉伯
卡米斯
（注：所有比赛均在中立场地举行。）

C组	胜	平	负	进:失球	分
科威特	3	0	0	12:0	6
韩国	2	0	1	7:4	4
马来西亚	0	1	2	3:8	1
泰国	0	1	2	3:13	1

（科威特晋级）
1981.4.21 马来西亚1:2韩国
黄巴6'/洪成浩30'，郑海文85'
1981.4.22 科威特6:0泰国
卡迈尔，卡拉姆，达克希尔，安巴里x2，雅科卜
1981.4.24 韩国5:1泰国
崔顺浩(3)，李大浩，徐万秀/韦塔拉
1981.4.25 科威特4:0马来西亚
J.穆巴拉克x2，加尼姆，雅科卜
1981.4.27 马来西亚2:2泰国
伊布拉西姆x2/苏万纳普利奇，兰沙塔特
1981.4.29 科威特2:0韩国
安巴里，加尼姆
（注：所有比赛均在中立场地举行。）

D组
分组赛
1980.12.21 香港0:1中国
陈金刚
1980.12.22 朝鲜3:0澳门
李泳洙，李昌夏，金勇南
1980.12.22 新加坡0:1日本
木村和司

第1组	胜	平	负	进:失球	分
中国	2	0	0	4:0	4
日本	1	0	1	3:1	2
澳门	0	0	2	0:6	0

（中国、日本晋级）
1980.12.24 中国3:0澳门
古广明，左树声，容志行
1980.12.26 中国1:0日本
容志行
1980.12.28 日本3:0澳门
木村和司，前田秀树，长谷川治久

第2组	胜	平	负	进:失球	分
朝鲜	1	1	0	3:2	3
香港	0	2	0	3:3	2
新加坡	0	1	1	1:2	1

（朝鲜、香港晋级）
1980.12.24 香港1:1新加坡
崔柱宰/帕特曼纳坦
1980.12.26 朝鲜1:0新加坡
李泳洙
1980.12.28 香港2:2朝鲜
黄志强，吴国秀/李泳洙,李荣万

半决赛
1980.12.30 朝鲜1:0日本
金勇南
1980.12.31 中国0:0香港（点球中国5:4胜）

决赛
1981.1.4 中国4:2朝鲜
黄向东x2，古广明，陈熙荣/李昌夏，金勇南
（**中国晋级**。注：D组所有比赛均在香港举行。）

第二轮	胜	平	负	进:失球	分
科威特	4	1	1	8:6	9
新西兰	2	3	1	11:6	7
中国	3	1	2	9:4	7
沙特阿拉伯	0	1	5	4:16	1

（科威特出线，新西兰和中国进行附加赛。）
1981.9.24 中国0:0新西兰
1981.10.3 新西兰1:0中国
赫尔伯特45'
1981.10.10 新西兰1:2科威特
伍丁23'/达克希尔47'(点球)，雅科卜82'
1981.10.18 中国3:0科威特
容志行24'，古广明28'，沈祥福59'
1981.11.4 沙特阿拉伯0:1科威特
安巴里
1981.11.12 沙特阿拉伯2:4中国
马吉德10'、11'/左树声62'，陈金刚63'，古广明76'，黄向东88'
1981.11.19 中国2:0沙特阿拉伯
黄向东24'，蔡锦标27'
1981.11.28 新西兰2:2沙特阿拉伯
麦克卢尔，赫尔伯特/马吉德x2
1981.11.30 科威特1:0中国
安巴里7'
1981.12.7 科威特2:0沙特阿拉伯
达克希尔36'、56'
1981.12.14 科威特2:2新西兰
卡迈尔，阿尔哈沙什/G.特尔纳，鲁弗
1981.12.19 沙特阿拉伯0:5新西兰
鲁弗x2，B.特尔纳x2，伍丁

附加赛（新加坡举行）
1982.1.10 新西兰2:1中国
伍丁24'，鲁弗47'/黄向东75'
（新西兰出线）

决赛阶段

24队分成6个小组进行单循环赛，小组前两名晋级复赛。

A组	胜	平	负	进:失球	分
波兰	1	2	0	5:1	4
意大利	0	3	0	2:2	3
喀麦隆	0	3	0	1:1	3
秘鲁	0	2	1	2:6	2

(波兰、意大利晋级)
1982.6.14 意大利0:0波兰
维戈/33000人，**主裁判**:沃特罗(法国)
意大利(442):佐夫/詹蒂莱、科洛瓦蒂、西雷阿■、卡布里尼/安托尼奥尼、马里尼■、塔尔德利、孔蒂/格拉齐亚尼、保罗·罗西
波兰(442):姆文纳尔奇克/亚纳斯、亚洛哈、日姆达、马耶夫斯基/马蒂西克、伊万、(72'库斯托)、本措尔、拉托/W.斯莫拉雷克、博涅克■
1982.6.15 秘鲁0:0喀麦隆
拉科鲁尼亚/11000人，**主裁判**:沃雷尔(奥地利)
秘鲁(442):基罗加/杜阿尔特、鲁文·迪亚斯、萨尔格罗、奥莱切亚/奎托、贝拉斯克斯、古比利亚斯(57'拉罗萨)/莱吉亚(57'巴尔巴迪略)、奥夫利塔斯、乌里韦
喀麦隆(442):恩科诺■/卡哈姆、孔德、奥纳纳、恩杰亚/姆博邦、阿贝加、姆比达、奥杜/恩格阿(73'博康)、米拉(89'托科托)
1982.6.18 意大利1:1秘鲁
维戈/25000人，**主裁判**:埃施魏勒(德国)
进球:孔蒂18'/科洛瓦蒂84'(乌龙)
意大利(442):佐夫/詹蒂莱、科洛瓦蒂、西雷阿、卡布里尼/安托尼奥尼、马里尼、塔尔德利■、孔蒂/格拉齐亚尼、保罗·罗西(46'考西奥)
秘鲁(442):基罗加/杜阿尔特■、鲁文·迪亚斯、萨尔格罗、奥莱切亚/巴尔巴迪略、(51'莱吉亚)、奎托、贝拉斯克斯、古比利亚斯/奥夫利塔斯、乌里韦(65'拉罗萨)
1982.6.22 波兰0:0喀麦隆
拉科鲁尼亚/19000人，**主裁判**:波内特(比利时)
波兰(442):姆文纳尔奇克/亚纳斯、亚洛哈、日姆达、马耶夫斯基/本措尔、伊万(27'沙尔马什)、帕瓦什■(67'库斯托)/拉托、博涅克、W.斯莫拉雷克
喀麦隆(442):恩科诺/卡哈姆、孔德、奥纳纳、恩杰亚/姆博邦、阿贝加、姆比达、奥杜■/恩格阿(46'托科托)、米拉■
1982.6.22 波兰5:1秘鲁
拉科鲁尼亚/25000人，**主裁判**:鲁比奥(墨西哥)
进球:W.斯莫拉雷克55'，拉托58'，博涅克61'，本措尔69'，乔韦克76'/拉罗萨83'

波兰(442):姆文纳尔奇克/亚纳斯、亚洛哈(26'久巴)、日姆达、马耶夫斯基/马蒂西克、本措尔、库普岑维奇、拉托/W.斯莫拉雷克(74'乔韦克)、博涅克

秘鲁(442):基罗加/杜阿尔特、鲁文·迪亚斯、萨尔格罗、奥莱切亚■/拉罗萨、奎托、贝拉斯克斯、古比利亚斯(50'乌里韦)/奥夫利塔斯(50'巴尔巴迪略)、莱吉亚

1982.6.23 意大利1:1喀麦隆

维戈/20000人,**主裁判**:多切夫(保加利亚)

进球:格拉齐亚尼60'/姆比达61'

意大利(442):佐夫/詹蒂莱、科洛瓦蒂、西雷阿、卡布里尼/安托尼奥尼■、奥里亚利、塔尔德利、孔蒂/格拉齐亚尼、保罗·罗西

喀麦隆(442):恩科诺/卡哈姆、孔德、奥纳纳、恩杰亚■/姆博邦、阿贝加、姆比达、奥杜/托科托、米拉

B组	胜	平	负	进:失球	分
联邦德国	2	0	1	6:3	4
奥地利	2	0	1	3:1	4
阿尔及利亚	2	0	1	5:5	4
智利	0	0	3	3:8	0

(联邦德国、奥地利晋级)

1982.6.16 联邦德国1:2阿尔及利亚

希洪/42000人,**主裁判**:拉沃(秘鲁)

进球:鲁梅尼格67'/马杰尔52', 贝卢米88'

联邦德国(433):舒马赫/卡尔茨、K.弗尔斯特、施蒂利克、布里格尔/德雷姆勒、布赖特纳、马加特(83'菲舍尔)/利特巴尔斯基、赫鲁贝什■、鲁梅尼格

阿尔及利亚(442):塞尔巴/梅尔泽坎、库里希、盖杜兹、达勒布/曼苏里、费尔加尼、贝卢米、马杰尔■(88'拉尔贝斯)/D.齐达内(64'本萨乌拉)、阿萨德

1982.6.17 智利0:1奥地利

奥维耶多/22000人,**主裁判**:卡尔德利诺(乌拉圭)

进球:沙赫纳21'

智利(442):奥斯文/加里多■、巴伦苏埃拉、E.菲格罗阿、比戈拉/杜博、亚内斯、内拉(72'M.罗哈斯)、邦瓦尔莱特/卡塞利、莫斯科索(69'加姆博阿)

奥地利(442):孔西利亚/克劳斯、奥贝尔马耶、佩策伊、德格奥吉■(79'鲍迈斯特)/哈滕贝格尔■、普罗哈斯卡、欣特迈尔、沙赫纳/克兰克尔、韦伯(79'尤尔廷)

1982.6.20 联邦德国4:1智利

希洪/42000人,**主裁判**:加勒(瑞士)

进球:鲁梅尼格9'、57'、66', 赖因德斯81'/莫斯科索90'

联邦德国(433):舒马赫/卡尔茨、K.弗尔斯特、施蒂利克、布里格尔/德雷姆勒、布赖特纳(61'马特乌斯)、马加特/利特巴尔斯基(79'赖因德斯)、赫鲁贝什、鲁梅尼格

智利(442):奥斯文/加里多、巴伦苏埃拉、E.菲格罗阿、比戈拉/杜博■、亚内斯、邦瓦尔莱特、索托(46'莱特利尔)/莫斯科索、加姆博阿■(66'内拉)

1982.6.21 阿尔及利亚0:2奥地利

奥维耶多/22000人,**主裁判**:博斯科维奇(澳大利亚)

进球:沙赫纳55', 克兰克尔67'

阿尔及利亚(433):塞尔巴/梅尔泽坎、库里希、盖杜兹、达勒布(76'特雷姆卡尼)/曼苏里■、费尔加尼、贝卢米(66'本萨乌拉)/马杰尔、D.齐达内、阿萨德

奥地利(442):孔西利亚/克劳斯、奥贝尔马耶、佩策伊、德格奥吉/哈滕贝格尔、普罗哈斯卡(80'韦伯)、欣特迈尔、沙赫纳/克兰克尔、鲍迈斯特(46'韦尔茨尔)

1982.6.24 阿尔及利亚3:2智利

奥维耶多/16000人,**主裁判**:门德斯(危地马拉)

进球:阿萨德7'、31', 本萨乌拉35'/内拉59'(点球)、莱特利尔73'

阿尔及利亚(442):塞尔巴/梅尔泽坎、库里希、盖杜兹、布雷布(31'雅西)/曼苏里(73'达勒布)、费尔加尼、马杰尔、拉尔贝斯/本萨乌拉、阿萨德

智利(442):奥斯文/加林多、巴伦苏埃拉、E.菲格罗阿、比戈拉/杜博、亚内斯、邦瓦尔莱特(37'索托)、卡塞利(58'莱特利尔■)/莫斯科索、内拉

1982.6.25 联邦德国1:0奥地利

维戈/41000人,**主裁判**:瓦伦丁(苏格兰)

进球:赫鲁贝什10'

联邦德国(433):舒马赫/卡尔茨、K.弗尔斯特、施蒂利克、布里格尔/德雷姆勒、布赖特纳、马加特/利特巴尔斯基、赫鲁贝什(69'菲舍尔), 鲁梅尼格(66'马特乌斯)

奥地利(442):孔西利亚/克劳斯、奥贝尔马耶、佩策伊、德格奥吉/哈滕贝格尔、普罗哈斯卡、欣特迈尔■、沙赫纳■/克兰克尔、韦伯

C组	胜	平	负	进:失球	分
比利时	2	1	0	3:1	5
阿根廷	2	0	1	6:2	4
匈牙利	1	1	1	12:6	3
萨尔瓦多	0	0	3	1:13	0

(比利时、阿根廷晋级)

1982.6.13 阿根廷0:1比利时

巴塞罗那/95000人,**主裁判**:克里斯托夫(捷克斯洛伐克)

进球:范登堡62'

阿根廷(442):菲洛尔/奥尔京、加尔万、帕萨雷拉、塔兰蒂尼/阿迪莱斯、马拉多纳、加列戈、贝尔托尼■/R.迪亚斯(64'巴尔达诺),肯佩斯

比利时(442):普法夫/格雷茨、L.米勒坎普斯■、贝克、德斯赫雷弗/库克、韦科特朗、范德斯米森、范登堡/切尔尼亚蒂恩斯基、瑟勒芒斯

1982.6.15 匈牙利10:1萨尔瓦多

埃尔切/23000人,**主裁判**:多伊(巴林)

进球:尼洛希4'、83', 珀勒什凯伊11', 福泽考什23'、54', 托特50', 基什70'、73'、78', 森泰什71'/拉米雷斯·萨帕塔64'

匈牙利(442):梅萨罗什/巴林特、马尔托什、加拉巴、托特/S.穆勒(69'森泰什)、尼洛希■、邵洛伊、福泽考什■/特勒奇克(56'基什)、珀勒什凯伊

萨尔瓦多(442):莫拉/马里奥·卡斯蒂略、霍贝尔、J.罗德里格斯、雷西诺斯/乌埃索、鲁加马斯(拉米雷斯·萨帕塔)、本图拉、里巴斯/E.埃尔南德斯、M.冈萨雷斯

1982.6.18 阿根廷4:1匈牙利

阿利坎特/32000人,**主裁判**:拉卡内(阿尔及利亚)

进球:贝尔托尼26', 马拉多纳28'、57', 阿迪莱斯60'/珀勒什凯伊76'

阿根廷(442):菲洛尔/奥尔京、加尔万、帕萨雷拉、塔兰蒂尼(51'巴尔巴斯)/阿迪莱斯、马拉多纳、加列戈、贝尔托尼/巴尔达诺(24'G.卡尔德隆)、肯佩斯

匈牙利(442):梅萨罗什/巴林特、马尔托什(46'福泽考什)、加拉巴、托特/拉布、尼洛希、邵洛伊、沃尔高/基什(62'森泰什)、珀勒什凯伊

1982.6.19 比利时1:0萨尔瓦多

埃尔切/15000人,**主裁判**:莫法特(北爱尔兰)

进球:库克19'

比利时(442):普法夫/格雷茨、L.米勒坎普斯、贝克、梅乌斯/库克、韦科特朗、范德斯米森(46'F.范德埃尔斯特)、范登堡/切尔尼亚蒂恩斯基、瑟勒芒斯(79'范默尔)

萨尔瓦多(433):莫拉/奥索尔托■(46'阿尔贝拉多)、霍贝尔、J.罗德里格斯、雷西诺斯/法戈阿加■、拉米雷斯·萨帕塔、本图拉/何塞·里巴斯、乌埃索、M.冈萨雷斯

1982.6.22 比利时1:1匈牙利

埃尔切/37000人,**主裁判**:怀特(英格兰)

进球:切尔尼亚蒂恩斯基76'/沃尔高27'

比利时(442):普法夫■/格雷茨(62'普勒塞尔斯)、L.米勒坎普斯、贝克、梅乌斯■/库克、韦科特朗、范德斯米森(46'范默尔)、范登堡/切尔尼亚蒂恩斯基、瑟勒芒斯

匈牙利(442):梅萨罗什/凯赖凯什、马尔托什、福泽考什、加拉巴/S.穆勒(67'邵洛伊)、尼洛希、特勒奇克、沃尔高/基什(70'琼格拉迪)、珀勒什凯伊

1982.6.23 阿根廷2:0萨尔瓦多

阿利坎特/32000人,**主裁判**:巴尔兰科斯(玻利维亚)

进球:帕萨雷拉22'(点球), 贝尔托尼52'

阿根廷(442):菲洛尔/奥尔京■、加尔万、帕萨雷拉、塔兰蒂尼/阿迪莱斯、马拉多纳、加列戈■、贝尔托尼(68'R.迪亚斯)/G.卡尔德隆(80'圣马利亚)、肯佩斯

萨尔瓦多(442):莫拉/奥索尔托■(34'阿尔贝拉多)、霍贝尔、J.罗德里格斯、雷西诺斯■/鲁加马斯、拉米雷斯·萨帕塔■、本图拉(79'阿尔法罗)、何塞·里巴斯/乌埃索、M.冈萨雷斯

D组	胜	平	负	进:失球	分
英格兰	3	0	0	6:1	6
法国	1	1	1	6:5	3
捷克斯洛伐克	0	2	1	2:4	2
科威特	0	1	2	2:6	1

(英格兰、法国晋级)

1982.6.16 英格兰3:1法国

毕尔巴鄂/44000人,**主裁判**:加里多(葡萄牙)

进球:布赖恩·罗布森1'、67', 马里纳83'/索莱尔26'

英格兰(442):希尔顿/布彻■、米克·米尔斯、桑瑟姆(90'菲尔·尼尔)、菲尔·汤普森/科佩尔、布赖恩·罗布森、威尔金斯、T.弗朗西斯/马里纳、里克斯

法国(442):埃托里/巴蒂斯通、博西斯、特雷索尔、克里斯蒂安·洛佩/拉里奥斯(73'蒂加纳)、吉拉尔、吉雷瑟、罗什托(71'西克斯)/普拉蒂尼、索莱尔

1982.6.17 捷克斯洛伐克1:1科威特

巴拉多利德/25000人,**主裁判**:多沃莫(加纳)

进球:帕年卡21'(点球)/达克希尔27'

捷克斯洛伐克(442):赫鲁斯卡/巴尔莫斯、尤尔凯米克、菲亚拉、库库茨卡/帕年卡、博格、克里兹(62'比奥夫斯基)、亚内茨卡(68'佩特尔泽拉)/内霍达、维泽克

科威特(442):塔拉比勒西/N.穆巴拉克、马尤夫、M.穆巴拉克、W.穆巴拉克/布卢希、阿尔胡提、卡拉姆(57'马尔祖格)、安巴里/雅科卜、达克希尔

1982.6.20 英格兰2:0捷克斯洛伐克

毕尔巴鄂/41000人,**主裁判**:科沃尔(荷兰)

进球:T.弗朗西斯62', 巴尔莫斯66'(乌龙)

英格兰(442):希尔顿/布彻、米克·米尔斯、桑瑟姆、菲尔·汤普森/科佩尔、布赖恩·罗布森(46'霍德尔)、威尔金斯、T.弗朗西斯/马里纳、里克斯

捷克斯洛伐克(442):塞曼(75'斯特罗姆西克)/巴尔莫斯、尤尔凯米克、菲亚拉、拉迪梅茨/哈劳普卡■、博格、沃亚切克、亚内茨卡(77'马斯尼)/内霍达、维泽克

1982.6.21 法国4:1科威特

巴拉多利德/30000人,**主裁判**:斯图帕尔(苏联)

进球:让吉尼31', 普拉蒂尼43', 西克斯48', 博西斯89'/布卢希75'

法国(442):埃托里/阿莫罗■、博西斯、特雷索尔、让维翁(60'克里斯蒂安·洛佩)/让吉尼、吉雷瑟、西克斯、普拉蒂尼(81'吉拉尔)/拉孔布、索莱尔

科威特(442):塔拉比勒西/N.穆巴拉克、马尤夫、M.穆巴拉克、W.穆巴拉克(78'阿尔舍姆马里)/布卢希、阿尔胡提、卡拉姆(46'马尔祖格■)、安巴里■/雅科卜、达克希尔

1982.6.24 法国1:1捷克斯洛伐克

巴拉多利德/25000人,**主裁判**:卡萨林(意大利)

进球:西克斯66'/帕年卡84'(点球)

法国(442):埃托里/阿莫罗■、博西斯、特雷

索尔、让维翁/让吉尼、吉雷瑟、西克斯、普拉蒂尼/拉孔布(70'库里奥尔)、索莱尔(89'吉拉尔)
捷克斯洛伐克(442):斯特罗姆西克/巴尔莫斯、克里兹(31'马斯尼)、菲亚拉、拉迪梅茨/斯塔姆巴赫尔、比奥夫斯基、沃亚切克、亚内茨卡(71'帕年卡🟨)/内霍达、维泽克🟥

1982.6.25 **英格兰1:0科威特**
毕尔巴鄂/40000人,**主裁判**:阿里斯蒂萨瓦尔(哥伦比亚)
进球:T.弗朗西斯27'
英格兰(442):希尔顿/史蒂夫·福斯特、米克·米尔斯、菲尔·尼尔、菲尔·汤普森/科佩尔、霍德尔、威尔金斯,T.弗朗西斯/马里纳🟨、里克斯
科威特(442):塔拉比勒西/N.穆巴拉克、马尤夫、M.穆巴拉克🟨、W.穆巴拉克(76'阿尔舍姆马里)/布卢希、阿尔胡提、马尔祖格、安巴里/苏瓦耶德,达克希尔

E组	胜	平	负	进:失球	分
北爱尔兰	1	2	0	2:1	4
西班牙	1	1	1	3:3	3
南斯拉夫	1	1	1	2:2	3
洪都拉斯	0	2	1	2:3	2

(北爱尔兰、西班牙晋级)

1982.6.16 **西班牙1:1洪都拉斯**
瓦伦西亚/50000人,**主裁判**:伊图拉尔德(阿根廷)
进球:乌法特66'(点球)/塞拉亚7'
西班牙(442):阿科纳达/卡马乔、滕迪略、亚历山科、戈迪略/华金(46'桑切斯)、米格尔·阿隆索、萨莫拉、华尼托(46'绍拉)/萨特鲁斯特吉、乌法特
洪都拉斯(442):阿尔苏/古铁雷斯、比列加斯、科斯特利、布尔内斯/马拉迪亚加、耶尔伍德、塞拉亚、诺拉莱斯(69'卡巴列罗)/贝当古、R.菲格罗亚

1982.6.17 **南斯拉夫0:0北爱尔兰**
萨拉戈萨/25000人,**主裁判**:弗雷德里克松(瑞典)
南斯拉夫(442):D.潘特利奇/扎耶茨、约万诺维奇、N.斯托伊科维奇、赫尔斯蒂奇/斯尔伊沃、古德尔伊、舒里亚克、彼得罗维奇/武约维奇、苏西奇
北爱尔兰(442):詹宁斯/J.尼科尔、C.尼科尔、麦克莱兰、多纳吉/麦基尔罗伊、迈克尔·奥尼尔、麦格里里、阿姆斯特朗/汉密尔顿、怀特塞德🟨

1982.6.20 **西班牙2:1南斯拉夫**
瓦伦西亚/48000人,**主裁判**:索伦森(丹麦)
进球:华尼托14'(点球),绍拉66'/古德尔伊10'
西班牙(442):阿科纳达/卡马乔、滕迪略、亚历山科、戈迪略🟨/桑切斯(62'绍拉)、米格尔·阿隆索、萨莫拉🟨、华尼托/萨特鲁斯特吉(62'吉尼)、乌法特
南斯拉夫(352):D.潘特利奇/扎耶茨、约万诺维奇(74'哈利尔霍季奇)、N.斯托伊科维奇🟨/克尔姆波蒂奇、斯尔伊沃🟨、古德尔伊、舒里亚克、彼得罗维奇/武约维奇(83'塞斯蒂奇)、苏西奇

1982.6.21 **洪都拉斯1:1北爱尔兰**
萨拉戈萨/15000人,**主裁判**:陈谭新(香港)
进球:莱恩60'/阿姆斯特朗9'
洪都拉斯(433):阿尔苏/古铁雷斯、比列加斯、科斯特利、何塞·克鲁斯/马拉迪亚加、耶尔伍德、塞拉亚/诺拉莱斯(56'莱恩)、贝当古、R.菲格罗亚
北爱尔兰(442):詹宁斯/J.尼科尔、C.尼科尔、麦克莱兰、多纳吉/麦基尔罗伊、迈克尔·奥尼尔(76'希利)、麦格里里、阿姆斯特朗/汉密尔顿、怀特塞德(86'布拉泽斯顿)

1982.6.24 **洪都拉斯0:1南斯拉夫**
萨拉戈萨/25000人,**主裁判**:卡斯特罗(智利)
进球:彼得罗维奇88'(点球)
洪都拉斯(442):阿尔苏/德鲁蒙德、比列加斯、科斯特利、何塞·克鲁斯(65'莱恩)/马拉迪亚加🟨、耶尔伍德🟥87',塞拉亚、布尔内斯/贝当古、R.菲格罗亚
南斯拉夫(343):D.潘特利奇/扎耶茨、约万诺维奇(64'哈利尔霍季奇)、N.斯托伊科维奇/克尔姆波蒂奇🟨、斯尔伊沃、古德尔伊、舒里亚克/彼得罗维奇、武约维奇 (63'塞斯蒂奇)、苏西奇

1982年7月2日在巴西同阿根廷的大战中,马拉多纳(左)遭到了对方后卫的严加看管,这也导致之后马拉多纳恼羞成怒恶意踩踏对手被红牌罚下。

1982.6.25 西班牙0:1北爱尔兰
瓦伦西亚/49500人，**主裁判**:奥尔蒂斯(巴拉圭)
进球:阿姆斯特朗48'
西班牙(442):阿科纳达/卡马乔、滕迪略、亚历山科、戈迪略、桑切斯/米格尔·阿隆索、绍拉、华尼托■/萨特鲁斯特吉(48'吉尼)、乌法特(78'加列戈)
北爱尔兰(442):詹宁斯/J.尼科尔、C.尼科尔、麦克莱兰、多纳吉■61'/麦基尔罗伊■(50'卡西蒂)、迈克尔·奥尼尔、麦格里里、阿姆斯特朗、汉密尔顿■、怀特塞德(72'尼尔森)

F组	胜	平	负	进:失球	分
巴西	3	0	0	10:2	6
苏联	1	1	1	6:4	3
苏格兰	1	1	1	8:8	3
新西兰	0	0	3	2:12	0

(巴西、苏联晋级)

1982.6.14 巴西2:1苏联
塞维利亚/68000人，**主裁判**:卡斯蒂略(西班牙)
进球:苏格拉底75'，埃德尔88'/巴尔34'
巴西(442):佩雷斯/莱安德罗、奥斯卡尔、路易斯尼奥、儒尼奥尔/苏格拉底、迪尔塞乌(46'伊西多罗)、济科、法尔考/塞尔吉尼奥、埃德尔
苏联(442):达萨耶夫/苏拉科维利泽、奇瓦泽、巴尔塔恰、杰米亚年科/贝索诺夫、加夫里洛夫(74'苏斯洛帕罗夫)、巴尔、达拉塞利亚/申格利亚(88'安德烈耶夫)、布洛欣

1982.6.15 苏格兰5:2新西兰
马拉加/36000人，**主裁判**:索查(美国)
进球:达格利什18'，瓦克29'、32'，罗伯特森73'，阿奇巴尔德79'/萨姆纳54'，伍丁64'
苏格兰(442):拉夫/麦格莱恩、汉森、埃文斯、F.格雷/桑内斯、斯特拉坎(83'纳雷)、达格利什、瓦克/布拉齐尔(53'阿奇巴尔德)、罗伯特森
新西兰(442):范哈图姆/希尔、马尔科姆森(77'科尔)、艾尔里克、阿尔蒙德(65'赫尔伯特)/萨姆纳、麦凯、克莱斯维尔、博阿斯/鲁弗、伍丁

1982.6.18 巴西4:1苏格兰
塞维利亚/47000人，**主裁判**:西莱斯(哥斯达黎加)
进球:济科33'，奥斯卡尔46'，埃德尔63'，法尔考87'/纳雷18'
巴西(442):佩雷斯/莱安德罗、奥斯卡尔、路易斯尼奥、儒尼奥尔/苏格拉底、塞雷佐、济科、法尔考/塞尔吉尼奥(80'伊西多罗)、埃德尔
苏格兰(442):拉夫/米勒、汉森、哈特福德(66'麦克利什)、格雷/桑内斯、斯特拉坎(62'达格利什)、纳雷/瓦克、阿奇巴尔德、罗伯特森

1982.6.19 苏联3:0新西兰
马拉加/20000人，**主裁判**:古勒(利比亚)
进球:加夫里洛夫24'，布洛欣48'，巴尔塔恰68'
苏联(433):达萨耶夫/苏拉科维利泽、奇瓦泽、巴尔塔恰、杰米亚年科/贝索诺夫、加夫里洛夫(79'罗迪奥诺夫)、巴尔/达拉塞利亚(46'奥加涅相)、申格利亚、布洛欣
新西兰(442):范哈图姆/多兹、科尔、艾尔里克、赫尔伯特/萨姆纳、麦凯、克莱斯维尔、博阿斯/鲁弗、伍丁

1982.6.22 苏联2:2苏格兰
马拉加/45000人，**主裁判**:莱尼亚(罗马尼亚)
进球:奇瓦泽59'，申格利亚84'/乔丹15'，桑内斯86'
苏联(442):达萨耶夫/苏拉科维利泽、奇瓦泽、巴尔塔恰、杰米亚年科/贝索诺夫、加夫里洛夫、巴尔、博罗夫斯基/申格利亚(88'安德烈耶夫)、布洛欣
苏格兰(442):拉夫/米勒、汉森、乔丹(72'布拉齐尔)、格雷/桑内斯■、斯特拉坎(72'麦格莱恩)、纳雷、瓦克/阿奇巴尔德、罗伯特森

1982.6.23 巴西4:0新西兰
塞维利亚/43000人，**主裁判**:马托维诺维奇(南斯拉夫)
进球:济科28'、31'，法尔考64'，塞尔吉尼奥70'
巴西(442):佩雷斯/莱安德罗、奥斯卡尔(75'埃迪尼奥)、路易斯尼奥、儒尼奥尔/苏格拉底、塞雷佐、济科、法尔考/塞尔吉尼奥(75'伊西多罗)、埃德尔
新西兰(442):范哈图姆/多兹、阿尔蒙德、艾尔里克、赫尔伯特/萨姆纳、麦凯、克莱斯维尔(78'科尔)、博阿斯/鲁弗(78'B.特尔纳)、伍丁

1982年7月5日，意大利前锋罗西(蓝衣中)在对巴西的比赛中上演帽子戏法，不仅一扫自己之前的颓势，还凭一己之力将对手淘汰出四强。

复赛

第1组	胜	平	负	进:失球	分
波兰	1	1	0	3:0	3
苏联	1	1	0	1:0	3
比利时	0	0	2	0:4	0

(波兰晋级半决赛)

1982.6.28 **波兰3:0比利时**
巴塞罗那/65000人,**主裁判**:西洛斯(哥斯达黎加)
进球:博涅克3'、25'、54'
波兰(442):姆文纳尔奇克/久巴、马耶夫斯基、日姆达、亚纳斯/拉托、本措尔、马蒂西克、库普岑维奇(82'乔韦克)/博涅克、W.斯莫拉雷克
比利时(442):屈斯泰/朗坎、L.米勒坎普斯、梅乌斯、普勒塞尔斯(88'贝克)/范默尔(46'F.范德埃尔斯特)、库克、韦科特朗、瑟勒芒斯/范登堡、切尔尼亚蒂恩斯基

1982.7.1 **比利时0:1苏联**
巴塞罗那/45000人,**主裁判**:沃特罗(法国)
进球:奥加涅相46'
比利时(442):穆纳隆/朗坎、L.米勒坎普斯、梅乌斯、德斯赫雷弗(65'M.米勒坎普斯)/费尔海恩、范德斯米森(58'切尔尼亚蒂恩斯基)、库克、韦科特朗/瑟勒芒斯、范登堡
苏联(442):达萨耶夫/博罗夫斯基、奇瓦泽、巴尔塔恰、杰米亚年科/贝索诺夫、巴尔(87'达拉塞利亚)、加夫里洛夫、申格利亚(89'罗迪奥诺夫)/奥加涅相、布洛欣

1982.7.4 **波兰0:0苏联**
巴塞罗那/65000人,**主裁判**:瓦伦丁(苏格兰)
波兰(442):姆文纳尔奇克/久巴、马耶夫斯基、日姆达、亚纳斯/拉托、本措尔、马蒂西克、库普岑维奇(51'乔韦克)/博涅克、W.斯莫拉雷克
苏联(442):达萨耶夫/博罗夫斯基、奇瓦泽、巴尔塔恰、杰米亚年科/贝索诺夫、苏拉科维利泽、加夫里洛夫(78'达拉塞利亚)、申格利亚(57'安德烈耶夫)/奥加涅相、布洛欣

第2组	胜	平	负	进:失球	分
联邦德国	1	1	0	2:1	3
英格兰	0	2	0	0:0	2
西班牙	0	1	1	1:2	1

(联邦德国晋级半决赛)

1982.6.29 **联邦德国0:0英格兰**
马德里/75000人,**主裁判**:科埃略(巴西)
联邦德国(442):舒马赫/卡尔茨、K.弗尔斯特、施蒂利克、布里格尔/德雷姆勒、B.弗尔斯特、布赖特纳、H.穆勒(74'菲舍尔)/赖因德斯(63'利特巴尔斯基)、鲁梅尼格
英格兰(442):希尔顿/布彻、米克·米尔斯、菲尔·汤普森、桑瑟姆/科佩尔、布赖恩·罗布森、威尔金斯、T.弗朗西斯(78'伍德科克)/马里纳、里克斯

1982.7.2 **联邦德国2:1西班牙**
马德里/90000人,**主裁判**:卡萨林(意大利)
进球:利特巴尔斯基60',菲舍尔75'/萨莫拉82'
联邦德国(433):舒马赫/卡尔茨、K.弗尔斯特、施蒂利克、布里格尔/德雷姆勒、B.弗尔斯特、布赖特纳、菲舍尔/利特巴尔斯基、鲁梅尼格(46'赖因德斯)
西班牙(442):阿科纳达/乌基亚加、滕迪略、亚历山科、戈迪略/卡马乔、米格尔·阿隆索、萨莫拉、华尼托(46'乌法特)/吉尼(65'桑切斯)、桑蒂利亚纳

1982.7.5 **英格兰0:0西班牙**
马德里/75000人,**主裁判**:波内特(比利时)
英格兰(442):希尔顿/布彻、米克·米尔斯、菲尔·汤普森、桑瑟姆/布赖恩·罗布森、威尔金斯、T.弗朗西斯、伍德科克(64'凯文·基冈)/马里纳、里克斯(63'布鲁金)
西班牙(442):阿科纳达/乌基亚加、滕迪略(73'马塞达)、亚历山科、戈迪略/绍拉(67'乌拉尔德)、米格尔·阿隆索、萨莫拉、卡马乔/萨特鲁斯特吉、桑蒂利亚纳

第3组	胜	平	负	进:失球	分
意大利	2	0	0	5:3	4
巴西	1	0	1	5:4	2
阿根廷	0	0	2	2:5	0

(意大利晋级半决赛)

1982.6.29 **意大利2:1阿根廷**
巴塞罗那/43000人,**主裁判**:莱尼亚(罗马尼亚)
进球:塔尔德利55',卡布里尼67'/帕萨雷拉83'
意大利(442):佐夫/詹蒂莱、卡布里尼、科洛瓦蒂、西雷阿/塔尔德利、安托尼奥尼、奥里亚利(76'马里尼)、孔蒂/罗西(81'阿尔托贝利)、格拉齐亚尼
阿根廷(442):菲洛尔/奥尔京、加尔万、帕萨雷拉、塔兰蒂尼/加列戈84',阿迪莱斯、马拉多纳、贝尔托尼/R.迪亚斯(59'卡尔德隆)、肯佩斯(59'何塞·巴伦西亚)

1982.7.2 **巴西3:1阿根廷**
巴塞罗那/44000人,**主裁判**:鲁比奥(墨西哥)
进球:济科11',塞尔吉尼奥66',儒尼奥尔75'/R.迪亚斯89'
巴西(442):佩雷斯/莱安德罗(82'埃德瓦尔多)、奥斯卡尔、路易斯尼奥、儒尼奥尔/塞雷佐、济科(84'巴蒂斯塔)、法尔考、塞尔吉尼奥/苏格拉底、埃德尔
阿根廷(442):菲洛尔/奥尔京、加尔万、帕萨雷拉、塔兰蒂尼/巴尔巴斯、阿迪莱斯、马拉多纳82',贝尔托尼(64'圣马利亚)/卡尔德隆、肯佩斯(46'R.迪亚斯)

1982.7.5 **意大利3:2巴西**
巴塞罗那/44000人,**主裁判**:克莱恩(以色列)
进球:罗西8'、25'、74'/苏格拉底12',法尔考68'
意大利(442):佐夫/詹蒂莱、卡布里尼、科洛瓦蒂(34'贝尔戈米)、西雷阿/塔尔德利(76'马里尼)、安托尼奥尼、奥里亚利、孔蒂/罗西、格拉齐亚尼
巴西(442):佩雷斯/莱安德罗、奥斯卡尔、路易斯尼奥、儒尼奥尔、塞雷佐/济科、法尔考、塞尔吉尼奥(69'伊西多罗)/苏格拉底、埃德尔

第4组	胜	平	负	进:失球	分
法国	2	0	0	5:1	4
奥地利	0	1	1	2:3	1
北爱尔兰	0	1	1	3:6	1

(法国晋级半决赛)

1982.6.28 **奥地利0:1法国**
马德里/37000人,**主裁判**:帕洛塔伊(匈牙利)
进球:让吉尼39'
奥地利(433):孔西利亚/克劳斯、奥贝尔马耶、佩策伊、德格奥吉(46'鲍迈斯特)/普罗哈斯卡、欣特迈尔、哈滕贝格尔、沙赫纳/亚拉(46'韦尔茨尔)、克兰克尔
法国(442):埃托里/巴蒂斯通、让维翁、特雷索尔、博西斯/吉雷瑟、蒂加纳、让吉尼(85'吉拉尔)、索莱尔/拉孔布(16'罗什托)、西克斯

1982.7.1 **北爱尔兰2:2奥地利**
马德里/20000人,**主裁判**:普罗科普(民主德国)
进球:汉密尔顿27'、75'/佩策伊50',欣特迈尔68'
北爱尔兰(433):普拉特/J.尼科尔、C.尼科尔、麦基尔罗伊、尼尔森/迈克尔·奥尼尔、麦克莱兰、阿姆斯特朗、汉密尔顿/怀特塞德(69'布拉泽斯顿)、麦格里里
奥地利(442):孔西利亚/克劳斯、奥贝尔马耶、佩策伊、鲍迈斯特/普罗哈斯卡、普雷格斯鲍尔(46'欣特迈尔)、皮希勒/沙赫纳、哈格马耶尔(46'韦尔茨尔)、尤尔廷

1982.7.4 **北爱尔兰1:4法国**
马德里/37000人,**主裁判**:亚尔古斯(波兰)
进球:阿姆斯特朗75'/吉雷瑟33'、80',罗什托46'、68'
北爱尔兰(433):詹宁斯/J.尼科尔、C.尼科尔、麦基尔罗伊、多纳吉/迈克尔·奥尼尔、麦克莱兰、阿姆斯特朗、汉密尔顿/怀特塞德、麦格里里(86'约翰·奥尼尔)
法国(442):埃托里/阿莫罗、让维翁、特雷索尔、博西斯/吉雷瑟、蒂加纳、让吉尼、索莱尔(63'西克斯)/普拉蒂尼、罗什托(84'库里奥尔)

半决赛

1982.7.8 **波兰0:2意大利**
巴塞罗那/50000人,**主裁判**:卡尔德利诺(乌拉圭)
进球:罗西22'、73'
波兰(442):姆文纳尔奇克/久巴、日姆达、亚纳斯、马耶夫斯基/马蒂西克、库普岑维奇、本措尔、拉托/乔韦克(46'帕瓦什)、W.斯莫拉雷克(79'库斯托)
意大利(424):佐夫/卡布里尼、科洛瓦蒂、贝尔戈米、西雷阿/安托尼奥尼(26'马里尼)、孔蒂、奥里亚利、塔尔德利/罗西、格拉齐亚尼(70'阿尔托贝利)

1982.7.8 **联邦德国3:3法国(点球5:4)**
塞维利亚/63000人,**主裁判**:科沃尔(荷兰)
进球:利特巴尔斯基17',鲁梅尼格102',菲舍尔108'/普拉蒂尼26'(点球)、特雷索尔92',吉雷瑟98'
联邦德国(442):舒马赫/卡尔茨、K.弗尔斯特、施蒂利克、布里格尔(96'鲁梅尼格)/B.弗尔斯特、德雷姆勒、布赖特纳、利特巴尔斯基/马加特(72'赫鲁贝什)、菲舍尔
法国(442):埃托里/阿莫罗、让维翁、博西斯、蒂加纳/特雷索尔、让吉尼(52'巴蒂斯通(62'克里斯蒂安·洛佩))、吉雷瑟、普拉蒂尼/罗什托、西克斯
点球大战:卡尔茨、布赖特纳、施蒂利克(射失)、利特巴尔斯基、鲁梅尼格、赫鲁贝什/吉雷瑟、阿莫罗、罗什托、西克斯(射失)、普拉蒂尼、博西斯(射失)

三四名决赛

1982.7.10 **法国2:3波兰**
阿利坎特/28000人,**主裁判**:加里多(葡萄牙)
进球:吉拉尔13',库里奥尔73'/沙尔马什41',马耶夫斯基44',库普岑维奇46'
法国(442):卡斯塔纳达/阿莫罗、马乌特、特雷索尔、让维翁(64'克里斯蒂安·洛佩)/吉拉尔、拉里奥斯、蒂加纳(82'西克斯)、库里奥尔/索莱尔、贝洛内
波兰(433):姆文纳尔奇克/久巴、日姆达、亚纳斯、马耶夫斯基/马蒂西克(46'沃伊齐茨基)、库普岑维奇、本措尔、拉托/博涅克、沙尔马什

决赛

1982.7.11 **意大利3:1联邦德国**
马德里/90000人,**主裁判**:科埃略(巴西)
进球:罗西57',塔尔德利69',阿尔托贝利81'/布赖特纳83'
意大利(442):佐夫/詹蒂莱、西雷阿、科洛瓦蒂、贝尔戈米/卡布里尼、奥里亚利、塔尔德利、孔蒂/格拉齐亚尼(8'阿尔托贝利(88'考西奥))、罗西
联邦德国(424):舒马赫/卡尔茨、施蒂利克、K.弗尔斯特、B.弗尔斯特/德雷姆勒(63'赫鲁贝什)、布里格尔/利特巴尔斯基、菲舍尔、鲁梅尼格(70'汉斯·穆勒)、布赖特纳

1986

预选赛

东道主墨西哥队和卫冕冠军意大利队直接出线。另119队参加预选赛，争夺22个出线席位。预选赛共进行了308场，进球801个，场均2.60球。入场券分配方面，欧洲区13.5个(含意大利)，南美区4个，中北美及加勒比区2个(含墨西哥)，非洲区2个，亚洲区2个，大洋洲区0.5个。欧洲区第7小组第二名和大洋洲区冠军之间进行附加赛，胜者晋级决赛圈。

●欧洲区

(赛制)共32队参赛，分成7个小组。4个5支球队小组前两名和3个4支球队小组头名直接晋级决赛圈。第1小组第二名和第5小组第二名、第7小组第二名和大洋洲区冠军之间进行附加赛，胜者晋级决赛圈。

第1组	胜	平	负	进:失球	分
波兰	3	2	1	10:6	8
比利时	3	2	1	7:3	8
阿尔巴尼亚	1	2	3	6:9	4
希腊	1	2	3	5:10	4

(波兰出线、比利时晋级附加赛)

1984.10.17 比利时3:1阿尔巴尼亚
克拉森59'，希福83'，沃尔德克尔斯87'/奥姆里69'
1984.10.17 波兰3:1希腊
W.斯莫拉雷克61'，津卡诺夫斯基64'、78'/米特罗普洛斯34'
1984.10.31 波兰2:2阿尔巴尼亚
W.斯莫拉雷克23'，帕瓦什79'/奥姆里57'，约萨75'
1984.12.19 希腊0:0比利时
1984.12.22 阿尔巴尼亚2:0比利时
约萨70'，明加85'
1985.2.27 希腊2:0阿尔巴尼亚
萨拉瓦科斯9'，安东尼奥36'
1985.3.27 比利时2:0希腊
韦科特朗69'，希福36'
1985.5.1 比利时2:0波兰
范登堡30'，韦科特朗53'
1985.5.19 希腊1:4波兰
阿纳斯托普洛斯46'/W.斯莫拉雷克24'，奥斯特罗夫斯基58'，博涅克77'，津卡诺夫斯基89'
1985.5.30 阿尔巴尼亚0:1波兰
博涅克24'
1985.9.11 波兰0:0比利时
1985.10.30 阿尔巴尼亚1:1希腊
奥姆里26'/斯卡塔多斯51'

第2组	胜	平	负	进:失球	分
联邦德国	5	2	1	22:9	12
葡萄牙	5	0	3	12:10	10
瑞典	4	1	3	14:9	9
捷克斯洛伐克	3	2	3	11:12	8
马耳他	0	1	7	6:25	1

(联邦德国、葡萄牙出线)

1984.5.23 瑞典4:0马耳他
苏内森x2，科内利乌森，埃尔兰德森
1984.9.12 瑞典0:1葡萄牙
戈麦斯70'
1984.10.14 葡萄牙2:1捷克斯洛伐克
迪亚曼迪诺13'，曼努埃尔48'/亚内茨卡39'
1984.10.17 联邦德国2:0瑞典
拉恩75'、鲁梅尼格88'
1984.10.31 捷克斯洛伐克4:0马耳他
亚内茨卡17'、70'，亚罗利姆35'，博格77'
1984.11.14 葡萄牙1:3瑞典
若尔当12'/普里茨26'(点球)、34'，T.尼尔森38'
1984.12.16 马耳他2:3联邦德国
布苏蒂尔、R.舒埃雷布/阿洛夫斯x2、K.弗尔斯特
1985.2.10 马耳他1:3葡萄牙
费鲁吉亚59'/曼努埃尔6'、戈麦斯13'、73'
1985.2.24 葡萄牙1:2联邦德国
迪亚曼迪诺57'/利特巴尔斯基28'、沃勒尔37'
1985.3.27 联邦德国6:0马耳他
拉恩10'、17'、鲁梅尼格44'、66'，马加特14'，利特巴尔斯基18'
1985.4.21 马耳他0:0捷克斯洛伐克
1985.4.30 捷克斯洛伐克1:5联邦德国
格里加86'/贝特霍尔德8'、利特巴尔斯基22'，马特乌斯36'、赫格特43'、阿洛夫斯82'
1985.6.5 瑞典2:0捷克斯洛伐克
普里茨77'(点球)、拉尔森86'
1985.9.25 瑞典2:2联邦德国
科内利乌松63'、马格努松89'/沃勒尔23'、赫格特40'
1985.9.25 捷克斯洛伐克1:0葡萄牙
胡鲁斯卡20'
1985.10.12 葡萄牙3:2马耳他
戈麦斯38'、82'，J.拉菲尔53'/弗雷德里科49'(乌龙)，吉奥尔吉斯79'
1985.10.16 捷克斯洛伐克2:1瑞典
维泽克41'、67'/科内利乌森8'
1985.10.16 联邦德国0:1葡萄牙
曼努埃尔54'
1985.11.17 联邦德国2:2捷克斯洛伐克
布雷默1'，鲁梅尼格87'/诺瓦克52'，拉乌达61'
1985.11.17 马耳他1:2瑞典
费鲁吉亚65'/普里茨2'，斯特隆贝里74'

第3组	胜	平	负	进:失球	分
英格兰	4	4	0	21:2	12
北爱尔兰	4	2	2	8:5	10
罗马尼亚	3	3	2	12:7	9
芬兰	3	2	3	7:12	8
土耳其	0	1	7	2:24	1

(英格兰、北爱尔兰出线)

1984.5.27 芬兰1:0北爱尔兰
瓦尔维
1984.9.12 北爱尔兰3:2罗马尼亚
安东33'(乌龙)，怀特塞德62'，奥尼尔74'/哈吉36'、吉奥尔高51'
1984.10.17 英格兰5:0芬兰
哈特利29'、49'，伍德科克40'，罗布森71'，桑瑟姆85'
1984.10.31 土耳其1:2芬兰
图菲克茨78'(点球)/耶尔姆10'、利波宁56'
1984.11.14 北爱尔兰2:1芬兰
奥尼尔42'、阿姆斯特朗51'(点球)/利波宁22'
1984.11.14 土耳其0:8英格兰
罗布森13'、44'、58'，伍德科克17'、61'，巴恩斯46'、56'，安德森86'
1985.2.27 北爱尔兰0:1英格兰
哈特利77'
1985.4.3 罗马尼亚3:0土耳其
哈吉21'，卡马塔鲁28'、41'
1985.5.1 北爱尔兰2:0土耳其
怀特塞德44'、54'
1985.5.1 罗马尼亚0:0英格兰
1985.5.22 芬兰1:1英格兰
劳塔宁5'/哈特利50'
1985.6.6 芬兰1:1罗马尼亚
利波宁26'/哈吉7'
1985.8.28 罗马尼亚2:0芬兰
哈吉6'、马图特57'
1985.9.11 土耳其0:0北爱尔兰
1985.9.11 英格兰1:1罗马尼亚
霍德尔25'/卡马塔鲁60'
1985.9.25 芬兰1:0土耳其
兰滕宁37'
1985.10.16 英格兰5:0土耳其
沃德尔15'，莱因克尔18'、43'、54'，罗布森35'
1985.10.16 罗马尼亚0:1北爱尔兰
奎因29'
1985.11.13 土耳其1:3罗马尼亚
梅丁78'/洛古莱斯库14'，科拉斯25'，博洛尼52'
1985.11.13 英格兰0:0北爱尔兰

第4组	胜	平	负	进:失球	分
法国	5	1	2	15:4	11
保加利亚	5	1	2	13:5	11
民主德国	5	0	3	16:9	10
南斯拉夫	3	2	3	7:8	8
卢森堡	0	0	8	2:27	0

(法国、保加利亚出线)

1984.9.29 南斯拉夫0:0保加利亚
1984.10.13 卢森堡0:4法国
巴蒂斯通2'，普拉蒂尼13'，斯托皮拉24'、33'
1984.10.20 民主德国2:3南斯拉夫
格洛瓦茨基11'，恩斯特50'/巴扎雷维奇30'，沃克里48'，塞斯蒂奇80'
1984.11.17 卢森堡0:5民主德国
恩斯特60'、76'、81'，明格63'、78'
1984.11.21 法国1:0保加利亚
普拉蒂尼62'(点球)
1984.12.5 保加利亚4:0卢森堡
斯拉科夫、韦利奇科夫、姆拉德诺夫、迪米特罗夫
1984.12.8 法国2:0民主德国
斯托皮拉32'，安齐亚尼89'
1985.3.27 南斯拉夫1:0卢森堡
古德尔伊27'
1985.4.3 南斯拉夫0:0法国
1985.4.6 保加利亚1:0民主德国
姆拉杰诺夫87'
1985.5.1 卢森堡0:1南斯拉夫
沃克里88'
1985.5.2 保加利亚2:0法国
迪米特罗夫11'，斯拉科夫61'
1985.5.18 民主德国3:1卢森堡
明格19'、38'，恩斯特45'(点球)/朗格尔斯76'
1985.6.1 保加利亚2:1南斯拉夫
格托夫27'、58'/朱罗夫斯基29'
1985.9.11 民主德国2:0法国
恩斯特53'，克莱尔81'
1985.9.25 卢森堡1:3保加利亚
朗格尔斯65'/舒勒尔(乌龙x2)，迪米特罗夫32'
1985.9.28 南斯拉夫1:2民主德国
斯科罗83'/托恩47'、49'
1985.10.30 法国6:0卢森堡
罗什托4'、29'、48'，杜尔24'，吉雷瑟36'，费尔南德斯47'(点球)
1985.11.16 法国2:0南斯拉夫
普拉蒂尼2'、71'
1985.11.16 民主德国2:1保加利亚
佐茨切4'(点球)，利贝尔斯40'/戈切夫39'

第5组	胜	平	负	进:失球	分
匈牙利	5	0	1	12:4	10
荷兰	3	1	2	11:5	7
奥地利	3	1	2	9:8	7
塞浦路斯	0	0	6	3:18	0

(匈牙利出线、荷兰晋级附加赛)

1984.5.2 塞浦路斯1:2奥地利
克里斯托夫鲁/基辛格，普罗哈斯卡
1984.9.26 匈牙利3:1奥地利
纳吉50'，艾斯特哈兹伊61'，加拉巴77'/沙希纳尔23'
1984.10.17 荷兰1:2匈牙利
基夫特19'/代塔里24'，艾斯特哈兹伊55'
1984.11.14 奥地利1:0荷兰
法尔克15'(乌龙)
1984.11.17 塞浦路斯1:2匈牙利
弗蒂斯25'/罗特49'，尼拉西86'
1984.12.23 塞浦路斯0:1荷兰
胡特曼
1985.2.27 荷兰7:1塞浦路斯
E.科曼12'，基夫特28'、58'，舒纳克尔30'、79'，潘察拉斯64'(乌龙)，范巴斯滕65/马兰戈斯8'
1985.4.3 匈牙利2:0塞浦路斯
尼拉西48'，索科拉伊83'
1985.4.17 奥地利0:3匈牙利
基普里奇21'、33'，代塔里48'
1985.5.1 荷兰1:1奥地利
基夫特55'/沙希纳尔60'
1985.5.7 奥地利4:0塞浦路斯
赫斯蒂奇2'，波尔斯特35'，沙希纳尔53'，威尔福特71'
1985.5.14 匈牙利0:1荷兰
德维特69'

第6组	胜	平	负	进:失球	分
丹麦	5	1	2	17:6	11
苏联	4	2	2	13:8	10
瑞士	2	4	2	5:10	8
爱尔兰	2	2	4	5:10	6
挪威	1	3	4	4:10	5

(丹麦、苏联出线)

1984.9.12 爱尔兰1:0苏联
瓦尔什64'
1984.9.12 挪威0:1瑞士
埃格利3'(点球)
1984.9.26 丹麦1:0挪威
埃尔克沙尔56'
1984.10.10 挪威1:1苏联
索雷森54'(点球)/利托夫琴科74'
1984.10.17 瑞士1:0丹麦
巴贝里斯42'
1984.10.17 挪威1:0爱尔兰
雅各布森42'
1984.11.14 丹麦3:0爱尔兰
埃尔克沙尔26'、46'，莱尔比55'
1985.4.17 瑞士2:2苏联
布雷吉43'(点球)，埃格利90'/加夫里洛夫36'，杰米亚年科80'
1985.5.1 爱尔兰0:0挪威
1985.5.2 苏联4:0瑞士
普罗塔索夫18'、39'，康德拉蒂耶夫44'、45'
1985.6.2 爱尔兰3:0瑞士
斯塔普莱顿7'，格里亚利什33'，西蒂57'
1985.6.5 丹麦4:2苏联
埃尔克沙尔16'、20'，M.劳德鲁普61'、64'/普罗塔索夫25'，戈克马诺夫68'
1985.9.11 瑞士0:0爱尔兰
1985.9.25 苏联1:0丹麦
普罗塔索夫50'
1985.10.9 丹麦0:0瑞士
1985.10.16 挪威1:5丹麦
桑德比40'/博格林75'、79'，M.劳德鲁普56'，莱尔比66'(点球)、埃尔克沙尔69'
1985.10.16 苏联2:0爱尔兰
切伦科夫61'、普罗塔索夫90'
1985.10.30 苏联1:0挪威
康德拉蒂耶夫58'

1985.11.13 爱尔兰1:4丹麦
斯塔普莱顿6'/埃尔克沙尔7'、76'，M.劳德鲁普44'，西韦贝克57'
1985.11.13 瑞士1:1挪威
马特海伊54'/桑德比40'

第7组	胜	平	负	进:失球	分
西班牙	4	0	2	9:8	8
苏格兰	3	1	2	8:4	7
威尔士	3	1	2	7:6	7
冰岛	1	0	5	4:10	2

(西班牙出线、苏格兰晋级附加赛)

1984.9.12 冰岛1:0威尔士
博格斯50'
1984.10.17 苏格兰3:0冰岛
麦克斯泰26'、40'，尼古拉斯74'
1984.10.17 西班牙3:0威尔士
林肯7'，卡拉斯科83'，布特拉格诺89'
1984.11.14 威尔士2:1冰岛
托马斯36'，休斯62'/佩图尔森56'
1984.11.14 苏格兰3:1西班牙
M.约翰斯顿33'、42'，达格利什71'/戈伊科埃特塞阿65'
1985.2.27 西班牙1:0苏格兰
西奥斯48'
1985.3.27 苏格兰0:1威尔士
拉什37'
1985.4.30 威尔士3:0西班牙
拉什44'、86'，休斯53'
1985.5.28 冰岛0:1苏格兰
贝特86'
1985.6.12 冰岛1:2西班牙
索达森33'/萨拉比亚50'、马尔科斯67'
1985.9.10 威尔士1:1苏格兰
休斯13'/库珀80'(点球)
1985.9.25 西班牙2:1冰岛
林肯44'，戈迪略51'/索布约姆森35'

附加赛

1985.10.16 比利时1:0荷兰
韦科特朗19'
1985.11.20 荷兰2:1比利时
胡特曼60'，德维特71'/格林84'
1985.11.20 苏格兰2:0澳大利亚
库珀57'，麦卡文尼60'
1985.12.4 澳大利亚0:0苏格兰
（比利时、苏格兰晋级决赛圈）

●南美区

(赛制)共10队参赛，分成3个小组。每个小组头名直接晋级决赛圈。各小组第2名和第1小组第3名晋级附加赛，四支球队捉对进行两回合淘汰赛，胜者再进行两回合淘汰赛，最后的胜者晋级决赛圈。

第1组	胜	平	负	进:失球	分
阿根廷	4	1	1	12:6	9
秘鲁	3	2	1	8:4	8
哥伦比亚	2	2	2	6:6	6
委内瑞拉	0	1	5	5:15	1

(阿根廷出线，秘鲁、哥伦比亚晋级附加赛)

1985.5.26 哥伦比亚1:0秘鲁
普林斯15'
1985.5.26 委内瑞拉2:3阿根廷
托雷斯5'，马克斯59/马拉多纳1'、58'，帕萨雷拉40'
1985.6.2 哥伦比亚1:3阿根廷
普林斯61'/帕斯库利43'、68'，布鲁查加85'
1985.6.2 委内瑞拉0:1秘鲁
乌里韦78'
1985.6.9 秘鲁0:0哥伦比亚
1985.6.9 阿根廷3:0委内瑞拉
鲁索，克劳森，马拉多纳
1985.6.16 秘鲁4:1委内瑞拉
纳瓦罗15'，巴尔巴迪略19'，伊拉诺77'，库埃托80'
1985.6.16 阿根廷1:0哥伦比亚
巴尔达诺26'
1985.6.23 委内瑞拉2:2哥伦比亚
卡德诺6'，阿莫尔64'/W.奥尔蒂斯17'，埃雷拉50'(点球)
1985.6.23 秘鲁1:0阿根廷
奥夫利塔斯8'
1985.6.30 哥伦比亚2:0委内瑞拉
科尔多巴15'，埃雷拉27'(点球)
1985.6.30 阿根廷2:2秘鲁
帕斯库利9'、加雷卡81'/贝拉斯克斯23'，巴尔巴迪略39'

第2组	胜	平	负	进:失球	分
乌拉圭	3	0	1	6:4	6
智利	2	1	1	10:5	5
厄瓜多尔	0	1	3	4:11	1

(乌拉圭出线、智利晋级附加赛)

1985.3.3 厄瓜多尔1:1智利
巴尔巴迪略39'
1985.3.10 乌拉圭2:1厄瓜多尔
阿吉莱拉34'，拉莫斯90'/库比54'
1985.3.17 智利6:2厄瓜多尔
普埃布拉21'，卡塞利29'、39'，伊西斯34'，阿拉贝纳50'、89'/巴尔迪昂23'、37'
1985.3.24 智利2:0乌拉圭
鲁比奥28'，阿拉贝纳54'
1985.3.31 厄瓜多尔0:2乌拉圭
萨拉莱吉69'，弗朗西斯科利87'
1985.4.7 乌拉圭2:1智利
巴蒂斯塔8'，拉莫斯57'(点球)/阿拉贝纳28'(点球)

第3组	胜	平	负	进:失球	分
巴西	2	2	0	6:2	6
巴拉圭	1	2	1	5:4	4
玻利维亚	0	2	2	4:11	2

(巴西出线、巴拉圭晋级附加赛)

1985.5.26 玻利维亚1:1巴拉圭
罗哈斯9'/努涅斯82'
1985.6.2 玻利维亚0:2巴西
卡萨格兰德55'，诺罗59'(乌龙)
1985.6.9 巴拉圭3:0玻利维亚
门多萨，哈克特，罗梅罗
1985.6.16 巴拉圭0:2巴西
卡萨格兰德28'，济科70'
1985.6.23 巴西1:1巴拉圭
苏格拉底25'/罗梅罗41'
1985.6.30 巴西1:1玻利维亚
卡雷卡19'/桑切斯75'

附加赛

第一轮

1985.10.27 巴拉圭3:0哥伦比亚
希克斯，罗梅罗，卡瓦尼亚斯
1985.11.3 哥伦比亚2:1巴拉圭
安古洛，奥尔蒂斯/费雷拉
1985.10.27 智利4:2秘鲁
阿拉贝纳7'、65'(点球)，鲁比奥9'，伊西斯15'/纳瓦罗45'、77'
1985.11.3 秘鲁0:1智利
阿拉贝纳64'

第二轮

1985.11.10 巴拉圭3:0智利
卡瓦尼亚斯9'，德尔加多46'，加里多84'(点球)
1985.11.17 智利2:2巴拉圭
鲁比奥22'，努涅斯77'/斯切蒂纳22'，罗梅罗39'
（巴拉圭出线）

●中北美及加勒比区

(赛制)共17队参赛，危地马拉被抽中直接晋级第二轮，剩下16队捉对进行两回合淘汰赛，胜者晋级第二轮。第二轮9支球队分成3个小组组，每组头名进行主客场双循环赛，第一名晋级决赛圈。

第一轮

1984.7.29 萨尔瓦多5:0波多黎各
埃尔南德斯x2，里瓦斯，阿尔法罗，梅德拉诺
1984.8.5 波多黎各0:3萨尔瓦多
萨帕塔，里瓦斯，佩尔拉
1984.9.29 荷属安的列斯0:0美国
1984.10.6 美国4:0荷属安的列斯
科克尔x2，贝纳多，卡普
1984.6.15 巴拿马0:3洪都拉斯
菲戈罗亚x2，莱恩
1984.6.24 洪都拉斯1:0巴拿马
菲戈罗亚
1984.8.4 安提瓜0:4海地
奥古斯特x3，托马斯
1984.8.7 海地1:2安提瓜
博尔韦/理查德森，罗伯茨
1984.8.15 苏里南1:0圭亚那
爱德华兹
1984.8.29 圭亚那1:1苏里南
阿切尔/克林科尔

（萨尔瓦多、美国、洪都拉斯、海地、苏里南晋级第二轮，由于牙买加、格林纳达、巴巴多斯退出，加拿大、特立尼达和多巴哥、哥斯达黎加直接晋级第二轮）

第二轮

第1组	胜	平	负	进:失球	分
洪都拉斯	2	2	0	5:3	6
萨尔瓦多	2	1	1	7:2	5
苏里南	0	1	3	2:9	1

（洪都拉斯晋级）

1985.2.24 苏里南0:3萨尔瓦多
阿尔法罗，乌埃索，埃尔南德斯
1985.2.27 萨尔瓦多3:0苏里南
里瓦斯x2，萨帕塔
1985.3.3 苏里南1:1洪都拉斯
恩廷/莱恩
1985.3.6 洪都拉斯2:1苏里南
菲戈罗亚x2/斯图尔特
1985.3.10 萨尔瓦多1:2洪都拉斯
里瓦斯/贝利，莱恩
1985.3.14 洪都拉斯0:0萨尔瓦多
（注：苏里南所有比赛均在客场举行。）

第2组	胜	平	负	进:失球	分
加拿大	3	1	0	7:2	7
危地马拉	2	1	1	7:3	5
海地	0	0	4	0:9	0

（加拿大晋级）

1985.4.13 加拿大2:0海地
弗拉布利克30'，斯维尼41'
1985.4.20 加拿大2:1危地马拉
米切尔22'、43'/戈麦斯66'
1985.4.26 海地0:1危地马拉
埃斯特拉达
1985.5.5 危地马拉1:1加拿大
B.佩雷斯42'/米切尔39'
1985.5.8 海地0:2加拿大
米切尔14'，弗拉布利克56'
1985.5.15 危地马拉4:0海地
查孔44'，加林多48'，富内斯62'，B.佩雷斯71'

第3组	胜	平	负	进:失球	分
哥斯达黎加	2	2	0	6:2	6
美国	2	1	1	4:3	5
特立尼达和多巴哥	0	1	3	2:7	1

（哥斯达黎加晋级）

1985.4.24 特立尼达和多巴哥0:3哥斯达黎加
威廉姆斯，拉切，诺布雷加
1985.4.28 哥斯达黎加1:1特立尼达和多巴哥
弗拉特/德诺恩
1985.5.15 美国2:1特立尼达和多巴哥
博尔哈，佩泰尔森/丰罗斯
1985.5.19 特立尼达和多巴哥0:1美国
卡利朱里15'
1985.5.26 哥斯达黎加1:1美国
拉米雷斯42'/凯尔44'
1985.5.31 美国0:1哥斯达黎加
科隆纳多35'
（注：特立尼达和多巴哥所有比赛均在客场举行。）

第三轮	胜	平	负	进:失球	分
加拿大	2	2	0	4:2	6
洪都拉斯	1	1	2	6:6	3
哥斯达黎加	0	3	1	4:6	3

（加拿大出线）

1985.8.11 哥斯达黎加2:2洪都拉斯
索拉诺19'，威廉姆斯81'/菲戈罗亚8'(点球)，贝坦考特24'
1985.8.17 加拿大1:1哥斯达黎加
詹姆斯58'/威廉姆斯12'
1985.8.25 洪都拉斯0:1加拿大
帕科斯58'
1985.9.1 哥斯达黎加0:0加拿大
1985.9.8 洪都拉斯3:1哥斯达黎加
菲戈罗亚51'、66'(点球)，贝坦考特40'/吉马良斯7'
1985.9.14 加拿大2:1洪都拉斯
帕科斯15'，弗拉布利克61'/贝坦考特49'

●非洲区

(赛制)共29队参赛，进行4轮主客场双循环淘汰赛，产生2个晋级名额。

第一轮

1984.8.28 埃及1:0津巴布韦
马尤卜
1984.9.30 津巴布韦1:1埃及
(乌龙)/所莱曼
1984.10.13 肯尼亚2:1埃塞俄比亚
马西加，卡布/卡贝德
1984.10.28 埃塞俄比亚3:3肯尼亚
达格梅，卡贝德，海莱/马西加，奥扬戈，阿约伊
1984.7.15 毛里求斯0:1马拉维
普卡
1984.8.25 马拉维4:0毛里求斯
西拉洛x2，瓦亚，(乌龙)
1984.7.29 赞比亚3:0乌干达
汉公伊，姆西斯卡，布瓦尔亚
1984.8.25 乌干达1:0赞比亚
卡特雷加
1984.10.13 坦桑尼亚1:1苏丹
泰德/马兹达
1984.10.28 苏丹0:0坦桑尼亚
1984.6.30 塞拉利昂0:1摩洛哥
M.梅尔里
1984.7.15 摩洛哥4:0塞拉利昂
M.梅尔里x2，达汗，拉贝德
1984.10.28 贝宁0:2突尼斯
杰里迪，加斯里
1984.11.13 突尼斯4:0贝宁
杰里迪x2，拉克鲍维，加斯里
1984.10.21 科特迪瓦4:0冈比亚
A.特劳雷x2，本萨拉，恩德里
1984.11.04 冈比亚3:2科特迪瓦
姆杜雷，瓦达，索/A.特劳雷、蒂埃西
1984.10.20 尼日利亚3:0利比里亚
埃多博x2，阿德辛卡
1984.11.4 利比里亚0:1尼日利亚
特米尔
1984.7.1 安哥拉1:0塞内加尔
伊沃
1984.7.15 塞内加尔1:0安哥拉（点球安哥拉4:3胜）
塞耶
（埃及、肯尼亚、马拉维、赞比亚、苏丹、摩洛哥、突尼斯、科特迪瓦、尼日利亚、安哥拉晋级第二轮；由于莱索托、尼日尔、多哥退出，马达加斯加、利比亚、几内亚直接晋级第二轮；1982年世界杯参赛队阿尔及利亚、喀麦隆和非洲冠军加纳直接晋级第二轮）

第二轮

1985.4.7 赞比亚4:1喀麦隆
沙巴拉24'、38'、40'，恩约武28'/奥杜70'
1985.4.21 喀麦隆1:1赞比亚
姆菲德31'/齐朗吉5'
1985.4.7 摩洛哥2:0马拉维
哈达维10'，达汗75'(点球)
1985.4.21 马拉维0:0摩洛哥
1985.3.31 安哥拉0:0阿尔及利亚
1985.4.19 阿尔及利亚3:2安哥拉
曼苏里14'，迈纳德42'，布伊彻87'/马库埃里亚78'，恩东吉迪83'
1985.4.6 肯尼亚0:3尼日利亚
阿莫12'，凯里45'，叶基尼47'
1985.4.20 尼日利亚3:1肯尼亚
萨迪18'，叶基尼20'，索夫鲁韦89'/马西加36'
1985.4.5 埃及1:0马达加斯加
所莱曼64'
1985.4.21 马达加斯加1:0埃及（点球埃及4:2胜）
拉科托里索阿
1985.2.10 几内亚1:0突尼斯
迪亚贝
1985.2.24 突尼斯2:0几内亚
布拉汉姆，恩苏米
1985.2.22 苏丹0:0利比亚
1985.3.8 利比亚4:0苏丹
伊布拉西姆，比沙尔x2，巴尼
1985.4.7 科特迪瓦0:0加纳
1985.4.21 加纳2:0科特迪瓦
恩蒂，阿尔哈桑
（赞比亚、摩洛哥、阿尔及利亚、尼日利亚、埃及、突尼斯、利比亚、加纳晋级第三轮）

第三轮

1985.7.13 阿尔及利亚2:0赞比亚
本萨乌拉15'，马杰尔84'
1985.7.28 赞比亚0:1阿尔及利亚
本萨乌拉78'
1985.7.6 尼日利亚1:0突尼斯
伊斯马77'
1985.7.20 突尼斯2:0尼日利亚
杰里迪8'、28'
1985.7.14 加纳0:0利比亚
1985.7.26 利比亚2:0加纳
森努西40'，阿尔巴迪75'(点球)
1985.7.12 埃及0:0摩洛哥
1985.7.28 摩洛哥2:0埃及
蒂穆米37'、布德尔巴拉82'
（阿尔及利亚、突尼斯、利比亚、摩洛哥晋级第四轮）

第四轮

1985.10.6 突尼斯1:4阿尔及利亚
拉科鲍维16'/迈纳德43'、87'，马杰尔24'，K.赛义德67'
1985.10.18 阿尔及利亚3:0突尼斯
马杰尔8'，迈纳德34'，雅西78'
1985.10.6 摩洛哥3:0利比亚
布亚兹，蒂穆米，布德尔巴拉
1985.10.18 利比亚1:0摩洛哥
菲尔亚尼
（阿尔及利亚、摩洛哥出线）

●亚洲区

(赛制)共27队参赛，所有球队分为中东区和远东区，每个区经过1轮小组赛和2轮淘汰赛，各产生1个晋级名额。

中东区

A组

1985.4.12 沙特阿拉伯0:0阿联酋
1985.4.19 阿联酋1:0沙特阿拉伯
哈米斯12'
（阿曼退出，阿联酋晋级）

B组	胜	平	负	进:失球	分

	胜	平	负	进:失球	分
伊拉克	3	0	1	7:6	6
卡塔尔	2	0	2	6:3	4
约旦	1	0	3	3:7	2

(黎巴嫩踢完4场比赛后退出，所参加比赛成绩取消。**伊拉克晋级**)

1985.3.15 约旦1:0卡塔尔
阿尔塔利
1985.3.29 约旦2:3伊拉克
达乌德，阿卜阿贝德/姆尼尔，萨埃德，拉齐
1985.4.5 卡塔尔3:0伊拉克
穆夫塔40'，卡尔凡52'(点球)，阿马里71'
1985.4.12 卡塔尔2:0约旦
阿尔赛义德，马拉利亚
1985.4.19 伊拉克2:0约旦
拉齐46'，阿拉维50'
1985.5.5 伊拉克2:1卡塔尔
阿马蒂恩，阿拉维/穆夫塔

C组	胜	平	负	进:失球	分
叙利亚	3	1	0	5:0	7
科威特	2	1	1	8:2	5
北也门	0	0	4	1:12	0

(叙利亚晋级)

1985.3.22 叙利亚1:0科威特
马德拉利
1985.3.29 北也门0:1叙利亚
阿尔赛尔
1985.4.5 科威特5:0北也门
安巴里x2，哈萨维，达凯尔，雅科卜
1985.4.12 科威特0:0叙利亚
1985.4.19 叙利亚3:0北也门
阿尔萨耶德31'、70'，阿尔哈桑40'
1985.4.26 北也门1:3科威特
阿巴斯/哈萨维x2，达凯尔

D组

1985.3.29 南也门1:4巴林
马斯/法尔汉x2，苏巴尔，哈马德
1985.4.12 巴林3:3南也门
哈丹，侯什，德伊夫/沙布里，卡塞姆，萨布
(伊朗因拒绝在中立场地进行比赛被取消资格，**巴林晋级**)

第二轮

1985.9.20 阿联酋2:3伊拉克
卡米斯，塔利亚尼/萨埃德x2，赫舍姆
1985.9.27 伊拉克1:2阿联酋
阿拉维/卡米斯，塔利亚尼
1985.9.6 巴林1:1叙利亚
伊萨/马鲁斯
1985.9.20 叙利亚1:0巴林
科尔达格利4'
(伊拉克、叙利亚晋级)

第三轮

1985.11.15 叙利亚0:0伊拉克
1985.11.29 伊拉克3:1叙利亚
萨埃德，沙基尔，阿拉维/阿尔赛尔
(**伊拉克出线**。注：伊拉克全部主场赛事均在中立场地进行)

远东区
第一轮

A组	胜	平	负	进:失球	分
韩国	3	0	1	8:1	6
马来西亚	2	1	1	6:2	5
尼泊尔	0	1	3	0:11	1

(韩国晋级)

1985.3.2 尼泊尔0:2韩国
李大浩，(乌龙)
1985.3.10 马来西亚1:0韩国
萨莱赫
1985.3.16 尼泊尔0:0马来西亚
1985.3.31 马来西亚5:0尼泊尔
扎伊纳尔x3，阿利夫，萨莱赫
1985.4.6 韩国4:0尼泊尔
许丁茂x2，金洙元，郑钟秀
1985.5.19 韩国2:0马来西亚
朴昌顺，曹敏国

B组	胜	平	负	进:失球	分
印尼	4	1	1	8:4	9
印度	2	3	1	7:6	7
泰国	1	2	3	4:4	4
孟加拉国	2	0	4	5:10	4

(印尼晋级)

1985.3.15 印尼1:0泰国
苏莱曼
1985.3.18 印尼2:0孟加拉国
努尔迪安斯亚，苏莱曼
1985.3.21 印尼2:1印度
努尔迪安斯亚x2/戴伊
1985.3.23 泰国3:0孟加拉国
阿莱斯亚加库尔，托格米，吉农贡萨克
1985.3.26 泰国0:0印度
1985.3.29 泰国0:1印尼
吉斯万托
1985.3.30 孟加拉国1:2印度
阿赫迈德/戈什，潘吉
1985.4.2 孟加拉国2:1印尼
阿赫迈德，卡夫塞尔/努尔迪安斯亚
1985.4.5 孟加拉国1:0泰国
E.侯赛因
1985.4.6 印度1:1印尼
塔帕89'/苏莱曼20'
1985.4.9 印度1:1泰国
戴伊/布恩格昂
1985.4.12 印度2:1孟加拉国
潘济，贡萨尔维斯/布哈德拉

C组	胜	平	负	进:失球	分
中国香港	5	1	0	19:2	11
中国	4	1	1	23:2	9
中国澳门	2	0	4	4:15	4
文莱	0	0	6	2:29	0

(中国香港晋级)

1985.2.17 中国澳门2:0文莱
黄锦明，卡瓦尔哈尔
1985.2.17 中国香港0:0中国
1985.2.20 中国澳门0:4中国
吴志杰(乌龙)，古广明，左树声，林乐丰
1985.2.23 中国香港8:0文莱
麦金放x4，刘荣业x2，黎荣章，李文山
1985.2.26 中国8:0文莱
李辉，赵达裕x3，左树声x2，柳海光x2
1985.3.1 文莱0:4中国
赵达裕x2，柳海光x2
1985.4.6 文莱1:5香港
卡西姆49'/黄志强4'、82'，刘荣业38'、83'，黎荣章7'
1985.4.13 文莱1:2中国澳门
奥马尔/卡瓦尔哈尔，平托
1985.4.28 中国澳门0:2中国香港
黎荣章，张加平
1985.5.4 中国香港2:0中国澳门
麦金放，崔文曼
1985.5.12 中国6:0中国澳门
李辉，杨朝晖x2，赵达裕，贾秀全，王惠良
1985.5.19 中国1:2中国香港
李辉/张志德，顾锦辉

D组	胜	平	负	进:失球	分
日本	3	1	0	9:1	7
朝鲜	1	2	1	3:2	4
新加坡	0	1	3	2:11	1

(日本晋级)

1985.1.19 新加坡1:1朝鲜
帕库安/柳成哲
1985.2.23 新加坡1:3日本
马顿/木村和司，柱谷幸一，原博实
1985.3.21 日本1:0朝鲜
柱谷幸一
1985.4.30 朝鲜0:0日本
1985.5.18 日本5:0新加坡
西村昭宏x2，木村和司，水沼贵史，原博实
1985.5.25 朝鲜2:0新加坡
尹忠诚、韩贤日

第二轮

1985.7.21 韩国2:0印尼
边炳柱74'，金龙世83'
1985.7.30 印尼1:4韩国
苏莱曼/边炳柱、崔淳镐，金铸城、许丁茂
1985.8.11 日本3:0中国香港
木村和司，水沼贵史，原博实
1985.9.22 中国香港1:2日本
黄志强80'/木村和司45'，原博实89'
(韩国、日本晋级)

第三轮

1985.10.26 日本1:2韩国
木村和司/郑钟坤、李大浩
1985.11.3 韩国1:0日本
许丁茂
(韩国出线)

●大洋洲区

(赛制)共4队参赛，包括来自亚洲的以色列和中华台北。4支球队进行主客场双循环赛，第一名与欧洲区第7小组第二名进行附加赛，胜者晋级决赛圈。

大洋洲区	胜	平	负	进:失球	分
澳大利亚	4	2	0	20:2	10
以色列	3	1	2	17:6	7
新西兰	3	1	2	13:7	7
中华台北	0	0	6	1:36	0

(澳大利亚晋级附加赛)

1985.9.3 以色列6:0中华台北
图尔克28'、35'、74'，阿尔梅利39'，马尔米利安53'、90'
1985.9.8 中华台北0:5以色列
奥哈那5'、73'、79'，科恩7'，阿尔梅利18'
1985.9.21 新西兰0:0澳大利亚
1985.10.5 新西兰5:1中华台北
埃德格13'，沃克25'，萨姆纳31'、51'、89'/孙安辰41'
1985.10.8 以色列1:2澳大利亚
阿尔梅利65'/科斯米那46'、49'
1985.10.12 中华台北0:5新西兰
博阿特19'，G.特尔纳32'、76'，沃克57'、65'(点球)
1985.10.20 澳大利亚1:1以色列
拉特克利夫32'/科恩46'
1985.10.23 澳大利亚7:0中华台北
邓恩2'、89'(点球)，陈昆13'(乌龙)，米切尔57'、59'、87'，阿诺德68'
1985.10.26 新西兰3:1以色列
鲁弗，邓福德，沃克/阿尔梅利
1985.10.27 中华台北0:8澳大利亚
奥萨科夫41'、56'、69'，克里诺52'，科斯米那65'(点球)、72'、88'，格雷89'
1985.11.3 澳大利亚2:0新西兰
科斯米那12'，米切尔48'
1985.11.10 以色列3:0新西兰
科恩，塞莱克特，阿尔梅利
(注：中华台北全部比赛均在客场举行。)

附加赛

1985.11.20 苏格兰2:0澳大利亚
库珀57'，麦卡文尼60'
1985.12.4 澳大利亚0:0苏格兰
(苏格兰出线)

决赛阶段

24队分成6个小组进行单循环赛,小组前两名,与4个成绩最好的小组第3名晋级十六强。

A组	胜	平	负	进:失球	分
阿根廷	2	1	0	6:2	5
意大利	1	2	0	5:4	4
保加利亚	0	2	1	2:4	2
韩国	0	1	2	4:7	1

(阿根廷、意大利、保加利亚晋级)

1986.5.31 保加利亚1:1意大利
墨西哥城/100000人,**主裁判**:弗雷德里克松(瑞典)
进球:斯拉科夫85'/阿尔托贝利44'
保加利亚(442):米哈伊洛夫/兹德拉夫科夫、迪米特罗夫、阿拉博夫、A.马尔科夫/萨德科夫、斯拉科夫、格托夫、戈斯波迪诺夫(74'热利亚兹科夫)/伊斯科莱诺夫66'科斯塔迪诺夫)、姆拉德诺夫
意大利(442):加利/贝尔戈米、维尔乔沃德、西雷阿、卡布里尼/德纳波利、巴尼、迪詹纳罗、孔蒂(66'维亚利)/加尔德里西、阿尔托贝利

1986.6.2 阿根廷3:1韩国
墨西哥城/60000人,**主裁判**:桑切斯(西班牙)
进球:巴尔达诺8',鲁杰里19',巴尔达诺47'/朴昌善72'
阿根廷(442):蓬皮多/克劳森、布朗、鲁杰里、加雷/朱斯蒂、巴蒂斯塔(75'奥拉蒂科切亚)、布鲁查加、帕斯库利(74'塔皮亚)/马拉多纳、巴尔达诺
韩国(442):吴衍交/朴庆勋、郑龙焕、曹敏国、金铸城(46'边炳柱)/许丁茂、金平锡(23'赵广来)、朴昌善、金龙世/崔淳镐、车范根

1986.6.5 意大利1:1阿根廷
普埃布拉/32000人,**主裁判**:凯泽尔(荷兰)
进球:阿尔托贝利7'(点球)/马拉多纳34'
意大利(442):加利/贝尔戈米、维尔乔沃德、西雷阿、卡布里尼/德纳波利(65'巴雷西)、巴尼、迪詹纳罗、孔蒂(87'维亚利)/加尔德里西、阿尔托贝利
阿根廷(442):蓬皮多/库休福、布朗、鲁杰里、加雷/朱斯蒂、巴蒂斯塔(50'奥拉蒂科切亚)、布鲁查加、博尔吉(75'恩里克)/马拉多纳、巴尔达诺

1986.6.5 韩国1:1保加利亚
墨西哥城/45000人,**主裁判**:沙纳尔(沙特阿拉伯)
进球:金钟富70'/格托夫12'
韩国(442):吴衍交/朴庆勋、郑龙焕、赵永徵、许丁茂/赵广来(71'曹敏国)、朴昌善、卢寿振(46'金钟富)、边炳柱/金龙世、车范根
保加利亚(442):米哈伊洛夫/兹德拉夫科夫、迪米特罗夫、阿拉博夫、彼得罗夫/萨德科夫、斯拉科夫、格托夫(87'热利亚兹科夫)、戈斯波迪诺夫/伊斯科莱诺夫(46'科斯塔迪诺夫)、姆拉德诺夫

1986.6.10 韩国2:3意大利
普埃布拉/20000人,**主裁判**:索查(美国)
进球:崔淳镐62',许丁茂89'/阿尔托贝利18'、73',赵广来82'(乌龙)
韩国(424):吴衍交/朴庆勋、郑龙焕、赵永徵、许丁茂/赵广来、崔淳镐、朴昌善、边炳柱(71'金钟富)/金龙世(46'郑钟秀)、车范根
意大利(442):加利/科洛瓦蒂、维尔乔沃德、西雷阿、卡布里尼/德纳波利、巴尼(67'巴雷西)、迪詹纳罗、孔蒂/加尔德里西(88'维亚利)、阿尔托贝利

1986.6.10 阿根廷2:0保加利亚
墨西哥城/65000人,**主裁判**:乌略亚(哥斯达黎加)
进球:巴尔达诺4',布鲁查加77'
阿根廷(442):蓬皮多/库休福、布朗、鲁杰里、加雷/朱斯蒂、巴蒂斯塔(46'奥拉蒂科切亚)、布鲁查加、博尔吉(46'恩里克)/马拉多纳、巴尔达诺
保加利亚(442):米哈伊洛夫/A.马尔科夫、迪米特罗夫、彼得罗夫、萨德科夫/斯拉科夫(72'兹德拉夫科夫)、格托夫、热利亚兹科夫、约尔达诺夫/P.马尔科夫、姆拉德诺夫(53'韦利奇科夫)

B组	胜	平	负	进:失球	分
墨西哥	2	1	0	4:2	5
巴拉圭	1	2	0	4:3	4
比利时	1	1	1	5:5	3
伊拉克	0	0	3	1:4	0

(墨西哥、巴拉圭、比利时晋级)

1986.6.3 比利时1:2墨西哥
墨西哥城/110000人,**主裁判**:埃斯波西托(阿根廷)
进球:范登堡45'/吉拉尔特23',桑切斯39'
比利时(442):普法夫/格雷茨、布鲁斯、F.范德埃尔斯特、沃尔夫/韦科特朗、范德雷肯、希福、瑟勒芒斯/范登堡(66'德莫尔)、德梅特(60'克拉森)
墨西哥(442):拉里奥斯/特雷霍、菲利克斯·克鲁斯、吉拉尔特、塞尔宾/阿吉雷、内格雷特、穆尼奥斯、博伊(69'埃斯帕尼亚)/弗洛雷斯(79'J.克鲁斯)、桑切斯

1986.6.4 巴拉圭1:0伊拉克
托卢卡/24000人,**主裁判**:阿孔(毛里求斯)
进球:罗梅罗36'
巴拉圭(442):费尔南德斯/托拉莱斯、萨瓦拉、斯切蒂纳、德尔加多/豪尔赫·努涅斯、费雷拉、罗梅罗、卡瓦尼亚斯/加内特、门多萨(88'瓜施)
伊拉克(442):萨尔曼/卡利勒·阿拉维、穆罕默德、萨利姆、鲁拜/阿比敦、拉齐、哈纳、赛义德(82'巴西姆)/哈桑(68'奥菲)、希哈卜

1986.6.7 墨西哥1:1巴拉圭
墨西哥城/114000人,**主裁判**:考特尼(英格兰)
进球:弗洛雷斯3'/罗梅罗86'
墨西哥(442):拉里奥斯/特雷霍、F.克鲁斯、吉拉尔特、塞尔宾/阿吉雷、内格雷特、穆尼奥斯、博伊(89'埃斯帕尼亚)/弗洛雷斯(76'J.克鲁斯)、桑切斯
巴拉圭(442):费尔南德斯/托拉莱斯(81'希克斯)、萨瓦拉、斯切蒂纳、德尔加多/豪尔赫·努涅斯、费雷拉、罗梅罗、卡瓦尼亚斯/加内特、门多萨(63'瓜施)

1986.6.8 伊拉克1:2比利时
托卢卡/24000人,**主裁判**:迪亚斯(哥伦比亚)
进球:拉齐67'/希福16',克拉森22'(点球)
伊拉克(442):萨尔曼/卡利勒·阿拉维、穆罕默德、萨利姆、鲁拜/阿比敦、拉齐、明希德(82'奥菲)、哈纳/哈桑、希哈卜
比利时(442):普法夫/格雷茨、德莫尔(69'格林)、F.范德埃尔斯特、沃尔夫/韦科特朗、范德雷肯、希福(67'克利杰斯特)/瑟勒芒斯、德梅特、克拉森

1986.6.11 墨西哥1:0伊拉克
墨西哥城/103000人,**主裁判**:彼得罗维奇(南斯拉夫)
进球:吉拉尔特54'
墨西哥(442):拉里奥斯/阿马多尔(63'多明格斯)、F.克鲁斯、吉拉尔特、塞尔宾/阿吉雷、内格雷特、博伊、埃斯帕尼亚/弗洛雷斯、科波斯(79'J.克鲁斯)
伊拉克(442):贾西姆/卡利勒·阿拉维、马吉德、萨利姆、鲁拜/阿比敦(61'奥菲)、拉齐、特韦雷什(69'哈姆扎)、巴西姆/明希德、希哈卜

1986.6.11 巴拉圭2:2比利时
托卢卡/16000人,**主裁判**:多切夫(保加利亚)
进球:卡瓦尼亚斯50'、76'/韦科特朗32'、韦特60'
巴拉圭(442):费尔南德斯/托拉莱斯、萨瓦拉、德尔加多、豪尔赫·努涅斯/费雷拉、罗梅罗、卡瓦尼亚斯、加内特/门多萨(68'希克斯)、瓜施
比利时(442):普法夫/布鲁斯、德莫尔、格林(89'L.范德埃尔斯特)、朗坎/韦科特朗、费福尔特、希福、瑟勒芒斯/韦特、克拉森

C组	胜	平	负	进:失球	分
苏联	2	1	0	9:1	5
法国	2	1	0	5:1	5
匈牙利	1	0	2	2:9	2
加拿大	0	0	3	0:5	0

(苏联、法国晋级)

1986.6.1 加拿大0:1法国
利昂/36000人,**主裁判**:席尔瓦(智利)
进球:帕潘79'
加拿大(442):多兰/莱纳尔杜齐、萨穆埃尔、布里奇、威尔森/拉根、詹姆斯(82'塞戈塔)、诺曼、斯维尼(54'洛厄里)/瓦伦丁、弗拉布利克
法国(442):巴茨/阿莫罗、巴蒂斯通、博西斯、蒂索/费尔南德斯、蒂加纳、普拉蒂尼、吉雷瑟/帕潘、罗什托(69'斯托皮拉)

1986.6.2 苏联6:0匈牙利
伊拉普阿托/17000人,**主裁判**:阿格诺林(意大利)
进球:雅科文科2',阿列尼科夫4',别拉诺夫25'(点球),亚列姆丘克65'、73',罗季奥诺夫80'
苏联(442):达萨耶夫/拉廖诺夫、别索诺夫、库兹涅佐夫、杰米亚年科/亚列姆丘克、阿列尼科夫、雅科文科(72'叶夫图申科)、拉茨/别拉诺夫70'罗季奥诺夫)、萨瓦罗夫
匈牙利(442):P.迪斯特尔/邵洛伊、加拉巴、佩泰尔(63'道伊考)、考尔多斯/博格纳尔、纳吉、代塔里、罗特(13'布尔茨绍)/基普里奇、艾斯特哈兹伊

1986.6.5 法国1:1苏联
利昂/36000人,**主裁判**:费略(巴西)
进球:费尔南德斯62'/拉茨54'
法国(442):巴茨/阿莫罗、巴蒂斯通、博西斯、阿亚什/费尔南德斯、蒂加纳、普拉蒂尼、吉雷瑟(83'韦克吕斯)/帕潘(77'贝洛内)、斯托皮拉
苏联(442):达萨耶夫/拉廖诺夫、别索诺夫、库兹涅佐夫、杰米亚年科/亚列姆丘克、阿列尼科夫、雅科文科(70'罗季奥诺夫)、拉茨/别拉诺夫、萨瓦罗夫(80'布洛欣)

1986.6.6 匈牙利2:0加拿大
伊拉普阿托/14000人,**主裁判**:沙里夫(叙利亚)
进球:艾斯特哈兹伊2',代塔里76'
匈牙利(442):森德雷伊/邵洛伊、加拉巴、沃尔加、考尔多斯/博格纳尔、纳吉(63'道伊考)、代塔里、布尔茨绍(29'罗特)/基普里奇、艾斯特哈兹伊
加拿大(442):莱蒂耶里/莱纳尔杜齐、萨穆埃尔、布里奇、威尔森(41'斯维尼 86')/拉根、詹姆斯(56'塞戈塔)、诺曼、瓦伦丁/格雷、弗拉布利克

1986.6.9 匈牙利0:3法国
利昂/31000人,**主裁判**:瓦伦特(葡萄牙)
进球:斯托皮拉30',蒂加纳64',罗什托85'
匈牙利(442):P.迪斯特尔/邵洛伊、加拉巴、沃尔加、考尔多斯/罗特、代塔里、洪尼奇(46'纳吉)、道伊考/科瓦奇(66'博格纳尔)、艾斯特哈兹伊
法国(442):巴茨/阿莫罗、巴蒂斯通、博西斯、阿亚什/费尔南德斯、蒂加纳、普拉蒂尼、吉雷瑟/帕潘(62'罗什托)、斯托皮拉(71'费雷里)

1986.6.9 苏联2:0加拿大
伊拉普阿托/14000人,**主裁判**:特劳雷(马里)
进球:布洛欣59',萨瓦罗夫75'
苏联(442):恰诺夫/莫罗佐夫、布布诺夫、库兹涅佐夫、巴尔/阿列尼科夫、利托夫琴科、罗季奥诺夫、叶夫图申科/普罗塔索夫(57'别拉诺夫)、布洛欣(61'萨瓦罗夫)
加拿大(442):莱蒂耶里/莱纳尔杜齐、萨穆埃尔、布里奇、威尔森/拉根、詹姆斯(65'塞戈塔)、诺曼、瓦伦丁/格雷(69'帕科斯)、米切尔

D组	胜	平	负	进:失球	分
巴西	3	0	0	5:0	6
西班牙	2	0	1	5:2	4
北爱尔兰	0	1	2	2:6	1

阿尔及利亚	0	1	2	1:5	1

(巴西、西班牙晋级)

1986.6.1 西班牙0:1巴西

瓜达拉哈拉/65000人,**主裁判**:巴布里奇(澳大利亚)

进球:苏格拉底63'

西班牙(442):苏比萨雷塔/托马斯、马塞达、戈伊科埃特塞阿、卡马乔/维克多、米歇尔、弗朗西斯科83'塞尼奥尔)、阿尔韦托/布特拉格诺、萨利纳斯

巴西(442):卡洛斯/布兰科、埃迪尼奥、儒利奥·塞萨尔、埃德森/儒尼奥尔(79'法尔考)、苏格拉底、阿莱芒、埃尔佐/卡萨格兰德(66'穆勒)、卡雷卡

1986.6.3 阿尔及利亚1:1北爱尔兰

瓜达拉哈拉/22000人,**主裁判**:布坚科(苏联)

进球:齐达内59'/怀特塞德6'

阿尔及利亚(442):哈迪/列日翁、库里希、盖杜兹、曼苏里/赛义德、班马布鲁克、马罗克、马杰尔(33'哈尔库克)/齐达内(71'贝卢米)、阿萨德

北爱尔兰(442):詹宁斯/J.尼科尔、奥尼尔、麦克唐纳、多纳吉/彭尼(89'斯图尔特)、麦基尔罗伊、麦格里里、沃辛顿/汉密尔顿、怀特塞德(62'克拉克)

1986.6.6 巴西1:0阿尔及利亚

瓜达拉哈拉/46000人,**主裁判**:门德斯(危地马拉)

进球:卡雷卡67'

巴西(442):卡洛斯/布兰科、埃迪尼奥、儒利奥·塞萨尔、埃德森(11'法尔考)/儒尼奥尔、苏格拉底、阿莱芒、埃尔佐/卡萨格兰德(60'穆勒)、卡雷卡

阿尔及利亚(442):德里德/列日翁、迈加里亚、盖杜兹、曼苏里/赛义德、班马布鲁克、马杰尔、迈纳德/贝卢米(79'齐达内)、阿萨德(68'本萨乌拉)

1986.6.7 北爱尔兰1:2西班牙

瓜达拉哈拉/28000人,**主裁判**:布鲁迈尔(奥地利)

进球:克拉克48'/布特拉格诺2',萨利纳斯18'

北爱尔兰(442):詹宁斯/J.尼科尔、奥尼尔、麦克唐纳、多纳吉/彭尼(54'斯图尔特)、麦基尔罗伊、麦格里里、沃辛顿(71'汉密尔顿)/怀特塞德、克拉克

西班牙(442):苏比萨雷塔/托马斯、加列戈、戈伊科埃特塞阿、卡马乔/维克多、米歇尔、弗朗西斯科、戈迪略(54'卡尔德雷)/布特拉格诺、萨利纳斯(78'塞尼奥尔)

1986.6.12 北爱尔兰0:3巴西

瓜达拉哈拉/51000人,**主裁判**:基尔申(民主德国)

进球:卡雷卡18',若西马尔42',卡雷卡88'

北爱尔兰(442):詹宁斯/J.尼科尔、奥尼尔、麦克唐纳、多纳吉/斯图尔特、麦基尔罗伊、麦格里里、坎贝尔(71'阿姆斯特朗)/怀特塞德(68'汉密尔顿)、克拉克

巴西(442):卡洛斯/布兰科、埃迪尼奥、儒利奥·塞萨尔、若西马尔/儒尼奥尔、苏格拉底(68'济科)、阿莱芒/埃尔佐、穆勒(28'卡萨格兰德)、卡雷卡

1986.6.12 阿尔及利亚0:3西班牙

蒙特雷/20000人,**主裁判**:高田静夫(日本)

进球:卡尔德雷17',卡尔德雷68',埃洛伊71'

阿尔及利亚(442):德里德(20'哈迪)/库里希、迈加里亚、盖杜兹、曼苏里/赛义德、齐达内(59'迈纳德)、马杰尔、哈尔库克/马罗克、贝卢米

西班牙(442):苏比萨雷塔/托马斯、加列戈、戈伊科埃特塞阿、卡马乔、维克多/米歇尔(84'塞尼奥尔)、弗朗西斯科、卡尔德雷/布特拉格诺(46'埃洛伊)、萨利纳斯

E组	胜	平	负	进:失球	分
丹麦	3	0	0	9:1	6
联邦德国	1	1	1	3:4	3
乌拉圭	0	2	1	2:7	2
苏格兰	0	1	2	1:3	1

(丹麦、联邦德国、乌拉圭晋级)

1986.6.4 乌拉圭1:1联邦德国

克雷塔罗/30000人,**主裁判**:克里斯托夫(捷克斯洛伐克)

进球:阿尔萨门迪4'/阿洛夫斯85'

乌拉圭(442):阿尔维斯/迪奥戈、阿塞贝多、古铁雷斯、巴蒂斯塔/博西奥、巴里奥斯(56'萨拉莱吉)、桑廷、弗朗西斯科利/阿尔萨门迪(82'拉莫斯)、达席尔瓦

联邦德国(442):舒马赫/贝特霍尔德、K.H.弗尔斯特、埃德尔、布里格尔/马特乌斯(70'鲁梅尼格)、马加特、布雷默(46'利特巴尔斯基)、奥根塔勒/沃勒尔、阿洛夫斯

1986.6.4 苏格兰0:1丹麦

内萨瓦尔科约特尔/18000人,**主裁判**:内梅特(匈牙利)

进球:P.拉尔森58'

苏格兰(442):莱顿/高夫、马尔帕斯、麦克利什、米勒/索内斯、艾特肯、尼科尔、尼古拉斯/斯特拉坎(75'班农)、斯图尔罗克(63'麦卡文尼)

丹麦(442):拉斯穆森/布斯克、M.奥尔森、I.尼尔森、莱尔比/J.奥尔森(80'莫尔比)、博格林、贝特尔森、阿内森(76'西韦贝克)/劳德鲁普、P.拉尔森

1986.6.8 联邦德国2:1苏格兰

克雷塔罗/30000人,**主裁判**:伊格纳(罗马尼亚)

进球:沃勒尔22',阿洛夫斯50'/斯特拉坎18'

联邦德国(442):舒马赫/贝特霍尔德、K.弗尔斯特、埃德尔、布里格尔(64'雅各布斯)/马特乌斯、马加特、利特巴尔斯基(76'鲁梅尼格)、奥根塔勒/沃勒尔、阿洛夫斯

苏格兰(442):莱顿/高夫、马尔帕斯、纳雷、米勒/索内斯、艾特肯、尼科尔(61'麦卡文尼)、斯特拉坎/班农(75'库珀)、阿奇巴尔德

1986.6.8 丹麦6:1乌拉圭

内萨瓦尔科约特尔/26000人,**主裁判**:马克斯(墨西哥)

进球:P.拉尔森11'、69'、79',莱尔比41',劳德鲁普52',J.奥尔森88'/弗朗西斯科利45'(点球)

丹麦(442):拉斯穆森/布斯克、M.奥尔森、I.尼尔森、莱尔比、亨里克·安德森/博格林、贝特尔森(57'莫尔比)、阿内森/劳德鲁普(81'J.奥尔森)、P.拉尔森

乌拉圭(442):阿尔维斯/迪奥戈、阿塞贝多、古铁雷斯、巴蒂斯塔/博西奥20'、萨拉莱吉、桑廷(57'萨拉萨尔)、弗朗西斯科利/阿尔萨门迪(57'拉莫斯)、达席尔瓦

1986.6.13 丹麦2:0联邦德国

克雷塔罗/36000人,**主裁判**:波内特(比利时)

进球:J.奥尔森44'(点球),埃里克森83'

丹麦(523):霍/布斯克、M.奥尔森、西韦贝克、莱尔比、亨里克·安德森/莫尔比、阿内森89'/劳德鲁普、J.奥尔森(71'西蒙森)、P.拉尔森(46'埃里克森)

联邦德国(442):舒马赫/贝特霍尔德、K.弗尔斯特(71'鲁梅尼格)、埃德尔、赫格特/雅各布斯、马特乌斯、罗尔夫斯(46'利特巴尔斯基)、布雷默/沃勒尔、阿洛夫斯

1986.6.13 苏格兰0:0乌拉圭

内萨瓦尔科约特尔/20000人,**主裁判**:基尼乌(法国)

苏格兰(442):莱顿/高夫、阿尔比斯顿、纳雷、米勒/麦克斯泰、艾特肯、尼科尔(70'库珀)、斯特拉坎/夏普、斯图尔罗克(70'尼古拉斯)

乌拉圭(442):阿尔维斯/迪奥戈、阿塞贝多、古铁雷斯、巴蒂斯塔/佩雷拉、巴里奥斯、桑廷、弗朗西斯科利(84'阿尔萨门迪)/拉莫斯(71'萨拉莱吉)、卡布雷卡

F组	胜	平	负	进:失球	分
摩洛哥	1	2	0	3:1	4
英格兰	1	1	1	3:1	3
波兰	1	1	1	1:3	3
葡萄牙	1	0	2	2:4	2

(摩洛哥、英格兰、波兰晋级)

1986.6.2 摩洛哥0:0波兰

蒙特雷/19000人,**主裁判**:马丁内斯(乌拉圭)

摩洛哥(442):扎基/卡利法、比亚斯、布亚约维、拉姆里斯/多尔米、穆斯塔法·哈达维(69'苏兰曼尼)、蒂穆米(90'凯里)/M.梅尔里、克里莫

波兰(442):姆文纳尔奇克/库比茨基(46'普尔齐贝斯)、沃伊齐茨基、马耶夫斯基、奥斯特罗夫斯基/马蒂西克、本措尔、科莫尼茨基、博涅克/W.斯莫拉雷克、津卡诺夫斯基(56'乌尔班)

1986.6.3 葡萄牙1:0英格兰

蒙特雷/23000人,**主裁判**:罗特(联邦德国)

进球:曼努埃尔75'

葡萄牙(442):本托/阿尔瓦罗、弗雷德里科、奥利维拉、伊纳西奥/迪亚曼迪诺(83'何塞·安东尼奥)、帕谢科、安德烈、索萨/曼努埃尔、戈麦斯(73'富特雷)

英格兰(442):希尔顿/G.M.史蒂文斯、芬威克、布彻、桑瑟姆/霍德尔、罗布森(60'霍奇)、威尔金斯、沃德尔(80'比尔兹利)/哈特利、莱因克尔

1986.6.6 英格兰0:0摩洛哥

蒙特雷/20000人,**主裁判**:冈萨雷斯(巴拉圭)

英格兰(433):希尔顿/G.M.史蒂文斯、芬威克、布彻、桑瑟姆/霍德尔、罗布森(42'霍奇)、威尔金斯42'/沃德尔、哈特利(76'G.A.史蒂文斯)、莱因克尔

摩洛哥(442):扎基/卡利法、比亚斯、布亚约维、拉姆里斯(74'瓦达尼)/多尔米、蒂穆米、凯里、M.梅尔里(88'苏兰曼尼)/布德尔巴拉、克里莫

1986.6.7 波兰1:0葡萄牙

蒙特雷/20000人,**主裁判**:本纳赛尔(突尼斯)

进球:W.斯莫拉雷克64'

波兰(433):姆文纳尔奇克/帕夫拉克、沃伊齐茨基、马耶夫斯基、奥斯特罗夫斯基/马蒂西克、科莫尼茨基(57'卡拉斯)、博涅克/W.斯莫拉雷克(75'兹古特琴斯基)、津卡诺夫斯基、乌尔班

葡萄牙(442):达马斯/阿尔瓦罗、弗雷德里科、奥利维拉、伊纳西奥/迪亚曼迪诺、帕谢科、安德烈(73'马加良斯)、索萨/曼努埃尔、戈麦斯(46'富特雷)

1986.6.11 葡萄牙1:3摩洛哥

蒙特雷/20000人,**主裁判**:斯诺蒂(北爱尔兰)

进球:迪亚曼迪诺90'/凯里19',凯里28',克里莫62'

葡萄牙(442):达马斯/阿尔瓦罗(55'阿瓜斯)、弗雷德里科、奥利维拉、伊纳西奥/帕谢科、马加良斯、索萨(69'迪亚曼迪诺)、曼努埃尔/戈麦斯、富特雷

摩洛哥(442):扎基/卡利法、比亚斯、布亚约维、拉姆里斯(69'阿马纳拉)/多尔米、穆斯塔法·哈达维(71'苏兰曼尼)、蒂穆米、凯里/布德尔巴拉、克里莫

1986.6.11 英格兰3:0波兰

蒙特雷/23000人,**主裁判**:达伊纳(瑞士)

进球:莱因克尔8',莱因克尔14',莱因克尔36'

英格兰(442):希尔顿/G.M.史蒂文斯、芬威克、布彻、桑瑟姆/霍德尔、史蒂文、霍奇、里德/比尔兹利(76'沃德尔)、莱因克尔(86'迪克森)

波兰(442):姆文纳尔奇克/帕夫拉克、沃伊齐茨基、马耶夫斯基、奥斯特罗夫斯基/马蒂西克(46'本措尔)、科莫尼茨基(24'卡拉斯)、博涅克、W.斯莫拉雷克/津卡诺夫斯基、乌尔班

1/8决赛

1986.6.15 墨西哥2:0保加利亚

墨西哥城/114000人,**主裁判**:费略(巴西)

进球:内格雷特35',塞尔宾61'

墨西哥(442):拉里奥斯/阿马多尔、吉拉尔特、F.克鲁斯、塞尔宾/穆尼奥斯、内格雷特、埃斯帕尔扎、博伊(80'科波斯)/阿吉雷、桑切斯

保加利亚(442):米哈伊洛夫/兹德拉夫科夫、阿拉博夫、彼得罗夫、迪米特罗夫/萨德科夫、约尔达诺夫、科斯塔迪诺夫、戈斯波迪诺夫/帕舍夫(80'伊斯科莱诺夫)、格托

夫(71'斯拉科夫)

1986.6.15 **苏联3:4比利时**
利昂/32000人,**主裁判**:弗雷德里克松(瑞典)
进球:别拉诺夫28'、70'、111'(点球)/希福56',瑟勒芒斯78',德莫尔102',克拉森109'
苏联(442):达萨耶夫/别索诺夫、杰米亚年科、库兹涅佐夫、巴尔/萨瓦罗夫(73'罗季奥诺夫)、阿列尼科夫、雅科文科(80'叶夫图申科)、亚列姆丘克/别拉诺夫、拉茨
比利时(442):普法夫/格林(112'克利杰斯特)、格雷茨(101'L.范德埃尔斯特)、朗坎、费福尔特/希福、德莫尔、瑟勒芒斯、韦科特朗/克拉森、韦特

1986.6.16 **巴西4:0波兰**
瓜达拉哈拉/45000人,**主裁判**:罗特(德国)
进球:苏格拉底30'(点球),若西马尔54',埃迪尼奥78',卡雷卡82'(点球)
巴西(442):卡洛斯/若西马尔、儒利奥·塞萨尔、埃迪尼奥、布兰科/埃尔佐、阿莱芒、苏格拉底(70'济科)、儒尼奥尔/卡雷卡、穆勒(74'西拉斯)
波兰(442):姆文纳尔奇克/普尔齐贝斯(60'富尔托克)、奥斯特罗夫斯基、塔拉辛维奇、卡拉斯/沃伊齐茨基、马耶夫斯基、乌尔班(84'伊姆达)、博涅克/津卡诺夫斯基、W.斯莫拉雷克

1986.6.16 **阿根廷1:0乌拉圭**
普埃布拉/26000人,**主裁判**:阿格诺林(意大利)
进球:帕斯库利42'
阿根廷(442):蓬皮多/库休福、鲁杰里、布朗、加雷/朱斯蒂、巴蒂斯塔(87'奥拉蒂科切亚)、布鲁查加、帕斯库利/马拉多纳、巴尔达诺
乌拉圭(442):阿尔维斯/古铁雷斯、阿塞贝多(61'帕斯)、里贝罗、桑廷/拉莫斯、博西奥、巴里奥斯、佩雷拉/卡布雷卡(46'达席尔瓦)、弗朗西斯科利

1986.6.17 **意大利0:2法国**
墨西哥城/70000人,**主裁判**:埃斯波西托(阿根廷)
进球:普拉蒂尼16',斯托皮拉56'
意大利(433):加利/贝尔戈米、维尔乔沃德、西雷阿、卡布里尼/巴雷西(46'迪詹纳罗)、德纳波利、巴尼/孔蒂、阿尔托贝利、加尔德里西(58'维亚利)
法国(442):巴茨/阿亚什、巴蒂斯通、博西斯、阿莫罗/吉雷瑟、蒂加纳、费尔南德斯(75'蒂索)、普拉蒂尼(86'费雷里)/罗什托、斯托皮拉

1986.6.17 **摩洛哥0:1联邦德国**
蒙特雷/19000人,**主裁判**:彼得罗维奇(南斯拉夫)
进球:马特乌斯89'
摩洛哥(442):扎基/卡利法、布亚约维、瓦达尼、拉姆里斯/多尔米、穆斯塔法·哈达维、布德尔巴拉、蒂穆米/凯里、克里莫
联邦德国(442):舒马赫/贝特霍尔德、K.弗尔斯特、雅各布斯、布里格尔/埃德尔、马特乌斯、马加特、鲁梅尼格/K.阿洛夫斯、沃勒尔(46'利特巴尔斯基)

1986.6.18 **英格兰3:0巴拉圭**
墨西哥城/99000人,**主裁判**:沙里夫(叙利亚)
进球:莱因克尔32',比尔兹利56',莱因克尔72'
英格兰(442):希尔顿/G.M.史蒂文斯、马丁、布彻、桑瑟姆/史蒂文、里德(58'G.A.史蒂文斯)、霍德尔、霍奇/莱因克尔、比尔兹利(82'哈特利)
巴拉圭(442):费尔南德斯/托拉莱斯(85'瓜施)、斯切蒂纳、德尔加多、萨瓦拉/加内特、罗梅罗、豪尔赫·努涅斯、费雷拉/卡瓦尼亚斯、门多萨

1986.6.18 **丹麦1:5西班牙**
克雷塔罗/38500人,**主裁判**:凯泽尔(荷兰)
进球:J.奥尔森33'(点球)/布特拉格诺43'、56'、80'、90',戈伊科埃特塞阿69'(点球)
丹麦(442):霍/布斯克、M.奥尔森、I.尼尔森、亨里克·安德森(60'埃里克森)/博格林、J.奥尔森(71'莫尔比)、贝特尔森、莱尔比/劳德鲁普、P.拉尔森
西班牙(442):苏比萨雷塔/托马斯、加列戈、戈伊科埃特塞阿、卡马乔/阿尔韦托、维克多、米歇尔(84'弗朗西斯科)、卡尔德雷/布特拉格诺、萨利纳斯(46'埃洛伊)

1/4决赛

1986.6.21 **巴西1:1法国(点球3:4)**
瓜达拉哈拉/65000人,**主裁判**:克里斯托夫(捷克斯洛伐克)
进球:卡雷卡18'/普拉蒂尼42'
巴西(442):卡洛斯/若西马尔、儒利奥·塞萨尔、埃迪尼奥、布兰科/阿莱芒、苏格拉底、儒尼奥尔(91'西拉斯)、埃尔佐/穆勒(72'济科)、卡雷卡
法国(442):巴茨/巴蒂斯通、阿莫罗、博西斯、蒂索/吉雷瑟(84'费雷里)、蒂加纳、普拉蒂尼、费尔南德斯/斯托皮拉、罗什托(101'贝洛内)
点球大战:苏格拉底(射失)、阿莱芒、济科、布兰科、儒利奥·塞萨尔(射失)/斯托皮拉、阿莫罗、贝洛内、普拉蒂尼(射失)、费尔南德斯

1986.6.21 **联邦德国0:0墨西哥(点球4:1)**
蒙特雷/44000人,**主裁判**:迪亚斯(哥伦比亚)
联邦德国(442):舒马赫/贝特霍尔德、K.弗尔斯特、雅各布斯、布里格尔/布雷默、埃德尔(115'利特巴尔斯基)、马特乌斯、马加特/K.阿洛夫斯、鲁梅尼格(59'迪特·赫内斯)
墨西哥(442):拉里奥斯/塞尔宾、F.克鲁斯、吉拉尔特、阿马多尔(70'J.克鲁斯)/穆尼奥斯、阿吉雷、内格雷特、埃斯帕尼亚/博伊(32'科波斯)、桑切斯
点球大战:阿洛夫斯、布雷默、马特乌斯、利特巴尔斯基/内格雷特、吉拉尔特(射失)、塞尔宾(射失)

1986.6.22 **阿根廷2:1英格兰**
墨西哥城/115000人,**主裁判**:本纳赛尔(突尼斯)
进球:马拉多纳51'、56'/莱因克尔81'
阿根廷(442):蓬皮多/库休福、布朗、鲁杰里、奥拉蒂科切亚/巴蒂斯塔、朱斯蒂、布鲁查加(76'塔皮亚)、恩里克/巴尔达诺、马拉多纳
英格兰(442):希尔顿/G.M.史蒂文斯、布彻、芬威克、桑瑟姆/霍德尔、史蒂文(76'巴恩斯)、里德(66'沃德尔)、霍奇/莱因克尔、比尔兹利

1986.6.22 **西班牙1:1比利时(点球4:5)**
普埃布拉/45000人,**主裁判**:基尔申(联邦德国)
进球:塞尼奥尔85'/瑟勒芒斯34'
西班牙(442):苏比萨雷塔/托马斯(46'塞尼奥尔)、加列戈、琴多、卡马乔/阿尔韦托、维克多、米歇尔、卡尔德雷/布特拉格诺、萨利纳斯(63'埃洛伊)
比利时(433):普法夫/格雷茨、朗坎、德莫尔、格林/韦科特朗(106'L.范德埃尔斯特)、希福、费福尔特/瑟勒芒斯、克拉森、韦特(83'布鲁斯)
点球大战:塞尼奥尔、埃洛伊(射失)、琴多、布特拉格诺、维克多/克拉森、希福、布鲁斯、费福尔特、L.范德埃尔斯特

半决赛

1986.6.25 **法国0:2联邦德国**
瓜达拉哈拉/47500人,**主裁判**:阿格诺林(意大利)
进球:布雷默9',沃勒尔90'
法国(442):巴茨/阿亚什、巴蒂斯通、博西斯、阿莫罗/蒂加纳、吉雷瑟(72'韦克吕斯)、普拉蒂尼、费尔南德斯/斯托皮拉、贝洛内(66'舒埃雷布)
联邦德国(424):舒马赫/布雷默、K.弗尔斯特、雅各布斯、布里格尔/埃德尔、马特乌斯/马加特、罗尔夫、K.阿洛夫斯、鲁梅尼格(58'沃勒尔)

1986.6.25 **阿根廷2:0比利时**
墨西哥城/110000人,**主裁判**:马克斯(墨西哥)
进球:马拉多纳52'、63'
阿根廷(442):蓬皮多/库休福、鲁杰里、布朗、奥拉蒂科切亚/朱斯蒂、恩里克、巴蒂斯塔、布鲁查加(86'博奇尼)/马拉多纳、巴尔达诺
比利时(442):普法夫/格雷茨、格林、德莫尔、朗坎(54'德梅特)/费福尔特、希福、韦科特朗、瑟勒芒斯/克拉森、韦特

三四名决赛

1986.6.28 **法国4:2比利时**
普埃布拉/21000人,**主裁判**:考特尼(英格兰)
进球:费雷里27',帕潘43',让吉尼103',阿莫罗109'(点球)/瑟勒芒斯11',克拉森73'
法国(442):鲁斯特/勒鲁(56'博西斯)、巴蒂斯通、比巴尔、阿莫罗/蒂加纳(84'蒂索)、让吉尼、韦克吕斯、费雷里/贝洛内、帕潘
比利时(433):普法夫/格雷茨、格林、德莫尔、朗坎64'F.范德埃尔斯特)/费福尔特、希福46'(L.范德埃尔斯特)、莫门斯/瑟勒芒斯、克拉森、韦特

决赛

1986.6.29 **阿根廷3:2联邦德国**
墨西哥城/114000人,**主裁判**:费略(巴西)
进球:布朗23',巴尔达诺56',布鲁查加88'/鲁梅尼格74',沃勒尔82'
阿根廷(442):蓬皮多/布朗、库休福、鲁杰里、奥拉蒂科切亚/朱斯蒂、巴蒂斯塔、马拉多纳、恩里克/布鲁查加(89'特罗比亚尼)、巴尔达诺
联邦德国(442):舒马赫/雅各布斯、贝特霍尔德、K.弗尔斯特、布里格尔/马特乌斯、布雷默、马加特(63'迪特·赫内斯)、埃德尔/鲁梅尼格、阿洛夫斯(46'沃勒尔)

普拉蒂尼(右)率领的法国队尽管一路披荆斩棘,但是还是被联邦德国挡在了决赛门外。

1990

预选赛

东道主意大利队和卫冕冠军阿根廷队直接出线，另114队报名参加预选赛，争夺22个出线席位。共103队参加了至少1场预选赛阶段比赛。预选赛共进行了314场，进球735个，场均2.34球。入场券分配方面，欧洲区14个(含)意大利，南美区3.5个(含阿根廷)，中北美及加勒比区2个，非洲区2个，亚洲区2个，大洋洲区(含以色列和中华台北)0.5个。只有1张入场券通过附加赛决出：大洋洲区冠军与南美区第3名交手，胜者晋级决赛圈。

●欧洲区

(赛制)共33队参赛，分成7个小组。其中第3、5、6、7组为5队，这4个小组的第一名和第二名均获得出线权。第1、2、4组为4队，小组第一名获得出线权，剩下的3个小组第二名当中，成绩最好的两个也同样出线。

第1组	胜	平	负	进:失球	分
罗马尼亚	4	1	1	10:5	9
丹麦	3	2	1	15:6	8
希腊	1	2	3	3:3	4
保加利亚	1	1	4	6:8	3

(罗马尼亚出线)

1988.10.19 希腊1:1丹麦
米特罗普洛斯41'/波尔森56'
1988.10.19 保加利亚1:3罗马尼亚
科列夫31'/马泰乌茨25'，卡马塔鲁79'、89'
1988.11.2 罗马尼亚3:0希腊
马泰乌茨26'，哈吉40'(点球)，萨伯乌84'
1988.11.2 丹麦1:1保加利亚
埃尔斯特鲁普8'/萨德科夫38'
1989.4.26 希腊0:0罗马尼亚
1989.4.26 保加利亚0:2丹麦
波尔森41'，小劳德鲁普89'
1989.5.17 罗马尼亚1:0保加利亚
波佩斯库35'
1989.5.17 丹麦7:1希腊
小劳德鲁普24'，巴特拉姆47'，K.尼尔森55'，波尔森56'，维尔福特79'，安德森85'，大劳德鲁普89'(点球)/马夫里迪斯39'
1989.10.11 保加利亚4:0希腊
伊万诺夫72'，班科夫76'，伊斯克雷诺夫79'，斯托伊奇科夫88'
1989.10.11 丹麦3:0罗马尼亚
K.尼尔森4'，小劳德鲁普26'，波尔森85'
1989.11.15 希腊1:0保加利亚
诺普利亚斯49'
1989.11.15 罗马尼亚3:1丹麦
巴林特25'、61'，萨伯乌38'/波尔森6'

第2组	胜	平	负	进:失球	分
瑞典	4	2	0	9:3	10
英格兰	3	3	0	10:0	9
波兰	2	1	3	4:8	5
阿尔巴尼亚	0	0	6	3:15	0

(瑞典出线,英格兰作为战绩更好的第二名而出线)

1988.10.19 英格兰0:0瑞典
1988.10.19 波兰1:0阿尔巴尼亚
瓦齐哈78'
1988.11.5 阿尔巴尼亚1:2瑞典
谢胡33'/霍尔姆奎斯特68'，埃克斯特伦71'
1989.3.8 阿尔巴尼亚0:2英格兰
巴恩斯16'，布赖恩·罗布森71'
1989.4.26 英格兰5:0阿尔巴尼亚
莱因克尔5'，比尔兹利12'、64'，沃德尔72'，加斯科因88'
1989.5.7 瑞典2:1波兰
罗格·荣76'，N.拉尔松90'/塔拉谢维奇87'
1989.6.3 英格兰3:0波兰
莱因克尔23'，巴恩斯72'，韦布83'
1989.9.6 瑞典0:0英格兰
1989.10.8 瑞典3:1阿尔巴尼亚
马格努松20'，英厄松55'，恩奎斯特89'/库什塔8'
1989.10.11 波兰0:0英格兰
1989.10.25 波兰0:2瑞典
P.拉尔松34'(点球)，埃克斯特伦60'
1989.11.15 阿尔巴尼亚1:2波兰
库什塔63'/塔拉谢维奇45'，焦贝尔85'

第3组	胜	平	负	进:失球	分
苏联	4	3	1	11:4	11
奥地利	3	3	2	9:9	9
土耳其	3	1	4	12:10	7
民主德国	3	1	4	9:13	7
冰岛	1	4	3	6:11	6

(苏联、奥地利出线)

1988.8.31 冰岛1:1苏联
格雷塔松10'/利托夫琴科45'
1988.10.12 土耳其1:1冰岛
云纳尔73'/托尔法松62'
1988.10.19 苏联2:0奥地利
米哈伊利琴科46'，扎瓦罗夫68'
1988.10.19 民主德国2:0冰岛
托恩34'、88'
1988.11.2 奥地利3:2土耳其
波尔斯特38'，赫尔佐格42'、54'/费亚兹61'，坦茹81'
1988.11.30 土耳其3:1民主德国
坦茹23'、63'，奥古兹69'/托恩75'
1989.4.12 民主德国0:2土耳其
坦茹21'，里德万88'
1989.4.26 苏联3:0民主德国
多布罗沃尔斯基3'，利托夫琴科20'，普罗塔索夫40'
1989.5.10 土耳其0:1苏联
米哈伊利琴科41'
1989.5.20 民主德国1:1奥地利
基尔斯滕86'/波尔斯特3'
1989.5.31 苏联1:1冰岛
多布罗沃尔斯基65'(点球)/阿斯凯尔松86'
1989.6.14 冰岛0:0奥地利
1989.8.23 奥地利2:1冰岛
普费芬博格47'，扎克62'/莫尔盖松48'
1989.9.6 奥地利0:0苏联
1989.9.6 冰岛0:3民主德国
萨默尔55'，恩斯特63'，多尔65'
1989.9.20 冰岛2:1土耳其
佩图尔松56'、72'/费亚兹85'
1989.10.8 民主德国2:1苏联
托恩81'，萨默尔83'/利托夫琴科74'
1989.10.25 土耳其3:0奥地利
里德万12'、52'，费亚兹60'
1989.11.15 苏联2:0土耳其
普罗塔索夫68'、79'
1989.11.15 奥地利3:0民主德国
波尔斯特2'、23'(点球)、61'

第4组	胜	平	负	进:失球	分
荷兰	4	2	0	8:2	10
联邦德国	3	3	0	13:3	9
芬兰	1	1	4	4:16	3
威尔士	0	2	4	4:8	2

(荷兰出线,联邦德国作为战绩更好的第二名而出线)

1988.8.31 芬兰0:4联邦德国
沃勒尔6'、15'，马特乌斯52'，里德尔86'
1988.9.14 荷兰1:0威尔士
古力特82'
1988.10.19 威尔士2:2芬兰
桑德斯24'(点球)，拉蒂宁40'(乌龙)/乌科宁9'，帕特莱宁44'
1988.10.19 联邦德国0:0荷兰
1989.4.26 荷兰1:1联邦德国
范巴斯滕87'/里德尔68'
1989.5.31 威尔士0:0联邦德国
1989.5.31 芬兰0:1荷兰
基夫特87'
1989.9.9 芬兰1:0威尔士
利波宁50'
1989.10.4 联邦德国6:1芬兰
穆勒12'、80'，利特巴尔斯基46'，克林斯曼52'，沃勒尔62'，马特乌斯85'(点球)/利波宁75'
1989.10.11 威尔士1:2荷兰
鲍文89'/鲁特耶斯13'，博斯曼79'
1989.11.15 联邦德国2:1威尔士
沃勒尔27'，哈斯勒48'/阿林11'
1989.11.15 荷兰3:0芬兰
博斯曼57'，埃尔文·科曼62'，罗纳德·科曼69'(点球)

第5组	胜	平	负	进:失球	分
南斯拉夫	6	2	0	16:6	14
苏格兰	4	2	2	12:12	10
法国	3	3	2	10:7	9
挪威	2	2	4	10:9	6
塞浦路斯	0	1	7	6:20	1

(南斯拉夫、苏格兰出线)

1988.9.14 挪威1:2苏格兰
弗约托夫特44'/麦克斯泰14'，约翰斯顿62'
1988.9.28 法国1:0挪威
帕潘84'(点球)
1988.10.19 苏格兰1:1南斯拉夫
约翰斯顿17'/卡塔尼奇36'
1988.10.22 塞浦路斯1:1法国
皮塔斯78'(点球)/舒埃雷布44'
1988.11.2 塞浦路斯0:3挪威
索洛特56'、78'，奥斯沃尔德89'
1988.11.19 南斯拉夫3:2法国
斯帕西奇11'，苏西奇76'，斯托伊科维奇82'/佩雷斯3'，索泽68'
1988.12.11 南斯拉夫4:0塞浦路斯
萨维切维奇13'、33'、82'，哈日贝吉奇44'(点球)
1989.2.8 塞浦路斯2:3苏格兰
科连德里斯13'，约安努47'/约翰斯顿9'，高格54'、90'

1989.3.8 苏格兰2:0法国
约翰斯顿28'、52'
1989.4.26 苏格兰2:1塞浦路斯
约翰斯顿26'，麦考伊斯特63'/尼科劳62'
1989.4.29 法国0:0南斯拉夫
1989.5.21 挪威3:1塞浦路斯
奥斯沃尔德17'，索洛特34'，布拉特塞特35'/科连德里斯44'
1989.6.14 挪威1:2南斯拉夫
弗约托夫特89'/斯托伊科维奇21'，武约维奇86'
1989.9.5 挪威1:1法国
布拉特塞特84'/帕潘40'(点球)
1989.9.6 南斯拉夫3:1苏格兰
卡塔尼奇52'，吉莱斯皮58'(点球)，武约维奇59'/杜里37'
1989.10.11 南斯拉夫1:0挪威
哈日贝吉奇44'(点球)
1989.10.11 法国3:0苏格兰
德尚25'，坎托纳61'，迪朗89'
1989.10.28 塞浦路斯1:2南斯拉夫
皮塔斯38'(点球)/斯托伊科维奇5'，潘采夫49'
1989.11.15 苏格兰1:1挪威
麦考伊斯特44'/约翰森89'
1989.11.18 法国2:0塞浦路斯
德尚25'，布兰克75'

第6组	胜	平	负	进:失球	分
西班牙	6	1	1	20:3	13
爱尔兰	5	2	1	10:2	12
匈牙利	2	4	2	8:12	8
北爱尔兰	2	1	5	6:12	5
马耳他	0	2	6	3:18	2

(西班牙、爱尔兰出线)

1988.5.21 北爱尔兰3:0马耳他
奎因14'，彭尼23'，克拉克25'
1988.9.14 北爱尔兰0:0爱尔兰
1988.10.19 匈牙利1:0北爱尔兰
温策84'
1988.11.16 西班牙2:0爱尔兰
马诺洛52'，布特拉格诺66'
1988.12.11 马尔他2:2匈牙利
布苏蒂尔46'、90'/温策5'，基普里奇56'
1988.12.21 西班牙4:0北爱尔兰
罗甘30'(乌龙)，布特拉格诺55'，米歇尔60'(点球)，麦克莱兰64'(乌龙)
1989.1.22 马耳他0:2西班牙
米歇尔15'(点球)，贝吉里斯坦49'
1989.2.8 北爱尔兰0:2西班牙
安德柳纳3'，马诺洛84'
1989.3.8 匈牙利0:0爱尔兰
1989.3.23 西班牙4:0马耳他
米歇尔38'、68'(点球)，马诺洛71'、80'
1989.4.12 匈牙利1:1马耳他
博达49'(点球)/布苏蒂尔7'
1989.4.26 马耳他0:2北爱尔兰
克拉克55'，奥尼尔73'
1989.4.26 爱尔兰1:0西班牙
米歇尔15'(乌龙)
1989.5.28 爱尔兰2:0马耳他
霍顿32'，莫兰55'
1989.6.4 爱尔兰2:0匈牙利
麦格拉思33'，卡斯卡里诺80'
1989.9.6 北爱尔兰1:2匈牙利
怀特塞德89'/科瓦奇13'，博格纳尔44'
1989.10.11 匈牙利2:2西班牙
平特38'、82'/萨利纳斯30'，米歇尔35'
1989.10.11 爱尔兰3:0北爱尔兰
惠兰42'，卡斯卡里诺48'，霍顿57'
1989.11.15 西班牙4:0匈牙利
马诺洛7'，布特拉格诺24'，华尼托40'，费尔南多63'
1989.11.15 马耳他0:2爱尔兰
阿尔德里奇31'、68'(点球)

第7组	胜	平	负	进:失球	分
比利时	4	4	0	15:5	12
捷克斯洛伐克	5	2	1	13:3	12
葡萄牙	4	2	2	11:8	10
瑞士	2	1	5	10:14	5
卢森堡	0	1	7	3:22	1

(比利时、捷克斯洛伐克出线)

1988.9.21 卢森堡1:4瑞士
朗热80'/苏特1'，图基尔马兹21'(点球)，53'，萨特勒28'
1988.10.18 卢森堡0:2捷克斯洛伐克
哈谢克25'，霍瓦内茨35'
1988.10.19 比利时1:0瑞士
费尔福特30'
1988.11.16 捷克斯洛伐克0:0比利时
1988.11.16 葡萄牙1:0卢森堡
戈麦斯31'
1989.2.15 葡萄牙1:1比利时
帕内拉53'/范德林登84'
1989.4.26 葡萄牙3:1瑞士
若奥·平托48'，弗雷德里科56'，帕内拉69'/祖菲64'
1989.4.29 比利时2:1捷克斯洛伐克
德格里斯29'、77'/卢霍维41'
1989.5.9 捷克斯洛伐克4:0卢森堡
格里加6'，斯库赫拉维76'、84'，比莱克81'
1989.6.1 卢森堡0:5比利时
范德林登13'、52'、62'、89'，费尔福特64'
1989.6.7 瑞士0:1捷克斯洛伐克
斯库赫拉维22'
1989.9.6 比利时3:0葡萄牙
瑟勒芒斯34'，范德林登59'、69'
1989.9.20 瑞士1:2葡萄牙
图基尔马兹28'(点球)/富特雷74'(点球)，鲁伊·阿瓜斯77'
1989.10.6 捷克斯洛伐克2:1葡萄牙
比莱克11'(点球)、82'/鲁伊·阿瓜斯74'
1989.10.11 卢森堡0:3葡萄牙
鲁伊·阿瓜斯43'、53'，鲁伊·巴罗斯72'
1989.10.11 瑞士2:2比利时
克尼普50'，图基尔马兹68'/德格里斯58'，盖格尔73'(乌龙)
1989.10.25 捷克斯洛伐克3:0瑞士
斯库赫拉维17'，比莱克86'，莫拉夫契克88'
1989.10.25 比利时1:1卢森堡
韦尔萨韦7'/埃勒尔斯88'
1989.11.15 葡萄牙0:0捷克斯洛伐克
1989.11.15 瑞士2:1卢森堡
邦文54'，图基尔马兹62'/马尔格14'

●亚洲区

(赛制)27队报名参赛，马尔代夫在分组抽签前决定弃权，中华台北队则被分到了大洋洲区。剩下的25队分入6个小组，每组4到5队不等。除第4组外，每个小组都进行主客场双循环赛，第4组则在韩国和新加坡进行赛会制的两个循环比赛。每个小组的第一名进入最后的六强赛，六强赛在新加坡和马来西亚进行，列前两名的球队晋级世界杯。

第1组	胜	平	负	进:失球	分
卡塔尔	3	3	0	8:3	9
伊拉克	3	2	1	11:5	8
约旦	2	1	3	5:7	5
阿曼	0	2	4	2:11	2

(卡塔尔晋级)

1989.1.6 卡塔尔1:0约旦
索菲21'
1989.1.6 阿曼1:1伊拉克
马赫穆德37'/I.默罕默德18'
1989.1.13 阿曼0:0卡塔尔
1989.1.13 约旦0:1伊拉克
奥雷比60'
1989.1.20 约旦2:0阿曼
亚达耶32'、43'
1989.1.20 卡塔尔1:0伊拉克
索菲80'
1989.1.27 约旦1:1阿曼
阿瓦德90'/索菲90'
1989.1.27 伊拉克3:1阿曼
拉迪33'，赛义德54'，哈舍姆85'/纳赛尔90'
1989.2.3 卡塔尔3:0阿曼
贾瓦尔32'，索菲67'、81'
1989.2.3 伊拉克4:0约旦
拉迪26'、42'、66'、80'
1989.2.10 阿曼0:2约旦
布戴维49'，阿瓦德66'
1989.2.10 伊拉克2:2卡塔尔
拉迪31'，赛义德75'/艾德18'，哈米斯85'

第2组	胜	平	负	进:失球	分
沙特	3	1	0	7:4	7
叙利亚	2	1	1	7:5	5
北也门	0	0	4	0:5	0

巴林弃权
(沙特晋级)

1989.3.10 北也门0:1叙利亚
马赫鲁斯54'
1989.3.15 沙特5:4叙利亚
贾曼x2，哈拉蒂，马吉德，图纳扬/阿纳塞尔，贾格兰，埃洛，库尔达利
1989.3.20 北也门0:1沙特
贾米尔
1989.3.25 叙利亚2:0北也门
马赫鲁斯,塞尔
1989.3.30 叙利亚0:0沙特
1989.4.5 沙特1:0北也门
马吉德44'

第3组	胜	平	负	进:失球	分
阿联酋	3	0	1	12:4	6
科威特	3	0	1	6:3	6
巴基斯坦	0	0	4	1:12	0

南也门弃权
(阿联酋晋级)

1989.1.16 巴基斯坦0:1科威特
哈伊里5'
1989.1.13 科威特3:2阿联酋
索瓦耶德26'，哈萨维75'、84'/巴克希特54'、69'
1989.1.20 阿联酋5:0巴基斯坦
易卜拉欣1'、25'，伊斯梅尔64'，阿布德拉赫曼78'，阿卜杜尔·阿齐兹85'
1989.1.27 科威特2:0巴基斯坦
马尔维42'、78'
1989.2.3 阿联酋1:0科威特
塔利亚尼62'
1989.2.10 巴基斯坦1:4阿联酋
沙利81'/伊斯梅尔7'，易卜拉欣26'，塔利亚尼27'，阿卜杜尔·阿齐兹70'

第4组	胜	平	负	进:失球	分
韩国	6	0	0	25:0	12
马来西亚	3	1	2	8:8	7
新加坡	2	1	3	12:9	5
尼泊尔	0	0	6	0:28	0

印度弃权 (韩国晋级)

1989.5.23 马来西亚2:0尼泊尔
李谦康2'，萨列赫90'(点球)
1989.5.23 韩国3:0新加坡
黄善洪7'、20'，丁海远90'
1989.5.25 马来西亚1:0新加坡
萨列赫61'
1989.5.25 韩国9:0尼泊尔
郑龙焕2'，朴庆勋16'(点球)，崔相国24'、29'，金铸城39'、48'，李永镇50'，卢寿振84'，曹敏国89'
1989.5.27 新加坡3:0尼泊尔
萨特尔37'、44'，郑彭熙53'
1989.5.27 韩国3:0马来西亚
崔淳镐6'，黄善洪57'、79'
1989.6.3 新加坡2:2马来西亚
马尼31'，萨利姆38'/张凌19'，萨列赫84'

1989.6.3 韩国4:0尼泊尔
李化钟34'，朴庆勋43'，金铸城43'，李泰昊83'
1989.6.5 韩国3:0马来西亚
黄善洪66'，曹敏国83'，皇甫官86'
1989.6.5 新加坡7:0尼泊尔
托基扬4'、29'、44'、48'，萨利姆38'，德瓦拉伊58'、63'
1989.6.7 新加坡0:3韩国
金铸城7'，卢寿振61'、70'
1989.6.7 马来西亚3:0尼泊尔
萨列赫10'、66'，古纳兰81'

第5组	胜	平	负	进:失球	分
中国	5	0	1	13:3	10
伊朗	5	0	1	12:5	10
孟加拉国	1	0	5	4:9	2
泰国	1	0	5	2:14	2

(中国晋级)
1989.2.19 泰国1:0孟加拉国
皮耶昂10'
1989.2.23 中国2:0孟加拉国
王宝山51'，麦超57'
1989.2.23 泰国0:3伊朗
巴维，加鲁西，加耶赫兰
1989.2.27 孟加拉国1:2伊朗
阿斯拉姆70'/卡里姆44'，安萨里法尔50'
1989.2.28 泰国0:3中国
唐尧东54'，柳海光59'，马林89'
1989.3.4 孟加拉国0:2中国
王宝山25'，马林62'
1989.3.8 孟加拉国3:1泰国
伊克巴尔10'，萨比尔28'，雷普76'/昌穆伊79'
1989.5.17 伊朗1:0孟加拉国
马尔法维
1989.5.30 伊朗3:0泰国
佩尤斯x2，加鲁西
1989.7.15 中国2:0伊朗
柳海光73'，张小文78'
1989.7.22 伊朗3:2中国
佩尤斯x2，埃夫克哈里/麦超62'，马林66'
1989.7.29 中国2:0泰国
贾秀全1'，麦超3'

第6组	胜	平	负	进:失球	分
朝鲜	5	0	1	13:3	10
日本	5	0	1	12:5	10
印尼	1	0	5	4:9	2
香港	1	0	5	2:14	2

(朝鲜晋级)
1989.5.21 印尼0:0朝鲜
1989.5.22 香港0:0日本
1989.5.27 香港1:2朝鲜
山度士/金昌桥，台永信
1989.5.28 印尼0:0日本
1989.6.4 香港1:1印尼
巴贝利/穆斯塔姆
1989.6.4 日本2:1朝鲜
水沼贵史，金永南(乌龙)/尹永洙
1989.6.11 日本5:0印尼
长谷川健太，崛池巧，黑崎久志，前田治，信藤克义
1989.6.18 日本0:0香港
1989.6.25 印尼3:2香港
基斯万托x2，穆斯塔吉姆/梁能仁x2
1989.6.25 朝鲜2:0日本
金丰一，李赫崇
1989.7.2 朝鲜4:1香港
处敬植，黄亨一，金丰一，李赫崇/巴贝利
1989.7.9 朝鲜2:1印尼
金丰一，台永信/穆斯塔姆

六强赛	胜	平	负	进:失球	分
韩国	3	2	0	5:1	8
阿联酋	1	4	0	4:3	6
卡塔尔	1	3	1	4:5	5
中国	2	0	3	5:6	4
沙特	1	2	2	4:5	4
朝鲜	1	1	3	2:4	3

(韩国、阿联酋出线)
1989.10.12 阿联酋0:0朝鲜
1989.10.12 中国2:1沙特
麦超68'(点球)、78'/比希24'(点球)
1989.10.13 韩国0:0卡塔尔
1989.10.16 卡塔尔1:1沙特
穆夫塔赫87'/苏瓦蒂3'
1989.10.16 韩国1:0朝鲜
黄善洪18'
1989.10.17 阿联酋2:1中国
穆巴拉克87'，塔利亚尼88'/唐尧东61'
1989.10.20 韩国1:0中国
金铸城67'
1989.10.20 朝鲜2:0卡塔尔
金丰一23'，处敬植32'
1989.10.21 沙特0:0阿联酋
1989.10.24 阿联酋1:1卡塔尔
穆巴拉克20'/苏莱蒂37'
1989.10.24 中国1:0朝鲜
谢育新67'
1989.10.25 韩国2:0沙特
皇甫官42'，黄善洪89'
1989.10.28 卡塔尔2:1中国
索菲87'，穆夫塔赫89'/马林76'
1989.10.28 阿联酋1:1韩国
塔利亚尼16'/皇甫官8'
1989.10.28 沙特2:0朝鲜
莫塞贝赫13'，苏瓦蒂57'

●大洋洲区

(赛制)共5队参赛，中华台北和以色列也加入到这个赛区。4队先进行资格赛，两支胜队进入决赛阶段，以色列直接入围决赛阶段。决赛阶段由3队进行双循环比赛，胜者出线。

资格赛
1988.12.11 中华台北0:4新西兰
怀特36'，麦克莱兰45'，巴克利57'，哈利甘76'
1988.12.15 新西兰4:1中华台北
麦克莱兰x3，怀特/伦德(乌龙)
新西兰总比分8比1晋级
1988.11.26 斐济1:0澳大利亚
马吉迪66'
1988.12.3 澳大利亚5:1斐济
扬科斯x2，阿诺尔德，斯平克，特里姆博利/达拉伊
澳大利亚总比分5比2晋级

决赛圈	胜	平	负	进:失球	分
以色列	1	3	0	5:4	5
澳大利亚	1	2	1	6:5	4
新西兰	1	1	2	5:7	3

(以色列晋级附加赛)
1989.3.5 以色列1:0新西兰
罗森塔尔7'
1989.3.12 澳大利亚4:1新西兰
克里诺15'，阿诺尔德42'、55'，扬科斯77'/邓福德70'
1989.3.19 以色列1:1澳大利亚
奥哈纳67'(点球)/扬科斯72'
1989.4.2 新西兰2:0澳大利亚
邓福德19'，怀特80'
1989.4.9 新西兰2:2以色列
怀特19'，邓福德36'/罗森塔尔16'，克林格37'
1989.4.16 澳大利亚1:1以色列
特里姆博利88'/奥哈纳40'

●南美洲区

(赛制)除阿根廷外，剩下的9国参加预选赛，争夺2.5张入场券。9队分成3个小组，两个成绩最好的小组第一名直接晋级决赛圈，成绩最差的小组第一名与大洋洲区冠军进行附加赛。

第1组	胜	平	负	进:失球	分
乌拉圭	3	0	1	7:2	6
玻利维亚	3	0	1	6:5	6
秘鲁	0	0	4	2:8	0

(乌拉圭直接出线)
1989.8.20 玻利维亚2:1秘鲁
梅尔加44'(点球)，罗马略53'/德尔索拉尔43'
1989.8.27 秘鲁0:2乌拉圭
鲁本·索萨46'，阿尔萨门迪69'
1989.9.3 玻利维亚2:1乌拉圭
多明格斯38'(乌龙)，佩尼亚47'/鲁本·索萨49'
1989.9.10 秘鲁1:2玻利维亚
冈萨雷斯53'/罗马略44'，桑切斯76'
1989.9.17 乌拉圭2:0玻利维亚
鲁本·索萨31'，弗朗西斯科利38'
1989.9.24 乌拉圭2:0秘鲁
鲁本·索萨43'、57'

第2组	胜	平	负	进:失球	分
哥伦比亚	2	1	1	5:3	5
巴拉圭	2	0	2	6:7	4
厄瓜多尔	1	1	2	4:5	3

(哥伦比亚作为成绩最差的小组第一，入围附加赛)
1989.8.27 哥伦比亚2:0厄瓜多尔
伊瓜兰32'、72'
1989.8.27 巴拉圭2:1哥伦比亚
费雷拉48'，奇拉维特90'(点球)/伊瓜兰87'
1989.9.3 厄瓜多尔0:0哥伦比亚
1989.9.10 巴拉圭2:1厄瓜多尔
卡瓦尼亚斯36'，费雷拉67'/阿比莱斯84'
1989.9.17 哥伦比亚2:1巴拉圭
伊瓜兰55'，埃尔南德斯66'/门多萨44'
1989.9.24 厄瓜多尔3:1巴拉圭
阿吉纳加26'，马尔塞蒂71'，阿比莱斯82'/内法18'

第3组	胜	平	负	进:失球	分
巴西	3	1	0	13:1	7
智利	2	1	1	9:4	5
委内瑞拉	0	0	4	1:18	0

(巴西直接出线)
1989.7.30 委内瑞拉0:4巴西
布兰科5'，罗马里奥65'，贝贝托79'、81'
1989.8.6 委内瑞拉1:3智利
费尔南德斯65'/阿拉贝纳5'、34'，萨莫拉诺71'
1989.8.13 智利1:1巴西
巴塞90'/冈萨雷斯63'(乌龙)
1989.8.20 巴西6:0委内瑞拉
卡雷卡9'、16'、78'、86'，西拉斯37'，阿科斯塔38'(乌龙)
1989.8.27 智利5:0委内瑞拉
莱特利尔24'、34'、68'，亚内斯43'，贝拉84'
*1989.9.3 巴西1:0智利
卡雷卡49'
(比赛进行到第67分钟提前终止，原因是智利门将罗哈斯佯装被巴西球迷扔下的烟花炸伤倒地，他甚至还用红药水代替鲜血，智利队以此为由拒绝继续比赛。事后经国际足联调查，识破智利队的阴谋，遂决定对罗哈斯终身禁赛，禁止智利队参加1994年世界杯。这场以1比0收场的比赛以智利弃权论处，改判巴西2比0胜利。)

●中北美及加勒比区

(赛制)共16队参赛，但国际足联取消了伯利兹的参赛资格。该区比赛先进行两轮资格赛。加拿大、洪都拉斯、萨尔瓦多、美国和墨西哥直接进入第二轮，剩下的10队在第

一轮比赛里两两相遇，决出5支晋级队。在第二轮里，5支晋级队与5支轮空队再进行交锋，胜者进入决赛圈。决赛圈采取主客场双循环赛制，积分前两名的球队进军世界杯。

第一轮资格赛

1988.4.17 圭亚那0:4特立尼达和多巴哥
阿伦，弗斯汀，雷克，斯金
1988.5.8 特立尼达和多巴哥1:0圭亚那
科恩内尔68'
特立尼达和多巴哥总比分5比0晋级
1988.4.30 古巴0:1危地马拉
胡安·洛佩斯44'
1988.5.15 危地马拉1:1古巴
比隆·佩雷斯68'(点球)/卡洛斯·冈萨雷斯40'
危地马拉总比分2比1晋级
1988.5.12 牙买加1:0波多黎各
布鲁克斯10'(点球)
1988.5.29 波多黎各1:2牙买加
德拉坎帕52'/昂林32'、78'
牙买加总比分3比1晋级
1988.6.19 安提瓜和巴布达0:1荷属安地列斯
罗韦纳
1988.7.29 荷属安地列斯3:1安提瓜和巴布达
罗韦纳104'、118'，罗西纳120'/埃德沃兹38'
荷属安地列斯总比分4比1晋级
1988.7.17 哥斯达黎加1:1巴拿马
克劳迪奥·亚拉26'/维克托·门迭塔17'
1988.7.31 巴拿马0:2哥斯达黎加
卡亚索1'，梅德福德71'
哥斯达黎加总比分3比1晋级

第二轮资格赛

1988.10.1 荷属安地列斯0:1萨尔瓦多
里卡多·加西亚53'
1988.10.16 萨尔瓦多5:0荷属安地列斯
科雷亚斯5'，C.萨帕塔，加西亚35'，B.萨帕塔58'、68'
萨尔瓦多总比分6比0晋级
1988.7.24 牙买加0:0美国
1988.8.13 美国5:1牙买加
布利斯18'，乌戈·佩雷斯68'，克洛帕特76'、85'，克隆普78'/斯特林54'
美国总比分5比1晋级
1988.10.30特立尼达和多巴哥0:0洪都拉斯
1988.11.13 洪都拉斯1:1特立尼达和多巴哥
胡安·弗洛雷斯20'/查尔斯56'
特立尼达和多巴哥凭借客场进球多的优势晋级
由于墨西哥在青年赛事中使用超龄球员，被国际足联取消世界杯参赛资格，**哥斯达黎加晋级**
1988.10.9 危地马拉1:0加拿大
比隆·佩雷斯20'(点球)
1988.10.15 加拿大3:2危地马拉
米切尔63'、83'(点球)，伊恩·布里奇88'/帕尼亚瓜7'，卡斯塔尼耶达37'
危地马拉凭借客场进球多的优势晋级

决赛圈	胜	平	负	进:失球	分
哥斯达黎加	5	1	2	10:6	11
美国	4	3	1	6:3	11
特立尼达和多巴哥	3	3	2	7:5	9
危地马拉	1	1	4	4:7	3
萨尔瓦多	0	2	4	2:8	2

(哥斯达黎加、美国出线)
1989.3.19 危地马拉1:0哥斯达黎加
劳尔·查孔39'(点球)
1989.4.2 哥斯达黎加2:1危地马拉
弗洛雷斯42'，科罗纳多78'/罗达斯51'
1989.4.16 哥斯达黎加1:0美国
罗登14'
1989.4.30 美国1:0哥斯达黎加
塔布·拉莫斯72'
1989.5.13 美国1:1特立尼达和多巴哥
特里茨楚48'/查尔斯88'
1989.5.28特立尼达和多巴哥1:1哥斯达黎加
琼斯/科罗纳多
1989.6.11 哥斯达黎加1:0特立尼达和多巴哥
卡亚索2'
1989.6.17 美国2:1危地马拉
默里3'，艾希曼67'/查孔22'
1989.6.25 萨尔瓦多2:4哥斯达黎加
罗德里格斯24'，里巴斯63'/卡亚索16'，伊达尔戈46'，弗洛雷斯51'、75'
1989.7.16 哥斯达黎加1:0萨尔瓦多
费尔南德斯55'
1989.7.30 特立尼达和多巴哥2:0萨尔瓦多
刘易斯50'、61'
1989.8.13 萨尔瓦多0:0特立尼达和多巴哥
1989.8.20 危地马拉0:1特立尼达和多巴哥
贾梅尔森57'
1989.9.3 特立尼达和多巴哥2:1危地马拉
琼斯10'，贾梅尔森88'/罗达斯6'
1989.9.17 萨尔瓦多0:1美国
乌戈·佩雷斯61'
1989.10.8 危地马拉0:0美国
1989.11.5 美国0:0萨尔瓦多
1989.11.19 特立尼达和多巴哥0:1美国
卡利朱里30'
*原定于11月19日和21日举行的萨尔瓦多与危地马拉的两回合比赛，因为两队无论胜负都无法出线，而决定取消。

非洲区

(赛制)26队报名参赛，但毛里求斯和莫桑比克被国际足联取消资格，剩下24队分成三个阶段进行预选赛，争夺两张入场券。在国际足联非洲区排名前八的球队直接进入第二轮，剩下的16队在第一轮交手，产生8支晋级第二轮的球队。16支球队在第二轮被分成4个小组进行双循环赛。4个小组的第一名随后两两碰面，胜利者进军世界杯。

第一轮

1988.8.17 安哥拉0:0苏丹
1988.11.17 苏丹1:2安哥拉
欧萨纳/迪亚斯，扎卡里亚斯
安哥拉总比分2比1晋级
莱索托弃权，津巴布韦晋级
卢旺达弃权，赞比亚晋级
多哥弃权，加蓬晋级
1988.7.16 乌干达1:0马拉维
莫基里
1988.7.30 马拉维3:1乌干达
奇尔瓦，卡伊拉，瓦亚/莫基里
马拉维总比分3比2晋级
1988.6.3 利比亚3:0布基纳法索
贝赞，哈里，伊萨维
1988.7.3 布基纳法索2:0利比亚
吉马索，卡德巴
利比亚总比分3比2晋级
1988.8.7 加纳0:0利比里亚
1988.8.21 利比里亚2:0加纳
德巴赫，威赫
利比里亚总比分2比0晋级
1988.8.5 突尼斯5:0几内亚
希奇里x2，本叶海亚，马霍乌比，拉克巴乌伊
1988.8.21 几内亚3:0突尼斯
埃莫森x2，杜尔
突尼斯总比分5比3晋级

第二轮

第1组	胜	平	负	进:失球	分
阿尔及利亚	3	1	0	6:1	7
科特迪瓦	1	2	1	5:1	4
津巴布韦	0	1	3	1:10	1
利比亚	-	-	-	-:-	-

(阿尔及利亚晋级)
1989.1.6 阿尔及利亚3:0津巴布韦
梅纳德10'、26'，马杰尔65'
1989.1.8 科特迪瓦1:0利比亚
*利比亚在参加完这场比赛后决定弃权，所有比赛结果作废。
1989.1.22 津巴布韦0:0科特迪瓦
1989.6.11 科特迪瓦0:0阿尔及利亚
1989.6.25 津巴布韦1:2阿尔及利亚
恩敦杜马90'/梅纳德38'，马杰尔87'
1989.8.13 科特迪瓦5:0津巴布韦
本萨拉赫30'、47'，阿克农71'(点球)，亚奥81'，邦巴89'
1989.8.25 阿尔及利亚1:0科特迪瓦
马杰尔56'

第2组	胜	平	负	进:失球	分
埃及	3	2	1	6:2	8
利比里亚	2	2	2	2:3	6
马拉维	1	3	2	3:4	5
肯尼亚	1	3	2	2:4	5

(埃及晋级)
1989.1.6 埃及2:0利比里亚
马伊博布25'，拉马丹44'
1989.1.7 肯尼亚1:1马拉维
达沃47'/辛戈2'
1989.1.21 马拉维1:1埃及
卡伊拉/拉索尔
1989.1.22 利比里亚0:0肯尼亚
1989.6.10 肯尼亚0:0埃及
1989.6.11 利比里亚1:0马拉维
威赫
1989.6.24 马拉维1:0肯尼亚
卡伊拉
1989.6.25 利比里亚1:0埃及
德巴赫
1989.8.11 埃及1:0马拉维
拉索尔
1989.8.12 肯尼亚1:0利比里亚
萨拉姆
1989.8.26 埃及2:0肯尼亚
拉索尔58'，霍桑62'
1989.8.26 马拉维0:0利比里亚

第3组	胜	平	负	进:失球	分
喀麦隆	4	1	1	9:6	9
尼日利亚	3	1	2	2:7	7
安哥拉	1	2	3	6:7	4
加蓬	2	0	4	5:9	4

(喀麦隆晋级)
1989.1.7 尼日利亚1:0加蓬
奥德卜加尼5'
1989.1.8 喀麦隆1:1安哥拉
琼凯普75'/萨韦德拉11'
1989.1.22 加蓬1:3喀麦隆
马农/奥曼·比耶克x2，姆博
1989.1.22 安哥拉2:2尼日利亚
迪亚斯，赫苏斯/卡什，奥比库
1989.6.10 尼日利亚2:0喀麦隆
凯希，夏夏
1989.6.11 安哥拉2:0加蓬
马卢卡x2
1989.6.25 安哥拉1:2喀麦隆
保洛/琼凯普，奥曼·比耶克
1989.6.25 加蓬2:1尼日利亚
明科，昂德诺/夏夏
1989.8.12 尼日利亚1:0安哥拉
凯希
1989.6.13 喀麦隆2:1加蓬
奥曼·比耶克32'，姆博38'/恩赞巴78'
1989.6.27 喀麦隆1:0尼日利亚
奥曼·比耶克31'
1989.6.27 加蓬1:0安哥拉
明科24'

第4组	胜	平	负	进:失球	分
突尼斯	3	1	2	5:5	7

赞比亚	3	0	3	7:6	6
扎伊尔	2	2	2	7:7	6
摩洛哥	1	3	2	4:5	5

(突尼斯晋级)

1989.1.8 摩洛哥1:0赞比亚
法塔赫39'

1989.1.8 扎伊尔3:1突尼斯
马普阿塔x2，卡邦戈/布斯尼纳

1989.1.22 突尼斯2:1摩洛哥
阿卜德利，塔拉克/布德尔巴拉

1989.1.22 赞比亚4:2扎伊尔
K.布瓦利亚，曼金卡，姆西斯卡，恩伊伦达/卡邦戈x2

1989.6.11 扎伊尔0:0摩洛哥

1989.6.11 赞比亚1:0突尼斯
曼金卡

1989.6.25 赞比亚2:1摩洛哥
K.布瓦利亚，穆松达/蒂莫米

1989.6.25 突尼斯1:0扎伊尔
马洛尔

1989.8.13 摩洛哥0:0突尼斯

1989.8.13 扎伊尔1:0赞比亚
卡邦戈

1989.8.27 突尼斯1:0赞比亚
马霍乌比75'

1989.8.27 摩洛哥1:1扎伊尔
马迪赫58'/马克科拉47'

第三轮

1989.10.8 阿尔及利亚0:0埃及

1989.11.17 埃及1:0阿尔及利亚
哈桑4'

埃及以总比分1比0出线

1989.10.8 喀麦隆2:0突尼斯
姆费德54'，孔德89'

1989.11.19 突尼斯0:1喀麦隆
奥曼·比耶克14'

喀麦隆以总比分3比0出线

附加赛(南美洲区VS大洋洲区)

1989.10.15 哥伦比亚1:0以色列
乌苏里亚加73'

1989.10.30 以色列0:0哥伦比亚

哥伦比亚以总比分1比0出线

决赛阶段

24队分成6个小组进行单循环赛，小组前两名，与4个成绩最好的小组第3名晋级十六强。

A组	胜	平	负	进:失球	分
意大利	3	0	0	4:0	6
捷克斯洛伐克	2	0	1	6:3	4
奥地利	1	0	2	2:3	2
美国	0	0	3	2:8	0

(意大利、捷克斯洛伐克晋级)

1990.6.9 意大利1:0奥地利
罗马/72303人，**主裁判:**若泽·赖特(巴西)
进球:斯基拉奇78'
意大利(433):曾加/贝尔戈米、巴雷西、费里、马尔蒂尼/安切洛蒂(45'德阿戈斯蒂尼)，德纳波利、贾尼尼/多纳多尼、维亚利、卡尔内瓦莱(76'斯基拉奇)
奥地利(532):林登贝格尔/鲁斯、艾格纳、佩茨尔、舍特尔、施特赖特尔/阿尔特纳(61'扎克)、林茨迈尔(81'赫尔特纳格尔)、赫尔佐格■/奥格里斯、波尔斯特

1990.6.10 捷克斯洛伐克5:1美国
佛罗伦萨/32266人，**主裁判:**勒特利斯贝格尔(瑞士)
进球:斯库赫拉维25'，比莱克39'(点球)，哈谢克50'，斯库赫拉维78'，卢霍维90'/卡利朱里61'
捷克斯洛伐克(352):斯泰斯卡尔/卡德莱茨、科西安、斯特拉卡/莫拉夫契克(83'魏斯)、哈谢克、库比克、霍瓦内茨、比莱克/斯库赫拉维、克诺夫利切克(77'卢霍维)
美国(343):梅奥拉/特里茨楚、温迪施曼、阿姆斯特朗/哈克斯、塔布·拉莫斯、斯托尔梅耶(64'巴尔博亚)、卡利朱里/韦尔姆斯、温纳尔达、默里(79'沙利文)

1990.6.14 意大利1:0美国
罗马/73423人，**主裁判:**科德萨(墨西哥)
进球:贾尼尼11'
意大利(442):曾加/贝尔戈米、巴雷西、费里■、马尔蒂尼/贝尔蒂、多纳多尼、德纳波利、贾尼尼/科尔内瓦莱(20'斯基拉奇)、维亚利
美国(532):梅奥拉/多伊尔、班克斯(■,81'斯托尔梅耶)、温迪施曼、阿姆斯特朗、巴尔博亚/哈克斯、塔布·拉莫斯、卡利朱里/韦尔姆斯、默里(83'沙利文)

1990.6.15 捷克斯洛伐克1:0奥地利
佛罗伦萨/38962人，**主裁判:**乔治·史密斯(苏格兰)
进球:比莱克30'(点球)
捷克斯洛伐克(352):斯泰斯卡尔/卡德莱茨、科西安、内梅切克/莫拉夫契克■、哈谢克、霍瓦内茨(32'别利克)、库比克■、比莱克/斯库赫拉维、克诺夫利切克(83'魏斯)
奥地利(442):林登贝格尔/艾格纳■、佩茨尔■、普费弗■、鲁斯(45'施特赖特尔)/扎克■、舍特尔(45'奥格里斯)、赫尔佐格、赫尔特纳格尔/罗达克斯、波尔斯特

1990.6.19 意大利2:0捷克斯洛伐克
罗马/73303人，**主裁判:**基尼乌(法国)
进球:斯基拉奇9'，罗伯托·巴乔78'
意大利(352):曾加/贝尔戈米、巴雷西、费里/贝尔蒂■、多纳多尼(52'德阿戈斯蒂尼)、德纳波利(■,66'维尔乔沃德)、贾尼尼、马尔蒂尼/罗伯托·巴乔■、斯基拉奇
捷克斯洛伐克(352):斯泰斯卡尔/基尼尔、卡德莱茨、内梅切克(45'别利克)/莫拉夫契克、哈谢克、霍瓦内茨■、魏斯(58'格里加)、比莱克/斯库赫拉维■、克诺夫利切克

1990.6.19 奥地利2:1美国
佛罗伦萨/34857人，**主裁判:**沙里夫(叙利亚)
进球:奥格里斯52'，罗达克斯65'/默里85'
奥地利(352):林登贝格尔/佩茨尔■、艾格纳、普费弗/阿尔特纳■、扎克■、赫尔佐格■、奥格里斯、施特赖特尔/罗达克斯(86'格拉茨迈尔■)、波尔斯特(45'赖辛格■)
美国(532):梅奥拉/多伊尔、班克斯■、温迪施曼■、阿姆斯特朗、巴尔博亚/哈克斯、塔布·拉莫斯、卡利朱里(■,83'布利斯)/韦尔姆斯、默里■

B组	胜	平	负	进:失球	分
喀麦隆	2	0	1	3:5	4
罗马尼亚	1	1	1	4:3	3
阿根廷	1	1	1	3:2	3
苏联	1	0	2	4:4	2

(喀麦隆、罗马尼亚、阿根廷晋级)

1990.6.8 喀麦隆1:0阿根廷
米兰/73780人，**主裁判:**沃特罗(法国)
进球:奥曼-比耶克67'
喀麦隆(532):恩科诺/塔陶、孔德、恩迪普■、马辛■■、埃布韦勒/姆博■、卡纳-比耶克■、姆费德(70'利比)/奥曼-比耶克、马卡纳基(69'米拉)
阿根廷(352):蓬皮多/鲁杰里(45'卡尼吉亚)、胡安·西蒙、法布里/巴苏阿尔多、洛伦索、巴蒂斯塔、圣西尼(■,70'卡尔德隆)、布鲁查加/巴尔博、马拉多纳

1990.6.9 罗马尼亚2:0苏联
巴里/42907人，**主裁判:**卡德利诺(乌拉圭)
进球:勒克图什42'，勒克图什57'(点球)
罗马尼亚(442):伦格/雷德尼奇、安多内、G.波佩斯库、克莱因/萨伯乌、罗塔留、卢佩斯库、蒂莫夫特/勒克图什(■,87'杜米特雷斯库)、拉杜乔尤(80'巴林特)
苏联(352):达萨耶夫/库兹涅佐夫、希迪亚图林■、戈尔卢科维奇/阿列尼科夫、利托夫琴科(64'亚列姆丘克)、扎瓦罗夫、别索诺夫、拉茨/普罗塔索夫、多布罗沃尔斯基(72'博罗久克)

1990.6.13 阿根廷2:0苏联
那不勒斯/55759人，**主裁判:**弗雷德里克松(瑞典)
进球:特罗利奥27'，布鲁查加79'
阿根廷(352):蓬皮多(11'戈耶切亚)/蒙松■、胡安·西蒙、塞里苏埃拉(■,79'洛伦索)/巴苏阿尔多、巴蒂斯塔、特罗利奥、奥拉蒂科切亚、布鲁查加/卡尼吉亚■、马拉多纳■
苏联(442):乌瓦罗夫/别索诺夫■、希迪亚图林、库兹涅佐夫、戈尔卢科维奇/阿列尼科夫、济曼托维奇■、沙利莫夫、扎瓦罗夫(81'柳特)/普罗塔索夫(76'利托夫琴科)、多布罗沃尔斯基

1990.6.14 喀麦隆2:1罗马尼亚
巴里/38687人，**主裁判:**阿尔塞(智利)
进球:米拉76'，米拉86'/巴林特88'
喀麦隆(532):恩科诺■/塔陶、孔德(69'帕加尔)、恩迪普、奥纳纳■、埃布韦勒/姆博、马博昂(61'米拉)、姆费德/奥曼-比耶克、马卡纳基
罗马尼亚(442):伦格/雷德尼奇、安多内、G.波佩斯库、克莱因■/萨伯乌、罗塔留、哈吉(56'杜米特雷斯库)、蒂莫夫特/勒克图什、拉杜乔尤(64'巴林特)

1990.6.18 苏联4:0喀麦隆
巴里/37307人，**主裁判:**若泽·赖特(巴西)
进球:普罗塔索夫20'，济曼托维奇29'，扎瓦罗夫59'，多布罗沃尔斯基63'
苏联(442):乌瓦罗夫/杰米亚年科、希迪亚图林、库兹涅佐夫、戈尔卢科维奇/阿列尼科夫、济曼托维奇、沙利莫夫(45'扎瓦罗夫)、普罗塔索夫■/利托夫琴科(73'亚列姆丘克)、多布罗沃尔斯基
喀麦隆(532):恩科诺/塔陶、孔德(35'米拉■)、恩迪普、奥纳纳、埃布韦勒/姆博、卡纳-比耶克■、姆费德/奥曼-比耶克、马卡纳基(57'帕加尔)

1990.6.18 阿根廷1:1罗马尼亚
那不勒斯/52733人，**主裁判:**瓦伦特(葡萄牙)
进球:蒙松63'/巴林特68'
阿根廷(352):戈耶切亚/蒙松、胡安·西蒙、塞里苏埃拉■/巴苏阿尔多、特罗利奥(53'朱斯蒂)、巴蒂斯塔■、奥拉蒂科切亚、布鲁查加(61'德索蒂)/卡尼吉亚、马拉多纳
罗马尼亚(442):伦格/雷德尼奇、安多内、G.波佩斯库、克莱因/萨伯乌(83'马泰乌茨)、罗塔留、卢佩斯库■、哈吉■/勒克图什■、巴林特(72'卢普)

C组	胜	平	负	进:失球	分
巴西	3	0	0	4:1	6
哥斯达黎加	2	0	1	3:2	4
苏格兰	1	0	2	2:3	2
瑞典	0	0	3	3:6	0

(巴西、哥斯达黎加晋级)

1990.6.10 巴西2:1瑞典
都灵/62628人，**主裁判:**拉内塞(意大利)
进球:卡雷卡40'，卡雷卡63'/布罗林79'
巴西(352):塔法雷尔/莫泽尔■、里卡多·戈麦斯、毛罗·加尔沃■/尤尔津霍、瓦尔多(88'西拉斯)、阿莱芒、邓加■、布兰科■/穆勒、卡雷卡
瑞典(442):拉维利/R.尼尔松、彼得·拉松、罗格·荣(16'斯特隆贝里)、施瓦茨/林帕尔、特恩、英厄松、J.尼尔松■/马格努松(45'彼得松)、布罗林

1990.6.11 哥斯达黎加1:0苏格兰
热那亚/30867人，**主裁判:**洛斯陶(阿根廷)
进球:卡亚索49'
哥斯达黎加(433):科内霍/查瓦里亚、蒙

特罗、弗洛雷斯、查韦斯/罗纳德·冈萨雷斯、拉米雷斯、罗赫尔·戈麦斯/卡亚索、马切纳、C.哈拉(87'梅德福德)

苏格兰(532):莱顿/高格(45'麦金米)、麦克利什、艾特肯、麦克弗森、马尔帕斯/麦克斯泰、贝特(74'麦考伊斯特)、麦考尔/莫·约翰斯顿、麦基纳利

1990.6.16 巴西1:0哥斯达黎加

都灵/58007人,**主裁判:**朱伊尼(突尼斯)

进球:穆勒33'

巴西(352):塔法雷尔/莫泽尔■、里卡多·戈麦斯、毛罗·加尔沃/尤尔津霍■、瓦尔多(87'西拉斯)、阿莱芒、邓加、布兰科/穆勒、卡雷卡(84'贝贝托)

哥斯达黎加(442):科内霍/查瓦里亚、蒙特罗、弗洛雷斯、查韦斯/罗纳德·冈萨雷斯、拉米雷斯、罗赫尔·戈麦斯■、卡亚索(78'吉马良斯)/马切纳、C.哈拉(■,71'迈尔斯)

1990.6.16 苏格兰2:1瑞典

热那亚/31823人,**主裁判:**马西埃尔(巴拉圭)

进球:麦考尔10',莫·约翰斯顿80'(点球)/斯特隆贝里86'

苏格兰(442):莱顿/麦克利什、马尔帕斯、利文、麦克弗森■/杜里(76'麦克斯泰)、麦克劳德、艾特肯、麦考尔/弗莱克(85'麦考伊斯特)、莫·约翰斯顿

瑞典(433):拉维利/R.尼尔松、许森、彼得·拉松(76'斯特隆贝里)、施瓦茨/林帕尔、特恩■、英厄松/彼得松(53'埃克斯特伦)、布罗林、J.尼尔松■

1990.6.20 哥斯达黎加2:1瑞典

热那亚/30233人,**主裁判:**佐兰·佩特罗维奇(南斯拉夫)

进球:弗洛雷斯75',梅德福德88'/埃克斯特伦32'

哥斯达黎加(442):科内霍/查瓦里亚(76'吉马良斯)、蒙特罗、弗洛雷斯、查韦斯/罗纳德·冈萨雷斯、拉米雷斯、罗赫尔·戈麦斯(■,60'梅德福德)、卡亚索/马切纳■、C.哈拉

瑞典(442):拉维利/R.尼尔松、许森、彼得·拉松、施瓦茨■/彼得松、斯特隆贝里(■,83'恩奎斯特)、英厄松、J.尼尔松/埃克斯特伦、布罗林(34'格伦)

1990.6.20 巴西1:0苏格兰

都灵/62502人,**主裁判:**科尔(奥地利)

进球:穆勒82'

巴西(352):塔法雷尔/里卡多·罗沙、里卡多·戈麦斯、毛罗·加尔沃/尤尔津霍、瓦尔多、邓加、阿莱芒、布兰科/卡雷卡、罗马里奥(66'穆勒)

苏格兰(532):莱顿/麦金米、麦克利什、艾特肯、麦克弗森、马尔帕斯/麦克斯泰、麦克劳德(■,39'吉莱斯皮)、麦考尔/莫·约翰斯顿■、麦考伊斯特(79'弗莱克)

D组	胜	平	负	进:失球	分
联邦德国	2	1	0	10:3	5
南斯拉夫	2	0	1	6:3	4
哥伦比亚	1	1	1	3:2	3
阿联酋	0	0	3	2:11	0

(联邦德国、南斯拉夫、哥伦比亚晋级)

1990.6.9 哥伦比亚2:0阿联酋

博洛尼亚/30791人,**主裁判:**考特尼(英格兰)

进球:雷丁50'、巴尔德拉马86'

哥伦比亚(442):伊基塔/埃雷拉、佩雷亚、埃斯科巴、吉尔达多·戈麦斯/加布里埃尔·戈麦斯、阿尔瓦雷斯、雷丁、巴尔德拉马/林孔、伊瓜兰(78'埃斯特拉达)

阿联酋(442):法拉伊/侯赛因■、阿卜杜拉赫曼、哈利尔、易卜拉欣·梅埃尔(■,52'苏尔坦)/艾萨·梅埃尔■、古洛姆、纳赛尔、阿里·朱马/法赫德·穆巴拉克(52'巴克希特)、塔利亚尼

1990.6.10 联邦德国4:1南斯拉夫

米兰/74765人,**主裁判:**米凯尔森(丹麦)

进球:马特乌斯29',克林斯曼39',马特乌斯65',沃勒尔71'/约日奇55'

联邦德国(352):伊尔格纳/贝特霍尔德、奥根塔勒、布赫瓦尔德/罗伊特、哈斯勒(75'穆勒)、马特乌斯、拜恩(75'利特巴尔斯基)、布雷默■/沃勒尔、克林斯曼

南斯拉夫(532):伊夫科维奇/武利奇、斯帕

1990年6月11日,米卢执教的哥斯达黎加队在首场小组赛中就以1比0战胜苏格兰,卡亚索(左)取得进球。

希奇、约日奇、哈日贝吉奇、巴尔季奇/苏西奇(56'普罗辛内茨基)、斯托伊科维奇、卡塔尼奇/萨维奇维奇(56'布尔诺维奇)、武约维奇

1990.6.14 南斯拉夫1:0哥伦比亚
博洛尼亚/32257人，**主裁判:**阿尼奥林(意大利)
进球:约日奇75'
南斯拉夫(352):伊夫科维奇/斯帕希奇、约日奇、哈日贝吉奇/斯塔诺伊科维奇、苏西奇、沙巴纳卓维奇、卡塔尼奇(45'贾尔尼)、布尔诺维奇/斯托伊科维奇、武约维奇(55'潘采夫)
哥伦比亚(442):伊基塔/埃雷拉、佩雷亚、埃斯科巴、吉尔达多·戈麦斯/加布里埃尔·戈麦斯、阿尔瓦雷斯、雷丁(81'埃斯特拉达)、巴尔德拉马/林孔、伊瓜兰(70'埃尔南德斯)

1990.6.15 联邦德国5:1阿联酋
米兰/71167人，**主裁判:**斯皮林(苏联)
进球:沃勒尔35', 克林斯曼36', 马特乌斯47', 拜恩59', 沃勒尔75'/伊斯梅尔46'
联邦德国(352):伊尔格纳/贝特霍尔德(45'利特巴尔斯基)、奥根塔勒、布赫瓦尔德/罗伊特、哈斯勒、马特乌斯、拜恩、布雷默/沃勒尔、克林斯曼(73'里德尔)
阿联酋(442):法拉伊/侯赛因、阿卜杜拉赫曼、哈利尔、易卜拉欣·梅埃尔(84'哈达德)/艾萨·梅埃尔、古洛姆、纳赛尔、伊斯梅尔(81'哈桑·穆罕默德)/阿里·朱马、塔利亚尼

1990.6.19 哥伦比亚1:1联邦德国
米兰/72510人，**主裁判:**斯诺迪(北爱尔兰)
进球:林孔90'/利特巴尔斯基88'
哥伦比亚(442):伊基塔/埃雷拉、佩雷亚、埃斯科巴、吉尔达多·戈麦斯/加布里埃尔·戈麦斯、阿尔瓦雷斯、法哈尔多、巴尔德拉马/埃斯特拉达、林孔
联邦德国(352):伊尔格纳/贝特霍尔德、奥根塔勒、布赫瓦尔德/罗伊特、哈斯勒(88'托恩)、马特乌斯、拜恩(45'利特巴尔斯基)、普夫吕格勒/沃勒尔、克林斯曼

1990.6.19 南斯拉夫4:1阿联酋
博洛尼亚/27833人，**主裁判:**高田静夫(日本)
进球:苏西奇8', 潘采夫9', 潘采夫46', 普罗辛内茨基90'/阿里·朱马23'
南斯拉夫(352):伊夫科维奇/斯坦诺伊科维奇、哈日贝吉奇、斯帕希奇/沙巴纳卓维奇(,79'普罗辛内茨基)、斯托伊科维奇、约日奇、苏西奇、布尔诺维奇/潘采夫、武约维奇(70'武利奇)
阿联酋(442):法拉伊/艾萨·梅埃尔、阿卜杜拉赫曼、哈利尔、易卜拉欣·梅埃尔/哈达德、古洛姆、纳赛尔(36'苏尔坦)、伊斯梅尔/阿里·朱马(45'法赫德·穆巴拉克)、塔利亚尼

E组	胜	平	负	进:失球	分
西班牙	2	1	0	5:2	5
比利时	2	0	1	6:3	4
乌拉圭	1	1	1	2:3	3
韩国	0	0	3	1:6	0

(西班牙、比利时、乌拉圭晋级)

1990.6.12 比利时2:0韩国
维罗纳/32790人，**主裁判:**毛罗(美国)
进球:德格里斯53', 德沃尔夫64'
比利时(442):普雷德霍姆/格雷茨、克利杰斯特、德莫尔、德沃尔夫/韦尔萨韦、埃默斯、范德埃尔斯特、希福/德格里斯、范德林登(45'瑟勒芒斯)
韩国(442):崔仁荣/朴景勋、崔康熙、郑龙焕、具相范/洪明甫、卢寿振(62'李泰昊)、李永镇(45'曹敏国)、崔淳镐/金铸城、黄善洪

1990.6.13 西班牙0:0乌拉圭
乌迪内/35713人，**主裁判:**科尔(奥地利)
西班牙(442):苏比萨雷塔/琴多、桑奇斯、安德里努亚、希门尼斯/米歇尔、罗伯托、巴斯克斯、比利亚罗亚(,79'帕斯)/布特拉格诺、马诺洛(79'戈里斯)
乌拉圭(442):阿尔韦斯/埃雷拉、多明格斯、莱昂、古铁雷斯/鲁文·帕斯、弗朗西斯科利、鲁文·佩雷拉(68'卡洛斯·科雷亚)、佩尔多莫/阿尔萨门迪(65'阿吉莱拉)、鲁本·索萨

1990.6.17 西班牙3:1韩国
乌迪内/32733人，**主裁判:**格雷罗(厄瓜多尔)
进球:米歇尔22', 米歇尔61', 米歇尔81'/皇甫官42'
西班牙(442):苏比萨雷塔/琴多、桑奇斯、安德里努亚、戈里斯/米歇尔、罗伯托(81'巴克罗)、巴斯克斯、比利亚罗亚/布特拉格诺(77'费尔南多·戈麦斯)、萨利纳斯
韩国(442):崔仁荣/朴景勋(70'郑钟秀)、崔康熙、尹德如、具相范/洪明甫、丁海元(,53'卢寿振)、崔淳镐、金铸城/皇甫官、边炳柱

1990.6.17 比利时3:1乌拉圭
维罗纳/33759人，**主裁判:**基尔申(民主德国)
进球:克利杰斯特16', 希福22', 瑟勒芒斯48'/本戈切亚74'
比利时(442):普雷德霍姆/格雷茨、格林、德莫尔、德沃尔夫/韦尔萨韦(68'费尔福特)、克利杰斯特(45'埃默斯)、范德埃尔斯特、希福/德格里斯、瑟勒芒斯
乌拉圭(352):阿尔韦斯/莱昂、古铁雷斯、多明格斯/埃雷拉、鲁文·帕斯、弗朗西斯科利、佩尔多莫、奥斯托拉萨(56'本戈切亚)/阿尔萨门迪(45'阿吉莱拉)、鲁本·索萨

1990.6.21 西班牙2:1比利时
维罗纳/35950人，**主裁判:**洛斯陶(阿根廷)
进球:米歇尔20'(点球), 戈里斯37'/费尔福特28'
西班牙(352):苏比萨雷塔/桑奇斯、安德里努亚、戈里斯/琴多、比利亚罗亚、米歇尔、罗伯托、巴斯克斯/萨利纳斯(89'帕德萨)、布特拉格诺(61'阿尔科塔)
比利时(352):普雷德霍姆/阿尔贝特、德莫尔、德沃尔夫/费尔福特、埃默斯(32'普洛维)、范德埃尔斯特、希福、斯塔伦斯(79'范德林登)/德格里斯、瑟勒芒斯

1990.6.21 乌拉圭1:0韩国
乌迪内/29039人，**主裁判:**拉内塞(意大利)
进球:冯塞卡90'
乌拉圭(442):阿尔韦斯/埃雷拉、莱昂、古铁雷斯、多明格斯/鲁文·帕斯、弗朗西斯科利、奥斯托拉萨(,45'阿吉莱拉)、佩尔多莫/塞尔吉奥·马丁内斯、鲁本·索萨(64'冯塞卡)
韩国(442):崔仁荣/朴景勋、崔康熙、尹德如、郑钟秀/洪明甫、李兴实、崔淳镐、金铸城/皇甫官(80'丁海元)、边炳柱(43'黄善洪)

F组	胜	平	负	进:失球	分
英格兰	1	2	0	2:1	4
爱尔兰	0	3	0	2:2	3
荷兰	0	3	0	2:2	3
埃及	0	2	1	1:1	2

(英格兰、爱尔兰、荷兰晋级)

1990.6.11 英格兰1:1爱尔兰
卡利亚里/35238人，**主裁判:**席米德胡贝尔(联邦德国)
进球:莱因克尔8'/希迪72'
英格兰(442):希尔顿/史蒂文斯、德斯·沃克、布彻、皮尔斯/沃德尔、布赖恩·罗布森、加斯科因、巴恩斯/比尔兹利(70'麦克马洪)、莱因克尔(84'布尔)
爱尔兰(451):邦纳/莫里斯、麦卡锡、莫兰、斯汤顿/霍顿、麦格拉思、汤森、阿尔德里奇(65'麦克洛克林)、希迪/卡斯卡里诺

1990.6.12 埃及1:1荷兰
巴勒莫/33288人，**主裁判:**阿拉德伦(西班牙)
进球:阿卜德加尼83'(点球)/基夫特58'
埃及(352):舒拜尔/哈尼·拉姆齐、亚辛、亚坎/易卜拉欣·哈桑、卡斯、优素福、阿卜德加尼、艾哈迈德·拉姆齐(,71'托尔巴)/霍萨姆·哈桑、阿卜德哈米德(71'阿卜德尔拉赫曼)
荷兰(343):范布勒克伦/范阿尔莱、罗纳德·科曼、范蒂赫伦/鲁特耶斯、里杰卡尔德、沃特斯、埃尔文·科曼(71'维茨赫格)/范恩博格(45'基夫特)、范巴斯滕、古力特

1990.6.16 英格兰0:0荷兰
卡利亚里/35267人，**主裁判:**佐兰·佩特罗维奇(南斯拉夫)
英格兰(343):希尔顿/德斯·沃克、马克·赖特、布彻/保罗·帕克、布赖恩·罗布森(71'普拉特)、加斯科因、皮尔斯/沃德尔(65'布尔)、莱因克尔、巴恩斯
荷兰(343):范布勒克伦/范阿尔莱、罗纳德·科曼、范蒂赫伦/里杰卡尔德、沃特斯、古力特、维茨赫格/吉尔豪斯、范巴斯滕、范斯奇普(81'基夫特)

1990.6.17 埃及0:0爱尔兰
巴勒莫/33288人，**主裁判:**范朗根霍夫(比利时)
埃及(442):舒拜尔/易卜拉欣·哈桑、亚坎、哈尼·拉姆齐、亚辛/奥拉比、优素福、阿卜德加尼、托尔巴(61'阿布扎伊德)/卡斯(77'阿卜德哈米德)、霍萨姆·哈桑
爱尔兰(442):邦纳/莫里斯、麦卡锡、莫兰、斯汤顿/霍顿、麦格拉思、汤森、希迪/阿尔德里奇(65'麦克洛克林)、卡斯卡里诺(85'奎因)

1990.6.21 英格兰1:0埃及
卡利亚里/34959人，**主裁判:**勒特利斯贝格尔(瑞士)
进球:马克·赖特64'
英格兰(442):希尔顿/保罗·帕克、德斯·沃克、马克·赖特、皮尔斯/沃德尔(88'普拉特)、麦克马洪、加斯科因、巴恩斯/布尔(84'比尔兹利)、莱因克尔
埃及(541):舒拜尔/易卜拉欣·哈桑、亚坎、哈尼·拉姆齐、优素福、亚辛/卡斯(78'索利曼)、阿卜德加尼、阿卜德哈米德(78'阿卜德尔拉赫)、艾哈迈德·拉姆齐/霍萨姆·哈桑

1990.6.21 荷兰1:1爱尔兰
巴勒莫/33288人，**主裁判:**沃特罗(法国)
进球:古力特10'/奎因71'
荷兰(442):范布勒克伦/范阿尔莱、罗纳德·科曼、里杰卡尔德、范蒂赫伦/古力特、沃特斯、吉尔豪斯、维茨赫格(60'弗雷泽)/范巴斯滕、基夫特(80'范洛恩)
爱尔兰(442):邦纳/莫里斯、麦卡锡、莫兰、斯汤顿/霍顿、麦格拉思、汤森、希迪(63'惠兰)/阿尔德里奇(63'卡斯卡里诺)、奎因

1/8决赛

1990.6.23 喀麦隆2:1哥伦比亚
那不勒斯/50026人，**主裁判:**拉内塞(意大利)
进球:米拉106', 米拉109'/雷丁116'
喀麦隆(442):恩科诺/塔陶、恩迪普、奥纳纳、埃布韦勒/姆博、卡纳-比耶克、马博昂、姆费德(58'米拉)/奥曼-比耶克、马卡纳基(71'琼凯普)
哥伦比亚(442):伊基塔/埃雷拉、佩雷亚、埃斯科巴、吉尔达多·戈麦斯/加布里埃尔·戈麦斯(,79'雷丁)、阿尔瓦雷斯、法哈尔多(63'伊瓜兰)、巴尔德拉马/埃斯特拉达、林孔

1990.6.23 捷克斯洛伐克4:1哥斯达黎加
巴里/47673人，**主裁判:**基尔申(民主德国)
进球:斯库赫拉维11', 斯库赫拉维62', 库比克78', 斯库赫拉维82'/罗兰德·冈萨雷斯55'
捷克斯洛伐克(352):斯泰斯卡尔/卡德莱茨、科西安、斯特拉卡/莫拉夫契克、哈谢克、霍瓦内茨、库比克、比莱克/斯库赫拉维、克诺夫利切克
哥斯达黎加(532):巴兰特斯/查瓦里亚(66'吉马良斯)、蒙特罗、弗洛雷斯、奥班多(45'梅德福德)、查韦斯/罗纳德·冈萨雷斯、马切纳、卡亚索/拉米雷斯、C.哈拉

1990.6.24 阿根廷1:0巴西
都灵/61381人，**主裁判:**基尼乌(法国)
进球:卡尼吉亚81'

阿根廷(352):戈耶切亚/蒙松、胡安·西蒙、鲁杰里/巴苏阿尔多、特罗利奥(63'卡尔德隆)、朱斯蒂、奥拉蒂科切亚、布鲁查加/卡尼吉亚、马拉多纳

巴西(343):塔法雷尔/里卡多·罗沙、毛罗·加尔沃(85'雷纳托)、里卡多·戈麦斯/尤尔津霍、邓加、阿莱芒(85'西拉斯)、布兰科/穆勒、卡雷卡、瓦尔多

1990.6.24　联邦德国2:1荷兰

米兰/74559人，**主裁判:**洛斯陶(阿根廷)

进球:克林斯曼51'，布雷默82'/罗纳德·科曼89'(点球)

联邦德国(352):伊尔格纳/贝特霍尔德、奥根塔勒、科勒尔/罗伊特、利特巴尔斯基、马特乌斯、布赫瓦尔德、布雷默/沃勒尔、克林斯曼(78'里德尔)

荷兰(442):范布勒克伦/范阿尔莱(67'基夫特)、罗纳德·科曼、里杰卡尔德、范蒂赫伦/范斯奇普、沃特斯、温特、维茨赫格(79'吉尔豪斯)/范巴斯滕、古力特

1990.6.25　爱尔兰0:0罗马尼亚(点球5:4)

热那亚/31818人，**主裁判:**若泽·赖特(巴西)

爱尔兰(442):邦纳/莫里斯、麦卡锡、莫兰、斯汤顿(95'奥利莱)/霍顿、麦格拉思、汤森、希迪/阿尔德里奇(19'卡斯卡里诺)、奎因

罗马尼亚(352):伦格/安多内、G.波佩斯库、卢佩斯库/雷德尼奇、萨伯乌(96'蒂莫夫特)、哈吉、罗塔留、克莱因/巴林特、拉杜乔尤(76'卢普)

点球大战:爱尔兰-希迪、霍顿、汤森、卡斯卡里诺、奥利莱/罗马尼亚-哈吉、卢普、罗塔留、卢佩斯库、蒂莫夫特(射失)

1990.6.25　意大利2:0乌拉圭

罗马/73303人，**主裁判:**考特尼(英格兰)

进球:斯基拉奇65'，塞雷纳85'

意大利(352):曾加/贝尔戈米、巴雷西、费里/德阿戈斯蒂尼、贝尔蒂(54'塞雷纳)、德纳波利、贾尼尼、马尔蒂尼/罗伯托·巴乔(80'维尔乔沃德)、斯基拉奇

乌拉圭(442):阿尔韦斯/古铁雷斯、莱昂、多明格斯、萨尔达尼亚/鲁文·佩雷拉、弗朗西斯科利、奥斯托拉萨(80'阿尔萨门迪)、佩尔多莫/冯塞卡、阿吉莱拉(67'鲁本·索萨)

1990.6.26　南斯拉夫2:1西班牙

维罗纳/34822人，**主裁判:**席米德胡贝尔(联邦德国)

进球:斯托伊科维奇77'、斯托伊科维奇92'/萨利纳斯83'

南斯拉夫(352):伊夫科维奇/沙巴纳卓维奇、哈日贝吉奇、斯帕希奇/斯托伊科维奇、卡塔尼奇(80'武利奇)、约日奇、苏西奇、布尔诺维奇/潘采夫(57'萨维切维奇)、武约维奇

西班牙(352):苏比萨雷塔/戈里斯、安德里努亚(49'希门尼斯)、桑奇斯/琴多、米歇尔、罗伯托、巴斯克斯、比利亚罗亚/萨利纳斯、布特拉格诺(80'帕斯)

1990.6.26　英格兰1:0比利时

博洛尼亚/34520人，**主裁判:**米凯尔森(丹麦)

进球:普拉特119'

英格兰(343):希尔顿/德斯·沃克、马克·赖特、布彻/保罗·帕克、麦克马洪(73'普拉特)、加斯科因、皮尔斯/沃德尔、莱因克尔、巴恩斯(76'布尔)

比利时(442):普雷德霍姆/格雷茨、格林、德莫尔、德沃尔夫/克利杰斯特、范德埃尔斯特、希福、韦尔萨韦(118'费尔福特)/德格里斯(66'克拉森)、瑟勒芒斯

1/4决赛

1990.6.30　阿根廷0:0南斯拉夫(点球3:2)

佛罗伦萨/38971人，**主裁判:**勒特利斯贝格尔(瑞士)

阿根廷(352):戈耶切亚/鲁杰里、胡安·西蒙、塞里苏埃拉/巴苏阿尔多、朱斯蒂、奥拉蒂科切亚(,51'特罗利奥)、布鲁查加、卡尔德隆(89'德索蒂)/卡尼吉亚、马拉多纳

南斯拉夫(451):伊夫科维奇/武利奇、哈日贝吉奇、沙巴纳卓维奇、斯帕希奇/普罗辛内茨基、斯托伊科维奇、苏西奇(60'萨维切维奇)、约日奇、布尔诺维奇/武约维奇

点球大战:阿根廷-塞里苏埃拉、布鲁查加、马拉多纳(射失)、特罗利奥(射失)、德索蒂/南斯拉夫-斯托伊科维奇(射失)、普罗辛内茨基、萨维切维奇、布尔诺维奇(射失)、哈日贝吉奇(射失)

1990.6.30　意大利1:0爱尔兰

罗马/73303人，**主裁判:**瓦伦特(葡萄牙)

进球:斯基拉奇38'

意大利(352):曾加/贝尔戈米、巴雷西、费里/多纳多尼、德纳波利、贾尼尼(64'安切洛蒂)、德阿戈斯蒂尼、马尔蒂尼/罗伯托·巴乔(72'塞雷纳)、斯基拉奇

爱尔兰(442):邦纳/莫里斯、麦卡锡、莫兰、斯汤顿/麦格拉思、霍顿、汤森、希迪/奎因(54'卡斯卡里诺)、阿尔德里奇(78'谢里登)

1990.7.1　联邦德国1:0捷克斯洛伐克

米兰/73347人，**主裁判:**科尔(奥地利)

进球:马特乌斯24'(点球)

联邦德国(352):伊尔格纳/布赫瓦尔德、奥根塔勒、科勒尔/贝特霍尔德、利特巴尔斯基、马特乌斯、拜恩(84'穆勒)、布雷默/里德尔、克林斯曼

捷克斯洛伐克(442):斯泰斯卡尔/哈谢克、科西安、斯特拉卡、卡德莱茨/莫拉夫契克、霍瓦内茨、库比克(81'格里加)、比莱克(,70'内梅切克)/斯库赫拉维、克诺夫利切克

1990.7.1　英格兰3:2喀麦隆

那不勒斯/55205人，**主裁判:**门德斯(墨西哥)

进球:普拉特25'，莱因克尔83'(点球)，莱因克尔105'(点球)/孔德63'(点球)，埃科科65'

英格兰(343):希尔顿/德斯·沃克、马克·赖特、布彻(74'史蒂文)/保罗·帕克、普拉特、加斯科因、皮尔斯/沃德尔、莱因克尔、巴恩斯(45'比尔兹利)

喀麦隆(442):恩科诺/塔陶、孔德、马辛、埃布韦勒/利比、马博昂(45'米拉)、帕加尔、姆费德(63'埃科科)/奥曼-比耶克、马卡纳基

半决赛

1990.7.3　阿根廷1:1意大利(点球4:3)

那不勒斯/59978人，**主裁判:**沃特罗(法国)

进球:卡尼吉亚67'/斯基拉奇17'

阿根廷(352):戈耶切亚/鲁杰里、胡安·西蒙、塞里苏埃拉/巴苏阿尔多(99'巴蒂斯塔)、朱斯蒂、奥拉蒂科切亚、布鲁查加、卡尔德隆(45'特罗利奥)/卡尼吉亚、马拉多纳

意大利(352):曾加/贝尔戈米、巴雷西、费里/多纳多尼、德纳波利、贾尼尼(,75'罗伯托·巴乔)、德阿戈斯蒂尼、马尔蒂尼/维亚利(71'塞雷纳)、斯基拉奇

点球大战:阿根廷-塞里苏埃拉、布鲁查加、奥拉蒂科切亚、马拉多纳/巴雷西、罗伯托·巴乔、阿戈斯蒂尼、多纳多尼(射失)、塞雷纳(射失)

1990.7.4　联邦德国1:1英格兰(点球4:3)

都灵/62628人，**主裁判:**若泽·赖特(巴西)

进球:布雷默59'/莱因克尔80'

联邦德国(352):伊尔格纳/布赫瓦尔德、奥根塔勒、科勒尔/贝特霍尔德、哈斯勒(68'罗伊特)、马特乌斯、托恩、布雷默/沃勒尔(33'里德尔)、克林斯曼

英格兰(343):希尔顿/德斯·沃克、布彻(72'史蒂文)、马克·赖特/保罗·帕克、普拉特、加斯科因、皮尔斯/沃德尔、莱因克尔、比尔兹利

点球大战:联邦德国-布雷默、马特乌斯、里德尔、托恩/英格兰-莱因克尔、比尔兹利、普拉特、皮尔斯(射失)、沃德尔(射失)

三四名决赛

1990.7.7　意大利2:1英格兰

巴里/51426人，**主裁判:**基尼乌(法国)

进球:罗伯托·巴乔70'，斯基拉奇85'(点球)/普拉特80'

意大利(532):曾加/贝尔戈米、巴雷西、费拉拉、维尔乔沃德、马尔蒂尼/贾尼尼(90'费里)、安切洛蒂、德阿戈斯蒂尼(68'贝尔蒂)/罗伯托·巴乔、斯基拉奇

英格兰(532):希尔顿/史蒂文斯、德斯·沃克、马克·赖特(73'沃德尔)、保罗·帕克、多里戈/史蒂文、麦克马洪(73'韦布)、普拉特/比尔兹利、莱因克尔

决赛

1990.7.8　联邦德国1:0阿根廷

罗马/73603人，**主裁判:**科德萨(墨西哥)

进球:布雷默85'(点球)

联邦德国(352):伊尔格纳/布赫瓦尔德、奥根塔勒、科勒尔/贝特霍尔德(75'罗伊特)、哈斯勒、马特乌斯、利特巴尔斯基、布雷默/沃勒尔、克林斯曼

阿根廷(352):戈耶切亚/鲁杰里(45'蒙松)、胡安·西蒙、塞里苏埃拉/巴苏阿尔多、特罗利奥、洛伦索、圣西尼、布鲁查加(54'卡尔德隆)/德索蒂、马拉多纳

1994

预选赛

东道主美国队和卫冕冠军德国队直接出线。另147队报名参加预选赛，争夺22个出线席位。共130队参加了至少1场的预选赛阶段比赛。预选赛共进行了497场，进球1446个，场均2.91球。入场券分配方面，欧洲区13个(含德国)，南美区3.5个，中北美及加勒比区2.25个(含美国)，非洲区3个，亚洲区2个，大洋洲区0.25个。只有1张入场券通过附加赛决出:大洋洲区冠军与中北美及加勒比区第2名的胜者交手，胜者再与南美区第4名进行两回合附加赛，胜出者晋级决赛圈。

●欧洲区

(赛制)共38队参赛，分成6个小组，每小组前两名晋级决赛圈。

第1组	胜	平	负	进:失球	分
意大利	7	2	1	22:7	16
瑞士	6	3	1	23:6	15
葡萄牙	6	2	2	18:5	14
苏格兰	4	3	3	14:13	11
马耳他	1	1	8	3:23	3
爱沙尼亚	0	1	9	1:27	1

(意大利、瑞士出线)

1992.8.16　爱沙尼亚0:6瑞士
查普伊萨特23'、68'，布雷吉29'，克尼普46'、66'，斯福扎84'

1992.9.9　瑞士3:1苏格兰
克尼普2'、71'，布雷吉81'/麦考伊斯特13'

1992.10.14　意大利2:2瑞士
罗伯托·巴乔83'，埃拉尼奥89'/奥雷尔17'，查普伊萨特21'

1992.10.14　苏格兰0:0葡萄牙

1992.10.25　马耳他0:0爱沙尼亚

1992.11.18　苏格兰0:0意大利

1992.11.18　瑞士3:0马耳他
比克尔2'，斯福扎44'，查普伊萨特89'

1992.12.19　马耳他1:2意大利
热尔戈里85'/维亚利59'，希格诺里62'

1993.1.24　马耳他0:1葡萄牙
鲁伊·阿瓜斯58'

1993.2.17　苏格兰3:0马耳他
麦考伊斯特15'、68'，内文84'

1993.2.24　葡萄牙1:3意大利
科托56'/罗伯托·巴乔2'，卡西拉吉25'，迪诺·巴乔73'

1993.3.24　意大利6:1马耳他
罗伯托·巴乔19'，希格诺里38'，维尔乔沃德48'，曼奇尼58'、89'，马尔蒂尼73'/布苏蒂尔68'(点球)

1993.3.31　瑞士1:1葡萄牙
查普伊萨特39'/塞梅多44'

1993.4.14　意大利2:0爱沙尼亚
罗伯托·巴乔22'，希格诺里87'

1993.4.17　马耳他0:2瑞士
奥雷尔31'，图基尔马兹89'

1993.4.28　葡萄牙5:0苏格兰
鲁伊·巴罗斯5'、70'，卡德特45'、72'，富特雷67'

1993.5.1　瑞士1:0意大利
奥蒂格56'

1993.5.12　爱沙尼亚0:1马耳他
拉费里亚16'

1993.5.19　爱沙尼亚0:3苏格兰
加拉赫43'，科林斯59'，布思73'

1993.6.2　苏格兰3:1爱沙尼亚
麦克莱尔18'，内文27'、72'(点球)/布拉金57'

1993.6.19　葡萄牙4:0马耳他
诺盖拉1'，鲁伊·科斯塔8'，若奥·平托23'，卡德特85'

1993.9.5　爱沙尼亚0:2葡萄牙
鲁伊·科斯塔61'，福利亚74'

1993.9.8　苏格兰1:1瑞士
科林斯50'/布雷吉70'(点球)

1993.9.22　爱沙尼亚0:3意大利
罗伯托·巴乔20'(点球)、73'，曼奇尼59'

1993.10.13　葡萄牙1:0瑞士
若奥·平托8'

1993.10.13　意大利3:1苏格兰
多纳多尼3'，卡西拉吉16'，埃拉尼奥80'/加拉赫80'

1993.11.10　葡萄牙3:0爱沙尼亚
富特雷2'，奥塞阿诺37'(点球)，鲁伊·阿瓜斯86'

1993.11.17　意大利1:0葡萄牙
罗伯托·巴乔83'

1993.11.17　马耳他0:2苏格兰
麦金利15'，亨利74'

1993.11.17　瑞士4:0爱沙尼亚
克尼普32'，布雷吉34'，埃尔45'，查普伊萨特61'

第2组	胜	平	负	进:失球	分
挪威	7	2	1	25:5	16
荷兰	6	3	1	29:9	15
英格兰	5	3	2	26:9	13
波兰	3	2	5	10:15	8
土耳其	3	1	6	11:19	7
圣马力诺	0	1	9	2:46	1

(挪威、荷兰出线)

1992.9.9　挪威10:0圣马力诺
雷克达尔4'、79'，哈勒6'、53'、70'，索洛特15'、22'，尼尔森46'、67'，米克兰德74'

1992.9.23　挪威2:1荷兰
雷克达尔9'(点球)，索洛特78'/博格坎普10'

1992.9.23　波兰1:0土耳其
瓦多赫33'

1992.10.7　圣马力诺0:2挪威
雅各布森6'，弗洛18'

1992.10.14　英格兰1:1挪威
普拉特55'/雷克达尔77'

1992.10.14　荷兰2:2波兰
范沃森43'、46'/科兹明斯基19'，科瓦尔奇克21'

1992.10.28　土耳其4:1圣马力诺
哈坎37'、89'，奥尔汉87'，哈米90'/巴乔基53'

1992.11.18　英格兰4:0土耳其
加斯科因16'、61'，希勒28'，皮尔斯60'

1992.12.16　土耳其1:3荷兰
费亚兹61'/范沃森57'、87'，古力特59'

1993.2.17　英格兰6:0圣马力诺
普拉特13'、24'、67'、83'，帕尔默78'，莱斯·费迪南德86'

1993.2.24　荷兰3:1土耳其
奥维马斯4'，维茨赫格37'、57'/费亚兹36'(点球)

1993.3.10　圣马力诺0:0土耳其

1993.3.24　荷兰6:0圣马力诺
范登布罗姆2'，坎蒂29'(乌龙)，德沃尔夫52'、85'，罗纳德·德波尔68'(点球)，范沃森78'

1993.3.31　土耳其0:2英格兰
普拉特7'，加斯科因45'

1993.4.28　英格兰2:2荷兰
巴恩斯2'，普拉特23'/博格坎普34'，范沃森85'(点球)

1993.4.28　挪威3:1土耳其
雷克达尔14'(点球)，弗约托夫特18'，雅各布森55'/费亚兹57'

1993.4.28　波兰1:0圣马力诺
富尔托克70'

1993.5.19　圣马力诺0:3波兰
莱希尼亚克52'、80'，瓦齐哈56'

1993.5.29　波兰1:1英格兰
阿德姆丘克36'/赖特84'

1993.6.2　挪威2:0英格兰
莱昂哈德森42'，博希嫩47'

1993.6.9　荷兰0:0挪威

1993.9.8　英格兰3:0波兰
莱斯·费迪南德5'，加斯科因49'，皮尔斯53'

1993.9.22　挪威1:0波兰
弗洛55'

1993.9.22　圣马力诺0:7荷兰
博斯曼1'、66'、76'，琼克21'、43'，罗纳德·德波尔51'，科曼79'(点球)

1993.10.13　荷兰2:0英格兰
科曼61'，博格坎普68'

1993.10.13　波兰0:3挪威
弗洛63'，弗约托夫特67'，约翰森89'

1993.10.27　土耳其2:1波兰
哈坎52'，布莱尼67'/科瓦尔奇克18'

1993.11.10　土耳其2:1挪威
埃尔特格鲁尔5'、26'/博希嫩48'

1993.11.17　波兰1:3荷兰
莱希尼亚克14'/博格坎普10'、56'，罗纳德·德波尔88'

1993.11.17　圣马力诺1:7英格兰
瓜尔蒂耶里1'/赖特34'、46'、78'、90'，因斯22'、73'，莱斯·费迪南德38'

第3组	胜	平	负	进:失球	分
西班牙	8	3	1	27:4	19
爱尔兰	7	4	1	19:6	18
丹麦	7	4	1	15:2	18
北爱尔兰	5	3	4	14:13	13
立陶宛	2	3	7	8:21	7
拉脱维亚	0	5	7	4:21	5
阿尔巴尼亚	1	2	9	6:26	4

(西班牙、爱尔兰出线)

1992.4.22　西班牙3:0阿尔巴尼亚
米歇尔2'、66'(点球)，耶罗87'

1992.4.28　北爱尔兰2:2立陶宛
威尔逊13'，塔加特16'/纳尔贝科瓦斯41'，弗里德里卡斯48'

1992.5.26　爱尔兰2:0阿尔巴尼亚
阿尔德里奇60'，麦格拉思80'

1992.6.3　阿尔巴尼亚1:0立陶宛
阿巴齐77'

1992.8.12　拉脱维亚1:2立陶宛
利纳尔兹15'/波德里斯66'，泰雷斯基纳斯85'

1992.8.26　拉脱维亚0:0丹麦

1992.9.9　爱尔兰4:0拉脱维亚
希迪30'，奥尔德里奇59'、82'(点球)、86'

1992.9.9 北爱尔兰3:0阿尔巴尼亚
克拉克14'，威尔逊31'，马吉尔顿44'
1992.9.23 拉脱维亚0:0西班牙
1992.9.23 立陶宛0:0丹麦
1992.10.14 丹麦0:0爱尔兰
1992.10.14 北爱尔兰0:0西班牙
1992.10.28 立陶宛1:1拉脱维亚
弗里德里卡斯85'/利纳尔兹44'
1992.11.11 阿尔巴尼亚1:1拉脱维亚
凯帕67'/亚历克希耶延科3'
1992.11.18 北爱尔兰0:1丹麦
拉尔森51'
1992.11.18 西班牙0:0爱尔兰
1992.12.16 西班牙5:0拉脱维亚
巴克罗49'，瓜迪奥拉51'，阿方索80'，贝吉里斯坦82'、83'
1993.2.17 阿尔巴尼亚1:2北爱尔兰
拉克利90'/马吉尔顿15'，麦克唐纳41'
1993.2.24 西班牙5:0立陶宛
克里斯托瓦尔5'，巴克罗12'，贝吉里斯坦17'，克里斯蒂安森86'，阿尔达纳90'
1993.3.31 丹麦1:0西班牙
波韦森20'
1993.3.31 爱尔兰3:0北爱尔兰
汤森20'，奎因22'，斯汤顿28'
1993.4.14 丹麦2:0拉脱维亚
韦尔福特23'，斯特鲁达尔76'
1993.4.14 立陶宛3:1阿尔巴尼亚
巴尔图斯尼卡斯20'，苏克里斯托瓦斯25'，巴拉瑙斯卡斯63'/德莫拉里86'
1993.4.28 爱尔兰1:1丹麦
奎因75'/韦尔福特27'
1993.4.28 西班牙3:1北爱尔兰
萨利纳斯21'、26'，耶罗41'/威尔逊11'
1993.5.15 拉脱维亚0:0阿尔巴尼亚
1993.5.25 立陶宛0:1北爱尔兰
道伊8'
1993.5.26 阿尔巴尼亚1:2爱尔兰
库什塔8'/斯汤顿12'，卡斯卡里诺77'
1993.6.2 丹麦4:0阿尔巴尼亚
J.延森11'，平格尔20'、40'，穆勒28'
1993.6.2 拉脱维亚1:2北爱尔兰
利纳尔兹55'/马吉尔顿4'，塔加特15'
1993.6.2 立陶宛0:2西班牙
格雷罗73'、77'
1993.6.9 拉脱维亚0:2爱尔兰
阿尔德里奇14'，麦格拉思42'
1993.6.16 立陶宛0:1爱尔兰
斯汤顿38'
1993.8.25 丹麦4:0立陶宛
L.奥尔森13'，平格尔44'，小劳德鲁普64'，韦尔福特71'
1993.9.8 阿尔巴尼亚0:1丹麦
平格尔63'
1993.9.8 爱尔兰2:0立陶宛
阿尔德里奇4'，克纳汉25'
1993.9.8 北爱尔兰2:0拉脱维亚
吉米·奎因35'，格雷80'
1993.9.22 阿尔巴尼亚1:5西班牙
库什卡40'/萨利纳斯4'、30'、58'，托尼18'，卡米内罗67'
1993.10.13 丹麦1:0北爱尔兰
小劳德鲁普83'
1993.10.13 爱尔兰1:3西班牙
谢里登72'/卡米内罗11'，萨利纳斯14'、26'
1993.11.17 北爱尔兰1:1爱尔兰
吉米·奎因74'/麦克洛克林78'
1993.11.17 西班牙1:0丹麦
耶罗63'

第4组	胜	平	负	进:失球	分
罗马尼亚	7	1	2	29:12	15
比利时	7	1	2	16:5	15
捷克斯洛伐克	4	5	1	21:9	13
威尔士	5	2	3	19:12	12
塞浦路斯	2	1	7	8:18	5
法罗群岛	0	0	10	1:38	0

(罗马尼亚、比利时出线)
1992.4.22 比利时1:0塞浦路斯
威尔莫茨24'
1992.5.6 罗马尼亚7:0法罗群岛
巴林特4'、40'、78'，哈吉14'，勒克图付28'(点球)，卢佩斯库44'，帕纳55'
1992.5.20 罗马尼亚5:1威尔士
哈吉5'、35'，卢佩斯库7'、24'，巴林特31'/拉什50'
1992.6.3 法罗群岛0:3比利时
阿尔贝特30'，威尔莫茨65'、71'
1992.6.16 法罗群岛0:2塞浦路斯
索蒂里乌30'，帕帕瓦西利乌58'
1992.9.2 捷克斯洛伐克1:2比利时
卡德莱茨77'/霍瓦内茨45'(乌龙)，切尔尼亚廷斯基83'
1992.9.9 威尔士6:0法罗群岛
拉什5'、64'、89'，桑德斯28'，鲍文37'，布莱克莫尔71'
1992.9.23 捷克斯洛伐克4:0法罗群岛
内梅切克23'，库卡84'、86'，杜博夫斯基90'(点球)
1992.10.14 比利时1:0罗马尼亚
斯米茨27'
1992.10.14 塞浦路斯0:1威尔士
休斯51'
1992.11.14 罗马尼亚1:1捷克斯洛伐克
杜米特雷斯库49'/内梅切克82'(点球)
1992.11.18 比利时2:0威尔士
斯塔伦斯53'，德格里斯58'
1992.11.29 塞浦路斯1:4罗马尼亚
皮塔斯39'(点球)/波佩斯库4'，拉杜乔尤36'，哈吉73'，汉加努86'
1993.2.13 塞浦路斯0:3比利时
希福2'、5'，阿尔贝特87'
1993.3.24 塞浦路斯1:1捷克斯洛伐克
索蒂里乌47'/莫拉夫契克33'
1993.3.31 威尔士2:0比利时
吉格斯18'，拉什39'
1993.4.14 罗马尼亚2:1塞浦路斯
杜米特雷斯库33'、55'/索蒂里乌23'
1993.4.25 塞浦路斯3:1法罗群岛
克西鲁帕斯7'，索蒂里乌43'，约安努75'/阿尔格82'
1993.4.28 捷克斯洛伐克1:1威尔士
拉塔尔41'/休斯31'
1993.5.22 比利时3:0法罗群岛
威尔莫茨33'、76'，希福50'(点球)
1993.6.2 捷克斯洛伐克5:2罗马尼亚
弗拉贝茨13'，拉塔尔37'，杜博夫斯基58'、84'、90'/拉杜乔尤26'、55'
1993.6.6 法罗群岛0:3威尔士
桑德斯22'，扬31'，拉什69'
1993.6.16 法罗群岛0:3捷克斯洛伐克
哈塞克3'，波斯图卢卡38'、44'
1993.9.8 威尔士2:2捷克斯洛伐克
吉格斯21'，拉什35'/库卡16'，杜博夫斯基67'
1993.9.8 法罗群岛0:4罗马尼亚
拉杜乔尤23'、58'、60'、76'
1993.10.13 罗马尼亚2:1比利时
拉杜乔尤67'(点球)，杜米特雷斯库85'/希福88'(点球)
1993.10.13 威尔士2:0塞浦路斯
桑德斯70'，拉什86'
1993.10.27 捷克斯洛伐克3:0塞浦路斯
杜博夫斯基11'，哈帕尔23'，斯库赫拉维77'
1993.11.17 威尔士1:2罗马尼亚
桑德斯61'/哈吉32'，拉杜乔尤83'
1993.11.17 比利时0:0捷克斯洛伐克

第5组	胜	平	负	进:失球	分
希腊	6	2	0	10:2	14
俄罗斯	5	2	1	15:4	12
冰岛	3	2	3	7:6	8
匈牙利	2	1	5	6:11	5
卢森堡	0	1	7	2:17	5

(希腊、俄罗斯出线)
1992.5.13 希腊1:0冰岛
索非亚普洛斯25'
1992.6.3 匈牙利1:2冰岛
基普里奇3'/奥尔利格松51'，马格努松73'
1992.9.9 卢森堡0:3匈牙利
德塔里15'，K.科瓦奇53'、78'
1992.10.7 冰岛0:1希腊
察洛希季斯61'
1992.10.14 俄罗斯1:0冰岛
尤兰65'
1992.10.28 俄罗斯2:0卢森堡
尤兰5'，拉德琴科24'
1992.11.11 希腊0:0匈牙利
1993.2.17 希腊2:0卢森堡
季米特里亚季斯30'(点球)，米特罗普洛斯65'
1993.3.31 匈牙利0:1希腊
阿波斯托拉基斯70'(点球)
1993.4.14 卢森堡0:4俄罗斯
基里亚科夫11'、46'，沙利莫夫58'，库尔科夫90'
1993.4.28 俄罗斯3:0匈牙利
坎切尔斯基55'，科利瓦诺夫60'，尤兰85'
1993.5.20 卢森堡1:1冰岛
比尔吉松70'(乌龙)/阿诺尔·古德约翰森40'
1993.5.23 俄罗斯1:1希腊
多布罗沃尔斯基70'/米特罗普洛斯45'
1993.6.2 冰岛1:1俄罗斯
斯维里松25'/基里亚科夫38'
1993.6.16 冰岛2:0匈牙利
斯维里松13'，阿诺尔·古德约翰森77'
1993.9.8 匈牙利1:3俄罗斯
尼基福罗夫20'(乌龙)/皮亚特尼茨基14'，基里亚科夫53'，博罗久克89'
1993.9.8 冰岛1:0卢森堡
英戈尔夫松61'
1993.10.12 卢森堡1:3希腊
法内利82'/马赫拉斯31'，阿波斯托拉基斯63'，萨拉瓦科斯71'
1993.10.27 匈牙利1:0卢森堡
德塔里20'
1993.11.17 希腊1:0俄罗斯
马赫拉斯68'

第6组	胜	平	负	进:失球	分
瑞典	6	3	1	19:8	15
保加利亚	6	2	2	19:10	14
法国	6	1	3	17:10	13
奥地利	3	2	5	15:16	8
芬兰	2	1	7	9:18	5
以色列	1	3	6	10:27	5

(瑞典、保加利亚出线)
1992.5.14 芬兰0:3保加利亚
巴拉科夫62'，科斯塔迪诺夫73'、87'
1992.9.9 保加利亚2:0法国
斯托伊奇科夫21'(点球)，巴拉科夫29'
1992.9.9 芬兰0:1瑞典
英厄松77'(点球)
1992.10.7 瑞典2:0保加利亚
达赫林56'，彼得松76'
1992.10.14 法国2:0奥地利
帕潘3'，坎托纳77'
1992.10.28 奥地利5:2以色列
赫尔佐格41'、46'，波尔斯特49'，施特格尔56'，奥格里斯87'/祖海尔57'、77'
1992.11.11 以色列1:3瑞典
巴宁42'/林帕尔37'，达赫林58'，英厄松74'
1992.11.14 法国2:1芬兰
帕潘18'，坎托纳31'/亚尔维宁54'
1992.12.2 以色列0:2保加利亚
西拉科夫56'，佩内夫83'
1993.2.17 以色列0:4法国
坎托纳28'，布兰克62'、84'，罗什89'
1993.3.27 奥地利0:1法国
帕潘58'

1993.4.14 奥地利3:1保加利亚
普费芬博格8'，库赫鲍尔25'，波尔斯特89'/Z.伊万诺夫54'
1993.4.28 法国2:1瑞典
坎托纳42'(点球)、81'/达赫林14'
1993.4.28 保加利亚2:0芬兰
斯托伊奇科夫15'(点球)，Z.扬科夫43'
1993.5.12 保加利亚2:2以色列
斯托伊奇科夫35'(点球)，西拉科夫60'/哈拉齐52'，罗森塔尔53'
1993.5.13 芬兰3:1奥地利
帕特莱宁17'，拉贾马基20'，耶尔姆52'/齐塞尔89'
1993.5.19 瑞典1:0奥地利
J.埃里克松50'
1993.6.2 瑞典5:0以色列
布罗林17'、41'、65'，塞特贝里55'，兰德贝里89'
1993.6.16 芬兰0:0以色列
1993.8.22 瑞典1:1法国
达赫林89'/索泽77'
1993.8.25 奥地利3:0芬兰
库赫鲍尔26'，普费芬博格41'，赫尔佐格89'(点球)
1993.9.8 芬兰0:2法国
布兰克47'，帕潘55'(点球)
1993.9.8 保加利亚1:1瑞典
斯托伊奇科夫21'(点球)/达赫林26'
1993.10.13 法国2:3以色列
索泽32'，吉诺拉43'/赫拉齐21'，贝尔科维奇83'，阿塔尔90'
1993.10.13 保加利亚4:1奥地利
佩内夫6'、67'，斯托伊奇科夫33'(点球)，莱切科夫86'/赫尔佐格51'
1993.10.13 瑞典3:2芬兰
达赫林27'、46'，拉尔森40'/索米宁14'，利特马宁60'
1993.10.27 以色列1:1奥地利
罗森塔尔3'/赖因马伊尔15'
1993.11.10 奥地利1:1瑞典
赫尔佐格70'/米尔德67'
1993.11.10 以色列1:3芬兰
哈拉齐90'/海里莱宁54'、85'，耶尔姆73'
1993.11.17 法国1:2保加利亚
坎托纳31'/科斯塔迪诺夫37'、90'

●南美洲区

(赛制)共9队参赛，智利因为被国际足联禁赛而无缘参加。9个队分成两个小组，其中有5支球队参赛的第2小组前两名直接进军世界杯。4支球队参赛的第1小组的第一名直接进军世界杯，第二名将参加附加赛。

第1组	胜	平	负	进:失球	分
哥伦比亚	4	2	0	13:2	10
阿根廷	3	1	2	7:9	7
巴拉圭	1	4	1	6:7	6
秘鲁	0	1	5	4:12	1

(哥伦比亚出线，阿根廷晋级附加赛)

1993.8.1 哥伦比亚0:0巴拉圭
1993.8.1 秘鲁0:1阿根廷
巴蒂斯图塔29'
1993.8.8 巴拉圭1:3阿根廷
斯特鲁维45'/梅迪纳·贝略15'、78'，雷东多65'
1993.8.8 秘鲁0:1哥伦比亚
林孔45'
1993.8.15 巴拉圭2:1秘鲁
阿尔弗雷多·门多萨14'，奇拉维特45'(点球)/德尔索拉尔45'(点球)
1993.8.15 哥伦比亚2:1阿根廷
巴伦西亚诺2'，巴伦西亚52'/梅迪纳·贝略87'
1993.8.22 阿根廷2:1秘鲁
巴蒂斯图塔32'，梅迪纳·贝略37'/帕拉西奥斯66'
1993.8.22 巴拉圭1:1哥伦比亚
里瓦罗拉54'/林孔22'
1993.8.29 阿根廷0:0巴拉圭
1993.8.29 哥伦比亚4:0秘鲁
巴伦西亚诺30'，林孔45'，亚历克西斯·门多萨66'，佩雷斯76'
1993.9.5 秘鲁2:2巴拉圭
穆乔特里戈22'，索托77'/阿尔弗雷多·门多萨61'、81'
1993.9.5 阿根廷0:5哥伦比亚
林孔41'、74'，阿斯普里拉50'、75'，巴伦西亚85'

第2组	胜	平	负	进:失球	分
巴西	5	2	1	20:4	12
玻利维亚	5	1	2	22:11	11
乌拉圭	4	2	2	10:7	10
厄瓜多尔	1	3	4	7:7	5
委内瑞拉	1	0	7	4:34	2

(巴西、玻利维亚出线)

1993.7.18 厄瓜多尔0:0巴西
1993.7.18 委内瑞拉1:7玻利维亚
帕伦西亚14'/埃尔文·桑切斯25'、64'，林巴37'，克里斯塔尔多39'、61'，拉马略68'，埃切维里70'
1993.7.25 玻利维亚2:0巴西
埃切维里88'，佩尼亚89'
1993.7.25 委内瑞拉0:1乌拉圭
何塞·埃雷拉59'
1993.8.1 委内瑞拉1:5巴西
胡安·恩里克·加西亚84'/拉易34'(点球)，贝贝托70'、79'，布兰科71'，帕尔希尼亚88'
1993.8.1 乌拉圭0:0厄瓜多尔
1993.8.8 厄瓜多尔5:0委内瑞拉
穆尼奥斯23'，爱德华多·乌尔塔多40'、50'、76'，查拉60'
1993.8.8 玻利维亚3:1乌拉圭
埃尔文·桑切斯71'，埃切维里81'，佩尼亚86'/弗朗西斯科利90'
1993.8.15 玻利维亚1:0厄瓜多尔
罗马略18'
1993.8.15 乌拉圭1:1巴西
冯塞卡79'/拉易28'
1993.8.22 玻利维亚7:0委内瑞拉
罗马略8'，梅尔加尔58'、90'，埃尔文·桑切斯69'，桑迪75'，埃切维里78'、82'
1993.8.22 巴西2:0厄瓜多尔
贝贝托34'，邓加54'
1993.8.29 乌拉圭4:0委内瑞拉
卡纳普基斯7'、31'，塞德雷斯41'，鲁本·索萨64'
1993.8.29 巴西6:0玻利维亚
拉易12'，穆勒18'，贝贝托22'、60'，布兰科36'，里卡多·戈麦斯44'
1993.9.5 巴西4:0委内瑞拉
里卡多·戈麦斯2'、89'，帕尔希尼亚29'，埃瓦艾尔31'
1993.9.5 厄瓜多尔0:1乌拉圭
鲁本·索萨10'
1993.9.12 乌拉圭2:1玻利维亚
弗朗西斯科利3'(点球)，冯塞卡51'/拉马略23'
1993.9.12 委内瑞拉2:1厄瓜多尔
胡安·恩里克·加西亚1'，莫拉莱斯51'/比隆·特诺里奥5'
1993.9.19 厄瓜多尔1:1玻利维亚
诺列加72'/拉马略45'
1993.9.19 巴西2:0乌拉圭
罗马里奥72'、82'

●中北美及加勒比区

(赛制)除美国外，共22队参赛，墨西哥和加拿大直接进入第二轮。剩下的20队分成加勒比区(14队)和中美区(6队)，两个区经过多轮淘汰赛后，各产生3个出线队进入第二轮。然后再与墨西哥和加拿大一起，分成两个小组进行双循环赛。每组前两名出线，这4支球队再进行一次双循环赛，积分最高者出线，第二名与大洋洲区冠军争夺半张世界杯决赛阶段入场券。

加勒比区资格赛第一轮

1992.3.21 多米尼加1:2波多黎各
罗德里格斯67'/卢格里斯23'，博尔哈57'
1992.3.29 波多黎各1:1多米尼加
保内萨6'/罗德里格斯3'
波多黎各总比分3比2晋级
1992.3.22 圣卢西亚1:0圣文森特
让5'
1992.3.29 圣文森特3:1圣卢西亚
约瑟夫33'，杰克56'，布朗66'/让22'
圣文森特总比分3比2晋级

加勒比区资格赛第二轮

1992.4.26 百慕大1:0海地
戈特87'
1992.5.25 海地2:1百慕大
埃利萨尔24'、34'/戈特20'
百慕大总比分2比2凭借客场进球多晋级
1992.5.23 牙买加2:1波多黎各
海德57'，威尔逊67'/埃斯皮诺萨3'
1992.5.30 波多黎各0:1牙买加
赖特
牙买加总比分3比1晋级
1992.4.19 荷属安地列斯1:1安提瓜和巴布达
雷加莱斯38'/达尔克31'
1992.4.26 安提瓜和巴布达3:0荷属安地列斯
埃德沃兹8'、36'、88'
安提瓜和巴布达总比分4比1晋级
1992.4.24 圭亚那1:2苏里南
斯坦顿52'，马尔西亚诺68'
1992.5.25 苏里南1:1圭亚那
戈德列布2'/阿切尔48'
苏里南总比分3比2晋级
1992.4.19 巴巴多斯1:2特立尼达和多巴哥
怀特55'/拉塔皮20'，查尔斯66'
1992.5.31 特立尼达和多巴哥3:0巴巴多斯
弗斯廷63'，贾梅尔逊68'，刘易斯84'
特立尼达和多巴哥总比分5比1晋级

加勒比区资格赛第三轮

1992.6.14 安提瓜和巴布达0:3百慕大
汤姆森21'，卡姆70'，詹宁斯79'
1992.7.4 百慕大2:1安提瓜和巴布达
戈特x2/卢克
百慕大总比分5比1晋级
1992.7.5 特立尼达和多巴哥1:2牙买加
查尔斯80'/伊萨克斯52'，安格林65'
1992.8.16 牙买加1:1特立尼达和多巴哥
戴维斯28'/海因斯41'
牙买加总比分3比2晋级
1992.8.2 苏里南0:0圣文森特
1992.8.30 圣文森特2:1苏里南
约瑟夫31'，杜庞81'/弗朗西斯17'
圣文森特总比分2比1晋级

中美区资格赛

1992.7.19 危地马拉0:0洪都拉斯
1992.7.26 洪都拉斯2:0危地马拉
奥班多88'，苏亚索89'
洪都拉斯总比分2比0晋级
1992.7.19 尼加拉瓜0:5萨尔瓦多
埃斯特拉达5'，冈萨雷斯16'、77'，卡斯特罗17'(点球)，乌略亚78'
1992.7.23 萨尔瓦多5:1尼加拉瓜
卡斯特罗13'、47'，辛芬戈斯33'，冈萨雷斯49'，乌略亚66'
萨尔瓦多总比分10比1晋级
1992.8.16 巴拿马1:0哥斯达黎加
门迭塔29'(点球)
1992.8.23 哥斯达黎加5:1巴拿马

贝里17'(点球)，拉米雷斯20'，阿格达斯29'、32'，阿斯图亚87'/门迭塔89'(点球)

哥斯达黎加总比分5比2晋级

第二阶段

A组	胜	平	负	进:失球	分
墨西哥	4	1	1	22:3	9
洪都拉斯	4	1	1	14:6	9
哥斯达黎加	3	0	3	11:9	6
圣文森特	0	0	6	0:29	0

(墨西哥、洪都拉斯晋级)

1992.11.8 哥斯达黎加2:3洪都拉斯
贝里2'，阿梅斯35'/弗洛雷斯47'，史密斯70'，奥班多80'

1992.11.8 圣文森特0:4墨西哥
萨克21'，苏亚雷斯55'，乌里贝73'、78'

1992.11.15 墨西哥2:0洪都拉斯
德拉托雷斯10'，乌里贝82'

1992.11.15 圣文森特0:1哥斯达黎加
冈萨雷斯15'

1992.11.22 墨西哥4:0哥斯达黎加
加西亚·阿斯佩61'、69'，苏亚雷斯64'，德拉托雷斯82'

1992.11.28 洪都拉斯4:0圣文森特
史密斯8'，奥班多24'，弗洛雷斯34'，阿纳里巴86'

1992.11.19 哥斯达黎加2:0墨西哥
史密斯47'、88'

1992.12.5 洪都拉斯2:1哥斯达黎加
弗洛雷斯15'，奥班多51'/阿斯图亚73'

1992.12.6 墨西哥11:0圣文森特
乌里贝5'、38'、88'，埃尔莫西略14'、23'、76'、80'，贝纳尔30'、56'、71'，萨克44'(点球)

1992.12.13 哥斯达黎加5:0圣文森特
阿斯图亚6'、50'、70'，梅德福德43'，阿梅斯73'

1992.12.13 洪都拉斯1:1墨西哥
苏亚索49'/乌里贝57'

B组	胜	平	负	进:失球	分
萨尔瓦多	4	1	1	12:6	9
加拿大	2	3	1	9:7	7
牙买加	1	2	3	6:9	4
百慕大	1	2	3	7:12	4

(萨尔瓦多、加拿大晋级)

1992.10.18 牙买加1:1加拿大
赖特70'/米切尔85'

1992.10.18 百慕大1:0萨尔瓦多
莱特博尔内77'

1992.10.25 萨尔瓦多1:1加拿大
冈萨雷斯32'/米勒86'

1992.10.25 百慕大1:1牙买加
詹宁斯52'/戴维斯74'

1992.11.1 加拿大1:0牙买加
米切尔53'

1992.11.1 萨尔瓦多4:1百慕大
帕拉西奥斯22'，冈萨雷斯44'，辛富戈斯52'，里韦拉56'/戈特

1992.11.8 加拿大2:3萨尔瓦多
米勒13'，米切尔71'/里韦拉44'，乌略亚52'、89'

1992.11.8 牙买加3:2百慕大
赖特5'、85'，里德8'/佩因特66'，戈特68'

1992.11.15 加拿大4:2百慕大
布恩布里9'、14'、35'，昂格86'/戈特72'，斯万76'

1992.11.22 牙买加0:2萨尔瓦多
门德斯8'、85'

1992.12.6 百慕大0:0加拿大

1992.12.6 萨尔瓦多2:1牙买加
梅伦德斯21'，阿尔塞64'/戴维斯35'

总决赛	胜	平	负	进:失球	分
墨西哥	5	0	1	17:5	10
加拿大	3	1	2	10:10	7
萨尔瓦多	2	0	4	6:11	4
洪都拉斯	1	1	4	7:14	3

(墨西哥出线，加拿大晋级附加赛)

1993.4.4 萨尔瓦多2:1墨西哥
卡斯特罗41'(点球)，伊拉埃塔77'/加西亚·阿斯佩75'

1993.4.4 洪都拉斯2:2加拿大
史密斯41'(点球)，奥班多89'/米切尔34'(点球)，布恩布里68'

1993.4.11 墨西哥3:0洪都拉斯
弗洛雷斯7'，乌戈·桑切斯76'(点球)，安布里斯89'

1993.4.11 加拿大2:0萨尔瓦多
布恩布里25'，卡特利夫33'

1993.4.18 加拿大3:1洪都拉斯
莫比略52'，保蒂斯塔62'(乌龙)，卡特利夫66'(点球)/皮内达17'

1993.4.18 墨西哥3:1萨尔瓦多
安布里斯2'，路易斯·加西亚55'，拉米雷斯63'/乌略亚86'

1993.4.25 墨西哥4:0加拿大
拉米雷斯20'、34'，路易斯·弗洛雷斯53'，加西亚·阿斯佩68'

1993.4.25 洪都拉斯2:0萨尔瓦多
本内特28'、63'

1993.5.2 洪都拉斯1:4墨西哥
弗洛雷斯56'/加西亚·阿斯佩2'，路易斯·弗洛雷斯44'，路易斯·加西亚49'，史密斯89'(乌龙)

1993.5.2 萨尔瓦多1:2加拿大
冈萨雷斯58'/卡特利夫27'，佩斯奇索利多60'

1993.5.9 加拿大1:2墨西哥
布恩布里17'/乌戈·桑切斯36'，克鲁斯84'

1993.5.9 萨尔瓦多2:1洪都拉斯
阿尔塞1'，乌略亚32'/阿纳里巴77'(点球)

附加赛1

大洋洲冠军VS中北美加勒比区第2名

1993.7.31 加拿大2:1澳大利亚
沃森50'，莫比利奥57'/达索维奇45'(点球)

1993.8.15 澳大利亚2:1加拿大
法里纳44'，杜拉科维奇76'/胡佩尔54'

双方总比分3比3战平，澳大利亚点球4比1胜出。

附加赛2

附加赛1胜利者VS南美区第4名

1993.10.31 澳大利亚1:1阿根廷
维德马尔43'/巴尔博37'

1993.11.17 阿根廷1:0澳大利亚
托宾58'(乌龙)

●亚洲区

(赛制)29队参赛，分成6个小组进行双循环赛，小组第一名晋级六强赛。六强赛为单循环赛，取前两名出线。

第1组	胜	平	负	进:失球	分
伊拉克	6	1	1	28:4	13
中国	6	0	2	18:4	12
也门	3	2	3	12:13	8
约旦	2	3	3	12:15	7
巴基斯坦	0	0	8	2:36	0

(伊拉克晋级)

1993.5.22 约旦1:1也门
苏利曼64'/查德利88'

1993.5.22 中国5:0巴基斯坦
高洪波37'，蔡晟53'、59'、83'，郝海东71'

1993.5.24 约旦1:1伊拉克
塔德罗斯15'/哈利夫73'

1993.5.24 也门5:1巴基斯坦
O.穆巴拉克20'、53'、77'，查德利80'，哈桑81'/塔里格11'

1993.5.26 中国3:0约旦
高洪波61'，吴群立66'，蔡晟89'

1993.5.26 伊拉克6:1也门
侯赛因2'，卡伊塞72'，A.卡德赫姆21'、76'，M.卡德赫姆34'，拉迪56'/德雷班16'

1993.5.28 伊拉克8:0巴基斯坦
侯赛因11'，卡伊塞18'、78'，A.卡德赫姆27'、74'，拉迪44'，哈利夫78'，N.萨达姆87'

1993.5.28 也门1:0中国
本·拉比亚阿62'

1993.5.30 约旦3:1巴基斯坦
阿查布8'、90'，阿里夫57'/法罗克80'

1993.5.30 伊拉克1:0中国
拉迪46'

1993.6.12 也门1:1约旦
沙拉夫52'/阿里夫73'

1993.6.12 中国3:0巴基斯坦
高洪波62'、90'，郝海东64'

1993.6.14 伊拉克4:0约旦
侯赛因3'、17'，A.卡德赫姆25'，拉迪52'

1993.6.14 也门3:0巴基斯坦
卡里姆39'、82'，哈桑77'

1993.6.16 中国4:1约旦
黎兵15'、76'，高洪波50'、80'/阿贝德56'

1993.6.16 伊拉克3:0也门
拉迪44'，萨阿德65'，拉伊斯81'

1993.6.18 伊拉克4:0巴基斯坦
卡伊塞x2，拉迪，达哈姆

1993.6.18 中国1:0也门
谢育新86'

1993.6.20 约旦5:0巴基斯坦
吉马兹14'、70'，塔德罗斯28'，穆哈拉姆43'，巴锡尔44'

1993.6.20 中国2:1伊拉克
徐弘63'，赵发庆89'/尤西夫47'

第2组	胜	平	负	进:失球	分
伊朗	3	3	0	15:2	9
叙利亚	3	3	0	14:4	9
阿曼	2	2	2	10:5	6
中华台北	0	0	6	3:31	0

(伊朗晋级)

1993.6.23 伊朗0:0阿曼

1993.6.23 叙利亚2:0中华台北
阿法赫16'，卡迪尔44'

1993.6.25 阿曼0:0叙利亚

1993.6.25 伊朗6:0中华台北
埃斯蒂利18'，罗塞亚38'、46'、50'、75'，阿里·代伊42'

1993.6.27 阿曼2:1中华台北
萨利赫29'，安曼35'/程进明79'

1993.6.27 伊朗1:1叙利亚
罗塞亚64'/梅洛80'

1993.7.2 伊朗1:0阿曼
富尔科什35'

1993.7.2 叙利亚8:1中华台北
赫洛2'、70'，卡泽姆6'，拉马丹13'，迪特17'(点球)，阿法赫29'、45'，马赫罗斯82'/程进明37'

1993.7.4 叙利亚2:1阿曼
马赫罗斯45'，卡迪尔63'(点球)/哈姆丹58'

1993.7.4 伊朗6:0中华台北
富尔科什7'，莫特拉赫15'(点球)，阿里·代伊18'、47'，阿卜塔西21'，埃斯图利73'

1993.7.7 叙利亚1:1伊朗
卡迪尔89'(点球)/富尔科什15'

1993.7.7 阿曼7:1中华台北
萨利赫7'，阿卜多利诺尔14'，阿卜杜拉赫40'、80'，哈利夫56'，穆巴拉克71'，哈姆丹83'/常武宗63'

第3组	胜	平	负	进:失球	分
朝鲜	7	1	0	19:6	15
卡塔尔	5	1	2	22:8	11
新加坡	5	0	3	12:12	10
印尼	1	0	7	6:19	2
越南	1	0	7	4:18	2

(朝鲜晋级)

1993.4.9 卡塔尔3:1印尼
索菲51'、79'，Z.科瓦里55'/皮托诺85'(乌龙)

1993.4.9 朝鲜3:0越南
元南哲29', 郑颂哲72', 宋俊烈85'
1993.4.11 朝鲜2:1新加坡
尹崔浩60', 元南哲72'/桑德拉莫西32'
1993.4.11 卡塔尔4:0越南
穆斯塔法33', 索蒂36', 哈拉夫49', Z.科瓦里58'
1993.4.13 朝鲜4:0印尼
郑颂哲19', 宋俊烈42'、48', 达维斯66'(乌龙)
1993.4.13 新加坡3:2越南
F.艾哈迈德18', 谭35'(点球), 桑德拉莫西63'/文新14', 阮唐洪77'
1993.4.16 卡塔尔4:1新加坡
穆巴拉克70'、88'(点球), 亚当83', 马尔基87'/艾哈迈德58'
1993.4.16 越南1:0印尼
何旺61'
1993.4.18 新加坡2:0印尼
桑德拉莫西59', 阿里76'
1993.4.18 卡塔尔1:2朝鲜
马尔基89'/宋俊烈57'、61'
1993.4.24 卡塔尔4:1印尼
马尔基35'、61', F.科瓦里75', Z.科瓦里83'/苏迪尔曼29'(点球)
1993.4.24 朝鲜1:0越南
李永进61'
1993.4.26 朝鲜3:1新加坡
元南哲28', 郑颂哲41'、76'/萨阿德72'
1993.4.26 卡塔尔4:0越南
马尔基7', Z.科瓦里13', F.科瓦里52'(点球), 雅各布65'
1993.4.28 朝鲜2:1印尼
潘广哲5', 宋俊烈60'/达尔马万31'
1993.4.28 新加坡1:0越南
阿里52'
1993.4.30 新加坡1:0卡塔尔
艾哈迈德83'
1993.4.30 印尼2:1越南
维亚马科50', 苏迪尔曼73'/阮洪松35'
1993.5.2 新加坡2:1印尼
艾哈迈德66', 桑德拉莫西86'/萨维农2'
1993.5.2 朝鲜2:2卡塔尔
崔英哲37', 金广一52'/马尔基2'、85'

第4组	胜	平	负	进:失球	分
韩国	7	1	0	23:1	15
巴林	3	3	2	9:6	9
黎巴嫩	2	4	2	8:9	8
香港	2	1	5	9:19	5
印度	1	1	6	8:22	2

(韩国晋级)
1993.5.7 黎巴嫩2:2印度
梅利基安37', 塔哈55'/库马尔68'、82'
1993.5.7 香港2:1巴林
张金华21', 欧伟伦57'/马尔祖克44'
1993.5.9 巴林0:0韩国
1993.5.9 黎巴嫩2:2香港
尤尔法吉44', 阿洛赫80'(点球)/谭兆伟13', 罗伟志19'
1993.5.11 香港2:1印度
罗伟志15', 李健和59'/塔库尔54'
1993.5.11 黎巴嫩0:1韩国
河锡舟17'
1993.5.13 韩国3:0印度
洪明甫20'(点球), 崔文植71', 河锡舟89'
1993.5.13 黎巴嫩0:0巴林
1993.5.15 韩国3:0香港
河锡舟21', 徐正源52', 崔文植73'
1993.5.15 巴林2:1印度
塔尼4', 阿里31'/萨特扬89'(点球)
1993.6.5 韩国4:1香港
崔文植12', 郑载江76', 河锡舟85', 卢廷润88'/欧伟伦22'
1993.6.5 巴林0:0黎巴嫩
1993.6.7 巴林3:0印度
穆巴拉克20'、53', 塔尼54'
1993.6.7 韩国2:0黎巴嫩
河锡舟31', 皇甫官56'
1993.6.9 黎巴嫩2:1香港
法尔哈特38', 纳扎75'/李伟文15'
1993.6.9 韩国7:0印度
李基范5'、25'、49', 金泰映37'、70', 朴正培39', 河锡舟68'
1993.6.11 黎巴嫩2:1印度
阿尤布41', 尤尔法吉79'/塔库尔34'
1993.6.11 巴林3:0香港
马尔祖克1', 穆巴拉克46', 塔尼49'
1993.6.13 韩国3:0巴林
姜哲55',朴南烈70', 具相范85'
1993.6.13 印度3:1香港
马尼6'、77', 塔库尔55'/黄志强67'

第5组	胜	平	负	进:失球	分
沙特	4	2	0	20:1	10
科威特	3	2	1	21:4	8
马来西亚	2	2	2	16:7	6
澳门	0	0	6	1:46	0

(沙特晋级)
1993.5.1 马来西亚1:1科威特
阿德南60'/侯赛因9'
1993.5.1 澳门0:6沙特
贾贝尔12', 奥维兰21'、24', 多萨里67', 梅哈莱尔68', 穆瓦利德79'(点球)
1993.5.3 马来西亚1:1沙特
莫赫塔34'/穆瓦利德87'(点球)
1993.5.3 澳门1:10科威特
平托76'/哈德亚22'、24'、55'、87', 萨列赫61'、65', 侯瓦迪71'、72'、81', 拉希姆84'(点球)
1993.5.5 马来西亚9:0澳门
阿德南4'、14'、74', 加尼利亚32'、76', 莫赫塔47'、53', 阿兰戈万43', 哈桑87'
1993.5.5 科威特0:0沙特
1993.5.14 沙特8:0澳门
法拉塔赫8'、25'、83', 穆瓦利德21'(点球), 奥维兰37'、57'、79', 穆阿尼亚39'
1993.5.14 科威特2:0马来西亚
瓦布兰47', 马罗维63'
1993.5.16 科威特8:0澳门
马罗维11', 瓦布兰44', 侯瓦迪52'、60', 萨拉赫55', 比奇82', 切马维86', 费伊89'
1993.5.16 沙特3:0马来西亚
马杰德·阿卜杜拉10'、65', 马达尼58'
1993.5.18 澳门0:5马来西亚
阿德南9'、43', 哈尼法74', 拉文德兰77'、85'
1993.5.18 沙特2:0科威特
奥维兰23', 马杰德·阿卜杜拉89'

第6组	胜	平	负	进:失球	分
日本	7	1	0	28:2	15
阿联酋	6	1	1	19:4	13
泰国	4	0	4	13:7	8
孟加拉国	2	0	6	7:28	4
斯里兰卡	0	0	8	0:26	0

(日本晋级)
1993.4.8 日本1:0泰国
三浦知良29'
1993.4.8 阿联酋4:0斯里兰卡
朱马21', 塔利亚尼24', K.穆巴拉克56'、88'
1993.4.11 日本8:0孟加拉国
三浦知良18'、44'、52'、53', 高木琢也25'、57', 福田正博58'、88'
1993.4.11 泰国1:0斯里兰卡
塞纳芒61'
1993.4.13 孟加拉国1:0斯里兰卡
卡里姆69'
1993.4.13 阿联酋1:0泰国
巴卢什86'
1993.4.15 日本5:0斯里兰卡
高木琢也10'、49', 柱谷哲二18', 三浦知良34'、51'
1993.4.15 阿联酋1:0孟加拉国
巴卢什53'
1993.4.18 日本2:0阿联酋
柱谷哲二20', 高木琢也76'
1993.4.18 泰国4:1孟加拉国
辛塞林20', 皮亚蓬21'、58'、88'/马霍布84'
1993.4.28 日本1:0泰国
崛池巧60'
1993.4.28 阿联酋3:0斯里兰卡
塔利亚尼43', 巴卢什53', 伊斯马利89'
1993.4.30 日本4:1孟加拉国
福田正博3', 三浦知良30', 吉田光范37', 高木琢也61'/卡里姆14'
1993.4.30 阿联酋2:1泰国
巴卢什10'(点球), 塔利亚尼63'/马佩姆89'
1993.5.3 阿联酋7:0孟加拉国
塔利亚尼4'、56', 巴卢什26'、60', 萨阿德28', 哈米斯32', 阿里74'
1993.5.3 泰国3:0斯里兰卡
皮亚蓬26'、31'、70'(点球)
1993.5.5 泰国4:1孟加拉国
皮亚蓬24'、54', 塞纳芒27', 廷布松56'/鲁曼76'
1993.5.5 日本6:0斯里兰卡
拉莫斯32', 井原正巳42'、56', 高木琢也61', 三浦知良80', 中山雅史82'
1993.5.7 孟加拉国3:0斯里兰卡
马莫伊姆7'、78', 哈米德72'(点球)
1993.5.7 阿联酋1:1日本
巴卢什83'/泽登正朗84'

六强赛	胜	平	负	进:失球	分
沙特	2	3	0	8:6	7
韩国	2	2	1	9:4	6
日本	2	2	1	7:4	6
伊拉克	1	3	1	9:9	5
伊朗	2	0	3	8:11	4
朝鲜	1	0	4	5:12	2

(沙特、韩国出线)
1993.10.15 朝鲜3:2伊拉克
金光明63', 金炯一76', 崔云南80'/哈杜姆8'、46'
1993.10.15 沙特0:0日本
1993.10.16 伊朗0:3韩国
朴正培18', 河锡舟79', 高正云81'
1993.10.18 日本1:2伊朗
中山雅史88'/哈桑扎代45', 阿里·代伊85'
1993.10.18 朝鲜1:2沙特
柳松俊68'/梅哈莱尔56', 穆瓦利德73'
1993.10.19 伊拉克2:2韩国
侯赛因32', 贾法尔86'/金判根40', 洪明甫67'(点球)
1993.10.21 朝鲜0:3日本
三浦知良28'、69', 中山雅史51'
1993.10.22 伊朗1:2伊拉克
阿里·代伊21'/拉迪20', A.卡德赫姆38'
1993.10.22 韩国1:1沙特
辛弘基63'/马达尼90'
1993.10.24 伊拉克1:1沙特
拉迪1'/奥维兰36'
1993.10.25 伊朗2:1朝鲜
阿里·代伊49'、66'/崔云南22'
1993.10.25 日本1:0韩国
三浦知良61'
1993.10.28 韩国3:0朝鲜
高正云49', 黄善洪53', 河锡舟75'
1993.10.28 伊拉克2:2日本
什奈希德54', 萨尔曼90'/三浦知良5', 中山雅史80'
1993.10.28 沙特4:3伊朗
贾贝尔21', 梅哈莱尔27', 穆萨47', 法拉塔赫74'/弗努尼扎代43'、52', 马纳菲90'

●大洋洲区

(赛制)6个队分成两个小组进行双循环赛，小组第一之间进行两回合交锋产生胜利者，晋级附加赛。

第1组	胜	平	负	进:失球	分
澳大利亚	4	0	0	13:2	8
塔希提	1	1	2	5:8	3
所罗门群岛	0	1	3	5:13	1

(澳大利亚晋级)

1992.7.11 所罗门群岛1:1塔希提
哈特伊/埃塔埃塔
1992.9.4 所罗门群岛1:2澳大利亚
瓦托/韦尔特、麦库洛赫
1992.9.11 塔希提0:3澳大利亚
莫里、韦尔特、保罗·韦德
1992.9.20 澳大利亚2:0塔希提
韦尔特、杜拉科维奇
1992.9.26 澳大利亚6:1所罗门群岛
吉内茨，格雷，保罗·韦德，韦尔特，布朗，杜拉科维奇/阿什利
1992.10.9 塔希提4:2所罗门群岛
特马里尔(点球)，罗塞乌，加蒂恩x2/瓦托，苏里

第2组	胜	平	负	进:失球	分
新西兰	3	1	0	15:1	7
斐济	2	1	1	6:3	5
瓦努阿图	0	0	4	1:18	0

(新西兰晋级)

1992.6.7 新西兰3:0斐济
比利·赖特x2，哈利甘
1992.6.27 瓦努阿图1:4新西兰
瓦图/麦克伦南x2，格雷，哈利甘
1992.7.1 新西兰8:0瓦努阿图
托尼·劳斯x2，麦克格雷x2，伊隆塞德，麦克伦南x2
1992.9.12 斐济3:0瓦努阿图
莫塞梅雷克x3
1992.9.19 斐济0:0新西兰
1992.9.26 瓦努阿图0:3斐济
布利纳切瓦，纳瓦苏x2

决赛

1993.5.30 新西兰0:1澳大利亚
阿诺德
1993.6.6 澳大利亚3:0新西兰
韦尔特，维德马尔，泽利奇

(澳大利亚以总比分4比0获得大洋洲区出线权)

●非洲区

(赛制)原定37队参赛，但共有10队在分组后弃权。剩下的27队经过重新调整后分成9个小组，小组第一名进入第二阶段。这9队此后分成3个小组，每组3队，小组第一名晋级世界杯决赛阶段。

第一阶段

第1组	胜	平	负	进:失球	分
阿尔及利亚	2	1	1	5:4	5
加纳	2	0	2	4:3	4
布隆迪	1	1	2	2:4	3

(阿尔及利亚晋级)

1992.10.9 阿尔及利亚3:1布隆迪
塔斯福特40'、87'，梅贾内70'/布约布恩89'(点球)
1992.10.25 布隆迪1:0加纳
因德勒60'
1992.12.20 加纳2:0阿尔及利亚
波利奇24'，阿尤80'
1992.1.17 布隆迪0:0阿尔及利亚
1992.1.31 加纳1:0布隆迪
阿贝迪·贝利19'
1992.2.26 阿尔及利亚2:1加纳
布拉伊米60'，梅贾内85'/阿孔诺12'

第2组	胜	平	负	进:失球	分
喀麦隆	2	2	0	7:1	6
斯威士兰	1	1	1	1:5	3
扎伊尔	1	1	2	5:5	3
利比里亚	0	0	1	2:4	0

注:利比里亚在进行了一场预选赛后就宣布弃权，所进行的比赛结果有效。扎伊尔与斯威士兰的第二回合比赛因为无关出线权而没有进行。

(喀麦隆晋级)

1992.10.11 扎伊尔4:2利比里亚
卡邦戈x2，卢卡库x2
1992.10.18 喀麦隆5:0斯威士兰
查米16'，恩贾帕23'，姆巴尔加66'，蒂基84'，希亚拉89'
1992.10.25 斯威士兰1:0扎伊尔
特尔布兰切88'
1993.1.10 扎伊尔1:2喀麦隆
奥基塔卡茨基85'(点球)/埃邦格50'，查米63'
1993.1.17 斯威士兰0:0喀麦隆
1993.3.1 喀麦隆0:0扎伊尔

第3组	胜	平	负	进:失球	分
津巴布韦	4	2	0	8:4	10
埃及	3	2	1	9:3	10
安哥拉	1	2	2	3:4	4
多哥	0	0	5	2:11	0

注:安哥拉与多哥的第一回合比赛没有进行。

(津巴布韦晋级)

1992.10.9 津巴布韦1:0多哥
恩德洛乌67'
1992.10.11 埃及1:0安哥拉
H.哈桑63'
1992.10.25 多哥1:4埃及
萨利乌78'/曼苏尔24'，H.哈桑32'、89'(点球)，拉姆济80'(点球)
1992.12.20 津巴布韦2:1埃及
恩德洛乌46'，萨乌49'/艾哈迈德64'
1993.1.10 安哥拉1:1津巴布韦
鲁索62'/萨乌33'
1993.1.17 多哥1:2津巴布韦
萨利苏69'/萨乌47'，麦科普61'
1993.1.18 安哥拉0:0埃及
1993.1.31 埃及3:0多哥
H.哈桑58'，埃扎特83'，卡斯89'
1993.2.28 埃及2:1津巴布韦
卡塞姆32'(点球)，H.哈桑40'/萨乌5'
注:改场比赛因为球迷骚乱而中断
1993.2.28 多哥0:1安哥拉
农巴83'
1993.4.15(巴黎) 埃及0:0津巴布韦

第4组	胜	平	负	进:失球	分
尼日利亚	3	1	0	7:0	7
南非	2	1	1	2:4	5
刚果	0	0	4	0:5	0

(尼日利亚晋级)

1992.10.10 尼日利亚4:0南非
奥沃博基里33'，夏夏56'，耶基尼67'、89'
1992.10.25 南非1:0刚果
马辛加27'
1992.12.20 刚果0:1尼日利亚
耶基尼22'
1993.1.16 南非0:0尼日利亚
1993.1.31 刚果0:1南非
勒戈迪86'
1993.2.27 尼日利亚2:0刚果
富卢杜12'，菲尼迪90'

第5组	胜	平	负	进:失球	分
科特迪瓦	2	2	0	7:0	6
尼日尔	2	1	1	3:2	5
博茨瓦纳	0	1	3	1:9	1

(科特迪瓦晋级)

1992.10.11 科特迪瓦6:0博茨瓦纳
A.特劳雷10'、17'(点球)、87'，本萨拉赫14'，蒂希67'，科阿迪奥70'
1992.10.25 尼日尔0:0科特迪瓦
1992.12.20 博茨瓦纳0:1尼日尔
纳坦加32'
1993.1.17 博茨瓦纳0:0科特迪瓦
1993.1.31 科特迪瓦1:0尼日尔
A.特劳雷54'
1993.2.28 尼日尔2:1博茨瓦纳
亚哈亚25'，伊迪亚89'/奥托42'

第6组	胜	平	负	进:失球	分
摩洛哥	4	2	0	13:1	10
突尼斯	3	3	0	14:2	9
埃塞俄比亚	1	1	4	3:11	3
贝宁	1	0	5	3:19	2

(摩洛哥晋级)

1992.10.11 突尼斯5:1贝宁
罗西16'(点球)，马霍比29'，哈姆罗尼40'、51'，塞利米77'/萨克拉门托43'
1992.10.11 摩洛哥5:0埃塞俄比亚
沙乌什2'、29'，费尔托特14'，拉沙夫40'，萨马迪50'
注:比赛进行到第51分钟时，因为埃塞俄比亚场上只剩7人而提前终止比赛，按当时的比分计入结果。
1992.10.25 埃塞俄比亚0:0突尼斯
1992.10.25 贝宁0:1摩洛哥
达乌迪50'
1992.12.20 突尼斯1:1摩洛哥
罗西44'/布伊布德85'
1992.12.20 埃塞俄比亚3:1贝宁
侯赛因7'，贝瓜肖38'，滕克尔50'/萨索21'
1993.1.17 埃塞俄比亚0:1摩洛哥
费尔托特33'
1993.1.17 贝宁0:5突尼斯
蒂耶姆卡尼15'，罗西18'、42'、61'，希奇里44'
1993.1.31 突尼斯3:0埃塞俄比亚
利曼4'，马霍比73'，阿姆隆78'
1993.1.31 摩洛哥5:0贝宁
沙乌什2'、17'，拉沙夫41'，阿布拉米60'(点球)，梅贾内72'
1993.2.28 贝宁1:0埃塞俄比亚
阿鲁纳62'
1993.2.28 摩洛哥0:0突尼斯

第7组	胜	平	负	进:失球	分
塞内加尔	3	0	1	10:4	6
加蓬	2	1	1	7:5	5
莫桑比克	0	1	3	3:11	3

(塞内加尔晋级)

1992.10.11 加蓬3:1莫桑比克
恩赞比亚12'、24'，奥巴梅75'/萨尔迪纳17'
1992.10.25 莫桑比克0:1塞内加尔
尤诺斯80'
1992.12.19 加蓬3:2塞内加尔
阿梅加塞37'，恩赞比亚62'，马卡亚87'/列特34'，桑恩80'
1993.1.17 莫桑比克1:1加蓬
曼丁戈50'/恩赞比亚43'
1993.1.30 塞内加尔6:1莫桑比克
桑恩8'、19'，西克26'、80'，巴迪亚内48'，迪亚拉73'/恩里克45'
1993.2.27 塞内加尔1:0加蓬
巴迪亚内35'

第8组	胜	平	负	进:失球	分
赞比亚	5	0	1	16:4	10
马达加斯加	3	1	1	7:3	7
坦桑尼亚	1	1	2	3:5	3
纳米比亚	0	0	5	0:14	0

注:坦桑尼亚在踢了4场小组赛后弃权，之前的比分有效。

(赞比亚晋级)

1992.10.11 赞比亚2:0坦桑尼亚
布瓦利亚18'，穆塔尔克29'
1992.10.11 马达加斯加3:0纳米比亚
蒂佩赫11'，哈里44'，赛特拉58'
1992.10.25 坦桑尼亚0:0马达加斯加
1992.10.25 纳米比亚0:4赞比亚
奇科瓦拉夸拉15'、35'，穆塔勒22'、26'

1992.12.19 坦桑尼亚2:0纳米比亚
卢恩亚米拉47'，费利西亚尼62'
1992.12.20 马达加斯加2:0赞比亚
1993.1.16 坦桑尼亚1:3赞比亚
查利44'/布瓦利亚6'，伦巴42'，K.布瓦利亚67'
1993.1.17 纳米比亚0:1马达加斯加
雷米7'
1993.1.20 赞比亚4:0纳米比亚
昌萨6'，穆松达35'(点球)，K.布瓦利亚70'，班达72'
1993.2.21 赞比亚3:1马达加斯加
穆塔勒16'，K.布瓦利亚65'，穆维特瓦68'/拉索纳伊沃82'

第9组
1992.12.20 几内亚4:0肯尼亚
F.卡马拉51'，欧拉雷53'，A.卡马拉65'、89'
1993.2.27 肯尼亚2:0几内亚
马泰戈6'，纳乔克87'
(几内亚总比分4比2晋级)

第二阶段

第1组	**胜**	**平**	**负**	**进:失球**	**分**
尼日利亚	2	1	1	10:5	5
科特迪瓦	2	1	1	5:6	5
阿尔及利亚	0	2	2	3:7	2

(尼日利亚出线)
1993.4.16 阿尔及利亚1:1科特迪瓦
塔斯福特28'/本萨拉赫4'
1993.5.2 科特迪瓦2:1尼日利亚
A.特劳雷70'(点球)，夸塔拉75'/耶基尼5'
1993.7.3 尼日利亚4:1阿尔及利亚
奥科查14'，耶基尼25'、38'，阿莫卡奇40'/塔斯福特5'
1993.7.18 科特迪瓦1:0阿尔及利亚
蒂希86'
1993.9.25 尼日利亚4:1科特迪瓦
奥利哈20'，阿莫卡奇24'，耶基尼57'(点球)、79'/蒂希50'
1993.10.8 阿尔及利亚1:1尼日利亚
塔斯福特66'/菲尼迪19'

第2组	**胜**	**平**	**负**	**进:失球**	**分**
摩洛哥	2	1	1	10:5	5
赞比亚	2	1	1	5:6	5
塞内加尔	0	2	2	3:7	2

(摩洛哥出线)
1993.4.18 摩洛哥1:0塞内加尔
沙乌什85'
1993.7.4 赞比亚2:1摩洛哥
K.布瓦利亚60'，J.布瓦利亚67'/达乌迪16'
1993.7.17 塞内加尔1:3摩洛哥
桑恩65'/布伊布德8'，达乌迪62'，费尔托特74'
1993.8.7 塞内加尔0:0赞比亚
1993.9.26 赞比亚4:0塞内加尔
姆巴塞拉11'，利塔纳55'，马利托利71'，K.布瓦利亚85'
1993.10.10 摩洛哥1:0赞比亚
拉格里希50'

第3组	**胜**	**平**	**负**	**进:失球**	**分**
喀麦隆	3	0	1	7:3	6
津巴布韦	2	0	2	3:6	4
几内亚	1	0	3	4:5	2

(喀麦隆出线)
1993.4.18 喀麦隆3:1几内亚
查米8'、53'，埃万89'/希拉62'
1993.5.2 几内亚3:0津巴布韦
A.卡马拉，德拉梅20'，F.卡马拉77'
1993.7.4 津巴布韦1:0喀麦隆
萨乌86'
1993.7.18 几内亚0:1喀麦隆
恩贝44'
1993.9.26 津巴布韦1:0几内亚
萨乌3'
1993.10.10 喀麦隆3:1津巴布韦
奥曼·比耶克15'(点球)、28'，马博昂90'/恩德洛乌50'

决赛阶段

24队分成6个小组进行单循环赛，小组前两名，与4个成绩最好的小组第3名晋级十六强。

A组	**胜**	**平**	**负**	**进:失球**	**分**
罗马尼亚	2	0	1	5:5	6
瑞士	1	1	1	5:4	4
美国	1	1	1	3:3	4
哥伦比亚	1	0	2	4:5	3

(罗马尼亚、瑞士、美国晋级)
1994.6.18 美国1:1瑞士
底特律/73425人，**主裁判:**拉莫利纳(阿根廷)
进球:温纳尔达45'/布雷吉39'
美国(442):梅奥拉/库伊曼、巴尔博亚、拉拉斯、卡利朱里/塔布·拉莫斯、索尔贝尔、杜利、哈克斯■/斯图尔特(81'琼斯)、温纳尔达(58'韦格勒)
瑞士(442):帕斯科洛/奥蒂格、埃尔■、热日尔、康坦/奥雷尔、布雷吉、斯福扎(77'怀斯)、苏特/比克尔(72'苏比亚特■)、查普伊萨特
1994.6.18 罗马尼亚3:1哥伦比亚
洛杉矶/91856人，**主裁判:**沙里夫(叙利亚)
进球:拉杜乔尤15'、89'，哈吉34'/巴伦西亚43'
罗马尼亚(451):斯泰莱亚/彼得雷斯库、贝洛德迪奇、米哈利、普罗丹/杜米特雷斯库(68'塞利梅斯)、卢佩斯库、波佩斯库、哈吉、蒙特亚努/拉杜乔尤(■,90'帕普勒)
哥伦比亚(442):奥斯卡·科尔多瓦/埃雷拉■、埃斯科巴、佩雷亚、威尔逊·佩雷斯/阿尔瓦雷斯■、林孔、巴尔德拉马■、戈麦斯/阿斯普里拉、巴伦西亚
1994.6.22 美国2:1哥伦比亚
洛杉矶/93869人，**主裁判:**巴尔达斯(意大利)
进球:埃斯科巴35'(乌龙)，斯图尔特52'/巴伦西亚90'
美国(532):梅奥拉/克拉维罗、巴尔博亚、杜

1993年10月13日，荷兰队在预选赛主场对阵英格兰，这是一场谁胜谁出线的比赛。罗纳德·科曼(左)严防普拉特。荷兰队最终以2比0胜出。

1994年6月15日，喀麦隆队在美国进行赛前集训。这匹四年前的“黑马”本届比赛小组垫底。

利、拉拉斯、卡利朱里/塔布·拉莫斯、索尔贝尔、哈克斯/斯图尔特(66'琼斯)、温纳尔达(60'韦格勒)
哥伦比亚(442):奥斯卡·科尔多瓦/埃雷拉、埃斯科巴、佩雷亚、威尔逊·佩雷斯/林孔、阿尔瓦雷斯、加维里亚、巴尔德拉马/德阿维拉(,46'巴伦西亚)、阿斯普里拉(46'巴伦西亚诺)
1994.6.22　瑞士4:1罗马尼亚
底特律/61428人,**主裁判:**霍维尼(突尼斯)
进球:苏特16', 查普伊萨特52', 克尼普65', 布雷吉72'/哈吉35'
瑞士(442):帕斯科洛/奥蒂格、埃尔、热日尔、康坦/奥雷尔(83'西尔韦斯特)、布雷吉、斯福扎、苏特(71'比克尔)/克尼普、查普伊萨特
罗马尼亚(442):斯泰莱亚/彼得雷斯库、贝洛德迪奇、波佩斯库、普罗丹/米哈利、卢佩斯库(, 86'潘杜鲁)、蒙特亚努、哈吉/杜米特雷斯库(71'弗拉多尤)、拉杜乔尤
1994.6.26　罗马尼亚1:0美国
洛杉矶/93869人,**主裁判:**范德恩德(荷兰)
进球:彼得雷斯库18'
罗马尼亚(541):普鲁内亚/彼得雷斯库、贝洛德迪奇(88'米哈利)、普罗丹、波佩斯库、塞利梅斯/蒙特亚努、卢佩斯库、哈吉、杜米特雷斯库/拉杜乔尤(,83'加尔卡)
美国(442):梅奥拉/克拉维罗、巴尔博亚、拉拉斯、卡利朱里/塔布·拉莫斯(62'琼斯)、索尔贝尔(74'韦格勒)、杜利、哈克斯/斯图尔特、温纳尔达
1994.6.26　哥伦比亚2:0瑞士
圣弗朗西斯科/83401人,**主裁判:**米凯尔森(丹麦)
进球:加维里亚44', 洛萨诺90'
哥伦比亚(442):奥斯卡·科尔多瓦/埃雷拉、埃斯科巴、门多萨、威尔逊·佩雷斯/林孔、阿尔瓦雷斯、加维里亚(,78'洛萨诺)、巴尔德拉马/阿斯普里拉、巴伦西亚(63'德阿维拉)
瑞士(442):帕斯科洛/奥蒂格、埃尔、热日尔、康坦/奥雷尔、布雷吉()、斯福扎、苏特(81'格拉西)/克尼普(,39'苏比亚特)、查普伊萨特

B组	胜	平	负	进:失球	分
巴西	2	1	0	6:1	7
瑞典	1	2	0	6:4	5
俄罗斯	1	0	2	7:6	3
喀麦隆	0	1	2	3:11	1

(巴西、瑞典晋级)
1994.6.19　喀麦隆2:2瑞典
洛杉矶/93194人,**主裁判:**诺列加(秘鲁)
进球:恩贝31', 奥曼-比耶克47'/罗格·荣8', 达赫林75'
喀麦隆(442)贝尔/塔陶、宋、卡拉、阿格博/利比、姆博、维维安·福、姆费德(81'姆博昂)/恩贝(87'莫耶梅)、奥曼-比耶克
瑞典(442):拉维利/尼尔森、帕特里克·安德森、比约克伦德、罗格·荣/英厄松(75'肯内特·安德森)、施瓦茨、特恩、布洛姆奎斯特(61'拉尔森)/布罗林、达赫林
1994.6.20　巴西2:0俄罗斯
圣弗朗西斯科/81061人,**主裁判:**林基琼(毛里求斯)
进球:罗马里奥27', 拉易53'(点球)
巴西(442):塔法雷尔/尤尔津霍、里卡多·罗沙(68'阿尔代尔)、桑托斯、莱昂纳多/毛罗·席尔瓦、拉易、邓加(79'马津霍)、津霍/贝贝托、罗马里奥
俄罗斯(532):哈林/特尔纳夫斯基、尼基福罗夫、库兹涅佐夫、赫列斯托夫、戈尔卢科维奇/卡尔平、皮亚特尼茨基、岑姆巴拉/拉德琴科(72'博罗久克)、尤兰(69'萨连科)
1994.6.24　巴西3:0喀麦隆
圣弗朗西斯科/83401人,**主裁判:**布里索·卡特(墨西哥)
进球:罗马里奥39', 桑托斯62', 贝贝托72'
巴西(442):塔法雷尔/尤尔津霍、桑托斯、阿尔代尔、莱昂纳多/拉易(80'穆勒)、邓加、毛罗·席尔瓦、津霍(74'保罗·塞尔吉奥)/贝贝托、罗马里奥
喀麦隆(442):贝尔/塔陶、宋、卡拉、阿格博/利比、姆博、维维安·福、姆费德(70'姆博昂)/恩贝(63'米拉)、奥曼-比耶克
1994.6.24　瑞典3:1俄罗斯
底特律/71528人,**主裁判:**基尼乌(法国)
进球:布罗林39'(点球), 达赫林60'、82'/萨连科4'(点球)
瑞典(442):拉维利/尼尔森、帕特里克·安德森、比约克伦德(88'埃林马克)、罗格·荣/布罗林、施瓦茨、特恩、英厄松/肯内特·安德森(,83'拉尔森)、达赫林
俄罗斯(442):哈林/戈尔卢科维奇、尼基福罗夫、赫列斯托夫、奥诺普科/波波夫(40'卡尔平), 库兹涅佐夫、莫斯托沃伊、博罗久克(51'加尔亚明)/拉德琴科、萨连科
1994.6.28　俄罗斯6:1喀麦隆
圣弗朗西斯科/74914人,**主裁判:**沙里夫(叙利亚)
进球:萨连科16'、41'、45'(点球)、72'、75', 拉德琴科82'/米拉47'
俄罗斯(541):切尔切索夫/特尔纳夫斯基、尼基福罗夫、赫列斯托夫、奥诺普科、捷特拉泽/卡尔平、科尔尼耶夫(65'拉德琴科)、岑姆巴拉、列迪亚科夫(78'别斯查尼奇)/萨连科
喀麦隆(451):松戈奥/塔陶、恩迪普、卡拉、阿格博/恩贝、利比、卡纳-比耶克、维维安·福、姆费德/奥曼-比耶克
1994.6.28　瑞典1:1巴西
底特律/77217人,**主裁判:**普尔(匈牙利)
进球:肯内特·安德森24'/罗马里奥47'
瑞典(442):拉维利/尼尔森、帕特里克·安德森、卡马克、永/拉尔森(65'布洛姆奎斯特)、施瓦茨(77'米尔德)、特恩、英厄松/布罗林、肯内特·安德森
巴西(442):塔法雷尔/尤尔津霍、阿尔代尔、桑托斯、莱昂纳多/毛罗·席尔瓦(45'马津霍)、邓加、拉易(81'保罗·塞尔吉奥)、津霍/贝贝托、罗马里奥

C组	胜	平	负	进:失球	分
德国	2	1	0	5:3	7
西班牙	1	2	0	6:4	5
韩国	0	2	1	4:5	2
玻利维亚	0	1	2	1:4	1

(德国、西班牙晋级)
1994.6.17　德国1:0玻利维亚
芝加哥/63117人,**主裁判:**布里索·卡特(墨西哥)
进球:克林斯曼61'
德国(442):伊尔格纳/科勒尔、马特乌斯、贝特霍尔德、布雷默/哈斯勒(84'施特伦茨)、埃芬博格、萨默尔、穆勒/里德尔(60'巴斯勒)、克林斯曼
玻利维亚(352):特鲁科/林巴、金特罗斯、桑迪/博尔哈、巴尔迪维索(,66'莫雷诺)、梅尔加、索里亚、克里斯塔尔多/埃尔文·桑切斯、罗马略(79'埃切维里)
1994.6.17　韩国2:2西班牙
达拉斯/56247人,**主裁判:**米凯尔森(丹麦)
进球:洪明甫85',徐正源90'/萨利纳斯51', 戈伊科切亚56'
韩国(442):崔仁荣/金判根、洪明甫、朴正培、申弘基/卢廷润(76'河锡舟)、崔英一、李永镇、金铸城(,58'徐正源)/高正云、黄善洪
西班牙(541):卡尼萨雷斯/费雷尔、阿尔科塔、纳达尔、阿贝拉多、塞尔吉/戈伊科切亚、格雷罗(40'卡米内罗)、耶罗、路易斯·恩里克/萨利纳斯(63'费利佩)
1994.6.21　德国1:1西班牙
芝加哥/63113人,**主裁判:**卡瓦尼(乌拉圭)
进球:克林斯曼48'/戈伊科切亚14'
德国(451):伊尔格纳/科勒尔、马特乌斯、贝特霍尔德、布雷默/施特伦茨、埃芬博格、萨默尔、哈斯勒、穆勒(62'沃勒尔)/克林斯曼
西班牙(541):苏比萨雷塔/费雷尔、阿尔科塔、耶罗、阿贝拉多、塞尔吉/戈伊科切亚(65'巴克罗)、卡米内罗、瓜迪奥拉(77'卡马拉萨)、路易斯·恩里克/萨利纳斯
1994.6.23　玻利维亚0:0韩国
波士顿/53456人,**主裁判:**莫特拉姆(苏格兰)
玻利维亚(451):特鲁科/林巴、金特罗斯、桑迪、克里斯塔尔多/博尔哈、梅尔加、索里亚、埃尔文·桑切斯、巴尔迪维索/罗马略(67'阿尔瓦罗·佩尼亚)
韩国(532):崔仁荣/金判根、洪明甫、朴正培、申弘基、李永镇/卢廷润(71'崔英一)、金铸城、高正云/徐正源(86'河锡舟)、黄善洪
1994.6.27　西班牙3:1玻利维亚
芝加哥/63089人,**主裁判:**塞克拉(哥斯达黎加)
进球:瓜迪奥拉19'(点球), 卡米内罗65'、71'/埃

尔文·桑切斯67'
西班牙(442):苏比萨雷塔/费雷尔、阿贝拉多、沃罗、塞尔吉/戈伊科切亚、卡米内罗、瓜迪奥拉(69'巴克罗)、费利佩(45'耶罗)/格雷罗、萨利纳斯
玻利维亚(532):特鲁科/博尔哈、佩尼亚、林巴、桑迪、索鲁科/梅尔加、索里亚(63'卡斯蒂略)、埃尔文·桑切斯/罗马略、拉莫斯(45'莫雷诺)

1994.6.27 德国3:2韩国
达拉斯/63998人,**主裁判:**基尼乌(法国)
进球:克林斯曼12'、37',里德尔20'/黄善洪51',洪明甫63'
德国(442):伊尔格纳/科勒尔、马特乌斯(64'穆勒)、贝特霍尔德、布雷默/埃芬博格(75'海尔默)、布赫瓦尔德、萨默尔、哈斯勒/里德尔、克林斯曼
韩国(532):崔仁荣(45'李云在)/金判根、洪明甫、朴正培、申弘基、崔英一/李永镇(40'郑钟秀)、金铸城、高正云/赵镇浩(45'徐正源)、黄善洪

D组	胜	平	负	进:失球	分
尼日利亚	2	0	1	6:2	6
保加利亚	2	0	1	6:3	6
阿根廷	2	0	1	6:3	6
希腊	0	0	3	0:10	0

(尼日利亚、保加利亚、阿根廷晋级)

1994.6.21 阿根廷4:0希腊
波士顿/53486人,**主裁判:**安吉列斯(美国)
进球:巴蒂斯图塔2'、45'、90'(点球),马拉多纳60'
阿根廷(451):伊斯拉斯/圣西尼、卡塞雷斯、鲁杰里、查莫特/卡尼吉亚、西蒙尼、马拉多纳(62'奥特加)、雷东多、巴尔博(79'曼库索)/巴蒂斯图塔
希腊(442):米努/马诺拉斯、阿波斯托拉基斯、卡利察基斯、科利奇达基斯/察洛希季斯、尼奥普利亚斯、科菲季斯、齐安塔基斯(45'马兰戈斯)/萨拉瓦科斯、马赫拉斯(58'米特罗普洛斯)

1994.6.21 尼日利亚3:0保加利亚
达拉斯/44932人,**主裁判:**塞凯拉(哥斯达黎加)
进球:耶基尼21',阿莫卡奇43',阿穆尼克55'
尼日利亚(442):鲁法伊/埃瓜温、乌切、恩瓦努、伊罗哈/菲尼迪·乔治(77'埃泽乌戈)、夏夏(68'阿德波尤)、奥利塞赫、阿穆尼克/耶基尼、阿莫卡奇
保加利亚(442):米哈伊洛夫/T.伊万诺夫、克雷门利耶夫、胡布切夫、茨维塔诺夫/博里米罗夫(72'约尔丹诺夫)、扬科夫、莱切科夫(,58'西拉科夫)、巴拉科夫/斯托伊奇科夫、科斯塔迪诺夫

1994.6.25 阿根廷2:1尼日利亚
波士顿/54453人,**主裁判:**卡尔松(瑞典)
进球:卡尼吉亚22'、29'/夏夏10'
阿根廷(442):伊斯拉斯/圣西尼(87'迪亚斯)、卡塞雷斯、鲁杰里、查莫特/西蒙尼、雷东多、马拉多纳、巴尔博(71'曼库索)/卡尼吉亚、巴蒂斯图塔
尼日利亚(442):鲁法伊/埃瓜温、乌切、恩瓦努、埃梅纳洛/菲尼迪·乔治、夏夏(57'阿德波尤)、奥利塞赫(,86'奥科查)、阿穆尼克/耶基尼、阿莫卡奇

1994.6.26 保加利亚4:0希腊
芝加哥/63160人,**主裁判:**布伊塞姆(阿联酋)
进球:斯托伊奇科夫5'(点球)、55'(点球),莱切科夫66',博里米罗夫90'
保加利亚(433):米哈伊洛夫/克雷门利耶夫、胡布切夫、T.伊万诺夫、茨维塔诺夫(76'基里亚科夫)/莱切科夫、扬科夫、巴拉科夫/科斯塔迪诺夫(81'博里米罗夫)、西拉科夫、斯托伊奇科夫
希腊(442):阿特马齐季斯/阿波斯托拉基斯、卡拉塔伊季斯、卡利察基斯、卡拉伊安尼斯/汉齐季斯(,47'米特罗普洛斯)、马兰戈斯、尼奥普利亚斯、科菲季斯/亚历克索季斯(,57'季米特里亚季斯)、马赫拉斯

1994.6.30 尼日利亚2:0希腊
波士顿/53001人,**主裁判:**莫特拉姆(苏格兰)
进球:菲尼迪·乔治45',阿莫卡奇90'
尼日利亚(433):鲁法伊/凯希、埃梅纳洛、乌切、恩瓦努/夏夏、菲尼迪·乔治(83'阿德波尤)、奥利塞赫/耶基尼(69'奥科查)、阿莫卡奇、阿穆尼克
希腊(361):卡尔卡马尼斯/亚历克西乌、卡利察基斯、卡拉伊安尼斯/汉齐季斯、察洛希季斯、尼奥普利亚斯、科菲季斯、米特罗普洛斯(,72'齐安塔基斯)、亚历山德里斯/马赫拉斯(79'季米特里亚季斯)

1994.6.30 保加利亚2:0阿根廷
达拉斯/63998人,**主裁判:**霍维尼(突尼斯)
进球:斯托伊奇科夫61',西拉科夫90'
保加利亚(442):米哈伊洛夫/克雷门利耶夫、胡布切夫、T.伊万诺夫、茨维塔诺夫/莱切科夫(77'博里米罗夫)、扬科夫、西拉科夫、巴拉科夫/斯托伊奇科夫、科斯塔迪诺夫(74'基里亚科夫)
阿根廷(442):伊斯拉斯/迪亚斯、卡塞雷斯、鲁杰里、查莫特/西蒙尼、雷东多、L.罗德里格斯(,67'梅迪纳·贝略)、巴尔博/卡尼吉亚(26'奥特加)、巴蒂斯图塔

E组	胜	平	负	进:失球	分
墨西哥	1	1	1	3:3	4
爱尔兰	1	1	1	2:2	4
意大利	1	1	1	2:2	4
挪威	1	1	1	1:1	4

(墨西哥、爱尔兰、意大利晋级)

1994.6.19 爱尔兰1:0意大利
奥兰多/74826人,**主裁判:**范德恩德(荷兰)
进球:霍顿12'
爱尔兰(451):邦纳/丹尼斯·欧文、巴布、麦格拉思、费兰/谢里登、罗伊·基恩、汤森、霍顿(67'麦卡蒂尔)、斯汤顿/科因(,90'阿尔德里奇)
意大利(4411):帕柳卡/塔索蒂、科斯塔库塔、巴雷西、马尔蒂尼/多纳多尼、阿尔贝蒂尼、迪诺·巴乔、埃瓦尼(45'马萨罗)/罗伯托·巴乔/希格诺里(84'贝尔蒂)

1994.6.19 挪威1:0墨西哥
华盛顿/52359人,**主裁判:**普尔(匈牙利)

1994年6月22日,美国对阵哥伦比亚的小组赛,哥伦比亚队中后卫埃斯科巴将球踢入自家大门。10天后,他在哥伦比亚被人枪杀。

1994年7月4日，巴西队在和美国队的1/8决赛中遭到对手的顽强抵抗，巴西队直到第73分钟才收获进球。

进球:雷克达尔85'
挪威(451):托尔斯特韦德特/哈兰德■、亨宁·博格、布拉特塞特、布约内比/约斯泰因·弗洛、博希嫩、米克兰德(78'雷克达尔)、莱昂哈德森■、雅各布森(45'哈勒)/弗约托夫特
墨西哥(433):坎波斯/古铁雷斯(71'贝纳尔)、苏亚雷斯■、胡安·拉米雷斯、赫苏斯·拉米雷斯/安布里斯、德尔奥尔莫、巴尔德斯(45'加林多)/路易斯·加西亚、乌戈·桑切斯、萨格

1994.6.23　　意大利1:0挪威
纽约/74624人,**主裁判:**克鲁格(德国)
进球:迪诺·巴乔69'
意大利(442):帕柳卡■/贝纳里沃、科斯塔库塔、巴雷西(49'阿波洛尼)、马尔蒂尼/贝尔蒂、阿尔贝蒂尼、迪诺·巴乔、希格诺里/卡西拉吉(■,68'马萨罗)、罗伯托·巴乔(22'马切吉亚尼)
挪威(451):托尔斯特韦德特/哈兰德■、亨宁·博格、布拉特塞特、布约内比■/鲁什费尔特(45'雅各布森)、博希嫩、米克兰德(51'雷克达尔)、莱昂哈德森、约斯泰因·弗洛/弗约托夫特

1994.6.24　　墨西哥2:1爱尔兰
奥兰多/61219人,**主裁判:**勒特利斯贝格(瑞士)
进球:路易斯·加西亚44'、66'/阿尔德里奇84'
墨西哥(433):坎波斯■/罗德里格斯(80'古铁雷斯)、苏亚雷斯、胡安·拉米雷斯、德尔奥尔莫■/安布里斯、贝纳尔、加西亚·阿斯佩/路易斯·加西亚、埃尔莫西略(80'萨尔瓦多尔)、萨格
爱尔兰(442):邦纳/丹尼斯·欧文■、巴布、麦格拉思、费兰■/谢里登、罗伊·基恩、汤森、斯汤顿(65'阿尔德里奇)/霍顿、科因(68'麦卡蒂尔)

1994.6.28　　爱尔兰0:0挪威
纽约/76322人,**主裁判:**卡德纳(哥伦比亚)
爱尔兰(442):邦纳/加里·凯利■、巴布、麦格拉思、谢里登/罗伊·基恩■、汤森(75'惠兰)、斯汤顿、霍顿■/麦卡蒂尔、奥尔德里奇(65'戴维·凯利)
挪威(451):托尔斯特韦德特/亨宁·博格、布拉特塞特、约翰森■、布约内比/哈勒(34'雅各布森)、米克兰德、雷克达尔、莱昂哈德森(68'博希嫩)、约斯泰因·弗洛/索洛特■

1994.6.28　　意大利1:1墨西哥
华盛顿/53186人,**主裁判:**拉莫利纳(阿根廷)
进球:马萨罗48'/贝纳尔56'
意大利(442):马切吉亚尼/贝纳里沃、阿波洛尼、科斯塔库塔、马尔蒂尼/贝尔蒂、阿尔贝蒂尼■、迪诺·巴乔(65'多纳多尼)、希格诺里/卡西拉吉(45'马萨罗)、罗伯托·巴乔
墨西哥(433):坎波斯/罗德里格斯、苏亚雷斯、胡安·拉米雷斯、德尔奥尔莫■/安布里斯、贝纳尔、加西亚·阿斯佩■/路易斯·加西亚(■,84'胡安·查韦斯)、埃尔莫西略、萨格

F组	胜	平	负	进:失球	分
荷兰	2	0	1	4:3	6
沙特	2	0	1	4:3	6
比利时	2	0	1	2:1	6
摩洛哥	0	0	3	2:5	0

(荷兰、沙特、比利时晋级)

1994.6.19　　比利时1:0摩洛哥
奥兰多/60790人,**主裁判:**科德纳(哥伦比亚)
进球:德格里斯11'
比利时(532):普雷德霍姆/德沃尔夫、斯米茨、格林■、斯泰伦斯、范德埃尔斯特/博芬(85'博克尔芒)、希福、德格里斯/尼利斯(53'埃梅)、韦伯■
摩洛哥(442):阿兹米(88'阿拉维)/特里基、奈贝特■、阿卜杜拉、A.哈德里乌伊/阿祖齐、达乌迪■、哈巴比、穆斯塔法·哈吉/M.哈德里乌伊(68'巴赫贾)、沙乌什(81'萨马迪)

1994.6.20　　荷兰2:1沙特
华盛顿/52535人,**主裁判:**贝加(西班牙)
进球:琼克50'，陶门特86'/阿明19'
荷兰(343):德胡耶/里杰卡尔德、科曼、弗兰克·德波尔■/范戈贝尔■、琼克、博格坎普、沃特斯/罗伊(80'范沃森)、罗纳德·德波尔、奥维马斯(58'陶门特)
沙特(442):代亚耶亚/多萨里■、海拉维、马达尼、贾瓦德■/杰布林、穆瓦利德、比希、阿明■/奥维兰(89'萨利赫)、马吉德(45'法拉塔)

1994.6.25　　比利时1:0荷兰
奥兰多/62387人,**主裁判:**马尔西利亚(巴西)
进球:阿尔贝特65'
比利时(532):普雷德霍姆/埃梅(77'梅德韦德)、德沃尔夫、阿尔贝特、格林、博克尔芒(■,50'斯米茨)/范德埃尔斯特、斯泰伦斯、希福/德格里斯、韦伯
荷兰(442):德胡耶/瓦尔克斯、科曼、里杰卡尔德■、弗兰克·德波尔/陶门特(63'奥维马斯)、琼克■、沃特斯■、罗伊/博格坎普■、罗纳德·德波尔(45'维茨赫格■)

1994.6.25　　沙特2:1摩洛哥
纽约/72404人,**主裁判**:堂(英格兰)
进球:贾贝尔8'(点球)，阿明45'/沙乌什27'
沙特(442):代亚耶亚■/阿纳齐(29'祖布罗马维)、海拉维、马达尼、贾瓦德/杰布林■、阿明■、比希、穆瓦利德■/奥维兰、贾贝尔(79'格舍扬)
摩洛哥(442):阿兹米/阿卜杜拉(56'加里西■)、特里基、奈贝特■、A.哈德里乌伊■/哈巴比(72'穆斯塔法·哈吉)、阿祖齐、哈利伊、达乌迪/沙乌什、巴赫贾

1994.6.29　　荷兰2:1摩洛哥
奥兰多/60578人,**主裁判:**诺列加(秘鲁)
进球:博格坎普43'，罗伊78'/纳德尔47'
荷兰(343):德胡耶/瓦尔克斯、科曼、弗兰克·德波尔/沃特斯、温特、琼克、维茨赫格/范沃森(56'罗伊)、博格坎普、奥维马斯(67'陶门特)
摩洛哥(442):阿拉维/萨马迪、特里基、内克鲁兹、A.哈德里乌伊/哈巴比、阿祖齐(62'达乌迪)、哈利伊、布伊布德(47'穆斯塔法·哈吉)/纳德尔、巴赫贾

1994.6.29 沙特1:0比利时
华盛顿/52959人,**主裁判:**克鲁格(德国)
进球:奥维兰5'
沙特(442):代亚耶亚/祖布罗马维、海拉维、马达尼、贾瓦德/比希、杰布林、萨利赫、马吉德(45'穆瓦利德)/奥维兰(63'多萨里)、法拉塔
比利时(352):普雷德霍姆/阿尔贝特、德沃尔夫、斯米茨/梅德韦德、斯泰伦斯、范德埃尔斯特、希福、博芬/德格里斯(24'尼利斯)、威尔莫茨(54'韦伯)

1/8决赛
1994.7.2 德国3:2比利时
芝加哥/60246人,**主裁判:**勒特利斯贝格(瑞士)
进球:沃勒尔5'、39',克林斯曼10'/格林7',阿尔贝特90'
德国(442):伊尔格纳/科勒尔、马特乌斯(45'布雷默)、贝特霍尔德、海尔默/哈斯勒、布赫瓦尔德、萨默尔、瓦格纳/沃勒尔、克林斯曼(88'昆茨)
比利时(442):普雷德霍姆/埃梅、阿尔贝特、德沃尔夫、斯米茨(66'博芬)/希福、格林、梅范德埃尔斯特、斯泰伦斯/尼利斯(77'切尔尼亚廷斯基)、韦伯
1994.7.2 西班牙3:0瑞士
华盛顿/53121人,**主裁判:**范德恩德(荷兰)
进球:耶罗15',路易斯·恩里克73',贝吉里斯坦86'(点球)
西班牙(451):苏比萨雷塔/费雷尔、纳达尔、阿贝拉多、阿尔科塔/戈伊科切亚(62'贝吉里斯坦)、耶罗(76'奥特罗)、巴克罗、卡马拉萨、塞尔吉/路易斯·恩里克
瑞士(442):帕斯科洛/奥蒂格、埃尔、热日尔、康坦(58'斯蒂德)/奥雷尔(73'苏比亚特)、布雷吉、斯福扎、比克尔/克尼普、查普伊萨特
1994.7.3 瑞典3:1沙特
达拉斯/60277人,**主裁判:**马尔西利亚(巴西)
进球:达赫林5',肯内特·安德森50'、87'/格舍扬85'
瑞典(442):拉维利/尼尔森、帕特里克·安德森、比约克伦德(55'卡马克)、罗格·荣/布罗林、施瓦茨、特恩(70'米尔德)、英厄松/肯内特·安德森、达赫林
沙特(442):代亚耶亚/祖布罗马维、海拉维、马达尼、贾瓦德(55'格舍扬)/比希(63'穆瓦利德)、阿明、萨利赫、奥维兰/贾贝尔、法拉塔
1994.7.3 罗马尼亚3:2阿根廷
底特律/90469人,**主裁判:**派雷托(意大利)
进球:杜米特雷斯库9'、17',哈吉57'/巴蒂斯图塔15'(点球)、巴尔博74'
罗马尼亚(532):普鲁内亚/彼得雷斯库、普罗丹、贝洛德迪奇、米哈利、塞利梅斯/蒙特亚努、波佩斯库、卢佩斯库/哈吉(84'加尔卡)、杜米特雷斯库(89'帕普勒)
阿根廷(352):伊斯拉斯/卡塞雷斯、鲁杰里、巴苏阿尔多/圣西尼(62'梅迪纳·贝略)、雷东多、奥特加、西蒙尼、查莫特/巴蒂斯图塔、巴尔博
1994.7.4 荷兰2:0爱尔兰
奥兰多/61355人,**主裁判:**米凯尔森(丹麦)
进球:博格坎普11',琼克41'
荷兰(343):德胡耶/瓦尔克斯、科曼、弗兰克·德波尔/里杰卡尔德、琼克、温特、维茨赫格(79'努曼)/范沃森(70'罗伊)、博格坎普、奥维马斯
爱尔兰(451):邦纳/加里·凯利、巴布、麦格拉思、费兰/霍顿、罗伊·基恩、谢里登、汤森、斯汤顿(63'麦卡蒂尔)/科因(74'卡斯卡里诺)
1994.7.4 巴西1:0美国
圣弗朗西斯科/84147人,**主裁判:**基尼乌(法国)
进球:贝贝托73'
巴西(442):塔法雷尔/尤尔津霍、阿尔代尔、桑托斯、莱昂纳多/马津霍、毛罗·席尔瓦、邓加、津霍(69'卡福)/贝贝托、罗马里奥
美国(442):梅奥拉/克拉维罗、巴尔博亚、拉拉斯、卡利朱里/塔布·拉莫斯(61'温纳尔达)、索尔贝尔、杜利、佩雷斯(45'韦格勒)/斯图尔特、琼斯
1994.7.5 意大利2:1尼日利亚
波士顿/54367人,**主裁判:**布里索·卡特(墨西哥)
进球:罗伯托·巴乔89'、103'(点球)/阿穆尼克26'
意大利(442):马切吉亚尼/穆西、科斯塔库塔、马尔蒂尼、贝纳里沃/贝尔蒂(45'迪诺·巴乔)、阿尔贝蒂尼、多纳多尼、希格诺里(63'佐拉)/罗伯托·巴乔、马萨罗
尼日利亚(451):鲁法伊/埃瓜沃恩、乌切、恩瓦努、埃梅纳洛/菲尼迪·乔治、奥利塞赫、奥科查、阿莫卡奇(34'阿德波尤)、阿穆尼克(57'奥利哈)/耶基尼
1974.7.5 保加利亚1:1墨西哥(点球3:1)
纽约/71030人,**主裁判:**沙里夫(叙利亚)
进球:斯托伊奇科夫7'/加西亚·阿斯佩18'(点球)
保加利亚(532):米哈伊洛夫/克雷门利耶夫、博里米罗夫、胡布切夫、约尔丹诺夫、基里亚科夫/莱切科夫、西拉科夫(104'古恩切夫)、巴拉科夫/科斯塔迪诺夫(119'米塔尔斯基)、斯托伊奇科夫
墨西哥(433):坎波斯/罗德里格斯、苏亚雷斯、胡安·拉米雷斯、赫苏斯·拉米雷斯/安布里斯、贝纳尔、加西亚·阿斯佩/加林多、路易斯·加西亚、萨格
点球大战:保加利亚-巴拉科夫(射失)、古恩切夫、博里米罗夫、莱切科夫/墨西哥-加西亚·阿斯佩(射失)、贝纳尔(射失)、罗德里格斯(射失)、苏亚雷斯

1/4决赛
1994.7.9 意大利2:1西班牙
波士顿/54605人,**主裁判:**普尔(匈牙利)
进球:迪诺·巴乔26',罗伯托·巴乔88'/卡米内罗59'
意大利(442):帕柳卡/塔索蒂、科斯塔库塔、马尔蒂尼、贝纳里沃/孔蒂(55'贝尔蒂)、迪诺·巴乔、阿尔贝蒂尼(45'希格诺里)、多纳多尼/罗伯托·巴乔、马萨罗
西班牙(541):苏比萨雷塔/费雷尔、纳达尔、阿贝拉多、阿尔科塔、奥特罗/戈伊科切亚、巴克罗(64'耶罗)、卡米内罗、塞尔吉(59'萨利纳斯)/路易斯·恩里克
1994.7.9 巴西3:2荷兰
达拉斯/63998人,**主裁判:**塞凯拉(哥斯达黎加)
进球:罗马里奥52',贝贝托61',布兰科81'/博格坎普64',温特76'
巴西(442):塔法雷尔/尤尔津霍、阿尔代尔、桑托斯、布兰科(89'卡福)/毛罗·席尔瓦、邓加、马津霍(81'拉易)、津霍/贝贝托、罗马里奥
荷兰(433):德胡耶/温特、科曼、瓦尔克斯、维茨赫格/里杰卡尔德(84'罗纳德·德波尔)、琼克、沃特斯/范沃森(53'罗伊)、博格坎普、奥维马斯
1994.7.10 保加利亚2:1德国
纽约/72416人,**主裁判:**卡德纳(哥伦比亚)
进球:斯托伊奇科夫76',莱切科夫78'/马特乌斯48'(点球)
保加利亚(442):米哈伊洛夫/基里亚科夫、胡布切夫、T.伊万诺夫、茨维塔诺夫/莱切科夫、扬科夫、西拉科夫、巴拉科夫/科斯塔迪诺夫(90'古恩切夫)、斯托伊奇科夫(85'约尔丹诺夫)
德国(442):伊尔格纳/科勒尔、马特乌斯、贝特霍尔德、海尔默/哈斯勒(83'布雷默)、布赫瓦尔德、穆勒、瓦格纳(58'施特伦茨)/沃勒尔、克林斯曼
1994.7.10 瑞典2:2罗马尼亚(点球5:4)
圣弗朗西斯科/81715人,**主裁判:**堂(英格兰)
进球:布罗林78',肯内特·安德森115'/拉杜乔尤88'、100'
瑞典(442):拉维利/尼尔森、帕特里克·安德森、比约克伦德(83'卡马克)、罗格·荣/布罗林、米尔德、施瓦茨、英厄松/肯内特·安德森、达赫林(106'拉尔森)
罗马尼亚(343):普鲁内亚/普罗丹、贝洛德迪奇、波佩斯库/彼得雷斯库、卢佩斯库、蒙特亚努(83'潘杜鲁)、塞利梅斯/杜米特雷斯库、哈吉、拉杜乔尤
点球大战:瑞典-米尔德(射失)、肯内特·安德森、布罗林、英厄松、尼尔森、拉尔森;罗马尼亚-拉杜乔尤、哈吉、卢佩斯库、彼得雷斯库(射失)、杜米特雷斯库、贝洛德迪奇(射失)

半决赛
1994.7.13 意大利2:1保加利亚
纽约/77094人,**主裁判:**基尼乌(法国)
进球:罗伯托·巴乔20'、25'/斯托伊奇科夫42'(点球)
意大利(442):帕柳卡/穆西、科斯塔库塔、马尔蒂尼、贝纳里沃/贝尔蒂、迪诺·巴乔(56'孔蒂)、阿尔贝蒂尼、多纳多尼/罗伯托·巴乔(71'希格诺里)、卡西拉吉
保加利亚(532):米哈伊洛夫/基里亚科夫、扬科夫、胡布切夫、T.伊万诺夫、茨维塔诺夫/莱切科夫、西拉科夫、巴拉科夫/科斯塔迪诺夫(72'约尔达诺夫)、斯托伊奇科夫(79'古恩切夫)
1994.7.13 巴西1:0瑞典
底特律/84569人,**主裁判:**卡德纳(哥伦比亚)
进球:罗马里奥80'
巴西(442):塔法雷尔/尤尔津霍、阿尔代尔、桑托斯、布兰科/马津霍(45'拉易)、毛罗·席尔瓦、邓加、津霍/贝贝托、罗马里奥
瑞典(442):拉维利/尼尔森、帕特里克·安德森、比约克伦德、永/布罗林、特恩、米尔德、英厄松/达赫林(82'雷恩)、肯内特·安德森

三四名决赛
1994.7.16 瑞典4:0保加利亚
底特律/83716人,**主裁判:**布伊塞米(阿联酋)
进球:布罗林8',米尔德30',拉尔森37',肯内特·安德森39'
瑞典(442):拉维利/尼尔森、帕特里克·安德森、比约克伦德、卡马克/布罗林、米尔德、施瓦茨、英厄松/拉尔森(79'林帕尔)、肯内特·安德森
保加利亚(442):米哈伊洛夫(45'尼科洛夫)/基里亚科夫、胡布切夫、T.伊万诺夫(42'克雷门利耶夫)、茨维塔诺夫/莱切科夫、扬科夫、西拉科夫(45'约尔达诺夫)、巴拉科夫/科斯塔迪诺夫、斯托伊奇科夫

决赛
1994.7.17 巴西0:0意大利(点球3:2)
底特律/94194人,**主裁判:**普尔(匈牙利)
巴西(442):塔法雷尔/尤尔津霍(22'卡福)、阿尔代尔、桑托斯、布兰科/马津霍、毛罗·席尔瓦、邓加、津霍(106'保罗·塞尔吉奥)/贝贝托、罗马里奥
意大利(442):帕柳卡/穆西(34'阿波洛尼)、巴雷西、马尔蒂尼、贝纳里沃/多纳多尼、阿尔贝蒂尼、迪诺·巴乔(95'埃瓦尼)、贝尔蒂/罗伯托·巴乔、马萨罗
点球大战:巴西-桑托斯(射失)、罗马里奥、布兰科、邓加/意大利-巴雷西(射失)、阿尔贝蒂尼、埃瓦尼、马萨罗(射失)、罗伯托·巴乔(射失)

1998

预选赛

东道主法国队和卫冕冠军巴西队直接出线。另外168队参加预选赛，争夺30个出线席位。预选赛共进行了643场，进球1992个，场均2.99球。入场券分配方面，欧洲区15个(含法国)，南美区5个(含巴西)，中北美及加勒比区3个，非洲区5个，亚洲区3.5个，大洋洲区0.5个。只有1张入场券通过跨洲附加赛决出:大洋洲区冠军与亚洲区第4名交手，主客场两回合胜者晋级决赛圈。

●欧洲区

(赛制)共49队参赛，分成9个小组，主客场双循环赛制，每组头名和成绩最好的第2名直接晋级决赛圈，其余8个小组第2捉对进行主客场两回合附加赛，胜者晋级。

第1组	胜	平	负	进:失球	分
丹麦	5	2	1	14:6	17
克罗地亚	4	3	1	17:12	15
希腊	4	2	2	11:4	14
波黑	3	0	5	9:14	9
斯洛文尼亚	0	1	7	5:20	1

(丹麦出线，克罗地亚附加赛)

1996.4.24 希腊2:0斯洛文尼亚
巴蒂斯塔56'，尼古拉迪斯66'

1996.9.1 希腊3:0波黑
乌宗尼迪斯41'，阿波斯托拉基斯77'，尼古拉迪斯87'

1996.9.1 斯洛文尼亚0:2丹麦
A.尼尔森78'，施永博格89'

1996.10.8 波黑1:4克罗地亚
萨利哈米季奇25'/比利奇14'，弗劳维奇32'，博克西奇64'、85'

1996.10.9 丹麦2:1希腊
扎戈拉基斯25'(乌龙)，小劳德鲁普52'/多尼斯35'

1996.11.10 斯洛文尼亚1:2波黑
扎霍维奇41'(点球)/博利奇6'，科德罗33'

1996.11.10 克罗地亚1:1希腊
苏克尔45'/尼古拉迪斯9'

1997.3.29 克罗地亚1:1丹麦
苏克尔50'/小劳德鲁普82'

1997.4.2 波黑0:1希腊
弗兰采斯科斯74'

1997.4.2 克罗地亚3:3斯洛文尼亚
普罗辛内茨基33'，博班43'、60'/格利哈45'、65'、67'

1997.4.30 丹麦4:0斯洛文尼亚
A.尼尔森4'、56'，P.彼得森27'，小劳德鲁普51'

1997.4.30 希腊0:1克罗地亚
苏克尔74'

1997.6.8 丹麦2:0波黑
里佩尔69'，莫尔纳90'

1997.8.20 波黑3:0丹麦
穆伊钦19'，博利奇25'(点球)、35'(点球)

1997.9.6 克罗地亚3:2波黑
比利奇27'，马里奇40'，博班80'/巴利奇18'，萨利哈米季奇85'

1997.9.6 斯洛文尼亚0:3希腊
亚历克桑德里斯54'，科斯坦蒂尼季斯89'，马赫拉斯90'

1997.9.10 丹麦3:1克罗地亚
小劳德鲁普19'，大劳德鲁普36'，莫尔纳41'/苏克尔44'

1997.9.10 波黑1:0斯洛文尼亚
博利奇23'

1997.10.11 斯洛文尼亚1:3克罗地亚
扎霍维奇72'/苏克尔11'，索尔多40'，博克西奇53'

1997.10.11 希腊0:0丹麦

第2组	胜	平	负	进:失球	分
英格兰	6	1	1	15:2	19
意大利	5	3	0	11:1	18
波兰	3	1	4	10:12	10
格鲁吉亚	3	1	4	7:9	10
摩尔多瓦	0	0	8	2:21	0

(英格兰出线，意大利附加赛)

1996.9.1 摩尔多瓦0:3英格兰
巴姆比23'，加斯科因24'，希勒63'

1996.10.5 摩尔多瓦1:3意大利
丘尔蒂亚努12'/拉瓦内利9'、84'(点球)，卡西拉吉69'

1996.10.9 英格兰2:1波兰
希勒25'、38'/奇特科7'

1996.10.9 意大利1:0格鲁吉亚
拉瓦内利43'

1996.11.9 格鲁吉亚0:2英格兰
谢林汉姆13'，莱斯·费迪南德37'

1996.11.10 波兰2:1摩尔多瓦
巴武斯津斯基4'，K.瓦日哈77'(点球)/克列先科83'(点球)

1997.2.12 英格兰0:1意大利
佐拉19'

1997.3.29 意大利3:0摩尔多瓦
马尔蒂尼25'，佐拉45'，维耶里50'

1997.4.2 波兰0:0意大利

1997.4.30 意大利3:0波兰
迪马特奥24'，马尔蒂尼38'，罗伯托·巴乔62'

1997.4.30 英格兰2:0格鲁吉亚
谢林汉姆43'，希勒90'

1997.5.31 波兰0:2英格兰
希勒5'，谢林汉姆90'

1997.6.7 格鲁吉亚2:0摩尔多瓦
S.阿韦拉泽28'，金克拉泽52'(点球)

1997.6.14 波兰4:1格鲁吉亚
莱德翁32'，切恰克34'，布哈尔斯基71'(点球)，K.诺瓦克90'/S.阿韦拉泽24'

1997.9.10 英格兰4:0摩尔多瓦
斯科尔斯29'，伊恩·赖特46'、89'，加斯科因90'

1997.9.10 格鲁吉亚0:0意大利

1997.9.24 摩尔多瓦0:1格鲁吉亚
凯茨巴亚9'

1997.10.7 摩尔多瓦0:3波兰
尤斯科维亚克25'、56'、60'

1997.10.11 格鲁吉亚3:0波兰
A.阿韦拉泽55'，察达泽68'，凯茨巴亚74'

1997.10.11 意大利0:0英格兰

第3组	胜	平	负	进:失球	分
挪威	6	2	0	21:2	20
匈牙利	3	3	2	10:8	12
芬兰	3	2	3	11:12	11
瑞士	3	1	4	11:12	10
阿塞拜疆	1	0	7	3:22	3

(挪威出线，匈牙利附加赛)

1996.6.2 挪威5:0阿塞拜疆
索尔巴肯9'、47'，索尔斯沙尔37'、89'，斯特兰德利60'

1996.8.31 阿塞拜疆1:0瑞士
勒扎耶夫28'

1996.9.1 匈牙利1:0芬兰
奥罗斯16'

1996.10.6 芬兰2:3瑞士
苏米亚拉41'(点球)，科伊卡77'/隆巴尔多14'，斯福扎34'，M.雅金54'

1996.10.9 挪威3:0匈牙利
雷克达尔83'、89'、90'(点球)

1996.11.10 瑞士0:1挪威
莱昂哈德森72'

1996.11.10 阿塞拜疆0:3匈牙利
尼劳什42'、70'(点球)，乌尔邦53'

1997.4.2 阿塞拜疆1:2芬兰
苏莱曼诺夫79'(点球)/利特马宁25'，帕特莱宁66'

1997.4.30 挪威1:1芬兰
索尔斯沙尔73'/苏米亚拉60'

1997.4.30 瑞士1:0匈牙利
图基尔马兹83'

1997.6.8 芬兰3:0阿塞拜疆
万哈拉59'，利特马宁64'，苏米亚拉81'

1997.6.8 匈牙利1:1挪威
Z.科瓦奇22'/罗迪8'

1997.8.20 芬兰0:4挪威
索尔巴肯8'，罗迪12'，J.弗洛48'，T.A.弗洛84'

1997.8.20 匈牙利1:1瑞士
克劳斯53'/查普伊萨特90'

1997.9.6 阿塞拜疆0:1挪威
T.A.弗洛43'

1997.9.6 瑞士1:2芬兰
昆茨90'/利特马宁16'，苏米亚拉80'

1997.9.10 挪威5:0瑞士
雅各布森46'，索尔巴肯50'，埃根65'，奥斯滕斯塔德74'，T.A.弗洛85'

1997.9.10 匈牙利3:1阿塞拜疆
克劳斯8'，豪尔毛伊44'，伊莱什89'/利采什金74'

1997.10.11 芬兰1:1匈牙利
苏米亚拉62'/绍博克90'

1997.10.11 瑞士5:0阿塞拜疆
图基尔马兹12'、23'(点球)、69'(点球)，M.雅金43'，查普伊萨特51'

第4组	胜	平	负	进:失球	分
奥地利	8	1	1	17:4	25
苏格兰	7	2	1	15:3	23
瑞典	7	0	3	16:9	21
拉脱维亚	3	1	6	10:14	10
爱沙尼亚	1	1	8	4:16	4
白俄罗斯	1	1	8	5:21	4

(奥地利、苏格兰出线)

1996.6.1 瑞典5:1白俄罗斯
K.安德森20'、62'(点球)，达赫林32'，P.安德森77'，H.拉尔森87'/贝尔凯维奇75'

1996.8.31 白俄罗斯1:0爱沙尼亚
V.马科夫斯基35'

1996.8.31 奥地利0:0苏格兰

1996.9.1 拉脱维亚1:2瑞典

1996年欧洲杯决赛打入“金球”帮助德国队夺冠的比埃霍夫，一年后再次成为国家英雄：预选赛最后一战面对难缠的阿尔巴尼亚，乌迪内斯高中锋在比赛第90分钟打进制胜球，帮助日耳曼战车4比3险胜对手，直接入围法国世界杯决赛阶段。

林库斯56'/达赫林18'，K.安德森21'
1996.10.5 爱沙尼亚1:0白俄罗斯
霍劳-辛顿52'
1996.10.5 拉脱维亚0:2苏格兰
科林斯18'，杰克逊78'
1996.10.9 瑞典0:1奥地利
赫尔佐格11'
1996.10.9 白俄罗斯1:1拉脱维亚
V.马科夫斯基78'/泽姆林斯基16'
1996.11.9 奥地利2:1拉脱维亚
波尔斯特43'，赫尔佐格73'/林库斯45'
1996.11.10 苏格兰1:0瑞典
麦金利9'
1997.2.11 爱沙尼亚0:0苏格兰
1997.3.29 苏格兰2:0爱沙尼亚
博伊德25'，米特53'(乌龙)
1997.4.2 苏格兰2:0奥地利
加拉赫24'、77'
1997.4.30 拉脱维亚2:0白俄罗斯
热夫利亚科夫38'、83'
1997.4.30 瑞典2:1苏格兰
K.安德森43'、65'/加拉赫83'
1997.4.30 奥地利2:0爱沙尼亚
瓦斯蒂奇48'，施特格尔87'
1997.5.18 爱沙尼亚1:3拉脱维亚
泽林斯基5'/巴比茨热夫53'，耶利斯耶耶夫80'，兰萨卢87'(乌龙球)
1997.6.8 白俄罗斯0:1苏格兰
麦卡利斯特50'(点球)
1997.6.8 拉脱维亚1:3奥地利
阿斯塔夫耶夫83'/赫拉夫55'，波尔斯特81'，施特格尔87'
1997.6.8 爱沙尼亚2:3瑞典
奥佩尔75'，克里斯塔尔85'/达赫林13'，塞特贝里53'(点球)，K.安德森71'
1997.8.20 爱沙尼亚0:3奥地利
波尔斯特47'、70'、90'
1997.8.20 白俄罗斯1:2瑞典
古伦科38'/K.安德森76'，塞特贝里83'
1997.9.6 拉脱维亚1:0爱沙尼亚
泽姆林斯基87'(点球)
1997.9.6 奥地利1:0瑞典
赫尔佐格76'
1997.9.7 苏格兰4:1白俄罗斯
加拉赫41'、56'，霍普金54'、87'/卡丘罗87'(点球)
1997.9.10 白俄罗斯0:1奥地利
普费芬博格50'
1997.9.10 瑞典1:0拉脱维亚
容松87'
1997.10.11 奥地利4:0白俄罗斯
波尔斯特3'、16'(点球)，施特格尔6'、43'
1997.10.11 苏格兰2:0拉脱维亚
加拉赫43'，杜里80'
1997.10.11 瑞典1:0爱沙尼亚
塞特贝里24'

第5组	胜	平	负	进:失球	分
保加利亚	6	0	2	18:9	18
俄罗斯	5	2	1	19:5	17
以色列	4	1	3	9:7	13
塞浦路斯	3	1	4	10:15	10
卢森堡	0	0	8	2:22	0

(保加利亚出线，俄罗斯附加赛)
1996.9.1 以色列2:1保加利亚
哈拉齐34'、巴宁62'(点球)/巴拉科夫2'(点球)
1996.9.1 俄罗斯4:0塞浦路斯
尼基福罗夫7'、50'，科利瓦诺夫34'，别斯查尼奇82'
1996.10.8 卢森堡1:2保加利亚
朗热20'/巴拉科夫14'(点球)，科斯塔迪诺夫37'
1996.10.9 以色列1:1俄罗斯
布罗梅尔62'/科利瓦诺夫80'
1996.11.10 塞浦路斯2:0以色列
戈吉奇8'、14'
1996.11.10 卢森堡0:4俄罗斯
吉洪诺夫34'，坎切尔斯基39'，别斯查尼奇58'，卡尔平81'
1996.12.14 塞浦路斯1:3保加利亚
皮塔斯29'/巴拉科夫23'、34'，伊利耶夫70'
1996.12.15 以色列1:0卢森堡
奥哈纳39'
1997.3.29 塞浦路斯1:1俄罗斯
戈吉奇31'/西穆滕科夫32'
1997.3.31 卢森堡0:3以色列
佐哈尔11'、80'，巴宁56'
1997.4.2 保加利亚4:1塞浦路斯
博里米罗夫2'，科斯塔迪诺夫36'、45'，约尔达诺夫66'/奥卡斯61'
1997.4.30 以色列2:0塞浦路斯
奥哈纳3'、72'
1997.4.30 俄罗斯3:0卢森堡
凯奇诺夫20'，格里申55'，西穆滕科夫57'
1997.6.8 俄罗斯2:0以色列
拉季莫夫8'，科索拉波夫38'
1997.6.8 保加利亚4:0卢森堡
斯托伊奇科夫43'(点球)，科斯塔迪诺夫47'，巴拉科夫50'(点球)，莱切科夫82'
1997.8.20 保加利亚1:0以色列
佩内夫68'
1997.9.7 卢森堡1:3塞浦路斯
阿莫迪奥7'/I.约安努55'、79'，帕帕瓦西卢6'
1997.9.10 保加利亚1:0俄罗斯
T.伊万诺夫55'
1997.10.11 塞浦路斯2:0卢森堡
帕帕瓦西卢80'，斯波利亚蒂奇85'
1997.10.11 俄罗斯4:2保加利亚
阿列尼切夫13'、53'，科利瓦诺夫40'(点球)，尤兰52'(点球)/格鲁耶夫68'，科斯塔迪诺夫78'

第6组	胜	平	负	进:失球	分
西班牙	8	2	0	26:6	26
南斯拉夫	7	2	1	29:7	23
捷克	5	1	4	16:6	16
斯洛伐克	5	1	4	18:14	16
法罗群岛	2	0	8	10:31	6
马耳他	0	0	10	2:37	0

(西班牙出线，南斯拉夫附加赛)
1996.4.24 南斯拉夫3:1法罗群岛
萨维切维奇3'、30'，米洛舍维奇38'/J.彼得森53'
1996.6.2 南斯拉夫6:0马耳他
米洛舍维奇2'、68'，米亚托维奇39'，斯托伊科维奇45'，萨维切维奇71'(点球)、73'
1996.8.31 法罗群岛1:2斯洛伐克
穆勒60'/莫拉夫契克58'，杜博夫斯基59'
1996.9.4 法罗群岛2:6西班牙
T.容松46'，阿尔格90'/恩里克37'，阿方索63'、83'、86'，约翰松70'(乌龙球)，耶罗85'
1996.9.18 捷克6:0马耳他
伯格10'、61'(点球)，内德维德23'，库比克77'，斯米切尔83'，弗里德克86'
1996.9.22 斯洛伐克6:0马耳他
季特尔13'、82'，希蒙16'，泽曼37'，季姆科56'，杜博夫斯基59'
1996.10.6 法罗群岛1:8南斯拉夫
穆勒28'/米洛舍维奇8'、38'、45'，约卡诺维奇12'、58'，米亚托维奇30'，尤戈维奇80'，斯托伊科维奇90'
1996.10.9 捷克0:0西班牙
1996.10.23 斯洛伐克3:0法罗群岛
杜博夫斯基20'，扬丘拉44'，希蒙57'(点球)
1996.11.10 南斯拉夫1:0捷克
米亚托维奇18'
1996.11.13 西班牙4:1斯洛伐克
皮齐30'，阿莫尔46'，恩里克57'，耶罗61'/季特尔39'
1996.12.14 西班牙2:0南斯拉夫
瓜迪奥拉19'(点球)，劳尔37'
1996.12.18 马耳他0:3西班牙
格雷罗8'、25'、33'
1997.2.12 西班牙4:0马耳他
瓜迪奥拉25'，阿方索40'、46'，皮齐90'
1997.3.31 马耳他0:2斯洛伐克
扬丘拉30'，季特尔90'
1997.4.2 捷克1:2南斯拉夫
贝伊布尔75'/米亚托维奇28'，米洛舍维奇90'
1997.4.30 马耳他1:2法罗群岛
苏尔塔纳8'/O.汉森60'(点球)，T.容松90'
1997.4.30 南斯拉夫1:1西班牙
米亚托维奇87'(点球)/耶罗19'(点球)
1997.6.8 法罗群岛2:1马耳他
阿尔格6'，T.容松41'/阿久斯47'(点球)
1997.6.8 南斯拉夫2:0斯洛伐克
萨维切维奇17'，米亚托维奇75'
1997.6.8 西班牙1:0捷克
耶罗40'(点球)
1997.8.20 捷克2:0法罗群岛
库卡14'(点球)，科泽尔27'
1997.8.24 斯洛伐克2:1捷克
扬丘拉45'，马约罗什55'/斯米切尔14'
1997.9.6 法罗群岛0:2捷克
斯米切尔16'，库卡32'(点球)

1997.9.10 斯洛伐克1:1南斯拉夫
马约罗什65'/米哈伊洛维奇80'
1997.9.24 马耳他0:1捷克
贝伊布尔32'
1997.9.24 斯洛伐克1:2西班牙
马约罗什75'/基科47'，阿莫尔76'
1997.10.11 马耳他0:5南斯拉夫
米洛舍维奇8'，米哈伊洛维奇30'，萨维切维奇44'，米亚托维奇55'，尤戈维奇74'
1997.10.11 捷克3:0斯洛伐克
斯米切尔53'，谢格尔70'，诺沃特尼73'
1997.10.11 西班牙3:1法罗群岛
恩里克19'、84'，奥利25'/J.汉森44'

第7组	胜	平	负	进:失球	分
荷兰	6	1	1	26:4	19
比利时	6	0	2	20:11	18
土耳其	4	2	2	21:9	14
威尔士	2	1	5	20:21	7
圣马力诺	0	0	8	0:42	0

（荷兰出线，比利时附加赛）
1996.6.2 圣马力诺0:5威尔士
梅尔维尔19'，马克·休斯31'、42'，吉格斯51'，彭布里奇85'
1996.8.31 威尔士6:0圣马力诺
桑德斯2'、75'，马克·休斯24'、54'，梅尔维尔34'，罗宾逊45'
1996.8.31 比利时2:1土耳其
德格里斯11'，奥利维拉36'/塞尔根56'
1996.10.5 威尔士1:3荷兰
桑德斯17'/范胡伊唐克72'、75'，R.德波尔79'
1996.10.9 圣马力诺0:3比利时
韦尔海恩11'，尼利斯20'、49'
1996.11.9 荷兰7:1威尔士
博格坎普22'、73'、79'，R.德波尔33'，琼克34'，F.德波尔45'，科库62'/桑德斯40'
1996.11.10 土耳其7:0圣马力诺
奥克塔伊24'、38'、50'、60'，哈坎·苏克55'、65'，埃尔图格鲁尔88'
1996.12.14 威尔士0:0土耳其
1996.12.14 比利时0:3荷兰
博格坎普24'，西多夫28'，琼克89'(点球)
1997.3.29 威尔士1:2比利时
斯皮德67'/克拉松24'，斯泰伦斯44'
1997.3.29 荷兰4:0圣马力诺
克鲁伊维特44'，F.德波尔58'、90'，范胡耶唐克89'
1997.4.2 土耳其1:0荷兰
哈坎·苏克52'
1997.4.30 土耳其1:3比利时
奥克塔伊35'/奥利维拉21'、31'、45'
1997.4.30 圣马力诺0:6荷兰
博格坎普40'、90'，温特63'，范胡耶唐克70'，F.德波尔74'，博斯曼85'
1997.6.7 比利时6:0圣马力诺
斯泰伦斯16'、84'，范梅尔26'，E.姆彭萨27'、45'，奥利维拉33'
1997.8.20 土耳其6:4威尔士
哈坎·苏克5'、37'、72'、83'，S.萨费尔7'，奥古兹60'/布雷克18'，萨维奇22'，桑德斯34'，梅尔维尔52'
1997.9.6 荷兰3:1比利时
斯塔姆32'，克鲁伊维特53'，博格坎普84'/斯泰伦斯67'(点球)
1997.9.10 圣马力诺0:5土耳其
戈比28'(乌龙球)，阿里夫29'、51'，哈坎·苏克75'，哈米78'
1997.10.11 比利时3:2威尔士
斯泰伦斯4'(点球)，克莱森斯32'，威尔莫茨39'/彭布里奇52'(点球)，吉格斯61'
1997.10.11 荷兰0:0土耳其

第8组	胜	平	负	进:失球	分
罗马尼亚	9	1	0	37:4	28
爱尔兰	5	3	2	22:8	18
立陶宛	5	2	3	11:8	17
马其顿	4	1	5	22:18	13
冰岛	2	3	5	11:16	9
列支敦士登	0	0	10	3:52	0

（罗马尼亚出线，爱尔兰附加赛）
1996.4.24 马其顿3:0列支敦士登
米洛舍夫斯基5'，巴本斯基49'，扎哈里耶夫斯基90'
1996.6.1 冰岛1:1马其顿
A.格维兹永松54'/梅梅德60'
1996.8.31 列支敦士登0:5爱尔兰
汤森5'，K.奥尼尔7'，奎因11'、61'，哈特19'
1996.8.31 罗马尼亚3:0立陶宛
摩尔多万20'，彼得雷斯库65'，加尔卡77'
1996.10.5 立陶宛2:0冰岛
扬考斯卡斯22'(点球)，斯列基斯74'
1996.10.9 冰岛0:4罗马尼亚
蒙特亚努21'，哈吉60'，波佩斯库75'，彼得雷斯库81'
1996.10.9 爱尔兰3:0马其顿
麦卡蒂尔8'，卡斯卡里诺46'、70'
1996.10.9 立陶宛2:1列支敦士登
扬考斯卡斯43'，纳尔贝科瓦斯55'/泽赫53'
1996.11.9 列支敦士登1:11马其顿
舍德勒34'/格拉夫耶夫斯基8'、13'、60'，赫里斯托夫23'，斯托伊科夫斯基38'、44'，T.米切夫斯基45'、49'，奇里9'、43'，V.米切夫斯基90'
1996.11.10 爱尔兰0:0冰岛
1996.12.14 马其顿0:3罗马尼亚
波佩斯库36'、45'、90'(点球)
1997.3.29 罗马尼亚8:0列支敦士登
摩尔多万10'，波佩斯库28'、30'、58'、82'，哈吉47'，彼得雷斯库49'，克拉约维努71'
1997.4.2 马其顿3:2爱尔兰
斯托伊科夫斯基29'(点球)、44'(点球)，赫里斯托夫60'/麦克洛林8'，G.凯利78'
1997.4.2 立陶宛0:1罗马尼亚
摩尔多万74'
1997.4.30 列支敦士登0:2立陶宛
拉扎瑙斯卡斯65'，斯卡尔巴柳斯90'
1997.4.30 罗马尼亚1:0爱尔兰
A.伊利耶32'
1997.5.21 爱尔兰5:0列支敦士登
康诺利28'、35'、41'，卡斯卡里诺60'、78'
1997.6.7 马其顿1:0冰岛
赫里斯托夫53'
1997.6.11 冰岛0:0立陶宛
1997.8.20 列支敦士登0:4冰岛
丹尼尔松28'，贡纳尔松41'，容松68'，居兹蒙德松73'
1997.8.20 爱尔兰0:0立陶宛
1997.8.20 罗马尼亚4:2马其顿
摩尔多万36'(点球)、62'，加尔卡42'，杜米特雷斯库65'/佐基奇52'、90'
1997.9.6 冰岛2:4爱尔兰
贡纳尔松44'，H.西于尔兹松47'/康诺利13'，罗伊·基恩53'、65'，肯尼迪79'
1997.9.6 列支敦士登1:8罗马尼亚
弗里克64'/摩尔多万6'，克拉约维努10'、32'，多博什36'，蒙特亚努46'、47'、69'，巴尔布55'
1997.9.6 立陶宛2:0马其顿
伊万瑙斯卡斯26'，普雷克沙伊蒂斯88'
1997.9.10 罗马尼亚4:0冰岛
哈吉8'、81'(点球)，彼得雷斯库40'，加尔卡65'
1997.9.10 立陶宛1:2爱尔兰
济斯卡斯52'/卡斯卡里诺17'、71'
1997.10.11 爱尔兰1:1罗马尼亚
卡斯卡里诺83'/哈吉53'
1997.10.11 冰岛4:0列支敦士登
T.格维兹永松55'，T.居兹蒙德松59'，A.格维兹永松68'，B.格维兹永松73'
1997.10.11 马其顿1:2立陶宛
萨基里45'/布伊库斯69'、83'

第9组	胜	平	负	进:失球	分
德国	6	4	0	23:9	22
乌克兰	6	2	2	10:6	20
葡萄牙	5	4	1	12:4	19
亚美尼亚	1	5	4	8:17	8
北爱尔兰	1	4	5	6:10	7
阿尔巴尼亚	1	1	8	7:20	4

（德国出线，乌克兰附加赛）
1996.8.31 北爱尔兰0:1乌克兰
雷布罗夫80'
1996.8.31 亚美尼亚0:0葡萄牙
1996.10.5 北爱尔兰1:1亚美尼亚
伦农29'/阿萨杜良8'
1996.10.5 乌克兰2:1葡萄牙
波波夫4'，马克西莫夫88'/若昂·平托83'
1996.10.9 阿尔巴尼亚0:3葡萄牙
菲戈10'，埃德尔75'，鲁伊·科斯塔88'
1996.10.9 亚美尼亚1:5德国
米凯良85'/哈斯勒20'、39'，克林斯曼26'，博比奇69'，昆茨81'
1996.11.9 阿尔巴尼亚1:1亚美尼亚
弗拉奥利58'/彼得罗相89'
1996.11.9 德国1:1北爱尔兰
A.穆勒41'/塔加特39'
1996.11.9 葡萄牙1:0乌克兰
科托58'
1996.12.14 北爱尔兰2:0阿尔巴尼亚
道伊12'、21'
1996.12.14 葡萄牙0:0德国
1997.3.29 阿尔巴尼亚0:1乌克兰
雷布罗夫40'
1997.3.29 北爱尔兰0:0葡萄牙
1997.4.2 乌克兰2:1北爱尔兰
科索夫斯基3'，舍甫琴柯71'/道伊15'(点球)
1997.4.2 阿尔巴尼亚2:3德国
科拉61'(点球)、90'(点球)/基尔斯滕64'、80'、84'
1997.4.30 亚美尼亚0:0北爱尔兰
1997.4.30 德国2:0乌克兰
比埃霍夫63'，巴斯勒72'
1997.5.7 乌克兰1:1亚美尼亚
舍甫琴柯6'/彼得罗相73'
1997.6.7 葡萄牙2:0阿尔巴尼亚
若昂·平托14'，菲戈71'
1997.6.7 乌克兰0:0德国
1997.8.20 北爱尔兰1:3德国
休斯60'/比埃霍夫73'、78'、79'
1997.8.20 葡萄牙3:1亚美尼亚
多明戈斯23'，菲戈31'，巴尔博萨64'/阿萨杜良46'
1997.8.20 乌克兰1:0阿尔巴尼亚
雷布罗夫87'
1997.9.6 亚美尼亚3:0阿尔巴尼亚
瓦达扬60'，阿萨杜良46'，阿瓦良88'(点球)
1997.9.6 德国1:1葡萄牙
基尔斯滕81'/巴尔博萨71'
1997.9.10 阿尔巴尼亚1:0北爱尔兰
哈希69'
1997.9.10 德国4:0亚美尼亚
克林斯曼70'、84'，哈斯勒86'，基尔斯滕90'
1997.10.11 亚美尼亚0:2乌克兰
舍甫琴柯31'，马克西莫夫58'
1997.10.11 德国4:3阿尔巴尼亚
海尔默64'，比埃霍夫73'、90'，马绍尔86'/科勒尔55'(乌龙球)，塔尔80'，瓦塔88'
1997.10.11 葡萄牙1:0北爱尔兰
孔塞桑23'

附加赛
1997.10.29 克罗地亚2:0乌克兰
比利奇11'，弗劳维奇49'
1997.11.15 乌克兰1:1克罗地亚
舍甫琴柯4'/博克西奇27'
1997.10.29 俄罗斯1:1意大利
尤兰51'/维耶里49'
1997.11.15 意大利1:0俄罗斯
卡西拉吉53'
1997.10.29 爱尔兰1:1比利时
埃尔文7'/尼利斯30'

1997.11.15 比利时2:1爱尔兰
奥利维拉25', 尼利斯68'/霍顿58'
1997.10.29 匈牙利1:7南斯拉夫
伊莱斯88'/布尔诺维奇2', 久基奇6', 萨维切维奇10', 米亚托维奇26'、41'、51', 米洛舍维奇63'
1997.11.15 南斯拉夫5:0匈牙利
米洛舍维奇18', 米亚托维奇44'、45'(点球)、71'、88'

●南美区

(赛制)共9队参赛，实行主客场双循环小组赛，成绩最好的前4名直接晋级决赛圈。

	胜	平	负	进:失球	分
阿根廷	8	6	2	23:13	30
巴拉圭	9	2	5	21:14	29
哥伦比亚	8	4	4	23:15	28
智利	7	4	5	32:18	25
秘鲁	7	4	5	19:20	25
厄瓜多尔	6	3	7	22:21	21
乌拉圭	6	3	7	18:21	21
玻利维亚	4	5	7	18:21	17
委内瑞拉	0	3	13	8:41	3

(阿根廷、巴拉圭、哥伦比亚、智利出线)
1996.4.24 阿根廷3:1玻利维亚
奥特加7'、18', 巴蒂斯图塔49'/巴尔迪维索42'
1996.4.24 哥伦比亚1:0巴拉圭
阿斯普里拉54'
1996.4.24 厄瓜多尔4:1秘鲁
E.乌尔塔多55'、89', 特诺里奥66', 加维萨80'/帕拉西奥斯62'
1996.4.24 委内瑞拉0:2乌拉圭
奥特罗54', 波耶特61'
1996.6.2 厄瓜多尔2:0阿根廷
蒙塔诺52', E.乌尔塔多89'
1996.6.2 秘鲁1:1哥伦比亚
帕拉西奥斯49'/阿里斯蒂萨瓦尔57'
1996.6.2 乌拉圭0:2巴拉圭
阿尔塞10', A.罗哈斯89'
1996.6.2 委内瑞拉1:1智利
格拉7'/马尔加斯90'
1996.7.7 玻利维亚6:1委内瑞拉
桑迪3', 埃切维里27'(点球), 巴尔迪维索49', 科英布拉67', B.苏亚雷斯77', 帕尼亚瓜80'/托尔托莱罗65'(点球)
1996.7.7 智利4:1厄瓜多尔
萨莫拉诺21'、85', 萨拉斯75', 埃斯塔伊83'/阿吉纳加74'
1996.7.7 哥伦比亚3:1乌拉圭
阿斯普里拉10', 巴尔德拉马22', 德阿维拉77'/塞德雷斯55'
1996.7.7 秘鲁0:0阿根廷
1996.9.1 阿根廷1:1巴拉圭
巴蒂斯图塔26'/奇拉维特42'
1996.9.1 玻利维亚0:0秘鲁
1996.9.1 哥伦比亚4:1智利
阿斯普里拉3'、31'、47', 伯穆德斯43'/萨莫拉诺53'(点球)
1996.9.1 厄瓜多尔1:0委内瑞拉
阿吉纳加4'
1996.10.9 厄瓜多尔0:1哥伦比亚
阿斯普里拉72'
1996.10.9 巴拉圭2:1智利
加马拉24', 里瓦罗拉63'/马尔加斯22'
1996.10.9 乌拉圭1:0玻利维亚
J.佩尼亚64'(乌龙球)
1996.10.9 委内瑞拉2:5阿根廷
萨瓦雷塞7', 多达梅尔87'/奥特加35', 索林68', 西蒙尼78', 莫拉莱斯86', 阿尔沃莫斯90'
1996.11.10 玻利维亚2:2哥伦比亚
桑迪15', 莫雷诺44'/塞马40'(点球), 林孔55'
1996.11.10 巴拉圭1:0厄瓜多尔
贝尼特斯24'
1996.11.10 秘鲁4:1委内瑞拉
雷诺索5', 儒利尼奥22', 帕拉西奥斯49'、82'/贝拉77'
1996.11.12 智利1:0乌拉圭
萨拉斯60'
1996.12.15 阿根廷1:1智利
巴蒂斯图塔70'(点球)/科尔内霍49'
1996.12.15 玻利维亚0:0巴拉圭
1996.12.15 乌拉圭2:0秘鲁
蒙特罗2', 本戈切亚38'
1996.12.15 委内瑞拉0:2哥伦比亚
伯穆德斯7', 巴伦西亚诺50'
1997.1.12 玻利维亚2:0厄瓜多尔
莫雷诺7', 埃切维里12'
1997.1.12 秘鲁2:1智利
麦斯特里15', 帕拉西奥斯35'/萨莫拉诺83'
1997.1.12 乌拉圭0:0阿根廷
1997.1.12 委内瑞拉0:2巴拉圭
贝尼特斯5', 恩西索62'
1997.2.12 玻利维亚1:1智利
索里亚27'/P.冈萨雷斯45'
1997.2.12 哥伦比亚0:1阿根廷
克劳迪奥·洛佩斯10'
1997.2.12 厄瓜多尔4:0乌拉圭
阿吉纳加4', 德尔加多69'、77', 查拉88'
1997.2.12 巴拉圭2:1秘鲁
里瓦罗拉12', A.罗哈斯40'/佩雷达33'
1997.4.2 玻利维亚2:1阿根廷
桑迪8', 奥柴斯普尔49'/戈罗西托42'(点球)
1997.4.2 巴拉圭2:1哥伦比亚
加马拉6', 索托88'/塞尔纳87'(点球)
1997.4.2 秘鲁1:1厄瓜多尔
帕拉西奥斯61'/阿吉纳加80'(点球)
1997.4.2 乌拉圭3:1委内瑞拉
德洛斯桑托斯30', 蒙特罗47', 奥特罗60'/卡斯特林55'
1997.4.30 阿根廷2:1厄瓜多尔
奥特加17', 克雷斯波32'/阿吉纳加60'
1997.4.30 哥伦比亚0:1秘鲁
佩雷达61'
1997.4.30 智利6:0委内瑞拉
萨莫拉诺19'、26'、31'、47'、89', 雷耶斯66'
1997.4.30 巴拉圭3:1乌拉圭
A.罗哈斯37', 卡多索73'(点球), 索托83'/达里奥·席尔瓦87'
1997.6.8 阿根廷2:0秘鲁
克雷斯波43', 西蒙尼47'
1997.6.8 厄瓜多尔1:1智利
格拉齐亚尼43'/萨拉斯53'
1997.6.8 乌拉圭1:1哥伦比亚
达里奥·席尔瓦7'/里卡德51'
1997.6.8 委内瑞拉1:1玻利维亚
萨瓦雷塞63'/R.卡斯蒂略73'
1997.7.6 智利4:1哥伦比亚
萨拉斯16'、26'、41', 萨莫拉诺90'(点球)/里卡德52'
1997.7.6 巴拉圭1:2阿根廷
阿库纳58'(点球)/加拉多30', 贝隆41'
1997.7.6 秘鲁2:1玻利维亚
卡尔锡10', J.索托51'/克里斯塔尔多54'
1997.7.6 委内瑞拉1:1厄瓜多尔
米兰达82'/L.乌尔塔多55'
1997.7.20 阿根廷2:0委内瑞拉
克雷斯波30', 帕斯56'
1997.7.20 玻利维亚1:0乌拉圭
埃切维里75'
1997.7.20 哥伦比亚1:0厄瓜多尔
德阿维拉86'
1997.7.20 智利2:1巴拉圭
萨莫拉诺9'(点球)、51'/布里苏埃拉61'
1997.8.20 乌拉圭1:0智利
奥特罗22'
1997.8.20 哥伦比亚3:0玻利维亚
德阿维拉1', 巴尔德拉马30'(点球), 阿斯普里拉75'
1997.8.20 厄瓜多尔2:1巴拉圭
阿吉纳加54', 格拉齐亚尼77'/拜斯5'
1997.8.20 委内瑞拉0:3秘鲁
马伦戈14', 儒利尼奥56', 麦斯特里60'
1997.9.10 智利1:2阿根廷
萨拉斯34'/加拉多25', 克劳迪奥·洛佩斯85'
1997.9.10 哥伦比亚1:0委内瑞拉
卡布雷拉67'
1997.9.10 巴拉圭2:1玻利维亚
贝尼特斯27', 加马拉36'/B.苏亚雷斯57'
1997.9.10 秘鲁2:1乌拉圭
帕拉西奥斯59', 卡尔锡61'/雷科巴44'
1997.10.12 阿根廷0:0乌拉圭
1997.10.12 智利4:0秘鲁
萨拉斯13'、82'、90', 雷耶斯59'
1997.10.12 厄瓜多尔1:0玻利维亚

1998世界杯南美区预选赛上，智利队萨莫拉诺(下)与萨拉斯的锋线组合如日中天。进入决赛圈后，萨拉斯勇猛斩获4球，萨莫拉诺却是颗粒无收。

格拉齐亚尼27'
1997.10.12 巴拉圭1:0委内瑞拉
托雷斯69'
1997.11.16 阿根廷1:1哥伦比亚
卡塞雷斯69'/巴尔德拉马10'
1997.11.16 智利3:0玻利维亚
瓦雷拉24'，萨拉斯31'，卡尔雷尼奥85'
1997.11.16 秘鲁1:0巴拉圭
J.索托36'
1997.11.16 乌拉圭5:3厄瓜多尔
萨拉列吉3'、12'，阿布鲁48'、50'，阿吉莱拉63'/格拉齐亚尼2'、60'、65'

●中北美和加勒比区

(赛制)共28队参赛。首先加勒比地区进行3轮主客场淘汰赛，决出4个名额；中美地区进行4队主客场淘汰赛，决出2个名额；6队再与美国、墨西哥、哥斯达黎加、加拿大、萨尔瓦多和洪都拉斯6队进行主客场双循环的12强小组赛，每组前两名进入最终小组赛。最终小组赛6支球队进行主客场双循环赛，积分前3名直接晋级决赛圈。

加勒比资格赛第1轮
1996.3.10 多米尼克3:3安提瓜和巴布达
多米尼克8'，邓格勒42'，马绍尔80'/克拉克15'，爱德华兹28'、74'
1996.3.31 安提瓜和巴布达1:3多米尼克
爱德华兹59'/格林威22'，莫兰谢61'，杰弗里69'
1996.3.29 圭亚那1:2格林纳达
约瑟夫13'/查尔斯52'，罗伯茨62'
1996.4.7 格林纳达6:0圭亚那
查尔斯32'，弗朗西斯39'，安德烈46'(乌龙球)，弗莱彻50'、73'、82'
1996.3.24 多米尼加3:2阿鲁巴
罗德里格斯29'，佩尼亚50'、82'/德韦拉尔64'，马尔博格86'
1996.3.31 阿鲁巴1:3多米尼加
德韦拉尔37'(点球)/希门尼斯8'(点球)，罗德里格斯75'，佩雷斯82'
*巴哈马弃权，圣基茨和尼维斯直接晋级

加勒比资格赛第2轮
1996.5.4 波多黎各1比2圣文森特和格林纳丁斯
莱格林斯80'(点球)/哈金斯19'，海斯55'
1996.5.12 圣文森特和格林纳丁斯7:0波多黎各
杰克3'、23'、34'，海斯15'、59'，何塞40'，查尔兹64'
1996.5.12 开曼群岛0:1古巴
达库尔10'
1996.5.14 开曼群岛0:5古巴
达库尔15'、60'，罗德里格斯50'，亨宁顿55'，罗哈斯80'
1996.5.5 圣基茨和尼维斯5:1圣卢西亚
阿莱尔斯5'、88'，塞尔金特20'、40'，昆布斯37'/约翰53'
1996.5.19 圣卢西亚0:1圣基茨和尼维斯
阿莱尔斯50'
1996.5.12 海地6:1格林纳达
舍瓦利耶13'，高曼26'、57'，绍韦63'、65'、78'/查尔斯88'
1996.5.18 格林纳达0:1海地
高曼51'
1996.3.31 苏里南0:1牙买加
惠特莫尔56'
1996.4.21 牙买加1:0苏里南
P.戴维斯75'
1996.5.14 多米尼克0:1巴巴多斯
亨特60'
1996.5.19 巴巴多斯1:0多米尼克
古德里奇75'
1996.5.4 多米尼加2:1荷属安的列斯
希门尼斯38'，奎瓦斯75'/吉斯贝尔塔45'
1996.5.11 荷属安的列斯0:0多米尼加
*百慕大弃权，特立尼达和多巴哥直接晋级

加勒比资格赛第3轮
1996.6.15 多米尼加1:4特立尼达和多巴哥
塞拉塔60'/拉塔皮15'、69'，戈麦斯43'(乌龙球)，约克80'
1996.6.23 特立尼达和多巴哥8:0多米尼加
约翰1'、24'、78'，约克8'，马塞尔14'，鲁吉耶19'，伊夫42'，拉塔皮89'
1996.6.23 巴巴多斯0:1牙买加
博伊德89'
1996.6.30 牙买加2:0巴巴多斯
惠特莫尔23'，博伊德79'
1996.6.10 古巴6:1海地
罗德里格斯18'，佩德罗萨44'，马丁内斯61'、70'、71'，亨宁顿84'/罗塞蒙84'
1996.6.30 海地1:1古巴
绍韦31'/阿尔曼多35'(点球)
1996.6.23圣基茨和尼维斯2:2圣文森特和格林纳丁斯
昆布斯37'，贝德福德89'/海斯9'，韦洛斯35'
1996.6.30圣文森特和格林纳丁斯0:0圣基茨和尼维斯

中美资格赛
1996.5.5 尼加拉瓜0:1危地马拉
普拉塔30'
1996.5.10 危地马拉2:1尼加拉瓜
普拉塔62'、66'/奥雷利亚纳86'
1996.6.2 伯利兹1:2巴拿马
麦卡伦29'/格瓦拉13'，D.巴尔德斯62'
1996.6.9 巴拿马4:1伯利兹
D.巴尔德斯15'、46'、62'，门迭塔88'/加西亚60'

12强小组赛

第1组	胜	平	负	进:失球	分
美国	4	1	1	10:5	13
哥斯达黎加	4	0	2	9:5	12
危地马拉	2	2	2	6:9	8
特立尼达和多巴哥	0	1	5	3:9	1

(美国、哥斯达黎加晋级)
1996.9.1 特立尼达和多巴哥0:1哥斯达黎加
R.戈麦斯34'
1996.10.6 特立尼达和多巴哥1:1危地马拉
迪克逊39'/拉米雷斯24'
1996.11.3 美国2:0危地马拉
温纳尔达53'，麦克布莱德89'
1996.11.10 美国2:0特立尼达和多巴哥
杜利53'，温纳尔达84'
1996.11.17 哥斯达黎加3:0危地马拉
德尔加多51'，梅德福德75'，R.戈麦斯77'
1996.11.24 特立尼达和多巴哥0:1美国
摩尔34'
1996.11.24 危地马拉1:0哥斯达黎加
普拉塔34'(点球)
1996.12.1 哥斯达黎加2:1美国
万乔普38'，洛佩斯83'/柯比·琼斯90'
1996.12.8 危地马拉2:1特立尼达和多巴哥
罗达斯27'、60'/伊夫30'
1996.12.14 美国2:1哥斯达黎加
麦克布莱德17'，莱斯特60'/R.戈麦斯75'
1996.12.21 哥斯达黎加2:1特立尼达和多巴哥
万乔普49'、56'/伊夫7'
1996.12.21 危地马拉2:2美国
富恩斯9'，普拉塔43'/拉多萨夫列维奇7'，海杜克49'

第2组	胜	平	负	进:失球	分
加拿大	5	1	0	10:1	16
萨尔瓦多	3	1	2	12:6	10
巴拿马	1	2	3	8:11	5
古巴	1	0	5	4:16	3

(加拿大、萨尔瓦多晋级)
1996.8.30 加拿大3:1巴拿马
昂热40'，佩希索利多42'，科拉辛87'/D.巴尔德斯50'
1996.9.8 古巴0:5萨尔瓦多
里韦拉22'、80'，迪亚斯·阿尔塞49'、81'，西恩富戈斯83'
1996.9.22 古巴3:1巴拿马
塞布朗夫43'、73'，博瓦迪利亚88'/D.巴尔德斯60'
1996.10.6 巴拿马1:1萨尔瓦多
库维利亚斯44'/D.迪亚斯·阿尔塞51'
1996.10.10 加拿大2:0古巴
班伯里29'，佩希索利多54'
1996.10.13 古巴0:2加拿大
佩希索利多19'，达索维奇79'
1996.10.27 巴拿马0:0加拿大
1996.11.3 加拿大1:0萨尔瓦多
班伯里65'(点球)
1996.11.10 萨尔瓦多3:2巴拿马
迪亚斯·阿尔塞43'，伊拉涅塔70'，特里格罗斯89'/D.巴尔德斯12'、87'
1996.12.1 萨尔瓦多3:0古巴
伦德罗斯30'，迪亚斯·阿尔塞31'，罗德里格斯49'
1996.12.15 巴拿马3:1古巴
门迭塔15'，格瓦拉56'，D.巴尔德斯59'/莫尔67'
1996.12.15 萨尔瓦多0:2加拿大
沃森62'，班伯里78'

第3组	胜	平	负	进:失球	分
牙买加	4	1	1	12:3	13
墨西哥	4	0	2	14:6	12
洪都拉斯	3	1	2	18:11	10
圣文森特	0	0	6	6:30	0

(牙买加、墨西哥晋级)
1996.9.15 牙买加3:0洪都拉斯
博伊德15'、51'，惠特莫尔41'
1996.9.15 圣文森特0:3墨西哥
佩莱斯15'、49'，阿尔瓦雷斯89'
1996.9.21 洪都拉斯2:1墨西哥
帕文50'，本内特82'(点球)/R.拉米雷斯84'
1996.9.23 圣文森特1:2牙买加
哈里81'(点球)/扬21'、40'
1996.10.13 圣文森特1:4洪都拉斯
舍文61'/苏亚索6'、61'，桑塔马里亚22'、43'
1996.10.16 墨西哥2:1牙买加
萨格41'，埃尔莫西略53'/博伊德73'
1996.10.26 洪都拉斯0:0牙买加
1996.10.30 墨西哥5:1圣文森特
加林多20'、28'(点球)，萨格48'，埃尔莫西略73'，沃克82'(乌龙球)/韦洛斯89'
1996.11.6 墨西哥3:1洪都拉斯
加林多31'，埃尔莫西略35'，萨格45'/雷瑙70'
1996.11.10 牙买加5:0圣文森特
惠特莫尔10'、13'，扬64'，卡吉尔66'，马尔科姆85'
1996.11.17 洪都拉斯11:3圣文森特
萨帕塔2'，苏亚索11'、30'、51'，克鲁斯20'，门布雷诺37'，努涅斯47'、67'、89'，本内特63'，雷瑙76'/杰克37'，盖伊71'，萨姆74'
1996.11.17 牙买加1:0墨西哥
古迪逊82'

6强小组赛

	胜	平	负	进:失球	分
墨西哥	4	6	0	23:7	18
美国	4	5	1	17:9	17
牙买加	3	5	2	7:12	14
哥斯达黎加	3	3	4	13:12	12
萨尔瓦多	2	4	4	11:16	10
加拿大	1	3	6	5:20	6

(墨西哥、美国、牙买加出线)
1997.3.2 牙买加0:0美国
1997.3.2 墨西哥4:0加拿大
埃尔莫西略50'、80'，加林多59'(点球)，萨格87'
1997.3.16 哥斯达黎加0:0墨西哥
1997.3.16 美国3:0加拿大
温纳尔达8'，波普14'(点球)，斯图尔特89'
1997.3.23 哥斯达黎加3:2美国
梅德福德10'，索利斯32'，R.戈麦斯78'/温纳尔达32'，莱斯特68'

1997.4.6 加拿大0:0萨尔瓦多
1997.4.13 墨西哥6:0牙买加
加林多10'(点球)，埃尔莫西略17'、39'、46'，德尔奥尔莫57'，赫尔南德斯85'
1997.4.20 美国2:2墨西哥
波普35'，N.拉米雷斯74'(乌龙球)/埃尔莫西略1'，赫尔南德斯54'
1997.4.27 加拿大0:0牙买加
1997.5.4 萨尔瓦多2:1哥斯达黎加
迪亚斯·阿尔塞19'，蒙特斯53'/阿尔尼特斯57'
1997.5.11 哥斯达黎加3:1牙买加
万齐普32'、70'，奥维多89'/威廉姆斯60'
1997.5.18 牙买加1:0萨尔瓦多
威廉姆斯23'
1997.6.1 加拿大1:0哥斯达黎加
贝尔杜希奥68'
1997.6.8 萨尔瓦多0:1墨西哥
L.加西亚64'
1997.6.29 萨尔瓦多1:1美国
迪亚斯·阿尔塞60'/莱斯特51'
1997.8.10 哥斯达黎加0:0萨尔瓦多
1997.9.7 牙买加1:0加拿大
伯顿52'
1997.9.7 美国1:0哥斯达黎加
拉莫斯79'
1997.9.14 牙买加1:0哥斯达黎加
伯顿55'
1997.9.14 萨尔瓦多4:1加拿大
德梅洛15'，伦德罗斯53'，西恩富戈斯56'，迪亚斯·阿尔塞87'/班伯里30'
1997.10.3 美国1:1牙买加
温纳尔达49'(点球)/伯顿50'
1997.10.5 墨西哥5:0萨尔瓦多
加林多30'、38'，G.阿斯佩35'，萨格47'，L.加西亚82'
1997.10.12 加拿大2:2墨西哥
科拉辛56'，班伯里65'/阿尔法罗8'，R.拉米雷斯85'
1997.11.2 墨西哥0:0美国
1997.11.9 加拿大0:3美国
雷纳5'，韦格勒81'、89'
1997.11.9 墨西哥3:3哥斯达黎加
查韦斯1'，加林多41'，埃尔莫西略68'/梅德福德52'，索托71'，万齐普86'
1997.11.9 萨尔瓦多2:2牙买加
德梅洛47'，格拉88'/伯顿51'，斯图尔特78'
1997.11.16 哥斯达黎加3:1加拿大
史密斯8'，利亚纳16'，马林89'(点球)/弗莱彻47'
1997.11.16 牙买加0:0墨西哥
1997.11.16 美国4:2萨尔瓦多
麦克布莱德21'、28'，亨德森49'，拉多萨夫列维奇82'/德梅洛60'，迪亚斯·阿尔塞63'(点球)

●亚洲区

(赛制)共36队参赛。首先分成10个小组，4个小组为3支球队，除第10小组为单循环赛制外，其余均是双循环，每组头名晋级10强赛。10强赛分成2组，每组头名直接晋级世界杯决赛圈，两个小组第2进行一场附加赛，胜者晋级世界杯决赛圈，负者参加与大洋洲冠军的资格争夺战。

第一阶段小组赛

第1组	胜	平	负	进:失球	分
沙特阿拉伯	5	1	0	18:1	16
马来西亚	3	2	1	5:3	11
中华台北	1	1	4	4:13	4
孟加拉	1	0	5	4:14	3

*前6场比赛在马来西亚吉隆坡进行，后6场比赛在沙特吉达进行。

(沙特晋级)
1997.3.16 中华台北0:2沙特阿拉伯
沙赫拉尼38'，O.多萨里45'
1997.3.16 马来西亚2:0孟加拉
A.安德南43'，伊德里斯80'
1997.3.18 孟加拉1:3中华台北
拉纳53'/袁文翰30'，黄哲明62'，章贵真77'
1997.3.18 马来西亚0:0沙特阿拉伯
1997.3.20 孟加拉1:4沙特阿拉伯
拉纳41'/穆瓦利德20'，特马维25'，沙布拉尼65'，迈哈利勒73'
1997.3.20 马来西亚2:0中华台北
阿哈默德17'，苏龙27'
1997.3.27 中华台北0:0马来西亚
1997.3.27 沙特阿拉伯3:0孟加拉
苏瓦耶德2'，O.多萨里43'，A.多萨里79'
1997.3.29 沙特阿拉伯3:0马来西亚
穆瓦利德59'、86'，O.多萨里87'
1997.3.29 中华台北1:2孟加拉
李宏森51'/阿明45'，艾哈迈德81'
1997.3.31 孟加拉0:1马来西亚
阿贝丹32'
1997.3.31 沙特阿拉伯6:0中华台北
贾贝尔3'、17'、63'，穆瓦利德5'，Q.多萨里43'，扎赫拉尼46'

第2组	胜	平	负	进:失球	分
伊朗	5	1	0	39:3	16
吉尔吉斯斯坦	3	0	2	12:11	9
叙利亚	2	1	2	27:5	7
马尔代夫	0	0	6	0:59	0

*前6场比赛在叙利亚大马士革进行，后6场比赛在伊朗德黑兰进行。

(伊朗晋级)
1997.6.2 叙利亚3:0吉尔吉斯斯坦
*吉尔吉斯斯坦未及时抵达比赛场地，被直接判负
1997.6.2 马尔代夫0:17伊朗
巴盖里10'、13'、16'、62'、64'、68'、85'，阿齐兹12'、37'，埃斯蒂利30'、49'、55'，沙赫鲁迪56'，马达维基亚64'，阿里·代伊76'、89'，米纳万德88'
1997.6.4 叙利亚12:0马尔代夫
比亚齐德7'、14'，约哈达9'、37'、90'，里法伊11'，贾班12'，斯鲁尔31'，扎贝尔50'，布希72'、79'，库尔杜利78'
1997.6.4 吉尔吉斯斯坦0:7伊朗
巴盖里36'、53'，阿里·代伊58'，马吉迪69'、88'，米纳万德77'，穆萨维83'
1997.6.6 叙利亚0:1伊朗
阿里·代伊65'
1997.6.6 吉尔吉斯斯坦3:0马尔代夫
科索诺夫3'，梅日金23'，博索博夫25'
1997.6.9 伊朗3:1吉尔吉斯斯坦
阿齐兹3'、79'，巴盖里52'/博斯托夫19'
1997.6.9 马尔代夫0:12叙利亚
阿里夫23'、50'、56'，阿里·迪布57'，塔勒卜62'，扎伊丹66'、88'、90'，里哈维69'，阿布里82'、91'，塔拉勒86'
1997.6.11 伊朗9:0马尔代夫
曼苏里安15'、45'，巴盖里22'、39'，阿里·代伊33'、44'，马达维基亚35'，沙赫鲁迪68'，阿齐兹88'
1997.6.11 吉尔吉斯斯坦2:1叙利亚
萨达罗夫77'，科措夫90'/布希85'
1997.6.13 伊朗2:2叙利亚
沙赫鲁迪10'，曼苏里安29'/布希12'，比亚齐德40'
1997.6.13 马尔代夫0:6吉尔吉斯斯坦
梅日金14'，谢梅德科夫23'，科措夫25'，希丁75'、90'，帕诺夫85'

第3组	胜	平	负	进:失球	分
阿联酋	3	1	0	7:1	10
约旦	1	1	2	4:4	4
巴林	1	0	3	3:9	3

*前3场比赛在巴林麦纳麦进行，后3场比赛在阿联酋沙迦进行。

(阿联酋晋级)
1997.4.8 约旦0:0阿联酋
1997.4.11 巴林1:2阿联酋
德维什89'/阿德尔·穆罕默德20'、62'
1997.4.14 巴林1:0约旦
K.多萨里29'
1997.4.19 约旦4:1巴林
沙伊兰13'，卡赛姆33'，哈提卜46'，阿比德89'/拉希德44'
1997.4.22 阿联酋3:0巴林
H.S.穆巴拉克14'，K.S.穆巴拉克49'、60'
1997.4.22 阿联酋2:0约旦
塔利亚尼28'，K.S.穆巴拉克90'

第4组	胜	平	负	进:失球	分
日本	5	1	0	31:1	16
阿曼	4	1	1	14:2	13
澳门	1	1	4	3:28	4
尼泊尔	0	1	5	2:19	1

*前6场比赛在阿曼马斯喀特进行，后6场比赛在日本东京进行。

(日本晋级)
1997.3.23 尼泊尔1:1澳门
哈德卡22'/张颂文12'
1997.3.23 阿曼0:1日本
小村德男10'
1997.3.25 澳门0:10日本
高木琢也14'、33'、60'，井原正巳43'，三浦知良53'、87'(点球)、90'，名波浩65'，森岛宽晃78'、80'
1997.3.25 阿曼1:0尼泊尔
沙班75'
1997.3.27 尼泊尔0:6尼泊尔
森岛宽晃24'，高木琢也47'、54'、90'，小村德男76'，本田泰人79'
1997.3.27 阿曼4:0澳门
沙班31'，穆巴拉克41'、56'，努尔83'
1997.6.22 日本10:0澳门
中田英寿17'、61'，西泽明训20'，三浦知良23'、29'、44'(点球)、57'、62'、79'，名波浩42'
1997.6.22 尼泊尔0:6阿曼
沙基亚1'(乌龙球)，布沙伊迪13'，阿里·哈桑17'、50'，阿拉伊米73'，马赫鲁奇78'
1997.6.25 日本3:0尼泊尔
西泽明训44'，三浦知良72'、87'
1997.6.25 澳门0:2阿曼
阿拉伊米44'，阿里·哈桑89'
1997.6.28 日本1:1阿曼
中田英寿5'/萨米尔64'
1997.6.28 澳门2:1尼泊尔
张颂文78'，马丁斯90'/阿马蒂亚19'

第5组	胜	平	负	进:失球	分
乌兹别克斯坦	5	1	0	20:3	16
也门	2	2	2	10:7	8
印度尼西亚	1	4	1	11:6	7
柬埔寨	0	1	5	2:27	1

(乌兹别克斯坦晋级)
1997.4.6 印度尼西亚8:0柬埔寨
普特拉1'，卢比斯6'、52'，普蒂莱12'、44'、70'，瓦比亚31'、36'
1997.4.13 印度尼西亚0:0也门
1997.4.20 柬埔寨0:1也门
达里班40'
1997.4.27 柬埔寨1:1印度尼西亚
贺索茶65'/普特拉80'
1997.5.9 也门0:1乌兹别克斯坦
哈萨诺夫39'(点球)
1997.5.16 也门7:0柬埔寨
哈菲德6'、14'、45'、83'(点球)，沙拉夫48'，法伊55'，萨义德64'
1997.5.25 乌兹别克斯坦6:0柬埔寨
席尔绍夫5'，哈萨诺夫15'，雷贝德夫34'、75'，菲奥多罗夫43'，伊里斯梅托夫59'
1997.6.1 印度尼西亚1:1乌兹别克斯坦
苏迪尔曼34'/沙茨基赫70'
1997.6.13 也门1:1印度尼西亚
哈菲德32'(点球)/普特拉59'

1997.6.20 乌兹别克斯坦3:0印度尼西亚
沙茨基赫11'，马萨多夫32'、84'
1997.6.29 柬埔寨1:4乌兹别克斯坦
里特11'/巴萨罗夫9'、30'、80'，莫加梅托夫45'
1997.8.24 乌兹别克斯坦5:1也门
*本场进球资料缺失

第6组	胜	平	负	进:失球	分
韩国	3	1	0	9:1	10
泰国	1	1	2	5:6	4
香港	1	0	3	3:10	3

(韩国晋级)
1997.2.23 香港0:2韩国
徐正源61'，崔文植75'
1997.3.2 泰国1:3韩国
皮亚蓬普翁49'/卢相来13'，河锡舟75'，崔文植86'
1997.3.9 泰国2:0香港
边迪特23'，斯里通因78'
1997.3.30 香港3:2泰国
李健和21'，张善钟47'，欧伟伦82'/斯里通因45'，差勒姆桑69'
1997.5.28 韩国4:0香港
柳相铁25'(点球)，崔龙洙40'、70'，朴建夏85'
1997.6.1 韩国0:0泰国

第7组	胜	平	负	进:失球	分
科威特	4	0	0	10:1	12
黎巴嫩	1	1	2	4:7	4
新加坡	0	1	3	2:8	1

(科威特晋级)
1997.4.13 黎巴嫩1:1新加坡
纳扎48'(点球)/扎尔卡嫩88'
1997.4.26 新加坡0:1科威特
萨克尔28'
1997.5.8 科威特2:0黎巴嫩
侯瓦迪37'，阿哈默德74'
1997.5.24 新加坡1:2黎巴嫩
塔恩58'(点球)/谢哈勒35'，麦利基安70'
1997.6.5 科威特4:0新加坡
瓦布拉恩28'，阿哈默德34'，侯瓦迪43'，巴沙尔·辛迪78'
1997.6.22 黎巴嫩1:3科威特
谢哈勒29'/奥泰比9'，萨拉赫31'、74'

第8组	胜	平	负	进:失球	分
中国	5	1	0	13:2	16
塔吉克斯坦	4	1	1	15:2	13
土库曼斯坦	2	0	4	8:13	6
越南	0	0	6	2:21	0

(中国晋级)
1997.5.4 塔吉克斯坦4:0越南
阿利多多夫8'，穆米诺夫16'(点球)，扎巴罗夫51'、82'
1997.5.4 土库曼斯坦1:4中国
梅雷多夫90'/彭伟国25'、46'，高峰80'，黎兵85'
1997.5.11 塔吉克斯坦0:1中国
郝海东66'
1997.5.11 土库曼斯坦2:1越南
阿巴加耶夫40'，加尔扬53'/阮公荣71'
1997.5.25 土库曼斯坦1:2塔吉克斯坦
特瓦泽15'/克纳热夫43'、53'
1997.5.25 越南1:3中国
黎玄德36'/黎兵21'，范志毅30'，郝海东45'
1997.6.1 中国1:0土库曼斯坦
李金羽85'
1997.6.1 越南0:4塔吉克斯坦
穆米诺夫6'，罗春曾24'(乌龙球)，阿瓦科夫68'，阿舒尔马梅多夫75'
1997.6.8 中国0:0塔吉克斯坦
1997.6.8 越南0:4土库曼斯坦
阿巴加耶夫15'、59'、63'(点球)，布罗申20'
1997.6.22 中国4:0越南
范志毅6'，郝海东44'，马明宇64'，宿茂臻67'
1997.6.22 塔吉克斯坦5:0土库曼斯坦
阿巴科夫2'、25'、33'，扎巴罗夫12'，，穆米诺夫85'

第9组	胜	平	负	进:失球	分
哈萨克斯坦	4	0	0	15:2	12
伊拉克	2	0	2	14:8	6
巴基斯坦	0	0	4	3:22	0

(哈萨克斯坦晋级)
1997.5.11 哈萨克斯坦3:0巴基斯坦
埃斯马甘别托夫3'、62'，亚布洛什金50'
1997.5.23 巴基斯坦2:6伊拉克
阿齐塔12'，贾哈拉58'/哈桑·纳吉1'、61'，贾锡尔34'、60'，拉伊特57'，阿马莱什70'
1997.6.6 伊拉克1:2哈萨克斯坦
萨杜姆8'/克利申41'，洛吉诺夫47'
1997.6.11 巴基斯坦0:7哈萨克斯坦
埃斯马甘别托夫18'，克利申33'，洛吉诺夫36'，马兹巴耶夫53'，扎伊巴雷夫65'、69'、72'
1997.6.20 伊拉克6:1巴基斯坦
拉伊特12'、27'、70'，阿巴斯73'，法瓦济77'，萨杜姆90'/乌梅尔60'
1997.6.29 哈萨克斯坦3:1伊拉克
马兹巴耶夫4'，洛吉诺夫36'，克利申61'/萨杜姆56'

第10组	胜	平	负	进:失球	分
卡塔尔	3	0	0	14:0	9
斯里兰卡	1	1	1	4:4	4
印度	1	1	1	3:7	4
菲律宾	0	0	3	0:10	0

*所有比赛均在卡塔尔多哈进行。
(卡塔尔晋级)
1996.9.20 卡塔尔3:0斯里兰卡
M.苏菲34'，恩纳济55'，M.穆巴拉克82'(点球)
1996.9.21 印度2:0菲律宾
维亚扬84'，库蒂尼奥89'
1996.9.23 卡塔尔5:0菲律宾
恩纳济19'、42'，M.苏菲30'，A.哈米斯31'，A.哈桑39'
1996.9.24 斯里兰卡1:1印度
查普曼39'/席尔瓦19'
1996.9.26 菲律宾0:3斯里兰卡
斯泰瓦尔22'，佩雷拉55'、80'(点球)
1996.9.27 卡塔尔6:0印度
恩纳济27'、40'，Z.科瓦里41'，巴锡特47'，M.苏菲53'，M.穆巴拉克61'

十强赛

A组	胜	平	负	进:失球	分
沙特	4	2	2	8:6	14
伊朗	3	3	2	13:8	12
中国	3	2	3	11:14	11
卡塔尔	3	1	4	7:10	10
科威特	2	2	4	7:8	8

(沙特出线，伊朗附加赛)
1997.9.13 中国2:4伊朗
范志毅43'(点球)，李明54'/巴盖里61'(点球)，马达维基亚64'、84'，莫迪鲁斯塔86'
1997.9.14 沙特2:1科威特
迈哈利勒45'，图纳扬54'/瓦布拉尼18'
1997.9.19 伊朗1:1沙特
巴盖里63'/苏瓦耶德35'
1997.9.19 卡塔尔0:2科威特
侯瓦迪27'，瓦布拉尼89'
1997.9.26 科威特1:1伊朗
侯瓦迪20'/巴盖里90'
1997.9.26 卡塔尔1:1中国
卡米尔9'/郝海东67'
1997.10.3 中国1:0沙特
张恩华69'
1997.10.3 伊朗3:0卡塔尔
阿里·代伊34'，巴盖里45'、58'
1997.10.10 科威特1:2中国
侯瓦迪25'/郝海东3'，高峰89'
1997.10.11 沙特1:0卡塔尔
迈哈利勒66'
1997.10.17 伊朗4:1中国
曼苏里安3'，莫迪鲁斯塔44'，巴盖里64'，阿里·代伊68'/毛毅军87'
1997.10.17 科威特2:1沙特
巴沙尔48'，J.穆巴拉克67'/穆瓦利德31'
1997.10.24 沙特1:0伊朗
穆瓦利德89'
1997.10.24 科威特0:1卡塔尔
哈米斯10'
1997.10.31 中国2:3卡塔尔
高峰22'，范志毅82'/纳耶米45'，恩纳济55'，科瓦里60'
1997.10.31 伊朗0:0科威特
1997.11.6 沙特1:1中国
穆瓦利德4'/郝海东12'
1997.11.7 卡塔尔2:0伊朗
恩纳济34'、72'
1997.11.12 中国1:0科威特
马明宇32'
1997.11.12 卡塔尔0:1沙特
苏瓦耶德63'

B组	胜	平	负	进:失球	分
韩国	6	1	1	19:7	19
日本	3	4	1	17:9	13
阿联酋	2	3	3	9:12	9
乌兹别克斯坦	1	3	4	13:18	6
哈萨克斯坦	1	3	4	7:13	6

(韩国出线，日本附加赛)
1997.9.6 韩国3:0哈萨克斯坦
崔龙洙24'、68'、76'
1997.9.7 日本6:3乌兹别克斯坦
三浦知良5'(点球)、24'、68'、81'，中田英寿40'，城彰二45'/什克维林50'，菲奥多罗夫70'，沙茨基赫76'
1997.9.12 阿联酋4:0哈萨克斯坦
A.哈桑17'，A.穆罕默德49'，巴锡尔77'，塔利亚尼85'
1997.9.12 韩国2:1乌兹别克斯坦
崔龙洙15'，李相润87'/沙茨基赫77'
1997.9.19 阿联酋0:0日本
1997.9.20 哈萨克斯坦1:1乌兹别克斯坦
巴尔捷夫84'(点球)/沙茨基赫85'
1997.9.27 乌兹别克斯坦2:3阿联酋
席尔绍夫56'，巴扎罗夫90'/巴锡尔55'，K.穆巴拉克64'，塔利亚尼85'
1997.9.28 日本1:2韩国
山口素弘65'/高正云83'，李明顺86'
1997.10.4 哈萨克斯坦1:1日本
茹巴雷夫90'/秋田丰22'
1997.10.4 韩国3:0阿联酋
河锡舟7'，柳相铁72'，李相润84'
1997.10.11 哈萨克斯坦1:1韩国
叶夫捷耶夫51'/崔龙洙6'
1997.10.11 乌兹别克斯坦1:1日本
坎巴拉列夫31'/吕比须88'
1997.10.18 哈萨克斯坦3:0阿联酋
斯帕里舍夫55'，叶夫捷耶夫65'，尤里斯特73'
1997.10.18 乌兹别克斯坦1:5韩国
菲奥多罗夫64'(点球)/崔龙洙10'、41'，柳相铁38'，高正云58'，金度勋70'
1997.10.25 乌兹别克斯坦4:0哈萨克斯坦
什克维林20'、33'，菲奥多罗夫43'，卡西莫夫73'
1997.10.26 日本1:1阿联酋
吕比须4'/H.穆巴拉克36'
1997.11.1 韩国0:2日本
名波浩2'，吕比须37'
1997.11.2 阿联酋0:0乌兹别克斯坦
1997.11.8 日本5:1哈萨克斯坦
秋田丰11'，中田英寿15'，中山雅史44'、66'，高木琢也88'/叶夫捷耶夫73'
1997.11.9 阿联酋1:3韩国
巴锡特58'/李相润11'，金度勋42'、67'

亚洲区附加赛

*比赛在马来西亚新山举行，一场定胜负，胜者直接出线，负者与大洋洲冠军争夺一个决赛圈名额。

1997.11.16 日本3:2伊朗
中山雅史41'，城彰二75'，冈野雅行119'/阿齐兹46'，阿里·代伊59'

●大洋洲区

(赛制)共10队参赛。首先6队按照地区分成2组，美拉尼西亚小组第1名直接晋级第2阶段小组赛，波利尼西亚小组第1与美拉尼西亚小组第2进行主客场两回合附加赛，胜者晋级第2阶段小组赛。澳大利亚、新西兰、斐济和塔希提直接进入第2阶段小组赛。第2阶段小组赛6队分成两组，每组头名进行最后的决赛，胜者参加与亚洲第4名的资格争夺战。

美拉尼西亚组

	胜	平	负	进:失球	分
巴布亚新几内亚	1	1	0	3:2	4
所罗门群岛	0	2	0	2:2	2
瓦努阿图	0	1	1	2:3	1

*比赛统一在巴布亚新几内亚的莱城进行。

(巴布亚新几内亚晋级，所罗门群岛附加赛)

1996.9.16 巴布亚新几内亚1:1所罗门群岛
理查德15'/鲁库马纳71'
1996.9.18 所罗门群岛1:1瓦努阿图
贝里16'/瑙库特37'
1996.9.20 巴布亚新几内亚2:1瓦努阿图
富里吉89'，卡隆90'/加雷27'

波利尼西亚组

	胜	平	负	进:失球	分
汤加	2	0	0	3:0	6
西萨摩亚	1	0	1	2:2	3
库克群岛	0	0	2	1:4	1

*比赛统一在汤加进行。

(汤加附加赛)

1996.11.11 汤加2:0库克群岛
莫莱尼20'、67'
1996.11.13 西萨摩亚2:1库克群岛
塔普努10'，米歇尔20'/马尼88'
1996.11.15 汤加1:0西萨摩亚
托卢图阿7'

晋级附加赛

1997.2.15 汤加0:4所罗门群岛
基里亚乌34'，塞尼73'，贝里85'，佩利87'
1997.3.1 所罗门群岛9:0汤加
贝里3'、41'、57'，鲁库马纳12'，瓦博尔37'，塞尼61'、63'、74'，基里亚乌66'

第2轮小组赛

第1组	胜	平	负	进:失球	分
澳大利亚	4	0	0	26:2	12
所罗门群岛	1	1	2	7:21	4
塔希提	0	1	3	2:12	1

*比赛统一在澳大利亚悉尼进行。

(澳大利亚晋级)

1997.6.11 澳大利亚13:0所罗门群岛
莫里2'、15'、37'、55'、82'，阿洛伊西34'、54'、83'、88'、89'，福斯特69'，塔帕伊80'，博斯尼奇90'(点球)
1997.6.13 澳大利亚5:0塔希提
维德马尔17'，特林博利39'、44'，阿诺德46'，宾利66'
1997.6.15 所罗门群岛4:1塔希提
塞尼38'，贝里40'、81'，托阿塔90'/拉迪翁84'
1997.6.17 所罗门群岛2:6澳大利亚
佩利29'，苏里66'/史雷特16'，阿诺德17'，凯耶雷亚33'(乌龙球)，塔帕伊48'、52'，维德马尔75'(点球)
1997.6.19 塔希提0:2澳大利亚
泽利奇17'，特林博利86'
1997.6.21 塔希提1:1所罗门群岛
考迈42'/鲁索44'

第2组	胜	平	负	进:失球	分
新西兰	3	0	1	´3:1	9
斐济	2	0	2	4:7	6
巴布亚新几内亚	1	0	3	2:11	3

(新西兰晋级)

1997.5.31 巴布亚新几内亚1:0新西兰
莫亚普75'
1997.6.7 斐济0:1新西兰
杰克逊82'(点球)
1997.6.11 新西兰7:0巴布亚新几内亚
柯文尼10'、16'、35'，鲁费尔26'、30'，埃利奥特40'，史蒂文斯75'
1997.6.15 斐济3:1巴布亚新几内亚
彼得斯20'，马西25'，杜古恩卡88'/瓦伊瓦伊60'
1997.6.18 新西兰5:0斐济
鲁费尔18'、78'，柯文尼66'，维寥恩84'，范斯蒂登85'
1997.6.21 巴布亚新几内亚0:1斐济
德里乌28'

大洋洲冠军争夺战

1997.6.28 新西兰0:3澳大利亚
阿洛伊西19'，维德马尔42'，福斯特67'
1997.7.5 澳大利亚2:0新西兰
泽利奇6'，阿诺德53'

"亚洲-大洋洲"世界杯门票附加赛

1997.11.22 伊朗1:1澳大利亚
阿齐兹40'/科威尔19'
1997.11.29 澳大利亚2:2伊朗
科威尔32'，维德马尔48'/巴盖里77'，阿齐兹80'

●非洲区

(赛制)共36队参赛，马里和尼日尔弃权。喀麦隆、埃及、摩洛哥和尼日利亚直接进入小组赛，其余32支球队捉对进行主客场两回合比赛，总比分胜者进入小组赛。20强分成5个小组，每组头名直接晋级世界杯决赛阶段。

第1轮淘汰赛

1996.5.31 毛里塔尼亚0:0布基纳法索
1996.6.16 布基纳法索2:0毛里塔尼亚
乌耶德朗戈45'，B.特劳雷79'
1996.6.1 纳米比亚2:0莫桑比克
霍塞布25'，奥特曼88'
1996.6.16 莫桑比克1:1纳米比亚
马萨莫25'/奥特曼64'
1996.6.1 乌干达0:2安哥拉
保朗35'(点球)、60'(点球)
1996.6.16 安哥拉3:1乌干达
保朗18'、31'，保罗·席尔瓦60'/易卜拉欣40'
1996.6.1 几内亚比绍3:2几内亚
诺尼34'、38'，科88'/T.卡马拉53'、54'
1996.6.16 几内亚3:1几内亚比绍
W.苏马33'、59'，班古拉61'/塞巴斯蒂安47'
1996.6.1 马拉维0:1南非
廷克勒20'
1996.6.15 南非3:0马拉维
巴特莱特4'、41'，费什38'
1996.6.1 冈比亚2:1利比里亚
科尔15'(点球)，西拉62'/德巴33'(点球)
1996.6.23 利比里亚4:0冈比亚
克拉克24'，威赫78'，马科尔85'，德巴90'
1996.6.2 苏丹2:0赞比亚
A.穆斯塔法12'，努尔52'
1996.6.16 赞比亚3:0苏丹
洛塔13'、82'，姆韦瓦40'
1996.6.2 斯威士兰0:1加蓬
奥伊甘达加6'
1996.6.16 加蓬2:0斯威士兰
马卡亚28'，亚拉60'
1996.6.2 毛里求斯1:5扎伊尔
莫库德61'/恩塞卡1'，恩贡格15'(点球)，恩通杜埃拉58'，埃卡基亚77'、82'
1996.6.16 扎伊尔2:0毛里求斯
恩贡格45'，恩通杜埃拉90'
1996.6.2 马达加斯加1:2津巴布韦
蒂亚纳26'/萨乌70'、90'
1996.6.16 津巴布韦2:2马达加斯加
兹维里帕伊52'，塔卡维拉69'/拉多23'，哈贾79'
1996.6.2 卢旺达1:3突尼斯
穆彭齐49'/塞利米43'、47'，本斯利曼57'
1996.6.16 突尼斯2:0卢旺达
本雷伊萨17'，塞利米47'(点球)
1996.6.2 刚果2:0科特迪瓦
涅雷40'，因布拉68'
1996.6.16 科特迪瓦1:1刚果
达奥38'/因布拉80'
1996.6.2 肯尼亚3:1阿尔及利亚
夸鲁拉55'，莫滕戈63'(点球)，奥蒂耶诺87'/泽鲁基78'
1996.6.14 阿尔及利亚1:0肯尼亚
塔斯法乌81'
1996.6.2 布隆迪1:0塞拉利昂
温博87'
1996.6.15 塞拉利昂0:1布隆迪
姆比30'

*布隆迪足协由于无法为球员提供客场差旅费宣布退出，塞拉利昂替补进入小组赛。

1996.6.2 多哥2:1塞内加尔
奥亚沃莱3'，努苏恩杰85'/O.特劳雷80'
1996.6.15 塞内加尔1:1多哥
迪亚洛29'/阿克帕洛85'
1996.6.8 坦桑尼亚0:0加纳
1996.6.17 加纳2:1多哥
约翰逊70'，阿欣富尔80'/M.侯赛因71'

小组赛

第1组	胜	平	负	进:失球	分
尼日利亚	4	1	1	10:4	13
几内亚	4	0	2	10:5	12
肯尼亚	3	1	2	11:12	10
布基纳法索	0	0	6	7:17	0

(尼日利亚出线)

1996.11.9 尼日利亚2:0布基纳法索
阿莫卡奇46'、86'
1996.11.10 几内亚3:1肯尼亚
T.卡马拉20'，F.卡马拉35'，W.苏马35'/奥加达13'
1997.1.12 肯尼亚1:1尼日利亚
西米尤25'/奥克楚库51'
1997.1.12 布基纳法索0:2几内亚
乌拉雷18'，W.苏马43'
1997.4.5 尼日利亚2:1几内亚
阿莫卡奇65'、78'/T.卡马拉87'
1997.4.6 肯尼亚4:3布基纳法索
奥科思51'、68'、82'，韦尔71'/M.松戈10'、75'，萨努37'(点球)
1997.4.27 布基纳法索1:2尼日利亚
B.松戈76'/迪亚拉41'(乌龙球)，阿穆尼克58'
1997.4.27 肯尼亚1:0几内亚
奥蒂耶诺44'
1997.6.7 尼日利亚3:0肯尼亚
奥利塞赫12'，阿穆尼克43'，奥鲁马81'
1997.6.8 几内亚3:1布基纳法索
F.卡马拉10'(点球)，帕伦福24'(乌龙球)，乌拉雷56'/M.松戈9'
1997.8.16 布基纳法索2:4肯尼亚
M.松戈26'，萨努80'/苏莱曼8'，韦尔44'，苏恩古蒂70'、77'
1997.8.17 几内亚1:0尼日利亚
F.卡马拉64'

第2组	胜	平	负	进:失球	分
突尼斯	5	1	0	10:1	16

埃及	3	1	2	15:5	10
利比里亚	1	1	4	2:10	4
纳米比亚	1	1	4	6:17	4

(突尼斯出线)

1996.11.8 埃及7:1纳米比亚
马贝尔1'、15'、72'，A.哈桑11'，I.哈桑35'，H.哈桑74'、81'/希乌特25'

1996.11.10 利比里亚0:1突尼斯
杰拉西87'

1997.1.11 纳米比亚0:0利比里亚

1997.1.12 突尼斯1:0埃及
贝亚10'

1997.4.6 利比里亚1:0埃及
威赫29'

1997.4.6 纳米比亚1:2突尼斯
霍耶塞75'/伊希里15'，巴德拉68'

1997.4.26 纳米比亚2:3埃及
乌托尼60'，霍耶塞87'(点球)/卡沙巴74'(点球)，H.哈桑87'、88'

1997.4.27 突尼斯2:0利比里亚
塞利米61'，巴德拉78'

1997.6.8 利比里亚1:2纳米比亚
达耶7'/希乌特36'，霍布80'

1997.6.8 埃及0:0突尼斯

1997.8.16 突尼斯4:0纳米比亚
贝亚15'、57'，索马耶31'，利曼71'

1997.8.17 埃及5:0利比里亚
卡沙巴20'(点球)，哈纳菲24'，萨布里46'，卡姆纳68'，哈泽姆78'

第3组	胜	平	负	进:失球	分
南非	4	1	1	7:3	13
刚果	3	1	2	5:5	10
赞比亚	2	2	2	7:6	8
民主刚果	0	2	4	4:9	2

*1997年6月扎伊尔改名为民主刚果。

(南非出线)

1996.11.9 南非1:0扎伊尔
马辛加72'

1996.11.10 刚果1:0赞比亚
涅尔86'

1997.1.11 赞比亚0:0南非

1997.1.12 扎伊尔1:1刚果
兰比13'/C.邦戈4'

1997.4.6 刚果2:0南非
姆哈尼60'、65'

1997.4.9 扎伊尔2:2赞比亚
恩苏恩达29'，巴赞巴50'/K.马利托利21'，坦博81'

1997.4.27 赞比亚3:0刚果
洛塔40'，米蒂85'，K.布瓦利亚89'

1997.4.27 扎伊尔1:2南非
通巴26'/库马洛22'，马辛加71'

1997.6.8 刚果1:0扎伊尔
姆哈尼65'

1997.6.8 南非3:0赞比亚
姆哈莱莱9'，马辛加16'，威廉姆斯74'

1997.8.16 南非1:0刚果
马辛加14'

1997.8.16 赞比亚2:0民主刚果
卡姆万迪35'、56'

第4组	胜	平	负	进:失球	分
喀麦隆	4	2	0	10:4	14
安哥拉	2	4	0	7:4	10
津巴布韦	1	1	4	6:7	4
多哥	1	1	4	6:14	4

(喀麦隆出线)

1996.11.10 安哥拉2:1津巴布韦
阿夸42'，保朗54'/A.恩德洛乌

1996.11.10 多哥2:4喀麦隆
努苏恩杰51'，T.萨卢83'(点球)/查米18'、30'，姆博马53'，米塞-米塞68'

1997.1.12 喀麦隆0:0安哥拉

1997.1.12 津巴布韦3:0多哥
希巴里23'，塔卡维拉29'(点球)、49'

1997.4.6 安哥拉3:1多哥
保朗28'，阿夸44'(点球)，索萨61'/奥亚沃莱20'

1997.4.6 喀麦隆1:0津巴布韦
恩贝80'

1997.4.27 喀麦隆2:0多哥
楚唐85'，姆博马89'

1997.4.27 津巴布韦0:0安哥拉

1997.6.8 安哥拉1:1喀麦隆
阿夸55'/姆博马54'

1997.6.8 多哥2:1津巴布韦
萨卢8'、20'/塔卡维拉71'(点球)

1997.8.17 多哥1:1安哥拉
兰塔姆47'/I.席尔瓦44'

1997.8.17 津巴布韦1:2喀麦隆
穆雷瓦88'/姆博马87'、89'

第5组	胜	平	负	进:失球	分
摩洛哥	5	1	0	14:2	16
塞拉利昂	2	1	2	4:6	7
加纳	1	3	2	7:7	6
加蓬	0	1	4	1:11	1

(摩洛哥出线)

1996.11.9 摩洛哥4:0塞拉利昂
哈巴比18'，拉希卜52'、54'，费尔图57'

1996.11.10 加蓬1:1加纳
恩格马65'/阿贝迪·贝利66'

1997.1.11 塞拉利昂1:0加蓬
阿布·卡努46'

1997.1.12 加纳2:2摩洛哥
约翰逊85'，库福尔89'/巴锡尔41'，哈吉80'

1997.4.5 塞拉利昂1:1加纳
L.孔特88'/A.卡马拉23'(乌龙球)

1997.4.6 加蓬0:4摩洛哥
巴锡尔10'、12'，巴希亚44'、45'
*比赛在第53分钟因为球迷骚乱停止

1997.4.26 塞拉利昂0:1摩洛哥
巴锡尔41'

1997.4.27 加纳3:0加蓬
阿布吉耶40'，加戈59'、65'(点球)

1997.6.7 摩洛哥1:0加纳
拉希卜58'

1997.6.8 加蓬-:-塞拉利昂
*比赛因安全问题被取消

1997.8.17 摩洛哥2:0加蓬
奈贝特25'，巴希亚45'(点球)

1997.8.17 加纳0:2塞拉利昂
A.卡马拉15'，卡隆46'

决赛阶段

32队分成8个小组进行单循环赛，每组前两名晋级16强。16强捉对交手直至产生冠军，半决赛两支输球队争夺季军。

A组	胜	平	负	进:失球	分
巴西	2	0	1	6:3	6
挪威	1	2	0	5:4	5
摩洛哥	1	1	1	5:5	4
苏格兰	0	1	2	2:6	1

(巴西、挪威晋级)

1998.6.10 巴西2:1苏格兰
巴黎圣丹尼斯/80000人，**主裁判:**加西亚-阿兰达(西班牙)
进球:桑帕约5'，T.博伊德73'(乌龙球)/J.科林斯38'(点球)
巴西(442):塔法雷尔/卡福，阿尔代尔■，巴亚诺，卡洛斯/吉奥瓦尼(46'莱昂纳多)，桑帕约■，邓加，里瓦尔多/罗纳尔多，贝贝托(70'德尼尔森)
苏格兰(442):莱顿/T.博伊德，考德伍德，亨德里，戴利(85'T.麦金利)/伯利，J.科林斯，兰伯特，K.加拉赫/杜里，D.杰克逊(■,79'B.麦金利)

1998.6.10 挪威2:2摩洛哥
蒙彼利埃/29800人，**主裁判**:翁普拉塞特(泰国)
进球:奇波45+1'(乌龙球)，埃根60'/哈吉38'，哈达59'
挪威(442):格罗达斯/博格，R.约翰森，埃根，布约内比/米克兰德，莱昂哈德森，雷克达尔，H.弗洛(72'索尔巴肯)/T.A.弗洛，索尔斯沙尔(46'里塞特)
摩洛哥(442):本泽克里/萨贝尔，哈德里维，优素福·罗西，奈贝特/哈吉，奇巴■，奇波(78'安津)，哈莱伊(90'阿祖齐)/哈达(87'哈塔比)，巴锡尔

1998.6.16 苏格兰1:1挪威
波尔多/31800人，**主裁判**:瓦格纳(匈牙利)
进球:伯利66'/H.弗洛46'
苏格兰(442):莱顿/T.博伊德，考德伍德(59'威尔)，亨德里，戴利/伯利，J.科林斯，兰伯特，K.加拉赫/杜里■，D.杰克逊(■,61'麦克纳马拉)
挪威(451):格罗达斯/博格(■,81'哈雷)，R.约翰森，埃根，布约内比/索尔巴肯，雷克达尔■，H.弗洛(60'M.雅各布森)，里塞特(71'奥斯滕斯塔德)，斯特兰德/T.A.弗洛

1998.6.16 巴西3:0摩洛哥
南特/34000人，**主裁判**:列夫尼科夫(俄罗斯)
进球:罗纳尔多9'，里瓦尔多45+1'，贝贝托50'
巴西(442):塔法雷尔/卡福，阿尔代尔，巴亚诺■，卡洛斯/莱昂纳多，桑帕约(■,68'多里瓦)，邓加，里瓦尔多(87'德尼尔森)/罗纳尔多，贝贝托(72'埃德蒙多)
摩洛哥(442):本泽克里/萨贝尔(76'阿卜拉米)，哈德里维，优素福·罗西，奈贝特/哈吉，奇巴(■,76'安津)，奇波，哈莱伊/哈达(■,88'哈塔比)，巴锡尔

1998.6.23 挪威2:1巴西
马赛/55000人，**主裁判**:巴哈马斯特(美国)
进球:T.A.弗洛83'，雷克达尔89'(点球)/贝贝托79'
挪威(451):格罗达斯/博格，R.约翰森，埃根，布约内比/莱昂哈德森■，雷克达尔，H.弗洛(68'索尔斯沙尔)，里塞特(79'J.弗洛)，斯特兰德(46'米克兰德■)/T.A.弗洛
巴西(433):塔法雷尔/卡福，贡萨尔维斯，巴亚诺，卡洛斯/莱昂纳多，邓加，里瓦尔多/德尼尔森，罗纳尔多，贝贝托

1998.6.23 摩洛哥3:0苏格兰
圣艾蒂安/30600人，**主裁判**:布伊塞姆(阿联酋)
进球:巴锡尔22'、84'，哈达47'
摩洛哥(442):本泽克里/萨贝尔(72'优素福·罗西)，特里基，奈贝特，阿卜拉米/哈吉，安津(76'阿祖齐)，奇波(■,87'塞拉米)，哈莱伊/哈达，巴锡尔
苏格兰(442):莱顿/T.博伊德，威尔，亨德里，戴利/麦克纳马拉(55'T.麦金利)，伯利■，J.科林斯，兰伯特/K.加拉赫■，杜里(83'布思)

B组	胜	平	负	进:失球	分
意大利	2	1	0	7:3	7
智利	0	3	0	4:4	3
奥地利	0	2	1	3:4	2
喀麦隆	0	2	1	2:5	2

(意大利、智利晋级)

1998.6.11 意大利2:2智利
波尔多/31800人，**主裁判**:布哈尔杜(尼日尔)
进球:维耶里10'，罗伯托·巴乔85'(点球)/萨拉斯45+1'、49'
意大利(442):帕柳卡/卡纳瓦罗■，科斯塔库塔，内斯塔，马尔蒂尼/阿尔贝蒂尼，迪诺·巴乔，迪利维奥(■,61'基耶萨■)，迪马特奥(56'迪比亚吉奥)/罗伯托·巴乔，维耶里(70'因扎吉)
智利(532):塔皮亚/富恩特斯，罗哈斯■，马尔加斯(62'M.拉米雷斯)，P.雷耶斯，比利亚罗埃尔/帕拉格斯■，阿库尼亚(■,81'科尔内霍)，埃斯泰(80'谢拉)/萨莫拉诺，萨拉斯

前有范德萨封堵，后有科库追击，“外星人”罗纳尔多(黄衣)依然能凭借个人能力攻破荷兰队大门！除了决赛，1998世界杯的罗纳尔多无可指摘。

1998.6.11　奥地利1:1喀麦隆
图卢兹/33460人,**主裁判**:E.冈萨雷斯(巴拉圭)
进球:恩扬卡78'/波尔斯特91'
奥地利(361):孔塞尔/舍特尔，普费弗尔🟨，费尔辛格/普费芬博格(83'施特格尔)，赫尔佐格(83'瓦斯蒂奇)，切尔尼(83'哈斯)，韦特尔，迈赫利希，基赫鲍尔/波尔斯特
喀麦隆(433):松戈奥/沃姆，R.宋，卡拉，恩扬卡/安吉比乌，西莫(66'奥莱姆贝)，恩多/奥曼-比耶克(85'查米)，姆博马，伊普阿(🟨,66'若布)

1998.6.17　智利1:1奥地利
圣艾蒂安/30600人,**主裁判**:甘杜尔(埃及)
进球:萨拉斯70'/瓦斯蒂奇92'
智利(532):塔皮亚/富恩特斯，罗哈斯，马尔加斯，P.雷耶斯，比利亚罗埃尔(🟨,67'卡斯塔涅达)/帕拉格斯，阿库尼亚，埃斯泰(🟨,57'谢拉)/萨莫拉诺🟨，萨拉斯🟨
奥地利(352):孔塞尔/舍特尔🟨，普费弗尔，费尔辛格/普费芬博格，切尔尼(46'赫尔佐格)，韦特尔，迈赫利希，基赫鲍尔(46'绍普)/哈斯(74'瓦斯蒂奇)，波尔斯特

1998.6.17　意大利3:0喀麦隆
蒙彼利埃/29800人,**主裁判**:雷尼(澳大利亚)
进球:迪比亚吉奥8'，维耶里79'、85'
意大利(442):帕柳卡/卡纳瓦罗，科斯塔库塔🟨，内斯塔，马尔蒂尼/阿尔贝蒂尼(62'迪马特奥)，迪诺·巴乔，迪比亚吉奥🟨，莫雷罗(83'迪利维奥)/罗伯托·巴乔(65'皮耶罗)，维耶里
喀麦隆(433):松戈奥/沃姆🟨，R.宋🟨，卡拉🟥，恩扬卡🟨/安吉比乌🟨，恩多，奥莱姆贝/奥曼-比耶克(66'查米)，姆博马(66'埃托奥)，伊普阿(46'若布)

1998.6.23　意大利2:1奥地利
巴黎圣丹尼斯/80000人,**主裁判**:达尔金(英格兰)
进球:维耶里49'，罗伯托·巴乔90'/赫尔佐格92'(点球)
意大利(442):帕柳卡/卡纳瓦罗，科斯塔库塔，内斯塔(4'贝尔戈米)，马尔蒂尼🟨/佩索托，迪诺·巴乔，迪比亚吉奥，莫雷罗/皮耶罗(72'罗伯托·巴乔)，维耶里(60'因扎吉)
奥地利(352):孔塞尔/舍特尔🟨，普费弗尔，费尔辛格🟨/普费芬博格(79'赫尔佐格)，赖因迈尔🟨，韦特尔，迈赫利希，基赫鲍尔(74'施特格尔)/瓦斯蒂奇🟨，波尔斯特(62'哈斯)

1998.6.23　智利1:1喀麦隆
南特/35500人,**主裁判**:瓦格纳(匈牙利)
进球:谢拉20'/姆博马55'
智利(532):塔皮亚/富恩特斯，罗哈斯(🟨,77'M.拉米雷斯🟨)，马尔加斯，P.雷耶斯，比利亚罗埃尔(🟨,70'科尔内霍)/帕拉格斯🟨，阿库尼亚，谢拉(70'埃斯泰)/萨莫拉诺，萨拉斯
喀麦隆(433):松戈奥/沃姆，R.宋🟨🟥，恩扬卡，蓬塞/恩多(83'劳伦🟥)，马乌韦，奥莱姆贝(69'安吉比乌)/奥曼-比耶克，姆博马，若布(72'查米)

C组	胜	平	负	进:失球	分
法国	3	0	0	9:1	9
丹麦	1	1	1	3:3	4
南非	0	2	1	3:6	2
沙特阿拉伯	0	1	2	2:7	1

(法国、丹麦晋级)

1998.6.12　丹麦1:0沙特阿拉伯
朗斯/38140人,**主裁判**:卡斯特里利(阿根廷)
进球:里珀55'
丹麦(532):施梅切尔/赫尔维格，里珀🟨，赫格，科尔丁，施永博格/大劳德鲁普，韦格霍斯特(🟨,65'A.尼尔森🟨)，约根森(73'弗兰德森)/小劳德鲁普(83'海因策)，桑德
沙特阿拉伯(442):代亚耶亚/贾哈尼，希莱维，祖布罗马维，苏莱曼尼/阿明(79'萨利赫)，沙赫拉尼，穆瓦利德🟨，K.奥维兰/贾贝尔(83'图纳扬)，S.奥维兰(79'C.多萨里)

1998.6.12　法国3:0南非
马赛/55077人,**主裁判**:德弗雷塔斯(巴西)
进球:杜加里34'，伊萨77'(乌龙球)，亨利91'
法国(442):巴特斯/图拉姆，布兰克，德塞利，利扎拉祖/德约卡夫(84'特雷泽盖)，德尚🟨，齐达内🟨，珀蒂(🟨,72'博格西昂)/吉瓦尔什(27'杜加里)，亨利
南非(532):冯克/尼亚蒂，威廉·杰克逊🟨，费什，拉德贝，伊萨/福琼，莫绍乌，奥古斯汀(56'姆哈莱莱)/马辛加，麦卡锡(89'巴特莱特)

1998.6.18　丹麦1:1南非
图卢兹/33300人,**主裁判**:伦东(哥伦比亚)
进球:A.尼尔森13'/麦卡锡52'
丹麦(532):施梅切尔🟨/赫尔维格，里珀，赫格🟨，科尔丁，施永博格(🟨,82'韦格霍斯特🟥)/A.尼尔森，大劳德鲁普(58'海因策)，约根森/小劳德鲁普，桑德(58'莫尔纳🟥)
南非(442):冯克/尼亚蒂(🟨,89'巴克利)，费什，拉德贝🟨，伊萨🟨/福琼，莫绍乌，姆哈莱莱，奥古斯汀(46'菲里🟨🟥)/巴特莱特(78'马辛加)，麦卡锡

1998.6.18　法国4:0沙特阿拉伯
巴黎圣丹尼斯/80000人,**主裁判**:布里西奥(墨西哥)
进球:亨利36'、78'，特雷泽盖69'，利扎拉祖85'
法国(442):巴特斯/图拉姆，布兰克🟨，德塞利，利扎拉祖🟨/迪奥梅德(58'德约卡夫)，德尚，齐达内🟥，博格西昂/亨利(79'皮雷)，杜加里(30'特雷泽盖)
沙特阿拉伯(442):代亚耶亚/贾哈尼(🟨,75'A.多萨里)，希莱维🟥，祖布罗马维，苏莱曼尼/阿明，沙赫拉尼，K.奥维兰，萨利赫/贾贝尔🟨，S.奥维兰(33'哈尔比,65'穆瓦利德)

1998.6.24　法国2:1丹麦
朗斯/39100人,**主裁判**:科利纳(意大利)
进球:德约卡夫12'(点球)，珀蒂56'/大劳德鲁普42'(点球)
法国(361) 巴特斯/坎德拉，勒伯夫，德塞利/迪奥梅德🟨，卡雷姆布，维埃拉🟨，珀蒂(65'博格西昂)，德约卡夫，皮雷(72'亨利)/特雷泽盖(86'吉瓦尔什)
丹麦(451):施梅切尔/海因策，里珀，赫格，施永博格/赫尔维格，J.劳尔森(46'科尔丁🟨)，A.尼尔森，大劳德鲁普，约根森(55'桑德)/小劳德鲁普(75'托夫丁🟨)

1998.6.24　沙特阿拉伯2:2南非
波尔多/31300人,**主裁判**:马里奥·桑切斯(智利)
进球:巴特莱特19'、91'(点球)/贾贝尔45'，图纳扬73'
沙特阿拉伯(343):代亚耶亚/贾哈尼，祖布罗马维，苏莱曼尼/阿明，K.奥维兰🟨，蒂姆亚特，萨利赫/贾贝尔，迈哈利勒(65'沙赫拉尼)，图纳扬(81'哈尔比)
南非(532):冯克/尼亚蒂，威廉·杰克逊(46'巴克利)，费什，拉德贝🟨，伊萨/福琼(🟨,67'乌马洛)，莫绍乌，姆哈莱莱/巴特莱特，麦卡锡(46'西霍萨纳)

D组	胜	平	负	进:失球	分
尼日利亚	2	0	1	5:5	6
巴拉圭	1	2	0	3:1	5
西班牙	1	1	1	8:4	4
保加利亚	0	1	2	1:7	1

(尼日利亚、巴拉圭晋级)

1998.6.12 保加利亚0:0巴拉圭

蒙彼利埃/27650人,**主裁判**:扎伊德(沙特)

进球:无

保加利亚(352):兹德拉夫科夫/基希舍夫,T.伊万诺夫,彼得科夫/约尔达诺夫,扬科夫,巴拉科夫,伊利耶夫(78'博里米罗夫),南科夫()/斯托伊奇科夫,L.佩内夫(68'科斯塔迪诺夫)

巴拉圭(343):奇拉维特/加马拉,阿亚拉,萨拉维亚/帕雷德斯,恩西索,阿库纳,C.莫拉莱斯(42'卡尼萨)/J.卡多索(70'C.拉米雷斯),M.贝尼特斯,冈波斯(78'耶格罗斯)

1998.6.13 尼日利亚3:2西班牙

南特/33257人,**主裁判**:巴哈马斯特(美国)

进球:阿德波尤24',拉瓦尔73',奥利塞赫79'/耶罗21',劳尔47'

尼日利亚(442):鲁菲/奥帕拉库(70'耶基尼),奥克楚库,韦斯特,巴巴亚罗/阿德波尤,奥科查,奥利塞赫,拉瓦尔(90'奥克帕拉)/伊克佩巴(83'巴班吉达),菲尼迪·乔治

西班牙(433):苏比萨雷塔/费雷尔(46'阿莫尔),阿尔科塔,纳达尔(,76'塞拉德斯),坎波/路易斯·恩里克,耶罗,塞尔吉/阿方索(58'埃切贝里亚),基科,劳尔

1998.6.19 尼日利亚1:0保加利亚

巴黎/45500人,**主裁判**:马里奥·桑切斯(智利)

进球:伊克佩巴27'

尼日利亚(343):鲁菲/韦斯特,奥克楚库,巴巴亚罗/阿德波尤,奥科查,奥利塞赫,拉瓦尔/伊克佩巴(,76'耶基尼),阿莫卡奇(67'卡努),菲尼迪·乔治(85'巴班吉达)

保加利亚(433):兹德拉夫科夫/基希舍夫,T.伊万诺夫,彼得科夫,金切夫/扬科夫(85'巴切夫),巴拉科夫,伊利耶夫(,66'L.佩内夫)/科斯塔迪诺夫,斯托伊奇科夫,赫里斯托夫(46'博里米罗夫)

1998.6.19 西班牙0:0巴拉圭

圣艾蒂安/30600人,**主裁判**:麦克劳德(南非)

进球:无

西班牙(424):苏比萨雷塔/阿吉莱拉,阿尔科塔,阿韦拉多(56'塞拉德斯),塞尔吉/耶罗,阿莫尔/路易斯·恩里克,皮齐(53'莫伦特斯),劳尔(66'基科),埃切贝里亚

巴拉圭(532):奇拉维特/阿尔塞,加马拉,阿亚拉,萨拉维亚,卡尼萨/罗哈斯(83'C.拉米雷斯),阿库纳(73'耶格罗斯),恩西索/M.贝尼特斯,冈波斯(46'帕雷德斯)

1998.6.24 西班牙6:1保加利亚

朗斯/38100人,**主裁判**:范德恩德(荷兰)

进球:耶罗6'(点球),路易斯·恩里克19',莫伦特斯54'、81',基科88'、90'/科斯塔迪诺夫57'

西班牙(424):苏比萨雷塔/阿吉莱拉,阿尔科塔,纳达尔,塞尔吉/耶罗,阿莫尔/路易斯·恩里克(70'格雷罗),莫伦特斯,阿方索(65'基科),埃切贝里亚(51'劳尔)

保加利亚(352):兹德拉夫科夫/基希舍夫,T.伊万诺夫,金切夫/约尔达诺夫,南科夫(29'L.佩内夫),巴拉科夫(60'赫里斯托夫),博里米罗夫,巴切夫/科斯塔迪诺夫,斯托伊奇科夫(46'伊利耶夫)

1998.6.24 巴拉圭3:1尼日利亚

图卢兹/33500人,**主裁判**:翁普拉塞特(泰国)

进球:阿亚拉1',贝尼特斯59',J.卡多索86'/奥鲁马11'

巴拉圭(343):奇拉维特/加马拉,阿亚拉,萨拉维亚/阿尔塞,帕雷德斯,恩西索,卡尼萨(54'耶格罗斯)/J.卡多索,M.贝尼特斯(67'阿库纳),布里苏埃拉(77'罗哈斯)

尼日利亚(343):鲁菲/韦斯特,埃瓜温,伊罗阿/巴班吉达,奥鲁马(68'菲尼迪·乔治),奥利塞赫(46'奥克帕拉),拉瓦尔/卡努,奥卡福

E组	胜	平	负	进:失球	分
荷兰	2	1	0	7:2	7
墨西哥	1	2	0	7:5	5
比利时	0	3	0	3:3	3
韩国	0	1	2	2:9	1

(荷兰、墨西哥晋级)

1998.6.13 墨西哥3:1韩国

朗斯/39133人,**主裁判**:本克(奥地利)

进球:R.佩莱斯51',赫尔南德斯74'、84'/河锡舟28'

墨西哥(352):坎波斯/C.苏亚雷斯,达比诺,帕尔多/奥尔迪亚莱斯(,46'R.佩莱斯),阿斯佩(,72'贝尔纳尔),拉拉,卢纳(46'阿雷利亚诺),R.拉米雷斯/布兰科,赫尔南德斯

韩国(361):金秉址/李敏成,洪明甫,金泰映/金都根(61'崔成勇),柳相铁,高钟秀(73'徐正源),卢廷润(56'张亨硕),河锡舟,李相润/金度勋

1998.6.13 比利时0:0荷兰

巴黎圣丹尼斯/75000人,**主裁判**:科利纳(意大利)

进球:无

比利时(433):德维尔德/克拉松(22'德弗朗德),斯泰伦斯,韦尔斯特莱滕,博克尔芒/范德埃尔斯特,克莱门特,博芬/威尔莫茨,奥利维拉(59'小姆彭萨),尼利斯

荷兰(343):范德萨/斯塔姆,弗兰克·德波尔,努曼/罗纳德·德波尔(79'琼克),科库,温特,西多夫(68'岑登)/克鲁伊维特,哈塞尔巴因克(68'博格坎普),奥维马斯

1998.6.20 比利时2:2墨西哥

波尔多/31800人,**主裁判**:达拉斯(苏格兰)

进球:威尔莫茨43'、48'/阿斯佩56',布兰科63'

比利时(433):德维尔德/德弗朗德,斯泰伦斯,维多维奇,博克尔芒/范德埃尔斯特(67'德伯克),希福,博芬(18'韦尔海恩)/威尔莫茨,奥利维拉,尼利斯(77'小姆彭萨)

墨西哥(433):坎波斯/C.苏亚雷斯,J.桑切斯,达比诺,帕尔多/奥尔迪亚莱斯(58'G.比利亚),阿斯佩(68'拉拉),R.拉米雷斯/布兰科,赫尔南德斯,帕伦西亚(46'阿雷利亚诺)

1998.6.20 荷兰5:0韩国

马赛/55000人,**主裁判**:沃伊奇克(波兰)

进球:科库37',奥维马斯41',博格坎普71',范胡耶唐克79',罗纳德·德波尔83'

荷兰(352):范德萨/斯塔姆,弗兰克·德波尔,努曼(80'博加德)/罗纳德·德波尔(84'岑登),科库,戴维斯,温特,琼克/博格坎普(78'范胡耶唐克),奥维马斯

韩国(433):金秉址/李敏成,崔英一,洪明甫,崔成勇(53'金泰映)/金都根,柳相铁,李相润/金度勋(70'高钟秀),崔龙洙,徐正源(76'李东国)

1998.6.25 荷兰2:2墨西哥

圣艾蒂安/30600人,**主裁判**:扎伊德(沙特阿拉伯)

进球:科库4',罗纳德·德波尔19'/R.佩莱斯75',赫尔南德斯91'

荷兰(442):范德萨/雷兹格尔,斯塔姆,弗兰克·德波尔,努曼(,72'博加德)/罗纳德·德波尔,科库,戴维斯,琼克(71'温特)/博格坎普(79'哈塞尔巴因克),奥维马斯

墨西哥(442):坎波斯/C.苏亚雷斯,J.桑切斯(55'R.佩莱斯),达比诺,卡尔莫纳/G.比利亚,阿斯佩,卢纳(46'阿雷利亚诺),R.拉米雷斯/布兰科,赫尔南德斯

1998.6.25 比利时1:1韩国

巴黎/45500人,**主裁判**:德弗雷塔斯(巴西)

进球:尼利斯7'/柳相铁71'

比利时(433):范德瓦尔/德弗朗德,斯泰伦斯,维多维奇,博克尔芒/克莱门特(75'小姆彭萨),希福(66'范德埃尔斯特),范凯克霍温/威尔莫茨,奥利维拉(46'大姆彭萨),尼利斯

韩国(532):金秉址/李敏成,李相宪(66'张亨硕),洪明甫,金泰映,崔成勇(46'李林生)/金都根(46'高钟秀),柳相铁,河锡舟/崔龙洙,徐正源

F组	胜	平	负	进:失球	分
德国	2	1	0	6:2	7
南斯拉夫	2	1	0	4:2	7
伊朗	1	0	2	2:4	3
美国	0	0	3	1:5	0

(德国、南斯拉夫晋级)

1998.6.14 南斯拉夫1:0伊朗

圣艾蒂安/30392人,**主裁判**:诺列加(秘鲁)

进球:米哈伊洛维奇72'

南斯拉夫(442):克拉利/米尔科维奇,乔罗维奇,米哈伊洛维奇,彼得罗维奇/约卡诺维奇,尤戈维奇,斯托伊科维奇(,68'科瓦切维奇),布尔诺维奇(50'斯坦科维奇)/米亚托维奇,米洛舍维奇(58'奥格涅诺维奇)

伊朗(442):纳基萨/马达维基亚,哈克普尔,穆罕默德哈尼,帕沙扎代/巴盖里,埃斯蒂利(69'曼苏里安),扎林舍,米纳万德/阿里·代伊,阿齐兹

1998.6.15 德国2:0美国

巴黎/43815人,**主裁判**:贝勒古拉(摩洛哥)

进球:A.穆勒9',克林斯曼65'

德国(442):科普克/沃恩斯,科勒尔,托恩,罗伊特(70'齐格)/海因里希,A.穆勒(89'巴贝尔),哈斯勒(50'哈曼),耶雷梅斯/克林斯曼,比埃霍夫

美国(442):凯勒/波普,伯恩斯(46'海杜克),杜利,里吉斯/柯比·琼斯,迪林(72'T.拉莫斯),雷纳,梅桑纽/E.斯图尔特,温纳尔达(65'韦格利)

1998.6.21 南斯拉夫2:2德国

朗斯/38100人,**主裁判**:尼尔森(丹麦)

进球:米亚托维奇13',斯托伊科维奇54'/米哈伊洛维奇73'(乌龙球),比埃霍夫80'

南斯拉夫(442):克拉利/科姆利耶诺维奇,乔罗维奇,米哈伊洛维奇,彼得罗维奇(74'斯特维奇)/约卡诺维奇,尤戈维奇,斯托伊科维奇,斯坦科维奇(66'戈维达里察)/米亚托维奇,科瓦切维奇(58'奥格涅诺维奇)

德国(352):科普克/沃恩斯,科勒尔,托恩/海因里希,A.穆勒(58'基尔斯滕),哈曼(46'马特乌斯),耶雷梅斯,齐格(67'塔纳特)/克林斯曼,比埃霍夫

1998.6.21 伊朗2:1美国

里昂/39100人,**主裁判**:迈尔(瑞士)

进球:埃斯蒂利40',马达维基亚84'/麦克布莱德87'

伊朗(442):阿拜德扎代/马达维基亚,哈克普尔,穆罕默德哈尼(74'佩罗瓦尼),帕沙扎代/巴盖里,埃斯蒂利,扎林舍(,77'萨达维),米纳万德/阿里·代伊,阿齐兹(73'曼苏里安)

美国(352):凯勒/波普,杜利(82'梅桑纽),里吉斯/海杜克,韦格利(57'拉多萨夫列维奇),T.拉莫斯(57'E.斯图尔特),雷纳,柯比·琼斯/J.摩尔,麦克布莱德

1998.6.25 德国2:0伊朗

蒙彼利埃/29800人,**主裁判**:查韦斯(巴拉圭)

进球:比埃霍夫50',克林斯曼57'

德国(442):科普克/沃恩斯,科勒尔,海尔默,托恩(46'哈曼)/海因里希,哈斯勒(,69'基尔斯滕),马特乌斯,塔纳特(76'齐格)/克林斯曼,比埃霍夫

伊朗(442):阿拜德扎代/马达维基亚,哈克普尔,穆罕默德哈尼,帕沙扎代/巴盖里,埃斯蒂利,扎林舍(70'莫哈马迪),米纳万德/阿里·代伊,阿齐兹

1998.6.25 南斯拉夫1:0美国

南特/35500人,**主裁判**:甘杜尔(埃及)

进球:科姆利耶诺维奇4'

南斯拉夫(442):克拉利/科姆利耶诺维奇,乔罗维奇,米哈伊洛维奇,彼得罗维奇/约卡诺

维奇，尤戈维奇，斯托伊科维奇(62'萨维切维奇)，斯坦科维奇(■,55'布尔诺维奇)/米亚托维奇(31'奥格涅诺维奇■)，米洛舍维奇
美国(343):弗里德尔/伯恩斯，杜利(82'巴尔博亚)，里吉斯/海杜克(64'温纳尔达)，梅桑纽，雷纳■，柯比·琼斯/E.斯图尔特，J.摩尔(58'拉多萨夫列维奇)，麦克布莱德

G组	胜	平	负	进:失球	分
罗马尼亚	2	1	0	4:2	7
英格兰	2	0	1	5:2	6
哥伦比亚	1	0	2	1:3	3
突尼斯	0	1	2	1:4	1

(罗马尼亚、英格兰晋级)

1998.6.15 英格兰2:0突尼斯
马赛/54587人,**主裁判**:冈田正义(日本)
进球:希勒42'，斯科尔斯90'
英格兰(442):希曼/索思盖特，坎贝尔■，亚当斯，勒索/安德顿，大卫·巴蒂，因斯，斯科尔斯/希勒，谢林汉姆(85'欧文)
突尼斯(532):瓦耶尔/H.特拉贝尔西(80'塔贝特)，S.特拉贝尔西，布卡迪达，巴德拉，克莱顿■/戈德班■，奇希，苏阿亚(46'巴亚)/塞利米，本·斯利曼(66'本·尤尼斯■)

1998.6.15 罗马尼亚1:0哥伦比亚
里昂/37572人,**主裁判**:林奇庄(毛里求斯)
进球:伊利耶45+1'
罗马尼亚(442):斯泰莱亚/彼得雷斯库■，Gh.波佩斯库，菲利佩斯库■，乔博塔留/Ga.波佩斯库(69'斯滕加)，加尔卡，哈吉(77'马里内斯库)，蒙特亚努■/摩尔多万(85'尼库莱斯库)，伊利耶
哥伦比亚(442):蒙德拉贡/E.帕拉西奥斯，何塞·桑塔■，伯穆德斯，卡布雷拉/塞尔纳，洛萨诺，巴尔德拉马，林孔/阿斯普里拉(85'普雷西亚多)，阿里斯蒂萨瓦尔(46'巴伦西亚)

1998.6.22 哥伦比亚1:0突尼斯
蒙彼利埃/29800人,**主裁判**:海内曼(德国)
进球:普雷西亚多83'
哥伦比亚(442):蒙德拉贡/E.帕拉西奥斯，何塞·桑塔■，伯穆德斯，卡布雷拉/塞尔纳(62'博拉诺)，洛萨诺，巴尔德拉马，林孔(57'阿里斯蒂萨瓦尔)/德阿维拉，巴伦西亚(57'普雷西亚多)
突尼斯(442):瓦耶尔/舒尚，S.特拉贝尔西，塔贝特(76'戈德班)，克莱顿■/巴亚(73'本·艾哈迈德)，布阿齐齐■，奇希，苏阿亚/塞利米(68'本·尤尼斯)，本·斯利曼

1998.6.22 罗马尼亚2:1英格兰
图卢兹/33500人,**主裁判**:巴塔(法国)
进球:摩尔多万47'，彼得雷斯库91'/欧文83'
罗马尼亚(442):斯泰莱亚/彼得雷斯库，Gh.波佩斯库■，菲利佩斯库■，乔博塔留■/Ga.波佩斯库，哈吉(■,72'斯滕加,86'马里内斯库)，加尔卡，蒙特亚努/摩尔多万(84'勒克图什)，伊利耶
英格兰(442):希曼/加里·内维尔，坎贝尔，亚当斯，勒索/安德顿，大卫·巴蒂，因斯(32'贝克汉姆)，斯科尔斯/希勒，谢林汉姆(72'欧文)

1998.6.26 罗马尼亚1:1突尼斯
巴黎圣丹尼斯/77000人,**主裁判**:雷尼(澳大利亚)
进球:摩尔多万72'/苏阿亚10'(点球)
罗马尼亚(442):斯泰莱亚/彼得雷斯库，多博什，杜尔卡(31' Gh.波佩斯库)，乔博塔留/马里内斯库，加尔卡，哈吉，蒙特亚努/杜米特雷斯库(67'摩尔多万)，勒克图什(46'伊利耶)
突尼斯(352):瓦耶尔/S.特拉贝尔西，布卡迪达，舒尚/巴亚■，戈德班(83'塔贝特)，布阿齐齐，奇希，苏阿亚(■,90'本·尤尼斯)/塞利米，本·斯利曼(60'杰拉西)

1998.6.26 英格兰2:0哥伦比亚
朗斯/38100人,**主裁判**:布里西奥(墨西哥)
进球:安德顿20'，贝克汉姆30'
英格兰(442):希曼/加里·内维尔，坎贝尔，亚当斯，勒索/安德顿，大卫·巴蒂，安德顿(80'罗伯特·李)，因斯(83'大卫·巴蒂)，斯科尔斯(■,74'麦克马纳曼)/希勒■，欧文

哥伦比亚(442):蒙德拉贡/E.帕拉西奥斯，A.莫雷诺，伯穆德斯■，卡布雷拉/塞尔纳(■,46'阿里斯蒂萨瓦尔■)，洛萨诺，巴尔德拉马，林孔/德阿维拉(46'里卡德)，普雷西亚多(46'巴伦西亚)

H组	胜	平	负	进:失球	分
阿根廷	3	0	0	7:0	9
克罗地亚	2	0	1	4:2	6
牙买加	1	0	2	3:9	3
日本	0	0	3	1:4	0

(阿根廷、克罗地亚晋级)

1998.6.14 阿根廷1:0日本
图卢兹/33400人,**主裁判**:范德恩德(荷兰)
进球:巴蒂斯图塔28'
阿根廷(433):罗阿/萨内蒂，阿亚拉，圣西尼(73'查莫特)，维瓦斯/阿尔梅达，贝隆，西蒙尼/C.洛佩斯(62'巴尔博)，巴蒂斯图塔，奥特加
日本(532):川口能活/名良桥晃，中西永辅■，井原正巳■，秋田丰，相马直树(84'平野孝■)/山口素弘，中田英寿，名波浩/中山雅史(65'吕比须)，城彰二

1998.6.14 克罗地亚3:1牙买加
朗斯/38058人,**主裁判**:佩雷拉(葡萄牙)
进球:斯坦尼奇27'，普罗辛内茨基53'，苏克尔69'/厄尔45'
克罗地亚(451):拉迪奇/西米奇(■,74'弗劳维奇)，斯蒂马奇，比利奇，贾尔尼/阿萨诺维奇，索尔多■，博班，斯坦尼奇，普罗辛内茨基/苏克尔
牙买加(343):巴雷特/里卡多·加德纳，I.古迪逊，F.辛克莱/F.辛普森，卡吉尔(69'D.鲍威尔)，惠特莫尔，厄尔(74'A.威廉姆斯)/奥兰迪·劳，伯顿■，保罗·霍尔(81'W.博伊德)

1998.6.20 克罗地亚1:0日本
南特/35500人,**主裁判**:兰德罕(特立尼达和多巴哥)
进球:苏克尔77'
克罗地亚(451):拉迪奇/西米奇，斯蒂马奇(46'弗劳维奇)，比利奇，贾尔尼/阿萨诺维奇，索尔多，斯坦尼奇(■,88'图多尔)，尤尔契奇，普罗辛内茨基(■,67'马里奇)/苏克尔
日本(532):川口能活/名良桥晃(79'森岛宽晃)，中西永辅■，井原正巳，秋田丰■，相马直树/山口素弘，中田英寿，名波浩(■,84'吕比须)/中山雅史(61'冈野雅行)，城彰二

1998.6.21 阿根廷5:0牙买加
巴黎/45000人,**主裁判**:彼得森(挪威)
进球:奥特加32'、55'，巴蒂斯图塔72'、79'、83'(点球)
阿根廷(433):罗阿/萨内蒂，阿亚拉，圣西尼(25'维瓦斯)，查莫特■/阿尔梅达，贝隆，西蒙尼(80'皮内达)/C.洛佩斯(75'加拉多)，巴蒂斯图塔，奥特加
牙买加(352):巴雷特/里卡多·加德纳，I.古迪逊，F.辛克莱/马尔科姆(62'W.博伊德)，F.辛普森，C.道斯，惠特莫尔(73'厄尔)，D.鲍威尔■■/伯顿(46'卡吉尔■)，保罗·霍尔

1998.6.26 阿根廷1:0克罗地亚
波尔多/31800人,**主裁判**:贝勒古拉(摩洛哥)
进球:皮内达35'
阿根廷(442):罗阿/萨内蒂(68'西蒙尼)，阿亚拉■，帕斯，维瓦斯■/皮内达，阿尔梅达，贝隆，加拉多(81'贝尔蒂)/巴蒂斯图塔，奥特加(■,53'C.洛佩斯)
克罗地亚(451):拉迪奇/西米奇，索尔多■，比利奇■，贾尔尼■/阿萨诺维奇，斯坦尼奇，博班■，马里奇(46'弗劳维奇)，普罗辛内茨基(68'斯蒂马奇)/苏克尔

1998.6.26 牙买加2:1日本
里昂/39100人,**主裁判**:本克(奥地利)
进球:惠特莫尔39'、54'/中山雅史74'
牙买加(343):A.劳伦斯/里卡多·加德纳，I.古迪逊，F.辛克莱/马尔科姆■，F.辛普森(90'厄尔)，C.道斯■，惠特莫尔/马库斯·盖尔(80'伯顿)，奥兰迪·劳，保罗·霍尔(72'W.博伊德)
日本(532):川口能活/名良桥晃，小村德男(59'平野孝)，井原正巳，秋田丰，相马直树/山口素弘■，中田英寿，名波浩(79'小野伸二)/中山雅史，城彰二(59'吕比须)

1/8决赛

1998.6.27 意大利1:0挪威
马赛/5500C人,**主裁判**:海内曼(德国)
进球:维耶里18'
意大利(442):帕柳卡/卡纳瓦罗，科斯塔库塔，贝尔戈米，马尔蒂尼■/阿尔贝蒂尼(72'佩索托)，迪诺·巴乔，迪比亚吉奥■，莫雷罗(■,63'迪利维奥)/皮耶罗(77'基耶萨)，维耶里
挪威(451):格罗达斯/博格，R.约翰森，埃根，布约内比/米克兰德■，莱昂哈德森(13'斯特兰德,38'索尔巴肯)，雷克达尔■，H.弗洛(■,73'索尔斯沙尔)，里塞特/T.A.弗洛

1998.6.27 巴西4:1智利
巴黎/4550C人,**主裁判**:巴塔(法国)
进球:桑帕约11'、27'，罗纳尔多45+1'(点球)、70'/萨拉斯68'
巴西(442):塔法雷尔/卡福■，阿尔代尔(78'贡萨尔维斯)，巴亚诺，卡洛斯/莱昂纳多■，桑帕约，邓加，里瓦尔多/罗纳尔多，贝贝托(65'德尼尔森)
智利(532):塔皮亚■/富恩特斯■，罗哈斯，马尔加斯，P.雷耶斯，M.拉米雷斯(46'贝加)/科尔内霍，阿库尼亚(80'穆斯里)，谢拉(46'埃斯泰)/萨莫拉诺，萨拉斯

1998.6.28 法国1:0巴拉圭
朗斯/4200C人,**主裁判**:布伊塞姆(阿联酋)
进球:布兰克113'
法国(442):巴特斯/图拉姆，布兰克，德塞利，利扎拉祖/德约卡夫，德尚，珀蒂(69'博格西昂)，迪奥梅德(76'吉瓦尔什)/特雷泽盖，亨利(64'皮雷)
巴拉圭(433):奇拉维特■/阿尔塞■，加马拉，阿亚拉，萨拉维亚/帕雷德斯(74'卡尼萨)，恩西索■，阿库纳/J.卡多索(91'罗哈斯■)，M.贝尼特斯■，冈波斯(55'耶格罗斯)

1998.6.28 丹麦4:1尼日利亚
巴黎圣丹尼斯/77000人,**主裁判**:迈尔(瑞士)
进球:P.穆勒3'，小劳德鲁普12'，桑德60'，赫尔维格76'/巴班吉达78'
丹麦(532):施梅切尔/赫尔维格，里珀■，赫格，海因策，科尔丁/A.尼尔森，大劳德鲁普(84'弗兰德森)，约根森/小劳德鲁普(78'韦格霍斯特)，P.穆勒(59'桑德)
尼日利亚(343):鲁菲/奥克楚库，韦斯特，巴巴亚罗/阿德波尤，奥科查■，奥利塞赫，拉瓦尔(73'巴班吉达)/伊克佩巴，卡努(65'耶基尼)，菲尼迪·乔治

1998.6.29 德国2:1墨西哥
蒙彼利埃/29800人,**主裁判**:佩雷拉(葡萄牙)
进球:克林斯曼75'，比埃霍夫86'/赫尔南德斯47'
德国(442):科普克/巴贝尔■，沃恩斯，马特乌斯■，海尔默(38'齐格)/海因里希(58'A.穆勒)，哈斯勒(74'基尔斯滕)，哈曼■，塔纳特■/克林斯曼，比埃霍夫
墨西哥(343):坎波斯/C.苏亚雷斯，达比诺■，帕尔多/G.比利亚，阿斯佩(86'R.佩莱斯)，拉拉，贝尔纳尔(46'卡尔莫纳)/布兰科■，赫尔南德斯，帕伦西亚(53'阿雷利亚诺)

1998.6.29 荷兰2:1南斯拉夫
图卢兹/33500人,**主裁判**:加西亚-阿兰达(西班牙)
进球:博格坎普38'，戴维斯92'/科姆利耶诺维奇48'
荷兰(442):范德萨/雷兹格尔，斯塔姆，弗兰克·德波尔，努曼/罗纳德·德波尔，科库，戴维斯，西多夫/博格坎普，奥维马斯

南斯拉夫(541):克拉利/科姆利耶诺维奇，乔罗维奇🟨，米哈伊洛维奇(78'萨韦利奇)，彼德罗维奇，米尔科维奇🟨/约卡诺维奇，尤戈维奇，斯托伊科维奇(🟨,58'萨维切维奇)，布尔诺维奇/米亚托维奇

1998.6.30 克罗地亚1:0罗马尼亚
波尔多/31800人,**主裁判**:卡斯特里利(阿根廷)
进球:苏克尔45+1'(点球)
克罗地亚(442):拉迪奇/西米奇，斯蒂马奇，比利奇🟨，贾尔尼/斯坦尼奇(83'图多尔)，阿萨诺维奇，博班🟨，尤尔契奇/苏克尔，弗劳维奇(77'克尔潘)
罗马尼亚(442):斯泰莱亚/彼得雷斯库(🟨,76'马里内斯库)，Gh.波佩斯库🟨，菲利佩斯库，乔博塔留/Ga.波佩斯库(61'尼库莱斯库)，加尔卡，哈吉(57'克拉约韦努)，蒙特亚努/摩尔多万，伊利耶🟨

1998.6.30 阿根廷2:2(点球4:3)英格兰
圣艾蒂安/30600人,**主裁判**:尼尔森(丹麦)
进球:巴蒂斯图塔5'(点球)，萨内蒂45+1'/希勒9'(点球)，欧文16'
点球大战:阿根廷队贝尔蒂、贝隆、加拉多、阿亚拉罚进，克雷斯波射失；英格兰队希勒、默森、欧文罚进，因斯、大卫·巴蒂射失。
阿根廷(433):罗阿🟨/萨内蒂，阿亚拉，查莫特，维瓦斯/阿尔梅达🟨，贝隆🟨，西蒙尼(🟨,92'贝尔蒂)/C.洛佩斯(69'加拉多)，巴蒂斯图塔(69'克雷斯波)，奥特加
英格兰(442):希曼🟨/加里·内维尔，坎贝尔，亚当斯，勒索(72'索思盖特)/贝克汉姆🟥，安德顿(97'大卫·巴蒂)，因斯🟨，斯科尔斯(79'默森)/希勒，欧文

1/4决赛

1998.7.3 法国0:0(点球4:3)意大利
巴黎圣丹尼斯/80000人,**主裁判**:达拉斯(苏格兰)
进球:无
点球大战:法国队齐达内、特雷泽盖、亨利、布兰克罚进，利扎拉祖射失；意大利队罗伯托·巴乔、科斯塔库塔、维耶里罚进，阿尔贝蒂尼、迪比亚吉奥射失。
法国(4231):巴特斯/图拉姆，布兰克，德塞利，利扎拉祖/德约卡夫，德尚🟨，珀蒂，齐达内，卡雷姆布(65'亨利)/吉瓦尔什(🟨,65'特雷泽盖)
意大利(442):帕柳卡/卡纳瓦罗，科斯塔库塔🟨，贝尔戈米🟨，马尔蒂尼/佩索托(90'迪利维奥)，迪诺·巴乔(53'阿尔贝蒂尼)，迪比亚吉奥，莫雷罗/皮耶罗(🟨,67'罗伯托·巴乔)，维耶里

1998.7.3 巴西3:2丹麦
南特/35500人,**主裁判**:甘杜尔(埃及)
进球:贝贝托11'，里瓦尔多27'、60'/约根森2'，小劳德鲁普50'
巴西(442):塔法雷尔/卡福🟨，阿尔代尔🟨，巴亚诺，卡洛斯🟨/莱昂纳多(72'埃莫森)，桑帕约，邓加，里瓦尔多(87'泽·罗伯托)/罗纳尔多，贝贝托(64'德尼尔森)
丹麦(532):施梅切尔/赫尔维格(🟨,86'施永博格)，里珀，赫格，海因策，科尔丁🟨/A.尼尔森(46'托夫丁🟨)，大劳德鲁普，约根森/小劳德鲁普，P.穆勒(67'桑德)

1998.7.4 荷兰2:1阿根廷
马赛/55000人,**主裁判**:布里西奥(墨西哥)
进球:克鲁伊维特12'，博格坎普89'/C.洛佩斯17'
荷兰(442):范德萨/雷兹格尔，斯塔姆🟨，弗兰克·德波尔，努曼🟨🟥/罗纳德·德波尔(64'奥维马斯)，科库，戴维斯，琼克/博格坎普，克鲁伊维特
阿根廷(433):罗阿/萨内蒂，阿亚拉，圣西尼🟨，查莫特(🟨,90'巴尔博)/阿尔梅达(67'皮内达)，贝隆，西蒙尼/C.洛佩斯，巴蒂斯图塔，奥特加🟥

1998.7.4 克罗地亚3:0德国
里昂/39100人,**主裁判**:彼得森(挪威)
进球:贾尔尼45'，弗劳维奇80'，苏克尔85'
克罗地亚(532):拉迪奇/西米奇🟨，斯蒂马奇，比利奇，索尔多，贾尔尼/斯坦尼奇，阿萨诺维奇，博班/苏克尔🟨，弗劳维奇(83'马里奇)
德国(352):科普克/沃恩斯🟥，马特乌斯，科勒尔/海因里希🟨，哈斯勒(69'基尔斯滕)，哈曼(79'马绍尔)，耶雷梅斯，塔纳特🟨/克林斯曼，比埃霍夫

半决赛

1998.7.7 巴西1:1(点球4:2)荷兰
马赛/54000人,**主裁判**:布伊塞姆(阿联酋)
进球:罗纳尔多46'/克鲁伊维特87'
点球大战:巴西队罗纳尔多、里瓦尔多、埃莫森、邓加全部罚进；荷兰队弗兰克·德波尔、博格坎普罚进，科库、罗纳德·德波尔射失
巴西(442):塔法雷尔/泽卡洛斯🟨，阿尔代尔，巴亚诺，卡洛斯/莱昂纳多(85'埃莫森)，桑帕约🟨，邓加，里瓦尔多/罗纳尔多，贝贝托(70'德尼尔森)
荷兰(352):范德萨/雷兹格尔(🟨,57'温特)，斯塔姆，弗兰克·德波尔/罗纳德·德波尔，科库，戴维斯🟨，琼克(111'西多夫🟨)，岑登(75'范胡耶唐克🟨)/博格坎普，克鲁伊维特

1998.7.8 法国2:1克罗地亚
巴黎圣丹尼斯/80000人,**主裁判**:加西亚-阿兰达(西班牙)
进球:图拉姆47'、69'/苏克尔46'
法国(451):巴特斯/图拉姆，布兰克🟥，德塞利，利扎拉祖/德约卡夫(74'勒伯夫)，德尚，珀蒂，齐达内，卡雷姆布(31'亨利)/吉瓦尔什(68'特雷泽盖)
克罗地亚(532):拉迪奇/西米奇🟨，斯蒂马奇，比利奇，索尔多，贾尔尼/斯坦尼奇(🟨,89'普罗辛内茨基)，阿萨诺维奇🟨，博班(66'马里奇)/苏克尔，弗劳维奇

季军争夺战

1998.7.11 克罗地亚2:1荷兰
巴黎/45500人,**主裁判**:查韦斯(巴拉圭)
进球:普罗辛内茨基13'，苏克尔35'/岑登21'
克罗地亚(451):拉迪奇/斯蒂马奇🟨，比利奇，索尔多，贾尔尼/斯坦尼奇🟨，阿萨诺维奇🟨，博班(85'图多尔)，普罗辛内茨基(77'弗劳维奇)，尤尔契奇🟨/苏克尔
荷兰阵容(352):范德萨/斯塔姆，弗兰克·德波尔，努曼/西多夫，科库(46'奥维马斯)，戴维斯🟨，琼克🟨，岑登/博格坎普(57'范胡耶唐克)，克鲁伊维特

决赛

1998.7.12 法国3:0巴西
巴黎圣丹尼斯/80000人,**主裁判**:贝勒古拉(摩洛哥)
进球:齐达内27'、45+1'，珀蒂92'
法国(4231):巴特斯/图拉姆，德塞利🟨🟥，勒伯夫，利扎拉祖/德约卡夫(74'维埃拉)，德尚🟨，齐达内，珀蒂，卡雷姆布(🟨, 56'博格西昂)/吉瓦尔什(66'杜加里)
巴西(442):塔法雷尔/卡福，阿尔代尔，巴亚诺🟨，卡洛斯/莱昂纳多(46'德尼尔森)，桑帕约(75'埃德蒙多)，邓加，里瓦尔多/罗纳尔多，贝贝托

特别的爱，给特别的你。法国中卫布兰克每场比赛之前都要亲吻门将巴特斯的光头，这一充满浪漫色彩的滑稽行为，也确实给法国队带来了好运。

2002

预选赛

东道主韩国队、日本队以及卫冕冠军法国队直接晋级。共199队参加预选赛，争夺29个出线席位。预选赛共进行了777场，进球2452个，场均3.16球。入场券分配方面，欧洲区14.5个(含法国)，南美区4.5个，中北美及加勒比区3个，非洲区5个，亚洲区4.5个(含韩国、日本)，大洋洲区0.5个。2张入场券通过洲际附加赛决出。

欧洲区

(赛制)共50队参赛，分成9个小组，4个小组5支球队，进行主客场双循环小组赛，每组头名直接晋级决赛圈，其余9个小组第2与亚洲区预选赛第3名共计10队进行抽签捉对，主客场两回合附加赛胜者晋级。

第1组	胜	平	负	进:失球	分
俄罗斯	7	2	1	18:5	23
斯洛文尼亚	5	5	0	17:9	20
南斯拉夫	5	4	1	22:8	19
瑞士	4	2	4	18:12	14
法罗群岛	2	1	7	6:23	7
卢森堡	0	0	10	4:28	0

(俄罗斯出线，斯洛文尼亚附加赛)

2000.9.2 瑞士0:1俄罗斯
别斯查尼奇74'

2000.9.3 卢森堡0:2南斯拉夫
米洛舍维奇4'、26'

2000.9.3 法罗群岛2:2斯洛文尼亚
阿尔格87'，O.汉森90'/乌多维奇25'，奥斯特茨85'

2000.10.7 瑞士5:1法罗群岛
茨维希26'，富尼耶35'，图基尔马兹43'(点球)、45'(点球)、53'(点球)/J.彼得森4'

2000.10.7 卢森堡1:2斯洛文尼亚
斯特拉瑟46'/扎霍维奇39'，米利诺维奇41'

2000.10.11 俄罗斯3:0卢森堡
布茨尼金19'，霍赫洛夫57'，季托夫90'

2000.10.11 斯洛文尼亚2:2瑞士
西历亚克44'，阿西莫维奇78'/图基尔马兹20'、66'

2001.3.24 卢森堡0:2法罗群岛
C.雅各布森75'，莫尔科雷82'

2001.3.24 南斯拉夫1:1瑞士
米哈伊洛维奇68'/查普伊萨特84'

2001.3.24 俄罗斯1:1斯洛文尼亚
赫列斯托夫8'/克纳夫斯22'

2001.3.28 瑞士5:0卢森堡
弗雷9'、31'、90'，隆法64'，查普伊萨特72'

2001.3.28 斯洛文尼亚1:1南斯拉夫
扎霍维奇90'/米洛舍维奇32'

2001.3.28 俄罗斯1:0法罗群岛
莫斯托沃伊19'

2001.4.25 南斯拉夫0:1俄罗斯
别斯查尼奇72'

2001.6.2 俄罗斯1:1南斯拉夫
科夫通25'/米亚托维奇32'

2001.6.2 斯洛文尼亚2:0卢森堡
扎霍维奇35'、65'(点球)

2001.6.2 法罗群岛0:1瑞士
弗雷80'

2001.6.6 瑞士0:1斯洛文尼亚
齐米罗蒂奇83'

2001.6.6 卢森堡1:2俄罗斯
S.施奈德48'/阿列尼切夫16'，谢马克76'

2001.6.6 法罗群岛0:6南斯拉夫
斯坦科维奇20'、55'，凯日曼29'、87'、90'，米洛舍维奇68'

2001.8.15 南斯拉夫2:0法罗群岛
米哈伊洛维奇23'，久基奇86'

2001.9.1 瑞士1:2南斯拉夫
M.雅金24'/米洛舍维奇39'，克尔斯塔季奇73'

2001.9.1 斯洛文尼亚2:1俄罗斯
奥斯特茨62'，阿西莫维奇90'(点球)/季托夫73'

2001.9.1 法罗群岛1:0卢森堡
克里斯蒂安-汉森85'(点球)

2001.9.5 卢森堡0:3瑞士
弗雷10'，图基尔马兹57'、84'

2001.9.5 南斯拉夫1:1斯洛文尼亚
乔尔杰维奇53'/米利诺维奇11'

2001.9.5 法罗群岛0:3俄罗斯
别斯查尼奇20'、31'，希尔科88'

2001.10.6 南斯拉夫6:2卢森堡
约卡诺维奇19'，米亚托维奇58，凯日曼61'、72'，米洛舍维奇63'、68'/R.彼得斯38'，克里斯托弗52'

2001.10.6 俄罗斯4:0瑞士
别斯查尼奇15'(点球)、18'、38'，季托夫83'

2001.10.6 斯洛文尼亚3:0法罗群岛
N.切赫13'、31'，蒂加尼81'

第2组	胜	平	负	进:失球	分
葡萄牙	7	3	0	33:7	24
爱尔兰	7	3	0	23:5	24
荷兰	6	2	2	30:9	20
爱沙尼亚	2	2	6	10:26	8
塞浦路斯	2	2	6	13:31	8
安道尔	0	0	10	5:36	0

(葡萄牙出线，爱尔兰附加赛)

2000.8.16 爱沙尼亚1:0安道尔
雷姆64'(点球)

2000.9.2 安道尔2:3塞浦路斯
E.冈萨雷斯45'，I.利马51'/康斯坦丁努25'(点球)、90'，阿加索克莱乌斯77'

2000.9.2 荷兰2:2爱尔兰
塔兰70'，范布隆克霍斯特83'/罗比·基恩21'，麦卡蒂尔64'

2000.9.3 爱沙尼亚1:3葡萄牙
奥佩尔84'/鲁伊·科斯塔14'，菲戈49'，里卡多·平托57'

2000.10.7 安道尔1:2爱沙尼亚
鲁伊斯90'(点球)/雷姆54'，奥佩尔65'

2000.10.7 塞浦路斯0:4荷兰
西多夫69'、78'，奥维马斯81'，克鲁伊维特90'

2000.10.7 葡萄牙1:1爱尔兰
孔塞桑57'/霍兰72'

2000.10.11 爱尔兰2:0爱沙尼亚
金塞拉25'，R.邓恩50'

2000.10.11 荷兰0:2葡萄牙
孔塞桑11'，保莱塔44'

2000.11.15 塞浦路斯5:0安道尔
奥卡斯10'、18'，阿加索克莱乌斯43'，克里斯托杜卢73'，斯波利亚里奇90'(点球)

2001.2.28 葡萄牙3:0安道尔
菲戈1'、48'，保莱塔36'

2001.3.24 安道尔0:5荷兰
克鲁伊维特9'，哈塞尔巴因克36'，范胡耶唐克60'、71'，范博梅尔85'

2001.3.24 塞浦路斯0:4爱尔兰
罗伊·基恩33'、89'，哈特43'(点球)，加里·凯利80'

2001.3.28 安道尔0:3爱尔兰
哈特33'(点球)，基尔巴尼76'，霍兰80'

2001.3.28 塞浦路斯2:2爱沙尼亚
康斯坦丁努47'，奥卡斯65'/克里斯塔尔75'，皮罗亚77'

2001.3.28 葡萄牙2:2荷兰
保莱塔84'，菲戈90'(点球)/哈塞尔巴因克18'(点球)，克鲁伊维特48'

2001.4.25 爱尔兰3:1安道尔
基尔巴尼34'，金塞拉36'，布林76'/利马33'

2001.4.25 荷兰4:0塞浦路斯
哈塞尔巴因克29'，奥维马斯35'，克鲁伊维特44'，范尼斯特尔鲁伊82'

2001.6.2 爱沙尼亚2:4荷兰
奥佩尔66'，泽林斯基78'/F.德波尔70'，范尼斯特尔鲁伊83'、90'，克鲁伊维特89'

2001.6.2 爱尔兰1:1葡萄牙
罗伊·基恩65'/菲戈79'

2001.6.6 爱沙尼亚0:2爱尔兰
R.邓恩8'，霍兰39'

2001.6.6 葡萄牙6:0塞浦路斯
保莱塔36'、71'，巴尔博萨55'、59'，若昂·平托76'、81'

2001.8.15 爱沙尼亚2:2塞浦路斯
泽林斯基51'，诺维科夫86'/康斯坦丁努39'、69'

2001.9.1 安道尔1:7葡萄牙
霍纳斯41'/努诺·戈麦斯36'、40'、44'、90'，保莱塔39'，若热·鲁伊45'，孔塞桑58'

2001.9.1 爱尔兰1:0荷兰
麦卡蒂尔68'

2001.9.5 塞浦路斯1:3葡萄牙
康斯坦丁努24'/努诺·戈麦斯49'，保莱塔62'，孔塞桑70'

2001.9.5 荷兰5:0爱沙尼亚
岑登16'，范博梅尔26'、39'，科库32'，范尼斯特尔鲁伊44'

2001.10.6 爱尔兰4:0塞浦路斯
哈特3'，奎因11'，康诺利63'，罗伊·基恩68'

2001.10.6 荷兰4:0安道尔
范胡耶唐克3'(点球)，西多夫45'，范尼斯特尔鲁伊54'、89'

2001.10.6 葡萄牙5:0爱沙尼亚
若昂·平托30'，努诺·戈麦斯53'、66'，保莱塔61'，菲戈84'

第3组	胜	平	负	进:失球	分
丹麦	6	4	0	22:6	22
捷克	6	2	2	20:8	20
保加利亚	5	2	3	14:15	17
冰岛	4	1	5	14:20	13
北爱尔兰	3	2	5	11:12	11
马耳他	0	1	9	4:24	1

(丹麦出线，捷克附加赛)

2000.9.2 冰岛1:2丹麦

斯韦里松12'/托马森26'，比斯加德49'
2000.9.2 保加利亚0:1捷克
波博斯基73'(点球)
2000.9.2 北爱尔兰1:0马耳他
菲尔·格雷70'
2000.10.7 捷克4:0冰岛
扬·科勒17'、41'，内德维德44'、90'
2000.10.7 北爱尔兰1:1丹麦
希利38'/罗梅达尔59'
2000.10.7 保加利亚3:0马耳他
G.伊万诺夫39'、65'，托多罗夫90'
2000.10.11 丹麦1:1保加利亚
桑德73'/贝尔巴托夫82'
2000.10.11 马耳他0:0捷克
2000.10.11 冰岛1:0北爱尔兰
T.格维兹永松89'
2001.3.24 马耳他0:5丹麦
桑德8'、63'、79'，J.海因策51'，C.延森76'
2001.3.24 北爱尔兰0:1捷克
内德维德12'
2001.3.24 保加利亚2:1冰岛
绍马科夫36'，贝尔巴托夫78'/赫雷达松24'
2001.3.28 捷克0:0丹麦
2001.3.28 保加利亚4:3北爱尔兰
巴拉科夫7'(点球)，M.彼得罗夫17'、78'，绍马科夫72'/M.威廉姆斯15'，S.埃利奥特84'，希利90'(点球)
2001.4.25 马耳他1:4冰岛
米夫苏德14'/T.居兹蒙德松42'，西于尔兹松45'，古德约翰森83'，T.格维兹永松90'
2001.6.2 丹麦2:1捷克
桑德6'，托马森82'/泰斯40'
2001.6.2 冰岛3:0马耳他
T.居兹蒙德松7'，达达松38'，古德约翰森68'
2001.6.2 北爱尔兰0:1保加利亚
G.伊万诺夫52'
2001.6.6 丹麦2:1马耳他
桑德43'、83'/马利亚8'
2001.6.6 冰岛1:1保加利亚
达达松43'/贝尔巴托夫81'
2001.6.6 捷克3:1北爱尔兰
库卡40'、88'，巴罗什90'/穆尔里恩45'
2001.9.1 丹麦1:1北爱尔兰
罗梅达尔3'/穆尔里恩73'
2001.9.1 冰岛3:1捷克
斯韦里松45'、77'，西于尔松55/扬库洛夫斯基88'
2001.9.1 马耳他0:2保加利亚
贝尔巴托夫75'、80'
2001.9.5 保加利亚0:2丹麦
托马森47'、90'
2001.9.5 捷克3:2马耳他
扬库洛夫斯基20'，洛克文茨37'，巴罗什68'/卡拉博特22'(点球)，阿久斯55'
2001.9.5 北爱尔兰3:0冰岛
希利48'，迈克尔·休斯58'，麦卡特尼61'
2001.10.6 丹麦6:0冰岛
罗梅达尔12'，桑德15'、66'，格拉维森29'、35'，米凯尔森90'
2001.10.6 马耳他0:1北爱尔兰
希利57'(点球)
2001.10.6 捷克6:0保加利亚
罗西基5'、70'，内德维德16'、76'，巴罗什28'，洛克文茨67'

第4组	胜	平	负	进:失球	分
瑞典	8	2	0	20:3	26
土耳其	6	3	1	18:8	21
斯洛伐克	5	2	3	16:9	17
马其顿	1	4	5	11:18	7
摩尔多瓦	1	3	6	6:20	6
阿塞拜疆	1	2	7	4:17	5

(瑞典出线，土耳其附加赛)
2000.9.2 土耳其2:0摩尔多瓦
奥坎45'，埃姆雷70'
2000.9.2 阿塞拜疆0:1瑞典
A.斯文松10'
2000.9.3 斯洛伐克2:0马其顿
拉扎雷夫斯基3'(乌龙球)，德莫74'
2000.10.6 马其顿3:0阿塞拜疆
赫里斯托夫35'、42'，贝基里75'
2000.10.7 瑞典1:1土耳其
拉尔森68'/塔伊富尔90'(点球)
2000.10.7 摩尔多瓦0:1斯洛伐克
S.内梅特79'
2000.10.11 阿塞拜疆0:1土耳其
哈坎·苏克72'
2000.10.11 斯洛伐克0:0瑞典
2000.10.11 摩尔多瓦0:0马其顿
2001.3.24 土耳其1:1斯洛伐克
哈坎·苏克53'(点球)/托马舍克68'
2001.3.24 阿塞拜疆0:0摩尔多瓦
2001.3.24 瑞典1:0马其顿
A.斯文松43'
2001.3.28 马其顿1:2土耳其
米切夫斯基20'/米特雷夫斯基68'(乌龙球)，于米特·达瓦拉69'
2001.3.28 斯洛伐克3:1阿塞拜疆
S.内梅特1'、10'，梅萨罗什57'/瓦西里耶夫3'(点球)
2001.3.28 摩尔多瓦0:2瑞典
奥尔巴克89'、90'
2001.6.2 土耳其3:0阿塞拜疆
塔伊丰2'，奥克塔伊29'，哈坎·苏克33'
2001.6.2 瑞典2:0斯洛伐克
奥尔巴克45'、51'
2001.6.2 马其顿2:2摩尔多瓦
萨基里20'(点球)，克尔斯泰夫65'/波格雷邦10'，巴布罗斯72'
2001.6.6 土耳其3:3马其顿
阿尔帕伊43'、58'、70'/萨基里7'，塞拉菲莫夫斯基20'，尼科洛夫斯基62'
2001.6.6 阿塞拜疆2:0斯洛伐克
瓦西利耶夫26'，塔吉扎德55'
2001.6.6 瑞典6:0摩尔多瓦
拉尔森38'(点球)、58'、68'(点球)、79'(点球)，亚历山大松74'，奥尔巴克77'
2001.9.1 斯洛伐克0:1土耳其
哈坎·苏克34'
2001.9.1 马其顿1:2瑞典
纳采夫斯基63'/拉尔森27'，P.安德森35'
2001.9.1 摩尔多瓦2:0阿塞拜疆
克列什琴科16'，科瓦尔丘克84'
2001.9.5 土耳其1:2瑞典
哈坎·苏克58'/拉尔森88'，A.安德森90'
2001.9.5 阿塞拜疆1:1马其顿
亚杜拉耶夫90'/特拉扬诺夫12'
2001.9.5 斯洛伐克4:2摩尔多瓦
P.内梅特54'，S.内梅特59'、73'，德莫64'/克列什琴科11'，雷贝亚76'
2001.10.6 摩尔多瓦0:3土耳其
埃姆雷·阿西克8'，尼哈特79'，伊尔汗83'
2001.10.7 瑞典3:0阿塞拜疆
A.斯文松53'，拉尔森61'(点球)，伊布拉希莫维奇69'
2001.10.7 马其顿0:5斯洛伐克
里特尔27'，祖里克57'，P.内梅特72'，平特81'，奥拉韦茨90'

第5组	胜	平	负	进:失球	分
波兰	6	3	1	21:11	21
乌克兰	4	5	1	13:8	17
白俄罗斯	4	3	3	12:11	15
挪威	2	4	4	12:14	10
威尔士	1	6	3	10:12	9
亚美尼亚	0	5	5	7:19	5

(波兰出线，乌克兰附加赛)
2000.9.2 挪威0:0亚美尼亚
2000.9.2 乌克兰1:3波兰
舍甫琴柯13'/奥利萨德贝3'、33'，卡武日内57'
2000.9.2 白俄罗斯2:1威尔士
哈茨凯维奇39'，贝尔凯维奇56'/斯皮德90'
2000.10.7 亚美尼亚2:3乌克兰
彼得罗相17'、44'/舍甫琴柯45'、59'，胡辛55'
2000.10.7 波兰3:1白俄罗斯
卡武日内24'、62'、73'，里德纽克37'
2000.10.7 威尔士1:1挪威
布莱克60'/海尔斯塔德80'
2000.10.11 白俄罗斯2:1亚美尼亚
哈茨凯维奇23'，里德纽克34'/霍乔扬50'
2000.10.11 挪威0:1乌克兰
舍甫琴柯49'
2000.10.11 波兰0:0威尔士
2001.3.24 乌克兰0:0白俄罗斯
2001.3.24 亚美尼亚2:2威尔士
米纳相32'，莫夫舍相71'/约翰·哈特森40'、49'
2001.3.24 挪威2:3波兰
卡鲁58'，索尔斯沙尔66'/奥利萨德贝23'、29'，卡尔万80'
2001.3.28 白俄罗斯2:1挪威
哈茨凯维奇19'，瓦西柳克90'/索尔斯沙尔68'
2001.3.28 波兰4:0亚美尼亚
米哈乌·热夫拉科夫15'(点球)，奥利萨德贝41'，马尔钦·热夫拉科夫81'，卡尔万88'
2001.3.28 威尔士1:1乌克兰
约翰·哈特森11'/舍甫琴柯52'
2001.6.2 亚美尼亚0:0白俄罗斯
2001.6.2 乌克兰0:0挪威
2001.6.2 威尔士1:2波兰
布莱克13'/奥利萨德贝32'，克里扎洛维茨72'
2001.6.6 挪威1:1白俄罗斯
卡鲁80'/贝尔凯维奇23'
2001.6.6 亚美尼亚1:1波兰
彼得罗相11'/卡武日内4'
2001.6.6 乌克兰1:1威尔士
祖波夫44'/彭布里奇80'
2001.9.1 白俄罗斯0:2乌克兰
舍甫琴柯45'、56'
2001.9.1 威尔士0:0亚美尼亚
2001.9.1 波兰3:0挪威
克里扎洛维茨45'，奥利萨德贝77'，马尔钦·热夫拉科夫88'
2001.9.5 乌克兰3:0亚美尼亚
舍甫琴柯13'，沃罗别伊84'、90'
2001.9.5 白俄罗斯4:1波兰
瓦西柳克8'、46'、52'、63'/马尔钦·热夫拉科夫77'
2001.9.5 挪威3:2威尔士
R.约翰森8'，卡鲁68'，F.约翰森87'/萨维奇10'，贝拉米28'
2001.10.6 亚美尼亚1:4挪威
哈科布扬73'/博格松49'、80'，卡鲁70'、82'
2001.10.6 波兰1:1乌克兰
奥利萨德贝40'/舍甫琴柯81'
2001.10.6 威尔士1:0白俄罗斯
约翰·哈特森47'

第6组	胜	平	负	进:失球	分
克罗地亚	5	3	0	15:2	18
比利时	5	2	1	25:6	17
苏格兰	4	3	1	12:6	15
拉脱维亚	1	1	6	5:16	4
圣马力诺	0	1	7	3:30	1

(克罗地亚出线，比利时附加赛)
2000.9.2 拉脱维亚0:1苏格兰
N.麦卡恩89'
2000.9.2 比利时0:0克罗地亚
2000.10.7 拉脱维亚0:4比利时
威尔莫茨5'，B.彼得斯13'，卡文斯82'，韦尔海恩90'
2000.10.7 圣马力诺0:2苏格兰
M.埃利奥特71'，D.哈钦森73'
2000.10.11 克罗地亚1:1苏格兰
博克西奇16'/加拉赫24'
2000.10.15 圣马力诺0:1拉脱维亚
耶利塞耶夫9'
2001.2.28 比利时10:1圣马力诺
范德海格10'、50'，小姆彭萨13'，古尔26'、

60'，巴塞焦64'，威尔莫茨72'，彼得斯76'、84'、88'

2001.3.24 克罗地亚4:1拉脱维亚
巴拉班8'、43'、45'，武格里内茨89'/斯托尔切尔60'

2001.3.24 苏格兰2:2比利时
多兹2'、29'(点球)/威尔莫茨58'，范比滕90'

2001.3.28 苏格兰4:0圣马力诺
科林·亨德里22'、32'，多兹33'，卡梅隆64'

2001.4.25 拉脱维亚1:1圣马力诺
帕哈斯1'/阿尔巴尼59'

2001.6.2 克罗地亚4:0圣马力诺
弗劳维奇3'，巴拉班29'，苏克尔54'(点球)，武格里内茨61'

2001.6.2 比利时3:1拉脱维亚
威尔莫茨2'、50'，小姆彭萨12'/帕哈斯52'

2001.6.6 拉脱维亚0:1克罗地亚
巴拉班39'

2001.6.6 圣马力诺1:4比利时
塞尔瓦11'/威尔莫茨10'、89'(点球)，韦尔海恩60'，松克68'

2001.9.1 苏格兰0:0克罗地亚

2001.9.5 圣马力诺0:4克罗地亚
N.科瓦奇40'，普罗辛内茨基48'(点球)、91'，索尔多76'

2001.9.5 比利时2:0苏格兰
范凯克霍温28'，古尔90'

2001.10.6 克罗地亚1:0比利时
博克西奇76'

2001.10.6 苏格兰2:1拉脱维亚
弗里德曼44'，威尔53'/鲁宾斯21'

第7组	胜	平	负	进:失球	分
西班牙	6	2	0	21:4	20
奥地利	4	3	1	10:8	15
以色列	3	3	2	11:7	12
波黑	2	2	4	12:12	8
列支敦士登	0	0	8	0:23	0

(西班牙出线，奥地利附加赛)

2000.9.2 波黑1:2西班牙
巴利奇41'/赫拉德39'，埃切贝里亚72'

2000.9.3 以色列2:0列支敦士登
米兹拉伊1'，巴利利79'

2000.10.7 列支敦士登0:1奥地利
弗勒格尔20'

2000.10.7 西班牙2:0以色列
赫拉德22'，耶罗53'

2000.10.11 以色列3:1波黑
贝尔科维奇12'，阿布克西斯62'，卡坦76'/阿克拉波维奇48'

2000.10.11 奥地利1:1西班牙
鲍尔21'/巴拉哈27'

2001.3.24 波黑1:1奥地利
巴巴雷茨43'/鲍尔61'

2001.3.24 西班牙5:0列支敦士登
埃尔格拉20'，门迭塔36'、81'，耶罗54'(点球)，劳尔68'

2001.3.28 奥地利2:1以色列
鲍尔9'，赫尔佐格41'(点球)/鲍尔6'(乌龙球)

2001.3.28 列支敦士登0:3波黑
巴巴雷茨10'、72'，霍塔89'

2001.4.25 奥地利2:0列支敦士登
格列德尔43'，弗勒格尔75'

2001.6.2 列支敦士登0:3以色列
雷维沃2'，塔尔6'，尼姆尼17'

2001.6.2 西班牙4:1波黑
耶罗26'，莫雷诺76'，劳尔89'，特里斯坦90'/贝斯利亚41'

2001.6.6 以色列1:1西班牙
雷维沃4'/劳尔63'

2001.9.1 波黑0:0以色列

2001.9.1 西班牙4:0奥地利
特里斯坦44'，莫伦特斯78'、83'，门迭塔90'

2001.9.5 奥地利2:0波黑
赫尔佐格38'、86'

2001.9.5 列支敦士登0:2西班牙
劳尔18'，纳达尔77'

2001.10.7 波黑5:0列支敦士登
科尼奇34'，巴利奇45'(点球)、82'(点球)，巴巴雷茨69'，多迪克86'

2001.10.27 以色列1:1奥地利
格申56'(点球)/赫尔佐格90'

第8组	胜	平	负	进:失球	分
意大利	6	2	0	16:3	20
罗马尼亚	5	1	2	10:7	16
格鲁吉亚	3	1	4	12:12	10
匈牙利	2	2	4	14:13	8
立陶宛	0	2	6	3:20	2

(意大利出线，罗马尼亚附加赛)

2000.9.3 罗马尼亚1:0立陶宛
加内亚89'

2000.9.3 匈牙利2:2意大利
霍瓦特29'、78'/因扎吉26'、35'

2000.10.7 立陶宛0:4格鲁吉亚
凯茨巴亚18'、33'，金克拉泽46'，A.阿韦拉泽84'

2000.10.7 意大利3:0罗马尼亚
因扎吉13'，德尔维奇奥17'，托蒂42'

2000.10.11 意大利2:0格鲁吉亚
皮耶罗47'(点球)、88'(点球)

2000.10.11 立陶宛1:6匈牙利
布伊楚斯71'/伊利耶什24'，M.费赫尔36'、62'、72'，霍瓦特66'，利斯泰什84'(点球)

2001.3.24 匈牙利1:1立陶宛
舍博克70'(点球)/拉扎瑙斯卡斯74'

2001.3.24 罗马尼亚0:2意大利
因扎吉28'、32'

2001.3.28 格鲁吉亚0:2罗马尼亚
蒙特亚努68'，孔特拉81'

2001.3.28 意大利4:0立陶宛
因扎吉17'、63'，皮耶罗49'、79'

2001.6.2 罗马尼亚2:0匈牙利
尼库莱3'、53'

2001.6.2 格鲁吉亚1:2意大利
加霍基泽80'/德尔维奇奥45'，托蒂66'

2001.6.6 立陶宛1:2罗马尼亚
福缅科87'/伊利耶31'，摩尔多万49'

2001.6.6 匈牙利4:1格鲁吉亚
毛蒂乌什40'，舍博克45'(点球)，科尔索什55'、62'/柯比亚施维利77'

2001.9.1 格鲁吉亚3:1匈牙利
S.阿韦拉泽34'，贾马劳利49'，亚施维利64'/毛蒂乌什44'

2001.9.1 立陶宛0:0意大利

2001.9.5 格鲁吉亚2:0立陶宛
亚施维利83'、85'

2001.9.5 匈牙利0:2罗马尼亚
伊利耶12'，尼库莱28'

2001.10.6 意大利1:0匈牙利
皮耶罗44'

2001.10.6 罗马尼亚1:1格鲁吉亚
波佩斯库88'/亚施维利55'

第9组	胜	平	负	进:失球	分
英格兰	5	2	1	16:6	17
德国	5	2	1	14:10	17
芬兰	3	3	2	12:7	12
希腊	2	1	5	7:17	7
阿尔巴尼亚	1	0	7	5:14	3

(英格兰出线，德国附加赛)

2000.9.2 德国2:0希腊
代斯勒17'，乌祖尼季斯75'(乌龙球)

2000.9.2 芬兰2:1阿尔巴尼亚
利特马宁45'，里希拉赫蒂67'/穆拉蒂63'

2000.10.7 英格兰0:1德国
哈曼14'

2000.10.7 希腊1:0芬兰
利贝罗普洛斯59'

2000.10.11 阿尔巴尼亚2:0希腊
布希50'，法卡伊90'

2000.10.11 芬兰0:0英格兰

2001.3.24 德国2:1阿尔巴尼亚

一球值千金！2001年10月6日，英格兰对阵希腊的最后一轮欧洲区预选赛，贝克汉姆在第93分钟利用任意球将比分扳成2比2，确保了“三狮军团”直接晋级韩日世界杯。

代斯勒50', 克洛泽88'/科拉65'
2001.3.24 英格兰2:1芬兰
欧文43', 贝克汉姆50'/里希拉赫蒂26'
2001.3.28 阿尔巴尼亚1:3英格兰
拉克利91'/欧文74', 斯科尔斯85', 安迪·科尔92'
2001.3.28 希腊2:4德国
查里斯特亚斯20', 耶奥贾季斯44'/雷默6', 巴拉克25'(点球), 克洛泽82', 博德90'
2001.6.2 芬兰2:2德国
福塞尔28'、43'/巴拉克69'(点球), 扬克尔72'
2001.6.2 希腊1:0阿尔巴尼亚
马赫拉斯72'
2001.6.6 阿尔巴尼亚0:2德国
雷默28', 巴拉克68'
2001.6.6 希腊0:2英格兰
斯科尔斯64', 贝克汉姆87'
2001.9.1 德国1:5英格兰
扬克尔6'/欧文13'、48'、66', 杰拉德45', 赫斯基73'
2001.9.1 阿尔巴尼亚0:2芬兰
泰尼奥57', S.库奇90'
2001.9.5 英格兰2:0阿尔巴尼亚
欧文44', 福勒87'
2001.9.5 芬兰5:1希腊
福塞尔13'、44', 里希拉赫蒂22', 科尔卡40', 利特马宁53'(点球)/卡拉古尼斯32'
2001.10.6 英格兰2:2希腊
谢林汉姆68', 贝克汉姆93'/查里斯特亚斯37', 尼古拉迪斯69'
2001.10.6 德国0:0芬兰

附加赛
2001.11.10 比利时1:0捷克
韦尔海恩29'
2001.11.14 捷克0:1比利时
威尔莫茨85'(点球)
2001.11.10 乌克兰1:1德国
祖波夫19'/巴拉克32'
2001.11.14 德国4:1乌克兰
巴拉克4'、51', 诺伊维尔11', 雷默15'/舍甫琴柯90'
2001.11.10 奥地利0:1土耳其
奥坎60'
2001.11.14 土耳其5:0奥地利
巴斯图尔克21', 哈坎·苏克29', 奥坎45', 阿里夫69'、84'
2001.11.10 斯洛文尼亚2:1罗马尼亚
阿西莫维奇42', 奥斯特茨70'/尼库莱26'
2001.11.14 罗马尼亚1:1斯洛文尼亚
孔特拉65'/鲁多尼亚56'
2001.11.10 爱尔兰2:0伊朗
哈特45'(点球), 罗比·基恩50'
2001.11.15 伊朗1:0爱尔兰
戈尔默哈马迪90'

●南美区

(赛制)共10队参赛，实行主客场双循环小组赛，成绩最好的前4名直接晋级决赛圈，第5名与大洋洲冠军进行主客场两回合附加赛，决定晋级世界杯决赛圈资格。

	胜	平	负	进:失球	分
阿根廷	13	4	1	42:15	43
厄瓜多尔	9	4	5	23:20	31
巴西	9	3	6	31:17	30
巴拉圭	9	3	6	29:23	30
乌拉圭	7	6	5	19:13	27
哥伦比亚	7	6	5	20:15	27
玻利维亚	4	6	8	21:33	18
秘鲁	4	4	10	14:25	16
委内瑞拉	5	1	12	18:44	16
智利	3	3	12	15:27	12

(阿根廷，厄瓜多尔，巴西，巴拉圭出线，乌拉圭附加赛)
2000.3.28 哥伦比亚0:0巴西
2000.3.29 乌拉圭1:0玻利维亚
巴勃罗·加西亚26'
2000.3.29 秘鲁2:0巴拉圭
索拉诺53', 帕拉西奥斯60'
2000.3.29 阿根廷4:1智利
巴蒂斯图塔10', 贝隆33'、71'(点球), 克劳迪奥·洛佩斯88'/特略29'
2000.3.29 厄瓜多尔2:0委内瑞拉
德尔加多17', 阿吉纳加50'
2000.4.26 巴西3:2厄瓜多尔
里瓦尔多17'、52', 安东尼奥·卡洛斯43'/阿吉纳加12', 德拉克鲁斯76'
2000.4.26 巴拉圭1:0乌拉圭
C.阿亚拉35'
2000.4.26 委内瑞拉0:4阿根廷
R.阿亚拉8', 奥特加24'、76', 克雷斯波81'
2000.4.26 智利1:1秘鲁
马尔加斯41'/哈约38'
2000.4.26 玻利维亚1:1哥伦比亚
E.桑切斯17'/J.卡斯蒂略32'
2000.6.3 巴拉圭3:1厄瓜多尔
D.托莱多11', 布里苏埃拉43'、64'/格拉齐亚尼87'
2000.6.3 乌拉圭2:1智利
达里奥·席尔瓦36', 蒙特罗42'/萨莫拉诺40'(点球)
2000.6.4 哥伦比亚3:0委内瑞拉
维韦罗斯27', 科尔多瓦42'(点球), 巴伦西亚诺88'
2000.6.4 秘鲁0:1巴西
安东尼奥·卡洛斯35'
2000.6.4 阿根廷1:0玻利维亚
古斯塔沃·洛佩斯82'
2000.6.28 委内瑞拉4:2玻利维亚
维塔利24', 莫兰39', 萨瓦雷塞61', 托尔托莱罗63'/J.莫雷诺48', 巴尔迪维索59'
2000.6.28 巴西1:1乌拉圭
里瓦尔多85'(点球)/达里奥·席尔瓦6'
2000.6.29 哥伦比亚1:3阿根廷
奥维多27'/巴蒂斯图塔24'、45', 克雷斯波75'
2000.6.29 智利3:1巴拉圭
卡尼萨18'(乌龙), 萨拉斯35', 萨莫拉诺78'(点球)/J.卡多索71'
2000.6.29 厄瓜多尔2:1秘鲁
沙拉16', 乌尔塔多51'/帕韦洛76'
2000.7.18 巴拉圭2:1巴西
帕雷德斯6', J.坎波斯83'/里瓦尔多74'
2000.7.18 乌拉圭3:1委内瑞拉
N.奥利维拉30'、90', D.罗德里格斯53'/诺里埃加23'
2000.7.19 阿根廷2:0厄瓜多尔
克雷斯波24', 克劳迪奥·洛佩斯51'
2000.7.19 玻利维亚1:0智利
R.苏亚雷斯85'
2000.7.19 秘鲁0:1哥伦比亚
安赫尔48'
2000.7.25 厄瓜多尔0:0哥伦比亚
2000.7.25 委内瑞拉0:2智利
塔皮亚70', 萨莫拉诺90'
2000.7.26 巴西3:1阿根廷
阿莱士5', 万佩塔44'、51'/阿尔梅达45'
2000.7.26 乌拉圭0:0秘鲁
2000.7.27 玻利维亚0:0巴拉圭
2000.8.15 哥伦比亚1:0乌拉圭
J.卡斯蒂略73'
2000.8.15 智利3:0巴西
埃斯泰25', 萨莫拉诺44', 萨拉斯73'
2000.8.16 厄瓜多尔2:0玻利维亚
德尔加多18'、60'
2000.8.16 阿根廷1:1巴拉圭
艾马尔67'/阿库纳61'
2000.8.16 秘鲁1:0委内瑞拉
帕拉西奥斯70'
2000.9.2 巴拉圭3:0委内瑞拉
G.冈萨雷斯30', J.卡多索35', 帕雷德斯44'
2000.9.2 智利0:1哥伦比亚
J.卡斯蒂略66'
2000.9.3 秘鲁1:2阿根廷
萨穆埃尔69'(乌龙球)/克雷斯波27', 贝隆38'
2000.9.3 巴西5:0玻利维亚
罗马里奥12'(点球)、77'、81', 里瓦尔多47', 马克斯89'
2000.9.3 乌拉圭4:0厄瓜多尔
马加兰尼斯15', 达里奥·席尔瓦37', N.奥利维拉55', 塞德雷斯87'
2000.10.7 哥伦比亚0:2巴拉圭
圣克鲁斯4', 奇拉维特90'
2000.10.8 阿根廷2:1乌拉圭
加拉多28', 巴蒂斯图塔42'/马加兰尼斯48'
2000.10.8 委内瑞拉0:6巴西
埃乌勒21', 儒尼尼奥29', 罗马里奥31'、36'、39'(点球)、64'
2000.10.8 厄瓜多尔1:0智利
德尔加多76'
2000.10.8 玻利维亚1:0秘鲁
R.苏亚雷斯4'
2000.11.15 巴西1:0哥伦比亚
罗克·儒尼奥尔90'
2000.11.15 巴拉圭5:1秘鲁
圣克鲁斯15', 德尔索拉尔25'(乌龙球), J.卡多索44', 帕雷德斯65', 奇拉维特84'(点球)/P.加西亚78'
2000.11.15 玻利维亚0:0乌拉圭
2000.11.15 智利0:2阿根廷
奥特加27', 胡塞因90'(点球)
2000.11.15 委内瑞拉1:2厄瓜多尔
阿朗戈65'/卡维德斯4', W.桑切斯21'
2001.3.27 秘鲁3:1智利
麦斯特里54', 门多萨73', 皮萨罗81'/纳维亚62'
2001.3.27 哥伦比亚2:0玻利维亚
安赫尔53'、73'(点球)
2001.3.28 阿根廷5:0委内瑞拉
克雷斯波13', 索林31', 贝隆51', 加拉多60', 萨穆埃尔85'
2001.3.28 厄瓜多尔1:0巴西
德尔加多49'
2001.3.28 乌拉圭0:1巴拉圭
阿尔瓦伦加64'
2001.4.24 厄瓜多尔2:1巴拉圭
德尔加多45'、53'/J.卡多索27'
2001.4.24 智利0:1乌拉圭
I.迪亚斯12'(乌龙球)
2001.4.24 委内瑞拉2:2哥伦比亚
隆顿22', 阿朗戈82'/贝多亚83', 博尼利亚88'
2001.4.25 巴西1:1秘鲁
罗马里奥66'/帕韦洛79'
2001.4.25 玻利维亚3:3阿根廷
帕斯41', 科尔克55', 博特罗81'/克雷斯波44'、89', 索林90'
2001.6.2 巴拉圭1:0智利
帕雷德斯90'
2001.6.2 秘鲁1:2厄瓜多尔
皮萨罗2'/门德斯12', 德尔加多90'
2001.6.3 阿根廷3:0哥伦比亚
基利23', 克劳迪奥·洛佩斯35', 克雷斯波38'
2001.6.3 玻利维亚5:0委内瑞拉
巴尔迪维索33'、69', 博特罗36'、52', 胡斯蒂尼亚诺39'
2001.7.1 乌拉圭1:0巴西
马加兰尼斯32'(点球)
2001.8.14 智利2:2玻利维亚
萨拉斯35'(点球)、77'/巴尔迪维索11'(点球), 科英布拉73'
2001.8.14 委内瑞拉2:0乌拉圭
莫兰53', 隆顿90'
2001.8.15 巴西2:0巴拉圭
马塞利尼奥4', 里瓦尔多70'
2001.8.15 厄瓜多尔0:2阿根廷
贝隆19', 克雷斯波31'(点球)
2001.8.16 哥伦比亚0:1秘鲁
索拉诺46'

随着巴西队回归世界杯预选赛，南美区的“桑巴大战探戈”再度上演。2001年9月，阿根廷主场2比1击败巴西，初出茅庐的中卫萨穆埃尔(右)对抗“老油条”里瓦尔多全无惧色。

2001.9.4 智利0:2委内瑞拉
派斯57', 阿朗戈61'
2001.9.4 秘鲁0:2乌拉圭
达里奥·席尔瓦11', 雷科巴45'
2001.9.5 阿根廷2:1巴西
加拉多77', 克里斯85'(乌龙球)/阿亚拉2'(乌龙球)
2001.9.5 巴拉圭5:1玻利维亚
帕雷德斯33', J.卡多索45'、89', 奇拉维特48', 圣克鲁斯70'
2001.9.5 哥伦比亚0:0厄瓜多尔
2001.10.6 玻利维亚1:5厄瓜多尔
加林多60'/德拉克鲁斯13', 德尔加多23', 卡维德斯58', A.费尔南德斯90', L.戈麦斯91'
2001.10.6 委内瑞拉3:0秘鲁
阿尔瓦拉多49'、67', 莫兰78'
2001.10.7 乌拉圭1:1哥伦比亚
马加兰尼斯35'(点球)/巴伦蒂耶拉68'
2001.10.7 巴西2:0智利
埃迪尔森53', 里瓦尔多67'
2001.10.7 巴拉圭2:2阿根廷
奇拉维特52'(点球), 莫里尼戈70'/波切蒂诺66', 巴蒂斯图塔73'
2001.11.7 厄瓜多尔1:1乌拉圭
卡维德斯72'/N.奥利维拉44'(点球)
2001.11.7 哥伦比亚3:1智利
格里萨莱斯19', 安赫尔66'(点球), J.冈萨雷斯68'/里韦罗斯40'
2001.11.7 玻利维亚3:1巴西
帕斯41', 巴尔迪维索69'、89'(点球)/埃迪尔森26'
2001.11.8 阿根廷2:0秘鲁
萨穆埃尔46', 克劳迪奥·洛佩斯85'
2001.11.8 委内瑞拉3:1巴拉圭
莫兰2', 诺列加22', H.冈萨雷斯40'/阿尔塞27'(点球)
2001.11.14 乌拉圭1:1阿根廷
达里奥·席尔瓦19'/克劳迪奥·洛佩斯45'
2001.11.14 巴西3:0委内瑞拉
路易松12'、19', 里瓦尔多35'
2001.11.14 巴拉圭0:4哥伦比亚
阿里斯蒂萨瓦尔24'、33'(点球)、62', R.卡斯蒂略83'
2001.11.14 智利0:0厄瓜多尔
2001.11.14 秘鲁1:1玻利维亚
阿尔瓦9'/J.卡斯蒂略88'

晋级附加赛
2001.11.20 澳大利亚1:0乌拉圭
凯文·穆斯卡特79'(点球)
2001.11.25 乌拉圭3:0澳大利亚
达里奥·席尔瓦14', R.莫拉莱斯67'、90'

●中北美和加勒比区

(赛制)共35队参赛。中美地区进行6队两组小组赛，小组第1直接晋级12强赛，两个小组第2和加拿大进入12强资格赛；加勒比地区进行3轮淘汰赛，产生3个直接晋级12强的名额，输掉第3轮淘汰赛的3支球队与加拿大以及中美区两个小组第2进行12强资格赛，竞争余下3个晋级名额。上述8队与墨西哥、美国、哥斯达黎加和牙买加4支种子队一起进行12强小组赛，施行主客场双循环小组赛制，3个小组每组前2名晋级最终的6强小组赛。6强进行主客场双循环赛制，前3名直接入围世界杯决赛圈。

中北美和加勒比地区
第1轮
中美小组赛

A组	胜	平	负	进:失球	分
萨尔瓦多	3	1	0	10:2	10
危地马拉	1	2	1	3:3	5
伯利兹	0	1	3	2:10	1

(萨尔瓦多晋级，危地马拉附加赛)
2000.3.5 萨尔瓦多5:0伯利兹
R.马丁内斯14', J.罗德里格斯31', R.阿尔塞69', 塞里托斯79', W.托雷斯81'
2000.3.19 伯利兹1:2危地马拉
E.努涅斯41'/F.加西亚33', R.拉米雷斯76'
2000.4.2 危地马拉0:1萨尔瓦多
R.阿尔塞52'
2000.4.16 伯利兹1:3萨尔瓦多
N.努涅斯66'/R.阿尔塞6', E.马丁内斯51', J.罗德里格斯64'
2000.5.7 萨尔瓦多1:1危地马拉
R.阿尔塞45'/印拉塔20'
2000.5.19 危地马拉0:0伯利兹

B组	胜	平	负	进:失球	分
巴拿马	3	0	1	8:3	9
洪都拉斯	3	0	1	7:2	9
尼加拉瓜	0	0	4	0:10	0

(巴拿马晋级，洪都拉斯附加赛)
2000.3.4 洪都拉斯3:0尼加拉瓜
A.皮内达29', I.格雷罗41', M.努涅斯70'
2000.3.19 尼加拉瓜0:2巴拿马
M.门德斯5', 胡里奥·巴尔德斯61'
2000.4.2 巴拿马1:0洪都拉斯
胡里奥·巴尔德斯70'(点球)
2000.4.16 尼加拉瓜0:1洪都拉斯
L.拉米雷斯83'
2000.5.7 洪都拉斯3:1巴拿马
C.帕文38'、63', M.努涅斯70'/豪尔赫·巴尔德斯48'
2000.5.21 巴拿马4:0尼加拉瓜
胡里奥·巴尔德斯50', 豪尔赫·巴尔德斯69', 卡哈尔70', R.布朗83'

加勒比地区淘汰赛第1轮
第1组
2000.3.5 古巴4:0开曼群岛
马尔滕38', A.阿尔瓦雷斯56', 普拉多87', 冈达拉90'
2000.3.19 开曼群岛0:0古巴
2000.3.5 圣卢西亚1:0苏里南
里吉斯46'
2000.3.19 苏里南1:0圣卢西亚
德斯博格80'
*点球大战苏里南3比1取胜晋级
2000.3.11 阿鲁巴4:2波多黎各
克洛斯46', 菲洛米纳52'、70', O.马凯84'/奥尔蒂斯11', 阿斯坦多亚42'
2000.3.19 波多黎各2:2阿鲁巴
奥尔蒂斯7', 洛里曼19'/麦凯37', 克拉斯43'
2000.3.5 巴巴多斯2:2格林纳达
J.亚历山大3'、47'/莫德斯特75'、77'
2000.3.18 格林纳达2:3巴巴多斯(加时)
巴布55'(乌龙球), K.弗莱彻59'/考克斯20', 福尔德35', L.莱利96'

第2组
2000.3.5 圣文森特和格林纳丁斯9:0美属维尔京群岛
R.杰克6'、15'、48', 盖18'、20'、31', 丘伊特74'、86', K.贡萨尔维斯81'
2000.3.19 美属维尔京群岛1:5圣文森特和格林纳丁斯
J.桑托斯72'/K.贡萨尔维斯7', 丘伊特15'、35'、51'、89'
2000.3.18 圣基茨和尼维斯8:0特克斯和凯科斯群岛
萨德勒22'、53'、66', 伊萨克36', L.弗朗西斯47', M.克劳福德50', 甘布斯75', J.史密斯86'
2000.3.21 特克斯和凯科斯群岛0:6圣基茨和尼维斯
哈金斯20'、62', 甘布斯30'(点球), 伊萨克58', L.弗朗西斯69', J.史密斯73'
*两场比赛均在圣基茨和尼维斯的巴斯特尔进行。
2000.3.5 英属维尔京群岛1:5百慕大群岛
A.威廉姆斯61'/赖特伯恩20', 卡姆22', 戈特35'、48'、65'(点球)
2000.3.19 百慕大群岛9:0英属维尔京群岛
博伊莱斯6', T.拉塞尔34', M.韦德53', 伯吉斯57'(点球), S.刘易斯60', 埃斯特伍德61'、79', 纳萨姆75'、89'
*圭亚那被国际足联全球禁赛，安提瓜和巴

布达直接晋级下一轮

第3组

2000.3.4 特立尼达和多巴哥5:0荷属安的列斯群岛
M.安德鲁斯19'，伊夫43'、57'，德瓦里卡63'、87'

2000.3.18 荷属安的列斯群岛1:1特立尼达和多巴哥
马尔蒂纳41'/M.安德鲁斯90'

2000.3.5 多米尼加3:0蒙塞拉特岛
O.萨帕塔31'，皮雷斯38'，C.雷耶斯44'

2000.3.19 蒙塞拉特岛1:3多米尼加
W.代尔88'/L.桑切斯43'，格雷戈里奥69'，O.萨帕塔86'

2000.3.11 海地4:0多米尼克
戈尔曼6'、22'、47'，梅内拉42'

2000.3.19 多米尼克1:3海地
K.彼得斯6'/戈尔曼56'、69'、87'

2000.3.5 安圭拉岛1:3巴哈马
K.休斯69'(点球)/哈文12'，穆西斯29'，K.戴维斯32'

2000.3.19 巴哈马2:1安圭拉岛
哈文14'，K.戴维斯78'/R.奥康纳40'(点球)

加勒比地区淘汰赛第2轮

第1组

2000.4.1 阿鲁巴1:3巴巴多斯
克洛斯89'/古德里奇2'，J.亚历山大22'、85'

2000.4.16 巴巴多斯4:0阿鲁巴
J.亚历山大45'、67'，古德里奇47'，L.莱利70'

2000.4.2 古巴1:0苏里南
O.埃尔南德斯19'

2000.4.16 苏里南0:0古巴

第2组

2000.4.16 安提瓜和巴布达0:0百慕大群岛

2000.4.23 百慕大群岛1:1安提瓜和巴布达
S.伯格斯60'/格雷森74'

2000.4.16圣文森特和格林纳丁斯1:0圣基茨和尼维斯
M.詹姆斯83'

2000.4.22圣基茨和尼维斯1:2圣文森特和格林纳丁斯
甘布斯65'/R.杰克18'，韦洛克斯58'

第3组

2000.4.1 海地9:0巴哈马
G.米歇尔3'、16'、57'，梅内拉8'、33'、68'，戈尔曼29'、37'，弗拉基米尔72'

2000.4.16 巴哈马0:4海地
弗拉基米尔15'、50'，戈尔曼68'、76'

2000.4.2 特立尼达和多巴哥3:0多米尼加
德瓦里卡68'(点球)、90'(点球)，伊夫79'

2000.4.16 多米尼加0:1特立尼达和多巴哥
N.皮埃尔72'

加勒比地区淘汰赛第3轮

2000.5.7 古巴1:1巴巴多斯
L.莫尔45'/J.亚历山大18'

2000.5.12 巴巴多斯1:1古巴
克鲁萨塔75'(乌龙球)/L.莫尔74'

*点球大战巴巴多斯5比4取胜晋级

2000.5.7 安提瓜和巴布达2:1圣文森特和格林纳丁斯
格雷森20'、64'/斯凯尔68'(乌龙球)

2000.5.21 圣文森特和格林纳丁斯4:0安提瓜和巴布达
J.维森特11'，C.韦斯利50'，阿尔文56'、61'

2000.5.7 特立尼达和多巴哥3:1海地
M.安德鲁斯34'，德瓦里卡75'(点球)，约克76'/戈尔曼90'

2000.5.21 海地1:1特立尼达和多巴哥
塞拉穆尔82'/约克24'

12强晋级资格赛

2000.6.4 古巴0:1加拿大
德沃斯42'

2000.6.11 加拿大0:0古巴

2000.6.11 安提瓜和巴布达0:1危地马拉
G.拉米雷斯33'

2000.6.18 危地马拉8:1安提瓜和巴布达
E.巴伦西亚18'，卡洛斯·鲁伊斯31'、34'，普拉塔37'、79'，富内斯72'，F.加西亚83'、87'/布里60'

2000.6.3 洪都拉斯4:0海地
M.努涅斯31'，F.帕文40'，C.帕文76'，卡瓦列罗88'

2000.6.17 海地1:3洪都拉斯
戈尔曼50'/卡瓦列罗8'，M.努涅斯49'，莱昂87'

12强小组赛

第1组	胜	平	负	进:失球	分
特立尼达和多巴哥	5	0	1	14:7	15
墨西哥	4	1	1	17:2	13
加拿大	1	2	3	1:8	5
巴拿马	0	1	5	1:16	1

(特立尼达和多巴哥、墨西哥晋级)

2000.7.16 巴拿马0:1墨西哥
R.拉米雷斯88'

2000.7.16 加拿大0:2特立尼达和多巴哥
伊夫43'，约克73'

2000.7.23 特立尼达和多巴哥1:0墨西哥
拉塔皮86'

2000.7.23 巴拿马0:0加拿大

2000.8.15 墨西哥2:0加拿大
阿温迪斯48'，芬维克81'(乌龙球)

2000.8.16 特立尼达和多巴哥6:0巴拿马
鲁吉耶2'，豪尔赫·巴尔德斯26'(乌龙球)，约克36'、61'，伊夫59'，N.皮埃尔77'

2000.9.3 墨西哥7:1巴拿马
V.鲁伊斯8'(点球)，阿温迪斯36'，塞佩达44'，布兰科47'(点球)、90'，马克斯54'，R.拉米雷斯75'/豪尔赫·巴尔德斯54'

2000.9.3 特立尼达和多巴哥4:0加拿大
拉塔皮27'，卡灵顿28'，S.梅森54'，伊夫89'

2000.10.8 墨西哥7:0特立尼达和多巴哥
布兰科20'、28'(点球)，博尔格蒂26'、30'、71'，达维诺66'，V.鲁伊斯75'(点球)

2000.10.9 加拿大1:0巴拿马
布伦南82'

2000.11.15 特立尼达和多巴哥1:0巴拿马
N.皮埃尔15'

2000.11.15 加拿大0:0墨西哥

第2组	胜	平	负	进:失球	分
洪都拉斯	5	0	1	25:5	15
牙买加	4	0	2	7:4	12
萨尔瓦多	3	0	3	13:13	9
圣文森特	0	0	6	2:25	0

(洪都拉斯、牙买加晋级)

2000.7.16圣文森特和格林纳丁斯0:1牙买加
劳23'

2000.7.16 萨尔瓦多2:5洪都拉斯
蒙特斯8'，西恩富戈斯89'/卡瓦列罗12'，特尔西奥斯37'，C.帕文42'、62'，苏亚索88'

2000.7.23 牙买加3:1洪都拉斯
惠特莫尔27'，劳69'，伯顿77'/F.拉米雷斯2'

2000.7.23 萨尔瓦多7:1圣文森特和格林纳丁斯
蒙特斯19'，C.卡斯特罗34'，G.里韦拉49'、60'，R.阿尔塞69'、83'、85'/巴兰汀9'

2000.8.16 洪都拉斯6:0圣文森特和格林纳丁斯
C.帕文5'、88'，F.拉米雷斯19'、59'，A.格瓦拉27'(点球)，文戈切90'

2000.8.16 牙买加1:0萨尔瓦多
劳35'

2000.9.2 洪都拉斯5:0萨尔瓦多
C.帕文21'、44'、58'，苏亚索47'，卡瓦列罗85'

2000.9.3 牙买加2:0圣文森特和格林纳丁斯
A.威廉姆斯45'，劳50'

2000.10.8 洪都拉斯1:0牙买加
特尔西奥斯45'

2000.10.8 圣文森特和格林纳丁斯1:2萨尔瓦多
M.詹姆斯79'/萨加斯蒂萨加3'，库维亚斯89'

2000.11.15 萨尔瓦多2:0牙买加
帕迪利亚17'，J.罗德里格斯24'

2000.11.15圣文森特和格林纳丁斯0:7洪都拉斯
F.拉米雷斯26'、31'，贝拉斯克斯46'，C.圣马里亚52'，L.圣马里亚77'，卡瓦列罗85'，文戈切89'

第3组	胜	平	负	进:失球	分
美国	3	2	1	14:3	11
哥斯达黎加	3	1	2	9:6	10
危地马拉	3	1	2	9:6	10
巴巴多斯	1	0	5	3:20	3

(美国、哥斯达黎加晋级)

2000.7.16 危地马拉1:1美国
C.鲁伊斯88'/拉佐夫45'

2000.7.16 巴巴多斯2:1哥斯达黎加
L.莱利49'，福尔德89'/马德里加尔48'

2000.7.22 危地马拉2:0巴巴多斯
C.鲁伊斯2'，F.加西亚83'

2000.7.23 哥斯达黎加2:1美国
R.丰塞卡10'，梅德福德90'(点球)/E.斯图尔特66'

2000.8.15 哥斯达黎加2:1危地马拉
万乔普33'、48'/佩萨罗西68'

2000.8.16 美国7:0巴巴多斯
波普14'，麦克布莱德28'，J.摩尔45'、82'，奥布赖恩46'，T.拉莫斯72'，E.斯图尔特74'

2000.9.3 哥斯达黎加3:0巴巴多斯
索托36'，R.丰塞卡41'，梅德福德54'(点球)

2000.9.3 美国1:0危地马拉
麦克布莱德72'

2000.10.8 巴巴多斯1:3危地马拉
L.莱利24'/F.加西亚3'，C.鲁伊斯10'，阿塞韦多84'

2000.10.11 美国0:0哥斯达黎加

2000.11.15 巴巴多斯0:4美国
马西斯63'，E.斯图尔特73'，柯比·琼斯77'，拉佐夫90'

2000.11.15 危地马拉2:1哥斯达黎加
C.鲁伊斯53'、87'/R.丰塞卡71'

*战绩完全相同的哥斯达黎加和危地马拉在美国迈阿密举行一场附加赛。

2001.1.6 哥斯达黎加5比2危地马拉
万乔普7'，R.丰塞卡43'、59'，帕克斯58'，索托73'/C.鲁伊斯4'、89'

6强赛

	胜	平	负	进:失球	分
哥斯达黎加	7	2	1	17:7	23
墨西哥	5	2	3	16:9	17
美国	5	2	3	11:8	17
洪都拉斯	4	2	4	17:17	14
牙买加	2	2	6	7:14	8
特立尼达和多巴哥	1	2	7	5:18	5

(哥斯达黎加、墨西哥、美国出线)

2001.2.28 牙买加1比0特立尼达和多巴哥
T.马绍尔15'

2001.2.28 美国2比0墨西哥
J.沃尔夫47'，E.斯图尔特88'

2001.2.28 哥斯达黎加2比2洪都拉斯
R.丰塞卡70'，科尔德罗90'/J.皮内达2'，M.努涅斯85'

2001.3.25 墨西哥4比0牙买加
德尼格里斯15'、18'，博尔格蒂84'、88'

2001.3.28 哥斯达黎加3比0特立尼达和多巴哥
S.布赖斯46'，万乔普81'、89'

2001.3.28 洪都拉斯1比2美国
莱昂60'/E.斯图尔特33'，马西斯87'

2001.4.25 特立尼达和多巴哥1比1墨西哥
M.安德鲁斯14'/帕尔多61'

2001.4.25 美国1比0哥斯达黎加
J.沃尔夫70'

2001.4.25 牙买加1比1洪都拉斯
R.加德纳56'/卡瓦列罗80'

2001.6.16 墨西哥1比2哥斯达黎加
阿温迪斯7'/R.丰塞卡73'，梅德福德87'

2001.6.16 牙买加0比0美国

2001.6.16特立尼达和多巴哥2比4洪都拉斯
拉塔皮56'，斯特恩·约翰90'/C.帕文13'(点球)，特尔西奥斯20'，R.莫拉莱斯54'，A.格瓦

拉86'(点球)
2001.6.20 洪都拉斯3比1墨西哥
C.帕文32'、55'、64'(点球)/V.鲁伊斯86'
2001.6.20 美国2比0特立尼达和多巴哥
拉佐夫2', E.斯图尔特20'
2001.6.20 哥斯达黎加2比1牙买加
马林4', 万齐普38'/劳10'
2001.6.30 特立尼达和多巴哥1比2牙买加
斯特恩·约翰26'/劳30', 伯顿68'
2001.7.1 墨西哥1比0美国
博尔格蒂15'
2001.7.1 洪都拉斯2比3哥斯达黎加
A.格瓦拉25'(点球)、38'/万齐普9', R.丰塞卡13', 索利斯83'
2001.9.1 美国2比3洪都拉斯
E.斯图尔特7'、83'/M.努涅斯28'、77', C.帕文53'(点球)
2001.9.1 特立尼达和多巴哥0比2哥斯达黎加
R.戈麦斯4'、33'
2001.9.2 牙买加1比2墨西哥
H.莫拉雷斯12'(乌龙球)/布兰科63'、75'
2001.9.5 洪都拉斯1比0牙买加
杜德52'(乌龙球)
2001.9.5 墨西哥3比0特立尼达和多巴哥
A.阿斯佩24'(点球), 阿雷利亚诺31', 布兰科85'(点球)
2001.9.5 哥斯达黎加2比0美国
R.丰塞卡39'(点球)、68'
2001.10.7 洪都拉斯0比1特立尼达和多巴哥
斯特恩·约翰61'
2001.10.7 哥斯达黎加0比0墨西哥
2001.10.7 美国2比1牙买加
J.摩尔4'、81'(点球)/J.劳伦斯14'
2001.11.11 牙买加0比1哥斯达黎加
孙星6'
2001.11.11 特立尼达和多巴哥0比0美国
2001.11.11 墨西哥3比0洪都拉斯
布兰科67'、79'(点球), 帕伦西亚71'

●亚洲区

(赛制)共40队参赛。首先40支球队分成10组，是否实行主客场、双循环赛制由每组4队协商决定；10个小组第1进入10强赛。10强赛分成两组，进行主客场双循环小组赛，每组头名直接晋级世界杯决赛圈，两个小组第2进行主客场两回合附加赛，争夺一个与欧洲9强进行资格赛的名额；最终亚洲区第3与欧洲9强一起抽签，进行主客场两回合决战，胜者晋级世界杯决赛圈。

第1轮小组赛

第1组	胜	平	负	进:失球	分
阿曼	5	1	0	33:3	16
叙利亚	4	1	1	40:6	13
老挝	1	1	4	3:40	4
菲律宾	0	1	5	2:29	1

(阿曼晋级)
2001.4.30 阿曼12:0老挝
达比特5'、23'(点球)、30'、45'、90', T.穆巴拉克21', Y.朱马39'、44', N.赛义德61'(点球), F.贝希尔81'、85', 哈米斯84'
2001.4.30 叙利亚12:0菲律宾
B.赛义德14'、16'、49'、77'、80', T.贾班25', 塞鲁尔27'(点球), N.穆斯塔法45', 谢哈德46', 布基59', 阿法什75'(点球), 马尔基89'
2001.5.4 老挝0:7阿曼
达比特15'(点球)、78', T.穆巴拉克36', 哈米斯38'、41', Y.朱马42', 沙班90'
2001.5.4 菲律宾1:5叙利亚
巴萨莱斯59'/塞鲁尔42'(点球)、54'(点球), B.赛义德71', J.穆萨77'、87'
2001.5.7 阿曼7:0菲律宾
达比特43'(点球)、80', F.贝希尔61'、68', Y.朱马45'、79', S.赛义德82'
2001.5.7 叙利亚11:0老挝
M.纳塞尔15'、89', 布基25'、79', B.赛义德31'、53'、90', J.穆萨33', 塞鲁尔55'、64', 哈伊69'
2001.5.11 菲律宾0:2阿曼
Y.朱马11'、56'
2001.5.11 老挝0:9叙利亚
N.穆斯塔法2'、50', 塞鲁尔34'(点球), B.赛义德37', 谢哈德46', 扎尔55'、65', 哈提卜75', M.赛义德81'
2001.5.18 叙利亚3:3阿曼
B.赛义德4', 阿法什56', 塞鲁尔68'(点球)/哈米斯35', 达比特56'(点球), M.萨米尔81'
2001.5.19 老挝2:0菲律宾
蓬萨迈15', 达拉蓬55'
2001.5.25 阿曼2:0叙利亚
T.穆巴拉克45', M.萨米尔67'
2001.5.26 菲律宾1:1老挝
多纳28'/苏格孙巴普82'

第2组	胜	平	负	进:失球	分
伊朗	2	0	0	21:0	6
塔吉克斯坦	1	0	1	16:2	3
关岛	0	0	2	0:35	0

*缅甸于2000年11月13日决定弃权退出；所有比赛均在伊朗大不里士举行。
(伊朗晋级)
2000.11.24 伊朗19:0关岛
F.马吉迪12'、75'、79', 巴盖里13'、23'、33'、48'、67'、77', 卡里米19'、55'、58'、86', 尼巴赫特-瓦赫迪31', 阿里·代伊34'(点球)、53'、72', 巴赫蒂亚里扎德赫43'、69'
2000.11.26 塔吉克斯坦16:0关岛
阿舒尔马马多夫3'、16', 穆米诺夫13', 克尼特尔20', 库贾耶夫26'、39'、70', 卡米多夫31'、47'、77'、89'(点球), 福扎伊洛夫52', 贝尔迪库洛夫62'、67', 亚巴罗夫77', 乌斯莫诺夫87'
2000.11.28 伊朗2:0塔吉克斯坦
阿里·代伊47', 阿什米-纳萨布54'

第3组	胜	平	负	进:失球	分
卡塔尔	5	1	0	14:3	16
巴勒斯坦	2	1	3	8:9	7
马来西亚	2	1	3	8:11	7
中国香港	1	1	4	3:10	4

*比赛前6场在中国香港举行，后6场在卡塔尔多哈举行。
(卡塔尔晋级)
2001.3.4 马来西亚1:5卡塔尔
罗斯迪9'/恩纳济10'、37'、59', M.穆斯塔法51'(点球), 塔米米75'
2001.3.4 中国香港1:1巴勒斯坦
陈浩民72'/卡伊尔64'
2001.3.8 巴勒斯坦1:2卡塔尔
卡伊尔54'/纳耶米31', M.穆斯塔法65'
2001.3.8 中国香港0:2马来西亚
拉赫利46'、79'
2001.3.11 马来西亚0:1巴勒斯坦
杰什36'
2001.3.11 中国香港0:2卡塔尔
恩纳济42', 冯继志67'(乌龙球)
2001.3.20 巴勒斯坦1:0中国香港
阿布拉提法58'
2001.3.20 卡塔尔0:0马来西亚
2001.3.23 马来西亚1:2中国香港
H.奥马尔86'/成才志11', 姜和志78'
2001.3.23 卡塔尔2:1巴勒斯坦
恩纳济24', A.哈桑45'/阿尤卜30'
2001.3.25 卡塔尔3:0中国香港
努比45', M.穆巴拉克89', 塔米米90'
2001.3.25 巴勒斯坦3:4马来西亚
阿尤卜3', 霍利29'(点球), 杰什90'/里扎尔21'、62'(点球), H.奥马尔53', 伊德里斯56'

第4组	胜	平	负	进:失球	分
巴林	5	0	1	9:4	15
科威特	4	1	1	9:3	13
吉尔吉斯斯坦	1	1	4	3:9	4
新加坡	0	2	4	3:8	2

*比赛前6场在新加坡举行，后6场在科威特举行。
(巴林晋级)
2001.2.3 巴林1:2科威特
Y.萨迪90'/侯瓦迪66', 绍希72'
2001.2.3 新加坡0:1吉尔吉斯斯坦
科瓦连科83'
2001.2.6 吉尔吉斯斯坦0:1巴林
Y.萨迪86'
2001.2.6 新加坡1:1科威特
沙赫86'/B.阿卜杜拉61'
2001.2.9 吉尔吉斯斯坦0:3科威特
阿赛尔61', 侯瓦迪85', 穆泰里90'
2001.2.9 新加坡1:2巴林
M.阿里65'/Y.萨迪15'、25'
2001.2.21 巴林2:1吉尔吉斯斯坦
萨勒曼23', M.哈桑74'/尤马古洛夫8'
2001.2.21 科威特1:0新加坡
穆泰里52'
2001.2.24 科威特2:0吉尔吉斯斯坦
侯瓦迪21', 拉希卜87'
2001.2.24 巴林2:0新加坡
艾德40', Y.萨迪43'
2001.2.27 吉尔吉斯斯坦1:1新加坡
科瓦连科77'/拉特纳60'
2001.2.27 科威特0:1巴林
M.穆罕默德72'(点球)

第5组	胜	平	负	进:失球	分
泰国	5	1	0	20:5	16
黎巴嫩	4	1	1	26:5	13
斯里兰卡	1	1	4	8:20	4
巴基斯坦	0	1	5	5:29	1

*比赛前6场在黎巴嫩贝鲁特举行，后6场在泰国曼谷举行。
(泰国晋级)
2001.5.13 斯里兰卡2:4泰国
拉希姆20'、50'/塞纳芒46'、51', T.猜曼53', 翁特拉库84'
2001.5.13 黎巴嫩6:0巴基斯坦
扎因6'、32'、88', 霍杰伊49', G.多斯桑托斯51'(点球), R.安塔尔90'
2001.5.15 巴基斯坦0:3泰国
皮图拉塔纳35'、52', T.猜曼86'
2001.5.15 黎巴嫩4:0斯里兰卡
R.安塔尔44'、63', 霍杰伊65', 卡萨斯90'
2001.5.17 巴基斯坦3:3斯里兰卡
扎曼75'、80'、85'/拉希姆45', 钱纳72', 卡苏恩83'
2001.5.17 黎巴嫩1:2泰国
吉拉希里触德9'(乌龙球)/皮图拉塔纳15', 塞纳芒27'
2001.5.26 巴基斯坦1:8黎巴嫩
阿沙德20'/F.安塔尔5', 加扎里安10'、60', R.安塔尔32'、42', G.多斯桑托斯46'、88', M.达席尔瓦78'
2001.5.26 泰国3:0斯里兰卡
皮图拉塔纳37', 塞纳芒50'、60'
2001.5.28 斯里兰卡0:5黎巴嫩
加扎里安25', F.安塔尔37', M.达席尔瓦48', 扎因64', 因基巴里安82'
2001.5.28 泰国6:0巴基斯坦
塞纳芒10'、51'、55'、74', 西里翁78', 吉拉希里触德83'
2001.5.30 斯里兰卡3:1巴基斯坦
纳迪卡6'、43', 钱纳11'/里亚兹9'
2001.5.30 泰国2:2黎巴嫩
皮图拉塔纳73', 斯里潘77'/加扎里安35', 霍杰伊87'

第6组	胜	平	负	进:失球	分
伊拉克	4	2	0	28:5	14
哈萨克斯坦	4	2	0	20:2	14
尼泊尔	2	0	4	13:25	6

中国澳门	0	0	6	2:31	0

*比赛前6场在伊拉克巴格达举行，后6场在哈萨克斯坦阿拉木图举行。
(伊拉克晋级)
2001.4.12 尼泊尔0:6哈萨克斯坦
卡杜库洛夫11'、82'(点球)，乌拉兹巴赫京21'，利特维年科28'，卢内夫73'，巴尔蒂耶夫75'
2001.4.12 伊拉克8:0中国澳门
H.默罕默德21'、31'、33'、35'、76'，贾耶尔60'、83'，卡德希姆87'
2001.4.14 中国澳门0:3哈萨克斯坦
阿韦德耶夫11'，利特维年科57'，戈罗文科68'
2001.4.14 伊拉克9:1尼泊尔
阿布莱勒6'(点球)、20'(点球)，H.穆罕默德15'、59'，贾法尔21'，H.阿卜杜拉36'，E.穆罕默德56'，卡德希姆65'、75'/拉亚迈希25'
2001.4.16 中国澳门1:4尼泊尔
梁杰昌28'/尼拉扬18'、61'，库马尔32'，K.哈里74'(点球)
2001.4.16 伊拉克1:1哈萨克斯坦
阿布莱勒31'(点球)/鲁斯兰6'
2001.4.21 中国澳门0:5伊拉克
阿布莱勒45'、80'，A.哈桑57'、90'，贾西姆88'
2001.4.21 哈萨克斯坦4:0尼泊尔
M.舍甫琴柯43'、73'，巴尔蒂耶夫69'(点球)，戈罗文科87'
2001.4.23 哈萨克斯坦5:0中国澳门
比亚科夫50'、70'，阿夫德耶夫51'、72'，戈罗文科83'
2001.4.23 尼泊尔2:4伊拉克
哈德卡37'，拉亚迈希63'/贾西姆27'，阿布莱勒30'，里德哈33'，马森54'
2001.4.25 尼泊尔6:1中国澳门
拉亚迈希38'、49'、56'，马哈里安52'，拉马67'，塔帕90'/梁麒明50'
2001.4.25 哈萨克斯坦1:1伊拉克
利特维年科32'/马吉德42'

第7组	胜	平	负	进:失球	分
乌兹别克斯坦	4	2	0	20:5	14
土库曼斯坦	4	0	2	12:7	12
约旦	2	2	2	12:7	8
中华台北	0	0	6	0:25	0

*比赛前6场在乌兹别克斯坦塔什干举行，后6场在约旦安曼举行。
(乌兹别克斯坦晋级)
2001.4.23 土库曼斯坦2:0约旦
梅雷多夫52'，阿加巴耶夫81'
2001.4.23 乌兹别克斯坦7:0中华台北
伊里斯梅托夫3'、23'、68'、74'，迪奥尼谢夫21'，马米诺夫35'，乔尔吉耶夫43'
2001.4.25 中华台北0:2约旦
拉哈姆16'，席尔巴耶57'
2001.4.25 乌兹别克斯坦1:0土库曼斯坦
卡西莫夫63'
2001.4.27 土库曼斯坦5:0中华台北
戈楚利耶夫5'(点球)，梅雷多夫44'，戈戈拉泽53'、62'，博尔多利莫夫72'
2001.4.27 乌兹别克斯坦2:2约旦
马米诺夫53'(点球)，席尔绍夫65'/沙克兰13'，阿布图克24'
2001.5.3 约旦6:0中华台北
阿布图克45'、49'(点球)，沙克兰61'，阿瓦达85'、哈马尔谢87'、89'
2001.5.3 土库曼斯坦2:5乌兹别克斯坦
巴伊拉莫夫42'、44'/卡西莫夫21'(点球)，伊里斯梅托夫35'，巴卡耶夫48'，阿科皮扬茨82'，乔尔吉耶夫88'
2001.5.5 中华台北0:4乌兹别克斯坦
伊里斯梅托夫14'、90'，卡西莫夫56'、58'
2001.5.5 约旦1:2土库曼斯坦
阿布图克7'/戈戈拉泽25'，库尔班杰尔迪85'
2001.5.7 中华台北0:1土库曼斯坦
库洛斯加佐夫37'
2001.5.7 约旦1:1乌兹别克斯坦
阿布图克54'(点球)/马米诺夫77'(点球)

第8组	胜	平	负	进:失球	分
阿联酋	4	0	2	21:5	12
也门	3	2	1	14:8	11
印度	3	2	1	11:5	11
文莱	0	0	6	0:28	0

(阿联酋晋级)
2001.4.7 文莱0:5也门
穆塔尔8'，A.阿卜杜拉52'，阿布德82'，A.穆罕默德86'、88'
2001.4.8 印度1:0阿联酋
朱尔斯·阿尔贝托71'
2001.4.14 文莱0:12阿联酋
Y.阿里1'、58'、67'、75'、81'，M.艾哈迈德12'、45'，M.侯赛因27'，法耶勒38'，A.安塔尔49'，莫明50'(乌龙球)，F.马苏德90'
2001.4.15 印度1:1也门
布提亚53'/戈尔巴尼43'
2001.4.26 阿联酋1:0印度
哈特尔63'
2001.4.27 也门1:0文莱
戈尔巴尼75'
2001.5.4 也门3:3印度
萨莱米13'(点球)、20'、62'/安切里16'，贾米尔38'，维贾扬51'
2001.5.4 阿联酋4:0文莱
沙伦20'、50'，卡斯70'，哈利勒86'
2001.5.11 也门2:1阿联酋
戈尔巴尼52'，努努73'/卡斯44'
2001.5.12 文莱0:1印度
安切里75'
2001.5.18 阿联酋3:2也门
卡斯37'、40'，萨利赫45'/努努39'，A.阿里61'
2001.5.20 印度5:0文莱
阿尔贝托12'，维贾扬23'，布提亚35'(点球)，安切里59'，哈基姆77'

第9组	胜	平	负	进:失球	分
中国	6	0	0	25:3	18
印度尼西亚	4	0	2	16:7	12
马尔代夫	1	1	4	8:19	4
柬埔寨	0	1	5	2:22	1

(中国晋级)
2001.4.1 马尔代夫6:0柬埔寨
乌马尔33'、79'，阿卜杜拉提夫52'、90'，希哈姆68'，卢图费82'
2001.4.8 印度尼西亚5:0马尔代夫
塞提亚布迪7'，库尔尼亚万13'，萨克提51'，纳瓦维61'，帕蒙卡斯67'
2001.4.15 柬埔寨1:1马尔代夫
马卡拉78'/I.纳锡姆67'
2001.4.22 中国10:1马尔代夫
徐云龙12'、45'，吴承瑛18'，谢晖42'、50'、63'，范志毅52'、74'(点球)，杨晨61'，李玮锋89'/I.纳锡姆62'
2001.4.22 印度尼西亚6:0柬埔寨
纳萨26'(乌龙球)，纳瓦维42'、46'、71'，特夸里73'，库尔尼亚万76'
2001.4.28 马尔代夫0:1中国
谢晖44'
2001.4.29 柬埔寨0:2印度尼西亚
普尔迪扬托78'，帕蒙卡斯87'
2001.5.6 柬埔寨0:4中国
李金羽5'、63'，曲波43'，马明宇58'
2001.5.6 马尔代夫0:2印度尼西亚
库尔尼亚万10'，索夫扬50'
2001.5.13 中国5:1印度尼西亚
李玮锋50'，杨晨62'，谢晖71'、90'，祁宏82'/库尔尼亚万40'
2001.5.20 中国3:1柬埔寨
马明宇5'，徐云龙22'，黎兵87'/马卡拉12'
2001.5.27 印度尼西亚0:2中国
谢晖45'，吴承瑛69'

第10组	胜	平	负	进:失球	分
沙特阿拉伯	6	0	0	30:0	18
越南	3	1	2	9:9	10
孟加拉	1	2	3	5:15	5
蒙古	0	1	5	2:22	1

*所有比赛均在沙特达曼举行。
(沙特晋级)
2001.2.8 越南0:0孟加拉
2001.2.8 沙特6:0蒙古
沙尔霍卜10'、25'，O.多萨里23'，阿卜杜勒哈尼30'、59'，奥泰比71'
2001.2.10 蒙古0:1越南
阮洪山90'(点球)
2001.2.10 沙特3:0孟加拉
迈沙勒30'、85'，贾贝尔63'
2001.2.12 蒙古0:3孟加拉
M.艾哈迈德41'、60'，罗科努扎宁85'
2001.2.12 沙特5:0越南
迈沙勒17'、88'，贾贝尔29'(点球)、70'、90'
2001.2.15 沙特6:0蒙古
贾贝尔20'，沙尔霍卜24'，迈沙勒28'，O.多萨里40'、86'，希莱维76'
2001.2.15 孟加拉0:4越南
阮文士65'，阮洪山73'、87'(点球)，阮中荣77'
2001.2.17 越南4:0蒙古
阮良福3'、87'，阮洪山15'、21'
2001.2.17 沙特6:0孟加拉
哈里锡5'，迈沙勒27'、28'、43'，O.多萨里33'、38'
2001.2.19 蒙古2:2孟加拉
巴雅尔佐里36'，乌赫拉尔90'/S.穆罕默德40'、82'
2001.2.19 沙特4:0越南
迈沙勒31'、71'、79'，O.多萨里88'

10强赛

A组	胜	平	负	进:失球	分
沙特阿拉伯	5	2	1	17:8	17
伊朗	4	3	1	10:7	15
巴林	2	4	2	8:9	10
伊拉克	2	1	5	9:10	7
泰国	0	4	4	5:15	4

(沙特出线，伊朗附加赛)
2001.8.17 伊拉克4:0泰国
H.穆罕默德23'、76'，I.穆罕默德70'，L.侯赛因86'
2001.8.17 沙特1:1巴林
O.多萨里84'/萨勒明18'
2001.8.23 巴林2:0伊拉克
T.优素福58'，卡瓦里81'
2001.8.24 伊朗2:0沙特
阿里·代伊54'(点球)、64'
2001.8.31 沙特1:0伊拉克
O.多萨里45'
2001.9.1 泰国0:0伊朗
2001.9.6 巴林1:1泰国
K.多萨里17'/塞纳芒64'
2001.9.7 伊拉克1:2伊朗
I.穆罕默德20'/卡里米30'，阿里·代伊84'
2001.9.14 伊朗0:0巴林
2001.9.15 泰国1:3沙特
皮图拉塔纳28'/贾贝尔47'，谢汉63'，O.多萨里70'
2001.9.21 巴林0:4沙特
O.多萨里26'，谢汉28'，瓦凯德41'，贾贝尔89'
2001.9.22 泰国1:1伊拉克
苏克松基特38'/里达63'
2001.9.28 伊拉克1:0巴林
I.穆罕默德14'
2001.9.28 沙特2:2伊朗
瓦凯德20'，亚米59'/阿里·代伊42'，戈尔默哈马迪84'
2001.10.5 伊朗1:0泰国
尼巴赫特-瓦赫迪32'
2001.10.5 伊拉克1:2沙特
阿布莱勒31'/谢汉1'、77'
2001.10.12 伊朗2:1伊拉克

马达维基亚27'，卡里米71'/德拉因52'

2001.10.13 泰国-:-巴林

古卢姆20'

*比赛在第24分钟因为泰国球迷在看台上点火而终止，3天后重赛。

2001.10.16 泰国1:1巴林

斯里马卡21'/H.艾哈迈德90'

2001.10.21 巴林3:1伊朗

马祖基8'，A.侯赛因45'，M.侯赛因90'/阿里·代伊82'

2001.10.21 沙特4:1泰国

谢汉40'，贾曼50'，贾贝尔66'(点球)，马泰尔73'/塔南猜48'

B组	胜	平	负	进:失球	分
中国	6	1	1	13:2	19
阿联酋	3	2	3	10:11	11
乌兹别克斯坦	3	1	4	13:14	10
卡塔尔	2	3	3	10:10	9
阿曼	1	3	4	7:16	6

(中国出线，阿联酋附加赛)

2001.8.16 卡塔尔0:0阿曼

2001.8.17 阿联酋4:1乌兹别克斯坦

塞勒姆21'，哈莱卜33'(点球)，F.阿里45'，巴锡特85'/席尔绍夫37'

2001.8.25 中国3:0阿联酋

李霄鹏2'，祁宏19'，郝海东33'

2001.8.26 乌兹别克斯坦2:1卡塔尔

伊里斯梅托夫36'，卡西莫夫52'/A.哈桑88'

2001.8.31 阿联酋0:2卡塔尔

哈里发65'，奥拜德利71'

2001.8.31 阿曼0:2中国

祁宏70'，范志毅84'(点球)

2001.9.7 卡塔尔1:1中国

努比31'/李玮锋90'

2001.9.8 乌兹别克斯坦5:0阿曼

伊里斯梅托夫17'、73'，沙茨基赫38'(点球)，卡西莫夫50'、67'

2001.9.14 阿曼1:1阿联酋

塞勒姆52'/安巴里13'

2001.9.15 中国2:0乌兹别克斯坦

李玮锋63'，范志毅76'

2001.9.21 阿曼0:3卡塔尔

哈姆扎26'，M.穆斯塔法33'，恩纳济74'

2001.9.22 乌兹别克斯坦0:1阿联酋

M.奥马尔5'

2001.9.27 阿联酋0:1中国

祁宏43'

2001.9.28 卡塔尔2:2乌兹别克斯坦

恩纳济9'，哈里发89'/卡西莫夫45'，席尔绍夫47'

2001.10.4 卡塔尔1:2阿联酋

哈姆扎47'/哈利勒43'，塞勒姆84'

2001.10.7 中国1:0阿曼

于根伟36'

2001.10.13 阿曼4:2乌兹别克斯坦

朱马50'、83'，巴锡尔52'，马赫鲁奇89'/达夫列托夫5'，阿舒尔27'(点球)

2001.10.13 中国3:0卡塔尔

宿茂臻11'，曲波29'，郝海东57'

2001.10.19 阿联酋2:2阿曼

A.易卜拉欣45'，M.奥马尔60'/T.穆巴拉克22'，达比特41'

2001.10.19 乌兹别克斯坦1:0中国

席尔绍夫90'

第3名附加赛

2001.10.25 伊朗1:0阿联酋

巴盖里45'

2001.10.31 阿联酋0:3伊朗

阿里·代伊7'，巴盖里75'，米纳万德79'

●大洋洲区

(赛制)共10队参赛。10队分成两组，分别在澳大利亚和新西兰两个赛区进行单循环小组赛，每组头名进行主客场两回合大洋洲冠军争夺战；"冠军"与南美区第5名通过主客场两回合比赛，争夺晋级世界杯决赛圈的门票。

第1组	胜	平	负	进:失球	分
澳大利亚	4	0	0	66:0	12
斐济	3	0	1	27:4	9
汤加	2	0	2	7:30	6
萨摩亚	1	0	3	9:18	3
美属萨摩亚	0	0	4	0:57	0

*所有比赛均在澳大利亚科夫斯港举行。

(澳大利亚晋级)

2001.4.7 萨摩亚0:1汤加

陶法赫马87'

2001.4.7 斐济13:0美属萨摩亚

马西3'(点球)、12'、51'、53'，拉尔23'、24'、28'(点球)、39'、45'，马泰维31'，纳塞马56'，萨米69'、74'

2001.4.9 汤加0:22澳大利亚

奇珀菲尔德3'、84'，莫里12'、22'、39'、57'，阿洛伊西14'、23'、36'、45'、51'、63'，穆斯卡特17'(点球)、29'(点球)、54'(点球)、83'，波波维奇65'，T.维德马尔73'，茨德里利奇77'、90'，A.汤普森79'，布特夏尼斯85'

2001.4.9 美属萨摩亚0:8萨摩亚

勒图图8'(乌龙球)，加布里埃尔36'，法伊苏亚索42'、52'、72'、87'，勒马纳58'，米歇尔63'

2001.4.11 萨摩亚1:6斐济

勒图图33'(点球)/马泰维5'，马西21'、41'，帕拉塞德49'、84'、86'

2001.4.11 澳大利亚31:0美属萨摩亚

布特夏尼斯10'、50'、84'，A.汤普森12'、23'、27'、29'、32'、37'、42'、45'、56'、60'、65'、85'、88'，茨德里利奇13'、21'、25'、33'、58'、66'、78'、89'，A.维德马尔14'、80'，波波维奇17'、19'，科洛西莫51'、81'，德阿米西斯55'

2001.4.14 斐济0:2澳大利亚

科里卡23'，H.福克斯81'

2001.4.14 美属萨摩亚0:5汤加

陶法赫马2'、24'、52'，P.莫亚79'(点球)，法卡瓦86'

2001.4.16 澳大利亚11:0萨摩亚

A.维德马尔5'、50'，茨德里利奇28'、57'，H.福克斯44'，波波维奇55'、89'，A.汤普森75'、78'，奇珀菲尔德76'，布雷塔81'(乌龙球)

2001.4.16 汤加1:8斐济

陶法赫马78'/莱卡4'，马西30'、37'、48'、90'，乌鲁卡尼亚34'、56'，纳塞马62'

第2组	胜	平	负	进:失球	分
新西兰	4	0	0	19:1	12
塔希提	3	0	1	14:6	9
所罗门群岛	2	0	2	17:10	6
瓦努阿图	1	0	3	11:21	3
库克群岛	0	0	4	2:25	0

*所有比赛均在新西兰奥尔巴尼举行。

(新西兰晋级)

2001.6.4 瓦努阿图1:6塔希提

劳鲁56'/塞内沙尔26'，N.本内特35'、41'、80'，阿马鲁53'，塔加瓦81'

2001.6.4 所罗门群岛9:1库克群岛

苏里13'，达乌达乌18'、54'、76'，梅纳皮30'、52'、85'，福利苏阿84'，科托89'/泰-米哈5'

2001.6.6 塔希提0:5新西兰

科韦尼40'(点球)、55'、71'，赖恩斯53'，J.佩里88'

2001.6.6 库克群岛1:8瓦努阿图

普科库13'/伊瓦伊4'、50'、60'、67'，劳鲁27'，哈通39'，马基75'，瓦伊瓦伊81'

2001.6.8 瓦努阿图2:7所罗门群岛

伊瓦伊9'、90'/威克汉姆18'、48'，梅纳皮46'、73'，瓦伊塔49'，萨马尼62'，苏里80'

2001.6.8 新西兰2:0库克群岛

希基65'、67'

2001.6.11 所罗门群岛1:5新西兰

苏里83'/科韦尼27'、50'，克里斯·杰克逊35'、56'，乌尔洛维奇69'

2001.6.11 库克群岛0:6塔希提

塞内沙尔2、45'，塔加瓦19'、64'、88'，N.本内特51'

2001.6.13 新西兰7:0瓦努阿图

科韦尼2'、8'、29'，克里斯·杰克逊25'，赖恩斯27'，M.伯顿61'，维塞利希68'

2001.6.13 塔希提2:0所罗门群岛

S.加西亚25'(点球)，法图普阿77'

冠军争夺战

2001.6.20 新西兰0:2澳大利亚

埃默顿5'、82'

2001.6.24 澳大利亚4:1新西兰

茨德里利奇6'、83'，埃默顿36'，阿洛伊西57'/科韦尼42'(点球)

●非洲区

(赛制)共50队参赛。首先抽签将50队分成25组对决，主客场两回合胜者进入小组赛；25队分成5组，进行主客场双循环小组赛，每组头名晋级世界杯决赛圈。

第1轮淘汰赛

2000.4.9 佛得角0:0阿尔及利亚

2000.4.21 阿尔及利亚2:0佛得角

布拉利8'，赛菲12'

2000.4.7 毛里塔尼亚1:2突尼斯

埃里87'/贾尹迪65'，加布西77'

2000.4.22 突尼斯3:0毛里塔尼亚

比拉勒16'(乌龙球)，贾济里25'，马迪比49'

2000.4.9 贝宁1:1塞内加尔

伊西亚克31'/迪亚内15'

2000.4.23 塞内加尔1:0贝宁

C.巴62'

2000.4.8 几内亚比绍0:0多哥

2000.4.23 多哥3:0几内亚比绍

萨利富44'，萨拉姆65'，阿孔90'

2000.4.9 冈比亚0:1摩洛哥

伦巴尔基63'

2000.4.22 摩洛哥2:0冈比亚

卡塔里19'、32'

2000.4.9 莱索托0:2南非

巴特莱特40'，普尔71'

2000.4.22 南非1:0莱索托

巴特莱特49'

2000.4.9 斯威士兰0:1安哥拉

埃德松51'

2000.4.23 安哥拉7:1斯威士兰

H.维森特20'，若尼28'(点球)，保朗30'、72'，洛库利36'(点球)、88'，科维拉85'/德拉米尼79'

2000.4.8 博茨瓦纳0:1赞比亚

洛塔43'

2000.4.22 赞比亚1:0博茨瓦纳

米兰齐82'

2000.4.8 马达加斯加2:0加蓬

安德里亚奈武35'，拉索亚奈武55'

2000.4.22 加蓬1:0马达加斯加

D.库赞42'

2000.4.9 苏丹1:0莫桑比克

阿勒多8'

2000.4.23 莫桑比克2:1苏丹

蒂科-蒂科39'、79'/穆巴维66'

2000.4.9 赤道几内亚1:3刚果

埃约马34'/恩戈马15'，恩克瓦29'，埃塔64'

2000.4.23 刚果2:1赤道几内亚

莫因布阿贝卡7'，莱帕耶81'/M.卡西亚诺67'

2000.4.9 利比亚3:0马里

蒙塔塞尔4'，穆萨拉56'，米尔加尼81'

2000.4.23 马里3:1利比亚

B.特劳雷4'、71'，B.杜尔82'(点球)/布沙拉45'

2000.4.9 卢旺达2:2科特迪瓦

M.哈桑46'，恩达加诺64'/吉斯莱因45'，法德尔78'

2000.4.23 科特迪瓦2:0卢旺达
I.巴卡约科36'、65'
2000.4.8 圣多美和普林西比2:0塞拉利昂
阿米尔·卡36', C.加里多65'
2000.4.22 塞拉利昂4:0圣多美和普林西比
曼萨里25'、30', 卡隆50', 塞萨伊83'
2000.4.9 中非0:1津巴布韦
恩德洛乌5'
2000.4.23 津巴布韦3:1中非
恩库贝20', 恩德洛乌35', 尤库利莱87'/吉姆90'
2000.4.8 塞舌尔1:1纳米比亚
齐亚洛27'/希乌泰19'
2000.4.22 纳米比亚3:0塞舌尔
蒂库祖7'(点球)、13'、80'
2000.4.7 吉布提1:1民主刚果
哈伊里39'/耶姆韦尼83'
2000.4.23 民主刚果9:1吉布提
马耶莱1'、67', 耶姆韦尼25'、59'、88', S.农达33'、35', 丁塞52', 勒瓦塔78'/罗卜勒29'
2000.4.19 喀麦隆3:0索马里
姆博马26', 维维安·福30', 埃托奥37'
2000.4.23 喀麦隆3:0索马里
姆巴16'、27', S.奥莱姆贝47'、
*两场比赛均在喀麦隆首都雅温得进行。
2000.4.20 毛里求斯0:2埃及
埃马拉15', 法鲁克77'
2000.4.23 埃及4:2毛里求斯
卡穆纳5', 法鲁克72'、74', 阿卜杜拉提夫90'/佩贾贾姆比45', 巴克斯88'
*两场比赛均在埃及进行，首场在开罗，次场在亚历山大港。
2000.4.9 厄立特里亚0:0尼日利亚
2000.4.22 尼日利亚4:0厄立特里亚
阿克韦布14', 拉瓦尔22', 阿克波博里65', 卡努90'
2000.4.9 乍得0:1利比里亚
塞布韦44'
2000.4.23 利比里亚0:0乍得
2000.4.8 乌干达4:4几内亚
穆比鲁59', 穆西西63'、88', 塔布拉77'/蒂亚姆24', 尤拉56'、82', 芬多诺87'
2000.4.23 几内亚3:0乌干达
T.卡马拉46', 芬多诺70'、74'
2000.4.9 埃塞俄比亚2:1布基纳法索
阿拉梅雷乌48', 格塔切乌64'/哈马杜86'
2000.4.23 布基纳法索3:0埃塞俄比亚
宗戈3'、38'(点球), 巴罗10'
2000.4.8 马拉维2:0肯尼亚
索马尼耶58', 恩夸齐90'
2000.4.22 肯尼亚-:-马拉维
*比赛进行到第88分钟主场球迷冲进场地，比赛被迫取消；马拉维晋级。
2000.4.8 坦桑尼亚0:1加纳
库福尔21'
2000.4.23 加纳3:2坦桑尼亚
库福尔20', 阿里勒富27', D.阿多63'/隆古42', 哈萨布51'

小组赛

第1组

第1组	胜	平	负	进:失球	分
喀麦隆	6	1	1	14:4	19
安哥拉	3	4	1	11:9	13
赞比亚	3	2	3	14:11	11
多哥	2	3	3	10:13	9
利比亚	0	1	7	7:19	1

(喀麦隆出线)
2000.6.18 安哥拉2:1赞比亚
阿夸82'、84'/辛卡拉34'
2000.6.18 利比亚0:3喀麦隆
姆博马36'、67', 埃布恩格87'
2000.7.8 赞比亚2:0多哥
米林齐25', 恩素福68'
2000.7.9 喀麦隆3:0安哥拉
阿班达20', 楚唐68'、74'
2001.1.28 多哥0:2喀麦隆
埃托奥57', 姆博马75'
2001.1.28 安哥拉3:1利比亚
博村尼亚48'、51', 阿夸75'(点球)/蒙塔塞尔18'
2001.2.23 利比亚3:3多哥
马克尼11'(点球), 哈梅斯25'、80'/萨利富21', 阿梅乌30', 阿泰-乌代78'
2001.2.25 喀麦隆1:0赞比亚
姆博马22'
2001.3.10 赞比亚2:0利比亚
姆韦瓦13', 洛塔25'
2001.3.11 多哥1:1安哥拉
库巴贾-杜尔60'/阿夸67'
2001.4.21 赞比亚1:1安哥拉
洛塔47'/吉尔伯托16'
2001.4.22 喀麦隆1:0利比亚
劳伦77'(点球)
2001.5.6 多哥3:2赞比亚
阿西农48', 多泰80', 阿科托85'/亚塔纳6'(点球), 伊津博65'
2001.5.6 安哥拉2:0喀麦隆
阿夸59', 金济尼奥69'
2001.6.29 利比亚1:1安哥拉
埃拉比32'/F.济科89'(点球)
2001.7.1 喀麦隆2:0多哥
埃托奥27', 维维安·福49'
2001.7.14 赞比亚2:2喀麦隆
姆韦瓦60', 恩索法66'/维维安·福52', P.恩迪耶菲64'
2001.7.15 多哥2:0利比亚
科菲30'、45'
2001.7.29 安哥拉1:1多哥
阿夸25'/波托瓦巴尼29'
2001.7.29 利比亚2:4赞比亚
卡卜兰17'、28'/恩索法32', 基兰贝48'、72', 菲切61'

第2组

第2组	胜	平	负	进:失球	分
尼日利亚	5	1	2	15:3	16
利比里亚	5	0	3	10:8	15
苏丹	4	0	4	8:10	12
加纳	3	2	3	10:9	11
塞拉利昂	1	1	6	2:15	4

(尼日利亚出线)
2000.6.17 尼日利亚2:0塞拉利昂
奥科查16', 阿克韦布37'
2000.6.18 苏丹2:0利比里亚
J.詹姆斯54', 穆贾希85'
2000.7.8 加纳5:0塞拉利昂
C.阿萨莫阿13'、60', 阿昆诺67', 普雷科75', I.阿多89'
2000.7.9 利比里亚2:1尼日利亚
威赫4', 克波托49'/奥利塞赫35'
2001.1.27 尼日利亚3:0苏丹
阿加利58'、68', 卡努79'
2001.1.28 加纳1:3利比里亚
杜阿70'/塞托尔9', 马科尔86'(点球)、桑农88'
2001.2.25 利比里亚1:0塞拉利昂
Z.罗伯茨65'
2001.2.25 苏丹1:0加纳
J.詹姆斯71'
2001.3.10 塞拉利昂0:2苏丹
J.詹姆斯43', 巴基特44'
2001.3.11 加纳0:0尼日利亚
2001.4.21 塞拉利昂1:0尼日利亚
曼萨雷25'
2001.4.22 利比里亚2:0苏丹
塞布韦39', 威赫52'
2001.5.5 尼日利亚2:0利比里亚
卡努12', 阿加利61'
2001.5.5 塞拉利昂1:1加纳
约85'/Q.阿尤26'
2001.7.1 利比里亚1:2加纳
塞布韦44'/C.阿莫亚33', I.博阿基耶60'
2001.7.1 苏丹0:4尼日利亚
奥科查40', 雅库布47'、85', 阿加霍瓦78'
2001.7.14 塞拉利昂0:1利比里亚
威赫73'
2001.7.15 加纳1:0苏丹
库福尔44'
2001.7.29 尼日利亚3:0加纳
阿加利2', 巴班吉达19'、34'
2001.7.29 苏丹3:0塞拉利昂
阿温加利16', 巴基特42', K.穆斯塔法66'

第3组

第3组	胜	平	负	进:失球	分
塞内加尔	4	3	1	14:2	15
摩洛哥	4	3	1	8:3	15
埃及	3	4	1	16:7	13
阿尔及利亚	2	2	4	11:14	8
纳米比亚	0	2	6	3:26	2

(塞内加尔出线)
2000.6.16 阿尔及利亚1:1塞内加尔
赛菲26'(点球)/迪奥普16'
2000.6.17 纳米比亚0:0摩洛哥
2000.7.9 摩洛哥2:1阿尔及利亚
哈达51'、75'/萨比38'
2000.7.9 塞内加尔0:0埃及
2001.1.26 阿尔及利亚1:0埃及
贝勒马迪35'
2001.1.28 埃及0:0摩洛哥
2001.2.24 摩洛哥0:0塞内加尔
2001.2.24 纳米比亚1:1埃及
蒂库祖50'/I.萨义德89'
2001.3.10 塞内加尔4:0纳米比亚
迪乌夫24'、44'、47', 亨利·卡马拉63'
2001.3.11 埃及5:2阿尔及利亚
巴拉卡特6', A.萨布里16', 萨卡38', T.萨义德88'、89'/塔斯法乌特10', 贝勒马迪36'
2001.4.21 摩洛哥3:0纳米比亚
鲁基48', 阿卜德拉利勒75'、90'
2001.4.21 塞内加尔3:0阿尔及利亚
迪乌夫2'、47'、75'
2001.5.4 阿尔及利亚1:2摩洛哥
塔斯法乌特8'/本马穆德16', A.拉姆齐47'
2001.5.6 埃及1:0塞内加尔
A.哈桑48'
2001.6.30 摩洛哥1:0埃及
哈吉31'
2001.6.30 纳米比亚0:4阿尔及利亚
塞塔拉31', 瓦伊德34'、37', 阿乌尼74'
2001.7.13 埃及8:2纳米比亚
T.萨义德4', 巴拉卡特37'、72', 巴休尼39'、42'、44', 阿布格雷沙77', A.萨布里87'/纳鲁塞布52', 加里塞布69'
2001.7.14 塞内加尔1:0摩洛哥
迪乌夫17'
2001.7.21 阿尔及利亚1:1埃及
贝扎82'/A.哈桑60'(点球)
2001.7.21 纳米比亚0:5塞内加尔
恰夫15'、31', 迪乌夫23', 法迪加77'(点球), 恩迪亚耶80'

第4组

第4组	胜	平	负	进:失球	分
突尼斯	6	2	0	23:4	20
科特迪瓦	4	3	1	18:8	15
民主刚果	3	1	4	7:16	10
马达加斯加	2	0	6	5:15	6
刚果	1	2	5	5:15	5

(突尼斯出线)
2000.6.17 马达加斯加3:0民主刚果
安德里亚奈武18'、73', 罗索亚奈武51'(点球)
2000.6.18 科特迪瓦2:2突尼斯
I.巴卡约科45', B.卡卢58'/马德比13', 凯斯20'
2000.7.8 突尼斯1:0马达加斯加
贝亚45'
2000.7.9 民主刚果2:0刚果
马耶莱44', 耶姆韦尼74'
2001.1.27 马达加斯加-:-科特迪瓦
梅纳克利39'
*比赛在第62分钟因为大雨取消，1天后重赛。
2001.1.28 马达加斯加1:3科特迪瓦
梅奈莱利58'/I.巴卡约科38'、46', 佐科纳瓦86'

2001.1.28　刚果1:2突尼斯
邦戈-扎诺尼45'/齐图尼35'，贾齐里48'
2001.2.25　突尼斯6:0民主刚果
齐图尼8'、90'，贾齐里26'、63'，坎扎里30'(点球)，Z.巴亚84'
2001.3.10　民主刚果1:2科特迪瓦
基莫托89'/格尔16'，I.巴卡约科44'
2001.4.22　科特迪瓦2:0刚果
K.凯塔31'，I.巴卡约科86'
2001.4.22　民主刚果1:0马达加斯加
因乌努42'
2001.4.28　刚果2:0马达加斯加
拉奈沃森42'(乌龙球)，明加75'
2001.5.5　马达加斯加0:2突尼斯
齐图尼80'，马德比87'
2001.5.6　刚果1:1民主刚果
巴库马47'/卡利卡89'
2001.5.20　突尼斯1:1科特迪瓦
贾齐里50'/I.巴卡约科33'
2001.7.1　突尼斯6:0刚果
巴德拉28'，齐图尼38'，Z.巴亚45'、65'，马德比57'，杰拉西90'
2001.7.1　科特迪瓦6:0马达加斯加
I.巴卡约科24'(点球)、39'、83'，K.凯塔47'，亚波72'，F.凯塔76'
2001.7.15　刚果1:1科特迪瓦
巴库马83'(点球)/坎迪亚81'
2001.7.15　民主刚果0:3突尼斯
凯莱特14'，Z.巴亚51'、53'
2001.7.29　马达加斯加1:0刚果
迪达62'
2001.7.29　科特迪瓦1:2民主刚果
K.凯塔72'/托卡拉35'，穆莱克拉伊79'

第5组	胜	平	负	进:失球	分
南非	5	1	0	10:3	16
津巴布韦	4	0	2	7:5	12
布基纳法索	1	2	3	7:8	5
马拉维	0	1	5	4:12	1
*几内亚	2	1	0	7:3	7

*几内亚在2001年3月19日因为足协受到政府干涉被FIFA取消资格，比赛成绩全部作废。

(南非出线)
2000.6.17　马拉维1:1布基纳法索
希苏洛39'/宗加29'
2000.6.18　几内亚3:0津巴布韦(结果作废)
A.门迪32'，T.卡马拉50'，S.尤拉61'
2000.7.9　布基纳法索2:3几内亚(结果作废)
坎布20'，A.杜尔72'(点球)/S.尤拉12'，A.西拉23'，芬多诺81'
2000.7.9　津巴布韦0:2南非
巴克利6'、83'
*比赛在第84分钟因为看台上出现球迷骚乱而终止(13人死亡)，比分维持83分钟之前情况。
2001.1.27　南非1:0布基纳法索
巴特莱特17'
2001.1.28　几内亚1:1马拉维(结果作废)
S.班古拉24'/T.彼得斯52'
2001.2.24　布基纳法索1:2津巴布韦
M.达加诺22'/恩德洛乌2'、13'
2001.2.25　马拉维1:2南非
马贝迪85'(点球)/马辛加26'，诺姆维特81'
2001.3.10　南非-:-几内亚
2001.3.11　津巴布韦2:0马拉维
本贾尼44'，卡西瑙约82'
2001.4.21　布基纳法索4:2马拉维
坎布31'(点球)，A.特劳雷76'，科尔贝奥戈83'(点球)，亚梅奥戈90'/吉苏卢10'，卡耶恩达78'
2001.4.22　津巴布韦-:-几内亚
2001.5.5　南非2:1津巴布韦
巴特莱特17'，麦卡锡39'/恩德洛乌53'(点球)
2001.5.6　几内亚-:-布基纳法索
2001.6.30　马拉维-:-几内亚
2001.7.1　布基纳法索1:1南非
纳纳76'/S.祖马24'
2001.7.14　南非2:0马拉维
布思6'，奥古斯汀55'
2001.7.15　津巴布韦1:0布基纳法索
马库尼克43'
2001.7.28　马拉维0:1津巴布韦
乔鲁马78'
2001.7.29　几内亚-:-南非

决赛阶段

32队分成8个小组进行单循环赛，每组前两名晋级16强。16强捉对交手直至产生冠军，半决赛两支输球队争夺季军。

小组赛

A组	胜	平	负	进:失球	分
丹麦	2	1	0	5:2	7
塞内加尔	1	2	0	5:4	5
乌拉圭	0	2	1	4:5	2
法国	0	1	2	0:3	1

(丹麦、塞内加尔晋级)
2002.5.31　法国0:1塞内加尔
首尔/62561人，**主裁判**:布伊塞姆(阿联酋)
进球:博巴·迪奥普30'
法国(433):巴特斯/图拉姆，德塞利，勒伯夫，利扎拉祖/维埃拉，德约卡夫(60'杜加里)，珀蒂/亨利，特雷泽盖，维尔托德(81'西塞)
塞内加尔(541):西尔瓦/科利，M.迪奥普，A.西塞，迪亚塔，达夫/恩迪亚耶，法迪加，迪奥，博巴·迪奥普/迪乌夫
2002.6.1　乌拉圭1:2丹麦
蔚山/30157人，**主裁判**:曼耶(科威特)
进球:D.罗德里格斯47'/托马森45'、83'
乌拉圭(433):卡里尼/G.门德斯，蒙特罗，索隆多，D.罗德里格斯(87'马加兰尼斯)/吉古，巴雷拉，P.加西亚/D.席尔瓦，阿布鲁(88'R.莫拉莱斯)，雷科巴(80'雷盖罗)
丹麦(442):索伦森/赫尔维格，劳尔森，海因策(58'N.延森)，亨里克森/罗梅达尔，托夫丁，格拉维森，格伦夏尔(70'约根森)/托马森，桑德(89'波尔森)
2002.6.6　法国0:0乌拉圭
釜山/38289人，**主裁判**:里索(墨西哥)
进球:无
法国(433):巴特斯/图拉姆，德塞利，勒博夫(16'坎德拉)，利扎拉祖/维埃拉，珀蒂，米库/亨利，特雷泽盖(81'西塞)，维尔托德(93'杜加里)
乌拉圭(433):卡里尼/伦博，索隆多，蒙特罗，D.罗德里格斯(72'吉古)/M.罗梅罗(,71'德洛斯桑托斯)，巴雷拉，P.加西亚/D.席尔瓦(,60'马加兰尼斯)，阿布鲁，雷科巴
2002.6.6　丹麦1:1塞内加尔
大邱/43500人，**主裁判**:巴特雷斯(危地马拉)
进球:托马森16'(点球)/迪奥52'
丹麦(442):索伦森/赫尔维格，劳尔森，海因策，亨里克森/罗梅达尔(89'洛文克兰斯)，托夫丁，格拉维森(62'波尔森)，格伦夏尔(50'约根森)/托马森，桑德
塞内加尔(451):西尔瓦/科利，M.迪奥普，迪亚塔，达夫/萨尔(46'S.卡马拉)，恩迪亚耶(46'H.卡马拉,82'贝耶)，法迪加，迪奥，博巴·迪奥普/迪乌夫
2002.6.11　塞内加尔3:3乌拉圭
水原/33681人，**主裁判**:韦格雷夫(荷兰)
进球:法迪加20'(点球)，博巴·迪奥普26'、38'/R.莫拉莱斯46'，福尔兰69'，雷科巴88'(点球)
塞内加尔(532):西尔瓦/科利(,63'贝耶)，M.迪奥普，A.西塞，迪亚塔，达夫/法迪加，恩杜尔(76'A.法耶)，博巴·迪奥普/迪乌夫，H.卡马拉(,67'恩迪亚耶)
乌拉圭(433):卡里尼/伦博，索隆多(32'雷盖罗)，蒙特罗，D.罗德里格斯/M.罗梅罗(,46'R.莫拉莱斯)，巴雷拉，P.加西亚/D.席尔瓦(,60'马加兰尼斯)，阿布鲁(46'福尔兰)，雷科巴
2002.6.11　丹麦2:0法国
仁川/48100人，**主裁判**:V.佩雷拉(葡萄牙)
进球:罗梅达尔22'，托马森67'
丹麦(451):索伦森/赫尔维格，亨里克森，劳尔森，N.延森/罗梅达尔，波尔森(,博盖伦76')，托夫丁(B.尼尔森79')，格拉维森，约根森(46'格伦夏尔)/托马森
法国(433):巴特斯/坎德拉，德塞利，图拉姆，利扎拉祖/维埃拉(71'米库)，齐达内，马克莱莱/杜加里(.54'西塞)，特雷泽盖，维尔托德(83'德约卡夫)

B组	胜	平	负	进:失球	分
西班牙	3	0	0	9:4	9
巴拉圭	1	1	1	6:6	4
南非	1	1	1	5:5	4
斯洛文尼亚	0	0	3	2:7	0

(西班牙、巴拉圭晋级)
2002.6.2　巴拉圭2:2南非
釜山/25186人，**主裁判**:米海尔(斯洛伐克)
进球:圣克鲁斯39'，阿尔塞55'/T.莫科纳63'，福琼91'(点球)
巴拉圭(532):塔巴雷利/阿尔塞，加马拉，C.阿亚拉，卡塞雷斯，卡尼萨/斯特鲁维(86'J.佛朗哥)，阿库纳，阿尔瓦伦加(66'加维兰)/冈波斯(72'莫里尼戈)，圣克鲁斯
南非(541):阿伦德斯/A.莫科纳，拉德贝，伊萨(,27'穆坎西)，恩扎马，卡内尔/西巴亚，T.莫科纳，福琼，祖马/麦卡锡(,78'库曼塔拉基斯)
2002.6.2　西班牙3:1斯洛文尼亚
光州/28598人，**主裁判**:格扎(摩洛哥)
进球:劳尔44'，贝莱隆74'，耶罗87'(点球)/齐米罗蒂奇82'
西班牙(442):卡西利亚斯/普约尔，纳达尔，耶罗，胡安弗兰(82'E.罗梅罗)/路易斯·恩里克(74'埃尔格拉)，巴拉哈，贝莱隆，德佩德罗/劳尔，特里斯坦(67'莫伦特斯)
斯洛文尼亚(352):西梅乌诺维奇/米利诺维奇，加利奇，克纳夫斯/D.诺瓦克(77'加伊塞尔)，A.切赫，帕夫林，扎霍维奇(63'阿西莫维奇)，卡里奇/鲁多尼亚，奥斯特茨(57'齐米罗蒂奇)
2002.6.7　西班牙3:1巴拉圭
全州/24000人，**主裁判**:甘杜尔(埃及)
进球:莫伦特斯53'、69'，耶罗83'(点球)/普约尔10'(乌龙球)
西班牙(442):卡西利亚斯/普约尔，纳达尔，耶罗，胡安弗兰/路易斯·恩里克(46'埃尔格拉)，巴拉哈，贝莱隆(85'哈维)，德佩德罗/劳尔，特里斯坦(46'莫伦特斯)
巴拉圭(532):奇拉维特/阿尔塞，加马拉，C.阿亚拉，卡塞雷斯，卡尼萨(78'斯特鲁维)/帕雷德斯，阿库纳，加维兰/J.卡多索(63'冈波斯)，圣克鲁斯
2002.6.8　南非1:0斯洛文尼亚
大邱/47226人，**主裁判**:A.桑切斯(阿根廷)
进球:诺姆维特4'
南非(442):阿伦德斯/A.莫科纳，恩扎马，拉德贝，卡内尔/西巴亚，福琼(84'普尔)，T.莫科纳，祖马/麦卡锡(80'库曼塔拉基斯)，诺姆维特(71'巴克利)
斯洛文尼亚(352):西梅乌诺维奇/米利诺维奇，武格运利奇，克纳夫斯(60'布拉伊茨)/D.诺瓦克，A.切赫，帕夫林，阿西莫维奇(60'N.切赫)，卡里奇/鲁多尼亚，齐米罗蒂奇(41'奥斯特茨)
2002.6.12　南非2:3西班牙
大田/31024人，**主裁判**:曼耶(科威特)

进球:麦卡锡31', 拉德贝53'/劳尔4'、56', 门迭塔45+1'

南非(442):阿伦德斯/A.莫科纳🟨, 恩扎马🟨, 拉德贝(80'莫莱费), 卡内尔🟨/西巴亚, 福琼(83'莱克盖索), T.莫科纳, 祖马/麦卡锡, 诺姆维特(🟨,74'库曼塔拉基斯)

西班牙(433):卡西利亚斯/库罗·托雷斯, 纳达尔, 埃尔格拉, E.罗梅罗/门迭塔, 哈维, 阿尔贝尔达(53'塞尔吉奥)/劳尔(82'路易斯·恩里克), 莫伦特斯(77'卢克), 华金

2002.6.12　斯洛文尼亚1:3巴拉圭

西归浦/30176人,**主裁判**:里索(墨西哥)

进球:阿西莫维奇45+1'/奎瓦斯65'、84', 冈波斯73'

斯洛文尼亚(352):达巴诺维奇/布拉伊茨, 米利诺维奇🟨, 塔夫察/D.诺瓦克, A.切赫, 帕夫林(🟨,40'鲁多尼亚🟨), 阿西莫维奇(62'N.切赫🟨), 卡里奇🟨/奥斯特茨(77'蒂加尼), 齐米罗蒂奇

巴拉圭(532):奇拉维特/阿尔塞, 加马拉, C.阿亚拉, 卡塞雷斯, 卡尼萨/帕雷德斯🟨🟥, 阿库纳, 阿尔瓦伦加(53'冈波斯)/J.卡多索(61'奎瓦斯,91'J.佛朗哥), 圣克鲁斯

C组	胜	平	负	进:失球	分
巴西	3	0	0	11:3	9
土耳其	1	1	1	5:3	4
哥斯达黎加	1	1	1	5:6	4
中国	0	0	3	0:9	0

(巴西、土耳其晋级)

2002.6.3　巴西2:1土耳其

蔚山/33842人,**主裁判**:金泳洙(韩国)

进球:罗纳尔多50', 里瓦尔多87'(点球)/哈桑·萨斯45+1'

巴西(541):马科斯/卡福, 卢西奥, 罗克·儒尼奥尔, 埃德米尔森, 卡洛斯/罗纳尔迪尼奥(67'德尼尔森🟨), 吉尔伯托·席尔瓦, 儒尼尼奥(72'万佩塔), 里瓦尔多/罗纳尔多(73'路易松)

土耳其(532):鲁斯图/于米特·厄扎特, 阿尔帕伊🟨🟥, 布伦特(66'于米特·达瓦拉), 法蒂赫🟨, 哈坎·云萨尔🟨🟥/埃姆雷, 图加伊(88'阿里夫), 巴斯图尔克(66'伊尔汗)/哈坎·苏克, 哈桑·萨斯

2002.6.4　中国0:2哥斯达黎加

光州/27217人,**主裁判**:瓦萨拉斯(希腊)

进球:R.戈麦斯61', M.赖特65'

中国(532):江津/孙继海(26'曲波), 范志毅(74'于根伟), 李玮锋, 徐云龙🟨, 吴承瑛/李霄鹏🟨, 李铁🟨, 马明宇/郝海东, 杨晨(66'宿茂臻)

哥斯达黎加(433):洛尼斯/马林🟨, M.赖特, H.华莱士(70'布赖斯), G.马丁内斯/C.卡斯特罗, 森特诺🟨, 索利斯🟨/R.丰塞卡(57'梅德福德), 万乔普(80'W.洛佩斯), R.戈麦斯🟨

2002.6.8　巴西4:0中国

西归浦/36750人,**主裁判**:弗里斯克(瑞典)

进球:卡洛斯15', 里瓦尔多32', 罗纳尔迪尼奥45'(点球), 罗纳尔多55'

巴西(343):马科斯/卢西奥, 罗克·儒尼奥尔🟨, 波尔加/卡福, 吉尔伯托·席尔瓦, 儒尼尼奥(70'里卡迪尼奥), 卡洛斯/罗纳尔迪尼奥(🟨,46'德尼尔森), 罗纳尔多(72'埃德米尔森), 里瓦尔多

中国(451):江津/徐云龙, 李玮锋, 杜威, 吴承瑛/李霄鹏, 肇俊哲, 李铁, 祁宏(66'邵佳一), 马明宇(62'杨璞)/郝海东(75'曲波)

2002.6.9　哥斯达黎加1:1土耳其

仁川/42299人,**主裁判**:科迪亚(贝宁)

进球:帕克斯86'/埃姆雷56'

哥斯达黎加(433):洛尼斯/马林, M.赖特, H.华莱士(77'布赖斯), G.马丁内斯🟨/C.卡斯特罗🟨, 森特诺(66'梅德福德), 索利斯/W.洛佩斯(77'帕克斯), 万乔普, R.戈麦斯

土耳其(442):鲁斯图/于米特·达瓦拉, 埃姆雷·阿西克🟨, 于米特·厄扎特, 法蒂赫/埃姆雷🟨, 埃尔京, 图加伊(🟨,88'阿里夫), 巴斯图尔克(79'尼哈特)/哈坎·苏克(75'伊尔汗), 哈桑·萨斯

赛前被不少行家看好的葡萄牙射手保莱塔(右), 虽然对波兰上演帽子戏法, 但小组赛最后一轮他被韩国中卫洪明甫(左)牢牢盯死, 夺冠热门葡萄牙也没能晋级16强。

2002.6.13　哥斯达黎加2:5巴西

水原/38524人,**主裁判**:甘杜尔(埃及)

进球:万乔普39', R.戈麦斯56'/罗纳尔多10'、13', 埃德米尔森38', 里瓦尔多62', 儒尼奥尔64'

哥斯达黎加(433):洛尼斯/马林, M.赖特, H.华莱士(46'布赖斯), G.马丁内斯(74'帕克斯)/C.卡斯特罗, 森特诺, 索利斯(65'R.丰塞卡)/W.洛佩斯, 万乔普, R.戈麦斯

巴西(352):马科斯/卢西奥, 埃德米尔森, 波尔加/卡福🟨, 里瓦尔多(72'卡卡), 吉尔伯托·席尔瓦, 儒尼尼奥(61'里卡迪尼奥), 儒尼奥尔/罗纳尔多, 埃迪尔森(57'克莱伯森)

2002.6.13　土耳其3:0中国

首尔/43605人,**主裁判**:鲁伊斯(哥伦比亚)

进球:哈桑·萨斯6', 布伦特9', 于米特·达瓦拉85'

土耳其(442):鲁斯图(35'厄梅尔)/法蒂赫, 布伦特, 埃姆雷·阿西克🟨, 哈坎·云萨尔/于米特·达瓦拉, 图加伊(84'塔伊富尔), 巴斯图尔克(70'伊尔汗), 埃姆雷🟨/哈坎·苏克, 哈桑·萨斯🟨

中国(442):江津/徐云龙, 李玮锋🟨, 杜威, 吴承瑛(46'邵佳一🟥)/李霄鹏, 李铁, 肇俊哲, 杨璞🟨/郝海东(73'于根伟), 杨晨(73'曲波)

D组	胜	平	负	进:失球	分
韩国	2	1	0	4:1	7
美国	1	1	1	5:6	4
葡萄牙	1	0	2	6:4	3
波兰	1	0	2	3:7	3

(韩国、美国晋级)

2002.6.4　韩国2:0波兰

釜山/48760人,**主裁判**:鲁伊斯(哥伦比亚)

进球:黄善洪26', 柳相铁53'

韩国(352):李云在/崔镇哲, 洪明甫, 金泰映/宋钟国, 金南一, 柳相铁(61'李天秀), 李乙容, 朴智星🟨/薛琦铉(89'车杜里🟨), 黄善洪(51'安贞焕)

波兰(442):杜德克/海托🟨, J.巴克(50'T.克沃斯), 瓦尔多赫, Mi.热夫拉科夫/科兹明斯基, 卡武日内(64'Ma.热夫拉科夫), 希维尔切夫斯基🟨, 克日诺维克🟨/奥利萨德贝, 茹拉夫斯基(46'克里扎洛维茨)

2002.6.5　美国3:2葡萄牙

水原/37306人,**主裁判**:莫雷诺(厄瓜多尔)

进球:奥布赖恩4', 若热·科斯塔29'(乌龙球), 麦克布莱德36'/贝托39', 阿古斯71'(乌龙球)

美国(442):弗里德尔/桑内赫, 波普(80'利亚莫萨), 阿古斯, 海杜克/E.斯图尔特(46'柯比·琼斯), 马斯特罗尼, 奥布赖恩, 比斯利🟨/多诺万(75'J.摩尔), 麦克布莱德

葡萄牙(442):巴亚/贝托🟨, 科托, 若热·科斯塔(73'安德拉德), 鲁伊·若热(69'本托)/菲戈, 佩蒂特🟨, 鲁伊·科斯塔(80'努诺·戈麦斯), 孔塞桑/保莱塔, 若昂·平托

2002.6.10　韩国1:1美国

大邱/60778人,**主裁判**:迈尔(瑞士)

进球:安贞焕78'/马西斯24'

韩国(352):李云在/崔镇哲, 洪明甫🟨, 金泰映/宋钟国, 金南一, 柳相铁(69'崔龙洙), 李乙容, 朴智星(38'李天秀)/薛琦铉, 黄善洪(56'安贞焕)

美国(442):弗里德尔/桑内赫, 波普, 阿古斯🟨, 海杜克🟨/多诺万, 雷纳, 奥布赖恩, 比斯利(75'埃迪·刘易斯)/马西斯(82'C.沃尔夫), 麦克布莱德

2002.6.10　葡萄牙4:0波兰

全州/31000人,**主裁判**:达拉斯(苏格兰)

进球:保莱塔14'、65'、77', 鲁伊·科斯塔88'

葡萄牙(442):巴亚/弗雷绍特(🟨,63'贝托), 科托, 若热·科斯塔🟨, 鲁伊·若热🟨/菲戈, 佩蒂特, 本托, 孔塞桑(69'卡普舒)/保莱塔, 若昂·平托(60'鲁伊·科斯塔)

波兰(442):杜德克/科兹明斯基, 海托, 瓦尔多赫, Mi.热夫拉科夫(71'日扎萨)/希维尔切夫斯基🟨, 卡武日内(16'A.巴克🟨), 克日诺维克, 茹拉夫斯基(56'Ma.热夫拉科夫)/奥利萨德贝, 克里扎洛维茨

2002.6.14　韩国1:0葡萄牙

仁川/50239人,**主裁判**:A.桑切斯(阿根廷)

进球:朴智星70'

韩国(352):李云在/崔镇哲, 洪明甫, 金泰映🟨/宋钟国, 金南一🟨, 柳相铁, 朴智星, 李荣杓/薛琦铉🟨, 安贞焕(🟨,93'李天秀)

葡萄牙(442):巴亚/贝托🟨🟥, 科托, 若热·科

斯塔，鲁伊·若热(73'沙维尔)/菲戈，佩蒂特(77'努诺·戈麦斯)，本托，孔塞桑/保莱塔(69'安德拉德)，若昂·平托

2002.6.14　波兰3:1美国
大田/26482人，**主裁判:**陆俊(中国)
进球:奥利萨德贝3'，克里扎洛维茨5'，Ma.热夫拉科夫66'/多诺万83'
波兰(442):马伊丹/T.克沃斯(89'瓦尔多赫)，格沃瓦茨基，热林斯基，科兹明斯基/茹拉夫斯基，穆拉夫斯基，库哈尔斯基(，65'Ma.热夫拉科夫)，克日诺维克/奥利萨德贝(，86'西比克)，克里扎洛维茨
美国(442):弗里德尔/桑内赫，波普，阿古斯(36'比斯利)，海杜克/E.斯图尔特(68'柯比·琼斯)，雷纳，奥布赖恩，多诺万/麦克布莱德(58'J.摩尔)，马西斯

E组	胜	平	负	进:失球	分
德国	2	1	0	11:1	7
爱尔兰	1	2	0	5:2	5
喀麦隆	1	1	1	2:3	4
沙特阿拉伯	0	0	3	0:12	0

(德国、爱尔兰晋级)

2002.6.1　爱尔兰1:1喀麦隆
新泻/33679人，**主裁判:**上川策(日本)
进球:霍兰52'/姆博马39'
爱尔兰(442):吉文/G.凯利，布林，斯汤顿，哈特(78'S.里德)/麦卡蒂尔(，46'芬南)，金塞拉，霍兰，基尔巴尼/罗比·基恩，达夫
喀麦隆(442):布卡尔/查托，R.宋，卡拉，格雷米/劳伦，维维安·福，奥莱姆贝，沃姆/埃托奥，姆博马(69'苏福)

2002.6.1　德国8:0沙特阿拉伯
札幌/32218人，**主裁判:**阿基诺(巴拉圭)
进球:克洛泽20'、25'、70'，巴拉克40'，扬克尔45+1'，林克73'，比埃霍夫84'，施奈德92'
德国(352):卡恩/林克，拉梅洛(46'耶雷梅斯)，梅策尔德/弗林斯，施奈德，哈曼，巴拉克，齐格/扬克尔(67'比埃霍夫)，克洛泽(77'诺伊维尔)
沙特(442):代亚耶亚/D.多萨里，图卡尔，祖布罗马维，苏莱曼尼/努尔，K.多萨里(46'I.沙赫拉尼)，A.沙赫拉尼，蒂姆亚特(46'哈特兰)/亚米(77'A.多萨里)，贾贝尔

2002.6.5　德国1:1爱尔兰
茨城/35854人，**主裁判:**尼尔森(丹麦)
进球:克洛泽19'/罗比·基恩92'
德国(352):卡恩/林克，拉梅洛，梅策尔德/弗林斯，施奈德(90'耶雷米斯)，哈曼，巴拉克，齐格/扬克尔(75'比埃霍夫)，克洛泽(85'博德)
爱尔兰(442):吉文/芬南，布林，斯汤顿(87'坎宁安)，哈特(74'S.里德)/G.凯利(73'奎因)，金塞拉，霍兰，基尔巴尼/罗比·基恩，达夫

2002.6.6　喀麦隆1:0沙特阿拉伯
埼玉/52328人，**主裁判:**豪格(挪威)
进球:埃托奥66'
喀麦隆(442):布卡尔/查托，R.宋，卡拉，格雷米/劳伦，维维安·福，恩戈莫(45'奥莱姆贝)，沃姆(，84'恩扬卡)/埃托奥，姆博马(74'恩迪耶菲)
沙特(442):代亚耶亚/贾哈尼，图卡尔，谢赫里，祖布罗马维(72'A.多萨里)/苏莱曼尼，I.沙赫拉尼，蒂姆亚特，A.沙赫拉尼/哈特兰(86'努尔)，O.多萨里(35'亚米)

2002.6.11　喀麦隆0:2德国
静冈/47085人，**主裁判:**涅托(西班牙)
进球:博德50'，克洛泽79'
喀麦隆(442):布卡尔/查托(，53'苏福)，R.宋，卡拉，格雷米/劳伦，维维安·福，奥莱姆贝(，64'恩戈莫)，沃姆/埃托奥，姆博马(80'若布)
德国(352):卡恩/林克，拉梅洛，梅策尔德/弗林斯，施奈德(80'耶雷梅斯)，哈曼，巴拉克，齐格/扬克尔(，46'博德)，克洛泽(84'诺伊维尔)

2002.6.11　沙特阿拉伯0:3爱尔兰
横滨/65320人，**主裁判:**恩多耶(塞内加尔)
进球:罗比·基恩7'，布林61'，达夫87'
沙特(442):代亚耶亚/贾哈尼(79'D.多萨里)，图卡尔，谢赫里，祖布罗马维(68'A.多萨里)/苏莱曼尼，I.沙赫拉尼，K.多萨里，蒂姆亚特/哈特兰(67'沙尔霍卜)，亚米
爱尔兰(442):吉文/芬南，布林，斯汤顿，哈特(46'奎因)/G.凯利(80'麦卡蒂尔)，金塞拉(89'卡斯利)，霍兰，基尔巴尼/罗比·基恩，达夫

F组	胜	平	负	进:失球	分
瑞典	1	2	0	4:3	5
英格兰	1	2	0	2:1	5
阿根廷	1	1	1	2:2	4
尼日利亚	0	1	2	1:3	1

(瑞典、英格兰晋级)

2002.6.2　阿根廷1:0尼日利亚
茨城/34050人，**主裁判:**韦谢(法国)
进球:巴蒂斯图塔63'
阿根廷(3313):卡巴列罗/波切蒂诺，萨穆埃尔，普拉森特/萨内蒂，西蒙尼，贝隆(78'艾马尔)，索林/奥特加，巴蒂斯图塔(81'克雷斯波)，C.洛佩斯(46'基利)
尼日利亚(442):绍伦穆/索杰(，73'克里斯多夫)，韦斯特，奥科隆克沃，巴巴亚罗/奥科查，雅博，卡努(48'伊克迪亚)，拉瓦尔/阿加霍瓦，奥格贝彻

2002.6.2　瑞典1:1英格兰
埼玉/52721人，**主裁判:**西蒙(巴西)
进球:坎贝尔24'/亚历山大松59'
英格兰(442):希曼/迈尔斯，费迪南德，坎贝尔，阿什利·科尔/贝克汉姆(64'代尔)，哈格里夫斯，斯科尔斯，瓦塞尔(74'乔·科尔)/赫斯基，欧文
瑞典(442):赫德曼/梅尔贝里，A.雅各布松，米亚尔比，卢西克/亚历山大松，林德罗特，M.斯文松(56'A.斯文松)，永贝里/奥尔巴克(，80'A.安德森)，拉尔森

2002.6.7　瑞典2:1尼日利亚
神户/36194人，**主裁判:**奥尔图韦(玻利维亚)
进球:拉尔森35'、63'(点球)/阿加霍瓦27'
瑞典(442):赫德曼/梅尔贝里，A.雅各布松，米亚尔比，卢西克/亚历山大松，林德罗特，A.斯文松(85'M.斯文松)，永贝里/奥尔巴克(65'A.安德森)，拉尔森
尼日利亚(442):绍伦穆/雅博，韦斯特特，奥科隆克沃，乌德泽/奥科查，克里斯多夫，乌塔卡，巴巴亚罗(67'卡努)/阿加霍瓦，奥格贝彻(72'伊克迪亚)

2002.6.7　阿根廷0:1英格兰
札幌/35927人，**主裁判:**科利纳(意大利)
进球:贝克汉姆44'(点球)
阿根廷(3313):卡巴列罗/波切蒂诺，萨穆埃尔，普拉森特/萨内蒂，西蒙尼，贝隆(46'艾马尔)，索林/奥特加，巴蒂斯图塔(，60'克雷斯波)，基利(64'C.洛佩斯)
英格兰(442):希曼/迈尔斯，费迪南德，坎贝尔，阿什利·科尔/贝克汉姆，哈格里夫斯(19'T.辛克莱)，巴特，斯科尔斯/赫斯基(，56'谢林汉姆)，欧文(80'布里奇)

2002.6.12　瑞典1:1阿根廷
宫城/45777人，**主裁判:**布伊塞姆(阿联酋)
进球:A.斯文松59'/克雷斯波88'
瑞典(442):赫德曼/梅尔贝里，A.雅各布松，米亚尔比，卢西克/亚历山大松，林德罗特，A.斯文松(68'M.容松)，M.斯文松/奥尔巴克(46'A.安德森)，拉尔森(，88'伊布拉希莫维奇)
阿根廷(3313):卡巴列罗/查莫特，萨穆埃尔，波切蒂诺/萨内蒂，阿尔梅达(，63'贝隆)，艾马尔，索林(63'基利)/奥特加，巴蒂斯图塔(58'克雷斯波)，C.洛佩斯

2002.6.12　尼日利亚0:0英格兰
大阪/44864人，**主裁判:**霍尔(美国)
进球:无
尼日利亚(442):恩耶马/索杰，雅博，奥科隆克沃，乌德泽/奥科查，克里斯多夫，奥比奥拉，奥帕本米(86'伊克迪亚)/阿加霍瓦，阿克韦布
英格兰(442):希曼/迈尔斯，费迪南德，坎贝尔，阿什利·科尔(85'布里奇)/贝克汉姆，巴特，斯科尔斯，T.辛克莱/赫斯基(69'谢林汉姆)，欧文(77'瓦塞尔)

韩日世界杯第2比赛日，喀麦隆中场维维安·福(前)面对爱尔兰中场霍兰的贴身紧逼。令人遗憾的是，在那届世界杯上生龙活虎的福，一年后参加联合会杯时心脏病突发，不幸去世。

G组	胜	平	负	进:失球	分
墨西哥	2	1	0	4:2	7
意大利	1	1	1	4:3	4
克罗地亚	1	0	2	2:3	3
厄瓜多尔	1	0	2	2:4	3

(墨西哥、意大利晋级)

2002.6.3 克罗地亚0:1墨西哥
新泻/32239人,**主裁判**:陆俊(中国)
进球:布兰科60'(点球)
克罗地亚(442):普莱蒂科萨/济夫科维奇,西穆尼奇,R.科瓦奇,贾尔尼/N.科瓦奇,索尔多,普罗辛内茨基(46'拉帕伊奇),托马什/博克西奇(67'斯坦尼奇),苏克尔(64'萨里奇)
墨西哥(352):O.佩雷斯/比德里奥,马克斯,卡尔莫纳/梅尔卡多,G.卡瓦列罗,卢纳,托拉多,C.莫拉莱斯/布兰科(79'帕伦西亚),博尔格蒂(68'赫尔南德斯)

2002.6.3 意大利2:0厄瓜多尔
札幌/31081人,**主裁判**:霍尔(美国)
进球:维耶里7'、27'
意大利(442):布冯/帕努奇,内斯塔,卡纳瓦罗,马尔蒂尼/赞布罗塔,托马西,迪比亚吉奥(69'加图索),多尼(65'迪利维奥)/托蒂(74'皮耶罗),维耶里
厄瓜多尔(442):塞巴略斯/德拉克鲁斯,乌尔塔多,波罗索,格隆/门德斯,E.特诺里奥(59'M.阿约维),奥夫雷贡,查拉(,85'阿森西奥)/阿吉纳加(45'C.特诺里奥),德尔加多

2002.6.8 意大利1:2克罗地亚
茨城/36472人,**主裁判**:波尔(英格兰)
进球:维耶里55'/奥利奇73',拉帕伊奇76'
意大利(442):布冯/帕努奇,内斯塔(24'马特拉齐),卡纳瓦罗,马尔蒂尼/赞布罗塔,托马西,扎内蒂,多尼(79'因扎吉)/托蒂,维耶里
克罗地亚(442):普莱蒂科萨/萨里奇,西穆尼奇,R.科瓦奇,贾尔尼/N.科瓦奇,索尔多(63'弗拉涅什),托马什,拉帕伊奇(79'西米奇)/博克西奇,武格里内茨(57'奥利奇)

2002.6.9 墨西哥2:1厄瓜多尔
宫城/45610人,**主裁判**:代亚米(突尼斯)
进球:博尔格蒂28',托拉多57'/德尔加多5'
墨西哥(352):O.佩雷斯/比德里奥,马克斯,卡尔莫纳/阿雷利亚诺,J.罗德里格斯(87'G.卡瓦列罗),卢纳,托拉多,C.莫拉莱斯/布兰科(93'梅尔卡多),博尔格蒂(77'赫尔南德斯)
厄瓜多尔(442):塞巴略斯/德拉克鲁斯,乌尔塔多,波罗索,格隆/门德斯,E.特诺里奥(35'M.阿约维),奥夫雷贡(58'阿吉纳加),查拉/卡维德斯(,53'C.特诺里奥),德尔加多

2002.6.13 墨西哥1:1意大利
大分/39291人,**主裁判**:西蒙(巴西)
进球:博尔格蒂34'/皮耶罗85'
墨西哥(352):O.佩雷斯/比德里奥,马克斯,卡尔莫纳/阿雷利亚诺,J.罗德里格斯(76'G.卡瓦列罗),卢纳,托拉多,C.莫拉莱斯(76'R.加西亚)/布兰科,博尔格蒂(80'帕伦西亚)
意大利(352):布冯/卡纳瓦罗,内斯塔,马尔蒂尼/赞布罗塔,托马西,托蒂(,78'皮耶罗),扎内蒂,帕努奇(,63'科科)/因扎吉(56'蒙特拉),维耶里

2002.6.13 厄瓜多尔1:0克罗地亚
横滨/65862人,**主裁判**:马图斯(哥斯达黎加)
进球:门德斯48'
厄瓜多尔(442):塞巴略斯/德拉克鲁斯,乌尔塔多,波罗索,格隆/门德斯,奥夫雷贡(40'阿吉纳加),M.阿约维,查拉/C.特诺里奥(76'卡维德斯),德尔加多
克罗地亚(352):普莱蒂科萨/西米奇(52'武格里内茨),西穆尼奇,R.科瓦奇/萨里奇(68'斯坦尼奇),N.科瓦奇(59'弗拉涅什),托马什,拉帕伊奇,贾尔尼/博克西奇,奥利奇

H组	胜	平	负	进:失球	分
日本	2	1	0	5:2	7
比利时	1	2	0	6:5	5
俄罗斯	1	0	2	4:4	3
突尼斯	0	1	2	1:5	1

(日本、比利时晋级)

2002.6.4 日本2:2比利时
埼玉/55256人,**主裁判**:马图斯(哥斯达黎加)
进球:铃木隆行59',稻本润一67'/威尔莫茨57',范德海登75'
日本(352):楢崎正刚/松田直树,森冈隆三(72'宫本恒靖),中田浩二/市川大祐,稻本润一,户田和幸,中田英寿,小野伸二(64'三都主)/柳泽敦,铃木隆行(69'森岛宽晃)
比利时(442):德弗利格/J.彼得斯,范比滕,范梅尔,范德海登/范德海格,瓦勒姆(69'松克),西蒙斯,古尔/韦尔海恩(,83'斯特鲁帕),威尔莫茨

2002.6.5 俄罗斯2:0突尼斯
神户/30957人,**主裁判**:普伦德加斯特(牙买加)
进球:季托夫59',卡尔平64'(点球)
俄罗斯(442):尼格马图林/索洛马京,尼基福罗夫,奥诺普科,科夫通/卡尔平,伊斯梅洛夫(78'阿列尼切夫),季托夫,谢姆绍夫(,46'霍赫洛夫)/别斯查尼奇(55'瑟乔夫),皮缅诺夫
突尼斯(442):布姆尼耶/特拉贝尔西,贾伊迪,姆卡舍尔,布扎伊尼/加布西(,67'迈代比),布阿齐齐,巴德拉(84'齐图尼),本·阿舒尔/贾齐里,塞利米(67'巴亚)

2002.6.9 日本1:0俄罗斯
横滨/66108人,**主裁判**:默克(德国)
进球:稻本润一51'
日本(352):楢崎正刚/松田直树,宫本恒靖,中田浩二/明神智和,稻本润一(85'福西崇史),户田和幸,中田英寿,小野伸二(75'服部年宏)/柳泽敦,铃木隆行(72'中山雅史)
俄罗斯(442):尼格马图林/索洛马京,尼基福罗夫,奥诺普科,科夫通/卡尔平,斯梅尔京(57'别斯查尼奇),季托夫,谢姆绍夫/伊斯梅洛夫(52'霍赫洛夫),皮缅诺夫(,46'瑟乔夫)

2002.6.10 突尼斯1:1比利时
大分/39700人,**主裁判**:席尔德(澳大利亚)
进球:布扎伊尼17'/威尔莫茨13'
突尼斯(442):布姆尼耶/特拉贝尔西,贾伊迪,巴德拉,布扎伊尼/加布西(,67'塞利米),戈德班,布阿齐齐,本·阿舒尔/迈勒基(,89'巴亚),贾齐里(78'齐图尼)
比利时(442):德弗利格/德弗朗德,范比滕,德伯克,范德海登/韦尔海恩(46'韦尔曼特),范德海格,西蒙斯(74'大姆彭萨),古尔/威尔莫茨,斯特鲁帕(46'松克)

2002.6.14 比利时3:2俄罗斯
静冈/46640人,**主裁判**:尼尔森(丹麦)
进球:瓦勒姆7',松克78',威尔莫茨82'/别斯查尼奇52',瑟乔夫88'
比利时(442):德弗利格/J.彼得斯,范比滕,德伯克(92'范梅尔),范凯克霍温/大姆彭萨(70'松克),范德海格,瓦勒姆,古尔/韦尔海恩(78'西蒙斯),威尔莫茨
俄罗斯(451):尼格马图林/索洛马京,尼基福罗夫(43'先尼科夫),奥诺普科,科夫通/卡尔平(83'克尔扎科夫),霍赫洛夫,斯梅尔京(,34'瑟乔夫),季托夫,阿列尼切夫/别斯查尼奇

2002.6.14 日本2:0突尼斯
大阪/45213人,**主裁判**:韦谢(法国)
进球:森岛宽晃48',中田英寿75'
日本(352):楢崎正刚/松田直树,宫本恒靖,中田浩二/明神智和,稻本润一(46'森岛宽晃),户田和幸,中田英寿(85'小笠原满男),小野伸二/柳泽敦(46'市川大祐),铃木隆行
突尼斯(451):布姆尼耶/特拉贝尔西,贾伊迪,巴德拉,布扎伊尼(79'齐图尼)/戈德班,布阿齐齐,本·阿舒尔,迈勒基(46'巴亚),克莱顿(61'迈代比)/贾齐里

1/8决赛

2002.6.15 德国1:0巴拉圭
西归浦/25176人,**主裁判**:巴特雷斯(危地马拉)
进球:诺伊维尔88'
德国(442):卡恩/弗林斯,雷默(45'凯尔),林克,梅策尔德(60'鲍曼)/施奈德,耶雷梅斯,巴拉克,博德/诺伊维尔(93'阿萨莫阿),克洛泽
巴拉圭(352):奇拉维特/卡塞雷斯,阿亚拉,加马拉/阿尔塞,博内特(84'加维兰),阿库纳,斯特鲁维(91'奎瓦斯),卡尼萨/圣克鲁斯(29'冈波斯),J.卡多索

2002.6.15 丹麦0:3英格兰
新泻/40582人,**主裁判**:默克(德国)
进球:费迪南德5',欧文22',赫斯基44'
丹麦(442):索伦森/赫尔维格(7'博盖伦),劳尔森,亨里克森,N.延森/罗梅达尔,托夫丁(,58'C.延森),格拉维森,格伦夏尔/托马森,桑德
英格兰(442):希曼/迈尔斯,费迪南德,坎贝尔,阿什利·科尔/贝克汉姆,巴特,斯科尔斯(49'代尔),T.辛克莱/赫斯基(69'谢林汉姆),欧文(46'福勒)

2002.6.16 瑞典1:2塞内加尔
大分/39747人,**主裁判**:阿基诺(巴拉圭)
进球:拉尔森11'/H.卡马拉37'、104'
瑞典(442):赫德曼/梅尔贝里,A.雅各布松,米亚尔比,卢西克/亚历山大松(76'伊布拉希莫维奇),林德罗特,A.斯文松,M.斯文松(100'M.容松)/奥尔巴克(65'A.安德森),拉尔森
塞内加尔(433):西尔瓦/科利,迪亚塔,M.迪奥普(66'贝耶),达夫/博巴·迪奥普,A.西塞,A.法耶/H.卡马拉,恰夫,迪乌夫

2002.6.16 西班牙1:1(点球3:2)爱尔兰
水原/38926人,**主裁判**:弗里斯克(瑞典)
进球:莫伦特斯8'/罗比·基恩90'(点球)
点球大战:西班牙队耶罗、巴拉哈、门迭塔罚进,胡安弗兰、贝莱隆射失/爱尔兰队罗比·基恩、芬南罚进,霍兰、康诺利、基尔巴尼射失。
西班牙(442):卡西利亚斯/普约尔,埃尔格拉,耶罗,胡安弗兰/路易斯·恩里克,贝莱隆,巴拉哈,德佩德罗(66'门迭塔)/莫伦特斯(72'阿尔贝尔达),劳尔(80'卢克)
爱尔兰(442):吉文/芬南,布林,斯汤顿(50'坎宁安),哈特(82'康诺利)/G.凯利(55'奎因),金塞拉,霍兰,基尔巴尼/罗比·基恩,达夫

2002.6.17 美国2:0墨西哥
全州/36380人,**主裁判**:V.佩雷拉(葡萄牙)
进球:麦克布莱德8',多诺万65'
美国(352):弗里德尔/桑内赫,波普,贝尔哈特/雷纳,马斯特罗尼(,92'利亚莫萨),多诺万,奥布赖恩,埃迪·刘易斯/J.沃尔夫(,59'E.斯图尔特),麦克布莱德(79'柯比·琼斯)
墨西哥(352):O.佩雷斯/比德里奥(,46'梅尔卡多),马克斯,卡尔莫纳/阿雷利亚诺,J.罗德里格斯,托拉多(78'阿斯佩),卢纳,C.莫拉莱斯(28'赫尔南德斯)/布兰科,博尔格蒂

2002.6.17 巴西2:0比利时
神户/40440人,**主裁判**:普伦德加斯特(牙买加)
进球:里瓦尔多67',罗纳尔多87'
巴西(3412):马科斯/卢西奥,埃德米尔森,罗克·儒尼奥尔/卡福,儒尼尼奥(57'德尼尔森),吉尔伯托·席尔瓦,里瓦尔多(91'里卡迪尼奥),卡洛斯/罗纳尔迪尼奥(81'克莱伯森),罗纳尔多
比利时(442):德弗利格/J.彼得斯(73'松克),范比滕,西蒙斯,范凯克霍温/大姆彭萨,范德海格,瓦勒姆,古尔/韦尔海恩,威尔莫茨

2002.6.18 日本0:1土耳其
宫城/45666人,**主裁判**:科利纳(意大利)
进球:于米特·达瓦拉12'
日本(352):楢崎正刚/松田直树,宫本恒靖,中田浩二/明神智和,稻本润一(46'市川大祐,86'森岛宽晃),户田和幸,中田英寿,小野

伸二/西泽明训，三都主(46'铃木隆行)
土耳其(352):鲁斯图/法蒂赫，布伦特，阿尔帕伊🟨/于米特·达瓦拉(74'尼哈特)，巴斯图尔克(90'伊尔汗)，图加伊，埃尔京🟨，哈坎·云萨尔/哈坎·苏克🟨，哈桑·萨斯(85'塔伊富尔)

2002.6.18 **韩国2:1意大利**
大田/38588人，**主裁判**:莫雷诺(厄瓜多尔)
进球:薛琦铉88'，安贞焕117'/维耶里18'
韩国(352):李云在/崔镇哲🟨，洪明甫(85'车杜里)，金泰映(🟨,65'黄善洪)/宋钟国🟨，金南一(70'李天秀🟨)，柳相铁，朴智星，李荣杓/安贞焕，薛琦铉
意大利(442):布冯/帕努奇，尤利亚诺，马尔蒂尼，科科🟨/赞布罗塔(61'加图索)，托马西🟨，托蒂🟨🟥，扎内蒂🟨/皮耶罗(72'迪利维奥)，维耶里

1/4决赛

2002.6.21 **英格兰1:2巴西**
静冈/47436人，**主裁判**:里索(墨西哥)
进球:欧文23'/里瓦尔多45+1'，罗纳尔迪尼奥50'
英格兰(442):希曼/迈尔斯，费迪南德🟨，坎贝尔，阿什利·科尔(80'谢林汉姆)/贝克汉姆，巴特，斯科尔斯🟨，T.辛克莱(59'代尔)/赫斯基，欧文(79'瓦塞尔)
巴西(3412):马科斯/埃德米尔森，卢西奥，罗克·儒尼奥尔/卡福，克莱伯森，里瓦尔多，吉尔伯托·席尔瓦，卡洛斯/罗纳尔迪尼奥🟥，罗纳尔多(70'埃迪尔森)

2002.6.21 **德国1:0美国**
蔚山/37337人，**主裁判**:达拉斯(苏格兰)
进球:巴拉克39'
德国(352):卡恩/林克，凯尔🟨，梅策尔德/弗林斯，施奈德(60'耶雷梅斯🟨)，巴拉克，哈曼，齐格/诺伊维尔(80'博德)，克洛泽(88'比埃霍夫)
美国(352):弗里德尔/桑内赫，波普🟨，贝尔哈特🟨/海杜克(65'柯比·琼斯)，马斯特罗尼(🟨,80'E.斯图尔特)，雷纳🟨，奥布赖恩，埃迪·刘易斯🟨/多诺万，麦克布莱德(58'马西斯)

2002.6.22 **韩国0:0(点球5:3)西班牙**
光州/42114人，**主裁判**:甘杜尔(埃及)
进球:无
点球大战:韩国队黄善洪、朴智星、薛琦铉、安贞焕、洪明甫全部罚进；西班牙队耶罗、巴拉哈、哈维罚进，华金射失。
韩国(343):李云在/崔镇哲，洪明甫，金泰映(90'黄善洪)/宋钟国，金南一(32'李乙容)，柳相铁(🟨,61'李天秀)，李荣杓/朴智星，安贞焕，薛琦铉
西班牙(451):卡西利亚斯/普约尔，纳达尔，耶罗，罗梅罗/华金，巴拉哈，贝莱隆(80'路易斯·恩里克)，埃尔格拉(93'哈维)，德佩德罗(🟨,70'门迭塔)/莫伦特斯🟨

2002.6.22 **塞内加尔0:1土耳其**
大阪/44233人，**主裁判**:鲁伊斯(哥伦比亚)
进球:伊尔汗94'
塞内加尔(442):西尔瓦/科利，迪亚塔，M.迪奥普，达夫🟨/博巴·迪奥普，A.西塞🟨，迪奥，法迪加/H.卡马拉，迪乌夫
土耳其(352):鲁斯图/法蒂赫，布伦特，阿尔帕伊/于米特·达瓦拉，巴斯图尔克，图加伊，埃姆雷(🟨,91'阿里夫)，埃尔京/哈坎·苏克(67'伊尔汗🟨)，哈桑·萨斯

半决赛

2002.6.25 **韩国0:1德国**
首尔/65256人，**主裁判**:迈尔(瑞士)
进球:巴拉克75'
韩国(343):李云在/崔镇哲(56'李敏成🟨)，洪明甫(80'薛琦铉)，金泰映/宋钟国，朴智星，柳相铁，李荣杓/车杜里，黄善洪(51'安贞焕)，李天秀
德国(442):卡恩/弗林斯，林克，拉梅洛，梅策尔德/施奈德(85'耶雷梅斯)，哈曼，巴拉克🟨，博德/诺伊维尔(🟨,88'阿萨莫阿)，克洛泽(70'比埃霍夫)

2002.6.26 **巴西1:0土耳其**
埼玉/61058人，**主裁判**:尼尔森(丹麦)
进球:罗纳尔多49'
巴西(3412):马科斯/卢西奥，埃德米尔森，罗克·儒尼奥尔/卡福，克莱伯森(85'贝莱蒂)，里瓦尔多，吉尔伯托·席尔瓦🟨，卡洛斯/埃迪尔森(75'德尼尔森)，罗纳尔多(68'路易松)
土耳其(352):鲁斯图/法蒂赫，阿尔帕伊，布伦特/于米特·达瓦拉(74'伊泽特)，巴斯图尔克(88'阿里夫)，图加伊🟨，埃姆雷(62'伊尔汗)，埃尔京/哈坎·苏克，哈桑·萨斯🟨

季军争夺战

2002.6.29 **韩国2:3土耳其**
大邱/63483人，**主裁判**:曼耶(科威特)
进球:李乙容9'，宋钟国91'/哈坎·苏克11"，伊尔汗13'、32
韩国(343):李云在/柳相铁，洪明甫(45'金泰映)，李敏成/宋钟国，朴智星，李乙容(🟨,65'车杜里)，李荣杓/薛琦铉(79'崔兑旭)，安贞焕，李天秀
土耳其(352):鲁斯图🟨/法蒂赫，阿尔帕伊，布伦特/于米特·达瓦拉(76'奥坎)，巴斯图尔克(86'塔伊富尔)，图加伊🟨，埃姆雷(41'哈坎·云萨尔)，埃尔京/伊尔汗，哈坎·苏克

决赛

2002.6.30 **德国0:2巴西**
横滨/69029人，**主裁判**:科利纳(意大利)
进球:罗纳尔多67'、79'
德国(352):卡恩/林克，拉梅洛，梅策尔德/弗林斯，施奈德，耶雷梅斯(77'阿萨莫阿)，哈曼，博德(84'齐格)/诺伊维尔，克洛泽(🟨,74'比埃霍夫)
巴西(3412):马科斯/卢西奥，埃德米尔森，罗克·儒尼奥尔🟨/卡福，吉尔伯托·席尔瓦，里瓦尔多，克莱伯森，卡洛斯/罗纳尔多(90'德尼尔森)，罗纳尔迪尼奥(85'儒尼尼奥)

2006

预选赛

东道主德国队和卫冕冠军巴西队直接出线。另有198队参加预选赛，争夺30个出线席位。预选赛共进行了847场，进球2464个，场均2.91球。入场券分配方面，欧洲区14个(含德国)，南美区4.5个，中北美及加勒比区3.5个，非洲区5个，亚洲区4.5个，大洋洲区0.5个。有2张入场券通过洲际附加赛决出。

●欧洲区

(赛制)共51队参赛，分成8个小组，5个小组拥有6支队，3个小组拥有7支队伍，每个小组第一名以及两个成绩最好的小组第二名直接晋级世界杯决赛圈，剩下6个小组第二通过附加赛争夺最后三个决赛圈名额。

第1组	胜	平	负	进:失球	分
荷兰	10	2	0	27:3	32
捷克	9	0	3	35:12	27
罗马尼亚	8	1	3	20:10	25
芬兰	5	1	6	21:19	16
马其顿	2	3	7	11:24	9
亚美尼亚	2	1	9	9:25	7
安道尔	1	2	9	4:34	5

(荷兰出线、捷克附加赛)

2004.8.18 马其顿3:0亚美尼亚
潘德夫5'，萨基里37'，舒莫利科斯基89'

2004.8.18 罗马尼亚2:1芬兰
穆图50'，彼得雷90'/叶廖缅科90+3'(点球)

2004.9.4 芬兰3:0安道尔
叶廖缅科42'、64'，里希拉赫蒂58'

2004.9.4 罗马尼亚2:1马其顿
潘库16'，穆图88'/瓦索夫斯基75'

2004.9.8 安道尔1:5罗马尼亚
普约尔28'(点球)/塞尔纳特1'，潘库5'、83'，尼库莱16'，70'

2004.9.8 亚美尼亚0:2芬兰
福塞尔24'、叶廖缅科67'

2004.9.8 荷兰2:0捷克
范胡耶唐克33'、84'

2004.10.9 捷克1:0罗马尼亚
扬·科勒36'(点球)

2004.10.9 芬兰3:1亚美尼亚
库奇8'、87'，叶廖缅科28'/沙赫盖尔德扬32'

2004.10.9 马其顿2:2荷兰
潘德夫45'，斯托伊科夫70'/鲍马43'，库伊特66'

2004.10.13 安道尔1:0马其顿
贝纳乌斯60'

2004.10.13 亚美尼亚0:3捷克
扬·科勒3'、78'，罗西基30'

2004.10.13 荷兰3:1芬兰
斯内德39'，范尼斯特尔鲁伊41'、63'/泰尼奥14'

2004.11.17 安道尔0:3荷兰
科库21'，罗本31'，斯内德78'

2004.11.17 亚美尼亚1:1罗马尼亚
多科扬63'/马里卡29'

2004.11.17 马其顿0:2捷克
洛克文茨87'，扬·科勒90'

2005.2.9 马其顿0:0安道尔

2005.3.26 亚美尼亚2:1安道尔
阿拉姆·哈科布扬32'，卡查特扬73'/费尔南多·席尔瓦57'

2005.3.26 捷克4:3芬兰
巴罗什7'，罗西基34'，波拉克58'，洛克文茨87'/利特马宁46'，里希拉赫蒂73'，约翰松79'

2005.3.26 罗马尼亚0:2荷兰
科库1'，巴贝尔85'

2005.3.30 安道尔0:4捷克
扬库洛夫斯基30'(点球)，巴罗什39'，洛克文茨52'，罗西基90+2'(点球)

2005.3.30 马其顿1:2罗马尼亚
马兹诺夫31'/米特亚18'，58'

2005.3.30 荷兰2:0亚美尼亚
卡斯特伦3'，范尼斯特尔鲁伊34'

2005.6.4 亚美尼亚1:2马其顿
马努哈尔扬55'/潘德夫29'(点球)、47'

2005.6.4 捷克8:1安道尔
洛克文茨12'、90+2'，扬·科勒30'，斯米切尔37'，加拉塞克52'，巴罗什79'，罗西基84'，波拉克86'/加布里埃尔·列拉36'

2005.6.4 荷兰2:0罗马尼亚
罗本26'，库伊特47'

2005.6.8 捷克6:1马其顿
扬·科勒41'、45'、47'、52'，罗西基73'，巴罗什87'/潘德夫13'

2005.6.8 芬兰0:4荷兰
范尼斯特尔鲁伊36'，库伊特76'，科库85'，范佩西87'

2005.6.8 罗马尼亚3:0亚美尼亚
彼得29'，布库尔40'、78'

2005.8.17 马其顿0:3芬兰
叶廖缅科8'、45'，罗伊哈87'

2005.8.17 罗马尼亚2:0安道尔
穆图29'、40'

2005.9.3 安道尔0:0芬兰

2005.9.3 亚美尼亚0:1荷兰
范尼斯特尔鲁伊64'

2005.9.3 罗马尼亚2:0捷克
穆图28'、56'

2005.9.7 捷克4:1亚美尼亚
海因茨47'，波拉克52'、76'巴罗什58'/阿拉·哈科布扬85'

2005.9.7 芬兰5:1马其顿
福塞尔10'、12'、61'，蒂希宁41'，叶廖缅科54'/马兹诺夫48'

2005.9.7 荷兰4:0安道尔
范德法特23'，科库27'，范尼斯特尔鲁伊43'、89'

2005.10.8 捷克0:2荷兰
范德法特31'，奥普丹38'

2005.10.8 芬兰0:1罗马尼亚
穆图41'(点球)

2005.10.12 安道尔0:3亚美尼亚
索内吉40'(乌龙)，阿拉姆·哈科布扬52'，阿拉·哈科布扬62'

2005.10.12 芬兰0:3捷克
尤恩6'，罗西基51'，海因茨58'

2005.10.12 荷兰0:0马其顿

第2组	胜	平	负	进球:失球	分
乌克兰	7	4	1	18:7	25
土耳其	6	5	1	23:9	23
丹麦	6	4	2	24:12	22
希腊	6	3	3	15:9	21
阿尔巴尼亚	4	1	7	11:20	13
格鲁吉亚	2	4	6	14:25	10
哈萨克斯坦	0	1	11	6:29	1

(乌克兰出线，土耳其附加赛)

2004.9.4 阿尔巴尼亚2:1希腊
穆拉蒂2'，阿利亚伊10'/扬纳科普洛斯38'

2004.9.4 丹麦1:1乌克兰
约根森9'/胡辛56'

2004.9.4 土耳其1:1格鲁吉亚
泰克49'/阿萨蒂亚尼84'

2004.9.8 哈萨克斯坦1:2乌克兰
卡尔波维奇35'/别利克15'，罗坦90+1'

2004.9.8 格鲁吉亚2:0阿尔巴尼亚
亚施维利15'，德梅特拉德泽90'

2004.9.8 希腊0:0土耳其

2004.10.9 阿尔巴尼亚0:2丹麦
约根森52'，托马森72'

2004.10.9 土耳其4:0哈萨克斯坦
格克代尼兹17'，尼哈特50'，泰克90'、90+3'

2004.10.9 乌克兰1:1希腊
舍甫琴柯49'/察塔斯81'

2004.10.13 丹麦1:1土耳其
托马森27'(点球)/尼哈特70'

2004.10.13 哈萨克斯坦0:1阿尔巴尼亚
布沙伊60'

2004.10.13 乌克兰2:0格鲁吉亚
别利克9'，舍甫琴柯80'

2004.11.17 格鲁吉亚2:2丹麦
德梅特拉德泽35'，阿萨季阿尼76'/托马森9'、64'

2004.11.17 希腊3:1哈萨克斯坦
查里斯特亚斯24'、45'，卡楚拉尼斯86'/巴尔蒂耶夫87'(点球)

2004.11.17 土耳其0:3乌克兰
胡谢夫9'，舍甫琴柯17'、89'

2005.2.9 阿尔巴尼亚0:2乌克兰
鲁索尔40'，胡辛59'

2005.2.9 希腊2:1丹麦
扎戈拉基斯25'，巴西纳斯32'(点球)/罗梅达尔45+1'

2005.3.26 丹麦3:0哈萨克斯坦
默勒10'、47'，克里斯蒂安·波尔森33'

2005.3.26 格鲁吉亚1:3希腊
阿萨季阿尼23'/卡普西斯43'，弗里扎斯45+1'，扬纳科普洛斯54'

2005.3.26 土耳其2:0阿尔巴尼亚
阿泰什3'(点球)，贝齐里5'(乌龙球)

2005.3.30 格鲁吉亚2:5土耳其
阿米舒拉施维利15'，亚施维利41'/托尔加10'，泰克21'、37'，阿夫哲74'，通恰伊90'

2005.3.30 希腊2:0阿尔巴尼亚
查里斯特亚斯34'，卡拉古尼斯85'

2005.3.30 乌克兰1:0丹麦
沃罗宁67'

2005.6.4 阿尔巴尼亚3:2格鲁吉亚
塔尔6'、56'，斯凯拉33'/布尔杜利85'，柯比亚施维利90+4'

2005.6.4 土耳其0:0希腊

2005.6.4 乌克兰2:0哈萨克斯坦
舍甫琴柯18'，阿夫杰耶夫83'(乌龙球)

2005.6.8 丹麦3:1阿尔巴尼亚
索伦·拉尔森5'、47'，约根森55'/博格达尼73'

2005.6.8　希腊0:1乌克兰
胡辛82'
2005.6.8　哈萨克斯坦0:6土耳其
泰克13'、85'，托拉曼15'，通恰伊41'、90'，小阿尔滕托普88'
2005.8.17　哈萨克斯坦1:2格鲁吉亚
肯热哈诺夫23'/德梅特拉德泽50'、82'
2005.9.3　阿尔巴尼亚2:1哈萨克斯坦
米尔塔伊53'，博格达尼56'/尼佐夫特塞夫62'
2005.9.3　格鲁吉亚1:1乌克兰
加科基德泽89'/罗坦43'
2005.9.3　土耳其2:2丹麦
奥坎47'，梅廷80'/C.延森40'，索伦·拉尔森90+3'
2005.9.7　丹麦6:1格鲁吉亚
C.延森10'，C.波尔森30'，阿格43'，托马森55'，S.拉尔森80'、84'/德梅特拉德泽37'
2005.9.7　哈萨克斯坦1:2希腊
扎尔马加姆贝托夫53'/扬纳科普洛斯78'，利贝罗普洛斯90+4'
2005.9.7　乌克兰0:1土耳其
梅廷55'
2005.10.8　丹麦1:0希腊
格拉夫高40'
2005.10.8　格鲁吉亚0:0哈萨克斯坦
2005.10.8　乌克兰2:2阿尔巴尼亚
舍甫琴柯45'，罗坦86'/博格达尼75'、83'
2005.10.12　阿尔巴尼亚0:1土耳其
梅廷58'
2005.10.12　希腊1:0格鲁吉亚
帕帕多普洛斯17'
2005.10.12　哈萨克斯坦1:2丹麦
库奇马86'/格拉夫高46'，托马森49'

第3组	**胜**	**平**	**负**	**进球:失球**	**分**
葡萄牙	9	3	0	35:5	30
斯洛伐克	6	5	1	24:8	23
俄罗斯	6	5	1	23:12	23
爱沙尼亚	5	2	5	16:17	17
拉脱维亚	4	3	5	18:21	15
列支敦士登	2	2	8	13:23	8
卢森堡	0	0	12	5:48	0

（葡萄牙出线，斯洛伐克附加赛）
2004.8.18　列支敦士登1:2爱沙尼亚
德利亚48'/维克梅31'，林德佩雷80'
2004.8.18　斯洛伐克3:1卢森堡
维特克26'，格雷斯科48'，德莫89'/斯特拉瑟2'
2004.9.4　爱沙尼亚4:0卢森堡
蒂弗7'，绍尔斯41(乌龙球)，奥佩尔61'，维克梅66'
2004.9.4　拉脱维亚0:2葡萄牙
C.罗纳尔多58'，保莱塔59'
2004.9.4　俄罗斯1:1斯洛伐克
布雷金14'/维特克87'
2004.9.8　卢森堡3:4拉脱维亚
G.布朗10'，列维克55'，卡多尼62'/韦尔帕科夫斯基4'，泽姆林斯基40'(点球)，霍夫曼65'(乌龙球)，普罗霍伦科夫67'
2004.9.8　斯洛伐克7:0列支敦士登
维特克15'、59'、81'(点球)，卡尔汉42'，内梅特84'，明塔尔85'，扎巴夫尼克90'
2004.9.8　葡萄牙4:0爱沙尼亚
C.罗纳尔多75'，波斯蒂加84'、90+2'，保莱塔87'
2004.10.9　列支敦士登2:2葡萄牙
博格梅尔48'，贝克76'/保莱塔23'，丹尼尔·哈斯勒39'(乌龙球)
2004.10.9　卢森堡0:4俄罗斯
瑟乔夫55'、69'、86'，阿尔沙文62'
2004.10.9　斯洛伐克4:1拉脱维亚
内梅特47'，雷特尔50'，卡尔汉55'、87'/韦尔帕科夫斯基3'
2004.10.13　拉脱维亚2:2爱沙尼亚
阿斯塔夫耶夫65'，莱赞斯82'/奥佩尔72'，蒂弗79'
2004.10.13　卢森堡0:4列支敦士登
斯托克拉萨41'，博格迈尔44'、84'，弗里克57'(点球)
2004.10.13　葡萄牙7:1俄罗斯
保莱塔26'，C.罗纳尔多39'、69'，德科45'，西芒82'，佩蒂特89'、90+3'/阿尔沙文79'
2004.11.17　列支敦士登1:3拉脱维亚
弗里克31'/韦尔帕科夫斯基7'，泽姆林斯基57'(点球)，普罗霍伦科夫89'
2004.11.17　卢森堡0:5葡萄牙
博阿莫特11'，C.罗纳尔多27'，马尼切51'，保莱塔66'，83'(点球)
2004.11.17　俄罗斯4:0爱沙尼亚
卡里亚卡23'，伊斯梅洛夫25'，瑟乔夫32'，洛斯科夫67'(点球)
2005.3.26　爱沙尼亚1:2斯洛伐克
奥佩尔58'/明塔尔59'，雷特尔66'
2005.3.26　列支敦士登1:2俄罗斯
贝克40'/克尔扎科夫23'，卡里亚卡37'
2005.3.30　爱沙尼亚1:1俄罗斯
特雷霍夫62'/阿尔沙文17'
2005.3.30　拉脱维亚4:0卢森堡
布莱德利斯34'，莱赞斯38'(点球)，韦尔帕科夫斯基72'、90'
2005.3.30　斯洛伐克1:1葡萄牙
卡尔汉8'(点球)/波斯蒂加62'
2005.6.4　爱沙尼亚2:0列支敦士登
斯捷潘诺夫27'，奥佩尔57'
2005.6.4　葡萄牙2:0斯洛伐克
梅拉21'，C.罗纳尔多42'
2005.6.4　俄罗斯2:0拉脱维亚
阿尔沙文56'，洛斯科夫78'(点球)
2005.6.8　爱沙尼亚0:1葡萄牙
C.罗纳尔多32'
2005.6.8　拉脱维亚1:0列支敦士登
布莱德利斯17'
2005.6.8　卢森堡0:4斯洛伐克
内梅特5'，明塔尔15'，基塞尔54'，雷特尔60'
2005.8.17　拉脱维亚1:1俄罗斯
阿斯塔夫耶夫6'/阿尔沙文24
2005.8.17　列支敦士登0:0斯洛伐克
2005.9.3　爱沙尼亚2:1拉脱维亚
奥佩尔11'，斯米尔诺夫71'/莱赞斯90'
2005.9.3　葡萄牙6:0卢森堡
安德拉德24'，卡瓦略30'，保莱塔38'、57'，西芒80'、85'
2005.9.3　俄罗斯2:0列支敦士登
克尔扎科夫27'，66'
2005.9.7　拉脱维亚1:1斯洛伐克
莱赞斯74'/维特克35'
2005.9.7　列支敦士登3:0卢森堡
弗里克38'，菲舍尔77'，贝克90+2'
2005.9.7　俄罗斯0:0葡萄牙
2005.10.8　葡萄牙2:1列支敦士登
保莱塔48'，戈麦斯85'/菲舍尔32'
2005.10.8　俄罗斯5:1卢森堡
伊斯梅洛夫6'，克尔扎科夫17'，帕夫柳琴科69'，基里琴科74'、90+3'/C.雷特尔51'
2005.10.8　斯洛伐克1:0爱沙尼亚
赫林卡72'
2005.10.12　卢森堡0:2爱沙尼亚
奥佩尔7'、78'
2005.10.12　葡萄牙3:0拉脱维亚
保莱塔20'、22'，维亚纳86'
2005.10.12　斯洛伐克0:0俄罗斯

第4组	**胜**	**平**	**负**	**进球:失球**	**分**
法国	5	5	0	14:2	20
瑞士	4	6	0	18:7	18
以色列	4	6	0	15:10	18
爱尔兰	4	5	1	12:5	17
塞浦路斯	1	1	8	8:20	4
法罗群岛	0	1	9	4:27	1

（法国出线，瑞士附加赛）
2004.9.4　法国0:0以色列
2004.9.4　爱尔兰3:0塞浦路斯
莫里森33'　里德38'，罗比·基恩55'(点球)
2004.9.4　瑞士6:0法罗群岛
冯兰唐10'、14'、57'，雷29'、44'、55'
2004.9.8　法罗群岛0:2法国
久利32'，西塞73'
2004.9.8　以色列2:1塞浦路斯
贝纳永64'　巴迪尔74'/康斯坦蒂诺58'
2004.9.8　瑞士1:1爱尔兰
哈坎·雅金17'/莫里森9'
2004.10.9　塞浦路斯2:2法罗群岛
康斯坦蒂诺14'，托尔斯滕森81'(乌龙球)/C.约根森21'，R.雅各布森43'
2004.10.9　法国0:0爱尔兰
2004.10.9　以色列2:2瑞士
贝纳永9'、48'/弗雷26'，冯兰唐34'
2004.10.13　塞浦路斯0:2法国
维尔托德38'，亨利72'
2004.10.13　爱尔兰2:0法罗群岛
2004.11.17　塞浦路斯1:2以色列
奥卡斯45'/凯西16'，尼姆尼86'
2005.3.26　以色列1:1爱尔兰
苏安90+1'/莫里森4'
2005.3.26　法国0:0瑞士
2005.3.30　以色列1:1法国
巴迪尔83'/特雷泽盖50'
2005.3.30　瑞士1:0塞浦路斯
弗雷88'
2005.6.4　法罗群岛1:3瑞士
R.雅各布森70'/维基25'，弗雷72'、84'
2005.6.4　爱尔兰2:2以色列
哈特5'，罗比·基恩11'/耶米尔39'，尼姆尼46'
2005.6.8　法罗群岛0:2爱尔兰
哈特51'，基尔巴尼59'
2005.8.17　法罗群岛0:3塞浦路斯
康斯坦蒂诺39'、77'(点球)，克拉萨斯90+5'
2005.9.3　法国3:0法罗群岛
西塞14'、76'，S.奥尔森18'(乌龙球)
2005.9.3　瑞士1:1以色列
弗雷6'/凯西20'
2005.9.7　塞浦路斯1:3瑞士
阿洛内夫菁斯35'/弗雷15'，森德罗斯71'，居加84'
2005.9.7　法罗群岛0:2以色列
尼姆尼54'　卡坦79'
2005.9.7　爱尔兰0:1法国
亨利68'
2005.10.8　塞浦路斯0:1爱尔兰
埃利奥特6'
2005.10.8　瑞士1:1法国
马格宁80'/西塞53'
2005.10.8　以色列2:1法罗群岛
贝纳永1'，绍博格90+1'/萨姆埃尔森90+3'
2005.10.12　法国4:0塞浦路斯
齐达内29，维尔托德32'，多拉索44'，久利84'
2005.10.12　爱尔兰0:0瑞士

第5组	**胜**	**平**	**负**	**进球:失球**	**分**
意大利	7	2	1	17:8	23
挪威	5	3	2	12:7	18
苏格兰	3	4	3	9:7	13
斯洛文尼亚	3	3	4	10:13	12
白俄罗斯	2	4	4	12:14	10
摩尔多瓦	1	2	7	5:16	5

（意大利出线，挪威附加赛）
2004.9.4　意大利2:1挪威
德罗西4'，托尼80'/卡鲁1'
2004.9.4　斯洛文尼亚3:0摩尔多瓦
阿西莫维奇6'、28'、49'
2004.9.8　摩尔多瓦0:1意大利
皮耶罗32'
2004.9.8　挪威1:1白俄罗斯
里塞特39'/库图佐夫78'
2004.9.8　苏格兰0:0斯洛文尼亚
2004.10.9　白俄罗斯4:0摩尔多瓦

奥梅利扬丘克45'，库图佐夫65'，布雷加75'，罗马申科90+1'
2004.10.9 苏格兰0:1挪威
伊弗森54'(点球)
2004.10.9 斯洛文尼亚1:0意大利
B.塞萨尔82'
2004.10.13 意大利4:3白俄罗斯
托蒂27'(点球)、74'，德罗西33'，吉拉迪诺86'/罗马申科52'、89'，布雷加77'
2004.10.13 摩尔多瓦1:1苏格兰
达杜27'/S.汤普森30'
2004.10.13 挪威3:0斯洛文尼亚
卡鲁7'，彼得森60'，奥德高90'
2005.3.26 意大利2:0苏格兰
皮尔洛35'、85'
3005.3.30 摩尔多瓦0:0挪威
3005.3.30 斯洛文尼亚1:1白俄罗斯
罗迪奇44'/库尔奇48'
2005.6.4 白俄罗斯1:1斯洛文尼亚
贝尔科维奇18'/N.切赫17'
2005.6.4 挪威0:0意大利
2005.6.4 苏格兰2:0摩尔多瓦
戴利52'，麦克法登88'
2005.6.8 白俄罗斯0:0苏格兰
2005.9.3 摩尔多瓦2:0白俄罗斯
罗加齐奥夫17'、49'
2005.9.3 苏格兰1:1意大利
肯尼·米勒13'/格罗索75'
2005.9.3 斯洛文尼亚2:3挪威
奇米罗蒂奇4'，兹洛加83'/卡鲁3'，伦德克万23'，彼得森90+2'
2005.9.7 白俄罗斯1:4意大利
库图佐夫4'/托尼6'、13'、55'，卡莫拉内西45'
2005.9.7 摩尔多瓦1:2斯洛文尼亚
罗加齐奥夫31'/拉夫里奇47'，马夫里奇58'
2005.9.7 挪威1:2苏格兰
阿斯特89'/肯尼·米勒20'、30'
2005.10.8 意大利1:0斯洛文尼亚
扎卡尔多78'
2005.10.8 挪威1:0摩尔多瓦
鲁什菲尔特50'
2005.10.8 苏格兰0:1白俄罗斯
库图佐夫5'
2005.10.12 白俄罗斯0:1挪威
赫尔斯塔德70'
2005.10.12 意大利2:1摩尔多瓦
维耶里70'，吉拉迪诺85'/加特坎76'
2005.10.12 斯洛文尼亚0:3苏格兰
D.弗莱彻4'，麦克法登47'，哈特利84'

第6组	胜	平	负	进球:失球	分
英格兰	8	1	1	17:5	25
波兰	8	0	2	27:9	24
奥地利	4	3	3	15:12	15
北爱尔兰	2	3	5	10:18	9
威尔士	2	2	6	10:15	8
阿塞拜疆	0	3	7	1:21	3

(英格兰、波兰出线)
2004.9.4 奥地利2:2英格兰
科尔曼71'，伊万席茨73'/兰帕德24'，杰拉德64'
2004.9.4 阿塞拜疆1:1威尔士
萨迪戈夫56'/斯皮德48'
2004.9.4 北爱尔兰0:3波兰
茹拉夫斯基4'，沃达奇克37'，克日诺维克57'
2004.9.8 奥地利2:0阿塞拜疆
施特伦茨23'，科尔曼44'
2004.9.8 波兰1:2英格兰
茹拉夫斯基48'/迪福37'，格洛瓦基58'(乌龙球)
2004.9.8 威尔士2:2北爱尔兰
哈特森32'，厄恩肖75'/惠特利10'，希利21'
2004.10.9 奥地利1:3波兰
绍普30'/卡武日内10'，克日诺维克79'，弗兰科夫斯基90+1'
2004.10.9 阿塞拜疆0:0北爱尔兰

2005年11月16日，劳尔率领西班牙客场1比1逼平斯洛伐克，凭借首回合的5比1大胜，斗牛士进军德国，但这也是劳尔迄今最后一次参加国际大赛。

2004.10.9 英格兰2:0威尔士
兰帕德4'，贝克汉姆76'
2004.10.13 阿塞拜疆0:1英格兰
欧文22'
2004.10.13 北爱尔兰3:3奥地利
希利36'，默多克60'，埃利奥特90'/绍普14'、72'，迈尔勒布61'
2004.10.13 威尔士2:3波兰
厄恩肖56'，哈特森90+3'/弗兰科夫斯基72'，茹拉夫斯基81'，克日诺维克85'
2005.3.26 英格兰4:0北爱尔兰
乔·科尔47'，欧文52'，贝尔德54'(乌龙球)，兰帕德62'
2005.3.26 波兰8:0阿塞拜疆
弗兰科夫斯基12'、62'、64'，哈吉耶夫16'(乌龙球)，科索夫斯基40'，克日诺维克71'，萨加诺夫斯基84'、89'
2005.3.26 威尔士0:2奥地利
瓦斯蒂奇82'，斯特兰茨尔86'
2005.3.30 奥地利1:0威尔士
奥夫豪泽87'
2005.3.30 英格兰2:0阿塞拜疆
杰拉德51'，贝克汉姆62'
2005.3.30 波兰1:0北爱尔兰
茹拉夫斯基85'
2005.6.4 阿塞拜疆0:3波兰
弗兰科夫斯基28'，克洛斯57'，茹拉夫斯基81'
2005.9.3 北爱尔兰2:0阿塞拜疆
埃利奥特60'，菲尼84'
2005.9.3 波兰3:2奥地利
斯莫拉雷克13'，科索夫斯基22'，茹拉夫斯基67'/林茨61'、80'
2005.9.3 威尔士0:1英格兰
乔·科尔54'
2005.9.7 阿塞拜疆0:0奥地利
2005.9.7 北爱尔兰1:0英格兰
希利73'
2005.9.7 波兰1:0威尔士
茹拉夫斯基52'
2005.10.8 英格兰1:0奥地利
兰帕德24'
2005.10.8 北爱尔兰2:3威尔士
M.达夫47'，史蒂夫·戴维斯50'/西蒙·戴维斯27'，罗宾逊37'，吉格斯81'
2005.10.12 奥地利2:0北爱尔兰
奥夫豪泽44'、90'
2005.10.12 英格兰2:1波兰
欧文44'，兰帕德81'/弗兰科夫斯基45'
2005.10.12 威尔士2:0阿塞拜疆
吉格斯3'、51'

第7小组	胜	平	负	进球:失球	分
塞黑	6	4	0	16:1	22
西班牙	5	5	0	19:3	20
波黑	4	4	2	12:9	16
比利时	3	3	4	16:11	12
立陶宛	2	4	4	8:9	10
圣马力诺	0	0	10	2:40	0

(塞黑出线，西班牙附加赛)
2004.9.4 圣马力诺0:3塞黑
武基奇4'，耶斯特罗维奇15'、82'
2004.9.4 比利时1:1立陶宛
松克61'/扬考斯卡斯72'
2004.9.8 立陶宛4:0圣马力诺
扬考斯卡斯18'、50'，达尼列维丘斯65'，盖德高达斯90+1'
2004.9.8 波黑1:1西班牙
博利奇74'/维森特66'
2004.10.9 西班牙2:0比利时
卢克60'，劳尔63'
2004.10.9 波黑0:0塞黑
2004.10.13 立陶宛0:0西班牙
2004.10.13 塞黑5:0圣马力诺
米洛舍维奇35'，斯坦科维奇45'、50'，科罗曼52'，武基奇69'
2004.11.7 圣马力诺0:1立陶宛
切斯瑙斯基42'
2004.11.7 比利时0:2塞黑
武基奇7'，凯日曼60'
2005.2.9 西班牙5:0圣马力诺
华金15'，托雷斯33'，劳尔43'，古蒂65'，德尔奥尔诺79'
2005.3.26 比利时4:1波黑
E.姆彭萨15'、54'，达尔登44'，比费尔76'/巴伊

拉莫维奇1'
2005.3.30 **塞黑0:0西班牙**
2005.3.30 **波黑1:1立陶宛**
博利奇21'/斯坦科维丘斯60'
2005.3.30 **圣马力诺1:2比利时**
塞尔瓦41'/西蒙斯19'(点球), 范比滕64'
2005.6.4 **塞黑0:0比利时**
2005.6.4 **西班牙1:0立陶宛**
卢克68'
2005.6.4 **圣马力诺1:3波黑**
塞尔瓦39'/萨利哈米季奇17'、38', 巴巴雷茨75'
2005.6.8 **西班牙1:1波黑**
马切纳90+6'/米西莫维奇39'
2005.9.3 **塞黑2:0立陶宛**
凯日曼18', 伊利奇74'
2005.9.3 **波黑1:0比利时**
巴巴雷茨62'
2005.9.7 **西班牙1:1塞黑**
劳尔19'/凯日曼68'
2005.9.7 **比利时8:0圣马力诺**
西蒙斯34'(点球), 达尔登39'、67', 比费尔44', M.姆彭萨52'、71', 范登伯格53', 范比滕83'
2005.9.7 **立陶宛0:1波黑**
巴巴雷茨28'
2005.10.8 **立陶宛0:2塞黑**
凯日曼44', 武基奇85'
2005.10.8 **比利时0:2西班牙**
托雷斯56'、66'
2005.10.8 **波黑3:0圣马力诺**
博利奇46'、75'、82'
2005.10.12 **塞黑1:0波黑**
凯日曼7'
2005.10.12 **立陶宛1:1比利时**
德尚什特82'(乌龙球)/加莱尔茨20'
2005.10.12 **圣马力诺0:6西班牙**
A.洛佩斯1', 托雷斯11'、78'、89'(点球), 拉莫斯31'、48'

第8小组	**胜**	**平**	**负**	**进球:失球**	**分**
克罗地亚	7	3	0	21:5	24
瑞典	8	0	2	30:4	24
保加利亚	4	3	3	17:17	15
匈牙利	4	2	4	13:14	14
冰岛	1	1	8	14:27	4
马耳他	0	3	7	4:32	3

(克罗地亚、瑞典出线)
2004.9.4 **克罗地亚3:0匈牙利**
普尔绍32', 克拉什尼奇57', 杰佩斯80'(乌龙球)
2004.9.4 **冰岛1:3保加利亚**
古德约翰森51'(点球)/贝尔巴托夫35'、49', 雅内夫62'
2004.9.4 **马耳他0:7瑞典**
伊布拉希莫维奇4'、11'、14'、71', 永贝里46'、74', 拉尔森76'
2004.9.8 **瑞典0:1克罗地亚**
斯尔纳63'
2004.9.8 **匈牙利3:2冰岛**
格拉63', 托盖莱75', 绍比奇80'/古德约翰森40', 西于尔兹松78'
2004.9.8 **克罗地亚2:2保加利亚**
斯尔纳15'、32'(点球)/M.彼得罗夫78', 贝尔巴托夫86'
2004.10.9 **马耳他0:0冰岛**
2004.10.9 **瑞典3:0匈牙利**
永贝里26', 拉尔森50', A.斯文松67'
2004.10.13 **保加利亚4:1马耳他**
贝尔巴托夫43'、56', 雅内夫47', 扬科夫87'/米夫苏德12'
2004.10.13 **冰岛1:4瑞典**
古德约翰森66'/拉尔森24'、39', 奥尔巴克27', 威廉松44'
2004.11.17 **马耳他0:2匈牙利**
格拉39', 科瓦茨90+3'
2005.3.26 **保加利亚0:3瑞典**
永贝里17'、90+3'(点球), 埃德曼73'
2005.3.26 **克罗地亚4:0冰岛**
N.科瓦奇39'、76', 西穆尼奇71', 普尔绍90'
2005.3.30 **克罗地亚3:0马耳他**
普尔绍24'、36', 图多尔80'
2005.3.30 **匈牙利1:1保加利亚**
劳伊齐90'/S.彼得罗夫52'
2005.6.4 **保加利亚1:3克罗地亚**
M.彼得罗夫72'/巴比奇19', 图多尔57', 克拉尼察80'
2005.6.4 **冰岛2:3匈牙利**
古德约翰森17', 西于尔兹松68'/格拉45'、56', 胡斯蒂73'
2005.6.4 **瑞典6:0马耳他**
容松6', A.斯文松18', 威廉松29', 伊布拉希莫维奇40', 永贝里57', 埃尔曼德81'
2005.6.8 **冰岛4:1马耳他**
索尔瓦尔德松27', 古德约翰森33', 居兹蒙德松74', 贡纳尔松84'/B.赛义德58'
2005.9.3 **匈牙利4:0马耳他**
托盖莱34', B.赛义德55'(乌龙球), 塔卡茨64', 拉伊茨基85'
2005.9.3 **冰岛1:3克罗地亚**
古德约翰森24'/巴拉班56'、61', 斯尔纳82'
2005.9.3 **瑞典3:0保加利亚**
永贝里60', 梅尔贝里75', 伊布拉希莫维奇90'
2005.9.7 **保加利亚3:2冰岛**
贝尔巴托夫21', 伊利耶夫69', M.彼得罗夫86'/斯滕松9', 赫雷达松16'
2005.9.7 **匈牙利0:1瑞典**
伊布拉希莫维奇90+1'
2005.9.7 **马耳他1:1克罗地亚**
维尔曼74'/克拉尼察19'
2005.10.8 **保加利亚2:0匈牙利**
贝尔巴托夫29', 拉扎罗夫55'
2005.10.8 **克罗地亚1:0瑞典**
斯尔纳55'
2005.10.12 **匈牙利0:0克罗地亚**
2005.10.12 **马耳他1:1保加利亚**
扎赫拉79'/扬科夫67'
2005.10.12 **瑞典3:1冰岛**
伊布拉希莫维奇29', 拉尔森42', 卡尔斯特伦90+1'/阿尔纳松11'

附加赛
2005.11.12 **西班牙5:1斯洛伐克**
L.加西亚10'、18'、74', 托雷斯65', 莫伦特斯79'/内梅特49'
2005.11.16 **斯洛伐克1:1西班牙**
霍洛什科50'/比利亚71'
2005.11.12 **瑞士2:0土耳其**
森德罗斯41', 贝赫拉米86'
2005.11.16 **土耳其4:2瑞士**
通恰伊22'、36'、89', 内贾蒂52'(点球)/弗雷2'(点球)、施特雷勒84'
2005.11.12 **挪威0:1捷克**
斯米切尔31'
2005.11.16 **捷克1:0挪威**
罗西基35'

●南美区

(赛制)10支球队参加双循环小组赛，前4名球队直接晋级世界杯决赛圈，第5名球队与大洋洲头名争夺1张决赛圈入场券。

	胜	**平**	**负**	**进球:失球**	**分**
巴西	9	7	2	35:17	34
阿根廷	10	4	4	29:17	34
厄瓜多尔	8	4	6	23:19	28
巴拉圭	8	4	6	23:23	28
乌拉圭	6	7	5	23:28	25
哥伦比亚	6	6	6	24:16	24
智利	5	7	6	18:22	22
委内瑞拉	5	3	10	20:28	18
秘鲁	4	6	8	20:28	18
玻利维亚	4	2	12	20:27	14

(巴西、阿根廷、厄瓜多尔、巴拉圭出线，乌拉圭附加赛)

第1轮
2003.9.6 **阿根廷2:2智利**
C.冈萨雷斯31', 艾马尔35'/米罗塞维奇60', 纳比亚77'
2003.9.6 **厄瓜多尔2:0委内瑞拉**
G.埃斯皮诺萨5', C.特诺里奥72'
2003.9.6 **秘鲁4:1巴拉圭**
索拉诺34, A.门多萨42', 索托83', 法尔范90'/加马拉24'
2003.9.7 **哥伦比亚1:2巴西**
安赫尔39'/罗纳尔多23', 卡卡62'
2003.9.7 **乌拉圭5:0玻利维亚**
福尔兰17' 切万顿40'、60', 阿贝洪82', 布埃诺87'

第2轮
2003.9.9 **委内瑞拉0:3阿根廷**
艾马尔7', 克雷斯波25', C.德尔加多31'
2003.9.9 **智利2:1秘鲁**
皮尼利亚35', 诺拉姆布埃纳70'/A.门多萨56'
2003.9.10 **巴拉圭4:1乌拉圭**
卡多索26'、57'、72', 帕雷德斯54'/切万顿23'
2003.9.10 **巴西1:0厄瓜多尔**
罗纳尔迪尼奥13'
2003.9.10 **玻利维亚4:0哥伦比亚**
巴尔迪维索12'(点球), 博特罗27'、48'、58'

第3轮
2003.11.15 **巴拉圭2:1厄瓜多尔**
圣克鲁斯29', J.卡多索70'/E.门德斯68'
2003.11.15 **乌拉圭2:1智利**
切万顿30' A.罗梅罗48'/梅兰德斯20'
2003.11.15 **阿根廷3:0玻利维亚**
达历山德罗56', 克雷斯波61', 艾马尔63'
2003.11.15 **哥伦比亚0:1委内瑞拉**
阿朗戈6'
2003.11.16 **秘鲁1:1巴西**
索拉诺68'/里瓦尔多21'(点球)

第4轮
2003.11.18 **委内瑞拉2:1玻利维亚**
雷伊89', 阿朗戈90'/博特罗59'
2003.11.18 **智利0:1巴拉圭**
帕雷德斯30'
2003.11.19 **巴西3:3乌拉圭**
卡卡20', 罗纳尔多28'、86'/福尔兰57'、75', 吉尔伯托·席尔瓦77'(乌龙球)
2003.11.19 **厄瓜多尔0:0秘鲁**
2003.11.19 **哥伦比亚1:1阿根廷**
安赫尔47'/克雷斯波26'

第5轮
2004.3.30 **玻利维亚0:2智利**
比利亚罗respond38', M.冈萨雷斯59'
2004.3.30 **阿根廷1:0厄瓜多尔**
克雷斯波60'
2004.3.31 **乌拉圭0:3委内瑞拉**
乌尔达内塔19', H.冈萨雷斯63', 阿朗哥78'
2004.3.31 **巴拉圭0:0巴西**
2004.3.31 **秘鲁0:2哥伦比亚**
格里萨莱斯29', 奥维多42'

第6轮
2004.6.1 **玻利维亚2:1巴拉圭**
克里斯塔尔多9', R.苏亚雷斯72'/J.卡多索33'
2004.6.1 **委内瑞拉0:1智利**
皮尼利亚84'
2004.6.1 **乌拉圭1:3秘鲁**
福尔兰73'/索拉诺12', C.皮萨罗19', 法尔范62'

2004.6.2 巴西3:1阿根廷
罗纳尔多16'(点球)、67'(点球)、90+5'(点球)/索林79'
2004.6.2 厄瓜多尔2:1哥伦比亚
A.德尔加多3', F.萨拉斯66'/奥维多56'

第7轮
2004.6.5 厄瓜多尔3:2玻利维亚
索利斯29'(乌龙球), A.德尔加多33', 德拉克鲁斯40'/古铁雷斯58', J.卡斯蒂略75]
2004.6.6 智利1:1巴西
纳比亚89'(点球)/法比亚诺16'
2004.6.6 哥伦比亚5:0乌拉圭
帕切科18'、32', T.莫雷诺20', 雷斯特雷波81', S.埃雷拉86'
2004.6.6 阿根廷0:0巴拉圭
2004.6.6 秘鲁0:0委内瑞拉

第8轮
2004.9.4 秘鲁1:3阿根廷
索托62'/罗萨莱斯14', 科洛奇尼66', 索林90+1'
2004.9.5 巴拉圭1:0委内瑞拉
加马拉53'
2004.9.5 智利0:0哥伦比亚
2004.9.5 乌拉圭1:0厄瓜多尔
C.布埃诺58'
2004.9.5 巴西3:1玻利维亚
罗纳尔多1', 罗纳尔迪尼奥13'(点球), 阿德里亚诺44'/克里斯塔尔多49'

第9轮
2004.10.9 哥伦比亚1:1巴拉圭
格里萨莱斯17'/A.托雷斯78'
2004.10.9 玻利维亚1:0秘鲁
博特罗56'
2004.10.9 委内瑞拉2:5巴西
莫兰80'、90+1'/卡卡6'、35', 罗纳尔多49'、51', 阿德里亚诺75'
2004.10.9 阿根廷4:2乌拉圭
卢乔·冈萨雷斯6', 菲格罗亚33'、54', 萨内蒂45'/C.罗德里格斯63', 切万顿86'(点球)
2004.10.10 厄瓜多尔2:0智利
卡维德斯59', E.门德斯64'

第10轮
2004.10.12 玻利维亚0:0乌拉圭
2004.10.13 巴拉圭1:1秘鲁
C.帕雷德斯29'/索拉诺74'(点球)
2004.10.13 巴西0:0哥伦比亚
2004.10.13 智利0:0阿根廷
2004.10.13 委内瑞拉3:1厄瓜多尔
乌尔达内塔21'(点球), 莫兰73'、81'/阿约维42'(点球)

第11轮
2004.11.17 厄瓜多尔1:0巴西
E.门德斯77'
2004.11.17 阿根廷3:2委内瑞拉
雷伊4'(乌龙球), 里克尔梅45', 萨维奥拉66'/莫兰33', 比耶尔马72'
2004.11.17 秘鲁2:1智利
法尔范55', 格雷罗86'/S.冈萨雷斯90+1'
2004.11.17 乌拉圭1:0巴拉圭
蒙特罗78'
2004.11.17 哥伦比亚1:0玻利维亚
耶佩斯18'

第12轮
2005.3.26 玻利维亚1:2阿根廷
J.卡斯蒂略50'/菲格罗亚58', 加莱蒂63'
2005.3.26 委内瑞拉0:0哥伦比亚
2005.3.26 智利1:1乌拉圭
米罗塞维奇47'/雷盖罗4'
2005.3.27 厄瓜多尔5:2巴拉圭
巴伦西亚32'、50', E.门德斯45'、48', 阿约维76'(点球)/J.卡多索9'(点球), S.卡瓦尼亚斯14'
2005.3.27 巴西1:0秘鲁
卡卡73'

第13轮
2005.3.29 玻利维亚3:1委内瑞拉
西切罗2'(乌龙球), J.卡斯蒂略26', 巴卡84'/马尔多纳多71'
2005.3.30 巴拉圭2:1智利
莫里尼戈36', J.卡多索60'/富恩特斯73'
2005.3.30 秘鲁2:2厄瓜多尔
格雷罗2', 法尔范58'/德拉克鲁斯3', 巴伦西亚45+1'
2005.3.30 乌拉圭1:1巴西
福尔兰49'/埃莫森68'
2005.3.30 阿根廷1:0哥伦比亚
克雷斯波65'

第14轮
2005.6.4 委内瑞拉1:1乌拉圭
马尔多纳多73'/福尔兰2'
2005.6.4 厄瓜多尔2:0阿根廷
拉拉54', A.德尔加多90'
2005.6.4 哥伦比亚5:0秘鲁
L.雷伊29', 索托55', 安赫尔57', 雷斯特雷波75', 佩雷亚78'
2005.6.4 智利3:1玻利维亚
富恩特斯8'、34', 萨拉斯66'/S.卡斯蒂略83'
2005.6.5 巴西4:1巴拉圭
罗纳尔迪尼奥32'(点球)、41'(点球), 泽·罗伯托70', 罗比尼奥82'/圣克鲁斯72'

第15轮
2005.6.7 秘鲁0:0乌拉圭
2005.6.8 智利2:1委内瑞拉
希门尼斯31'、60'/莫兰82'
2005.6.8 巴拉圭4:1玻利维亚
加马拉17', 圣克鲁斯46+1', 卡塞雷斯54', J.努涅斯68'/加林多30'
2005.6.8 哥伦比亚3:0厄瓜多尔
M.莫雷诺5'、9', 阿苏亚加70'
2005.6.8 阿根廷3:1巴西
克雷斯波3'、40', 里克尔梅18'/卡洛斯71'

第16轮
2005.9.3 玻利维亚1:2厄瓜多尔
巴卡41'/A.德尔加多8'、49'
2005.9.3 巴拉圭1:0阿根廷
圣克鲁斯14'
2005.9.3 委内瑞拉4:1秘鲁
马尔多纳多17', 阿朗戈68', 托雷亚尔巴73'、79'/法尔范63'
2005.9.4 乌拉圭3:2哥伦比亚
萨拉耶塔42'、51'、86'/索托79', 安赫尔82'
2005.9.4 巴西5:0智利
胡安11', 罗比尼奥21', 阿德里亚诺27'、29'、90+2'

第17轮
2005.10.8 厄瓜多尔0:0乌拉圭
2005.10.8 哥伦比亚1:1智利
雷伊24'/罗哈斯64'
2005.10.8 委内瑞拉0:1巴拉圭
巴尔德斯64'
2005.10.9 阿根廷2:0秘鲁
里克尔梅81'(点球), 瓜达卢普90'(乌龙球)
2005.10.9 玻利维亚1:1巴西
J.卡斯蒂略49'/小儒尼尼奥25'

第18轮
2005.10.12 乌拉圭1:0阿根廷
雷科巴46'
2005.10.12 巴西3:0委内瑞拉
阿德里亚诺28', 罗纳尔多51', 卡洛斯61'
2005.10.12 巴拉圭0:1哥伦比亚
雷伊7'
2005.10.12 智利0:0厄瓜多尔
2005.10.12 秘鲁4:1玻利维亚
瓦萨洛11', 阿卡西耶特38', 法尔范45'、82'/L.古铁雷斯66'

"南美洲－大洋洲"附加赛
2005.11.12 乌拉圭1:0澳大利亚
D.罗德里格斯37'
2005.11.16 澳大利亚1:0(点球4:2)乌拉圭
布雷西亚诺35'

中北美及加勒比海地区

(赛制)34支球队参赛，波多黎各未参加，争夺3.5张世界杯决赛圈门票。整个预选赛分为三个阶段，首轮资格赛，34支球队被分为12个小组，其中10个小组有3支球队，两个小组拥有2支球队，拥有3支球队的小组内，国际足联排名最高的球队将直接进入第二轮比赛，其余球队将进行两回合主客场制较量，最终12支球队进入第二轮。第二轮将12支球队分为三个小组，每组4支球队，进行双循环赛制，每组前两名进入最后一轮争夺。最后一轮6支球队进行双循环小组赛，前三名球队直接晋级世界杯决赛圈，第4名与亚洲区八强赛第5名争夺一张世界杯决赛圈门票。

第一轮资格赛
2004.2.28 格林纳达5:0圭亚那
比绍普39', K.菲利浦44', 奥古斯汀79', 莫德斯特85', 雷尼90'
2004.3.14 圭亚那1:3格林纳达
哈里斯29'/查尔斯15', 罗伯茨69', 巴布89'
2004.2.29 百慕大13:0蒙特塞拉特
达蒙6'、19'、50', 纳桑14'、54'、59', 拉尔夫41'、51', K.史密斯35', 斯蒂德43', 韦德77', 西蒙斯82', 伯格斯87'
21-3-04 蒙特塞拉特0:7百慕大
希尔15', 纳桑20'、45', 拉尔夫40', K.史密斯44'、46', 达蒙76'
2004.2.18 海地5:0特克斯和凯科斯
佩格罗6', 德斯科林斯42'、45+3'、50', 科里奥兰70'
2004.2.21 特克斯和凯科斯0:2海地
洛梅拉7', 克罗斯比44'(乌龙球)
2004.2.22 英属维尔京群岛0:1圣卢西亚
埃尔瓦54'
2004.3.28 圣卢西亚9:0英属维尔京群岛
埃马努埃尔13'(点球)、71'(点球)、72', 埃利亚23', 埃尔·让28', 斯基特47'、55', 埃尔瓦53', 巴普蒂斯特90'
2004.2.22 开曼群岛1:2古巴
埃利奥特72'/莫雷52', 马滕89'
2004.3.27 古巴3:0开曼群岛
莫雷8'、51'、69'
2004.2.28 阿鲁巴1:2苏里南
埃斯卡洛纳88'/费尔特54'(点球), 齐尼亚热尔61'
2004.3.27 苏里南8:1阿鲁巴
金塞尼6'、49', 洛斯维克14', 费尔特18'、65'、66', 克利弗顿42', 齐尼亚热尔90'/埃斯卡洛纳24]
2004.2.18 安提瓜2:0荷属安的列斯
罗伯茨42', 克拉克89'
2004.3.31 荷属安的列斯3:0安提瓜
西贝里26', 马塔45', 霍塞47'
2004.3.26 多米尼加1:1巴哈马
卡西米尔80'/霍顿61'
2004.3.28 巴哈马1:3多米尼加
N.让69'/卡西米尔38'、86', 皮特斯85'
2004.2.18美属维尔京群岛0:4圣基茨和尼维斯
哈金斯29', 拉克52'、65', 伊萨克63'
2004.3.31 圣基茨和尼维斯7:0美属维尔京群岛
拉克12'、38'、47'、57'、72', 伊萨克81'、89'
2004.3.19 多米尼加共和国0:0安圭拉

2004.3.21　安圭拉0:6多米尼加共和国
萨帕塔15'，塞维里诺38'、60'，孔特雷拉斯57'、90'，巴斯克斯76'

第二轮资格赛

2004.6.13　美国3:0格林纳达
比斯利45+1'、71'，凡尼90+3'
2004.6.20　格林纳达2:3美国
罗伯茨12'(点球)，查尔斯78'/多诺万6'，J.沃尔夫19'，比斯利77'
2004.6.13　萨尔瓦多2:1百慕大
J.马丁内斯13'，贝拉斯克斯53'/纳桑49'
2004.6.20　百慕大2:2萨尔瓦多
伯格斯5'(点球)，纳桑21'/帕切科19'、43'(点球)
2004.6.12　海地1:1牙买加
佩格罗49'(点球)/马龙·金38'
2004.6.20　牙买加3:0海地
马龙·金4'、14'、31'
2004.6.13　巴拿马4:0圣卢西亚
巴尔德斯4'，特哈达17'，菲利普斯38'，布朗74'
2004.6.20　圣卢西亚0:3巴拿马
特哈达14'，巴尔德斯88'，布兰科89'
2004.6.12　古巴2:2哥斯达黎加
莫雷25'(点球)、75'/塞凯拉12'，萨沃里奥42'
2004.6.20　哥斯达黎加1:1古巴
戈麦斯30'/塞万特斯45'
2004.6.12　苏里南1:1危地马拉
林格尔14'/拉米雷斯35'
2004.6.20　危地马拉3:1苏里南
鲁伊斯22'、86'，佩萨罗西81'/布兰登84'
2004.6.12　荷属安的列斯1:2洪都拉斯
霍塞75'/D.苏亚索8'、68'
2004.6.19　洪都拉斯4:0荷属安的列斯
A.格瓦拉7'，D.苏亚索22'，E.阿尔瓦雷斯49'，C.帕文70'
2004.6.13　加拿大4:0伯利兹
佩施索利多39'，拉津斯基55'，麦克纳75'，布雷南83'
2004.6.16　伯利兹0:4加拿大
拉津斯基45+2'，德罗萨里奥63'、73'，布雷南85'
2004.6.19　多米尼克0:10墨西哥
保蒂斯塔8'、38'，博尔格蒂11'、36'，马克斯26'，奥索里奥48'、87'，洛萨诺74'，达维诺77'，帕伦西亚90+1'
2004.6.27　墨西哥8:0多米尼克
洛萨诺1'、17'、60'，博尔格蒂33'、38'，保蒂斯塔36'，奥特奥58'，阿尔塔米拉诺76'
2004.6.13　巴巴多斯0:2圣基茨和尼维斯
甘布斯78'，纽顿88'
2004.6.19　圣基茨和尼维斯3:2巴巴多斯
戈麦斯16'，维尔洛克22'、29'/斯金纳33'、豪尔45'
2004.6.13　多米尼加0:2特立尼达和多巴哥
安德鲁斯62'，S.约翰90'
2004.6.20　特立尼达和多巴哥4:0多米尼加
斯科特兰48'，S.约翰69'(点球)，特奥博尔德74'，西利86'
2004.6.13尼加拉瓜2:2圣文森特和格林纳丁斯
帕拉西奥斯38'，卡莱罗81'/海恩斯10'，S.萨穆埃尔44'
2004.6.20圣文森特和格林纳丁斯4:1尼加拉瓜
S.萨穆埃尔10'、55'，巴兰廷20'，詹姆斯70'/帕拉西奥斯31'

A组	胜	平	负	进球:失球	分
美国	3	3	0	13:3	12
巴拿马	2	2	2	8:11	8
牙买加	1	4	1	7:5	7
萨尔瓦多	1	1	4	2:11	4

(美国、巴拿马晋级)
2004.8.18　萨尔瓦多2:1巴拿马
贝拉斯克斯6'、J.罗德里格斯45'(点球)/巴尔德斯35'
2004.8.18　牙买加1:1美国
古迪逊48'/布赖恩·程89'
2004.9.4　牙买加1:2巴拿马
拉尔夫77'/布朗2'，巴尔德斯90+2'
2004.9.4　美国2:0萨尔瓦多
布赖恩·程5'，多诺万69'
2004.9.8　萨尔瓦多0:3牙买加
马龙·金6'、37'，海德39'
2004.9.8　巴拿马1:1美国
布朗70'/柯比·琼斯90+2'
2004.10.9　萨尔瓦多0:2美国
麦克布莱德29'，E.约翰逊75'
2004.10.9　巴拿马1:1牙买加
布朗23'/惠特莫尔73'
2004.10.13　牙买加0:0萨尔瓦多
2004.10.13　美国6:0巴拿马
多诺万21'、57'，E.约翰逊70'、84'、86'，J.托雷斯90'(乌龙球)
2004.11.17　巴拿马3:0萨尔瓦多
布朗3'(点球)，巴洛伊7'，加尔塞斯22'
2004.11.17　美国1:1牙买加
E.约翰逊15'/威廉姆斯27'(点球)

B组	胜	平	负	进球:失球	分
哥斯达黎加	3	1	2	12:8	10
危地马拉	3	1	2	7:9	10
洪都拉斯	1	4	1	9:7	7
加拿大	1	2	3	4:8	5

(哥斯达黎加、危地马拉晋级)
2004.8.18　加拿大0:2危地马拉
鲁伊斯7'、55'
2004.8.18　哥斯达黎加2:5洪都拉斯
海伦21'、36'/D.苏亚索22'，莱昂35'，A.格瓦拉67'(点球)，格雷罗87'，S.马丁内斯90'
2004.9.4　加拿大1:1洪都拉斯
德沃斯82'/A.格瓦拉88'(点球)
2004.9.5　危地马拉2:1哥斯达黎加
普拉塔57'、72'/索利斯24'
2004.9.8　哥斯达黎加1:0加拿大
万乔普46'
2004.9.8　洪都拉斯2:2危地马拉
A.格瓦拉51'，D.苏亚索63'/鲁伊斯18'，佩萨罗西48'
2004.10.9　哥斯达黎加5:0危地马拉
C.埃尔南德斯19'，万乔普36'、62'、67'，R.冯塞卡85'
2004.10.9　洪都拉斯1:1加拿大
图西奥斯90+2'/哈钦森72'
2004.10.13　加拿大1:3哥斯达黎加
罗萨里奥12'/万乔普49'，孙星81'，C.埃尔南德斯87'
2004.10.13　危地马拉1:0洪都拉斯
鲁伊斯44'
2004.11.17　危地马拉0:1加拿大
罗萨里奥57'
2004.11.17　洪都拉斯0:0哥斯达黎加

C组	胜	平	负	进球:失球	分
墨西哥	6	0	0	27:1	18
特立尼达和多巴哥	4	0	2	12:9	12
圣文森特和格林纳丁斯	2	0	4	5:12	6
圣基茨和尼维斯	0	0	6	2:24	0

(墨西哥、特立尼达和多巴哥晋级)
2004.8.18 圣文森特和格林纳丁斯0:2特立尼达和多巴哥
麦克法兰79'、86'
2004.9.4圣基茨和尼维斯1:2特立尼达和多巴哥
伊萨克2'/麦克法兰45'，S.约翰89'
2004.9.8　特立尼达和多巴哥1:3墨西哥
S.约翰40'/阿雷利亚诺1'、80'，博尔格蒂20'
2004.9.10圣文森特和格林纳丁斯1:0圣基茨和尼维斯
杰克23'
2004.10.6 墨西哥7:0圣文森特和格林纳丁斯
博尔格蒂30'、68'、77'、89'，洛萨诺54'、63'，桑塔纳81'
2004.10.10圣文森特和格林纳丁斯0:1墨西哥
博尔格蒂26'
2004.10.10特立尼达和多巴哥5:1圣基茨和尼维斯
莱利8(乌龙球)，S.约翰24'、73'，格伦70'，尼克森89'/甘布斯41'
2004.10.13圣基茨和尼维斯0:3圣文森特和格林纳丁斯
贝洛克斯9'、82'，S.萨穆埃尔65'
2004.10.13　墨西哥3:0特立尼达和多巴哥
齐尼亚19'，洛萨诺55'、85'
2004.11.13　圣基茨和尼维斯0:5墨西哥
阿尔塔米拉诺31'，F.冯塞卡39'、56'，桑塔纳48'，莱利90+1'(乌龙球)
2004.11.17　墨西哥8:0圣基茨和尼维斯
阿尔塔米拉诺10'(点球)，L.佩雷斯21'、48'、78'，F.冯塞卡46'、55'，奥索尔诺51'，桑塔纳65'
2004.11.17特立尼达和多巴哥2:1圣文森特和格林纳丁斯
赫克特84'　伊夫90'/海恩斯49'

最终小组赛

	胜	平	负	进球:失球	分
美国	7	1	2	16:6	22
墨西哥	7	1	2	22:9	22
哥斯达黎加	5	1	4	15:14	16
特立尼达和多巴哥	4	1	5	10:15	13
危地马拉	3	2	5	16:18	11
巴拿马	0	2	8	4:21	2

(美国、墨西哥、哥斯达黎加出线、特立尼达和多巴哥附加赛)
2005.2.9　特立尼达和多巴哥1:2美国
伊夫89'/E.约翰逊30'，刘易斯54'
2005.2.9　巴拿马0:0危地马拉
2005.2.9　哥斯达黎加1:2墨西哥
万乔普38'/洛萨诺8'、9'
2005.3.26　哥斯达黎加2:1巴拿马
威尔逊40'(点球)，迈里90'/布朗58'(点球)
2005.3.26　危地马拉5:1特立尼达和多巴哥
拉米雷斯15'，鲁伊斯29'、37'，佩萨罗西77'、81'/C.爱德华兹31'
2005.3.27　墨西哥2:1美国
博尔格蒂30'，齐尼亚33'/刘易斯59'
2005.3.30　特立尼达和多巴哥0:0哥斯达黎加
2005.3.30　美国2:0危地马拉
E.约翰逊1[illegible]'，拉尔斯顿68'
2005.3.30　巴拿马1:1墨西哥
特哈达74'/莫拉莱斯26'
2005.6.4　特立尼达和多巴哥2:0巴拿马
S.约翰34'，劳伦斯71'
2005.6.4　危地马拉0:2墨西哥
齐尼亚41'，卡布雷拉45'(乌龙球)
2005.6.4　美国3:0哥斯达黎加
多诺万10'、62'，麦克布莱德87'
2005.6.8　巴拿马0:3美国
博卡内格拉6'，多诺万19'，麦克布莱德39'
2005.6.8　哥斯达黎加3:2危地马拉
C.埃尔南德斯34'，戈麦斯65'，万乔普90+2'/比利亚托罗74'，罗德里格斯77'
2005.6.8　墨西哥2:0特立尼达和多巴哥
博尔格蒂63'，L.佩雷斯88'
2005.8.17　危地马拉2:1巴拿马
巴洛伊70'(乌龙球)，罗梅罗90+3'/戴利19'
2005.8.17　墨西哥2:0哥斯达黎加
博尔格蒂63'，J.冯塞卡86'
2005.8.17　美国1:0特立尼达和多巴哥
麦克布莱德2'
2005.9.3　巴拿马1:3哥斯达黎加
特哈达90'/萨沃里奥44'，森特诺51'，戈麦斯73'
2005.9.3　特立尼达和多巴哥3:2危地马拉
拉塔皮48'，S.约翰85'、86'/安德鲁斯3'(乌龙球)，罗梅罗61'
2005.9.3　美国2:0墨西哥
拉尔斯顿53'，比斯利57'
2005.9.7　墨西哥5:0巴拿马
L.佩雷斯3[illegible]'，马克斯54'，博尔格蒂59'，J.冯塞卡75'，帕尔多76'
2005.9.7　危地马拉0:0美国
2005.9.7 哥斯达黎加2:0特立尼达和多巴哥
萨沃里奥15'，森特诺50'
2005.10.8　巴拿马0:1特立尼达和多巴哥

S.约翰61'

2005.10.8 墨西哥5:2危地马拉
佛朗哥19'，J.冯塞卡48'、51'、62'、66'/鲁伊斯1'，庞西亚诺53'

2005.10.8 哥斯达黎加3:0美国
万乔普34'，C.埃尔南德斯60'、88'

2005.10.12 美国2:0巴拿马
马蒂诺51'，特韦尔曼57'

2005.10.12 危地马拉3:1哥斯达黎加
庞西亚诺2，F.加西亚16'，鲁伊斯30'/迈尔60'

2005.10.12 特立尼达和多巴哥2:1墨西哥
S.约翰43'、69'/洛萨诺38'

"中北美及加勒比－亚洲"附加赛

2005.11.12 特立尼达和多巴哥1:1巴林
伯查尔76'/萨勒曼72'

2005.11.16 巴林0:1特立尼达和多巴哥
D.劳伦斯49'

●亚洲区

(赛制)共39队参赛争夺4.5张世界杯决赛圈门票。柬埔寨、菲律宾、不丹、文莱未参加。缅甸在2002年德黑兰被禁止参加本届预选赛。整个预选赛分为三个阶段，在国际足联排名最靠后的14支亚洲球队参加首轮资格赛，分为7组捉对厮杀，两回合主客场制决出胜负，7支胜出球队与剩下的25支球队进行第二轮小组赛，32支球队将被分为8个小组，每组4支球队，进行双循环赛制，每小组头名进入最终的8强赛。8强赛分为两个小组，再进行一次双循环较量，每个小组前两名直接晋级世界杯决赛圈。两个小组第三名进行两回合较量，胜者与中北美及加勒比海赛区的第4名争夺一张世界杯决赛圈门票。

资格赛

第一回合

2003.11.19 土库曼斯坦11:0阿富汗
奥夫耶夫6'、35'，库利耶夫8'、22'、81'，拜拉莫夫27'，贝德耶夫42'，阿加巴耶夫48'、63'、66'，阿加耶夫90'

关岛、尼泊尔双双弃权

2003.11.23 中华台北3:0中国澳门
庄耀宗30'，陈瑞德50'，张武业75'

2003.11.26 孟加拉0:2塔吉克斯坦
卡米多夫11'，卡基莫夫50'

2003.11.29 老挝0:0斯里兰卡

2003.11.29 巴基斯坦0:2吉尔吉斯斯坦
博尔迪金35'，希基舍夫59'

2003.11.29 蒙古0:1马尔代夫
尼赞24'

第二回合

2003.11.22 阿富汗0:2土库曼斯坦
库利耶夫85'、90'

2003.11.29 中国澳门1:3中华台北
甄志鹏87'/陈瑞德14'、69'，姜绍陆66'

2003.11.30 塔吉克斯坦2:0孟加拉
科尔马托夫17'，拉比耶夫83'

2003.12.3 斯里兰卡3:0老挝
沙纳35'，贾亚苏里亚59，纳扎尔90+3'

2003.12.3 吉尔吉斯斯坦4:0巴基斯坦
希基舍夫15'，谢尔特科夫28'(点球)，博尔迪金67'，克拉斯诺夫90'

2003.12.3 马尔代夫12:0蒙古
阿什费格4'、61'、63'、68'，尼赞42'(点球)，法齐尔45+1'、45+4'，贾尼65'，塔里克74'、78'，巴图尔甲75'(乌龙球)，纳齐赫80'

老挝作为失利球队中失球最少的球队，顶替关岛与尼泊尔的胜者，进入小组赛。

第一轮小组赛

第1小组	胜	平	负	进球:失球	分
伊朗	5	0	1	22:4	15
约旦	4	0	2	10:6	12
卡塔尔	3	0	3	16:8	9
老挝	0	0	6	3:33	0

(伊朗晋级)

2004.2.18 约旦5:0老挝
阿克尔39'，希尔巴亚45'，沙克兰63'，拉希卜90'，沙达90+3'

2004.2.18 伊朗3:1卡塔尔
瓦赫迪-尼克巴赫特8'，马达维基亚44'，代伊62'(点球)/哈姆扎70'

2004.3.31 老挝0:7伊朗
代伊9'、17'(点球)，恩纳亚蒂32'、35'，库帕占西54'(乌龙球)，埃卜拉西姆68'、83'

2004.3.31 约旦1:0卡塔尔
曼苏尔·萨利姆70'

2004.6.9 伊朗0:1约旦
希布尔83'

2004.6.9 卡塔尔5:0老挝
法兹利17'、37'，阿卜杜拉69'、86'，贝希尔89'

2004.9.8 约旦0:2伊朗
瓦赫迪-尼克巴赫特78'，代伊89'

2004.9.8 老挝1:6卡塔尔
普塔达翁80'/里齐克35'，穆斯塔法42'，贝希尔50'，哈姆扎70'，阿卜杜拉78'，萨塔姆87'

2004.10.13 老挝2:3约旦
帕波瓦宁13'，通帕占52'/马哈迈赫34'，沙杰兰66'、72'

2004.10.13 卡塔尔2:3伊朗
拉贾卜18'，戈尔默罕马迪75'(乌龙球)/哈什米安9'、89'，博尔哈尼78'

2004.11.17 伊朗7:0老挝
代伊7'、19'、27'、58'，内科南63'、72'，博尔哈尼68'

2004.11.17 卡塔尔2:0约旦
萨莱姆60'，哈泰尔75'

第2小组	胜	平	负	进球:失球	分
乌兹别克斯坦	5	1	0	16:3	16
伊拉克	3	2	1	17:7	11
巴勒斯坦	2	1	3	11:11	7
中华台北	0	0	6	3:26	0

(乌兹别克斯坦晋级)

2004.2.18 乌兹别克斯坦1:1伊拉克
索利耶夫79'/艾万57'

2004.2.18 巴勒斯坦8:0中华台北
库尔德9'，哈巴耶卜20'、32'，阿提奥拉43'，蒙特罗52'、86'(点球)，阿迈尔77'，基斯克82'

2004.3.31 巴勒斯坦1:1伊拉克
蒙特罗71'/法尔汗20'

2004.3.31 中华台北0:1乌兹别克斯坦
科舍列夫68'

2004.6.9 伊拉克6:1中华台北
莫萨2'、13'，纳吉17'，阿巴斯50'、86'，法亚德59'/黄玮仪57'

2004.6.9 乌兹别克斯坦3:0巴勒斯坦
阿舒尔马托夫7'，希舍洛夫41'，杰帕罗夫88'(点球)

2004.9.8 巴勒斯坦0:3乌兹别克斯坦
米尔贾拉尔8'，杰帕罗夫33'，马拉特79'

2004.9.8 中华台北1:4伊拉克
惠凯才88'/萨迪尔3'、42'，阿提亚82'，法尔汗90'

2004.10.13 伊拉克1:2乌兹别克斯坦
穆尼尔74'/沙茨基赫10'，海因里希22'

2004.10.14 中华台北0:1巴勒斯坦
阿米尔90'

2004.11.17 伊拉克4:1巴勒斯坦
穆尼尔55'(点球)、59'，穆罕默德66'，阿克拉姆71'/扎特拉84'

2004.11.17 乌兹别克斯坦6:1中华台北
海因里希5'，卡西莫夫12'、45'、85'，沙茨基赫18'(点球)，科舍列夫/黄玮仪64'

第3小组	胜	平	负	进球:失球	分
日本	6	0	0	16:1	18
阿曼	3	1	2	14:3	10
印度	1	1	4	2:18	4
新加坡	1	0	5	3:13	3

(日本晋级)

2004.2.18 印度1:0新加坡
辛格49'(点球)

2004.2.18 日本1:0阿曼
久保龙彦90+3'

2004.3.31 印度1:5阿曼
辛格13'(点球)/胡斯尼11'，A.穆巴拉克25'、49'，M.穆巴拉克63'、89'

2004.3.31 新加坡1:2日本
杜恩沙63'/高原直泰34'，藤田俊哉82'

2004.6.9 日本7:0印度
久保龙彦13'，福西崇史25'，中村俊辅29'，铃木隆行54'，中泽佑二66'、78'，小笠原满男68'

2004.6.9 阿曼7:0新加坡
迈马尼9'、44'、65'、86'，阿伊尔25'、53'，赫迪德39'

2004.9.8 印度0:4日本
铃木隆行45+1'，小野伸二60'，福西崇史69'，宫本恒靖89'

2004.9.8 新加坡0:2阿曼
沙班3'，胡拜斯82'

2004.10.13 阿曼0:1日本
铃木隆行52'

2004.10.13 新加坡2:0印度
杜恩沙73'，阿姆里76'

2004.11.17 日本1:0新加坡
玉田圭司13'

2004.11.17 阿曼0:0印度

第4小组	胜	平	负	进球:失球	分
科威特	5	0	1	15:2	15
中国	5	0	1	14:1	15
中国香港	2	0	4	5:15	6
马来西亚	0	0	6	2:18	0

(科威特晋级)

2004.2.18 马来西亚1:3中国香港
塔利布38'/吴伟超16'，朱兆基87'，郭裕雄90'

2004.2.18 中国1:0科威特
郝海东75'

2004.3.31 马来西亚0:2科威特
穆塔瓦埃75'，哈尔比87'

2004.3.31 中国香港0:1中国
郝海东70'

2004.6.9 中国4:0马来西亚
郝海东42'，孙继海62'，李霄鹏66'、75'

2004.6.9 科威特4:0中国香港
塞拉伊2'，穆特瓦38'，厄内齐45'，达乌德75'

2004.9.8 中国香港0:2科威特
厄内齐24'，哈尔比61'

2004.9.8 马来西亚0:1中国
李金羽69'

2004.10.13 中国香港2:0马来西亚
朱兆基5'，黄镇宇50'

2004.10.13 科威特1:0中国
W.阿里48'

2004.11.17 中国7:0中国香港
李金羽10'、47'，邵佳一42'、44'，徐云龙49'，于根伟87'，李玮锋90'

2004.11.17 科威特6:1马来西亚
穆特瓦15'，阿卜杜拉50'、68'，拉希卜72'、79'，赫扎82'/南萨库马尔22'

第5小组	胜	平	负	进球:失球	分
朝鲜	3	2	1	11:5	11
阿联酋	3	1	2	6:6	10
泰国	2	1	3	9:10	7
也门	1	2	3	6:11	5

(朝鲜晋级)

2004.2.18 也门1:1朝鲜
塞尔维73'(点球)/洪映早86'

2004.2.18 阿联酋1:0泰国
苏鲁尔22'

2004.3.31 也门0:3泰国
猜坎迪68'，素拉沙英71'，塞纳芒87'

2004.3.31 朝鲜0:0阿联酋

2004.6.9 泰国1-4朝鲜

塞纳芒50'/金永洙41'、71'，申南镛51'，洪映早68'

2004.6.9 阿联酋3:0也门

拉赫曼24'，奥马尔27'、73'

2004.9.8 朝鲜4:1泰国

安英学42'、71'，申南镛52'，洪映早67'/素格索姆吉t70'

2004.9.8 也门3:1阿联酋

努诺22'、77'，阿布杜贾巴尔49'/奥马尔26'(点球)

2004.10.13 朝鲜2:1也门

李汉宰1'，洪映早64'/贾贝尔76'

2004.10.13 泰国3:0阿联酋

坚沙达翁10'，南戈格27'，猜曼67'

2004.11.17 泰国1:1也门

尼韦特90'/希克里68'

2004.11.17 阿联酋1:0朝鲜

萨勒姆57'

第6小组	胜	平	负	进球:失球	分
巴林	4	2	0	15:4	14
叙利亚	2	2	2	7:7	8
塔吉克斯坦	2	1	3	5:9	7
吉尔吉斯斯坦	1	1	4	5:12	4

(巴林晋级)

2004.2.18 吉尔吉斯斯坦1:2塔吉克斯坦

别列佐夫斯基9'/布尔科诺夫30'、54'

2004.2.18 巴林2:1叙利亚

哈比尔61'、74'/拉法特80'

2004.3.31 塔吉克斯坦0:0巴林

2004.3.31 吉尔吉斯斯坦1:1叙利亚

伊申巴耶夫57'/凯卢尼88'

2004.6.9 巴林5:0吉尔吉斯斯坦

胡拜尔13'、44'、60'，H.哈桑66'，N.杜艾杰82'

2004.6.9 叙利亚3:1塔吉克斯坦

（比赛因球场骚乱而在第75分钟被终止，以当时比分3比1为最终比分）

M.赛义德1'，J.阿尔侯赛因25'，拉贾33'/科尔马托夫68'

2004.6.10 叙利亚2:1塔吉克斯坦

（比赛因故推迟一天举行）

拉希德69'，拉沙德80'/科尔马托夫34'

2004.9.8 吉尔吉斯斯坦1:2巴林

普雷阿尼什尼科夫85'/汉菲24'，胡拜尔58'

2004.9.8 塔吉克斯坦0:1叙利亚

拉贾36'

2004.10.13 叙利亚2:2巴林

舍赫勒什拉12'，J.阿尔侯赛因22'/阿德南26'，塞勒迈安90'

2004.10.13 塔吉克斯坦2:1吉尔吉斯斯坦

拉比耶夫18'，卡基莫夫36'/奇基谢夫85'

2004.11.17 巴林4:0塔吉克斯坦

尤素夫10'，M.侯赛因41'，胡拜尔43'、77'

2004.11.17 叙利亚0:1吉尔吉斯斯坦

阿明48'

第7小组	胜	平	负	进球:失球	分
韩国	4	2	0	9:2	14
黎巴嫩	3	2	1	11:5	11
越南	1	1	4	5:9	4
马尔代夫	1	1	4	5:14	4

(韩国晋级)

2004.2.18 越南4:0马尔代夫

范文郃恩9'、60'，阮明海12'，范文权80'

2004.2.18 韩国2:0黎巴嫩

车杜里34'，拜恩杰-朱克50'(乌龙球)

2004.3.31 马尔代夫0:0韩国

2004.3.31 越南0:2黎巴嫩

R.安塔尔83'，哈米耶87'

2004.6.9 黎巴嫩3:0马尔代夫

泽宁23'(点球)，R.安塔尔87'，纳塞雷丁90'

2004.6.9 韩国2:0越南

安贞焕30'，金斗炫61'

2004.9.8 马尔代夫2:5黎巴嫩

法齐尔79'，乌马尔88'/纳塞雷丁3'、58'，F.安塔尔45'，沙赫德63'，R.安塔尔75'

2004.9.8 越南1:2韩国

朴载弘50'(乌龙球)/李东国64'，李天秀77'

2004.10.13 黎巴嫩1:1韩国

纳塞雷丁27'/崔镇哲8'

2004.10.13 马尔代夫3:0越南

塔里克29'，阿什费格69'、83'

2004.11.17 黎巴嫩0:0越南

2004.11.17 韩国2:0马尔代夫

金斗炫65'，李东国79'

第8小组	胜	平	负	进球:失球	分
沙特	6	0	0	14:1	18
土库曼斯坦	2	1	3	8:10	7
印尼	2	1	3	8:12	7
斯里兰卡	0	2	4	4:11	2

(沙特晋级)

2004.2.18 土库曼斯坦2:0斯里兰卡

奥夫科夫40'，V.别拉诺夫56'

2004.2.18 沙特3:0印尼

苏瓦耶德4'、38'，卡赫塔尼45'

2004.3.31 斯里兰卡0:1沙特

苏瓦耶德53'

2004.3.31 土库曼斯坦3:1印尼

V.别拉诺夫10'、77'，库利耶夫36'/苏达索诺30'

2004.6.9 印尼1:0斯里兰卡

埃利耶30'

2004.6.9 沙特3:0土库曼斯坦

哈尔蒂27'、45'，侯萨维32'

2004.9.8 斯里兰卡2:2印尼

斯泰因瓦尔80'，卡鲁纳拉特内82'/查亚克苏马7'，索菲扬55'

2004.9.8 土库曼斯坦0:1沙特

多萨里60'

2004.10.9 斯里兰卡2:2土库曼斯坦

佩雷拉47'，韦拉拉廷57'/D.别拉诺夫20'，纳扎罗夫70'

2004.10.12 印尼1:3沙特

查亚克苏马55'/M.赛义德10'，哈尔蒂19'，卡赫塔尼81'

2004.11.17 印尼3:1土库曼斯坦

查亚克苏马20'、48'、60'/杜尔迪耶夫25'

2004.11.17 沙特3:0斯里兰卡

扎赫拉尼5'、66'，沙尔霍卜45(点球)

第二阶段小组赛（亚洲区八强赛）

A组	胜	平	负	进球:失球	分
沙特	4	2	0	10:1	14
韩国	3	1	2	9:5	10
乌兹别克斯坦	1	2	3	7:11	5
科威特	1	1	4	4:13	4

(沙特、韩国出线)

2005.2.9 乌兹别克斯坦1:1沙特

索利耶夫90'/贾贝尔77'

2005.2.9 韩国2:0科威特

李东国24'，李荣杓81'

2005.3.25 科威特2:1乌兹别克斯坦

巴希尔7'、62'/海因里希77'

2005.3.25 沙特2:0韩国

哈里里29'，卡赫塔尼75'(点球)

2005.3.30 科威特0:0沙特

2005.3.30 韩国2:1乌兹别克斯坦

李荣杓55'，李东国62'/盖恩里赫79'

2005.6.3 乌兹别克斯坦1:1韩国

沙茨基赫63'/朴周永90'

2005.6.3 沙特3:0科威特

沙尔霍卜19'、50'，哈尔蒂82'

2005.6.8 科威特0:4韩国

朴周永19'，李东国29'，郑景浩55'，朴智星61'

2005.6.8 沙特3:0乌兹别克斯坦

贾贝尔8'、61'，哈尔蒂88'

2005.8.17 乌兹别克斯坦3:2科威特

杰帕罗夫41'(点球)，沙茨基赫62'，索利耶夫76'/穆特瓦16'，巴沙尔31'

2005.8.17 韩国0:1沙特

安巴尔5'

B组	胜	平	负	进球:失球	分
日本	5	0	1	9:4	15
伊朗	4	1	1	7:3	13
巴林	1	1	4	4:7	4
朝鲜	1	0	5	5:11	3

(日本、伊朗出线)

2005.2.9 日本2:1朝鲜

小笠原满男4'，大黑将志90+2'/南成哲61'

2005.2.9 巴林0:0伊朗

2005.3.25 朝鲜1:2巴林

朴盛宽62'/侯赛因·阿里7'、58'

2005.3.25 伊朗2:1日本

哈什米安25'、75'/福西崇史66'

2005.3.30 朝鲜0:2伊朗

安英学33'(乌龙球)，内科南80'

2005.3.30 日本1:0巴林

艾哈迈德72'(乌龙球)

2005.6.3 伊朗1:0朝鲜

雷扎伊45'

2005.6.3 巴林0:1日本

小笠原满男34'

2005.6.8 朝鲜0:2日本

柳泽敦67'，大黑将志89'

2005.6.8 伊朗1:0巴林

诺斯拉蒂47'

2005.8.17 日本2:1伊朗

加地亮28'，大黑将志76'/代伊79'(点球)

2005.8.17 巴林2:3朝鲜

古卢姆49'，侯赛因·阿里54'/崔哲万28'，金哲浩43'，安哲赫90'

附加赛名额争夺赛

2005.9.3 乌兹别克斯坦1:0巴林

（比分被判无效）

2005.10.8 乌兹别克斯坦1:1巴林

（重赛）

沙茨基赫19'/塔拉尔17'

2005.10.12 巴林0:0乌兹别克斯坦

●大洋洲

(赛制)共12队参赛，分为3个阶段。第一阶段分为2个小组，澳大利亚、新西兰直接晋级第二阶段小组赛，其余10支球队分为2组，每个小组前两名进入第二阶段。第二阶段小组赛前两名进行两回合决赛，胜者与南美洲第5名争夺1张进军世界杯决赛圈门票。

第1轮小组赛

第1小组	胜	平	负	进球:失球	分
所罗门群岛	3	1	0	14:1	10
塔希提	2	2	0	5:1	8
新喀里多尼亚	2	1	1	16:2	7
汤加	1	0	3	2:17	3
库克群岛	0	0	4	1:17	0

(所罗门群岛、塔希提晋级)

2004.5.10 所罗门群岛6:0汤加

法罗多12'、30'、77'，麦麦62'、76'，萨马尼79'

2004.5.10 塔希提2:0库克群岛

2'，莫雷塔80'

2004.5.12 所罗门群岛5:0库克群岛

瓦伊塔21'，奥莫基里奥27'，萨马尼45'，麦麦70'，莱奥81'

2004.5.12 塔希提0:0新喀里多尼亚

2004.5.15 汤加2:1库克群岛

瓦塔希48' 瓦伊塔基61'/帕雷昂加59'

2004.5.15 所罗门群岛2:0新喀里多尼亚

奥莫基里奥9'，苏里43'

2004.5.17 库克群岛0:8新喀里多尼亚

瓦约卡3'，M.赫麦20'、40'、42'、52'、85'，贾马利24'，J.赫麦35'

2004.5.17 塔希提2:0汤加

瓦约卡1'，特马塔瓦78'

2004.5.19 汤加0:8新喀里多尼亚

赫迈3'，博阿廷达26'、42'、78'，M.赫麦45'，

瓦约卡53'、58'，考马72'

2004.5.19 所罗门群岛1:1塔希提
苏里80'/西蒙30'

第2小组	胜	平	负	进球:失球	平
瓦努阿图	3	1	0	16:2	10
斐济	3	0	1	19:5	9
巴布亚新几内亚	2	1	1	17:6	7
萨摩亚	1	0	3	5:11	3
美属萨摩亚	0	0	4	1:34	0

(瓦努阿图、斐济晋级)

2004.5.10 瓦努阿图1:1巴布新几内亚
劳鲁90+2'/瓦西73'

2004.5.10 萨摩亚4:0美属萨摩亚
布里斯12'，法萨瓦卢30'、53'，迈克尔66'(点球)

2004.5.12 瓦努阿图9:1美属萨摩亚
克里30'(点球)、 45+1'，默默37'、56'、90+1'，波伊达55'，希利亚65'，马莱布80'、90+1'/纳蒂亚39'

2004.5.12 斐济4:2巴布亚新几内亚
拉博24'，托马45+1'，加塔乌鲁亚78'，罗科塔卡拉90'/达瓦尼12'，康博伊44'

2004.5.15 斐济11:0美属萨摩亚
托马6'、10'、16'，武利武利23'，罗科塔卡拉32'、38'，萨布图45+1'、81'，马西尼萨乌60'，加塔乌鲁亚75'、77'

2004.5.15 萨摩亚0:3瓦努阿图
默默13'，希利亚54'，马莱布57'

2004.5.17 巴布亚新几内亚10:0美属萨摩亚
达瓦尼22'、24'、40'、79'，A.莱帕尼26'、28'、64'，瓦西33'，康博伊36'，洛哈伊71'

2004.5.17 萨摩亚0:4斐济
托马17'，萨布图52'，马西尼萨乌80'，罗科塔卡拉84'

2004.5.19 斐济0:3瓦努阿图
汤姆森45+2'，劳鲁63'、66'

2004.5.19 萨摩亚1:4巴布亚新几内亚
迈克尔69'/达瓦尼16'，A.莱帕尼37'，N.莱帕尼55'，康蒙68'

第二阶段小组赛

	胜	平	负	进球:失球	分
澳大利亚	4	1	0	21:3	13
所罗门群岛	3	1	1	9:6	10
新西兰	3	0	2	17:5	9
斐济	1	1	3	3:10	4
塔希提	1	1	3	2:24	4
瓦努阿图	1	0	4	5:9	3

(澳大利亚、所罗门群岛晋级)

2004.5.29 澳大利亚1:0新西兰
布雷西亚诺40'

2004.5.29 所罗门群岛1:0瓦努阿图
苏里51'(点球)

2004.5.29 塔希提0:0斐济

2004.5.31 澳大利亚9:0塔希提
卡希尔14'、47'，斯科科43'，西蒙45'(乌龙球)，什特约夫斯基51'、62'、74'，兹德里利奇85'，奇珀菲尔德90'

2004.5.31 新西兰3:0所罗门群岛
菲舍尔36'，奥顿81'，莱恩斯90'

2004.5.31 瓦努阿图0:1斐济
托马74'

2004.6.2 澳大利亚6:1斐济
马达斯基6'、50'，卡希尔39'、66'、75'，埃尔里奇89'/加塔乌鲁亚19]

2004.6.2 新西兰2:4瓦努阿图
科韦尼61'、75'/希利亚37'，比比64'，马莱布72'，克里88'

2004.6.2 所罗门群岛4:0塔希提
法罗多9'，梅纳皮14'、79'，苏里41'

2004.6.4 澳大利亚3:0瓦努阿图
阿洛伊西25'、84'，埃默顿81'

2004.6.4 新西兰10:0塔希提
科韦尼7'、39'、45+1'，菲舍尔15'、23'、64'，N.琼斯73'，奥顿75'，R.尼尔森83'、88'

2004.6.4 所罗门群岛2:1斐济
卡卡伊16'，胡卡拉瓦83'/托马21'

2004.6.6 瓦努阿图1:2塔希提
伊瓦伊23'/特马塔瓦40'，瓦约卡89'

2004.6.6 澳大利亚2:2所罗门群岛
卡希尔51'，埃默顿53'/梅纳皮44'、75'

2004.6.6 新西兰2:0斐济
邦塞8'，科韦尼56'

第三阶段

2005.9.3 澳大利亚7:0所罗门群岛
丘利纳20'，维杜卡36'、43'，卡希尔57'，奇珀菲尔德64'，汤普森68'，埃默顿89'

2005.9.6 所罗门群岛1:2澳大利亚
法罗多49'/汤普森19'，埃默顿58'

●非洲区

(赛制)共51队参赛，分为两个阶段，9支球队直接进入第二阶段双循环小组赛，分别是5支参加过2002年世界杯决赛圈的球队（喀麦隆、尼日利亚、塞内加尔、南非和突尼斯），以及2003年6月25日国际足联排名最高的4支非洲球队（民主刚果、科特迪瓦、埃及和摩洛哥）。其余42支球队将以抽签的形式捉对厮杀，进行资格赛，胜者进入第二阶段小组赛。小组赛分成5个小组，每个小组拥有6支队，小组第一名直接晋级世界杯决赛圈。

资格赛首回合

2003.10.10 几内亚比绍1:2马里
D.费尔南德斯50'(点球)/ 德拉马尼·特劳雷8'，库利巴利72'

2003.10.11 赤道几内亚1:0多哥
巴里拉25'(点球)

2003.10.11 塞舌尔0:4赞比亚
坎帕姆巴8'，菲希特44'，米兰齐52'，农巴57'

2003.10.11 圣多美和普林西比0:1利比亚
阿尔-马斯利85'

2003.10.11 尼日尔0:1阿尔及利亚
B.曼苏尔65'

2003.10.11 坦桑尼亚0:0肯尼亚

2003.10.11 中非共和国弃权，布基纳法索直接晋级小组赛

2003.10.11 马达加斯加1:1贝宁
埃蒙德30'/科雷亚73'

2003.10.11 博茨瓦纳4:1莱索托
莫尔安塔纳6'，哈博莱莱44'，塞洛拉内48'、62'/拉马佛尔5'

2003.10.11 乌干达3:0毛里求斯
巴约普52'，穆比鲁67'，奥布亚89'

2003.10.12 津巴布韦3:0毛里塔尼亚
A.恩德洛武24'，滕博77'，N.恩德洛武83'

2003.10.12 乍得3:1安哥拉
奥马尔65'、75'、89'/布鲁诺·毛罗63'

2003.10.12 埃塞俄比亚1:3马拉维
特肖梅81'/卡维恩达39'、55'，姆冈吉拉89'

2003.10.12 几内亚1:0莫桑比克
S.班古拉47'

2003.10.12 刚果1:0塞拉利昂
莱巴利89'(点球)

2003.10.12 苏丹3:0厄立特里亚
通布尔71'，阿尔-拉希德75'，阿赫麦德88'

2003.10.12 斯威士兰1:1佛得角
德莱米尼64'/卡洛斯·莫莱斯55'

2003.10.12 卢旺达3:0纳米比亚
马纳马纳42'，卡莱凯奇50'，洛马尼58'

2003.10.12 冈比亚2:0利比里亚
恩杰62'，松科70'

2003.10.12 布隆迪0:0加蓬

2003.11.16 索马里0:5加纳
杜阿25'、56'，博阿基耶69'、89'，阿萨莫阿·吉安82'

资格赛第二回合

2003.11.14 毛里塔尼亚2:1津巴布韦
朗列3'，西迪贝10'/姆布旺多81'

2003.11.14 阿尔及利亚6:0尼日尔
谢拉16'、22'，布塔布43'、71'，马穆尼47'，阿克鲁尔81'

2003.11.14 马里2:0几内亚比绍
库利巴利15'，D.西迪贝82'(点球)

2003.11.15 加蓬4:1布隆迪
斯塔尔2'，特威特17'(乌龙球)，恩圭马37'、80'/隆戈90'

2003.11.15 纳米比亚1:1卢旺达
希潘加41'/洛马尼39'

2003.11.15 肯尼亚3:0坦桑尼亚
奥列克10'、32'，奥科特30'

2003.11.15 赞比亚1:1塞舌尔
米兰齐5'/苏泽塔30'

2003.11.15 马拉维0:0埃塞俄比亚

2003.11.16 塞拉利昂1:1刚果
科罗马58'(点球)/吉耶-米恩67'

2003.11.16 利比里亚3:0冈比亚
齐齐·罗伯茨10'，通多75'、85'

2003.11.16 厄立特里亚0:0苏丹

2003.11.16 毛里求斯3:1乌干达
纳博特36'，穆尔吉尼61'，路易89'/奥布亚112'

2003.11.16 贝宁3:2马达加斯加
琼莫戈33'(点球)、62'、90+2'(点球)/拉杜纳马哈法利松16'，安德里安泰纳23'

2003.11.16 多哥2:0赤道几内亚
阿德巴约45+2'，萨利富57'

2003.11.16 安哥拉2:0乍得
阿夸32'，毛罗61'

2003.11.16 莫桑比克3:4几内亚
达里奥71'、77'、87'/尤拉17'，S.班古拉25'、35'、60'

2003.11.16 利比亚8:0圣多美和普林西比
马斯利15'、20'、25'，泰卜5'、60'，兰利54'，萨德75'，卡克利85'

2003.11.16 莱索托0:0博茨瓦纳

2003.11.16 佛得角3:0斯威士兰
塞梅多51'、65'，卡洛斯·莫莱斯90'(点球)

2003.11.19 加纳2:0索马里
阿皮亚27'，阿杰伊89'

小组赛

第1组	胜	平	负	进:失球	分
多哥	7	2	1	20:8	23
塞内加尔	6	3	1	21:8	21
赞比亚	6	1	3	16:10	19
刚果	3	1	6	10:14	10
马里	2	2	6	11:14	8
利比里亚	1	1	8	3:27	4

(多哥出线)

2004.6.5 赞比亚1:0多哥
穆伦加10'

2004.6.5 塞内加尔2:0刚果
迪亚塔59'，恩迪亚耶77'

2004.6.6 利比里亚1:0马里
基耶88'

2004.6.19 马里1:1赞比亚
卡努特80'/米兰齐16'

2004.6.20 刚果3-0利比里亚
M.班古拉52'(点球)，马穆纳-奥西拉57'，马基塔-帕西65'

2004.6.20 多哥3:1塞内加尔
阿德巴约29'，塞纳亚78'、89'/博巴·迪奥普83'

2004.7.3 塞内加尔1:0赞比亚
盖耶21'

2004.7.4 刚果1:0马里
马穆纳-奥西拉30'

2004.7.4 利比里亚0:0多哥

2004.9.4 赞比亚1:0利比里亚
巴尔亚89'

2004.9.5 马里2:2塞内加尔
迪亚洛4'，卡努特52'/H.卡马拉44'，迪亚89'

2004.9.5 多哥2:0刚果
马基塔-帕西39'(乌龙球)，阿德巴约70'

2004.10.10 刚果2:3赞比亚

C.班古拉77', 马穆纳-奥西拉83'/姆贝苏马2'、36'、67'
2004.10.10 利比里亚0:3塞内加尔
博巴·迪奥普41', H.卡马拉50'、73'/
（塞内加尔打入第三粒进球之后，比赛因赛场骚乱而终止。）
2004.10.10 多哥1:0马里
阿德巴约23'
2005.3.26 塞内加尔6:1利比里亚
法迪加17', 迪乌夫42'(点球)、84', 法耶52', H.卡马拉69', 恩迪亚耶73'/通多88'
2005.3.26 赞比亚2:0刚果
塔纳2', 姆贝苏马44'
2005.3.27 马里1:2多哥
库利巴利16'/萨利富83', 马曼90'
(比赛在第90分钟因看台骚乱被终止，1:2被判定为最终比分)
2005.6.5 刚果0:0塞内加尔
2005.6.5 马里4:1利比里亚
库利巴利5'(点球)、34', 迪亚穆特内48'(点球), M.迪亚拉75'/巴利58'
2005.6.5 多哥4:1赞比亚
阿德巴约15'(点球)、88'(点球), C.杜尔44', 卡德尔60'/坎庞巴17'
2005.6.18 塞内加尔2:2多哥
尼昂14', H.卡马拉30'/奥卢法德11', 阿德巴约73'
2005.6.18 赞比亚2:1马里
沙尔韦27', 姆贝苏马85'/库利巴利72'
2005.6.19 利比里亚0:2刚果
贝比3'、73'
2005.9.3 马里2:0刚果
登巴48', M.西索科51'
2005.9.3 赞比亚0:1塞内加尔
迪乌夫54'
2005.9.4 多哥3:0利比里亚
阿德巴约57'、85', C.杜尔75'
2005.10.1 利比里亚0:5赞比亚
卢伊帕50'、81', 米塔52'、62', 农巴60'
2005.10.8 塞内加尔3:0马里
H.卡马拉18'、65', 迪乌夫23'
2005.10.8 刚果布拉柴维尔2:3多哥
布伊蒂26', 马穆纳-奥西拉56'/阿德巴约40', 卡德尔60'、70'

第2组	胜	平	负	进:失球	分
加纳	6	3	1	17:4	21
民主刚果	4	4	2	14:10	16
南非	5	1	4	12:14	16
布基纳法索	4	1	5	14:13	13
佛得角	3	1	6	8:15	10
乌干达	2	2	6	6:15	8

(加纳出线)
2004.6.5 南非2:1佛得角
马比泽拉42'、70'/马丁斯78'
2004.6.5 布基纳法索1:0加纳
宗戈80'
2004.6.6 乌干达1:0民主刚果
塞卡亚76'
2004.6.19 佛得角1:0乌干达
卡富41'
2004.6.20 加纳3:0南非
蒙塔里14', 阿皮亚55'、78'
2004.6.20 民主刚果3:2布基纳法索
姆巴约13', 比斯科特76', 巴盖塔90+1'(点球)/A.杜尔27', 达加诺89'
2004.7.3 佛得角1:1民主刚果
莫德斯特26'/卡卢伊图卡迪约科2'
2004.7.3 南非2:0布基纳法索
皮纳尔13', 巴特莱特41'
2004.7.3 乌干达1:1加纳
奥布亚45'/A.吉安86'
2004.9.4 布基纳法索2:0乌干达
达加诺34', 尼基耶马79'
2004.9.5 民主刚果1:0南非
穆萨萨87'
2004.9.5 加纳2:0佛得角
埃辛23'(点球), 维加62'(乌龙球)
2004.10.9 佛得角1:0布基纳法索
卡富3'
2004.10.10 加纳0:0民主刚果
2004.10.10 乌干达0:1南非
麦卡锡63'(点球)
2005.3.26 布基纳法索1:2佛得角
达加诺70'/卡洛斯·莫莱斯48'、88'
2005.3.26 南非2:1乌干达
福琼19'(点球), 皮纳尔71'/奥布亚62'(点球)
2005.3.27 民主刚果1:1加纳
农达51'/A.吉安31'
2005.6.4 佛得角1:2南非
卡富78'/麦卡锡11', 巴克利13'
2005.6.5 民主刚果4:0乌干达
农达4'、85'(点球), 伊隆加62', 马图莫纳87'
2005.6.5 加纳2:1布基纳法索
阿皮亚66'(点球), 阿莫阿81'/达加诺25'
2005.6.18 布基纳法索2:0民主刚果
帕南德蒂吉里4', 达加诺68'
2005.6.18 南非0:2加纳
阿莫阿59', 埃辛90'
2005.6.18 乌干达1:0佛得角
塞伦库马36'
2005.9.3 布基纳法索3:1南非
A.西塞31'、48'(点球), 亚希阿39'/祖马75'
2005.9.4 民主刚果2:1佛得角
姆比亚拉21', 姆普图48'/卡洛斯·莫莱斯22'
2005.9.4 加纳2:0乌干达
埃辛11', 阿莫阿15'
2005.10.8 佛得角0:4加纳
F.阿萨莫阿5', 蒙塔里35', A.吉安75', 阿特拉姆87'
2005.10.8 南非2:2民主刚果
祖马5'、52'/姆普图11', 农达44'
2005.10.8 乌干达2:2布基纳法索
马萨巴30'(点球), 塞伦库马71'/科比15', 鲁安巴75'

第3组	胜	平	负	进:失球	分
科特迪瓦	7	1	2	20:7	22
喀麦隆	6	3	1	18:10	21
埃及	5	2	3	26:15	17
利比亚	3	3	4	8:10	12
苏丹	1	3	6	6:22	6
贝宁	1	2	7	9:23	5

(科特迪瓦出线)
2004.6.6 喀麦隆2:1贝宁
埃托奥43', 里戈贝尔·宋45+2/科纳比11'
2004.6.6 科特迪瓦2:0利比亚
丹当36', 德罗巴62'(点球)
2004.6.6 苏丹0:3埃及
阿卜杜拉利姆·阿里6', 阿布特里卡52', 阿卜杜拉哈卜86'
2004.6.18 利比亚0:0喀麦隆
2004.6.20 贝宁1:1苏丹
奥贡比伊33'/阿赫麦德·法蒂44'
2004.6.20 埃及1:2科特迪瓦
阿布特里卡55'/丹当22', 德罗巴75'
2004.7.3 苏丹0:1利比亚
卡拉90+2'
2004.7.4 贝宁3:3埃及
琼莫戈23'(点球), 阿胡耶亚48', 德亚佛68'/穆斯塔法66'、79', 加利75'
2004.7.4 喀麦隆2:0科特迪瓦
埃托奥80', 福特辛82'
2004.9.3 利比亚4:1贝宁
希巴尼9', 卡拉47', 奥斯曼49', 苏利曼69'/奥塞尼14'
2004.9.5 科特迪瓦5:0苏丹
德罗巴11'(点球), 丹当15'、64', 亚皮25', B.科内55'
2004.9.5 埃及3:2喀麦隆
舒基44', 艾哈迈德·哈桑74'(点球), T.赛义德89'/查托90', 埃托奥90+1'
2004.10.8 利比亚2:1埃及
卡拉31', 奥斯曼84'/扎基51'
2004.10.9 苏丹1:1喀麦隆
巴奇尔18'/若布90'
2004.10.10 贝宁0:1科特迪瓦
丹当48'
2005.3.27 喀麦隆2:1苏丹
格雷米35', A.韦伯90+2'/坦巴勒42'
2005.3.27 科特迪瓦3:0贝宁
B.卡卢12', 德罗巴18'(点球)、59'
2005.3.27 埃及4:1利比亚
米多55', 穆塔卜57'、80', 艾哈迈德·哈桑77'/费加尼52'
2005.6.3 利比亚0:0科特迪瓦
2005.6.4 贝宁1:4喀麦隆
阿格贝西82'/里戈贝尔·宋19', A.韦伯52', 格雷米66', 埃托奥67'(点球)
2005.6.5 埃及6:1苏丹
阿卜杜拉利姆·阿里8'、31', 扎基28'、51', T.赛义德64', 艾德72'/坦巴勒81'
2005.6.19 喀麦隆1:0利比亚
A.韦伯27'
2005.6.19 科特迪瓦2:0埃及
德罗巴42'、49'
2005.8.17 苏丹1:0贝宁
坦巴勒20'
2005.9.2 利比亚0:0苏丹
2005.9.4 科特迪瓦2:3喀麦隆
德罗巴38'、47'/A.韦伯30'、45+2'、85'
2005.9.4 埃及4:1贝宁
扎基12'、16'、84', 米多65'/塞塞尼翁59'
2005.10.8 苏丹1:3科特迪瓦
坦巴勒89'/阿卡勒22', 丹当51'、73'
2005.10.8 喀麦隆1:1埃及
杜阿拉20'/舒基79'
2005.10.9 贝宁1:0利比亚
希图60'

第4组	胜	平	负	进:失球	分
安哥拉	6	3	1	12:6	21
尼日利亚	6	3	1	21:7	21
津巴布韦	4	3	3	13:14	15
加蓬	2	4	4	11:13	10
阿尔及利亚	1	5	4	8:15	8
卢旺达	1	2	7	6:17	5

(安哥拉出线)
2004.6.5 加蓬1:1津巴布韦
伊西耶穆52'/卡翁德拉84'
2004.6.5 尼日利亚2:0卢旺达
马丁斯56'、87'
2004.6.5 阿尔及利亚0:0安哥拉
2004.6.19 卢旺达3:1加蓬
阿贝德3'、63', 穆利萨26'/恩格韦马19'
2004.6.20 安哥拉1-0尼日利亚
阿夸85'
2004.6.20 津巴布韦1:1阿尔及利亚
布格拉59'(乌龙球)/谢拉5'
2004.7.3 加蓬2:2安哥拉
伊西耶穆41', 恩圭马49'/阿夸19', R.洛佩斯81'
2004.7.3 尼日利亚1:0阿尔及利亚
J.雅博80'
2004.7.3 卢旺达0:2津巴布韦
恩德洛武41', 嫩戈马沙79'
2004.9.5 阿尔及利亚0:3加蓬
奥巴梅扬56', 阿基雷米74', 比托奥88'
2004.9.5 安哥拉1:0卢旺达
弗雷迪51'
2004.9.5 津巴布韦0:3尼日利亚
阿加霍瓦4', 埃纳卡希尔27', 雅库布50'(点球)
2004.10.9 加蓬1:1尼日利亚
伊西耶穆3'/雅库布70'
2004.10.9 卢旺达1:1阿尔及利亚
马卡西8'/布拉希利13'
2004.10.10 安哥拉1:0津巴布韦

弗拉维奥52'
2005.3.26 尼日利亚2:0加蓬
阿加霍瓦84', 卡努86'
2005.3.27 阿尔及利亚1:0卢旺达
布塔布48'
2005.3.27 津巴布韦2:0安哥拉
卡昂德拉60', 本贾尼71'
2005.6.5 卢旺达1:1尼日利亚
加特特53'/马丁斯79'
2005.6.5 津巴布韦1:0加蓬
恩德洛武66'(点球)
2005.6.5 安哥拉2:1阿尔及利亚
弗拉维奥48', 阿夸57'/布塔布66'
2005.6.18 加蓬3:0卢旺达
吉西卡迪耶11', 伦多56', 祖耶60'
2005.6.18 尼日利亚1:1安哥拉
奥科查5'/菲格雷多60'
2005.6.19 阿尔及利亚2:2津巴布韦
叶海亚17', 达乌德48'/卡昂德拉33', 恩德洛武87'
2005.9.4 阿尔及利亚2:5尼日利亚
亚赛夫48', 布塔布58'/马丁斯20'(点球)、89'、90', 乌塔卡39', 奥博多81'
2005.9.4 安哥拉3:0加蓬
阿库耶22'(乌龙球), 曼托拉斯42, 泽·卡兰加89'
2005.9.4 津巴布韦3:1卢旺达
卡昂德拉3', 本贾尼44', 兰巴纳帕西75'/马科内塞32'(乌龙球)
2005.10.8 加蓬0:0阿尔及利亚
2005.10.8 尼日利亚5:1津巴布韦
马丁斯35'、75'(点球), 阿伊拉62', 卡努80'(点球), 奥代姆温吉89'/本贾尼70'
2005.10.8 卢旺达0:1安哥拉
阿夸79'

第5组	胜	平	负	进:失球	分
突尼斯	6	3	1	25:9	21
摩洛哥	5	5	0	17:7	20
几内亚	5	2	3	15:10	17
肯尼亚	3	1	6	8:17	10
博茨瓦纳	3	0	7	10:18	9
马拉维	1	3	6	12:26	6

(突尼斯出线)
2004.6.5 马拉维1:1摩洛哥
蒙特哈利45+1'/萨夫利26'
2004.6.5 突尼斯4:1博茨瓦纳
克莱顿9', 哈古伊35'、78', 齐图尼74'/塞洛拉内65'
2004.6.19 博茨瓦纳2:0马拉维
塞洛拉内5', 哈博莱莱24'
2004.6.20 几内亚2:1突尼斯
K.迪亚瓦拉10'、46'/布拉汉姆55'
2004.7.3 博茨瓦纳0:1摩洛哥
莫克塔里27'
2004.7.3 马拉维1:1几内亚
姆平冈吉拉72'/K.迪亚瓦拉80'
2004.9.4 肯尼亚3:2马拉维
布拉扎22'、31', 奥列奇26'/姆克汉达维尔43', 蒙特哈利89'(点球)
2004.9.4 摩洛哥1:1突尼斯
卡尔库里89'/F.多斯桑托斯13'
2004.9.5 几内亚4:0博茨瓦纳
芬多诺44'(点球), 尤拉54', K.迪亚瓦拉60', 曼萨尔80'
2004.10.9 博茨瓦纳2:1肯尼亚
莫尔安塔纳50', 塞洛拉内55'/奥列克6'
2004.10.9 马拉维2:2突尼斯
姆瓦福利拉20', 希帕塔拉拉37'/布阿齐齐82', 姆纳里90'
2004.10.10 几内亚1:1摩洛哥
曼萨尔52'/沙马克5'
2004.10.17 肯尼亚2:1几内亚
奥列克9', 姆肯亚70'/芬多诺18'(点球)
2005.2.9 摩洛哥5:1肯尼亚
扎伊里12'、39'、90', 迪亚内46', 哈吉81'/奥提耶诺90+3'
2005.3.26 肯尼亚1:0博茨瓦纳
奥列克45'
2005.3.26 摩洛哥1:0几内亚
哈吉65'
2005.3.26 突尼斯7:0马拉维
盖满迪亚2', F.多斯桑托斯13'、52'、76'、77', 克莱顿60'(点球), 戈赫巴内79'
2005.6.4 博茨瓦纳1:3突尼斯
哈博纳蒙赫13'/纳夫蒂28', F.多斯桑托斯44', 阿卜迪78'
2005.6.4 摩洛哥4:1马拉维
萨夫里16'(点球), 哈吉21'、76', 哈尔贾72'/坎延达11'
2005.6.5 几内亚1:0肯尼亚
S.班古拉67'
2005.6.11 突尼斯2:0几内亚
克莱顿36'(点球), 谢德利79'
2005.6.18 肯尼亚0:0摩洛哥
2005.6.18 马拉维1:3博茨瓦纳
姆瓦富利尔瓦48'/莫尔安塔纳10', 塞洛拉内40', 莫特拉班克87'
2005.8.17 突尼斯1:0肯尼亚
盖曼迪亚2'
2005.9.3 肯尼亚0:2突尼斯
盖曼迪亚2', 霍马85'
2005.9.3 摩洛哥1:0博茨瓦纳
卡尔库里55'
2005.9.4 几内亚3:1马拉维
芬多诺12', K.迪亚瓦拉35', S.班古拉67'/姆坎达维尔36'
2005.10.8 博茨瓦纳1:2几内亚
莫尔安塔纳35'/O.班古拉73'、76'
2005.10.8 马拉维3:0肯尼亚
扎卡扎卡6', 姆坎达维尔49'、61'
2005.10.8 突尼斯2:2摩洛哥
克莱顿18', 谢德利69'/沙马克3', 卡尔库里42'

决赛阶段

32队分成8个小组进行单循环赛，小组前两名晋级十六强。

A组	胜	平	负	进:失球	分
德国	3	0	0	8:2	9
厄瓜多尔	2	0	1	5:3	6
波兰	1	0	2	2:4	3
哥斯达黎加	0	0	3	3:9	0

(德国、厄瓜多尔晋级)
2006.6.9 德国4:2哥斯达黎加
慕尼黑/66000人,**主裁判**:埃利松多(阿根廷)
进球:拉姆6', 克洛泽17'、61', 弗林斯87'/万乔普12'、73'
德国(442):莱曼/弗里德里希、梅策尔德、默特萨克、拉姆/施奈德(91'奥东科)、弗林斯、博罗夫斯基(72'凯尔)、施魏因斯泰格/波多尔斯基、克洛泽(79'诺伊维尔)
哥斯达黎加(352):波拉斯/乌马纳、马林、塞凯拉/L.冈萨雷斯、马丁内斯(66'德拉蒙德)、索利斯(78'博拉诺斯)、森特诺、D.冯塞卡/R.戈麦斯(91'阿索费法)、万乔普
2006.6.9 波兰0:2厄瓜多尔
盖尔森基兴/52000人,**主裁判**:上川策(日本)
进球:C.特诺里奥24', 德尔加多80'
波兰(442):博鲁茨/巴克、约普、热夫拉科夫、巴斯辛斯基/斯莫拉雷克、拉多姆斯基、希姆科维亚克、索博列夫斯基(68'耶伦)/克日诺维克(78'科索夫斯基)、茹拉夫斯基(84'布罗热克)
厄瓜多尔(442):莫拉/德拉克鲁斯、乌尔塔多(69'瓜瓜)、埃斯皮诺萨、雷亚斯科/门德斯、E.特诺里奥、S.卡斯蒂略、巴伦西亚/德尔加多(83'乌鲁蒂亚)、C.特诺里奥(65'卡维德斯)
2006.6.14 德国1:0波兰
多特蒙德/65000人,**主裁判**:坎塔莱霍(西班牙)
进球:诺伊维尔90+1'
德国(442):莱曼/弗里德里希(64'奥东科)、梅策尔德、默特萨克、拉姆/施奈德、弗林斯、巴拉克、施魏因斯泰格(77'博罗夫斯基)/波多尔斯基(71'诺伊维尔)、克洛泽
波兰(442):博鲁茨/巴克、博萨茨基、热夫拉科夫、巴斯辛斯基/斯莫拉雷克、拉多姆斯基、索博列夫斯基、克日诺维克(77'列万多夫斯基)/耶伦(90'布罗热克)、茹拉夫斯基(83'杜德卡)
2006.6.14 厄瓜多尔3:0哥斯达黎加
汉堡/50000人,**主裁判**:科德贾(贝宁)
进球:C.特诺里奥8', 德尔加多54', 卡维德斯90+2'
厄瓜多尔(442):莫拉/德拉克鲁斯、乌尔塔多、埃斯皮诺萨(69'瓜瓜)、雷亚斯科/门德斯、E.特诺里奥、S.卡斯蒂略、巴伦西亚(73'乌鲁蒂亚)/德尔加多、C.特诺里奥(46'卡维德斯)
哥斯达黎加(352):波拉斯/乌马纳、马林、塞凯拉/L.冈萨雷斯(56'埃尔南德斯)、华莱士、索利斯、森特诺(84'贝纳尔)、D.冯塞卡(29'萨沃里奥)/R.戈麦斯、万乔普
2006.6.20 厄瓜多尔0:3德国
柏林/72000人,**主裁判**:伊万诺夫(俄罗斯)
进球:克洛泽4'、44', 波多尔斯基57'
厄瓜多尔(442):莫拉/瓜瓜、德拉克鲁斯、门德斯、博尔哈(46'C.贝尼特斯)/卡维德斯、安布罗西、M.阿约维(68'乌鲁蒂亚)、巴伦西亚(63'拉拉)/G.埃斯皮诺萨、E.特诺里奥
德国(442):莱曼/弗里德里希、胡特、默特萨克、拉姆/施奈德(73'阿萨莫阿)、弗林斯(66'博罗夫斯基)、巴拉克、施魏因斯泰格/波多尔斯基、克洛泽(66'诺伊维尔)
2006.6.20 波兰2:1哥斯达黎加
汉诺威/43000人,**主裁判**:梅丁(新加坡)
进球:博萨茨基33'、66'/R.戈麦斯24'
波兰(442):博鲁茨/巴克、博萨茨基、热夫拉科夫、巴斯辛斯基/斯莫拉雷克(85'拉夏克)、拉多姆斯基(64'列万多夫斯基)、希姆科维亚克、克日诺维克/耶伦、茹拉夫斯基(46'布罗热克)
哥斯达黎加(352):波拉斯/乌马纳、马林、巴迪利亚/德拉蒙德(70'华莱士)、L.冈萨雷斯、索利斯、森特诺、博拉诺斯(79'萨沃里奥)/R.戈麦斯(82'埃尔南德斯)、万乔普

B组	胜	平	负	进:失球	分
英格兰	2	1	0	5:2	7
瑞典	1	2	0	3:2	5
巴拉圭	1	0	2	2:2	3
特立尼达和多巴哥	0	1	2	0:4	1

(英格兰、瑞典晋级)
2006.6.10 英格兰1:0巴拉圭
法兰克福/48000人,**主裁判**:罗德里格斯(墨西哥)
进球:加马拉3'(乌龙球)
英格兰(442):罗宾逊/内维尔、费迪南德、特里、阿什利·科尔/贝克汉姆、杰拉德、兰帕德、乔·科尔(83'哈格里夫斯)/欧文(56'唐宁)、克劳奇
巴拉圭(442):比利亚尔(8'博瓦迪利亚)/卡尼萨、卡塞雷斯、加马拉、托莱多(82'努涅斯)/博内特(68'奎瓦斯)、阿库纳、帕雷德斯、里维罗斯/圣克鲁斯、巴尔德斯
2006.6.10 特立尼达和多巴哥0:0瑞典
多特蒙德/62959人,**主裁判**:梅丁(新加坡)
进球:无
特立尼达和多巴哥(442):希斯洛普/格雷、桑乔、劳伦斯、A.约翰/伯查尔、西奥博尔德(66'惠特利)、约克、爱德华兹/S.约翰、萨穆埃尔(52'格伦)
瑞典(4132):沙班/亚历山大松、梅尔贝里、卢西克、埃德曼/林德罗特(78'卡尔斯特伦)/威廉松(78'容松)、A.斯文松(62'奥尔巴克)、永贝里/伊布拉希莫维奇、拉尔森
2006.6.15 英格兰2:0特立尼达和多巴哥
纽伦堡/41000人,**主裁判**:上川策(日本)

进球:克劳奇83',杰拉德90+1'
英格兰(442):罗宾逊/卡拉格(58'伦农)、费迪南德、特里、阿什利·科尔/贝克汉姆、杰拉德、兰帕德、乔·科尔(75'唐宁)/欧文(58'鲁尼)、克劳奇
特立尼达和多巴哥(442):希斯洛普/爱德华兹、桑乔、劳伦斯、格雷/伯查尔、惠特利、约克、西奥博尔德(85'怀斯))/琼斯(70'格伦)、S.约翰逊

2006.6.15 瑞典1:0巴拉圭
柏林/72000人,**主裁判**:米海尔(斯洛伐克)
进球:永贝里89'
瑞典(4132):伊萨克松/亚历山大松、梅尔贝里、卢西克、埃德曼/林德罗特/威廉松(68'容松)、卡尔斯特伦(86'埃尔曼德)、永贝里/伊布拉希莫维奇(46'奥尔巴克)、拉尔森
巴拉圭(442):博瓦迪利亚/卡尼萨、卡塞雷斯、加马拉、努涅斯/阿库纳、博内特(81'巴雷托)、帕雷德斯、里维罗斯(62'多斯桑托斯)/圣克鲁斯(63'洛佩斯)、巴尔德斯

2006.6.20 瑞典2:2英格兰
科隆/45000人,**主裁判**:布萨卡(瑞士)
进球:奥尔巴克51',拉尔森90'/乔·科尔34',杰拉德85'
瑞典(4132):伊萨克松/亚历山大松、梅尔贝里、卢西克、埃德曼/林德罗特(91'D.安德松)/容松(54'威廉松)、卡尔斯特伦、永贝里/奥尔巴克(75'埃尔曼德)、拉尔森
英格兰(442):罗宾逊/卡拉格、费迪南德(56'坎贝尔)、特里、阿什利·科尔/哈格里夫斯、贝克汉姆、兰帕德、乔·科尔/鲁尼(69'杰拉德)、欧文(4'克劳奇)

2006.6.20 巴拉圭2:0特立尼达和多巴哥
凯泽斯劳滕/46000人,**主裁判**:罗塞蒂(意大利)
进球:桑乔25'(乌龙球),奎瓦斯86'
巴拉圭(442):博瓦迪利亚/卡尼萨(89'达席尔瓦)、卡塞雷斯(77'曼苏尔)、加马拉、努涅斯/巴雷托、阿库纳、帕雷德斯、多斯桑托斯/巴尔德斯(66'奎瓦斯)、圣克鲁斯
特立尼达和多巴哥(442):杰克/爱德华兹、桑乔、劳伦斯、A.约翰(31'琼斯)/伯查尔、惠特利(67'拉塔皮)、约克、西奥博尔德/S.约翰逊、格伦(41'怀斯)

C组	胜	平	负	进:失球	分
阿根廷	2	1	0	8:1	7
荷兰	2	1	0	3:1	7
科特迪瓦	1	0	2	5:6	3
塞黑	0	0	3	2:10	0

(阿根廷、荷兰晋级)

2006.6.10 阿根廷2:1科特迪瓦
斯图加特/52000人,**主裁判**:德布里克(比利时)
进球:克雷斯波24',萨维奥拉39'/德罗巴82'
阿根廷(4312):阿邦丹齐耶里/布尔迪索、阿亚拉、海因策、索林/马克西、马斯切拉诺、坎比亚索/里克尔梅(93'艾马尔)/萨维奥拉(75'L.冈萨雷斯))、克雷斯波(64'帕拉西奥)
科特迪瓦(4411):蒂齐耶/埃布埃、K.杜尔、梅特、博卡/凯塔(77'A.科内)、Y.杜尔、佐科拉、阿卡勒(62'B.科内)/卡卢(55'丹当)/德罗巴

2006.6.11 塞黑0:1荷兰
莱比锡/37216人,**主裁判**:默克(德国)
进球:罗本18'
塞黑(442):耶夫里奇/N.乔尔杰维奇(43'科罗曼)、加夫兰契奇、克尔斯塔季奇、德拉古蒂诺维奇/杜利亚伊、纳吉、斯坦科维奇、P.乔尔杰维奇/米洛舍维奇(46'日吉奇)、凯日曼(67'柳博亚)
荷兰(433):范德萨/海廷加、奥耶、马泰森(86'布拉鲁兹)、范布隆克霍斯特/范博梅尔(60'兰扎特)、科库、斯内德/范佩西、范尼斯特尔鲁伊(69'库伊特)、罗本

2006.6.16 阿根廷6:0塞黑
盖尔森基兴/52000人,**主裁判**:罗塞蒂(意大利)
进球:马克西6'、41',坎比亚索31',克雷斯波78',特维斯84'梅西88'
阿根廷(4312):阿邦丹齐耶里/布尔迪索、阿亚拉、海因策、索林/马斯切拉诺/L.冈萨雷斯(17'坎比亚索)、里克尔梅、马克西(75'梅西)/克雷斯波、萨维奥拉(59'特维斯)
塞黑(442):耶夫里奇/杜利亚伊、加夫兰契奇、杜迪奇、克尔斯塔季奇/科罗曼(50'柳博亚))、纳吉(46'埃尔吉奇)、P.乔尔杰维奇、斯坦科维奇/米洛舍维奇(70'武基奇)、凯日曼

2006.6.16 荷兰2:1科特迪瓦
斯图加特/52000人,**主裁判**:鲁伊斯(哥伦比亚)
进球:范佩西23',范尼斯特尔鲁伊26'/B.科内38'
荷兰(433):范德萨/海廷加(46'布拉鲁兹)、奥耶、马泰森、范布隆克霍斯特/范博梅尔、科库、斯内德(50'范德法特)/范佩西、范尼斯特尔鲁伊(73'兰扎特)、罗本
科特迪瓦(433):蒂齐耶/埃布埃、K.杜尔、梅特、博卡/Y.杜尔、佐科拉、罗马里克(62'亚皮)/B.科内(62'丹当)、德罗巴、A.科内(73'阿卡勒)

2006.6.21 荷兰0:0阿根廷
法兰克福/48000人,**主裁判**:坎塔莱霍(西班牙)
进球:无
荷兰(433):范德萨/亚林斯、布拉鲁兹、奥耶、德克勒/斯内德(86'马杜罗)、科库、范德法特/库伊特、范尼斯特尔鲁伊(56'巴贝尔)、范佩西(67'兰扎特)
阿根廷(4312):阿邦丹齐耶里/布尔迪索(24'科洛奇尼)、阿亚拉、G.米利托、库弗雷/马克西、马斯切拉诺、坎比亚索/里克尔梅(80'艾马尔)/梅西(70'克鲁斯)、特维斯

2006.6.21 科特迪瓦3:2塞黑
凯泽斯劳滕/46000人,**主裁判**:罗德里格斯(墨西哥)
进球:丹当36'(点球)、67',卡卢86'(点球)/日吉奇10',伊利奇20'
科特迪瓦(442):巴里/埃布埃、多莫劳、夸西、博卡/凯塔(73'卡卢))、Y.杜尔、佐科拉、阿卡勒(60'B.科内)/丹当、A.科内
塞黑(442):耶夫里奇/N.乔尔杰维奇、加夫兰契奇、克尔斯塔季奇(16'纳吉)、杜迪奇/斯坦科维奇、杜利亚伊、P.乔尔杰维奇、埃尔吉奇/伊利奇、日吉奇(67'米洛舍维奇)

D组	胜	平	负	进:失球	分
葡萄牙	3	0	0	5:1	9
墨西哥	1	1	1	4:3	4
安哥拉	0	2	1	1:2	2
伊朗	0	1	2	2:6	1

(葡萄牙、墨西哥晋级)

2006.6.11 墨西哥3:1伊朗
纽伦堡/41000人,**主裁判**:罗塞蒂(意大利)
进球:布拉沃28'、76',齐尼亚79'/戈尔莫哈马迪36'
墨西哥(343):桑切斯/马科斯、奥索里奥、萨尔西多/门德斯、帕尔多、托拉多(46'佩雷斯))、皮内达/布拉沃、博尔格蒂(52'冯塞卡)、佛朗哥(46'齐尼亚)
伊朗(433):米尔扎普尔/卡阿比、戈尔莫哈马迪、雷扎伊、诺斯拉蒂(81'博尔哈尼)/马达维基亚、内科南、泰穆里安/代伊、卡里米(63'马丹齐)、哈什米安

2006.6.11 安哥拉0:1葡萄牙
科隆/45000人,**主裁判**:拉里昂达(乌拉圭)
进球:保莱塔4'
安哥拉(4231):里卡多/洛科、姜巴、卡利、德尔加多/安德烈、菲格雷多(80'米洛伊)/泽·卡兰加(70'埃德森)、马特乌斯、门东卡/阿夸(60'曼托拉斯)
葡萄牙(4231):里卡多/米格尔、梅拉、卡瓦略、瓦伦特/蒂亚戈(83'维亚纳)、佩蒂特(72'马尼切)/C.罗纳尔多(60'科斯蒂尼亚))、菲戈、西芒/保莱塔

2006.6.16 墨西哥0:0安哥拉
汉诺威/43000人,**主裁判**:梅丁(新加坡)
进球:无
墨西哥(352):桑切斯/马科斯、奥索里奥、萨尔西多/门德斯、托拉多、齐尼亚(52'阿雷利亚诺)、帕尔多、皮内达(78'莫拉莱斯))/布拉沃、佛朗哥74'(冯塞卡)
安哥拉(451):里卡多/洛科、姜巴、卡利、德尔加多/泽·卡兰加(83'米洛伊))、安德烈、菲格雷多(73'马克斯)、门东卡、马特乌斯(68'曼托拉斯)/阿夸

2006.6.17 葡萄牙2:0伊朗
法兰克福/48000人,**主裁判**:普拉(法国)
进球:德科63',C.罗纳尔多80'(点球)
葡萄牙(451):里卡多/米格尔、梅拉、卡瓦略、瓦伦特/菲戈(88'西芒)、德科(80'蒂亚戈))、科斯蒂尼亚、马尼切(67'佩蒂特)、C.罗纳尔多/保莱塔
伊朗(451):米尔扎普尔/卡阿比、戈尔莫哈马迪(88'巴赫蒂亚里扎德赫))、雷扎伊、诺斯拉蒂/马达维基亚、泰穆里安、卡里米(65'灿迪)、内科南、马丹齐(66'哈提比))/哈什米安

2006.6.21 葡萄牙2:1墨西哥
盖尔森基兴/52000人,**主裁判**:米歇尔(斯洛

克洛泽在小组赛便为最终获得最佳射手奠定了坚实的基础,他在首战对阵哥斯达黎加的比赛梅开二度之后,又在与厄瓜多尔的比赛中再次独中两元。

伐克)
进球:马尼切6', 西芒24'(点球)/冯塞卡29'
葡萄牙(4231):里卡多/米格尔(61'费雷拉))、梅拉、卡瓦略、卡内拉/蒂亚戈、佩蒂特、马尼切/菲戈(80'博阿莫特)、波斯蒂加(69'N.戈麦斯)、西芒
墨西哥(352):桑切斯/罗德里格斯(46'齐尼亚))、奥索里奥、萨尔西多/帕尔多、马克斯、皮内达(69'卡斯特罗)、门德斯(80'佛朗哥)、R.佩雷斯/冯塞卡、布拉沃

2006.6.21 伊朗1:1安哥拉
莱比锡/38000人,**主裁判**:谢尔德(澳大利亚)
进球:巴赫蒂亚里扎德赫75'/弗拉维奥60'
伊朗(451):米尔扎普尔/卡阿比(67'博尔哈尼)、雷扎伊、巴赫蒂亚里扎德赫、诺斯拉蒂(13'绍杰)/马达维基亚、灿迪、哈什米安(39'哈提比)、泰穆里安、马丹齐/代伊
安哥拉(451):里卡多/洛科、姜巴、卡利、德尔加多/泽·卡兰加、米洛伊、菲格雷多(73'马克斯)、马特乌斯(23'洛夫)、门东卡/阿夸(51'弗拉维奥)

E组	胜	平	负	进球:失球	分
意大利	2	1	0	5:1	7
加纳	2	0	1	4:3	6
捷克	1	0	2	3:4	3
美国	0	1	2	2:6	1

(意大利、加纳晋级)

2006.6.12 美国0:3捷克
盖尔森基兴/52000人,主裁判: 阿马里利亚(巴拉圭)
进球:科勒5', 罗西基36'、76'
美国(451):凯勒/切伦多洛(46'E.约翰逊)、波普、奥涅乌、刘易斯/马斯特罗尼(46'奥布赖恩)、比斯利、雷纳、多诺万、康韦/麦克布莱德(77'沃尔夫)
捷克(451):切赫/格里格拉、罗泽纳尔、乌伊法卢西、扬库洛夫斯基/加拉塞克、波博斯基(82'波拉克)、罗西基(86'施泰纳)、内德维德、普拉希尔/科勒(45'洛克文茨)

2006.6.12 意大利2:0加纳
汉诺威/43000人,**主裁判**:西蒙(巴西)
进球:皮尔洛40', 亚昆塔83'
意大利(4312):布冯/扎卡尔多、内斯塔、卡纳瓦罗、格罗索/佩罗塔、皮尔洛、德罗西/托蒂(56'卡莫拉内西)/托尼(82'皮耶罗)、吉拉迪诺(64'亚昆塔)
加纳(4132):金斯顿/潘特希尔、门萨、库福尔、帕波(46'.希拉)/E.阿多、阿皮亚、埃辛、蒙塔里、A.吉安(89'塔奇-门萨))/阿莫亚(68'皮姆邦)

2006.6.17 捷克0:2加纳
科隆/45000人,**主裁判**:埃利松多(阿根廷)
进球:A.吉安2', 蒙塔里82'
捷克(451):切赫/格里格拉、罗泽纳尔、乌伊法卢西、扬库洛夫斯基/波博斯基(56'施泰纳)、罗西基、加拉塞克(46'波拉克)、内德维德、普拉希尔(68'西翁科)/洛克文茨
加纳(442):金斯顿/潘特希尔、门萨、希拉、穆罕默德/O.阿多(D.博阿滕))、阿皮亚、埃辛、蒙塔里/A.吉安(85'皮姆邦))、阿莫亚(80'E.阿多)

2006.6.17 意大利1:1美国
凯泽斯劳滕/46000,**主裁判**:拉里昂达(乌拉圭)
进球:吉拉迪诺22'/扎卡尔多27'(乌龙球)
意大利(4312):布冯/扎卡尔多(54'皮耶罗)、内斯塔、卡纳瓦罗、赞布罗塔/佩罗塔、皮尔洛、德罗西/托蒂(35'加图索))/托尼(61'亚昆塔)、吉拉迪诺
美国(4411):凯勒/切伦多洛、波普、奥涅乌、博卡内格拉/登普西(62'比斯利)、马斯特罗尼、雷纳、康韦(52'康拉德)/多诺万、麦克布莱德

2006.6.22 捷克0:2意大利
汉堡/50000,**主裁判**:阿琼迪亚(墨西哥)
进球:马特拉齐26', 因扎吉87'
捷克(4141):切赫/格里格拉、罗泽纳尔、R.科瓦奇(78'海因茨)、扬库洛夫斯基/波拉克/波博斯基(46'施泰纳)、罗西基、内德维德、普拉希尔/巴罗什(64'亚罗利姆)
意大利(4411):布冯/赞布罗塔、内斯塔(17'马特拉齐)、卡纳瓦罗、格罗索/卡莫拉内西(74'巴罗内)、加图索、皮尔洛、佩罗塔/托蒂/吉拉迪诺(60'因扎吉)

2006.6.22 加纳2:1美国
纽伦堡/41000,**主裁判**:默克(德国)
进球:德拉马尼22', 阿皮亚45+2'(点球)/登普西43'
加纳(442):金斯顿/潘特希尔、门萨、希拉、穆罕默德/博阿滕(46'O.阿多)、阿皮亚、埃辛、德拉马尼(80'塔期-门萨)/阿莫亚(59'E.阿多)、皮姆邦
美国(451):凯勒/切伦多洛(61'E.约翰逊)、奥涅乌、康拉德、博卡内格拉/登普西、多诺万、雷纳(40'本·奥尔森)、比斯利、刘易斯(74'康韦))/麦克布莱德

F组	胜	平	负	进球:失球	分
巴西	3	0	0	7:1	9
澳大利亚	1	1	1	5:5	4
克罗地亚	0	2	1	2:3	2
日本	0	1	2	2:7	1

(巴西、澳大利亚晋级)

2006.6.12 澳大利亚3:1日本
凯泽斯劳滕/46000人,**主裁判**:法塔赫(埃及)
进球:卡希尔84'、89', 阿洛伊西90+2'/中村俊辅26'
澳大利亚(352):施瓦泽/尼尔、C.穆尔(61'肯尼迪))、丘利纳/埃默顿、威尔克希尔(75'阿洛伊西))、布雷西亚诺(53'卡希尔))、格雷拉、奇珀菲尔德/维杜卡、科威尔
日本(352):川口能活/驹野友一、宫本恒靖、三都主/坪井庆介(56'茂庭照幸(90+1'大黑将志))、中田英寿、中村俊辅、中泽佑二、福西崇史/柳泽敦(79'小野伸二)、高原直泰

2006.6.13 巴西1:0克罗地亚
柏林/72000人,**主裁判**:阿琼迪亚(墨西哥)
进球:卡卡44'
巴西(4222):迪达/卡福、卢西奥、胡安、卡洛斯/卡卡、埃莫森/泽·罗伯托、罗纳尔迪尼奥/罗纳尔多(69'罗比尼奥)、阿德里亚诺
克罗地亚(352):普莱蒂科萨/西米奇、R.科瓦奇、西穆尼奇/斯尔纳、图多尔、克拉尼察、N.科瓦奇(41'莱科))、巴比奇/克拉什尼奇(56'奥利奇)、普尔绍

2006.6.18 日本0:0克罗地亚
纽伦堡/41000人,**主裁判**:德布里克(比利时)
进球:无
日本(442):川口能活/加地亮、宫本恒靖、三都主/小笠原满男、中田英寿、中村俊辅、中泽佑二、福西崇史(46'稻本润一)/高原直泰(85'大黑将志)、柳泽敦(61'玉田圭司)
克罗地亚(352):普莱蒂科萨/西米奇、R.科瓦奇、西穆尼奇/斯尔纳(87'博斯尼亚克))、图多尔(70'奥利奇)、克拉尼察(78'莫德里奇)、N.科瓦奇、巴比奇/克拉什尼奇、普尔绍

2006.6.18 巴西2:0澳大利亚
慕尼黑/66000人,**主裁判**:默克(德国)
进球:阿德里亚诺49', 弗雷德89'
巴西(4222):迪达/卡福、卢西奥、胡安、卡洛斯/卡卡、埃莫森(72'吉尔伯托)/泽·罗伯托、罗纳尔迪尼奥/罗纳尔多(72'罗比尼奥))、阿德里亚诺(88'弗雷德)
澳大利亚(352):施瓦泽/尼尔、C.穆尔(69'阿洛伊西)、波波维奇(41'布雷西亚诺)/埃默顿、格雷拉、卡希尔(56'科威尔)、丘利纳、奇珀菲尔德/维杜卡、什特约夫斯基

2006.6.22 日本1:4巴西
多特蒙德/65000人,**主裁判**:普拉(法国)
进球:玉田圭司34'/罗纳尔多45+1'、81', 小儒尼尼奥53', 吉尔伯托59'
日本(442):川口能活/加地亮、坪井庆介、中泽佑二、三都主/中村俊辅、中田英寿、稻本润一、小笠原满男(56'中田浩二)/卷诚一郎(60'高原直泰(66'大黑将志))、玉田圭司
巴西(4222):迪达(82'塞尼)/西西尼奥、卢西奥、胡安、吉尔伯托/卡卡(71'里卡迪尼奥)、小儒尼尼奥、吉尔伯托·席尔瓦、罗纳尔迪尼奥(71'泽·罗伯托)/罗比尼奥、罗纳尔多

2006.6.22 克罗地亚2:2澳大利亚
斯图加特/52000人,**主裁判**:波尔(英格兰)
进球:斯尔纳2', N.科瓦奇56'/C.穆尔38'(点球), 科威尔79'
克罗地亚(352):普莱蒂科萨/西米奇、托马斯(83'克拉什尼奇)、西穆尼奇/斯尔纳、图多尔、克拉尼察(65'莱科)、N.科瓦奇、巴比奇/普尔绍、奥利奇(74')
澳大利亚(3412):卡拉奇/C.穆尔、尼尔、奇珀菲尔德(75'肯尼迪)/什特约夫斯基(71'布雷西亚诺)、格雷拉(63'阿洛伊西)、埃默顿、丘利纳/科威尔/卡希尔、维杜卡

G组	胜	平	负	进球:失球	分
瑞士	2	1	0	4:0	7
法国	1	2	0	3:1	5
韩国	1	1	1	3:4	4
多哥	0	0	3	1:6	0

(瑞士、法国晋级)

2006.6.13 韩国2:1多哥
法兰克福/48000人,**主裁判**:波尔(英格兰)
进球:李天秀54', 安贞焕72'/卡德尔31'
韩国(343):李云在/金珍圭(46'安贞焕)、金永澈、崔镇哲/宋钟国、李皓、李乙容(68'金南一)、李荣杓/李天秀、曹宰榛(83'金相植)、朴智星
多哥(442):阿加萨/昌盖、阿巴洛、尼邦贝、阿瑟莫阿萨(62'福尔松)/塞纳亚(55'阿西米乌)、C.杜尔、罗马奥、萨利富(86'阿齐阿沃努)/阿德巴约、卡德尔

2006.6.13 法国0:0瑞士
斯图加特/52000人,**主裁判**:伊万诺夫(俄罗斯)
进球:
法国(4231):巴特斯/萨尼奥尔、图拉姆、加拉、阿比达尔/维埃拉、马克莱莱/维尔托德(84'多拉索)、齐达内、里贝里(70'萨哈)/亨利
瑞士(442):祖贝布勒/德根、米勒(75'朱鲁)、森德罗斯、马格宁/巴内塔、沃热尔、卡巴纳斯、维基(82'马尔盖拉兹)/弗雷、斯特雷勒(56'居加)

2006.6.18 法国1:1韩国
莱比锡/43000人,**主裁判**:阿琼迪亚(墨西哥)
进球:亨利9'/朴智星81'
法国(4231):巴特斯/萨尼奥尔、图拉姆、加拉、阿比达尔/维埃拉、马克莱莱/维尔托德(59'里贝里)、齐达内(90+1'特雷泽盖)、马卢达(87'多拉索)/亨利
韩国(4321):李云在/李荣杓、崔镇哲、金永澈、金东进/金南一、李乙容(46'薛琦铉)、李皓(69'金相植))/李天秀(72'安贞焕)、朴智星/曹宰榛

2006.6.19 瑞士2:0多哥
多特蒙德/65000人,**主裁判**:阿马里利亚(巴拉圭)
进球:弗雷16', 巴内塔88'
瑞士(4312):祖贝布勒/德根、米勒、森德罗斯、马格宁/巴内塔、沃热尔、维基/卡巴纳斯(77'斯特雷勒)/弗雷(87'卢斯特里内利)、居加(46'雅金)
多哥(4132):阿加萨/昌盖、尼邦贝、福尔松、阿西米乌/罗马奥/多塞维(69'塞纳亚)、C.杜尔(87'马尔姆)、阿格博(25'萨利富))/阿德巴约、卡德尔

2006.6.23 多哥0:2法国
科隆/45000人,**主裁判**:拉里昂达(乌拉圭)
进球:维埃拉55', 亨利61'

多哥(4132):阿加萨/昌盖、阿巴洛、尼邦贝、福尔松/阿齐阿沃努、/塞纳亚、萨利富、C.杜尔(59'奥卢法德))/阿德巴约(75'多塞维)、卡德尔
法国(4231):巴特斯/萨尼奥尔、图拉姆、加拉、西尔维斯特/维埃拉(81'迪亚拉)、马克莱莱/里贝里(77'戈武)、特雷泽盖、马卢达(74'维尔托德)/亨利
2006.6.23 **瑞士2:0韩国**
汉诺威/43000人,**主裁判**:埃利松多(阿根廷)
进球:森德罗斯23', 弗雷71'
瑞士(4312):祖贝布勒/德根、米勒、森德罗斯(53'朱鲁))、施皮歇尔/巴内塔、沃热尔、维基(88'贝赫拉米))/卡巴纳斯/雅金(71'马尔盖拉兹))、弗雷
韩国(433):李云在/李荣杓(63'安贞焕)、崔镇哲、金珍圭、金东进/李皓、金南一、朴周永(66'薛琦铉))/李天秀、曹宰榛、朴智星

H组	胜	平	负	进球:失球	分
西班牙	3	0	0	8:1	9
乌克兰	2	0	1	5:4	6
突尼斯	0	1	2	3:6	1
沙特	0	1	2	2:7	1

(西班牙、乌克兰晋级)
2006.6.14 **西班牙4:0乌克兰**
莱比锡/43000人,**主裁判**:布萨卡(瑞士)
进球:阿隆索13', 比利亚17'、48'(点球), 托雷斯81'
西班牙(433):卡西利亚斯/拉莫斯、巴勃罗、普约尔、佩尼亚/塞纳、阿隆索(55'阿尔贝尔达)、哈维/比利亚(55'劳尔)、托雷斯、L.加西亚(77'法布雷加斯)
乌克兰(442):肖夫科夫斯基/耶泽尔斯基、内斯马奇尼、瓦施丘克、鲁索尔/胡谢夫(46'沃罗别伊)、胡辛(46'舍拉耶夫)、季莫什丘克、罗坦(64'雷布罗夫)/舍甫琴柯、沃罗宁
2006.6.14 **突尼斯2:2沙特**
慕尼黑/66000人,**主裁判**:希尔德(澳大利亚)
进球:贾齐里23', 贾伊迪90+3'/卡赫塔尼57', 贾贝尔84'
突尼斯(442):布姆尼耶/特拉贝尔西、贾伊迪、哈古伊、耶马利/纳穆奇、姆纳里、布阿齐齐(55'纳夫蒂))、谢德利(69'古德班))/希哈维(82'埃塞迪里))、贾齐里
沙特(4321):泽耶德/杜希、图卡尔、蒙塔沙里、苏莱曼尼/哈利德、加姆迪、哈里里/努尔(74'豪萨维)、蒂姆亚特(67'海达尔)/卡赫塔尼(82'贾贝尔)
2006.6.19 **沙特0:4乌克兰**
汉堡/50000,**主裁判**:波尔(英格兰)
进球:鲁索尔4', 雷布罗夫36', 舍甫琴柯46', 卡里尼琴科84'
沙特(4321):泽耶德/杜希(55'哈斯兰))、图卡尔、蒙塔沙里、苏莱曼尼/加姆迪、哈利德、哈里里/海达尔(55'豪萨维)、努尔(77'贾贝尔)/卡赫塔尼
乌克兰(3232):肖夫科夫斯基/内斯马奇尼、斯维德尔斯基、鲁索尔/舍拉耶夫、季莫什丘克/胡谢夫、雷布罗夫(71'罗坦)、卡利尼琴科/舍甫琴柯(86'米列夫斯基)、沃罗宁(79'胡辛)
2006.6.19 **西班牙3:1突尼斯**
斯图加特/52000人,**主裁判**:西蒙(巴西)
进球:劳尔71', 托雷斯76'、90+1'(点球)/姆纳里8'
西班牙(433):卡西利亚斯/拉莫斯、巴勃罗、普约尔、佩尼亚/塞纳(46'法布雷加斯)、阿隆索、哈维/比利亚(57'华金)、托雷斯、L.加西亚(46'劳尔)
突尼斯(451):布姆尼耶/特拉贝尔西、贾伊迪、哈古伊、阿亚里(57'叶海亚))/布阿齐齐(57'古德班)、姆纳里、谢德利(80'梅里亚赫))、纳夫蒂、纳穆奇/贾齐里
2006.6.23 **沙特0:1西班牙**
凯泽斯劳滕/46000人,**主裁判**:科德贾(贝宁)
进球:华尼托36'
沙特(4312):泽耶德/杜希、图卡尔、蒙塔沙里、哈斯兰/哈利德、哈里里、苏莱曼尼(81'马萨德)/努尔/贾贝尔(68'豪萨维)、哈尔蒂
西班牙(442):卡尼萨雷斯/萨尔加多、华尼托、马切纳、A.洛佩斯/华金、阿尔贝尔达、法布雷加斯(66'哈维)、伊涅斯塔/劳尔(46'比利亚)、雷耶斯(70'托雷斯))
2006.6.23 **乌克兰1:0突尼斯**
柏林/72000人,**主裁判**:阿马里利亚(巴拉圭)
进球:舍甫琴柯70'(点球)
乌克兰(3412):肖夫科夫斯基/鲁索尔、斯维德尔斯基、内斯马奇尼/胡谢夫、季莫什丘克、舍拉耶夫、卡里尼琴科(75'胡辛)/雷布罗夫(55'沃罗别伊)/舍甫琴柯(88'米列夫斯基)、沃罗宁
突尼斯(442):布姆尼耶/特拉贝尔西、贾伊迪、哈古伊、阿亚里/布阿齐齐(79'耶马))、纳夫蒂(90+1'古德班)、姆纳里、谢德利(79'多斯桑托斯)/贾齐里、纳穆奇

1/8决赛
2006.6.24 **德国2:0瑞典**
慕尼黑/66000人,**主裁判**:西蒙(巴西)
进球:波多尔斯基4'、12'
德国(442):莱曼/弗里德里希、默特萨克、梅策尔德、拉姆/施奈德、弗林斯(85'凯尔))、巴拉克、施魏因斯泰格(72'博罗夫斯基)/克洛泽、波多尔斯基(74'诺伊维尔)
瑞典(4312):伊萨克松/亚历山大松、梅尔贝里、卢西克、埃德曼/容松(52'威廉松))、林德罗特、永贝里/卡尔斯特伦(39'汉松)/伊布拉希莫维奇(72'奥尔巴克))、拉尔森
2006.6.24 **阿根廷2:1墨西哥**
莱比锡/43000人,**主裁判**:布萨卡(瑞士)
进球:克雷斯波10', 马克西98'/马克斯6'
阿根廷(4312):阿邦丹齐耶里/斯卡洛尼、阿亚拉、海因策、索林/马克西、马斯切拉诺、坎比亚索(76'艾马尔)/里克尔梅/萨维奥拉(84'梅西)、克雷斯波(75'特维斯)
墨西哥(352):桑切斯/卡斯特罗、奥索里奥、萨尔西多/门德斯、马克斯、瓜尔达多(66'皮内达)、帕尔多(38'托拉多))、莫拉莱斯(74'齐尼亚)/冯塞卡、博尔格蒂
2006.6.25 **英格兰1:0厄瓜多尔**
斯图加特/52000人,**主裁判**:德布里克(比利时)
进球:贝克汉姆60'
英格兰(4141):罗宾逊/哈格里夫斯、费迪南德、特里、A.科尔/卡里克/贝克汉姆(87'伦农)、兰帕德、杰拉德(90+2'唐宁)、J.科尔(77'卡拉格))/鲁尼
厄瓜多尔(442):莫拉/德拉克鲁斯、乌尔塔多、G.埃斯皮诺萨、雷亚斯科/巴伦西亚、卡斯蒂略、E.特诺里奥(69'拉拉)、E.门德斯/C.特诺里奥(72'卡维德斯))、德尔加多
2006.6.25 **葡萄牙1:0荷兰**
纽伦堡/41000人,**主裁判**:伊万诺夫(俄罗斯)
进球:里贝罗23'
葡萄牙(4231):里卡多/米格尔、梅拉、卡瓦略、瓦伦特/科斯蒂尼亚、马尼切/菲戈(84'蒂亚戈)、德科、C.罗纳尔多(34'西芒)/保莱塔(46'佩蒂特)
荷兰(433):范德萨/布拉鲁兹、奥耶、马泰森(56'范德法特)、范布隆克霍斯特/范博梅尔(67'海廷加)、斯内德、科库(84'海塞林克)/范佩西、库伊特、罗本
2006.6.26 **意大利1:0澳大利亚**
凯泽斯劳滕/46000人,**主裁判**:坎塔莱霍(西班牙)
进球:托蒂90+4'(点球)
意大利(433):布冯/赞布罗塔、马特拉齐、卡纳瓦罗、格罗索/佩罗塔、皮尔洛、加图索/吉拉迪诺(46'亚昆塔)、托尼(56'巴尔扎利)、皮耶罗(75'托蒂)
澳大利亚(532):施瓦泽/什特约夫斯基(81'阿洛伊西)、C.穆尔、尼尔、奇珀菲尔德、威尔克希尔/丘利纳、布雷西亚诺、格雷拉/卡希尔、维杜卡
2006.6.26 **瑞士0:0(点球0:3)乌克兰**
科隆/45000人,**主裁判**:阿琼迪亚(墨西哥)
进球:无
瑞士(4312):祖贝布勒/德根、米勒、朱鲁(34'格里希丁)、马格宁/巴内塔、沃热尔、维基/卡巴纳斯/雅金(64'斯特雷勒)、弗雷(117'卢斯特里内利)
乌克兰(442):肖夫科夫斯基/胡谢夫、瓦施丘克、胡辛、内斯马奇尼/沃罗别伊(94'雷布罗夫)、季莫什丘克、舍拉耶夫、卡利尼琴科(75'罗坦)/沃罗宁(111'米列夫斯基)、舍甫琴柯
2006.6.27 **巴西3:0加纳**
多特蒙德/65000人,**主裁判**:米海尔(斯洛伐克)
进球:罗纳尔多5'阿德里亚诺45+1', 泽·罗伯托84'
巴西(4222):迪达/卡福、卢西奥、胡安、卡洛斯/埃莫森(46'G.席尔瓦)、泽·罗伯托/卡卡(83'里卡迪尼奥)、罗纳尔迪尼奥/阿德里亚诺(61'小儒尼尼奥)、罗纳尔多
加纳(442):金斯顿/潘特希尔、门萨、希拉、帕波/蒙塔里、阿皮亚、E.阿多(60'博阿滕)、德拉马尼/阿莫亚(70'塔奇-门萨)、A.吉安
2006.6.27 **西班牙1:3法国**
汉诺威/43000人,**主裁判**:罗塞蒂(意大利)
进球:比利亚28'(点球)/里贝里41', 维埃拉83', 齐达内90+2'
西班牙(433):卡西利亚斯/拉莫斯、巴勃罗、普约尔、佩尼亚/法布雷加斯、阿隆索、哈维(72'塞纳)/比利亚(54'华金)、托雷斯、劳尔(54'L.加西亚)
法国(4231):巴特斯/萨尼奥尔、图拉姆、加拉、阿比达尔/维埃拉、马克莱莱/里贝里、齐达内、马卢达(74'戈武)/亨利(88'维尔托德)

1/4决赛
2006.6.30 **德国1:1(点球4:2)阿根廷**
柏林/72000人,**主裁判**:米海尔(斯洛伐克)
进球:克洛泽80'/阿亚拉49'
德国(442):莱曼/弗里德里希、默特萨克、梅策尔德、拉姆/施奈德(62'奥东科尔))、弗林斯、巴拉克、施魏因斯泰格(74'博罗夫斯基)/克洛泽(86'诺伊维尔)、波多尔斯基
阿根廷(4132):阿邦丹齐耶里(71'佛朗哥)/科洛奇尼、阿亚拉、海因策、索林/马斯切拉诺/卢乔、里克尔梅(72'坎比亚索)、马克西/克雷斯波(79'克鲁斯)、特维斯
2006.6.30 **意大利3:0乌克兰**
汉堡/50000,**主裁判**:德布里克(比利时)
进球:赞布罗塔6', 托尼59'、69'
意大利(442):布冯/赞布罗塔、卡纳瓦罗、巴尔扎利、格罗索/卡莫拉内西(68'奥多)、加图索(77'扎卡尔多)、皮尔洛(68'巴罗内)、佩罗塔/托蒂、托尼
乌克兰(4321):肖夫科夫斯基/胡谢夫、斯维德尔斯基(20'沃罗别伊))、鲁索尔(47'瓦施丘克)、内斯马奇尼/胡辛、季莫什丘克、舍拉耶夫/米列夫斯基(72'别利克))、卡利尼琴科/舍甫琴柯
2006.7.1 **英格兰0:0(点球1:3)葡萄牙**
盖尔森基兴/52000人,**主裁判**:埃利松多(阿根廷)
进球:
英格兰(4141):罗宾逊/内维尔、费迪南德、特里、A.科尔/哈格里夫斯/贝克汉姆(52'伦农(119'卡拉格))、兰帕德、杰拉德、J.科尔(65'克劳奇)/鲁尼(红牌)
葡萄牙(4321):里卡多/米格尔、梅拉、卡瓦略、瓦伦特/蒂亚戈(74'维亚纳)、佩蒂特、马尼切/菲戈(86'波斯蒂加)、C.罗纳尔多/保莱塔(63'西芒)
2006.7.1 **巴西0:1法国**
法兰克福/48000人,**主裁判**:坎塔莱霍(西班

牙)
进球:亨利57'
巴西(442):迪达/卡福(76'西西尼奥)、卢西奥、胡安、卡洛斯/G.席尔瓦、卡卡(79'罗比尼奥)、小儒尼尼奥(63'阿德里亚诺)、泽·罗伯托/罗纳尔多、罗纳尔迪尼奥
法国(4231):巴特斯/萨尼奥尔、图拉姆、加拉、阿比达尔/维埃拉、马克莱莱/里贝里(77'戈武)、齐达内、马卢达(94'维尔托德)/亨利(86'萨哈)

半决赛
2006.7.4　德国0:2意大利
多特蒙德/65000人,**主裁判**:阿琼迪亚(墨西哥)
进球:格罗索119', 皮耶罗120+1'
德国(442):莱曼/弗里德里希、默特萨克、梅策尔德、拉姆/施奈德(83'奥东科)、凯尔、巴拉克、博罗夫斯基(73'施魏因斯泰格)/克洛泽(111'诺伊维尔)、波多尔斯基
意大利(442):布冯/赞布罗塔、卡纳瓦罗、马特拉齐、格罗索/卡莫拉内西(91'亚昆塔)、皮尔洛、加图索、佩罗塔(104'皮耶罗)/托蒂、托尼(74'吉拉迪诺)

2006.7.5　葡萄牙0:1法国
慕尼黑/66000人,**主裁判**:拉里昂达(乌拉圭)
进球:齐达内33'(点球)
葡萄牙(4231):里卡多/米格尔(62'费雷拉)、梅拉、卡瓦略、瓦伦特/科斯蒂尼亚(75'波斯蒂加)、马尼切/菲戈、德科、C.罗纳尔多/保莱塔(68'西芒)
法国(4231):巴特斯/萨尼奥尔、图拉姆、加拉、阿比达尔/维埃拉、马克莱莱/里贝里(72'戈武)、齐达内、马卢达(69'维尔托德)/亨利(85'萨哈)

三四名决赛
2006.7.8　德国3:1葡萄牙
斯图加特/52000,**主裁判**:上川策(日本)
进球:施魏因斯泰格56'、78', 佩蒂特60'(乌龙球)/N.戈麦斯86'
德国(442):卡恩/拉姆、诺沃特尼、梅策尔德、延森/施奈德、凯尔、弗林斯、施魏因斯泰格(79'希茨尔斯佩格)/克洛泽(65'诺伊维尔)、波多尔斯基(71'汉克)
葡萄牙(4231):里卡多/费雷拉、梅拉、R.科斯塔、瓦伦特/马尼切、科斯蒂尼亚(46'佩蒂特)/C.罗纳尔多、德科、西芒/保莱塔(77'菲戈)

决赛
2006.7.9　意大利1:1(点球5:3)法国
柏林/69000人,**主裁判**:埃利松多(阿根廷)
进球:马特拉齐19'/齐达内7'(点球)
意大利(442):布冯/赞布罗塔、卡纳瓦罗、马特拉齐、格罗索/卡莫拉内西(86'皮耶罗)、加图索、皮尔洛、佩罗塔(61'德罗西)/托蒂(61'亚昆塔)、托尼
法国(4231):巴特斯/萨尼奥尔、图拉姆、加拉、阿比达尔/维埃拉(56'迪亚拉)、马克莱莱/里贝里(100'特雷泽盖)、齐达内、马卢达/亨利(107'维尔托德)

2010

预选赛

东道主南非队直接出线。另204队参加预选赛，争夺31个出线席位。预选赛共进行了848场，进球2337个，场均2.64球。入场券分配方面，欧洲区13个，南美区4.5个，中北美及加勒比区3.5个，非洲区6个(含东道主南非)，亚洲区4.5个，大洋洲区0.5个。有2张入场券通过洲际附加赛决出。

●欧洲区

(赛制)共53队参赛，分成9个小组，8个小组拥有6支球队，1个小组拥有5支球队，每个小组第1名直接晋级世界杯决赛圈，8个成绩最好的小组第2名通过附加赛争夺最后4个决赛圈名额。8个成绩最好的第2名对比，由于第9小组球队少赛两场，其他8个小组不计算与本小组最后一名的两回合成绩。

第1小组	胜	平	负	进球:失球	分
丹麦	6	3	1	16:5	21
葡萄牙	5	4	1	17:5	19
瑞典	5	3	2	13:5	18
匈牙利	5	1	4	10:8	16
阿尔巴尼亚	1	4	5	6:13	7
马耳他	0	1	9	0:26	1

(丹麦出线，葡萄牙附加赛)

2008.9.6 阿尔巴尼亚0:0瑞典
2008.9.6 马耳他0:4葡萄牙
赛义德26'(乌龙球)，阿尔梅达61'，西芒72'，纳尼78'
2008.9.6 匈牙利0:0丹麦
2008.9.10 瑞典2:1匈牙利
卡尔斯特伦55'，霍尔门64'/鲁道夫90+3'
2008.9.10 阿尔巴尼亚3:0马耳他
博格达尼45+1'，杜罗84'，达尔库90'
2008.9.10 葡萄牙2:3丹麦
纳尼42'，德科86'(点球)/本特纳84'，C.波尔森90'，D.延森90+2
2008.10.11 匈牙利2:0阿尔巴尼亚
托尔赫勒48'，尤哈斯82'
2008.10.11 丹麦3:0马耳他
S.拉尔森10'、47'，阿格29'(点球)
2008.10.11 瑞典0:0葡萄牙
2008.10.15 马耳他0:1匈牙利
托尔赫勒23'
2008.10.15 葡萄牙0:0阿尔巴尼亚
2009.2.11 马耳他0:0阿尔巴尼亚
2009.3.28 马耳他0:3丹麦
S.拉尔森12'，23'，努尔斯特兰89'
2009.3.28 阿尔巴尼亚0:1匈牙利
托尔赫勒38'
2009.3.2 葡萄牙0:0瑞典
2009.4.1 匈牙利3:0马耳他
豪伊瑙尔7'，格拉81'，尤哈斯90+3'
2009.4.1 丹麦3:0阿尔巴尼亚
安德烈亚森31'，S.拉尔森37'，C.波尔森80'
2009.6.6 瑞典0:1丹麦
卡伦贝尔22'
2009.6.6 阿尔巴尼亚1:2葡萄牙
博格达尼29'/阿尔梅达27'，B.阿尔维斯90+2'
2009.6.10 瑞典4:0马耳他
卡尔斯特伦22'，马伊斯托罗维奇52'，伊布拉希莫维奇56'，贝里58'
2009.9.5 丹麦1:1葡萄牙
本特纳43'/列德松86'
2009.9.5 匈牙利1:2瑞典
胡斯蒂79'(点球)/梅尔贝里9'，伊布拉希莫维奇90+3'
2009.9.9 马耳他0:1瑞典
阿佐帕尔迪82'(乌龙球)
2009.9.9 阿尔巴尼亚1:1丹麦
博格达尼51'
2009.9.9 匈牙利0:1葡萄牙
佩佩10'
2009.10.10 葡萄牙3:0匈牙利
西芒18'、79'，列德松74'
2009.10.10 丹麦1:0瑞典
J.波尔森78'
2009.10.10 葡萄牙4:0马耳他
纳尼14'，西芒45'，韦洛索52'，埃迪尼奥90'
2009.10.14 瑞典4:1阿尔巴尼亚
梅尔贝里6'、42'，贝里40'，A.斯文松86'/萨利希56'
2009.10.14 丹麦0:1匈牙利
布扎基35'

第2小组	胜	平	负	进球:失球	分
瑞士	6	3	1	18:8	21
希腊	6	2	2	20:10	20
拉脱维亚	5	2	3	18:15	17
以色列	4	4	2	20:10	16
卢森堡	1	2	7	4:25	5
摩尔多瓦	0	3	7	6:18	3

(瑞士出线，希腊附加赛)

2008.9.6 摩尔多瓦1:2拉脱维亚
阿莱克谢夫76'/卡尔森8'，阿斯塔夫耶夫22'
2008.9.6 以色列2:2瑞士
贝纳永73'，本萨哈尔90+2'/雅金45'，恩库福56'
2008.9.6 卢森堡0:3希腊
托罗西迪斯36'，耶卡斯45+1'，查里斯特亚斯76'(点球)
2008.9.10 摩尔多瓦1:2以色列
皮库塞亚克1'/戈兰39'，萨班45'
2008.9.10 拉脱维亚0:2希腊
耶卡斯10'、49'
2008.9.10 瑞士1:2卢森堡
恩库福43'/斯特拉瑟27'，A.莱韦克87'
2008.10.11 瑞士2:1拉脱维亚
弗雷63'，恩库福73'/伊万诺夫71'
2008.10.11 希腊3:0摩尔多瓦
查里斯特亚斯31'、51'，卡楚拉尼斯40'
2008.10.11 卢森堡1:3以色列
皮特斯14'/贝纳永1'(点球)，戈兰63'，图亚马82'
2008.10.15 拉脱维亚1:1以色列
科耶斯尼岑科89'/贝纳永50'
2008.10.15 卢森堡0:0摩尔多瓦
2008.10.15 希腊1:2瑞士
查里斯特亚斯68'/弗雷42'(点球)，恩库福77'
2009.3.28 卢森堡0:4拉脱维亚
卡尔森25'，考纳48'，维斯纳科夫71'，佩雷普洛克金86'
2009.3.28 摩尔多瓦0:2瑞士
弗雷32'，G.费尔南德斯90+3'
2009.3.28 以色列1:1希腊
戈兰55'/耶卡斯42'
2009.4.1 拉脱维亚2:0卢森堡
齐加耶夫44'，韦尔帕科夫斯基76'
2009.4.1 希腊2:1以色列
萨尔皮尼季斯32'，萨马拉斯67'(点球)/巴尔达60'
2009.4.1 瑞士2:0摩尔多瓦
恩库福20'，弗雷52'
2009.9.5 摩尔多瓦0:0卢森堡
2009.9.5 以色列0:1拉脱维亚
戈克斯59'
2009.9.5 瑞士2:0希腊
格里希丁84'，帕达利诺87'
2009.9.9 以色列7:0卢森堡
巴尔达9'、21'、43'，巴鲁希扬15'，戈兰58'，本萨哈尔62'、84'
2009.9.9 拉脱维亚2:2瑞士
考纳62'，阿斯塔夫耶夫75'/弗雷43'，德迪约克80'
2009.9.9 摩尔多瓦1:1希腊
安德罗尼奇90'/耶卡斯33'
2009.10.10 希腊5:2拉脱维亚
耶卡斯4'、47'(点球)、47'、90+1'，萨马拉斯73'/韦尔帕科夫斯基12'、40'
2009.10.10 以色列3:1摩尔多瓦
巴尔达22'、70'，本达扬65'/卡林科夫90+2'
2009.10.10 卢森堡0:3瑞士
森德罗斯6'、8'，胡格22'
2009.10.14 希腊2:1卢森堡
托罗西迪斯30'，耶卡斯33'/帕帕多普洛斯90'(乌龙球)
2009.10.14 拉脱维亚3:2摩尔多瓦
鲁宾32'、44'，格雷比76'/奥夫塞安尼科夫25'，索夫罗尼90'
2009.10.14 瑞士0:0以色列

第3小组	胜	平	负	进球:失球	分
斯洛伐克	7	1	2	22:10	22
斯洛文尼亚	6	2	2	18:4	20
捷克	4	4	2	17:6	16
北爱尔兰	4	3	3	13:9	15
波兰	3	2	5	19:14	11
圣马力诺	0	0	10	1:47	0

(斯洛伐克出线，斯洛文尼亚附加赛)

2008.9.6 斯洛伐克2:1北爱尔兰
什克特尔46'，哈姆西克70'/杜里卡81'(乌龙球)
2008.9.6 波兰1:1斯洛文尼亚
热拉夫科夫17'/德迪奇35'
2008.9.10 圣马力诺0:2波兰
斯莫拉雷克36'，M.列万多夫斯基66'
2008.9.10 北爱尔兰0:0捷克
2008.9.10 斯洛文尼亚2:1斯洛伐克
诺瓦科维奇22'、82'/雅库布科83'
2008.10.11 波兰2:1捷克
布罗热克27'，布瓦什齐科夫斯基53'/芬南87'
2008.10.11 圣马力诺1:3斯洛伐克
塞尔瓦45/谢斯塔克33'，科扎克39'，卡尔汉50'
2008.10.11 斯洛文尼亚2:0北爱尔兰
诺瓦科维奇84'，柳比扬基奇85'
2008.10.15 捷克1:0斯洛文尼亚
西翁科63'
2008.10.15 斯洛伐克2:1波兰
谢斯塔克85'、86'/斯莫拉雷克70'

2008.10.15 北爱尔兰4:0圣马力诺
希利30'，麦卡恩43'，拉费蒂56'，S.戴维斯75'
2008.11.19 圣马力诺0:3捷克
R.科瓦奇47'，波斯皮耶赫53'，内奇德66'
2009.2.11 圣马力诺0:3北爱尔兰
麦考利7'，麦卡恩33'，布伦特63'
2009.3.28 北爱尔兰3:2波兰
菲尼10'，埃文斯47'，热拉夫科夫61'(乌龙球)/耶伦27'，萨加诺夫斯基90+1'
2009.3.28 斯洛文尼亚0:0捷克
2009.4.1 捷克1:2斯洛伐克
扬库洛夫斯基30'/谢斯塔克22'，延德里谢克82'
2009.4.1 波兰10:0圣马力诺
博古斯基1'、27'，斯莫拉雷克18'、60'、72'、81'，R.列万多夫斯基43'，耶伦51'，M.列万多夫斯基63'，萨加诺夫斯基88'
2009.4.1 北爱尔兰1:0斯洛文尼亚
菲尼73'
2009.6.6 斯洛伐克7:0圣马力诺
切赫3'、32'，佩卡里克12'，施托赫35'，科扎克42'，雅库布科63'，汉热尔68'
2009.8.12 斯洛文尼亚5:0圣马力诺
科伦19'、74'，拉多萨夫列维奇39'，基尔姆54'，柳比扬基奇90+3'
2009.9.5 波兰1:1北爱尔兰
M.列万多夫斯基80'/拉费蒂38'
2009.9.5 斯洛伐克2:2捷克
谢斯塔克59'，哈姆西克73'(点球)/普迪尔68'，巴罗什83'
2009.9.9 捷克7:0圣马力诺
巴罗什28'、44'、45+3'(点球)，66'，斯韦尔科什47'、90+4'，内奇德86'
2009.9.9 斯洛文尼亚3:0波兰
德迪奇13'，诺瓦科维奇44'，比尔萨62'
2009.9.9 北爱尔兰0:2斯洛伐克
谢斯塔克15'、霍洛什科67'
2009.10.10 捷克2:0波兰
内奇德51'，普拉希尔72'
2009.10.10 斯洛伐克0:2斯洛文尼亚
比尔萨56'，佩茨尼克90+3'
2009.10.14 捷克0:0北爱尔兰
2009.10.14 波兰0:1斯洛伐克
甘察奇克3'(乌龙球)
2009.10.14 圣马力诺0:3斯洛文尼亚
诺瓦科维奇24'，斯特万诺维奇68'，舒勒81'

第4小组	胜	平	负	进球:失球	分
德国	8	2	0	26:5	26
俄罗斯	7	1	2	19:6	22
芬兰	5	3	2	14:14	18
威尔士	4	0	6	9:12	12
阿塞拜疆	1	2	7	4:14	5
列支敦士登	0	2	8	2:23	2

(德国出线，俄罗斯附加赛)

2008.9.6 威尔士1:0阿塞拜疆
沃克斯83'
2008.9.6 列支敦士登0:6德国
波多尔斯基21'、48'，罗尔费斯64'，施魏因斯泰格65'，希茨尔斯佩格75'，韦斯特曼86'
2008.9.10 俄罗斯2:1威尔士
帕夫柳琴科22'(点球)，波格列布尼亚克81'/莱德利67'
2008.9.10 阿塞拜疆0:0列支敦士登
2008.9.10 芬兰3:3德国
约翰松33'，瓦里宁43'，舍隆德53'/克洛泽38'、45'、83'
2008.10.11 芬兰1:0阿塞拜疆
福塞尔61'(点球)
2008.10.11 威尔士2:0列支敦士登
爱德华兹42'，弗里克80'(乌龙球)
2008.10.11 德国2:1俄罗斯
波多尔斯基9'，巴拉克28'/阿尔沙文51'
2008.10.15 俄罗斯3:0芬兰
帕萨宁23'(乌龙球)、兰皮65'(乌龙球)、阿尔沙文88'
2008.10.15 德国1:0威尔士
特罗霍夫斯基72'
2009.3.28 俄罗斯2:0阿塞拜疆
帕夫柳琴科32'，济里亚诺夫71'
2009.3.28 威尔士0:2芬兰
约翰松42'，库奇90+1'
2009.3.28 德国4:0列支敦士登
巴拉克4'，扬森9'，施魏因斯泰格48'，波多尔斯基50'
2009.4.1 列支敦士登0:1俄罗斯
济里亚诺夫38'
2009.4.1 威尔士0:2德国
巴拉克11'，威廉姆斯48'(乌龙球)
2009.6.6 芬兰2:1列支敦士登
福塞尔33'，约翰松71'/弗里克13'
2009.6.6 阿塞拜疆0:1威尔士
爱德华兹42'
2009.6.10 芬兰0:3俄罗斯
克尔扎科夫26'、53'
2009.8.12 阿塞拜疆0:2德国
施魏因斯泰格11'，克洛泽53'
2009.9.5 阿塞拜疆1:2芬兰
马梅多夫49'/蒂希宁74'，约翰松85'
2009.9.5 俄罗斯3:0列支敦士登
V.别列祖斯基17'，帕夫柳琴科40'(点球)、45'(点球)
2009.9.9 列支敦士登1:1芬兰
波尔韦里诺75'/利特马宁74'(点球)
2009.9.9 德国4:0阿塞拜疆
巴拉克14'(点球)、克洛泽55'、65'，波多尔斯基71'
2009.9.9 威尔士1:3俄罗斯
科林斯53'/先绍夫36'，伊格纳舍维奇71'，帕夫柳琴科90+1'
2009.10.10 芬兰2:1威尔士
波罗卡拉5'，莫伊桑德77'/贝拉米17'
2009.10.10 列支敦士登0:2阿塞拜疆
哈瓦多夫55'，马梅多夫82'
2009.10.10 俄罗斯0:1德国
克洛泽35'
2009.10.14 阿塞拜疆1:1俄罗斯
哈瓦多夫54'/阿尔沙文13'
2009.10.14 德国1:1芬兰
波多尔斯基90'/约翰松11'
2009.10.14 列支敦士登0:2威尔士
沃恩16'，拉姆齐80'

第5小组	胜	平	负	进球:失球	分
西班牙	10	0	0	28:5	30
波黑	6	1	3	25:13	19
土耳其	4	3	3	13:10	15
比利时	3	1	6	13:20	10
爱沙尼亚	2	2	6	9:24	8
亚美尼亚	1	1	8	6:22	4

(西班牙出线，波黑附加赛)

2008.9.6 亚美尼亚0:2土耳其
通恰伊61'，森图尔克77'
2008.9.6 比利时3:2爱沙尼亚
松克39'、81'，德富尔75'/岑约夫57'，奥佩尔90+2'
2008.9.6 西班牙1:0波黑
比利亚58'
2008.9.10 土耳其1:1比利时
埃姆雷74'(点球)/松克31'
2008.9.10 波黑7:0爱沙尼亚
米西莫维奇25'、30'(点球)、56'，穆斯利莫维奇58'，哲科60'、73'，伊布里西奇88'
2008.9.10 西班牙4:0亚美尼亚
卡普德维拉7'，比利亚16'、79'，塞纳83'
2008.10.11 土耳其2:1波黑
阿尔达·图兰51'，埃尔丁奇66'/哲科27'
2008.10.11 比利时2:0亚美尼亚
松克22'，费莱尼38'
2008.10.11 爱沙尼亚0:3西班牙
华尼托34'，比利亚38'(点球)，普约尔69'
2008.10.15 波黑4:1亚美尼亚
斯帕希奇31'，哲科39'，穆斯利莫维奇56'、89'/米纳斯扬71'
2008.10.15 爱沙尼亚0:0土耳其
2008.10.15 比利时1:2西班牙
松克7'/伊涅斯塔36'，比利亚88'
2009.3.28 亚美尼亚2:2爱沙尼亚
希塔尔扬33'，哈扎尔扬87'/瓦西列夫38'，岑约夫67'
2009.3.28 比利时2:4波黑
登贝莱65'，松克89'(点球)/哲科7'，亚希奇74'，巴伊拉莫维奇81'，米西莫维奇86'
2009.3.28 西班牙1:0土耳其
皮克60'
2009.4.1 爱沙尼亚1:0亚美尼亚
普里83'
2009.4.1 土耳其1:2西班牙
森图尔克26'
2009.4.1 波黑2:1比利时
哲科12'、14'/斯韦尔茨88'
2009.9.5 亚美尼亚0:2波黑
伊布里西奇6'，穆斯利莫维奇74'
2009.9.5 土耳其4:2爱沙尼亚
通恰伊29'、72'，塞尔坎37'，阿尔达·图兰62'/沃斯科博伊尼科夫7'，瓦西列夫52'
2009.9.5 西班牙5:0比利时
席尔瓦41'、67'，比利亚49'、85'，皮克50'
2009.9.9 亚美尼亚2:1比利时
戈哈尔扬23'，霍夫塞普扬50'/范比滕90+2'
2009.9.9 波黑1:1土耳其
萨里霍维奇25'/埃姆雷4'
2009.9.9 西班牙3:0爱沙尼亚
法布雷加斯33'，卡索拉82'，马塔90+2'
2009.10.10 亚美尼亚1:2西班牙
阿苏曼扬58'/法布雷加斯33'，马塔64'(点球)
2009.10.10 比利时2:0土耳其
E.姆彭萨8'，84'
2009.10.10 爱沙尼亚0:2波黑
哲科30'，伊比舍维奇64'
2009.10.14 波黑2:5西班牙
哲科90'，米西莫维奇90+2'/皮克13'，席尔瓦14'，内格雷多50'、55'，马塔81'
2009.10.14 爱沙尼亚2:0比利时
皮罗亚30'，瓦西列夫67'
2009.10.14 土耳其2:0亚美尼亚
大阿尔滕托普16'，切廷28'

第6小组	胜	平	负	进球:失球	分
英格兰	9	0	1	34:6	27
乌克兰	6	3	1	21:6	21
克罗地亚	6	2	2	19:13	20
白俄罗斯	4	1	5	19:14	13
哈萨克斯坦	2	0	8	11:29	6
安道尔	0	0	10	3:39	0

(英格兰出线，乌克兰附加赛)

2008.8.20 哈萨克斯坦3:0安道尔
奥斯塔朋科14'、30'，乌兹代诺夫44'
2008.9.6 乌克兰1:0白俄罗斯
舍甫琴柯90+4'
2008.9.6 克罗地亚3:0哈萨克斯坦
N.科瓦奇13'，莫德里奇36'，彼得里奇81'
2008.9.6 安道尔0:2英格兰
乔·科尔49'、55'
2008.9.10 哈萨克斯坦1:3乌克兰
奥斯塔彭科68'/纳扎伦科45'、80'，舍甫琴柯54'
2008.9.10 安道尔1:3白俄罗斯
普约尔67'(点球)/韦尔霍夫特索夫7'，罗迪奥诺夫79'，V.赫莱布90'
2008.9.10 克罗地亚1:4英格兰
曼朱基奇78'/沃尔科特26'、59'、82'，鲁尼63'
2008.10.11 英格兰5:1哈萨克斯坦
费迪南德52'，库奇马64'(乌龙球)，鲁尼76'、86'，迪福90'/库克耶夫68'
2008.10.11 乌克兰0:0克罗地亚
2008.10.15 克罗地亚4:0安道尔
拉基蒂奇16'、87'(点球)，奥利奇32'，莫德里奇75'
2008.10.15 白俄罗斯1:3英格兰

西特科28'/杰拉德11', 鲁尼50'、74'
2009.4.1 哈萨克斯坦1:5白俄罗斯
阿卜杜林10'/A.赫莱布48'、卡拉谢夫54'、64', 斯塔舍维奇57', 罗迪奥诺夫88'
2009.4.1 安道尔0:2克罗地亚
克拉什尼奇15', 爱德华多35'
2009.4.1 英格兰2:1乌克兰
克劳奇29', 特里85'/舍甫琴柯74'
2009.6.6 白俄罗斯5:1安道尔
布利日纽克2'、76', 卡拉切夫44', 科尔尼连科50'、65'/I.利马90+3'(点球)
2009.6.6 克罗地亚2:2乌克兰
彼得里奇2', 莫德里奇68'
2009.6.6 哈萨克斯坦0:4英格兰
巴里40', 赫斯基45+1', 鲁尼72', 兰帕德77'(点球)
2009.6.10 乌克兰2:1哈萨克斯坦
纳扎连科33'、47'/努塞尔巴耶夫19'
2009.6.10 英格兰6:0安道尔
鲁尼4'、39', 兰帕德29', 迪福73'、76', 克劳奇81'
2009.8.12 白俄罗斯1:3克罗地亚
韦尔霍夫特索夫81'/奥利奇22'、85', 爱德华多69'
2009.9.5 乌克兰5:0安道尔
亚尔莫连科18', 米列夫斯基45+2'、90+2'(点球), 舍甫琴柯72'(点球), 萨列日尼奥夫90+4'(点球)
2009.9.5 克罗地亚1:0白俄罗斯
拉基蒂奇24'
2009.9.9 白俄罗斯0:0乌克兰
2009.9.9 安道尔1:3哈萨克斯坦
索内吉70'/希日尼琴科14'、35', 巴尔蒂耶夫29'
2009.9.9 英格兰5:1克罗地亚
兰帕德7'(点球)、59', 杰拉德18'、67', 鲁尼77'/爱德华多71'
2009.10.10 白俄罗斯4:0哈萨克斯坦
巴尔达乔夫23', 卡拉谢夫69'、90+3', 科韦尔86'
2009.10.10 乌克兰1:0英格兰
纳扎连科29'
2009.10.14 安道尔0:6乌克兰
舍甫琴柯22', 胡谢夫61', I.利马69'(乌龙球), 拉基茨基80', 萨列日尼奥夫81', 亚尔莫连科83'
2009.10.14 英格兰3:0白俄罗斯
克劳奇4'、76', 赖特-菲利普斯60'
2009.10.14 哈萨克斯坦1:2克罗地亚
希日尼琴科26'/武科耶维奇10', 克拉尼察90+3'

第7小组	胜	平	负	进球:失球	分
塞尔维亚	7	1	2	22:8	22
法国	6	3	1	18:9	21
奥地利	4	2	4	14:15	14
立陶宛	4	0	6	10:11	12
罗马尼亚	3	3	4	12:18	12
法罗群岛	1	1	8	5:20	4

(塞尔维亚出线, 法国附加赛)
2008.9.6 奥地利3:1法国
扬科8', 奥夫豪泽41', 伊万席茨72'(点球)/戈武61'
2008.9.6 塞尔维亚2:0法罗群岛
J.雅各布森30'(乌龙球), 日吉奇88'
2008.9.6 罗马尼亚0:3立陶宛
斯坦科维丘斯31', 米科利乌纳斯69', Kalonas86'
2008.9.10 法罗群岛0:1罗马尼亚
科奇什59'
2008.9.10 立陶宛2:0奥地利
达尼列维丘斯52'、58'
2008.9.10 法国2:1塞尔维亚
亨利53', 阿内尔卡63'/伊万诺维奇75'
2008.10.11 法罗群岛1:1奥地利
洛金47'/施特伦茨49'
2008.10.11 塞尔维亚3:0立陶宛
伊万诺维奇6', 克拉西奇34', 日吉奇82'
2008.10.11 罗马尼亚2:2法国
F.彼得雷6', 戈扬17'/里贝里36', 古尔库夫69'
2008.10.15 立陶宛1:0法罗群岛
达尼列维丘斯20'
2008.10.15 奥地利1:3塞尔维亚
扬科80'/克拉西奇15', 约万诺维奇18', 奥布拉多维奇24'
2009.3.28 罗马尼亚2:3塞尔维亚
马里卡50', 斯托伊卡74'/约万诺维奇18', 斯托伊卡44'(乌龙球), 伊万诺维奇59'
2009.3.28 立陶宛0:1法国
里贝里67'
2009.4.1 奥地利2:1罗马尼亚
霍费尔26'、44'/塔纳塞24'
2009.4.1 法国1:0立陶宛
里贝里75'
2009.6.6 塞尔维亚1:0奥地利
米利亚什7'(点球)
2009.6.6 立陶宛0:1罗马尼亚
马里卡38'
2009.6.10 法罗群岛0:2塞尔维亚
约万诺维奇44', 苏博蒂奇69'
2009.8.12 法罗群岛0:1法国
吉尼亚克41'
2009.9.5 奥地利3:1法罗群岛
迈尔霍费尔1', 扬科15'、58'/A.奥尔森82'
2009.9.5 法国1:1罗马尼亚
亨利48'/埃斯屈德55'(乌龙球)
2009.9.9 法罗群岛2:1立陶宛
S.奥尔森13', A.汉森34'/达尼列维丘斯22'(点球)
2009.9.9 罗马尼亚1:1奥地利
布库尔54'/席默83'
2009.9.9 塞尔维亚1:1法国
米利亚什12'(点球)/亨利36'
2009.10.10 奥地利2:1立陶宛
扬科16', 瓦尔纳80'(点球)/斯坦科维丘斯66'
2009.10.10 塞尔维亚5:0罗马尼亚
日吉奇37', 潘特利奇50', 库兹曼诺维奇78', 约万诺维奇87'、90+3'
2009.10.10 法国5:0法罗群岛
吉尼亚克34'、38', 加拉52', 阿内尔卡86', 本泽马88'
2009.10.14 法国3:1奥地利
本泽马18', 亨利26'(点球), 吉尼亚克66'/扬科49'
2009.10.14 立陶宛2:1塞尔维亚
卡洛纳斯20'(点球), 斯坦科维丘斯68'(点球)/托希奇60'
2009.10.14 罗马尼亚3:1法罗群岛
阿波斯托尔16', 布库尔65', 马济卢87'/阿博83'

第8小组	胜	平	负	进球:失球	分
意大利	7	3	0	18:7	24
爱尔兰	4	6	0	12:8	18
保加利亚	3	5	2	17:13	14
塞浦路斯	2	3	5	14:16	9
黑山	1	6	3	9:14	9
格鲁吉亚	0	3	7	7:19	3

(意大利出线, 爱尔兰附加赛)
2008.9.6 格鲁吉亚1:2爱尔兰
克尼亚90+2'/多伊尔13', 惠兰70'
2008.9.6 塞浦路斯1:2意大利
阿洛内夫蒂斯28'/迪纳塔莱8'、90+2'
2008.9.6 黑山2:2保加利亚
武齐尼奇61', 约韦蒂奇82'(点球)/S.彼得罗夫11', 格里戈耶夫90+2'
2008.9.10 黑山0:0爱尔兰
2008.9.10 意大利2:0格鲁吉亚
德罗西17'、89'
2008.10.11 格鲁吉亚1:1塞浦路斯
柯比亚施维利73'/康斯坦蒂诺66'
2008.10.11 保加利亚0:0意大利
2008.10.15 格鲁吉亚0:0保加利亚
2008.10.15 爱尔兰1:0塞浦路斯
罗比·基恩5'
2008.10.15 意大利2:1黑山
阿奎拉尼8'、29'/武齐尼奇19'
2009.2.11 爱尔兰2:1格鲁吉亚
罗比·基恩73'(点球)、78'/亚施维利1'
2009.3.28 塞浦路斯2:1格鲁吉亚
康斯坦蒂诺33', 克里斯托费56'/柯比亚施维利71'(点球)
2009.3.28 黑山0:2意大利
皮尔洛11'(点球), 帕齐尼73'
2009.3.28 爱尔兰1:1保加利亚
邓恩1'/基尔巴尼74'(乌龙球)
2009.4.1 保加利亚2:0塞浦路斯
波波夫8', 马克里耶夫90+4'
2009.4.1 格鲁吉亚0:0黑山
2009.4.1 意大利1:1爱尔兰
亚昆塔10'/罗比·基恩87'
2009.6.6 塞浦路斯2:2黑山
康斯坦蒂诺13', 米哈尔45'(点球)/丹贾诺维奇65'、77'
2009.6.6 保加利亚1:1爱尔兰
特尔基斯基9'/邓恩24'
2009.9.5 保加利亚4:1黑山
基希舍夫45+1', 特尔基斯基49', 贝尔巴托夫83', 多莫夫希斯基90+1'/约韦蒂奇9'
2009.9.5 格鲁吉亚0:2意大利
卡拉泽56'(乌龙球)、66'(乌龙球)
2009.9.5 塞浦路斯1:2爱尔兰
埃利亚30'/多伊尔5', 基恩83'
2009.9.9 黑山1:1塞浦路斯
武齐尼奇56'(点球)/奥卡斯63'
2009.9.9 意大利2:0保加利亚
格罗索11', 亚昆塔40'
2009.10.10 塞浦路斯4:1保加利亚
哈拉兰比德斯11'、20', 康斯坦蒂诺58', 阿洛内夫蒂斯78'/贝尔巴托夫44'
2009.10.10 黑山2:1格鲁吉亚
巴塔克13', 德利巴西奇78'/德瓦利施维利45'
2009.10.10 爱尔兰2:2意大利
惠兰8', 莱杰87'/卡莫拉内西26', 吉拉迪诺90'
2009.10.14 保加利亚6:2格鲁吉亚
贝尔巴托夫6'、23'、35', M.彼得罗夫14'、44, 安格洛夫31'/德瓦利施维利34', 柯比亚施维利51'(点球)
2009.10.14 意大利3:2塞浦路斯
吉拉迪诺73'、81'、90+2'/马克里德斯12', 米歇尔48'
2009.10.14 爱尔兰0:0黑山

第9小组	胜	平	负	进球:失球	分
荷兰	8	0	0	17:2	24
挪威	2	4	2	9:7	10
苏格兰	3	1	4	6:11	10
马其顿	2	1	5	5:11	7
冰岛	1	2	5	7:13	5

(荷兰出线)
2008.9.6 挪威2:2冰岛
伊弗森36'(点球)、50'/赫尔古松39', 古德约翰森69'
2008.9.6 马其顿1:0苏格兰
瑙莫斯基5'
2008.9.10 马其顿1:2荷兰
潘德夫77'(点球)/海廷加46', 范德法特60'
2008.9.10 冰岛1:2苏格兰
古德约翰森77'(点球)/布罗德富特19', 巴里·罗布森59'
2008.10.11 苏格兰0:0挪威
2008.10.11 荷兰2:0冰岛
马泰森15', 亨特拉尔64'
2008.10.15 挪威0:1荷兰
范博梅尔63'
2008.10.15 冰岛1:0马其顿
贡纳松15'

2009.3.28 荷兰3:0苏格兰
亨特拉尔30'，范佩西45+1'，库伊特77'(点球)
2009.4.1 荷兰4:0马其顿
库伊特16'、41'，亨特拉尔25'，范德法特88'
2009.4.1 苏格兰2:1冰岛
麦科马克39'，S.弗莱彻65'
2009.6.6 马其顿0:0挪威
2009.6.6 冰岛1:2荷兰
西于尔兹松87'/德容8'，范博梅尔15'
2009.6.10 荷兰2:0挪威
奥耶32'，罗本50'
2009.6.10 马其顿2:0冰岛
斯托伊科夫10'，伊万诺夫斯基86'
2009.8.12 挪威4:0苏格兰
J.里瑟35'，彼得森45'、90'，许塞克莱普60'
2009.9.5 苏格兰2:0马其顿
S.布朗56'，麦克法登80'
2009.9.5 冰岛1:1挪威
古德约翰森29'/J.里瑟11'
2009.9.9 挪威2:1马其顿
赫尔斯塔德2'，J.里瑟25'/戈尔察诺夫79'
2009.9.9 苏格兰0:1荷兰
埃利亚82'

欧洲区附加赛

2009.11.14 爱尔兰0:1法国
阿内尔卡72'
2009.11.14 葡萄牙1:0波黑
布鲁诺·阿尔维斯31'
2009.11.14 希腊0:0乌克兰
2009.11.14 俄罗斯2:1斯洛文尼亚
比利亚列季诺夫40'、52'/佩茨尼克88'
2009.11.18 法国1:1爱尔兰
加拉103'/罗比·基恩33'
2009.11.18 波黑0:1葡萄牙
梅雷莱斯56'
2009.11.18 乌克兰0:1希腊
萨尔皮尼季斯31'
2009.11.18 斯洛文尼亚1:0俄罗斯
德迪奇44'

●中北美及加勒比赛区

(赛制)35支球队参赛，预选赛共分为4个阶段。第一阶段，该赛区在国际足联排名靠后的22支球队进行两回合淘汰赛，胜出的11支队伍与该赛区国际足联排名靠前的13支球队进行第二阶段淘汰赛，即产生12支球队。第三阶段，12支球队被分为三个小组，每组前两名晋级第4阶段小组赛。第四阶段最终小组积分前三名直接晋级世界杯决赛圈，第4名与南美洲第5名进行附加赛，争夺一张世界杯决赛圈门票。

第一阶段
第一回合

2008.2.3 百慕大1:1开曼群岛
伯盖斯18'/格兰特87'
2008.2.6 阿鲁巴0:3安提瓜和巴布达
都柏林23'，格雷格里27'/锡耶拉40'(乌龙球)
2008.2.6 伯利兹3:1圣基茨和尼维斯
麦克卡劳伊7'、41'，罗切斯22'/G.威廉姆斯13'
2008.2.6 多米尼克1:1巴巴多斯
帕克特21/R.威廉姆斯43
2008.2.6 萨尔瓦多12:0安圭拉
肖恩·马丁5'，18'，科拉莱斯31'、33'、54'、65'、68'，塞里托斯47'、77'、84'，昆塔尼利亚70'，乌马尼亚80'
2008.2.6 尼加拉瓜0:1荷属安的列斯
琼斯马15
2008.2.6 特克斯和凯科斯2:1圣卢西亚
洛维31'，克林顿74'/尼莫90'+
2008.2.6 巴哈马1:1英属维尔京群岛
弗勒47'/R.伦农68'
2008.2.6 格林纳达10:0美属维尔京群岛*
罗伯茨3'、8'，里基·查尔斯9'、43'、65'、87'，雷尼22'，兰詹内57'，巴布82'，德怀特·弗格森89'(乌龙球)
2008.2.6 蒙特塞拉特1:7苏里南*
克里斯托弗36'、55'，万德尔44'，瓦雷斯64'，霍尔80'，舒尔曼86'、88'/法莱尔48'
2008.2.6 波多黎各1:0多米尼加*
维利加斯96'(点球)
***为单场淘汰制**

第二回合

2008.3.26 安圭拉0:4萨尔瓦多
塞里托斯8'，科拉莱斯15'，蒙蒂亚古多23'，威廉·托雷斯35'
2008.3.26 安提瓜和巴布达1:0阿鲁巴
查伦格尔86'
2008.3.26 巴巴多斯1:0多米尼克
斯坦福德80'
2008.3.26 荷属安的列斯2:0尼加拉瓜
洛兰42'，齐莫曼81'(点球)
2008.3.26 圣基茨和尼维斯1:1伯利兹
米彻姆84/E.史密斯39
2008.3.26 圣卢西亚2:0特克斯和凯科斯
麦克菲28'，艾尔瓦85'
2008.3.26 英属维尔京群岛2:2巴哈马
威廉姆斯78'，90'(点球)/比塞尔41'，米彻尔57'
2008.3.26 开曼群岛1:3百慕大
福布斯63'(点球)/德格拉夫18'、25'，斯特德52'

第二阶段
第一回合

2008.6.4 洪都拉斯4:0波多黎各
莱昂25'，帕拉西奥斯51'，苏亚索52'、90'+
2008.6.14 苏里南1:0圭亚那
桑德维莱特52'
2008.6.14 格林纳达2:2哥斯达黎加
莫德斯特18'，罗伯茨23'/阿玛多·阿隆索39'，努涅斯76'
2008.6.14 危地马拉6:0圣卢西亚
马里奥·罗德里格斯5'，卡洛斯·鲁伊斯36'、40'、58'、90+'，特里格罗斯90'+
2008.6.15 美国8:0巴巴多斯
登普西1'、62'、12'，布赖恩·程20'、88'，多诺万58'，约翰逊82'，D.弗格森85'(乌龙球)
2008.6.15 圣文森特和格林纳丁斯0:3加拿大
法兰29'，热尔巴38'、89'
2008.6.15 海地0:0荷属安的列斯
2008.6.15 伯利兹0:2墨西哥
贝拉67'，博尔格蒂90'+(点球)
2008.6.15 特立尼达和多巴哥1:2百慕大
斯特恩·约翰22'/纳萨姆7'，38'
2008.6.15 巴拿马1:0萨尔瓦多
特哈达21'
2008.6.15 牙买加7:0巴哈马
里卡多·加德纳17'，D.菲利普斯23'，马龙·金34'，谢尔顿51'，66'，古迪森75'，达利89'
aa17:6:08 安提瓜和巴布达3:4古巴
威廉姆斯9'，斯凯普勒13'，西蒙80'/科洛梅10'、74'，里纳雷斯22'，杜阿特85'

第二回合

2008.6.14 波多黎各2:2洪都拉斯
梅加鲁迪斯31'，维利加斯40'/苏亚索22'，帕拉西奥斯52'
2008.6.18 巴哈马0:6牙买加
伯顿29'、55'，谢尔顿35'、37'、42'(点球)，马沙尔39'
aa20:6:08加拿大4:1圣文森特和格林纳丁斯
罗萨里奥29'，50'，热尔巴38'，63'/马龙75'
2008.6.21 圣卢西亚1:3危地马拉
麦克菲45';罗密欧24'，43'，特里格罗斯86'
2008.6.21 哥斯达黎加3:0格林纳达
萨博里奥17'，鲁伊斯32'，阿索菲法90'
2008.6.21 墨西哥7:0伯利兹
贝拉8'，瓜尔达多33'，阿尔斯46+'、47'，博尔格蒂62'、90+'，伦南90'+(乌龙球)
2008.6.22 巴巴多斯0:1美国
埃迪·刘易斯21'
2008.6.22 圭亚那1:2苏里南
科德林顿85'/范迪克11'，桑德维莱特37'
2008.6.22 古巴4:0安提瓜和巴布达
里纳雷斯9'，53'，贡萨尔维斯47'(乌龙球)，J.马克斯69'
2008.6.22 萨尔瓦多3:1巴拿马
昆塔尼利亚70'，81'(点球)，安纳亚88'/加尔塞斯14'
2008.6.22 荷属安的列斯0:1海地
玛塔78'(乌龙球)
2008.6.22 百慕大0:2特立尼达和多巴哥
罗伯茨9'，斯特恩·约翰66'

第三阶段

A组	胜	平	负	进球:失球	分
美国	5	0	1	14:3	15
特立尼达和多巴哥	3	2	1	9:6	11
危地马拉	1	2	3	6:7	5
古巴	1	0	5	5:18	3

(美国、特立尼达和多巴哥晋级)

2008.8.20 古巴1:3特立尼达和多巴哥
J.马克斯88'/丹尼尔22'、61'，格伦69'
2008.8.20 危地马拉0:1美国
博卡内格拉70'
2008.9.6 特立尼达和多巴哥1:1危地马拉
丹尼尔84'/加拉尔多92
2008.9.6 古巴0:1美国
登普西39'
2008.9.10 美国3:0特立尼达和多巴哥
10'，登普西18'，布赖恩·程57'
2008.9.10 危地马拉4:1古巴
卡洛斯·鲁伊斯38'、55'，马里奥·罗德里格斯85'，孔特雷拉斯91'/里纳雷斯25'
2008.10.11 美国6:1古巴
比斯利10'、30'，多诺万48'，布赖恩·程63'，阿尔蒂多87'，奥涅乌89'/穆尼奥斯31'
2008.10.11 危地马拉0:0特立尼达和多巴哥
2008.10.15 古巴2:1危地马拉
科洛梅45'(点球)，蒙塔亚90'/帕帕80'
2008.10.15 特立尼达和多巴哥2:1美国
拉塔皮60'，约克79'/查理·戴维斯74'
2008.11.19 特立尼达和多巴哥3:0古巴
K.琼斯67'，约克69'，丹尼尔89'
2008.11.19 美国2:0危地马拉
库珀54'，阿杜69'

B组	胜	平	负	进球:失球	分
洪都拉斯	4	0	2	9:5	12
墨西哥	3	1	2	9:6	10
牙买加	3	1	2	6:6	10
加拿大	0	2	4	6:13	2

(洪都拉斯、墨西哥晋级)

2008.8.20 加拿大1:1牙买加
J.德古兹曼47'/安德鲁·威廉姆斯52'
2008.8.20 墨西哥2:1洪都拉斯
帕尔多73'、75'/莱昂35'
2008.9.6 墨西哥3:0牙买加
瓜尔达多3'，阿尔斯33'，马加隆63'
2008.9.6 加拿大1:2洪都拉斯
塞里乌克斯5'/努涅斯47'、56'
2008.9.10 墨西哥2:1加拿大
布拉沃59'，马克斯73'/热尔巴78'
2008.9.10 洪都拉斯2:0牙买加
努涅斯65'，格瓦拉73'(点球)
2008.10.11 牙买加1:0墨西哥
富勒34'
2008.10.11 洪都拉斯3:1加拿大
W.马丁内斯8'，考斯利60'，亨得利·托马斯90'/哈伊瑙特52
2008.10.15 牙买加1:0洪都拉斯
谢尔顿16'
2008.10.15 加拿大2:2墨西哥
热尔巴13'，拉津斯基50'/萨尔西多35'，武奥索64'

2008.11.19 洪都拉斯1:0墨西哥
奥索里奥51'(乌龙球)
2008.11.19 牙买加3:0加拿大
谢尔顿28', 马龙・金58'(点球), 柯明斯85'

C组	胜	平	负	进球:失球	分
哥斯达黎加	6	0	0	20:3	18
萨尔瓦多	3	1	2	11:4	10
海地	0	3	3	4:13	3
苏里南	0	2	4	4:19	2

(哥斯达黎加、萨尔瓦多晋级)
2008.8.20 哥斯达黎加1:0萨尔瓦多
萨伯里奥48'(点球)
2008.8.20 海地2:2苏里南
贝尔丁90', 富西恩94'/克里斯托弗33'、47'
2008.9.6 萨尔瓦多5:0海地
塞拉亚8'、24'、53', 拉里奥斯56', 威廉・托雷斯79'
2008.9.6 哥斯达黎加7:0苏里南
莱德斯马9'、42', 阿皮萨49', 阿玛多・阿隆索78', 博格斯81', 索利斯86', 布赖恩・鲁伊斯88'
2008.9.10 苏里南0:2萨尔瓦多
肖恩・马丁2', 费尔特12'(乌龙球)
2008.9.10 海地1:3哥斯达黎加
武贝尔40'/布赖恩・鲁伊斯12'、75', 阿皮萨86'
2008.10.11 苏里南1:4哥斯达黎加
桑德维莱特48'/森特诺11', 博格斯43', 阿玛多・阿隆索47', 索利斯77'
2008.10.11 海地0:0萨尔瓦多
2008.10.15 哥斯达黎加2:0海地
迪亚斯17', 努涅斯91'
2008.10.15 萨尔瓦多3:0苏里南
塞拉亚8', 昆塔尼利亚27', 加尔登81'(乌龙球)
2008.11.19 苏里南1:1海地
克里斯托弗40'/普勒克斯28
2008.11.19 萨尔瓦多1:3哥斯达黎加
科拉莱斯17'/米尔里耶23'、90+', 何塞・费尔南德斯29'

第四阶段

	胜	平	负	进球:失球	分
美国	6	2	2	19:13	20
墨西哥	6	1	3	18:12	19
洪都拉斯	5	1	4	17:11	16
哥斯达黎加	5	1	4	15:15	16
萨尔瓦多	2	2	6	9:15	8
特立尼达和多巴哥	1	3	6	10:22	6

(美国、墨西哥、洪都拉斯出线)
2009.2.11 美国2:0墨西哥
43',90+2
2009.2.11 萨尔瓦多2:2特立尼达和多巴哥
罗梅罗82'、90+3'/爱德华兹7', 约克26'(点球)
2009.2.11 哥斯达黎加2:0洪都拉斯
富尔塔多48',59'
2009.3.28 墨西哥2:0哥斯达黎加
布拉沃20', 帕尔多52'(点球)
2009.3.28 特立尼达和多巴哥1:1洪都拉斯
海兰88'/卡洛斯・帕文50'
2009.3.28 萨尔瓦多2:2美国
昆塔尼利亚15', 卡斯蒂略72'/阿尔蒂多雷77', 海杜克88'
2009.4.1 美国3:0特立尼达和多巴哥
阿尔蒂多雷13'、71'、89'
2009.4.1 洪都拉斯3:1墨西哥
考斯利17'、79', 卡洛斯・帕文43'/卡斯蒂略82'(点球)
2009.4.1 哥斯达黎加1:0萨尔瓦多
森特诺69'
2009.6.3 哥斯达黎加3:1美国
萨博里奥2', 博格斯13', 埃雷拉68';多诺万90'(点球)
2009.6.6 萨尔瓦多2:1墨西哥
J.马丁内斯12', 昆塔尼利亚85'(点球)/布兰科71'(点球)
2009.6.6 特立尼达和多巴哥2:3哥斯达黎加
爱德华兹30', 萨穆埃尔63'/萨博里奥40', 博格斯52'、69'
2009.6.6 美国2:1洪都拉斯
多诺万41'(点球), 博卡内格拉67'/考斯利4'
2009.6.10 墨西哥2:1特立尼达和多巴哥
佛朗哥2', 罗哈斯48'/廷托45+1'
2009.6.10 洪都拉斯1:0萨尔瓦多
卡洛斯・帕文15'
2009.8.12 墨西哥2:1美国
卡斯特罗19', 萨巴82'/查理・戴维斯9'
2009.8.12 特立尼达和多巴哥1:0萨尔瓦多
格伦7'
2009.8.12 洪都拉斯4:0哥斯达黎加
考斯利30'、90+2', 卡洛斯・帕文51', 巴利亚达雷斯89'
2009.9.5 美国2:1萨尔瓦多
登普西41', 阿尔蒂多45+2'/卡斯蒂略31'
2009.9.5 洪都拉斯4:1特立尼达和多巴哥
卡洛斯・帕文20'、28', 格瓦拉62', 苏亚索83'; 巴普蒂斯特86'
2009.9.5 哥斯达黎加0:3墨西哥
多斯・桑托斯45+1', 佛朗哥62', 瓜尔达多71'
2009.9.9 萨尔瓦多1:0哥斯达黎加
科拉莱斯90+1'
2009.9.9 墨西哥1:0洪都拉斯
布兰科76'(点球)
2009.9.9 特立尼达和多巴哥0:1美国
克拉克61'
2009.10.10 墨西哥4:1萨尔瓦多
M.冈萨雷斯25'(乌龙球), 布兰科71', 巴伦西亚85', 贝拉90'/J.马丁内斯z89'
2009.10.10哥斯达黎加4:0特立尼达和多巴哥
J.詹姆斯26'(乌龙球), 森特诺51', 萨博里奥61'、64'
2009.10.10 洪都拉斯2:3美国
莱昂47'、78'/凯西50', 66'、多诺万71'
2009.10.14 萨尔瓦多0:1洪都拉斯
卡洛斯・帕文64'
2009.10.14 特立尼达和多巴哥2:2墨西哥
巴普蒂斯特32'(点球)、61'/埃斯昆达57', 萨尔西多65'
2009.10.14 美国2:2哥斯达黎加
布拉德利71', 博恩施泰因90+4'/布赖恩・鲁伊斯20'、23'

"中北美及加勒比-南美洲"附加赛
2009.11.14 哥斯达黎加0:1乌拉圭
卢加诺21'
2009.11.18 乌拉圭1:1哥斯达黎加
阿布鲁70'/森特诺74'

●南美区

(赛制)10支球队进行双循环小组赛，前4名球队直接晋级决赛圈，第5名球队与中北美及加勒比海地区第4名进行附加赛。

	胜	平	负	进球:失球	分
巴西	9	7	2	33:11	34
智利	10	3	5	32:22	33
巴拉圭	10	3	5	24:16	33
阿根廷	8	4	6	23:20	28
乌拉圭	6	6	6	28:20	24
厄瓜多尔	6	5	7	22:26	23
哥伦比亚	6	5	7	14:18	23
委内瑞拉	6	4	8	23:29	22
玻利维亚	4	3	11	22:36	15
秘鲁	3	4	11	11:34	13

(巴西、智利、巴拉圭、阿根廷出线，乌拉圭附加赛)
2007.10.13 乌拉圭5:0玻利维亚
苏亚雷斯4', 福尔兰38', 阿布鲁48', 桑切斯67', 布埃诺82'
2007.10.13 阿根廷2:0智利
里克尔梅26'、45'
2007.10.13 厄瓜多尔0:1委内瑞拉
雷伊67'
2007.10.13 秘鲁0:0巴拉圭
2007.10.14 哥伦比亚0:0巴西
2007.10.16 委内瑞拉0:2阿根廷
D.米利托1C', 梅西43'
2007.10.17 玻利维亚0:0哥伦比亚
2007.10.17 巴西5:0厄瓜多尔
洛韦18', 罗纳尔迪尼奥71', 卡卡76'、84', 埃拉诺84'
2007.10.18 智利2:0秘鲁
H.苏亚索11', M.费尔南德斯51'
2007.10.18 巴拉圭1:0乌拉圭
巴尔德斯15'
2007.11.17 阿根廷3:0玻利维亚
阿圭罗41', 里克尔梅57'、74'
2007.11.17 哥伦比亚1:0委内瑞拉
布斯托斯82'
2007.11.17 巴拉圭5:1厄瓜多尔
巴尔德斯9', 里韦罗斯27'、88', 圣克鲁斯51', 阿亚拉83'/卡维德斯80'
2007.11.18 乌拉圭2:2智利
苏亚雷斯4', 阿布鲁81'/萨拉斯59'、70'(点球)
2007.11.18 秘鲁1:1巴西
巴尔加斯71'/卡卡40'
2007.11.2C 哥伦比亚2:1阿根廷
布斯托斯62', M.莫雷诺83'/梅西36'
2007.11.21 委内瑞拉5:3玻利维亚
阿里斯门迪20'、40', 格拉81', 马尔多纳多89'、90+1'/M.莫雷诺19'、77', 阿尔斯27'
2007.11.21 厄瓜多尔5:1秘鲁
阿约维10'、48', 卡维德斯24', 门德斯44'、62'/门多萨86'
2007.11.21 巴西2:1乌拉圭
法比亚诺44'、64'/阿布鲁8'
2007.11.21 智利0:3巴拉圭
卡瓦尼亚斯24', 达席尔瓦45'、57'
2008.6.14 乌拉圭1:1委内瑞拉
卢加诺12'/巴尔加斯55'
2008.6.14 秘鲁1:1哥伦比亚
马里诺40'/罗达列加8'
2008.6.15 巴拉圭2:0巴西
圣克鲁斯26', 卡瓦尼亚斯49'
2008.6.15 阿根廷1:1厄瓜多尔
帕拉西奥89'/乌鲁蒂亚69'
2008.6.15 玻利维亚0:2智利
梅德尔28'、76'
2008.6.18 乌拉圭6:0秘鲁
福尔兰8'、37'(点球)、56', 布埃诺61'、68', 阿布鲁89'
2008.6.18 玻利维亚4:2巴拉圭
博特罗23'、70', R.加西亚26', M.莫雷诺76'/圣克鲁斯66' 巴尔德斯83'
2008.6.18 厄瓜多尔0:0哥伦比亚
2008.6.18 巴西0:0阿根廷
2008.6.19 委内瑞拉2:3智利
马尔多纳多59', 阿朗戈80'/H.苏亚索65'(点球)、92', 哈拉72'
2008.9.6 阿根廷1:1巴拉圭
阿圭罗60', 海因策13'(乌龙球)
2008.9.6 哥伦比亚0:1乌拉圭
埃古伦15'
2008.9.6 厄瓜多尔3:1玻利维亚
卡塞多12', 门德斯51'(点球), C.贝尼特斯72'/博特罗40'
2008.9.6 秘鲁1:0委内瑞拉
涅森39'
2008.9.7 智利0:3巴西
法比亚诺21'、83', 罗比尼奥44'
2008.9.9 巴拉圭2:0委内瑞拉
里韦罗斯28', 巴尔德斯45'
2008.9.1C 巴西0:0玻利维亚
2008.9.1C 智利4:0哥伦比亚
哈拉26', H.苏亚索38', 富恩特斯48', M.费尔

南德斯71'
2008.9.10 秘鲁1:1阿根廷
法诺93'/坎比亚索82'
2008.9.10 乌拉圭0:0厄瓜多尔
2008.10.11 阿根廷2:1乌拉圭
梅西6'，阿圭罗13'/卢加诺40'
2008.10.11 玻利维亚3:0秘鲁
博特罗3'、16'，R.加西亚81'
2008.10.11 哥伦比亚0:1巴拉圭
卡瓦尼亚斯9'
2008.10.12 厄瓜多尔1:0智利
C.贝尼特斯70'
2008.10.12 委内瑞拉0:4巴西
卡卡5'，罗比尼奥9'、66'，阿德里亚诺19'
2008.10.14 玻利维亚2:2乌拉圭
M.莫雷诺15'、42'/布埃诺64'，阿布鲁88'
2008.10.15 巴西0:0哥伦比亚
2008.10.15 智利1:0阿根廷
奥雷利亚诺35'
2008.10.15 巴拉圭1:0秘鲁
E.贝尼特斯82'
2008.10.15 委内瑞拉3:1厄瓜多尔
马尔多纳多48'，A.莫雷诺56'，阿朗戈66'/米尔纳77'
2009.3.28 阿根廷4:0委内瑞拉
梅西26'，特维斯47'，马克西51'，阿圭罗73'
2009.3.28 哥伦比亚2:0玻利维亚
M.托雷斯26'，伦特里亚88'
2009.3.28 乌拉圭2:0巴拉圭
福尔兰28'，卢加诺57'
2009.3.29 厄瓜多尔1:1巴西
诺博亚89'/巴普蒂斯塔72'
2009.3.29 秘鲁1:3智利
法诺34'/桑切斯2'，H.苏亚索32'(点球)，M.费尔南德斯70'
2009.3.31 委内瑞拉2:0哥伦比亚
费多尔78'，阿朗戈82'
2009.4.1 玻利维亚6:1阿根廷
M.莫雷诺12'，博特罗34'(点球)、55'、66'，达罗萨45'，托里科87'/卢乔・冈萨雷斯25'
2009.4.1 巴西3:0秘鲁
法比亚诺18'(点球)、27'，梅洛63'
2009.4.1 智利0:0乌拉圭
2009.4.1 厄瓜多尔1:1巴拉圭
诺博亚64'/E.贝尼特斯90'
2009.6.6 阿根廷1:0哥伦比亚
迪亚斯55'
2009.6.6 玻利维亚0:1委内瑞拉
里贝罗32'(乌龙球)
2009.6.6 巴拉圭0:2智利
M.费尔南德斯13'，H.苏亚索51'
2009.6.6 乌拉圭0:4巴拉圭
D.阿尔维斯12'，胡安36'，法比亚诺52'，卡卡75'(点球)
2009.6.7 秘鲁1:2厄瓜多尔
巴尔加斯52'/蒙特罗38'，C.特诺里奥58'
2009.6.10 厄瓜多尔2:0阿根廷
阿约维72'，帕拉西奥斯83'
2009.6.10 巴西2:1巴拉圭
罗比尼奥40'，尼尔马尔50'/卡瓦尼亚斯25'
2009.6.10 智利4:0玻利维亚
博塞茹尔44'，埃斯特拉达74'，桑切斯77'、89'
2009.6.10 哥伦比亚1:0秘鲁
法尔考25'
2009.6.10 委内瑞拉2:2乌拉圭
马尔多纳多9'，雷伊74'/苏亚雷斯60'，福尔兰72'
2009.9.5 阿根廷1:3巴西
达托洛65'/路易松23'，法比亚诺30'、68'
2009.9.5 智利2:2委内瑞拉
比达尔11'，米利亚尔53'/马尔多纳多34'，Rey45'
2009.9.5 哥伦比亚2:0厄瓜多尔
马丁内斯82'，古铁雷斯94'
2009.9.5 巴拉圭1:0玻利维亚
卡瓦尼亚斯45'(点球)
2009.9.5 秘鲁1:0乌拉圭
伦吉福86'
2009.9.9 玻利维亚1:3厄瓜多尔
耶塞罗特85'/门德斯4'，巴伦西亚46'，C.贝尼特斯66'
2009.9.9 巴西4:2智利
尼尔马尔31'、74'、76'，巴普蒂斯塔40'/H.苏亚索45'(点球)、52'
2009.9.9 巴拉圭1:0阿根廷
巴尔德斯27'
2009.9.9 乌拉圭3:1哥伦比亚
苏亚雷斯7'，斯科蒂77'，埃古伦87'/J.马丁内斯63'
2009.9.9 委内瑞拉3:1秘鲁
费多尔33'、52'，巴尔加斯65'/富恩马约41'(乌龙球)
2009.10.10 阿根廷2:1秘鲁
伊瓜因48'，帕勒莫92'/伦吉福89'
2009.10.10 哥伦比亚2:4智利
J.马丁内斯14'，G.莫雷诺53'/庞塞34'，H.苏亚索35'，巴尔迪维亚71'，奥雷利亚纳78'
2009.10.10 厄瓜多尔1:2乌拉圭
巴伦西亚68'/苏亚雷斯69'，福尔兰93'(点球)
2009.10.10 委内瑞拉1:2巴拉圭
龙东85'/卡巴纳斯56'，卡多索80'
2009.10.11 玻利维亚2:1巴西
奥利巴雷斯10'，M.马丁斯32'/尼尔马尔70'
2009.10.14 巴西0:0委内瑞拉
2009.10.14 智利1:0厄瓜多尔
H.苏亚索53'
2009.10.14 巴拉圭0:2哥伦比亚
G.拉莫斯61'，罗达列加80'
2009.10.14 秘鲁1:0玻利维亚
法诺54'
2009.10.14 乌拉圭0:1阿根廷
博拉蒂84'

大洋洲区

大洋洲赛区的预选赛第一轮，暨2007南太平洋运动会，前3名晋级第二阶段，新西兰直接晋级第二阶段该赛区冠军与亚洲区第5名的附加赛

第一阶段(2007南太平洋运动会)

第1组	胜	平	负	进球:失球	分
斐济	3	1	0	25:1	10
新喀里多尼亚	3	1	0	6:1	10
塔希提	1	1	2	2:6	4
库克群岛	1	0	3	4:9	3
图瓦卢	0	1	3	2:22	1

(斐济、新喀里多尼亚晋级)

2007.8.25 斐济16:0图卢瓦
克里斯纳6'、14'、22'，拉博11'、34'、45'，巴雷托加17'，蒂华28'、30'，瓦卡塔勒萨乌42'、46'、65'、73'、82'、89'，菲瑙68'(点球)
2007.8.25 塔希提0:1新喀里多尼亚
瓦约卡9'(点球)
2007.8.27 图卢瓦0:1新喀里多尼亚
卡布乌52'
2007.8.27 斐济4:0库克群岛
瓦卡塔勒萨乌19'，瓦卡40'，布卡利迪63'，开尼赫维82'
2007.8.29 图卢瓦1:1塔希提
塞基福87'/威廉姆斯45+1'
2007.8.29 新喀里多尼亚3:0库克群岛
卡布乌35'、51'、85'
2007.9.1 库克群岛4:1图卢瓦
马蒂尔里基28'、69'，毛顿88'，汤姆90+3'/威利斯83'(乌龙球)
2007.9.1 塔希提0:4斐济
瓦卡17'，巴雷托加38'，瓦卡塔勒萨乌49'
2007.9.3 新喀里多尼亚1:1斐济
瓦约卡44'/开尼赫维56'
2007.9.3 库克群岛0:1塔希提
蒂诺鲁阿64'

第2组	胜	平	负	进球:失球	分
所罗门群岛	4	0	0	21:1	12
瓦努阿图	3	0	1	23:3	9
萨摩亚	2	0	2	9:8	6
汤加	1	0	3	6:10	3
美属萨摩亚	0	0	4	1:38	0

(所罗门群岛、瓦努阿图晋级)

2007.8.25 所罗门群岛12:1美属萨摩亚
托托里12'、15'，蒙纳皮20'(点球)，41'、75'、82'，法阿罗多43'，瓦伊塔58'、85'，贝乌贝乌69'，莫莱亚77'，塔卡伊马90+2'/奥特55'(点球)
2007.8.25 瓦努阿图4:0萨摩亚
伊华伊21'，纳普拉波43'，波伊达66'，索罗蒙90+2'
2007.8.27 所罗门群岛4:0汤加
蒙纳皮5'，12'，法阿罗多51'，马埃马埃66'
2007.8.27 美属萨摩亚0:7萨摩亚
图穆马24'、51'，法埃乌亚索29'，C.卡希尔43'(点球)，67'，弗诺蒂61'，迈克尔76'
2007.8.29 美属萨摩亚0:15瓦努阿图
波伊达19'，梅尔莫24'、45'、45+1'、68'，萨卡马43'、79'、90+1'，齐齐鲁阿56'，伊华伊62'，汤马克72'，索罗蒙81'、84'、86'、90+2'
2007.8.29 萨摩亚2:1汤加
法埃乌亚索45+1'，L.泰勒83'/费奥54'
2007.9.1 汤加4:0美属萨摩亚
莫阿拉38'，帕鲁56'，63'，乌阿塔伊86'
2007.9.1 瓦努阿图0:2所罗门群岛
贝贝乌60'，法阿罗多64'
2007.9.3 萨摩亚0:3所罗门群岛
托托里1'、37'，马埃马埃69'
2007.9.3 汤加1:4瓦努阿图
萨维耶蒂50'/索罗蒙24'、34'、41'，马勒布76'

半决赛

2007.9.5 所罗门群岛2:3新喀里多尼亚
法阿罗多40'，蒙纳皮47'/卡布乌37'，托托54'，莫西耶90+4'
2007.9.5 斐济3:0瓦努阿图
巴雷托加44'，瓦卡塔勒萨乌69'(点球)，克里斯纳70'

三四名决赛

2007.9.7 所罗门群岛0:2瓦努阿图
索罗蒙45+3'，萨卡马50'

决赛

2007.9.7 斐济0:1新喀里多尼亚
马埃61'

第二阶段

	胜	平	负	进球:失球	分
新西兰	5	0	1	14:5	15
新喀里多尼亚	2	2	2	12:10	8
斐济	2	1	3	8:11	7
瓦努阿图	1	1	4	5:13	4

(新西兰晋级)

2007.10.17 斐济0:2新西兰
维塞利希37'，斯梅尔茨86'
2007.11.17 瓦努阿图1:2新西兰
纳普拉浦26'/斯梅尔茨52'，马利甘90+3'
2007.11.17 斐济3:3新喀里多尼亚
纳瓦图3'，瓦卡塔莱萨乌28'、87'/亚马利67'，考德雷83'，马埃88'
2007.11.21 新西兰4:1瓦努阿图
马利甘14'、81'，斯梅尔茨29'(点球)，34/萨卡马50'
2007.11.21 新喀里多尼亚4:0斐济
瓦约卡28'(点球)，马埃30'、55'，马普59'
2008.6.4 瓦努阿图1:1新喀里多尼亚
梅尔莫77'/亚马利73'
2008.6.21 新喀里多尼亚3:0瓦努阿图
瓦约卡36'，马埃60'，迪亚伊克87'
2008.9.6 斐济2:0瓦努阿图
库马尔7'，杜纳达穆87'
2008.9.6 新喀里多尼亚1:3新西兰

马埃55'/西格蒙德16', 斯梅尔茨66'、76'
2008.9.10 瓦努阿图2:1斐济
萨卡马59', 马拉斯90+2'/杜纳达穆90+3'
2008.9.10 新西兰3:0新喀里多尼亚
斯梅尔茨49'、76', 克里斯蒂69'
2008.11.19 新西兰0:2斐济
克里斯纳63'、90'

"亚洲-大洋洲"附加赛
2009.10.10 巴林0:0新西兰
2009.11.14 新西兰1:0巴林
法伦45'

●非洲区

(赛制)共51队参赛。首先是非洲区FIFA排名最后10位的球队捉对进行主客场两回合资格赛，胜出的5支球队连同其他43支球队进入第一阶段小组赛。第一阶段小组赛采取主客场双循环赛制，12个小组第1和8个成绩最好的小组第2进入第二阶段小组赛(由于第8小组和第11小组两支球队被取消资格，排列12个小组第2时，只计算该队与本组第1和第3名的成绩)。第二阶段小组赛20支球队分成5组进行主客场双循环比赛，每组头名直接晋级世界杯决赛圈。本次世界杯预选赛也是2010年非洲国家杯预选赛，因此南非队参赛不计世界杯预选赛成绩，只计非洲杯预选赛成绩；安哥拉不计非洲杯预选赛成绩，只计世界杯预选赛成绩。

资格赛
*中非、圣多美和普林西比因为财政问题退出，塞舌尔和斯威士兰直接晋级小组赛。
2007.10.14 马达加斯加6:2科摩罗
安德里昂齐马35'、40'、48'、56', 德洛尔斯65', 尤文斯80'/巴卡尔8'、50'
2007.11.17 科摩罗0:4马达加斯加
诺门贾纳哈里38'、52', 拉科福曼迪姆比62', 罗布森74'
2007.10.17 塞拉利昂1:0几内亚比绍
孔特17'
2007.11.17 几内亚比绍0:0塞拉利昂
2007.11.16 吉布提1:0索马里
亚辛84'
*由于索马里内战原因，本组较量仅为一场决定晋级权。

第一阶段小组赛

第1组	胜	平	负	进:失球	分
喀麦隆	5	1	0	14:2	16
佛得角	3	0	3	7:8	9
坦桑尼亚	2	2	2	9:6	8
毛里求斯	0	1	5	3:17	1

(喀麦隆晋级)
2008.5.31 坦桑尼亚1:1毛里求斯
姆尔旺达70'/马奎特39'
2008.5.31 喀麦隆2:0佛得角
里戈贝尔·宋8', 埃托奥56'(点球)
2008.6.7 佛得角1:0坦桑尼亚
巴班科73'
2008.6.8 毛里求斯0:3喀麦隆
比基11', 埃托奥27', 贝贝87'
2008.6.14 坦桑尼亚0:0喀麦隆
2008.6.15 毛里求斯0:1佛得角
达迪43'(点球)
2008.6.21 喀麦隆2:1坦桑尼亚
埃托奥67'、89'/姆尔旺达78'
2008.6.22 佛得角3:1毛里求斯
达迪45+1'、57', M.苏亚雷斯76'/索菲67'
2008.9.6 毛里求斯1:4坦桑尼亚
马奎特13'/恩萨吉瓦12', 哈勒凡19', 泰盖特30'、34'
2008.9.6 佛得角1:2喀麦隆
利托39'/埃马纳51', 乔伊65'
2008.10.11 坦桑尼亚3:1佛得角
伊迪5', 泰盖特26', 恩加萨74'/塞梅多34'
2008.10.11 喀麦隆5:0毛里求斯
埃托奥26'、47'(点球), 梅永泽57'、73', 马孔71'

第2组	胜	平	负	进:失球	分
几内亚	3	2	1	9:5	11
肯尼亚	3	1	2	8:5	10
津巴布韦	1	3	2	4:6	6
纳米比亚	2	0	4	7:12	6

(几内亚、肯尼亚晋级)
2008.5.31 纳米比亚2:1肯尼亚
里瑟尔14', 海塞卜89'/马卡查40'
2008.6.1 几内亚0:0津巴布韦
2008.6.7 肯尼亚2:0几内亚
奥利耶赫3'、50'
2008.6.8 津巴布韦2:0纳米比亚
穆尚加齐克27'、68'
2008.6.14 肯尼亚2:0津巴布韦
马里加12', 奥利耶赫85'
2008.6.14 纳米比亚1:2几内亚
贝斯特尔41'/I.班古拉25', 芬多诺45'
2008.6.22 津巴布韦0:0肯尼亚
2008.6.22 几内亚4:0纳米比亚
芬多诺32', I.班古拉36'、54'、58
2008.9.6 肯尼亚1:0纳米比亚
贾马尔44'(点球)
2008.9.7 津巴布韦0:0几内亚
2008.10.11 纳米比亚4:2津巴布韦
里瑟尔20'、49', 贝斯特尔32', 希潘加44'/恩扬多罗51', 马拉吉拉83'
2008.10.12 几内亚3:2肯尼亚
I.班古拉31', 马马杜·巴51', 扎亚特80'/乌马70', 奥利耶赫93'

第3组	胜	平	负	进:失球	分
贝宁	4	0	2	12:8	12
安哥拉	3	1	2	11:8	10
乌干达	3	1	2	8:9	10
尼日尔	1	0	5	5:11	3

(贝宁晋级)
2008.5.31 乌干达1:0尼日尔
塞卡亚56'
2008.6.1 安哥拉3:0贝宁
弗拉维奥60', 约布78', 门东萨84'
2008.6.8 贝宁4:1乌干达
奥莫托尤西15'、86', 乔莫戈17', 塞塞尼翁69'/塞普亚8'
2008.6.8 尼日尔1:2安哥拉
阿拉桑3'/弗拉维奥29', 扬巴·亚沙72'
2008.6.14 乌干达3:1安哥拉
塞普亚7', 巴塔拜尔19', 瓦加卢卡75'/曼托拉斯90'
2008.6.14 尼日尔0:2贝宁
乔莫戈59', 奥莫托尤西65'
2008.6.22 贝宁2:0尼日尔
阿乌耶亚45', 阿尼切特53'(乌龙球)
2008.6.23 安哥拉0:0乌干达
2008.9.7 贝宁3:2安哥拉
阿德农2', 奥莫托尤西52'、66'/弗拉维奥12', 洛科78'
2008.9.7 尼日尔3:1乌干达
伊苏福68'、85', 卡米卢87'/奥布阿33'
2008.10.12 乌干达2:1贝宁
马萨50'、53'/奥莫托尤西30'
2008.10.12 安哥拉3:1尼日尔
卡萨利53'(乌龙球), S.吉尔伯托68', 泽卡兰加73'/穆萨20'

第4组	胜	平	负	进:失球	分
尼日利亚	6	0	0	11:1	18
南非	2	1	3	5:5	7
塞拉利昂	2	1	3	4:8	7
赤道几内亚	1	0	5	4:10	3

(尼日利亚晋级)
2008.6.1 赤道几内亚2:0塞拉利昂
罗南47', 埃皮蒂耶57'
2008.6.1 尼日利亚2:0南非
I.乌切10', 恩瓦内里45+1'
2008.6.7 南非4:1赤道几内亚
迪克加科伊9'、93', 莫里里33', 梵泰尼62'/尤韦纳尔78'(点球)
2008.6.7 塞拉利昂0:1尼日利亚
雅博88'
2008.6.14 塞拉利昂1:0南非
卡隆22'(点球)
2008.6.15 赤道几内亚0:1尼日利亚
雅博5'
2008.6.21 南非0:0塞拉利昂
2008.6.21 尼日利亚2:0赤道几内亚
雅库布45', I.乌切84'
2008.9.6 南非0:1尼日利亚
I.乌切71'
2008.9.6 塞拉利昂2:1赤道几内亚
孔特30', 苏马73'/博迪波83'(点球)
2008.10.11 赤道几内亚0:1南非
查巴拉拉9'
2008.10.11 尼日利亚4:1塞拉利昂
奥博多21', 奥比纳35', 奥代姆温吉45', 奥迪亚51'/雅博32'(乌龙球)

第5组	胜	平	负	进:失球	分
加纳	4	0	2	11:5	12
加蓬	4	0	2	8:3	12
利比亚	4	0	2	7:4	12
莱索托	0	0	6	2:16	0

(加纳、加蓬晋级)
2008.6.1 加纳3:0利比亚
塔戈耶16', 阿戈戈55', L.金斯顿67'
2008.6.7 利比亚1:0加蓬
芒加5'(乌龙球)
2008.6.8 莱索托2:3加纳
穆索91', 塞马92'/L.金斯顿15', 阿戈戈42'、62'
2008.6.14 加蓬2:0加纳
梅耶42', 恩盖马66'
2008.6.15 莱索托0:1利比亚
A.奥什曼81'
2008.6.20 利比亚4:0莱索托
法扎尼4', 达乌德50', 希巴尼69', 沙班81'
2008.6.22 加纳2:0加蓬
塔戈耶30', 蒙塔里78'
2008.6.28 加蓬2:0莱索托
多马尔科利诺42'、65'
2008.9.5 利比亚1:0加纳
A.奥什曼84'
2008.9.7 莱索托0:3加蓬
芒加56', 梅耶72', 姆巴纳尼奥耶94'
2008.10.11 加蓬1:0利比亚
姆巴纳尼奥耶82'
2008.10.11 加纳3:0莱索托
阿皮亚19', 阿戈戈24', 阿莫亚67'

第6组	胜	平	负	进:失球	分
阿尔及利亚	3	1	2	7:4	10
冈比亚	2	3	1	6:3	9
塞内加尔	2	3	1	9:7	9
利比里亚	0	3	3	4:12	3

(阿尔及利亚晋级)
2008.5.31 塞内加尔1:0阿尔及利亚
迪亚内-法耶79'
2008.6.1 利比里亚1:1冈比亚
马库尔85'/贾里乌17'
2008.6.6 阿尔及利亚3:0利比里亚
杰布尔14', 齐亚尼18'、46'(点球)
2008.6.8 冈比亚0:0塞内加尔
2008.6.14 冈比亚1:0阿尔及利亚
贾伊泰19'(点球)
2008.6.15 利比里亚2:2塞内加尔
迪奥·威廉姆斯78', 马库尔88'/迪乌夫47', 盖耶55'
2008.6.20 阿尔及利亚1:0冈比亚
叶海亚33'
2008.6.21 塞内加尔3:1利比里亚

松科8', 迪乌夫32', 亨利·卡马拉65'/克兰加89'
2008.9.5 阿尔及利亚3:2塞内加尔
贝扎兹60', 赛菲67', 叶海亚73'/迪奥54', 盖耶90'
2008.9.6 冈比亚3:0利比里亚
登巴10'、80', 贾劳26'
2008.10.11 利比里亚0:0阿尔及利亚
2008.10.11 塞内加尔1:1冈比亚
芒加内67'/贾伊泰87'

第7组	胜	平	负	进:失球	分
科特迪瓦	3	3	0	10:2	12
莫桑比克	2	2	2	7:5	8
马达加斯加	1	3	2	2:7	6
博茨瓦纳	1	2	3	3:8	5

(科特迪瓦、莫桑比克晋级)
2008.5.31 博茨瓦纳0:0马达加斯加
2008.6.1 科特迪瓦1:0莫桑比克
塞库·西塞75'
2008.6.8 马达加斯加0:0科特迪瓦
2008.6.8 莫桑比克1:2博茨瓦纳
洛博60'/塞洛朗20', 马福科80'
2008.6.14 博茨瓦纳1:1科特迪瓦
塞洛朗25'/阿卡勒64'
2008.6.15 马达加斯加1:1莫桑比克
马米哈辛德拉霍纳90'/达里奥33'
2008.6.22 莫桑比克3:0马达加斯加
蒂科-蒂科23', 卡利托斯62', 多明格斯63'
2008.6.22 科特迪瓦4:0博茨瓦纳
萨诺戈16', 佐科拉21', 塞库·西塞46'、70'
2008.9.7 马达加斯加1:0博茨瓦纳
拉贝马纳尼亚拉18'
2008.9.7 莫桑比克1:1科特迪瓦
米罗52'/B.科内48'
2008.10.11 博茨瓦纳0:1莫桑比克
赫尼托6'
2008.10.11 科特迪瓦3:0马达加斯加
萨诺戈42'、55', S.卡卢66'(点球)

第8组	胜	平	负	进:失球	分
摩洛哥	3	0	1	11:5	9
卢旺达	3	0	1	7:3	9
毛里塔尼亚	0	0	4	2:12	0
*埃塞俄比亚	2	0	2	8:6	6

(摩洛哥、卢旺达晋级)
*2008年9月12日，埃塞俄比亚被FIFA全球禁赛，本次预选赛成绩全部作废。
2008.5.31 卢旺达3:0毛里塔尼亚
卡雷克齐15', 马卡西60'(点球), 博科塔75'
2008.5.31 摩洛哥3:0埃塞俄比亚
本杰伦4', 阿布舍鲁昂12', 哈尔贾86'
2008.6.7 毛里塔尼亚1:4摩洛哥
达席尔瓦82'(点球)/塞克提乌伊8', 本杰伦36', 萨弗里59', 哈尔贾79'
2008.6.8 埃塞俄比亚1:2卢旺达
泰斯法耶47'/马卡西66'、89'
2008.6.13 毛里塔尼亚0:1埃塞俄比亚
萨拉丁92'
2008.6.14 卢旺达3:1摩洛哥
马卡西14', 博科塔58', 卡雷克齐90'/萨弗里80'
2008.6.21 摩洛哥2:0卢旺达
萨弗里11'(点球), 扎尔49'
2008.6.22 埃塞俄比亚6:1毛里塔尼亚
泰费拉41'(点球)、89', 尼古谢55'、63', 迈苏德83', 阿当90'/伊利44'
2008.9.6 毛里塔尼亚0:1卢旺达
博博81'
2008.9.7 埃塞尔比亚-:-摩洛哥
2008.10.11 卢旺达-:-埃塞俄比亚
2008.10.11 摩洛哥4:1毛里塔尼亚
萨弗里35'(点球), 优素福·哈吉56'、60', 曾马马66'/泰盖迪68'

第9组	胜	平	负	进:失球	分
布基纳法索	5	1	0	14:5	16
突尼斯	4	1	1	11:3	13
布隆迪	2	0	4	5:9	6
塞舌尔	0	0	6	4:17	0

(布基纳法索、突尼斯晋级)
2008.6.1 布隆迪1:0塞舌尔
恩迪库马纳81'
2008.6.1 突尼斯1:2布基纳法索
贝莱德38'/Y.科内85'、87'
2008.6.7 塞舌尔0:2突尼斯
杰马10', 本·萨达43'
2008.6.7 布基纳法索2:0布隆迪
达加诺25'、47'
2008.6.14 塞舌尔2:3布基纳法索
齐亚洛46', 安纳库拉52'/达加诺26'、55'、78'
2008.6.15 布隆迪0:1突尼斯
贾伊迪66'
2008.6.21 布基纳法索4:1塞舌尔
卡博雷20', 凯雷29'、64', Y.科内89'/圣昂热44'
2008.6.21 突尼斯2:1布隆迪
本·萨达30'(点球), 杰马44'/姆巴祖穆蒂马45'
2008.9.6 塞舌尔1:2布隆迪
齐亚洛63'/姆巴祖穆蒂马27', 哈基马纳64'
2008.9.6 布基纳法索0:0突尼斯
2008.10.11 突尼斯5:0塞舌尔
埃西菲5'、68', 米卡里18', 本·弗雷伊20', 本·哈勒法拉43'
2008.10.12 布隆迪1:3布基纳法索
纳希马纳43'/邦塞18', 达加诺54'、76'

第10组	胜	平	负	进:失球	分
马里	4	0	2	13:8	12
苏丹	3	0	3	9:9	9
刚果	3	0	3	7:8	9
乍得	2	0	4	7:11	6

(马里、苏丹晋级)
2008.6.1 马里4:2刚果
S.凯塔2'、61', A.库利巴利32', S.库利巴利42'/穆伊锡斯5'、75'
2008.6.7 乍得1:2马里
凯迪古伊43'/卡努特5'、21'(点球)
2008.6.8 刚果1:0苏丹
恩藏加60'
2008.6.14 乍得2:1刚果
凯迪古伊40', 杰拉贝47'/巴托塔30'
2008.6.14 苏丹3:2马里
阿拉·尤瑟夫45', 塔希尔72'(点球), 塔姆巴勒80'/卡努特69'、90'
2008.6.22 刚果2:0乍得
明加13', 伊巴拉67'
2008.6.22 马里3:0苏丹
卡努特25', S.凯塔60'、67'
2008.9.6 苏丹1:2乍得
卡马勒77'/姆拜亚姆28', S.哈桑82'
2008.9.7 刚果1:0马里
恩藏加87'
2008.9.10 乍得1:3苏丹
吉梅34'/阿代勒4', 阿加卜48'(点球), S.阿里76'
2008.10.11 马里2:1乍得
S.凯塔44'、83'/吉梅75'
2008.10.11 苏丹2:0刚果
塔希尔31', 阿加卜74'

第11组	胜	平	负	进:失球	分
赞比亚	2	1	1	2:1	7
多哥	2	0	2	8:3	6
斯威士兰	1	1	2	2:8	4
厄立特里亚*	-	-	-	-:-	-

(赞比亚、多哥晋级)
*厄立特里亚于2008年3月25日宣布弃权。
2008.5.31 多哥1:0赞比亚
奥卢法代16'
2008.6.8 斯威士兰2:1多哥
德拉米尼55', 萨莱拉科72'/奥卢法代88'
2008.6.15 斯威士兰0:0赞比亚
2008.6.21 赞比亚1:0斯威士兰
卡通戈85'(点球)
2008.9.10 赞比亚1:0多哥
卡通戈31'
2008.10.11 多哥6:0斯威士兰
萨利富16', 阿德巴约29'、46'、71'、85', 奥卢法代45'

第12组	胜	平	负	进:失球	分
埃及	5	0	1	13:2	15
马拉维	4	0	2	14:5	12
民主刚果	3	0	3	14:6	9
吉布提	0	0	6	2:30	0

(埃及、马拉维晋级)
2008.5.31 马拉维8:1吉布提
卡福特卡4', 坎耶恩达20'、48'、50', 坎温多67', 查武拉72', 恩加姆比83', 姆坎达维88'/达海尔23'
2008.6.1 埃及2:1民主刚果
扎基67', 阿卜杜勒-马莱克80'/伊隆加44'
2008.6.6 吉布提0:4埃及
扎基40', 胡斯尼47'(点球), A.哈桑54', 阿卜杜勒-马莱克65'
2008.6.8 民主刚果1:0马拉维
马图莫纳75'(点球)
2008.6.13 吉布提0:6民主刚果
姆博卡尼25'、48', 农达31', 马图莫纳40'、49', 姆普图79'
2008.6.14 马拉维1:0埃及
姆索沃亚93'
2008.6.22 民主刚果5:1吉布提
农达10'、47'、51', 琴亚马59', 姆博卡尼62'/希里尔91'
2008.6.22 埃及2:0马拉维
穆泰卜17'、50'
2008.9.5 吉布提0:3马拉维
姆索沃亚45', 查武拉60', 恩永多70'
2008.9.7 民主刚果0:1埃及
阿布特里卡30'
2008.10.11 马拉维2:1民主刚果
恩加姆比55', 姆索沃亚82'/卢阿卢阿12'
2008.10.12 埃及4:0吉布提
穆泰卜19', A.哈桑50', 阿布特里卡66', 里亚德92'(乌龙球)

第二阶段小组赛

A组	胜	平	负	进:失球	分
喀麦隆	4	1	1	9:2	13
加蓬	3	0	3	9:7	9
多哥	2	2	2	3:7	8
摩洛哥	0	3	3	3:8	3

(喀麦隆出线)
2009.3.28 多哥1:0喀麦隆
阿德巴约11'
2009.3.28 摩洛哥1:2加蓬
哈姆达维83'/P.奥巴梅扬34', 梅耶45'
2009.6.6 加蓬3:0多哥
埃库埃莱11', 梅耶67', 布鲁81'
2009.6.7 喀麦隆0:0摩洛哥
2009.6.20 摩洛哥0:0多哥
2009.9.5 加蓬0:2喀麦隆
埃马纳65', 埃托奥67'
2009.9.6 多哥1:1摩洛哥
萨利富3'/塔拉卜特92'
2009.9.9 喀麦隆2:1加蓬
马孔25', 埃托奥64'/库赞90'
2009.10.10 喀麦隆3:0多哥
格雷米29', 马孔46', 埃马纳54'
2009.10.10 加蓬3:1摩洛哥
埃尔巴提43'(乌龙球), 穆隆吉65', 库赞70'/塔拉卜特88'
2009.11.14 摩洛哥0:2喀麦隆
韦博19', 埃托奥52'
2009.11.14 多哥1:0加蓬
阿伊泰71'

B组	胜	平	负	进:失球	分
尼日利亚	3	3	0	9:4	12
突尼斯	3	2	1	7:4	11
莫桑比克	2	1	3	3:5	7
肯尼亚	1	0	5	5:11	3

(尼日利亚出线)

2009.3.28 肯尼亚1:2突尼斯
奥利耶赫70'/杰马尔6'，杰马79'
2009.3.29 莫桑比克0:0尼日利亚
2009.6.6 突尼斯2:0莫桑比克
本·叶海亚21'(点球)，达拉吉91'
2009.6.7 尼日利亚3:0肯尼亚
I.乌切2'，奥比纳72'(点球)、77'
2009.6.20 肯尼亚2:1莫桑比克
奥维诺8'，马里加72'(点球)/多明格斯49'
2009.6.20 突尼斯0:0尼日利亚
2009.9.6 莫桑比克1:0肯尼亚
蒂科-蒂科66'
2009.9.6 尼日利亚2:2突尼斯
奥代姆温吉23'，埃内拉莫80'/塔伊代尔24'，达拉吉89'
2009.10.11 尼日利亚1:0莫桑比克
奥比纳93'
2009.10.11 突尼斯1:0肯尼亚
杰马1'
2009.11.14 肯尼亚2:3尼日利亚
奥利耶赫15'，旺加77'/马丁斯60'、81'，雅库布64'
2009.11.14 莫桑比克1:0突尼斯
达里奥83'

C组	胜	平	负	进:失球	分
阿尔及利亚	4	1	1	9:4	13
埃及	4	1	1	9:4	13
赞比亚	1	2	3	2:5	5
卢旺达	0	2	4	1:8	2

(阿尔及利亚出线)

2009.3.28 卢旺达0:0阿尔及利亚
2009.3.29 埃及1:1赞比亚
扎基27'/卡松德56'
2009.6.6 赞比亚1:0卢旺达
卡拉巴78'
2009.6.7 阿尔及利亚3:1埃及
马特穆尔60'，加扎尔64'，杰布尔77'/阿布特里卡86'
2009.6.20 赞比亚0:2阿尔及利亚
布格拉21'，赛菲66'
2009.7.5 埃及3:0卢旺达
阿布特里卡64'、90'，胡斯尼74'(点球)
2009.9.5 卢旺达0:1埃及
A.哈桑67'
2009.9.6 阿尔及利亚1:0赞比亚
赛菲59'
2009.10.10 赞比亚0:1埃及
胡斯尼69'
2009.10.11 阿尔及利亚3:1卢旺达
加扎尔22'，贝勒哈吉45+2'，齐亚尼95'(点球)/穆泰萨19'
2009.11.14 卢旺达0:0赞比亚
2009.11.14 埃及2:0阿尔及利亚
扎基3'，穆泰卜95'
*6场小组赛后阿尔及利亚和埃及的积分数据完全一样，必须在中立地(苏丹)加赛一场决定晋级权。
2009.11.18 阿尔及利亚1:0埃及
叶海亚40'

D组	胜	平	负	进:失球	分
加纳	4	1	1	9:3	13
贝宁	3	1	2	6:6	10
马里	2	3	1	8:7	9
苏丹	0	1	5	2:9	1

(加纳出线)

2009.3.28 苏丹1:1马里
塔希尔23'/卡努特19'
2009.3.29 加纳1:0贝宁
塔戈耶1'
2009.6.7 贝宁1:0苏丹
奥莫托尤西22'
2009.6.7 马里0:2加纳
K.阿萨莫阿67'，阿莫亚79'
2009.6.20 苏丹0:2加纳
阿莫亚6'、52'
2009.6.21 马里3:1贝宁
马伊加29'，迪亚洛76'，卡努特84'/乔莫戈15'
2009.9.6 贝宁1:1马里
奥杜87'/萨马萨72'
2009.9.6 加纳2:0苏丹
蒙塔里14'，埃辛53'
2009.10.11 贝宁1:0加纳
奥杜89'
2009.10.11 马里1:0苏丹
卡努特89'
2009.11.14 苏丹1:2贝宁
伊沙45+1'(点球)/奥莫托尤西34'(点球)，库库62'
2009.11.15 加纳2:2马里
阿莫亚65'，安东尼·安南83'/法内23'，T.恩迪亚耶68'

E组	胜	平	负	进:失球	分
科特迪瓦	5	1	0	19:4	16
布基纳法索	4	0	2	10:11	12
马拉维	1	1	4	4:11	4
几内亚	1	0	5	7:14	3

(科特迪瓦出线)

2009.3.28 布基纳法索4:2几内亚
凯雷23'，阿兰·特劳雷30'，达加诺55'(点球)、71'/芬多诺65'(点球)，扎亚特86'
2009.3.29 科特迪瓦5:0马拉维
罗马里克1'，德罗巴6'(点球)、27'，S.卡卢59'，B.科内70'
2009.6.6 马拉维0:1布基纳法索
达加诺68'
2009.6.7 几内亚1:2科特迪瓦
S.班古拉65'/B.科内44'，罗马里克72'
2009.6.20 布基纳法索2:3科特迪瓦
皮特罗伊帕27'，邦塞78'/亚亚·杜尔14'，马马杜·塔尔54'(乌龙球)，德罗巴70'
2009.6.21 几内亚2:1马拉维
芬多诺25'、43'/姆索沃亚88'
2009.9.5 马拉维2:1几内亚
姆索沃亚46'、59'/卡拉班38'
2009.9.5 科特迪瓦5:0布基纳法索
帕南德蒂吉里12'(乌龙球)，德罗巴48'、65'，亚亚·杜尔55'，A.凯塔68'
2009.10.10 马拉维1:1科特迪瓦
恩格维拉64'/德罗巴67'
2009.10.11 几内亚1:2布基纳法索
马马杜·巴82'/达加诺37'(点球)，巴莫戈59'
2009.11.14 布基纳法索1:0马拉维
达加诺47'
2009.11.14 科特迪瓦3:0几内亚
热尔维尼奥16'、31'，蒂耶内67'

●亚洲区

(赛制)共43队参赛。首先进行两轮淘汰赛，产生20强后进入小组赛。第一阶段小组赛分成5组，每组4队，进行主客场双循环比赛，每组前两名晋级10强赛。10强赛分成2组进行主客场双循环积分赛，每组前两名直接晋级世界杯决赛圈，两个小组第3名进行主客场两回合附加赛，胜者再与大洋洲冠军争夺一张世界杯决赛圈门票。

第1轮淘汰赛

2007.10.8 孟加拉1:1塔吉克斯坦
米图50'/哈基莫夫58'(点球)
2007.10.28 塔吉克斯坦5:0孟加拉
哈基莫夫46'、47'、76'(点球)，穆希迪诺夫49'，瓦西耶夫70'
2007.10.8 泰国6:1澳门
猜坎迪12'、49'，当达21'，威诺泰55'(点球)，佩特蓬82'，通劳91'/陈建成23'
2007.10.15 澳门1:7泰国
陈建成92'/当达22'，苏雷39'，苏拉西昂43'，通劳48'，猜坎迪53'、57'、86'
2007.10.8 黎巴嫩4:1印度
安塔尔33'，加达尔62'、76'，M.阿里63'/舍特里30'
2007.10.30 印度2:2黎巴嫩
舍特里29'，史蒂文·迪亚斯92'/加达尔76'(点球)、88'
2007.10.8 越南0:1阿联酋
B.萨伊德79'
2007.10.28 阿联酋5:0越南
马塔尔13'，A.穆巴拉克40'，舍希53'，N.穆巴拉克90'，萨伊德·卡斯92'(点球)
2007.10.8 叙利亚3:0阿富汗
泽诺73'、87'，M.赛义德81'
2007.10.26 阿富汗1:2叙利亚
O.卡里米15'/詹亚特16'，F.伊斯梅尔63'
2007.10.8 巴勒斯坦0:4新加坡
施佳懿44'、53'，约翰·威尔金森73'，沙尔86'
2007.10.28 新加坡-:-巴勒斯坦
*巴勒斯坦队弃权，新加坡被判3比0胜。
2007.10.8 阿曼2:0尼泊尔
F.巴希尔5'，哈桑·优素福23'
2007.10.28 尼泊尔0:2阿曼
H.穆罕默德28'，希奈54'
2007.10.8 也门3:0马尔代夫
M.萨利姆43'，胡拜希66'，塔比特80'
2007.10.28 马尔代夫2:0也门
沙姆韦尔14'，阿什法克67'
2007.10.11 柬埔寨0:1土库曼斯坦
卡拉达诺夫85'
2007.10.28 土库曼斯坦4:1柬埔寨
纳西罗夫4'，格沃尔基扬50'、66'，卡拉达诺夫74'/纳萨12'
2007.10.13 乌兹别克斯坦9:0中华台北
沙茨基赫4'、16'、34'、57'、77'，卡帕德泽26'，卡尔片科43'，巴卡耶夫54'，萨洛莫夫68'
2007.10.28 中华台北0:2乌兹别克斯坦
因诺莫夫8'，苏尤诺夫90'
2007.10.18 吉尔吉斯斯坦2:0约旦
乌卢45'，博科耶夫76'
2007.10.28 约旦2:0吉尔吉斯斯坦
舍勒拜耶33'，阿盖勒51'(点球)
*约旦通过加时赛后的点球大战6比5胜出晋级。
2007.10.21 蒙古1:4朝鲜
塞良盖93'/朴哲民14'，郑哲民24'、32'、78'
2007.10.28 朝鲜5:1蒙古
朴哲民3'、74'，金国镇10'，郑哲民36'，全光益91'/多诺罗夫41'
2007.10.21 东帝汶2:3香港
艾米利奥·达席尔瓦41'、69'/郑少伟25'、50'，埃斯特韦斯35'(乌龙球)
2007.10.28 香港8:1东帝汶
卢均宜3'，陈肇麒6'、79'、87'，蒋世豪50'，郑少伟68'、71'，林嘉纬84'/艾米利奥·达席尔瓦54'
2007.10.21 斯里兰卡0:1卡塔尔
金塔纳69'
2007.10.28 卡塔尔5:0斯里兰卡
金塔纳4'、75'，贝希尔16'、54'，沙马里85'
2007.10.21 巴林4:1马来西亚
法塔迪3'，杰西·约翰15'，阿卜杜拉赫曼55'，阿拉·胡拜尔90'(点球)/乌马尔45+2'
2007.10.28 马来西亚0:0巴林
2007.10.21 中国7:0缅甸
曲波17'、79'，杜震宇25'，杨林55'，刘健62'，李金羽74'，李玮锋77'
2007.10.28 缅甸0:4中国
吴伟安13'，刘健14'，郑斌35'，张耀坤39'
2007.10.22 巴基斯坦0:7伊拉克
阿克拉姆19'，卡里姆24'、49'、88'、90'，古兰71'，E.穆罕默德83'
2007.10.28 伊拉克0:0巴基斯坦
*不丹和关岛弃权，科威特和印度尼西亚直接晋级；老挝、文莱和菲律宾未参加预选赛。

第2轮淘汰赛

2007.11.9 也门1:1泰国
诺诺43'/猜坎迪35'
2007.11.18 泰国1:0也门
猜坎迪16'
2007.11.9 新加坡2:0塔吉克斯坦
朱里奇23'、44'
2007.11.18 塔吉克斯坦1:1新加坡
J.伊斯梅洛夫2'/沙尔25'
2007.11.9 印度尼西亚1:4叙利亚
苏达索诺39'/F.伊斯梅尔17', 泽诺34', 沙阿布43', 拉费93'
2007.11.18 叙利亚7:0印度尼西亚
沙阿布40'、44'、87', 拉费60'、72'、90', J.侯赛因81'(点球)
2007.11.10 香港0:0土库曼斯坦
2007.11.18 土库曼斯坦3:0香港
纳西罗夫42', 巴伊拉莫夫53', 米尔佐耶夫80'

第1阶段小组赛

第1组	胜	平	负	进:失球	分
澳大利亚	3	1	2	7:3	10
卡塔尔	3	1	2	5:6	10
伊拉克	2	1	3	4:6	7
中国	1	3	2	3:4	6

(澳大利亚、卡塔尔晋级)

2008.2.6 澳大利亚3:0卡塔尔
肯尼迪11', 卡希尔17', 布雷西亚诺33'
2008.2.6 伊拉克1:1中国
哈瓦尔51'(点球)/郑智75'
2008.3.26 中国0:0澳大利亚
2008.3.26 卡塔尔2:0伊拉克
法比奥1'、62'
2008.6.1 澳大利亚1:0伊拉克
科威尔47'
2008.6.2 卡塔尔0:0中国
2008.6.7 中国0:1卡塔尔
金塔纳14'(点球)
2008.6.7 伊拉克1:0澳大利亚
E.穆罕默德28'
2008.6.14 中国1:2伊拉克
周海滨33'/E.穆罕默德41', 阿克拉姆65'
2008.6.14 卡塔尔1:3澳大利亚
哈勒凡89'/埃默顿17'、56', 科威尔74'
2008.6.22 澳大利亚0:1中国
孙祥12'
2008.6.22 伊拉克0:1卡塔尔
贝希尔77'

第2组	胜	平	负	进:失球	分
日本	4	1	1	12:3	13
巴林	3	2	1	7:5	11
阿曼	2	2	2	5:7	8
泰国	0	1	5	5:14	1

(日本、巴林晋级)

2008.2.6 日本4:1泰国
远藤保仁21', 大久保嘉人54', 中泽佑二66', 卷诚一郎91'/威诺泰22'
2008.2.6 阿曼0:1巴林
阿拉·胡拜尔14'
2008.3.26 泰国0:1阿曼
苏莱曼1'
2008.3.26 巴林1:0日本
阿拉·胡拜尔77'
2008.6.2 日本3:0阿曼
中泽佑二10', 大久保嘉人22', 中村俊辅49'
2008.6.2 泰国2:3巴林
猜坎迪25', 威诺泰45'/伊萨22', 拉提夫34', S.阿德南57'
2008.6.7 阿曼1:1日本
A.穆巴拉克11'/远藤保仁53'(点球)
2008.6.7 巴林1:1泰国
伊萨67'/通劳65'
2008.6.14 泰国0:3日本
田中斗莉王23', 中泽佑二39', 中村宪刚89'
2008.6.14 巴林1:1阿曼
艾什41'/苏莱曼72'
2008.6.22 日本1:0巴林
内田笃人90'
2008.6.22 阿曼2:1泰国
胡斯尼58'、85'/斯里潘3'(点球)

第3组	胜	平	负	进:失球	分
韩国	3	3	0	10:3	12
朝鲜	3	3	0	4:0	12
约旦	2	1	3	6:6	7
土库曼斯坦	0	1	5	1:12	1

(韩国、朝鲜晋级)

2008.2.6 韩国4:0土库曼斯坦
郭泰辉43', 薛琦铉57'、85', 朴智星73'
2008.2.6 约旦0:1朝鲜
洪映早44'
2008.3.26 朝鲜0:0韩国
2008.3.26 土库曼斯坦0:2约旦
布祖尔33', 巴瓦卜86'
2008.5.31 韩国2:2约旦
朴智星39', 朴周永48'(点球)/法塔赫73'、80'
2008.6.2 土库曼斯坦0:0朝鲜
2008.6.7 朝鲜1:0土库曼斯坦
崔金哲72'
2008.6.7 约旦0:1韩国
朴周永24'(点球)
2008.6.14 朝鲜2:0约旦
洪映早44'、72'
2008.6.14 土库曼斯坦1:3韩国
奥韦科夫77'(点球)/金斗炫14'、86'、93'(点球)
2008.6.22 韩国0:0朝鲜
2008.6.22 约旦2:0土库曼斯坦
法塔赫66'、67'

第4组	胜	平	负	进:失球	分
乌兹别克斯坦	5	0	1	17:7	15
沙特阿拉伯	5	0	1	15:5	15
新加坡	2	0	4	7:16	6
黎巴嫩	0	0	6	3:14	0

(乌兹别克斯坦、沙特阿拉伯晋级)

*新加坡客场对乌兹别克斯坦和主场对沙特两场比赛因为违规使用球员，最终均被判罚0比3告负。

2008.2.6 黎巴嫩0:1乌兹别克斯坦
阿赫梅多夫44'
2008.2.6 沙特阿拉伯2:0新加坡
卡赫塔尼38', 穆阿斯81'
2008.3.26 乌兹别克斯坦3:0沙特阿拉伯
卡帕泽45+1', 沙茨基赫65', 杰帕罗夫67'(点球)
2008.3.26 新加坡2:0黎巴嫩
朱里奇8', 纳瓦兹24'
2008.6.2 新加坡3:7乌兹别克斯坦
朱里奇16', 法赫鲁丁31'(点球), 约翰·威尔金森73'/卡帕泽10', 卡尔片科22', 杰帕罗夫34'、44', 杰尼索夫42', 伊布拉吉莫夫62', 沙茨基赫88'
2008.6.2 沙特阿拉伯4:1黎巴嫩
卡赫塔尼45'、91', 胡萨维65', 图卡尔83'/M.阿里43'
2008.6.7 乌兹别克斯坦1:0新加坡*
海因里希80'
2008.6.7 黎巴嫩1:2沙特阿拉伯
加达尔93'/图卡尔45+2',60'
2008.6.14 新加坡0:3沙特阿拉伯*
奥泰夫37', 弗莱迪76'
2008.6.14 乌兹别克斯坦3:0黎巴嫩
阿赫梅托夫50'、63', 杰帕罗夫94'
2008.6.22 黎巴嫩1:2新加坡
海赞62'(乌龙球)/达尤卜72'(乌龙球), 约翰·威尔金森73'
2008.6.22 沙特阿拉伯4:0乌兹别克斯坦
奥泰夫5', 穆阿斯36'、88', 哈尔西56'

第5组	胜	平	负	进:失球	分
伊朗	3	3	0	7:2	12
阿联酋	2	2	2	7:7	8
叙利亚	2	2	2	7:8	8
科威特	1	1	4	8:12	4

(伊朗、阿联酋晋级)

2008.2.6 伊朗0:0叙利亚
2008.2.6 阿联酋2:0科威特
舍希14', 哈利勒53'
2008.3.26 叙利亚1:1阿联酋
沙阿布2'/马塔尔54'
2008.3.26 科威特2:2伊朗
阿贾卜38', 拉西迪81'/尼克巴特2', 胡塞尼5'
2008.6.2 伊朗0:0阿联酋
2008.6.2 叙利亚1:0科威特
J.侯赛因52'
2008.6.7 阿联酋0:1伊朗
灿迪8'
2008.6.8 科威特4:2叙利亚
阿贾卜2'、20'、63', 胡贾57(乌龙球)/哈提卜10'、45+2'
2008.6.14 叙利亚0:2伊朗
雷扎伊64', 哈利利95'
2008.6.14 科威特2:3阿联酋
阿贾卜52'、79'/马塔尔23'、39', S.穆罕默德91'
2008.6.22 伊朗2:0科威特
内科南17', 雷扎伊92'
2008.6.22 阿联酋1:3叙利亚
马塔尔83'(点球)/J.侯赛因34'、51', 迈勒基93'

10强赛

A组	胜	平	负	进:失球	分
澳大利亚	6	2	0	12:1	20
日本	4	3	1	11:6	15
巴林	3	1	4	6:8	10
卡塔尔	1	3	4	5:14	6
乌兹别克斯坦	1	1	6	5:10	4

(澳大利亚、日本出线，巴林附加赛)

2008.9.6 巴林2:3日本
伊萨87', 田中斗莉王88'(乌龙球)/中村俊辅18', 远藤保仁44'(点球), 中村宪刚85'
2008.9.6 卡塔尔3:0乌兹别克斯坦
西迪克37', M.穆罕默德73', 布鲁西86'
2008.9.10 乌兹别克斯坦0:1澳大利亚
奇珀菲尔德26'
2008.9.10 卡塔尔1:1巴林
金塔纳6'/法塔迪67'
2008.10.15 澳大利亚4:0卡塔尔
卡希尔8', 埃默顿17'(点球)、58', 肯尼迪76'
2008.10.15 日本1:1乌兹别克斯坦
玉田圭司40'/沙茨基赫27'
2008.11.19 巴林0:1澳大利亚
布雷西亚诺93'
2008.11.19 卡塔尔0:3日本
田中达也19', 玉田圭司47', 田中斗莉王68'
2009.2.11 日本0:0澳大利亚
2009.2.11 乌兹别克斯坦0:1巴林
阿卜杜拉赫曼94'
2009.3.28 日本1:0巴林
中村俊辅47'
2009.3.28 乌兹别克斯坦4:0卡塔尔
塔吉耶夫34'、45+2'、53', 索利耶夫62'
2009.4.1 澳大利亚2:0乌兹别克斯坦
肯尼迪66', 科威尔73'(点球)
2009.4.1 巴林1:0卡塔尔
艾什52'
2009.6.6 乌兹别克斯坦0:1日本
冈崎慎司52'
2009.6.6 卡塔尔0:0澳大利亚
2009.6.10 澳大利亚2:0巴林
斯特里约夫斯基55', 大卫·卡尼88'
2009.6.10 日本1:1卡塔尔
比纳利3'(乌龙球)/阿菲夫53'(点球)
2009.6.17 澳大利亚2:1日本
卡希尔59'、77'/田中斗莉王39'
2009.6.17 巴林1:0乌兹别克斯坦

阿卜杜拉赫曼73'

B组	胜	平	负	进:失球	分
韩国	4	4	0	12:4	16
朝鲜	3	3	2	7:5	12
沙特阿拉伯	3	3	2	8:8	12
伊朗	2	5	1	8:7	11
阿联酋	0	1	7	6:17	1

(韩国、朝鲜出线，沙特阿拉伯附加赛)

2008.9.6 阿联酋1:2朝鲜
萨伊德86'/崔金哲72'，安哲赫81'

2008.9.6 沙特阿拉伯1:1伊朗
哈尔西29'/内科南81'

2008.9.10 朝鲜1:1韩国
洪映早64'(点球)/奇诚庸69'

2008.9.10 阿联酋1:2沙特阿拉伯
哈桑尔23'/奥泰夫69'，弗莱迪73'

2008.10.15 韩国4:1阿联酋
李根镐20'、80'，朴智星26'，郭泰辉89'/I.哈马迪72'

2008.10.15 伊朗2:1朝鲜
马达维基亚9'，内科南63'/郑大世72'

2008.11.19 阿联酋1:1伊朗
A.朱马19'/巴盖里81'

2008.11.19 沙特阿拉伯0:2韩国
李根镐76'，朴周永92'

2009.2.11 朝鲜1:0沙特阿拉伯
文仁国28'

2009.2.11 伊朗1:1韩国
内科南58'/朴智星81'

2009.3.28 朝鲜2:0阿联酋
朴南哲51'，文仁国93'

2009.3.28 伊朗1:2沙特阿拉伯
绍杰57'/哈扎齐79'，穆瓦利德87'

2009.4.1 韩国1:0朝鲜
金致佑87'

2009.4.1 沙特阿拉伯3:2阿联酋
奥泰夫4'(点球)，F.朱马70'(乌龙球)，哈扎齐85'/舍希38'，马塔尔45+1'

2009.6.6 朝鲜0:0伊朗

2009.6.6 阿联酋0:2韩国
朴周永9'，奇诚庸37'

2009.6.10 韩国0:0沙特阿拉伯

2009.6.10 伊朗1:0阿联酋
卡里米53'

2009.6.17 韩国1:1伊朗
朴智星82'/绍杰52'

2009.6.17 沙特阿拉伯0:0朝鲜

亚洲第5争夺战

2009.9.5 巴林0:0沙特阿拉伯

2009.9.9 沙特阿拉伯2:2巴林
沙姆拉尼13'，蒙塔沙里91'/杰西·约翰42'，阿卜杜拉提夫93'

决赛阶段

32队分成8个小组进行单循环赛，每组前两名晋级16强。16强捉对交手直至产生冠军，半决赛两支输球队争夺季军。

小组赛

A组	胜	平	负	得失球	分
乌拉圭	2	1	0	4:0	7
墨西哥	1	1	1	3:2	4
南非	1	1	1	3:5	4
法国	0	1	2	1:4	1

(乌拉圭、墨西哥晋级)

2010.6.11 南非1比1墨西哥
约翰内斯堡/84490人，**主裁判**：伊尔马托夫(乌兹别克斯坦)
进球：55'查巴拉拉/79'拉斐尔·马克斯
南非(442)：库内/加夸、莫科纳、库马洛、特瓦拉(46'马西莱拉)/查巴拉拉、迪哈施瓦、莱乔塔尼亚内、莫迪塞/皮纳尔(83'伯纳德·帕克)、姆费拉
墨西哥(433)：奥斯卡·佩雷斯/阿吉拉尔(55'瓜尔达多)、奥索里奥、弗朗西斯科·罗德里格斯、萨尔西多/华雷斯、拉斐尔·马克斯、托拉多/乔瓦尼·多斯桑托斯、吉列尔莫·佛朗哥(73'哈维尔·埃尔南德斯)、卡洛斯·贝拉(69'夸特莫克·布兰科)

2010.6.11 乌拉圭0比0法国
开普敦/64100人，**主裁判**：西村雄一(日本)
进球：无
乌拉圭(442)：穆斯莱拉/维多利诺、卢加诺、戈丁、阿尔瓦罗·佩雷拉/马克西·佩雷拉、迭戈·佩雷斯(87'埃古伦)、阿雷瓦洛、伊格纳西奥·冈萨雷斯(63'洛代罗)/福兰、路易斯·苏亚雷斯(74'阿布鲁)
法国(433)：洛里斯/萨尼亚、加拉、阿比达尔、埃夫拉/古尔库夫(75'马卢达)、图拉朗、迪亚比/戈武(85'吉尼亚克)、阿内尔卡(72'亨利)、里贝里

2010.6.16 南非0比3乌拉圭
比勒陀利亚/42658人，**主裁判**：布萨卡(瑞士)
进球：24'、80'(点球)福兰、90+5'阿尔瓦罗·佩雷拉
南非(442)：库内/加夸、莫科纳、库马洛、马西莱拉/查巴拉拉、迪哈施瓦、莱乔洛尼亚内(57'莫里里)、莫迪塞/皮纳尔(79'约瑟夫斯)、姆费拉
乌拉圭(4312)：穆斯莱拉/马克西·佩雷拉、卢加诺、戈丁、富西莱(71'阿尔瓦罗·费尔南德斯)/阿雷瓦洛、迭戈·佩雷斯(90'加加诺)、阿尔瓦罗·佩雷拉/福兰/路易斯·苏亚雷斯、卡瓦尼(89'萨瓦斯蒂安·费尔南德斯)

2010.6.17 法国0比2墨西哥
波罗瓜尼/35370人，**主裁判**：加姆迪(沙特阿拉伯)
进球：64'哈维尔·埃尔南德斯、79'(点球)夸特莫克·布兰科
法国(4231)：洛里斯/萨尼亚、加拉、阿比达尔、埃夫拉/图拉朗、迪亚比/戈武(69'瓦尔比埃纳)、里贝里、马卢达/阿内尔卡(46'吉尼亚克)
墨西哥(433)：奥斯卡·佩雷斯/奥索里奥、埃克托·莫雷诺、弗朗西斯科·罗德里格斯、萨尔西多/华雷斯(55'哈维尔·埃尔南德斯)、拉斐尔·马克斯、托拉多/乔瓦尼·多斯桑托斯、吉列尔莫·佛朗哥(62'夸特莫克·布兰科)、卡洛斯·贝拉(31'巴雷拉)

2010.6.22 墨西哥0比1乌拉圭
勒斯滕堡/33425人，**主裁判**：考绍伊(匈牙利)
进球：43'路易斯·苏亚雷斯
墨西哥(433)：奥斯卡·佩雷斯/奥索里奥、弗朗西斯科·罗德里格斯、埃克托·莫雷诺(57'伊斯雷尔·卡斯特罗)、萨尔西多/托拉多、拉斐尔·马克斯、瓜尔达多(46'巴雷拉)/乔瓦尼·多斯桑托斯、吉列尔莫·佛朗哥、夸特莫克·布兰科(63'哈维尔·埃尔南德斯)
乌拉圭(4312)：穆斯莱拉/马克西·佩雷拉、卢加诺、维多利诺、富西莱/阿雷瓦洛、迭戈·佩雷斯、阿尔瓦罗·佩雷拉(77'斯科蒂)/福兰/路易斯·苏亚雷斯(85'阿尔瓦罗·费尔南德斯)、卡瓦尼

2010.6.22 法国1比2南非
布隆方丹/39415人，**主裁判**：奥斯卡·鲁伊斯(哥伦比亚)
进球：70'马卢达/20'库马洛、37'姆费拉
法国(4231)：洛里斯/萨尼亚、加拉、斯奎拉奇、克利希/阿卢·迪亚拉(82'戈武)、迪亚比/吉尼亚克(46'马卢达)、古尔库夫、里贝里/西塞(55'亨利)
南非(442)：约瑟夫斯/农卡(55'加夸)、莫科纳、库马洛、马西莱拉/查巴拉拉、西巴亚、库博尼(78'莫迪塞)、皮纳尔/姆费拉、伯纳德·帕克(68'诺姆维特)

B组	胜	平	负	得失球	分
阿根廷	3	0	0	7:1	9
韩国	1	1	1	5:6	4
希腊	1	0	2	2:5	3
尼日利亚	0	1	2	3:5	1

(阿根廷、韩国晋级)

2010.6.12 韩国2比0希腊
伊丽莎白港/31513人，**主裁判**：迈克尔·赫斯特(新西兰)
进球：7'李正秀、52'朴智星
韩国(442)：郑成龙/车杜里、赵容亨、李正秀、李容杓/李青龙(90+1'金在城)、奇诚庸(74'金南一)、金正友、朴智星/廉基勋、朴主永(87'李昇烈)
希腊(442)：措瓦斯/托罗西迪斯、帕帕多普洛斯、温特拉、西塔里迪斯/萨马拉斯(59'萨尔平吉迪斯)、乔利斯、卡楚拉尼斯、卡拉古尼斯(46'帕察措格卢)/耶卡斯、查理斯特亚斯(61'库佩塔诺斯)

2010.6.12 阿根廷1比0尼日利亚
约翰内斯堡/55686人，**主裁判**：施塔克(德国)
进球：6'海因策
阿根廷(4312)：罗梅罗/霍纳斯·古铁雷斯、德米凯利斯、萨穆埃尔、海因策/贝隆(74'马克西·罗德里格斯)、马斯切拉诺、迪马里亚(85'布尔迪索)/梅西/特维斯、伊瓜因(79'迭戈·米利托)
尼日利亚(433)：恩耶亚马/奥迪亚、雅博、希图、塔伊沃(75'卡卢·乌切)/卡伊塔、埃图胡、哈鲁纳/奥巴西(60'奥德姆温吉)、雅库布、奥比纳(52'马丁斯)

2010.6.17 阿根廷4比1韩国
约翰内斯堡/82174人，**主裁判**：德布利克雷(比利时)
进球：17'(乌龙)朴主永、33'、76'、80'伊瓜因/45+1'李青龙
阿根廷(4312)：罗梅罗/霍纳斯·古铁雷斯、德米凯利斯、萨穆埃尔(23'布尔迪索)、海因策/马克西·罗德里格斯、马斯切拉诺、迪马里亚/梅西/特维斯(75'阿圭罗)、伊瓜因(82'博拉蒂)
韩国(4231)：郑成龙/吴范锡、赵容亨、李正秀、李容杓/奇诚庸(46'金南一)、金正友/李青龙、朴智星、廉基勋/朴主永(81'李同国)

2010.6.17 希腊2比1尼日利亚
布隆方丹/31593人，**主裁判**：奥斯卡·鲁伊斯(哥伦比亚)
进球：44'萨尔平吉迪斯、71'托罗西迪斯/16'卡卢·乌切
希腊(4141)：措瓦斯/基尔贾科斯、温特拉、帕帕多普洛斯、托罗西迪斯/帕帕斯塔索普洛斯(37'萨马拉斯)/卡拉古尼斯、乔利斯、卡楚拉尼斯、萨尔平吉迪斯/耶卡斯(79'尼尼斯)
尼日利亚(442)：恩耶亚马/奥迪亚、雅博、希图、塔伊沃(55'埃谢吉莱，77'阿福拉比)/卡伊塔、埃图胡、哈鲁纳、卡卢·乌切/奥德姆温吉(46'奥巴西)、雅库布

2010.6.22 尼日利亚2比2韩国
德班/61874人，**主裁判**：本克伦萨(葡萄牙)
进球：12'卡卢·乌切、69'(点球)雅库布/38'李正秀、49'朴主永
尼日利亚(4231)：恩耶亚马/奥迪亚、雅博(46'埃谢吉莱)、希图、阿福拉比/优素福、埃图胡、哈鲁纳/奥巴西、卡努(57'马丁斯)、卡卢·乌切/雅库布(70'奥比纳)
韩国(442)：郑成龙/车杜里、赵容亨、李正秀、李容杓/李青龙、奇诚庸(87'金在城)、金正友、朴智星/廉基勋(64'金南一)、朴主永(90+3'金东进)

2010.6.22 希腊0比2阿根廷
波罗瓜尼/38891人，**主裁判**：伊尔马托夫(乌兹别克斯坦)
进球：77'德米凯利斯、89'帕勒莫

希腊(4141):措瓦斯/基尔贾科斯、温特拉、帕帕多普洛斯、托罗西迪斯(55'帕察措格卢)/莫拉斯/乔利斯、帕帕斯塔索普洛斯、卡拉古尼斯(46'斯皮罗普洛斯)、卡楚拉尼斯(54'尼尼斯)/萨马拉斯
阿根廷(4312):罗梅罗/布尔迪索、德米凯利斯、奥塔门迪、克莱门特·罗德里格斯/贝隆、博拉蒂、马克西·罗德里格斯(63'迪马里亚)/梅西/阿圭罗(77'帕斯托雷)、迭戈·米利托(80'帕勒莫)

C组	胜	平	负	得失球	分
美国	1	2	0	4:3	5
英格兰	1	2	0	2:1	5
斯洛文尼亚	1	1	1	3:3	4
阿尔及利亚	0	1	2	0:2	1

(美国、英格兰晋级)

2010.6.12 英格兰1比1美国
勒斯滕堡/38646人,**主裁判:**卡洛斯·西蒙(巴西)
进球:4'杰拉德/40'登普西
英格兰(442):罗伯特·格林/格伦·约翰逊、特里、莱德利·金(46'卡拉格)、阿什利·科尔/伦农、兰帕德、杰拉德、米尔纳(31'赖特-菲利普斯)/鲁尼、赫斯基(79'克劳奇)
美国(442):蒂姆·霍华德/切伦多洛、德梅里特、奥涅乌、博卡内格拉/登普西、迈克尔·布拉德利、里卡多·克拉克、多诺万/阿尔蒂多雷(86'霍尔登)、芬德利(77'巴德尔)

2010.6.13 阿尔及利亚0比1斯洛文尼亚
波罗瓜尼/30325人,**主裁判:**巴特雷斯(危地马拉)
进球:79'科伦
阿尔及利亚(433):沙乌希/叶海亚、布格拉、哈利舍、贝勒哈吉/拉康、齐亚尼、耶卜达/卡迪尔(82'格迪乌拉)、杰布尔(58'盖扎勒)、马特穆尔(81'赛菲)
斯洛文尼亚(442):萨米尔·汉达诺维奇/布雷茨科、舒勒、采萨尔、约基奇/基尔姆、科伦、拉多萨夫列维奇(87'科马奇)、比尔萨(84'佩奇尼克)/德迪奇(53'柳比扬基奇)、诺瓦科维奇

2010.6.18 斯洛文尼亚2比2美国
约翰内斯堡/45573人,**主裁判:**科曼·库利巴利(马里)
进球:13'比尔萨、42'柳比扬基奇/48'多诺万、82'迈克尔·布拉德利
斯洛文尼亚(442):萨米尔·汉达诺维奇/布雷茨科、舒勒、采萨尔、约基奇/比尔萨(87'德迪奇)、科伦、拉多萨夫列维奇、基尔姆/柳比扬基奇(74'佩奇尼克,90+4'科马奇)、诺瓦科维奇
美国(442):蒂姆·霍华德/切伦多洛、德梅里特、奥涅乌(80'埃库莱斯·戈麦斯)、博卡内格拉/多诺万、何塞·托雷斯(46'莫里斯·埃杜)、迈克尔·布拉德利、登普西/阿尔蒂多雷、芬德利(46'费尔哈伯)

2010.6.18 英格兰0比0阿尔及利亚
开普敦/64100人,**主裁判:**伊尔马托夫(乌兹别克斯坦)
进球:无
英格兰(442):大卫·詹姆斯/格伦·约翰逊、卡拉格、特里、阿什利·科尔/伦农(63'赖特-菲利普斯)、巴里(84'克劳奇)、兰帕德、杰拉德/鲁尼、赫斯基(74'迪福)
阿尔及利亚(3421):姆布勒希/布格拉、哈利舍、叶海亚/卡迪尔、耶卜达(88'梅斯巴)、拉康、贝勒哈吉/布德布兹(74'阿卜敦)、齐亚尼(81'格迪乌拉)/马特穆尔

2010.6.23 斯洛文尼亚0比1英格兰
伊丽莎白港/36893人,**主裁判:**施塔克(德国)
进球:23'迪福
斯洛文尼亚(442):萨米尔·汉达诺维奇/布雷茨科、舒勒、采萨尔、约基奇/比尔萨、科伦、拉多萨夫列维奇、基尔姆(79'马塔夫日)/柳比扬基奇(62'德迪奇)、诺瓦科维奇
英格兰(442):大卫·詹姆斯/格伦·约翰逊、厄普森、特里、阿什利·科尔/杰拉德、兰帕德、巴里、米尔纳/迪福(86'赫斯基)、鲁尼(72'乔·科尔)

2010.6.23 美国1比0阿尔及利亚
比勒陀利亚/35827人,**主裁判:**德布利克雷(比利时)
进球:90+1'多诺万
美国(442):蒂姆·霍华德/博恩斯坦(80'比斯利)、德梅里特、博卡内格拉、切伦多洛/登普西、迈克尔·布拉德利、莫里斯·埃杜(64'巴德尔)、多诺万/阿尔蒂多雷、埃库莱斯·戈麦斯(46'费尔哈伯)
阿尔及利亚(3421):姆布勒希/布格拉、哈利舍、叶海亚/卡迪尔、耶卜达、拉康、贝勒哈吉/马特穆尔(84'赛菲)、齐亚尼(69'格迪乌拉)/杰布尔(65'盖扎勒)

D组	胜	平	负	得失球	分
德国	2	0	1	5:1	6
加纳	1	1	1	2:2	4
澳大利亚	1	1	1	3:6	4
塞尔维亚	1	0	2	2:3	3

(德国、加纳晋级)

2010.6.13 塞尔维亚0比1加纳
比勒陀利亚/38833人,**主裁判:**巴尔达西(阿根廷)
进球:85'(点球)吉安
塞尔维亚(442):弗拉迪米尔·斯托伊科维奇/布拉尼斯拉夫·伊万诺维奇、卢科维奇、维迪奇、科拉罗夫/克拉西奇、米利亚什(62'库兹曼诺维奇)、斯坦科维奇、约万诺维奇(76'苏博蒂奇)/潘特利奇、日吉奇(69'拉佐维奇)
加纳(4231):金森/潘特希尔、沃萨、约翰·门萨、萨尔佩/安东尼·安南、凯文-普林斯·博阿滕(90+1'李·阿迪)/塔戈、夸杜沃·阿萨莫阿(73'阿皮亚)、安德烈·阿尤/吉安(90+3'奥苏武-阿贝耶)

2010.6.13 德国4比0澳大利亚
德班/62660人,**主裁判:**马尔科·罗德里格斯(墨西哥)
进球:8'波多尔斯基、26'克洛泽、68'托马斯·穆勒、70'卡考
德国(4231):诺伊尔/拉姆、阿内·弗里德里希、默特萨克、巴德施图伯/施魏因斯泰格、赫迪拉/托马斯·穆勒、厄齐尔(74'马里奥·戈麦斯)、波多尔斯基(81'马林)/克洛泽(68'卡考)
澳大利亚(4231):施瓦泽/威尔克希尔、克雷格·穆尔、卢卡斯·尼尔、奇珀菲尔德/瓦莱里、格雷拉(46'霍尔曼)/埃默顿(74'耶迪纳克)、丘利纳、理查德·加西亚(64'鲁卡维恰)/蒂姆·卡希尔

2010.6.18 德国0比1塞尔维亚
伊丽莎白港/38294人,**主裁判:**马连科(西班牙)
进球:38'约万诺维奇
德国(4231):诺伊尔/拉姆、阿内·弗里德里希、默特萨克、巴德施图伯(77'马里奥·戈麦斯)/赫迪拉、施魏因斯泰格/托马斯·穆勒(70'马林)、厄齐尔(70'卡考)、波多尔斯基/克洛泽
塞尔维亚(4141):弗拉迪米尔·斯托伊科维奇/布拉尼斯拉夫·伊万诺维奇、苏博蒂奇、维迪奇、科拉罗夫/库兹曼诺维奇(75'拉多萨夫·彼得罗维奇)/克拉西奇、宁科维奇(70'卡查尔)、斯坦科维奇、约万诺维奇(79'拉佐维奇)/日吉奇

2010.6.19 加纳1比1澳大利亚
勒斯滕堡/34812人,**主裁判:**罗塞蒂(意大利)
进球:25'(点球)吉安/11'霍尔曼
加纳(4231):金森/潘特希尔、约翰·门萨、李·阿迪、萨尔佩/安东尼·安南、凯文-普林斯·博阿滕(87'阿莫阿)/塔戈(56'奥苏武-阿贝耶)、夸杜沃·阿萨莫阿(77'蒙塔里)、安德烈·阿尤/吉安
澳大利亚(4231):施瓦泽/威尔克希尔(84'鲁卡维恰)、卢卡斯·尼尔、克雷格·穆尔、戴维·卡尼/丘利纳、瓦莱里/埃默顿、霍尔曼(68'乔舒亚·肯尼迪)、布雷西亚诺(66'奇珀菲尔德)/科威尔

2010.6.23 加纳0比1德国
约翰内斯堡/83391人,**主裁判:**卡洛斯·西蒙(巴西)
进球:60'厄齐尔
加纳(433):金森/潘特希尔、约翰·门萨、乔纳森·门萨、萨尔佩/凯文-普林斯·博阿滕、安东尼·安南、夸杜沃·阿萨莫阿/塔戈(64'蒙塔里)、吉安(82'阿莫阿)、安德烈·阿尤(90+2'阿迪亚)
德国(4231):诺伊尔/拉姆、默特萨克、阿内·弗里德里希、热罗姆·博阿滕(73'扬森)/施魏因斯泰格(81'克罗斯)、赫迪拉/托马斯·穆勒(67'特罗霍夫斯基)、厄齐尔、波多尔斯基/卡考

2010.6.23澳大利亚2比1塞尔维亚
内尔斯普雷特/37836人,**主裁判:**拉里翁达(乌拉圭)
进球:69'蒂姆·卡希尔、73'霍尔曼/84'潘特利奇
澳大利亚(4231):施瓦泽/威尔克希尔(82'理查德·加西亚)、博尚、卢卡斯·尼尔、戴维·卡尼/丘利纳、瓦莱里(66'霍尔曼)/埃默顿、蒂姆·卡希尔、布雷西亚诺(66'奇珀菲尔德)/乔舒亚·肯尼迪
塞尔维亚(4141):弗拉迪米尔·斯托伊科维奇/布拉尼斯拉夫·伊万诺维奇、维迪奇、卢科维奇、奥布拉多维奇/库兹曼诺维奇(77'拉佐维奇)/克拉西奇(62'佐兰·托希奇)、斯坦科维奇、宁科维奇、约万诺维奇/日吉奇(67'潘特利奇)

E组	胜	平	负	得失球	分
荷兰	3	0	0	5:1	9
日本	2	0	1	4:2	6
丹麦	1	0	2	3:6	3
喀麦隆	0	0	3	2:5	0

(荷兰、日本晋级)

2010.6.14 荷兰2比0丹麦
约翰内斯堡/83465人,**主裁判:**拉努瓦(法国)
进球:46'(乌龙)阿格、85'库伊特
荷兰(4231):斯特克伦伯格/范德维尔、海廷加、马泰森、范布隆克霍斯特/范博梅尔、尼赫尔·德容(88'德泽乌)/库伊特、斯内德、范德法特(67'埃利亚)/范佩西(77'阿费莱)
丹麦(442):索伦森/拉尔斯·雅各布森、阿格、凯尔、西蒙·波尔森/埃内沃尔森(56'格伦夏尔)、克里斯蒂安·波尔森、卡伦贝格(73'克里斯蒂安·埃里克森)、约根森/罗梅达尔、本特纳(62'贝克曼)

2010.6.14 日本1比0喀麦隆
布隆方丹/30620人,**主裁判:**本克伦萨(葡萄牙)
进球:39'本田圭佑
日本(4141):川岛永嗣/长友佑都、中泽佑二、田中斗莉王、驹野友一/阿部勇树/松井大辅(69'冈崎慎司)、本田圭佑、长谷部诚(88'稻本润一)、远藤保仁/大久保嘉人(82'矢野贵章)
喀麦隆(433):阿米杜/姆比亚、恩库卢、巴松、阿苏-埃克托/若埃尔·马蒂普(63'埃马纳)、马孔(75'格雷米)、埃诺/埃托奥、韦博、舒波-莫廷(75'伊德里苏)

2010.6.19 荷兰1比0日本
德班/62010人,**主裁判:**巴尔达西(阿根廷)
进球:53'斯内德
荷兰(4231):斯特克伦伯格/范德维尔、海廷加、马泰森、范布隆克霍斯特/范博梅尔、尼赫尔·德容/库伊特、斯内德(83'阿费莱)、范德法特(72'埃利亚)/范佩西(88'亨特拉尔)

日本(4141):川岛永嗣/驹野友一、中泽佑二、田中斗莉王、长友佑都/长谷部诚(77'冈崎慎司)/松井大辅(64'中村俊辅)、阿部勇树、远藤保仁、大久保嘉人(77'玉田圭司)/本田圭佑

2010.6.19 喀麦隆1比2丹麦
比勒陀利亚/38074人,**主裁判:**拉里翁达(乌拉圭)
进球:10'埃托奥/33'本特纳、61'罗梅达尔
喀麦隆(442):阿米杜/姆比亚、恩库卢、巴松(72'伊德里苏)、阿苏-埃克托/亚历山大·宋、格雷米、埃诺(46'马孔)、埃马纳/韦博(78'阿布巴卡尔)、埃托奥
丹麦(4231):索伦森/拉尔斯·雅各布森、凯尔、阿格、西蒙·波尔森/克里斯蒂安·波尔森、约根森(46'丹尼尔·延森)/罗梅达尔、托马森(86'雅各布·波尔森)、格伦夏尔(67'卡伦贝格)/本特纳

2010.6.24 丹麦1比3日本
勒斯滕堡/27967人,**主裁判:**杰尔姆·戴蒙(南非)
进球: 81'托马森/17'本田圭佑、30'远藤保仁、87'冈崎慎司
丹麦(4321):索伦森/拉尔斯·雅各布森、阿格、克罗尔德鲁普(56'索伦·拉尔森)、西蒙·波尔森/约根森(34'雅各布·波尔森)、克里斯蒂安·波尔森、卡伦贝格(63'克里斯蒂安·埃里克森)/托马森、罗梅达尔/本特纳
日本(4141):川岛永嗣/驹野友一、中泽佑二、田中斗莉王、长友佑都/阿部勇树/长谷部诚、松井大辅(74'冈崎慎司)、远藤保仁(90+1'稻本润一)、大久保嘉人(88'今野泰幸)/本田圭佑

2010.6.24 喀麦隆1比2荷兰
开普敦/63093人,**主裁判:**巴勃罗·波索(智利)
进球:65'(点球)埃托奥/36'范佩西、83'亨特拉尔
喀麦隆(442):阿米杜/格雷米、姆比亚、恩库卢(73'里戈贝特·宋)、阿苏-埃克托/马孔、谢朱、恩盖莫、加埃唐·邦(56'阿布巴卡尔)/埃托奥、舒波-莫廷(72'伊德里苏)
荷兰(4231):斯特克伦伯格/布拉鲁兹、海廷加、马泰森、范布隆克霍斯特/范博梅尔、尼赫尔·德容/库伊特(66'埃利亚)、斯内德、范德法特(73'罗本)/范佩西(59'亨特拉尔)

F组	胜	平	负	得失球	分
巴拉圭	1	2	0	3:1	5
斯洛伐克	1	1	1	4:5	4
新西兰	0	3	0	2:2	3
意大利	0	2	1	4:5	2

(巴拉圭、斯洛伐克晋级)

2010.6.14 意大利1比1巴拉圭
开普敦/62869人,**主裁判:**阿琼迪亚(墨西哥)
进球:63'德罗西/39'阿尔卡拉斯
意大利(4231):布冯(46'马尔凯蒂)/赞布罗塔、卡纳瓦罗、基耶利尼、克里希托/德罗西、蒙托利沃/佩佩、马尔基西奥(59'卡莫拉内西)、亚昆塔/吉拉迪诺(72'迪纳塔莱)
巴拉圭(4132):比利亚尔/博内特、阿尔卡拉斯、保罗·达席尔瓦、莫雷尔/维克托·卡塞雷斯/恩里克·贝拉、里韦罗斯、奥雷利亚诺·托雷斯(60'霍纳坦·桑塔纳)/内尔松·巴尔德斯(68'圣克鲁斯)、巴里奥斯(76'卡多索)

2010.6.15 新西兰1比1斯洛伐克
勒斯腾堡/23871人,**主裁判:**杰尔姆·戴蒙(南非)
进球:90+3'温斯顿·里德/50'维特克
新西兰(433):帕斯顿/温斯顿·里德、瑞恩·尼尔森、维切利奇(78'杰里米·克里斯蒂)、汤米·史密斯/伯托斯、西蒙·埃利奥特、洛克海德/法伦、斯梅尔茨、基伦(72'克里斯·伍德)
斯洛伐克(4132):穆哈/扎巴夫尼克、杜里察、什克特尔、马雷克·切赫/什特尔巴/小弗拉迪米尔·魏斯(90+1'库茨卡)、谢斯塔克(81'霍洛什科)、哈姆西克/维特克(84'斯托赫)、延德里舍克

2010.6.20 斯洛伐克0比2巴拉圭
布隆方丹/26643人,**主裁判:**马耶(塞舌尔)
进球:27'恩里克·贝拉、86'里韦罗斯
斯洛伐克(4411):穆哈/佩卡里克、什克特尔、萨拉塔(83'斯托赫)、杜里察/谢斯塔克(70'霍洛什科)、什特尔巴、哈姆西克、小弗拉迪米尔·魏斯/科扎克/维特克
巴拉圭(433):比利亚尔/博内特、保罗·达席尔瓦、阿尔卡拉斯、莫雷尔/恩里克·贝拉(88'埃德加·巴雷托)、维克托·卡塞雷斯、里韦罗斯/圣克鲁斯、巴里奥斯(82'卡多索)、内尔松·巴尔德斯(68'奥雷利亚诺·托雷斯)

2010.6.20 意大利1比1新西兰
内尔斯普雷特/38229人,**主裁判:**巴特雷斯(危地马拉)
进球:29'(点球)亚昆塔/7'斯梅尔茨
意大利(442):马尔凯蒂/赞布罗塔、卡纳瓦罗、基耶利尼、克里希托/佩佩(46'卡莫拉内西)、德罗西、蒙托利沃、马尔基西奥(61'帕齐尼)/亚昆塔、吉拉迪诺(46'迪纳塔莱)
新西兰(433):帕斯顿/温斯顿·里德、瑞恩·尼尔森、维切利奇(81'杰里米·克里斯蒂)、汤米·史密斯/伯托斯、西蒙·埃利奥特、洛克海德/法伦(63'克里斯·伍德)、斯梅尔茨、基伦(90+3'巴伦)

2010.6.24 斯洛伐克3比2意大利
约翰内斯堡/53412人,**主裁判:**韦伯(英格兰)
进球:25'、73'维特克、89'科普内克/81'迪纳塔莱、90+2'夸利亚雷拉
斯洛伐克(4411):穆哈/佩卡里克、什克特尔、杜里察、扎巴夫尼克/哈姆西克、什特尔巴(87'科普内克)、库茨卡、斯托赫/维特克(90+2'谢斯塔克)/延德里舍克(90+4'彼得拉什)
意大利(433):马尔凯蒂/赞布罗塔、卡纳瓦罗、基耶利尼、克里希托(46'马桥)/加图索(46'夸利亚雷拉)、德罗西、蒙托利沃(56'皮尔洛)/佩佩、亚昆塔、迪纳塔莱

2010.6.24 巴拉圭0比0新西兰
波罗瓜尼/34850人,**主裁判:**西村雄一(日本)
进球:无
巴拉圭(4321):比利亚尔/卡尼萨、胡利奥·卡塞雷斯、保罗·达席尔瓦、莫雷尔/里韦罗斯、维克托·卡塞雷斯、恩里克·贝拉/圣克鲁斯、内尔松·巴尔德斯(67'埃德加·巴尼特斯)/卡多索(66'巴里奥斯)
新西兰(3421):帕斯顿/温斯顿·里德、瑞恩·尼尔森、汤米·史密斯/伯托斯、西蒙·埃利奥特、维切利奇、洛克海德/基伦(79'杰里米·布罗基)、斯梅尔茨/法伦(69'克里斯·伍德)

G组	胜	平	负	得失球	分
巴西	2	1	0	5:2	7
葡萄牙	1	2	0	7:0	5
科特迪瓦	1	1	1	4:3	4
朝鲜	0	0	3	1:12	0

(巴西、葡萄牙晋级)

2010.6.15 科特迪瓦0比0葡萄牙
伊丽莎白港/37034人,**主裁判:**拉里翁达(乌拉圭)
进球:无
科特迪瓦(433):布巴卡尔·巴里/德梅尔、科洛·图雷、佐科拉、蒂耶内/埃布埃(89'罗马里)、亚亚·图雷、蒂奥特/热尔维尼奥(82'卡德尔·凯塔)、丹达内、萨洛蒙·卡卢(66'德罗巴)
葡萄牙(433):爱德华多/保罗·费雷拉、布鲁诺·阿尔维斯、里卡多·卡瓦略、科恩特朗/德科(62'蒂亚戈)、佩德罗·门德斯、梅雷莱斯(85'阿莫里姆)/C.罗纳尔多、列德松、丹尼(55'西芒)

2010.6.15 巴西2比1朝鲜
约翰内斯堡/54331人,**主裁判:**考绍伊(匈牙利)
进球:55'麦孔、72'埃拉诺/89'池允南
巴西(4312):儒利奥·塞萨尔/麦孔、卢西奥、胡安、巴斯托斯/埃拉诺(73'达尼·阿尔维斯)、吉尔伯托·席尔瓦、梅洛(84'拉米雷斯)/卡卡(78'尼尔马尔)/罗比尼奥、路易斯·法比亚诺
朝鲜(4321):李明国/车正赫、朴哲镇、朴南哲(大)、李光川/文仁国(80'金锦一)、李俊日、池允南/洪映早、安英学/郑大世

2010.6.20 巴西3比1科特迪瓦
约翰内斯堡/84455人,**主裁判:**拉努瓦(法国)
进球:25'、50'路易斯·法比亚诺、62'埃拉诺/79'德罗巴
巴西(4312):儒利奥·塞萨尔/麦孔、卢西奥、胡安、巴斯托斯/埃拉诺(67'达尼·阿尔维斯)、吉尔伯托·席尔瓦、梅洛/卡卡/罗比尼奥(90+3'拉米雷斯)、路易斯·法比亚诺
科特迪瓦(433):布巴卡尔·巴里/德梅尔、科洛·图雷、佐科拉、蒂耶内/埃布埃(72'罗马里)、亚亚·图雷、蒂奥特/丹达内(54'热尔维尼奥)、德罗巴、萨洛蒙·卡卢(68'卡德尔·凯塔)

2010.6.21 葡萄牙7比0朝鲜
开普敦/63644人,**主裁判:**巴勃罗·波索(智利)
进球:29'梅雷莱斯、53'西芒、56'乌戈·阿尔梅达、60'、89'蒂亚戈、81'列德松、87'C.罗纳尔多
葡萄牙(433):爱德华多/米格尔、里卡多·卡瓦略、布鲁诺·阿尔维斯、科恩特朗/蒂亚戈、佩德罗·门德斯、梅雷莱斯(70'韦洛索)/C.罗纳尔多、乌戈·阿尔梅达(77'列德松)、西芒(74'杜达)
朝鲜(5131):李明国/车正赫(75'南城哲)、朴哲镇、李俊日、池允南、李光川/安英学/文仁国(58'金锦一)、朴南哲(大)(58'金勇俊)、洪映早/郑大世

2010.6.25 葡萄牙0比0巴西
德班/62712人,**主裁判:**阿琼迪亚(墨西哥)
进球:无
葡萄牙(433):爱德华多/里卡多·科斯塔、里卡多·卡瓦略、布鲁诺·阿尔维斯、科恩特朗/蒂亚戈、佩佩(64'佩德罗·门德斯)、梅雷莱斯(84'韦洛索)/丹尼、C.罗纳尔多、杜达(54'西芒)
巴西(4312):儒利奥·塞萨尔/麦孔、卢西奥、胡安、巴斯托斯/达尼·阿尔维斯、吉尔伯托·席尔瓦、梅洛(44'若苏埃)/巴普蒂斯塔(82'拉米雷斯)/尼尔马尔、路易斯·法比亚诺(85'格拉菲特)

2010.6.25 朝鲜0比3科特迪瓦
内尔斯普雷特/34763人,**主裁判:**马连科(西班牙)
进球:14'亚亚·图雷、20'罗马里、82'萨洛蒙·卡卢
朝鲜(541):李明国/车正赫、朴哲镇、李俊日、池允南、李光川/洪映早、安英学、朴南哲(大)、文仁国(67'崔健日)/郑大世
科特迪瓦(433):布巴卡尔·巴里/埃布埃、科洛·图雷、佐科拉、阿蒂尔·博卡/罗马里(79'敦比亚)、亚亚·图雷、蒂奥特/卡德尔·凯塔(64'丹达内)、德罗巴、热尔维尼奥(64'萨洛蒙·卡卢)

H组	胜	平	负	得失球	分
西班牙	2	0	1	4:2	6
智利	2	0	1	3:2	6
瑞士	1	1	1	1:1	4
洪都拉斯	0	1	2	0:3	1

(西班牙、智利晋级)

2010.6.16 洪都拉斯0比1智利
内尔斯普雷特/32664人，**主裁判：**马耶（塞舌尔）
进球：34'博塞茹
洪都拉斯（4231）：巴利亚达雷斯/塞尔希奥·门多萨、奥斯曼·查韦斯、梅诺·菲格罗亚、伊萨吉雷/威尔逊·帕拉西奥斯、阿马多·格瓦拉（66'亨德里·托马斯）/埃德加·阿尔瓦雷斯、拉蒙·努涅斯（78'瓦尔特·马丁内斯）、罗赫尔·埃斯皮诺萨/卡洛斯·帕冯（60'韦尔科姆）
智利（4312）：克劳迪奥·布拉沃/伊斯拉、梅德尔、庞塞、阿图罗·比达尔（81'孔特雷拉斯）/米利亚尔（52'贡萨洛·哈拉）、卡莫纳、马蒂亚斯·费尔南德斯/巴尔迪维亚（87'马克·冈萨雷斯）/亚历克西斯·桑切斯、博塞茹

2010.6.16 西班牙0比1瑞士
德班/62453人，**主裁判：**韦伯（英格兰）
进球：52'热尔松·费尔南德斯
西班牙（433）：卡西利亚斯/塞尔希奥·拉莫斯、普约尔、皮克、卡普德维拉/哈维·阿隆索、布斯克茨（61'费尔南多·托雷斯）、哈维/大卫·席尔瓦（62'赫苏斯·纳瓦斯）、大卫·比利亚、伊涅斯塔（77'佩德罗）
瑞士（442）：贝纳利奥/利希施泰纳、森德罗斯（36'冯贝尔根）、格里希廷、雷托·齐格勒/巴内塔（90+2'埃吉曼）、因勒、胡格尔、热尔松·费尔南德斯/德迪约克（79'哈坎·雅金）、恩库福

2010.6.21 智利1比0瑞士
伊丽莎白港/34872人，**主裁判：**加姆迪（沙特阿拉伯）
进球：75'马克·冈萨雷斯
智利（433）：克劳迪奥·布拉沃/伊斯拉、梅德尔、庞塞、贡萨洛·哈拉/阿图罗·比达尔（46'巴尔迪维亚）、卡莫纳、马蒂亚斯·费尔南德斯（65'埃斯特万·帕雷德斯）/亚历克西斯·桑切斯、温贝托·苏亚索（46'马克·冈萨雷斯）、博塞茹
瑞士（4411）：贝纳利奥/利希施泰纳、冯贝尔根、格里希廷、雷托·齐格勒/贝赫拉米、因勒、胡格尔、热尔松·费尔南德斯（77'邦亚库）/亚历山大·弗雷（42'巴内塔）/恩库福（68'德迪约克）

2010.6.21 西班牙2比0洪都拉斯
约翰内斯堡/54386人，**主裁判：**西村雄一（日本）
进球：17'、51'大卫·比利亚
西班牙（4312）：卡西利亚斯/塞尔希奥·拉莫斯（77'阿韦洛亚）、普约尔、皮克、卡普德维拉/赫苏斯·纳瓦斯、布斯克茨、哈维·阿隆索/哈维（66'法布雷加斯）/费尔南多·托雷斯（70'马塔）、大卫·比利亚
洪都拉斯（4231）：巴利亚达雷斯/塞尔希奥·门多萨、奥斯曼·查韦斯、梅诺·菲格罗亚、伊萨吉雷/威尔逊·帕拉西奥斯、阿马多·格瓦拉/图西奥斯（63'拉蒙·努涅斯）、瓦尔特·马丁内斯、罗赫尔·埃斯皮诺萨（46'韦尔科姆）/戴维·苏亚索（84'杰里·帕拉西奥斯）

2010.6.25 智利1比2西班牙
比勒陀利亚/41958人，**主裁判：**马尔科·罗德里格斯（墨西哥）
进球：47'米利亚尔/24'大卫·比利亚、37'伊涅斯塔
智利（4312）：克劳迪奥·布拉沃/伊斯拉、梅德尔、庞塞、贡萨洛·哈拉/阿图罗·比达尔、马尔科·埃斯特拉达、马克·冈萨雷斯（46'米利亚尔）/巴尔迪维亚（46'埃斯特万·帕雷德斯）/亚历克西斯·桑切斯（65'奥雷利亚纳）、博塞茹
西班牙（433）：卡西利亚斯/塞尔希奥·拉莫斯、皮克、普约尔、卡普德维拉/哈维、布斯克茨、哈维·阿隆索（73'哈维·马丁内斯）/伊涅斯塔、费尔南多·托雷斯（55'法布雷加斯）、大卫·比利亚

2010.6.25 瑞士0比0洪都拉斯
布隆方丹/28042人，**主裁判：**巴尔达西（阿根廷）
进球：无
瑞士（442）：贝纳利奥/利希施泰纳、冯贝尔根、格里希廷、雷托·齐格勒/巴内塔、胡格尔（78'沙奇里）、因勒、热尔松·费尔南德斯（46'哈坎·雅金）/德迪约克、恩库福（69'亚历山大·弗雷）
洪都拉斯（442）：巴利亚达雷斯/萨维里翁、奥斯曼·查韦斯、贝纳德斯、梅诺·菲格罗亚/埃德加·阿尔瓦雷斯、威尔逊·帕拉西奥斯、亨德里·托马斯、拉蒙·努涅斯（67'瓦尔特·马丁内斯）/杰里·帕拉西奥斯（78'韦尔科姆）、戴维·苏亚索（87'图西奥斯）

1/8决赛

2010.6.26 乌拉圭2比1韩国
伊丽莎白港/30597人，**主裁判：**施塔克（德国）
进球：8'、80'路易斯·苏亚雷斯/68'李青龙
乌拉圭（4312）：穆斯莱拉/马克西·佩雷拉、卢加诺、戈丁（46'维多利诺）、富西莱/阿雷瓦洛、迭戈·佩雷斯、阿尔瓦罗·佩雷拉（74'洛代罗）/福兰/路易斯·苏亚雷斯（84'阿尔瓦罗·费尔南德斯）、卡瓦尼
韩国（4231）：郑成龙/车杜里、赵容亨、李正秀、李容杓/奇诚庸（85'廉基勋）、金正友/金在城（61'李同国）、朴智星、李青龙/朴主永

2010.6.26 美国1比2（加时）加纳
勒斯滕堡/34976人，**主裁判：**考绍伊（匈牙利）
进球：62'（点球）多诺万/5'凯文-普林斯·博阿滕、93'吉安
美国（442）：蒂姆·霍华德/切伦多洛、德梅里特、博卡内格拉、博恩斯坦/登普西、迈克尔·布拉德利、里卡多·克拉克（31'莫里斯·埃杜）、多诺万/阿尔蒂多雷（91'埃库莱斯·戈麦斯）、芬德利（46'费尔哈伦）
加纳（541）：金森/因库姆（113'蒙塔里）、潘特希尔、约翰·门萨、乔纳森·门萨、萨尔佩（73'李·阿迪）/夸杜沃·阿萨莫阿、安东尼·安南、凯文-普林斯·博阿滕（78'阿皮亚）、安德烈·阿尤/吉安

2010.6.27 德国4比1英格兰
布隆方丹/40510人，**主裁判：**拉里翁达（乌拉圭）
进球：20'克洛泽、32'波多尔斯基、67'、70'托马斯·穆勒/37'厄普森
德国（4231）：诺伊尔/拉姆、阿内·弗里德里希、默特萨克、热罗姆·博阿滕/施魏因斯泰格、赫迪拉/托马斯·穆勒（72'特罗霍夫斯基）、厄齐尔（83'基斯林）、波多尔斯基/克洛泽（72'马里奥·戈麦斯）
英格兰（442）：大卫·詹姆斯/格伦·约翰逊（87'赖特-菲利普斯）、厄普森、特里、阿什利·科尔/米尔纳（64'乔·科尔）、兰帕德、巴里、杰拉德/迪福（71'赫斯基）、鲁尼

2010.6.27 阿根廷3比1墨西哥
约翰内斯堡/84377人，**主裁判：**罗塞蒂（意大利）
进球：26'、52'特维斯、33'伊瓜因/71'哈维尔·埃尔南德斯
阿根廷（4312）：罗梅罗/奥塔门迪、德米凯利斯、布尔迪索、海因策/马克西·罗德里格斯（87'帕斯托雷）、马斯切拉诺、迪马里亚（79'霍纳斯·古铁雷斯）/梅西/特维斯（69'贝隆）、伊瓜因
墨西哥（433）：奥斯卡·佩雷斯/奥索里奥、弗朗西斯科·罗德里格斯、拉斐尔·马克斯、萨尔西多/华雷斯、托拉多、瓜尔达多（61'吉列尔莫·佛朗哥）/乔瓦尼·多斯桑托斯、哈维尔·埃尔南德斯、包蒂斯塔（46'巴勃罗·巴雷拉）

2010.6.28 荷兰2比1斯洛伐克
德班/61962人，**主裁判：**马连科（西班牙）
进球：18'罗本、84'斯内德/90+4'（点球）维特克
荷兰（4231）：斯特克伦伯格/范德维尔、海廷加、马泰森、范布隆克霍斯特/范博梅尔、尼赫尔·德容/库伊特、斯内德（90+2'阿费莱）、罗本（71'埃利亚）/范佩西（80'亨特拉尔）
斯洛伐克（4312）：穆哈/佩卡里克、什克特尔、杜里察、扎巴夫尼克（88'雅各布科）/小弗拉迪米尔·魏斯、库茨卡、斯托赫/哈姆西克（87'萨帕拉）/延德里舍克（71'科普内克）、维特克

2010.6.28 巴西3比0智利
约翰内斯堡/54096人，**主裁判：**韦伯（英格兰）
进球：35'胡安、38'路易斯·法比亚诺、59'罗比尼奥
巴西（4312）：儒利奥·塞萨尔/麦孔、卢西奥、胡安、巴斯托斯/达尼·阿尔维斯、吉尔伯托·席尔瓦、拉米雷斯/卡卡（81'克莱伯森）/罗比尼奥（85'吉尔伯托）、路易斯·法比亚诺（76'尼尔马尔）
智利（433）：克劳迪奥·布拉沃/伊斯拉（62'米利亚尔）、孔特雷拉斯（46'罗德里戈·特略）、贡萨洛·哈拉、富恩特斯/阿图罗·比达尔、卡莫纳、马克·冈萨雷斯（46'巴尔迪维亚）/亚历克西斯·桑切斯、温贝托·苏亚索、博塞茹

2010.6.29 巴拉圭0比0（点球5比3）日本
比勒陀利亚/36742人，**主裁判：**德布利克雷（比利时）
进球：无
点球大战：巴拉圭队埃德加·巴雷托√、巴里奥斯√、里韦罗斯√、内尔松·巴尔德斯√、卡多索√，日本队远藤保仁√、长谷部诚√、驹野友一×、本田圭佑√
巴拉圭（433）：比利亚尔/博内特、保罗·达席尔瓦、阿尔卡拉斯、莫雷尔/恩里克·贝拉、奥蒂戈萨（75'埃德加·巴雷托）、里韦罗斯/圣克鲁斯（94'卡多索）、巴里奥斯、埃德加·贝尼特斯（60'内尔松·巴尔德斯）
日本（4141）：川岛永嗣/驹野友一、中泽佑二、田中斗莉王、长友佑都/阿部勇树（81'中村宪刚）/松井大辅（65'冈崎慎司）、长谷部诚、远藤保仁、大久保嘉人（106'玉田圭司）/本田圭佑

2010.6.29 西班牙1比0葡萄牙
开普敦/62955人，**主裁判：**巴尔达西（阿根廷）
进球：63'大卫·比利亚
西班牙（442）：卡西利亚斯/塞尔希奥·拉莫斯、皮克、普约尔、卡普德维拉/哈维、布斯克茨、哈维·阿隆索（90+3'马切纳）、伊涅斯塔/大卫·比利亚（88'佩德罗）、费尔南多·托雷斯（58'费尔南多·略伦特）
葡萄牙（433）：爱德华多/里卡多·科斯塔、里卡多·卡瓦略、布鲁诺·阿尔维斯、科恩特朗/蒂亚戈、佩佩（72'佩德罗·门德斯）、梅雷莱斯/西芒（72'列德松）、C.罗纳尔多、乌戈·阿尔梅达（58'丹尼）

1/4决赛

2010.7.2 荷兰2比1巴西
伊丽莎白港/40186人，**主裁判：**西村雄一（日本）
进球：53'、68'斯内德/10'罗比尼奥
荷兰（4231）：斯特克伦伯格/范德维尔、海廷加、奥耶、范布隆克霍斯特/范博梅尔、尼赫尔·德容/罗本、斯内德、库伊特/范佩西（85'亨特拉尔）
巴西（4312）：儒利奥·塞萨尔/麦孔、卢西奥、胡安、巴斯托斯（62'吉尔伯托）/达尼·阿尔维斯、梅洛、吉尔伯托·席尔瓦/卡卡/罗比尼奥、路易斯·法比亚诺（77'尼尔马尔）

2010.7.2 乌拉圭1比1（点球4比2）加纳
约翰内斯堡/84017人，主裁判：本克伦萨（葡萄牙）

进球:55'福兰/45+2'蒙塔里
点球大战:乌拉圭队福兰√/维多利诺√/斯科蒂√/马克西·佩雷拉×阿布鲁√,加纳队吉安√/阿皮亚√/约翰·门萨×/阿迪亚×
乌拉圭(442):穆斯莱拉/马克西·佩雷拉、卢加诺(38'斯科蒂)、维多利诺、富西莱🟨/阿尔瓦罗·费尔南德斯(46'洛代罗)、迭戈·佩雷斯🟨、阿雷瓦洛🟨、卡瓦尼(76'阿布鲁)/路易斯·苏亚雷斯🟥、福兰
加纳(451):金森/潘特希尔🟨、沃萨、约翰·门萨🟨、萨尔佩🟨/因库姆(74'阿皮亚)、夸杜沃·阿萨莫阿、安东尼·安南、凯文-普林斯·博阿滕、蒙塔里(88'阿迪亚)/吉安

2010.7.3 阿根廷0比4德国
开普敦/64100人,**主裁判:**伊尔马托夫(乌兹别克斯坦)
进球:3'托马斯·穆勒、68'、89'克洛泽、74'阿内·弗里德里希
阿根廷(4312):罗梅罗/奥塔门迪🟨(70'帕斯托雷)、德米凯利斯、布尔迪索、海因策/马克西·罗德里格斯、马斯切拉诺🟨、迪马里亚(75'阿圭罗)/梅西/特维斯、伊瓜因
德国(4231):诺伊尔/拉姆、默特萨克、阿内·弗里德里希、热罗姆·博阿滕/赫迪拉(77'克罗斯)、施魏因斯泰格/托马斯·穆勒🟨(84'特罗霍夫斯基)、厄齐尔、波多尔斯基/克洛泽

2010.7.3 巴拉圭0比1西班牙
约翰内斯堡/55359人,**主裁判:**巴特雷斯(危地马拉)
进球:83'大卫·比利亚
巴拉圭(4132):比利亚尔/达里奥·贝隆、保罗·达席尔瓦、阿尔卡拉斯🟨、莫雷尔🟨/维克托·卡塞雷斯🟨(84'巴里奥斯)/霍纳坦·桑塔纳🟨、埃德加·巴雷托(64'恩里克·贝拉)、里韦罗斯/内尔松·巴尔德斯(72'圣克鲁斯)、卡多索
西班牙(4132):卡西利亚斯/塞尔希奥·拉莫斯、皮克🟨、普约尔(84'马切纳)、卡普德维拉/布斯克茨🟨/伊涅斯塔、哈维、哈维·阿隆索(75'佩德罗)/大卫·比利亚、费尔南多·托雷斯(56'法布雷加斯)

半决赛

2010.7.6 乌拉圭2比3荷兰
开普敦/62479人,**主裁判:**伊尔马托夫(乌兹别克斯坦)
进球:41'福兰、90+2'马克西·佩雷拉/18'范布隆克霍斯特、70'斯内德、73'罗本
乌拉圭(442):穆斯莱拉/马克西·佩雷拉🟨、戈丁、维多利诺、马丁·卡塞雷斯🟨/迭戈·佩雷斯、加加诺、阿雷瓦洛、阿尔瓦罗·佩雷拉(78'阿布鲁)/卡瓦尼、福兰(84'塞瓦斯蒂安·费尔南德斯)
荷兰(4231):斯特克伦伯格/布拉鲁兹🟨、海廷加、马泰森、范布隆克霍斯特/范博梅尔🟨、德泽乌(46'范德法特)/罗本(89'埃利亚)、斯内德🟨、库伊特/范佩西

2010.7.7 德国0比1西班牙
德班/60960人,**主裁判:**考绍伊(匈牙利)
进球:73'普约尔
德国(4231):诺伊尔/拉姆、阿内·弗里德里希、默特萨克、热罗姆·博阿滕(52'扬森)/赫迪拉(81'马里奥·戈麦斯)、施魏因斯泰格/特罗霍夫斯基(62'克罗斯)、厄齐尔、波多尔斯基/克洛泽
西班牙(4231):卡西利亚斯/塞尔希奥·拉莫斯、皮克、普约尔、卡普德维拉/布斯克茨、哈维·阿隆索(90+3'马切纳)/伊涅斯塔、哈维、佩德罗(86'大卫·席尔瓦)/大卫·比利亚(81'费尔南多·托雷斯)

三四名决赛

2010.7.10 乌拉圭2比3德国
伊丽莎白港/36254人,**主裁判:**阿琼迪亚(墨西哥)
进球:28'卡瓦尼、51'福兰/19'托马斯·穆勒、56'扬森、82'赫迪拉
乌拉圭(442):穆斯莱拉/富西莱、卢加诺、戈丁、马丁·卡塞雷斯/马克西·佩雷拉、迭戈·佩雷斯🟨(77'加加诺)、阿雷瓦洛、卡瓦尼(88'阿布鲁)/路易斯·苏亚雷斯、福兰
德国(4231):布特/热罗姆·博阿滕、阿内·弗里德里希🟨、默特萨克、奥戈🟨/赫迪拉、施魏因斯泰格/托马斯·穆勒、厄齐尔(90+1'塔什彻)、扬森(81'克罗斯)/卡考🟨(73'基斯林)

决赛

2010.7.11 荷兰0比1(加时)西班牙
约翰内斯堡/84490人,**主裁判:**韦伯(英格兰)
进球:116'伊涅斯塔
荷兰(4231):斯特克伦伯格/范德维尔🟨、海廷加🟨🟥、马泰森🟨、范布隆克霍斯特🟨(105'布拉夫海德)/范博梅尔🟨、尼赫尔·德容🟨(99'范德法特)/罗本🟨、斯内德、库伊特(71'埃利亚)/范佩西🟨
西班牙(4231):卡西利亚斯/塞尔希奥·拉莫斯🟨、皮克、普约尔🟨、卡普德维拉🟨/布斯克茨、哈维·阿隆索(87'法布雷加斯)/伊涅斯塔🟨、哈维🟨、佩德罗(60'赫苏斯·纳瓦斯)/大卫·比利亚(106'费尔南多·托雷斯)

2014

2014预选赛

东道主巴西直接出线。另203队参加预选赛，争夺31个出线席位。出线名额分配方面，欧洲区13个、南美区5.5个（含东道主巴西）、非洲区5个、亚洲区4.5个、中北美及加勒比海地区3.5个、大洋洲区0.5个，有2个名额通过洲际附加赛决出。

欧洲区

（赛制）共53队参赛，分成9个小组，前8组每组6队，第9组5队。每个小组第1名直接晋级世界杯决赛圈，8个成绩最好的小组第2名通过附加赛争夺最后4个决赛圈名额。比较小组第2名成绩时，不计算与同组最后一名的两回合成绩。

第1组	胜	平	负	得失球	分
比利时	8	2	0	18:4	26
克罗地亚	5	2	3	12:9	17
塞尔维亚	4	2	4	18:11	14
苏格兰	3	2	5	8:12	11
威尔士	3	1	6	9:20	10
马其顿	2	1	7	7:16	7

（比利时出线，克罗地亚附加赛）

2012.9.7	克罗地亚1比0马其顿
2012.9.7	威尔士0比2比利时
2012.9.8	苏格兰0比0塞尔维亚
2012.9.11	塞尔维亚6比1威尔士
2012.9.11	比利时1比1克罗地亚
2012.9.11	苏格兰1比1马其顿
2012.10.12	马其顿1比2克罗地亚
2012.10.12	塞尔维亚0比3比利时
2012.10.12	威尔士2比1苏格兰
2012.10.16	克罗地亚2比0威尔士
2012.10.16	马其顿1比0塞尔维亚
2012.10.16	比利时2比0苏格兰
2013.3.22	克罗地亚2比0塞尔维亚
2013.3.22	马其顿0比2比利时
2013.3.22	苏格兰1比2威尔士
2013.3.26	塞尔维亚2比0苏格兰
2013.3.26	比利时1比0马其顿
2013.3.26	威尔士1比2克罗地亚
2013.6.7	克罗地亚0比1苏格兰
2013.6.7	比利时2比1塞尔维亚
2013.9.6	马其顿2比1威尔士
2013.9.6	塞尔维亚1比1克罗地亚
2013.9.6	苏格兰0比2比利时
2013.9.10	马其顿1比2苏格兰
2013.9.10	威尔士0比3塞尔维亚
2013.10.11	克罗地亚1比2比利时
2013.10.11	威尔士1比0马其顿
2013.10.15	塞尔维亚5比1马其顿
2013.10.15	比利时1比1威尔士
2013.10.15	苏格兰2比0克罗地亚

第2组	胜	平	负	得失球	分
意大利	6	4	0	19:9	22
丹麦	4	4	2	17:12	16
捷克	4	3	3	13:9	15
保加利亚	3	4	3	14:9	13
亚美尼亚	4	1	5	12:13	13
马耳他	1	0	9	5:28	3

（意大利出线）

2012.9.7	马耳他0比1亚美尼亚
2012.9.7	保加利亚2比2意大利
2012.9.8	丹麦0比0捷克
2012.9.11	保加利亚1比0亚美尼亚
2012.9.11	意大利2比0马耳他
2012.10.12	捷克3比1马耳他
2012.10.12	亚美尼亚1比3意大利
2012.10.12	保加利亚1比1丹麦
2012.10.16	捷克0比0保加利亚
2012.10.16	意大利3比1丹麦
2013.3.22	保加利亚6比0马耳他
2013.3.22	捷克0比3丹麦
2013.3.26	亚美尼亚0比3捷克
2013.3.26	丹麦1比1保加利亚
2013.3.26	马耳他0比2意大利
2013.6.7	亚美尼亚0比1马耳他
2013.6.7	捷克0比0意大利
2013.6.11	丹麦0比4亚美尼亚
2013.9.6	捷克1比2亚美尼亚
2013.9.6	马耳他1比2丹麦
2013.9.6	意大利1比0保加利亚
2013.9.10	亚美尼亚0比1丹麦
2013.9.10	马耳他1比2保加利亚
2013.9.10	意大利2比1捷克
2013.10.11	亚美尼亚2比1保加利亚
2013.10.11	马耳他1比4捷克
2013.10.11	丹麦2比2意大利
2013.10.15	保加利亚0比1捷克
2013.10.15	丹麦6比0马耳他
2013.10.15	意大利2比2亚美尼亚

第3组	胜	平	负	得失球	分
德国	9	1	0	36:10	28
瑞典	6	2	2	19:14	20
奥地利	5	2	3	20:10	17
爱尔兰	4	2	4	16:17	14
哈萨克斯坦	1	2	7	6:21	5
法罗群岛	0	1	9	4:29	1

（德国出线，瑞典附加赛）

2012.9.7	哈萨克斯坦1比2爱尔兰
2012.9.7	德国3比0法罗群岛
2012.9.11	瑞典2比0哈萨克斯坦
2012.9.11	奥地利1比2德国
2012.10.12	哈萨克斯坦0比0奥地利
2012.10.12	法罗群岛1比2瑞典
2012.10.12	爱尔兰1比6德国
2012.10.16	法罗群岛1比4爱尔兰
2012.10.16	奥地利4比0哈萨克斯坦
2012.10.16	德国4比4瑞典
2013.3.22	哈萨克斯坦0比3德国
2013.3.22	奥地利6比0法罗群岛
2013.3.22	瑞典0比0爱尔兰
2013.3.26	德国4比1哈萨克斯坦
2013.3.26	爱尔兰2比2奥地利
2013.6.7	奥地利2比1瑞典
2013.6.7	爱尔兰3比0法罗群岛
2013.6.11	瑞典2比0法罗群岛
2013.9.6	哈萨克斯坦2比1法罗群岛
2013.9.6	德国3比0奥地利
2013.9.6	爱尔兰1比2瑞典
2013.9.10	哈萨克斯坦0比1瑞典
2013.9.10	奥地利1比0爱尔兰
2013.9.10	法罗群岛0比3德国
2013.10.11	法罗群岛1比1哈萨克斯坦
2013.10.11	德国3比0爱尔兰
2013.10.11	瑞典2比1奥地利
2013.10.15	瑞典3比5德国
2013.10.15	法罗群岛0比3奥地利
2013.10.15	爱尔兰3比1哈萨克斯坦

第4组	胜	平	负	得失球	分
荷兰	9	1	0	34:5	28
罗马尼亚	6	1	3	19:12	19
匈牙利	5	2	3	21:20	17
土耳其	5	1	4	16:9	16
爱沙尼亚	2	1	7	6:20	7
安道尔	0	0	10	0:30	0

（荷兰出线，罗马尼亚附加赛）

2012.9.7	爱沙尼亚0比2罗马尼亚
2012.9.7	安道尔0比5匈牙利
2012.9.7	荷兰2比0土耳其
2012.9.11	罗马尼亚4比0安道尔
2012.9.11	土耳其3比0爱沙尼亚
2012.9.11	匈牙利1比4荷兰
2012.10.12	土耳其0比1罗马尼亚
2012.10.12	爱沙尼亚0比1匈牙利
2012.10.12	荷兰3比0安道尔
2012.10.16	安道尔0比1爱沙尼亚
2012.10.16	罗马尼亚1比4荷兰
2012.10.16	匈牙利3比1土耳其
2013.3.22	安道尔0比2土耳其
2013.3.22	匈牙利2比2罗马尼亚
2013.3.22	荷兰3比0爱沙尼亚
2013.3.26	爱沙尼亚2比0安道尔
2013.3.26	土耳其1比1匈牙利
2013.3.26	荷兰4比0罗马尼亚
2013.9.6	罗马尼亚3比0匈牙利
2013.9.6	土耳其5比0安道尔
2013.9.6	爱沙尼亚2比2荷兰
2013.9.10	罗马尼亚0比2土耳其
2013.9.10	安道尔0比2荷兰
2013.9.10	匈牙利5比1爱沙尼亚
2013.10.11	安道尔0比4罗马尼亚
2013.10.11	爱沙尼亚0比2土耳其
2013.10.11	荷兰8比1匈牙利
2013.10.15	匈牙利2比0安道尔
2013.10.15	罗马尼亚2比0爱沙尼亚
2013.10.15	土耳其0比2荷兰

第5组	胜	平	负	得失球	分
瑞士	7	3	0	17:6	24
冰岛	5	2	3	17:15	17
斯洛文尼亚	5	0	5	14:11	15
挪威	3	3	4	10:13	12
阿尔巴尼亚	3	2	5	9:11	11
塞浦路斯	1	2	7	4:15	5

（瑞士出线，冰岛附加赛）

2012.9.7	阿尔巴尼亚3比1塞浦路斯
2012.9.7	斯洛文尼亚0比2瑞士
2012.9.7	冰岛2比0挪威
2012.9.11	塞浦路斯1比0冰岛
2012.9.11	挪威2比1斯洛文尼亚
2012.9.11	瑞士2比0阿尔巴尼亚
2012.10.12	阿尔巴尼亚1比2冰岛

2012.10.12 瑞士1比1挪威
2012.10.12 斯洛文尼亚2比1塞浦路斯
2012.10.16 塞浦路斯1比3挪威
2012.10.16 冰岛0比2瑞士
2012.10.16 阿尔巴尼亚1比0斯洛文尼亚
2013.3.22 斯洛文尼亚1比2冰岛
2013.3.22 挪威0比1阿尔巴尼亚
2013.3.23 塞浦路斯0比0瑞士
2013.6.7 阿尔巴尼亚1比1挪威
2013.6.7 冰岛2比4斯洛文尼亚
2013.6.8 瑞士1比0塞浦路斯
2013.9.6 挪威2比0塞浦路斯
2013.9.6 斯洛文尼亚1比0阿尔巴尼亚
2013.9.6 瑞士4比4冰岛
2013.9.10 挪威0比2瑞士
2013.9.10 塞浦路斯0比2斯洛文尼亚
2013.9.10 冰岛2比1阿尔巴尼亚
2013.10.11 阿尔巴尼亚1比2瑞士
2013.10.11 冰岛2比0塞浦路斯
2013.10.11 斯洛文尼亚3比0挪威
2013.10.15 塞浦路斯0比0阿尔巴尼亚
2013.10.15 挪威1比1冰岛
2013.10.15 瑞士1比0斯洛文尼亚

第6组	胜	平	负	得失球	分
俄罗斯	7	1	2	20:5	22
葡萄牙	6	3	1	20:9	21
以色列	3	5	2	19:14	14
阿塞拜疆	1	6	3	7:11	9
北爱尔兰	1	4	5	9:17	7
卢森堡	1	3	6	7:26	6

（俄罗斯出线，葡萄牙附加赛）

2012.9.7 俄罗斯2比0北爱尔兰
2012.9.7 阿塞拜疆1比1以色列
2012.9.7 卢森堡1比2葡萄牙
2012.9.11 以色列0比4俄罗斯
2012.9.11 北爱尔兰1比1卢森堡
2012.9.11 葡萄牙3比0阿塞拜疆
2012.10.12 俄罗斯1比0葡萄牙
2012.10.12 卢森堡0比6以色列
2012.10.16 俄罗斯1比0阿塞拜疆
2012.10.16 以色列3比0卢森堡
2012.10.16 葡萄牙1比1北爱尔兰
2012.11.14 北爱尔兰1比1阿塞拜疆
2013.3.22 以色列3比3葡萄牙
2013.3.22 卢森堡0比0阿塞拜疆
2013.3.26 阿塞拜疆0比2葡萄牙
2013.3.26 北爱尔兰0比2以色列
2013.6.7 阿塞拜疆1比1卢森堡
2013.6.7 葡萄牙1比0俄罗斯
2013.8.14 北爱尔兰1比0俄罗斯
2013.9.6 俄罗斯4比1卢森堡
2013.9.6 北爱尔兰2比4葡萄牙
2013.9.7 以色列1比1阿塞拜疆
2013.9.10 俄罗斯3比1以色列
2013.9.10 卢森堡3比2北爱尔兰
2013.10.11 阿塞拜疆2比0北爱尔兰
2013.10.11 卢森堡0比4俄罗斯
2013.10.11 葡萄牙1比1以色列
2013.10.15 阿塞拜疆1比1俄罗斯
2013.10.15 以色列1比1北爱尔兰
2013.10.15 葡萄牙3比0卢森堡

第7组	胜	平	负	得失球	分
波黑	8	1	1	30:6	25
希腊	8	1	1	12:4	25
斯洛伐克	3	4	3	11:10	13
立陶宛	3	2	5	9:11	11
拉脱维亚	2	2	6	10:20	8
列支敦士登	0	2	8	4:25	2

（波黑出线，希腊附加赛）

2012.9.7 列支敦士登1比8波黑
2012.9.7 立陶宛1比1斯洛伐克
2012.9.7 拉脱维亚1比2希腊
2012.9.11 波黑4比1拉脱维亚
2012.9.11 斯洛伐克2比0列支敦士登
2012.9.11 希腊2比0立陶宛
2012.10.12 列支敦士登0比2立陶宛
2012.10.12 斯洛伐克2比1拉脱维亚
2012.10.12 希腊0比0波黑
2012.10.16 拉脱维亚2比0列支敦士登
2012.10.16 波黑3比0立陶宛
2012.10.16 斯洛伐克0比1希腊
2013.3.22 列支敦士登1比1拉脱维亚
2013.3.22 斯洛伐克1比1立陶宛
2013.3.22 波黑3比1希腊
2013.6.7 拉脱维亚0比5波黑
2013.6.7 列支敦士登1比1斯洛伐克
2013.6.7 立陶宛0比1希腊
2013.9.6 拉脱维亚2比1立陶宛
2013.9.6 波黑0比1斯洛伐克
2013.9.6 列支敦士登0比1希腊
2013.9.10 立陶宛2比0列支敦士登
2013.9.10 斯洛伐克1比2波黑
2013.9.10 希腊1比0拉脱维亚
2013.10.11 立陶宛2比0拉脱维亚
2013.10.11 波黑4比1列支敦士登
2013.10.11 希腊1比0斯洛伐克
2013.10.15 希腊2比0列支敦士登
2013.10.15 立陶宛0比1波黑
2013.10.15 拉脱维亚2比2斯洛伐克

第8组	胜	平	负	得失球	分
英格兰	6	4	0	31:4	22
乌克兰	6	3	1	28:4	21
黑山	4	3	3	18:17	15
波兰	3	4	3	18:12	13
摩尔多瓦	3	2	5	12:17	11
圣马力诺	0	0	10	1:54	0

（英格兰出线，乌克兰附加赛）

2012.9.7 黑山2比2波兰
2012.9.7 摩尔多瓦0比5英格兰
2012.9.11 圣马力诺0比6黑山
2012.9.11 波兰2比0摩尔多瓦
2012.9.11 英格兰1比1乌克兰
2012.10.12 摩尔多瓦0比0乌克兰
2012.10.12 英格兰5比0圣马力诺
2012.10.16 乌克兰0比1黑山
2012.10.16 圣马力诺0比2摩尔多瓦
2012.10.17 波兰1比1英格兰
2012.11.14 黑山3比0圣马力诺
2013.3.22 摩尔多瓦0比1黑山
2013.3.22 波兰1比3乌克兰
2013.3.22 圣马力诺0比8英格兰
2013.3.26 乌克兰2比1摩尔多瓦
2013.3.26 波兰5比0圣马力诺
2013.3.26 黑山1比1英格兰
2013.6.7 摩尔多瓦1比1波兰
2013.6.7 黑山0比4乌克兰
2013.9.6 乌克兰9比0圣马力诺
2013.9.6 波兰1比1黑山
2013.9.6 英格兰4比0摩尔多瓦
2013.9.10 圣马力诺1比5波兰
2013.9.10 乌克兰0比0英格兰
2013.10.11 摩尔多瓦3比0圣马力诺
2013.10.11 乌克兰1比0波兰
2013.10.11 英格兰4比1黑山
2013.10.15 英格兰2比0波兰
2013.10.15 黑山2比5摩尔多瓦
2013.10.15 圣马力诺0比8乌克兰

第9组	胜	平	负	得失球	分
西班牙	6	2	0	14:3	20
法国	5	2	1	15:6	17
芬兰	2	3	3	5:9	9
格鲁吉亚	1	2	5	3:10	5
白俄罗斯	1	1	6	7:16	4

（西班牙出线，法国附加赛）

2012.9.7 格鲁吉亚1比0白俄罗斯
2012.9.7 芬兰0比1法国
2012.9.11 格鲁吉亚0比1西班牙
2012.9.11 法国3比1白俄罗斯
2012.10.12 芬兰1比1格鲁吉亚
2012.10.12 白俄罗斯0比4西班牙
2012.10.16 白俄罗斯2比0格鲁吉亚
2012.10.16 西班牙1比1法国
2013.3.22 西班牙1比1芬兰
2013.3.22 法国3比1格鲁吉亚
2013.3.26 法国0比1西班牙
2013.6.7 芬兰1比0白俄罗斯
2013.6.11 白俄罗斯1比1芬兰
2013.9.6 格鲁吉亚0比0法国
2013.9.6 芬兰0比2西班牙
2013.9.10 格鲁吉亚0比1芬兰
2013.9.10 白俄罗斯2比4法国
2013.10.11 西班牙2比1白俄罗斯
2013.10.15 法国3比0芬兰
2013.10.15 西班牙2比0格鲁吉亚

欧洲区附加赛
（葡萄牙、法国、希腊、克罗地亚出线）

2013.11.15 葡萄牙1比0瑞典
2013.11.19 瑞典2比3葡萄牙
2013.11.15 乌克兰2比0法国
2013.11.19 法国3比0乌克兰
2013.11.15 希腊3比1罗马尼亚
2013.11.19 罗马尼亚1比1希腊
2013.11.15 冰岛0比0克罗地亚
2013.11.19 克罗地亚2比0冰岛

南美区

（赛制）9支球队进行双循环小组赛，前4名直接晋级世界杯决赛圈，第5名与亚洲区第5名进行附加赛。

	胜	平	负	得失球	分
阿根廷	9	5	2	35:15	32
哥伦比亚	9	3	4	27:13	30
智利	9	1	6	29:25	28
厄瓜多尔	7	4	5	20:16	25
乌拉圭	7	4	5	25:25	25
委内瑞拉	5	5	6	14:20	20
秘鲁	4	3	9	17:26	15
玻利维亚	2	6	8	17:30	12
巴拉圭	3	3	10	17:31	12

（阿根廷、哥伦比亚、智利、厄瓜多尔出线，乌拉圭洲际附加赛）

2011.10.7 乌拉圭4比2玻利维亚
2011.10.7 厄瓜多尔2比0委内瑞拉
2011.10.7 阿根廷4比1智利
2011.10.7 秘鲁2比0巴拉圭
2011.10.11 玻利维亚1比2哥伦比亚
2011.10.11 智利4比2秘鲁
2011.10.11 巴拉圭1比1乌拉圭
2011.10.11 委内瑞拉1比0阿根廷
2011.11.11 阿根廷1比1玻利维亚
2011.11.11 乌拉圭4比0智利
2011.11.11 哥伦比亚1比1委内瑞拉
2011.11.11 巴拉圭2比1厄瓜多尔
2011.11.15 哥伦比亚1比2阿根廷
2011.11.15 厄瓜多尔2比0秘鲁
2011.11.15 智利2比0巴拉圭
2011.11.15 委内瑞拉1比0玻利维亚
2012.6.2 乌拉圭1比1委内瑞拉
2012.6.2 玻利维亚0比2智利
2012.6.2 阿根廷4比0厄瓜多尔
2012.6.3 秘鲁0比1哥伦比亚
2012.6.9 玻利维亚3比1巴拉圭
2012.6.9 委内瑞拉0比2智利
2012.6.10 乌拉圭4比2秘鲁
2012.6.10 厄瓜多尔1比0哥伦比亚
2012.9.7 哥伦比亚4比0乌拉圭
2012.9.7 厄瓜多尔1比0玻利维亚
2012.9.7 阿根廷3比1巴拉圭
2012.9.7 秘鲁2比1委内瑞拉
2012.9.11 智利1比3哥伦比亚
2012.9.11 乌拉圭1比1厄瓜多尔
2012.9.11 巴拉圭0比2委内瑞拉

2012.9.11 秘鲁1比1阿根廷
2012.10.12 玻利维亚1比1秘鲁
2012.10.12 哥伦比亚2比0巴拉圭
2012.10.12 厄瓜多尔3比1智利
2012.10.12 阿根廷3比0乌拉圭
2012.10.16 玻利维亚4比1乌拉圭
2012.10.16 委内瑞拉1比1厄瓜多尔
2012.10.16 巴拉圭1比0秘鲁
2012.10.16 智利1比2阿根廷
2013.3.22 哥伦比亚5比0玻利维亚
2013.3.22 乌拉圭1比1巴拉圭
2013.3.22 阿根廷3比0委内瑞拉
2013.3.22 秘鲁1比0智利
2013.3.26 玻利维亚1比1阿根廷
2013.3.26 厄瓜多尔4比1巴拉圭
2013.3.26 智利2比0乌拉圭
2013.3.26 委内瑞拉1比0哥伦比亚
2013.6.7 玻利维亚1比1委内瑞拉
2013.6.7 阿根廷0比0哥伦比亚
2013.6.7 巴拉圭1比2智利
2013.6.7 秘鲁1比0厄瓜多尔
2013.6.11 哥伦比亚2比0秘鲁
2013.6.11 厄瓜多尔1比1阿根廷
2013.6.11 委内瑞拉0比1乌拉圭
2013.6.11 智利3比1玻利维亚
2013.9.6 哥伦比亚1比0厄瓜多尔
2013.9.6 巴拉圭4比0玻利维亚
2013.9.6 智利3比0委内瑞拉
2013.9.6 秘鲁1比2乌拉圭
2013.9.10 玻利维亚1比1厄瓜多尔
2013.9.10 乌拉圭2比0哥伦比亚
2013.9.10 委内瑞拉3比2秘鲁
2013.9.10 巴拉圭2比5阿根廷
2013.10.11 哥伦比亚3比3智利
2013.10.11 厄瓜多尔1比0乌拉圭
2013.10.11 委内瑞拉1比1巴拉圭
2013.10.11 阿根廷3比1秘鲁
2013.10.15 巴拉圭1比2哥伦比亚
2013.10.15 智利2比1厄瓜多尔
2013.10.15 乌拉圭3比2阿根廷
2013.10.15 秘鲁1比1玻利维亚

“南美-亚洲”附加赛
（乌拉圭出线）

2013.11.13 约旦0比5乌拉圭
2013.11.20 乌拉圭0比0约旦

●亚洲区

（赛制）共43队参赛，上届世界杯预选赛亚洲区前5名为第1档，至少跻身第2轮资格赛的另外19支球队以及第1轮资格赛成绩最好的3支球队共22队为第2档，剩余16支球队为第3档。第3档16支球队捉对进行第1轮资格赛，胜出的8支球队连同第2档22支球队一起，共30队捉对进行第2轮资格赛，胜出的15支球队连同第1档5支球队一起，共20队分5组进行第1轮小组赛，每组4队，每组前2名共10支球队分2组进行第2轮小组赛，小组前2名共4支球队直接晋级世界杯决赛圈，2个小组第3名进行附加赛，胜者与南美区第5名进行附加赛。

第1轮资格赛

2011.6.29 马来西亚2比1中华台北
2011.7.3 中华台北3比2马来西亚
2011.6.29 孟加拉3比0巴基斯坦
2011.7.3 巴基斯坦0比0孟加拉
2011.6.29 柬埔寨4比2老挝
2011.7.3 老挝6比2（加时）柬埔寨
2011.6.29 斯里兰卡1比1菲律宾
2011.7.3 菲律宾4比0斯里兰卡
2011.6.29 阿富汗0比2巴勒斯坦
2011.7.3 巴勒斯坦1比1阿富汗
2011.6.29 越南6比0中国澳门
2011.7.3 中国澳门1比7越南
2011.6.29 尼泊尔2比1东帝汶
2011.7.2 东帝汶0比5尼泊尔
2011.6.29 蒙古1比0缅甸
2011.7.3 缅甸2比0蒙古

第2轮资格赛

2011.7.23 泰国1比0巴勒斯坦
2011.7.28 巴勒斯坦2比2泰国
2011.7.23 黎巴嫩4比0孟加拉
2011.7.28 孟加拉2比0黎巴嫩
2011.7.23 中国7比2老挝
2011.7.28 老挝1比6中国
2011.7.23 土库曼斯坦1比1印度尼西亚
2011.7.28 印度尼西亚4比3土库曼斯坦
2011.7.23 科威特3比0菲律宾
2011.7.28 菲律宾1比2科威特
2011.7.23 阿曼3比0缅甸
2011.7.28 缅甸0比2阿曼
2011.7.23 沙特阿拉伯3比0中国香港
2011.7.28 中国香港0比5沙特阿拉伯
2011.7.23 伊朗4比0马尔代夫
2011.7.28 马尔代夫0比1伊朗
2011.7.23 叙利亚0比3塔吉克斯坦
2011.7.28 塔吉克斯坦3比0叙利亚
2011.7.23 卡塔尔3比0越南
2011.7.28 越南2比1卡塔尔
2011.7.23 伊拉克2比0也门
2011.7.28 也门0比0伊拉克
2011.7.23 新加坡5比3马来西亚
2011.7.28 马来西亚1比1新加坡
2011.7.23 乌兹别克斯坦4比0吉尔吉斯斯坦
2011.7.28 吉尔吉斯斯坦0比3乌兹别克斯坦
2011.7.23 阿联酋3比0印度
2011.7.28 印度2比2阿联酋
2011.7.23 约旦9比0尼泊尔
2011.7.28 尼泊尔1比1约旦

第1轮小组赛

第1组	胜	平	负	得失球	分
伊拉克	5	0	1	14:4	15
约旦	4	0	2	11:7	12
中国	3	0	3	10:6	9
新加坡	0	0	6	2:20	0

（伊拉克、约旦晋级）

2011.9.2 中国2比1新加坡
2011.9.2 伊拉克0比2约旦
2011.9.6 新加坡0比2伊拉克
2011.9.6 约旦2比1中国
2011.10.11 新加坡0比3约旦
2011.10.11 中国0比1伊拉克
2011.11.11 伊拉克1比0中国
2011.11.11 约旦2比0新加坡
2011.11.15 新加坡0比4中国
2011.11.15 约旦1比3伊拉克
2012.2.29 中国3比1约旦
2012.2.29 伊拉克7比1新加坡

第2组	胜	平	负	得失球	分
韩国	4	1	1	14:4	13
黎巴嫩	3	1	2	10:14	10
科威特	2	2	2	8:9	8
阿联酋	1	0	5	9:14	3

（韩国、黎巴嫩晋级）

2011.9.2 韩国6比0黎巴嫩
2011.9.2 阿联酋2比3科威特
2011.9.6 黎巴嫩3比1阿联酋
2011.9.6 科威特1比1韩国
2011.10.11 韩国2比1阿联酋
2011.10.11 黎巴嫩2比2科威特
2011.11.11 阿联酋0比2韩国
2011.11.11 科威特0比1黎巴嫩
2011.11.15 黎巴嫩2比1韩国
2011.11.15 科威特2比1阿联酋
2012.2.29 韩国2比0科威特
2012.2.29 阿联酋4比2黎巴嫩

第3组	胜	平	负	得失球	分
乌兹别克斯坦	5	1	0	8:1	16
日本	3	1	2	14:3	10
朝鲜	2	1	3	3:4	7
塔吉克斯坦	0	1	5	1:18	1

（乌兹别克斯坦、日本晋级）

2011.9.2 日本1比0朝鲜
2011.9.2 塔吉克斯坦0比1乌兹别克斯坦
2011.9.6 朝鲜1比0塔吉克斯坦
2011.9.6 乌兹别克斯坦1比1日本
2011.10.11 韩国0比1乌兹别克斯坦
2011.10.11 日本8比0塔吉克斯坦
2011.11.11 塔吉克斯坦0比4日本
2011.11.11 乌兹别克斯坦1比0朝鲜
2011.11.15 朝鲜1比0日本
2011.11.15 乌兹别克斯坦3比0塔吉克斯坦
2012.2.29 塔吉克斯坦1比1朝鲜
2012.2.29 日本0比1乌兹别克斯坦

第4组	胜	平	负	得失球	分
澳大利亚	5	0	1	13:5	15
阿曼	2	2	2	3:6	8
沙特阿拉伯	1	3	2	6:7	6
泰国	1	1	4	4:8	4

（澳大利亚、阿曼晋级）

2011.9.2 澳大利亚2比1泰国
2011.9.2 阿曼0比0沙特阿拉伯
2011.9.6 泰国3比0阿曼
2011.9.6 沙特阿拉伯1比3澳大利亚
2011.10.11 澳大利亚3比0阿曼
2011.10.11 泰国0比0沙特阿拉伯
2011.11.11 阿曼1比0澳大利亚
2011.11.11 沙特阿拉伯3比0泰国
2011.11.15 泰国0比1澳大利亚
2011.11.15 沙特阿拉伯0比0阿曼
2012.2.29 澳大利亚4比2沙特阿拉伯
2012.2.29 阿曼2比0泰国

第5组	胜	平	负	得失球	分
伊朗	3	3	0	17:5	12
卡塔尔	2	4	0	10:5	10
巴林	2	3	1	13:7	9
印度尼西亚	0	0	6	3:26	0

（伊朗、卡塔尔晋级）

2011.9.2 伊朗3比0印度尼西亚
2011.9.2 巴林0比0卡塔尔
2011.9.6 印度尼西亚0比2巴林
2011.9.6 卡塔尔1比1伊朗
2011.10.11 印度尼西亚2比3卡塔尔
2011.10.11 伊朗6比0巴林
2011.11.11 巴林1比1伊朗
2011.11.11 卡塔尔4比0印度尼西亚
2011.11.15 印度尼西亚1比4伊朗
2011.11.15 卡塔尔0比0巴林
2012.2.29 巴林10比0印度尼西亚
2012.2.29 伊朗2比2卡塔尔

第2轮小组赛

第1组	胜	平	负	得失球	分
伊朗	5	1	2	8:2	16
韩国	4	2	2	13:7	14
乌兹别克斯坦	4	2	2	11:6	14
卡塔尔	2	1	5	5:13	7
黎巴嫩	1	2	5	3:12	5

（伊朗、韩国出线，乌兹别克斯坦附加赛）

2012.6.3 乌兹别克斯坦0比1伊朗
2012.6.3 黎巴嫩0比1卡塔尔
2012.6.8 黎巴嫩1比1乌兹别克斯坦
2012.6.8 卡塔尔1比4韩国
2012.6.12 韩国3比0黎巴嫩
2012.6.12 伊朗0比0卡塔尔
2012.9.11 乌兹别克斯坦2比2韩国
2012.9.11 黎巴嫩1比0伊朗
2012.10.16 卡塔尔0比1乌兹别克斯坦
2012.10.16 伊朗1比0韩国
2012.11.14 卡塔尔1比0黎巴嫩
2012.11.14 伊朗0比1乌兹别克斯坦
2013.3.26 韩国2比1卡塔尔

2013.3.26 乌兹别克斯坦1比0黎巴嫩
2013.6.4 卡塔尔0比1伊朗
2013.6.4 黎巴嫩1比1韩国
2013.6.11 韩国1比0乌兹别克斯坦
2013.6.11 伊朗4比0黎巴嫩
2013.6.18 韩国0比1伊朗
2013.6.18 乌兹别克斯坦5比1卡塔尔

第2组	胜	平	负	得失球	分
日本	5	2	1	16:5	17
澳大利亚	3	4	1	12:7	13
约旦	3	1	4	7:16	10
阿曼	2	3	3	7:10	9
伊拉克	1	2	5	4:8	5

（日本、澳大利亚出线，约旦附加赛）
2012.6.3 日本3比0阿曼
2012.6.3 约旦1比1伊拉克
2012.6.8 日本6比0约旦
2012.6.8 阿曼0比0澳大利亚
2012.6.12 澳大利亚1比1日本
2012.6.12 伊拉克1比1阿曼
2012.9.11 日本1比0伊拉克
2012.9.11 约旦2比1澳大利亚
2012.10.16 阿曼2比1约旦
2012.10.16 伊拉克1比2澳大利亚
2012.11.14 阿曼1比2日本
2012.11.14 伊拉克1比0约旦
2013.3.26 澳大利亚2比2阿曼
2013.3.26 约旦2比1日本
2013.6.4 日本1比1澳大利亚
2013.6.4 阿曼1比0伊拉克
2013.6.11 澳大利亚4比0约旦
2013.6.11 伊拉克0比1日本
2013.6.18 澳大利亚1比0伊拉克
2013.6.18 约旦1比0阿曼

亚洲区附加赛
（约旦晋级）
2013.9.6 约旦1比1乌兹别克斯坦
2013.9.10 乌兹别克斯坦1比1（点球8比9）约旦

●非洲区

（赛制）共52队参赛。非洲区FIFA排名最后24位的球队捉对进行资格赛，胜出的12支球队连同其他28支球队一起，共40队分10组进行小组赛，每组4队，10个小组第1名捉对进行淘汰赛，5个胜者晋级世界杯决赛圈。

资格赛
（由于毛里塔尼亚2011年10月31日弃权，利比里亚直接进入小组赛）
2011.11.11 塞舌尔0比3肯尼亚
2011.11.15 肯尼亚4比0塞舌尔
2011.11.11 几内亚比绍1比1多哥
2011.11.15 多哥1比0几内亚比绍
2011.11.11 吉布提0比4纳米比亚
2011.11.15 纳米比亚4比0吉布提
2011.11.11 科摩罗0比1莫桑比克
2011.11.15 莫桑比克4比1科摩罗
2011.11.11 赤道几内亚2比0马达加斯加
2011.11.15 马达加斯加2比1赤道几内亚
2011.11.12 索马里0比0埃塞俄比亚
2011.11.16 埃塞俄比亚5比0索马里
2011.11.11 莱索托1比1布隆迪
2011.11.15 布隆迪2比2莱索托
2011.11.11 厄立特里亚1比1卢旺达
2011.11.15 卢旺达3比1厄立特里亚
2011.11.11 斯威士兰1比3民主刚果
2011.11.15 民主刚果5比1斯威士兰
2011.11.11 圣多美和普林西比0比5刚果共和国
2011.11.15刚果共和国1比1圣多美和普林西比
2011.11.11 乍得1比2坦桑尼亚
2011.11.15 坦桑尼亚0比1乍得

小组赛

第1组	胜	平	负	得失球	分
埃塞俄比亚	4	1	1	8:6	13
南非	3	2	1	12:5	11
博茨瓦纳	2	1	3	8:10	7
中非	1	0	5	5:12	3

（埃塞俄比亚晋级）
2012.6.2 中非2比0博茨瓦纳
2012.6.3 南非1比1埃塞俄比亚
2012.6.9 博茨瓦纳1比1南非
2012.6.10 埃塞'俄比亚2比0中非
2013.3.23 南非2比0中非
2013.3.24 埃塞俄比亚1比0博茨瓦纳
2013.6.8 博茨瓦纳3比0埃塞俄比亚
（埃塞俄比亚因使用违规球员被判负）
2013.6.8 中非0比3南非
2013.6.15 博茨瓦纳3比2中非
2013.6.16 埃塞俄比亚2比1南非
2013.9.7 南非4比1博茨瓦纳
2013.9.7 中非1比2埃塞俄比亚

第2组	胜	平	负	得失球	分
突尼斯	4	2	0	13:6	14
佛得角	3	0	3	9:7	9
塞拉利昂	2	2	2	10:10	8
赤道几内亚	0	2	4	6:15	2

（突尼斯晋级）
2012.6.2 塞拉利昂2比1佛得角
2012.6.2 突尼斯3比1赤道几内亚
2012.6.9 赤道几内亚2比2塞拉利昂
2012.6.9 佛得角1比2突尼斯
2013.3.23 突尼斯2比1塞拉利昂
2013.3.24 赤道几内亚0比3佛得角
（赤道几内亚因使用违规球员被判负）
2013.6.8 塞拉利昂2比2突尼斯
2013.6.8 佛得角3比0赤道几内亚
（赤道几内亚因使用违规球员被判负）
2013.6.15 佛得角1比0塞拉利昂
2013.6.16 赤道几内亚1比1突尼斯
2013.9.7 塞拉利昂3比2赤道几内亚
2013.9.7 突尼斯3比0佛得角
（佛得角因使用违规球员被判负）

第3组	胜	平	负	得失球	分
科特迪瓦	4	2	0	15:5	14
摩洛哥	2	3	1	9:8	9
坦桑尼亚	2	0	4	8:12	6
冈比亚	1	1	4	4:11	4

（科特迪瓦晋级）
2012.6.2 冈比亚1比1摩洛哥
2012.6.2 科特迪瓦2比0坦桑尼亚
2012.6.9 摩洛哥2比2科特迪瓦
2012.6.10 坦桑尼亚2比1冈比亚
2013.3.23 科特迪瓦3比0冈比亚
2013.3.24 坦桑尼亚3比1摩洛哥
2013.6.8 冈比亚0比3科特迪瓦
2013.6.8 摩洛哥2比1坦桑尼亚
2013.6.15 摩洛哥2比0冈比亚
2013.6.16 坦桑尼亚2比4科特迪瓦
2013.9.7 冈比亚2比0坦桑尼亚
2013.9.7 科特迪瓦1比1摩洛哥

第4组	胜	平	负	得失球	分
加纳	5	0	1	18:3	15
赞比亚	3	2	1	11:4	11
莱索托	1	2	3	4:15	5
苏丹	0	2	4	3:14	2

（加纳晋级）
2012.6.1 加纳7比0莱索托
2012.6.2 苏丹0比3赞比亚
（苏丹因使用违规球员被判负）
2012.6.9 赞比亚1比0加纳
2012.6.10 莱索托0比0苏丹
2013.3.24 莱索托1比1赞比亚
2013.3.24 加纳4比0苏丹
2013.6.7 苏丹1比3加纳
2013.6.8 赞比亚4比0莱索托
2013.6.15 赞比亚1比1苏丹
2013.6.16 莱索托0比2加纳
2013.9.6 加纳2比1赞比亚
2013.9.8 苏丹1比3莱索托

第5组	胜	平	负	得失球	分
布基纳法索	4	0	2	7:4	12
刚果共和国	3	2	1	7:3	11
加蓬	2	1	3	5:6	7
尼日尔	1	1	4	6:12	4

（布基纳法索晋级）
2012.6.2 布基纳法索0比3刚果共和国
（布基纳法索因使用违规球员被判负）
2012.6.3 尼日尔3比0加蓬
（加蓬因使用违规球员被判负）
2012.6.9 刚果共和国1比0尼日尔
2012.6.9 加蓬1比0布基纳法索
2013.3.23 刚果共和国1比0加蓬
2013.3.23 布基纳法索4比0尼日尔
2013.6.8 加蓬0比0刚果共和国
2013.6.9 尼日尔0比1布基纳法索
2013.6.15 刚果共和国0比1布基纳法索
2013.6.15 加蓬4比1尼日尔
2013.9.7 布基纳法索1比0加蓬
2013.9.7 尼日尔2比2刚果共和国

第6组	胜	平	负	得失球	分
尼日利亚	3	3	0	7:3	12
马拉维	1	4	1	4:5	7
肯尼亚	1	3	2	4:5	6
纳米比亚	1	2	3	2:4	5

（尼日利亚晋级）
2012.6.2 肯尼亚0比0马拉维
2012.6.3 尼日利亚1比0纳米比亚
2012.6.9 马拉维1比1尼日利亚
2012.6.9 纳米比亚1比0肯尼亚
2013.3.23 尼日利亚1比1肯尼亚
2013.3.23 纳米比亚0比1马拉维
2013.6.5 马拉维0比0纳米比亚
2013.6.5 肯尼亚0比1尼日利亚
2013.6.12 马拉维2比2肯尼亚
2013.6.12 纳米比亚1比1尼日利亚
2013.9.7 尼日利亚2比0马拉维
2013.9.8 肯尼亚1比0纳米比亚

第7组	胜	平	负	得失球	分
埃及	6	0	0	16:7	18
几内亚	3	1	2	12:8	10
莫桑比克	0	3	3	2:10	3
津巴布韦	0	2	4	4:9	2

（埃及晋级）
2012.6.1 埃及2比0莫桑比克
2012.6.3 津巴布韦0比1几内亚
2012.6.10 莫桑比克0比0津巴布韦
2012.6.10 几内亚2比3埃及
2013.3.24 莫桑比克0比0几内亚
2013.3.25 埃及2比1津巴布韦
2013.6.9 津巴布韦2比4埃及
2013.6.9 几内亚6比1莫桑比克
2013.6.16 莫桑比克0比1埃及
2013.6.16 几内亚1比0津巴布韦
2013.9.8 津巴布韦1比1莫桑比克
2013.9.10 埃及4比2几内亚

第8组	胜	平	负	得失球	分
阿尔及利亚	5	0	1	13:4	15
马里	2	2	2	7:7	8
贝宁	2	2	2	8:9	8
卢旺达	0	2	4	3:11	2

（阿尔及利亚晋级）
2012.6.2 阿尔及利亚4比0卢旺达
2012.6.3 贝宁1比0马里
2012.6.10 卢旺达1比1贝宁
2012.6.10 马里2比1阿尔及利亚
2013.3.24 卢旺达1比2马里

2013.3.26 阿尔及利亚3比1贝宁
2013.6.9 贝宁1比3阿尔及利亚
2013.6.9 马里1比1卢旺达
2013.6.16 卢旺达0比1阿尔及利亚
2013.6.16 马里2比2贝宁
2013.9.8 贝宁2比0卢旺达
2013.9.10 阿尔及利亚1比0马里

第9组	胜	平	负	得失球	分
喀麦隆	4	1	1	8:3	13
利比亚	2	3	1	5:3	9
民主刚果	1	3	2	3:3	6
多哥	1	1	4	4:11	4

（喀麦隆晋级）

2012.6.2 喀麦隆1比0民主刚果
2012.6.3 多哥1比1利比亚
2012.6.10 民主刚果2比0多哥
2012.6.10 利比亚2比1喀麦隆
2013.3.23 喀麦隆2比1多哥
2013.3.24 民主刚果0比0利比亚
2013.6.7 利比亚0比0民主刚果
2013.6.9 多哥0比3喀麦隆
（多哥因使用违规球员被判负）
2013.6.14 利比亚2比0多哥
2013.6.16 民主刚果0比0喀麦隆
2013.9.8 喀麦隆1比0利比亚
2013.9.8 多哥2比1民主刚果

第10组	胜	平	负	得失球	分
塞内加尔	3	3	0	9:4	12
乌干达	2	2	2	5:6	8
安哥拉	1	4	1	7:5	7
利比里亚	1	1	4	3:9	4

（塞内加尔晋级）

2012.6.2 塞内加尔3比1利比里亚
2012.6.3 安哥拉1比1乌干达
2012.6.9 乌干达1比1塞内加尔
2012.6.10 利比里亚0比0安哥拉
2013.3.23 塞内加尔1比1安哥拉
2013.3.24 利比里亚2比0乌干达
2013.6.8 乌干达1比0利比里亚
2013.6.8 安哥拉1比1塞内加尔
2013.6.15 乌干达2比1安哥拉
2013.6.16 利比里亚0比2塞内加尔
2013.9.7 安哥拉3比0利比里亚
（利比里亚因使用违规球员被判负）
2013.9.7 塞内加尔1比0乌干达

淘汰赛

（科特迪瓦、尼日利亚、喀麦隆、加纳、阿尔及利亚出线）

2013.10.12 科特迪瓦3比1塞内加尔
2013.11.16 塞内加尔1比1科特迪瓦
2013.10.13 埃塞俄比亚1比2尼日利亚
2013.11.16 尼日利亚2比0埃塞俄比亚
2013.10.13 突尼斯0比0喀麦隆
2013.11.17 喀麦隆4比1突尼斯
2013.10.15 加纳6比1埃及
2013.11.19 埃及2比1加纳
2013.10.12 布基纳法索3比2阿尔及利亚
2013.11.19 阿尔及利亚1比0布基纳法索

●中北美及加勒比海地区

（赛制）共35队参赛。中北美及加勒比海地区FIFA排名最后10位的球队捉对进行资格赛，胜出的5支球队连同FIFA排名第7至25位的19支球队一起，共24队分6组进行第1轮小组赛，每组4队，6个小组第1名连同FIFA排名前6的球队一起，共12队分3组进行第2轮小组赛，每组4队，每组前2名晋级第3轮小组赛，6支球队打主客场双循环，前3名直接晋级世界杯决赛圈，第4名与大洋洲区第1名进行附加赛。

资格赛

2011.6.15 蒙特塞拉特2比5伯利兹
2011.7.17 伯利兹3比1蒙特塞拉特
2011.7.8 安圭拉0比2多米尼加
2011.7.10 多米尼加4比0安圭拉
2011.7.3 美属维京群岛2比0英属维京群岛
2011.7.10 英属维京群岛1比2美属维京群岛
2011.7.8 阿鲁巴4比2圣卢西亚
2011.7.12 圣卢西亚4比2（点球5比4）阿鲁巴
2011.7.2 特克斯和凯科斯群岛0比4巴哈马
2011.7.9 巴哈马6比0特克斯和凯科斯群岛

第1轮小组赛

第1组	胜	平	负	得失球	分
萨尔瓦多	6	0	0	20:5	18
多米尼加	2	2	2	12:8	8
苏里南	2	1	3	5:11	7
开曼群岛	0	1	5	2:15	1

（萨尔瓦多晋级）

2011.9.2 苏里南1比0开曼群岛
2011.9.2 萨尔瓦多3比2多米尼加
2011.9.6 多米尼加1比1苏里南
2011.9.6 开曼群岛1比4萨尔瓦多
2011.10.7 多米尼加1比2萨尔瓦多
2011.10.7 开曼群岛0比1苏里南
2011.10.11 苏里南1比3多米尼加
2011.10.11 萨尔瓦多4比0开曼群岛
2011.11.11 多米尼加4比0开曼群岛
2011.11.11 苏里南1比3萨尔瓦多
2011.11.14 开曼群岛1比1多米尼加
2011.11.15 萨尔瓦多4比0苏里南

第2组	胜	平	负	得失球	分
圭亚那	4	1	1	9:6	13
特立尼达和多巴哥	4	0	2	12:4	12
百慕大群岛	3	1	2	8:7	10
巴巴多斯	0	0	6	2:14	0

（圭亚那晋级）

2011.9.2特立尼达和多巴哥1比0百慕大群岛
2011.9.2 圭亚那2比0巴巴多斯
2011.9.6 巴巴多斯0比2特立尼达和多巴哥
2011.9.6 圭亚那2比1百慕大群岛
2011.10.7 巴巴多斯0比2圭亚那
2011.10.7 百慕大群岛2比1特立尼达和多巴哥
2011.10.11 特立尼达和多巴哥4比0巴巴多斯
2011.10.11 百慕大群岛1比1圭亚那
2011.11.11 百慕大群岛2比1巴巴多斯
2011.11.11 圭亚那2比1特立尼达和多巴哥
2011.11.14 巴巴多斯1比2百慕大群岛
2011.11.15 特立尼达和多巴哥3比0圭亚那

第3组	胜	平	负	得失球	分
巴拿马	4	0	0	15:2	12
尼加拉瓜	2	0	2	5:7	6
多米尼克	0	0	4	0:11	0

（巴拿马晋级，巴哈马2011年8月19日弃权）

2011.9.2 多米尼克0比2尼加拉瓜
2011.9.6 尼加拉瓜1比2巴拿马
2011.10.7 多米尼加0比5巴拿马
2011.10.11 巴拿马5比1尼加拉瓜
2011.11.11 尼加拉瓜1比0多米尼加
2011.11.15 巴拿马3比0多米尼加

第4组	胜	平	负	得失球	分
加拿大	4	2	0	18:1	14
波多黎各	2	3	1	8:4	9
圣基茨和尼维斯	1	4	1	6:8	7
圣卢西亚	0	1	5	4:23	1

（加拿大晋级）

2011.9.2 加拿大4比1圣卢西亚
2011.9.2 圣基茨和尼维斯0比0波多黎各
2011.9.6 圣卢西亚2比4圣基茨和尼维斯
2011.9.6 波多黎各0比3加拿大
2011.10.7 圣卢西亚0比7加拿大
2011.10.7 波多黎各1比1圣基茨和尼维斯
2011.10.11 加拿大0比0波多黎各
2011.10.11 圣基茨和尼维斯1比1圣卢西亚
2011.11.11 圣基茨和尼维斯0比0加拿大
2011.11.11 圣卢西亚0比4波多黎各
2011.11.14 波多黎各3比0圣卢西亚
2011.11.15 加拿大4比0圣基茨和尼维斯

第5组	胜	平	负	得失球	分
危地马拉	6	0	0	19:3	18
伯利兹	2	1	3	9:10	7
圣文森特和格林纳丁斯	1	2	3	4:12	5
格林纳达	1	1	4	7:14	4

（危地马拉晋级）

2011.9.2 格林纳达0比3伯利兹
2011.9.2危地马拉4比0圣文森特和格林纳丁斯
2011.9.6 伯利兹1比2危地马拉
2011.9.18圣文森特和格林纳丁斯2比1格林纳达
2011.10.7 圣文森特和格林纳丁斯0比3危地马拉
2011.10.7 伯利兹1比4格林纳达
2011.10.11 危地马拉3比1伯利兹
2011.10.15格林纳达1比1圣文森特和格林纳丁斯
2011.11.11 伯利兹1比1圣文森特和格林纳丁斯
2011.11.11 危地马拉3比0格林纳达
2011.11.15 格林纳达1比4危地马拉
2011.11.15 圣文森特和格林纳丁斯0比2伯利兹

第6组	胜	平	负	得失球	分
安提瓜和巴布达	5	0	1	28:5	15
海地	4	1	1	21:6	13
库拉索	2	1	3	15:15	7
美属维京群岛	0	0	6	2:40	0

（安提瓜和巴布达晋级）

2011.9.2 海地6比0美属维京群岛
2011.9.2 安提瓜和巴布达5比2库拉索
2011.9.6美属维京群岛1比8安提瓜和巴布达
2011.9.6 库拉索2比4海地
2011.10.7 美属维京群岛0比7海地
2011.10.7 库拉索0比3安提瓜和巴布达
2011.10.11 海地2比2库拉索
2011.10.11 安提瓜和巴布达10比0美属维京群岛
2011.11.11 美属维京群岛0比3库拉索
2011.11.11 安提瓜和巴布达1比0海地
2011.11.15 海地2比1安提瓜和巴布达
2011.11.15 库拉索6比1美属维京群岛

第2轮小组赛

第1组	胜	平	负	得失球	分
美国	4	1	1	11:6	13
牙买加	3	1	2	9:6	10
危地马拉	3	1	2	9:8	10
安提瓜和巴布达	0	1	5	4:13	1

（美国、牙买加晋级）

2012.6.8 美国3比1安提瓜和巴布达
2012.6.8 牙买加2比1危地马拉
2012.6.12 安提瓜和巴布达0比0牙买加
2012.6.12 危地马拉1比1美国
2012.9.7 牙买加2比1美国
2012.9.7 危地马拉3比1安提瓜和巴布达
2012.9.11 安提瓜和巴布达0比1危地马拉
2012.9.11 美国1比0牙买加
2012.10.12 安提瓜和巴布达1比2美国
2012.10.12 危地马拉2比1牙买加
2012.10.16 牙买加4比1安提瓜和巴布达
2012.10.16 美国3比1危地马拉

第2组	胜	平	负	得失球	分
墨西哥	6	0	0	15:2	18
哥斯达黎加	3	1	2	14:5	10
萨尔瓦多	1	2	3	8:11	5
圭亚那	0	1	5	5:24	1

（墨西哥、哥斯达黎加晋级）

2012.6.8 墨西哥3比1圭亚那
2012.6.8 哥斯达黎加2比2萨尔瓦多
2012.6.12 圭亚那0比4哥斯达黎加
2012.6.12 萨尔瓦多1比2墨西哥
2012.9.7 萨尔瓦多2比0圭亚那
2012.9.7 哥斯达黎加0比2墨西哥
2012.9.11 圭亚那2比3萨尔瓦多

2012.9.11 墨西哥1比0哥斯达黎加
2012.10.12 圭亚那0比5墨西哥
2012.10.12 萨尔瓦多0比1哥斯达黎加
2012.10.16 哥斯达黎加7比0圭亚那
2012.10.16 墨西哥2比0萨尔瓦多

第3组	胜	平	负	得失球	分
洪都拉斯	3	2	1	12:3	11
巴拿马	3	2	1	6:2	11
加拿大	3	1	2	6:10	10
古巴	0	1	5	1:10	1

（洪都拉斯、巴拿马晋级）
2012.6.8 古巴0比1加拿大
2012.6.8 洪都拉斯0比2巴拿马
2012.6.12 加拿大0比0洪都拉斯
2012.6.12 巴拿马1比0古巴
2012.9.7 古巴0比3洪都拉斯
2012.9.7 加拿大1比0巴拿马
2012.9.11 巴拿马2比0加拿大
2012.9.11 洪都拉斯1比0古巴
2012.10.12 加拿大3比0古巴
2012.10.12 巴拿马0比0洪都拉斯
2012.10.16 古巴1比1巴拿马
2012.10.16 洪都拉斯8比1加拿大

第3轮小组赛

	胜	平	负	得失球	分
美国	7	1	2	15:8	22
哥斯达黎加	5	3	2	13:7	18
洪都拉斯	4	3	3	13:12	15
墨西哥	2	5	3	7:9	11
巴拿马	1	5	4	10:14	8
牙买加	0	5	5	5:13	5

（美国、哥斯达黎加、洪都拉斯出线，墨西哥洲际附加赛）
2013.2.6 洪都拉斯2比1美国
2013.2.6 巴拿马2比2哥斯达黎加
2013.2.6 墨西哥0比0牙买加
2013.3.22 洪都拉斯2比2墨西哥
2013.3.22 牙买加1比1巴拿马
2013.3.22 美国1比0哥斯达黎加
2013.3.26 哥斯达黎加2比0牙买加
2013.3.26 巴拿马2比0洪都拉斯
2013.3.26 墨西哥0比0美国
2013.6.4 牙买加0比1墨西哥
2013.6.7 牙买加1比2美国
2013.6.7 巴拿马0比0墨西哥
2013.6.7 哥斯达黎加1比0洪都拉斯
2013.6.11 墨西哥0比0哥斯达黎加
2013.6.11 洪都拉斯2比0牙买加
2013.6.11 美国2比0巴拿马
2013.6.18 美国1比0洪都拉斯
2013.6.18 哥斯达黎加2比0巴拿马
2013.9.6 墨西哥1比2洪都拉斯
2013.9.6 哥斯达黎加3比1美国
2013.9.6 巴拿马0比0牙买加
2013.9.10 牙买加1比1哥斯达黎加
2013.9.10 美国2比0墨西哥
2013.9.10 洪都拉斯2比2巴拿马
2013.10.11 洪都拉斯1比0哥斯达黎加
2013.10.11 美国2比0牙买加
2013.10.11 墨西哥2比1巴拿马
2013.10.15 哥斯达黎加2比1墨西哥
2013.10.15 牙买加2比2洪都拉斯
2013.10.15 巴拿马2比3美国
“中北美及加勒比海地区-大洋洲”附加赛（墨西哥出线）
2013.11.13 墨西哥5比1新西兰
2013.11.20 新西兰2比4墨西哥

●大洋洲区

（赛制）共11队参赛，前2轮小组赛暨大洋洲杯。第1轮小组赛在萨摩亚举行，4支球队进行单循环，第1名晋级。第2轮小组赛在所罗门群岛举行，第1轮晋级的1支球队与剩余7支球队共8队分2组进行单循环，每组前2名晋级。第3轮小组赛由4支球队进行主客场双循环，第1名与中北美及加勒比海地区第4名进行附加赛。

第1轮小组赛

	胜	平	负	得失球	分
萨摩亚	2	1	0	5:3	7
汤加	1	1	1	4:4	4
美属萨摩亚	1	1	1	3:3	4
库克群岛	0	1	2	4:6	1

（萨摩亚晋级）
2011.11.22 美属萨摩亚2比1汤加
2011.11.22 库克群岛2比3萨摩亚
2011.11.24 美属萨摩亚1比1库克群岛
2011.11.24 萨摩亚1比1汤加
2011.11.26 汤加2比1库克群岛
2011.11.26 萨摩亚1比0美属萨摩亚

第2轮小组赛

第1组	胜	平	负	得失球	分
塔希提	3	0	0	18:5	9
新喀里多尼亚	2	0	1	17:6	6
瓦努阿图	1	0	2	8:9	3
萨摩亚	0	0	3	1:24	0

（塔希提、新喀里多尼亚晋级）
2012.6.1 萨摩亚1比10塔希提
2012.6.1 瓦努阿图2比5新喀里多尼亚
2012.6.3 瓦努阿图5比0萨摩亚
2012.6.3 塔希提4比3新喀里多尼亚
2012.6.5 新喀里多尼亚9比0萨摩亚
2012.6.5 塔希提4比1瓦努阿图

第2组	胜	平	负	得失球	分
新西兰	2	1	0	4:2	7
所罗门群岛	1	2	0	2:1	5
斐济	0	2	1	1:2	2
巴布亚新几内亚	0	1	2	2:4	1

（新西兰、所罗门群岛晋级）
2012.6.2 斐济0比1新西兰
2012.6.2 所罗门群岛1比0巴布亚新几内亚
2012.6.4 巴布亚新几内亚1比2新西兰
2012.6.4 斐济0比0所罗门群岛
2012.6.6 巴布亚新几内亚1比1斐济
2012.6.6 新西兰1比1所罗门群岛

第3轮小组赛

	胜	平	负	得失球	分
新西兰	6	0	0	17:2	18
新喀里多尼亚	4	0	2	17:6	12
塔希提	1	0	5	2:12	3
所罗门群岛	1	0	5	5:21	3

（新西兰洲际附加赛）
2012.9.7 所罗门群岛2比0塔希提
2012.9.7 新喀里多尼亚0比2新西兰
2012.9.11 新西兰6比1所罗门群岛
2012.9.11 塔希提0比4新喀里多尼亚
2012.10.12 所罗门群岛2比6新喀里多尼亚
2012.10.12 塔希提0比2新西兰
2012.10.16 新西兰3比0塔希提
2012.10.16 新喀里多尼亚5比0所罗门群岛
2013.3.22 新西兰2比1新喀里多尼亚
2013.3.22 塔希提2比0所罗门群岛
2013.3.26 所罗门群岛0比2新西兰
2013.3.26 新喀里多尼亚1比0塔希提

决赛阶段

32队分成8个小组进行单循环赛，每组前两名晋级16强。16强捉对交手直至产生冠军，半决赛两支输球队争夺季军。

小组赛

A组	胜	平	负	得失球	分
巴西	2	1	0	7:2	7
墨西哥	2	1	0	4:1	7
克罗地亚	1	0	2	6:6	3
喀麦隆	0	0	3	1:9	0

（巴西、墨西哥晋级）
2014.6.12 巴西3比1克罗地亚
圣保罗/62103人，**主裁判：**西村雄一（日本）
进球：29'、71'（点球）内马尔、90+1'奥斯卡/11'（乌龙）马塞洛
巴西（4231）：儒利奥·塞萨尔/达尼·阿尔维斯、蒂亚戈·席尔瓦、大卫·路易斯、马塞洛/保利尼奥（63'埃尔纳内斯）、路易斯·古斯塔沃/告克（68'贝尔纳德）、奥斯卡、内马尔（88'拉米雷斯）/弗雷德
克罗地亚（4231）：普莱蒂科萨/斯尔纳、乔尔卢卡、洛夫伦、弗尔萨利科/莫德里奇、拉基蒂奇/佩里希奇、科瓦契奇（61'布罗佐维奇）、奥利奇/耶拉维奇（78'雷比奇）
2014.6.13 墨西哥1比0喀麦隆
纳塔尔/39216人，**主裁判：**罗尔丹（哥伦比亚）
进球：61'佩拉尔塔
墨西哥（532）：奥乔亚/保罗·阿吉拉尔、弗朗西斯科·罗德里格斯、拉斐尔·马克斯、埃克托·莫雷诺、米格尔·拉云/埃克托·埃雷拉（90-1'萨尔西多）、何塞·巴斯克斯、瓜尔达多（69'马尔科·法维安）/乔瓦尼·多斯桑托斯、佩拉尔塔（74'哈维尔·埃尔南德斯）
喀麦隆（433）：伊唐杰/杰乌圭（46'农克乌）、恩库卢、谢朱、阿苏-埃克托/姆比亚、亚历山大·宋（79'韦博）、埃诺/穆康乔、埃托奥、舒波-莫廷
2014.6.17 巴西0比0墨西哥
福塔莱萨/60342人，**主裁判：**恰克尔（土耳其）
进球：无
巴西（4231）：儒利奥·塞萨尔/达尼·阿尔维斯、蒂亚戈·席尔瓦、大卫·路易斯、马塞洛/保利尼奥、路易斯·古斯塔沃/拉米雷斯（46'贝尔纳德）、奥斯卡（84'威廉）、内马尔/弗雷德（68'若）
墨西哥（532）：奥乔亚/保罗·阿吉拉尔、弗朗西斯科·罗德里格斯、拉斐尔·马克斯、埃克托·莫雷诺、米格尔·拉云/埃克托·埃雷拉（76'马尔科·法维安）、何塞·巴斯克斯、瓜尔达多/乔瓦尼·多斯桑托斯（84'劳尔·希门尼斯）、佩拉尔塔（74'哈维尔·埃尔南德斯）
2014.6.18 喀麦隆0比4克罗地亚
马瑙斯/39982人，**主裁判：**普罗恩萨（葡萄牙）
进球：11'奥利奇、48'佩里希奇、61'、73'曼朱基奇
喀麦隆（433）：伊唐杰/姆比亚、谢朱（46'农克乌）、恩库卢、阿苏-埃克托/亚历山大·宋、若埃尔·马蒂普、埃诺/舒波-莫廷（75'萨利）、阿布巴卡尔（70'韦博）、穆康乔
克罗地亚（4231）：普莱蒂科萨/斯尔纳、乔尔卢卡、洛夫伦、普拉尼奇/莫德里奇、拉基蒂奇/佩里希奇（78'雷比奇）、萨米尔（72'科瓦契奇）、奥利奇（69'爱德华多）/曼朱基奇
2014.6.23 喀麦隆1比4巴西
巴西利亚/69112人，**主裁判：**约纳斯·埃里克松（瑞典）
进球：26'若埃尔·马蒂普/17'、35'内马尔、49'弗雷德、84'费尔南迪尼奥
喀麦隆（433）：伊唐杰/尼翁、恩库卢、若埃尔·马蒂普、贝迪莫/姆比亚、恩盖莫、埃诺/舒波-莫廷（81'马昆）、阿布巴卡尔（72'韦博）、穆康乔（58'萨利）
巴西（433）：儒利奥·塞萨尔/达尼·阿尔维

斯、蒂亚戈·席尔瓦、大卫·路易斯、马塞洛/保利尼奥（46'费尔南迪尼奥）、路易斯·古斯塔沃、奥斯卡/浩克（63'拉米雷斯）、弗雷德、内马尔（71'威廉）

2014.6.23 克罗地亚1比3墨西哥
累西腓/41212人，**主裁判：**伊尔马托夫（乌兹别克斯坦）
进球：87'佩里希奇/72'拉斐尔·马克斯、75'瓜尔达多、82'哈维尔·埃尔南德斯
克罗地亚（4231）：普莱蒂科萨/斯尔纳、乔尔卢卡、洛夫伦、弗尔萨利科（58'科瓦契奇）/拉基蒂奇、普拉尼奇（74'耶拉维奇）/佩里希奇、莫德里奇、奥利奇（69'雷比奇）/曼朱基奇
墨西哥（532）：奥乔亚/保罗·阿吉拉尔、弗朗西斯科·罗德里格斯、拉斐尔·马克斯、埃克托·莫雷诺、米格尔·拉云/埃克托·埃雷拉、何塞·巴斯克斯、瓜尔达多（84'马尔科·法维安）/乔瓦尼·多斯桑托斯（62'哈维尔·埃尔南德斯）、佩拉尔塔（79'卡洛斯·佩尼亚）

B组	胜	平	负	得失球	分
荷兰	3	0	0	10:3	9
智利	2	0	1	5:3	6
西班牙	1	0	2	4:7	3
澳大利亚	0	0	3	3:9	0

（荷兰、智利晋级）

2014.6.13 西班牙1比5荷兰
萨尔瓦多/48173人，**主裁判：**里佐利（意大利）
进球：27'（点球）哈维·阿隆索/44'、72'范佩西、53'、80'罗本、64'德弗赖
西班牙（433）：卡西利亚斯/阿斯皮利奎塔、皮克、塞尔希奥·拉莫斯、阿尔瓦/哈维、布斯克茨、哈维·阿隆索（62'佩德罗）/大卫·席尔瓦（78'法布雷加斯）、迭戈·科斯塔（62'费尔南多·托雷斯）、伊涅斯塔
荷兰（3412）：西莱森/弗拉尔、德弗赖（77'费尔特曼）、因迪/扬马特、德古兹曼（62'韦纳尔杜姆）、尼赫尔·德容、达莱·布林德/斯内德/范佩西（79'伦斯）、罗本

2014.6.13 智利3比1澳大利亚
库亚巴/40275人，**主裁判：**杜埃（科特迪瓦）
进球：12'亚历克西斯·桑切斯、14'巴尔迪维亚、90+2'博塞茹/35'蒂姆·卡希尔
智利（433）：克劳迪奥·布拉沃/伊斯拉、梅德尔、贡萨洛·哈拉、欧亨尼奥·梅纳/阿朗吉斯、马塞洛·迪亚斯、阿图罗·比达尔（60'费利佩·古铁雷斯）/亚历克西斯·桑切斯、巴尔迪维亚（68'博塞茹）、爱德华多·巴尔加斯（88'皮尼利亚）
澳大利亚（4231）：马修·瑞安/弗兰伊奇（49'麦克格文）、亚历克斯·威尔金森、斯皮拉诺维奇、贾森·戴维森/耶迪纳克、米利根/马修·莱基、布雷西亚诺（78'特罗伊西）、奥尔（68'哈洛伦）/蒂姆·卡希尔

2014.6.18 澳大利亚2比3荷兰
阿雷格里港/42877人，**主裁判：**海穆迪（阿尔及利亚）
进球：21'蒂姆·卡希尔、54'（点球）耶迪纳克/20'罗本、58'范佩西、68'孟菲斯
澳大利亚（4231）：马修·瑞安/麦克格文、亚历克斯·威尔金森、斯皮拉诺维奇、贾森·戴维森/耶迪纳克、马特·麦凯/马修·莱基、布雷西亚诺（51'博扎尼奇）、奥尔（77'塔加特）/蒂姆·卡希尔（69'哈洛伦）
荷兰（3412）：西莱森/弗拉尔、德弗赖、因迪（45+3'孟菲斯）/扬马特、德古兹曼（78'韦纳尔杜姆）、尼赫尔·德容、达莱·布林德/斯内德/范佩西（87'伦斯）、罗本

2014.6.18 西班牙0比2智利
里约热内卢/74101人，**主裁判：**盖格（美国）
进球：20'爱德华多·巴尔加斯、43'阿朗吉斯
西班牙（4231）：卡西利亚斯/阿斯皮利奎塔、哈维·马丁内斯、塞尔希奥·拉莫斯、阿尔瓦/布斯克茨、哈维·阿隆索（46'科克）/大卫·席尔瓦、伊涅斯塔、佩德罗（76'卡索拉）/迭戈·科斯塔（64'费尔南多·托雷斯）
智利（3412）：克劳迪奥·布拉沃/梅德尔、弗朗西斯科·席尔瓦、贡萨洛·哈拉/伊斯拉、阿朗吉斯（64'费利佩·古铁雷斯）、马塞洛·迪亚斯、欧亨尼奥·梅纳/阿图罗·比达尔（88'卡莫纳）/爱德华多·巴尔加斯（85'巴尔迪维亚）、亚历克西斯·桑切斯

2014.6.23 澳大利亚0比3西班牙
库里蒂巴/39375人，**主裁判：**舒凯拉拉（巴林）
进球：36'大卫·比利亚、69'费尔南多·托雷斯、82'马塔
澳大利亚（433）：马修·瑞安/麦克格文、斯皮拉诺维奇、亚历克斯·威尔金森、贾森·戴维森/马特·麦凯、耶迪纳克、博扎尼奇（72'布雷西亚诺）/马修·莱基、塔加特（46'哈洛伦）、奥尔（61'特罗伊西）
西班牙（4231）：佩佩·雷纳/胡安弗兰、阿尔比奥尔、塞尔希奥·拉莫斯、阿尔瓦/哈维·阿隆索（83'大卫·席尔瓦）、科克/卡索拉（68'法布雷加斯）、伊涅斯塔、大卫·比利亚（56'马塔）/费尔南多·托雷斯

2014.6.23 荷兰2比0智利
圣保罗/62996人，**主裁判：**加萨马（冈比亚）
进球：77'费尔、90+2'孟菲斯
荷兰（4312）：西莱森/扬马特、弗拉尔、德弗赖、达莱·布林德/韦纳尔杜姆、尼赫尔·德容、库伊特（89'孔戈洛）/斯内德（75'费尔）/罗本、伦斯（69'孟菲斯）
智利（3412）：克劳迪奥·布拉沃/梅德尔、弗朗西斯科·席尔瓦（70'巴尔迪维亚）、贡萨洛·哈拉/伊斯拉、阿朗吉斯、马塞洛·迪亚斯、欧亨尼奥·梅纳/费利佩·古铁雷斯（46'博塞茹）/亚历克西斯·桑切斯、爱德华多·巴尔加斯（81'皮尼利亚）

C组	胜	平	负	得失球	分
哥伦比亚	3	0	0	9:2	9
希腊	1	1	1	2:4	4
科特迪瓦	1	0	2	4:5	3
日本	0	1	2	2:6	1

（哥伦比亚、希腊晋级）

2014.6.14 哥伦比亚3比0希腊
贝洛奥里藏特/57174人，**主裁判：**盖格（美国）
进球：5'阿梅罗、58'特奥菲洛·古铁雷斯、90+3'哈梅斯·罗德里格斯
哥伦比亚（4231）：奥斯皮纳/苏尼加、克里斯蒂安·萨帕塔、耶佩斯、阿梅罗（74'阿里亚斯）/卡洛斯·桑切斯、阿韦尔·阿吉拉尔（69'梅希亚）/夸德拉多、哈梅斯·罗德里格斯、伊瓦尔沃/特奥菲洛·古铁雷斯（76'杰克逊·马丁内斯）
希腊（442）：卡内齐斯/托罗西迪斯、马诺拉斯、帕帕斯塔索普洛斯、霍莱瓦斯/萨尔平吉迪斯（57'费特法齐迪斯）、马尼亚蒂斯、卡楚拉尼斯、帕纳约蒂斯·科内（78'卡拉古尼斯）/萨马拉斯、耶卡斯（64'米特罗格卢）

2014.6.14 科特迪瓦2比1日本
累西腓/40267人，**主裁判：**奥塞斯（智利）
进球：64'博尼、66'热尔维尼奥/16'本田圭佑
科特迪瓦（433）：布巴卡尔·巴里/奥里埃、佐科拉、班巴、博卡（75'贾克帕）/蒂奥特、亚亚·图雷、迪耶（62'德罗巴）/萨洛蒙·卡卢、博尼（78'亚·科南）、热尔维尼奥
日本（4231）：川岛永嗣/内田笃人、吉田麻也、森重真人、长友佑都/山口萤、长谷部诚（54'远藤保仁）/冈崎慎司、本田圭佑、香川真司（86'柿谷曜一朗）/大迫勇也（67'大久保嘉人）

2014.6.19 哥伦比亚2比1科特迪瓦
巴西利亚/68748人，**主裁判：**韦伯（英格兰）
进球：64'哈梅斯·罗德里格斯、70'金特罗/73'热尔维尼奥
哥伦比亚（4231）：奥斯皮纳/苏尼加、克里斯蒂安·萨帕塔、耶佩斯、阿梅罗（72'阿里亚斯）/阿韦尔·阿吉拉尔（79'梅希亚）、卡洛斯·桑切斯/夸德拉多、哈梅斯·罗德里格斯、伊瓦尔沃（53'金特罗）/特奥菲洛·古铁雷斯
科特迪瓦（4231）：布巴卡尔·巴里/奥里埃、佐科拉、班巴、博卡/迪耶（73'博利）、蒂奥特/热尔维尼奥、亚亚·图雷、格拉德尔（67'萨洛蒙·卡卢）/博尼（60'德罗巴）

2014.6.19 日本0比0希腊
纳塔尔/39485人，**主裁判：**霍埃尔·阿吉拉尔（萨尔瓦多）
进球：无
日本（4231）：川岛永嗣/内田笃人、吉田麻也、今野泰幸、长友佑都/山口萤、长谷部诚（46'远藤保仁）/冈崎慎司、本田圭佑、大久保嘉人/大迫勇也（57'香川真司）
希腊（433）：卡内齐斯/托罗西迪斯、马诺拉斯、帕帕斯塔索普洛斯、霍莱瓦斯/马尼亚蒂斯、卡楚拉尼斯、帕纳约蒂斯·科内（81'萨尔平吉迪斯）/费特法齐迪斯（41'卡拉古尼斯）、萨马拉斯、米特罗格卢（35'耶卡斯）

2014.6.24 日本1比4哥伦比亚
库亚巴/40340人，**主裁判：**普罗恩萨（葡萄牙）
进球：45+1'冈崎慎司/17'（点球）夸德拉多、55'、82'杰克逊·马丁内斯、90'哈梅斯·罗德里格斯
日本（4231）：川岛永嗣/内田笃人、吉田麻也、今野泰幸、长友佑都/青山敏弘（62'山口萤）、长谷部诚/冈崎慎司（69'柿谷曜一朗）、本田圭佑、香川真司（85'清武弘嗣）/大久保嘉人
哥伦比亚（442）：奥斯皮纳（85'蒙德拉贡）/阿里亚斯、卡洛斯·巴尔德斯、巴兰塔、阿梅罗/夸德拉多（46'哈梅斯·罗德里格斯）、梅希亚、瓜林、金特罗（46'卡沃内罗）/阿德里安·拉莫斯、杰克逊·马丁内斯

2014.6.24 希腊2比1科特迪瓦
福塔莱萨/59095人，**主裁判：**卡洛斯·贝拉（厄瓜多尔）
进球：42'萨马里斯、90+3'（点球）萨马拉斯/74'博尼
希腊（433）：卡内齐斯（24'格利科斯）/托罗西迪斯、马诺拉斯、帕帕斯塔索普洛斯、霍莱瓦斯/马尼亚蒂斯、卡拉古尼斯（78'耶卡斯）、赫里斯托祖洛普洛斯/帕纳约蒂斯·科内（12'萨马里斯）、萨马拉斯、萨尔平吉迪斯
科特迪瓦（4231）：布巴卡尔·巴里/奥里埃、科洛·图雷、班巴、博卡/蒂奥特（61'博尼）、迪耶/萨洛蒙·卡卢、亚亚·图雷、热尔维尼奥（83'西奥）/德罗巴（78'迪奥曼德）

D组	胜	平	负	得失球	分
哥斯达黎加	2	1	0	4:1	7
乌拉圭	2	0	1	4:4	6
意大利	1	0	2	2:3	3
英格兰	0	1	2	2:4	1

（哥斯达黎加、乌拉圭晋级）

2014.6.14 乌拉圭1比3哥斯达黎加
福塔莱萨/58679人，**主裁判：**布里希（德国）
进球：24'（点球）卡瓦尼/54'霍埃尔·坎贝尔、57'奥斯卡·杜阿尔特、84'乌雷尼亚
乌拉圭（442）：穆斯莱拉/马克西·佩雷拉、卢加诺、戈丁、马丁·卡塞雷斯/斯图亚尼、阿雷瓦洛、加加诺（60'洛代罗）、克里斯蒂安·罗德里格斯（76'阿韦尔·埃尔南德斯）/福兰（60'阿尔瓦罗·冈萨雷斯）、卡瓦尼
哥斯达黎加（541）：凯勒·纳瓦斯/甘博亚、

奥斯卡·杜阿尔特、贾恩卡洛·冈萨雷斯、乌马尼亚、儒尼奥尔·迪亚斯/布赖恩·鲁伊斯（83' 乌雷尼亚）、博尔赫斯、特赫达（75' 库韦罗）、博拉尼奥斯（89' 巴兰特斯）/霍埃尔·坎贝尔

2014.6.14 英格兰1比2意大利
马瑙斯/39800人，**主裁判：**克伊佩尔斯（荷兰）
进球：37' 斯图里奇/35' 马尔基西奥、50' 巴洛特利
英格兰（4231）：乔·哈特/格伦·约翰逊、加里·卡希尔、雅盖尔卡、贝恩斯/杰拉德、亨德森（73' 威尔希尔）/韦尔贝克（61' 巴克利）、斯特林、鲁尼/斯图里奇（80' 拉拉纳）
意大利（4312）：西里古/达米安、巴尔扎利、帕莱塔、基耶利尼/马尔基西奥、德罗西、维拉蒂（57' 蒂亚戈·莫塔）/皮尔洛/坎德雷瓦（79' 帕罗洛）、巴洛特利（73' 因莫比莱）

2014.6.19 乌拉圭2比1英格兰
圣保罗/62575人，**主裁判：**贝拉斯科（西班牙）
进球：39'、85' 路易斯·苏亚雷斯/75' 鲁尼
乌拉圭（4312）：穆斯莱拉/马丁·卡塞雷斯、何塞·希门尼斯、戈丁、阿尔瓦罗·佩雷拉/阿尔瓦罗·冈萨雷斯（79' 富西莱）、阿雷瓦洛、克里斯蒂安·罗德里格斯/洛代罗（67' 斯图亚尼）/路易斯·苏亚雷斯（88' 科亚特斯）、卡瓦尼
英格兰（4231）：乔·哈特/格伦·约翰逊、加里·卡希尔、雅盖尔卡、贝恩斯/杰拉德、亨德森（87' 里基·兰伯特）/斯特林（63' 巴克利）、鲁尼、韦尔贝克（71' 拉拉纳）/斯图里奇

2014.6.20 意大利0比1哥斯达黎加
累西腓/40285人，**主裁判：**奥塞斯（智利）
进球：44' 布赖恩·鲁伊斯
意大利（433）：布冯/达米安、巴尔扎利、基耶利尼、阿巴特/皮尔洛、德罗西、蒂亚戈·莫塔（46' 卡萨诺）/坎德雷瓦（57' 因西涅）、巴洛特利、马尔基西奥（69' 切尔奇）
哥斯达黎加（541）：凯勒·纳瓦斯/甘博亚、奥斯卡·杜阿尔特、贾恩卡洛·冈萨雷斯、乌马尼亚、儒尼奥尔·迪亚斯/布赖恩·鲁伊斯（81' 布雷内斯）、博尔赫斯、特赫达（68' 库韦罗）、博拉尼奥斯/霍埃尔·坎贝尔（74' 乌雷尼亚）

2014.6.24 意大利0比1乌拉圭
纳塔尔/39706人，**主裁判：**马尔科·罗德里格斯（墨西哥）
进球：81' 戈丁
意大利（3412）：布冯/巴尔扎利、博努奇、基耶利尼/达米安、维拉蒂（75' 蒂亚戈·莫塔）、马尔基西奥、德西利奥/皮尔洛/因莫比莱（71' 卡萨诺）、巴洛特利（46' 帕罗洛）
乌拉圭（4312）：穆斯莱拉/马丁·卡塞雷斯、何塞·希门尼斯、戈丁、阿尔瓦罗·佩雷拉（63' 斯图亚尼）/阿尔瓦罗·冈萨雷斯、阿雷瓦洛、克里斯蒂安·罗德里格斯（78' 加斯东·拉米雷斯）/洛代罗（46' 马克西·佩雷拉）/路易斯·苏亚雷斯、卡瓦尼

2014.6.24 哥斯达黎加0比0英格兰
贝洛奥里藏特/57823人，**主裁判：**海穆迪（阿尔及利亚）
进球：无
哥斯达黎加（532）：凯勒·纳瓦斯/甘博亚、奥斯卡·杜阿尔特、贾恩卡洛·冈萨雷斯、罗伊·米勒、儒尼奥尔·迪亚斯/布赖恩·鲁伊斯、博尔赫斯（78' 巴兰特斯）、特赫达/布雷内斯（59' 博拉尼奥斯）、霍埃尔·坎贝尔（65' 乌雷尼亚）
英格兰（4231）：本·福斯特/菲尔·琼斯、加里·卡希尔、斯莫林、卢克·肖/兰帕德、威尔希尔（73' 杰拉德）/米尔纳（76' 鲁尼）、巴克利、拉拉纳（62' 斯特林）/斯图里奇

E组	胜	平	负	得失球	分
法国	2	1	0	8:2	7
瑞士	2	0	1	7:6	6
厄瓜多尔	1	1	1	3:3	4
洪都拉斯	0	0	3	1:8	0

（法国、瑞士晋级）

2014.6.15 瑞士2比1厄瓜多尔
巴西利亚/68351人，**主裁判：**伊尔马托夫（乌兹别克斯坦）
进球：48' 阿德米尔·穆罕默迪、90+3' 塞费罗维奇/22' 恩内尔·巴伦西亚
瑞士（4231）：贝纳利奥/利希施泰纳、朱鲁、冯贝尔根、里卡多·罗德里格斯/贝赫拉米、因勒/沙奇里、扎卡、施托克（46' 阿德米尔·穆罕默迪）/德尔米奇（75' 塞费罗维奇）
厄瓜多尔（442）：亚历山大·多明格斯/胡安·帕雷德斯、埃拉索、豪尔赫·瓜瓜、瓦尔特·阿约维/安东尼奥·巴伦西亚、格鲁埃索、诺沃亚、赫费尔松·蒙特罗（77' 若昂·罗哈斯）/凯塞多（70' 迈克尔·阿罗约）、恩内尔·巴伦西亚

2014.6.15 法国3比0洪都拉斯
阿雷格里港/43012人，**主裁判：**桑德罗·里奇（巴西）
进球：45'（点球）、72' 本泽马、48'（乌龙）巴利亚达雷斯
法国（433）：洛里斯/德比希、瓦拉内、马马杜·萨科、埃夫拉/马图伊迪、卡巴耶（65' 马武巴）、博格巴（57' 穆萨·西索科）/瓦尔比埃纳（78' 吉鲁）、本泽马、格列兹曼
洪都拉斯（442）：巴利亚达雷斯/梅诺·菲格罗亚、贝克莱斯、贝纳德斯（46' 奥斯曼·查韦斯）、伊萨吉雷/纳哈尔（58' 克拉罗斯）、加里多、威尔逊·帕拉西奥斯、罗赫尔·埃斯皮诺萨/科斯特利、杰里·本特森（46' 博涅克·加西亚）

2014.6.20 瑞士2比5法国
萨尔瓦多/51003人，**主裁判：**克伊佩尔斯（荷兰）
进球：81' 哲马伊利、87' 扎卡/17' 吉鲁、18' 马图伊迪、40' 瓦尔比埃纳、67' 本泽马、73' 穆萨·西索科
瑞士（4231）：贝纳利奥/利希施泰纳、朱鲁、冯贝尔根（9' 森德罗斯）、里卡多·罗德里格斯/贝赫拉米（46' 哲马伊利）、因勒/沙奇里、扎卡、阿德米尔·穆罕默迪/塞费罗维奇（69' 德尔米奇）
法国（433）：洛里斯/德比希、瓦拉内、马马杜·萨科（66' 科斯谢尔尼）、埃夫拉/穆萨·西索科、卡巴耶、马图伊迪/瓦尔比埃纳（82' 格列兹曼）、吉鲁（63' 博格巴）、本泽马

2014.6.20 洪都拉斯1比2厄瓜多尔
库里蒂巴/39224人，**主裁判：**本·威廉斯（澳大利亚）
进球：31' 科斯特利/34'、65' 恩内尔·巴伦西亚
洪都拉斯（442）：巴利亚达雷斯/贝克莱斯、贝纳德斯、梅诺·菲格罗亚、伊萨吉雷（46' 胡安·加西亚）/奥斯卡·加西亚（83' 马文·查韦斯）、加里多（71' 马里奥·马丁内斯）、克拉罗斯、罗赫尔·埃斯皮诺萨/科斯特利、杰里·本特森
厄瓜多尔（442）：亚历山大·多明格斯/胡安·帕雷德斯、埃拉索、豪尔赫·瓜瓜、瓦尔特·阿约维/安东尼奥·巴伦西亚、奥斯瓦尔多·明达（83' 格鲁埃索）、诺沃亚、赫费尔松·蒙特罗（90+2' 阿奇列尔）/凯塞多（82' 爱迪生·门德斯）、恩内尔·巴伦西亚

2014.6.25 洪都拉斯0比3瑞士
马瑙斯/40322人，**主裁判：**皮塔纳（阿根廷）
进球：6'、31'、71' 沙奇里
洪都拉斯（442）：巴利亚达雷斯/贝克莱斯、贝纳德斯、梅诺·菲格罗亚、胡安·加西亚/奥斯卡·加西亚（77' 纳哈尔）、克拉罗斯、威尔逊·帕拉西奥斯、罗赫尔·埃斯皮诺萨（46' 马文·查韦斯）/科斯特利（40' 杰里·帕拉西奥斯）、杰里·本特森
瑞士（4231）：贝纳利奥/利希施泰纳、朱鲁、舍尔、里卡多·罗德里格斯/贝赫拉米、因勒/沙奇里（87' 哲马伊利）、扎卡（77' 米夏埃尔·朗）、阿德米尔·穆罕默迪/德尔米奇（74' 塞费罗维奇）

2014.6.25 厄瓜多尔0比0法国
里约热内卢/73749人，**主裁判：**杜埃（科特迪瓦）
进球：无
厄瓜多尔（442）：亚历山大·多明格斯/胡安·帕雷德斯、豪尔赫·瓜瓜、埃拉索、瓦尔特·阿约维/安东尼奥·巴伦西亚、奥斯瓦尔多·明达、诺沃亚（89' 凯塞多）、赫费尔松·蒙特罗（63' 伊瓦拉）/迈克尔·阿罗约（82' 阿奇列尔）、恩内尔·巴伦西亚
法国（433）：洛里斯/萨尼亚、科斯谢尔尼、马马杜·萨科（61' 瓦拉内）、迪涅/博格巴、施耐德林、马图伊迪（67' 吉鲁）/格列兹曼（79' 雷米）、本泽马、穆萨·西索科

F组	胜	平	负	得失球	分
阿根廷	3	0	0	6:3	9
尼日利亚	1	1	1	3:3	4
波黑	1	0	2	4:4	3
伊朗	0	1	2	1:4	1

（阿根廷、尼日利亚晋级）

2014.6.15 阿根廷2比1波黑
里约热内卢/74738人，**主裁判：**霍埃尔·阿吉拉尔（萨尔瓦多）
进球：3'（乌龙）科拉希纳克、65' 梅西/85' 伊比舍维奇
阿根廷（532）：罗梅罗/萨瓦莱塔、坎帕尼亚罗（46' 加戈）、费德里科·费尔南德斯、加拉伊、罗霍/马克西·罗德里格斯（46' 伊瓜因）、马斯切拉诺、迪马里亚/梅西、阿圭罗（87' 比格利亚）
波黑（4231）：贝戈维奇/穆伊扎（69' 伊比舍维奇）、比查克契奇、斯帕希奇、科拉希纳克/贝希奇（71' 维什恰）/皮亚尼奇、米西莫维奇（74' 梅杜尼亚宁）、塞纳德·卢利奇/哲科

2014.6.16 伊朗0比0尼日利亚
库里蒂巴/39081人，**主裁判：**卡洛斯·贝拉（厄瓜多尔）
进球：无
伊朗（4231）：阿利雷扎·哈吉吉/侯赛尼、萨德吉、蒙塔泽里、普拉迪/黑达里（89' 绍贾埃）、泰穆里安/德贾加（73' 贾汉巴赫什）、内库南、哈杰萨菲/古钱内贾德
尼日利亚（433）：恩耶亚马/安布罗斯、奥沙尼瓦、奥博阿博纳（29' 雅博）、奥梅鲁奥/奥纳齐、拉蒙·阿齐兹（69' 奥德姆温吉）、米克尔/摩西（52' 阿梅奥比）、埃梅尼克、艾哈迈德·穆萨

2014.6.21 阿根廷1比0伊朗
贝洛奥里藏特/57698人，**主裁判：**马日奇（塞尔维亚）
进球：90+1' 梅西
阿根廷（433）：罗梅罗/萨瓦莱塔、费德里科·费尔南德斯、加拉伊、罗霍/加戈、马斯切拉诺、迪马里亚（90+4' 比格利亚）/梅西、伊瓜因（76' 帕拉西奥）、阿圭罗（76' 拉韦齐）
伊朗（4231）：阿利雷扎·哈吉吉/侯赛尼、萨德吉、蒙塔泽里、普拉迪/泰穆里安、内库南/德贾加（85' 贾汉巴赫什）、绍贾埃（76' 黑达里）、哈杰萨菲（88' 雷扎·哈吉吉）/古钱内贾德

2014.6.21 尼日利亚1比0波黑
库里蒂巴/40499人，**主裁判：**奥利里（新西兰）
进球：29' 奥德姆温吉
尼日利亚（4231）：恩耶亚马/安布罗斯、

雅博、奥沙尼瓦、奥梅鲁奥/奥纳齐、米克尔/艾哈迈德·穆萨（65'阿梅奥比）、奥德姆温吉、巴巴通德（75'乌佐恩伊）/埃梅尼克

波黑（4231）：贝戈维奇/穆伊扎、舒尼奇、斯帕希奇、梅杜尼亚宁（64'蒂诺-斯文·苏希奇）/皮亚尼奇、贝希奇/哈伊罗维奇（57'伊比舍维奇）、米西莫维奇、塞纳德·卢利奇（58'萨利霍维奇）/哲科

2014.6.25 尼日利亚2比3阿根廷

阿雷格里港/43285人，**主裁判：**里佐利（意大利）

进球：4'、47'艾哈迈德·穆萨/3'、45+1'梅西、50'罗霍

尼日利亚（4231）：恩耶亚马/安布罗斯、雅博、奥沙尼瓦、奥梅鲁奥/奥纳齐、米克尔/艾哈迈德·穆萨、奥德姆温吉（80'恩沃福）、巴巴通德（66'乌切博）/埃梅尼克

阿根廷（433）：罗梅罗/萨瓦莱塔、费德里科·费尔南德斯、加拉伊、罗霍/加戈、马斯切拉诺、迪马里亚/梅西（63'里基·阿尔瓦雷斯）、伊瓜因（90'比格利亚）、阿圭罗（38'拉韦齐）

2014.6.25 波黑3比1伊朗

萨尔瓦多/48011人，**主裁判：**贝拉斯科（西班牙）

进球：23'哲科、59'皮亚尼奇、83'弗尔萨耶维奇/82'古钱内贾德

波黑（442）：贝戈维奇/弗尔萨耶维奇、舒尼奇、斯帕希奇、科拉希纳茨/哈季奇（61'弗拉涅什）、皮亚尼奇、贝希奇、蒂诺-斯文·苏希奇（79'萨利霍维奇）/哲科（85'维什恰）、伊比舍维奇

伊朗（4231）：阿利雷扎·哈吉吉/侯赛尼、萨德吉、蒙塔泽里、普拉迪/内库南、泰穆里安/德贾加（68'安萨里法尔德）、绍贾埃（46'黑达里）、哈杰萨菲（63'贾汉巴赫什）/古钱内贾德

G组	胜	平	负	得失球	分
德国	2	1	0	7:2	7
美国	1	1	1	4:4	4
葡萄牙	1	1	1	4:7	4
加纳	0	1	2	4:6	1

（德国、美国晋级）

2014.6.16 德国4比0葡萄牙

萨尔瓦多/51081人，**主裁判：**马日奇（塞尔维亚）

进球：12'（点球）、45+1'、78'托马斯·穆勒、32'胡梅尔斯

德国（433）：诺伊尔/热罗姆·博阿滕、默特萨克、胡梅尔斯（73'穆斯塔菲）、赫韦德斯/赫迪拉、拉姆、克罗斯/托马斯·穆勒（82'波多尔斯基）、厄齐尔、格策（63'许尔勒）

葡萄牙（433）：鲁伊·帕特里西奥/若昂·佩雷拉、布鲁诺·阿尔维斯、佩佩、科恩特朗（65'安德烈·阿尔梅达）/穆蒂尼奥、韦洛索（46'里卡多·科斯塔）、梅雷莱斯/纳尼、乌戈·阿尔梅达（28'埃德）、C.罗纳尔多

2014.6.16 加纳1比2美国

纳塔尔/39760人，**主裁判：**约纳斯·埃里克松（瑞典）

进球：82'安德烈·阿尤/1'登普西、86'约翰·布鲁克斯

加纳（4231）：夸拉西/奥帕雷、乔纳森·门萨、博耶、夸杜沃·阿萨莫阿/拉比乌（71'埃辛）、蒙塔里/乔丹·阿尤（59'凯文-普林斯·博阿滕）、安德烈·阿尤、阿楚（78'阿多马）/吉安

美国（4312）：蒂姆·霍华德/费边·约翰逊、杰夫·卡梅伦、贝斯勒（46'约翰·布鲁克斯）、比斯利/贝多亚（77'祖西）、贝克曼、杰曼·琼斯/迈克尔·布拉德利/阿尔蒂多尔（23'阿龙·约翰松）、登普西

2014.6.21 德国2比2加纳

福塔莱萨/59621人，**主裁判：**桑德罗·里奇（巴西）

进球：51'格策、71'克洛泽/54'安德烈·阿尤、63'吉安

德国（433）：诺伊尔/热罗姆·博阿滕（46'穆斯塔菲）、默特萨克、胡梅尔斯、赫韦德斯/赫迪拉（70'施魏因斯泰格）、拉姆、克罗斯/厄齐尔、托马斯·穆勒、格策（69'克洛泽）

加纳（4231）：道达/阿富尔、博耶、乔纳森·门萨、夸杜沃·阿萨莫阿/蒙塔里、拉比乌（78'巴杜）/阿楚（72'瓦卡索）、凯文-普林斯·博阿滕（52'乔丹·阿尤）、安德烈·阿尤/吉安

2014.6.22 美国2比2葡萄牙

马瑙斯/40123人，**主裁判：**皮塔纳（阿根廷）

进球：64'杰曼·琼斯、81'登普西/5'纳尼、90+5'西尔韦斯特雷·瓦雷拉

美国（4231）：蒂姆·霍华德/费边·约翰逊、杰夫·卡梅伦、贝斯勒、比斯利/贝克曼、杰曼·琼斯/贝多亚（72'耶德林）、迈克尔·布拉德利、祖西（90+1'奥马尔·冈萨雷斯）/登普西（87'翁多洛夫斯基）

葡萄牙（433）：贝托/若昂·佩雷拉、里卡多·科斯塔、布鲁诺·阿尔维斯、安德烈·阿尔梅达（46'威廉·卡瓦略）/穆蒂尼奥、韦洛索、梅雷莱斯（69'西尔韦斯特雷·瓦雷拉）/纳尼、波斯蒂加（16'埃德）、C.罗纳尔多

2014.6.26 美国0比1德国

累西腓/41876人，**主裁判：**伊尔马托夫（乌兹别克斯坦）

进球：55'托马斯·穆勒

美国（4231）：蒂姆·霍华德/费边·约翰逊、奥马尔·冈萨雷斯、贝斯勒、比斯利/贝克曼、杰曼·琼斯/祖西（84'耶德林）、迈克尔·布拉德利、布拉德·戴维斯（59'贝多亚）/登普西

德国（433）：诺伊尔/热罗姆·博阿滕、默特萨克、胡梅尔斯、赫韦德斯/施魏因斯泰格（76'格策）、拉姆、克罗斯/厄齐尔（89'许尔勒）、托马斯·穆勒、波多尔斯基（46'克洛泽）

2014.6.26 葡萄牙2比1加纳

巴西利亚/67540人，**主裁判：**舒凯拉拉（巴林）

进球：31'（乌龙）博耶、80'C.罗纳尔多/57'吉安

葡萄牙（433）：贝托（89'爱德华多）/若昂·佩雷拉（61'西尔韦斯特雷·瓦雷拉）、佩佩、布鲁诺·阿尔维斯、韦洛索/穆蒂尼奥、威廉·卡瓦略、阿莫里姆/纳尼、埃德（69'维埃里尼亚）、C.罗纳尔多

加纳（442）：道达/阿富尔、博耶、乔纳森·门萨、夸杜沃·阿萨莫阿/阿楚、拉比乌（76'阿夸）、巴杜、安德烈·阿尤（81'瓦卡索）/瓦里斯（71'乔丹·阿尤）、吉安

H组	胜	平	负	得失球	分
比利时	3	0	0	4:1	9
阿尔及利亚	1	1	1	6:5	4
俄罗斯	0	2	1	2:3	2
韩国	0	1	2	3:6	1

（比利时、阿尔及利亚晋级）

2014.6.17 比利亚2比1阿尔及利亚

贝洛奥里藏特/56800人，**主裁判：**马尔科·罗德里格斯（墨西哥）

进球：70'费莱尼、80'梅尔滕斯/25'费古利

比利时（4231）：库尔图瓦/阿尔德韦雷尔德、范比滕、孔帕尼、费尔通亨/维策尔、穆萨·登贝莱（65'费莱尼）/沙兹利（46'梅尔滕斯）、德布劳内、阿扎尔/罗梅乌·卢卡库（58'奥里吉）

阿尔及利亚（433）：姆博尔希/穆斯塔法、布格拉、哈利舍、古拉姆/泰德尔、梅贾尼（84'吉拉斯）、本·塔莱卜/费古利、苏达尼（66'苏莱曼尼）、马赫雷兹（71'拉康）

2014.6.17 俄罗斯1比1韩国

库亚巴/37603人，**主裁判：**皮塔纳（阿根廷）

进球：74'克尔扎科夫/68'李根镐

俄罗斯（433）：阿金费耶夫/叶先科、伊格纳舍维奇、瓦西里·别列祖茨基、孔巴罗夫/法伊祖林、格卢沙科夫（72'杰尼索夫）、日尔科夫（71'克尔扎科夫）/萨梅多夫、科科林、沙托夫（59'扎戈耶夫）

韩国（4231）：郑成龙/李镕、金英权、洪正好（73'黄锡镐）、尹锡荣/奇诚庸、韩国荣/李青龙、具滋哲、孙兴民（84'金甫炅）/朴主永（56'李根镐）

2014.6.22 比利时1比0俄罗斯

里约热内卢/73819人，**主裁判：**布里希（德国）

进球：88'奥里吉

比利时（4231）：库尔图瓦/阿尔德韦雷尔德、范比滕、孔帕尼、费尔马伦（31'费尔通亨）/维策尔、费莱尼/梅尔滕斯（75'米拉拉斯）、德布劳内、阿扎尔/罗梅乌·卢卡库（57'奥里吉）

俄罗斯（433）：阿金费耶夫/科兹洛夫（62'叶先科）、瓦西里·别列祖茨基、伊格纳舍维奇、孔巴罗夫/法伊祖林、格卢沙科夫、沙托夫（83'扎戈耶夫）/萨梅多夫（90'克尔扎科夫）、科科林、卡农尼科夫

2014.6.22 韩国2比4阿尔及利亚

阿雷格里港/42732人，**主裁判：**罗尔丹（哥伦比亚）

进球：50'孙兴民、72'具滋哲/26'苏莱曼尼、28'哈利舍、38'贾布、62'卜拉希米

韩国（4231）：郑成龙/李镕、洪正好、金英权、尹锡荣/韩国荣（78'池东沅）、奇诚庸/李青龙（64'李根镐）、具滋哲、孙兴民/朴主永（57'金信煜）

阿尔及利亚（541）：艾萨·曼迪、梅贾尼、布格拉（89'贝尔卡勒姆）、哈利舍、梅斯巴/费古利、卜拉希米（77'拉康）、贾布（73'吉拉斯）、本·塔莱卜/苏莱曼尼

2014.6.26韩国0比1比利时

圣保罗/61397人，主裁判：本·威廉斯（澳大利亚）

进球：78'费尔通亨

韩国（4231）：金成奎/李镕、金英权、洪正好、尹锡荣/韩国荣（46'李根镐）、奇诚庸/李青龙、具滋哲、孙兴民（73'池东沅）/金信煜（66'金甫炅）

比利时（4231）：库尔图瓦/范登博雷、范比滕、隆巴尔茨、费尔通亨/德富尔、穆萨·登贝莱/梅尔滕斯（60'沙兹利）、费莱尼、亚努扎伊（60'奥里吉）/米拉拉斯（88'阿扎尔）

2014.6.26 阿尔及利亚1比1俄罗斯

库里蒂巴/39311人，**主裁判：**恰克尔（土耳其）

进球：60'苏莱曼尼/6'科科林

阿尔及利亚（4231）：姆博尔希/艾萨·曼迪、贝尔卡勒姆、哈利舍、梅斯巴/梅贾尼、本·塔莱卜/费古利、卜拉希米（71'耶卜达）、贾布（77'吉拉斯）/苏莱曼尼（90+2'苏达尼）

俄罗斯（4231）：阿金费耶夫/科兹洛夫、瓦西里·别列祖茨基、伊格纳舍维奇、孔巴罗夫/格卢沙科夫（46'杰尼索夫）、法伊祖林/萨梅多夫、科科林、沙托夫（67'扎戈耶夫）/克尔扎科夫（81'卡农尼科夫）

1/8决赛

2014.6.2 巴西1比1（点球3比2）智利

贝洛奥里藏特/57714人，**主裁判：**韦伯（英格兰）

进球：18'大卫·路易斯/32'亚历克西斯·桑切斯

点球大战：巴西队大卫·路易斯√、威廉×、马塞洛√、浩克×、内马尔√，智利队皮尼利亚×、亚历克西斯·桑切斯×、阿朗吉斯√、

马塞洛·迪亚斯√、贡萨洛·哈拉×

巴西（4231）： 儒利奥·塞萨尔/达尼·阿尔维斯、蒂亚戈·席尔瓦、大卫·路易斯、马塞洛/费尔南迪尼奥（72' 拉米雷斯）、路易斯·古斯塔沃/浩克、奥斯卡（106' 威廉）、内马尔/弗雷德（64' 若）

智利（3412）： 克劳迪奥·布拉沃/弗朗西斯科·席尔瓦、梅德尔（108' 罗哈斯）、贡萨洛·哈拉/伊斯拉、阿朗吉斯、马塞洛·迪亚斯、欧亨尼奥·梅纳/阿图罗·比达尔（87' 皮尼利亚）/亚历克西斯·桑切斯、爱德华多·巴尔加斯（57' 费利佩·古铁雷斯）

2014.6.28 哥伦比亚2比0乌拉圭

里约热内卢/73804人，**主裁判：** 克伊佩尔斯（荷兰）

进球： 28'、50' 哈梅斯·罗德里格斯

哥伦比亚（442）： 奥斯皮纳/苏尼加、克里斯蒂安·萨帕塔、耶佩斯、阿梅罗/夸德拉多（81' 瓜林）、阿韦尔·阿吉拉尔、卡洛斯·桑切斯、哈梅斯·罗德里格斯（85' 阿德里安·拉莫斯）/特奥菲洛·古铁雷斯（68' 梅希亚）、杰克逊·马丁内斯

乌拉圭（442）： 穆斯莱拉/马丁·卡塞雷斯、何塞·希门尼斯、戈丁、阿尔瓦罗·佩雷拉（53' 加斯东·拉米雷斯）/马克西·佩雷拉、阿尔瓦罗·冈萨雷斯（67' 阿韦尔·埃尔南德斯）、阿雷瓦洛、克里斯蒂安·罗德里格斯/卡瓦尼、福兰（53' 斯图亚尼）

2014.6.29荷兰2比1墨西哥

福塔莱萨/58817人，**主裁判：** 普罗恩萨（葡萄牙）

进球： 88' 斯内德、90+4'（点球）亨特拉尔/48' 乔瓦尼·多斯桑托斯

荷兰（3412）： 西莱森/费尔哈赫（56' 孟菲斯）、弗拉尔、德弗赖、达莱·布林德/库伊特、尼赫尔·德容（9' 因迪）、韦纳尔杜姆/斯内德/罗本、范佩西（76' 亨特拉尔）

墨西哥（532）： 奥乔亚/保罗·阿吉拉尔、弗朗西斯科·罗德里格斯、拉斐尔·马克斯、埃克托·莫雷诺（46' 迭戈·雷耶斯）、米格尔·拉云/埃克托·埃雷拉、萨尔西多、瓜尔达多/乔瓦尼·多斯桑托斯（61' 哈维尔·阿基诺）、佩拉尔塔（75' 哈维尔·埃尔南德斯）

2014.6.29 哥斯达黎加1比1（点球5比3）希腊

累西腓/41242人，**主裁判：** 本·威廉斯（澳大利亚）

进球： 52' 布赖恩·鲁伊斯/90+1' 帕帕斯塔索普洛斯

点球大战： 哥斯达黎加队博尔赫斯√、布赖恩·鲁伊斯√、贾恩卡洛·冈萨雷斯√、霍埃尔·坎贝尔√、乌马尼亚√，希腊队米特罗格卢√、赫里斯托祖洛普洛斯√、霍莱瓦斯√、耶卡斯×

哥斯达黎加（541）： 凯勒·纳瓦斯/甘博亚（77' 约翰尼·阿科斯塔）、奥斯卡·杜阿特、贾恩卡洛·冈萨雷斯、乌马尼亚、儒尼奥尔·迪亚斯/布赖恩·鲁伊斯、博尔赫斯、特赫达（66' 库韦罗）、博拉尼奥斯（83' 布雷内斯）/霍埃尔·坎贝尔

希腊（433）： 卡内齐斯/托罗西迪斯、马诺拉斯、帕帕斯塔索普洛斯、霍莱瓦斯/马尼亚蒂斯（78' 卡楚拉尼斯）、卡拉古尼斯、萨马里斯（58' 米特罗格卢）/萨尔平吉迪斯（69' 耶卡斯）、萨马拉斯、赫里斯托祖洛普洛斯

2014.6.30 法国2比0尼日利亚

巴西利亚/67882人，**主裁判：** 盖格（美国）

进球： 79' 博格巴、90+2' 雅博

法国（433）： 洛里斯/德比希、瓦拉内、科斯谢尔尼、埃夫拉/博格巴、卡巴耶、马图伊迪/瓦尔比埃纳（90+4' 穆萨·西索科）、吉鲁（62' 格列兹曼）、本泽马

尼日利亚（442）： 恩耶亚马/安布罗斯、雅博、奥沙尼瓦、奥梅鲁奥/艾哈迈德·穆萨、奥纳齐（59' 鲁本·加布里埃尔）、米克尔、摩西（89' 恩沃福）/奥德姆温吉、埃梅尼克

2014.6.30 德国2比1（加时）阿尔及利亚

阿雷格里港/43063人，**主裁判：** 桑德罗·里奇（巴西）

进球： 92' 许尔勒、120' 厄齐尔/120+1' 贾布

德国（433）： 诺伊尔/穆斯塔菲（70' 赫迪拉）、默特萨克、热罗姆·博阿滕、赫韦德斯/施魏因斯泰格（109' 克拉默）、拉姆、克罗斯/厄齐尔、托马斯·穆勒、格策（46' 许尔勒）

阿尔及利亚（3331）： 姆博尔希/穆斯塔法、贝尔卡勒姆、哈利希（97' 布格拉）/艾萨·曼迪、拉康、古拉姆/泰德尔（78' 卜拉希米）、费古利、苏莱曼尼/苏达尼（100' 贾布）

2014.7.1 阿根廷1比0（加时）瑞士

圣保罗/63255人，**主裁判：** 约纳斯·埃里克松（瑞典）

进球： 118' 迪马里亚

阿根廷（433）： 罗梅罗/萨巴莱塔、费德里科·费尔南德斯、加拉伊、罗霍（105+1' 巴桑塔）/加戈（106' 比格利亚）、马斯切拉诺、迪马里亚/梅西、伊瓜因、拉韦齐（74' 帕拉西奥）

瑞士（4231）： 贝纳利奥/利希施泰纳、朱鲁、舍尔、里卡多·罗德里格斯/贝赫拉米、因勒/沙奇里、扎卡（66' 热尔松·费尔南德斯）、阿德米尔·穆罕默迪（113' 哲马伊利）/德尔米奇（82' 塞费罗维奇）

2014.7.1 比利时2比1（加时）美国

萨尔瓦多/51227人，**主裁判：** 海穆迪（阿尔及利亚）

进球： 93' 德布劳内、105' 罗梅卢·卢卡库/107' 朱利安·格林

比利时（4231）： 库尔图瓦/阿尔德韦雷尔德、范比滕、孔帕尼、费尔通亨/维策尔、费莱尼/梅尔滕斯（60' 米拉拉斯）、德布劳内、阿扎尔（111' 沙兹利）/奥里吉（91' 罗梅卢·卢卡库）

美国（433）： 蒂姆·霍华德/费边·约翰逊（32' 耶德林）、奥马尔·冈萨雷斯、贝斯勒、比斯利/杰曼·琼斯、杰夫·卡梅伦、迈克尔·布拉德利/祖西（72' 翁多洛夫斯基）、登普西、贝多亚（105+2' 朱利安·格林）

1/4决赛

2014.7.4 法国0比1德国

里约热内卢/74240人，**主裁判：** 皮塔纳（阿根廷）

进球：13'胡梅尔斯
法国（433）：洛里斯/德比希、瓦拉内、马马杜·萨科（72'科斯谢尔尼）、埃夫拉/博格巴、卡巴耶（74'雷米）、马图伊迪/瓦尔比埃纳（84'吉鲁）、本泽马、格列兹曼
德国（4231）：诺伊尔/拉姆、热罗姆·博阿滕、胡梅尔斯、赫韦德斯/施魏因斯泰格■、赫迪拉■/托马斯·穆勒、克罗斯（90+3'克拉默）、厄齐尔（83'格策）/克洛泽（68'许尔勒）

2014.7.4 巴西2比1哥伦比亚
福塔莱萨/60342人，**主裁判：**贝拉斯科（西班牙）
进球：7'蒂亚戈·席尔瓦、69'大卫·路易斯/80'（点球）哈梅斯·罗德里格斯
巴西（4231）：儒利奥·塞萨尔■/麦孔、蒂亚戈·席尔瓦■、大卫·路易斯、马塞洛/费尔南迪尼奥、保利尼奥（86'埃尔纳内斯）/浩克（82'拉米雷斯）、奥斯卡、内马尔（88'恩里克）/弗雷德
哥伦比亚（442）：奥斯皮纳/苏尼加、克里斯蒂安·萨帕塔、耶佩斯■、阿梅罗/夸德拉多（80'金特罗）、瓜林、卡洛斯·桑切斯、伊瓦尔沃（46'阿德里安·拉莫斯）/特奥菲洛·古铁雷斯（70'巴卡）、哈梅斯·罗德里格斯■

2014.7.5 阿根廷1比0比利时
巴西利亚/68551人，**主裁判：**里佐利（意大利）
进球：8'伊瓜因
阿根廷（442）：罗梅罗/萨瓦莱塔、德米凯利斯、加拉伊、巴桑塔/拉韦齐（71'帕拉西奥）、比格利亚■、马斯切拉诺、迪马里亚（33'恩佐·佩雷斯）/梅西、伊瓜因（81'加戈）
比利时（4231）：库尔图瓦/阿尔德韦雷尔德■、范比滕、孔帕尼、费尔通亨/维策尔、费莱尼/米拉拉斯（60'梅尔滕斯）、德布劳内、阿扎尔■（75'沙兹利）/奥里吉（59'罗梅乌·卢卡库）

2014.7.5荷兰0比0（点球4比3）哥斯达黎加
萨尔瓦多/51179人，**主裁判：**伊尔马托夫（乌兹别克斯坦）
进球：无
点球大战：荷兰队范佩西√、罗本√、斯内德√、库伊特√，哥斯达黎加队博尔赫斯√、布赖恩·鲁伊斯×、贾恩卡洛·冈萨雷斯√、博拉尼奥斯√、乌马尼亚×
荷兰（343）：西莱森（120+1'克吕尔）/德弗赖、弗拉尔、因迪■（106'亨特拉尔■）/库伊特、韦纳尔杜姆、斯内德、达莱·布林德/罗本、范佩西、孟菲斯（76'伦斯）
哥斯达黎加（541）：凯勒·纳瓦斯/甘博亚（79'戴维·米列）、约翰尼·阿科斯塔■、贾恩卡洛·冈萨雷斯■、乌马尼亚■、儒尼奥尔·迪亚斯■/布赖恩·鲁伊斯、特赫达（97'库韦罗）、博尔赫斯、博拉尼奥斯/霍埃尔·坎贝尔（66'乌雷尼亚）

半决赛

2014.7.8 巴西1比7德国
贝洛奥里藏特/58141人，**主裁判：**马尔科·罗德里格斯（墨西哥）
进球：90'奥斯卡/11'托马斯·穆勒、23'克洛泽、24'、26'克罗斯、29'赫迪拉、69'、79'许尔勒
巴西（4231）：儒利奥·塞萨尔/麦孔、大卫·路易斯、丹特■、马塞洛/路易斯·古斯塔沃、费尔南迪尼奥（46'保利尼奥）/浩克（46'拉米雷斯）、奥斯卡、贝尔纳德/弗雷德（70'威廉）
德国（4231）：诺伊尔/拉姆、热罗姆·博阿滕、胡梅尔斯（46'默特萨克）、赫韦德斯/赫迪拉（76'德拉克斯勒）、施魏因斯泰格/托马斯·穆勒、克罗斯、厄齐尔/克洛泽（58'许尔勒）

2014.7.9 荷兰0比0（点球2比4）阿根廷
圣保罗/63267人，**主裁判：**恰克尔（土耳其）
进球：无
点球大战：荷兰队弗拉尔×、罗本√、斯内德×、库伊特√，阿根廷队梅西√、加拉伊√、阿圭罗√、马克西·罗德里格斯√
荷兰（3412）：西莱森/德弗赖、弗拉尔、因迪■（46'扬马特）/库伊特、尼赫尔·德容（62'克拉西）、韦纳尔杜姆、达莱·布林德/斯内德/罗本、范佩西（96'亨特拉尔■）
阿根廷（4312）：罗梅罗/萨瓦莱塔、德米凯利斯■、加拉伊、罗霍/比格利亚、马斯切拉诺、恩佐·佩雷斯（81'帕拉西奥）/梅西/拉韦齐（101'马克西·罗德里格斯）、伊瓜因（82'阿圭罗）

三四名决赛

2014.7.12 巴西0比3荷兰
巴西利亚/68034人，**主裁判：**海穆迪（阿尔及利亚）
进球：3'（点球）范佩西、17'达莱·布林德、90+1'韦纳尔杜姆
巴西（4231）：儒利奥·塞萨尔/麦孔、蒂亚戈·席尔瓦■、大卫·路易斯、马克斯韦尔/保利尼奥（57'埃尔纳内斯）、路易斯·古斯塔沃（46'费尔南迪尼奥■）/拉米雷斯（73'浩克）、奥斯卡■、威廉/若
荷兰（3412）：西莱森（90+3'福尔姆）/德弗赖、弗拉尔、因迪/库伊特、韦纳尔杜姆、克拉西（90'费尔特曼）、达莱·布林德（70'扬马特）/德古兹曼■/罗本■、范佩西

决赛

2014.7.13 德国1比0（加时）阿根廷
里约热内卢/74738人，**主裁判：**里佐利（意大利）
进球：113'格策
德国（4231）：诺伊尔/拉姆、热罗姆·博阿滕、胡梅尔斯、赫韦德斯■/克拉默（31'许尔勒）、施魏因斯泰格■/托马斯·穆勒、克罗斯、厄齐尔（120'默特萨克）/克洛泽（88'格策）
阿根廷（442）：罗梅罗/萨瓦莱塔、德米凯利斯、加拉伊、罗霍/拉韦齐（46'阿圭罗）、马斯切拉诺、比格利亚、恩佐·佩雷斯（86'加戈）/梅西、伊瓜因（78'帕拉西奥）

法国队称雄2018年世界杯，德尚（中）成为继扎加洛和贝肯鲍尔之后，作为球员和主教练都夺得过世界杯冠军的史上第3人。

2018

预选赛

东道主俄罗斯直接出线。另208队参加预选赛，争夺31个出线席位。预选赛共进行了868场，进球2454个，场均2.83球。出线名额分配方面，欧洲区14个（含东道主俄罗斯）、非洲区5个、南美区4.5个、亚洲区4.5个、中北美及加勒比海地区3.5个、大洋洲区0.5个，有2个名额通过洲际附加赛决出。

欧洲区

（赛制）共54队参赛，分成9个小组，每组6队。每个小组第1名直接晋级世界杯决赛圈，8个成绩最好的小组第2名通过附加赛争夺最后4个决赛圈名额。由于抽签时最后2个小组都只有5支球队，比较小组第2名成绩时，不计算与同组最后一名的两回合成绩。

第1组	胜	平	负	得失球	分
法国	7	2	1	18:6	23
瑞典	6	1	3	26:9	19
荷兰	6	1	3	21:12	19
保加利亚	4	1	5	14:19	13
卢森堡	1	3	6	8:26	6
白俄罗斯	1	2	7	6:21	5

（法国出线，瑞典附加赛）

2016.9.6	白俄罗斯0比0法国
2016.9.6	保加利亚4比3卢森堡
2016.9.6	瑞典1比1荷兰
2016.10.7	法国4比1保加利亚
2016.10.7	卢森堡0比1瑞典
2016.10.7	荷兰4比1白俄罗斯
2016.10.10	白俄罗斯1比1卢森堡
2016.10.10	荷兰0比1法国
2016.10.10	瑞典3比0保加利亚
2016.11.11	法国2比1瑞典
2016.11.13	保加利亚1比0白俄罗斯
2016.11.13	卢森堡1比3荷兰
2017.3.25	瑞典4比0白俄罗斯
2017.3.25	保加利亚2比0荷兰
2017.3.25	卢森堡1比3法国
2017.6.9	白俄罗斯2比1保加利亚
2017.6.9	荷兰5比0卢森堡
2017.6.9	瑞典2比1法国
2017.8.31	保加利亚3比2瑞典
2017.8.31	法国4比0荷兰
2017.8.31	卢森堡1比0白俄罗斯
2017.9.3	白俄罗斯0比4瑞典
2017.9.3	荷兰3比1保加利亚
2017.9.3	法国0比0卢森堡
2017.10.7	瑞典8比0卢森堡
2017.10.7	白俄罗斯1比3荷兰
2017.10.7	保加利亚0比1法国
2017.10.10	法国2比1白俄罗斯
2017.10.10	卢森堡1比1保加利亚
2017.10.10	荷兰2比0瑞典

第2组	胜	平	负	得失球	分
葡萄牙	9	0	1	32:4	27
瑞士	9	0	1	23:7	27
3匈牙利	4	1	5	14:14	13
4法罗群岛	2	3	5	4:16	9
5拉脱维亚	2	1	7	7:18	7
6安道尔	1	1	8	2:23	4

（葡萄牙出线，瑞士附加赛）

2016.9.6	安道尔0比1拉脱维亚
2016.9.6	法罗群岛0比0匈牙利
2016.9.6	瑞士2比0葡萄牙
2016.10.7	匈牙利2比3瑞士
2016.10.7	拉脱维亚0比2法罗群岛
2016.10.7	葡萄牙6比0安道尔
2016.10.10	安道尔1比2瑞士
2016.10.10	法罗群岛0比6葡萄牙
2016.10.10	拉脱维亚0比2匈牙利
2016.11.13	匈牙利4比0安道尔
2016.11.13	瑞士2比0法罗群岛
2016.11.13	葡萄牙4比1拉脱维亚
2017.3.25	安道尔0比0法罗群岛
2017.3.25	瑞士1比0拉脱维亚
2017.3.25	葡萄牙3比0匈牙利
2017.6.9	安道尔1比0匈牙利
2017.6.9	法罗群岛0比2瑞士
2017.6.9	拉脱维亚0比3葡萄牙
2017.8.31	匈牙利3比1拉脱维亚
2017.8.31	葡萄牙5比1法罗群岛
2017.8.31	瑞士3比0安道尔
2017.9.3	法罗群岛1比0安道尔
2017.9.3	匈牙利0比1葡萄牙
2017.9.3	拉脱维亚0比3瑞士
2017.10.7	法罗群岛0比0拉脱维亚
2017.10.7	安道尔0比2葡萄牙
2017.10.7	瑞士5比2匈牙利
2017.10.10	匈牙利1比0法罗群岛
2017.10.10	拉脱维亚4比0安道尔
2017.10.10	葡萄牙2比0瑞士

第3组	胜	平	负	得失球	分
1德国	10	0	0	43:4	30
2北爱尔兰	6	1	3	17:6	19
3捷克	4	3	3	17:10	15
4挪威	4	1	5	17:16	13
5阿塞拜疆	3	1	6	10:19	10

6圣马力诺	0	0	10	2:51	0

（德国出线，北爱尔兰附加赛）

2016.9.4 圣马力诺0比1阿塞拜疆
2016.9.4 捷克0比0北爱尔兰
2016.9.4 挪威0比3德国
2016.10.8 阿塞拜疆1比0挪威
2016.10.8 德国3比0捷克
2016.10.8 北爱尔兰4比0圣马力诺
2016.10.11 捷克0比0阿塞拜疆
2016.10.11 德国2比0北爱尔兰
2016.10.11 挪威4比1圣马力诺
2016.11.11 捷克2比1挪威
2016.11.11 北爱尔兰4比0阿塞拜疆
2016.11.11 圣马力诺0比8德国
2017.3.26 阿塞拜疆1比4德国
2017.3.26 圣马力诺0比6捷克
2017.3.26 北爱尔兰2比0挪威
2017.6.10 阿塞拜疆0比1北爱尔兰
2017.6.10 德国7比0圣马力诺
2017.6.10 挪威1比1捷克
2017.9.1 捷克1比2德国
2017.9.1 挪威2比0阿塞拜疆
2017.9.1 圣马力诺0比3北爱尔兰
2017.9.4 阿塞拜疆5比1圣马力诺
2017.9.4 德国6比0挪威
2017.9.4 北爱尔兰2比0捷克
2017.10.5 阿塞拜疆1比2捷克
2017.10.5 北爱尔兰1比3德国
2017.10.5 圣马力诺0比8挪威
2017.10.8 捷克5比0圣马力诺
2017.10.8 德国5比1阿塞拜疆
2017.10.8 挪威1比0北爱尔兰

第4组	胜	平	负	得失球	分
1塞尔维亚	6	3	1	20:10	21
2爱尔兰	5	4	1	12:6	19
3威尔士	4	5	1	13:6	17
4奥地利	4	3	3	14:12	15
5格鲁吉亚	0	5	5	8:14	5
6摩尔多瓦	0	2	8	4:23	2

（塞尔维亚出线，爱尔兰附加赛）

2016.9.5 格鲁吉亚1比2奥地利
2016.9.5 塞尔维亚2比2爱尔兰
2016.9.5 威尔士4比0摩尔多瓦
2016.10.6 奥地利2比2威尔士
2016.10.6 摩尔多瓦0比3塞尔维亚
2016.10.6 爱尔兰1比0格鲁吉亚
2016.10.9 威尔士1比1格鲁吉亚
2016.10.9 摩尔多瓦1比3爱尔兰
2016.10.9 塞尔维亚3比2奥地利
2016.11.12 奥地利0比1爱尔兰
2016.11.12 格鲁吉亚1比1摩尔多瓦
2016.11.12 威尔士1比1塞尔维亚
2017.3.24 格鲁吉亚1比3塞尔维亚
2017.3.24 奥地利2比0摩尔多瓦
2017.3.24 爱尔兰0比0威尔士
2017.6.11 摩尔多瓦2比2格鲁吉亚
2017.6.11 爱尔兰1比1奥地利
2017.6.11 塞尔维亚1比1威尔士
2017.9.2 格鲁吉亚1比1爱尔兰
2017.9.2 塞尔维亚3比0摩尔多瓦
2017.9.2 威尔士1比0奥地利
2017.9.5 奥地利1比1格鲁吉亚
2017.9.5 摩尔多瓦0比2威尔士
2017.9.5 爱尔兰0比1塞尔维亚
2017.10.6 格鲁吉亚0比1威尔士
2017.10.6 奥地利3比2塞尔维亚
2017.10.6 爱尔兰2比0摩尔多瓦
2017.10.9 摩尔多瓦0比1奥地利
2017.10.9 塞尔维亚1比0格鲁吉亚
2017.10.9 威尔士0比1爱尔兰

第5组	胜	平	负	得失球	分
波兰	8	1	1	28:14	25
丹麦	6	2	2	20:8	20
黑山	5	1	4	20:12	16
罗马尼亚	3	4	3	12:10	13
亚美尼亚	2	1	7	10:26	7
哈萨克斯坦	0	3	7	6:26	3

（波兰出线，丹麦附加赛）

2016.9.4 丹麦1比0亚美尼亚
2016.9.4 哈萨克斯坦2比2波兰
2016.9.4 罗马尼亚1比1黑山
2016.10.8 亚美尼亚0比5罗马尼亚
2016.10.8 黑山5比0哈萨克斯坦
2016.10.8 波兰3比2丹麦
2016.10.11 哈萨克斯坦0比0罗马尼亚
2016.10.11 丹麦0比1黑山
2016.10.11 波兰2比1亚美尼亚
2016.11.11 亚美尼亚3比2黑山
2016.11.11 丹麦4比1哈萨克斯坦
2016.11.11 罗马尼亚0比3波兰
2017.3.26 亚美尼亚2比0哈萨克斯坦
2017.3.26 黑山1比2波兰
2017.3.26 罗马尼亚0比0丹麦
2017.6.10 哈萨克斯坦1比3丹麦
2017.6.10 黑山4比1亚美尼亚
2017.6.10 波兰3比1罗马尼亚
2017.9.1 哈萨克斯坦0比3黑山
2017.9.1 丹麦4比0波兰
2017.9.1 罗马尼亚1比0亚美尼亚
2017.9.4 亚美尼亚1比4丹麦
2017.9.4 黑山1比0罗马尼亚
2017.9.4 波兰3比0哈萨克斯坦
2017.10.5 亚美尼亚1比6波兰
2017.10.5 黑山0比1丹麦
2017.10.5 罗马尼亚3比1哈萨克斯坦
2017.10.8 丹麦1比1罗马尼亚
2017.10.8 哈萨克斯坦1比1亚美尼亚
2017.10.8 波兰4比2黑山

第6组	胜	平	负	得失球	分
英格兰	8	2	0	18:3	26
斯洛伐克	6	0	4	17:7	18
苏格兰	5	3	2	17:12	18
斯洛文尼亚	4	3	3	12:7	15
立陶宛	1	3	6	7:20	6
马耳他	0	1	9	3:25	1

（英格兰出线）

2016.9.4 立陶宛2比2斯洛文尼亚
2016.9.4 斯洛伐克0比1英格兰
2016.9.4 马耳他1比5苏格兰
2016.10.8 英格兰2比0马耳他
2016.10.8 苏格兰1比1立陶宛
2016.10.8 斯洛文尼亚1比0斯洛伐克
2016.10.11 立陶宛2比0马耳他
2016.10.11 斯洛伐克3比0苏格兰
2016.10.11 斯洛文尼亚0比0英格兰
2016.11.11 英格兰3比0苏格兰
2016.11.11 马耳他0比1斯洛文尼亚
2016.11.11 斯洛伐克4比0立陶宛
2017.3.26 英格兰2比0立陶宛
2017.3.26 马耳他1比3斯洛伐克
2017.3.26 苏格兰1比0斯洛文尼亚
2017.6.10 苏格兰2比2英格兰
2017.6.10 斯洛文尼亚2比0马耳他
2017.6.10 立陶宛1比2斯洛伐克
2017.9.1 立陶宛0比3苏格兰
2017.9.1 马耳他0比4英格兰
2017.9.1 斯洛伐克1比0斯洛文尼亚
2017.9.4 英格兰2比1斯洛伐克
2017.9.4 苏格兰2比0马耳他
2017.9.4 斯洛文尼亚4比0立陶宛
2017.10.5 英格兰1比0斯洛文尼亚
2017.10.5 马耳他1比1立陶宛
2017.10.5 苏格兰1比0斯洛伐克
2017.10.8 立陶宛0比1英格兰
2017.10.8 斯洛伐克3比0马耳他
2017.10.8 斯洛文尼亚2比2苏格兰

第7组	胜	平	负	得失球	分
西班牙	9	1	0	36:3	28
意大利	7	2	1	21:8	23
阿尔巴尼亚	4	1	5	10:13	13
以色列	4	0	6	10:15	12
马其顿	3	2	5	15:15	11
列支敦士登	0	0	10	1:39	0

（西班牙出线，意大利附加赛）

2016.9.5 阿尔巴尼亚2比1马其顿
2016.9.5 以色列1比3意大利
2016.9.5 西班牙8比0列支敦士登
2016.10.6 意大利1比1西班牙
2016.10.6 列支敦士登0比2阿尔巴尼亚
2016.10.6 马其顿1比2以色列
2016.10.9 以色列2比1列支敦士登
2016.10.9 阿尔巴尼亚0比2西班牙
2016.10.9 马其顿2比3意大利
2016.11.12 阿尔巴尼亚0比3以色列
2016.11.12 列支敦士登0比4意大利
2016.11.12 西班牙4比0马其顿
2017.3.24 意大利2比0阿尔巴尼亚
2017.3.24 列支敦士登0比3马其顿
2017.3.24 西班牙4比1以色列
2017.6.11 以色列0比3阿尔巴尼亚
2017.6.11 意大利5比0列支敦士登
2017.6.11 马其顿1比2西班牙
2017.9.2 阿尔巴尼亚2比0列支敦士登
2017.9.2 以色列0比1马其顿
2017.9.2 西班牙3比0意大利
2017.9.5 意大利1比0以色列
2017.9.5 列支敦士登0比8西班牙
2017.9.5 马其顿1比1阿尔巴尼亚
2017.10.6 意大利1比1马其顿
2017.10.6 列支敦士登0比1以色列
2017.10.6 西班牙3比0阿尔巴尼亚
2017.10.9 阿尔巴尼亚0比1意大利
2017.10.9 以色列0比1西班牙
2017.10.9 马其顿4比0列支敦士登

第8组	胜	平	负	得失球	分
比利时	9	1	0	43:6	28
希腊	5	4	1	17:6	19
波黑	5	2	3	24:13	17
爱沙尼亚	3	2	5	13:19	11
塞浦路斯	3	1	6	9:18	10
直布罗陀	0	0	10	3:47	0

（比利时出线，希腊附加赛）

2016.9.6 波黑5比0爱沙尼亚
2016.9.6 塞浦路斯0比3比利时
2016.9.6 直布罗陀1比4希腊
2016.10.7 比利时4比0波黑
2016.10.7 爱沙尼亚4比0直布罗陀
2016.10.7 希腊2比0塞浦路斯
2016.10.10 波黑2比0塞浦路斯
2016.10.10 爱沙尼亚0比2希腊
2016.10.10 直布罗陀0比6比利时
2016.11.13 塞浦路斯3比1直布罗陀
2016.11.13 比利时8比1爱沙尼亚
2016.11.13 希腊1比1波黑
2017.3.25 波黑5比0直布罗陀
2017.3.25 塞浦路斯0比0爱沙尼亚
2017.3.25 比利时1比1希腊
2017.6.9 波黑0比0希腊
2017.6.9 爱沙尼亚0比2比利时
2017.6.9 直布罗陀1比2塞浦路斯
2017.8.31 比利时9比0直布罗陀
2017.8.31 塞浦路斯3比2波黑
2017.8.31 希腊0比0爱沙尼亚
2017.9.3 爱沙尼亚1比0塞浦路斯
2017.9.3 希腊1比2比利时
2017.9.3 直布罗陀0比4波黑
2017.10.7 直布罗陀0比6爱沙尼亚
2017.10.7 波黑3比4比利时
2017.10.7 塞浦路斯1比2希腊
2017.10.10 比利时4比0塞浦路斯
2017.10.10 爱沙尼亚1比2波黑
2017.10.10 希腊4比0直布罗陀

第9组	胜	平	负	得失球	分
冰岛	7	1	2	16:7	22
克罗地亚	6	2	2	15:4	20
乌克兰	5	2	3	13:9	17
土耳其	4	3	3	14:13	15
芬兰	2	3	5	9:13	9
科索沃	0	1	9	3:24	1

（冰岛出线，克罗地亚附加赛）

2016.9.5 克罗地亚1比1土耳其
2016.9.5 芬兰1比1科索沃
2016.9.5 乌克兰1比1冰岛
2016.10.6 冰岛3比2芬兰
2016.10.6 科索沃0比6克罗地亚
2016.10.6 土耳其2比2乌克兰
2016.10.9 芬兰0比1克罗地亚
2016.10.9 乌克兰3比0科索沃
2016.10.9 冰岛2比0土耳其
2016.11.12 克罗地亚2比0冰岛
2016.11.12 土耳其2比0科索沃
2016.11.12 乌克兰1比0芬兰
2017.3.24 土耳其2比0芬兰
2017.3.24 克罗地亚1比0乌克兰
2017.3.24 科索沃1比2冰岛
2017.6.11 芬兰1比2乌克兰
2017.6.11 冰岛1比0克罗地亚
2017.6.11 科索沃1比4土耳其
2017.9.2 芬兰1比0冰岛
2017.9.2 克罗地亚1比0科索沃
2017.9.2 乌克兰2比0土耳其
2017.9.5 冰岛2比0乌克兰
2017.9.5 科索沃0比1芬兰
2017.9.5 土耳其1比0克罗地亚
2017.10.6 克罗地亚1比1芬兰
2017.10.6 科索沃0比2乌克兰
2017.10.6 土耳其0比3冰岛
2017.10.9 芬兰2比2土耳其
2017.10.9 冰岛2比0科索沃
2017.10.9 乌克兰0比2克罗地亚

欧洲区附加赛

（瑞士、克罗地亚、丹麦、瑞典出线）

2017.11.9 北爱尔兰0比1瑞士
2017.11.12 瑞士0比0北爱尔兰
2017.11.9 克罗地亚4比1希腊
2017.11.12 希腊0比0克罗地亚
2017.11.9 丹麦0比0爱尔兰
2017.11.12 爱尔兰1比5丹麦
2017.11.9 瑞典1比0意大利
2017.11.12 意大利0比0瑞典

●非洲区

（赛制）共53队参赛。非洲区FIFA排名最后26位的球队捉对进行第1轮资格赛，胜出的13支球队连同其他27支球队一起，共40队进行第2轮资格赛，胜出的20支球队进入小组赛，分为5组，每组4队，5个小组第1名晋级世界杯决赛圈。

第1轮资格赛

2015.10.9 索马里0比2尼日尔
2015.10.13 尼日尔4比0索马里
2015.10.7 南苏丹1比1毛里塔尼亚
2015.10.13 毛里塔尼亚4比0南苏丹
2015.10.9 冈比亚1比1纳米比亚
2015.10.13 纳米比亚2比1冈比亚
2015.10.8 圣多美和普林西比1比0埃塞俄比亚
2015.10.11 埃塞俄比亚3比0圣多美和普林西比
2015.10.10 乍得1比0塞拉利昂
2015.10.13 塞拉利昂2比1乍得
2015.10.7 科摩罗0比0莱索托
2015.10.13 莱索托1比1科摩罗
2015.10.9 吉布提0比6斯威士兰
2015.10.17 斯威士兰2比1吉布提
2015.10.10 厄立特里亚0比2博茨瓦纳
2015.10.13 博茨瓦纳3比1厄立特里亚
2015.10.7 塞舌尔0比1布隆迪
2015.10.13 布隆迪2比0塞舌尔
2015.10.8 利比里亚1比1几内亚比绍
2015.10.13 几内亚比绍1比3利比里亚
2015.10.10 中非0比3马达加斯加
2015.10.13 马达加斯加2比2中非
2015.10.7 毛里求斯2比5肯尼亚
2015.10.11 肯尼亚0比0毛里求斯
2015.10.7 坦桑尼亚2比0马拉维
2015.10.11 马拉维1比0坦桑尼亚

第2轮资格赛

2015.11.13 尼日尔0比3喀麦隆
2015.11.17 喀麦隆0比0尼日尔
2015.11.13 毛里塔尼亚1比2突尼斯
2015.11.17 突尼斯2比1毛里塔尼亚
2015.11.12 纳米比亚0比1几内亚
2015.11.15 几内亚2比0纳米比亚
2015.11.14 埃塞俄比亚3比4刚果共和国
2015.11.17 刚果共和国2比1埃塞俄比亚
2015.11.14 乍得1比0埃及
2015.11.17 埃及4比0乍得
2015.11.13 科摩罗0比0加纳
2015.11.17 加纳2比0科摩罗
2015.11.13 斯威士兰0比0尼日利亚
2015.11.17 尼日利亚2比0斯威士兰
2015.11.14 博茨瓦纳2比1马里
2015.11.17 马里2比0博茨瓦纳
2015.11.12 布隆迪2比3民主刚果
2015.11.15 民主刚果3比0布隆迪
2015.11.13 利比里亚0比1科特迪瓦
2015.11.17 科特迪瓦3比0利比里亚
2015.11.13 马达加斯加2比2塞内加尔
2015.11.17 塞内加尔3比0马达加斯加
2015.11.13 肯尼亚1比0佛得角
2015.11.17 佛得角2比0肯尼亚
2015.11.14 坦桑尼亚2比2阿尔及利亚
2015.11.17 阿尔及利亚7比0坦桑尼亚
2015.11.11 苏丹0比1赞比亚
2015.11.15 赞比亚2比0苏丹
2015.11.13 利比亚1比0卢旺达
2015.11.17 卢旺达1比3利比亚
2015.11.12 摩洛哥2比0赤道几内亚
2015.11.15 赤道几内亚1比0摩洛哥
2015.11.11 莫桑比克1比0加蓬
2015.11.14 加蓬1比0（点球4比3）莫桑比克
2015.11.12 贝宁2比1布基纳法索
2015.11.17 布基纳法索2比0贝宁
2015.11.12 多哥0比1乌干达
2015.11.15 乌干达3比0多哥
2015.11.13 安哥拉1比3南非
2015.11.17 南非1比0安哥拉

小组赛

第1组	胜	平	负	得失球	分
突尼斯	4	2	0	11:4	14
民主刚果	4	1	1	14:7	13
利比里亚	1	1	4	4:10	4
几内亚	1	0	5	6:14	3

（突尼斯出线）

2016.10.8 民主刚果4比0利比亚
2016.10.9 突尼斯2比0几内亚
2016.11.11 利比亚0比1突尼斯
2016.11.13 几内亚1比2民主刚果
2017.8.31 几内亚3比2利比亚
2017.9.1 突尼斯2比1民主刚果
2017.9.4 利比亚1比0几内亚
2017.9.5 民主刚果2比2突尼斯
2017.10.7 几内亚1比4突尼斯
2017.10.7 利比亚1比2民主刚果
2017.11.11 突尼斯0比0利比亚
2017.11.11 民主刚果3比1几内亚

第2组	胜	平	负	得失球	分
尼日利亚	4	1	1	11:6	13
赞比亚	2	2	2	8:7	8
喀麦隆	1	4	1	7:9	7
阿尔及利亚	1	1	4	6:10	4

（尼日利亚出线）

2016.10.9 赞比亚1比2尼日利亚
2016.10.9 阿尔及利亚1比1喀麦隆
2016.11.12 喀麦隆1比1赞比亚
2016.11.12 尼日利亚3比1阿尔及利亚
2017.9.1 尼日利亚4比0喀麦隆
2017.9.2 赞比亚3比1阿尔及利亚
2017.9.4 喀麦隆1比1尼日利亚
2017.9.5 阿尔及利亚0比1赞比亚
2017.10.7 尼日利亚1比0赞比亚
2017.10.7 喀麦隆2比0阿尔及利亚
2017.11.10 阿尔及利亚3比0尼日利亚
2017.11.11 赞比亚2比2喀麦隆

第3组	胜	平	负	得失球	分
摩洛哥	3	3	0	11:0	12
科特迪瓦	2	2	2	7:5	8
加蓬	1	3	2	2:7	6
马里	0	4	2	1:9	4

（摩洛哥出线）

2016.10.8 加蓬0比0摩洛哥
2016.10.8 科特迪瓦3比1马里
2016.11.12 马里0比0加蓬
2016.11.12 摩洛哥0比0科特迪瓦
2017.9.1 摩洛哥6比0马里
2017.9.2 加蓬0比3科特迪瓦
2017.9.5 科特迪瓦1比2加蓬
2017.9.5 马里0比0摩洛哥
2017.10.6 马里0比0科特迪瓦
2017.10.7 摩洛哥3比0加蓬
2017.11.11 加蓬0比0马里
2017.11.11 科特迪瓦0比2摩洛哥

第4组	胜	平	负	得失球	分
塞内加尔	4	2	0	10:3	14
布基纳法索	2	3	1	10:6	9
佛得角	2	0	4	4:12	6
南非	1	1	4	7:10	4

（塞内加尔出线）

2016.10.8 布基纳法索1比1南非
2016.10.8 塞内加尔2比0佛得角
2016.11.12 佛得角0比2布基纳法索
2017.9.1 佛得角2比1南非
2017.9.2 塞内加尔0比0布基纳法索
2017.9.5 南非1比2佛得角
2017.9.5 布基纳法索2比2塞内加尔
2017.10.7 南非3比1布基纳法索
2017.10.7 佛得角0比2塞内加尔
2017.11.10 南非0比2塞内加尔
2017.11.14 布基纳法索4比0佛得角
2017.11.14 塞内加尔2比1南非

第5组	胜	平	负	得失球	分
埃及	4	1	1	8:4	13
乌干达	2	3	1	3:2	9
加纳	1	4	1	7:5	7
刚果共和国	0	2	4	5:12	2

（埃及出线）

2016.10.7 加纳0比0乌干达
2016.10.9 刚果共和国1比2埃及
2016.11.12 乌干达1比0刚果共和国
2016.11.13 埃及2比0加纳
2017.8.31 乌干达1比0埃及
2017.9.1 加纳1比1刚果共和国
2017.9.5 刚果共和国1比5加纳
2017.9.5 埃及1比0乌干达
2017.10.7 乌干达0比0加纳
2017.10.8 埃及2比1刚果共和国
2017.11.12 刚果共和国1比1乌干达
2017.11.12 加纳1比1埃及

●南美区

（赛制）10支球队进行双循环小组赛，前4

名直接晋级世界杯决赛圈，第5名与大洋洲区第1名进行附加赛。

	胜	平	负	得失球	分
巴西	12	5	1	41:11	41
乌拉圭	9	4	5	32:20	31
阿根廷	7	7	4	19:16	28
哥伦比亚	7	6	5	21:19	27
秘鲁	7	5	6	27:26	26
智利	8	2	8	26:27	26
巴拉圭	7	3	8	19:25	24
厄瓜多尔	6	2	10	26:29	20
玻利维亚	4	2	12	16:38	14
委内瑞拉	2	6	10	19:35	12

（巴西、乌拉圭、阿根廷、哥伦比亚出线，秘鲁洲际附加赛）

2015.10.8 玻利维亚0比2乌拉圭
2015.10.8 哥伦比亚2比0秘鲁
2015.10.8 委内瑞拉0比1巴拉圭
2015.10.8 智利2比0巴西
2015.10.8 阿根廷0比2厄瓜多尔
2015.10.13 厄瓜多尔2比0玻利维亚
2015.10.13 乌拉圭3比0哥伦比亚
2015.10.13 巴拉圭0比0阿根廷
2015.10.13 巴西3比1委内瑞拉
2015.10.13 秘鲁3比4智利
2015.11.12 玻利维亚4比2委内瑞拉
2015.11.12 厄瓜多尔2比1乌拉圭
2015.11.12 智利1比1哥伦比亚
2015.11.13 阿根廷1比1巴西
2015.11.13 秘鲁1比0巴拉圭
2015.11.17 哥伦比亚0比1阿根廷
2015.11.17 委内瑞拉1比3厄瓜多尔
2015.11.17 巴拉圭2比1玻利维亚
2015.11.17 乌拉圭3比0智利
2015.11.17 巴西3比0秘鲁
2016.3.24 玻利维亚2比3哥伦比亚
2016.3.24 厄瓜多尔2比2巴拉圭
2016.3.24 智利1比2阿根廷
2016.3.24 秘鲁2比2委内瑞拉
2016.3.25 巴西2比2乌拉圭
2016.3.29 哥伦比亚3比1厄瓜多尔
2016.3.29 乌拉圭1比0秘鲁
2016.3.29 委内瑞拉1比4智利
2016.3.29 阿根廷2比0玻利维亚
2016.3.29 巴拉圭2比2巴西
2016.9.1 玻利维亚0比3秘鲁
（玻利维亚因使用违规球员被判负）
2016.9.1 哥伦比亚2比0委内瑞拉
2016.9.1 厄瓜多尔0比3巴西
2016.9.1 阿根廷1比0乌拉圭
2016.9.1 巴拉圭2比1智利
2016.9.6 乌拉圭4比0巴拉圭
2016.9.6 智利3比0玻利维亚
（玻利维亚因使用违规球员被判负）
2016.9.6 委内瑞拉2比2阿根廷
2016.9.6 巴西2比1哥伦比亚
2016.9.6 秘鲁2比1厄瓜多尔
2016.10.6 厄瓜多尔3比0智利
2016.10.6 乌拉圭3比0委内瑞拉
2016.10.6 巴拉圭0比1哥伦比亚
2016.10.6 巴西5比0玻利维亚
2016.10.6 秘鲁2比2阿根廷
2016.10.11 玻利维亚2比2厄瓜多尔
2016.10.11 哥伦比亚2比2乌拉圭
2016.10.11 阿根廷0比1巴拉圭
2016.10.11 智利2比1秘鲁
2016.10.11 委内瑞拉0比2巴西
2016.11.10 哥伦比亚0比0智利
2016.11.10 乌拉圭2比1厄瓜多尔
2016.11.10 巴拉圭1比4秘鲁
2016.11.10 巴西3比0阿根廷
2016.11.10 委内瑞拉5比0玻利维亚
2016.11.15 玻利维亚1比0巴拉圭
2016.11.15 厄瓜多尔3比0委内瑞拉
2016.11.15 阿根廷3比0哥伦比亚
2016.11.15 智利3比1乌拉圭
2016.11.15 秘鲁0比2巴西
2017.3.23 哥伦比亚1比0玻利维亚
2017.3.23 巴拉圭2比1厄瓜多尔
2017.3.23 乌拉圭1比4巴西
2017.3.23 阿根廷1比0智利
2017.3.23 委内瑞拉2比2秘鲁
2017.3.28 玻利维亚2比0阿根廷
2017.3.28 厄瓜多尔0比2哥伦比亚
2017.3.28 智利3比1委内瑞拉
2017.3.28 巴西3比0巴拉圭
2017.3.28 秘鲁2比1乌拉圭
2017.8.31 委内瑞拉0比0哥伦比亚
2017.8.31 智利0比3巴拉圭
2017.8.31 乌拉圭0比0阿根廷
2017.8.31 巴西2比0厄瓜多尔
2017.8.31 秘鲁2比1玻利维亚
2017.9.5 玻利维亚1比0智利
2017.9.5 哥伦比亚1比1巴西
2017.9.5 厄瓜多尔1比2秘鲁
2017.9.5 阿根廷1比1委内瑞拉
2017.9.5 巴拉圭1比2乌拉圭
2017.10.5 玻利维亚0比0巴西
2017.10.5 委内瑞拉0比0乌拉圭
2017.10.5 阿根廷0比0秘鲁
2017.10.5 智利2比1厄瓜多尔
2017.10.5 哥伦比亚1比2巴拉圭
2017.10.10 巴西3比0智利
2017.10.10 厄瓜多尔1比3阿根廷
2017.10.10 巴拉圭0比1委内瑞拉
2017.10.10 秘鲁1比1哥伦比亚
2017.10.10 乌拉圭4比2玻利维亚

“南美-大洋洲”附加赛

（秘鲁出线）

2017.11.11 新西兰0比0秘鲁
2017.11.15 秘鲁2比0新西兰

大洋洲区

（赛制）共11队参赛，前2轮小组赛暨大洋洲杯。第1轮小组赛在汤加举行，大洋洲区FIFA排名最后4位的球队进行单循环，第1名晋级。第2轮小组赛在巴布亚新几内亚举行，第1轮晋级的1支球队与剩余7支球队共8队分2组进行单循环，每组前3名晋级。第3轮小组赛由6支球队分2组进行主客场双循环，2个小组第1名进行主客场两回合决赛，胜者与南美区第5名进行附加赛。

第1轮小组赛

	胜	平	负	得失球	分
萨摩亚	2	0	1	6:3	6
美属萨摩亚	2	0	1	6:4	6
库克群岛	2	0	1	4:2	6
汤加	0	0	3	1:8	0

（萨摩亚晋级）

2015.8.31 汤加0比3库克群岛
2015.8.31 萨摩亚3比2美属萨摩亚
2015.9.2 库克群岛1比0萨摩亚
2015.9.2 汤加1比2美属萨摩亚
2015.9.4 汤加0比3萨摩亚
2015.9.4 美属萨摩亚2比0库克群岛

第2轮小组赛

第1组	胜	平	负	得失球	分
巴布亚新几内亚	1	2	0	11:3	5
新喀里多尼亚	1	2	0	9:2	5
塔希提	1	2	0	7:3	5
萨摩亚	0	0	3	0:19	0

（巴布亚新几内亚、新喀里多尼亚、塔希提晋级）

2016.5.29 巴布亚新几内亚1比1新喀里多尼亚
2016.5.29 塔希提4比0萨摩亚
2016.6.1 巴布亚新几内亚2比2塔希提
2016.6.1 新喀里多尼亚7比0萨摩亚
2016.6.5 巴布亚新几内亚8比0萨摩亚
2016.6.5 塔希提1比1新喀里多尼亚

第2组	胜	平	负	得失球	分
新西兰	3	0	0	9:1	9
所罗门群岛	1	0	2	1:2	3
斐济	1	0	2	4:6	3
瓦努阿图	1	0	2	3:8	3

（新西兰、所罗门群岛、斐济晋级）

2016.5.28 新西兰3比1斐济
2016.5.28 瓦努阿图0比1所罗门群岛
2016.5.31 瓦努阿图0比5新西兰
2016.5.31 所罗门群岛0比1斐济
2016.6.4 斐济2比3瓦努阿图
2016.6.4 新西兰1比0所罗门群岛

第3轮小组赛

第1组	胜	平	负	得失球	分
新西兰	3	1	0	6:0	10
新喀里多尼亚	1	2	1	4:5	5
斐济	0	1	3	3:8	1

（新西兰晋级）

2016.11.12 新西兰2比0新喀里多尼亚
2061.11.15 新喀里多尼亚0比0新西兰
2017.3.25 斐济0比2新西兰
2017.3.28 新西兰2比0斐济
2017.6.7 斐济2比2新喀里多尼亚
2017.6.11 新喀里多尼亚2比1斐济

第2组	胜	平	负	得失球	分
所罗门群岛	3	0	1	6:6	9
塔希提	2	0	2	7:4	6
巴布亚新几内亚	1	0	3	6:9	3

（塔希提晋级）

2016.11.7 塔希提3比0所罗门群岛
2016.11.13 所罗门群岛1比0塔希提
2017.3.23 巴布亚新几内亚1比3塔希提
2017.3.28 塔希提1比2巴布亚新几内亚
2017.6.9 所罗门群岛3比2巴布亚新几内亚
2017.6.13 巴布亚新几内亚1比2所罗门群岛

决赛

（新西兰洲际附加赛）

2017.9.1 新西兰6比1所罗门群岛
2017.9.5 所罗门群岛2比2新西兰

亚洲区

（赛制）共46队参赛。亚洲区FIFA排名最后12位的球队捉对进行资格赛，胜出的6支球队连同其他34支球队一起，共40队进行第1轮小组赛，分为8组，每组4队，8个小组第1名和成绩最好的4个小组第2名晋级第2轮小组赛。由于F组印尼被国际足联禁赛，比较小组第2名成绩时，不计算与同组最后一名的两回合成绩。第2轮小组赛12队分为2组，每组6队，小组前2名共4支球队直接晋级世界杯决赛圈，2个小组第3名进行附加赛，胜者与中北美及加勒比海地区第4名进行附加赛。

资格赛

2015.3.12 印度2比0尼泊尔
2015.3.17 尼泊尔0比0印度
2015.3.12 也门3比1巴基斯坦
2015.3.17 巴基斯坦0比0也门
2015.3.12 东帝汶3比1蒙古
2015.3.17 蒙古0比1东帝汶
（因为东帝汶这两场使用了违规球员，国际足联判决蒙古两回合均3比0胜，但此时预选赛已全部结束，蒙古并未能参加后续赛事）
2015.3.12 柬埔寨3比0中国澳门
2015.3.17 中国澳门1比1柬埔寨
2015.3.12 中华台北0比1文莱
2015.3.17 文莱0比2中华台北
2015.3.12 斯里兰卡0比1不丹
2015.3.17 不丹2比1斯里兰卡

第1轮小组赛

第1组	胜	平	负	得失球	分
沙特阿拉伯	6	2	0	28:4	20
阿联酋	5	2	1	27:4	17
巴勒斯坦	4	2	2	24:5	14
马来西亚	2	0	6	7:29	6
东帝汶	0	0	8	0:44	0

（沙特阿拉伯、阿联酋晋级，东帝汶因使用违规球员，所有输球不足0比3的比赛均判0比3负，超过0比3的维持原比分）

2015.6.11 马来西亚3比0东帝汶
2015.6.11 沙特阿拉伯3比2巴勒斯坦
2015.6.16 东帝汶0比3阿联酋
2015.6.16 马来西亚0比6巴勒斯坦
2015.9.3 阿联酋10比0马来西亚
2015.9.3 沙特阿拉伯7比0东帝汶
2015.9.8 马来西亚0比3沙特阿拉伯
（比赛因主场球迷向场内掷物被终止，马来西亚被判负）
2015.9.8 巴勒斯坦0比0阿联酋
2015.10.8 东帝汶0比3巴勒斯坦
2015.10.8 沙特阿拉伯2比1阿联酋
2015.10.13 东帝汶0比3马来西亚
2015.11.9 巴勒斯坦0比0沙特阿拉伯
2015.11.12 巴勒斯坦6比0马来西亚
2015.11.12 阿联酋8比0东帝汶
2015.11.17 东帝汶0比10沙特阿拉伯
2015.11.17 马来西亚1比2阿联酋
2016.3.24 阿联酋2比0巴勒斯坦
2016.3.24 沙特阿拉伯2比0马来西亚
2016.3.29 巴勒斯坦7比0东帝汶
2016.3.29 阿联酋1比1沙特阿拉伯

第2组	胜	平	负	得失球	分
澳大利亚	7	0	1	29:4	21
约旦	5	1	2	21:7	16
吉尔吉斯斯坦	4	2	2	10:8	14
塔吉克斯坦	1	2	5	9:20	5
孟加拉	0	1	7	2:32	1

（澳大利亚晋级）

2015.6.11 孟加拉1比3吉尔吉斯斯坦
2015.6.11 塔吉克斯坦1比3约旦
2015.6.16 孟加拉1比1塔吉克斯坦
2015.6.16 吉尔吉斯斯坦1比2澳大利亚
2015.9.3 澳大利亚5比0孟加拉
2015.9.3 约旦0比0吉尔吉斯斯坦
2015.9.8 孟加拉0比4约旦
2015.9.8 塔吉克斯坦0比3澳大利亚
2015.10.8 约旦2比0澳大利亚
2015.10.8 吉尔吉斯斯坦2比2塔吉克斯坦
2015.10.13 吉尔吉斯斯坦2比0孟加拉
2015.10.13 约旦3比0塔吉克斯坦
2015.11.12 澳大利亚3比0吉尔吉斯斯坦
2015.11.12 塔吉克斯坦5比0孟加拉
2015.11.17 孟加拉0比4澳大利亚
2015.11.17 吉尔吉斯斯坦1比0约旦
2016.3.24 澳大利亚7比0塔吉克斯坦
2016.3.24 约旦8比0孟加拉
2016.3.29 澳大利亚5比1约旦
2016.3.29 塔吉克斯坦0比1吉尔吉斯斯坦

第3组	胜	平	负	得失球	分
卡塔尔	7	0	1	29:4	21
中国	5	2	1	27:1	17
中国香港	4	2	2	13:5	14
马尔代夫	2	0	6	8:20	6
不丹	0	0	8	5:52	0

（卡塔尔、中国晋级）

2015.6.11 中国香港7比0不丹
2015.6.11 马尔代夫0比1卡塔尔
2015.6.16 不丹0比6中国
2015.6.16 中国香港2比0马尔代夫
2015.9.3 中国0比0中国香港
2015.9.3 卡塔尔15比0不丹
2015.9.8 马尔代夫0比3中国
2015.9.8 中国香港2比3卡塔尔
2015.10.8 不丹3比4马尔代夫
2015.10.8 卡塔尔1比0中国
2015.10.13 不丹0比1中国香港
2015.10.13 卡塔尔4比0马尔代夫
2015.11.12 马尔代夫0比1中国香港
2015.11.12 中国12比0不丹
2015.11.17 不丹0比3卡塔尔
2015.11.17 中国香港0比0中国
2016.3.24 中国4比0马尔代夫
2016.3.24 卡塔尔2比0中国香港
2016.3.29 中国2比0卡塔尔
2016.3.29 马尔代夫4比2不丹

第4组	胜	平	负	得失球	分
伊朗	6	2	0	26:3	20
阿曼	4	2	2	11:7	14
土库曼斯坦	4	1	3	10:11	13
关岛	2	1	5	3:16	7
印度	1	0	7	5:18	3

（伊朗晋级）

2015.6.11 关岛1比0土库曼斯坦
2015.6.11 印度1比2阿曼
2015.6.16 关岛2比1印度
2015.6.16 土库曼斯坦1比1伊朗
2015.9.3 伊朗6比0关岛
2015.9.3 阿曼3比1土库曼斯坦
2015.9.8 关岛0比0阿曼
2015.9.8 印度0比3伊朗
2015.10.8 土库曼斯坦2比1印度
2015.10.8 阿曼1比1伊朗
2015.10.13 土库曼斯坦1比0关岛
2015.10.13 阿曼3比0印度
2015.11.12 伊朗3比1土库曼斯坦
2015.11.12 印度1比0关岛
2015.11.17 关岛0比6伊朗
2015.11.17 土库曼斯坦2比1阿曼
2016.3.24 伊朗4比0印度
2016.3.24 阿曼1比0关岛
2016.3.29 印度1比2土库曼斯坦
2016.3.29 伊朗2比0阿曼

第5组	胜	平	负	得失球	分
日本	7	1	0	27:0	22
叙利亚	6	0	2	26:11	18
新加坡	3	1	4	9:9	10
阿富汗	3	0	5	8:24	9
柬埔寨	0	0	8	1:27	0

（日本、叙利亚晋级）

2015.6.11 柬埔寨0比4新加坡
2015.6.11 阿富汗0比6叙利亚
2015.6.16 日本0比0新加坡
2015.6.16 柬埔寨0比1阿富汗
2015.9.3 日本3比0柬埔寨
2015.9.3 叙利亚1比0新加坡
2015.9.8 柬埔寨0比6叙利亚
2015.9.8 阿富汗0比6日本
2015.10.8 新加坡1比0阿富汗
2015.10.8 叙利亚0比3日本
2015.10.13 新加坡2比1柬埔寨
2015.10.13 叙利亚5比2阿富汗
2015.11.12 新加坡0比3日本
2015.11.12 阿富汗3比0柬埔寨
2015.11.17 新加坡1比2叙利亚
2015.11.17 柬埔寨0比2日本
2016.3.24 日本5比0阿富汗
2016.3.24 叙利亚6比0柬埔寨
2016.3.29 阿富汗2比1新加坡
2016.3.29 日本5比0叙利亚

第6组	胜	平	负	得失球	分
泰国	4	2	0	14:6	14
伊拉克	3	3	0	13:6	12
越南	2	1	3	7:8	7
中华台北	0	0	6	5:19	0

（泰国、伊拉克晋级，该组第5支球队印尼被国际足联禁赛）

2015.5.24 泰国1比0越南
2015.6.16 中华台北0比2泰国
2015.9.3 伊拉克5比1中华台北
2015.9.8 中华台北1比2越南
2015.9.8 泰国2比2伊拉克
2015.10.8 越南1比1伊拉克
2015.10.13 越南0比3泰国
2015.11.12 泰国4比2中华台北
2015.11.17 中华台北0比2伊拉克
2016.3.24 越南4比1中华台北
2016.3.24 伊拉克2比2泰国
2016.3.29 伊拉克1比0越南

第7组	胜	平	负	得失球	分
韩国	8	0	0	27:0	24
黎巴嫩	3	2	3	12:6	11
科威特	3	1	4	12:10	10
缅甸	2	2	4	9:21	8
老挝	1	1	6	6:29	4

（韩国晋级，科威特2015年10月16日被国际足联禁赛，尚未进行的最后3轮均被判0比3负）

2015.6.11 老挝2比2缅甸
2015.6.11 黎巴嫩0比1科威特
2015.6.16 缅甸0比2韩国
2015.6.16 老挝0比2黎巴嫩
2015.9.3 韩国8比0老挝
2015.9.3 科威特9比0缅甸
2015.9.8 老挝0比2科威特
2015.9.8 黎巴嫩0比3韩国
2015.10.8 缅甸0比2黎巴嫩
2015.10.8 科威特0比1韩国
2015.10.13 缅甸3比1老挝
2015.10.13 科威特0比0黎巴嫩
2015.11.12 韩国4比0缅甸
2015.11.12 黎巴嫩7比0老挝
2015.11.17 老挝0比5韩国
2015.11.17 缅甸3比0科威特
2016.3.24 韩国1比0黎巴嫩
2016.3.24 科威特0比3老挝
2016.3.29 黎巴嫩1比1缅甸
2016.3.29 韩国3比0科威特

第8组	胜	平	负	得失球	分
乌兹别克斯坦	7	0	1	20:7	21
朝鲜	5	1	2	14:8	16
菲律宾	3	1	4	8:12	10
巴林	3	0	5	10:10	9
也门	1	0	7	2:17	3

（乌兹别克斯坦晋级）

2015.6.11 菲律宾2比1巴林
2015.6.11 也门0比3朝鲜
（也门因使用违规球员被判负）
2015.6.16 朝鲜4比2乌兹别克斯坦
2015.6.16 也门0比2菲律宾
2015.9.3 乌兹别克斯坦1比0也门
2015.9.3 巴林0比1朝鲜
2015.9.8 菲律宾1比5乌兹别克斯坦
2015.9.8 也门0比4巴林
2015.10.8 朝鲜0比0菲律宾
2015.10.8 巴林0比4乌兹别克斯坦
2015.10.13 朝鲜1比0也门
2015.10.13 巴林2比0菲律宾
2015.11.12 菲律宾0比1也门
2015.11.12 乌兹别克斯坦3比1朝鲜
2015.11.17 朝鲜2比0巴林
2015.11.17 也门1比3乌兹别克斯坦
2016.3.24 乌兹别克斯坦1比0菲律宾
2016.3.24 巴林3比0也门
2016.3.29 菲律宾3比2朝鲜
2016.3.29 乌兹别克斯坦1比0巴林

第2轮小组赛

第1组	胜	平	负	得失球	分
伊朗	6	4	0	10:2	22
韩国	4	3	3	11:10	15

叙利亚	3	4	3	9:8	13
乌兹别克斯坦	4	1	5	6:7	13
中国	3	3	4	8:10	12
卡塔尔	2	1	7	8:15	7

（伊朗、韩国出线，叙利亚附加赛）

2016.9.1 韩国3比2中国
2016.9.1 乌兹别克斯坦1比0叙利亚
2016.9.1 伊朗2比0卡塔尔
2016.9.6 中国0比0伊朗
2016.9.6 叙利亚0比0韩国
2016.9.6 卡塔尔0比1乌兹别克斯坦
2016.10.6 韩国3比2卡塔尔
2016.10.6 中国0比1叙利亚
2016.10.6 乌兹别克斯坦0比1伊朗
2016.10.11 乌兹别克斯坦2比0中国
2016.10.11 伊朗1比0韩国
2016.10.11 卡塔尔1比0叙利亚
2016.11.15 韩国2比1乌兹别克斯坦
2016.11.15 中国0比0卡塔尔
2016.11.15 叙利亚0比0伊朗
2017.3.23 中国1比0韩国
2017.3.23 叙利亚1比0乌兹别克斯坦
2017.3.23 卡塔尔0比1伊朗
2017.3.28 韩国1比0叙利亚
2017.3.28 伊朗1比0中国
2017.3.28 乌兹别克斯坦1比0卡塔尔
2017.6.12 伊朗2比0乌兹别克斯坦
2017.6.13 叙利亚2比2中国
2017.6.13 卡塔尔3比2韩国
2017.8.31 中国1比0乌兹别克斯坦
2017.8.31 韩国0比0伊朗
2017.8.31 叙利亚3比1卡塔尔
2017.9.5 卡塔尔1比2中国
2017.9.5 伊朗2比2叙利亚
2017.9.5 乌兹别克斯坦0比0韩国

第2组	胜	平	负	得失球	分
日本	6	2	2	17:7	20
沙特阿拉伯	6	1	3	17:10	19
澳大利亚	5	4	1	16:11	19
阿联酋	4	1	5	10:13	13
伊拉克	3	2	5	11:12	11
泰国	0	2	8	6:24	2

（日本、沙特阿拉伯出线，澳大利亚附加赛）

2016.9.1 澳大利亚2比0伊拉克
2016.9.1 日本1比2阿联酋
2016.9.1 沙特阿拉伯1比0泰国
2016.9.6 伊拉克1比2沙特阿拉伯
2016.9.6 泰国0比2日本
2016.9.6 阿联酋0比1澳大利亚
2016.10.6 日本2比1伊拉克
2016.10.6 阿联酋3比1泰国
2016.10.6 沙特阿拉伯2比2澳大利亚
2016.10.11 澳大利亚1比1日本
2016.10.11 伊拉克4比0泰国
2016.10.11 沙特阿拉伯3比0阿联酋
2016.11.15 日本2比1沙特阿拉伯
2016.11.15 泰国2比2澳大利亚
2016.11.15 阿联酋2比0伊拉克
2017.3.23 伊拉克1比1澳大利亚
2017.3.23 泰国0比3沙特阿拉伯
2017.3.23 阿联酋0比2日本
2017.3.28 澳大利亚2比0阿联酋
2017.3.28 日本4比0泰国
2017.3.28 沙特阿拉伯1比0伊拉克
2017.6.8 澳大利亚3比2沙特阿拉伯
2017.6.13 泰国1比1阿联酋
2017.6.13 伊拉克1比1日本
2017.8.29 阿联酋2比1沙特阿拉伯
2017.8.31 日本2比0澳大利亚
2017.8.31 泰国1比2伊拉克
2017.9.5 澳大利亚2比1泰国
2017.9.5 伊拉克1比0阿联酋
2017.9.5 沙特阿拉伯1比0日本

亚洲区附加赛
（澳大利亚洲际附加赛）

2017.10.5 叙利亚1比1澳大利亚
2017.10.10 澳大利亚2比1（加时）叙利亚

“亚洲-中北美及加勒比海地区”附加赛
（澳大利亚出线）

2017.11.10 洪都拉斯0比0澳大利亚
2017.11.15 澳大利亚3比1洪都拉斯

●中北美及加勒比海地区

（赛制）共35队参赛。中北美及加勒比海地区FIFA排名最后14位的球队捉对进行第1轮资格赛，胜出的7支球队连同FIFA排名第9至21位的13支球队一起，共20队捉对进行第2轮资格赛，胜出的10支球队连同FIFA排名第7和第8位的2支球队一起，共12队捉对进行第3轮资格赛，胜出的6支球队连同FIFA排名前6位的球队一起，共12队分3组进行第1轮小组赛，每组4队，每组前2名晋级第2轮小组赛，6支球队打主客场双循环，前3名直接晋级世界杯决赛圈，第4名与亚洲区第5名进行附加赛。

第1轮资格赛

2015.3.25 巴哈马群岛0比5百慕大群岛
2015.3.29 百慕大群岛3比0巴哈马群岛
2015.3.26 英属维京群岛2比3多米尼加
2015.3.29 多米尼加0比0英属维京群岛
2015.3.22 巴巴多斯0比1美属维京群岛
2015.3.26 美属维京群岛0比4巴巴多斯
2015.3.23 圣基茨和尼维斯6比2特克斯和凯科斯群岛
2015.3.26 特克斯和凯科斯群岛2比6圣基茨和尼维斯
2015.3.23 尼加拉瓜5比0安圭拉
2015.3.29 安圭拉0比3尼加拉瓜
2015.3.25 伯利兹0比0开曼群岛
2015.3.29 开曼群岛1比1伯利兹
2015.3.27 库拉索2比1蒙特塞拉特
2015.3.31 蒙特塞拉特2比2库拉索

第2轮资格赛

2015.6.10 圣文森特和格林纳丁斯2比2圭亚那
2015.6.14 圭亚那4比4圣文森特和格林纳丁斯
2015.6.10 安提瓜和巴布达1比3圣卢西亚
2015.6.14 圣卢西亚1比4安提瓜和巴布达
2015.6.12 波多黎各1比0格林纳达
2015.6.16 格林纳达2比0波多黎各
2015.6.11 多米尼加0比2加拿大
2015.6.16 加拿大4比0多米尼加
2015.6.11 多米尼加1比2伯利兹
2015.6.14 伯利兹3比0多米尼加
2015.6.12 危地马拉0比0百慕大群岛
2015.6.15 百慕大群岛0比1危地马拉
2015.6.10 阿鲁巴0比2巴巴多斯
2015.6.14 巴巴多斯0比3阿鲁巴
2015.6.11 圣基茨和尼维斯2比2萨尔瓦多
2015.6.16 萨尔瓦多4比1圣基茨和尼维斯
2015.6.10 库拉索0比0古巴
2015.6.14 古巴1比1库拉索
2015.6.7 尼加拉瓜1比0苏里南
2015.6.16 苏里南1比3尼加拉瓜

第3轮资格赛

2015.9.4 库拉索0比1萨尔瓦多
2015.9.8 萨尔瓦多1比0库拉索
2015.9.4 加拿大3比0伯利兹
2015.9.8 伯利兹1比1加拿大
2015.9.4 格林纳达1比3海地
2015.9.8 海地3比0格林纳达
2015.9.4 牙买加2比3尼加拉瓜
2015.9.8 尼加拉瓜0比2牙买加
2015.9.4 圣文森特和格林纳丁斯2比0阿鲁巴
2015.9.8 阿鲁巴2比1圣文森特和格林纳丁斯
2015.9.4 安提瓜和巴布达1比0危地马拉
2015.9.8 危地马拉2比0安提瓜和巴布达

第1轮小组赛

第1组	胜	平	负	得失球	分
墨西哥	5	1	0	13:1	16
洪都拉斯	2	2	2	6:6	8
加拿大	2	1	3	5:8	7
萨尔瓦多	0	2	4	4:13	2

（墨西哥、洪都拉斯晋级）

2015.11.13 墨西哥3比0萨尔瓦多
2015.11.13 加拿大1比0洪都拉斯
2015.11.17 洪都拉斯0比2墨西哥
2015.11.17 萨尔瓦多0比0加拿大
2016.3.25 萨尔瓦多2比2洪都拉斯
2016.3.25 加拿大0比3墨西哥
2016.3.29 洪都拉斯2比0萨尔瓦多
2016.3.29 墨西哥2比0加拿大
2016.9.2 洪都拉斯2比1加拿大
2016.9.2 萨尔瓦多1比3墨西哥
2016.9.6 墨西哥0比0洪都拉斯
2016.9.6 加拿大3比1萨尔瓦多

第2组	胜	平	负	得失球	分
哥斯达黎加	5	1	0	11:3	16
巴拿马	3	1	2	7:5	10
海地	1	1	4	2:4	4
牙买加	1	1	4	2:10	4

（哥斯达黎加、巴拿马晋级）

2015.11.13 哥斯达黎加1比0海地
2015.11.13 牙买加0比2巴拿马
2015.11.17 海地0比1牙买加
2015.11.17 巴拿马1比2哥斯达黎加
2016.3.25 牙买加1比1哥斯达黎加
2016.3.25 海地0比0巴拿马
2016.3.29 巴拿马1比0海地
2016.3.29 哥斯达黎加3比0牙买加
2016.9.2 海地0比1哥斯达黎加
2016.9.2 巴拿马2比0牙买加
2016.9.6 牙买加0比2海地
2016.9.6 哥斯达黎加3比1巴拿马

第3组	胜	平	负	得失球	分
美国	4	1	1	20:3	13
特立尼达和多巴哥	3	2	1	13:9	11
危地马拉	3	1	2	18:11	10
圣文森特和格林纳丁斯	0	0	6	6:34	0

（美国、特立尼达和多巴哥晋级）

2015.11.13 美国6比1圣文森特和格林纳丁斯
2015.11.13 危地马拉1比2特立尼达和多巴哥
2015.11.17 圣文森特和格林纳丁斯0比4危地马拉
2015.11.17 特立尼达和多巴哥0比0美国
2016.3.25 圣文森特和格林纳丁斯2比3特立尼达和多巴哥
2016.3.25 危地马拉2比0美国
2016.3.29 特立尼达和多巴哥6比0圣文森特和格林纳丁斯
2016.3.29 美国4比0危地马拉
2016.9.2 圣文森特和格林纳丁斯0比6美国
2016.9.2 特立尼达和多巴哥2比2危地马拉
2016.9.6 美国4比0特立尼达和多巴哥
2016.9.6 危地马拉9比3圣文森特和格林纳丁斯

第2轮小组赛

	胜	平	负	得失球	分
墨西哥	6	3	1	16:7	21
哥斯达黎加	4	4	2	14:8	16
巴拿马	3	4	3	9:10	13
洪都拉斯	3	4	3	13:19	13
美国	3	3	4	17:13	12
特立尼达和多巴哥	2	0	8	7:19	6

（墨西哥、哥斯达黎加、巴拿马出线，洪都拉斯洲际附加赛）

2016.11.11 洪都拉斯0比1巴拿马
2016.11.11 特立尼达和多巴哥0比2哥斯达黎加
2016.11.11 美国1比2墨西哥

2016.11.15 洪都拉斯3比1特立尼达和多巴哥
2016.11.15 哥斯达黎加4比0美国
2016.11.15 巴拿马0比0墨西哥
2017.3.24 特立尼达和多巴哥1比0巴拿马
2017.3.24 墨西哥2比0哥斯达黎加
2017.3.24 美国6比0洪都拉斯
2017.3.28 洪都拉斯1比1哥斯达黎加
2017.3.28 特立尼达和多巴哥0比1墨西哥
2017.3.28 巴拿马1比1美国
2017.6.8 美国2比0特立尼达和多巴哥
2017.6.8 哥斯达黎加0比0巴拿马
2017.6.8 墨西哥3比0洪都拉斯
2017.6.11 墨西哥1比1美国
2017.6.13 巴拿马2比2洪都拉斯
2017.6.13 哥斯达黎加2比1特立尼达和多巴哥
2017.9.1 美国0比2哥斯达黎加
2017.9.1 特立尼达和多巴哥1比2洪都拉斯
2017.9.1 墨西哥1比0巴拿马
2017.9.5 洪都拉斯1比1美国
2017.9.5 哥斯达黎加1比1墨西哥
2017.9.5 巴拿马3比0特立尼达和多巴哥
2017.10.6 美国4比0巴拿马
2017.10.6 墨西哥3比1特立尼达和多巴哥
2017.10.6 哥斯达黎加1比1洪都拉斯
2017.10.10 洪都拉斯3比2墨西哥
2017.10.10 巴拿马2比1哥斯达黎加
2017.10.10 特立尼达和多巴哥2比1美国

决赛阶段

32队分成8个小组进行单循环赛，每组前两名晋级16强。16强捉对交手直至产生冠军，半决赛两支输球队争夺季军。

小组赛

A组	胜	平	负	得失球	分
乌拉圭	3	0	0	5:0	9
俄罗斯	2	0	1	8:4	6
沙特阿拉伯	1	0	2	2:7	3
埃及	0	0	3	2:6	0

（乌拉圭、俄罗斯晋级）

2018.6.14 俄罗斯5比0沙特阿拉伯
莫斯科/78011人，**主裁判：**皮塔纳（阿根廷）
进球：12' 加津斯基，43'、90+1' 切雷舍夫，71' 久巴，90+4' 戈洛温
俄罗斯（4231）：阿金费耶夫/马里奥·费尔南德斯、库捷波夫、伊格纳舍维奇、日尔科夫/加津斯基、佐布宁/萨梅多夫（64' 库贾耶夫）、扎戈耶夫（24' 切雷舍夫）、戈洛温/斯莫洛夫（70' 久巴）
沙特阿拉伯（451）：穆艾乌夫/布雷克、奥萨马·豪萨维、奥马尔·豪萨维、沙赫拉尼/道萨里、奥泰夫（64' 法赫德·穆瓦拉德）、萨勒曼·法拉杰、泰西尔·贾西姆、叶海亚·谢赫里（72' 哈坦·巴赫卜里）/萨赫拉维（85' 穆罕纳德·阿西里）
2018.6.15 埃及0比1乌拉圭
叶卡捷琳堡/27015人，**主裁判：**克伊佩尔斯（荷兰）
进球：89' 何塞·希门尼斯
埃及（4231）：希纳维/法特希、贾布尔、赫贾齐、阿卜杜勒-沙菲/哈米德（50' 穆尔西）、奈尼/瓦尔达（82' 苏卜希）、阿卜杜拉·赛义德、特雷泽盖/穆赫辛（63' 卡赫拉巴）
乌拉圭（442）：穆斯莱拉/吉列尔莫·巴雷拉、何塞·希门尼斯、戈丁、卡塞雷斯/南德斯（58' 卡洛斯·桑切斯）、贝西诺（87' 托雷拉）、本坦库尔、德阿拉斯卡埃塔（59' 克里斯蒂安·罗德里格斯）/苏亚雷斯、卡瓦尼
2018.6.19 俄罗斯3比1埃及
圣彼得堡/64468人，**主裁判：**恩里克·卡塞雷斯（巴拉圭）
进球：47'（乌龙）法特希，59' 切雷舍夫，62' 久巴/73'（点球）萨拉赫
俄罗斯（4231）：阿金费耶夫/马里奥·费尔南德斯、库捷波夫、伊格纳舍维奇、日尔科夫（86' 库德里亚绍夫）/佐布宁、加津斯基/萨梅多夫、戈洛温、切雷舍夫（74' 库贾耶夫）/久巴（79' 斯莫洛夫）
埃及（4231）：希纳维/法特希、贾布尔、赫贾齐、阿卜杜勒-沙菲/哈米德、奈尼（64' 瓦尔达）/萨拉赫、阿卜杜拉·赛义德、特雷泽盖（68' 苏卜希）/穆赫辛（82' 卡赫拉巴）
2018.6.20 乌拉圭1比0沙特阿拉伯
顿河畔罗斯托夫/42678人，**主裁判：**蒂尔潘（法国）
进球：23' 苏亚雷斯
乌拉圭（442）：穆斯莱拉/吉列尔莫·巴雷拉、何塞·希门尼斯、戈丁、卡塞雷斯/卡洛斯·桑切斯（82' 南德斯）、贝西诺（59' 托雷拉）、本坦库尔、克里斯蒂安·罗德里格斯（59' 拉克索尔特）/苏亚雷斯、卡瓦尼
沙特阿拉伯（451）：奥韦斯/布雷克、奥萨马·豪萨维、布莱希、沙赫拉尼/哈坦·巴赫卜里（75' 穆罕默德·卡努）、萨勒曼·法拉杰、奥泰夫、泰西尔·贾西姆（44' 穆卡赫维）、道萨里/法赫德·穆瓦拉德（78' 萨赫拉维）
2018.6.25 乌拉圭3比0俄罗斯
萨马拉/41970人，**主裁判：**迪耶迪乌（塞内加尔）
进球：10' 苏亚雷斯，23'（乌龙）切雷舍夫，90' 卡瓦尼
乌拉圭（3142）：穆斯莱拉/科阿特斯、戈丁、卡塞雷斯/托雷拉/南德斯（73' 克里斯蒂安·罗德里格斯）、贝西诺、本坦库尔（63' 德阿拉斯卡埃塔）、拉克索尔特/苏亚雷斯、卡瓦尼（90+3' 马克西·戈麦斯）
俄罗斯（4231）：阿金费耶夫/斯莫尔尼科夫、库捷波夫、伊格纳舍维奇、库德里亚绍夫/佐布宁、加津斯基（46' 库贾耶夫）/萨梅多夫、阿列克谢·米兰丘克（60' 斯莫洛夫）、切雷舍夫（38' 马里奥·费尔南德斯）/久巴
2018.6.25 沙特阿拉伯2比1埃及
伏尔加格勒/36823人，**主裁判：**罗尔丹（哥伦比亚）
进球：45+6' 萨勒曼·法拉杰，90+5' 道萨里/22' 萨拉赫
沙特阿拉伯（451）：穆赛勒姆/布雷克、奥萨马·豪萨维、莫塔兹·豪萨维、沙赫拉尼/哈坦·巴赫卜里（65' 穆罕纳德·阿西里）、萨勒曼·法拉杰、奥泰夫、穆卡赫维、道萨里/法赫德·穆瓦拉德（79' 叶海亚·谢赫里）
埃及（4231）：埃萨姆·哈达里/法特希、贾布尔、赫贾齐、阿卜杜勒-沙菲/奈尼、哈米德/萨拉赫、阿卜杜拉·赛义德（45+7' 瓦尔达）、特雷泽盖（81' 卡赫拉巴）/穆赫辛（64' 苏卜希）

B组	胜	平	负	得失球	分
西班牙	1	2	0	6:5	5
葡萄牙	1	2	0	5:4	5
伊朗	1	1	1	2:2	4
摩洛哥	0	1	2	2:4	1

（西班牙、葡萄牙晋级）

2018.6.15 摩洛哥0比1伊朗
圣彼得堡/62548人，**主裁判：**恰克尔（土耳其）
进球：90+5'（乌龙）鲍哈杜兹
摩洛哥（343）：穆尼尔/阿什拉夫、贝纳蒂亚、赛斯/布苏法、齐耶赫、卡里姆·艾哈迈迪、阿里特（82' 曼努埃尔·达科斯塔）/努尔丁·阿姆拉巴特（76' 索菲扬·阿姆拉巴特）、卡比（77' 鲍哈杜兹）、贝勒汉达
伊朗（343）：贝兰万德/雷扎埃安、切什米、普拉利甘吉/安萨里法德、易卜拉希米（81' 侯塞尼）、哈杰萨菲、舒贾埃（68' 塔雷米）/贾汉巴赫什（85' 戈多斯）、阿兹蒙、阿米里
2018.6.15 葡萄牙3比3西班牙
索契/43866人，**主裁判：**罗基（意大利）
进球：4'（点球）、44'、88' C罗/24'、55' 迭戈·科斯塔，58' 纳乔
葡萄牙（4231）：帕特里西奥/塞德里克、佩佩、丰特、拉斐尔·格雷罗/威廉·卡瓦略、穆蒂尼奥/贝纳尔多·席尔瓦（69' 夸雷斯马）、格德斯（80' 安德烈·席尔瓦）、布鲁诺·费尔南德斯（68' 若昂·马里奥）/C罗
西班牙（4231）：德赫亚/纳乔、皮克、拉莫斯、阿尔瓦/布斯克茨、科克/大卫·席尔瓦（86' 巴斯克斯）、伊斯科、伊涅斯塔（70' 蒂亚戈）/迭戈·科斯塔（77' 阿斯帕斯）
2018.6.20 葡萄牙1比0摩洛哥
莫斯科/78011人，**主裁判：**盖格（美国）
进球：4' C罗
葡萄牙（442）：帕特里西奥/塞德里克、佩佩、丰特、拉斐尔·格雷罗/贝尔纳多·席尔瓦（59' 热尔松·马丁斯）、威廉·卡瓦略、穆蒂尼奥（89' 阿德里安·席尔瓦）、若昂·马里奥（70' 布鲁诺·费尔南德斯）/格德斯、C罗
摩洛哥（4231）：穆尼尔/纳比尔·迪拉尔、贝纳蒂亚、曼努埃尔·达科斯塔、阿什拉夫/卡里姆·艾哈迈迪（86' 法热）、布苏法/努尔丁·阿姆拉巴特、贝勒汉达（75' 坎塞拉-冈萨雷斯）、齐耶赫/布塔伊卜（70' 卡比）
2018.6.20 伊朗0比1西班牙
喀山/42718人，**主裁判：**库尼亚（乌拉圭）
进球：54' 迭戈·科斯塔
伊朗（4231）：贝兰万德/雷扎埃安、侯塞尼、普拉利甘吉、哈杰萨菲（69' 米拉德·穆罕默迪）/易卜拉希米、埃扎托拉希/安萨里法德（74' 贾汉巴赫什）、塔雷米、阿米里（86' 戈多斯）/阿兹蒙
西班牙（4231）：德赫亚/卡瓦哈尔、皮克、拉莫斯、阿尔瓦/布斯克茨、伊涅斯塔（71' 科克）/大卫·席尔瓦、伊斯科、巴斯克斯（79' 阿森西奥）/迭戈·科斯塔（89' 罗德里戈）
2018.6.25 伊朗1比1葡萄牙
萨兰斯克/41685人，**主裁判：**恩里克·卡塞雷斯（巴拉圭）
进球：90+3'（点球）安萨里法德/45' 夸雷斯马
伊朗（4141）：贝兰万德/雷扎埃安、侯塞尼、普拉利甘吉、哈杰萨菲（56' 米拉德·穆罕默迪）/埃扎托拉希（76' 安萨里法德）/塔雷米、贾汉巴赫什（70' 戈多斯）、易卜拉希米、阿米里/阿兹蒙
葡萄牙（442）：帕特里西奥/塞德里克、佩佩、丰特、拉斐尔·格雷罗/夸雷斯马（70' 贝尔纳多·席尔瓦）、威廉·卡瓦略、阿德里安·席尔瓦、若昂·马里奥（84' 穆蒂尼奥）/安德烈·席尔瓦（90+6' 格德斯）、C罗
2018.6.25 西班牙2比2摩洛哥
加里宁格勒/33973人，**主裁判：**伊尔马托夫（乌兹别克斯坦）
进球：19' 伊斯科，90+1' 阿斯帕斯/14' 布塔伊卜，81' 奈赛里
西班牙（4231）：德赫亚/卡瓦哈尔、皮克、拉莫斯、阿尔瓦/布斯克茨、蒂亚戈（74' 阿森西奥）/大卫·席尔瓦（84' 罗德里戈）、伊斯科、伊涅斯塔/迭戈·科斯塔（74' 阿斯帕斯）
摩洛哥（4231）：穆尼尔/纳比尔·迪拉尔、曼努埃尔·达科斯塔、赛斯、阿什拉夫/卡里姆·艾哈迈迪、布苏法/努尔丁·阿姆拉巴特、贝勒汉达（63' 法热）、齐耶赫（85' 鲍哈杜兹）/布塔伊卜（72' 奈赛里）

C组	胜	平	负	得失球	分
法国	2	1	0	3:1	7
丹麦	1	2	0	2:1	5
秘鲁	1	0	2	2:2	3
澳大利亚	0	1	2	2:5	1

（法国、丹麦晋级）

2018.6.16 法国2比1澳大利亚
喀山/41279人，**主裁判：**库尼亚（乌拉圭）
进球：58'（点球）格列兹曼，81'（乌龙）贝希奇/62'（点球）耶迪纳克
法国（433）：洛里斯/帕瓦尔、瓦拉内、乌姆蒂蒂、卢卡斯·埃尔南德斯/托利索（78'马图伊迪）、坎特、博格巴/奥斯曼·登贝莱（70'费基尔）、姆巴佩、格列兹曼（70'吉鲁）
澳大利亚（4231）：马修·瑞安/里斯登、米利根、塞恩斯伯里、贝希奇/耶迪纳克、穆伊/莱基、罗吉奇（72'杰克逊·欧文）、罗比·克鲁泽（84'阿尔扎尼）/纳布特（64'尤里奇）

2018.6.16 秘鲁0比1丹麦
萨兰斯克/40502人，**主裁判：**加萨马（冈比亚）
进球：59'优素福·波尔森
秘鲁（4231）：加列塞/阿德文库拉、阿尔韦托·罗德里格斯、克里斯蒂安·拉莫斯、特劳科/雷纳托·塔皮亚（87'阿基诺）、约通/安德烈·卡里略、奎瓦、埃迪松·弗洛雷斯（62'保罗·格雷罗）/法尔范（85'鲁伊迪亚斯）
丹麦（433）：卡斯珀·舒梅切尔/达尔斯高、西蒙·凯尔、克里斯滕森（81'马蒂亚斯·约根森）、延斯·拉森/奎斯特、埃里克森、德莱尼/优素福·波尔森、尼古拉·约根森、西斯托（67'布雷思韦特）

2018.6.21 丹麦1比1澳大利亚
萨马拉/40727人，**主裁判：**拉奥斯（西班牙）
进球：7'埃里克森/38'（点球）耶迪纳克
丹麦（433）：卡斯珀·舒梅切尔/达尔斯高、西蒙·凯尔、克里斯滕森、延斯·拉森/德莱尼、舍内、埃里克森/优素福·波尔森（59'布雷思韦特）、尼古拉·约根森（68'科内柳斯）、西斯托
澳大利亚（4231）：马修·瑞安/里斯登、塞恩斯伯里、米利根、贝希奇/耶迪纳克、穆伊/莱基、罗吉奇（82'杰克逊·欧文）、罗比·克鲁泽（68'阿尔扎尼）/纳布特（75'尤里奇）

2018.6.21 法国1比0秘鲁
叶卡捷琳堡/32789人，**主裁判：**穆罕默德·阿卜杜拉（阿联酋）
进球：34'姆巴佩
法国（4231）：洛里斯/帕瓦尔、瓦拉内、乌姆蒂蒂、卢卡斯·埃尔南德斯/博格巴（89'恩宗齐）、坎特/姆巴佩（75'奥斯曼·登贝莱）、格列兹曼（80'费基尔）、马图伊迪/吉鲁
秘鲁（4231）：加列塞/阿德文库拉、克里斯蒂安·拉莫斯、阿尔韦托·罗德里格斯（46'圣马里亚）、特劳科/阿基诺、约通（46'法尔范）/安德烈·卡里略、奎瓦（82'鲁伊迪亚斯）、埃迪松·弗洛雷斯/保罗·格雷罗

2018.6.26 丹麦0比0法国
莫斯科/78011人，**主裁判：**里西（巴西）
丹麦（433）：卡斯珀·舒梅切尔/达尔斯高、西蒙·凯尔、克里斯滕森、延斯·拉森/德莱尼（90+2'莱拉格）、马蒂亚斯·约根森、埃里克森/西斯托（60'维克托·菲舍尔）、科内柳斯（75'多尔贝尔）、布雷思韦特
法国（4231）：芒当达/西迪贝、瓦拉内、金彭贝、卢卡斯·埃尔南德斯（50'邦雅曼·门迪）/坎特、恩宗齐/奥斯曼·登贝莱（78'姆巴佩）、格列兹曼（68'费基尔）、勒马尔/吉鲁

2018.6.26 澳大利亚0比2秘鲁
索契/44073人，**主裁判：**卡拉肖夫（俄罗斯）
进球：18'安德烈·卡里略，50'保罗·格雷罗
澳大利亚（4231）：马修·瑞安/里斯登、塞恩斯伯里、米利根、贝希奇/耶迪纳克、穆伊/莱基、罗吉奇（72'杰克逊·欧文）、罗比·克鲁泽（58'阿尔扎尼）/尤里奇（53'蒂姆·卡希尔）
秘鲁（4231）：加列塞/阿德文库拉、克里斯蒂安·拉莫斯、圣马里亚、特劳科/雷纳托·塔皮亚（63'乌尔塔多）、约通（46'阿基诺）/安德烈·卡里略（79'卡塔赫纳）、奎瓦、埃迪松·弗洛雷斯/保罗·格雷罗

D组	胜	平	负	得失球	分
克罗地亚	3	0	0	7:1	9
阿根廷	1	1	1	3:5	4
尼日利亚	1	0	2	3:4	3
冰岛	0	1	2	2:5	1

（克罗地亚、阿根廷晋级）

2018.6.16 阿根廷1比1冰岛
莫斯科/44190人，**主裁判：**马齐尼亚克（波兰）
进球：19'阿圭罗/23'芬博阿松
阿根廷（4231）：卡瓦列罗/萨尔维奥、奥塔门迪、罗霍、塔利亚菲科/马斯切拉诺、比格利亚（54'巴内加）/梅萨（84'伊瓜因）、梅西、迪马利亚（75'帕冯）/阿圭罗
冰岛（433）：哈尔多松/塞瓦松、奥德纳松、拉格纳·西古德森、马格努松/贡纳松（76'阿里·斯库拉松）、吉尔维·西古德森、哈尔弗雷兹松/约翰·格维兹门松（63'吉斯拉松）、芬博阿松（89'西于尔扎松）、比亚尔纳松

2018.6.16 克罗地亚2比0尼日利亚
加里宁格勒/31136人，**主裁判：**里西（巴西）
进球：32'（乌龙）埃泰博，71'（点球）莫德里奇
克罗地亚（4231）：苏巴希奇/弗尔萨利科、维达、洛夫伦、斯特里尼奇/拉基蒂奇、莫德里奇/雷比奇（78'科瓦契奇）、克拉马里奇（60'布罗佐维奇）、佩里西奇/曼朱基奇（86'皮亚察）
尼日利亚（4231）：乌佐霍/谢胡、巴洛贡、埃孔、伊多武/恩迪迪、埃泰博/摩西、米克尔（88'恩万库沃）、伊沃比（62'艾哈迈德·穆萨）/伊加洛（72'伊希纳乔）

2018.6.21 阿根廷0比3克罗地亚
下诺夫哥罗德/43319人，**主裁判：**伊尔马托夫（乌兹别克斯坦）
进球：53'雷比奇，80'莫德里奇，90+1'拉基蒂奇
阿根廷（343）：卡瓦列罗/梅尔卡多、奥塔门迪、塔利亚菲科/萨尔维奥（56'帕冯）、马斯切拉诺、恩佐·佩雷斯（68'迪巴拉）、阿库尼亚/梅西、阿圭罗（54'伊瓜因）、梅萨
克罗地亚（4231）：苏巴希奇/弗尔萨利科、洛夫伦、维达、斯特里尼奇/拉基蒂奇、布罗佐维奇/雷比奇（57'克拉马里奇）、莫德里奇、佩里西奇（82'科瓦契奇）/曼朱基奇（90+3'乔尔卢卡）

2018.6.22 尼日利亚2比0冰岛
伏尔加格勒/40904人，**主裁判：**康格（新西兰）
进球：49'、75'艾哈迈德·穆萨
尼日利亚（352）：乌佐霍/奥梅罗、埃孔、巴洛贡/摩西、埃泰博（90'伊沃比）、米克尔、恩迪迪、伊多武（46'埃布埃希）/艾哈迈德·穆萨、伊希纳乔（85'伊加洛）
冰岛（442）：哈尔多松/塞瓦松、奥德纳松、拉格纳·西古德森（65'英阿松）、马格努松/吉斯拉松、贡纳松（87'阿里·斯库拉松）、吉尔维·西古德森、比亚尔纳松/伯兹瓦尔松（71'西于尔扎松）、芬博阿松

2018.6.26 尼日利亚1比2阿根廷
圣彼得堡/64468人，**主裁判：**恰克尔（土耳其）
进球：51'（点球）摩西/14'梅西，86'罗霍
尼日利亚（352）：乌佐霍/巴洛贡、埃孔、奥梅罗（90'伊沃比）/摩西、埃泰博、米克尔、恩迪迪、伊多武/艾哈迈德·穆萨（90+2'恩万库沃）、伊希纳乔（46'伊加洛）
阿根廷（442）：阿尔马尼/梅尔卡多、奥塔门迪、罗霍、塔利亚菲科（80'阿圭罗）/恩佐·佩雷斯（61'帕冯）、马斯切拉诺、巴内加、迪马利亚（72'梅萨）/梅西、伊瓜因

2018.6.26 冰岛1比2克罗地亚
顿河畔罗斯托夫/43472人，**主裁判：**拉奥斯（西班牙）
进球：76'（点球）吉尔维·西古德森/53'巴德利，90'佩里西奇
冰岛（4231）：哈尔多松/塞瓦松、英阿松、拉格纳·西古德森（70'西于尔扎松）、马格努松/贡纳松、哈尔弗雷兹松/约翰·格维兹门松、吉尔维·西古德森、比亚尔纳松（90'特勒伊斯塔松）/芬博阿松（85'阿尔贝特·格维兹门松）
克罗地亚（4231）：洛夫雷·卡利尼奇/耶德瓦伊、乔尔卢卡、查莱塔-察尔、皮瓦里奇/莫德里奇（65'布拉达里奇）、巴德利/皮亚察（70'洛夫伦）、科瓦契奇（81'拉基蒂奇）、佩里西奇/克拉马里奇

E组	胜	平	负	得失球	分
巴西	2	1	0	5:1	7
瑞士	1	2	0	5:4	5
塞尔维亚	1	0	2	2:4	3
哥斯达黎加	0	1	2	2:5	1

（巴西、瑞士晋级）

2018.6.17 哥斯达黎加0比1塞尔维亚
萨马拉/41432人，**主裁判：**迪耶迪乌（塞内加尔）
进球：56'科拉罗夫
哥斯达黎加（541）：纳瓦斯/甘博亚、约翰尼·阿科斯塔、贾恩卡洛·冈萨雷斯、奥斯卡·杜阿尔特、卡尔沃/约翰·贝内加斯（60'博拉尼奥斯）、古斯曼（73'科林德雷斯）、博尔赫斯、布赖恩·鲁伊斯/乌雷尼亚（66'霍埃尔·坎贝尔）
塞尔维亚（4231）：弗拉迪米尔·斯托伊科维奇/伊万诺维奇、米伦科维奇、杜什科·托西奇、科拉罗夫/马蒂奇、米利沃耶维奇/塔迪奇（83'安东尼奥·鲁卡维纳）、米林科维奇-萨维奇、利亚伊奇（70'科斯蒂奇）/米特罗维奇（90'普里约维奇）

2018.6.17 巴西1比1瑞士
顿河畔罗斯托夫/43109人，**主裁判：**塞萨尔·拉莫斯（墨西哥）
进球：20'库蒂尼奥/50'楚伯
巴西（4231）：阿利松/达尼洛、蒂亚戈·席尔瓦、米兰达、马塞洛/卡塞米罗（60'费尔南迪尼奥）、保利尼奥（67'雷纳托·奥古斯托）/威廉、库蒂尼奥、内马尔/热苏斯（79'菲尔米诺）
瑞士（4231）：佐默/利希施泰纳（87'米夏埃尔·朗）、舍尔、阿坎吉、里卡多·罗德里格斯/贝赫拉米（71'扎卡里亚）、扎卡/沙奇里、哲马伊利、楚伯/塞费罗维奇（80'恩博洛）

2018.6.22 巴西2比0哥斯达黎加
圣彼得堡/64468人，**主裁判：**克伊佩尔斯（荷兰）
进球：90+1'库蒂尼奥，90+7'内马尔
巴西（4231）：阿利松/法格纳、蒂亚戈·席尔瓦、米兰达、马塞洛/卡塞米罗、保利尼奥（68'菲尔米诺）/威廉（46'道格拉斯·科斯塔）、库蒂尼奥、内马尔/热苏斯

（90+3’费尔南迪尼奥）
哥斯达黎加（541）：纳瓦斯/甘博亚（75’卡尔沃）、贾恩卡洛·冈萨雷斯、约翰尼·阿科斯塔、奥斯卡·杜阿尔特、布赖恩·奥维多/约翰·贝内加斯、古斯曼（83’特赫达）、博尔赫斯、布赖恩·鲁伊斯/乌雷尼亚（54’博拉尼奥斯）

2018.6.22 塞尔维亚1比2瑞士
加里宁格勒/33167人，**主裁判：**布吕希（德国）
进球：5’米特罗维奇/52’扎卡，90’沙奇里
塞尔维亚（4231）：弗拉迪米尔·斯托伊科维奇/伊万诺维奇、米伦科维奇、杜什科·托西奇、科拉罗夫/马蒂奇、米利沃耶维奇（81’拉多尼奇）/塔迪奇、米林科维奇-萨维奇、科斯蒂奇（64’利亚伊奇）/米特罗维奇
瑞士（4231）：佐默/利希施泰纳、舍尔、阿坎吉、里卡多·罗德里格斯/贝赫拉米、扎卡/沙奇里、哲马伊利（73’恩博洛）、楚伯（90+4’德尔米奇）/塞费罗维奇（46’加夫拉诺维奇）

2018.6.27 塞尔维亚0比2巴西
莫斯科/44190人，**主裁判：**法加尼（伊朗）
进球：36’保利尼奥，68’蒂亚戈·席尔瓦
塞尔维亚（4231）：弗拉迪米尔·斯托伊科维奇/安东尼奥·鲁卡维纳、米伦科维奇、韦利科维奇、科拉罗夫/马蒂奇、米林科维奇-萨维奇/塔迪奇、利亚伊奇（75’安德里亚·日夫科维奇）、科斯蒂奇（82’拉多尼奇）/米特罗维奇（89’约维奇）
巴西（4231）：阿利松/法格纳、蒂亚戈·席尔瓦、米兰达、马塞洛（10’费利佩·路易斯）/保利尼奥（66’费尔南迪尼奥）、卡塞米罗/威廉、库蒂尼奥（80’雷纳托·奥古斯托）、内马尔/热苏斯

2018.6.27 瑞士2比2哥斯达黎加
下诺夫哥罗德/43319人，**主裁判：**蒂尔潘（法国）
进球：31’哲马伊利，88’德尔米奇/56’沃斯顿，90+3’（乌龙）佐默
瑞士（4231）：佐默/利希施泰纳、舍尔、阿坎吉、里卡多·罗德里格斯/贝赫拉米（60’扎卡里亚）、扎卡/沙奇里（81’米夏埃尔·朗）、哲马伊利、恩博洛/加夫拉诺维奇（69’德尔米奇）
哥斯达黎加（541）：纳瓦斯/甘博亚（90+3’扬·史密斯）、约翰尼·阿科斯塔、贾恩卡洛·冈萨雷斯、沃斯顿、布赖恩·奥维多/科林德雷斯（81’罗德尼·瓦利亚塞）、博尔赫斯、古斯曼（90+1’阿索费法）、布赖恩·鲁伊斯/霍埃尔·坎贝尔

F组	胜	平	负	得失球	分
瑞典	2	0	1	5:2	6
墨西哥	2	0	1	3:4	6
韩国	1	0	2	3:3	3
德国	1	0	2	2:4	3

（瑞典、墨西哥晋级）

2018.6.17 德国0比1墨西哥
莫斯科/78011人，**主裁判：**法加尼（伊朗）
进球：35’洛萨诺
德国（4231）：诺伊尔/基米希、热罗姆·博阿滕、胡梅尔斯、普拉滕哈特（79’马里奥·戈麦斯）/赫迪拉（60’罗伊斯）、克罗斯/穆勒、厄齐尔、德拉克斯勒/维尔纳（86’布兰特）
墨西哥（4231）：奥乔亚/萨尔塞多、乌戈·阿亚拉、埃克托·莫雷诺、赫苏斯·加利亚多/埃克托·埃雷拉、安德烈斯·瓜尔达多（74’拉斐尔·马克斯）/拉云、卡洛斯·贝拉（58’埃德松·阿尔瓦雷斯）、洛萨诺（66’劳尔·希门尼斯）/哈维尔·埃尔南德斯

2018.6.18 瑞典1比0韩国
下诺夫哥罗德/42300人，**主裁判：**阿吉拉尔（萨尔瓦多）
进球：65’（点球）格兰奎斯特
瑞典（442）：罗宾·奥尔森/奥古斯丁松、格兰奎斯特、蓬图斯·扬松、卢斯蒂格/克拉松、塞巴斯蒂安·拉尔森（81’古斯塔夫·斯文松）、埃克达尔（71’希耶马克）、福斯贝里/贝里、托伊沃宁（77’特林）
韩国（433）：赵贤祐/李镕、张贤秀、金英权、朴柱昊（28’金敃友）/李在城、奇诚庸、具滋哲（73’李升祐）/黄喜灿、金信煜（66’郑又荣）、孙兴慜

2018.6.23 韩国1比2墨西哥
顿河畔罗斯托夫/43472人，**主裁判：**马日奇（塞尔维亚）
进球：90+3’孙兴慜/26’（点球）卡洛斯·贝拉，66’哈维尔·埃尔南德斯
韩国（442）：赵贤祐/李镕、张贤秀、金英权、金敃友（84’洪喆）/文宣民（77’郑又荣）、朱世钟（64’李升祐）、奇诚庸、黄喜灿/李在城、孙兴慜
墨西哥（433）：奥乔亚/埃德松·阿尔瓦雷斯、萨尔塞多、埃克托·莫雷诺、赫苏斯·加利亚多/拉云、埃克托·埃雷拉、瓜尔达多（68’拉斐尔·马克斯）/卡洛斯·贝拉（77’多斯桑托斯）、哈维尔·埃尔南德斯、洛萨诺（71’赫苏斯·科罗纳）

2018.6.23 德国2比1瑞典
索契/44287人，**主裁判：**马齐尼亚克（波兰）
进球：48’罗伊斯，90+5’克罗斯/32’托伊沃宁
德国（4231）：诺伊尔/基米希、吕迪格、热罗姆·博阿滕、赫克托（87’布兰特）/鲁迪（31’京多安）、克罗斯/穆勒、德拉克斯勒（46’马里奥·戈麦斯）、罗伊斯/维尔纳
瑞典（442）：罗宾·奥尔森/卢斯蒂格、林德勒夫、格兰奎斯特、奥古斯丁松/克拉松（74’杜尔马兹）、塞巴斯蒂安·拉尔森、埃克达尔、福斯贝里/贝里（90’特林）、托伊沃宁（78’圭代蒂）

2018.6.27 韩国2比0德国
喀山/41835人，**主裁判：**盖格（美国）
进球：90+2’金英权，90+6’孙兴慜
韩国（442）：赵贤祐/李镕、尹荣善、金英权、洪喆/李在城、郑又荣、张贤秀、文宣民（69’朱世钟）/具滋哲（56’黄喜灿、79’高约翰）、孙兴慜
德国（4231）：诺伊尔/基米希、聚勒、胡梅尔斯、赫克托（78’布兰特）/赫迪拉（58’马里奥·戈麦斯）、克罗斯/戈雷茨卡（63’穆勒）、厄齐尔、罗伊斯/维尔纳

2018.6.27 墨西哥0比3瑞典
叶卡捷琳堡/33061人，**主裁判：**皮塔纳（阿根廷）
进球：50’奥古斯丁松，62’（点球）格兰奎斯特，74’（乌龙）埃德松·阿尔瓦雷斯
墨西哥（4231）：奥乔亚/埃德松·阿尔瓦雷斯、萨尔塞多、埃克托·莫雷诺、赫苏斯·加利亚多（65’法维安）/瓜尔达多（75’赫苏斯·科罗纳）、埃克托·埃雷拉/拉云（89’佩拉尔塔）、卡洛斯·贝拉、洛萨诺/哈维尔·埃尔南德斯
瑞典（442）：罗宾·奥尔森/卢斯蒂格、林德勒夫、格兰奎斯特、奥古斯丁松/克拉松、塞巴斯蒂安·拉尔森（57’古斯塔夫·斯文松）、埃克达尔（80’希耶马克）、福斯贝里/贝里（68’特林）、托伊沃宁

G组	胜	平	负	得失球	分
比利时	3	0	0	9:2	9
英格兰	2	0	1	8:3	6
突尼斯	1	0	2	5:8	3
巴拿马	0	0	3	2:11	0

（比利时、英格兰晋级）

2018.6.18 比利时3比0巴拿马
索契/43257人，**主裁判：**西卡兹韦（赞比亚）
进球：47’梅尔滕斯，69’、75’卢卡库
比利时（343）：库尔图瓦/阿尔德韦雷尔德、博亚塔、费尔通亨/默尼耶、德布劳内、维特塞尔（90’沙兹利）、卡拉斯科（74’穆萨·登贝莱）/梅尔滕斯（83’托尔冈·阿扎尔）、卢卡库、埃当·阿扎尔
巴拿马（451）：佩内多/迈克尔·穆里略、罗曼·托雷斯、菲德尔·埃斯科瓦尔、埃里克·戴维斯/埃德加·巴塞纳斯（63’加夫列尔·托雷斯）、阿曼多·库珀、加夫列尔·戈麦斯、阿尼巴尔·戈多伊、何塞·路易斯·罗德里格斯（63’伊斯梅尔·迪亚斯）/布拉斯·佩雷斯

2018.6.18 突尼斯1比2英格兰
伏尔加格勒/41064人，**主裁判：**罗尔丹（哥伦比亚）
进球：35’（点球）萨西/11’、90+1’凯恩
突尼斯（433）：穆埃·哈桑（16’本·穆斯塔法）/布龙、西亚姆·本·优素福、迈里亚赫、阿里·马卢勒/萨西、斯希里、巴德里/法赫尔丁·本·优素福、哈兹里（85’哈利法）、斯利提（74’本·阿莫尔）
英格兰（352）：皮克福德/沃克、斯通斯、马圭尔/特里皮尔、阿里（80’洛夫特斯-奇克）、亨德森、林加德（90+3’戴尔）、阿什利·扬/斯特林（68’拉什福德）、凯恩

2018.6.23 比利时5比2突尼斯
莫斯科/44190人，出裁判：马鲁福（美国）
进球：6’（点球）、51’埃当·阿扎尔，16’、45+3’卢卡库，90’巴舒亚伊/18’布龙，90+3’哈兹里
比利时（343）：库尔图瓦/阿尔德韦雷尔德、博亚塔、费尔通亨/默尼耶、德布劳内、维特塞尔、卡拉斯科/梅尔滕斯（86’蒂耶勒曼）、卢卡库（59’费莱尼）、埃当·阿扎尔（68’巴舒亚伊）
突尼斯（433）：本·穆斯塔法/布龙（24’哈姆迪·纳格兹）、西亚姆·本·优素福（41’贝纳卢昂）、迈里亚赫、阿里·马卢勒/赛义夫丁·哈维、斯希里、萨西（59’斯利提）/法赫尔丁·本·优素福、哈兹里、巴德里

2018.6.24 英格兰6比1巴拿马
下诺夫哥罗德/43319人，**主裁判：**格里沙（埃及）
进球：8’、40’斯通斯，22’（点球）、45+1’（点球）、62’凯恩，36’林加德/78’费利佩·巴洛伊
英格兰（352）：皮克福德/沃克、斯通斯、马圭尔/特里皮尔（70’罗斯）、洛夫特斯-奇克、亨德森、林加德（63’德尔夫）、阿什利·扬/斯特林、凯恩（63’瓦尔迪）
巴拿马（451）：佩内多/迈克尔·穆里略、罗曼·托雷斯、菲德尔·埃斯科瓦尔、埃里克·戴维斯/埃德加·巴塞纳斯（69’阿夫迭尔·阿罗约）、阿曼多·库珀、加夫列尔·戈麦斯（69’费利佩·巴洛伊）、阿尼巴尔·戈多伊（62’里卡多·阿维拉）、何塞·路易斯·罗德里格斯/布拉斯·佩雷斯

2018.6.28 英格兰0比1比利时
加里宁格勒/33973人，**主裁判：**斯科米纳（斯洛文尼亚）
进球：51’亚努扎伊
英格兰（352）：皮克福德/菲尔·琼斯、斯通斯（46’马圭尔）、加里·卡希尔/亚历山大-阿诺德（79’韦尔贝克）、洛夫特斯-奇克、戴尔、德尔夫、罗斯/拉什福德、瓦尔迪
比利时（343）：库尔图瓦/登东克尔、博亚塔、费尔马伦（74’孔帕尼）/沙兹利、费莱尼、穆萨·登贝莱、托尔冈·阿扎尔/亚努扎伊（86’梅尔滕斯）、巴舒亚伊、蒂耶勒曼

2018.6.28 巴拿马1比2突尼斯
萨兰斯克/37168人，**主裁判：**舒克拉拉（巴林）

进球：33'（乌龙）迈里亚赫/51'法赫尔丁·本·优素福，66'哈兹里

巴拿马（451）：佩内多/马查多、罗曼·托雷斯（56'特哈达）、菲德尔·埃斯科瓦尔、奥瓦列/埃德加·巴塞纳斯、阿尼瓦尔·戈多伊、加夫列尔·戈麦斯、阿维拉（81'阿夫迭尔·阿罗约）、何塞·路易斯·罗德里格斯/加夫列尔·托雷斯（46'阿罗德·库明斯）

突尼斯（433）：迈特卢西/哈姆迪·纳格兹、贝德维、迈里亚赫、乌斯马·哈达迪/萨西（46'巴德里）、斯希里、沙拉利/法赫尔丁·本·优素福、哈兹里（89'斯拉尔菲）、斯利提（77'哈利勒）

H组	胜	平	负	得失球	分
哥伦比亚	2	0	1	5:2	6
日本	1	1	1	4:4	4
塞内加尔	1	1	1	4:4	4
波兰	1	0	2	2:5	3

（哥伦比亚、日本晋级。日本因公平竞赛积分为-4，压过-6分的塞内加尔晋级）

2018.6.19 哥伦比亚1比2日本

萨兰斯克/40842人，**主裁判：**斯科米纳（斯洛文尼亚）

进球：39'金特罗/6'（点球）香川真司，73'大迫勇也

哥伦比亚（4231）：奥斯皮纳/阿里亚斯、达温松·桑切斯、奥斯卡·穆里略、莫希卡/卡洛斯·桑切斯、莱尔马/夸德拉多（31'维尔马尔·巴里奥斯）、金特罗（59'哈梅斯·罗德里格斯）、伊斯基耶多（70'卡洛斯·巴卡）/拉达梅尔·法尔考

日本（4231）：川岛永嗣/酒井宏树、吉田麻也、昌子源、长友佑都/长谷部诚、柴崎岳（80'山口蛍）/原口元气、香川真司（70'本田圭佑）、乾贵士/大迫勇也（85'冈崎慎司）

2018.6.19 波兰1比2塞内加尔

莫斯科/44190人，**主裁判：**舒克拉拉（巴林）

进球：86'克雷霍维亚克/37'（乌龙）乔内克，60'尼昂

波兰（4231）：什琴斯尼/皮什切克（83'贝雷申斯基）、乔内克、帕兹丹、雷布斯/克雷霍维亚克、杰林斯基/布瓦什奇科夫斯基（46'贝德纳雷克）、米利克（73'科夫纳茨基）、格罗西茨基/莱万多夫斯基

塞内加尔（442）：哈迪姆·恩迪亚耶/穆萨·瓦格、库利巴利、萨利夫·萨内、萨巴利/马内、阿尔弗雷德·恩迪亚耶（87'库亚泰）、格耶、伊斯梅拉·萨尔/马姆·迪乌夫（62'恩多耶）、尼昂（75'穆萨·科纳特）

2018.6.24 日本2比2塞内加尔

叶卡捷琳堡/32572人，**主裁判：**罗基（意大利）

进球：34'乾贵士，78'本田圭佑/11'马内，71'穆萨·瓦格

日本（4231）：川岛永嗣/酒井宏树、吉田麻也、昌子源、长友佑都/长谷部诚、柴崎岳/原口元气（75'冈崎慎司）、香川真司（72'本田圭佑）、乾贵士（87'宇佐美贵史）/大迫勇也

塞内加尔（433）：哈迪姆·恩迪亚耶/萨巴利、库利巴利、萨利夫·萨内、穆萨·瓦格/巴杜·恩迪亚耶（81'恩多耶）、阿尔弗雷德·恩迪亚耶（65'库亚泰）、格耶/伊斯梅拉·萨尔、马内、尼昂（86'马姆·迪乌夫）

2018.6.24 波兰0比3哥伦比亚

喀山/42873人，**主裁判：**塞萨尔·拉莫斯（墨西哥）

进球：40'耶里·米纳，70'拉达梅尔·法尔考，75'夸德拉多

波兰（343）：什琴斯尼/皮什切克、贝德纳雷克、帕兹丹（80'格利克）/贝雷申斯基（72'特奥多尔奇克）、克雷霍维亚克、古拉尔斯基、雷布斯/杰林斯基、莱万多夫斯基、科夫纳茨基（57'格罗西茨基）

哥伦比亚（4231）：奥斯皮纳/阿里亚斯、达温松·桑切斯、耶里·米纳、莫希卡/阿吉拉尔（32'乌里韦）、维尔马尔·巴里奥斯/夸德拉多、金特罗（73'莱尔马）、哈梅斯·罗德里格斯/拉达梅尔·法尔考（78'卡洛斯·巴卡）

2018.6.28 日本0比1波兰

伏尔加格勒/42189人，**主裁判：**西卡兹韦（赞比亚）

进球：59'贝德纳雷克

日本（4231）：川岛永嗣/酒井宏树、吉田麻也、槙野智章、长友佑都/山口蛍、柴崎岳/酒井高德、冈崎慎司（47'大迫勇也）、宇佐美贵史（65'乾贵士）/武藤嘉纪（82'长谷部诚）

波兰（343）：法比安斯基/贝雷申斯基、格利克、贝德纳雷克/拉法乌·库尔扎瓦（79'特奥多尔奇克）、克雷霍维亚克、古拉尔斯基、延杰奇克/杰林斯基（79'佩什科）、莱万多夫斯基、格罗西茨基

2018.6.28 塞内加尔0比1哥伦比亚

萨马拉/41970人，**主裁判：**马日奇（塞尔维亚）

进球：74'耶里·米纳

塞内加尔（442）：哈迪姆·恩迪亚耶/加萨马、萨利夫·萨内、库利巴利、萨巴利（74'穆萨·瓦格）/伊斯梅拉·萨尔、库亚泰、格耶、马内/凯塔·巴尔德（80'穆萨·科纳特）、尼昂（86'迪亚夫拉·萨科）

哥伦比亚（4231）：奥斯皮纳/阿里亚斯、达温松·桑切斯、耶里·米纳、莫希卡/乌里韦（83'莱尔马）、卡洛斯·桑切斯/夸德拉多、金特罗、哈梅斯·罗德里格斯（31'路易斯·穆列尔）/法尔考（89'米格尔·博尔哈）

1/8决赛

2018.6.30 法国4比3阿根廷

喀山/42873人，**主裁判：**法加尼（伊朗）

进球：13'（点球）格列兹曼，57'帕瓦尔，64'、68'姆巴佩/41'迪马利亚，48'梅尔卡多，90+3'阿圭罗

法国（4231）：洛里斯/帕瓦尔、瓦拉内、乌姆蒂蒂、卢卡斯·埃尔南德斯/坎特、博格巴/姆巴佩（89'托万）、格列兹曼（83'费基尔）、马图伊迪（75'托利索）/吉鲁

阿根廷（433）：阿尔马尼/梅尔卡多、奥塔门迪、罗霍（46'法齐奥）、塔利亚菲科/恩佐·佩雷斯（66'阿圭罗）、马斯切拉诺、巴内加/帕冯（75'梅萨）、梅西、迪马利亚

2018.6.30 乌拉圭2比1葡萄牙

索契/44287人，**主裁判：**塞萨尔·拉莫斯（墨西哥）

进球：7'、62'卡瓦尼/55'佩佩

乌拉圭（442）：穆斯莱拉/卡塞雷斯、何塞·希门尼斯、戈丁、拉克索尔特/南德斯（81'卡洛斯·桑切斯）、托雷拉、贝西诺、本坦库尔（63'克里斯蒂安·罗德里格斯）/苏亚雷斯、卡瓦尼（74'斯图亚尼）

葡萄牙（442）：帕特里西奥/里卡多·佩雷拉、佩佩、丰特、拉斐尔·格雷罗/贝尔纳多·席尔瓦、威廉·卡瓦略、阿德里安·席尔瓦（65'夸雷斯马）、若昂·马里奥（84'曼努埃尔·费尔南德斯）/格德斯（74'安德烈·席尔瓦）、C罗

2018.7.1 西班牙1比1（点球3比4）俄罗斯

莫斯科/78011人，**主裁判：**克伊佩尔斯（荷兰）

进球：12'（乌龙）伊格纳舍维奇/41'（点球）久巴

点球大战：西班牙队伊涅斯塔√、皮克√、科克×、拉莫斯√、阿斯帕斯×，俄罗斯队斯莫洛夫√、伊格纳舍维奇√、戈洛温√、切雷舍夫√

西班牙（4231）：德赫亚/纳乔（70'卡瓦哈尔）、皮克、拉莫斯、阿尔瓦/科克、布斯克茨/大卫·席尔瓦（67'伊涅斯塔）、伊斯科、阿森西奥（104'罗德里戈）/迭戈·科斯塔（80'阿斯帕斯）

俄罗斯（532）：阿金费耶夫/马里奥·费尔南德斯、库捷波夫、伊格纳舍维奇、库德里亚绍夫、日尔科夫（46'格拉纳特）/萨梅多夫（61'切雷舍夫）、佐布宁、库贾耶夫（97'叶罗欣）/久巴（65'斯莫洛夫）、戈洛温

2018.7.1 克罗地亚1比1（点球3比2）丹麦

下诺夫哥罗德/40851人，**主裁判：**皮塔纳（阿根廷）

进球：4'曼朱基奇/1'马蒂亚斯·约根森

点球大战：克罗地亚队巴德利×、克拉马里奇√、莫德里奇√、皮瓦里奇×、拉基蒂奇√，丹麦队埃里克森×、西蒙·凯尔√、克龙-德利√、舍内×、马蒂亚斯·约根森×

克罗地亚（4231）：苏巴希奇/弗尔萨利科、洛夫伦、维达、斯特里尼奇（81'皮瓦里奇）/拉基蒂奇、布罗佐维奇（71'科瓦契奇）/雷比奇、莫德里奇、佩里西奇（97'克拉马里奇）/曼朱基奇（108'巴德利）

丹麦（433）：卡斯珀·舒梅切尔/克努森、西蒙·凯尔、马蒂亚斯·约根森、达尔斯高/克里斯滕森（46'舍内）、德莱尼（98'克龙-德利）、埃里克森/优素福·波尔森、科内柳斯（66'尼古拉·约根森）、布雷思韦特（106'西斯托）

2018.7.2 巴西2比0墨西哥

萨马拉/41970人，**主裁判：**罗基（意大利）

进球：51'内马尔，88'菲尔米诺

巴西（4231）：阿利松/法格纳、蒂亚戈·席尔瓦、米兰达、费利佩·路易斯/保利尼奥（80'费尔南迪尼奥）、卡塞米罗/威廉（90+1'马尔基尼奥斯）、库蒂尼奥（86'菲尔米诺）、内马尔/热苏斯

墨西哥(433)：奥乔亚/埃德松·阿尔瓦雷斯(55'多斯桑托斯)、乌戈·阿亚拉、萨尔塞多、赫苏斯·加利亚多/埃克托·埃雷拉、拉斐尔·马克斯(46'拉云)、瓜尔达多/卡洛斯·贝拉、哈维尔·埃尔南德斯(60'劳尔·希门尼斯)、洛萨诺

2018.7.2 比利时3比2日本

顿河畔罗斯托夫/41466人，**主裁判：**迪耶迪乌（塞内加尔）

进球：69'费尔通亨，74'费莱尼，90+4'沙兹利/48'原口元气，52'乾贵士

比利时（343）：库尔图瓦/阿尔德韦雷尔德、孔帕尼、费尔通亨/默尼耶、德布劳内、维特塞尔、卡拉斯科（65'沙兹利）/梅尔滕斯（65'费莱尼）、卢卡库、埃当·阿扎尔

日本（4231）：川岛永嗣/酒井宏树、吉田麻也、昌子源、长友佑都/长谷部诚、柴崎岳（81'山口蛍）/原口元气（81'本田圭佑）、香川真司、乾贵士/大迫勇也

2018.7.3 瑞典1比0瑞士

圣彼得堡/64042人，**主裁判：**斯科米纳（斯洛文尼亚）

进球：66'福斯贝里

瑞典（442）：罗宾·奥尔森/卢斯蒂格（82'克拉夫特）、林德勒夫、格兰奎斯特、奥古斯丁松/克拉松、古斯塔夫·斯文松、埃克达尔、福斯贝里（82'马丁·奥尔松）/贝里（90+1'特林）、托伊沃宁

瑞士（4231）：佐默/米夏埃尔·朗、朱鲁、阿坎吉、里卡多·罗德里格斯/贝赫拉米、扎卡/沙奇里、哲马伊利（73'塞费罗维奇）、楚伯（73'恩博洛）/德尔米奇

2018.7.3 哥伦比亚1比1（点球3比4）英格兰

莫斯科/44190人，**主裁判：**盖格（美国）

进球：90+3'耶里·米纳/57'（点球）凯恩

点球大战：哥伦比亚队拉达梅尔·法尔考√、夸德拉多√、路易斯·穆列尔√、乌里韦×、卡洛斯·巴卡×，英格兰队凯恩√、拉什

福德√、亨德森×、特里皮尔√、戴尔√

哥伦比亚（4321）：奥斯皮纳/阿里亚斯（116'克里斯蒂安·萨帕塔）、耶里·米纳、达温松·桑切斯、莫希卡/维尔马尔·巴里奥斯、卡洛斯·桑切斯（79'乌里韦）、莱尔马（61'卡洛斯·巴卡）/夸德拉多、金特罗（88'路易斯·穆列尔）/拉达梅尔·法尔考

英格兰（352）：皮克福德/沃克（113'拉什福德）、斯通斯、马圭尔/特里皮尔、阿里（81'戴尔）、亨德森、林加德、阿什利·扬（102'罗斯）/斯特林（88'瓦尔迪）、凯恩

1/4决赛

2018.7.6 乌拉圭0比2法国

下诺夫哥罗德/43319人，**主裁判：**皮塔纳（阿根廷）

进球：40'瓦拉内，61'格列兹曼

乌拉圭（442）：穆斯莱拉/卡塞雷斯、何塞·希门尼斯、戈丁、拉克索尔特/南德斯（73'乌雷塔维斯卡亚）、托雷拉、贝西诺、本坦库尔（59'克里斯蒂安·罗德里格斯）/苏亚雷斯、斯图亚尼（59'马克西·戈麦斯）

法国（4231）：洛里斯/帕瓦尔、瓦拉内、乌姆蒂蒂、卢卡斯·埃尔南德斯/博格巴、坎特/姆巴佩（88'奥斯曼·登贝莱）、格列兹曼（90+3'费基尔）、托利索（80'恩宗齐）/吉鲁

2018.7.6 巴西1比2比利时

喀山/42873人，**主裁判：**马日奇（塞尔维亚）

进球：76'雷纳托·奥古斯托/13'（乌龙）费尔南迪尼奥，31'德布劳内

巴西（4231）：阿利松/法格纳、蒂亚戈·席尔瓦、米兰达、马塞洛/保利尼奥（73'雷纳托·奥古斯托）、费尔南迪尼奥/威廉（46'菲尔米诺）、库蒂尼奥、内马尔/热苏斯（58'道格拉斯·科斯塔）

比利时（343）：库尔图瓦/阿尔德韦雷尔德、孔帕尼、费尔通亨/默尼耶、费莱尼、维特塞尔、沙兹利（83'费尔马伦）/德布劳内、卢卡库（87'蒂耶勒曼）、埃当·阿扎尔

2018.7.7 瑞典0比2英格兰

萨马拉/39991人，**主裁判：**克伊佩尔斯（荷兰）

进球：30'马圭尔，59'阿里

瑞典（442）：罗宾·奥尔森/克拉夫特（85'蓬图斯·扬松）、林德勒夫、格兰奎斯特、奥古斯丁松/克拉松、塞巴斯蒂安·拉尔森、埃克达尔、福斯贝里（65'马丁·奥尔松）/贝里、托伊沃宁（65'圭代蒂）

英格兰（352）：皮克福德/沃克、斯通斯、马圭尔/特里皮尔、阿里（77'德尔夫）、亨德森（85'戴尔）、林加德、阿什利·扬/斯特林（90+1'拉什福德）、凯恩

2018.7.7 俄罗斯2比2（点球3比4）克罗地亚

索契/44287人，**主裁判：**里西（巴西）

进球：31'切雷舍夫，115'马里奥·费尔南德斯/39'克拉马里奇，101'维达

点球大战：俄罗斯队斯莫洛夫×、扎戈耶夫√、马里奥·费尔南德斯×、伊格纳舍维奇√、库贾耶夫√，克罗地亚队布罗佐维奇√、科瓦契奇×、莫德里奇√、维达√、拉基蒂奇√

俄罗斯（4231）：阿金费耶夫/马里奥·费尔南德斯、库捷波夫、伊格纳舍维奇、库德里亚绍夫/佐布宁、库贾耶夫/萨梅多夫（54'叶罗欣）、戈洛温（102'扎戈耶夫）、切雷舍夫（67'斯莫洛夫）/久巴（79'加津斯基）

克罗地亚（4231）：苏巴希奇/弗尔萨利科（97'乔尔卢卡）、洛夫伦、维达、斯特里尼奇（74'皮瓦里奇）/拉基蒂奇、莫德里奇/雷比奇、克拉马里奇（88'科瓦契奇）、佩里西奇（63'布罗佐维奇）/曼朱基奇

半决赛

2018.7.10 法国1比0比利时

圣彼得堡/64286人，**主裁判：**库尼亚（乌拉圭）

进球：51'乌姆蒂蒂

法国（4231）：洛里斯/帕瓦尔、瓦拉内、乌姆蒂蒂、卢卡斯·埃尔南德斯/博格巴、坎特/姆巴佩、格列兹曼、马图伊迪（86'托利索）/吉鲁（85'恩宗齐）

比利时（352）：库尔图瓦/阿尔德韦雷尔德、孔帕尼、费尔通亨/沙兹利（90+1'巴舒亚伊）、穆萨·登贝莱（60'梅尔滕斯）、维特塞尔、费莱尼（80'卡拉斯科）、德布劳内/卢卡库、埃当·阿扎尔

2018.7.11 克罗地亚2比1（加时）英格兰

莫斯科/78011人，**主裁判：**恰克尔（土耳其）

进球：68'佩里西奇，109'曼朱基奇/5'特里皮尔

克罗地亚（4231）：苏巴希奇/弗尔萨利科、洛夫伦、维达、斯特里尼奇（95'皮瓦里奇）/拉基蒂奇、布罗佐维奇/雷比奇（101'克拉马里奇）、莫德里奇（119'巴德利）、佩里西奇/曼朱基奇（115'乔尔卢卡）

英格兰（352）：皮克福德/沃克（112'瓦尔迪）、斯通斯、马圭尔/特里皮尔、阿里、亨德森（97'戴尔）、林加德、阿什利·扬（91'罗斯）/斯特林（74'拉什福德）、凯恩

三四名决赛

2018.7.14 比利时2比0英格兰

圣彼得堡/64406人，**主裁判：**法加尼（伊朗）

进球：4'默尼耶，82'埃当·阿扎尔

比利时（343）：库尔图瓦/阿尔德韦雷尔德、孔帕尼、费尔通亨/默尼耶、蒂耶勒曼（78'穆萨·登贝莱）、维特塞尔、沙兹利（39'费尔马伦）/德布劳内、卢卡库（60'梅尔滕斯）、埃当·阿扎尔

英格兰（352）：皮克福德/菲尔·琼斯、斯通斯、马圭尔/特里皮尔、洛夫特斯-奇克（84'阿里）、戴尔、德尔夫、罗斯（46'林加德）/斯特林（46'拉什福德）、凯恩

决赛

2018.7.15 法国4比2克罗地亚

莫斯科/78011人，**主裁判：**皮塔纳（阿根廷）

进球：18'（乌龙）曼朱基奇，38'（点球）格列兹曼，59'博格巴，65'姆巴佩/28'佩里西奇，69'曼朱基奇

法国（4231）：洛里斯/帕瓦尔、瓦拉内、乌姆蒂蒂、卢卡斯·埃尔南德斯/博格巴、坎特（55'恩宗齐）/姆巴佩、格列兹曼、马图伊迪（73'托利索）/吉鲁（81'费基尔）

克罗地亚（4231）：苏巴希奇/弗尔萨利科、洛夫伦、维达、斯特里尼奇（81'皮亚察）/拉基蒂奇、布罗佐维奇/雷比奇（71'克拉马里奇）、莫德里奇、佩里西奇/曼朱基奇

卡塔尔世界杯决赛圈32强分组

A	B	C	D	E	F	G	H
卡塔尔	英格兰	阿根廷	法国	西班牙	比利时	巴西	葡萄牙
厄瓜多尔	伊朗	沙特阿拉伯	澳大利亚	哥斯达黎加	加拿大	塞尔维亚	加纳
塞内加尔	美国	墨西哥	丹麦	德国	摩洛哥	瑞士	乌拉圭
荷兰	威尔士	波兰	突尼斯	日本	克罗地亚	喀麦隆	韩国

2022

预选赛

东道主卡塔尔直接获得正赛资格。另205队参加预选赛，争夺31个出线席位。出线名额方面，欧洲区13个，非洲区5个，南美区4.5个，亚洲区4.5个（不含东道主卡塔尔），中北美及加勒比海地区3.5个，大洋洲区0.5个，有2个名额通过洲际附加赛决出。

●欧洲区

（赛制）共55队参赛，分成10个小组，A至E组每组5队，F至J组每组6队。每个小组第1名直接晋级世界杯决赛圈，10个小组第2名与未获世预赛小组前2名的欧国联中最出色的2个小组第1名，共计12队，进入附加赛。附加赛分为3个路径，每个路径4支球队进行单回合淘汰赛（半决赛中种子队打主场，决赛通过抽签决定主队。3个路径的优胜者晋级世界杯决赛圈。

A组	胜	平	负	得失球	分
塞尔维亚	6	2	0	18:9	20
葡萄牙	5	2	1	17:6	17
爱尔兰	2	3	3	11:8	9
卢森堡	3	0	5	8:18	9
阿塞拜疆	0	1	7	5:18	1

（塞尔维亚出线，葡萄牙附加赛）

2021.3.24 葡萄牙1比0阿塞拜疆
2021.3.24 塞尔维亚3比2爱尔兰
2021.3.27 爱尔兰0比1卢森堡
2021.3.27 塞尔维亚2比2葡萄牙
2021.3.30 阿塞拜疆1比2塞尔维亚
2021.3.30 卢森堡1比3葡萄牙
2021.9.1 卢森堡2比1阿塞拜疆
2021.9.1 葡萄牙2比1爱尔兰
2021.9.4 爱尔兰1比1阿塞拜疆
2021.9.4 塞尔维亚4比1卢森堡
2021.9.7 阿塞拜疆0比3葡萄牙
2021.9.7 爱尔兰1比1塞尔维亚
2021.10.9 阿塞拜疆0比3爱尔兰
2021.10.9 卢森堡0比1塞尔维亚
2021.10.12 葡萄牙5比0卢森堡
2021.10.12 塞尔维亚3比1阿塞拜疆
2021.11.11 阿塞拜疆1比3卢森堡
2021.11.11 爱尔兰0比0葡萄牙
2021.11.14 卢森堡0比3爱尔兰
2021.11.14 葡萄牙1比2塞尔维亚

B组	胜	平	负	得失球	分
西班牙	6	1	1	15:5	19
瑞典	5	0	3	12:6	15
希腊	2	4	2	8:8	10
格鲁吉亚	2	1	5	6:12	7
科索沃	1	2	5	5:15	5

（西班牙出线，瑞典附加赛）

2021.3.25 西班牙1比1希腊
2021.3.25 瑞典1比0格鲁吉亚
2021.3.28 格鲁吉亚1比2西班牙
2021.3.28 科索沃0比3瑞典
2021.3.31 希腊1比1格鲁吉亚
2021.3.31 西班牙3比1科索沃
2021.9.2 格鲁吉亚0比1科索沃
2021.9.2 瑞典2比1西班牙
2021.9.5 科索沃1比1希腊
2021.9.5 西班牙4比0格鲁吉亚
2021.9.8 希腊2比1瑞典
2021.9.8 科索沃0比2西班牙
2021.10.9 格鲁吉亚0比2希腊
2021.10.9 瑞典3比0科索沃
2021.10.12 科索沃1比2格鲁吉亚
2021.10.12 瑞典2比0希腊
2021.11.11 格鲁吉亚2比0瑞典
2021.11.11 希腊0比1西班牙
2021.11.14 希腊1比1科索沃
2021.11.14 西班牙1比0瑞典

C组	胜	平	负	得失球	分
瑞士	5	3	0	15:2	18
意大利	4	4	0	13:2	16
北爱尔兰	2	3	3	6:7	9
保加利亚	2	2	4	6:14	8
立陶宛	1	0	7	4:19	3

（瑞士出线，意大利附加赛）

2021.3.25 保加利亚1比3瑞士
2021.3.25 意大利2比0北爱尔兰
2021.3.28 保加利亚0比2意大利
2021.3.28 瑞士1比0立陶宛
2021.3.31 立陶宛0比2意大利
2021.3.31 北爱尔兰0比0保加利亚
2021.9.2 意大利1比1保加利亚
2021.9.2 立陶宛1比4北爱尔兰
2021.9.5 保加利亚1比0立陶宛
2021.9.5 瑞士0比0意大利
2021.9.8 意大利5比0立陶宛
2021.9.8 北爱尔兰0比0瑞士
2021.10.9 立陶宛3比1保加利亚
2021.10.9 瑞士2比0北爱尔兰
2021.10.12 保加利亚2比1北爱尔兰

2021.10.12 立陶宛0比4瑞士
2021.11.12 意大利1比1瑞士
2021.11.12 北爱尔兰1比0立陶宛
2021.11.15 北爱尔兰0比0意大利
2021.11.15 瑞士4比0保加利亚

D组	胜	平	负	得失球	分
法国	5	3	0	18:3	18
乌克兰	2	6	0	11:8	12
芬兰	3	2	3	10:10	11
波黑	1	4	3	9:12	7
哈萨克斯坦	0	3	5	5:20	3

（法国出线，乌克兰附加赛）

2021.3.24 芬兰2比2波黑
2021.3.24 法国1比1乌克兰
2021.3.28 哈萨克斯坦0比2法国
2021.3.28 乌克兰1比1芬兰
2021.3.31 波黑0比1法国
2021.3.31 乌克兰1比1哈萨克斯坦
2021.9.1 哈萨克斯坦2比2乌克兰
2021.9.1 法国1比1波黑
2021.9.4 芬兰1比0哈萨克斯坦
2021.9.4 乌克兰1比1法国
2021.9.7 波黑2比2哈萨克斯坦
2021.9.7 法国2比0芬兰
2021.10.9 哈萨克斯坦0比2波黑
2021.10.9 芬兰1比2乌克兰
2021.10.12 哈萨克斯坦0比2芬兰
2021.10.12 乌克兰1比1波黑
2021.11.13 波黑1比3芬兰
2021.11.13 法国8比0哈萨克斯坦
2021.11.16 波黑0比2乌克兰
2021.11.16 芬兰0比2法国

E组	胜	平	负	得失球	分
比利时	6	2	0	25:6	20
威尔士	4	3	1	14:9	15
捷克	4	2	2	14:9	14
爱沙尼亚	1	1	6	9:21	4
白俄罗斯	1	0	7	7:24	3

（比利时出线，威尔士附加赛，捷克通过欧国联战绩亦进入附加赛）

2021.3.24 比利时3比1威尔士
2021.3.24 爱沙尼亚2比6捷克
2021.3.27 白俄罗斯4比2爱沙尼亚
2021.3.27 捷克1比1比利时
2021.3.30 比利时8比0白俄罗斯
2021.3.30 威尔士1比0捷克
2021.9.2 捷克1比0白俄罗斯
2021.9.2 爱沙尼亚2比5比利时
2021.9.5 白俄罗斯2比3威尔士
2021.9.5 比利时3比0捷克
2021.9.8 白俄罗斯0比1比利时
2021.9.8 威尔士0比0爱沙尼亚
2021.10.8 捷克2比2威尔士
2021.10.8 爱沙尼亚2比0白俄罗斯
2021.10.11 白俄罗斯0比2捷克
2021.10.11 爱沙尼亚0比1威尔士
2021.11.13 比利时3比1爱沙尼亚
2021.11.13 威尔士5比1白俄罗斯
2021.11.16 捷克2比0爱沙尼亚
2021.11.16 威尔士1比1比利时

F组	胜	平	负	得失球	分
丹麦	9	0	1	30:3	27
苏格兰	7	2	1	17:7	23
以色列	5	1	4	23:21	16
奥地利	5	1	4	19:17	16
法罗群岛	1	1	8	7:23	4
摩尔多瓦	0	1	9	5:30	1

（丹麦出线，苏格兰附加赛，奥地利通过欧国联战绩亦进入附加赛）

2021.3.25 以色列0比1丹麦
2021.3.25 摩尔多瓦1比1法罗群岛
2021.3.25 苏格兰2比2奥地利
2021.3.28 丹麦8比0摩尔多瓦
2021.3.28 奥地利3比1法罗群岛
2021.3.28 以色列1比1苏格兰
2021.3.31 奥地利0比4丹麦
2021.3.31 摩尔多瓦1比4以色列
2021.3.31 苏格兰4比0法罗群岛
2021.9.1 丹麦2比0苏格兰
2021.9.1 法罗群岛0比4以色列
2021.9.1 摩尔多瓦0比2奥地利
2021.9.4 法罗群岛0比1丹麦
2021.9.4 以色列5比2奥地利
2021.9.4 苏格兰1比0摩尔多瓦
2021.9.7 奥地利0比1苏格兰
2021.9.7 丹麦5比0以色列
2021.9.7 法罗群岛2比1摩尔多瓦
2021.10.9 苏格兰3比2以色列
2021.10.9 法罗群岛0比2奥地利
2021.10.9 摩尔多瓦0比4丹麦
2021.10.12 丹麦1比0奥地利
2021.10.12 法罗群岛0比1苏格兰
2021.10.12 以色列2比1摩尔多瓦
2021.11.12 摩尔多瓦0比2苏格兰
2021.11.12 奥地利4比2以色列
2021.11.12 丹麦3比1法罗群岛
2021.11.15 奥地利4比1摩尔多瓦
2021.11.15 以色列3比2法罗群岛
2021.11.15 苏格兰2比0丹麦

G组	胜	平	负	得失球	分
荷兰	7	2	1	33:8	23
土耳其	6	3	1	27:16	21
挪威	5	3	2	15:8	18
黑山	3	3	4	14:15	12
拉脱维亚	2	3	5	11:14	9
直布罗陀	0	0	10	4:43	0

（荷兰出线，土耳其附加赛）

2021.3.24 土耳其4比2荷兰
2021.3.24 直布罗陀0比3挪威
2021.3.24 拉脱维亚1比2黑山
2021.3.27 黑山4比1直布罗陀
2021.3.27 荷兰2比0拉脱维亚
2021.3.27 挪威0比3土耳其
2021.3.30 直布罗陀0比7荷兰
2021.3.30 黑山0比1挪威
2021.3.30 土耳其3比3拉脱维亚
2021.9.1 拉脱维亚3比1直布罗陀
2021.9.1 挪威1比1荷兰
2021.9.1 土耳其2比2黑山
2021.9.4 拉脱维亚0比2挪威
2021.9.4 直布罗陀0比3土耳其
2021.9.4 荷兰4比0黑山
2021.9.7 黑山0比0拉脱维亚
2021.9.7 荷兰6比1土耳其
2021.9.7 挪威5比1直布罗陀
2021.10.8 直布罗陀0比3黑山
2021.10.8 拉脱维亚0比1荷兰
2021.10.8 土耳其1比1挪威
2021.10.11 拉脱维亚1比2土耳其
2021.10.11 荷兰6比0直布罗陀
2021.10.11 挪威2比0黑山
2021.11.13 挪威0比0拉脱维亚
2021.11.13 土耳其6比0直布罗陀
2021.11.13 黑山2比2荷兰
2021.11.16 直布罗陀1比3拉脱维亚
2021.11.16 黑山1比2土耳其
2021.11.16 荷兰2比0挪威

H组	胜	平	负	得失球	分
克罗地亚	7	2	1	21:4	23
俄罗斯	7	1	2	19:6	22
斯洛伐克	3	5	2	17:10	14
斯洛文尼亚	4	2	4	13:12	14
塞浦路斯	1	2	7	4:21	5
马耳他	1	2	7	9:30	5

（克罗地亚出线，俄罗斯附加赛）

2021.3.24 塞浦路斯0比0斯洛伐克
2021.3.24 马耳他1比3俄罗斯
2021.3.24 斯洛文尼亚1比0克罗地亚
2021.3.27 俄罗斯2比1斯洛文尼亚
2021.3.27 克罗地亚1比0塞浦路斯
2021.3.27 斯洛伐克2比2马耳他
2021.3.30 塞浦路斯1比0斯洛伐克
2021.3.30 克罗地亚3比0马耳他
2021.3.30 斯洛伐克2比1俄罗斯
2021.9.1 马耳他3比0塞浦路斯
2021.9.1 俄罗斯0比0克罗地亚
2021.9.1 斯洛文尼亚1比1斯洛伐克
2021.9.4 塞浦路斯0比2俄罗斯
2021.9.4 斯洛文尼亚1比0马耳他
2021.9.4 斯洛伐克0比1克罗地亚
2021.9.7 克罗地亚3比0斯洛文尼亚
2021.9.7 俄罗斯2比0马耳他
2021.9.7 斯洛伐克2比0塞浦路斯
2021.10.8 塞浦路斯0比3克罗地亚
2021.10.8 马耳他0比4斯洛文尼亚
2021.10.8 俄罗斯1比0斯洛伐克
2021.10.11 塞浦路斯2比2马耳他
2021.10.11 克罗地亚2比2斯洛伐克
2021.10.11 斯洛文尼亚1比2俄罗斯
2021.11.11 俄罗斯6比0塞浦路斯
2021.11.11 马耳他1比7克罗地亚
2021.11.11 斯洛伐克2比2斯洛文尼亚
2021.11.14 克罗地亚1比0俄罗斯
2021.11.14 马耳他0比6斯洛伐克
2021.11.14 斯洛文尼亚2比1塞浦路斯

I组	胜	平	负	得失球	分
英格兰	8	2	0	39:3	26
波兰	6	2	2	30:11	20
阿尔巴尼亚	6	0	4	12:12	18
匈牙利	5	2	3	19:13	17
安道尔	2	0	8	8:24	6
圣马力诺	0	0	10	1:46	0

（英格兰出线，波兰附加赛）

2021.3.25 安道尔0比1阿尔巴尼亚
2021.3.25 英格兰5比0圣马力诺
2021.3.25 匈牙利3比3波兰
2021.3.28 阿尔巴尼亚0比2英格兰
2021.3.28 波兰3比0安道尔
2021.3.28 圣马力诺0比3匈牙利
2021.3.31 安道尔1比4匈牙利
2021.3.31 英格兰2比1波兰
2021.3.31 圣马力诺0比2阿尔巴尼亚
2021.9.2 安道尔2比0圣马力诺
2021.9.2 匈牙利0比4英格兰
2021.9.2 波兰4比1阿尔巴尼亚
2021.9.5 阿尔巴尼亚1比0匈牙利
2021.9.5 英格兰4比0安道尔
2021.9.5 圣马力诺1比7波兰
2021.9.8 阿尔巴尼亚5比0圣马力诺
2021.9.8 匈牙利2比1安道尔
2021.9.8 波兰1比1英格兰
2021.10.9 安道尔0比5英格兰
2021.10.9 匈牙利0比1阿尔巴尼亚
2021.10.9 波兰5比0圣马力诺
2021.10.12 阿尔巴尼亚0比1波兰
2021.10.12 英格兰1比1匈牙利
2021.10.12 圣马力诺0比3安道尔
2021.11.12 安道尔1比4波兰
2021.11.12 英格兰5比0阿尔巴尼亚
2021.11.12 匈牙利4比0圣马力诺
2021.11.15 阿尔巴尼亚1比0安道尔
2021.11.15 波兰1比2匈牙利
2021.11.15 圣马力诺0比10英格兰

J组	胜	平	负	得失球	分
德国	9	0	1	36:4	27
北马其顿	5	3	2	23:11	18
罗马尼亚	5	2	3	13:8	17
亚美尼亚	3	3	4	9:20	12
冰岛	2	3	5	12:18	9
列支敦士登	0	1	9	2:34	1

（德国出线，北马其顿附加赛）

2021.3.25 德国3比0冰岛
2021.3.25 列支敦士登0比1亚美尼亚
2021.3.25 罗马尼亚3比2北马其顿
2021.3.28 亚美尼亚2比0冰岛
2021.3.28 北马其顿5比0列支敦士登
2021.3.28 罗马尼亚0比1德国
2021.3.31 亚美尼亚3比2罗马尼亚
2021.3.31 德国1比2北马其顿
2021.3.31 列支敦士登1比4冰岛
2021.9.2 冰岛0比2罗马尼亚
2021.9.2 列支敦士登0比2德国
2021.9.2 北马其顿0比0亚美尼亚
2021.9.5 冰岛2比2北马其顿
2021.9.5 德国6比0亚美尼亚
2021.9.5 罗马尼亚2比0列支敦士登
2021.9.8 亚美尼亚1比1列支敦士登
2021.9.8 冰岛0比4德国
2021.9.8 北马其顿0比0罗马尼亚
2021.10.8 德国2比1罗马尼亚
2021.10.8 冰岛1比1亚美尼亚
2021.10.8 列支敦士登0比4北马其顿
2021.10.11 冰岛4比0列支敦士登
2021.10.11 北马其顿0比4德国
2021.10.11 罗马尼亚1比0亚美尼亚
2021.11.11 亚美尼亚0比5北马其顿
2021.11.11 德国9比0列支敦士登
2021.11.11 罗马尼亚0比0冰岛
2021.11.14 亚美尼亚1比4德国
2021.11.14 列支敦士登0比2罗马尼亚
2021.11.14 北马其顿3比1冰岛

欧洲区附加赛
路径A（威尔士出线）
半决赛
2022.3.24 威尔士2比1奥地利
2022.6.1 苏格兰1比3乌克兰
决赛
2022.6.5 威尔士1比0乌克兰

路径B（波兰出线）
半决赛
2022.3.24 俄罗斯vs波兰（取消）
（因俄乌冲突，俄罗斯被取消参赛资格，波兰直接晋级）
2022.3.24 瑞典1比0（加时）捷克
决赛
2022.3.29 波兰2比0瑞典

路径C（葡萄牙出线）
半决赛
2022.3.24 意大利0比1北马其顿
2022.3.24 葡萄牙3比1土耳其
决赛
2022.3.29 葡萄牙2比0北马其顿

●南美区

（赛制）10支球队进行双循环小组赛，前4名直接晋级世界杯决赛圈，第5名参加洲际附加赛。

	胜	平	负	得失球	分
巴西	14	3	0	40:5	45
阿根廷	11	6	0	27:8	39
乌拉圭	8	4	6	22:22	28
厄瓜多尔	7	5	6	27:19	26
秘鲁	7	3	8	19:22	24
哥伦比亚	5	8	5	20:19	23
智利	5	4	9	19:26	19
巴拉圭	3	7	8	12:26	16
玻利维亚	4	3	11	23:42	15
委内瑞拉	3	1	14	14:34	10

（巴西、阿根廷、乌拉圭、厄瓜多尔出线，秘鲁晋级洲际附加赛）
2020.10.8 巴拉圭2比2秘鲁
2020.10.8 乌拉圭2比1智利
2020.10.8 阿根廷1比0厄瓜多尔
2020.10.9 哥伦比亚3比0委内瑞拉
2020.10.9 巴西5比0玻利维亚
2020.10.13 玻利维亚1比2阿根廷
2020.10.13 厄瓜多尔4比2乌拉圭
2020.10.13 委内瑞拉0比1巴拉圭
2020.10.13 秘鲁2比4巴西
2020.10.13 智利2比2哥伦比亚
2020.11.12 玻利维亚2比3厄瓜多尔
2020.11.12 阿根廷1比1巴拉圭
2020.11.13 哥伦比亚0比3乌拉圭
2020.11.13 智利2比0秘鲁
2020.11.13 巴西1比0委内瑞拉
2020.11.17 委内瑞拉2比1智利
2020.11.17 厄瓜多尔6比1哥伦比亚
2020.11.17 乌拉圭0比2巴西
2020.11.17 巴拉圭2比2玻利维亚
2020.11.17 秘鲁0比2阿根廷
2021.6.3 玻利维亚3比1委内瑞拉
2021.6.3 乌拉圭0比0巴拉圭
2021.6.3 阿根廷1比1智利
2021.6.3 秘鲁0比3哥伦比亚
2021.6.4 巴西2比0厄瓜多尔
2021.6.8 厄瓜多尔1比2秘鲁
2021.6.8 委内瑞拉0比0乌拉圭
2021.6.8 哥伦比亚2比2阿根廷
2021.6.8 巴拉圭0比2巴西
2021.6.8 智利1比1玻利维亚
2021.9.2 玻利维亚1比1哥伦比亚
2021.9.2 厄瓜多尔2比0巴拉圭
2021.9.2 委内瑞拉1比3阿根廷
2021.9.2 秘鲁1比1乌拉圭
2021.9.2 智利0比1巴西
2021.9.5 巴西vs阿根廷（取消）
注：因巴西防疫官员在开场后进场要求4名阿根廷球员接受隔离，比赛腰斩。由于本场结果对两队出线与否和最终排名均无影响，国际足联最终批准比赛取消，不再择期重赛。
2021.9.5 厄瓜多尔0比0智利
2021.9.5 乌拉圭4比2玻利维亚
2021.9.5 巴拉圭1比1哥伦比亚
2021.9.5 秘鲁1比0委内瑞拉
2021.9.9 乌拉圭1比0厄瓜多尔
2021.9.9 巴拉圭2比1委内瑞拉
2021.9.9 哥伦比亚3比1智利
2021.9.9 阿根廷3比0玻利维亚
2021.9.9 巴西2比0秘鲁
2021.10.7 乌拉圭0比0哥伦比亚
2021.10.7 巴拉圭0比0哥伦比亚
2021.10.7 委内瑞拉1比3巴西
2021.10.7 厄瓜多尔3比0玻利维亚
2021.10.7 秘鲁2比0智利
2021.10.10 玻利维亚1比0秘鲁
2021.10.10 委内瑞拉2比1厄瓜多尔
2021.10.10 哥伦比亚0比0巴西
2021.10.10 阿根廷3比0乌拉圭
2021.10.10 智利2比0巴拉圭
2021.10.14 玻利维亚4比0巴拉圭
2021.10.14 哥伦比亚0比0厄瓜多尔
2021.10.14 阿根廷1比0秘鲁
2021.10.14 智利3比0委内瑞拉
2021.10.14 巴西4比1乌拉圭
2021.11.11 厄瓜多尔1比0委内瑞拉
2021.11.11 巴拉圭0比1智利
2021.11.11 巴西1比0哥伦比亚
2021.11.11 秘鲁3比0玻利维亚
2021.11.12 乌拉圭0比1阿根廷
2021.11.16 玻利维亚3比0乌拉圭
2021.11.16 委内瑞拉1比2秘鲁
2021.11.16 哥伦比亚0比0巴拉圭
2021.11.16 阿根廷0比0巴西
2021.11.16 智利0比2厄瓜多尔
2022.1.27 厄瓜多尔1比1巴西
2022.1.27 巴拉圭0比1乌拉圭
2022.1.27 智利1比2阿根廷
2022.1.28 哥伦比亚0比1秘鲁
2022.1.28 委内瑞拉4比1玻利维亚
2022.2.1 玻利维亚2比3智利
2022.2.1 乌拉圭4比1委内瑞拉
2022.2.1 阿根廷1比0哥伦比亚
2022.2.1 巴西4比0巴拉圭
2022.2.1 秘鲁1比1厄瓜多尔
2022.3.24 乌拉圭1比0秘鲁
2022.3.24 哥伦比亚3比0玻利维亚
2022.3.24 巴西4比0智利
2022.3.24 巴拉圭3比1厄瓜多尔
2022.3.25 阿根廷3比0委内瑞拉
2022.3.29 秘鲁2比0巴拉圭
2022.3.29 委内瑞拉0比1哥伦比亚
2022.3.29 玻利维亚0比4巴西
2022.3.29 智利0比2乌拉圭
2022.3.29 厄瓜多尔1比1阿根廷

●亚洲区

（赛制）共46队参赛。亚洲区FIFA排名最后12位的球队参加第1轮预选赛，捉对进行主客场两回合较量。胜出的6支球队，连同其他34支球队，共40队，进入下一阶段。第2轮预选赛每组5队，进行双循环角逐，8个小组第1名与4个成绩最好的小组第2名，共12队，晋级第3轮。由于东道主卡塔尔以不计排名的方式参加了第2轮预选赛且获得小组头名，故成绩第5好的小组第2名也晋级第3轮。“12强赛”分为2组，每组6队进行双循环角逐，每组前2名晋级世界杯决赛圈，2个小组第3名进行单场决胜，胜者晋级洲际附加赛。

第1轮
（蒙古、斯里兰卡、孟加拉国、马来西亚、柬埔寨、关岛晋级）
2019.6.6 蒙古2比0文莱
2019.6.11 文莱2比1蒙古
2019.6.6 中国澳门1比0斯里兰卡
2019.6.11 斯里兰卡3比0中国澳门
2019.6.6 老挝0比1孟加拉国
2019.6.11 孟加拉国0比0老挝
2019.6.7 马来西亚7比1东帝汶
2019.6.11 东帝汶1比5马来西亚
2019.6.6 柬埔寨2比0巴基斯坦
2019.6.11 巴基斯坦1比2柬埔寨
2019.6.6 不丹1比0关岛
2019.6.11 关岛5比0不丹

第2轮

A组	胜	平	负	得失球	分
叙利亚	7	0	1	22:7	21
中国	6	1	1	30:3	19
菲律宾	3	2	3	12:11	11
马尔代夫	2	1	5	7:20	7
关岛	0	0	8	2:32	0

（叙利亚、中国晋级）
2019.9.5 关岛0比1马尔代夫
2019.9.5 菲律宾2比5叙利亚
2019.9.10 关岛1比4菲律宾
2019.9.10 马尔代夫0比5中国
2019.10.10 中国7比0关岛
2019.10.10 叙利亚2比1马尔代夫
2019.10.15 菲律宾0比0中国
2019.10.15 叙利亚4比0关岛
2019.11.14 马尔代夫1比2菲律宾
2019.11.14 叙利亚2比1中国
2019.11.19 马尔代夫3比1关岛
2019.11.19 叙利亚1比0菲律宾
2021.5.30 关岛0比7中国
2021.6.4 马尔代夫0比4叙利亚
2021.6.7 关岛0比3叙利亚
2021.6.7 中国2比0菲律宾
2021.6.11 菲律宾3比0关岛
2021.6.11 中国5比0马尔代夫
2021.6.15 菲律宾1比1马尔代夫
2021.6.15 中国3比1叙利亚

B组	胜	平	负	得失球	分
澳大利亚	8	0	0	28:2	24
科威特	4	2	2	19:7	14
约旦	4	2	2	13:3	14
尼泊尔	2	0	6	4:22	6
中国台北	0	0	8	4:34	0

（澳大利亚晋级）

2019.9.5 中国台北1比2约旦
2019.9.5 科威特7比0尼泊尔
2019.9.10 中国台北0比2尼泊尔
2019.9.10 科威特0比3澳大利亚
2019.10.10 澳大利亚5比0尼泊尔
2019.10.10 约旦0比0科威特
2019.10.15 中国台北1比7澳大利亚
2019.10.15 约旦3比0尼泊尔
2019.11.14 科威特9比0中国台北
2019.11.14 约旦0比1澳大利亚
2019.11.19 尼泊尔0比1科威特
2019.11.19 约旦5比0中国台北
2021.6.3 尼泊尔2比0中国台北
2021.6.3 澳大利亚3比0科威特
2021.6.7 尼泊尔0比3约旦
2021.6.7 澳大利亚5比1中国台北
2021.6.11 尼泊尔0比3澳大利亚
2021.6.11 科威特0比0约旦
2021.6.15 澳大利亚1比0约旦
2021.6.15 中国台北1比2科威特

C组	胜	平	负	得失球	分
伊朗	6	0	2	34:4	18
伊拉克	5	2	1	14:4	17
巴林	4	3	1	15:4	15
中国香港	1	2	5	4:13	5
柬埔寨	0	1	7	2:44	1

（伊朗、伊拉克晋级）

2019.9.5 柬埔寨1比1中国香港
2019.9.5 巴林1比1伊拉克
2019.9.10 柬埔寨0比1巴林
2019.9.10 中国香港0比2伊朗
2019.10.10 伊朗14比0柬埔寨
2019.10.10 伊拉克2比0中国香港
2019.10.15 柬埔寨0比4伊拉克
2019.10.15 巴林1比0伊朗
2019.11.14 中国香港0比0巴林
2019.11.14 伊拉克2比1伊朗
2019.11.19 中国香港2比0柬埔寨
2019.11.19 伊拉克0比0巴林
2021.6.3 伊朗3比1中国香港
2021.6.3 巴林8比0柬埔寨
2021.6.7 伊拉克4比1柬埔寨
2021.6.7 伊朗3比0巴林
2021.6.11 柬埔寨0比10伊朗
2021.6.11 中国香港0比1伊拉克
2021.6.15 伊朗1比0伊拉克
2021.6.15 巴林4比0中国香港

D组	胜	平	负	得失球	分
沙特阿拉伯	6	2	0	22:4	20
乌兹别克斯坦	5	0	3	18:9	15
巴勒斯坦	3	1	4	10:10	10
新加坡	2	1	5	7:22	7
也门	1	2	5	6:18	5

（沙特阿拉伯晋级）

2019.9.5 新加坡2比2也门
2019.9.5 巴勒斯坦2比0乌兹别克斯坦
2019.9.10 新加坡2比1巴勒斯坦
2019.9.10 也门2比2沙特阿拉伯
2019.10.10 乌兹别克斯坦5比0也门
2019.10.10 沙特阿拉伯3比0新加坡
2019.10.15 新加坡1比3乌兹别克斯坦
2019.10.15 巴勒斯坦0比0沙特阿拉伯
2019.11.14 乌兹别克斯坦2比3沙特阿拉伯
2019.11.14 也门1比0巴勒斯坦
2019.11.19 乌兹别克斯坦2比0巴勒斯坦
2019.11.19 也门1比2新加坡
2021.3.30 沙特阿拉伯5比0巴勒斯坦
2021.6.3 巴勒斯坦4比0新加坡
2021.6.5 沙特阿拉伯3比0也门
2021.6.7 乌兹别克斯坦5比0新加坡
2021.6.11 也门0比1乌兹别克斯坦
2021.6.11 新加坡0比3沙特阿拉伯
2021.6.15 沙特阿拉伯3比0乌兹别克斯坦
2021.6.15 巴勒斯坦3比0也门

E组	胜	平	负	得失球	分
卡塔尔	7	1	0	18:1	22
阿曼	6	0	2	16:6	18
印度	1	4	3	6:7	7
阿富汗	1	3	4	5:15	6
孟加拉国	0	2	6	3:19	2

（阿曼晋级，卡塔尔作为东道主参加预选赛，不占出线名额）

2019.9.5 印度1比2阿曼
2019.9.5 卡塔尔6比0阿富汗
2019.9.10 阿富汗1比0孟加拉国
2019.9.10 卡塔尔0比0印度
2019.10.10 孟加拉国0比2卡塔尔
2019.10.10 阿曼3比0阿富汗
2019.10.15 印度1比1孟加拉国
2019.10.15 卡塔尔2比1阿曼
2019.11.14 阿富汗1比1印度
2019.11.14 阿曼4比1孟加拉国
2019.11.19 阿富汗0比1卡塔尔
2019.11.19 阿曼1比0印度
2020.12.4 卡塔尔5比0孟加拉国
2021.6.3 孟加拉国1比1阿富汗
2021.6.3 印度0比1卡塔尔
2021.6.7 孟加拉国0比2印度
2021.6.7 阿曼0比1卡塔尔
2021.6.11 阿富汗1比2阿曼
2021.6.15 印度1比1阿富汗
2021.6.15 孟加拉国0比3阿曼

F组	胜	平	负	得失球	分
日本	8	0	0	46:2	24
塔吉克斯坦	4	1	3	14:12	13
吉尔吉斯斯坦	3	1	4	19:12	10
蒙古	2	0	6	3:27	6
缅甸	2	0	6	6:35	6

（日本晋级）

2019.9.5 蒙古1比0缅甸
2019.9.5 塔吉克斯坦1比0吉尔吉斯斯坦
2019.9.10 蒙古0比1塔吉克斯坦
2019.9.10 缅甸0比2日本
2019.10.10 日本6比0蒙古
2019.10.10 吉尔吉斯斯坦7比0缅甸
2019.10.15 蒙古1比2吉尔吉斯斯坦
2019.10.15 塔吉克斯坦0比3日本
2019.11.14 缅甸4比3塔吉克斯坦
2019.11.14 吉尔吉斯斯坦0比2日本
2019.11.19 缅甸1比0蒙古
2019.11.19 吉尔吉斯斯坦1比1塔吉克斯坦
2021.3.25 塔吉克斯坦3比0蒙古
2021.3.30 蒙古0比14日本
2021.5.28 日本10比0缅甸
2021.6.7 吉尔吉斯斯坦0比1蒙古
2021.6.7 日本4比1塔吉克斯坦
2021.6.11 缅甸1比8吉尔吉斯斯坦
2021.6.15 日本5比1吉尔吉斯斯坦
2021.6.15 塔吉克斯坦4比0缅甸

G组	胜	平	负	得失球	分
阿联酋	6	0	2	23:7	18
越南	5	2	1	13:5	17
马来西亚	4	0	4	10:12	12
泰国	2	3	3	9:9	9
印度尼西亚	0	1	7	5:27	1

（阿联酋、越南晋级）

2019.9.5 泰国0比0越南
2019.9.5 印度尼西亚2比3马来西亚
2019.9.10 印度尼西亚0比3泰国
2019.9.10 马来西亚1比2阿联酋
2019.10.10 越南1比0马来西亚
2019.10.10 阿联酋5比0印度尼西亚
2019.10.15 印度尼西亚1比3越南
2019.10.15 泰国2比1阿联酋
2019.11.14 马来西亚2比1泰国
2019.11.14 越南1比0阿联酋
2019.11.19 马来西亚2比0印度尼西亚
2019.11.19 越南0比0泰国
2021.6.3 泰国2比2印度尼西亚
2021.6.3 阿联酋4比0马来西亚
2021.6.7 阿联酋3比1泰国
2021.6.7 越南4比0印度尼西亚
2021.6.11 印度尼西亚0比5阿联酋
2021.6.11 马来西亚1比2越南
2021.6.15 阿联酋3比2越南
2021.6.15 泰国0比1马来西亚

H组	胜	平	负	得失球	分
韩国	5	1	0	22:1	16
黎巴嫩	3	1	2	11:8	10
土库曼斯坦	3	0	3	8:11	9
斯里兰卡	0	0	6	2:23	0
朝鲜	0	0	0	0:0	0

（韩国、黎巴嫩晋级；朝鲜因防疫原因中途退出世预赛，其参加过的5场比赛均判作无效）

2019.9.5 朝鲜2比0黎巴嫩（无效）
2019.9.5 斯里兰卡0比2土库曼斯坦
2019.9.10 土库曼斯坦0比2韩国
2019.9.10 斯里兰卡0比1朝鲜（无效）
2019.10.10 韩国8比0斯里兰卡
2019.10.10 黎巴嫩2比1土库曼斯坦
2019.10.15 朝鲜0比0韩国（无效）
2019.10.15 斯里兰卡0比3黎巴嫩
2019.11.14 土库曼斯坦3比1朝鲜（无效）
2019.11.14 黎巴嫩0比0韩国
2019.11.19 土库曼斯坦2比0斯里兰卡
2019.11.19 黎巴嫩0比0朝鲜（无效）
2021.6.5 黎巴嫩3比2斯里兰卡
2021.6.5 韩国5比0土库曼斯坦
2021.6.9 土库曼斯坦3比2黎巴嫩
2021.6.9 斯里兰卡0比5韩国
2021.6.13 韩国2比1黎巴嫩

第3轮

A组	胜	平	负	得失球	分
伊朗	8	1	1	15:4	25
韩国	7	2	1	13:3	23
阿联酋	3	3	4	7:7	12
伊拉克	1	6	3	6:12	9
叙利亚	1	3	6	9:16	6
黎巴嫩	1	3	6	5:13	6

（伊朗、韩国出线，阿联酋附加赛）

2021.9.2 韩国0比0伊拉克
2021.9.2 伊朗1比0叙利亚
2021.9.2 阿联酋0比0黎巴嫩
2021.9.7 韩国1比0黎巴嫩
2021.9.7 叙利亚1比1阿联酋
2021.9.7 伊拉克0比3伊朗
2021.10.7 韩国2比1叙利亚
2021.10.7 伊拉克0比0黎巴嫩
2021.10.7 阿联酋0比1伊朗
2021.10.12 伊朗1比1韩国
2021.10.12 阿联酋2比2伊拉克
2021.10.12 叙利亚2比3黎巴嫩
2021.11.11 韩国1比0阿联酋
2021.11.11 黎巴嫩1比2伊朗
2021.11.11 伊拉克1比1叙利亚
2021.11.16 伊拉克0比3韩国
2021.11.16 叙利亚0比3伊朗
2021.11.16 黎巴嫩0比1阿联酋
2022.1.27 黎巴嫩0比1韩国
2022.1.27 伊朗1比0伊拉克
2022.1.27 阿联酋2比0叙利亚
2022.2.1 黎巴嫩1比1伊拉克

2022.2.1 叙利亚0比2韩国
2022.2.1 伊朗1比0阿联酋
2022.3.24 韩国2比0伊朗
2022.3.24 黎巴嫩0比3叙利亚
2022.3.24 伊拉克1比0阿联酋
2022.3.29 伊朗2比0黎巴嫩
2022.3.29 阿联酋1比0韩国
2022.3.29 叙利亚1比1伊拉克

B组	胜	平	负	得失球	分
沙特阿拉伯	7	2	1	12:6	23
日本	7	1	2	12:4	22
澳大利亚	4	3	3	15:9	15
阿曼	4	2	4	11:10	14
中国	1	3	6	9:19	6
越南	1	1	8	8:19	4

（沙特阿拉伯、日本出线，澳大利亚附加赛）

2021.9.2 日本0比1阿曼
2021.9.2 澳大利亚3比0中国
2021.9.2 沙特阿拉伯3比1越南
2021.9.7 越南0比1澳大利亚
2021.9.7 中国0比1日本
2021.9.7 阿曼0比1沙特阿拉伯
2021.10.7 沙特阿拉伯1比0日本
2021.10.7 中国3比2越南
2021.10.7 澳大利亚3比1阿曼
2021.10.12 日本2比1澳大利亚
2021.10.12 阿曼3比1越南
2021.10.12 沙特阿拉伯3比2中国
2021.11.11 澳大利亚0比0沙特阿拉伯
2021.11.11 越南0比1日本
2021.11.11 中国1比1阿曼
2021.11.16 中国1比1澳大利亚
2021.11.16 阿曼0比1日本
2021.11.16 越南0比1沙特阿拉伯
2022.1.27 澳大利亚4比0越南
2022.1.27 日本2比0中国
2022.1.27 沙特阿拉伯1比0阿曼
2022.2.1 日本2比0沙特阿拉伯
2022.2.1 越南3比1中国
2022.2.1 阿曼2比2澳大利亚
2022.3.24 澳大利亚0比2日本
2022.3.24 越南0比1阿曼
2022.3.24 中国1比1沙特阿拉伯
2022.3.29 日本1比1越南
2022.3.29 阿曼2比0中国
2022.3.29 沙特阿拉伯1比0澳大利亚

第4轮
（澳大利亚晋级洲际附加赛）

2022.6.7 阿联酋1比2澳大利亚

●非洲区

（赛制）共54队参赛。非洲区FIFA排名最后28位的球队参加第1轮预选赛，捉对进行主客场两回合较量。胜出的14支球队，连同其他26支球队，共40队，进入下一阶段。第2轮预选赛每组4队，进行双循环角逐，10个小组第1名晋级。第3轮中，10队捉对进行主客场两回合较量，5个胜者晋级世界杯决赛圈。

第1轮
（埃塞俄比亚、津巴布韦、纳米比亚、坦桑尼亚、吉布提、马拉维、安哥拉、利比里亚、莫桑比克、几内亚比绍、赤道几内亚、多哥、苏丹、卢旺达晋级）

2019.9.4 埃塞俄比亚0比0莱索托
2019.9.8 莱索托1比1埃塞俄比亚
2019.9.5 索马里1比0津巴布韦
2019.9.10 津巴布韦3比1索马里
2019.9.4 厄立特里亚1比2纳米比亚
2019.9.10 纳米比亚2比0厄立特里亚
2019.9.4 布隆迪1比1坦桑尼亚
2019.9.8 坦桑尼亚1比1（点球3比0）布隆迪
2019.9.4 吉布提2比1斯威士兰
2019.9.10 斯威士兰0比0吉布提
2019.9.7 博茨瓦纳0比0马拉维
2019.9.10 马拉维1比0博茨瓦纳
2019.9.6 甘比亚0比1安哥拉
2019.9.10 安哥拉2比1冈比亚
2019.9.4 利比里亚3比1塞拉利昂
2019.9.8 塞拉利昂1比0利比里亚
2019.9.4 毛里求斯0比1莫桑比克
2019.9.10 莫桑比克2比0毛里求斯
2019.9.4 圣多美和普林西比0比1几内亚比绍
2019.9.10 几内亚比绍2比1圣多美和普林西比
2019.9.4 南苏丹1比1赤道几内亚
2019.9.8 赤道几内亚1比0南苏丹
2019.9.6 科摩罗1比1多哥
2019.9.10 多哥2比0科摩罗
2019.9.5 乍得1比3苏丹
2019.9.10 苏丹0比0乍得
2019.9.5 塞舌尔0比3卢旺达
2019.9.10 卢旺达7比0塞舌尔

第2轮

A组	胜	平	负	得失球	分
阿尔及利亚	4	2	0	25:4	14
布基纳法索	3	3	0	12:4	12
尼日尔	2	1	3	13:17	7
吉布提	0	0	6	4:29	0

（阿尔及利亚晋级）

2021.9.2 尼日尔0比2布基纳法索
2021.9.2 阿尔及利亚8比0吉布提
2021.9.6 吉布提2比4尼日尔
2021.9.7 布基纳法索1比1阿尔及利亚
2021.10.8 阿尔及利亚6比1尼日尔
2021.10.8 吉布提0比4布基纳法索
2021.10.11 布基纳法索2比0吉布提
2021.10.12 尼日尔0比4阿尔及利亚
2021.11.12 布基纳法索1比1尼日尔
2021.11.12 吉布提0比4阿尔及利亚
2021.11.15 尼日尔7比2吉布提
2021.11.16 阿尔及利亚2比2布基纳法索

B组	胜	平	负	得失球	分
突尼斯	4	1	1	11:2	13
赤道几内亚	3	2	1	6:5	11
赞比亚	2	1	3	8:9	7
毛里塔尼亚	0	2	4	2:11	2

（突尼斯晋级）

2021.9.3 毛里塔尼亚1比2赞比亚
2021.9.3 突尼斯3比0赤道几内亚
2021.9.7 赞比亚0比2突尼斯
2021.9.7 赤道几内亚1比0毛里塔尼亚
2021.10.7 赤道几内亚2比0赞比亚
2021.10.7 突尼斯3比0毛里塔尼亚
2021.10.10 赞比亚1比1赤道几内亚
2021.10.10 毛里塔尼亚0比0突尼斯
2021.11.13 赞比亚4比0毛里塔尼亚
2021.11.13 赤道几内亚1比0突尼斯
2021.11.16 突尼斯3比1赞比亚
2021.11.16 毛里塔尼亚1比1赤道几内亚

C组	胜	平	负	得失球	分
尼日利亚	4	1	1	9:3	13
佛得角	3	2	1	8:6	11
利比里亚	2	0	4	5:8	6
中非共和国	1	1	4	4:9	4

（尼日利亚晋级）

2021.9.1 中非共和国1比1佛得角
2021.9.3 尼日利亚2比0利比里亚
2021.9.6 中非共和国0比1利比里亚
2021.9.7 佛得角1比2尼日利亚
2021.10.7 利比里亚1比2佛得角
2021.10.7 尼日利亚0比1中非共和国
2021.10.10 中非共和国0比2尼日利亚
2021.10.10 佛得角1比0利比里亚
2021.11.13 利比里亚0比2尼日利亚
2021.11.13 佛得角2比1中非共和国
2021.11.16 尼日利亚1比1佛得角
2021.11.16 利比里亚3比1中非共和国

D组	胜	平	负	得失球	分
喀麦隆	5	0	1	12:3	15
科特迪瓦	4	1	1	10:3	13
莫桑比克	1	1	4	2:8	4
马拉维	1	0	5	2:12	3

（喀麦隆晋级）

2021.9.3 莫桑比克0比0科特迪瓦
2021.9.3 喀麦隆2比0马拉维
2021.9.6 科特迪瓦2比1喀麦隆
2021.9.7 马拉维1比0莫桑比克
2021.10.8 马拉维0比3科特迪瓦
2021.10.8 喀麦隆3比1莫桑比克
2021.10.11 莫桑比克0比1喀麦隆
2021.10.11 科特迪瓦2比1马拉维
2021.11.13 马拉维0比4喀麦隆
2021.11.13 科特迪瓦3比0莫桑比克
2021.11.16 莫桑比克1比0马拉维
2021.11.16 喀麦隆1比0科特迪瓦

E组	胜	平	负	得失球	分
马里	5	1	0	11:0	16
乌干达	2	3	1	3:2	9
肯尼亚	1	3	2	4:9	6
卢旺达	0	1	5	2:9	1

（马里晋级）

2021.9.1 马里1比0卢旺达
2021.9.2 肯尼亚0比0乌干达
2021.9.5 卢旺达1比1肯尼亚
2021.9.6 乌干达0比0马里
2021.10.7 卢旺达0比1乌干达
2021.10.7 马里5比0肯尼亚
2021.10.10 肯尼亚0比1马里
2021.10.10 乌干达1比0卢旺达
2021.11.11 乌干达1比1肯尼亚
2021.11.11 卢旺达0比3马里
2021.11.14 马里1比0乌干达
2021.11.15 肯尼亚2比1卢旺达

F组	胜	平	负	得失球	分
埃及	4	2	0	10:4	14
加蓬	2	1	3	7:8	7
利比亚	2	1	3	4:7	7
安哥拉	1	2	3	6:8	5

（埃及晋级）

2021.9.1 埃及1比0安哥拉
2021.9.1 利比亚2比1加蓬
2021.9.5 加蓬1比1埃及
2021.9.7 安哥拉0比1利比亚
2021.10.8 安哥拉3比1加蓬
2021.10.8 埃及1比0利比亚
2021.10.11 加蓬2比0安哥拉
2021.10.11 利比亚0比3埃及
2021.11.12 加蓬1比0利比亚
2021.11.12 安哥拉2比2埃及
2021.11.16 埃及2比1加蓬
2021.11.16 利比亚1比1安哥拉

G组	胜	平	负	得失球	分
加纳	4	1	1	7:3	13
南非	4	1	1	6:2	13
埃塞俄比亚	1	2	3	4:7	5
津巴布韦	0	2	4	2:7	2

（加纳晋级）

2021.9.3 津巴布韦0比0南非
2021.9.3 加纳1比0埃塞俄比亚
2021.9.6 南非1比0加纳
2021.9.7 埃塞俄比亚1比0津巴布韦
2021.10.9 埃塞俄比亚1比3南非
2021.10.9 加纳3比1津巴布韦
2021.10.12 津巴布韦0比1加纳
2021.10.12 南非1比0埃塞俄比亚
2021.11.11 埃塞俄比亚1比1加纳

2021.11.11 **南非1比0津巴布韦**
2021.11.14 津巴布韦1比1埃塞俄比亚
2021.11.14 **加纳1比0南非**

H组	胜	平	负	得失球	分
塞内加尔	5	1	0	15:4	16
多哥	2	2	2	5:6	8
纳米比亚	1	2	3	5:10	5
刚果共和国	0	3	3	5:10	3

（塞内加尔晋级）
2021.9.1 塞内加尔2比0多哥
2021.9.2 **纳米比亚1比1刚果共和国**
2021.9.5 多哥0比1纳米比亚
2021.9.7 **刚果共和国1比3塞内加尔**
2021.10.9 多哥1比1刚果共和国
2021.10.9 **塞内加尔4比1纳米比亚**
2021.10.12 纳米比亚1比3塞内加尔
2021.10.12 **刚果共和国1比2多哥**
2021.11.11 刚果共和国1比1纳米比亚
2021.11.11 **多哥1比1塞内加尔**
2021.11.14 塞内加尔2比0刚果共和国
2021.11.15 **纳米比亚0比1多哥**

I组	胜	平	负	得失球	分
摩洛哥	6	0	0	20:1	18
几内亚比绍	1	3	2	5:11	6
几内亚	0	4	2	5:11	4
苏丹	0	3	5	5:12	3

（摩洛哥晋级）
2021.9.1 几内亚比绍1比1几内亚
2021.9.2 **摩洛哥2比0苏丹**
2021.9.7 苏丹2比4几内亚比绍
2021.10.6 **苏丹1比1几内亚**
2021.10.6 摩洛哥5比0几内亚比绍
2021.10.9 **几内亚2比2苏丹**
2021.10.9 几内亚比绍0比3摩洛哥
2021.10.12 **几内亚1比4摩洛哥**
2021.11.12 几内亚0比0几内亚比绍
2021.11.12 **苏丹0比3摩洛哥**
2021.11.15 几内亚比绍0比0苏丹
2021.11.16 **摩洛哥3比0几内亚**

H组	胜	平	负	得失球	分
民主刚果	3	2	1	9:3	11
贝宁	3	1	2	5:4	10
坦桑尼亚	2	2	2	6:8	8
马达加斯加	1	1	4	4:9	4

（民主刚果晋级）
2021.9.2 民主刚果1比1坦桑尼亚
2021.9.2 **马达加斯加0比1贝宁**
2021.9.6 贝宁1比1民主刚果
2021.9.7 **坦桑尼亚3比2马达加斯加**
2021.10.7 民主刚果2比0马达加斯加
2021.10.7 **坦桑尼亚0比1贝宁**
2021.10.10 贝宁0比1坦桑尼亚
2021.10.10 **马达加斯加1比0民主刚果**
2021.11.11 坦桑尼亚0比3民主刚果
2021.11.11 **贝宁2比0马达加斯加**
2021.11.14 民主刚果2比0贝宁
2021.11.14 **马达加斯加1比1坦桑尼亚**

第3轮
（塞内加尔、喀麦隆、加纳、摩洛哥、突尼斯出线）
2022.3.25 埃及1比0塞内加尔
2022.3.29 **塞内加尔1比0（点球3比1）埃及**
2022.3.25 喀麦隆0比1阿尔及利亚
2022.3.29 **阿尔及利亚1比2（加时）喀麦隆**
2022.3.25 加纳0比0尼日利亚
2022.3.29 **尼日利亚1比1加纳**
2022.3.25 民主刚果1比1摩洛哥
2022.3.29 **摩洛哥4比1民主刚果**
2022.3.25 马里0比1突尼斯
2022.3.29 **突尼斯0比0马里**

中北美及加勒比赛区

（赛制）赛区全部35队皆报名参赛，后圣卢西亚退出，共34队实际参赛。赛区FIFA排名6到35位的30支球队参加第1轮预选赛，每组5队，进行单循环角逐，6个小组第1晋级。此6队在第2轮中捉对进行主客场两回合角逐，胜出的3支球队与赛区FIFA排名前5位的球队，共8队，进入下一阶段。第3轮中，8队在同一小组进行主客场双循环角逐，前3名晋级世界杯决赛圈，第4名晋级洲际附加赛。

第1轮

A组	胜	平	负	得失球	分
萨尔瓦多	3	1	0	13:1	10
蒙特塞拉特	2	2	0	9:4	8
安提瓜和巴布达	2	1	1	6:5	7
格林纳达	1	0	3	2:5	3
美属维尔京群岛	0	0	4	0:15	0

（萨尔瓦多晋级）
2021.3.24 安提瓜和巴布达2比2蒙特塞拉特
2021.3.25 **萨尔瓦多2比0格林纳达**
2021.3.27 美属维尔京群岛0比3安提瓜和巴布达
2021.3.28 **蒙特塞拉特1比1萨尔瓦多**
2021.3.30 格林纳达1比0美属维尔京群岛
2021.6.2 **蒙特塞拉特4比0美属维尔京群岛**
2021.6.4 安提瓜和巴布达1比0格林纳达
2021.6.5 **美属维尔京群岛0比7萨尔瓦多**
2021.6.8 格林纳达1比2蒙特塞拉特
2021.6.8 **萨尔瓦多3比0安提瓜和巴布达**

B组	胜	平	负	得失球	分
加拿大	4	0	0	27:1	12
苏里南	3	0	1	15:4	9
百慕大群岛	1	1	2	7:12	4
阿鲁巴	1	0	3	3:19	3
开曼群岛	0	1	3	2:18	1

（加拿大晋级）
2021.3.24 苏里南3比0开曼群岛
2021.3.25 **加拿大5比1百慕大群岛**
2021.3.27 阿鲁巴0比6苏里南
2021.3.29 **开曼群岛0比11加拿大**
2021.3.30 百慕大群岛5比0阿鲁巴
2021.6.2 **开曼群岛1比3阿鲁巴**
2021.6.4 苏里南6比0百慕大群岛
2021.6.5 **阿鲁巴0比7加拿大**
2021.6.8 百慕大群岛1比1开曼群岛
2021.6.8 **加拿大4比0苏里南**

C组	胜	平	负	得失球	分
库拉索	3	1	0	15:1	10
危地马拉	3	1	0	14:0	10
古巴	2	0	2	7:3	6
圣文森特和格林纳丁斯	1	0	3	3:16	3
英属维尔京群岛	0	0	4	0:19	0

（库拉索晋级）
2021.3.24 危地马拉1比0古巴
2021.3.25 **库拉索5比0圣文森特和格林纳丁斯**
2021.3.27 英属维尔京群岛0比3危地马拉
2021.3.28 **古巴1比2库拉索**
2021.3.30 圣文森特和格林纳丁斯3比0英属维尔京群岛
2021.6.2 **古巴5比0英属维尔京群岛**
2021.6.4 危地马拉10比0圣文森特和格林纳丁斯
2021.6.5 **英属维尔京群岛0比8库拉索**
2021.6.8 圣文森特和格林纳丁斯0比1古巴
2021.6.8 **库拉索0比0危地马拉**

D组	胜	平	负	得失球	分
巴拿马	4	0	0	19:1	12
多米尼加	2	1	1	8:4	7
巴巴多斯	1	2	1	3:3	5
多米尼克	1	1	2	5:4	4
安圭拉	0	0	4	0:23	0

（巴拿马晋级）
2021.3.24 多米尼加1比0多米尼克
2021.3.25 **巴拿马1比0巴巴多斯**
2021.3.27 安圭拉0比6多米尼加
2021.3.28 **多米尼克1比2巴拿马**
2021.3.30 巴巴多斯1比0安圭拉
2021.6.2 **多米尼克3比0安圭拉**
2021.6.4 多米尼加1比1巴巴多斯
2021.6.5 **安圭拉0比13巴拿马**
2021.6.8 巴巴多斯1比1多米尼克
2021.6.8 **巴拿马3比0多米尼加**

E组	胜	平	负	得失球	分
海地	3	0	0	13:0	9
尼加拉瓜	2	0	1	10:1	6
伯利兹	1	0	2	5:5	3
特克斯和凯科斯群岛	0	0	3	0:22	0
圣卢西亚	0	0	0	0:0	0

（海地晋级，开赛前圣卢西亚退出）
2021.3.25 海地2比0伯利兹
2021.3.27 **特克斯和凯科斯群岛0比7尼加拉瓜**
2021.3.30 伯利兹5比0特克斯和凯科斯群岛
2021.6.4 **尼加拉瓜3比0伯利兹**
2021.6.5 特克斯和凯科斯群岛0比10海地
2021.6.8 **海地1比0尼加拉瓜**

F组	胜	平	负	得失球	分
圣基茨和尼维斯	3	0	1	8:2	9
特立尼达和多巴哥	2	2	0	6:1	8
波多黎各	2	1	1	10:2	7
圭亚那	1	0	3	4:8	3
巴哈马	0	1	3	0:15	1

（圣基茨和尼维斯晋级）
2021.3.24 圣基茨和尼维斯1比0波多黎各
2021.3.25 **特立尼达和多巴哥3比0圭亚那**
2021.3.27 巴哈马0比4圣基茨和尼维斯
2021.3.28 **波多黎各1比1特立尼达和多巴哥**
2021.3.30 圭亚那4比0巴哈马
2021.6.2 **波多黎各7比0巴哈马**
2021.6.4 圣基茨和尼维斯3比0圭亚那
2021.6.5 **巴哈马0比0特立尼达和多巴哥**
2021.6.8 圭亚那0比2波多黎各
2021.6.8 特立尼达和多巴哥2比0圣基茨和尼维斯

第2轮
（萨尔瓦多、加拿大、巴拿马晋级）
2021.6.12 圣基茨和尼维斯0比4萨尔瓦多
2021.6.15 **萨尔瓦多2比0圣基茨和尼维斯**
2021.6.12 海地0比1加拿大
2021.6.15 **加拿大3比0海地**
2021.6.12 巴拿马2比1库拉索
2021.6.15 **库拉索0比0巴拿马**

第3轮

加拿大	8	4	2	23:7	28
墨西哥	8	4	2	17:8	28
美国	7	4	3	21:10	25
哥斯达黎加	7	4	3	13:8	25
巴拿马	6	3	5	17:19	21
牙买加	2	5	7	12:22	11
萨尔瓦多	2	4	8	8:18	10
洪都拉斯	0	4	10	7:26	4

（加拿大、墨西哥、美国出线，哥斯达黎加晋级洲际附加赛）
2021.9.2 加拿大1比1洪都拉斯
2021.9.2 **巴拿马0比0哥斯达黎加**
2021.9.2 墨西哥2比1牙买加
2021.9.2 **萨尔瓦多0比0美国**
2021.9.5 牙买加0比3巴拿马
2021.9.5 **萨尔瓦多0比0洪都拉斯**
2021.9.5 哥斯达黎加0比1墨西哥
2021.9.5 **美国1比1加拿大**
2021.9.8 加拿大3比0萨尔瓦多
2021.9.8 **巴拿马1比1墨西哥**
2021.9.8 哥斯达黎加1比1牙买加
2021.9.8 **洪都拉斯1比4美国**
2021.10.7 美国2比0牙买加
2021.10.7 **洪都拉斯0比0哥斯达黎加**

2021.10.7 墨西哥1比1加拿大
2021.10.7 萨尔瓦多1比0巴拿马
2021.10.10 牙买加0比0加拿大
2021.10.10 哥斯达黎加2比1萨尔瓦多
2021.10.10 巴拿马1比0美国
2021.10.10 墨西哥3比0洪都拉斯
2021.10.13 美国2比1哥斯达黎加
2021.10.13 加拿大4比1巴拿马
2021.10.13 洪都拉斯0比2牙买加
2021.10.13 萨尔瓦多0比2墨西哥
2021.11.12 洪都拉斯2比3巴拿马
2021.11.12 萨尔瓦多1比1牙买加
2021.11.12 加拿大1比0哥斯达黎加
2021.11.12 美国2比0墨西哥
2021.11.16 牙买加1比1美国
2021.11.16 哥斯达黎加2比1洪都拉斯
2021.11.16 巴拿马2比1萨尔瓦多
2021.11.16 加拿大2比1墨西哥
2022.1.27 美国1比0萨尔瓦多
2022.1.27 牙买加1比2墨西哥
2022.1.27 洪都拉斯0比2加拿大
2022.1.27 哥斯达黎加1比0巴拿马
2022.1.30 加拿大2比0美国
2022.1.30 巴拿马3比2牙买加
2022.1.30 墨西哥0比0哥斯达黎加
2022.1.30 洪都拉斯0比2萨尔瓦多
2022.2.2 牙买加0比1哥斯达黎加
2022.3.24 牙买加1比1萨尔瓦多
2022.3.24 巴拿马1比1洪都拉斯
2022.3.24 墨西哥0比0美国
2022.3.24 哥斯达黎加1比0加拿大
2022.3.27 加拿大4比0牙买加
2022.3.27 萨尔瓦多1比2哥斯达黎加
2022.3.27 美国5比1巴拿马
2022.3.27 洪都拉斯0比1墨西哥
2022.3.30 巴拿马1比0加拿大
2022.3.30 牙买加2比1洪都拉斯
2022.3.30 墨西哥2比0萨尔瓦多
2022.3.30 哥斯达黎加2比0美国

大洋洲区

（赛制）赛区全部11队皆报名参赛，美属萨摩亚、萨摩亚、汤加和瓦努阿图在参赛前退出，库克群岛在开赛后半途退出。资格赛阶段，赛区FIFA排名最后2名的球队进行单场决胜，胜者晋级下一阶段。8队进入小组赛，每组4队，进行单循环角逐，每组前2名晋级单场决胜的淘汰赛，最终胜者晋级洲际附加赛。

资格赛
（汤加因海底火山喷发退出，库克群岛自动晋级）
2022.3.13 汤加vs库克群岛（取消）

小组赛

A组	胜	平	负	得失球	分
所罗门群岛	1	0	0	3:1	3
塔希提	0	0	1	1:3	0
瓦努阿图	0	0	0	0:0	0
库克群岛	0	0	0	0:0	0

（所罗门群岛、塔希提晋级，瓦努阿图因队内新冠疫情爆发退出，库克群岛在已参加过比赛的情况下，因队内新冠疫情爆发退出）
2022.3.17 库克群岛0比2所罗门群岛（无效）
2022.3.24 所罗门群岛3比1塔希提

B组	胜	平	负	得失球	分
新西兰	3	0	0	12:1	9
巴布亚新几内亚	2	0	1	3:2	6
斐济	1	0	2	3:7	3
法属新喀里多尼亚	0	0	3	2:10	0

（新西兰、巴布亚新几内亚晋级）
2022.3.18 巴布亚新几内亚0比1新西兰
2022.3.18 法属新喀里多尼亚1比2斐济
2022.3.21 巴布亚新几内亚1比0法属新喀里多尼亚
2022.3.21 新西兰4比0斐济
2022.3.24 新西兰7比1法属新喀里多尼亚
2022.3.24 斐济1比2巴布亚新几内亚

淘汰赛
（新西兰晋级洲际附加赛）
半决赛
2022.3.27 所罗门群岛3比2巴布亚新几内亚
2022.3.27 新西兰1比0塔希提
决赛
2022.3.30 所罗门群岛0比5新西兰

洲际附加赛

（赛制）4个赛区的各1支球队参加，捉对在中立场地进行单场决胜，胜出的2支球队晋级世界杯决赛圈。抽签结果为亚洲区球队对阵南美区球队，大洋洲区球队对阵中北美及加勒比赛区球队。

比赛
（澳大利亚、哥斯达黎加出线）
2022.6.13 澳大利亚0比0（点球5比4）秘鲁
2022.6.14 哥斯达黎加1比0新西兰

球队数据

成绩篇

历届世界杯决赛

年份	决赛
1930	乌拉圭4比2阿根廷
1934	意大利2比1(加时)捷克斯洛伐克
1938	意大利4比2匈牙利
1950	乌拉圭2比1巴西
1954	联邦德国3比2匈牙利
1958	巴西5比2瑞典
1962	巴西3比1捷克斯洛伐克
1966	英格兰4比2(加时)联邦德国
1970	巴西4比1意大利
1974	联邦德国2比1荷兰
1978	阿根廷3比1(加时)荷兰
1982	意大利3比1联邦德国
1986	阿根廷3比2联邦德国
1990	联邦德国1比0阿根廷
1994	巴西0比0(点球3比2)意大利
1998	法国3比0巴西
2002	巴西2比0德国
2006	意大利1比1(点球5比3)法国
2010	西班牙1比0(加时)荷兰
2014	德国1比0(加时)阿根廷
2018	法国4比2克罗地亚

注：1950世界杯并未设立决赛，而是由4个小组第1进行决胜圈小组赛。决胜圈前2轮巴西2连胜、乌拉圭1胜1平，末轮两队相遇恰为争冠之战，巴西打平即可夺冠，乌拉圭则必须取胜。

历届进球最多球队

年份	球队	进球
1930	阿根廷	18
1934	意大利	12
1938	匈牙利	15
1950	巴西	22
1954	匈牙利	27
1958	法国	23
1962	巴西	14
1966	葡萄牙	17
1970	巴西	19
1974	波兰	16
1978	阿根廷、荷兰	15
1982	法国	16
1986	阿根廷	14
1990	联邦德国	15
1994	瑞典	15
1998	法国	15
2002	巴西	18
2006	德国	14
2010	德国	16
2014	德国	18
2018	比利时	16

历届东道主成绩

年份	东道主	成绩
1930	乌拉圭	冠军
1934	意大利	冠军
1938	法国	8强
1950	巴西	亚军
1954	瑞士	8强
1958	瑞典	亚军
1962	智利	季军
1966	英格兰	冠军
1970	墨西哥	8强
1974	联邦德国	冠军
1978	阿根廷	冠军
1982	西班牙	12强
1986	墨西哥	8强
1990	意大利	季军
1994	美国	16强
1998	法国	冠军
2002	韩国/日本	殿军/16强
2006	德国	季军
2010	南非	小组赛
2014	巴西	殿军
2018	俄罗斯	8强

历届卫冕冠军成绩

年份	冠军	下届成绩
1930	乌拉圭	未参赛
1934	意大利	冠军
1938	意大利	小组赛
1950	乌拉圭	殿军
1954	联邦德国	殿军
1958	巴西	冠军
1962	巴西	小组赛
1966	英格兰	8强
1970	巴西	殿军
1974	联邦德国	8强
1978	阿根廷	12强
1982	意大利	16强
1986	阿根廷	亚军
1990	联邦德国	8强
1994	巴西	亚军
1998	法国	小组赛
2002	巴西	8强
2006	意大利	小组赛
2010	西班牙	小组赛
2014	德国	小组赛

冠军最多

巴西5次：1958、1962、1970、1994、2002

进前2最多

德国8次：1954、1966、1974、1982、1986、1990、2002、2014

进前3最多

德国12次：1934、1954、1966、1970、1974、1982、1986、1990、2002、2006、2010、2014

进前4最多

德国13次：1934、1954、1958、1966、1970、1974、1982、1986、1990、2002、2006、2010、2014

进前8最多

巴西18次：(除1934、1966、1990)

进前16最多

巴西21次：全部已完赛21届

亚军最多

德国4次：1966、1982、1986、2002

季军最多

德国4次：1934、1970、2006、2010

殿军最多

乌拉圭3次：1954、1970、2010

半决赛失利最多

德国5次：1934、1958、1970、2006、2010

1/4决赛失利最多

英格兰8次：1950、1954、1962、1970、1982、1986、2002、2006

1/8决赛失利最多

墨西哥14次：1930、1950、1954、1958、1962、1966、1978、1994、1998、2002、2006、2010、2014

首阶段赛事被淘汰最多

韩国8次：1954、1986、1990、1994、1998、2006、2014、2018

最长连冠

2次：意大利（1934、1938）、巴西（1958、1962）

最长连续进前2

3次：德国（1982-1990）、巴西（1994-2002）

最长连续进前3

德国4次：2002-2014

最长连续进前4

德国4次：2002-2014

最长连续进前8

德国16次：1954-2014

最长连续进前16

巴西21次：全部已完赛21届

最长连续进决赛圈

巴西22次：全部22届

连续亚军

2次：荷兰（1974、1982）、德国（1982、1986）

连续季军

2次：德国（2006、2010）

连续排名第3到第4

2次：瑞典（1938、1950）、巴西（1974、1978）、法国（1982、1986）、德国（2006、2010）

连续排名第5到第8

瑞士4次：1934-1954

连续排名第9到第16

墨西哥7次：1994-2018

连续排名第17到第32

韩国4次：1986-1998

两次夺冠间隔最久

意大利44年：1938-1982

两次进前2间隔最久

阿根廷48年：1930-1978

两次进前3间隔最久

阿根廷48年：1930-1978

两次进前4间隔最久

西班牙60年：1950-2010

两次进决赛圈间隔最久

威尔士64年：1958-2022

首次参赛最佳成绩

冠军：乌拉圭1930、意大利1934

1934年后首次参赛最佳成绩

季军：葡萄牙1966、克罗地亚1998

进前2最多的非冠军队

荷兰3次：1974、1978、2010

进前4最多的非冠军队

荷兰5次：1974、1978、1998、2010、2014

进决赛圈最多的非冠军队

墨西哥16次：除1934、1938、1974、1982、1990外

进第2轮（小组赛出线或淘汰赛过1关）最多

巴西18次：巴西（除1930、1934、1966外）

第1轮出局最多

苏格兰8次：1954、1958、1974、1978、1982、1986、1990、1998

第1轮必晋级球队中参赛次数最多

爱尔兰3次：1990、1994、2002

第1轮必出局球队中参赛次数最多

苏格兰8次：1954、1958、1974、1978、1982、1986、1990、1998

第1轮连续晋级最多

德国16次：1954-2014

第1轮连续出局最多

5次：墨西哥（1950-1966）、苏格兰（1974-1990）

东道主第1轮出局

2010南非

卫冕冠军第1轮出局

2次：意大利1950、2010

1次：巴西1966、法国2002、西班牙2014、德国2018

出勤篇

世界杯决赛圈出勤榜
（数据截至2018世界杯）

排名/队名	参赛	最长连续参赛	最近连续参赛	首次参赛	最近参赛
01巴西	21届	21届	21届	1930	2018
02德国	19届	17届	17届	1934	2018
03意大利	18届	14届	0届	1934	2014
04阿根廷	17届	12届	12届	1930	2018
05墨西哥	16届	7届	7届	1930	2018
06西班牙	15届	11届	11届	1934	2018
06法国	15届	6届	6届	1930	2018
06英格兰	15届	6届	6届	1950	2018
09比利时	13届	6届	2届	1930	2018
09乌拉圭	13届	4届	3届	1930	2018
11塞尔维亚	12届	4届	1届	1930	2018
11瑞典	12届	3届	1届	1934	2018
13瑞士	11届	4届	4届	1934	2018
13俄罗斯	11届	4届	2届	1958	2018
15韩国	10届	9届	9届	1954	2018
15美国	10届	7届	0届	1930	2014
15荷兰	10届	3届	0届	1934	2014
18匈牙利	9届	4届	0届	1934	1986
18捷克	9届	3届	0届	1934	2006
18智利	9届	2届	0届	1930	2014
21苏格兰	8届	5届	0届	1954	1998
21波兰	8届	4届	1届	1938	2018
21巴拉圭	8届	4届	0届	1930	2010
24葡萄牙	7届	5届	5届	1966	2018
24保加利亚	7届	4届	0届	1962	1998
24喀麦隆	7届	4届	0届	1982	2014
24罗马尼亚	7届	3届	0届	1930	1998
24奥地利	7届	2届	0届	1934	1998
29日本	6届	6届	6届	1998	2018
29尼日利亚	6届	3届	3届	1994	2018
29哥伦比亚	6届	3届	2届	1962	2018
32澳大利亚	5届	4届	4届	1974	2018
32沙特阿拉伯	5届	4届	1届	1994	2018
32克罗地亚	5届	3届	2届	1998	2018
32突尼斯	5届	3届	1届	1978	2018
32伊朗	5届	2届	2届	1978	2018
32哥斯达黎加	5届	2届	2届	1990	2018
32秘鲁	5届	2届	1届	1930	2018
32摩洛哥	5届	2届	1届	1970	2018
32丹麦	5届	2届	1届	1986	2018
41阿尔及利亚	4届	2届	0届	1982	2014
42加纳	3届	3届	0届	2006	2014
42科特迪瓦	3届	3届	0届	2006	2014
42北爱尔兰	3届	2届	0届	1958	1986
42挪威	3届	2届	0届	1938	1998
42爱尔兰	3届	2届	0届	1990	2002
42南非	3届	2届	0届	1998	2010
42洪都拉斯	3届	2届	0届	1982	2014
42希腊	3届	2届	0届	1994	2014
42厄瓜多尔	3届	2届	0届	2002	2014
42埃及	3届	1届	1届	1934	2018
42玻利维亚	3届	1届	0届	1930	1994
53塞内加尔	2届	1届	1届	2002	2018
53萨尔瓦多	2届	1届	0届	1970	1982
53土耳其	2届	1届	0届	1954	2002
53朝鲜	2届	1届	0届	1966	2010
53新西兰	2届	1届	0届	1982	2010
53斯洛文尼亚	2届	1届	0届	2002	2010
59冰岛	1届	1届	1届	2018	2018
59巴拿马	1届	1届	1届	2018	2018
59古巴	1届	1届	0届	1938	1938
59印度尼西亚	1届	1届	0届	1938	1938
59威尔士	1届	1届	0届	1958	1958
59以色列	1届	1届	0届	1970	1970
59民主刚果	1届	1届	0届	1974	1974
59民主德国	1届	1届	0届	1974	1974
59海地	1届	1届	0届	1974	1974
59科威特	1届	1届	0届	1982	1982
59加拿大	1届	1届	0届	1986	1986
59伊拉克	1届	1届	0届	1986	1986
59阿联酋	1届	1届	0届	1990	1990
59牙买加	1届	1届	0届	1998	1998
59中国	1届	1届	0届	2002	2002
59安哥拉	1届	1届	0届	2006	2006
59多哥	1届	1届	0届	2006	2006
59特立尼达和多巴哥	1届	1届	0届	2006	2006
59乌克兰	1届	1届	0届	2006	2006
59斯洛伐克	1届	1届	0届	2010	2010
59波黑	1届	1届	0届	2014	2014

2014世界杯决赛圈总积分榜

排名/队名	届	赛	胜	平	负	进球	失球	净胜球	分
01巴西	21	109	73	18	18	229	105	+124	237
02德国	19	109	67	20	22	226	125	+101	221
03意大利	18	83	45	21	17	128	77	+51	156
04阿根廷	17	81	43	15	23	137	93	+44	144
05法国	15	66	34	13	19	120	77	+43	115
06英格兰	15	69	29	21	19	91	64	+27	108
07西班牙	15	63	30	15	18	99	72	+27	105
08荷兰	10	50	27	12	11	86	48	+38	93
09乌拉圭	13	56	24	12	20	87	74	+13	84
10瑞典	12	51	19	13	19	80	73	+7	70
11比利时	13	48	20	9	19	68	72	-4	69
12俄罗斯	11	45	19	10	16	77	54	+23	67
13塞尔维亚	12	46	18	8	20	66	63	+3	62
14墨西哥	16	57	16	14	27	60	98	-38	62
15波兰	8	34	16	5	13	46	45	+1	53
16匈牙利	9	32	15	3	14	87	57	+30	48
17葡萄牙	7	30	14	6	10	49	35	+14	48
18瑞士	11	37	12	8	17	50	64	-14	44
19捷克	9	33	12	5	16	47	49	-2	41
20奥地利	7	29	12	4	13	43	47	-4	40
21智利	9	33	11	7	15	40	49	-9	40
22克罗地亚	5	23	11	4	8	35	26	+9	37
23丹麦	5	20	9	5	6	30	26	+4	32
24巴拉圭	8	27	7	10	10	30	38	-8	31
25哥伦比亚	6	22	9	3	10	32	30	+2	30
26美国	10	33	8	6	19	37	62	-25	30
27罗马尼亚	7	21	8	5	8	30	32	-2	29
28韩国	10	34	6	9	19	34	70	-36	27
29尼日利亚	6	21	6	3	12	23	30	-7	21
30日本	6	21	5	5	11	20	29	-9	20
31哥斯达黎加	5	18	5	5	8	19	28	-9	20
32苏格兰	8	23	4	7	12	25	41	-16	19
33喀麦隆	7	23	4	7	12	18	43	-25	19
34秘鲁	5	18	5	3	10	21	33	-12	18
35保加利亚	7	26	3	8	15	22	53	-31	17
36土耳其	2	10	5	1	4	20	17	+3	16
37加纳	3	12	4	3	5	13	16	-3	15
38爱尔兰	3	13	2	8	3	10	10	0	14
39北爱尔兰	3	13	3	5	5	13	23	-10	14
40厄瓜多尔	3	10	4	1	5	10	11	-1	13
41塞内加尔	2	8	3	3	2	11	10	+1	12
42阿尔及利亚	4	13	3	3	7	13	19	-6	12
43摩洛哥	5	16	2	5	9	14	22	-8	11
44沙特阿拉伯	5	16	3	2	11	11	39	-28	11
45科特迪瓦	3	9	3	1	5	13	14	-1	10
46南非	3	9	2	4	3	11	16	-5	10
47突尼斯	5	15	2	4	9	13	25	-12	10
48伊朗	5	15	2	4	9	9	24	-15	10
49澳大利亚	5	16	2	4	10	13	31	-18	10
50挪威	3	8	2	3	3	7	8	-1	9
51民主德国	1	6	2	2	2	5	5	0	8
52希腊	3	10	2	2	6	5	20	-15	8
53乌克兰	1	5	2	1	2	5	7	-2	7
54威尔士	1	5	1	3	1	4	4	0	6
55斯洛伐克	1	4	1	1	2	5	7	-2	4
56斯洛文尼亚	2	6	1	1	4	5	10	-5	4
57古巴	1	3	1	1	1	5	12	-7	4
58朝鲜	2	7	1	1	5	6	21	-15	4
59黑山	1	3	1	0	2	4	4	0	3
60牙买加	1	3	1	0	2	3	9	-6	3
61新西兰	2	6	0	3	3	4	14	-10	3
62洪都拉斯	3	9	0	3	6	3	14	-11	3
63安哥拉	1	3	0	2	1	1	2	-1	2
64以色列	1	3	0	2	1	1	3	-2	2
65埃及	3	7	0	2	5	5	12	-7	2
66爱尔兰	1	3	0	1	2	2	5	-3	1
67科威特	1	3	0	1	2	2	6	-4	1
68特立尼达和多巴哥	1	3	0	1	2	0	4	-4	1
69玻利维亚	3	6	0	1	5	1	20	-19	1
70伊拉克	1	3	0	0	3	1	4	-3	0
71多哥	1	3	0	0	3	1	6	-5	0
72加拿大	1	3	0	0	3	0	5	-5	0
73印度尼西亚	1	1	0	0	1	0	6	-6	0
74巴拿马	1	3	0	0	3	2	11	-9	0
75阿联酋	1	3	0	0	3	2	11	-9	0
76中国	1	3	0	0	3	0	9	-9	0
77海地	1	3	0	0	3	2	14	-12	0
78民主刚果	1	3	0	0	3	0	14	-14	0
79萨尔瓦多	2	6	0	0	6	1	22	-21	0

注：德国继承联邦德国成绩，民主德国成绩单独列出。俄罗斯继承苏联成绩。塞尔维亚继承南斯拉夫、塞黑成绩。捷克继承捷克斯洛伐克成绩。

各大洲球队世界杯成绩

	欧洲	南美	中北美	亚洲	非洲	大洋洲
队次	245	85	42	37	44	4
16强	91	33	14	6	9	1
8强	100	35	5	2	3	0
4强	60	22	1	1	0	0
2强	28	14	0	0	0	0
冠军	12	9	0	0	0	0
亚军	16	5	0	0	0	0
季军	17	3	1	0	0	0
殿军	15	5	0	1	0	0

注：1930年、1950年和1982年世界杯并未设立8强阶段。

比赛最多

德国109场

比赛最少

印度尼西亚1场：1938年0比6匈牙利

胜场最多

巴西73场

平局最多

意大利21场

负场最多

墨西哥27场

最长连败且至今全败

萨尔瓦多6场

最长不胜且至今不胜

洪都拉斯9场

首胜前比赛最多

保加利亚17场

进球最多

巴西229球

失球最多

德国125球

进球最少

0球：加拿大、中国、印度尼西亚、特立尼达和多巴哥、民主刚果

失球最少

安哥拉2球

最多比赛不进球且至今不进球

3场：加拿大、中国、特立尼达和多巴哥、民主刚果

最多比赛无零封且至今无零封

萨尔瓦多6场

场均进球最多

匈牙利2.72球（32场87球）

场均失球最少

安哥拉0.67球（3场失2球）

场均失球最多

印度尼西亚6球（1场失6球）

场均得失球总数最多

印度尼西亚6球（1场进0球失6球）

场均得失球总数最少

安哥拉1球（3场进1球失2球）

最常见对阵

7次：巴西vs瑞典、德国vs南斯拉夫、阿根廷vs德国

决赛最常见对阵

3次：阿根廷vs德国（1986、1990、2014）

单届不败最多

巴西7届：1958、1962、1970、1978、1986、1994、2002

不败出局最多(点球大战告负计为平局)

英格兰3届：1982、1990、2006

不胜出局最多

6届：墨西哥（1930、1950、1954、1958、1966、1978）、保加利亚（1962、1966、1970、1974、1986、1998）

预选赛连续晋级最多

西班牙10次：1986-2022

预选赛连续出局最多

卢森堡21次：1934-2022

最长连胜

巴西11场：2002年2比1土耳其-2006年3比0加纳

最长连败

墨西哥9场：1930年1比4法国-1958年0比3瑞典

最长连平

比利时5场：1998年0比0荷兰-2002年1比1突尼斯

最长不胜

保加利亚17场：1962年0比1阿根廷-1994年0比3尼日利亚

最长不败

巴西13场：1958年3比0奥地利-1966年2比0保加利亚

最长不平

葡萄牙16场：1966年3比1匈牙利-2006年1比0荷兰

最长连续进球

18场：巴西（1930-1958）、德国（1934-1958）

最长连续至少进2球

乌拉圭11场：1930-1954

最长连续至少进3球

4场：乌拉圭（1930-1950）、匈牙利（1954）、葡萄牙（1966）、德国（1970）、巴西（1970）

最长连续至少进4球

4场：乌拉圭（1930-1950）、匈牙利（1954）

最长连续至少进5球/6球

2场：巴西（1950）、匈牙利（1954）

最长连续至少进7球/8球

2场：匈牙利（1954）

最长连续不进球

5场：玻利维亚（1930、1950、1994）、阿尔及利亚（1986、2010）、洪都拉斯（1982、2010、2014）

最长连续不丢球

5场：意大利（1990）、瑞士（2006、2010）

最长连续不丢球时间

瑞士559分钟：1994、2006、2010

最长连续丢球

瑞士22场：1934-1994

最长连续至少丢2球

墨西哥9场：1930-1958

最长连续至少丢3球

墨西哥5场：1930-1950

最长连续至少丢4球

3场：玻利维亚（1930-1950）、墨西哥（1930-1950）

最长连续丢5球

奥地利2场：1954

最长连续丢6球

美国2场：1930、1934

最长连续丢7球

韩国2场：1954

单场最大分差

9球：1954年匈牙利9比0韩国、1974年南斯拉夫9比0民主刚果、1982年匈牙利10比1萨尔瓦多

预选赛单场最大分差

31球：2001年4月11日澳大利亚31比0美属萨摩亚

单场进球最多

12球：1954年奥地利7比5瑞士

单场单队进球最多

10球：1982年匈牙利10比1萨尔瓦多

最高比分平局

4比4：1954年英格兰vs比利时（加时赛）、1962年苏联vs哥伦比亚

最大逆转

3球：1954年奥地利从0比3到7比5瑞士、1966年葡萄牙从0比3到5比3朝鲜

最大扳平

3球：1962年哥伦比亚从0比3到4比4苏联、2002年乌拉圭从0比3到3比3塞内加尔

加时赛进球最多

5球：1970年意大利4比3（加时3比2）联邦德国

决赛进球最多

7球：1958年巴西5比2瑞典

决赛单队进球最多

5球：1958年巴西5比2瑞典

决赛进球最少

0球：1994年巴西0比0意大利

决赛最大分差

3球：1958年巴西5比2瑞典、1970年巴西4比1意大利、1998年法国3比0巴西

决赛最大逆转

2球：1954年联邦德国从0比2到3比2匈牙利

单届篇

全胜球队

年份/球队	赛	得失球	净胜球	场均进球/净胜
1930乌拉圭	4	15:3	+12	3.8/3.0
1970巴西	6	19:7	+12	3.2/2.0
2002巴西	7	18:4	+14	2.6/2.0

全负球队TOP10

年份/球队	赛	得失球	净胜球	场均失球/净负
1954韩国	2	0:16	-16	8.0/8.0
1950玻利维亚	1	0:8	-8	8.0/8.0
1934美国	1	1:7	-6	7.0/6.0
1938印度尼西亚	1	0:6	-6	6.0/6.0
1974民主刚果	3	0:14	-14	4.7/4.7
1974海地	3	2:14	-12	4.7/4.0

1982萨尔瓦多	3	1:13	-12	4.3/4.0
2002沙特	3	0:12	-12	4.0/4.0
1930玻利维亚	2	0:8	-8	4.0/4.0
1954苏格兰	2	0:8	-8	4.0/4.0

胜场最多

巴西7场(2002)

胜场最少冠军

乌拉圭3场(1950共4场)

负场最多冠军

1场:德国1954/1974、阿根廷1978、西班牙2010

不胜场最多冠军

意大利3场(1982共7场)

不胜场最多

5场:南斯拉夫1974、阿根廷1974、联邦德国1978、比利时1986、爱尔兰1990、阿根廷1990

90分钟不胜场最多

6场:1986比利时、1990英格兰

对前冠军胜场最多

3场:巴西1970、意大利1982、阿根廷1986、德国2010/2014

全胜(不含加时、重赛、点球、附加赛)

乌拉圭1930(4场)、巴西1970(6场)/2002(7场)

0胜最高排名

爱尔兰8强(1990)

1胜最高排名

瑞典殿军(1938)

进球最多

匈牙利27球(1954)

失球最少

瑞士0球(2006)

失球最多

韩国16球(1954)

最久不失球

意大利517分钟(1990)

净胜球最多

匈牙利17球(1954)

净胜球最多冠军

14球:巴西2002、德国2014

净胜球最少冠军

6球:1982意大利、2010西班牙

净负球最多

韩国16球(1954)

场均进球最多

匈牙利5.4球(1954)

场均净胜球最多

匈牙利3.2球(1954)

场均净胜球最多冠军

乌拉圭3.0球(1930)

进球最多冠军

德国25球(1954)

进球最少冠军

西班牙8球(2010)

进球最少亚军

阿根廷5球(1990)

失球最少冠军

2球:法国1998、意大利2006、西班牙2010

失球最多冠军

德国14球(1954)

场均进球最少冠军

西班牙1.14球(2010)

不败球队最多

2006年5支:瑞士、阿根廷、英格兰、法国、意大利

不败球队最少

1954年0支

预选赛晋级经历场次最多

澳大利亚22场(2018)

单场单队进球者最多

7人:1974年南斯拉夫9比0民主刚果

单届单队进球者最多

11人:比利时(2018),包含1粒对手的乌龙球

单届进球最多

171球(1998、2014)

单届进球最少

70球(1930、1934)

单届场均进球最多

5.38球(1954)

单届场均进球最少

2.21球(1990)

单届进球者最多

122人(2018)

单届至少进2球者最多

37人(1998)

单届至少进3球者最多

21人(1954)

单届至少进4球者最多

11人(1954)

单届至少进5球者最多

6人(1994)

单届至少进6球者最多

4人(1954)

单届至少进7球者最多

2人(1970)

点球篇

点球大战全记录

序号	赛事	点球比分	主罚个数
01	1982年半决赛联邦德国3比3法国	5比4	6比6
02	1986年1/4决赛法国1比1巴西	4比3	5比5
03	1986年1/4决赛联邦德国0比0墨西哥	4比1	4比3
04	1986年1/4决赛比利时1比1西班牙	5比4	5比5
05	1990年1/8决赛爱尔兰0比0罗马尼亚	5比4	5比5
06	1990年1/4决赛阿根廷0比0南斯拉夫	3比2	5比5
07	1990年半决赛阿根廷1比1意大利	4比3	4比5
08	1990年半决赛联邦德国1比1英格兰	4比3	4比5
09	1994年1/8决赛保加利亚1比1墨西哥	3比1	4比4
10	1994年1/4决赛瑞典2比2罗马尼亚	5比4	6比6
11	1994年决赛巴西0比0意大利	3比2	4比5
12	1998年1/8决赛阿根廷2比2英格兰	4比3	5比5
13	1998年1/4决赛法国0比0意大利	4比3	5比5
14	1998年半决赛巴西1比1荷兰	4比2	4比4
15	2002年1/8决赛西班牙1比1爱尔兰	3比2	5比5
16	2002年1/4决赛韩国0比0西班牙	5比3	5比4
17	2006年1/8决赛乌克兰0比0瑞士	3比0	4比3
18	2006年1/4决赛德国1比1阿根廷	4比2	4比4
19	2006年1/4决赛葡萄牙0比0英格兰	3比1	5比4
20	2006年决赛意大利1比1法国	5比3	5比4
21	2010年1/8决赛巴拉圭0比0日本	5比3	5比4
22	2010年1/4决赛乌拉圭1比1加纳	4比2	5比4
23	2014年1/8决赛巴西1比1智利	3比2	5比5
24	2014年1/8决赛哥斯达黎加1比1希腊	5比3	5比4
25	2014年1/4决赛荷兰0比0哥斯达黎加	4比3	4比5
26	2014年半决赛阿根廷0比0荷兰	4比2	4比4
27	2018年1/8决赛俄罗斯1比1西班牙	4比3	4比5
28	2018年1/8决赛克罗地亚1比1丹麦	3比2	5比5
29	2018年1/8决赛英格兰1比1哥伦比亚	4比3	5比5
30	2018年1/4决赛克罗地亚2比2俄罗斯	4比3	5比5

点球大战胜率榜

排名/队名	赛	胜	负	胜率	胜利年份/失利年份
01德国	4	4	0	100%	1982、1986、1990、2006/-
01克罗地亚	2	2	0	100%	2018/-
03阿根廷	5	4	1	80%	1990、1990、1998、2014/2006
04巴西	4	3	1	75%	1994、1998、2014/1986
05法国	4	2	2	50%	1986、1998/1982、2006
05爱尔兰	2	1	1	50%	1990/2002
05哥斯达黎加	2	1	1	50%	2014/2014
05俄罗斯	2	1	1	50%	2018/2018
09荷兰	3	1	2	33%	2014/1998、2014
10西班牙	4	1	3	25%	2002/1986、2002、2018
10意大利	4	1	3	25%	2006/1990、1994、1998
10英格兰	4	1	3	25%	2018/1990、1998、2006
13墨西哥	2	0	2	0%	-/1986、1994
13罗马尼亚	2	0	2	0%	-/1990、1994

注：只统计至少2次参加的球队。

点球大战次数最多

阿根廷5次：1990、1990、1998、2006、2014

单届点球大战次数最多

阿根廷2次：1990，2胜
克罗地亚2次：2018，2胜
西班牙2次：2002，1胜1负
哥斯达黎加2次：2014，1胜1负
荷兰2次：2014，1胜1负
俄罗斯2次：2018，1胜1负

点球大战胜利最多

德国4次：1982、1986、1990、2006
阿根廷4次：1990、1990、1998、2014

点球大战失利最多

意大利3次：1990、1994、1998
英格兰3次：1990、1998、2006
西班牙3次：1986、2002、2018

上座篇

观众最多场次

199854人：1950年7月16日乌拉圭2比1巴西（巴西里约热内卢马拉卡纳球场）

观众最多决赛

114600人：1986年6月29日阿根廷3比2联邦德国（墨西哥墨西哥城阿兹特克球场）

观众最少场次

300人：1930年7月14日罗马尼亚3比1秘鲁（乌拉圭蒙得维的亚波西托斯球场）

预选赛观众最多场次

162764人：1977年3月9日巴西6比0哥伦比亚（巴西里约热内卢马拉卡纳球场）

场均观众最多

68991人（1994）

观众总人次最多

3570000人（1994）

场均观众最少

23235人（1934）

观众总人次最少

390000人（1934）

个人数据

夺冠篇

历届世界杯冠军队主帅、队长

年份/冠军	主帅	队长
1930乌拉圭	苏皮奇	纳萨齐
1934意大利	波佐	孔比
1938意大利	波佐	梅阿查
1950乌拉圭	胡安·洛佩斯	奥夫杜利奥·巴雷拉
1954联邦德国	赫贝格尔	弗里茨·瓦尔特
1958巴西	费奥拉	贝利尼
1962巴西	莫雷拉	毛罗·拉莫斯
1966英格兰	拉姆塞	博比·穆尔
1970巴西	扎加洛	卡洛斯·阿尔贝托
1974联邦德国	舍恩	贝肯鲍尔
1978阿根廷	梅诺蒂	帕萨雷拉
1982意大利	贝阿尔佐特	佐夫
1986阿根廷	比拉尔多	马拉多纳
1990联邦德国	贝肯鲍尔	马特乌斯
1994巴西	佩雷拉	邓加
1998法国	雅凯	德尚
2002巴西	斯科拉里	卡福
2006意大利	里皮	卡纳瓦罗
2010西班牙	博斯克	卡西利亚斯
2014德国	勒夫	拉姆
2018法国	德尚	洛里斯

球员夺冠次数排行

次数	球员	年份
3次	贝利（巴西）	1958、1962、1970
2次	乔瓦尼·费拉里（意大利）	1934、1938
2次	梅阿查（意大利）	1934、1938
2次	蒙泽里奥（意大利）	1934、1938
2次	马塞蒂（意大利）	1934*、1938*
2次	迪迪（巴西）	1958、1962
2次	贾尔马·桑托斯（巴西）	1958、1962
2次	加林查（巴西）	1958、1962
2次	吉尔马尔（巴西）	1958、1962
2次	尼尔顿·桑托斯（巴西）	1958、1962
2次	瓦瓦（巴西）	1958、1962
2次	扎加洛（巴西）	1958、1962
2次	齐托（巴西）	1958、1962
2次	贝利尼（巴西）	1958、1962*
2次	毛罗（巴西）	1958*、1962
2次	佐齐莫（巴西）	1958*、1962
2次	佩佩（巴西）	1958*、1962*
2次	何塞·卡斯蒂略（巴西）	1958*、1962*
2次	帕萨雷拉（阿根廷）	1978、1986*
2次	卡福（巴西）	1994、2002
2次	罗纳尔多（巴西）	1994*、2002

注：*为该届入选大名单但没出场。

获奖篇

历届世界杯金银铜球奖

年份	金球奖	银球奖	铜球奖
1982	保罗·罗西（意大利）	法尔考（巴西）	鲁梅尼格（联邦德国）
1986	马拉多纳（阿根廷）	舒马赫（联邦德国）	埃尔克耶尔（丹麦）
1990	斯基拉奇（意大利）	马特乌斯（联邦德国）	马拉多纳（阿根廷）
1994	罗马里奥（巴西）	罗伯托·巴乔（意大利）	斯托伊奇科夫（保加利亚）
1998	罗纳尔多（巴西）	达沃·苏克尔（克罗地亚）	图拉姆（法国）
2002	卡恩（德国）	罗纳尔多（巴西）	洪明甫（韩国）
2006	齐达内（法国）	卡纳瓦罗（意大利）	皮尔洛（意大利）
2010	福兰（乌拉圭）	斯内德（荷兰）	比利亚（西班牙）
2014	梅西（阿根廷）	托马斯·穆勒（德国）	罗本（荷兰）
2018	莫德里奇（克罗地亚）	埃当·阿扎尔（比利时）	格列兹曼（法国）

历届世界杯最佳射手

年份	最佳射手前3名
1930	斯塔维莱（阿根廷）8球/塞亚（乌拉圭）5球/佩特瑙德（美国）4球
1934	内耶德利（捷克斯洛伐克）5球/科嫩（德国）、斯基亚维奥（意大利）4球/-
1938	莱昂尼达斯（巴西）7球/沙罗希、任盖莱尔（匈牙利）、皮奥拉（意大利）5球/-
1950	阿德米尔（巴西）8球/米格斯（乌拉圭）5球/吉贾（乌拉圭）、奇科（巴西）、巴索拉、萨拉（西班牙）4球
1954	柯奇士（匈牙利）11球/于吉（瑞士）、莫洛克（联邦德国）、普罗布斯特（奥地利）6球/-
1958	方丹（法国）13球/贝利（巴西）、拉恩（联邦德国）6球/-
1962	奥尔贝特（匈牙利）、伊万诺夫（苏联）、加林查、瓦瓦（巴西）、耶尔科维奇（南斯拉夫）、莱昂内尔·桑切斯（智利）4球/-/-
1966	尤西比奥（葡萄牙）9球/哈勒尔（联邦德国）6球/波尔库扬（苏联）、赫斯特（英格兰）、拜奈（匈牙利）、贝肯鲍尔（联邦德国）4球
1970	盖德·穆勒（联邦德国）10球/雅伊尔津霍（巴西）7球/库维利亚斯（秘鲁）5球
1974	拉托（波兰）7球/沙尔马赫（波兰）、内斯肯斯（荷兰）5球/-
1978	肯佩斯（阿根廷）6球/库维利亚斯（秘鲁）、伦森布林克（荷兰）5球/-
年份	**金靴奖/银靴奖/铜靴奖**
1982	保罗·罗西（意大利）6球/鲁梅尼格（联邦德国）5球/济科（巴西）4球
1986	莱因克尔（英格兰）6球/布特拉格诺（西班牙）、卡雷卡（巴西）、马拉多纳（阿根廷）5球/-
1990	斯基拉奇（意大利）6球/斯库赫拉维（捷克斯洛伐克）5球/米拉（喀麦隆）4球
1994	萨连科（俄罗斯）、斯托伊奇科夫（保加利亚）6球/-/肯内特·安德森（瑞典）、罗马里奥（巴西）5球
1998	达沃·苏克尔（克罗地亚）6球/巴蒂斯图塔（阿根廷）、维耶里（意大利）5球/-
2002	罗纳尔多（巴西）8球/克洛泽（德国）、里瓦尔多（巴西）5球/-
2006	克洛泽（德国）5球/克雷斯波（阿根廷）3球/罗纳尔多（巴西）3球
2010	托马斯·穆勒（德国）5球/比利亚（西班牙）5球/斯内德（荷兰）5球
2014	哈梅斯·罗德里格斯（哥伦比亚）6球/托马斯·穆勒（德国）5球/内马尔（巴西）4球
2018	凯恩（英格兰）6球/格列兹曼（法国）4球/卢卡库（比利时）4球

注：自1982年起官方设置金靴奖，自2006年起不再设并列奖项，依次比较进球多、助攻多、出场时间少。

历届世界杯最佳门将

年份	最佳阵容门将
1930	巴列斯特雷罗(乌拉圭)
1934	萨莫拉(西班牙)
1938	普拉尼奇卡(捷克斯洛伐克)
1950	马斯波利(乌拉圭)
1954	格罗希奇(匈牙利)
1958	格雷格(北爱尔兰)
1962	施罗伊夫(捷克斯洛伐克)
1966	班克斯(英格兰)
1970	马祖尔凯维奇(乌拉圭)
1974	迈耶(联邦德国)
1978	菲洛尔(阿根廷)
1982	佐夫(意大利)
1986	普法夫(比利时)
1990	科内霍(哥斯达黎加) 戈耶切亚(阿根廷)
年份	**雅辛奖**
1994	普雷德霍姆(比利时)
1998	巴特斯(法国)
2002	卡恩(德国)
2006	布冯(意大利)
年份	**金手套奖**
2010	卡西利亚斯(西班牙)
2014	诺伊尔(德国)
2018	库尔图瓦(比利时)

历届世界杯最佳新秀

年份	最佳新秀
1958	17岁贝利(巴西)
1962	20岁奥尔贝特(匈牙利)
1966	20岁贝肯鲍尔(联邦德国)
1970	21岁库维利亚斯(秘鲁)
1974	20岁日穆达(波兰)
1978	20岁卡布里尼(意大利)
1982	21岁阿莫罗(法国)
1986	20岁希福(比利时)
1990	21岁普罗辛内茨基(南斯拉夫)
1994	21岁奥维马斯(荷兰)
1998	18岁欧文(英格兰)
2002	20岁多诺万(美国)
年份	最佳新秀奖
2006	21岁波多尔斯基(德国)
2010	20岁托马斯·穆勒(德国)
2014	21岁博格巴(法国)
2018	19岁姆巴佩(法国)

注：1958年至2002年只评选，2006年开始颁奖。

出场篇

球员参赛届数排行

球员	入选届数	出场届数
安东尼奥·卡瓦哈尔(墨西哥)	5	5(1950、1954、1958、1962、1966)
马特乌斯(德国)	5	5(1982、1986、1990、1994、1998)
拉斐尔·马克斯(墨西哥)	5	5(2002、2006、2010、2014、2018)
布冯(意大利)	5	4(1998*、2002、2006、2010、2014)
贾尔马·桑托斯(巴西)	4	4(1954、1958、1962、1966)
贝利(巴西)	4	4(1958、1962、1966、1970)
乌韦·席勒(德国)	4	4(1958、1962、1966、1970)
施内林格(德国)	4	4(1958、1962、1966、1970)
佩德罗·罗查(乌拉圭)	4	4(1962、1966、1970、1974)
詹尼·里维拉(意大利)	4	4(1962、1966、1970、1974)
日穆达(波兰)	4	4(1974、1978、1982、1986)
马拉多纳(阿根廷)	4	4(1982、1986、1990、1994)
贝尔戈米(意大利)	4	4(1982、1986、1990、1998)
希福(比利时)	4	4(1986、1990、1994、1998)
范德埃尔斯特(比利时)	4	4(1986、1990、1994、1998)
苏比萨雷塔(西班牙)	4	4(1986、1990、1994、1998)
马尔蒂尼(意大利)	4	4(1990、1994、1998、2002)
洪明甫(韩国)	4	4(1990、1994、1998、2002)
卡福(巴西)	4	4(1994、1998、2002、2006)
贾贝尔(沙特)	4	4(1994、1998、2002、2006)
里戈贝特·宋(喀麦隆)	4	4(1994、1998、2002、2010)
卡纳瓦罗(意大利)	4	4(1998、2002、2006、2010)
蒂埃里·亨利(法国)	4	4(1998、2002、2006、2010)
卡尼萨(巴拉圭)	4	4(1998、2002、2006、2010)
埃托奥(喀麦隆)	4	4(1998、2002、2010、2014)
克洛泽(德国)	4	4(2002、2006、2010、2014)
卡西利亚斯(西班牙)	4	4(2002、2006、2010、2014)
哈维(西班牙)	4	4(2002、2006、2010、2014)
比斯利(美国)	4	4(2002、2006、2010、2014)
贝赫拉米(瑞士)	4	4(2006、2010、2014、2018)
蒂姆·卡希尔(澳大利亚)	4	4(2006、2010、2014、2018)
瓜尔达多(墨西哥)	4	4(2006、2010、2014、2018)
伊涅斯塔(西班牙)	4	4(2006、2010、2014、2018)
马斯切拉诺(阿根廷)	4	4(2006、2010、2014、2018)
梅西(阿根廷)	4	4(2006、2010、2014、2018)
C罗(葡萄牙)	4	4(2006、2010、2014、2018)
塞尔吉奥·拉莫斯(西班牙)	4	4(2006、2010、2014、2018)
尼尔顿·桑托斯(巴西)	4	3(1950*、1954、1958、1962)
雅辛(苏联)	4	3(1958、1962、1966、1970*)
博比·查尔顿(英格兰)	4	3(1958*、1962、1966、1970)
热切夫(保加利亚)	4	3(1962、1966、1970、1974*)
迈耶(德国)	4	3(1966*、1970、1974、1978)
佐夫(意大利)	4	3(1970*、1974、1978、1982)
莱顿(苏格兰)	4	3(1982*、1986、1990、1998)
黄善洪(韩国)	4	3(1990、1994、1998*、2002)
耶罗(西班牙)	4	3(1990*、1994、1998、2002)
威尔莫茨(比利时)	4	3(1990*、1994、1998、2002)
代亚耶亚(沙特)	4	3(1994、1998、2002、2006*)
罗纳尔多(巴西)	4	3(1994*、1998、2002、2006)
克劳迪奥·雷纳(美国)	4	3(1994*、1998、2002、2006)
李云在(韩国)	4	3(1994、2002、2006、2010*)
阿尔贝托西(意大利)	4	2(1962*、1966、1970、1974*)
莱昂(巴西)	4	2(1970*、1974、1978、1986*)

松戈奥(喀麦隆)	4	2(1990*、1994、1998、2002*)
凯西·凯勒(美国)	4	2(1990*、1998、2002*、2006)
卡恩(德国)	4	2(1994*、1998*、2002、2006)
川口能活(日本)	4	2(1998、2002*、2006、2010*)
米利根(澳大利亚)	4	2(2006*、2010*、2014、2018)
奥乔亚(墨西哥)	4	2(2006*、2010*、2014、2018)
何塞·卡斯蒂略(巴西)	4	1(1950*、1954、1958*、1962*)
酋崎正刚(日本)	4	1(1998*、2002、2006*、2010*)
佩佩·雷纳(西班牙)	4	1(2006*、2010*、2014、2018*)

注:*为该届入选大名单但没出场。

球员出场次数排行

球员	场数	出场年份
马特乌斯(德国)	25	(1982、1986、1990、1994、1998)
克洛泽(德国)	24	(2002、2006、2010、2014)
马尔蒂尼(意大利)	23	(1990、1994、1998、2002)
乌韦·席勒(德国)	21	(1958、1962、1966、1970)
日穆达(波兰)	21	(1974、1978、1982、1986)
马拉多纳(阿根廷)	21	(1982、1986、1990、1994)
拉托(波兰)	20	(1974、1978、1982)
卡福(巴西)	20	(1994、1998、2002、2006)
拉斐尔·马克斯(墨西哥)	20	(2002、2006、2010、2014、2018)
拉姆(德国)	20	(2006、2010、2014)
施魏因斯泰格(德国)	20	(2006、2010、2014)
马斯切拉诺(阿根廷)	20	(2006、2010、2014、2018)
福格茨(德国)	19	(1970、1974、1978)
鲁梅尼格(德国)	19	(1978、1982、1986)
罗纳尔多(巴西)	19	(1998、2002、2006)
默特萨克(德国)	19	(2006、2010、2014)
梅西(阿根廷)	19	(2006、2010、2014、2018)
贝肯鲍尔(德国)	18	(1966、1970、1974)
奥弗拉特(德国)	18	(1966、1970、1974)
迈耶(德国)	18	(1970、1974、1978)
肯佩斯(阿根廷)	18	(1974、1978、1982)
卡布里尼(意大利)	18	(1978、1982、1986)
西雷阿(意大利)	18	(1978、1982、1986)
贝特霍尔德(德国)	18	(1986、1990、1994)
邓加(巴西)	18	(1990、1994、1998)
塔法雷尔(巴西)	18	(1990、1994、1998)
卡纳瓦罗(意大利)	18	(1998、2002、2006、2010)
施内林格(德国)	17	(1958、1962、1966、1970)
佐夫(意大利)	17	(1974、1978、1982)
利特巴尔斯基(德国)	17	(1982、1986、1990)
彼得·希尔顿(英格兰)	17	(1982、1986、1990)
希福(比利时)	17	(1986、1990、1994、1998)
克林斯曼(德国)	17	(1990、1994、1998)
巴特斯(法国)	17	(1998、2002、2006)
罗伯托·卡洛斯(巴西)	17	(1998、2002、2006)
蒂埃里·亨利(法国)	17	(1998、2002、2006、2010)
卢西奥(巴西)	17	(2002、2006、2010)
卡西利亚斯(西班牙)	17	(2002、2006、2010、2014)
斯内德(荷兰)	17	(2006、2010、2014)
塞尔吉奥·拉莫斯(西班牙)	17	(2006、2010、2014、2018)
C罗(葡萄牙)	17	(2006、2010、2014、2018)
雅伊尔津霍(巴西)	16	(1966、1970、1974)
博涅克(波兰)	16	(1978、1982、1986)
塞勒芒斯(比利时)	16	(1982、1986、1990)
布雷默(德国)	16	(1986、1990、1994)

鲁杰里(阿根廷)	16	(1986、1990、1994)
苏比萨雷塔(西班牙)	16	(1986、1990、1994、1998)
罗伯托·巴乔(意大利)	16	(1990、1994、1998)
洪明甫(韩国)	16	(1990、1994、1998、2002)
图拉姆(法国)	16	(1998、2002、2006)
吉尔伯托·席尔瓦(巴西)	16	(2002、2006、2010)
范佩西(荷兰)	16	(2006、2010、2014)
厄齐尔(德国)	16	(2010、2014、2018)
托马斯·穆勒(德国)	16	(2010、2014、2018)
诺伊尔(德国)	16	(2010、2014、2018)
穆斯莱拉(乌拉圭)	16	(2010、2014、2018)
迪迪(巴西)	15	(1954、1958、1962)
尼尔顿·桑托斯(巴西)	15	(1954、1958、1962)
汉斯·舍费尔(德国)	15	(1954、1958、1962)
里维利诺(巴西)	15	(1970、1974、1978)
博西(法国)	15	(1978、1982、1986)
贝尔戈米(意大利)	15	(1982、1986、1990、1998)
沃勒尔(德国)	15	(1986、1990、1994)
范德埃尔斯特(比利时)	15	(1986、1990、1994、1998)
贝贝托(巴西)	15	(1990、1994、1998)
哈维(西班牙)	15	(2002、2006、2010、2014)
库伊特(荷兰)	15	(2006、2010、2014)
罗本(荷兰)	15	(2006、2010、2014)
波多尔斯基(德国)	15	(2006、2010、2014)

决赛出场最多

卡福(巴西)3场:1994-2002

代表不同国家决赛出场最多

2国:蒙蒂(1930阿根廷、1934意大利)、普斯卡什(1954匈牙利、1962西班牙)

淘汰赛出场最多

克洛泽(德国)14场:2002-2014

预选赛出场最多

乌尔塔多(厄瓜多尔)68场:1994-2010

作为队长出场最多

拉斐尔·马克斯(墨西哥)17场:2002-2018

作为队长参赛届数最多

拉斐尔·马克斯(墨西哥)5届:2002-2018

替补出场最多

德尼尔森(巴西)11场:1998-2002

出场时间最长

马尔蒂尼(意大利)2217分钟:1990-2002

获前3名次数最多

克洛泽(德国)4次:2002-2014

入选全明星队次数最多

3次:贾尔马·桑托斯(巴西)1954-1962、贝肯鲍尔(德国)1966-1974、拉姆(德国)2006-2014

进球篇

世界杯总射手榜

排名/球员	进球	出场	场均	出场年份
01克洛泽(德国)	16	24	0.67	2002、2006、2010、2014
02罗纳尔多(巴西)	15	19	0.79	【1994】、1998、2002、2006
03盖德·穆勒(德国)	14	13	1.08	1970、1974
04方丹(法国)	13	6	2.17	1958
05贝利(巴西)	12	14	0.86	1958、1962、1966、1970
06柯奇士(匈牙利)	11	5	2.2	1954
06克林斯曼(德国)	11	17	0.65	1990、1994、1998
08拉恩(德国)	10	10	1.00	1954、1958
08莱因克尔(英格兰)	10	12	0.83	1986、1990
08巴蒂斯图塔(阿根廷)	10	12	0.83	1994、1998、2002
08库维利亚斯(秘鲁)	10	13	0.77	1970、1978、(1982)
08托马斯·穆勒(德国)	10	13	0.77	2010、2014、(2018)
08拉托(波兰)	10	20	0.50	1974、1978、1982
14尤西比奥(葡萄牙)	9	6	1.50	1966
14维耶里(意大利)	9	9	1.00	1998、2002
14瓦瓦(巴西)	9	10	0.90	1958、1962
14比利亚(西班牙)	9	12	0.75	2006、2010、2014
14保罗·罗西(意大利)	9	14	0.64	1978、1982、【1986】

2014年7月8日，在德国7比1击败巴西的世界杯半决赛中，克洛泽将比分改写为2比0后庆祝进球。这是他在世界杯的总计第16球。

14雅伊尔津霍（巴西）	9	16	0.56	（1966）、1970、1974
14罗伯托·巴乔（意大利）	9	16	0.56	1990、1994、1998
14鲁梅尼格（德国）	9	19	0.47	1978、1982、1986
14乌韦·席勒（德国）	9	21	0.43	1958、1962、1966、1970
23斯塔维莱（阿根廷）	8	4	2.00	1930
23莱昂尼达斯（巴西）	8	5	1.60	1934、1938
23阿德米尔（巴西）	8	6	1.33	1950
23奥斯卡·米格斯（乌拉圭）	8	7	1.14	1950、1954
23里瓦尔多（巴西）	8	14	0.57	1998、2002
23沃勒尔（德国）	8	15	0.53	1986、1990、1994
23马拉多纳（阿根廷）	8	21	0.38	1982、1986、（1990）、1994
30内耶德利（捷克斯洛伐克）	7	6	1.17	1934、1938
30蒂希（匈牙利）	7	8	0.88	1958、1962、【1966】
30卡雷卡（巴西）	7	9	0.78	1986、1990
30雷普（荷兰）	7	13	0.54	1974、1978
30沙尔马赫（波兰）	7	13	0.54	1974、1978、1982
30汉斯·舍费尔（德国）	7	15	0.47	1954、1958、（1962）
30C罗（葡萄牙）	7	17	0.41	2006、2010、2014、2018
30路易斯·苏亚雷斯（乌拉圭）	7	13	0.54	2010、2014、2018

注：加（）代表该届有出场、无进球，加【】代表该届入选大名单但未出场。

世界杯进球数历次破纪录

纪录	日期	球员	比赛
1球	1930.7.13	吕西安·洛朗（法国）	小组赛4比1墨西哥
2球	1930.7.13	马斯希诺（法国）	小组赛4比1墨西哥
3球	1930.7.17	伊万·贝克（南斯拉夫）	小组赛4比0玻利维亚
4球	1930.7.17	佩特瑙德（美国）	小组赛3比0巴拉圭
5球	1930.7.22	斯塔维莱（阿根廷）	小组赛3比1智利
6球	1930.7.26	斯塔维莱（阿根廷）	半决赛6比1美国
7球	1930.7.26	斯塔维莱（阿根廷）	半决赛6比1美国
8球	1930.7.30	斯塔维莱（阿根廷）	决赛2比4乌拉圭
9球	1954.6.27	柯奇士（匈牙利）	1/4决赛4比2巴西
10球	1954.6.30	柯奇士（匈牙利）	半决赛4比2乌拉圭
11球	1954.6.30	柯奇士（匈牙利）	半决赛4比2乌拉圭
12球	1958.6.28	方丹（法国）	季军战6比3联邦德国
13球	1958.6.28	方丹（法国）	季军战6比3联邦德国
14球	1974.7.7	盖德·穆勒（联邦德国）	决赛2比1荷兰
15球	2006.6.27	罗纳尔多（巴西）	1/8决赛3比0加纳
16球	2014.7.8	克洛泽（德国）	半决赛7比1巴西

进球最多

克洛泽（德国）16球：2002-2014

预选赛进球最多

卡洛斯·鲁伊斯（危地马拉）39球：2002-2016

单届进球最多

方丹（法国）13球：1958

单场进球最多

萨连科（俄罗斯）5球：1994年6月28日6比1喀麦隆

失利场次进球最多

维利莫夫斯基（波兰）4球：1938年6月5日5比6巴西

预选赛单场进球最多

阿奇·汤普森（澳大利亚）13球：2001年4月11日31比0美属萨摩亚

决赛进球最多

3球：瓦瓦（巴西）1958年5比2瑞典2球+1962年3比1捷克斯洛伐克1球、贝利（巴西）1958年5比2瑞典2球+1970年4比1意大利1球、赫斯特（英格兰）1966年4比2联邦德国、齐达内（法国）1998年3比0法国2球+2006年1比1意大利1球

两届决赛进球

瓦瓦（巴西，1958、1962）、贝利（巴西，1958、1970）、布莱特纳（德国，1974、1982）、齐达内（法国，1998、2006）

进球场次最多

11场：罗纳尔多（巴西）1998-2006、克洛泽（德国）2002-2014

连续进球场次最多

6场：方丹（法国）1958、雅伊尔津霍（巴西）1970

进2+球场次最多

4场：柯奇士（匈牙利）1954、方丹（法国）1958、罗纳尔多（巴西）1998-2006、克洛泽（德国）2002-2010

连续进2+球场次最多

柯奇士（匈牙利）4场：1954

戴帽场次最多

2场：柯奇士（匈牙利）1954、方丹（法国）1958、盖德·穆勒（联邦德国）1970、巴蒂斯图塔（阿根廷）1994、1998

连续戴帽场次最多

2场：柯奇士（匈牙利）1954、盖德·穆勒（联邦德国）1970

最快帽子戏法

基什（匈牙利）8分钟：1982年6月15日10比1萨尔瓦多（69'、72'、76'）

单场替补进球最多

基什（匈牙利）3球：1982年6月15日10比1萨尔瓦多

角球直接破门

科利（哥伦比亚）1次：1962年6月3日4比3苏联

单届每场都进球

1938沙罗希（匈牙利）4场5球、1938尼贝里（瑞典）3场3球、1950吉贾（乌拉圭）4场4球、1958方丹（法国）6场13球、1958科瓦塔（阿根廷）3场3球、1966拜奈（匈牙利）4场4球、1970雅伊尔津霍（巴西）6场7球、1970库维利亚斯（秘鲁）4场5球、2014哈梅斯·罗德里格斯（哥伦比亚）5场6球

进球届数最多

4届：贝利（巴西）1958-1970、乌韦·席勒（德国）1958-1970、克洛泽（德国）2002-2014、C罗（葡萄牙）2006-2018

进2+球届数最多

4届：乌韦·席勒（德国）1958-1970、克洛泽（德国）2002-2014

进3+球届数最多

3届：克林斯曼（德国）1990-1998、罗纳尔多（巴西）1998-2006、克洛泽（德国）2002-2010

进4+球届数最多

3届：克洛泽（德国）2002-2010

进5+球届数最多

2届：库维利亚斯（秘鲁）1970/1978、克洛泽（德国）2002/2006、托马斯·穆勒（德国）2010/2014

预选赛进球届数最多

5届：拉斐尔·马克斯（墨西哥）2002-2018、卡洛斯·鲁伊斯（危地马拉）2002-2018

首末球相隔最久

克洛泽（德国）12年37天：2002.6.1-2014.7.8

首末球相隔3届

乌韦·席勒（德国）1958.6.8-1970.6.14、贝利（巴西）1958.6.19-1970.6.21、马拉多纳（阿根廷）1982.6.18-1994.6.21、米歇尔·劳德鲁普（丹麦）1986.6.8-1998.6.24、亨里克·拉尔森（瑞典）1994.7.16-2006.6.20、贾贝尔（沙特）1994.6.25-2006.6.14、夸特莫克·布兰科（墨西哥）1998.6.20-2010.6.17、克洛泽（德国）2002.6.1-2014.7.8、奥利奇（克罗地亚）2002.6.8-2014.6.18、C罗（葡萄牙）2006.6.17-2018.6.20、梅西（阿根廷）2006.6.16-2018.6.26

两球之间相隔最久

12年：米歇尔·劳德鲁普（丹麦）1986-1998、奥利奇（克罗地亚）2002-2014

射进点球最多（不含点球大战）

4球：尤西比奥（葡萄牙）1966、伦森布林克（荷兰）1978、巴蒂斯图塔（阿根廷）1994和1998各2球

射失点球最多（不含点球大战）

吉安（加纳）2球：2006年2比0捷克、2010年1比1乌拉圭

决赛替补进球制胜

格策（德国）：2014年1比0阿根廷，第86分钟出场

最快进球

哈坎·苏克（土耳其）11秒：2002年3比2韩国

替补最快进球

桑德（丹麦）16秒：1998年4比1尼日利亚

决赛最快进球

内斯肯斯（荷兰）90秒：1974年1比2联邦德国

预选赛最快进球

本特克（比利时）8.1秒：2016年10月10日客场6比0直布罗陀

最快梅开二度

克罗斯（德国）69秒：2014年7比1巴西

最晚进球

第121分钟：皮耶罗（意大利）2006年2比0德国、贾布（阿尔及利亚）2014年1比2德国

决赛最晚进球

赫斯特（英格兰）第120分钟：1966年4比2德国

最晚首开纪录

第119分钟：普拉特（英格兰）1990年1比0比利时、格罗索（意大利）2006年2比0德国

决赛最晚首开纪录

伊涅斯塔（西班牙）第116分钟：2010年1比0荷兰

年龄篇

最年长进球者

米拉（喀麦隆）42岁1个月8天：1994年6月28日1比6俄罗斯

最年长戴帽者

C罗（葡萄牙）33岁130天：2018年6月15日3比3西班牙

最年长决赛进球者

利德霍尔姆（瑞典）35岁8个月21天：1958年6月29日2比5巴西

最年轻进球者

贝利（巴西）17岁7个月27天：1958年6月19日1比0威尔士

最年轻戴帽者

贝利（巴西）17岁8个月1天：1958年6

月24日5比2法国

最年轻决赛进球者

贝利（巴西）17岁8个月6天：1958年6月29日5比2瑞典

最年长入选者

哈达里（埃及）45岁150天：2018年

最年长出场者/世界杯首秀/队长

哈达里（埃及）45岁161天：2018年6月25日1比2沙特阿拉伯

最年长冠军&决赛出场者

佐夫（意大利）40岁133天：1982年7月11日3比1联邦德国

预选赛最年长出场者

麦克唐纳·泰勒（美属维京群岛）46岁175天：2004年2月18日主场0比4圣基茨和尼维斯

最年轻出场者

怀特塞德（北爱尔兰）17岁41天：1982年6月17日0比0南斯拉夫

最年轻冠军/决赛出场者

贝利（巴西）17岁249天：1958年6月29日5比2瑞典

最年轻队长

梅奥拉（美国）21岁109天：1990年6月10日1比5捷克斯洛伐克

预选赛最年轻出场者

马马姆（多哥）13岁310天：2001年5月6日主场3比2赞比亚

同队出场最大年龄差距

24年42天：1994喀麦隆，米拉42岁35天、里戈贝特·宋17岁358天

决赛队出场最大年龄差距

21年297天：1982意大利，佐夫40岁133天、贝尔戈米18岁201天

两次出场间隔最久

蒙德拉贡（哥伦比亚）15年363天：1998-2014

处子秀、收官战间隔最久

16年：安东尼奥·卡瓦哈尔（墨西哥）1950-1966、埃利亚斯·菲格罗亚（智利）1966-1982、乌戈·桑切斯（墨西哥）1978-1994、马特乌斯（德国）1982-1998、贝尔戈米（意大利）1982-1998、里戈贝特·宋（喀麦隆）1994-2010、蒙德拉贡（哥伦比亚）1998-2014、埃托奥（喀麦隆）1998-2014、拉斐尔·马克斯（墨西哥）2002-2018

作为球员、主帅间隔最久

蒂姆44年：1938巴西球员、1982秘鲁主帅

乌龙球篇

首个乌龙球

罗萨斯（墨西哥）：1930年7月16日0比3智利

最快乌龙球

科拉希纳克（波黑）第3分钟：2014年1比2阿根廷

加时赛唯一乌龙球

迪金森（英格兰）第94分钟：1954年4比4比利时

常规时间最晚乌龙球

鲍哈杜兹（摩洛哥）第90+5分钟：2018年0比1伊朗

揭幕战乌龙球

汤姆·博伊德（苏格兰）1998年1比2巴西、马塞洛（巴西）2014年3比1克罗地亚

揭幕战乌龙球首开纪录

马塞洛（巴西）2014年3比1克罗地亚

乌龙球成为全场唯一进球

加马拉（巴拉圭）2006年0比1英格兰、鲍哈杜兹（摩洛哥）2018年0比1伊朗

乌龙球最多的一届

2018年：12球

进乌龙球最多

4球：墨西哥

对手进乌龙球最多

6球：法国

对同一对手进乌龙球最多

南斯拉夫对德国进2球：1954、1998

唯一对阵双方均进乌龙球的比赛

2002年美国3比2葡萄牙：豪尔赫·科斯塔（葡萄牙）、阿古斯（美国）

单场为双方进球

布兰茨（荷兰）1978年2比1意大利、曼朱基奇（克罗地亚）2018年2比4法国

乌龙球比进球多

特立尼达和多巴哥：2006年1个乌龙球（0比2巴拉圭）、0个进球

门将篇

零封场次最多

彼得·希尔顿（英格兰）10场：1982-1990

巴特斯（法国）10场：1998-2006

连续最长时间不丢球

曾加（意大利）517分钟（5场零封）：1990

预选赛连续最长时间不丢球

理查德·威尔逊（新西兰）921分钟（9场零封）：1982

丢球最多

25球：安东尼奥·卡瓦哈尔（墨西哥）、代亚耶亚（沙特）

单届丢球最多

洪德永（韩国）16球：1954

单场丢球最多

路易斯·莫拉（萨尔瓦多）10球：1982年1比10匈牙利

冠军主力门将丢球最少

2球：巴特斯（1998法国）、布冯（2006意大利）、卡西利亚斯（2010西班牙）

主力门将单届丢球最少

楚贝比勒（瑞士）0球：2006

单届扑点最多（不含点球大战）

2次：托马谢夫斯基（1974波兰）、弗里德尔（2002美国）

主帅篇

执教场次最多

舍恩（德国）25场：1966-1978德国

执教胜场最多

舍恩（德国）16场：1966-1978德国

夺冠次数最多

波佐（意大利）2次：1934、1938意大利

执教届数最多

佩雷拉（巴西）6届：1982科威特、1990阿联酋、1994巴西、1998沙特、2006巴西、2010南非

执教球队最多

米卢蒂诺维奇（塞尔维亚）5队：1986墨西哥、1990哥斯达黎加、1994美国、1998尼日利亚、2002中国

佩雷拉（巴西）5队：1982科威特、1990阿联酋、1994、2006巴西、1998沙特、2010南非

执教同一球队连续参赛

4次：温特博特姆（英格兰）1950-1962英格兰、赫贝格尔（德国）1938/1954/1958/1962德国（1950年德国被禁赛）

舍恩（德国）4次：1966-1978德国

最长连胜

斯科拉里（巴西）11场：2002巴西7场、2006葡萄牙4场

最长不败

斯科拉里（巴西）12场：2002巴西7场、2006葡萄牙5场

最年长主帅

雷哈格尔（德国）71岁317天：2010年6月22日希腊0比2阿根廷

最年轻主帅

特拉穆托拉（阿根廷）27岁267天：1930年7月30日阿根廷2比4乌拉圭

最快换人

第4分钟：切萨雷·马尔蒂尼（意大利）1998年意大利2比1奥地利用贝尔戈米换内斯塔、埃里克森（瑞典）2006年英格兰2比2瑞典用克劳奇换欧文

作为球员和主帅均夺冠

扎加洛（巴西）3次：1958、1962巴西球员、1970巴西主帅

贝肯鲍尔（德国）2次：1974德国球员、1990德国主帅

德尚（法国）2次：1998法国球员、2018法国主帅

作为球员和主帅参赛届数最多

5次：扎加洛（巴西）1958/1962巴西球员+1970/1974/1998巴西主帅、贝肯鲍尔（德国）1966/1970/1974德国球员+1986/1990德国主帅、福格茨（德国）1970/1974/1978德国球员+1994/1998德国主帅、马拉多纳（阿根廷）1982/1986/1990/1994阿根廷球员+2010阿根廷主帅

主裁篇

执法届数最多

3届：朗热努（比利时）1930-1938、埃克林德（瑞典）1934-1950、本杰明·格里菲思（威尔士）1950-1958、阿瑟·埃利斯（英格兰）1950-1958、加德亚萨瓦尔（西班牙）1958-1966、沙里夫（叙利亚）1986-1994、基尼乌（法国）1986-1994、布杰赛姆（阿联酋）1994-2002、奥斯卡·鲁伊斯（哥伦比亚）2002-2010、卡洛斯·西蒙（巴西）2002-2010、马尔科·罗德里格斯（墨西哥）2006-2014、阿吉拉尔（萨尔瓦多）2010-2018、伊尔马托夫（乌兹别克斯坦）2010-2018

执法场次最多

11场：伊尔马托夫（乌兹别克斯坦）2010-2018

单届执法场次最多

5场：阿琼迪亚（墨西哥）2006、埃利松多（阿根廷）2006、伊尔马托夫（乌兹别克斯坦）2010、皮塔纳（阿根廷）2018

最年长主裁判

乔治·里德（英格兰）53岁236天：1950年7月16日乌拉圭2比1巴西

最年轻主裁判

加德亚萨瓦尔（西班牙）24岁193天：1958年6月8日法国7比3巴拉圭

处罚篇

最快吃黄牌

赫苏斯·加利亚多（墨西哥）第11秒：2018年0比3瑞典

最快吃红牌

何塞·巴蒂斯塔（乌拉圭）第56秒：1986年0比0苏格兰

预选赛最快吃红牌

胡提（巴林）第37秒：2011年10月11日客场0比6伊朗

最晚吃黄牌

点球大战中：埃迪尼奥（巴西）1986年1比1法国、罗阿（阿根廷）1998年2比2英格兰

最晚吃红牌

点球大战后：库弗雷（阿根廷）2006年1比1德国

替补席上吃红牌

卡尼吉亚（阿根廷）：2002年1比1瑞典

吃牌最多

7张：马斯切拉诺（阿根廷）2006-2018

吃黄牌最多

7张：马斯切拉诺（阿根廷）2006-2018

吃红牌最多

2张：里戈贝特·宋（喀麦隆）1994/1998、齐达内（法国）1998/2006

单届黄牌最多

2006年64场345张

单届红牌最多

2006年64场28张

黄牌最多比赛

16张：2002年德国（8张）2比0喀麦隆（8张）、2006年葡萄牙（9张）1比0荷兰（7张）

单队黄牌最多比赛

9张：葡萄牙2006年1比0荷兰

单人黄牌最多比赛

3张：克罗地亚2006年2比2澳大利亚，西穆尼奇吃到3张黄牌（61'、90'、90+3'）才被英格兰主裁判波尔罚下

黄牌最多决赛

14张：2010年西班牙（5张）1比0荷兰（9张）

红牌最多比赛

4张：2006年葡萄牙（2张，科斯蒂尼亚、德科）1比0荷兰（2张，布拉鲁兹、范布隆克霍斯特）

红牌最多决赛

2张：1990年联邦德国1比0阿根廷（2张，蒙松、德索蒂）

超长禁赛

马拉多纳（阿根廷）15个月：1994年2比1尼日利亚，服用禁药

沙克尔（伊拉克）1年：1986年1比2比利时，向裁判吐口水

路易斯·苏亚雷斯（乌拉圭）9场：2014年1比0意大利，咬基耶利尼

塔索蒂（意大利）8场：1994年2比1西班牙，肘击路易斯·恩里克

预选赛超长禁赛

罗伯托·罗哈斯（智利）终身禁赛（12年后被赦免）：1989年9月3日客场0比2巴西，0比1落后时假装被焰火击中流血倒地，导致比赛被中断，事后巴西被判2比0胜

《足球圣殿：世界杯图文全史》编委会

主　　编　骆明、周蓉

执行编辑　安然、梁利锋

出版策划　郭磊、彭雷

文字编辑　孟繁浩、黄志明、王纪明、马腾、徐鑫炜、曹知远、黄荣基、李静宜、郭磊

法语编译　陈明、向波

德语编译　张力、龙世军、唐诗

综合撰稿　杨建、吕祺、闫羽

特别鸣谢　刘晶捷、王宇

图片编辑　刘宏智

版权合作　《法国足球》《队报》

图片来源　GETTY、IMAGO、视觉中国